I0327644

www.ingramcontent.com/pod-product-compliance
Lightning Source LLC
Chambersburg PA
CBHW080717300426
44114CB00019B/2406
9786009530205

بسم الله الرحمن الرحیم

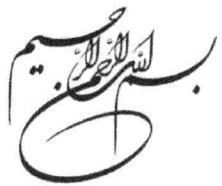

ناهید عبقری

شرح
مثنوی
معنوی
دفتر اوّل

با نگاهی تطبیقی به مبانی عرفان نظری

سرشناسه : عبقری، ناهید، ۱۳۳۱ -
عنوان قراردادی : مثنوی. شرح
عنوان و نام پدیدار : شرح مثنوی معنوی (با نگاهی تطبیقی به مبانی عرفان نظری) /ناهید عبقری.
مشخصات نشر : مشهد: بانگ نی، ۱۳۹۴ -
مشخصات ظاهری : ج.
شابک : دوره 978-600-95302-6-7 ؛ 978-600-95302-0-5: ج. ۱ ؛
وضعیت فهرست‌نویسی : فیپا
موضوع : مولوی، جلال‌الدین محمد بن محمد، ۶۰۴ - ۶۷۲ ق. مثنوی -- نقد و تفسیر
موضوع : شعر فارسی -- قرن ۷ ق. -- تاریخ و نقد
شناسه افزوده : مولوی، جلال‌الدین محمد بن محمد، ۶۰۴ - ۶۷۲ ق. مثنوی. شرح
رده‌بندی کنگره : ۱۳۹۴ ۴ش ۲۶ ع/PIR ۵۳۰۱
رده‌بندی دیویی : ۸فا۱/۳۱
شماره کتابشناسی ملی : ۴۱۰۶۸۲۸

نام کتاب : شرح مثنوی معنوی (با نگاهی تطبیقی به مبانی عرفان نظری) دفتر اوّل
نویسنده : ناهید عبقری
ویراستار : عفت‌السّادات شهیدی
ویراستار : زهرا رحمانی
ویراستار : نسیم نیک‌پور
حروف‌چینی و صفحه‌آرایی : اسد احمدی
طراح جلد : نسیم نیک‌پور
چاپ : دقت
نوبت چاپ : اول / ۱۳۹۵
شمارگان : ۲۰۰۰
شابک : ۹۷۸-۶۰۰-۹۵۳۰۲-۰-۵
شابک دوره : ۹۷۸-۶۰۰-۹۵۳۰۲-۶-۷
تعداد صفحات : ۸۰۰ صفحه وزیری
بها : ۷۲۰۰۰ تومان (دورهٔ ۶ جلدی: ۳۵۰۰۰۰ تومان)
ناشر : بانگ نی e-mail : info@bangeney.ir

مرکز پخش: انتشارات بانگ نی، مشهد، هنرستان ۵، پلاک ۲۴، تلفن ۳۸۶۷۳۳۱۳ ۰۵۱ تلفکس ۳۸۶۷۳۱۲۹ ۰۵۱
سایت: bangeney.ir کانال در تلگرام: @bangeney ارتباط با ما در تلگرام: @bangeney2

تقدیم به روح پاک استاد بزرگواری که قلاید دُرّ سخنان شکّربارش، بناگوش ضمیرم را زینتی شاهوار است.

و به همسر بزرگوارم **دکتر احمد مؤیّد** که مرا در این امر خطیر یاری داد.
و به **فرزندان عزیزم**.

فهرست مطالب

۱ ـ پیشگفتار ۹
۲ ـ مواردی که توجّه بدان بی مناسبت نیست ۱۳
۳ ـ کهن‌ترین و معتبرترین نسخهٔ خطی مثنوی ۱۷
۴ ـ اقبال مثنوی ۱۸
۵ ـ جایگاه قصّه‌ها و تمثیلات در ادبیّات و مثنوی ۱۹
۶ ـ زندگانی مولانا ۲۵
۷ ـ آرامگاه مولانا ۴۹
۸ ـ آثار مولانا ۵۲
۹ ـ خاندان مولانا ۵۲
۱۰ ـ شعر و شاعری از دیدگاه مولانا ۵۴
۱۱ ـ قونیه ۵۶
۱۲ ـ دربار و درباریان و ارتباط آنان با مولانا ۵۷
۱۳ ـ آسیای صغیر (آناطولی) ۵۹
۱۴ ـ نظری اجمالی به اوضاع آسیای صغیر از قرن ۵ تا قرن ۸ هجری ۶۰
۱۵ ـ بررسی اجمالی وضعیّت مؤسّسات علمی و آموزشی آناطولی در «عصر مولانا» ۶۵
۱۶ ـ مولانا و مشایخ تصوّف، علما و ادبا ۶۷
۱۷ ـ توضیحات ۷۵
۱۸ ـ فهرست اجمالی حکایات و قصص و مطالب دفتر اوّل ۷۷
۱۹ ـ دیباچهٔ عربی مثنوی ۸۱
۲۰ ـ ترجمهٔ دیباچهٔ منثور ۸۲
۲۱ ـ شرح دفتر اوّل ۸۷
۲۲ ـ فهرست منابع و مآخذ ۷۹۴

پیشگفتار

جاذبهٔ عظیم و حیرت‌انگیز شخصیّت ممتاز و والای مولانا و مراد محبوبش شمس، از عنفوان جوانی وجودم را مسخّر کرده بود و این شیفتگی زمینه‌ای از جدّ و جهد وقفه‌ناپذیری را فراهم آورد که در نهایت، خویش را در اقیانوس بی‌کران اندیشه‌های این ابرمرد عالم معنا غوطه‌ور یافتم. اینک که چند دهه از روزگار شباب گذشته است بر آن شدم که به پشتوانهٔ این عشق و جاذبهٔ عظیم آن و با تکیه بر «عنایات حق و خاصان حق» دستاوردهای معنوی و روحانی حاصل از این سلوک را به صورت شرحی بر مثنوی معنوی به رشتهٔ تحریر آورم. این مهم ماحصل حدود سی سال مطالعه و تفکّر در باب موضوعات عرفانی و بخصوص مثنوی و دیوان کبیر و دیگر آثار منثور مولانا است. رهروان این وادی به خوبی واقف‌اند که برای اهتمام به امری چنین خطیر و سترگ، شناخت این شخصیّت والا و درک جهان‌بینیِ خاصِّ وی که از ورای آثار منظوم و منثور او، بنا بر استعداد و قابلیّت خواننده و محقّق جلوه‌گر است، از ارکان اصلی به شمار می‌آید که خود به تنهایی نیازمند سال‌ها مطالعه و تحقیق و بررسی است که اگر عنایت سرمدی شامل حال باشد و عشقْ رهبر، امید که حقیقت گوشهٔ چشمی بنماید.

غوّاصی در اقیانوس اندیشه‌های مولانا و شرح این منظومهٔ تعلیمی بی‌نظیر امری نبود که بتوان به اطمینانی تام، کمر همّت بر آن بست و علی‌رغم آنکه خویش را در قیاس با عظمت این کار، سخت ضعیف و ناتوان می‌یافتم، در نهایت، عشق بود که در عرصهٔ کشمکش‌های درونی‌ام بر عقل پیروز شد و به فضل الهی در این وادی حیرت گام نهادم و خود را مجنون‌وار به هجوم اندیشه‌های تابناک و گُهربارِ مولانا سپردم و در تقریر معانی در هر سطری که رقم خورد از حضرت حق یاری و استعانت طلبیدم تا در تبیین افکار و اندیشه‌های این انسان آسمانی و شرح گل‌های گلستان ضمیرش که عطر دلنواز آن مرز قرون و اعصار را در نوردیده است، به خطا نروم و در شرحِ معانی بلندی که از اوج نردبام معرفت به گوش جهانیان رسانیده است و سرشار از خیال‌پردازی‌های دل‌انگیز و بدیع‌پردازی‌های بی‌نظیر و تمثیل‌سازی‌های پررمز و راز است، دچار لغزش نگردم؛ امّا اینکه علی‌رغم جدّ و جهد صادقانه و مستمر تا چه حد موّفق شده‌ام، **اللهُ أعْلَمُ بِالصَّوابِ** و به فرمودهٔ مولانا:

دوست دارد یار این آشفتگی   کوشش بیهوده به از خفتگی

گرایش اقشار گوناگونِ جوامع بشری، علی‌رغم پیشرفت‌هایِ شِگفت‌انگیز در همهٔ امور بخصوص

در علوم، نسبت به مسائل معنوی و عرفانی رو به افزونی است و بسیار بجاست که با شهرت و محبوبیّت بی‌نظیری که کلامِ جاذب و شورانگیز مولانا دارد، این گرایش بیش از هر عارف عاشق متصوّفی متوجّه وی باشد. این شوق در کثیری از خلق برانگیخته شده است که بدانند این انسان آسمانی که همه از او سخن می‌گویند، کسی که قالبِ تنگِ زمان و مکان را برای خویش کوچک می‌یافت، کیست؟ این عارف شاعر که در بحری بی‌پایان و مالامال از عشق و طرب و شور و دلدادگی زیست، کیست که امروزه اشعار و غزلیّاتش بر زبان عارف و عامی و پیر و جوان جاری است؟ این جاذبهٔ کلام چه کسی است که مرز قرون و اعصار را در نوردیده و فرهنگ‌ها و ادیان و مذاهب گوناگون را تحت لوایِ «ملّت عشق»، پیوندی مهرآمیز زده است؟ او چه کس است که غزلیّات پرشور و دل‌انگیزش، هم در موسیقی سنّتی جایگاه والایی دارد و هم ستارگان موسیقی در آن سوی دنیا در صحنه‌های پر از نور و رنگ و صوت آن را به شیوه‌ای نوین عرضه می‌دارند و چنین است که در پی شناخت این خورشید تابناک معرفت، می‌کوشند تا از ورای آثارش در حدّ امکان او را بشناسند و دریابند که رسالت و پیام اصلی‌اش از میان این همه گفتار چیست؟ و چنین بود که اندیشیدم چه زیباست اگر مثنوی، «کتابِ تعلیمی دانشگاهِ عرفانِ مولانا» که برای همهٔ انسان‌ها و در تمامی اعصار مفید، بلکه ضروری است، به زبانی روان و ساده و حتّی‌الامکان جامع به شرح آید، آن چنانکه هر مشتاقی فراخور حال بتواند از این اقیانوس معنا سبویی برکشد و جان تشنهٔ خویش را سیراب سازد و در خور ادراک خود خوشه‌چین معارف والای آن باشد و بتواند از عِطر دلاویز آن مشام جان را معطّر سازد و چه بجاست که بکوشم تا با ارائهٔ اطّلاعاتی که در هر مقال مجال حضور می‌یابد بنا بر حوصلهٔ بحث گاه به اجمال و گاه به تفصیل، خواننده را کمتر نیازمند ارجاع به منابع و مآخذ دیگر بدارم.

تلاش برای شناخت شخصیّت ممتاز و والای مولانا که چهره‌ای خیره‌کننده و تابناک و کاملاً منحصر به فرد در ادبیّات و عرفان ما و جهان دارد، از ورای آثار منثور و منظوم او و در جابه‌جای آنچه که افلاکی [۱] و یا سپهسالار [۲] برای ما به جای نهاده‌اند و تحقیقات محقّق ارزنده عبدالباقی گولپینارلی [۳]، همچنین خواندن آثار ارزشمندی هم‌چون مقالات شمس [۴]، که مبیّن احوال و افکار شمس‌الدّین محمّد تبریزی مراد مولانا که شکل دهنده و ترسیم کنندهٔ خطوط اصلی فکری و شخصیّتی این انسان آسمانی بعد از آن برخورد توفانی و تکان دهنده است، این حقیقت را آشکارتر می‌سازد که «مولانا جلال‌الدّین»، صرف نظر از مقام معنوی و روحانی بی‌نظیر و دانش و معارف اکتسابی کم‌نظیر که احاطهٔ کامل او را بر تمام علوم نقلی و رسمی آن زمان می‌رساند از دیدگاه

۱ - مناقب، احمد افلاکی که به امر اولو عارف چلبی نوشته شده است. ۲ - رسالهٔ سپهسالار.
۳ - مولانا جلال الدّین، مولویّه پس از مولانا، گولپینارلی. ۴ - مقالات شمس، موحّد.

انسان‌شناختی، شخصیّتی است که در عین تلاطمات درونی و استغراق روحانی، کاملاً برون‌گراست و هیچ‌گونه پیچیدگی خاصِ درونی ندارد. وی که از اندیشه‌ای والا در پرتو نور هدایت الهی و تعالیم معنوی شمس برخوردار بوده است، عارفی است که وجودش تجسّم عشق است. این عشق هرچند که در برهه‌ای کوتاه از زمان او را افسرده و غمگین و ملول کرد؛ امّا در نهایت، سبب آشنایی و خوگرفتن او با ذات خود شد و در این حال خویش را در بحری بی‌پایان، سرشار از انبساط خاطر و شادی و مملوّ از عشق و طرب یافت و سخاوتمندانه و صمیمانه، ارزشمندترین گوهرهای معرفت را که ثمرهٔ اتّحاد با عشق و اتّصال کامل با ذات پاکِ وی بود، بر همگان عرضه داشت. عاری از هرگونه تکلّم متکلّمانه و بدون هیچ‌گونه فضل‌فروشی، جاذبه‌های عمیق و پنهانیِ حقیقت و معرفت را در قالبِ غزل‌های عاشقانه و شورانگیز و تکان دهنده یا در مجالس تجمّع یاران به صورت وعظ و گفتگو و در چهارده سال پایانی عمر خویش در قالب مثنوی که خود آن را «دکّان وحدت» نامیده است، با صفا و صداقتی حیرت‌انگیز و صمیمیّتی خیره‌کننده بر خوانی از کَرَم نهاد و بشریّت را به جذب و درک این مائده‌های آسمانی که اینک بر زمینیان ارزانی شده است، فراخواند.

بنابراین، کوشیدم که در حدّ بضاعت خویش به شرح تمامی ابیات مثنوی بپردازم و مجموعه‌ای را فراهم آورم که بتواند پاسخ به سؤالاتی باشد که در باب هر یک از ابیات و مفاهیم مربوط به آن مطرح‌اند، به این ترتیب که همراه شرحِ تمام ابیات، معنیِ واژه‌ها، تعبیرات، اشارات قرآنی و احادیث با ذکر مآخذ و منابع نوشته شوند و توضیحات و ظرایفِ دقیق عرفان نظری در پانوشت ابیات مورد نظر گفته آیند. با امید آنکه ماحصل این تلاش مقبول طبع افتد.

با توفیق الهی
ناهید عبقری
مشهد ـ بهار ۱۳۹۲

مواردی که توجّه بدان بی‌مناسبت نیست :

۱. در پیشگفتار این کتاب به این نکتهٔ اساسی توجّه شده است که علّت گرایش اقشار گوناگـون جوامع بشری به مسائل معنوی و عرفانی چیست و چرا این میل و رغبت بیش از هر عارفِ عاشق متصوّفی متوجّه مولانا و منظومهٔ عظیم تعلیمی او؛ مثنوی است.

۲. اطّلاعاتی راجع به کهن‌ترین و معتبرترین مثنوی خطی در ابتدای دفتر اوّل آمده است.

۳. از آنجاکه سراسرِ مثنوی مشحون از قصّه، حکایت و تمثیل است، در ابتدای دفتر اوّل فصلی را به آن اختصاص داده‌ایم که «قصّه و تمثیل» در ادبیّاتِ جهان، ادبیّات ما و مثنوی چه جایگاهی دارد و چراگروه کثیری از عارفان و معلّمان بشریّت برای تبیین تعالیم خویش از چنین پیمانه‌ای استفاده کرده‌اند.

۴. زندگی‌نامهٔ مولانا با استفاده از معتبرترین مآخذ موجود به نگارش آمده؛ زیرا آشنایی با احوال و شخصیّت سترگ او گام مؤثّری در فهم معانی مثنوی است.

۵. فصل دیگری به آرامگاه مولانا اختصاص داده شده و در ارتباط با این کانون تجمّع ارادتمندان و عاشقان توضیحاتی نسبتاً به تفصیل آمده است.

۶. فصولی به «خاندان مولانا» و «شعر و شاعری از دیدگاه مولانا» اختصاص داده شده است.

۷. برای آشنایی هرچه بیشتر با شخصیّت مولانا مناسبتی تامّ داشت که بـه‌طور نسـبتاً جـامع و مبسوط از مقام معنوی او در دربار سلاجقهٔ روم و مردم قونیه و آسیای صغیر نیز سخنی گفته شود که بی‌شک برای خوانندگان جاذب و خوشایند است.

۸. از آنجا که مولانا قسمت اعظم عمر خود را در آسیای صغیر گذرانید، برای درک عمیق‌تری از اوضاع فرهنگی و سیاسی و اجتماعی روزگار وی، نظری اجمالی به اوضاع آسیای صغیر از قرن پنجم تا هشتم هجری افکنده شده و بخشی بدان اختصاص یافته است.

۹. در ارتباط با مشایخ متصوّفه، علما و ادبایی که معاصر مولانا بودند نیز فصلی نسبتاً جامع به تبیین آمده است.

۱۰. در شرح حاضر سعی شده است که تعالیم **عرفان عاشقانهٔ مولانا** به نحوی جامع به تقریر آید و هرجا مناسبتی داشته است، توضیحات مربوط به عرفان نظری را بـه اجـمال یـا تـفصیل در پانوشت آورده‌ایم و از آنجاکه در این عرصه هیچ کس توانمندتر از **ابن‌عربی** نیست از لابه‌لایِ آثار گوناگونش بخصوص «فصوص‌الحکم» و شرحی که استاد جلال الدّین آشتیانی بر مقدّمهٔ قیصری نوشته و همچنین از شرحی که خوارزمی بر فصوص نگاشته است یا شرحی که دکتر ابوالعلا عفیفی بر فصوص دارد، مبانیِ عرفان نظری را استخراج کرده‌ایم و در موارد گوناگون از آن سود جسته‌ایم. از ترجمهٔ بعضی آثار ابن‌عربی مانند فتوحات مکّی یا ترجمان الاشواق و دیگر آثار وی نیز بهره برده‌ایم.
در این شرح گذشته از همراهیِ عرفان عاشقانهٔ مولانا با عرفان نظری که بـه‌طور تـفصیلی یـا اجمالی در مناسبت‌های گوناگون و در پانوشت شاهد آن هستیم، تـمامِ مـعانی، تـعبیرات و اصطلاحات عرفان نظری[1] را نیز به‌طور مبسوط؛ امّا در خـور حـوصلهٔ خـوانـندگان مشـتاق آورده‌ایم و طالبان از ارجاع به مآخذ گوناگون نسبتاً معاف شده‌اند.

۱۱. در قصّه‌های مثنوی به کرّات و به مناسبت‌های مختلف به قصص قرآنی اشاره می‌شود تا بتوان برای اخذ نتایجِ موردِ نظر از آن‌ها بهره بُرد. در این شرح کوشش شده است تا زندگی‌نامهٔ هر یک از پیامبرانی که در مثنوی بدان اشارت رفته است، در محلّ مناسب خویش گفته آید و بـرای تنظیم زندگی‌نامهٔ آنان از قرآن کریم، در صورت لزومِ از تورات یا انجیل، تفاسیر معتبر قرآن، قصص قرآن قدیمی مانند سورآبادی و همچنینِ از چهار جلد کتاب تحقیقی «بـررسی تـاریخی قصص قرآن» اثر دکتر محمّد بیّومی مهران استاد تاریخ دانشگاه اسکندریه استفاده شده است تا زندگی پیامبران و اقوام گذشته نسبتاً جامع تبیین شود؛ یعنی همراه با استفاده از منابع الهـی، مانند قرآن و کتاب مـقدّس، هـمچنین قـصص قـرآن، از تـحقیقات مـحقّقان، تـاریخ‌پژوهان، باستان‌شناسان و پژوهش‌های گروه‌های حفّاری و سنگ‌نوشته‌ها و کتیبه‌ها استفاده کرده‌ایم تا همزمان با مقایسهٔ میان داستان‌های قرآن کریم و آنچه دربارهٔ آن در تورات و انجیل آمده است، با استفاده از پژوهش‌های باستان‌شناسان، رویدادهای تاریخی راکه در مثنوی اشارات گوناگونی بدان می‌یابیم در حدّ توان روشن و علمی و در عین حال جامع عرضه بداریم. به عنوان مثال

---

۱. به عنوان مثال، انسان به اعتبار باطن دارای [illegible]

تمام قصّهٔ قوم بنی‌اسرائیل را در داستان فرعون و موسیٰ(ع) در شرح بیت ۸۴۰ دفتر سوم می‌یابیم و داستان زندگی و مهاجرت ابراهیم(ع) را در شرح بیت ۵۵۱ دفتر اوّل.

۱۲. قرآن و حدیث دو خورشید تابناک‌اند که مولانا در مثنوی بدان تمسّک می‌جوید تا مفاهیم و معانی مورد نظر خویش را به بهترین وجه عرضه بدارد؛ بنابراین هرجا که در شرح ابیات به اشارات قرآنی و احادیث برخورد شده است، کوشیده‌ایم تا به روان‌ترین وجه ممکن و در حدّی که برای شرح بیت مورد نظر ضرورت دارد، از این منابع نور بهره ببریم.

کهن‌ترین و معتبرترین نسخهٔ خطّی مثنوی که با نظارت حُسام الدّین چلبی و سلطان ولد نوشته شده است

در آذرماه سال هزار و سیصد و هشتاد که برای دومین بار سعادت زیارت مقام شمس و تربت مولانا در قونیه نصیبم شد، موّفق به تهیّهٔ نسخهٔ نفیسی از کهن‌ترین و اصیل‌ترین مثنوی مولانا شدم که با چاپ و کاغذی نفیس و جلدی مرغوب از طرف وزارت فرهنگ ترکیه منتشر شده است. این سفر برای زیارت و شرکت در مراسم سماع درویشان بود که همه ساله به مدّت یک هفته از نوزدهم تا بیست و ششم آذرماه برابر با دهم تا شانزدهم دسامبر در شهر قونیه برگزار می‌شود.

نسخهٔ اصلی این مثنوی بی‌نظیر که تحریر آن در سال ۶۷۷ هـ. ق، یعنی پنج سال بعد از وفات مولانا خاتمه یافته است، در موزهٔ مولانا داخل ویترینی در فاصلهٔ نزدیکی از تربت پاک وی قرار دارد. در پایان این نسخه، چند سطری به خط نویسندهٔ آن نگاشته شده است.

کهن‌ترین نسخهٔ کتاب، نسخهٔ شمارهٔ ۵۱ موزهٔ مولانا در «قونیه» به ابعاد ۴۹×۳۲/۲ سانتی‌متر است و جلد بسیار نفیس عصر سلجوقی را دارد. کاغذ آن اندکی ضخیم و به رنگ روشن است. چنین بر می‌آید که این نسخه به دست یکی از مریدان «سلطان ولد» به نام محمّد فرزند عبدالله قونوی با مراقبت و نظارت حُسام الدّین چلبی و خود سلطان ولد از روی پیش‌نویس‌هایی که در محضر مولانا قرائت و تصحیح شده، نوشته شده است چنانکه در چند جای آن با قلمی ریزتر از متن در بالا و پایین کلمات و حاشیهٔ آنها، کلمات تصحیح شده را افزوده و ابیات ناقص را اضافه کرده‌اند.

نسخه‌ای که حُسام الدّین چلبی نوشت، برای مولانا قرائت شد و اصلاحاتی در آن صورت گرفت و بعد از آنکه نسخهٔ دیگری از روی آن استنساخ شد، به خاک سپرده شد. بنابراین نسخهٔ اصلی همین است که بعدها به تملّک صاحب عطا فخرالدّین (وزیر سلجوقیان) درآمد و بعد از آن به دست جمال الدّین مبارک رسید و به خانقاه وقف گردید.

بنا به گفتهٔ رئیس موزه و کتابخانه مولانا، وزارت فرهنگ ترکیه این کتاب را در دو قطع چاپ و منتشر ساخته است. یکی با قطع بزرگ ۴۹×۳۲/۲ سانتی‌متر که همان قطع نسخهٔ اصلی موجود در

موزهٔ مولانا است (در ۱۰۰۰ نسخه) و دیگری با قطع کوچک‌تر ۲۳×۳۳ سانتی‌متر (در ۲۰۰۰ نسخه) که تمام نسخه‌های موجود در وزارت فرهنگ به نمایندگان مجلس و شخصیّت‌های بزرگ جهان و ترکیه و چند کتابخانه هدیه شده است و فقط تعداد معدودی در کتابخانهٔ موزه برای عرضه به مشتاقان و ارادتمندان حضرت مولانا موجود بود که سعادت یار شد و نسخه‌ای از این چاپ نفیس در قطع بزرگ آن تهیّه گردید و در شرح مثنوی حاضر، ابیات ضبط شده در نسخهٔ کهن، اساس کار قرار گرفته است.[۱]

اقبال مثنوی[۲]

مثنوی بعد از تقریر دور زمانی از دسترس عوام خارج بود. کثرت تحسین و تأیید بزرگان و عالمان و عارفان به تدریج تودهٔ مردم و عوام را نیز بدان راغب ساخت. هرچند که ادراک معانی بلند آن برای هر کس مقدور نبود؛ امّا خواندن آن در خانقاه‌ها و مجالس وعظ و ارشاد متداول گردید.

کتاب‌هایی که پیش از مثنوی در اخلاق و تصوّف تألیف یافته بود، طرحی از قبل تنظیم شده داشت که بر اساس آن تحت عناوین گوناگون حکایاتی به نظم می‌آمد و در پایان نتایج اخلاقی یا عرفانی آن تقریر می‌گشت، چنانکه منطق‌الطّیر عطّار و حدیقهٔ سنایی که هر دو مورد التفات خاصّ مولانا بودند، با چنین ویژگی‌هایی منظوم گشته‌اند؛ امّا در مثنوی تبیین حقایق و اسرار طرحی از پیش درافکنده را ندارند و نظیر قرآن کریم به نحوی پراکنده مورد بحث قرار می‌گیرند. شیوهٔ بیان دقایق عرفانی و ظرایف معنوی و لطایف روحانی در مثنوی، علی‌رغم سادگی ظاهر که گاه سبب طعن در آن توسط مُریدان حلقهٔ عرفان نظری عصر وی نیز می‌شده است، چنان تابناک و سرشار از هیجانات کوبندهٔ عاشقانه و عارفانهٔ اوج پروازِ روح آدمی در ماورایِ این جهانِ حسّی است که نظیر آن در هیچ کتاب عرفانی یافت نمی‌شود و با وجود آنکه مولانا در لابه‌لای تقریر معانی در تأکید آرای اهل شریعت اهتمام بسیار می‌ورزد، سخن او کلام خشک متکلّمانه نیست؛ بلکه سرشار از ذوق و شور و حال است و مخاطب را در پذیرش حقایق که همگی جنبهٔ تعلیمی دارند، از شور و هیجان لبریز می‌کند و به این ترتیب، عرفان و تصوّف شهودی خویش را که عملی و تحقیقی است بر خوانی از کَرَم می‌نهد و شهد و شکّری را که خود چشیده و وجودش را از آن مالامال ساخته است به شفقتی تام و مِهری مُرشدانه بر همگان عرضه می‌دارد.

---

۱ - اطلاعات مربوط به کهن‌ترین مثنوی، برگرفته از «سماع درویشان در تربت مولانا» نوشته ابوالقاسم تفضّلی.

۲ - با استفاده از سلجوق‌نامه ابن بی‌بی.

جایگاه قصّه‌ها و تمثیلات در ادبیّات و مثنوی

ای بـرادر قـصّه چـون پیمانه‌ای‌ست[۱]
مـعنی انـدر وی مـثال دانـه‌ای‌ست
دانـهٔ مـعنی بگـیرد مـرد عـقل
نـنگرد پـیمانه را گـر گشت نـقل

آغاز سخن در این منظومهٔ عظیم تعلیمی، دعوتی است برای گوش فرادادن بـه حکـایتی کـه «نـی» می‌گوید. حکایتی که شکایت از جدایی‌ها و شکوه‌ای از مهجوری‌ها است که مولانا در طیّ آن به تبیین احوال خویش و عارفان کامل نظر دارد و سپس با حکایت شاه و کنیزک، تداوم حکایت‌ها و قصّه‌ها و تمثیلات در تمامی شش دفتر مثنوی استمراری بی‌وقفه می‌یابد و به قـولی ایـن کـتاب تعلیمی عرفانی را به جوامع‌الحکایاتی بی‌نظیر مبدّل می‌سازد. اینک بی‌مناسبت نیست اگر به بررسی این نکته بپردازیم که حکایت، قصّه و تمثیل چیست و در ادبیّات جهان و ادبیّات ما و مثنوی چه جایگاهی دارد و چرا گروه کثیری از عارفان و هدایت‌کنندگان و معلّمان بشریّت برای بیان تـعالیم عالی خویش از چنین پیمانه‌ای استفاده کرده‌اند و چرا معانی را در این قالب‌ها عرضه داشته‌اند.

در عرصهٔ فرهنگ و ادبیّات فارسی انواع داستان و حکایت و دیگر اشکال ادبی آن نـمونه‌های پربهایی دارند که در آن‌ها ذوق و استعداد فارسی‌زبانان به ظهور رسیده است. اگـرچـه گـاهی ایـن حکایت‌ها همچون بذرهایی از دیگر سرزمین‌ها و زبان‌ها وارد فرهنگ و ادب ما شده‌انـد؛ امّـا بـه زیبایی تمام به شکوفایی و بالندگی رسیده و به بار نشسته‌اند و معمولاً پیام‌ها و محتوای داستان‌ها جهانی است و برای همه قابل درک و فهم است.

در تاریخ زندگی بشر قصّه‌سازی و قصّه‌گویی جایگاه ویژه‌ای دارد. گویی جزئی از نیازهای روانی یا برآورندهٔ چنین نیازی بوده است. یکی از مظاهر زندگی انسان که زیرمجموعهٔ حـیات فـرهنگی اوست ساختن و گفتن داستان است که تاریخ و مبدئی برای آن شناخته نیست. به این ترتیب قصّه و داستان به عنوان بخشی از ادبیّات و هنر، از قدیمی‌ترین مواریث فرهنگی بشر است. انسان نخستین با داستان، تـجربه‌ها، آرزوهـا و امـیالش را مـنتقل مـی‌کرد و بـه گـفتهٔ هگـل[۲]: «آثـار هـنری بـیان پرمضمون‌ترین نگرش‌ها و تصوّرات نهادی مردم است و این هنر است که اغلب در مورد برخی اقوام به تنهایی کلیدی است که راز مفهوم فرزانگی و دین را می‌گشاید.» هرچه به گذشته بازگردیم به دنیای

---

۱ - ر.ک: ۳۶۳۵/۲-۳۶۳۴. ۲ - مقدّمه‌ای بر زیباشناسی، ترجمه محمود عبادیان، چاپ اوّل، ص ۳۶.

تخیّلی و فارغ از منطق و استدلال نزدیک شده‌ایم. جایی که دانشمندان از آن به عالم اساطیر تعبیر می‌کنند که در آن رب‌النّوع‌ها و الٰهه‌ها زندگی می‌کنند. این خدایان انعکاس خواسته‌های آدمی بودند بدان سان که انسان از آغاز خواست‌های خود را بر سراسر جهان و کائنات فرا می‌افکند و به همه چیز عالم شخصیّت و جنسیّت می‌بخشد و خدایان و قهرمانان از این خواسته‌ها برخاسته‌اند.

داستان‌ها در تمامی اشکال آن، اعم از اساطیری، حماسی، دینی، غنایی و عامیانه ارتباطی با وقایع تاریخی و زندگی انسان می‌یابند. گاه واقعه‌ای جزئی [مانند شکار] به داستانی مفصّل تبدیل می‌گردد و به عبارت بهتر، بهانه‌ای می‌شود که ذهن و تخیّل انسان‌ها پیرامون آن ماجراهایی را می‌تند تا به افسانه‌ای طویل مبدّل سازد. همهٔ داستان‌ها قبل از آنکه به شکل مکتوب در آیند، به‌طور شفاهی و سینه به سینه نقل می‌شده‌اند و همه یک شکل ابتدایی اوّلیّه و به قید کتابت درنیامده، داشته‌اند. ممکن است امروزه افسانه‌ها یا اسطوره‌ها و به‌طور کلّی فولکلور، ساده‌لوحانه و غریب به نظر آید؛ امّا بسیاری از روایت‌های نخستین چون حماسهٔ گیلگمش یا داستان‌های عهد عتیق، اسطوره‌های یونان و روم و دیگر افسانه‌ها همه و همه از دانش نخستین مایه گرفته‌اند. به تعبیر یکی از محقّقان، قصّه‌ها به تدریج با ما بزرگ شدند و به تناسب ذهنی ما پیچیدگی و گسترش و غنای بیشتری یافتند.

در مثنوی تقریباً انواع داستان‌ها اعم از تاریخی، دینی، حکایت حیوانات، سرگذشت مشایخ، احوال انبیا و اولیا و اسرار و افعال رسول خدا(ص) و سیرهٔ صحابه وجود دارد.

مولانا در استفاده از واژه‌های مختلف مطابق با تعریف مشخصی عمل نمی‌کند و برای یک نوع داستان نام‌های مختلف را آورده است. «قصهٔ عاشق شدن پادشاه بر کنیزک» را داستان هم می‌خواند، داستانی که «نقدِ حال» است و هم حکایت می‌نامد. در نقل داستان پیامبران و داستان‌های قرآنی تقریباً همه‌جا آن‌ها را قصّه نامیده است؛ امّا با این حال، این لغت را برای داستان‌های دیگری هم به کار می‌برد.

در دیگر آثار بزرگان نیز چنین است؛ مثلاً در آثار تعلیمی مانند: حدیقهٔ سنایی یا آثار عطّار و همچنین در کشف‌المحجوب یا دیگر یادگارهای برجای‌مانده از بزرگانی مانند سعدی و آثار فارسی شیخ شهاب‌الدّین سهروردی نیز تقریباً در تمام موارد از واژه و عنوان «حکایت» استفاده شده است. با توجّه به نمونه‌های نقل شده روشن است که درگذشته انواع داستان حد و مرز مشخصی نداشته‌اند.

در زبان‌های اروپایی به ویژه در سال‌های اخیر بین انواع داستان تفاوتی قائل شده‌اند و تعاریف خاصّی از شکل‌های داستانی بیان کرده‌اند. به عنوان مثال، اصطلاح (Story) برای داستان‌هایی به کار می‌رود که نقش برانگیزاننده و آگاه‌کننده دارند. ادبیّات داستانی (Fiction) و رمان (Novel)، داستان‌هایی که حیوانات شخصیّت‌های اصلی هستند (Fable)، تمثیلات (Allegory) و قصّه را (Tale) می‌نامند.

در مورد اساطیر باید گفت: منشأ آن عالم خیال و تخیّل انسان برای دست‌یابی به خواسته‌های طبیعی است، منتهی این تخیّلات به مرور کامل‌تر شده‌اند و حکم یک سرگذشت واقعی و مقدّس را پیدا کرده‌اند.[۱]

در میان تمام فرهنگ‌ها، برخی داستان‌ها صبغهٔ دینی دارند، بخشی از این داستان‌ها مرز مشترکی با اسطوره‌ها دارند و شاید بتوان گفت اسطوره‌هایی دینی‌اند؛ امّا به‌طور کلّی داستان‌های دینی جنبهٔ تاریخی قوی‌تری دارند.

دین یک معنای عام دارد که به تمام مبانی اعتقادی و ایمان‌برانگیز اطلاق می‌شود و یک معنای خاص که ادیان صاحب شریعت و توحیدی را شامل می‌شود. دین به معنای نخست، اسطوره‌ها را هم در بر می‌گیرد، از آن جهت که اسطوره‌ها هم زمانی کارکرد و نقش دینی داشته‌اند. اسطوره‌ها در حکم مبانی اعتقادات مردم نخستین بودند و احساسات دینی آنان را بر می‌انگیختند.

داستان‌های نمادین و رمزآمیزِ دینی مرز مشترکی با داستان‌های اسطوره‌ای دارند، امّا به طور کلّی چیز متفاوتی هستند و استناد آن‌ها تنها به قوهٔ تخیّل آدمیان درست نیست و این وقایع از طریق وحی بر بشر آشکار شده است. آنچه در دین اصالت دارد وحی است که سرمنشأ همهٔ اطلاعات و آگاهی‌های دین‌داران اوّلیّه یا پیامبران است که پس از آن‌ها به پیروان منتقل می‌شود.

در میان ادیان آسمانی، برجسته‌ترین آن‌ها، ادیان ابراهیمی‌اند. یهود، مسیحیّت و اسلام که کم و بیش از حیث داستان‌هایی که راجع به سرگذشت پیامبران و دیگر امور نقل می‌شود مکمّل هم هستند و امروز غالب‌ترین ادیان به شمار می‌آیند. وقایعی که در این ادیان در باب آفرینش و مراحل تکامل انسان تشریح شده است کم و بیش همانند است و به‌طور کلّی، این مسأله در ادیان توحیدی یکسان بیان شده است.

تورات در اوّلین بخش [سِفْر پیدایش] به ارائهٔ تصویری کلّی و کامل از خلقت آسمان و زمین و موجودات دیگر پرداخته است. خداوند پس از آفرینش آسمان و زمین، دریا و خشکی و سپس موجودات خشکی و دریا را آفرید، سپس پرندگان مختلف و... را تا اینکه آدم را به شکل خود ساخت و حکومت بر تمام موجودات را به آدم بخشید. از این به بعد [که تمام این‌ها در دو صفحهٔ اوّل عهد عتیق در سِفر پیدایش آمده است] داستان آدم و فرزندان او آغاز می‌شود. خداوند آدم را بی‌آرام می‌یابد. حوّا را از پهلوی چپ او خلق می‌کند و پس از آن آدم به اغوای شیطان و وساطت مار و حوّا از میوهٔ درخت ممنوعه می‌خورد و به زمین تبعید می‌شود. داستان هابیل و قابیل و رنج و مسکنت و سختی‌های زندگی بر روی زمین و اولاد و احفاد آدم همه در عهد عتیق آمده است. «مطالب تورات

---

۱ – رمز و مثل در روانکاوی، جلال ستّاری، ص ۷۵.

مبنای فکری یهودیان و مسیحیان دربارهٔ آفرینش است؛ چه مسیحیان پنج فصل اوّل تورات را که سِفر پیدایش از آن‌هاست، پذیرفته‌اند و لذا در عهد جدید از آفرینش بحثی به میان نیامده است.»[۱]

گاه در نقل جزئیات بین کتاب‌های آسمانی اختلافاتی وجود دارد و گاه داستان‌ها به اختصار [مانند داستان آدم و حوّا، داستان هابیل و قابیل و دیگر فرزندان آدم] و گاه به **تفصیل** [مانند آنجا که فرزندان آدم از پیامبران‌اند] آمده است. در تورات باب پنجم از سِفرِ پیدایش زندگانی آدم و فرزندان او تا نوح بازگو شده است. داستان نوح از باب ششم آغاز می‌شود و پس از آن داستان ابراهیم (ابرام)، لوط و دیگر فرزندان او: اسحاق، یعقوب و یوسف. پس از آن داستان موسی آغاز می‌شود که از سِفرِ خروج تا صحیفهٔ یوشع ادامه پیدا می‌کند و شامل سِفرِ خروج، سِفرِ لاویان، سِفرِ اعداد و سِفرِ تثنیه است. پس از موسی فِترتی پیدا می‌شود و بعد از مدّتی داوود قیام می‌کند و با جنگ با خاندان شاؤول و پیروزی بر او به پادشاهی می‌رسد و پس از او سلیمان جانشین داوود می‌شود. سرگذشت پیامبران پس از سلیمان [که تعدادشان بی‌شمار است] به ترتیب تاریخی بازگو می‌شود، امّا بیشتر لحن و سبک خبری دارند تا داستانی. به‌طور کلّی داستان‌های تورات مبنای کار بسیاری از مؤرخان و ارباب سیر و مفسّران اسلامی و غیر اسلامی شد.

امّا **انجیل** بیشتر به نقل حوادث و وقایع زندگی عیسی(ع) و حواریون او و پندها و تعالیم دینی مسیحیت می‌پردازد.

در **قرآن** نیز داستان‌های دینی با نقل داستان خلقت آدم و حوّا و فرزندان آدم آغاز می‌شود؛ امّا به طور کلّی نقل داستان‌ها در قرآن مطابق با ترتیب تاریخی نیست و بسیاری از جزئیات برخی داستان‌ها حذف شده و به همین دلیل مفسّران قرآن کریم برای نقل جزئیات، از دیگر منابع، چون تورات بهره گرفته‌اند.

در قرآن کریم داستان ابراهیم و فرزندانش اسماعیل و اسحاق و یعقوب، داستان نوح، داستان داوود، سلیمان، ایوب، موسی،هارون، یحیی، زکریا، هود، صالح، شعیب، عیسی و یونس با صراحت بیشتری بیان شده است. برخی چون خضر سرگذشت مبهم و شخصیّت ناشناخته‌ای دارند. به‌طور کلّی داستان زندگی پیامبرانی که مأموریّت و نقش اجتماعی و سیاسی داشته‌اند مشخص‌تر و پرحادثه‌تر است [مانند موسی، عیسی، صالح و...].

داستان‌های دینی به قصّه‌های پیامبران منحصر نمی‌شود؛ امّا نقطهٔ آغاز حرکت‌های دینی پیامبران بوده‌اند که یادآوریِ آنان چه در کتاب‌های مقدّس و چه در اخبار دینی، چون احادیث و آثار تفسیری باعث پدید آمدن روایات و داستان‌های متعدّدی شده است که بیشتر محصول ذوق و خیال شاعرانه‌اند تا داستان‌های تاریخی و واقعی.

---

۱ - مهشید میرفخرایی، آفرینش در ادیان، چاپ اوّل، تهران: مؤسّسه مطالعات و تحقیقات فرهنگی، ۱۳۶۶، ص ۱۰.

ماجرای خلقت آدم و حوّا و اعتراض ابلیس و دشمنی او از نخستین داستان‌های دینی است. پس از آن ماجرای درگیری هابیل و قابیل پیش می‌آید و این درگیری آغاز فتنه‌گری در روی زمین به شمار می‌رود. از اینجا به بعد همیشه در داستان‌های دینی یک گروه هابیل‌صفت بوده‌اند [پیامبران و پیروان آن‌ها و نیکان] و گروهی قابیل‌صفت [دشمنان و کافران]. یکی از ویژگی‌های داستان‌های دینی همین است که در آن‌ها تقریباً همیشه حق و باطلی وجود دارد که در مقابل هم صف‌بندی کرده‌اند. حق همیشه متّکی به خداوند است و با استعانت از او به مبارزهٔ خود با باطل ادامه می‌دهد. در این مبارزه گاه بهره‌گیری از معجزات و اعمال خارقِ عادت الزامی می‌شود. در داستان زندگی پیامبران و داستان‌های دینی معجزه و کرامت نقش اساسی دارد.

وجه دیگری از ادبیّات ما که بر اساس داستان‌های دینی برجستگی یافته است، بخش مربوط به نمادگرایی بر اساس شخصیّت‌ها و مفاهیم دینی است. داستان پیامبران در معنی حقیقی، بیانگر اشخاص و حوادث واقعی در قالب مکان و زمان و بنابراین پدیده‌های غیر قابل تکرار است؛ امّا وقتی پیامبران و اولیا، انسان کامل و مظاهر حق تلقّی می‌شوند و هر یک به منزلهٔ تصویر و تجسّمِ بشریِ صفاتِ حق لحاظ می‌گردند، دیگر پیامبران و داستان آنان تنها حادثه‌هایی تاریخی و شخصیّت‌های تاریخی نیستند، بلکه تکرار و تجدید بازتاب و نمایش حقیقتی بیرون از این جهان محسوس‌اند که تکثّر و تنوّع ظاهری آن‌ها ناشی از تصوّر مقوله‌های زمان و مکان است. آدم، مظهر عقل، روح و جنبهٔ روحانی است و حوّا، مظهرِ نَفْس و جسم و جنبهٔ مادّی. به همین ترتیب فرعون، نَفْس است و موسی، روح و عقل، چنانکه فرشته، نفس ناطقه و عقل است و ابلیس و شیطان و دیو، نفس امّاره. مار در ماجرای آدم و حوّا، مظهر لذّات فریبنده و گندم، نماد لذّات پست مادّی است.[1]

در زبان فارسی، بسیاری از شاهکارهای ادبی مشتمل بر حکایات‌اند. قالبی را که معلّمان عرفان و اخلاق بر می‌گزینند اغلب سرگرم‌کننده و تعلیم دهنده است. همین امر را در آثار منظومی که در قالب مثنوی پرداخته شده‌اند نیز به وضوح می‌بینیم که اغلب هدف تعلیم بوده است و حکایت جزء لاینفک این تعلیم است، مانندِ حدیقهٔ سنایی، منطق‌الطّیر، مصیبت‌نامه، اسرارنامه، الهی‌نامهٔ عطّار و مثنوی مولانا و بوستان سعدی که از مشهورترین آثار منظوم تعلیمی‌اند.

همچنان که قبلاً گفته شد در بسیاری از مقوله‌ها از جمله موارد دینی و عرفانی بیان مطلب جز از طریق مثال یا تمثیل میسّر نیست؛ زیرا از حقایقی سخن به میان می‌آید که برای بسیاری از اذهان دور و ناشناخته است و آشنا ساختن عموم نیازمند زمینه‌ای است برای تقریب ذهن آنان به حقایق مورد

---

۱ – ر.ک : دکتر محمّد غنیمی هلال، ادبیّات تطبیقی، ص ۴۲۰-۴۱۴، ترجمهٔ آیت‌الله زاده شیرازی.

نظر. در زبان‌های اروپایی به مَثَل‌هایِ اناجیلِ اربعه، پارابل (Parable) می‌گویند که در تعریف آن گفته می‌شود: داستانی است که برای تبیین یک حقیقت مذهبی و دینی بازگو می‌شود.

در مواردی که افسانه‌های اخلاقی (Fable) یا تمثیلات رمزی (Allegory) و تمثیلات دینی (Parable) مطرح می‌شوند هر کدام به طریقی مشمول انواع استعارات و تشبیهات خواهند بود.

بدون تردید داستان‌های حیوانات محصول نزدیکی رابطهٔ انسان با حیوانات است بدانگونه که نمی‌توان برای آن تاریخی را تعیین کرد. دشمنی و درگیری، محور حوادث در عالم حیوانی و در میان وحوش است و درجه‌ای نیز از این دشمنی‌ها در جوامع انسانی وجود دارد. زورمندان همواره بوده‌اند و حکایت مظلومان و فریب‌خوردگان نیز همواره وجود داشته است.

در عالمِ حیوانات، دشمنی ذاتی است و قانون طبیعت چنین اقتضا کرده است که گربه، دشمن موش و گرگ آکلِ گوسفند باشد؛ امّا در عالم انسانی، این شخصیّت‌ها در حکم اوصاف افراد مختلف هستند. این حکایت‌ها در اصل از فرهنگ عوام برخاسته‌اند و در ذهن پویا و نقّاد و پردازش‌گر عارفان با تحلیل‌هایی جاذب و تصرّفاتی لطیف و بدیع به شکلی تعلیم دهنده و آموزه‌هایی مؤثّر عرضه شده‌اند.

یکی از ویژگی‌های مجموعه‌هایی که در آن‌ها حکایات حیوانات آمده است، شیوهٔ نقل داستان در داستان [قصّه در قصّه آوردن] است. این شیوهٔ داستان‌پردازی برای اوّلین بار از هند به ایران و سپس وارد آثار غربی شده است.[1]

در این داستان‌ها هدف کلّی به کارگیری اندیشه در انجام امور و تأکید بر حزم دیده می‌شود. گاه عدالت شاعرانه و لطافت ذهن عارفانه ایجاب می‌کند که به کمک مکر که خود نوعی چاره‌جویی است، ضعیف بر قوی پیروز گردد [چیزی که در عالم واقع کمتر رخ می‌دهد]. ضررهای ظلم و ستم عنوان می‌شود و لزوم مقابله با ستمگران صرف‌نظر از قابلیّت‌های وجودی مطرح می‌گردد. علاوه بر این‌ها مضامین کلّی دیگری همراه با ظرافت‌های خاصّ خود عنوان می‌شود که شرح جزئیات و توضیحات لازم در ابتدای هر داستان این منظومهٔ عظیم خواهد آمد.[2]

۱ - ر.ک. دکتر محمّد غنیمی هلال، پیشین، ص ۲۸۷.

۲ - در این مقال از «بررسی حکایت‌های حیوانات در ادب فارسی، دکتر محمّد تقوی» هم سود جسته‌ایم.

زندگانی مولانا

نامِ نامی او محمّد و لقب آن جناب مستطاب **جلال الدّین** است. با لقب **خداوندگار** نیز حضرتش را خطاب می‌کرده‌اند و احمد افلاکی در روایتی از بهاءالدّین ولد نقل می‌کند که «خداوندگار من از نسلی بزرگ است». در ششم ربیع‌الاوّل سال ۶۰۴ هجری قمری برابر با ۳۰ سپتامبر ۱۲۰۷ در شهر بلخ متولّد شد. این شهر در آن روزگار جزو کشور پهناور ما، ایران بود و اینک شهر بلخ به نام مزار شریف، مرکز استان بلخ و در کشور افغانستان واقع شده است. علّت شهرت وی به رومی و مولانای روم، طول اقامت وی در شهر قونیه بود که اقامتگاه اکثر عمر وی به شمار می‌رفت و آرامگاه او نیز در همین شهر به کعبةالعشّاق موسوم است.

پدر مولانا، محمّد بن حسین خطیبی است که به **بهاءولد** معروف شده و او را **سلطان العلماء** لقب داده‌اند. پدر بهاء ولد، حسین بن احمد نیز به روایت افلاکی، خطیبی بزرگ و از افاضل روزگار و علاّمهٔ زمان به شمار می‌رفت. چنانکه رضی‌الدّین نیشابوری نزد وی تعلیم دیده بود که خود از عالمان و فقیهان بنام قرن ششم هجری بود. زندگی **بهاءالدّین** (متولّد ۵۴۶ ق / ۱۱۴۸ م) که **مولانای بزرگ** نیز نامیده می‌شد و از متکلّمان الهی بنام بود، مشحون از کرامات است که در رأس آن‌ها این کرامت که لقب سلطان‌العلمایی را حضرت محمّد(ص) به او عطا کرده است، جای دارد. نوهٔ او، سلطان ولد، آن را در ابتدانامه چنین روایت کرده است[1]: مفتیان و عالمان بزرگ بلخ در یک شب خواب واحدی می‌بینند که در آن رؤیا، پیامبر(ص) در خیمه‌ای شاهانه حضور دارد و با ورود بهاءالدّین ولد، رسول گرامی(ص)، وی را در کنار خویش جای می‌دهد و از همگان می‌خواهد که بعد از این بهاءالدّین ولد را سلطان عالمان خطاب کنند.

بنابراین محقّقان معتقدند: به استناد اعتماد بر این رؤیای صادقه و اشرافی که بهاءالدّین ولد بر ضمایر آنان داشته و پیشاپیش از آنچه بر آن‌ها گذشته به ایشان خبر داده است، وی با اطمینان خاطر لقب سلطان العلمایی را زیر فتواهای خود می‌افزوده است.

---

۱ - ابتدا نامه، سلطان ولد، ص ۱۸۸، نقل از زندگانی مولانا، گولپینارلی، صص ۸۳ و ۸۴.

روایت دیگری وی را از اولاد ابوبکر می‌داند، این مطلب را نخستین بار سپهسالار سر زبان‌ها انداخته است؛ ولی در معارف سلطان‌العلماء و آثار مولانا و در کتیبهٔ عربی مزار سلطان‌العلماء و مولانا نیز کوچک‌ترین اشاره‌ای بدین انتساب نیست. همچنین در مقدمهٔ عربی دیوان کبیر [نسخهٔ شمارهٔ ۶۷ کتابخانهٔ موزهٔ مولانا] دربارهٔ این انتساب اشاره‌ای نرفته است. نتیجه آنکه روایاتی که نسب سلطان‌العلماء را به ابوبکر می‌رساند بعد از زمان سلطان ولد نوشته شده و حقیقتی ندارد.

شاید این روایت ناشی از آن باشد که نام جدّ مادری سلطان‌العلماء، ابوبکر بوده است (شمس الائمه ابوبکر محمّد) و این شباهت اسمی با نام ابوبکر نخستین خلیفهٔ راشدین، تخلیط شده باشد. خالصه خاتون، مادر شمس الائمه از فرزندان امام محمّد تقی الجواد نهمین پیشوای شیعیان (۲۲۰ هـ/ ۸۳۰ م) بوده است و به نوشتهٔ افلاکی، سلطان‌العلماء پیوسته بدین نسب افتخار می‌کرده است.[۱] همان‌گونه که از معارف بهاءالدّین ولد می توان دریافت، وی نه تنها در تصوّف، بلکه در علوم عصر خود تبحّری بسزا داشته و لقب سلطان‌العلماء بر وی برازنده بوده است. علی‌رغم آراستگی بهاءالدّین ولد به علوم نقلی و فضایل عصر خویش، وی به تألیف و قید معانی درکتاب نپرداخته و تنها اثر موجود از او کتابی است به نام **«معارف»** که صورت مجالس و مواعظ او به شمار می‌آید. تأثیر این کتاب و اندیشهٔ او بر فکر و آثار مولانا بسیار بوده است و با مطالعه و بررسیِ آن، اشتراک خطوط عمدهٔ فکر و مبانی تصوّف در آثار مولانا و معارف بهاءولد مشخّص می‌گردد.

۱ ـ چنانکه بهاءولد گوید: چو تو خود را رغبتی دیدی به الله می‌دان که آن تقاضای الله است و اگر میل تو به بهشت است، آن میل بهشت است که تو را طلب می‌کند. همین معنی در دفتر سوم مثنوی:

هیچ عاشق خود نباشد وصل‌جو / که نه معشوقش بود جویای او
چون در این دل برق نور دوست جست / اندر آن دل دوستی میدان که هست
در دل تو مهر حق چون شد دو تو / هست حق را بی‌گمانی مهر تو
هیچ بانگ کف زدن آید بدر / از یکی دست تو بی دست دگر

۲ ـ همچنین بهاءولد در معارف گوید: خود را نگاهدار از دزدان و همنشینان که ایشان به نغزی همه راحت تو را بدزدند، همچنانکه هوا، آب را بدزدد. در دفتر سوم مثنوی:

اندک اندک آب را دزدد هوا / و اینچنین دزدد هم احمق از شما

نمونهٔ دیگر از معارف: آخر تو از عالم غیب بدین سوی آمدی و ندانستی که چگونه آمدی، باز چون روی، چه دانی که چگونه روی؟ در دفتر سوم مثنوی:

آنچنان کز نیست در هست آمدی / هین بگو چون آمدی مست آمدی
راههای آمدن یادت نماند / لیک رمزی با تو بر خواهیم خواند[۲]

بهاءولد بر سر منبر به حکما و فلاسفه بد می‌گفت و آنها را مبتدع می‌خواند. این امر بر فخر

۱ - مناقب، ج ۱، ص ۷۵. ۲ - زندگانی مولانا جلال الدّین، فروزانفر، ص ۳۳.

رازی که استاد خوارزمشاه و سرآمدِ حُکمای عصر بود، گران می‌آمد و خوارزمشاه را به دشمنی با بهاءولد بر می‌انگیخت. بهاءولد در نهایت به جلای وطن تن در داد و قصد حج کرد. در نیشابور وی را با شیخ فریدالدّین عطّار اتّفاق ملاقات افتاد. در آن روزگار مولانا جوان بود به روایتی چهارده ساله و به قولی بزرگ‌تر. عطّار کتاب اسرارنامه را به جلال‌الدّین هدیه داد[1] و به بهاءولد گفت: زود باشد که این پسرِ تو آتش در سوختگان عالم زند.

محقّقان علّت مهاجرت این عالم عالی‌قدر را دوگانگی اندیشه بین او و مردم بلخ می‌دانند و همچنان که خود بهاءولد در معارف به آن اشاره کرده است لقب «سلطان‌العلماء» موجب اعتراض شدید مردم شده بود. علاوه بر آن عدم علاقهٔ خوارزمشاه به پیروان نجم‌الدّین کُبری؛ زیرا به روایت جامی،[2] بهاءالدّین ولد از خلفای نجم‌الدّین کُبری بوده است که در فتنهٔ مغول به سال ۶۱۸ هجری / ۱۲۲۱ م کشته شد.

شهادت مجدالدّین بغدادی (۶۱۶ هـ / ۱۲۱۹ م)، همچنین نزدیک شدن سپاه مغول به خوارزم نیز می توانند عوامل اصلی این جلای وطن باشند.

حمدالله مستوفی[3] مهاجرت بهاءالدّین ولد را حدود سال ۶۱۸ هـ / ۱۲۲۱ م قید کرده است. بنا به نوشتهٔ سپهسالار[4] این قافله از بلخ خارج شد و دیار به دیار رفت تا به بغداد رسید و پس از چند صباح راه حج را در پیش گرفت و پس از آن به ارزنجان رفت و سپس به قونیه وارد شد. سپهسالار ذکر می‌کند که علاءالدّین کیقباد، قاصدی فرستاد و سلطان‌العلماء را به قونیه دعوت کرد؛ امّا در **ابتدانامهٔ** سلطان ولد اشاره‌ای به دعوت علاءالدّین کیقباد نشده است.

سلطان‌العلماء در قونیه نیز مجالس وعظ داشت و در مدّت کوتاهی شهرت شایانی کسب کرد. چنانکه امیر بدرالدّین گوهرتاش، لَلهٔ سلطان علاءالدّین کیقباد حلقهٔ ارادت وی را به گوش گرفت و در سِلکِ مریدان وی در آمد و مدرسه‌ای به نام او بنا کرد. این مرد بزرگ حدود ۲ سال در قونیه زیست و بالاخره روز جمعه هجده ربیع‌الاخر سال ۶۲۸ ق / ۱۲ ژانویه ۱۲۳۱ م، روی در نقاب خاک کشید.

چون سلطان‌العلماء در سال ۵۴۶ ق / ۵۲-۱۱۵۱ م تولّد یافته؛ بنابراین هنگام مرگ ۷۹ یا ۸۰ سال داشته است.

مولانا در فیه مافیه[5]، خاطره‌ای را از محاصرهٔ سمرقند توسط خوارزمشاه بیان می‌دارد که در ضمن این محاصره آنان نیز در حصار گرفتار بوده‌اند. با بررسی تاریخ محاصره که بین ۶۰۴ تا ۶۰۹ هـ یا ۱۲۰۷ تا

---

۱ – به روایت جامی در نفحات‌الانس، ص ۴۵۷ به بعد و دولتشاه در تذکرة‌الشعرا، طبع کلاله خاور، ص ۱۴۵.

۲ – نفحات‌الانس، جامی، ص ۴۵۷.   ۳ – تاریخ گزیده، چاپ اوقاف گیب لیدن، ۱۹۱۰، ص ۷۹۱.

۴ – رساله سپهسالار، صص ۱۴-۱۳.   ۵ – فیه ما فیه، ص ۱۷۳.

۱۲۱۲ م رخ داده است به این نتیجه می رسیم که علی رغم تمام روایات مشهور، تولّد مولانا اندکی پیش از ۶۰۴ هـ بوده است که توانسته خاطرات خویش را ضبط کند.[1] مادر مولانا، **مومنه خاتون**، طیِ اقامت آنان در **قرامان** «لارنده» واقع در صد کیلومتری جنوب خاوری قونیه وفات یافت و در همان محل مدفون گردید و آرامگاه وی که در جوار مزار یونس اَمره شاعر معروف ترک واقع شده است، زیارتگاهی است برای ارادتمندان و مشتاقان مولانا جلال‌الدّین. بنا به نوشته بعضی مآخذ، مولانا در لارنده با **گوهرخاتون** دختر لالای سمرقندی ازدواج کرد. سلطان ولد و علاءالدّین چلبی حاصل این پیوند هستند.

بعد از وفات بهاءولد در سن ۸۰ سالگی، مولانای ۲۴ ساله بنا به خواهش مریدان پدر بر جای وی نشست و بساط وعظ بگسترد و رایت شریعت را بر افراشت و یک سال تمام مفتی شریعت بود تا **سیّد برهان‌الدّین محقّق ترمذی** بدو پیوست.[2]

این سیّد سالخورده که مراتب سلوک را نزد پدر مولانا در بلخ طی کرده بود، توقّف در علم قال را برای شاگرد مستعدّ خویش که شایستگیِ عروج به آسمان‌ها را داشت، مناسب نمی‌دید و وی را مُلزم به ادامه تحصیل در شام و حلب نمود، با تأکید فراوان به پرداختن **«علم حال»** در جوار **«علم قال»**.

دمشق و حلب در عصر مولانا، از مراکز عمدهٔ تعلیمات اسلامی به شمار می‌رفتند. مولانا مدّتی در مدرسه حلاویهٔ حلب که یکی از مراکز عمدهٔ حنفیان بود، فقه و علوم مذهبی را به احتمال زیاد نزد کمال‌الدّین ابن‌النّدیم که فقیه حنفی بود تحصیل کرد و سپس عازم دمشق گردید. در آن ایّام، شیخ اکبر محیی‌الدّین[3] آخرین سال‌های عمر را در این شهر می‌گذراند و چنانکه کمال‌الدّین حسین خوارزمی

---

۱ - مولانا جلال الدّین، تألیف گولپینارلی، ترجمه دکتر سبحانی، صص ۹۶ و ۹۷.

۲ - **سیّد برهان‌الدّین محقّق ترمذی** از خلفای **سلطان‌العلماء** بود، در جستجوی پیر خویش از ترمذ به راه افتاده بود و یک سال پس از وفات بهاءالدّین ولد به قونیه رسید. وی که در کودکی مولانا، مربی و لَلهٔ او بوده است، با وقوف بر وفات مراد خویش به تربیت و ارشاد فرزند برومند وی همت گماشت. این مهمّ نُه سال به طول انجامید و سرانجام در قیصریه روی در نقاب خاک کشید. برهان‌الدّین بر ضمایر اشراف داشت و سیّد سِرّدان و فخرالمجذوبین لقب یافته بود. گفته‌اند: از آمدن شمس به قونیه باطناً خبر یافته و بدون ذکر نام به مولانا گفته است. مولانا هرگز وی را از یاد نبرد و در دفتر دوم مثنوی (۱۳۱۹ و ۱۳۲۰) و فیه‌مافیه از وی یاد کرده و سخنان او را نقل کرده است.

۳ - **محیی‌الدّین محمّد بن علی طائی اشبیلی** (۶۳۸-۵۶۰ هـ ق) از عرفای برجسته و متصوّفهٔ بنام اسلامی است که تصوّف و عرفان را بر قواعد عقلی و اصول علمی متّکی ساخت از آثار معروف او فتوحات مکّی و فصوص الحکم است. اندیشه و تفکّر وی در وحدت وجود، به گونه‌ای خاص است، چنانکه غالباً فقها و برخی از متصوّفه مانند علاءالدوله سمنانی (متوفی ۷۳۶) به سبب آن، او را طعنه زده‌اند؛ امّا در هر حال، بیشتر آرای عرفا و حکمای اسلامی از قرن هشتم به بعد، تحت تأثیر آرای اوست. وفات او در دمشق واقع شد و در صالحیّهٔ آن شهر مدفون گردید. وی نخستین کسی است که در کتاب فصوص، برای اوّلین بار اصطلاح «انسان کامل» را به کار برد و بعد از او نَسَفی به شرح و بسط آن پرداخت.

در جواهرالاسرار گفته است، در طول اقامت در دمشق، مولانا با ابن‌عربی و سعدالدّین حَمَوی و اوحدالدّین کرمانی و صدرالدّین قونوی صحبت داشته است. توقّف مولانا در دمشق، ظاهراً بیش از چهار سال به طول نینجامیده است.

جلال‌الدّین محمّد بلخی، وقتی در حدود سی و سه سالگی به قونیه بازگشت، مولانای روم و مُفتی بزرگ عصر تلقّی می‌شد.

نمونه‌هایی از لحن پر وقار عالمانه و زاهدانه وی در آن دوره را در **«مجالس سبعه»** می‌توان یافت. کاروان غیب این گوهر بی‌چون را آلودهٔ چون و چرا نمی‌پسندید و اقیانوس آرام درون وی را در جوش و خروش می‌خواست و دستِ غیرتِ عشق در کار بود تا آتش در بنیادِ غیر زند و مولانای سرگرم درس و بحث را سرمست حقیقت سازد. ناگهان آفتاب عشق و حقیقت **شمس** پرتوی بر آن جان پاک افکند و چنانش تابناک نمود که چشم‌ها از نور وی خیره گردید و فهم‌ها از ادراک آن عاجز.

آن انسان آسمانی که حضور و ظهورش به یک‌باره طومار زندگی و احساس مولانا را در هم نوردید و از آن سجّاده‌نشین باوقار، عاشقی بیقرار را به تصویر کشید، شمس تبریزی بود.

شمس الدّین محمّد بن علی بن ملک‌داد از مردم تبریز بود. همواره نمد سیاه می‌پوشید. در هر شهری که وارد می‌شد مانند بازرگانان در کاروان‌سراها منزل می‌کرد و قفل بزرگی بر در حجره می‌زد چنانکه گویی کالای گران‌بهایی در اندرون است حال آنکه حصیرپاره‌ای بیش نبود. روزگار را به ریاضت و جهانگردی می‌گذرانید و گاه مکتب‌داری می‌کرد.[1] در شهر تبریز، پیران طریقت، او را **«کامل تبریزی»** می‌خواندند و به جهت سفرهای بسیار به او **«شمس پرنده»** نیز می‌گفتند. شمس از **مستوران حرم قدس** بود. قبل از برخورد با مولانا هیچ آفریده را بر حال او اطّلاعی نبود. زندگی و مرگ این «شمس بی‌غروب» که از قبولِ خلق می‌گریخت و شهرتِ خود را پنهان می‌داشت در پردهٔ اسرار فرو پیچیده است.

شمس در تاریخ **شنبه ۲۶ جمادی‌الثانی** ۶۴۲ هـ‌ق / ۲۳ اکتبر ۱۲۴۴ م به قونیه آمد و پس از شانزده ماه در تاریخ ۲۱ شوال ۶۴۳ از آن شهر رفت و دوباره پس از چندی در سال ۶۴۴ به قونیه بازگشت و در سال ۶۴۵ به کلّی ناپدید شد و به افسانه‌ها پیوست؛ امّا آتشی که نگاه سوزان، عمیق و نورانی وی در وجود مولانا بر افروخته بود، هرگز خاموش نشد و آن فقیه عالی قدر که اینک عاشق پاک‌باخته‌ای شده بود، تمام باقی‌ماندهٔ عمر خویش را با قول و غزل و شعر و ترانه و چنگ و چغانه و در سماع عاشقانه گذراند.

در روز شنبه بیست و ششم جمادی الآخر سال ۶۴۲ هـ / ۲۳ اکتبر ۱۲۴۴ م شمس وارد قونیه شد و در

---

۱ - مناقب، ج ۲، ص ۶۱۵.

کاروان‌سرای «خان برنج‌فروشان»[۱] یا «خان شکرریزان»[۲] اقامت گزید. وی در آن ایّام در مراحل کمال و از نظر سنّی احتمالاً شصت ساله بوده است.[۳] شمس در سفرها همواره در کاروان‌سراها اقامت می‌کرد. او با طنزی دل‌نشین در این مورد می‌گوید:

«در آن کنج کاروان‌سرای می‌باشیدم. آن فلان گفت: به خانقاه نیایی؟ گفتم: من خود را مستحقِ خانقاه نمی‌دانم. خانقاه را جهت آن قوم کرده‌اند که ایشان را پروای پختن و حاصل کردن نباشد، روزگار ایشان عزیز باشد، به آن نرسند. من آن نیستم. گفت: مدرسه نیایی؟ گفتم: من آن نیستم که بحث توانم کردن. اگر تحت‌اللفظ فهم کنم، آن را نشاید که بحث کنم و اگر به زبان خود بحث کنم، بخندند و تکفیر کنند. من غریبم، و غریب را کاروان‌سرا لایق است.»[۴]

شمس در پی راز و نیازی که با حق تعالیٰ داشت و درخواست همصحبتی از جنس خویش کرده بود، راهی مغرب زمین شده بود؛ زیرا به نقل از افلاکی[۵]، از عالم غیب خطاب آمد که «آن همصحبتی که می‌طلبی در روم است.»

اینک شمس در پی گم‌شدهٔ خویش به قونیه رسیده بود، هرچند که به روایت افلاکی اوّلین دیدار مولانا و شمس در دمشق بوده است و روزی در میان هنگامهٔ مردم در شهر دمشق، مولانا دست مبارک شمس‌الدّین را گرفت و فرمود: صرّاف عالم مرا دریاب! تا شمس‌الدّین از عالم استغراق به خود آمد، مولانا رفته بود. آن زمان مصادف بود با ایّامی که جلال‌الدّین محمّد برای تحصیل در دمشق ساکن بود.[۶]

شمس که به گفتهٔ خود وی جملهٔ ولایت‌ها را از پیر خویش **شیخ ابوبکر سلّه‌باف** یافته بود، به درجه‌ای از تعالی و کمال رسیده بود که به پیر خود قانع نبود و در طلب اکملی از تبریز به راه افتاده و صحبت تعدادی از اقطاب و اکابر را دریافته بود و در بغداد، با شیخ **اوحدالدّین کرمانی**[۷] دیداری داشته و روش شاهددوستی این شیخ خانقاه‌دار را نپسندیده و به او گفته بود: از غرض تهی نیستی.[۸] در دمشق با **محیی‌الدّین ابن‌عربی** دیدار و صحبت داشته است و در **«مقالات»** با نام محمّد از وی یاد کرده و او را در متابعت از رسول گرامی(ص) نیافته و از محیی الدّین که عادت به تذکار خطای دیگران داشته است، خطایی دیده و به وی بازگفته و سبب انفعال عظیم شیخ اکبر گردیده است.[۹] از دیگر بزرگان

---

۱ - رسالهٔ سپهسالار، ص ۱۲۶. ۲ - مناقب العارفین، ج ۲، ص ۶۱۸.
۳ - ر.ک. مولانا جلال الدّین، گولپینارلی، ترجمه دکتر سبحانی، پژوهشگاه علوم انسانی و مطالعات فرهنگی، ۱۳۷۵، ص ۱۳۰ ۴ - مقالات، تصحیح موحّد، دفتر ۱، ص ۱۴۱. ۵ - مناقب العارفین، ج ۲، صص ۶۸۳ و ۶۹۱.
۶ - همان، ص ۶۱۸. ۷ - از عرفای قرن هفتم متوفی به ۶۳۵. ۸ - همان، ص ۶۱۶.
۹ - همان، صص ۲۳۹ و ۲۴۰ و ۲۹۹.

معاصر شمس، شیخ **شهاب‌الدّین سهروردی** (شیخ مقتول) بود که با وی دیدار و صحبت داشته و مهری از او در دل شمس بوده است؛ امّا معتقد بود، آن شهاب‌الدّین را علمش بر عقلش غالب بود.[۱]

و در باب **خرقهٔ** خود و عظمت آن گفته بود: هرکسی سخن از شیخ خود گوید، ما را رسول علیه‌السّلام در خواب خرقه داد. **خرقهٔ صحبت**، صحبتی راکه دی و امروز و فردا نیست. عشق را با دی و امروز و فردا چه‌کار؟[۲]

و اینک شمس که به تعبیر خود وی تا از شهر خویش بیرون آمده، علی‌رغم هم‌صحبتی با بسیاری از بزرگان کسی را در مقام شیخی نیافته است، در طلب هم‌صحبتی از جنس خویش به قونیه وارد شده و در خان شکرریزان فرود آمده است.

به روایت افلاکی، روزی حضرت مولاناکه در چهار مدرسهٔ معتبر تدریس می‌کرد، با جمعی از فضلا از مدرسهٔ پنبه‌فروشان بیرون آمد و از مقابل خان شکرریزان می‌گذشت، در حالی‌که استری سوار بود و اکابر علما در رکابش پیاده می‌رفتند. حضرت شمس‌الدّین برخاست و عِنان مرکبِ مولانا راگرفت که: یا امامَ المسلمین، **بایزید بزرگ‌تر است یا محمّد؟** مولاناگفت: این چه سؤال است؟ محمّد(ص) ختم پیامبران است. وی را با ابویزید چه نسبت؟ شمس گفت: پس چرا محمّدگفت: **ما عَرَفناكَ حَقَّ مَعْرِفَتِكَ** و بایزیدگفت: **سُبْحانی ما أعْظَمُ شأني**. مولانا فرمود: از هیبت آن سؤال گوییاکه هفت آسمان از هم‌دگر جدا شد و آتش عظیم از باطن من به دماغ زد و در پاسخ‌گفت: بایزید را تشنگی با جرعه‌ای ساکن شد و دم از سیرابی زد؛ امّا محمّد(ص) را استسقای عظیم بود و دریانوش، لاجرم دم از تشنگی زد و هر روز در استدعای زیادتی بود. از این دو دعوی، دعوی مصطفی(ع) عظیم است؛ از بهر آنکه چون بایزید به حق رسید، خود را پُر دید و بیشتر نظر نکرد؛ امّا محمّد(ص) هر روز بیش‌تر می‌دید و پیش‌تر می‌رفت؛ از این‌رو فرمود: **ما عَرَفناكَ حَقَّ مَعْرِفَتِكَ**.[۳] همانا‌که مولانا شمس‌الدّین نعره‌ای زد و بیفتاد. مولانا از استر فرود آمده فرمود؛ تا او را برگرفتند و به مدرسهٔ مولانا بردند وگویند تا به خود آمدن وی سر مبارک او را بر سر زانو نهاده بود. بعد از آن روانه شدند و مدّتی مدید مصاحب و مجالس و مکالمِ یک‌دیگر بودند. افلاکی روایت می‌کند: سه ماه تمام در حجرهٔ خلوت چنان نشستندکه اصلاً بیرون نیامدند وکسی را زَهره نبودکه در آن خلوت در آید.[۴]

مولانا از همان اوّلین روزهای آشنایی با شمس، خانه و تدریس را رها کرد و به اتّفاق میهمان محبوب خویش در منزل **صلاح‌الدّین زرکوب**، سکونت گزید تا به دور از هیاهوی مریدان و مردمان بتواند خویش را غرق در جام نورانی وجود او کند. صلاح‌الدّین نیز از آغاز مجذوب شمس گردید و **حُسام‌الدّین** جوان هم مجاز به تردّد در این خلوت بود به جهت خدمت به مرشد خویش و مهمان محبوب وی.

این خلوت سه ماه یا بیشتر طول کشید. خلوتی که در طیّ آن تحوّلات عظیمی در مولانا رخ داد. عشق به شمس، مولانا را به دنیایی سراپا نور و شور و دلدادگی و شفقت برده بود؛ مولانا بعد از این

---

۱ - ر.ک. مقالات شمس، ص ۲۹۷. ۲ - همان، صص ۱۳۳ و ۱۳۴. ۳ - مناقب، ج ۲، صص ۶۱۸ و ۶۱۹.
۴ - همان، ص ۶۲۰.

خلوت روحانی به میان مریدان بازگشت؛ امّا با تغییری که برای آنان غیر قابل تحمّل بود؛ زیرا مُراد و مُرشد خود را در هیأتِ دلدادهای شیدا می دیدند که محوِ جمال شمس است و مرید بی چون و چرای او. مولانا خاموش شده بود و شمس بود که سخن می‌گفت با منطق و استدلالی قوی و نیرومند. از همه چیز: فلسفه، کلام، حدیث، قرآن و تفسیر آیات، مذاهب گوناگون و به تحلیل عقاید مختلف می پرداخت. بر علوم رایج زمان خود به خوبی احاطه داشت و حکایات و تمثیلات را بـه عـنوان قالبی برای بیان اصول مورد نظر خویش به کار می برد. عارفی عـالِم و صـاحب‌نظری قـدرتمند و تحلیل‌گری آگاه بود. کلامش کوبنده و رها از آراستگی های ظاهری متکلّمان و فقیهان بود؛ امّا سخت بیدارکننده و به قول خود وی: «همه سخنم به وجه کبریا می آید.»[1]

در **مقالات** که به صورت مشتی یادداشت‌های پراکنده از سخنان شمس به هـمّت حـاضران در مجالس وعظ وی بر جای مانده است، با چهرهٔ درخشنده و تابناک و ویژگی های منحصر به فرد او بیشتر آشنا می شویم[2] و می بینیم که می‌گوید:

مرا در این عالم با این عوام هیچ کاری نیست. برای ایشان نیامده‌ام. این کسانی که رهـنمای عـالم‌انـد بـه حق، انگشت بر رگ ایشان می‌نهم.

و در جای دیگر: معنی ولایت چه باشد؟ آنکه او را لشکرها باشد؟ نی، بلکه آن بـاشد کـه ولایت بـر احـوال خویشتن و صفات خویشتن و کلام و نَفْسِ خویشتن باشد.[3]

و نیز از سخنان اوست: سخن با خود توانم گفتن، با هر که خود را دیدم در او. تو اینی که نیاز می‌نمایی. آن تو نبودی که بی‌نیازی و بیگانگی می‌نمودی. آن دشمن تو بود، از بهر آنش می‌رنجانیدم که تو نبودی. آخر من تو را چگونه رنجانم که اگر بر پای تو بوسه دهم ترسم که مژهٔ من درخَلَد پای تو را خسته کند.[4]

و با این طرز تفکّر و چنین اندیشه‌ای است که شمس، انگشت بر رگ مولانا می‌نَهد؛ زیرا وی را به حق، رهنمای عالم می یابد؛ امّا این فقیه عالیقدر که شایستهٔ عروج به آسمان‌هاست هـنوز در قـید تعلّقات اسیر است و بر نَفس خویش امارت ندارد و چنین برداشتی از مولانای صاحب جاه و مقام است که شمس را بر آن می‌دارد که مولانا را به قماری عاشقانه فراخوانَد. قماری که در آن باید همه چیز را باخت و از هر قیدی رها شد. این باختِ هستی های مجازی را مولانا در غزلی دلکش در تبیین قمار عاشقانه‌ای که بدان فراخوانده شد، منظوم فرموده است که بخشی از این غزل مشهور را به جهت تیمّن و تبرّک نقل می‌کنیم:[5]

---

۱ - مقالات شمس، تصحیح و تعلیق محمّد علی موحّد، خوارزمی، ۱۳۶۹، ص ۱۳۹.

۲ - محقّقان معتقدند: گردآوری مقالات که مجموعهٔ سخنان برجای ماندهٔ شمس است، بنا به توصیهٔ سـلطان ولد بوده و این کتاب در میان مولویان به «خرقهٔ شمس تبریزی» موسوم است. نقل از: ر.ک. پیشین، صص ۳۹ و ۴۰.

۳ - همان، ص ۸۵ ۴ - همان، ص ۹۹. ۵ - دیوان شمس، فروزانفر، ص ۵۳۹.

مُرده بُدم زنده شدم گریه بُدم خنده شدم — دولت عشق آمد و من دولت پاینده شدم
دیدهٔ سیرست مرا جان دلیرست مرا — زهرهٔ شیرست مرا زهرهٔ تابنده شدم
گفت که دیوانه نه‌ای لایق این خانه نه‌ای — رفتم و دیوانه شدم سلسله بندنده شدم
(الخ)

شمس معتقد بود: صحبت اهل دنیا آتش است، ابراهیمی باید که او را آتش نسوزد.[1] و بدین ترتیب شمس، انگشت بر رگ مولانا می‌نهد. مولانایی که از دید وی شیخ کاملی است و اعتباری نادر را در وی دیده است. در ارتباط با دیگران به این نتیجه رسیده بود که: بر دل‌ها مُهر است. بر زبان‌ها مُهر است و بر گوش‌ها مُهر است.[2] و اینک با چنین گوهر نایابی درکسوت شیخی مُعزّز، بدون رعایت هیچ قید و شرطی که خود آن را به بی‌نفاقی تعبیر می‌کند، لب به سخن گشود، با این تأکید که «از برکات مولانا است، هر که از من کلمه‌ای می‌شنود».

و از این‌رو است که به مولانا تأکید دارد:

با خلق اندک بیگانه شو. حق را با خلق هیچ صحبت و تعلّق نیست. ندانم ازیشان چه حاصل شود؟ کسی را از چه باز رهانند؟ یا به چه نزدیک کنند؟ آخر تو سیرت انبیا داری. پیروی ایشان می‌کنی. انبیا اختلاط کم کرده‌اند. ایشان به حق تعلّق دارند، اگرچه به ظاهر خَلق گِرد ایشان درآمده‌اند.[3]

همین معنی را مولانا در غزلی مترنّم است:[4]

یار شدم یار شدم با غم تو یار شدم — تا که رسیدم برِ تو از همه بیزار شدم

و بدین‌سان مولانا بعد از خروج از خلوت صاحب‌دلان، گرچه به میان خلق و مریدان بازگشت؛ امّا دل وی که محلّ توجّه حق و سِرّ سویدای او بود، هرگز به تفرقه باز نیامد و گرچه مهرِ بی‌نظیر او باران رحمتی بود که بر همگان می‌بارید؛ امّا مهر خاصّ وی برای خاصان و عشق او مختصِ خاص‌الخاصی بود که حقیقت را در وجودش یافته و فاش گفته بود:

کعبهٔ من کنشت من دوزخ من بهشت من — فاش بگفتم این سخن شمس من و خدای من

بنابراین، مولانا بعد از خلوتی که در نظر یاران تحمّل آن بس طاقت‌فرسا بود، به میان مریدان باز گشت با احوالی به کلّی دگرگون و متفاوت. اینک شمس بود که شیخ و مراد شده بود. مولانا را از مطالعهٔ آثاری که بسیار بدان‌ها علاقه‌مند بود مانند معارف سلطان‌العلماء و دیوان متنّبی (شاعر عرب، متوفی ۳۵۴ هـ / ۹۶۵ م) باز می‌داشت و در این امر بسیار جدّی و سخت‌گیر بود. افلاکی از مولانا نقل کرده است:

---

۱ – مقالات شمس، ص ۱۰۹.　۲ – همان، ص ۲۳۳.　۳ – همان، ص ۲۳۱.
۴ – کلیات شمس، فروزانفر، ص ۵۳۹.

«چون شمس‌الدّین به من رسید، هماناکه آتش عشق در درونم شعله‌ای عظیم می‌زد، به تحکّم تمام فرمود: دیگر سخنان پدرت را مخوان. به اشارت او زمانی نخواندم؛ پس فرمود که باکس سخن مگو. مدّتی به سخن گفتن نیز نپرداختم و از این‌روکه سخنان ما غذای جان عاشقان شده بود، به یک‌بارگی تشنه ماندند و از پرتو حسرت ایشان به شمس‌الدّین چشم زخم رسید.»[1] همچنین روایت شده است: «پیوسته شمس‌الدّین بر در حُجرهٔ مدرسه می‌نشست و مولانا در حُجره بود، از هر یاری که دیدار مولانا را می‌خواست، می‌پرسید: چه آورده‌ای و شکرانه چه می‌دهی تا او را به شما بنمایم؟»[2]

و چنین بودکه مریدان بی‌طاقت شدند و به ستیزه با شمس برخاستند و بعضی از آنان دور از چشم مولانا به وی دشنام می‌دادند و او را تهدید می‌کردند.

بدین ترتیب عرصه بر شمس تنگ گردید و ناگهان غیبت کرد و در بیست و یکم شوال ۶۴۳ه/ ۱۲۴۶م ناپدید شد. شمس به جایی نامعلوم سفر کرده بود و مریدان از کابوسی که حدود شانزده ماه آنان را عذاب داده بود، رهایی یافتند.

در **فاجعهٔ غیبت شمس**، مولانا بیقرار و ناامید، امّا خاموش بر جای ماند و از آنان که شمس را رنجانده و آزرده خاطر ساخته بودند، روی برگردانید؛ امّا به روایت سلطان ولد: آنان راکه پشیمان شده و عذرخواه بودند نیز بخشید و بر خطای آنان قلم عفو گرفت.[3] روزها و هفته‌ها با سکوت و اندوه گذشت تا سرانجام نامه‌ای کوتاه از شام به خطّ شمس رسید.

دریافت خبر از جانب شمس شور و هیجانی در مولانا برانگیخت و چند نامهٔ منظوم پی‌درپی برای محبوب فرستاد که افلاکی تعداد آن‌ها را چهار ذکر کرده است.[4] و بی‌آنکه منتظر پاسخی باشد، فرزند خویش سلطان ولد را با نقدینه‌ای به همراهی بیست تن از مریدان به سوی شام روانه ساخت.[5] نامه‌ای که سلطان ولد، کبوتر پیک آن بود، غزلی است عاشقانه:[6]

به خدایی که در ازل بوده‌ست	حیّ و دانا و قادر و قیّوم
نور او شمعهای عشق افروخت	تا بشد صد هزار سِر معلوم
از یکی حکم او جهان پُر شد	عاشق و عشق و حاکم و محکوم
در طلسماتِ شمس تبریزی	گشت گنج عجایبش مکتوم
که از آن دم که تو سفر کردی	از حلاوت جدا شدیم چو موم

(الخ)

سلطان ولد، به گفتهٔ افلاکی، بنا به توصیهٔ مولانا درکاروان‌سرایی مشهور در جبل صالحیّه دمشق فرود می‌آید و شمس را در زاویه‌ای می‌یابد و نامهٔ منظوم و نقدینه راکه دو هزار دینار بوده مقابل

---

۱ - مناقب، ج ۲، صص ۶۲۲ و ۶۲۳. ۲ - همان، ص ۶۸۳. ۳ - ابتدانامه، سلطان ولد، صص ۴۷-۴۵.
۴ - مناقب، ج ۲، صص ۷۰۳-۷۰۱. ۵ - همان، ص ۶۹۵. ۶ - کلیات شمس، فروزانفر، ص ۶۶۳.

وی می‌نهد و استغفار مریدان را از کرده‌ها و ندامت ایشان را از خطاها باز می‌گوید[۱] دریای مهر و شفقت شمس به جوش می‌آید و عازم قونیه می‌شود؛ در حالی که تمام مسیر دمشق تا قونیه را که بیش از یک ماه طیّ آن به درازا انجامید، سلطان ولد در رکاب آن سلطان معنا به احترام بسیار، پیاده طیّ طریق می‌کرد و به این ترتیب آن **بهانه‌های شیرین** و **ترانه‌های موزون** که سلطان ولد و مریدان، رسولان و حاملان آن بودند تأثیرات سحرآسای خویش راکرد و آن **صنم گریزپا** بازگشت و به روایت افلاکی: غزلی که هم‌زمان با رفتن کاروان یاران به سوی شام سروده شده مؤیّد آن است:

بروید ای حریفان بکشید یار ما را — بمن آورید آخر صنم گریزپا را
به بهانه‌های شیرین به ترانه‌های موزون — بکشید سوی خانه مَهِ خوب خوش‌لقا را
اگر او به وعده گوید که دم دگر بیایم — همه وعده مکر باشد بفریبد او شما را
(الخ)

بدین ترتیب انتظار دردناک مولانا برای دیدار مجدّد یار اندکی کمتر از سه ماه (از شوال ۶۴۳ تا محرم ۶۴۴) طول کشید و شمس مجدّداً به قونیه وارد شد (محرّم ۶۴۵ هـ / هشتم ماه مه ۱۲۴۷ م). و قبل از ورود کاروان سلطان ولد، پیکی به سوی پدر بزرگوار خویش فرستاد و خبر مسرّت‌بخش ورود محبوب را به اطّلاع مولانا رسانید. غزل‌های عاشقانه‌ای با نزدیک شدن قافله سالار عشق سروده شد که شادی و شعفی وصف‌ناپذیر در آن موج می‌زند:

آب زنید راه را هین که نگار می‌رسد — مژده دهید باغ را بوی بهار می‌رسد
راه دهید یار را آن مه ده چهار را — کز رخ نوربخش او نور نثار می‌رسد
چاک شده‌ست آسمان، غلغله است در جهان — عنبر و مشک می‌دمد، سنجق یار می‌رسد
(الخ)[۲]

دیدار شمس جان رفته را به تنِ مولانا باز آورد و زندگی جریان عاشقانه‌اش را در شور و غزل و سماع باز یافت و نوای چنگ و چغانه باز هم زینت‌بخش مجالس سماعی بود که هر یک از یاران به مناسبت بازگشت شمس ترتیب می‌داد و مولانا فارغ‌البال از اندیشهٔ بدخواهان با شمس تنگاتنگ صحبت داشت؛ امّا زمانه آبستن حوادثی ناگوار بود.

عنایتِ بسیار شمس در حقِّ سلطان ولد که در رکاب وی از دمشق تا قونیه پیاده راه را طی کرده بود، موجب عدم رضایت علاءالدّین محمّد فرزند کوچک‌تر مولانا می‌شد.

مولانا برای پای‌بندکردن هرچه بیشتر شمس، **کیمیاخاتون** راکه در حرم خود پرورده بود به ازدواج با شمس ترغیب کرد و این پیشنهاد بی‌درنگ مورد قبول شمس نیز قرار گرفت.

این خبر، عدم رضایت علاءالدّین محمّد راکه گوشهٔ چشمی به کیمیا داشت افزون‌تر کرد و بار دیگر مخالفت‌ها شدّت یافت.

---

۱ - مناقب، ج ۲، صص ۶۹۵ و ۶۹۶. ۲ - کلیات شمس، فروزانفر، ص ۲۴۳.

مردم قونیه و مریدان از عشق شورانگیز و توفانی مولانا به شمس و آن همه مجالس سماع و شخصیّت آزاده و بی‌پروای شمس به خشم آمدند و مولانا را دیوانه و شمس را جادوگر خواندند. از دیدگاه عالمان و فقیهان قونیه و همچنین مردم کوچه و بازار، اینکه مولانا در مقام واعظی بی‌بدیل، فقیهی طراز اوّل، مفتیِ شایسته و مُدرّسی زبردست، اینک ترک تدریس گفته و بنیاد سماع نهاده و جامهٔ فقیهان را مبدّل به جامه‌ای از هندباری ساخته و کلاهی از پشم عسلی بر سر نهاده است، بسیار زشت و ناپسند بود و آنان را نسبت به شمس که عامل تمام این تحوّلات بود به شدّت بدبین و خشمگین می‌ساخت؛ امّا مولانا پروای اندیشهٔ غیر نداشت و شمس را که جاهلان و ناآگاهان کافر می‌خواندند، **«سرّ الله»** می‌شمرد و آشکارا **«شمس من و خدای من»** می‌گفت. این قبیل سخنان و رفتارِ شمس با مریدان و بالاخص با فرزند فاضل مولانا که وی را **«فخر اساتید»** لقب داده بودند، تنفّر علاءالدّین را نسبت به این بیگانه که هرگز در جامعهٔ اصحاب و یاران مولانا و عالِمان قونیه به رضایت خاطر پذیرفته نشد، افزون‌تر می‌کرد. هرگاه علاءالدّین سرزده به جهت دیدار و ملاقات پدر می‌آمد و از جلوی تابخانهٔ یکی از صُفّه‌های مدرسه که اتاق کوچکی به شمس و همسر محبوبش کیمیا اختصاص داده شده بود به عناد عبور می‌کرد، با سرزنش شمس مواجه می‌شد که سرزده نیاید. و این چنین بود که روز به روز نفرت و حسادت نسبت به شمس در میان اطرافیان و بعضی از افراد خانوادهٔ مولانا اوج می‌گرفت در حالی که خودِ او از جام نورانی وجود و حضور شمس مست و بیقرار بود و در میان جمع و خلوت، جز شمس را نمی‌دید و غیر او را نمی‌خواست و به حقیقت، سر دیدار هیچ کس جز یار را نداشت.

هله ساقیا سبکتر ز درون ببند آن در / تو بگو به هر که آمد که سر شما ندارد[1]

در میان این همه دلدادگی‌های مولانا، کینه‌توزی‌های دشمنان به اوج خود رسیده بود و به روایت سلطان ولد، شمس به وی اظهار داشته بود که: می‌خواهند مرا از مولانا جدا کنند و بعد از من به شادی بنشینند. این بار چنان سفری خواهم کرد که کس نداند که کجا رفته‌ام.

خواهم این بار آن چنان رفتن / که نداند کسی کجام من
همه گردند در طلب عاجز / ندهد کس ز من نشان هرگز
سالها بگذرد چنین بسیار / کس نیابد ز گرد من آثار[2]

بیماری نابهنگام کیمیا که پس از سه روز وی را به کام مرگ کشید (زمستان ۶۴۵ ق / ۱۲۴۸ م): شمس را پریشان‌خاطرتر و غمگین‌تر کرد. از دست رفتن کیمیا، برخوردهای حاسدانه و کینه‌توزانهٔ مریدان مولانا با شمس و از همه مهم‌تر، پایان یافتن **مأموریتِ الهی** وی در مورد مولانا جلال‌الدّین محمّد،

۱ - کلیات شمس، فروزانفر، ص ۳۱۶. ۲ - ابتدانامه، ص ۵۲.

سبب شد که ناگهان و بی‌خبر ناپدید گردید. حضور بیشتر وی در قونیه برای خود او بی‌ثمر بود و برای مولانا موجب ضرر. این چنین بود که قدم در راهی بی‌بازگشت نهاد. راهی که هنوز نیز در پرده‌ای از ابهام فرو پیچیده است.

اخبار و روایات در مورد پایان زندگی شمس و محلّ دفن او متفاوت است و این اختلاف مبیّن آن است که راویان و تذکره‌نویسان نیز از صحّت امر به درستی مطّلع نبوده‌اند.

افلاکی می‌نویسد[1]: در آخرین شبی که بعد از آن شمس ناپدید شد، او و مولانا در خلوت بودند. شخصی آهسته او را به بیرون خواند. هفت نفر بر ضدّ او همدست شده درکمین بودند و وی را باکارد زدند. وقتی که شمس از خلوت بیرون می‌رفت به مولاناگفت: ما را به‌کشتن می‌خوانند و بعد فقط فریادی بود و قطره خونی که بر جای ماند و دیگر هیچ...

همچنین در ادامهٔ آن می‌گوید[2]: آن ناکسان که **اسیر سرّ قَدَر** بودند و این چنین فتنه‌انگیزی نمودند، در اندک زمانی بعضی کشته شدند، بعضی به اِفلاج مبتلاگشتند و یک دو تن از بام افتادند و هلاک شدند. علاءالدّین را تب محرقه و علّتی عجب گشته، در آن ایّام وفات یافت و حضرت مولانا از غایت انفعال به جنازهٔ او حاضر نشد.

افلاکی روایت دیگری نیز دارد[3]: **اولو عارف چلبی**، فرزند سلطان ولد، از قول مادر خود فاطمه خاتون نقل کرده است: پس از شهادت شمس، سلطان ولد شمس‌الدّین را در خواب دید که من فلان جای خفته‌ام.

سلطان ولد نیمه‌شب یاران محرم را جمع کرد و وجود مبارک او را از چاه بیرون آورد و به گلاب و مشک و عبیر معطّر گردانید و در مدرسهٔ مولانا پهلوی بانی مدرسه امیربدرالدّین گهرتاش دفن کردند.

گولپینارلی در این باب مطلبی نوشته و جمع‌بندی حاصل از کلیّهٔ روایات و اخبار و نتایج حاصل از بررسی‌های موجود بر روی مزارهای آن محدوده و موزهٔ مولانا را به نحوی قابل قبول ارائه داده است[4]: اخیراً که زاویهٔ معروف به «مقام شمس» [مسجدی در نزدیکی موزهٔ مولاناکه به مقام شمس موسوم است] مرمّت می‌شد، آقای محمّد ئوندر مدیر وقت موزهٔ مولانا، در قسمت اصلی آن مقام، دریچه‌ای چوبی را مشاهده کرد که به اندازهٔ چند پله از زمین بلندتر بود، بعد از باز کردن دریچه، پلکانی سنگی ظاهر شد. در پایین پله‌ها زیرزمینی به سبک معماری عصر سلجوقی بود و آرامگاهی گچ‌اندود که درست زیر صندوق چوبی فوقانی که بر روی آن مخمل سبزی کشیده شده است، قرار داشت؛ بنابراین می‌توان روایات منقول در مناقب‌العارفین را چنین تلفیق کرد: شمس با مولانا در خلوت نشسته بود، او را به بیرون خواندند و دیگر کسی اثری از او نیافت. همان‌گونه که احتمال آن هست که به وی سوءقصد شده باشد، احتمال آن هم هست که به شام یا مکان دیگری عزیمت کرده باشد و اگر احتمال نخستین را مقرون به صحّت بدانیم، سلطان ولد پس از شنیدن موضوع، جسد را از چاه بیرون آورده و به خاک سپرده و مدّت‌ها موضوع را از مولانا مخفی داشته است. شهادت شمس روز پنجشنبه ۵ شعبان ۶۴۵ق / ۵ دسامبر ۱۲۴۷م و بنا به روایت افلاکی همزمان با هفتمین شب درگذشت کیمیاخاتون بوده است.

---

۱ - مناقب، ج ۲، ص ۶۸۴. ۲ - همان، صص ۶۸۵ و ۶۸۶. ۳ - همان، صص ۷۰۰ و ۷۰۱.

۴ - مولانا جلال‌الدّین، گولپینارلی، ص ۱۵۱.

شمس حکایت خطّاطی را برای مولانا گفته بود: آن خطّاط سه‌گونه خط نوشتی. یکی او خواندی لاغیر. یکی هم او خواندی، هم غیر. یکی را نه او خواندی و نه غیر. آن **«خطّ سوم»** منم. اوّلی اشاره‌ای است به حالات **صوفی زاهد** که خود بر احوال خود واقف است و دیگران از ظاهر وی پی به حالش نتوانند برد. دیگری اشارتی است به حال **عارفِ موحّد** که خود از سرّ حال خویش باخبر است و دیگران نیز تا حدودی به حالات وی واقف هستند. **«خطّ سوم»** رمزی از حال **ولیّ مستور** است، که جمال حال وی در **قِباب غیرت حق** نهان است.

و این خطّ سوم که جمال حالش برای مدّتی کوتاه از قِبابِ غیرتِ حق به در آمده و به شکوهی تمام در قونیه درخشیده بود باز در پس پرده غیرت حق نهان گشت. شهادت آن شمس معرفت را از مولانا که دیوانه‌وار از عشق و هجران وی نمی‌آسود، پنهان داشتند. التهابات و تلاطم درونی مولانا از فراق محبوب مانند آتشفشانی در فوران بود و به شکل غزل‌هایی سراپا شور و یا سماعی بی‌وقفه نمود می‌یافت. کشته شدن یار را در لفافه و از زبان این و آن می‌شنید؛ امّا دل ملتهب و سرشار از عشق و امید وی به باور این درد عظیم رضا نمی‌داد و با خود می‌گفت:

کی گفت که آن زندهٔ جاوید بمُرد   کی گفت که آفتاب امید بمُرد
آن دشمن خورشید بر آمد بر بام   دو دیده ببست و گفت خورشید بمرد[1]

کی گفت که روح عشق انگیز بمُرد   جبریل امین ز دشنهٔ تیز بمُرد
آنکس که چو ابلیس در استیز بمرد   او پندارد که شمس تبریز بمرد[2]

فراق یار، مولانا را چنان بیقرار کرد که راهی شام شد و در آنجا همگان را از شرار شعله‌های سرکش آتش عشق عظیم خویش سوزانید و با خود همنوا کرد.

شمس تبریز را به شام ندید   در خودش دید همچو ماه پدید[3]

گولپینارلی می‌نویسد[4]: به دیدهٔ سلطان ولد، مولانا که چون کبکی به شام رفته بود، چون شاهینی بازگشت و به روایت ابتدانامه چند سالی را در شعر و غزل و شیدایی به سر برد؛ امّا خاطرات شمس و جاذبهٔ دیدار او تلاطمی را در وجودش برمی‌انگیخت که آرامش را از وی سلب می‌کرد، ناگزیر باز راهی شام شد. ماه‌ها در آن دیار به امید یافتن شمس توقف کرد؛ امّا نشانی از دلدار نیافت و عاقبت‌الامر، با حالی دیگر بازگشت و اندک اندک آسود.

---

۱ - کلیات شمس، رباعیات.   ۲ - همان.   ۳ - ابتدانامه، سلطان ولد، ص ۵۷.
۴ - مولانا جلال‌الدّین، گ. صص ۱۶۸-۱۵۹. / ابتدانامه، ص ۶۱.

ابیات و غزل‌هایی در دیوان کبیر یافت می‌شود و نشان از آن دارد که مولانا مصمّم به سفر سوم به شام نیز بوده است؛ امّا مآخذ اشاره‌ای به این سفر ندارند و احتمال است که از مرحلهٔ تصمیم فراتر نرفته باشد.

ما عاشق و سرگشته و شیدای دمشقیم　　　جان داده و دل بستهٔ سودای دمشقیم

و در پایان تمام جستجوهای ناامیدانه، حقیقتِ نبودن شمس را با انواع شایعات در مورد کشته شدن محبوب، با عدم رضایت و با اجبار پذیرفت و به رسم آن زمان لباس عزا بر تن کرد. بُردِ هندی پوشید با کلاهی عسلی به شیوهٔ ایران کهن، دستار دُخانی [خاکستری سیر مایل به مشکی] به طرز شکرآویز[۱]. و در غزلی به ماجرای در چاه افکندنِ شمس به‌طور ضمنی اشاره می‌فرماید و می‌گوید:

شمس تبریزی به چاهی رفته‌ای چون یوسفی　　　ای تو آب زندگی چون از رسن پنهان شدی

کلاه و پاپوش شمس در بارگاه مولانا که اینک به صورت موزه‌ای در آمده، نشان وقوع ماجرا است. گویا این سفرها بین سال‌های ۶۴۵ تا ۶۴۷ ق بوده است. علاءالدّین چلبی پسر دوم مولانا، یکی از عواملِ اصلی شهادت شمس بود و موجب تشدید فتنه علیه او. وی از روزی که خود را شناخت همواره معارضِ راه پدر و برادر بزرگ‌ترش سلطان ولد بود.

افلاکی می‌نویسد[۲]: روزی چند دینار از سلطان ولد گم شد و پس از جست‌وجوی بسیار آن را در میان کتاب‌های علاءالدّین یافتند، سلطان ولد خشمگین شد. مولانا فرمود: که ای بهاءالدّین مگر نه این است که «علی» حرفِ جَرّ است، اگر علی، جرّ[۳] ندهد، پس چه کند؟

علاءالدّین اواخر شوال سال ۶۶۰ هـ / ۱۲۶۲ م درگذشت. مولانا در مراسم تدفین او حاضر نشد، مدّتی بعد که برای زیارت تربت پدر بزرگوارش سلطان‌العلماء رفته بود، بر سر قبر علاءالدّین رفت و بر روی مزار فرزند، این شعر را نوشت:

پس کجا زارد کجا نالد لئیم　　　گر تو نپذیری به جز نیک ای کریم

و فرمود: در عالم غیب دیدم که مولانا شمس‌الدّین با او صلح کرد و بر او بخشود و او نیز به شفاعت خداوندم شمس‌الدّین جزو مرحومان گشت.[۴]

قونیه، شهری که افق آن شاهد درخشش تابناک شمس به مدّتی حدود دو سال بود، اینک بعد از آن طلوع خیره‌کننده، ناظر غروب و خاموشی این آتشفشان عشق و هیجان و التهابات بود. گرچه شمس به ظاهر حضور نداشت و اثری از وی بر جای نبود؛ امّا گرمای سوزان عشقی حیات‌بخش که

---

۱ - نوعی پیچیدن دستار که بالای آن تنگ و پایین آن فراخ باشد.　۲ - مناقب، ج ۱، ص ۴۴۸.

۳ - حروف جَرّ، هفده حرف‌اند که به اوّل اسم‌های عربی می‌آیند و آخر آن اسم را مجرور می‌کنند.

۴ - مناقب، ج ۱، ص ۵۲۳.

وجود جلال‌الدّین محمّد را یکپارچه نور و شور کرده بود، برای تمام عمر در وجود مولانا تابناک و گرم باقی ماند و این عشق متقابل که جاودانه بود به جاودانگی پیوست. **خطّ سوم**، به **خطّ افق** و به **حدّ اعلای آفاق** پیوست و با شکوهی ابدی در ذهن و قلب بشریّت جای گرفت.

حقیقتِ عظیمی که مولانا در طیّ آخرین سفر به شام و بازگشت از آنجا بدان دست یافته بود، پیدا کردن گم‌شدهٔ افق رؤیاها و همهٔ خواسته‌هایش در درون خویش بود و حاصل آن آرامشی نسبی بود که به وی امکان آن را می‌داد که چونان گذشته در کنار مجالس سماع و وجد به تکمیل و ارشاد سالکان همّت گمارد و به جهت این مهم، شیخ صلاح‌الدّین را برگزید و خلیفهٔ خود ساخت و بر مسند شیخوخیّت نشانید و مدّت ده سال تمام انیس و ندیم خلوت خود کرد.[۱]

ماجرای **بازار زرکوبان** شروعی برای احوال عاشقانهٔ جدید در مولانا بود.[۲] روزی در اوج شور و سماع با جمعی از مریدان از بازار زرکوبان می‌گذشت. صدای ناشی از برخورد پتک با سندان و طنین آن در زیر سقف بازار، هماهنگی وجدآوری را ایجاد کرده بود که شوری در مولانا پدید آورد و در دم به چرخ زدن و سماع مشغول شد. مریدان هم به موافقت او به سماع آمدند. شیخ صلاح‌الدّین که سماع از مقابل مغازهٔ او آغاز شده بود، نعره‌زنان از دکّان زرگری خویش بیرون آمد. مولانا او را در چرخ گرفته بود و بر روی و موی وی بوسه‌ها می‌داد. صلاح‌الدّین به قدر توان جسمی خود به پای‌کوبی پرداخت و به شاگردان دکّان اشاره کرد که تا مولانا سماع می‌کند دست از ضربه باز ندارند و اگر زر تلف شود باکی نیست. رسم آن صنعت چنین بود که اگر ضربه بر زر معدود نباشد، ریز و تلف می‌گردد. این چرخش و جوشش عظیم در میانهٔ بازار از ظهر تا هنگام نماز دیگر ادامه یافت و مولانا این غزل عاشقانه را برای صلاح‌الدّین آغاز کرد:

یکی گنجی پدید آمد در آن دکّان زرکوبی　　　زهی صورت زهی معنی زهی خوبی زهی خوبی

این زرکوب پیر از شدّت هیجان احوال روحانی که در سماع با مولانا یافته بود، دکّان خویش را به تاراج مستحقّان داد.[۳] این بذل و بخشش کریمانه، تداعی‌گر پاکبازی‌ها و همّت‌های جسورانه و بی‌باکانهٔ شمس محبوب بود و بعد از ماجرای غوغابرانگیز بازار زرکوبان، صلاح‌الدّین امّی و عامی، تجسّمی از «شمس» شده بود.

از دیدگاه مولانا، همان‌گونه که در غزلی دلکش گفته است: آن **سرخ قبایی** که مانند ماه **پار** برآمده و در **شمس** تجلّی یافته بود، امسال در خرقهٔ زنگاری این زرکوب متجلّی شده بود.

---

۱ - مناقب، ج ۲، ص ۷۰۴.　۲ - همان، صص ۷۰۹ و ۷۱۰.　۳ - همان، صص ۷۱۰ و ۷۱۱.

آن سرخ قبایی که چو مَهْ پار برآمد / امسال درین خرقهٔ زنگار بر آمد
آن ترک که آن سال به یغماش بدیدی / آنست که امسال عرب‌وار بر آمد
آن یار همانست اگر جامه دگر شد / آن جامه بدر کرد و دگر بار بر آمد
آن باده همانست اگر شیشه بدل شد / بنگر که چه خوش بر سر خمّار بر آمد
شب رفت حریفان صبوحی بکجایید / کان مشعله از روزن اسرار بر آمد

(الخ)[۱]

و اینک با توجّه قلبی و باطنی مولانا به صلاح‌الدّین، سراپای وجود او سرشار از «حال» شده بود و آن مشعله از روزن اسرار بر آمده و نقطهٔ عطفی بود برای به غلیان در آمدن احساسات عاشقانه‌ای که مولانا را لبریز و سرشار می‌ساخت.

صلاح‌الدّین در عنفوان جوانی مرید برهان‌الدّین محقّق ترمذی بود و بعد از وفات مراد خود به مولانا دست ارادت داد و سبب آن را افلاکی چنین روایت می‌کند[۲]: صلاح‌الدّین فریدون در ده کامله از حوالی قونیه متوّلد شد. خانوادهٔ او در کنار دریاچهٔ آن به صید ماهی مشغول بودند. هنگامی که سیّد برهان‌الدّین به قیصریه رفت و دار فانی را وداع گفت، صلاح‌الدّین که برای دیدار پدر و مادر به کامله رفته و در آنجا او را به قید تأهل در آورده بودند، از قضا روزی به قونیه آمد و در مسجد ابوالفضل برای نماز جمعه حاضر شد و آن روز مولانا بر منبر وعظ می‌گفت و شورهای عظیم می‌کرد و از حضرت سیّد، معانی بی‌حد نقل می‌فرمود. ناگهان صلاح‌الدّین، تجلّی حالات و احوال پیر خود سیّد برهان‌الدّین را در مولانا دید، با حالی سخت دگرگون به زیر منبر مولانا آمد و بر پای او بوسه‌ها داد.

همچنین روایت شده است[۳]: در اوایل حال که سلطان روم عزالدّین کیکاووس از عظمت ولایت مولانا غافل بود، روزی به وزیر خویش شمس‌الدّین اصفهانی اعتراض کرد که چرا دم به دم به خدمت مولانا تردّد می‌کنی؟ تفضیل او بر سایر علما و فضلا چیست؟ شمس‌الدّین دلایل بسیار عنوان کرد چنانکه سلطان متمایل به زیارت آن حضرت گردید. همان روز در حالی که سلطان درکنار دریاچه سیر می‌کرد، مار کوچکی را دید. آن را گرفت و در حُقّه‌ای نهاد و بی‌آنکه کسی از ماجرا خبردار گردد آن را پنهان نمود و در حضور وزرا و امرای خود بیرون آورد و گفت: اگر دین شما حق است، علمای شما بگویند که در این حقّه چیست؟ این امری است واجب و التزام خراج است بیان آن و از استانبول خواهان آن هستند.

فرمود تا پروانه این حقّه را برگیرد و به علما و شیوخ و قضات قونیه عرضه دارند تا بگویند که در آن حقّه چیست؟ همگان در شرح آن قاصر ماندند. عاقبت شمس‌الدّین اصفهانی مصلحت دید که در التزام سلطان به زیارت مولانا رود. آن روز شیخ صلاح‌الدّین درکنار مولانا نشسته بود، حضرت مولانا فرمود: شیخ ما، سِرّ حقّه را بیان فرماید. صلاح‌الدّین سر نهاد و گفت: ای سلطان اسلام، جانور بیچاره را چرا محبوس حقّه کرده‌ای؟ مردان را امتحان کردن، از طریق مروّت دور است.

---

۱ - کلیات شمس، فروزانفر، ص ۲۷۴. ۲ - مناقب، ج ۲، ص ۷۰۶. ۳ - همان، صص ۷۰۶ تا ۷۰۹.

از ماجرای بازار زرکوبان، موضوع عشقِ مولانا به صلاح‌الدّین زرکوب پیر قونوی، نُقل محافل مریدان مولانا و موجبِ خشم و عدم رضایت آنان می شد؛ زیرا زرکوب پیر، از قال بهره‌ای نداشت، عامی و اُمّی بود؛ امّا اهلِ حال، و مولانا ده سال را در هممصحبتیِ وی با احوالی عاشقانه و شور و سماع؛ امّا به نسبت عشقی توفانی و سهمناک که نسبت به شمس داشت با آرامشی نسبتاً خوشایند سپری کرد. صلاح‌الدّین به جهت میل بسیارِ مولانا به سماع و هم بدان جهت که سماع را برای مولانا پالاینده از عشقی غیرقابل تعدیل نسبت به شمس تشخیص داده بود، به هر مناسبتی مجالس وجد و سماع بر پا می‌داشت و محبّت و احترام بسیار مولانا در حقّ وی چنان بود که روایت کرده‌اند[1]:

روزی حضرت مولانا فرمود: آن قلف را بیاورند و در وقتی دیگر فرمود: فلانی مفتلا شده است. بوالفضولی اعتراض کرد که باید قفل گفت و مبتلا تلفّظ کرد، مولانا فرمود: چنان است که گفتی؛ امّا جهت رعایت خاطر عزیزی چنان گفتم که روزی صلاح‌الدّین چنان گفته بود.

مولانا برای استحکام هرچه بیشتر پیوند خود و صلاح‌الدّین، دختر وی **فاطمه خاتون** را به همسری **سلطان ولد**، فرزند محبوب خویش درآورد و این غزل را فرمود:[2]

بادا مبارک در جهان سور و عروسیهای ما سور و عروسی را خدا ببریده بر بالای ما

روزی حضرت مولانا در جمع یاران از کرامات جنید و بایزید سخن می‌راند و فرمود: امروز چون شیخ صلاح‌الدّین در میان ماست، علی‌الیقین که نور جنید و بایزید با ماست و چیزی زیاده.[3]

چون هست صلاح دین درین جمع منصور و ابایزید با ماست

عنایت مولانا در حقّ وی به حدّی بود که به امر وی همگان ملزم بودند دست ارادت و نیاز در دامان صلاح‌الدّین زنند[4] و حتّی خویشاوندان مولانا و سلطان ولد هم از این امر مستثنیٰ نبودند. چنین چیزی برای مریدان که مریدِ نَفْس خویش بودند و زرکوب پیر را حتّی به احترام کلام مولانا شایستهٔ چنین شأن و مقامی نمی‌دیدند ناخوشایند بود و غیر قابل تحمّل از این‌رو از فرمان وی سرپیچی می‌کردند و به دشمنی با زرکوب قونوی بر می‌آمدند تا حدّی که قصد قتل وی را نیز داشتند؛ امّا این فتنه به انجام نرسید و مولانا بدون توّجه به هر چیزی که در اطراف وی می‌گذشت، روزی در سماع بود و صلاح‌الدّین در کنجی ایستاده بود و حضرتش از سر تعظیم وی، این غزل را آغاز کرد[5]:

نیست در آخر زمان فریادرس جز صلاح‌الدّین صلاح‌الدّین و بس
گر ز سِرّ سِرّ او دانستهٔ دم فروکش تا نداند هیچ کس (الخ)

---

۱ - مناقب، ج ۲، صص ۷۱۸ و ۷۱۹. ۲ - همان، صص ۷۱۹ و ۷۲۰. ۳ - همان، ص ۷۲۳. ۴ - ولدنامه.
۵ - مناقب، ج ۲، ص ۷۳۶.

غزلیّاتی راکه مولانا به اعتبار صلاح‌الدّین سروده است بالغ بر هفتاد ذکر کرده‌اند.

افلاکی روایت کرده است[۱]: بین سلطان ولد و همسر وی فاطمه خاتون که فرزند صلاح‌الدّین بود اندک کدورتی رخ داد. مولانا مکتوبی برای عروس خود نگاشت که: اگر فرزند عزیز بهاءالدّین در آزار شما کوشد، حقاً دل از او بر کَنَم و جواب سلام او را نگویم.

و بدین ترتیب ده سال گذشت، تا صلاح‌الدّین بیمار شد و ضعفی شدید بر وی مستولی گشت و چنانکه افلاکی روایت می‌کند[۲]:

از حضرت مولانا خواست که به انتقال وی به جهان باقی رضایت دهد؛ زیرا مولاناکه هر روز به دیدار وی می‌رفت، غزلیاتی در آن هنگام می‌سرود که حاکی از امید بهبودی او بود:

ای سرو روان باد خزانت مرساد — ای چشم جهان چشم بدانت مرساد
ای آنکِ تو جان آسمانی و زمین — جز رحمت و جز راحت جانت مرساد
(الخ)

و در غزلی دیگر:

رنج تن دور از تو ای تو راحت جانهای ما — چشم بد دور از تو ای تو دیدهٔ بینای ما

بدین سان بود که مولانا خواستهٔ وی را اجابت کرد و سه روز به دیدار او نرفت و شیخ صلاح‌الدّین فریدون به صفای تمام و رغبت کامل به عالم باقی سفر کرد و آن چنانکه افلاکی روایت کرده است[۳]: حضرت مولانا آمد و فریادها می‌زد و فرمود تا آن چنانکه صلاح‌الدّین می‌خواست، جنازهٔ وی را با بانگ دهل و طبل و با نغمهٔ رباب و دف به جایگاه ابدی‌اش درکنار تربت پاک سلطان‌العلماء بردند و مولانا و یاران به حال سماع و چرخ زنان جنازه را تا مقبرهٔ بهاءالدّین ولد همراهی کردند. این شیخ زاهد و متعبّد که در اواخر عمر به عاشقی بیقرار مبدّل شده بود در روز یکشنبه‌ای در ماه محرم ۶۵۷ق / ۱۲۵۸م سرای فانی را ترک گفت و درکنار مرقد سلطان‌العلمای بلخ به خاک سپرده شد.

افلاکی نوشته است: مولانا در آن شب مرثیه‌هایی سرود که یکی از آن‌ها چنین است:[۴]

ای ز هجران فراقت آسمان بگریسته — دل میان خون نشسته عقل و جان بگریسته
چون به عالم نیست یک کس بر مکانت را عوض — در عزای تو مکان و لامکان بگریسته
(الخ)

با وفات صلاح‌الدّین، مولانا یاری راکه در جوارش آرامش نسبی به دست آورده بود، از دست داد و به احترام او که خلیفهٔ مولانا نیز بود، تا پنج سال بعد از وی هیچ‌کس را به شیخوخیت برنگزید؛ امّا برای جانشینی مقام وی حُسام‌الدّین چلبی را در نظر داشت.

---

۱ - مناقب، ج ۲، صص ۷۳۴ و ۷۳۵. ۲ - همان، صص ۷۲۹ و ۷۳۰. ۳ - همان، ص ۷۳۱.
۴ - همان، ص ۷۳۱.

از هنگامی که شمس تبریزی در قونیه طلوع کرد و در خلوت خاصّی که مولانا برای صحبت با وی تدارک دید، تنها کسانی که به عنوان محرم اجازهٔ حضور در آن محفل خاص‌الخاص را داشتند، صلاح‌الدّین، حُسام‌الدّین و سلطان ولد بودند و این سه تن همراه و همگام با تمام تحوّلات عاشقانه‌ای که در مولانا به وقوع می پیوست، محبّت، کشش و عشقی تام را نسبت به شمس به تبعیّت از مولانا، در وجود خویش حس می‌کردند، در نتیجه بعد از وفات صلاح‌الدّین و خلأیی که عدم حضور وی به وجود آورده بود، بسیار طبیعی و منطقی بود که مولانا به دیگر بازماندهٔ خاطرات خوش ایّام خلوت با شمس، یعنی حُسام‌الدّین توجّهی ویژه داشته باشد. با توجّه به آنکه این جوان دارای خصوصیّاتی برجسته و ممتاز بود. ذوقی قابل تحسین داشت و علاوه بر «حال» از «قال» نیز بهره‌ها برده بود و خطی خوش و صدایی دلکش داشت و علی‌رغم آنکه مرید مولانا بود، خود شیخ و برگزیدهٔ جماعتی از اخیان شهر بود.

افلاکی می‌نویسد[1]: سراج‌الدّین مثنوی‌خوان روایت کرده است که: حُسام‌الدّین هنگامی که جوان بود پدر خود «اخی ترک» را که رهبر و برگزیده اهل فتوّت[2] و اخیان شهر بود، از دست داد. مریدان پدر خواستند که او را به جای پدرش برگزینند؛ امّا حُسام‌الدّین به اتّفاق همهٔ فتیان به حضور مولانا آمد و به آن‌ها دستور داد تا از مولانا متابعت کنند.

حُسام‌الدّین از خانه و املاک و اسباب و هر آنچه که بود، در راه محبّت گذشت و پاکبازی‌های وی یادآور عدم تعلّقات شمس به امور دنیوی تلقّی می شد.

حُسام الدّین حسن بن محمّد بن حسن به قول مولانا در دیباچهٔ مثنوی «اُرمَوی الاصل» است و خاندان او از اُرمیه واقع در آذربایجان به قونیه مهاجرت کرده بودند و حُسام‌الدّین در این شهر که شاهد التهابات عاشقانهٔ بسیار بوده است به سال ۶۲۲ ق تولّد یافته است. وی در حلقهٔ یاران مولانا **کاتب اشعار** و **محرم اسرار** به شمار می‌رفت. مجالس سماع و وجد چونان گذشته منعقد می شد و اینک مسؤول تدارکات این مهم، حُسام‌الدّین بود که حدود سی و پنج سال از سنش می‌گذشت. وی با لیاقت و کاردانی خاص توانست ارتباطی دایم و مستمر و شبانه‌روزی با مولانا داشته باشد از آن‌رو که کتابت اشعار، نامه‌ها، تدارکات مجالس سماع و دیگر مسؤولیّت‌ها همه با او بود و شدّت مهر و هیجانات عاشقانه‌ای که حُسام‌الدّین از آغاز به مولانا داشت، اینک مجالی مناسب برای ابراز یافته بود، همچنین گشاده‌دستی های خالصانهٔ او سبب توجّه و محبّت روزافزون مولانا به وی بود. زهد و

---

۱ - مناقب، ج ۲، ص ۷۳۸.

۲ - **فُتوّت** : در لفظ به معنی جوانمردی است، و فَتی به کسانی گفته می‌شد که پای‌بند به آمیزه‌ای از روش عیّاران و متصوّفه بودند. در قرن هفتم و هشتم ه. ق در ممالک سلجوقی روم هیچ شهری از فتوّت‌خانه خالی نبود و زورخانه‌های امروزی بقایای آنان محسوب می‌گردد.

ورع بسیارِ او موجب شد که بعدها مولانا در دیباچهٔ مثنوی، وی را جنیدِ وقت و بایزید زمان بنامد. سلطان ولد در ابتدانامه می‌گوید: مولانا در جوار حُسام‌الدّین که سرحلقهٔ یاران باوفای او شده بود، مدّت ده سال را با عشق و آرامشی اطمینان‌بخش سپری کرد.

خوش بهم بوده مدّت ده سال — پاک و صافی مثال آب زلال
بعد از آن نقل کرد مولانا — زین جهان کثیف پر ز عنا

مریدان مولانا که هنوز تجربهٔ حضورِ سهمناک و ویرانکنندهٔ شمس را به عنوان طعمی تلخ در مذاق جانشان به یاد داشتند و بعد از آن رنج وجود «صلاح‌الدّین» اُمّی و عامی را سال‌ها به عنوان قائم‌مقام و خلیفهٔ مولانا به اجبار پذیرفته بودند، اینک درگذر زمان از صفای بیشتری برخوردار شده و تأدیب گردیده بودند. در نتیجه برگزیدن «حُسام‌الدّین» را به عنوان صمیمی‌ترین یاری که مولانا به شدّتی تمام به وی عشق و ارادت می‌ورزید با حسن ظنّ تلقّی می‌کردند و به دیدهٔ قبول می‌نگریستند.

حُسام‌الدّین که غرق در انوار لطف و مرحمت و عشق مولانا بود، غیرتی تام به مُراد خود داشت و مدّت‌ها بود که می‌دانست یاران و اصحاب با رغبتی تمام «الهی‌نامه حکیم سنایی» و «منطق‌الطّیر و مصیبت‌نامهٔ عطّار» را به جدّ مطالعه می‌کنند و از آن اسرار، سخت لذّت می‌برند. غیرت عشق به وی اجازه نمی‌داد که کار را بر همین روال ببیند، هرچند که در وحدت، دوگانگی نیست و به ذات، همه اولیا و برگزیدگان‌اند. از این‌رو نظم مثنوی را به شیوهٔ الهی‌نامهٔ حکیم و مثنویّات عطّار از مولانا در خلوتی مناسب درخواست کرد و معلوم شد که مولانا نیز در همان ایّام در چنین اندیشه‌ای به جهت نظم اثری عظیم و سترگ بوده است و هجده بیت آغازین مثنوی را از سر دستار خویش بیرون آورد و به دست حُسام‌الدّین داد و به وی گفت: از عالم غیب این معنا در دلم القا شده بود که چنین کتابی منظوم گفته آید. اکنون بیا در اوج همای همّت خود به سوی معراجِ حقایق پرواز کن و در عین متابعت محمّدی آهنگی بنما، تا مناسب آن، پیش‌آهنگ باطن ما در اهتزاز آید و به نظم کلمات و معانی شروع نماید.[1]

و به این ترتیب حُسام‌الدّین که مولانا را آمادهٔ پذیرش خواستهٔ یاران دید، ادامه آن را درخواست کرد و مولانا به سعی و اصرار این یار موافق پاکباز در **تطویل** آن کوشید. بدین ترتیب انشای شش دفتر مثنوی، چنانکه خود مولانا بارها در مثنوی خاطرنشان کرده، محصول و مدیون اصرار حُسام‌الدّین بوده است که خواهان کتابی تعلیمی برای سالکان بود. اینک وجود **مثنوی** این کتاب **وحی‌آسایِ الهام‌گونه** که با شمول‌گرایی، ثابت می‌کند که انسان می تواند بر اعتقادات خود پای بفشارد؛ امّا دیگران

---

۱ - مناقب، ج ۲، صص ۷۴۰ و ۷۴۱.

را هم عاری از حق نداند، و بدین ترتیب ندای وحدت، عشق و همبستگی سر دهد و این همان کاری بود که مولانا، به عنوان **سفیر دوستی** میان ملّت‌ها و ادیان و مذاهب انجام داد و منّت و دینی از حُسام‌الدّین نیز بر گردن همهٔ مشتاقان و عاشقان است و خواهد بود؛ زیرا همان‌گونه که قبلاً هم گفته شد همّت بلند وی که در نهایت دقّت عهده‌دار امور و احوال مریدان بود و علاوه بر آن، دیگر تعهّدات و مسؤولیّت‌هایی را که متقبّل گشته بود، چنان با مدیریّت و تدبیری تام به انجام می‌رسانید که مولانا از مسائل مربوط به مریدان به کلّی آسوده‌خاطر بود و با فراغ بال و آسایش خاطر به تقریر این امر خطیر الهی توجّه داشت.

مجالسی که در طیّ آن انشای دفاتر مثنوی حیات می‌یافت، با فترتی دو ساله، چهارده سال طول کشید و مقارن با آغاز دفتر دوم، حُسام‌الدّین به خلافت و شیخی مولانا منصوب شد (۶۶۲ق)، و این بار یاران و مریدان مولانا، حُسام‌الدّین را که به همهٔ امور آنان توجّهی خاص داشت پذیرفتند و به گفتهٔ سلطان ولد:

همه یاران مطیع او گشتند　　　آب لطف ورا سبو گشتند

محبّتی که مولانا به حُسام‌الدّین ابراز می‌داشت چنان بود که در هیچ محفلی بدون حضور او به وجد نمی‌آمد و کلامی نمی‌گفت که به قول خود وی جاذب شیر معانی از پستان حقایق در آن زمان حُسام‌الدّین بود.[1]

قصّهٔ خانقاه ضیاءالدّین نیز نمونه‌ای از عشق خالصانهٔ مولانا به این مرید گزیده و محبوب وی است. در آن روز مولانا با گروهی از مریدان به راه افتاد در حالی که سجّادهٔ حُسام‌الدّین را بر دوش داشت، وی را به خانقاه ضیاءالدّین وزیر که امیر تاج‌الدّین حکم و فرمان آن را از سلطان به نام حُسام‌الدّین گرفته بود برد.[2] تعلّق خاطر حُسام‌الدّین به مولانا نیز چنان بود که از وی اجازه خواست تا مذهب شافعی را که پدرانش بر آن بوده‌اند به متابعت مولانا که حنفی مذهب بود، تغییر دهد؛ امّا مولانا نپذیرفت و فرمود که صلاح آن است که بر مذهب خود باشی.[3] از آن‌رو که این کار فرع بود و مولانا به اصولِ اصولِ اصولِ دین می‌اندیشید.

بدین ترتیب با اصرار حُسام‌الدّین نظم مثنوی دفتر به دفتر تداوم یافت و در مجالس روزانه از مذاکرات و سخنان مولانا مجموعه‌ای به نثر گردآوری شد که بعدها به نام **فیه‌مافیه** خوانده شد. برخورد با نام اکابر عصر، امثال امیر معین‌الدّین پروانه و دیگران، رابطهٔ بزرگان و اعیان آن دوره را با این مجالس معلوم می‌دارد. این مجموعه، نوشتهٔ مولانا نیست؛ امّا شامل اقوال و آرای واقعی و اصیل اوست.

کار مداوم در مجالس روزانه برای تقریر و تحریر فیه‌مافیه و مجالس شبانه برای نظم مثنوی،

---

۱ - مناقب، ج ۲، ص ۷۶۹.　۲ - همان، صص ۷۵۴ و ۷۵۵.　۳ - همان، ص ۷۵۹.

مولانا را به شدّت خسته و فرسوده کرده بود. بالاخره روزی رسید که ادامه و اتمام آخرین قسمت‌های مثنوی نیز برایش غیر ممکن شد و اشتیاق و رغبت به سخن گفتن نیز از وی سلب گردید؛ بنابراین، علی‌رغم اشتیاق یاران و شورِ حُسام‌الدّین و اصرارِ سلطان ولد مجالس روزانه و شبانه تعطیل شد. مولانا به سکوت مقدّسی فرو رفت و این سکوت، فاصلهٔ چندانی با سکوت و خاموشی همیشگی و ابدی جسم او نداشت. مولانا در بستر بیماری افتاد. یاران از اندیشهٔ فقدان او دل‌نگران و دردمند بودند و او در پاسخ می‌گفت: «یاران ما از این جانب می‌کشند و مولانا شمس‌الدّین به آن سویم می‌خوانَد». آنگاه با یاران صمیمی و مهربان خویش وداع نمود و به آن‌ها دلداری داد که هرجا و به هر حال که باشید من با شما خواهم بود. **حُمّای مُحْرِق** (تب بسیار شدید و سوزاننده) پیکر ضعیف و ناتوان مولانا را می‌سوزانید و کوشش حکیم اکمل‌الدّین و حکیم غضنفر[1] مثمر ثمر نبود و شدّت بیماری کاهش نمی‌یافت، هنگامی که خبر بیماری مولانا در قونیه انتشار یافت مردم به رسم دیدار و عیادت خدمت می‌رسیدند و نوشته‌اند: شب واپسین که سلطان ولد نگران و بی‌تاب هر دم به پدر سر می‌زد و چون طاقت دیدار پدر را در آن حال نداشت از اتاق خارج می‌شد، مولانا این غزل را که آخرین غزل اوست، به نظم آورد. به روایت افلاکی به فرزند خویش فرمود: بهاءالدّین من خوشم، برو سری بنه و قدری بیاسا، چون سلطان ولد رفت، این غزل را فرمود و حُسام‌الدّین در حالی که اشک‌ها می‌ریخت آن را نوشت:[2]

رو سر بنه به بالین تنها مرا رها کن	ترک من خراب شب‌گرد مبتلا کن
ماییم و موج سودا شب تا به روز تنها	خواهی بیا ببخشا خواهی برو جفا کن
از من گریز تا تو هم در بلا نیفتی	بگزین ره سلامت ترک ره بلا کن
ماییم و آب دیده در کنج غم خزیده	بر آب دیدهٔ ما صد جای آسیا کن
خیره‌کشی است ما را دارد دلی چو خارا	بکشد کسش نگوید تدبیر خونبها کن
بر شاه خوبرویان واجب وفا نباشد	ای زرد روی عاشق تو صبر کن وفا کن
دردی‌ست غیر مُردن آن را دوا نباشد	پس من چگونه گویم کین درد را دوا کن
در خواب دوش پیری در کوی عشق دیدم	با دست اشارتم کرد که عزم سوی ما کن

و عاقبت روز یکشنبه پنجم جمادی‌الآخر ۶۷۲ هـ ق / هفدهم دسامبر ۱۲۷۳ م همزمان با غروب خورشید، آن خورشید تابناک معرفت نیز در قونیه، شهری که چهل و چهار سال در آن زیسته بود، غروب کرد و زمین‌لرزه‌ای که از شروع بیماری مولانا به مدّت یک هفته قونیه را لرزانده و مردم را نگران ساخته بود،[3] آرام یافت که به قول خود مولانا، زمین لقمهٔ چربی می‌خواست و آن را بلعیده بود. روز بعد تابوت پیچیده در فَرَجی مولانا از خانه خارج شد. مردم او را بر سر خویش جای دادند. اهل قونیه از

---

۱ - زندگانی مولوی، فروزانفر، ص ۱۲۷. ۲ - مناقب، ج ۲، صص ۵۸۹ و ۵۹۰. ۳ - همان، ص ۵۸۴.

خُرد و کلان در مراسم تشییع حاضر بودند. تابوت را که صبحگاهان و اوّل روز برای اجرای مراسم خارج کردند، ساعت‌ها بعد نزدیک به غروب آفتاب به آرامگاه رسید.[۱]

شیخ صدرالدّین، بنا بر وصیّت خود مولانا، نماز به جای آورد[۲] و از شدّت رنج و درد از هوش رفت. وقتی مراسم تدفین را انجام می‌دادند، خورشید در حال غروب و افق به رنگ خون بود. در آن تنگ غروب از در و دیوار شهر بانگ نوحه و خروش به گوش می‌رسید و از انبوه جمعیّت رستاخیزی برپا شده بود. همگان گریان و نعره‌زنان و جامه‌دران بودند. آنجا هفتاد و دو ملّت به عزا نشسته بودند. به جز ائمه مسلمان، کشیشان مسیحی و خاخام‌های یهودی و پیروان هر آیین و مذهبی با غم و اندوه شرکت داشتند.[۳]

رومیان و اعراب و ترکان و غیره هر یک بنا به رسم خویش کتاب‌ها را برداشته پیش‌پیش می‌رفتند و از زبور و تورات و انجیل آیات می‌خواندند و نوحه‌ها می‌کردند و مسلمانان به هیچ روی نمی‌توانستند آنان را دفع نمایند. عاقبت اکابر، یهود و نصارا را جمع آوردند و گفتند: این واقعه به شما چه تعلّقی دارد؟ این مرد پادشاه دین ما و امام و مقتدای ما است. گفتند: ما حقیقتِ موسی و حقیقتِ عیسی و جمیعِ انبیا را از بیانِ عیان او فهم کردیم و دیگری می‌گفت: او آفتابِ حقایق است که بر عالمیان تافته و همهٔ عالم آفتاب را دوست دارند.

کشیشی رومی گفت: مثال مولانا، مثال نان است، هیچ گرسنه‌ای از نان نمی‌گریزد و بدین ترتیب مجموع اکابر سکوت کردند و هیچ نگفتند. از طرف دیگر حافظان و قاریان قرآن آیات می‌خواندند و زمزمهٔ نوحه‌انگیز و دردآمیز گویندگان خوش‌آواز، به جای قامت صلاتِ قیامت، آن قامت را صلایی می‌گفتند و از سویی دیگر نقاره‌زنان و آوازِ سُرنا هنگامه‌ای به پا کرده بودند.[۴] درویشی این رباعی را می‌گفت و می‌گریست:[۵]

ای خـاک ز درد دل نـمی‌یارم گـفت	کامروز اجل در تو چه گوهر بنهفت
دام دلِ عـــالمی فـــتادت در دام	دلبـند خلایقی در آغـوش تـو خـفت

و بدین ترتیب، جسم پاک مولانا در جوار آرامگاه پدر وی (سلطان‌العلماء) به خاک سرد سپرده شد. سیمای ظاهر وی رخ در نقاب خاک کشید و سیمایِ حقیقتِ وجودِ او و اندیشهٔ بلند و تابناک او در طول قرون و اعصار مانند یک خورشید بی غروب، هر روز فروغ خیره‌کننده‌تر و تازه‌تری یافت.

---

۱ - مناقب، ج ۲، ص ۵۹۳. ۲ - همان. ۳ - همان، صص ۵۹۱ و ۵۹۲. ۴ - همان، ص ۵۹۲.
۵ - همان، ص ۵۹۵.

آرامگاه مولانا

مهم‌ترین حادثه‌ای که در زمان خلافتِ حُسام‌الدّین روی داد، ساختنِ آرامگاهی برای مولانا است که به نام **کعبة‌العشّاق** موسوم شد و بر فراز آن گنبدی فیروزه‌ای رنگ به نام **قُبّة‌الخضراء** قرار دارد. احداثِ این بنا برای ارادتمندان و عاشقان اندیشهٔ سترگ این مرد فرازمینی، کانونی را به وجود آورد که با آسایش خاطر بتوانند در فضایی مقدّس لحظات نابی را با حضور قلب بگذرانند. بعد از وفات مولانا، عدّه‌ای از ارادتمندان وی مبالغی را برای ساختن بارگاه هدیه کردند و چنانکه محقّقان گفته‌اند: عَلَم‌الدّین قیصر که از اکابر قونیه بود، نزد سلطان ولد رفت و اظهار تمایل کرد که برای مولانا آرامگاهی ساخته شود و سی هزار درهم به جهت این امر نیاز[1] داد. گرجی خاتون همسر معین‌الدّین پروانه که دختر غیاث‌الدّین کیخسرو دوم بود نیز هشتاد هزار درهم به این منظور اختصاص داد و علاوه بر آن پنجاه هزار درهم هم از مالیات قیصریّه بدین جهت تعیین گردید و بدین‌سان بنای آرامگاه مولانا با نظارت معماری به نام «بدرالدّین تبریزی» شروع شد[2] و با همّت سلطان ولد و حُسام‌الدّین به پایان رسید. همان‌گونه که در آن عصر مرسوم بود، صندوقی کنده‌کاری از چوب گردو برای مزار مولانا ساخته شد، که شاهکار کنده‌کاری عصر سلجوقی است. این صندوق در بالاسر به ارتفاع ۲/۶۵ و پایین پا ۲/۱۳ و به طول ۲/۹۱ و به پهنای ۱/۱۵ متر ساخته شده است و روی آن غزلی از مولانا به شکلی بدیع کنده‌کاری شده است که ما ابیاتی از آن را نقل می‌کنیم:[3]

به روز مرگ چو تابوت من روان باشد — گمان مبر که مرا درد این جهان باشد
برای من مگری و مگو دریغ دریغ — به دوغ دیو در افتی دریغ آن باشد
جنازه‌ام چو ببینی مگو فراق فراق — مرا وصال و ملاقات آن زمان باشد

(الخ)

و در قسمت پایین آن غزل زیر نوشته شده است:[4]

ز خاک من اگر گندم بر آید — از آن گر نان پزی مستی بزاید
خمیر و نانبا دیوانه گردد — تورا خرپشته‌ام رقصان نماید
میا بی‌دف به گور من برادر — که در بزم خدا غمگین نشاید

(الخ)

و در حاشیهٔ فوقانی قسمت جلوی صندوق **بسمله** و **آیة‌الکرسی** کنده‌کاری شده است. به علّت تعمیرات و جرح و تعدیل‌ها و توسعهٔ آرامگاه، از آثار اوّلیّهٔ آن تنها **قبّة‌الخضراء** و صندوق بالای مزار باقی مانده است؛ امّا این صندوق در زمان سلطان سلیمان قانونی (سلطان بایزید دوم) و به امر آنان بر

---

۱ - **نیاز**: پول یا مالی که به صدق در راه حق و رضای خدا هدیه شود و نشان نیاز بنده به عنایت خداوندی است.
۲ - مناقب، ج ۱، ص ۳۸۹.   ۳ - کلیات شمس، فروزانفر، ص ۳۶۷.   ۴ - همان، ص ۲۸۵.

روی مزار سلطان‌العلماء انتقال یافت و بر روی مزار مولانا و سلطان ولد سنگی از مرمر نهاده شد و بعدها که آرامگاه مولانا به صورت موزه در آمد، هیچ یک از رؤسای موزه به این امر توجّه نکردند که صندوق اصلی را روی مزار مولانا قرار دهند.[۱] چون این کانون ساخته شد، موقوفاتی بر آن اختصاص یافت و یکی از مریدان مولانا به عنوان امام تعیین گردید. تربت مولانا، مؤذّن‌ها، حافظان قرآن، مثنوی‌خوان‌ها، خدمه، خوانندگان خوش‌صوت برای خواندن قطعات موسیقی و آهنگ‌ها که ترک‌ها به آن **بسته** می‌گویند و همچنین دارای قصّه‌خوان‌ها بوده است و در حضورِ حُسام‌الدّین، هر جمعه بعد از نماز، قرآن و بعد از آن مثنوی خوانده می‌شد و سپس مجلس سماع برپا می‌گشت و گروه کثیری از یاران فَرَجی‌پوش و عارفان متبحّر همواره ملازم چلبی بودند و بنا بر روایت افلاکی در یازدهمین سال پس از وفات مولانا، حُسام‌الدّین روز چهارشنبه هجدهم شوال ۶۸۳ هـ. / ۱۲۸۴ م دار فانی را ترک گفت و به حرمت تمام در حرم تربت حضرت مولانا مدفون گردید.

مقبرهٔ مولانا از سال ۱۹۲۷ میلادی تبدیل به یک موزهٔ زیبا شده که متشکل از چند عمارت است و بعضی از آن‌ها در عصر سلجوقی و برخی در زمان سلاطین عثمانی بنا گردیده است. محوطهٔ وسیعی که شامل مدفن، سماع‌خانه، مسجد، کتابخانه، حجره‌های دراویش، مطبخ و وضوخانه است، ۶۵۰۰ متر مربع مساحت دارد و تزییناتی از چوب و فلز و خطّاطی‌های زیبا و قالی‌ها و پارچه‌های قیمتی در آن مکان مقدّس دیده می‌شود. همچنین قبور بسیاری از کسان مولانا و مریدان او نیز در همان‌جا قرار دارد.

سطوح مزارها همه با کاشی فرش شده و با پارچه‌های زربفت مفروش گردیده است. بر روی مزار پدر مولانا صندوقی از آبنوس قرار دارد که خود از شاهکارهای هنری است و همان‌طور که قبلاً گفته شد این صندوق مربوط به مزار مولاناست و به فرمان سلطان سلیمانِ قانونی بر روی تربت پدر مولانا قرار گرفته است. موزهٔ مولانا نسبتاً غنی است و پر از اشیا و آثار عصر سلجوقی و عثمانی می‌باشد. این موزه مشتمل بر مقبرهٔ مولانا و مسجدی کوچک و حجره‌های درویشان و چندین رواق است.

این آرامگاه، فضایی معظّم و مجلّل دارد و نوای حزین نی همواره در این مکان مترنّم است. در بالای رواق قبر مولانا گنبدی مخروطی کثیرالاضلاع دایره‌ای شکل به رنگ سبز است. در بالای مدخل حرم مولانا به خطّ خوش نستعلیق نوشته شده است «یا حضرت مولانا». در مدخل رواقی که به حرم وارد می‌شود این بیت را نوشته‌اند:

کعبةالعشاق آمد این مقام — هر که ناقص آمد اینجا شد تمام

---

۱ - مولانا، گولپینارلی، صص ۲۳۶-۲۳۰.

در همان ایوان بر دری چوبی و منبّت‌کاری این عبارت آمده است **«الدّعاءُ سِلاحُ المُؤمِن ـ الصَّلوةُ نورُ المُؤمِن»**

در مقبرهٔ مولانا صورت قبر شصت و پنج تن از اقطاب و بزرگان صوفیّه وجود دارد که غالباً از کسان و اصحاب او و مریدان وی و پدرش بهاءالدّین ولد و پسرش سلطان ولد بودند. از میان این قبور، چهل و هشت قبر هنوز ناشناخته مانده است و معلوم نیست به چه کسانی تعلّق دارد. بر دیوار دیگر آن رواق چنین آمده است:

سماع آرام جان زندگان است / کسی داند که او را جان جان است
خصوصاً حلقه‌ای کاندر سماع‌اند / همی گردند و کعبه در میان است

آلات موسیقی فراوانی نیز در سماع‌خانه دیده می‌شود. روی قبر مولانا و پدرش بهاءالدّین و غالب صوفیانی که در آنجا خفته‌اند پارچه‌های زربفت کشیده و روی آن‌ها کلاه و دستار صوفیانه گذارده‌اند. در گرداگرد زیر گنبد رواق سماع‌خانه نام چهار تن از عرفا: شمس‌الدّین تبریزی و حُسام‌الدّین چلبی و مولانا و سلطان ولد دیده می‌شود و در کنار هر یک از ایشان نام سه تن از ائمهٔ شیعهٔ امامیّهٔ اثناعشریّه را نوشته‌اند که مجموعاً دوازده امام می‌شود. در رواق‌های مرقد مولانا نسخه‌های خطّی بسیاری از مثنوی و کتب عرفانی و نیز البسه و تبرزین و دستار و کلاه صوفیان و جامه‌های مولانا دیده می‌شود. تسبیح‌های بلند ۹۹۹ دانه و هزار و یک دانه در آنجا گذارده‌اند که از چوب ساخته شده و برای گفتن ذکر صوفیانه به کار می‌رفته‌اند. این شعر ترکی بر روی دیوار مطبخ این مجموعه متبرک نوشته شده است:

مطبخ منلاده طبخ ایله وجودین وارنین / عشقله گل خدمت ایله یار نورایتسون سنه

یعنی: *در مطبخ مولانا وجود خود را بپز و بیا به عشق خدمت کن تا یار تو را نورانی سازد.*

مطبخ ظاهراً جای تمرین سماع نیز بوده است؛ زیرا بر تخته‌های کف آن میخ‌های سرگرد و مدوّر کوبیده‌اند و صوفیان برای تمرین رقص و سماع پاشنهٔ پای خود را بر آن‌ها قرار داده و به چرخ زدن و سماع می‌پرداخته‌اند. پشت پنجرهٔ مقبرهٔ مولانا از طرف رواق دیگر این قطعه نوشته شده است:

درها همه بسته‌اند الا در تو / تا ره نبرد غریب الّا بر تو
ای در کرم عزّت نور افشانی / خورشید و ستارگان بود چاکر تو[1]

---

۱ - بعضی از اطّلاعات این متن برگرفته از اخبار سلاجقه روم و سلجوقنامهٔ ابن بی‌بی است، مقدّمه، صص ۱۵۷-۱۵۴.

آثار مولانا

۱ ـ **مثنوی** ـ منظومه‌ای است الهام‌گونه در شش دفتر بالغ بر بیست و پنج هزار و ششصد و هفتاد و اندی بیت شعر، سرشار از اندیشه‌های عالی تابناک و مفاهیم و معانی بلند که به اکثر زبان‌های دنیا ترجمه شده است و بارها به شرح آن برخاسته‌اند.

۲ ـ **دیوان کبیر** ـ شامل غزلیّات، قصاید، مقطّعات فارسی و عربی، ملمعّات، ترجیعات و رباعیّات است و حدود چهل و دو هزار بیت دارد. سرشار از گلبوته‌های معطّر عشق است. اکثراً فی‌البداهه و بیان احوال لطیف و شوریدگی‌های ناگهانی این سلطان عشق است به زبان پارسی و عربی و ملحقات ترکی، تازی و یونانی و قصاید فارسی و ترجیعات که در پنجاه و پنج بحر عروضی ساخته شده است. موسیقی دیوان کبیر در هیچ دیوان غنایی دیگر یافت نمی‌شود.

در دیوان کبیر، به سبب غالب بودن مقام «بقا» در نَفْسِ مولانا، حالت وی لبریز از عظمت و جلال است و در کلام او استغنا، جلال، بی‌باکی و بلندپروازی خاصّی یافت می‌شود که در سخن دیگر بزرگان عرفان و تصوّف دیده نشده است.

۳ ـ **مکاتیب** ـ مجموعهٔ مکتوبات مولانا به نزدیکان و بزرگان است. بعضی از این نامه‌ها در مناقب‌العارفین نقل شده است. به عنوان مثال، نامه‌ای که مولانا هنگام بیماری صلاح‌الدّین برای احوال‌پرسی نوشت و یا نامه‌های دیگری به سلطان ولد و همسر وی فاطمه خاتون، هنگامی که رنجشی میان این زن و شوهر به وجود آمده بود و فحوای کلام، اندرز به سلطان ولد و در نامهٔ فاطمه خاتون، عذرخواهی‌های بسیار از وی است. این کتاب حاوی یک‌صد و چهل و هفت نامه است.

۴ ـ **مجالس سبعه** ـ مجموعهٔ مواعظ و مجالس مولانا است و گویا تحریر هفت مجلس وعظ مولانا را در بر دارد.

۵ ـ **فیه‌مافیه** ـ مجموعه‌ای از تقریرات اوست مشتمل بر مسائل اخلاقی، طریقی، شرح و بیان موضوعات عرفانی و تصوّف. داستان‌ها و مَثَل‌های موجود در آن اکثراً با مثنوی مشابهت دارد.

خاندان مولانا

به روایت افلاکی، سلطان‌العلماء دو پسر به نام‌های علاءالدّین و جلال‌الدّین و یک دختر به نام فاطمه خاتون داشت که پیش از هجرت وی از بلخ درگذشت. از علاءالدّین اطّلاعی در دست نیست؛ امّا جلال‌الدّین محمّد چهار فرزند داشته است:

۱ـ بهاءالدّین محمّد معروف به سلطان ولد

۲ـ علاءالدّین محمّد (۶۶۰-۶۲۴) که بنا بر مشهور در توطئهٔ شهادت شمس دخیل بوده و به همین مناسبت از چشم پدر افتاده و فرزندانش نیز به همین جهت شهرتی ندارند و بـه قـول مـعروف از خانواده طرد شدند.

این دو پسر از یک مادر بودند به نام **گوهرخاتون** که فرزند شرف‌الدّین سمرقندی است و مولانا در قرامان (لارنده) با وی ازدواج کرد. بعد از مرگ گوهرخاتون، مولانا با بانویی که بـیوه بـود بـه نـام **کَراخاتون** عقد زناشویی بست، این بانو از شوهر اوّل خویش که بر اساس سنگ مزار، محمّد شـاه نامیده می‌شده است؛ شمس‌الدّین یحیی را داشت که فرزند خواندهٔ مولانا محسوب می‌گردد و برادر خواندهٔ فرزندان مولاناست. کَراخاتون قونوی در ۱۳ رمضان ۶۹۱ دار فانی را وداع گفت. ایـن بـانوی بزرگوار دو فرزند از مولانا به دنیا آورد به نام **امیرمظفرالدّین عالم چلبی** و **ملکه خاتون**، بدین ترتیب مولانا چهار فرزند داشت.

امیر مظفرالدّین عالم چلبی به روایت افلاکی، خزانه‌دار سلطان وقت بود و در سال ۶۷۶ هـ. ق / ۱۲۷۷ م وفات یافت و در جلوی مدفن مولانا به خاک سپرده شده است. **ملکه خاتون** دختر مولانا، با شهاب‌الدّین قونوی که مردی تجارت‌پیشه بود ازدواج کرد. آنچنان که از مکتوبات مولانا بر می‌آید، داماد وی مدّتی برای تجارت به سیواس رفته و به سبب پرداخت باج‌های کلان به مشکلاتی دچار گشته است. ملکه خاتون در سال ۷۰۵ هـ / ۱۳۰۶ م درگذشت و در جوار برادرش مدفون است.

سلطان ولد، فرزند ارشد و گرامی‌ترین آنان نزد مولانا، روز جـمعه ۲۵ ربیع‌الآخر ۶۲۳ هـ / ۱۲۲۶ م متولّد شد. محبّت بسـیار مـولانا بـه وی مـوجب مـی‌شد کـه درکـودکی وی را در آغـوش خـود می‌خوابانید و در بزرگی همه جا در کنار مولانا بود؛ چنانکه مردم او را برادر مولانا می‌پنداشتند. وی **مؤسس طریقت مولویّه** است. به فرمان پدر در دمشق به تحصیل پرداخت و گذشته از علوم نقلی، تمام مدّت عمر را به خدمت مشایخ و بزرگان و ذکر مقامات پدر و تدریس صرف کرد.

بعد از وفات مولانا، حُسام‌الدّین به توصیهٔ مولانا و رضایت کامل سلطان ولد مجدداً به خلافت منصوب و جانشین مولانا گردید و بعد از یازده سال در روز چهارشنبه ۱۲ یا ۲۲ شعبان ۶۸۳ زندگی فانی را بدرود گفت و سلطان ولد بر مسند پدر خویش نشست و حدود سی سال به نشر طریقت پدر و وضع آداب و آیین‌های مولویّه در سماع و مجالس پرداخت. این نکته مسلّم است که اکثر آیین‌های مولویّه چه در سماع و چه در نحوهٔ لباس، بنیادی است که سلطان ولد نهاده است.

بهاءالدّین محمّد، به تقلید و اقتدای پدر بزرگوار خویش آثاری به نظم و نثر انشا کرده است که

شامل دیوان قصاید و غزلیّات است و بعد از آن به نظم **ولدنامه** یا **مثنوی ولدی** پرداخت. از وی رساله‌ای منثور نیز در باب عرفان موجود است که نام آن **معارف سلطان ولد** بوده و خلاصه‌ای است از تقریرات و مجالس وی. مثنوی ولدی در حقیقت، زندگی‌نامهٔ مولانا، شمس، صلاح‌الدّین و حُسام‌الدّین است.

سلطان ولد در شنبه، دهم رجب سال ۷۱۲ هـ./۱۳۱۲ م در سن هشتاد و شش سالگی وفات یافت و در سمت راست و درکنار تربت پاک مولانا مدفون شد. امروزه بر بالای مزار مولانا و سلطان ولد، سنگ مرمرینی قرار دارد که معمولاً با پارچه‌ای از جنس بسیار اعلای زربفت که آیات قرآن بر آن زری‌دوزی شده است، پوشانده می‌شود و در بالای هر مزار چنانکه عادت مولویّه است کلاه مخصوص آنان که **سکّه** نامیده می‌شود با دستار خاصّ آن قرار دارد.

سلطان ولد برای مولانا فرزند و مریدی نمونه بود و با رضا و رغبت کامل تسلیم محض تمام خواسته‌های پدر بود. سه بار بنا بر تمایل مولانا، دست ارادت به سه تن از دوستان محبوب و خاصّ پدر داد و به خواست وی با دختر صلاح‌الدّین ازدواج کرد و باز هم بنا بر رعایت وصیّت پدر بزرگوارش بعد از وفات وی، بر آستان حُسام‌الدّین سر نهاد و بیعت مجدّد کرد و بعد از وی در نهایت جدّیت به گسترش و استحکام طریقهٔ مولانا پرداخت، چنانکه بعد از وفات سلطان ولد، مولویّه یکی از بانفوذترین طرایق صوفیّه در آسیای صغیر (ترکیه) به شمار می‌آمد.

شعر و شاعری از دیدگاه مولانا

مولانا، این صوفی عارف که رسالت وی در زندگی شصت و هشت ساله‌اش، رساندن پیام عشق و محبّت و وحدت به گوش بشریّت از ورای پرده‌های قرون و اعصار بوده است، اقیانوس‌وار خروشید و بی‌پیرایه و بی‌تکلّف نزدیک به هفتاد هزار بیت شعر گفت که حدود بیست و پنج هزار و اندی از آن ابیات مربوط به شش دفتر مثنوی و مابقی آن شامل غزلیّات و رباعیّات دیوان کبیر «کلیّات شمس» است.

علی‌رغم کثرت بسیار اشعار وی که حجمی بی‌مانند در ادبیّات ما دارد، شاعری است که از شعر بیزار است و در این باب می‌گوید[1]: این یاران که به نزد من می‌آیند از بیم آنکه ملول نشوند شعری

۱ - فیه مافیه، ص ۷۴.

می‌گویم تا به آن مشغول شوند وگرنه من ازکجا شعر ازکجا. والله که من از شعر بیزارم. من تحصیل‌ها کردم. در علوم رنج‌ها بردم که نزد من فضلا و محقّقان آیند تا برایشان چیزهای نفیس و دقیق عرضه کنم. حق تعالیٰ خود چنین خواست. در ولایت و قوم ما از شاعری ننگ ترکاری نبود؛ ما اگر در آن ولایت می‌ماندیم، آن می‌ورزیدیم که ایشان می‌خواستند، مثل: درس گفتن و تصنیف کتب و تذکیر و وعظ و زهد و عمل ظاهر ورزیدن.

اوّلین غزلی که مولانا سرود،[1] پس از غیبت ناگهانی شمس بوده است که ضربهٔ هولناک آن، چشمه‌های جوشانی را از شعر و غزل در اندرون منوّر و معطّر وی به جوشش آورد؛ امّا او همواره از تنگنای اوزان عروضی و بحور شکوه می‌کرد و آن را **خار دیوار رَزان** می‌نامید.

رَستم ازین بیت و غزل ای شه و سلطان ازل　　مفتعلن مفتعلن مفتعلن کشت مرا
قافیه و مغلطه راگو همه سیلاب ببر　　پوست بود پوست بود در خور مغز شعرا[2]

سلطان ولد در انتهانامه، در شرحی مفصّل، شعر اولیا را تفسیر قرآن کریم به شمار می‌آورد:[3]

هست این تفسیر قرآن مجید　　زآن مکرر می‌شود وعده و وعید

و توضیح می‌دهد که کثرت ابیات پدر بزرگوار وی به سبب سخن‌پردازی نبوده و علی‌رغم تکرار، ملال‌انگیز نیست و از آن‌رو که این کلام، تفسیر کلام قدیم است از سر لزوم، گاه بعضی معانی و مفاهیم در قالب‌های گوناگون ارائه و تبیین می‌گردد.

گفته‌اند: معمولاً اشعار در حالت سماع گفته می‌شد و یاران می‌نوشتند. کاتبان اشعار مولانا را **کاتبان اسرار** یا **کاتب الاسرار** می‌گفتند که یکی از آنان بهاءالدّین بحری[4] و دیگری شیخ فخرالدّین سیواسی[5] بوده‌اند و چنانکه افلاکی روایت کرده است: فخرالدّین سیواسی گاه در کلام خداوندگار تحریف می‌کرد وبی‌اجازهٔ مولانا به طریق اصلاح، قلم می‌راند و به ناگاه جنونی در وی عارض شده و دیوانه گشت. در نوشتن مثنوی نیزکاتب اصلی حُسام‌الدّین است که نوشته‌اند تا هفت بار مثنوی را با صدایی خوش برای مولانا خواند و خداوندگار تصحیح فرمود.

نوشته‌اند: آن جناب، تا سی و هشت‌سالگی و قبل از دیدار محبوب شعری نسروده بود و شاعری در وجودش همچون آتش در سنگ نهان بود و دیدار شمس، گویی آتش‌زنه‌ای بود که یکباره تمام وجود او را پر از شراره‌های سرکش کرد.

---

۱ - ابتدانامه، صص ۵۶-۵۳.　۲ - کلیّات شمس، فروزانفر، ص ۶۴.
۳ - انتهانامه، سلطان ولد، تصحیح و تعلیق محمّد علی خزانه‌دارلو، روزنه، ۱۳۷۶.　۴ - مناقب، ج ۱، ص ۴۵۶.
۵ - همان، ص ۲۳۶.

قونیه (Konya)

تربت مولانا در شهر قونیه است. «قونیه» در اصل واژه‌ای یـونانی است کـه در آن زبـان ایکـونیوم (Iconium) آمده و در آثار مورّخان عصر جنگ‌های صلیبی به صورت ایکونیوم (Yconium) و کونیوم (Conium) و استانکونا (Stancona) ذکر شده و در آثار اسلامی به شکل قونیه تعریب گردیده است.

قونیه که خود نام ایالتی در مرکز آناطولی است از طرف مشرق به نیغده و از جنوب به آنتالیا و از مغرب به اسپرته و افیون و از جنوب غربی به اسکی شهر و از شمال به آنکارا محدود می‌گردد.

قونیه (کُنیا)، از شهرهای مرکزی ترکیه که در ۲۴۶ کیلومتری جنوب آنکارا واقع شده است. جمعیّت قونیه در سرشماری سال ۱۹۹۳ میلادی، حدود پانصد هزار نفر بـرآورد شـده است. در عـهد مـولانا، اکثریّت مردم قونیه مسیحی بودند و مابقی، ترک‌زبانان سلجوقی، تاجیک‌های فارسی زبان، ارمنی‌ها و معدودی از یهودیان بودند.

قونیه در طول قرن‌ها، جزو امپراتوری روم شرقی به شمار می‌رفته است. شهر قونیه مرکز کلیّهٔ مولوی‌خانه‌ها بوده است و آن را «**آستانهٔ علیه**» و «**درگاه**» می‌نامیدند و پیر طریقت مولویّه هم در همان شهر اقامت داشته است.

بعد از سال ۱۹۲۵ میلادی / ۱۳۰۴ شمسی که در زمان کمال آتاتورک، انجام مراسم سماع در محوطهٔ آرامگاه ممنوع شد، با آنکه عنوان «موزه» بر آن نهادند؛ امّا تربت مولانا همچنان زیارتگه اهل دل و کعبهٔ عشّاق مشتاق بود و خواهد بود و هم‌اکنون یکی از مهم‌ترین شهرهای ترکیه به شمار می‌آید و جمعیّت آن از یک میلیون نفر تجاوز نمی‌کند. در مدّت یک هفته‌ای که از دهم تا شانزدهم دسامبر برابر با ۱۹ تا ۲۶ آذر هر سال مراسم سماع درویشان در این شهر انجام می‌شود، جمع کثیری از اقصا نقاط جهان برای شرکت در مراسم بزرگداشت عارفی والا که تصوّفی عاشقانه را بنیان نهاد در این مکان گرد می‌آیند تا تحت لوای **ملّت عشق**، اتّحادی جهانی را به نمایش آورند.

دربار و درباریان و ارتباط آنان با مولانا[1]

مولانا جلال‌الدّین در کشور روم با چند تن از امیران و صاحب‌دولتان سلجوقی که بالاستقلال یا از جانب ایلخانان مغول فرمانروایی داشتند، معاصر بود. پادشاهان سلجوقی از زمان علاءالدّین کیقباد به بهاءالدّین ولد پدر مولانا و شخص وی اظهار ارادت می‌کردند.

مغولان پس از جنگ کوسه‌داغ بر کشور روم دست یافتند و از آن تاریخ پادشاهان سلجوقی روم دست‌نشاندهٔ ایلخانان مغول شدند.

چنانکه از روایات افلاکی و ولدنامه بر می‌آید شهریاران سلجوقی روم همگی به مولانا ارادت داشتند و از این میان عزالدّین کیکاووس (۶۵۵-۶۴۳) و رکن‌الدّین قلج ارسلان (۶۶۴-۶۵۵) به خدمت مولانا می‌آمدند و در فتوح کارها از او همّت می‌خواستند.

بر حسب روایت افلاکی، عزالدّین کیکاووس خود یکی از مریدان مولانا بود و برادرش سلطان رکن‌الدّین که در پادشاهی با وی شریک و انباز بود، اعتقادی بسیار به آن حضرت داشت و مولانا را پدر خود خواند؛ ولی آخرالامر از مولانا روی بگردانید و مرید مردی مرتاض و زاهد به نام شیخ بابا شد.

از امیران و وزیران روم، جلال‌الدّین قراطای، تاج‌الدّین معتز و صاحب شمس‌الدّین اصفهانی به مولانا ارادت می‌ورزیدند و بیش از همه **معین‌الدّین پروانه** اخلاص و اعتقاد داشت.

معین‌الدّین سلیمان بن علی، مشهور به پروانه در آغاز مکتب‌دار بود؛ امّا به جهت درایت و کیاست به مقامات عالی مملکتی نایل آمد و نیابت سلطنت داشت اگرچه نام سلطنت از آنِ خاندان سلجوقی بود، ولی در جمیع مهمّات کشور و عزل و نصب فرمانروایان هیچ کاری بی اشاره و تصویب او صورت نمی‌گرفت.

افلاکی می‌نویسد[2]: سبب فنای سلطنت آل‌سلجوق آن بود که سلطان رکن‌الدّین به حضرت مولانا مرید شد و او را پدر ساخت و گویند: در آن زمان پیرمردی بود و او را شیخ بابای مرندی گفتندی؛ مردی بود مرتاض و زاهد و جماعتی از شیاطین‌الانس که بدان پیر، اُنس داشتندی چنان مدح او را پیش سلطان کردند که سلطان مشتاق صحبت او گشته بود. آخرالامر فرمود که بنیاد سماع کردند و باکرام تمام، شیخ‌بابای مرندی را بر صدرش نشاندند. چون حضرت مولانا از در درآمده رو بحضرت مولانا کرده گفت: تا معلوم خداوندگار باشد که بندهٔ مخلص، شیخ‌بابا را پدر خود ساختم و او مرا به فرزندی قبول کرد. همانا که حضرت خداوندگار از غایت غیرت فرمود: اگر سلطان او را پدر ساخت، ما نیز پسری دیگر کنیم؛ نعره بزد و پابرهنه روانه شد.

---

۱ - با استفاده از تاریخ السلاجقهٔ ابن بی‌بی، صص ۲۴۱-۲۳۶ و شرح زندگانی مولوی، فروزانفر، صص ۱۵۷-۱۵۲.
۲ - مناقب، ج ۱، صص ۱۴۹-۱۴۶، در روش نگارش متن کهن تغییری نداده‌ایم.

حُسام‌الدّین گفت: چون حضرت مولانا بیرون آمد، به جانب سلطان نظر کردم، دیدم که بی‌سر ایستاده بود؛ درحال زخم خورد، چندان که علما و شیوخ در پی او دویدند مراجعت نفرمود؛ آن بود که بعد از چند روز امرا اتّفاق کردند سلطان را به آقسرا دعوت کردند تا در دفع تاتار، کنگاجی کنند؛ سلطان برخاست و به حضرت مولانا آمد تا استعانت خواسته روانه شود؛ فرمود که اگر نروی به باشد. اخبار دعوت متواتر شد، ناچار عزیمت نمود. چون به آقسرا رسید در خلوت زه کمان در گردنش کردند. در آن حالت فریاد می‌کرد و مولانا مولانا می‌گفت. مولانا در مدرسهٔ مبارک خود در آن دم به سماع مستغرق بود و دو انگشت سبابه را در گوش‌ها کرد و فرمود: سرنا و بشارت بیارند؛ هماناکه سر سرنا و بشارت را در گوش‌های خود کرده، نعره‌ها می‌زد و این غزل را فرمودن گرفت:

نگفتمت مرو آنجاکه آشنات منم — دریـن سراب فنا چشمهٔ حیات منم

در پی غزلی دیگر فرمود که:

نگفتمت مرو آنجاکه مبتلات کنند — که سخت دست درازند بسته‌پات کنند

(الخ)

چون سماع به آخر رسید مولانا فرمود که نماز جنازه کنیم. بیچاره رکن‌الدّین را خفه می‌کردند و او در آن حالت بانگ می‌زد و نام مرا می‌گفت. سر سرنا را درگوش می‌کردم تا از وی فارغ باشم؛ امّا در آن عالم احوالش نیکو باشد. [قتل وی در سلجوقنامهٔ ابن بی‌بی، صص ۳۰۳-۲۹۹، به سبب تحریکات معین‌الدّین پروانه علیه او ذکر شده است.]

ملکه گوماج خاتون که منکوحهٔ سلطان رکن‌الدّین بود و مریدهٔ مولانا، حکایت کرد: روزی در سراهای قدیم ما با جمع خواتین نشسته بودیم، از ناگاه حضرت مولانا از در در آمد، فرمود که زود از این خانه بیرون آیید، درحال، پای برهنه بیرون دویدیم، چون تمامت قوم بیرون آمدند طاق صفّه فرو نشسته، در پای مبارک مولانا افتاده صدقات به ارباب حاجات ایثار کردم.[1]

روزی معین‌الدّین پروانه در دیوان سرای خود گفته باشد که خداوندگار پادشاه بی‌نظیرست و مثل او سلطانی نپندارم که در قرن‌ها ظهور کرده باشد؛ امّا مریدانش به غایت مردم بدند و فضول نفس. این خبر را به مولانا رساندند. تمامت یاران شکسته دل گشتند. هماناکه مولانا رقعهٔ بخدمت پروانه ارسال فرمود که اگر مریدان من نیک مردم بودندی، خود من مرید ایشان می‌شدم، از آنچه بد مردم بودند که بمریدی‌شان قبول کردم تا تبدّل یافته نیکو شوند و در سلک نیکان و نیکوکاران در آیند.

کورنیم لیک مراکیمیاست — ایـن درم قـلب از آن مـی‌خرم

باز فرمود که بروان پاک پدرم تا حق تعالی ضامن ایشان نشد که ایشان را رحمت کند و از جملهٔ مقبولان خود گرداند، بمحلّ قبول نیفتادند و در دل پاک عباداللہ جا نکردند.

رحـمتیان رسته‌اند لعنتیان خسته‌اند — مـا ز پـی رحـمت قـوم لعین آمدیم

---

۱ - مناقب، ج ۱، ص ۳۳۵.

چون پروانه رقعهٔ رفیع آن سلطان را مطالعه کرد، برخاست و پیاده بحضرت مولانا آمده عذر خواست و استغفار کرد.[۱]

علی‌رغم اکرام و اعزازی که سلاطین و امرا و وزرا در حقّ مولانا داشتند، نشست و برخاستِ او با آنان به قدر نیاز، به جهت هدایت آنان و اعمال نفوذ برای کمک به نیازمندان و فقرا بود و در موارد گوناگونی که مشکلات و معضلاتی برای یاران رخ می‌داد، حضرت مولانا نامه‌ای به پروانه می‌فرستاد و درخواست مساعدت می‌کرد.

آسیای صغیر (آناطولی)

در این گفتار، بی‌مناسبت نیست که برای درکِ بهترِ اوضاع فرهنگی، سیاسی و اجتماعی آناطولی که مولانا قسمت اعظم عمر خود را در آن‌جا گذرانید، به آسیای صغیر و تاریخ سلاجقهٔ روم و حوادث روزگار آنان نظری به اجمال بیفکنیم.

آسیای صغیر، منطقهٔ وسیعی است که تشکیل شبه جزیره‌ای را می‌دهد که مابین دریای مدیترانه شرقی، دریای اژه، دریای مرمره و دریای سیاه واقع است. این سرزمین را یونانیان قدیم به مناسبت آنکه در مشرق کشور ایشان واقع شده بود، آناطولی؛ یعنی مطلع‌الشّمس یا برآمدنگاه آفتاب خوانده‌اند و تلفّظ یونانی آن آناطوله است.

نفوذِ ترکان سلجوقی در آسیای صغیر از نبرد **منازکرت** (ملاذگرد) که در سال ۴۶۴ هجری اتّفاق افتاد، آغاز می‌شود. از همان زمان است که ترکان سلجوقی به قیادت سلطان آلب‌ارسلان بن طغرل و به تدبیر خواجه نظام‌الملک طوسی به روم شرقی حمله آوردند و پس از شکست دادن رومیان در منازکرت در مدّت کمی قسمت اعظم آسیای صغیر را از تصرّف دولت بیزانس خارج کردند و سلسله‌ای با اعتبار که شعبه‌ای از خاندان بزرگ سلجوقی است و نسب ایشان به سلیمان بن قتلمش بن ارسلان بن سلجوق می‌رسد در آن نواحی تشکیل دادند که معروف به دولت سلاجقهٔ روم است.

دربارهٔ سلاجقهٔ روم تاکنون کتاب مستقلی به فارسی نوشته نشده، و چند تاریخ قدیم که به **سلجوق‌نامه** معروف است و اساس همهٔ آن‌ها کتاب **الاوامرالعلائیه فی الامور العلائیه** تصنیف ابن بی‌بی می‌باشد.

---

۱ - مناقب، ج ۱، صص ۱۳۰-۱۲۹.

نظری اجمالی به اوضاع آناطولی (آسیای صغیر) از قرن پنجم تا قرن هشتم هجری

مسلمانان، ممالک روم شرقی را به‌طور کلّی **بلاد روم** می‌گفتند. کلمهٔ **رومی** در قرون اسلامی همان معنی کلمهٔ نصرانی را داشت، خواه یونانی بود خواه از ملّت‌های لاتین. دریای مدیترانه را نیز بحرالروم می‌گفتند و رفته‌رفته اسم بلاد روم به **روم** تنها اختصار یافت و کلمهٔ روم بر آن کشورهای مسیحی که به کشورهای اسلامی مجاور و نزدیک بودند، اطلاق می‌گردید و از این جهت اعراب، سرزمین پهناور آسیای صغیر را که در اواخر قرن پنجم هجری با استیلای سلاجقه بر آنجا به دست مسلمانان افتاد، روم نامیدند.

ظهور ترکان سلجوقی در قرن پنجم که متعاقب **جنگ‌های صلیبی** اتّفاق افتاد، اوضاع آسیای صغیر را دگرگون ساخت. در بهار سال ۴۶۳ آلب‌ارسلان سلجوقی در جنگ **ملاذگرد** (۱۰۷۱ م) فاتح شد و سپاهیان روم شرقی را تارومار کرد و شهر **قونیه** را به عنوان پایتخت برگزید.

سلطنت سلاطین سلجوقی قونیه بیش از دو قرن، یعنی از سال ۴۷۰ تا ۷۰۰ هجری دوام داشت؛ امّا باید گفت که چراغ دولت آنان در سال ۶۵۵ که مغول‌ها قونیه را محاصره کردند، خاموش گردید.

سلجوقیان قبیله‌ای ترک‌نژاد بوده‌اند که در زمان سلاطین غزنوی و در اواخر قرن چهارم هجری از آسیای میانه به ماوراءالنّهر مهاجرت کردند؛ چون یکی از پیشوایان ایشان **سلجوق بن دقاق** بود، لذا اخلاف او را به نام وی سلجوقیان یا سلاجقه خوانده‌اند.

برخی از دانشمندان حدس زده‌اند که ایشان قبیله‌ای از قوم **هون‌ها** بودند. زبان آن‌ها ترکیبی از مغولی و چینی بود که بعدها واژه‌های فارسی و عربی نیز بر آن افزوده شد.[۱]

بعد از نبرد ملاذگرد (منازکرت) آلب‌ارسلان متوجّه مشرق و خوارزم شد و پادگانی را در آناطولی گذاشت و فرماندهی آن را به **منصور** و **سلیمان** پسران **قتلمش**، دو پسر عموی خود داد که در فتوحات منازکرت سهم بزرگی داشتند.

آلب‌ارسلان در خوارزم به قتل رسید (۴۶۵ هـ / ۱۰۸۶ م) و فرزند وی ملکشاه به سلطنت رسید. **سلیمان** به فرمان ملکشاه سلجوقی به سبب فتوحات بسیارش در آسیای صغیر، رسماً به فرمانروایی آناطولی از طرف دولت مرکزی سلجوقی منصوب شد. بعد از وفات او به سال ۴۷۷ هـ / ۱۰۸۴ م، **قلج**

---

۱ - تاریخ تمدّن، ویل دورانت، ج ۶.

ارسلان اوّل پسر سلیمان به تخت سلطنت نشست و به تهدید بیزانس (امپراتوری روم شرقی) پرداخت که در نهایت در سال ۱۰۹۵ م منجر به یک جنگ صلیبی گردید.[۱]

این جنگ‌ها تا زمان مسعود، پسر وی و نوه‌اش قلج ارسلان دوم ادامه یافت. **قلج ارسلان دوم** قبل از مرگ (۵۸۸ هـ. ق / ۱۱۹۲ م) کشور را بین پسرانش تقسیم کرد و این اشتباه بزرگ وی بود که سبب قطعه‌قطعه شدن و از بین رفتن یکپارچگی کشور شد و جنگ و جدال بین برادران را نیز موجب آمد. وی که یازده پسر داشت طبق سنّت مرسوم غزها، کوچک‌ترین فرزند، یعنی **غیاث‌الدّین کیخسرو** را به ولیعهدی برگزید.

قلج ارسلان دوم که از آگاه‌ترین، بااراده‌ترین، سیاست‌مدارترین و باریک‌اندیش‌ترین حکمرانان سلجوقی آناطولی بود، ضمن مقابله با دشمنان قدرتمندی چون امپراتور بیزانس، سلطان حلب و صلاح‌الدّین ایّوبی، از طریق اعمال سیاست‌های گوناگون، توانست خود را در برابر خطرات محافظت کند. او همهٔ دوران حکومت سی و هفت سالهٔ خود را با جنگ و جدال سپری کرد. یکی از فرزندان او به نام **رکن‌الدّین سلیمان** که سلطان توقات بود با غلبه بر برادران خود توانست یک بار دیگر کشور را به شکل یکپارچه در آورد. او عالمی ارزشمند و حکمرانی باهوش بود و با فیلسوف نامی **شهاب‌الدّین سهروردی** صاحب **حکمت الاشراق** از نزدیک آشنایی داشت.

بعد از وفات او به سال ۶۰۱ هـ. ق / ۱۲۰۴ م، برادرش غیاث‌الدّین کیخسرو اوّل که به بیزانس گریخته بود، به دعوت برخی از حکّام سلجوقی به آناطولی آمد و حکمرانی‌اش اعلام شد. در اواخر سلطنت سلیمان، لاتینی‌ها استانبول را اشغال کردند و بدین ترتیب در آناطولی دو امپراتوری روم ـ بیزانس به وجود آمد که مرکز یکی **ازنیق** و مرکز دیگری **طرابوزان** بود.

راوندی (محمّد بن علی بن سلیمان) اثر معروف خود راحة‌الصدور را به غیاث‌الدّین کیخسرو اوّل که مردی ادیب و شاعر نیز بود تقدیم کرده بود.

پس از مرگ غیاث‌الدّین کیخسرو اوّل که در جنگ با امپراتور روم رخ داد، به تصمیم رجال ارتش فرزند ارشد او یعنی عزّالدّین کیکاووس اوّل حکمران شناخته شد؛ امّا برادر دیگر وی یعنی علاءالدّین کیقباد، والی توقات، این انتصاب را به رسمیّت نشناخت و از این‌رو یک سری جنگ و گریزهای داخلی روی داد و حکومت عزّالدّین کیکاووس تثبیت گردید؛ امّا او در سن جوانی درگذشت و به جای او برادرش علاءالدّین کیقباد برگزیده شد (۶۱۶ هـ. ق / ۱۲۱۹ م).

---

۱ - در اواخر قرن ۱۱ میلادی گروهی بسیار از مسیحیان اروپا که لقب صلیبی بر خود نهاده بودند به قصد زیارت بیت‌المقدّس و رهانیدن اماکن مقدّسهٔ مسیحی از دست مسلمانان به آسیا آمدند. اینان به فتوای پاپ اوربین (Urbain) در سال ۱۰۹۵ م از ملّت‌های مختلف اروپا گروه کثیری را تشکیل داده و به نام امّت عیسی به سوی مشرق به راه افتادند. در میان ایشان راهبی به نام پطرس زاهد بود که از یاران پاپ به شمار می‌رفت. وی سراسر اروپا را به پای خود درنوردید و به هر جا که می‌رسید مسیحیان را برای جنگ‌های صلیبی علیه مسلمانان تشجیع می‌کرد.

برهان‌الدّین قونوی اثر خود به نام «**انیس القلوب**» را به عزّالدّین کیکاووس که مانند پدر، ادیب و شاعر بود تقدیم کرد.

دوران حکومت بیست و دو سالهٔ **علاءالدّین‌کیقباد** اوج دوران سلجوقیان از نظر سیاست، اقتصاد، عمران و آبادانی به شمار می‌رود. در این تاریخ مغولان پس از شکست دادن حکومت خوارزمشاهیان در حال پیشروی به سوی غرب بودند و حتّی مهاجرت از ایران را به سوی آناطولی آغاز کرده بودند.

با مرگ جلال‌الدّین خوارزمشاه به سال ۱۲۳۱ م دیگر هیچ مانعی در برابر پیشرفت و تهاجم مغولان باقی نماند. مهاجمان مغول، ارزنجان را به تصرّف در آوردند و تا سیواس نیز پیش رفتند و سپس بازگشتند. علاءالدّین کیقباد هراسناک از خطر وحشتناک مغولان درصدد توافق با آنان بر آمد و در نهایت، اندکی پیش از مرگ وی از او خواسته شد تا حاکمیّت مقتدر مغول را به رسمیّت بشناسد و کیقباد این پیشنهاد را پذیرفت.

از آنجا که حملهٔ مغولان به آناطولی به تحریک **روسودان ملکهٔ گرجی** صورت گرفته بود، علاءالدّین کیقباد به آن سو لشکر کشید و ملکه را وادار به صلح کرد و **تامار** دختر ملکه را به عقد غیاث‌الدّین کیخسرو پسر بزرگ خویش در آورد. غیاث‌الدّین از این ازدواج صاحب پسری به نام **علاءالدّین‌کیقباد** و دختری به نام **گرجی‌خاتون** شد که با **معین‌الدّین سلیمان** یکی از امرای سلجوقی ازدواج کرد و در **مناقب العارفین** از ارادت بسیار گرجی‌خاتون و معین‌الدّین سلیمان به حضرت مولانا جلال‌الدّین یاد شده است.

علاءالدّین کیقباد با خوردن گوشت پرندهٔ شکاری مسموم شد و درگذشت (۶۳۴ هـ / ۱۲۳۷ م). وی از هر حیث از بزرگ‌ترین حکمرانان سلجوقی آناطولی بود و توانست یکپارچگی حکومت را تأمین کند.

او با حمایت از دانشمندان آنان را پاس می‌داشت. آثار بسیاری به نام وی نوشته شده است و بزرگان بسیاری چون **صدرالدّین قونوی**، **مولانا جلال‌الدّین بلخی** و **شیخ نجم‌الدّین رازی** معروف به **نجم‌الدّین دایه** که اثر معروف خود **مرصادالعباد** را به او تقدیم کرد نیز در زمان وی می‌زیستند. با حمایت وی از تجارت و تجّار و به سبب وضع درخشان اقتصادی حاکم بر آناطولی، مردم سرزمین‌های تحت ادارهٔ سلجوقیان در رفاه و سعادت به سر می‌بردند؛ امّا وی با کشتن بعضی از امرای باارزش سلجوقی سبب شد که بعدها کشور دچار فلاکت عظیمی شود. پس از مرگ علاءالدّین کیقباد، پسرش **غیاث‌الدّین کیخسرو دوم** به جای پدر به حکمرانی رسید و روش زشت و ناپسند، یعنی کشتن امرا و بزرگان را که در زمان عمویش آغاز شده بود و در دوران حکمرانی پدرش نیز متداول بود، ادامه داد و تحت تأثیر یاوه‌سرایی غلامان و خواجه‌سرایان، سرداران و امرای با تجربه‌ای را که

می‌توانستند در حکومت به وی یاری دهند، به قتل رسانید. در نتیجهٔ اعمال وحشتناک غیاث‌الدّین کیخسرو، دولت سلجوقی از فرماندهان لایق محروم ماند.

سرانجام در سال ۶۴۱ هـ / ۱۲۴۳ م در حوالی کوسه‌طاغ **(کوسه داغ)** واقع در شمال سیواس، غیاث‌الدّین کیخسرو دوم از مغول‌ها شکست خورد.

پس از آن، پادشاهان سلجوقی روم، دست‌نشاندهٔ مغولان بودند و برای حفظ مملکت و خاندان خود به هرگونه قوای مادّی و معنوی متوسّل می‌شدند.

غیاث‌الدّین کیخسرو دوم مردی خوش‌گذران بود و بعد از فاجعهٔ مغول ادارهٔ امور را به افراد کارآزموده‌ای از جمله **شمس‌الدّین اصفهانی** و **جلال‌الدّین قراطای** سپرد.

بعد از وفات غیاث‌الدّین کیخسرو دوم، حوادث داخلی و درگیری‌های خانوادگی بر سر حاکمیّت و قدرت میان فرزندان وی رخ داد که در ابتدای امر به فرمان **منکوقاآن** که خان بزرگ مغول بود، ممالک روم بین دو برادر، یعنی **عزالدّین** و **رکن‌الدّین** تقسیم شد.

پس از آنکه اختیار دولت مغول در ایران و آسیای صغیر به دست **هلاکوخان** افتاد؛ چون عزالدّین سلطنت برادرش رکن‌الدّین را قبول نداشت به بغداد نزد هلاکو رفت و در سال ۶۵۷ هـ. به خدمت او رسید. هلاکو به مصلحت‌دید **پروانه** ممالک روم را به‌طور مساوی بین دو برادر تقسیم کرد و مقرّر فرمود که سلطان عزالدّین از حدود قیصریّه تا ساحل انتاکیه را در تصرّف خویش گیرد و قونیه را دارالملک خود سازد؛ امّا ولایت دانشمندیه از سیواس تا ساحل سینوپ و سامسون در تصرّف سلطان رکن‌الدّین باشد و **توقات** مقرّ پادشاهی او گردد؛ پس از آن عزالدّین به محلّ حکومت خود آمد و وزیر هر دو، صاحب شمس‌الدّین اصفهانی بود. پس از مرگ صاحب شمس‌الدّین، عزّالدّین کیکاووس، **فخرالدّین صاحب عطا** را به وزارت خود برگزید. وزیر رکن‌الدّین نیز معین‌الدّین پروانه بود که با مغولان سروسرّی داشت.

چون این سه برادر یعنی عزالدّین کیکاووس و رکن‌الدّین قلیچ ارسلان و علاءالدّین کیقباد با یک‌دیگر اختلاف داشتند به تدبیر صاحب شمس‌الدّین جوینی اصفهانی و فرمان هلاکو مقرّرگردید که هر سه در پادشاهی شریک باشند و صاحب شمس‌الدّین، وزارت آن سه را بر عهده گیرد. (۶۵۵-۶۴۴ هـ) یازده سال به رأی و تدبیر این وزیر دانشمند، آن سه برادر در یک زمان سلطنت کردند. در همین ایّام کارشکنی‌ها و تحریکات بسیاری که علیه عزالدّین در دربار رخ داد، از قدرت کنار گذاشته شد و پس از حوادث بسیاری که بر وی گذشت از قونیه گریخت (۶۵۹ هـ) و بعد از آن رکن‌الدّین به‌طور مستقل به پادشاهی نشست و خود را **قلیچ ارسلان چهارم** خواند؛ امّا حکومت واقعی در دست مغول بود و امرای سلجوقی چیزی جز بازیچهٔ مغولان نبودند. وزارت سلاجقه را در این عصر، مردی

مدبّر به نام **سلیمان معین‌الدّین پروانه** در دست داشت. وی از بزرگان دربار هلاکوخان مغول به شمار می‌رفت و پسر مهذب‌الدّین علی دیلمی است. نخست، ریاست شهر توقات را داشت و پس از آن به ریاست توقات و ارزنجان رسید. در سال ۱۲۵۶ م **منصب پروانگی** یافت که معادل نخست‌وزیری امروز است. او از دوستان نزدیک بایجو سردار بزرگ مغول در آسیای صغیر به شمار می‌رفت. در زمان هلاکو که سلطنت سلاجقهٔ روم به دو قسمت شرقی و غربی تقسیم گردید، معین‌الدّین پروانه، پروانگی قسمت شرقی را داشت. ادارهٔ امور دولت سلجوقی را مغولان به‌طور کلّی به دست او سپرده بودند. حتّی منصب قضا و حکومت شرعی نیز در دست او بود. در این میان، رکن‌الدّین قلیچ ارسلان که با پروانه راه خلاف می‌سپرد به اشارهٔ وی مسموم گشت و معین‌الدّین پروانه، پسر خردسال او غیاث‌الدّین را بر تخت سلطنت نشانید؛ امّا در حقیقت کارها همه در دست پروانه و حاکم مغول بود.

در این زمان ایلخان مغول در ایران **اباقاخان** پسر **هلاکو** بود. بین اباقا و **بایبارس** پادشاه مصر اختلاف بود. پس از مرگ هلاکو، پادشاه مصر، یعنی **الملک الظاهر بایبارس** با لشکری عظیم از مصر به شام آمد و در سال ۶۶۴ هـ. آن بلاد را تسخیر کرد و به حدود ارمنستان صغیر رسید.

در سال ۶۶۹ هـ، بایبارس لشکر مغول را شکست سختی داد تا آنجاکه معین‌الدّین پروانه و فرماندهٔ مغول در روم از وی تقاضای صلح کردند. معین‌الدّین پروانه که مردی زیرک و جاه‌طلب بود از یک طرف از لحاظ مسلمانی با بایبارس باطناً راه دوستی می‌سپرد و از طرف دیگر از ترس مغول با لئون پسر هتیوم پادشاه ارمنستان صغیر که به جای پدر نشسته بود و اباقا در ظاهر اظهار یگانگی می‌نمود.

واقعهٔ اَبُلُستان

در سال ۶۷۵ هجری بایبارس به دعوت بعضی از فراریان روم و اطمینان به همدستی پروانه عازم لشکرکشی به آن سرزمین گردید؛ ولی پروانه امرای مغول را در حال غفلت نگاه‌داشت تا قشون مغول و سلجوقی در روز جمعه دهم ذی‌القعدهٔ ۶۷۵ هـ در صحرای ابلستان در هم شکست. خبر شکست ابلستان، اباقا را بیش از حد خشمگین کرد و معین‌الدّین پروانه راکه پس از شکست به توقات گریخته و اینک به خدمت خان مغول رسیده بود سخت مورد عتاب قرار داد. ایلخان ستمگر به انتقام شکست ابلستان، سپاهیان خود را بین قیصریّه و ارزنةالروم پراکنده کرد و امر به قتل‌عام مسلمین داد و در عرض یک هفته دویست تا پانصدهزار نفر به دست آن قوم خون‌خوار کشته شدند. وی با خشم پروانه را محاکمه کرد و سه گناه بر او ثابت شد: اوّل آنکه، از پیش دشمن گریخته بود. دوم آنکه، آباقا را از لشکرکشی بایبارس به موقع مطّلع نکرده بود و سوم آنکه، پس از شکست ابلستان به نزد آباقا نیامده بود. همین موقع قاصدی رسید و مغولان فهمیدند که به‌طور حتم لشکرکشی به تحریک پروانه بوده است.

سرانجام یکی از امیران خود را مأمور کشتن پروانه و ۳۶ نفر از کسان او نمود. جسد پروانه را قطعه‌قطعه کردند و در دیگ پختند و برای تسکین حسّ کینه‌جویی خود، قطعه‌ای از آن را خوردند، از جمله آباقا نیز تکّه‌ای خورد.

چنان که گفتیم؛ پس از مرگ عزالدّین کیکاووس، طرفداران وی پسرش مسعود را به پادشاهی منصوب کردند و آناطولی در زمان او به دو قسمت شد. مغولان که از زمان بایجو در آناطولی نفوذ فراوان پیدا کرده بودند، در زمان غازان خان تسلّط بیشتری یافتند.

سرانجام پس از کشمکش‌های دیگری که در آناطولی رخ داد در سال ۷۰۸ ه. / ۱۳۰۹ م مغولان دیگر لازم ندیدند که کسی را از خاندان سلجوقی به حکومت آناطولی تعیین کنند و سرداری مغول را به فرمانروایی انتخاب کردند و از همان زمان، یعنی پس از مرگ غیاث‌الدّین مسعود (۷۰۸ ه) دیگر نامی از پادشاهان سلجوقی نیست.

بررسی اجمالی وضعیّت مؤسّسات علمی و آموزشی آناطولی در اواخر قرن دوازدهم و قرن سیزدهم «عصر مولانا»

در قرن سیزدهم میلادی در آناطولی به جای **فلسفهٔ اشراق، فلسفهٔ وحدت وجود** رایج شد و شعر و ادبیّات و تصوّف اوج گرفت. این قرن چه از نظر حرکت‌های فکری و چه به لحاظ اوضاع اقتصادی، سعادت‌آمیزترین دوران حیات آناطولی است. **علاءالدّین کیقباد** که معاصر **مولانا** بود، سلطانی شاعر و در عین حال سخت مشتاق مطالعه و مناظرات علمی بود. وی در حقّ بزرگان و مشاهیر تصوّف معاصر خود چون **مولانا جلال‌الدّین، نجم‌الدّین دایه** و **سیّد برهان‌الدّین محقّق ترمذی** نهایت احترام را مبذول می‌داشت. **شیخ اکبر محیی‌الدّین ابن عربی** در عصر این پادشاه به آناطولی آمد و فلسفهٔ وحدت وجود را تبلیغ کرد. **نجم‌الدّین دایه**، **«مرصادالعباد من المبدأ الی المعاد»** را به علاءالدّین کیقباد تقدیم کرد. آثار درخشان مولانا مانند: مثنوی، دیوان کبیر، فیه‌مافیه و مکتوبات از تألیفات ارزندهٔ این عصر است.

اندکی پس از وفات علاءالدّین کیقباد و با فرو ریختن آوار حاکمیّت مغول، تقریباً حرکت‌های فکری در آناطولی متوقّف شد.

متناسب با حرکت‌های فکری در این عصر، فعالیّت‌های علمی و آموزشی نیز صورت می‌گرفت. مؤسسات علمی، نهادهای آموزشی و پرورشی بودند که به عنوان یک برنامه دولتی طرّاحی

و اجرا می‌شد. این امر از طریق برپایی نظامیه‌ها از دوران آلب‌ارسلان و ملکشاه سلجوقی در ۴۵۹ هـ.ق. که بنیاد نظامیهٔ بغداد نهاده شد، آغاز گردید و گسترش یافت. بنیانِ این مدارس به مثابه نهادی شرعی در حوزهٔ فقه اسلامی نهاده شد که وظیفهٔ اصلی‌شان تحکیم مذهبِ رسمی آن دوران، یعنی «تسنّن» به شمار می‌آمد و در همین راستا گروه‌های مختلفِ «تصوّف» به عنوان بخش‌های اصیل مذهبی به رسمیّت شناخته شدند.

در این مدارس برای هر یک از مذاهب چهارگانهٔ اهل سنّت، استادان خاصی حضور داشتند. علاوه بر تدریس فقه، مباحث مختلف زبان عربی مانند صرف و نحو هم تدریس می‌شد؛ امّا بعدها در قرن هفتم هجری و بعد از آن، در مصر و دمشق، مدارس دیگری مانندِ مدارس الحدیث، مدارس التفسیر و مدارس النحو تأسیس شد.

غیر از نظامیه‌ها، مدارس دیگری هم از طریق موقوفات به طالبان علم اختصاص یافته بودند و بنابر وقف‌نامه‌های این مدارس، کلاس‌های درس همه روزه بجز سه‌شنبه و جمعه برگزار می‌شده و دوران تحصیل پنج ساله بوده است.

در وقف‌نامهٔ مدرسهٔ آلثا ALTHA-Abamadrasa در قونیه که پیش از سال ۱۱۹۶ م بنیاد نهاده شده است، به یک استاد، یک مدیر و سی و هشت شاگرد اشاره کرده‌اند.

در وقف‌نامهٔ مدرسه‌ای که ۱۲۱۰-۱۲۰۹ م، در آماسیه تأسیس شد، حقوق سالیانهٔ استاد برای تدریس فقه حنفی ۱۲۰۰ درهم آمده است.

در وقف‌نامهٔ مدرسه‌ای که مبارزالدّین ارتقوش در آناتولی ساخت، بنای آن به سال ۱۲۲۴ م، مربوط می‌شود.

فخرالدّین علی در سال ۱۲۹۵ م، مدرسهٔ گوک را در سیواس بنیان نهاد و در وقف‌نامهٔ آن به تأمین مسکن برای فقیهان اشاره شده است. مدرسهٔ قاراطای در سال ۱۲۵۲-۱۲۵۱ م، در قونیه به خواستِ وزیر جلال‌الدّین قراطای تأسیس شد.

شهرت این مدارس به شهرت مدرّسان وابسته بود. دانش‌آموزان پس از تحصیلات مقدماتی برای گرفتن تخصّص در زمینه‌ای خاص، استاد برجستهٔ آن رشته را انتخاب می‌کردند و پس از طی دوران تحصیل نزد وی، «اجازه» دریافت می‌داشتند. در مدرکِ تحصیلی آنان، نوع تحصیل و شجرهٔ استادان صادرکننده ذکر می‌شد، حال آنکه دانشگاه‌های همان دوران در اروپا، یعنی قرن دوازدهم میلادی مطابق با قرن هشتم هجری، گواهینامهٔ فارغ‌التحصیلان به نام دانشگاه صادر می‌شد.

با نگاهی اجمالی می‌توان دریافت که در دوران مورد نظر ما، فعالیّت‌های آموزشی و فرهنگی در شهرهایی مانند آماسیه، قونیه، قیصریه، قرامان و آق‌سرای با کمک دانشمندانی که از مراکز بسیار مهم آن زمان از قبیل مصر، شام، ایران و ترکستان می‌آمدند، امکان‌پذیر شده است.

سلجوقیان آناطولی با احداث مساجد، مدارس، عمارات، بیمارستان‌ها، پل‌ها و نظایر آن، سرزمین‌های تحت ادارهٔ خود را زینت بخشیدند. تعداد مساجد ساخته شده در آناطولی در نیمه قرن دوازدهم و قرن سیزدهم که در رأس مؤسّسات اجتماعی قرار دارد، متجاوز از چندین هزار است. مدارس نیز تقریباً به همین میزان بود.

این خطوط اصلی جریان فکری صد و پنجاه ساله در آناطولی، نمونهٔ کاملی از فعالیّت ترک‌های اغوز در پی تسلّط آنان بر آناطولی است.

مولانا و مشایخ تصوّف، علما و اُدبا

مولانا با بسیاری از مشایخ تصوّف و علما و ادبا که در قونیه می‌زیسته یا بدان شهر آمده‌اند، صحبت داشته است. وی قطع نظر از عظمت پدر و خاندان و اهمّیّت نژاد، مردی روشن‌فکر با اخلاقی کریمانه و در علوم اسلامی فقیهی عالی‌مرتبه و توانا بود؛ ولی اختلاف روش او با سایر مشایخ تصوّف و زندگانی پر شور و عشق او که با اذهان عوام چندان مناسب نمی‌نمود، یک سری کشمکش‌ها و نزاع‌هایی میانهٔ او و مشایخ طریقت و فقها به وجود آورد و این طایفه بر ضدّ او قیام کردند و به گزند خاطر و آزار دل او می‌پرداختند.

در برابر آن همه گزند و آزارها، مولانا با دل فارغ، سرگرم کار و بار خود بود و خلاف‌اندیشان را به خلق کریم و تحمّل خارق‌العاده به راه دوستی می‌آورد و در حلقهٔ ارادتمندان می‌کشید.

اینک آنچه از مطالعهٔ تواریخ و سیر و کتب تذکره از معاصران مولانا و حوادث مشترک آنان به دست آمده در این فصل مذکور خواهد گردید.[1]

صدرالدّین محمّد بن اسحاق قونوی

صدرالدّین ابوالمعالی محمّد بن اسحاق (متوفیٰ ۶۷۳ هـ.) اصلاً اهل قونیه و از بزرگان علمای تصوّف و مشاهیر شاگردان محیی‌الدّین عربی است. او به واسطهٔ آنکه مادرش به زوجیّت محیی‌الدّین عربی در آمده بود در حِجر تربیت آن عارف محقّق پرورش یافت و از همه کس بهتر به مَشربِ محیی‌الدّین، خاصّه وحدت وجود آشنایی داشت و طریقهٔ استاد خود را به بهترین وجه، تقریر کرد.

صدرالدّین به گفتهٔ افلاکی،[2] زندگی اشرافی داشته و بر دَرِ او بسا خدم و حشم بوده‌اند.

---

۱ - زندگانی مولوی، فروزانفر، صص ۱۴۴-۱۳۴ با تلخیص و تصرّف و اضافات.　۲ - مناقب، ج ۱، ص ۹۶.

روزی در حضور مولانا، سخن از فتوحات مکیّهٔ شیخ اکبر محیی‌الدّین بود. بعضی از اصحاب گفتند: عجب کتابیست و اصلاً مقصودش نامعلوم است. ناگاه قوّالی به نام زکّی از در در آمد و سرآغاز اَسرار کرد. مولانا فرمود که حالیا فتوحات زکّی به از فتوحات مکیّست.[۱]

صدرالدّین، برجسته‌ترین شیخ معاصر با مولانا در قونیه بود و بزرگ‌ترین شارح آثار محیی‌الدّین که به شیخ اکبر مشهور شده بود و به همین مناسبت صدرالدّین را «شیخ کبیر» می‌خوانـدند. آثـار شیخِ اکبر که همه بر اصول باطنیان تأویل شده و معانی آن در عقل و تصوّر نمی‌گنجد، مدّعی نوعی خاتمیّت است. توحید از دیدگاه محیی‌الدّین علمی پرشاخ و برگ و نامفهوم است و از دیدگاه مولانا نوعی فنا است و پاک شدن از خودبینی.

صدرالدّین از دارالحکومه درآمدی سرشار داشت. گرداگرد او طبقات روشن‌اندیش جمع شـده بودند. یک سال بعد از وفات مولانا درگذشت. در وصیّت‌نامه‌ای خواسته بود که او را در پیراهـن محیی‌الدّین بپیچند و بر روی قبر او سجادهٔ اوحدالدّین را بگسترند و به شادی روح او هفتاد هزار لااله‌الاّالله نثار کنند.[۲]

وی در قونیه زاویه داشت و عدّه‌ای از بزرگان این طریق مانند: **سعدالدّین حموی، مؤیّدالدّین جندی** و **فخرالدّین عراقی** با وی هم‌نشین بوده و اصول تصوّف را از وی فراگرفته‌اند.

تألیفات او در تصوّف مانند: **مفتاح الغیب** و **نصوص** و **فکوک** و **نـفحات الهیّه** هـمواره مـرجـع دانشمندان بوده است. ابتدا صدرالدّین منکر مولانا بوده؛ ولی آخرالامر به وسیلت **شیخ سراج‌الدّین**، سر به حلقهٔ مخلصان مولانا درآورد و چون از مجلس برآمد گفت: «این مرد، مؤیّد مِنْ عِند الله است و از جمله مستورانِ قباب عزّت» و بعد از این میانهٔ این دو بزرگ رابطهٔ دوستی برقرار بود، چـنانکه وقـتی حکایتِ سیرتِ مولانا به میان آمد «شیخ صدرالدّین به صدقی تمام و ایقان کلّی شورکنان فرمود که اگر بایزید و جنید در این عهد بودندی غاشیهٔ این مرد مردانه راگرفتندی و منّت بر جان نهادندی همچنان خوانسالار فقر محمّدی اوست. ما به طفیل او ذوق می‌کنیم و همگی شوق و ذوق ما از قدم مبارک اوست».

«روزی در خدمت شیخ، اکابر بسیار نشسته بودند، ناگاه از دور حضرت مولانا پیدا شد. شیخ برخاست و با جمیع اکابر استقبال مولاناکرد. هماناکه برکنار صفّه بنشست. شیخ بسیار تکلّف کردکه البته بر سر سجّاده نشیند، فرمودکه نشاید به خدا چه جواب گویم؟ گفتا تا در نیمهٔ سجّاده حضرت مولانا نشیند و در نیمهٔ دیگر بنده. گفت: نتوانم. شیخ گفت: سجّاده‌ای که به خداوندگار به‌کار نیاید به ما نیز نشاید، سجّاده را در نوردید و بینداخت».

همچنان که صدرالدّین در حرمت مولانا می‌کوشید او نیز شیخ را عظیم حرمت می‌نهاد.[۳]

---

۱ - همان، ص ۴۷۰.   ۲ - مولانا جلال‌الدّین، گولپینارلی، صص ۳۸۵-۳۸۱.

۳ - مناقب، ج ۱، صص ۱۳۶-۱۳۵.

روزی صدرالدّین در حضور پروانه و ارکان دولت گفت: امشب حضرت مولانا را چنان در قربت حق مستغرق دیدم که میان او و خدا مویی نمی‌گنجید. این سخن را نزد مولانا روایت کردند، فرمود: پس او چون گنجید؟ پروانه را بوالعجب حالی پیداگشته، گریان بیرون رفت.[1]

افلاکی می‌نویسد: در ایّامی که مولانا سخت بیمار بود، روزی صدرالدّین با اکابر درویشان به عیادت مولانا آمد و از آن حالت متألّم شد و گفت: شَفَاکَ اللهُ شِفاءً عاجِلاً. مولانا فرمود: بعد از این شَفَاکَ اللهُ شما را باد. هماناکه میان عاشق و معشوق پیراهنی از شعر بیش نمانده است. نمی‌خواهید که بیرون کشند و نور به نور پیوندد؟ شیخ با اصحاب اشک‌ریزان روانه شدند.[2]

از حُسام‌الدّین نقل شده است که از خداوندگار پرسیده بود: نماز شما را که بگزارد؟ فرمود: شیخ صدرالدّین اولیٰ است.

همچنین افلاکی نوشته است: صدرالدّین به عیادت آمده بود و گفت: دریغا دریغ! بی‌وجود مبارک خداوندگار، حال ما آیا چه شود؟ فرمود: بعد از ما شما را نیز از عالم فِراق به عالم وصال اتّصال خواهد بودن و به مقصود حقیقی رسیدن.[3]

افلاکی می‌نویسد: روز زیارت، یکی از یاران بر سر راه ایستاده بود و القاب هر یکی می‌گفت، چون شیخ صدرالدّین رسید، خطاب کرد که ملک المحقّقین، شیخ‌الاسلام فی‌العالمین و دعا می‌گفت. شیخ فرمود: شیخ‌الاسلام در عالم یکی بود، او نیز رفت. جماعتی از مشایخ معارضه‌کنان گفتند که پیش از این چرا این معنی را نمی‌گفتی؟ گفت: برای آنکه دکّان‌های شما خراب نشود و جهان به کلّی معطّل نگردد.[4]

اوحدالدّین کرمانی

از مریدان رکن‌الدّین سُجاسی بوده که با محیی‌الدّین عربی دیدار کرده است.

در سال ۶۳۲ ه / ۳۴ ۱۲۳۵ م، خلیفهٔ وقت المنتصر برای اوحدالدّین خلعت و قاطری فرستاد و او را شیخ خانقاه مرزبانیّه تعیین کرد. وی به سال ۶۳۵ ه / ۱۲۳۷ م درگذشته است.

شمس‌الدّین و شهاب‌الدّین سهروردی این شیخ را که دل‌بستهٔ جوانان زیبارو بود، نمی‌پسندیدند. مولانا هم دربارهٔ اوحدالدّین نظر خوبی نداشته است.

اطّلاع نداریم که آیا مولانا با اوحدالدّین ملاقاتی داشته است، یا نه. احتمالاً مولانا خصوصیّات او را از شمس یا از دیگران شنیده بوده است.[5]

قطب‌الدّین محمود شیرازی

قطب‌الدّین محمود بن مسعود بن مصلح کازرونی شیرازی[6] (۷۱۰-۶۳۴ ه. ق) در بسیاری از فنون اسلامی استادی ماهر بود. از تألیفات او: **شرح حکمت الاشراق**، **شرح کلّیّات قانون**، **نهایة‌الادراک**، **تحفهٔ شاهی** و **درّة‌التّاج** همواره مطمح نظر علما بوده است. در شهر قونیه او را با مولانا اتّفاق دیدار افتاد.

---

۱ - همان، ص ۶۱۰. ۲ - همان، ص ۵۸۱. ۳ - همان، صص ۵۹۴-۵۹۳. ۴ - همان، صص ۵۹۴ و ۵۹۵.
۵ - مولانا جلال‌الدّین، گولپینارلی، صص ۳۸۷-۳۸۶. ۶ - زندگانی مولانا، فروزانفر، صص ۱۳۹-۱۳۷.

افلاکی در شرح این ملاقات گوید: «روزی قطب‌الدّین شیرازی به زیارت مولانا آمده بود. سؤال کرد: راه شما چیست؟ فرمود: **راه ما مُردن و نقد خود را به آسمان بردن**. قطب‌الدّین گفت: آه! دریغا! چه کنم؟ فرمود: همین چه کنم، پس در سماع آمد و این رباعی فرمود:

گفتم: چه کنم؟ گفت: همین که چه کنم — گفتم: به ازین چاره ببین که چه کنم
رو کرد به من گفت که: ای طالب دین! — پیوسته برین باش، برین که چه کنم

حاجی بکتاش خراسانی

بابا بکتاش، خلیفهٔ خاصّ بابا اسحاق که به بابا رسول‌الله شهرت دارد. او سه سال پیش از وفات مولانا درگذشته است. طریقت منسوب به او، بکتاشیّه است.

از حیث مشرب کاملاً نقطهٔ مقابل مولانا بود. روزی یکی از پیروان خود را پیش مولانا فرستاد و از وی پرسید که در چه کاری؟ و چه می طلبی؟ و این چه غوغاست که در عالم افکنده‌ای؟ اگر مُراد یافته‌ای، فهو المطلوب، ساکن باش. اگر نیافته‌ای این چه غلغله است؟ چون وی به مدرسه رسید، مولانا در حال سماع بود و این بیت را می خواند:

اگر تو یار نداری چرا طلب نکنی؟ — وگر به یار رسیدی چرا طرب نکنی؟

آن درویش، بیت را جواب سؤال خود تلقی کرد و راه خویش در پیش گرفت.[۱]

افلاکی، به روایت از حاکم قیرشهر، امیر نورالدّین که یار غار پروانه و مرید مخلص مولانا بود، نقل می‌کند: روزی در محضر مولانا از کرامات حاجی بکتاش خراسانی حکایت می‌کردم و می‌گفتم که وی اصلاً در بند رعایت صورت نبود و متابعت نداشت و نماز نمی‌خواند، او را الحاح کردم که البتّه باید نماز خواند، فرمود: برو آب بیاور تا وضو سازم. مشربه را از چشمه پر کردم، چون بر دست او ریختم آب صافی خون شده بود. مولانا فرمود: کاشکی خون را آب کردی. آنچه کلیم کرد از غایت قدرت بود که آب نیل را جهت قبطی خون و برای سبطی آب کرد، این شخص را این قوّت نیست و این را **تبدیل تبذیر** گویند.[۲]

فخرالدّین عراقی

فخرالدّین ابراهیم بن شهریار (۶۸۸-۶۰۰ هـ. ق) اصلاً از **همدان** است و به همین مناسبت در اشعار، عراقی تخلّص می‌کرد. مدّتی دراز همراه قلندران به گشت و گذار مشغول بود. عشقی بر جان وی تافت و سر در راه طلب نهاد تا در مولتان به خدمت شیخ بهاءالدّین زکریّای مولتانی رسید و مدّت ۲۵ سال، یعنی از سنهٔ ۶۴۱ تا ۶۶۶ هـ. ق که سال وفات شیخ مذکور است، نزد او به سر می برد و پس از آن عزم حج گرفت و بعد به روم آمد و در محضر صدرالدّین قونوی به تحصیل عرفان مشغول گردید و

---

۱ - مناقب، ج ۱، ص ۳۸۱، مولانا جلال‌الدّین، گولپینارلی، صص ۳۸۹-۳۸۸.
۲ - همان، صص ۴۹۸-۴۹۷.

در اثنای درس فصوص، کتاب *لمعات* را که از مهم‌ترین کتاب‌های عارفانه‌ای است که بر اصول محیی‌الدّین تألیف شده مدوّن ساخت و بر شیخ بگذرانید. در ایّام اقامت قونیه، عراقی شهرتی حاصل کرد. **معین‌الدّین پروانه** به او ارادت می‌ورزید و در شهر **توقات** برای او خانقاهی بنیاد نهاد. بعد از قتل پروانه به دست اباقاخان (۶۷۵) ناچار از بلاد روم به مصر و شام پناه برد و در مصر به مقامات شامخ نایل آمد و در شام درگذشت و در **صالحیّه** مدفون گردید.

عراقی با مولانا دیدار کرده، چه قطع نظر از اشتراک طریقه و ذوق شاعری رشتهٔ دوستی و یگانگی مولانا با صدرالدّین، استاد عراقی پیوسته شده بود و این دو استاد با یک‌دیگر آمیزش داشتند و در مجالس سماع امرا و بزرگان قونیه حضور به هم می‌رسانیدند.

شیخ نجم‌الدّین رازی

نجم‌الدّین ابوبکر عبدالله بن محمّد مشهور به دایه (متوفّی ۶۵۴ هـ / ۱۲۵۶ م) از مردم ری و یکی از **خلفای نجم‌الدّین کبری** است که تربیت او از طرف نجم‌الدّین به خلیفهٔ بزرگ او مجدالدّین بغدادی واگذار شده بود و در موقع هجوم مغول به روم پناه برد و علاءالدّین کیقباد مقدم او را گرامی داشت و شیخ نجم‌الدّین کتاب *مرصادالعباد* را که از بهترین کتب تصوّف به زبان فارسی است و آن را **سحر مطلق** می‌توان خواند در آن ملک به رشتهٔ تحریر کشید. او با شیخ صدرالدّین و مولانا آمیزش داشت و تنها **این حکایت در باب رابطهٔ او با مولانا در نفحات‌الانس[1] ذکر شده است:**

«گویند: وقتی در یک مجلس جمع بودند. نماز شام قائم شد. از وی التماس امامت کردند. در هر دو رکعت سورهٔ قل یا ایهاالکافرون خواند، چون نماز تمام کردند، مولانا جلال‌الدّین رومی با شیخ صدرالدّین بر وجه طیبت گفت: ظاهراً یک بار برای شما خواند و یک بار برای ما».[2]

بهاءالدّین قانعی توسی

بهاءالدّین احمد بن محمود قانعی توسی هم از بیم مغول به بلاد روم مهاجرت کرد. او به مدح علاءالدّین کیقباد، غیاث‌الدّین کیخسرو و عزالدّین کیکاووس روز می‌گذاشت و تاریخ سلاجقه به نام سلجوق‌نامه و کلیله و دمنه را به نظم کشید. با مولانا دیدار می‌کرد و شرح یکی از مجالس او بدین قرار است:

«روزی مولانا در مدرسهٔ مبارک نشسته بود. ناگاه ملک‌الشّعرا امیر بهاءالدّین قانعی که خاقانی زمان بود با جماعتی از اکابر به زیارت مولانا در آمدند. قانعی گفت: سنایی را دوست نمی‌دارم از آنکه مسلمان نبود. فرمود: به

---

۱ - نفحات‌الانس، جامی، ص ۷۹۱. ۲ - زندگانی مولوی، فروزانفر. ص ۱۴۲.

چه معنی او مسلمان نبود؟ گفت: از برای آنکه آیات قرآن مجید را در اشعار خود ثبت کرده است و قوافی ساخته. حضرت مولانا فرمود: خمش کن. چه جای مسلمانی؟ اگر مسلمانی عظمت او را دیدی، کلاه از سرش بیفتادی. مسلمان تویی و هزاران هم چون تو. او از کونین مسلم بود». گویند: قانعی مولانا را مرثیت گفته است.[۱]

قانعی نزدیک چهل سال ملک‌الشّعرای دربار سلاجقهٔ روم بود. در قصیده‌سرایی مهارت تام داشت. سلجوق‌نامهٔ وی در حقیقت تقلیدی است از شاهنامه و مشتمل بر سی جلد و سیصد هزار بیت.

سراج‌الدّین ارموی

قاضی سراج‌الدّین ابوالثنا محمود بن ابوبکر ارموی (۶۸۲-۵۹۴) از علمای قرن هفتم است و تألیفات چند در اصول فقه، دین و منطق بدو منسوب می‌باشد که از همه مشهورتر کتاب مطالع‌الانوار است.

سراج‌الدّین سال‌های آخر عمر خود را در قونیه به سر می‌برد و طبعاً با مولانا معاشرت داشت؛ ولی در اوّل حال، منکر مقامات او بود و آخر انکار به اقرار کشید.[۲]

در مراسم تدفین مولانا، قاضی سراج‌الدّین در برابر تربت مولانا این ابیات را خوانده است:

کاش آن روز که در پای تو شد خار اجل / دست گیتی بزدی تیغ هلاکم بر سر
تا درین روز جهان بی‌تو ندیدی چشمم / این منم بر سر خاک تو که خاکم بر سر

قرائت این رباعی بر سر تربت مولانا همگان را به گریه واداشت، وی ده سال پس از وفات مولانا؛ یعنی در سال ۶۸۲ ه / ۱۲۸۳ م در قونیه وفات یافت.

صفی‌الدّین هندی

صفی‌الدّین محمّد بن عبدالرّحیم هندی (۷۱۵-۶۴۴) از علمای بزرگ و دانشمندان اواخر قرن هفتم و اوایل قرن هشتم محسوب می‌شود. کتاب نهایةالوصول الی علم‌الاصول و زبدةالکلام فی علم‌الکلام از تألیفات او می‌باشد و او در قونیه به خدمت مولانا رسید و یکی از منکران بود.[۳]

مولانا در حقّ او فرمود: «هزار گبر رومی را مسلمان کردن از آن سهل‌تر که صفی‌الدّین را صفایی بخشیدن».[۴]

حاجی مبارک حیدری

وی از خلفای قطب‌الدّین حیدر بود. روزی با مریدان خود برای تفرّج به باغ‌های «مرام» رفته بود. ناگاه با مولانا مواجه شد. بسان زنان چادری بر سر افکند و روی زمین نشست. مریدان گفتند: این چه کاری است؟ گفت: با وجود

---

۱ - زندگانی مولوی، فروزانفر. صص ۱۴۳-۱۴۲. ۲ - همان، صص ۱۴۴-۱۴۳. ۳ - همان، ص ۱۴۴.
۴ - مناقب، ج ۱، صص ۲۹۶-۲۹۵.

این چنین مردی مردانه، که می‌آید همه باید چادر زنان بر سر کنند. در برابر او چه کسی می‌تواند دعوی مردی کند؟ او را فرزندی به دنیا آمد نامش را حاجی محمّد گذاشت و مهمانی عظیمی ترتیب داد و کسی را برای دعوت مولانا فرستاد. مولانا فرمود: بر سر بیاییم، بر رو بیاییم، بر قفا بیاییم، بر پهلو بیاییم، غلطان غلطان بیاییم... خدمت کنیم و او نعره‌ها می‌زد و سجده‌ها می‌کرد.[1]

شیخ بابای مرندی

مردی بود مرتاض و زاهدکه سلطان رکن‌الدّین، بعد از آنکه مرید مولانا شده بود، به سبب مدح بسیار جماعتی از اطرافیان وی، مشتاق صحبت او شد و در مجلسی که مولانا هم در آن حضور داشت، وی را به عنوان پدر روحانی و مراد خود معرّفی کرد.

یونس اَمره

شاعر بزرگ ترک نیز معاصر با حضرت مولاناست. گویا با مولانا دیداری داشته و در مجالس سماع نیز شرکت کرده است. در جایی می‌گوید: با فیض نظر مولانا صفای دل یافتم و در بسیاری از اشعار خود از وی یاد می‌کند و احترام شایانی نسبت به مولانا ابراز می‌دارد. چهل و هشت سال بعد از مولانا وفات یافته است (۷۲۰ هـ / ۱۳۲۰ م).[2]

روزی قاضی نجم‌الدّین طشتی در مجمع اکابر لطیفه‌ای فرمود: در جمیع عالم سه چیز عام بود؛ چون به حضرت مولانا منسوب شد، خاص گردید و خواصّ مردم آن را مستحسن داشتند. اوّل: کتاب مثنوی است که هر دو مصراع را مثنوی می‌گفتند، درین زمان چون نام مثنوی گویند، عقل به بدیهه حکم می‌کند که مثنوی مولاناست. دوم: همهٔ علما را مولانا می‌گویند، درین حال چون نام مولانا می‌گویند، حضرت او مفهوم می‌شود. سوم: هر گورخانه را تُربه می‌گفتند، بعدالیوم چون تربه گویند، مرقد مولانا به ذهن متبادر می‌گردد.[3]

---

۱ - مناقب، ج ۱، صص ۴۶۸-۴۶۷. نقل از مولانا جلال‌الدّین، گولپینارلی، ص ۳۹۷.
۲ - مولانا جلال‌الدّین، گولپینارلی، صص ۴۰۲-۴۰۰.   ۳ - مناقب، ج ۲، ص ۵۹۷.

توضیحات

۱ ـ مثنوی مورد استفاده در این شرح، نسخهٔ کهنی است که در موزهٔ مولانا با شمارهٔ ۵۱ مشخّص شده است. نحوهٔ نوشتار واژه‌ها و ابیات در این مجموعه، به سبک و سیاق نسخهٔ کهن است بجز بعضی موارد که برای روان خواندن به ناچار اندک تغییری داده‌ایم. استاد فروزانفر و گولپینارلی نیز همین نسخه را اساس کار قرار داده‌اند.

۲ ـ به سبب کثرت استفاده از بعضی منابع و مآخذ، روشی در ارتباط با ارجاع به آن‌ها در نظر گرفته شده و توضیحاتی در این مورد برای خوانندگان محترم ضروری است:

۳ ـ معانی و توضیحاتِ واژه‌ها، در اکثر موارد با استفاده از لغت‌نامهٔ دهخدا یا فرهنگ معین است. هر جا که از لغت‌نامهٔ دهخدا استفاده کردیم، به سبب کثرتِ موارد، ارجاع ندادیم و آنجا که از فرهنگ معین بهره بردیم، با «ف. معین»، مشخّص نمودیم.

۴ ـ از *اَلْمُعْجَمُ الْمُفَهْرَس*، برای یافتن آیات استفاده شده است.

۵ ـ احادیث و قصص مثنوی، تألیف فروزانفر، ترجمه و تنظیم مجدّد حسین داوودی، مأخذ عمده‌ای است که در پانوشت صفحات و به اختصار «احادیث» آمده است. اگر برخی از قصص، تمثیلات و احادیث در آن موجود نبود و ناچار شدیم از نسخهٔ اصلیِ *مآخذ قصص و تمثیلات مثنوی* یا *احادیث مثنوی* به قلم فروزانفر استفاده کنیم، در پانوشت اسم کامل کتاب را آورده‌ایم.

۶ ـ فرهنگ‌های اختصاصی مانند: فرهنگ اصطلاحات و تعبیرات عرفانی تألیف دکتر سیّد جعفر سجّادی یا فرهنگ اصطلاحات عرفانی ابن عربی، تألیف دکتر گل‌بابا سعیدی و امثال آن، به شکل اختصار و به صورت «ف. سجّادی» یا «ف. ابن‌عربی» ارجاع می شود. اطّلاعات کلّی راجع به آن‌ها در انتهای کتاب، در فهرست منابع و مآخذ ذکر گردیده است.

۷ ـ قصص قرآن، از کتاب «بررسی تاریخی قصص قرآن» تألیف دکتر محمّد بیّومی مهران استاد دانشگاه اسکندریّه مصر استفاده کردیم که با روشی تاریخ‌نگر و محقّقانه نوشته شده و ارجاع به آن در پانوشت‌ها، «بررسی تاریخی» با قید مجلّدات و صفحات انجام یافته است.

۸ ـ مناقب العارفین احمد افلاکی، به اختصار «مناقب»، آمده است.

۹ ـ از فصوص الحکم ابن عربی، سه شرح مورد استفاده قرار گرفته است: شرح مقدّمهٔ قیصری از شرف‌الدّین داوود قیصری، شرح تاج‌الدّین حسین بن حسن خوارزمی و شرح دکتر ابوالعلاء

عفیفی، که در پانوشت به اختصار «شرح مقدّمه قیصری»، «شرح فصوص خوارزمی» و «شرح فصوص عفیفی» قید شده است.

۱۰ ـ مآخذ و منابعی که کمتر به آن ارجاع می‌گردد، در پانوشت، توضیح کامل‌تری دارد.

۱۱ ـ در مورد مشخصات سوره‌ها و آیات قرآن کریم، ابتدا نام سوره، سپس شمارهٔ آن و بعد عدد آیهٔ شریفه قید شده است؛ مثلاً: بقره:۲/۵۰.

۱۲ ـ ارجاع موضوعی که در ابیات گوناگون مطرح است به دیگر ابیات دفاتر ششگانه، برای احتراز از تطویل مطالب چنین است؛ مثلاً می‌خواهیم بگوییم: «رجوع کنید به بیت ۱۲۱ از دفتر پنجم»، به اختصار قید می‌شود: ر.ک: ۱۲۱/۵.

۱۳ ـ در مواردی که بخشی از متون کهن را آورده‌ایم، جهت رعایت امانت کوشیده‌ایم که در نحوهٔ نوشتار آن تغییری ندهیم.

۱۴ ـ شایسته است که بدین وسیله از دست‌اندرکاران آماده‌سازی این مجموعهٔ عظیم تشکّر و قدردانی کنم:

دوستان بزرگوارم سرکار خانم عفّت‌السّادات شهیدی کارشناس برجستهٔ ادبیّات فارسی و سرکار خانم دکتر زهرا رحمانی، بازخوانی متون و ویراستاری را برعهده داشتند و در کمال دقّت و شوقی وصف‌ناپذیر بدان اهتمام ورزیدند. همچنین ترجمهٔ متون عربی دیباچه‌ها و برخی از ابیات نیز محصول تلاش و زحمات خانم زهرا رحمانی است که در نهایت صحّت و امانت به انجام رسانیده‌اند.

خانم مرضیه جویمندی کارشناس ادبیّات فارسی در طول سه سال و اندی با نهایت دقّت، امر مهم مقابله ابیات «دست‌نویس» را با «متن کهن» به پایان رساندند.

خانم فاطمه پاس کارشناس ادبیّات فارسی، بازخوانی متون و مقابله آن‌ها و ویراستاری را برعهده داشتند و با انجام امور محوّله خدمات شایان توجّهی نمودند.

همچنین خانم فائزه شهابی‌پور کارشناس ارشد ادبیات فارسی، خانم بهاره صبوری فخرآبادی کارشناس ادبیات فارسی و خانم سوگل بلوچ قرایی کارشناس علوم اجتماعی که بازخوانی متون و تطبیق برگه‌های چاپی با دست‌نویس را عهده‌دار بودند و خالصانه در آن جدیّت ورزیدند.

آقای اسد احمدی از دفتر گرافیک، مسؤولیّت سرپرستی حروف‌چینی و صفحه‌آرایی را به بهترین وجه و در نهایت صحّت و امانت به انجام رسانیدند.

در خاتمه از این بزرگواران و دیگر کسانی که به نحوی از انحا در این امر ارزشمند همکاری نموده‌اند قدردانی می‌کنم و توفیق روزافزون را برای آنان از درگاه دوست خواستارم.

ناهید عبقری

مشهد ـ بهار ۱۳۹۴

فهرست اجمالی حکایات و قصص و مطالب
دفتر اوّل

عنوان	شماره بیت
دیباچهٔ منظوم	۱
داستان عاشق شدن پادشاه بر کنیزکِ رنجور. . .	۳۵
حکایتِ بقّال و طوطی و روغن ریختن طوطی در دکّان	۲۴۸
داستان آن پادشاه جهود که نصرانیان را می‌کُشت از بهر تعصّب	۳۲۵
قصّهٔ دیدن خلیفه لیلی را	۴۱۰
تعظیم نعتِ مصطفی(ص) که مذکور بود در انجیل	۷۳۲
حکایت پادشاه جهود دیگر که در هلاکِ دین عیسی سعی نمود	۷۴۵
کژ مانْدنِ دهانِ آن مرد که نامِ محمّد را صلی الله علیه و سلّم به تُسْخَر خواند	۸۱۷
بیانِ توکّل و ترکِ جهد گفتنِ نخچیران به شیر	۹۰۵
نگریستن عزرائیل بر مردی و گریختن آن مرد در سرای سلیمان. . .	۹۶۱
زِیافتِ تأویل رکیکِ مگس	۱۰۸۷
قصّهٔ هدهد و سلیمان	۱۲۰۷
قصّهٔ آدم(ع) و بستن قضا نظرِ او را. . .	۱۲۳۹
تفسیر «رَجَعْنا مِنَ الجِهاد الأَصْغَر إِلَی الجِهادِ الأَکبر»	۱۳۷۸
آمدن رسول روم تا امیرالمؤمنین عُمَر. . .	۱۳۹۵
تفسیر «وَ هُوَ مَعَکُمْ أَیْنَما کُنْتُمْ»	۱۵۱۵
در معنی آنکه «مَنْ أَرادَ أَنْ یَجْلِسَ مَعَ الله. . .	۱۵۳۸
قصّهٔ بازرگان که طوطی او را پیغام داد به طوطیان. . .	۱۵۵۶
صفت اجنحهٔ طیور عقول الهی	۱۵۸۴

تفسیر قول فریدالدّین عطّار قدّس الله سرّه	۱۶۱۲
تعظیم ساحران مر موسیٰ را علیه‌السّلام...	۱۶۲۴
تفسیر قول حکیم: بهر چ از راه وامانی چه کفر آن حرف و چه ایمان	۱۷۷۲
مضرّتِ تعظیم خلق و انگشت‌نمای شدن	۱۸۵۸
تفسیر «ماشاءَ اللهُ کانَ»	۱۸۸۷
داستان پیرچنگی که در عهد عمر رَضیَ الله عَنْهُ از بهر خدا روز بی‌نوایی...	۱۹۲۲
در بیان این حدیث که «اِنَّ لِرَبِّکُمْ فی أَیّامِ دَهْرِکُمْ نَفَحاتٍ ...»	۱۹۶۰
قصّهٔ سؤال کردن عایشه رَضیَ الله عَنْها از مصطفی(ص)...	۲۰۲۲
تفسیر بیت حکیم رَضیَ الله عَنْهُ: آسمان‌هاست در ولایتِ جان...	۲۰۴۵
در معنی این حدیث که «اِغْتَنِمُوا بَرْدَ الرَّبیع» اِلی آخره...	۲۰۵۶
پرسیدن صدّیقه رَضیَ الله عَنها از مصطفی(ص)	۲۰۷۰
نالیدن ستون حنّانه، چون برای پیغامبر(ص) منبر ساختند...	۲۱۲۳
اظهار معجزه پیغمبر(ص) به سخن آمدن سنگ‌ریزه در دست ابوجهل	۲۱۶۴
تفسیر دعای آن دو فرشته که هر روز بر سر هر بازاری منادی می‌کنند	۲۲۳۳
قصّهٔ خلیفه که درکَرَم در زمان خود از حاتمِ طایی گذشته بود	۲۲۵۴
قصّهٔ اعرابی درویش و ماجرای زن با او	۲۲۶۲
مغرور شدن مریدان محتاج به مدّعیان مزوّر	۲۲۷۴
در بیان آنکه نادر افتد که مریدی در مدّعی مزوّر اعتقاد به صدق بندد...	۲۲۹۳
در بیان آنکه جنبیدن هرکسی از آنجاکه ویست هرکس را از چنبرهٔ وجود خود بیند	۲۳۷۵
در بیانِ این خبر که «اِنَّهُنَّ یَغْلِبْنَ العاقِلَ ...»	۲۴۴۳
در بیانِ آنکه موسی و فرعون هر دو مسخّر مشیّت‌اند...	۲۴۵۷
سبب حرمان اشقیا از دو جهان...	۲۴۹۳
حقیر و بی خصم دیدنِ دیده‌های حسّ، صالح و ناقهٔ صالح(ع)	۲۵۲۰
در معنی آنکه «مَرَجَ البَحْرَینِ یَلْتَقِیانِ ...»	۲۵۸۲
در معنی آنکه آنچه ولیّ کند مرید را نشاید گستاخی کردن...	۲۶۱۵
در بیان آنکه چنانکه گدا عاشق کَرَم‌است...	۲۷۵۶
فرق میان آنکه درویش است به خدا و تشنهٔ خدا...	۲۷۶۴
در بیان آنکه عاشقِ دنیا بر مثال عاشقِ دیواری است که...	۲۸۱۴

مَثَل عرب: اِذا زَنَیْتَ فازْنِ بِالْحُرَّةِ...	۲۸۱۸
حکایت ماجرای نحوی و کشتیبان	۲۸۴۸
در صفت پیر و مطاوعتِ وی	۲۹۴۷
وصیّت کردن رسول(ص) مر علی را کَرَّمَ الله وَجْهَهُ...	۲۹۷۲
کبودی زدن قزوینی بر شانه‌گاه...	۲۹۹۴
رفتن گرگ و روباه در خدمتِ شیر به شکار	۳۰۲۶
قصّهٔ آن کس که در یاری بکوفت...	۳۰۶۹
تهدید نوح(ع) مر قوم را که با من مپیچید که من رو پوشم...	۳۱۳۷
نشاندن پادشاه صوفیان عارف را پیش روی خویش...	۳۱۶۳
آمدن مهمان پیش یوسف(ع)...	۳۱۷۰
مرتد شدنِ کاتبِ وحی به سبب آنکه پرتو وحی بر و زد...	۳۲۴۱
دعا کردن بلعم باعور که موسیٰ و قومش را از شهر که حصار داده‌اند	۳۳۱۱
اعتماد کردن هاروت و ماروت بر عصمت حویش و...	۳۳۳۴
به عبادت رفتن کَر...	۳۳۷۴
اوّل کسی که در مقابلهٔ نصّ قیاس آورد ابلیس بود	۳۴۱۰
در بیان آنکه حالِ خود و مستیِ خود پنهان باید داشت از جاهلان	۳۴۴۰
قصّهٔ مری کردن رومیان و چینیان...	۳۴۸۱
پرسیدن پیغمبر(ص) مر زید را...	۳۵۱۴
متّهم کردن غلامان و خواجه تاشان مر لقمان را...	۳۵۹۸
آتش افتادن در شهر به ایّام عمر رَضِیَ الله عَنه	۳۷۲۱
خَدو انداختن خصم در روی امیرالمؤمنین علی کَرَّمَ الله وَجْهَهُ	۳۷۳۵
گفتن پیغامبر(ص) به گوش رکابدار امیرالمؤمنین علی کَرَّم الله وَجْهَهُ	۳۸۵۹
تعجّب کردن آدم(ع) از ضلالتِ ابلیس لعین و عجب آوردن	۳۹۰۸
بیان آنکه فتح طلبیدنِ مصطفیٰ(ص) مکّه را و غیر مکّه را...	۳۹۶۳

بِسْمِ اللهِ الرَّحْمٰنِ الرَّحِيمِ

هٰذا كِتابُ الْمَثْنَوِي، وَ هُوَ أُصولُ أُصولِ أُصولِ الدِّيْنِ، فِي كَشْفِ أَسْرارِ الْوُصُولِ وَالْيَقِينِ، وَ هُوَ فِقْهُ اللهِ الأَكْبَرِ، وَ شَرْعُ اللهِ الأَزْهَرُ، وَ بُرهانُ اللهِ الأَظْهَرُ، مَثَلُ نُورِهِ كَمِشْكاةٍ فِيها مِصْباحٌ، يُشْرِقُ إِشْراقاً أَنْوَرَ مِنَ الإِصْباحِ، وَ هُوَ جِنانُ الْجِنانِ، ذوالْعُيونِ وَالأَغْصانِ، مِنْها عَيْنٌ تُسَمّىٰ عِنْدَ أَبناء هٰذَاالسَّبيلِ سَلْسَبيلاً، وَ عِنْدَ أَصْحابِ الْمَقاماتِ وَالْكَراماتِ خَيْرٌ مَقاماً وَ أَحْسَنُ مَقيلاً، الأَبْرارُ فيهِ يَأْكُلونَ وَ يَشْرَبُونَ، وَالأَحْرارُ مِنْهُ يَفْرَحُونَ وَ يَطْرَبونَ، وَ هُوَ كَنِيلِ مِصْرَ شَرابٌ لِلصّابِرينَ، وَ حَسْرَةٌ عَلىٰ آلِ فِرْعَوْنَ وَ الْكافِرينَ، كَما قالَ تَعالىٰ يُضِلُّ بِهِ كَثيراً وَ يَهْدِى بِهِ كَثيراً، وَ إِنَّهُ شِفاءُ الصُّدورِ وَ جَلاءُ الأَحْزانِ، وَكَشّافُ الْقُرآنِ، وَسَعَةُ الأَرزاقِ، وَ تَطْيِيبُ الأَخلاقِ، بِأَيدي سَفَرَةٍ كِرامٍ بَرَرَةٍ يَمْنَعونَ بِأَنْ لا يَمَسُّهُ إِلاَّ الْمُطَهَّرُونَ، تَنْزِيلٌ مِنْ رَبِّ الْعالَمينَ، لاَ يَأْتِيهِ الْباطِلُ مِنْ بَيْنِ يَدَيْهِ وَ لا مِنْ خَلْفِهِ، وَاللهُ يَرْصُدُهُ وَ يَرقُبهُ وَ هُوَ خَيْرٌ حافِظاً وَ هُوَ أَرْحَمُ الرّاحِمينَ، وَ لَهُ أَلْقابٌ أُخَرُ لَقَّبَهُ الله تَعالى، وَاقْتَصَرْنا عَلىٰ هٰذا الْقَليلِ يَدُلُّ عَلىَ الْكَثيرِ، وَالْجُرْعَةُ تَدُلُّ عَلَى الْغَديرِ، وَالْحُفْنَةُ تَدُلُّ عَلَى الْبَيْدَرِ الْكَبيرِ، يَقُولُ الْعَبْدُ الضَّعيفُ الْمُحتاجُ إِلىٰ رَحْمَةِ اللهِ تَعالىٰ مُحَمَّدُ بنِ مُحَمَّدِ بنِ الْحُسَيْنِ الْبَلْخِيِّ تَقَبَّلَ اللهُ مِنْهُ اَجْتَهَدْتُ فِي تَطْويلِ الْمَنْظُومِ الْمَثْنَوِيِّ الْمُشْتَمِلِ عَلىَ الْغَرايِبِ وَ النَّوادِرِ وَ غُرَرِ الْمَقالاتِ، وَ دُرَرِ الدَّلالاتِ، وَ طَريقَةِ الزُّهّادِ وَ حَديقَةِ الْعُبّادِ، قَصيرَةُ الْمَباني، كَثيرَةُ الْمَعانى، لاِسْتِدْعاءِ سَيِّدي وَ سَنَدي، وَ مُعْتَمَدي، وَ مَكانِ الرّوحِ مِنْ جَسَدي، وَ ذَخيرَةِ يَوْمي وَ غَدي، وَ هُوَ الشَّيْخُ قُدْوَةُ الْعارِفينَ، إِمامُ أَهْلِ الْهُدىٰ وَ الْيَقينِ، مُغيثُ الْوَرىٰ، أَمينُ الْقُلُوبِ وَ النُّهىٰ، وَديعَةُ اللهِ بَيْنَ خَليقَتِهِ، وَ صَفْوَتِهِ فِي بَرِيَّتِهِ وَ وَصاياهُ لِنَبِيِّهِ، وَ خَباياهُ عِنْدَ صَفِيِّهِ، مِفْتاحُ خَزايِنِ الْعَرْشِ، أَمينُ كُنُوزِ الْفَرْشِ، أَبُو الْفَضائل حُسامِ الْحَقِّ وَالدّينِ حَسَنُ بْنُ مُحَمَّدِ بْنِ حَسَنِ الْمَعْرُوف بِابْنِ أَخي تُرک أَبُو يَزيدِ الْوَقْتِ جُنَيْدُ الزَّمانِ صِدّيقُ ابْنُ صِدّيقِ ابْنِ صِدّيقِ رَضِيَ اللهُ عَنْهُ وَ عَنْهُمُ الأَرْمَوِيُّ الأَصْلِ الْمُنْتَسَبُ إِلَى الشَّيْخِ الْمُكَرَّمِ بِما قالَ أَمْسَيْتُ كُرْدِيّاً وَ أَصْبَحْتُ عَرَبِيّاً

قَدَّسَ اللهُ رَوحَهُ وَ أَرْواحَ أَخلافِهِ فَنِعْمَ السَّلَفُ وَ نِعْمَ الْخَلَفُ. لَهُ نَسَبٌ أَلقَتِ الشَّمْسُ عَلَيْهِ رِداءَها، وَ حَسَبٌ، أَرْخَتِ النُّجُومُ لَدَيْهِ أَضْواءَها، لَمْ يَزَلْ فِناءُهُم قِبْلَةَ الإقبالِ يَتَوَجَّهُ إِلَيْها بَنُوالْوُلاةِ، وَ كَعْبَةُ الآمالِ يَطُوفُ بِها وُفُودُ الْعُفاةِ، وَ لا زالَ كَذالِكَ ما طَلَعَ نَجْمٌ وَ ذرَّ شارِقٌ لِيَكُونَ مُعْتَصَماً لِأُولِي الْبَصائِرِ الرَّبّانِيِّينَ الرّوحانِيِّينَ السَّمائِيِّينَ الْعَرْشِيِّينَ النُّورِيِّينَ، السُّكوتِ النُّظّارِ، اَلْغُيَّبِ الْحُضّارِ، اَلْمُلُوكِ تَحْتَ الأَطْمارِ، أَشْرافُ الْقَبائِلِ، أَصْحابُ الْفَضائِلِ، أَنْوارُ الدَّلائِلِ، آمِينَ يا رَبَّ الْعالَمِينَ. وَ هٰذا دُعاءٌ لا يُرَدُّ فَإِنَّهُ دُعاءٌ لأَصْنافِ الْبَرِيَّةِ شامِلٌ. وَالْحَمْدُ لِلّهِ وَحْدَهُ وَ صَلَّى اللهُ عَلىٰ سَيِّدِنا مُحَمَّدٍ وَ آلِهِ وَ عِتْرَتِهِ، وَ حَسْبُنَا اللهُ وَ نِعْمَ الْوَكِيلُ.

ترجمه دیباچهٔ منثور

به نام خداوند بخشندهٔ مهربان

این کتاب مثنوی[۱] است، اصلی ترین ریشه‌های ارکان دین، برای دریافت و کشف اسرار و رسیدن به حقیقت و یقین. این کتاب مجموعه‌ای است از دانش متعالی و برتر دین[۲] و روشن‌ترین راه‌های الهی و آشکارترین براهین خداوند. نورش به چراغدانی ماند که در آن چراغی فروزان باشد[۳] پرتو می‌افشاند فروزان‌تر و درخشان‌تر از روشنایی بامدادان، و این کتاب، باغی برای تفرّج دل‌هاست،

---

۱ - **مثنوی :** قالبی است از شعر مَدْرسی (کلاسیک) در ادبیّات مشرق زمین که ابیات در آن وزن متّفق دارند؛ امّا هر بیت، قافیه‌ای خاص دارد و لغت مثنوی که منسوب است به مثنی نیز حاکی از همین امر است. به‌طور معمول سرایندگان برای سرودن مطالب طولانی و مفصّل از این قالب استفاده می‌کنند؛ مثل: شاهنامهٔ فردوسی، گرشاسب‌نامهٔ اسدی، ویس و رامین فخرالدّین اسعد گرگانی، خمسهٔ نظامی و مثنوی مولوی. اگر مثنوی مطلق گفته شود و همراه آن نام سراینده نباشد، مراد مثنوی مولوی است.

۲ - **فقه الله اکبر :** فقه؛ مجموعهٔ احکام شرعی، مقصود مولانا از به کار بردن فقه الله اکبر به جای فقه، چنین است که علم متعالی و برتر دین، تصوّف است و تعالیم مثنوی از الهامات ربّانی و عنایات الهی و ادراکات عالی روحانی و معنوی وی سرچشمه دارد.

۳ - برگرفته از قرآن، نور: ۳۵/۲۴، مقصود از به کار بردن این آیه چنین است که نور مثنوی، حقایق عظیم موجود در آن است که اهل حقیقت و سالکان طریقت، با نور فراست خویش آن را در می‌یابند. مولانا، مثنوی را مُلهم از حق می‌داند؛ بنابراین در وصف آن، کلمات و جملاتی را به کار می‌برد که برای توصیف کلام قدیم حق به کار رفته است و در حقیقت، مثنوی را مانند الهامی می‌داند برای شرح و تبیین و شکافتن مفاهیم عالی قرآن.

همچون باغ‌های بهشت با انبوهی از درختان متراکم و سرسبز و سرشار از چشمه‌های جوشان معرفت و حکمت، و از جملهٔ این چشمه‌ساران، چشمه‌ای است که راهیان طریقت و جویندگان حقیقت، سلسبیل‌اش می‌نامند و در نزد اصحاب مقامات و ارباب کرامات، بهترین جایگاه و نیکوترین آرامشگاه است.

نیکان از چشمه‌های حقیقت موجود در آن می‌خورند و می‌آشامند و آزادگانِ از تمنیّات نفسانی، به سبب آن، شادمانی می‌کنند و به وجد می‌آیند. مثنوی چونان رود پر آب نیل است در سرزمین مصر، شرابی است گوارا برای آنان که بر حکم و فرمان حق گردن می‌نهند و صبر پیشه می‌کنند و حسرت و حرمان است بر فرعونیان و کافران. چنانکه حق تعالی فرمود[۱]: بدان بسی گمراه می‌شوند و بسیاری هدایت می‌یابند. مثنوی شفای دل‌ها[۲] و زدایندهٔ غم‌هاست و آشکارکنندهٔ اسرار و مفاهیم والای قرآن و سبب گسترش روزی و عامل پاکی و پیراستن سرشت‌ها از هر زشتی و پلیدی است.

این کتاب به دست کاتبان پاک و نیکان بزرگوار عالی مرتبه‌ای نوشته شده است[۳] که آلودگان را از نزدیک شدن به اسرار و حقایق آن باز می‌دارند و مانع می‌شوند که جز پاکان بر آن دست نیازند.[۴] «فرو فرستاده است از جانب پروردگار جهانیان».[۵] باطل کننده‌ای را بر این کتاب راهی نیست، نه اکنون و نه در آینده. خداوند از مثنوی حفاظت می‌کند و اوست بهترین نگهبانان و مهربان‌ترین مهربانان.[۶]

برای مثنوی جز القابی که بر شمردیم، القاب دیگری نیز هست که خداوند متعال، این کتاب را بدان ملقّب ساخته است، لیکن ما بر همین مقدار کم بسنده کردیم؛ زیرا اندک، خود بیانگر بسیار است، و جرعه بر برکه و مشت بر خرمنی انبوه دلالت می‌کند.

این بندهٔ ناتوان، نیازمند به رحمت حق تعالیٰ، محمّد بن محمّد بن الحسین البلخی که خداوند از

---

۱ - برگرفته از قرآن، بقره: ۲۶/۲، همانگونه که مَثَل‌هایی که در کلام قدیم حق آمده است، سبب گمراهی افزون‌تر مردمان ناپاک می‌گردد، بسیاری از الفاظ و مثل‌هایی که در مثنوی به کار رفته، کسانی راکه قادر به درک مفاهیم باطنی آن نیستند به گمراهی می‌کشاند.

۲ - برگرفته از قرآن، یونس: ۵۷/۱۰، شِفا از آن رواست که درد جهل را داروست و بیماری شک را درمان.

۳ - قرآن، عبس: ۱۵/۸۰ و ۱۶، راجع به فرشتگانی که قرآن را از لوح محفوظ می‌نویسند. می‌فرماید که این کلام نیز وحی‌آسا و مُلهم از حق است.

۴ - قرآن، واقعه: ۷۹/۵۶، در تأیید این نکته که مولانا می‌فرماید: باطل کننده‌ای را بر این کتاب و کلام وی راهی نیست، احمد افلاکی در مناقب العارفین، ج ۱، ص ۲۳۷: یکی از کاتبان اسرار و معانی شیخ فخرالدّین سیواسی بود و گاه بدون اجازهٔ حضرت خداوندگار در کلام او مداخله می‌کرد و به طریق اصلاح قلم می‌راند. ناگاه جنونی در وی ظاهر شده، دیوانه گشت و مولانا این غزل را همان روز فرمود:

ای لولیان ای لولیان یک لولیی دیوانه شد　　طشتش فُتاد از بام ما نک سوی مجنون خانه شد

۵ - قرآن کریم؛ واقعه: ۸۰/۵۶　　۶ - قرآن، یوسف: ۶۴/۱۲.

او بپذیرد جهد بسیاری در سرودن منظومهٔ مثنوی و در تفصیل و تطویل آن نمودم که مشتمل است بر موضوعات نغز و نکته‌های ظریف و پرمعنا و سخنان روشن و مرواریدهای هدایت و این مثنوی، راه پارسایان و فردوسی برین است برای بندگان باری تعالیٰ. [اصولی که در آن بیان شده] اکثراً با عباراتی کوتاه و با معانی و مفاهیمی ژرف، تقریر یافته است.

[نظم این مثنوی] بنا به درخواست سرور و تکیه‌گاه و معتمد من است که مانند روح در بدن[1] و توشهٔ دنیا و آخرت من است و هموست پیر طریقت و راهنمای عارفان و پیشوای اهل هدایت و یقین، فریادرس آفریدگان، امین دل‌ها و خردها و ودیعهٔ خداوند[2] و برگزیده در میان آفریدگانش و در زمرهٔ سفارش‌های خداوند به پیامبرش[3] و از اولیای پنهان صَفیِ حق است. اوست کلید گنج‌خانهٔ عرش و امین گنجینه‌های فرش، سرشار از فضایل و مکارم، حُسام‌الحقّ و الدّین، حسن بن محمّد بن حسن معروف به «ابن اخی»[4] که بایزید زمان و جنید دوران، صدّیقی فرزند صدّیق است[5] ـ که خداوند از آنان و از او خشنود باد ـ وی اُرموی[6] الاصل است و نسبت او به شیخ بزرگواری می‌رسد

۱ - مولانا از حُسام‌الدّین که جاذبهٔ معنویش سبب جوشش شیر معانی از پستان حقایق شده است، به عنوان روح عالی عِلوی متجلّی در بشر یاد می‌کند که خواهان بیان اسرار از زبان مولاناست.

۲ - **ودیعهٔ خداوند** : انسان کامل.

۳ - نیکلسون در شرح مثنوی دفتر اوّل ص ۱۴: خداوند به پیامبر(ص)؛ یعنی روح عالی عِلوی یا عقل کلّ؛ لوگوس (The Logos) که دانای تمام اسرار است وصیّت فرمود: تا در طیّ قرون و اعصار، تمام انسان‌هایی را که قابلیّت و استعداد رسیدن به کمال الهی را دارند، هدایت و امداد نماید تا به برکت وجود آنان، دیگران نیز راه صحیح را بیابند و از مراحم الهی بهره‌مند گردند و یکی از آنان حُسام‌الدّین است.

۴ - **ابن اخی ترک** : حُسام‌الدّین حسن اُرمَوی فرزند محمّد بن حسن اُرموی. پدر حُسام‌الدّین از صدّیقان و اولیای اخیان به شمار می‌رفت. نَسَب وی به یکی از مشایخ کُرد اُرمیه می‌رسید که در بین اهل تصوّف و فتوّت مشهور بود. ظاهراً پدر حُسام‌الدّین به سبب آنکه مربّی او یک اخی ترک بوده است به «اخی ترک» موسوم شد و فرزند وی حُسام‌الدّین هم به همین سبب در بین اخیان قونیه به «ابن اخی ترک» شهرت یافت. [نوشته‌اند که وی از نژاد یزدان یار اُرمَوی متوفیٰ به سال ۳۳۳ هجری است، که مقبره‌اش هم‌اکنون در ارومیّه مشهور است. دهخدا، ذیل اخی ترک] انجمن اخوّت از گردهمایی اصناف و پیشه‌وران تشکّل یافته بود و گرایش بسیار به رعایت اصول جوانمردی داشتند، رهبر آنان را «اخی» می‌نامیدند. اصحاب این طریقه یا جوانمردان «عیّاران» رسومی مشابه نظام شوالیه‌گری در اروپای قرون وسطیٰ داشتند و هدف عمدهٔ آنان کمک به محتاجان و درماندگان بود. این طریقه در خراسان از قرن‌ها پیش رایج بود و تدریجاً سازمان یافته بود. خلیفهٔ عبّاسی الناصرالدّین الله (وفات ۶۶۲) به این سازمان علاقه‌مند شد و در بسط آن کوشید.

۵ - **صدّیق** : کسی که نیّت خالص دارد. حُسام‌الدّین در طیّ سال‌های عشق و ارادت خالصانه به مولانا جلال‌الدّین، آنچه را که از خانه و اثاث و ملک و باغ از پدر ارث یافته بود، بی‌شائبه در راه وی درباخته بود و مولانا این ایثار خالصانه را به ایثار صدّیق خلیفه (ابوبکر) در حقّ رسول خدا(ص) مانند یافته بود، ازین‌رو او را صدّیق بن صدّیق خوانده است.

۶ - **اُرمیه** : ناحیه‌ای در آذربایجان.

که گفت[1]: «شب را در حالی به سر بردم که کُردی امّی بودم و بامدادان را که آغاز کردم، عربی با فضل شدم».
خداوند روح و خُلفایش را پاک بدارد که چه گذشتگان پسندیده و چه آیندگان نیکی دارد. حُسام‌الدّین دارای چنان تباری است که خورشید در برابر عظمت و تابناکی اصالت وی، شرمسار است و اعتبار و شأن باطنی و عظمت مقام معنوی او چنان است که ستارگان درخشان، نور خود را در برابر انوار او، از دست می‌دهند. همیشه و در همه حال، زیبایی باطنی و آراستگی‌های حقیقی وجودی او، قبلهٔ توجّه خواهد بود؛ زیرا که فرزندان ولایت حق، بدان توجّه می‌کنند و کعبهٔ آمال مشتاقان خواهد بود. پیشتازانِ اخلاص، درگه این بزرگان را طواف می‌کنند و چنین بادا تا زمانی که ستاره می‌درخشد و خورشید می تابد. باشد که پناهگاه صاحبان بصیرت و خردمندان ربّانی و شیفتگانِ عوالمِ روحانی و عرشیان آسمانی گردد.

این بزرگواران سرشار از اسرار حق‌اند؛ امّا مُهر خموشی بر لب دارند و بینندگان را وادار به سکوت می‌کنند و حاضرانِ به خویش را، از خویش غایب می سازند. اینان شاهان پشمینه‌پوش‌اند و اشراف قبایل و اصحاب فضایل و انوار دلایل. اجابت فرما ای خداوند عالمیان.

این دعا بادا که در درگاه حق پذیرفته گردد که سود آن برای همگان است و حمد و ستایش از آن پروردگار جهانیان است و درود خداوند بر بهترین آفریدگان، محمّد(ص) و خاندان پاک و منزّه‌اش.

---

۱ - **شیخ مکرّم**: شیخی که از جانب خداوند به او عنایتی شد و صاحب کرامت گردید. مولانا با اشاره به داستانی که در مورد این شیخ گفته شده است، در حقیقت، نژاد عالی و تبار پاکِ حُسام‌الدّین را بر می‌شمارد که بر اساس این حکایت از جانب حق، توجّهی خاص به وی شده است. نیکلسون این شخصیّت بی‌نام را به نقل از شرح کبیر، ج ۱، صص ۷۰ و ۷۱، ابوالوفای بغدادی می‌داند و می‌نویسد: از روی استهزا از ابوالوفا الکردی که امّی بود، خواستند تا موعظه‌ای بگوید و سخنی براند، او در پاسخ «ان شاءَ الله» گفت و از آنجا که تحقیر خویش را توسّط اطرافیان دریافته بود، شب را به عبادت خالصانه گذراند، پیامبر(ص) در رؤیا بر او پدیدار شد و در مفاوضه‌ای اسرار قرآن را بر او خواند. ابوالوفا صبح بر منبر رفت و چنین گفت: أَمْسَیْتُ کُردیّاً و أَصْبَحْتُ عَرَبیّاً: شب را به سر بردم در حالی که کُردی اُمّی بودم و بامدادان را آغاز کردم در حالی که عربی فاضل شدم.

گولپینارلی در مورد شیخ تاج‌العارفین ابوالوفای کردی (درگذشتهٔ ۵۰۱ ه) می‌نویسد: مؤسّس طریقت وفائیّه است که بابایی‌های منتسب به طریقت او در قرن سیزدهم میلادی در آناطولی آشوبی به پا کردند و چندین کتاب در مناقب او نوشته شده است.

بشنو، این نی چون شکایت می‌کند از جدایی‌ها حکایت می‌کند ۱

مولانا در شروع منظومهٔ عظیم مثنوی و در هجده بیت ابتدای آن چکیده‌ای از تجارب روحانی و معنوی و اهداف تعلیمی خویش را به اجمال بیان می‌کند و ماحصل ناب و گرانقدری را که پس از سیر و سلوک بسیار و تزکیهٔ نَفْس و رسیدن به یکی از عالی‌ترین و جامع‌ترین درجاتِ عارفان و متصوفهٔ دوران اسلامی در ارتباط با «حقیقتِ انسان» و حقایقِ هستی دریافته است، در حدِّ درک انسان جویای حقایق به زبانی ساده و در عین حال پر رمز و راز تقریر می‌دارد و بعد در طیّ دفاتر ششگانهٔ این اثر مُلهم از حق، به شرح و تفسیرِ آن می‌پردازد و برای تفهیم این معانیِ بلند بر خلاف روش بسیاری از عرفا و متصوّفهٔ متقدّم یا هم‌عصر که تعالیم عرفان نظری و عملی را خشک و در قالب عبارات و جملات ثقیل عرضه می‌داشتند، سنّت‌شکنی کرده و از قالبی ظریف و لطیف و قابل انعطاف به نام قصّه و حکایت و تمثیل سود جُسته است. تعمّق و غورِ این انسانِ سترگ در آیات مختلف قرآن کریم، احادیث گوناگون و علوم رایج آن عصر و همچنین برخوردار بودنِ او از حافظه‌ای نیرومند و ذهنی پویا با تداعی‌هایِ شگفت‌انگیز، موجب شده است که در حین بیان یک حکایت یا تمثیل به زیبایی حیرت‌انگیزی، از مضامین قرآنی بهره برده و با اشاراتی ظریف، کلام خود را تحکیم بخشیده و به احادیث گوناگون استناد کرده است و بدین‌سان با طرح موضوعات گوناگون فقهی یا کلامی و فلسفی، مفاهیم بلندی را که ظرایف و لطایفی دقیق‌اند، بیان کرده است.

بیت آغازین، تمثیلی است که در طیّ آن صلایِ عام می‌دهد و انسان را در ماورای زمان و

قرون و اعصار، بر خوانی از حقایق و معارف می‌نشانَد که با گوشِ جان بشنود شکایتِ «این نی» را، شِکوهٔ مولانا را که خالی از خودی خویش و مانند **نی** میان‌تهی شده است که **نای‌زن** در آن می‌دمد و صدای برخاسته از نی، گرچه صوت و صدای نی است؛ امّا در واقع نتیجهٔ دمیدن **نایی** [نای‌زن] در نی است؛ پس با گوش دل بشنو و درک کن آنچه را که برای تو حکایت می‌کند و این حکایت، شرح فراق است که «نی» به عنوانِ نمادی از مولانا در بیان آن می‌کوشد و شکایتِ او، شِکوه از جدایی‌ها و هجران از اصلی است که حقیقتِ انسان متعلّق بدان است و از آن هستی یافته است.

همان‌گونه که نی، به دست قدرت و ارادهٔ انسان از نیستان بریده می‌شود تا هنرمندانه از ساقه‌ای میان‌تهی، سازی بادی بسازد و در آن بدمد و حسّی را که می‌خواهد به شنونده القا کند، آدمی نیز که بنا بر مشیّتِ الهی از اصل خویش جدا شده است، اگر از استعداد و قابلیّتِ «نای شدن» برخوردار باشد، به دستِ قدرتِ حق و با هدایت ویژه در تهی شدن از خویش، یاری و امداد می‌شود و بدین‌سان انسانی که به کمال الهی می‌رسد؛ همان «نیِ» میان‌تهی است که به دستِ قدرت حق ساخته شده است و «نایی» آن کسی جز حق نیست که در نی می‌دمد و اوست که این سوز و گداز عاشقانهٔ ناشی از هجران را می‌پسندد و خواهانِ بازگشت **نی** به **نیستان** است و ناله و سوز این سَری ناشی از جذب آن سَری است.

اینک مولانا، شرح می‌دهد که ناله و فغانِ او ناشی از نفخهٔ ربّانی است. ناله‌ای است برای خودِ وی و برای بشریّت، از آن‌رو که جذبِ آن سری سبب شهود حقایق و کشف دلایل شده و علی‌رغم کمال و اتّصال با دوست، از جدایی صوری و ظاهری خود، از جدایی حقیقی و غفلت و خواب‌آلودگی خلق در رنج است و ناله سر می‌دهد و در عین شکایت از جدایی، تعلیم هدایت و رهایی را بر خود ملزم می‌یابد.[۱]

«نی» ساز مورد علاقهٔ وی به شمار می‌آمده که در مراسم سماع و تجمّع یارانِ مولانا همراه دیگر سازها همواره مترنّم بوده است.

اینک نیز بعد از گذشت قرن‌ها، همواره در گردهمایی و تجمّع مولویّه که سماع و موسیقی از ارکان آن است، نواخته می‌شود و چنین به نظر می‌رسد که علاقهٔ مفرط مولانا به این ساز و سوز و گدازی که در صوت محزون آن است و همچنین تشابهات موجود، سببِ برگزیدن **نی** به عنوان نمادی برای این تمثیل زیبا باشد.

---

۱ - مولانا موسیقی می‌دانسته و رباب را به خوبی می‌نواخته حتّی برای ارتقایِ کیفیّت در آن تغییراتی داده است: مولویّه پس از مولانا، گولپینارلی، ص ۵۷۱. نقل از مولانا جلال الدّین، بخش سوم «مولانا و موسیقی»، صص ۳۴۱-۳۴۵.

کسانی که سعادت زیارت تربت پاک مولانا را در قونیه داشته‌اند، می‌دانند که در ساعاتی که درهای کعبة‌العشّاق برای زیارت مشتاقان گشوده است، صدای نی با آن نوای هوش‌ربا و محزون در فضایِ روحانی آن بارگاه طنین‌افکن است و با اندک حضور قلب، تأثیری اعجاب‌انگیز بر جان آدمی دارد.

علی‌رغم عرف ادبیّات مشرق زمین که شاعران و عارفان در آغاز سخن به حمد و ثنای باری تعالیٰ و ستایش رسول گرامی(ص) و اهل بیت می‌پرداخته‌اند، مولانا سنّت‌شکنی کرده و حمد و ثنای دیباچهٔ عربی مثنوی را کافی دانسته است؛[1] زیرا همان‌طور که مثنوی‌پژوهان و محقّقان و شارحان ذکر کرده‌اند و هر پژوهشگری با غور در مثنوی بدان می‌رسد، آن‌است که این کتاب عظیم سراسر شرح و تبیین و تفسیر قرآن کریم و توضیح مراحل عشق الهی است.[2]

کز نیستان تا مرا بُبْریده‌اند   در نفیرم[3] مرد و زن نالیده‌اند[4] ۲

از روزی که مرا از «نیستان وحدت» جدا کرده‌اند، چنان نالیده‌ام که همگان به فغان آمده‌اند.

سینه خواهم شَرحه شَرحه[5] از فراق   تا بگویم شرحِ درد اشتیاق[6] ۳

شدّتِ اشتیاقِ مولانا برای پیوستن به دریای وحدت الهی، دردی را به وجود آورده است که درکِ آن برای کسی که چنین تجربهٔ عارفانه‌ای ندارد، ممکن نیست؛ بنابراین او جویای سینه‌ای است که شرحه‌شرحه شده و قابلیّتِ همدلی و تفاهم را یافته باشد.

---

۱ - موردی که شارحان به تفصیل در باب آن بحث کرده‌اند، بیان این نکته است که تمام سوره‌ها در قرآن مجید با «بسم الله» آغاز شده‌اند، به استثنای یک سوره [سورهٔ توبه] که آن نیز با «بَرآءَة» آغاز شده؛ بنابراین حرف آغازگر تمام سوره‌ها حرف «ب» است، که مثنوی نیز با «بشنو» آغاز شده، سپس شارحان از اسراری که در حرف «ب» نهفته است، سخن گفته‌اند. همچنین اگر جملهٔ ابوبکر شبلی را که گفت: من نقطهٔ زیر «ب» هستم، مورد توجّه قرار دهیم، گفتن این نکته که شروع مثنوی با «بشنو» تصادفی بوده، کلامی جسورانه خواهد بود: شرح کبیر انقروی، ترجمهٔ دکتر عصمت ستّارزاده، ج ۱، ص ۱ به بعد. نقل از نثر و شرح مثنوی، گولپینارلی، ترجمهٔ دکتر توفیق سبحانی، ج ۱، ص ۶۹.

۲ - اوّلین خطابی که از حق تعالیٰ به رسول گرامی(ص) رسید: اِقْرَأْ بِاسْمِ رَبِّکَ الَّذی خَلَق ... بود که فرمود: بخوان به نام پروردگارت که آفرید... و اکثر مفسّران قرآن آن را سرآغاز وحی بر رسول خدا(ص) می‌دانند، و می‌فرماید: بخوان و بدان و بگو ،که حضرت خواجه، در مقامِ نفی وجود بشریّت بود و رفع قیود انانیّت، مانند نی در تصرّف نایی بود و به یمن تسلیم واسطهٔ تعلیم گشته است و عاملی برای ظهور سرّ مکتوم. و مولانا نیز در مقامِ یک انسانِ واصل می‌فرماید: بشنو و بدان و بفهم: با استفاده از جواهرالاسرار و زواهرالانوار، کمال‌الدّین حسین بن‌حسن خوارزمی، ج ۲، ص ۶ و ۷.

۳ - **نفیر** : خروش، بانگ بلند، فریاد و فغان.

۴ - اشاره‌ای است به تنزّل روح از مرتبهٔ وحدت مطلق و مقیّد شدن در قید تن در عالم کثرت؛ زیرا که حقیقت آدمی، جوهری است روحانی و لطیفه‌ای است ربّانی از عالم امر.   ۵ - **شرحه شرحه** : پاره‌پاره.

۶ - **اشتیاق** : آرزومندی، شیفتگی، رغبت بسیار.

هر کسی کو دور ماند از اصلِ خویش   باز جوید روزگار وصل خویش ۴

هر کسی که از اصل و مبدأ خویش که «حقیقتِ وجود» است، دور مانده باشد و دور ماندن را دریابد، مشتاق بازگشت به اصل خویش است.

من به هر جمعیَّتی نالان شدم   جفتِ بد حالان و خوش حالان شدم ۵

من نزدِ همگان نشستم و شرح این هجران را برای هر کس و به زبان خاصِّ او بیان داشتم، برای غفلت‌زدگان و آگاهان، کوشیدم برای درک هرچه بهترِ این فراق و به‌یاد آوردن ایّامِ وصال ایشان را یاری کنم.

هر کسی از ظنِّ خود شد یارِ من   از درون من نجُست اسرارِ من[1] ۶

آنچه را که گفتم، شنوندگان شنیدند؛ امّا هر کس بنا بر تصوّر، پندار و درک، چیزی را که متناسبِ با حال درونی‌اش بود، پذیرفت و فراتر از آن نرفت و به اسرارِ کلام پی نبرد.

سِرِّ من از نالهٔ من دور نیست   لیک چشم و گوش را آن نور نیست ۷

«سرّ» من از «ناله‌ام» جدا نیست، درهم پیچیده است؛ امّا برای درکِ آن، باید چشمی بینا و گوشی شنوا داشت، نه چشم و گوش سَر، یعنی «چشم بصیرت» و «گوشِ حقیقت‌نیوش».

تن ز جان و جان ز تن مستور نیست   لیک کس را دیدِ جان دستور نیست ۸

بین «تن» و «جان» آدمی که همان «روحِ انسانی» مقیّد در جسم است، پرده و حجابی نیست؛ امّا هیچ کس قادر به رؤیت **جان** با چشمِ سَر نیست؛ زیرا سنخیّتی بین تن که مادّی و روح که نور محض است، وجود ندارد. به همین ترتیب سِرّی که در کلام اولیا نهفته است، «جانِ کلام» است که در کالبدی به نام سخن یا «کلام» نهان است که خلق از درکِ آن عاجزند.

آتش است این بانگ نای و نیست باد   هر که این آتش ندارد، نیست باد[2] ۹

صوتی که از «نای» بر می‌خیزد، فریادِ ناشی از شرارهٔ آتشِ عشق الهی و درد فِراق است. این یک صوت عادی حاصل از خارج شدن هوا از حنجره نیست. کسی که واجد چنین

۱ – همان‌گونه که به نظر می‌رسد و شارحان نیز بدان اشاره کرده‌اند، به احتمال بسیار زیاد، این بیت متأثر از دریافت‌های گوناگون یاران مولانا نسبت به وی است که هرکس بنا بر استعداد و قابلیّت وجودی خویش، می‌توانست از آن اقیانوس بی‌کران عالم معنا بهره ببرد. همچنین می‌تواند در ارتباط با طعن طاعنان و حسد حاسدان و انکار منکرانی باشد که به مولانا و حلقهٔ یاران و ارادتمندان وی به سبب مجالس سماع و نواختن آلات موسیقی به نظر تخفیف می‌نگریسته‌اند.

۲ – مقایسه کنید : حافظ :   از آن به دیر مغانم عزیز می‌دارند   که آتشی که نمیرد همیشه در دل ماست

عشقی نباشد، سرد، افسرده و «نیست» است. بادا که این سردی و انجماد برای همگان زوال یابد؛ زیرا در جهان‌بینیِ عارفانه عاشقانهٔ مولانا، آفرینشِ جهان و خلقت بنابر عشق است.

آتشِ عشـق است کـاندر نـیْ فُـتاد　　　جوششِ عشق است کاندر میْ فُتاد ۱۰

بنا به اعتقاد عرفا و گروهی از فلاسفه، «عشق» در همهٔ موجودات و در کُلِّ کائنات ساری و جاری است و استدلال آنان بر این امر، تمایل ذاتی و فطری تمام موجودات برای رسیدن به کمال وجودی خود است و معتقدند که محرّکِ اصلی کلّیّهٔ تحرّکاتی که در عالم هست، عشق به تکامل است؛ امّا هر موجودی به میزان استعداد خود تحرّک دارد؛ پس سوزی که در نوای نی است، از آتش گدازندهٔ عشق و جوششِ «میْ» نیز به همان سبب است.

اینک بی‌مناسبت نیست اگر به **عشق** و مفهوم آن از دیدگاه بعضی از عُرفا و حُکما بپردازیم و آنچه را که موجبِ سلوک عارفان و جوش و خروش آنان است، بررسی نماییم. لطیفه‌ای را که ربّانی و ودیعه‌ای الهی است. آتشی را که سوزانندهٔ صفات بشری و گشایندهٔ چشمِ دل سالک به عوالم ملکوتی است.

سهروردی در رسالهٔ فی‌حقیقة العشق: محبّت چون به غایت رسد، عشق است و عشق را از **عَشَقه** گرفته‌اند که گیاهی در بُنِ درخت‌هاست. ابتدا ریشه‌اش را در زمین محکم می‌کند، سپس سر بر می‌آورد و به دور درخت می‌پیچد، آن چنانکه تمامی درخت را می‌گیرد تا آن را بخشکاند و همچنین است در عالم انسانیّت که خلاصهٔ موجودات است.[1] تا قرن پنجم هجری صوفیّه بیشتر از **محبّت** سخن گفته‌اند و از آن زمان به بعد «عشق» در آثار منظوم و منثور عارفان راه یافته است. در قرن ششم با ظهور **سنایی غزنوی**، عشق در آثار عرفانی جایگاه خاصّی یافت و بعد، **عطّار** و دیگر بزرگان عرفان و تصوّف، بنیانِ آثار خویش را بر پایهٔ عشق نهادند و لطایف بی‌شمار آفریدند.

از نخستین طلیعهٔ آفرینش آدم تا کنون، انسان با عشق آشنا بوده و هرچه معرفت عمیق‌تری نسبت به مبدأ هستی یافته این حس در وی عمیق‌تر گشته، تا آنجا که خود را عاشق و خداوند را معشوق یافته است. هر تعریفی که دربارهٔ عشق گفته شود نارسا است؛ زیرا چیزی را می‌توان وصف کرد که بر آن احاطه و اشراف تام باشد، حال آنکه عشق به تعبیر عارفان و حکیمان نور وجود است.[2]

---

۱ - از مجموعهٔ آثار فارسی شیخ اشراق، تصحیح دکتر سیّد حسین نصر، ص ۲۸۷.

۲ - شرح مقدّمهٔ قیصری، ص ۳۳۴.

بدایت عالمِ عشق، نهایت مرتبهٔ عقل است و به این جهت، وقتی عاشق واصل از عشق سخن می‌گوید، از سخن خویش شرمنده می‌شود، چنانکه مولانا می‌فرماید:

هر چه گویم عشق را شرح و بیان	چون به عشق آیم خجل باشم از آن
چون قلم اندر نوشتن می‌شتافت	چون به عشق آمد، قلم بر خود شکافت

همچنین مولانا خود به استناد آنکه مرتبهٔ عشق بسیار والاتر از شرح عقلانی است، می‌فرماید:

شرح عشق و عاشقی هم عشق گفت	عقل در شرحش چو خر در گِل بخفت[1]

پس حقیقتِ عشق، یافتنی و چشیدنی است. **فلوطین**[2] به دو قوس صعودی و نزولی معتقد است و می‌گوید: در قوس صعودی باید از آلایش‌های دنیوی پاک شد و لطیفهٔ نهانی که از آن عشق خیزد را جان می‌داند و مطلوب حقیقی وصول به حق است که حاصلِ آن بیخودی از خویش است.

نظریهٔ سَرَیانِ عشق در کائنات در یونان باستان نیز وجود داشته است و **افلاطون** در رسالهٔ «مهمانی» می‌گوید: قلمرو قدرت خدای عشق تنها جان و تن انسان نیست، بلکه سراسر عالم هستی است.[3]

ابن سینا نیز برای نفوس سه‌گانهٔ نباتی، حیوانی و ناطقه، عشق قائل شده و معتقد است: بنا به حکمت الهی این عشق به صورت غریزه در آنان وجود دارد تا از کمال باز نمانند.[4] **ملاصدرا** در فصلِ ۱۵ از اسفار اربعه می‌گوید: تمامی موجودات عاشق خدا هستند و مشتاق دیدار و وصال او؛ امّا درجهٔ عشق و شوق موجودات بستگی به درجهٔ برخورداری آنان از نور وجود دارد.

حاج ملا هادی سبزواری[5] معتقد است: هرجا که «وجودِ حقیقی» هست، «معشوق» است و هر نَفْسی اعم از حیوانی یا انسانی، عاشق وجودِ خود است و وجودِ او به وجودِ محیط و بسیط حق تعالیٰ وابسته و پابرجاست؛ پس عشق به حضرت قیّوم دارد، حال آنکه خود نمی‌داند. فقط عارفان واقعی بر آن واقف‌اند و در تقریر همین معنا و در غزلی پرشور:[6]

نقش دیوان قضا آیتی از دفتر عشق	آسمان بی سر و پایی بود از کشور عشق
نه همین سینه بر آتش زدهٔ اوست خلیل	که به هر گوشه بسی سوخته از آذر عشق

---

۱ - ر.ک: ۱۱۵/۱.

۲ - فِلوطین یا فِلوطینُس، فیلسوف نوافلاطونی رم در مصر تولّد یافت و در اسکندریّه تحصیل علم کرد، بنیانگذار مکتب نوافلاطونی است (۲۰۵-۲۷۰ قبل از میلاد). ۳ - عشق در ادب فارسی، ارژنگ مدی، ص ۲۳۳.

۴ - الله شناسی، محمّد حسین حسینی، ج ۱، ص ۱۳۶. ۵ - شرح مثنوی، ص ۴۰۱.

۶ - دیوان اشعار، حکیم سبزواری.

مظهر عشق نه تنهاست مقامات ظهور کانچه در مکمن غیب است بود محضر عشق
عشق ساری است خدا را چو حقیقت نگری نیست انجامش و هم نیستی آمد سر عشق[۱]

نِیْ، حریفِ هر که از یاری بُرید پردههااَش پرده[۲]هایِ ما درید ۱۱

در این بیت نیز به نظر می‌رسد که به کار بردن واژهٔ **«نی»** ناظر به هر دو مفهوم آن است، هم نی به عنوانِ ساز و هم نی در معنای تمثیلی آن. در مورد نخستین، نیِ بریده شده از **نیستان** سوز و گدازی دارد که هماهنگ با احوال هر عاشقِ مهجور است و پرده‌هایی که می‌نوازد، سبب دگرگونی و تهییج عاشق می‌شود و راز عشق را بر ملا می‌کند. در معنای تمثیلی آن، اشاره به حُسام‌الدّین است، انسانِ کاملی که مولانا به او تعلّق خاطر داشته است و می‌فرماید: حُسام‌الدّین همراه و همدمِ هر کسی است که از یاران دنیوی می‌بُرَد و خود را از قید تعلّقات می‌رهانَد. سازی را که از عشق در دل ما نواخت، گامی بود از گام‌هایِ دلدادگی و بیقراری، که نغمهٔ آن، پرده‌ها و حجاب‌های درونیِ ما را با وی به کلّی درید و از بین برد و اتّحادی بین عاشق و معشوق حاصل آمد.

همچو نی، زهری و تِریاقی[۳] که دید؟ همچو نِیْ، دمساز و مشتاقی که دید؟ ۱۲

انسان کامل که تمام منازل را طی کرده و از آفاتِ راه باخبر است، در مقام مُرشدِ کامل، طالبان را تعلیم می‌دهد تا حقیقتِ نَفْسِ خویش را بشناسند و مشتاقِ حقیقی از مدّعی تمییز داده شود، آنان را به اشکال گوناگون می‌آزماید،از قبیل ابتلای به درد، رنج و مصائب که در اینجا به زهر مانند شده؛ چون برای سالک تلخ و ناخوشایند است. هنگامی که سالک نقشِ نَفْس را دریافت و لزوم مبارزه با آن را متوجّه شد، این حکیم الهی، وی را درمان می‌کند و **پادزهر** که همان امداد الهی است به کمک وی می‌شتابد؛ بنابراین ولیّ، مانندِ محک، میزانِ سنجش حق از باطل است. او که خود گرد تعلّقات را از دامنِ دل افشانده است، بیش از همه آرزومند و مشتاق همدمی و همصحبتی با کسانی است که خواهان رَشَد و هدایت‌اند.

---

۱ - حکیم عاشق، دکتر عباس محمّدیان، صص ۴۰۶-۳۸۷ با تلخیص و تصرّف.

۲ - **پرده**: در اصطلاح موسیقی نت یا لحن و مرادف مقام است. زه و بندهایی که بر دستهٔ چنگ و رباب یا تار می‌بندند و هنگام نواختن انگشت را برای نگاهداشتن انگشتان و حفظ مقامات موسیقی بر آن می‌نهند. تعداد پرده‌ها را دوازده ذکر کرده‌اند و نام بعضی از آن‌ها چنین است: پردهٔ خراسان، پردهٔ بلبل، پردهٔ عراق، پردهٔ صفاهان، پردهٔ عشّاق و پردهٔ حجاز... به معنای مطلق آهنگ نیز به کار می‌رود.

۳ - **تَریاق**: تِریاق یا تُریاق، معرّب تریاک، مجموعه‌ای از چند ادویهٔ ساییده شده و ممزوج با شهد، به عنوان پادزهر برای زهرهای نباتی و حیوانی، به معنی مطلق پادزهر.

نیْ، حدیثِ راه پُر خون می‌کند   قصّه‌هایِ عشقِ مجنون[1] می‌کند ۱۳

نی یا **انسان‌کامل** از راهی که پر از خون جگر است، سخن می‌گوید. راهِ بی‌انتهای کوی دوست، راهی که در آن تنها مجنون‌صفتان می‌توانند طیّ طریق کنند.

محرمِ این هوش جُز بیهوش نیست[2]   مر زبان را مُشتری جز گوش نیست ۱۴

برایِ درک این نکات باید از هوش و درکی ماورای هوش و درکِ معارف بشری برخوردار بود که مولانا این فراست خاص را **بیهوشی** می‌نامد؛ یعنی عدم وابستگی به تعلّقات دنیوی. کسی محرم این راز است و به حریم عالم معنا راه می‌یابد که دلش از قیودِ نفسانی رها باشد و چنین کس به دنیا و اعتبارات دنیاییِ وقعی نمی‌نهد؛ پس نسبت به مسائل دنیایی **بیهوش** و نسبت به عوالم روحانی **به‌هوش** است. در مصراع بعدی می‌فرماید: زبانی که گویندهٔ لطایف و اسرار است، زبان ولیّ [انسان‌کامل] آنچه را که لزوم می‌یابد، می‌گوید؛ امّا کسی مقصودِ حقیقی او را در می‌یابد که **گوشی شنوا** داشته باشد. گوشی ماورای گوش سَر و زمینه‌ای مستعد برای دریافت ادراکات عالی. [گوش دل، گوش باطن]

در غمِ ما، روزها بیگاه[3] شد   روزها، با سوزها همراه شد ۱۵

در غمِ فراق روزهای بسیاری سپری شد و به شام رسید که توأم با سوز و درد بود.

روزها گر رفت، گو: رو، باک نیست   تو بمان، ای آنکه چون تو پاک نیست ۱۶

اگر روزها گذشت، بگو: بگذر، باکی نیست، مهم نتیجهٔ آن، یعنی کمال معنوی است که حاصل شده و ثمرهٔ این کمال، حضور حُسام‌الدّین است که به تعالی دلخواه رسیده است و خطاب به او می‌فرماید: تو بمان که حاصلِ عمرِ از دست رفته‌ای و اینک در این روزگار چون تویی، چنین پاکِ پاک از گردِ تعلّقات، وجود ندارد.

---

۱ - **مجنون**؛ قیس بن مُلَوَّح که از قبیلهٔ بنی جعده بود و از شدّت عشق **لیلی** حالی یافت که او را دیوانه خواندند و ملقّب به مجنون شد. در ادبیّات عارفانه مجنون نمادی است از شدّت بسیار عشق به محبوب و مستهلک شدن در او، خالی شدن از خود و پر شدن از معشوق. از دیدگاه مولانا برای رسیدن به معبود باید مجنون بود، در قمار عشق آن کس که پاکباز نباشد، طرفی نخواهد بست. این شخصیّت پاکباز که صدق و خلوص و پایمردی‌اش در راه لیلی سبب شد که در دیباچهٔ منظوم از وی یاد کند و او را نمادی از عشق حقیقی معرفی نماید.

نظامی سبب نظم **لیلی و مجنون** را درخواست خاقان کبیر ابوالمظفر اخستان شاه، تصریح کرده است: کلیّات خمسه حکیم نظامی عارف و شاعر بزرگ قرن ششم هجری، لیلی و مجنون.

۲ - مقایسه کنید : حافظ :   بر هوشمند سلسله ننهاد دست دوست   خواهی که زلف یار کشی ترک هوش کن

۳ - **بیگاه** : غروب شدن، سپری شدن.

هر که جز ماهی، ز آبش سیر شد　　هر که بی روزی‌است روزش دیر شد ۱۷

همان‌گونه که ماهی هرگز از آب سیر نمی‌شود و همه چیز او، حیات و مماتش در آب استمرار می‌یابد، مردان خدا نیز که «ماهیانِ دریای حق»اند، هرگز احساس پُر بودن و سیر شدن از عنایاتی را که بر آنان می‌بارد، ندارند و همواره فریاد «هَلْ مِنْ مَزید» از جانشان بر می‌خیزد. کسی که از این رزق معنوی بی‌بهره باشد یا در پی کسبِ آن نباشد، روزش دیر شده و به شامگاه رسیده، بدون آنکه بهرۀ معنوی برده باشد و عمرِ عزیزی را که امانت به او داده‌اند، بیهوده و به بطالت گذرانده است.

در نیابد حال پُخته هیچ خام[1]　　پس سخن کوتاه باید، والسَّلام ۱۸

کسی که ادراک روحانی و معنوی ندارد، نمی‌تواند حال تعالی یافتگان و کاملان را دریابد؛ پس باید سخن را کوتاه کرد. والسَّلام..

بندْ بُگْسِل، باش آزاد ای پسر!　　چند باشی بندِ سیم و بندِ زر؟ ۱۹

ای پسر، بندِ تعلّقات را بگشا و آزاد باش. تا کی در قید سیم و زر باشی؟ خطاب به «طالبانِ حقیقت» به لحاظ نوآموز بودن، «ای پسر» است. همان‌گونه که هر پدر مهربان به هنگام پند و اندرز به فرزند خویش او را «پسرم» خطاب می‌کند. کسی که مشتاق دریافت تعالیم معنوی است؛ حتّی اگر در سال‌های میانۀ عمر یا بالاتر باشد، از آنجا که با حقایق بیگانه است، نوآموز است و فرزند روحانی مرشد محسوب می‌شود و آنان را **طفلان راه** نامند. رشد و ترقّیِ معنویِ ایشان در گرو تغذیۀ **شیرحقایق** از **پستان معانی** استاد روحانی است. چنانکه مولانا می‌فرماید:

خلق اطفال‌اند جز مستِ خدا　　نیست بالغ جز رهیده از هویٰ

پس بلوغ از دیدگاه مولانا و عرفا، بلوغ فکر و رهایی از قید هوا و هوس است. بدین ترتیب **آزادگی**، اوّلین پیام این کتاب بزرگ است که برای حصولِ آن، نخستین توصیه، **گسستنِ**

---

۱ - **خام بودن**؛ مرحله‌ای است که جهان‌بینی آدمی متأثّر از بینش و تعقّل عادی بشری است، عقلی که به آن، **عقل معاش** گویند و برای امور دنیوی و حلّ مشکلاتِ آن چاره‌جویی می‌کند و ارزیابی‌های آن صرفاً مادی است. در این مرحله، نفس را **امّاره** نامند که پایین‌ترین مرحلۀ نفس است.
پخته شدن؛ مرحلۀ دریافت ادراکات معنوی و روحانی است. شخص تا حدودی تعالی و تکامل یافته و در حدّ قابلیّت‌های وجود خود، اهداف عالی آفرینش را درک کرده و به نتایجی رسیده است. کوشش او در جهت تعالی است و هرگاه انحرافی باشد، نفس او که در این مرحله «**لَوّامه**» نام دارد، به سرزنش وی می‌پردازد. مرحله‌ای است از مراحل کمال؛ امّا کمال الهی نیست. گروه کثیری از سالکان در پیچ و خم‌های این مرحله متوقّف می‌شوند.

بندِ سیم و زر[1] است. نه بدان مفهوم که ثروت مذموم است، بلکه بدین معنا که برای سالک می‌تواند زیان‌آور و هلاکت‌بار باشد، طبیعی است که وجود آن برای زندگی ضروری است و کار و تلاش از واجبات زندگی‌اند.

۲۰ **گر بریزی بحر را در کوزه‌یی چند گنجد؟ قسمتِ یک روزه‌یی**

اگر آدمی با حرص بخواهد دریا را در کوزه جای دهد، چقدر آب در آن جای می‌گیرد؟ آبی که یک روزه به مصرف می‌رسد. روزیِ انسان هم بر حسب مقدّرِ الهی است و حرص نتیجه‌ای جز رنج بیهوده ندارد.

تمثیلی از «حرص آدمی» که علی‌رغم عمر محدود، طمع و آزِ او سیری‌ناپذیر است.

۲۱ **کوزهٔ چشمِ حریصان[2] پُر نشد تا صدف قانع نشد پُر دُر نشد**[3]

«چشم حریص» هرگز پُر نمی‌شود، همان‌طور که صدف تا قانع نشد، پُر دُر نمی‌شود.

۲۲ **هر که را جامه ز عشقی چاک شد او ز حرص و عیب، کُلّی پاک شد**

راهِ رهایی از صفات ناپسندی مانند: حرص، بخل، کینه و حسد از دیدگاه انسان‌شناختی و معرفتی مولانا، برخورداری از «عشق» است. کسی که از سوز و درد و هیجانات عشق، جامه را دریده باشد، از عیوب بشری پاک می‌شود؛ زیرا آتش عشق رذایل را می‌سوزانَد و محو می‌گردانَد. عاشق صادق از بذل جان و مال و هرگونه فداکاری در راه معشوق دریغی ندارد، در حالی که قبل از آن حبّ جان، حبّ مال و حبّ جاه مانند سدّی عمل می‌کرد و این همه بی‌پروایی و جانبازی، این همه بخشش و ایثار و این‌گونه افتادگی و تواضع، در وی مشاهده نمی‌شد؛ بنابراین عشق سازنده است و سوختن عاشق در شعله‌های سرکش عشق، او را از تاریکی‌های خودپسندی و دیگر صفات نکوهیده منزّه می‌سازد. عشق‌های مجازی (عشق به غیر از حق، ماسِوی الله) مانند پلی است که غایت آن می‌تواند «عشق حقیقی» باشد؛ زیرا در عشقِ

---

۱ - همین معنا را از زبان **شمس** چنین می‌شنویم: تو را مانعهاست. مال قبلهٔ اغلب خلقست، ره‌روان آن را فدا کردند. و در جای دیگر می‌فرماید: امروز غوّاص مولاناست و بازرگان من و گوهر، میان ماست. می‌گویند که طریق «راه خدا» گوهر میان شماست؛ ما بدان راه یابیم؟ گفتم: آری. اوّل ایثار مال است و بعد کارها بسیارست. جاهَدُوا بِأَمْوَالِهِمْ وَ أَنْفُسِهِمْ...: انفال: ۷۲/۸: ر.ک : مقالات، صص ۱۱۵ و ۱۲۸ و ۱۲۹.

۲ - چشمِ حریص به کوزه‌ای مانند شده است که هرگز پُر نمی‌شود.

۳ - ارتباطِ این دو بیت با بیت پیش از آن‌ها روشن است. آنجا توصیهٔ رهایی از سیم و زر بود و اینجا سخن از قناعت، که راه رسیدن به رهایی است. «صدف» به قطره‌ای از آب دریا قانع شد و دهان را بست تا در دلش مروارید پدید آمد.

صادقانهٔ بشری تب و تاب و گداختن در آتش محبّت، وجودِ فرد را مستعد می‌کند و زمینه‌سازِ دریافت انوار عشق حقیقی است.

شاد باش ای عشق خوش سودای ما! ای طـبیبِ جـمله عـلّت‌های مـا! ۲۳

مولانا، به عشقی که وجود و روح و روان او را تصرّف کرده و تحتِ سیطرهٔ خود در آورده است، خوش‌آمد می‌گوید و با شادمانی دوام و بقای این شعلهٔ سرکش را در وجود خود و دیگران خواستار است. عشقی که سودای او، اتّصال با معشوق است و اندیشه‌اش لقای یار. عشقی که چونان طبیبی حاذق و ماهر عیوب نفسانی را می‌شناسد (جمله علّت‌های ما) و زیرکانه به درمان آن می‌پردازد.

ای دوای نَـخْوت و نـاموسِ مـا![1] ای تو افـلاطون[2] و جـالینُوسِ مـا! ۲۴

عشق، دارو و عینِ درمان است. درمانی بـرای صـفاتِ نکـوهیده مـانند: کِـبر، نـخوت، شهوات، تمنّیات جسمانی و نَفْسانی. با حضور عشق، انسان کـاملاً در سیطرهٔ احسـاسات متعالی قرار می‌گیرد و حالت انفعالی می‌یابد. به بیانی دیگر عشق مهارکنندهٔ قوهٔ غـضبیّه و قوای شهوانی است. «**ناموس**»، عبارت است از تمایل به مورد تأیید اجتماع بودن و نیک جلوه کردن و تقوای عامّه‌پسند. در ارتباط با مولانا، عشق توفان برانگیز شمس با وی چنین کرد و از آن زاهد مفتی که سجّاده‌نشین باوقاری بود، عاشقی را به وجود آورد که علی‌رغم جـایگاه خاصّ اجتماعی، ردّ و قبول عامّه برایش یکسان بود.

عشق هم حکیم (طبیب) است و هم **فیلسوف**؛ زیرا با درکِ معنوی، جهان‌بینی جدیدی را به وجود می‌آورد و دریچه‌های تازه‌ای را به روی انسان می‌گشاید. معیارها را دگرگون می‌سازد و اعتبار ارزش‌های قراردادی را در هم می‌ریزد و اعتبار جدیدی را بنیان می‌نهد که بنیانِ آن، ارزش‌های معنوی است، بدین ترتیب عشق فلسفهٔ نو و تازه‌ای را در وجود استوار می‌سازد که استدلال آن و بینش عقلانی آن، نشأت گرفته از عقلِ عاشقانه یا **عقلِ کُلّ** است.

---

۱ - دیوان شمس تبریزی :

اگر نه عشق شمس‌الدین بدی در روز و شب ما را   فـراغـتها کـجا بـودی ز دام و از سـبب مـا را
بت شـهوت بـر آوردی دمـار از مـا ز تـاب خـود   اگـر از تـابش عشـقش نـبودی تـاب و تب مـا را

۲ - **افلاطون** : حکیم و فیلسوف مشهور یونانی است. در قدیم، فلاسفه اکثراً در علم طب نیز مطالعاتی داشته و حاذق بوده‌اند. **جالینوس**، حکیم و فیلسوف که نام وی در اشعار عرفانی گاه به معنی مطلق طبیب و گاه برای بیان حکمت و فلسفهٔ وی است.

جسمِ خاک[1] از عشق بر افلاک شد — کوه، در رقص آمد و چالاک شد[2] ۲۵

جسمی که از خاک است بر اثر عشق الهی به اوج آسمان‌ها رفت و با تجلّی حق کوه چنان بر خود شکافت که گویی به رقص آمد.

عشق، جانِ طور آمد، عاشِقا! — طور مست و خَرَّ موسیٰ صَاعِقا ۲۶

ای عاشق، عشق به کوهِ طور جان بخشید، چنانکه طور مست شد و موسیٰ(ع) بیهوش افتاد.

ابیات ۲۵ و ۲۶ که اشاره‌ای است به عشقِ ساری و جاری در کلّ کائنات، به عاشقانِ حق می‌گوید: همان‌طور که «طور» متلاشی شد، تا کوهِ «هستیِ موهومی» انسان مُندَک و متلاشی نشود، به «حقیقتِ» خود نمی‌رسد.

با لبِ دمسازِ خود گر جُفتمی — همچو نی، من گفتنی‌ها گفتمی ۲۷

اگر با لبان یار همدم بودم و او با نَفَس، خود در من می‌دمید، مانندِ «نی»، گفتنی‌ها را می‌گفتم. انسان کامل محلِّ دریافت فیوضات الهی است؛ بنابراین سخن او حق است؛ امّا کلامِ سراپا اسرار او شنونده‌ای می‌طلبد خاص که به عالم معنا ره یافته باشد و با حضور اوست که شوری در درون مولانا برپا می‌شود و با گشوده شدنِ چشمه‌های باطنی، گفتنی‌ها به گفت می‌آید.

آن‌چنانکه نایی (نای زن) لب بر لب نای می‌گذارد و با دم خود نای را به صدا در می‌آورد. این انسان خاص که حضورش، در مولانا شوری برای بیانِ حقایق بر می‌انگیزد، حُسام‌الدّین است.

---

۱ - **جسم خاک**: اشاره به معراج رسول اکرم(ص)، اسراء: ۱/۱۷: سُبحانَ الَّذي أَسْرىٰ بِعَبْدِهِ لَيْلاً مِنَ الْمَسْجِدِ الْحَرامِ إِلَى الْمَسْجِدِ الأَقْصَا الَّذي بارَكْنا حَوْلَهُ...: پاک خدایی که به شب بنده‌اش را از مسجدالحرام (مکّه) به مسجد بیت‌المقدس برد که ما اطراف آن مسجد را بابرکت کردیم....

همچنین در ارتباط با حضرت عیسی(ع): قرآن؛ نساء: ۱۵۸/۴-۱۵۷: وَ قَوْلِهِمْ إِنّا قَتَلْنَا الْمَسيحَ عيسَى ٱبنَ مَرْيَمَ رَسُولَ اللهِ وَ ما قَتَلُوهُ: و گفتن ایشان که ما عیسی مسیح رسول خدا را کشتیم، در صورتی که او را نکشتند و به دار نیاویختند و لکن بر آن‌ها مشتبه کردند و مردی را به صورت عیسی بالای دار کردند. و به‌طور یقین او را نکشتند، بلکه خداوند او را به ملکوت اعلیٰ برد: بَلْ رَّفَعَهُ اللهُ إِلَيْهِ و كانَ اللهُ عزيزاً حَكيماً.

۲ - اشاره‌ای است به تجلّی حق بر کوه سینا: اعراف: ۱۴۳/۷: وَ لَمّا جاءَ موسىٰ لِميقاتِنا وَ كَلَّمَهُ رَبَّهُ قالَ رَبِّ أَرِني أَنْظُر إِلَيْكَ قالَ لَنْ تَريٰني وَ لٰكِنِ ٱنْظُرْ إِلَى الْجَبَلِ فَإِنِ ٱسْتَقَرَّ مَكانَهُ فَسَوْفَ تَريٰني فَلَمّا تَجَلّىٰ رَبُّهُ لِلْجَبَلِ جَعَلَهُ دَكّاً وَ خَرَّ مُوسىٰ صَعِقاً...: و چون موسیٰ به میقات (جای مقرّر) آمد و خداوند با او سخن گفت. موسیٰ گفت: خداوندا، خودت را به من بنما، تا نگرم. خداوند گفت: هرگز مرا نخواهی دید، لکن به کوه نگاه‌کن، اگر در جای خود آرمید، مرا خواهی دید. چون خداوند بر کوه تجلّی کرد، کوه از هیبت خرد و تکّه‌پاره شد و موسیٰ بیهوش بر زمین افتاد....

**هر که او از همزبانی[1] شد جدا		بی زبان شد، گرچه دارد صد نوا[2]** ۲۸

هر کس که از همزبان خود جدا شد، خاموش می‌شود، گرچه سخن‌ها در درونش بجوشد. شرط همصحبتی، همدلی است.[3]

**چونکه گُل رفت و گلستان درگُذشت		نشنوی زآن پس ز بلبل سرگذشت** ۲۹

بلبل به سبب حضور گل نغمه می‌سراید، در خزان و زمستان در غیاب محبوب، خاموش می‌مانَد و سرگذشت عشق شورانگیز خود را باز نمی‌گوید.

**جمله معشوق است و عاشق پرده‌یی		زنده معشوق است و عاشق مرده‌یی** ۳۰

«هستیِ عاشق» در **مقایسه** با «هستیِ حقیقی» چیزی جز **هستی موهومی** نیست؛ پس «معشوق» همه چیز است و «عاشق» مانندِ پرده یا حجاب بین حبیب و محبوب است. محبّ صادق که هستی خود را در معشوق درمی‌بازد، از خود فانی شده و به بقای حق باقی است. عاشق تا سر مویی از **انانیّت** با اوست، مُرده‌ای بیش نیست.

**چون نباشد عشق را پروای او		او چو مرغی ماند بی پَر، وایِ او!** ۳۱

«عاشق»، نیروی حیات عاشقانه‌اش را از عشق و مظهر عشق می‌گیرد و به کمک آن مانند پرنده‌ای با بال و پر عشق در آسمان‌های جان به سوی کمال پرواز می‌کند. اگر از جانب عشق توجّهی به او نشود، یعنی عشق را پروای او نباشد، که معمولاً این عدم توجّه به سبب آزمودن عاشق یا به دلیل خطا و اشتباهاتِ وی است، او بدون نیروی معنوی قادر به پرواز در عوالم روحانی نیست و مانند پرنده‌ای بی‌بال و پر است که وای به حالِ او!

**من چگونه هوش دارم پیش و پس		چون نباشد نور یارم پیش و پس؟** ۳۲

چگونه بدون «نورِ هدایتِ» یارم پیش و پس و اطراف را ببینم؟ در سلوک، «فیض الهی» که توجّه حق و استاد باطنی (نور یارم) است به سالک می‌رسد و سلوک او را ممکن می‌سازد؛ زیرا در هر لحظه حوادثی در کمین است و دم به دم دریافت‌های جدید و احوال باطنی ناشناخته، تحت عنوان **واردات غیبی** به او می‌رسد و سالک به کمک نور باطنی [فیض حق، مدد

---

۱ - **همزبانی** : کسانی که از احوال درونی یک‌دیگر مطّلع هستند و زبان دل یک‌دیگر را می‌دانند.

۲ - **نوا** : آواز، یکی از دوازده پردهٔ موسیقی. «صد نوا دارد»: صدها سخن داشته باشد.

۳ - مثنوی، ۶/۲۶۴۶-۲۶۴۵ :

جوشِ نطق از دل نشان دوستی است		بستگیِ نطق از بی الفتی است
دل که دلبر دید کی مانَد تُرُش		بلبلی گُل دید کی مانَد خَمُش

حق] می‌تواند آن‌ها را تمیز دهد. «نورِ حق» یا امدادِ مُرشد، مانند محکی است در باطن سالک، برای تشخیص «حق از باطل».

عشق، خواهدکین سخن بیرون بُوَد   آینه غمّاز[1] نَبْوَد چون بُوَد؟ ۳۳

عشق می‌خواهد اسرار گفته شود؛ زیرا اقتضایِ او ظهور است، اگر قادر به دریافت آن نباشی، چه می‌شود کرد؟

آینه‌ت[2]، دانی چرا غمّاز نیست؟   ز آنکه زنگار از رخش مُمْتاز نیست ۳۴

می‌دانی آینهٔ دلت چرا حقایق را نشان نمی‌دهد؟ چون زنگار از رویِ آن پاک نشده است. زدودن زنگار و تیرگی‌ها از آینهٔ درون [ممتاز شدن یا تمییز شدن] با تهذیب نَفْس ممکن می‌شود که بدونِ کمکِ باطنیِ استاد کامل [پیر طریقت، ولیّ، انسان کامل] میسّر نیست.

عاشق شدن پادشاه بر کنیزک رنجور، و تدبیر کردن در صحّتِ او

این حکایت که مولانا آن را «نقدِ حال» می‌خوانَد، تمثیلِ حال انسان است. انسانی که در وی قابلیّت و استعداد کمال الهی نهاده شده و اینک در عالم محسوسات و حضیض مادّه محبوس و مهجور است.

این حکایت بیانگرِ حال شاهی است فاضل که در راه شکار، خود شکارِ عشقِ کنیزکی می‌شود و با خریدن و بردن او به دربار از وی برخوردار می‌گردد؛ امّا از قضا کنیزک بیمار می‌شود و حاذق‌ترین اطبّا که به فرمان شاه گِرد آمده‌اند از درمان او عاجز می‌مانند. شاه از قاضی‌الحاجات یاری می‌خواهد و به خداوند پناه می‌برد و در میان اشک و آه در محراب دعا به خواب می‌رود. در رویایی صادقه به او می‌گویند که حکیمی صادق را به سوی تو می‌فرستیم که در نحوهٔ درمان او سحر مطلق و قدرت حق را ببینی. صبحگاهان پیری چون هلال می‌رسد و به روشی خاص به درمان کنیزک می‌پردازد.

---

۱ - **غمّاز**: غمزه کننده، سخن‌چین، مجازاً حکایت کننده.   ۲ - **آینه‌ت**: آیینه‌ات، آینهٔ درون تو.

در این داستان،[۱] پادشاه نمادی است از روح عالی، که از عالم برین مهجور گشته و در عالم محسوسات در قفس تن محبوس شده است. کنیزک نمادی از نفس آدمی در مراحل نازله است که به «زرگر» عشق می‌ورزد و زرگر رمزی است از تعلّقات دون دنیوی که رهایی از آن جز به ارشاد و امداد حکیم الهی ممکن نیست.

مولانا، اجزای متفاوت این حکایت را از چهار مقالهٔ نظامی عروضی، اسکندرنامه نظامی و قانون ابن‌سینا گرفته و با آمیزشی دل‌انگیز و تصرّفاتی بدیع به روایت داستانی پرداخته است که نقد حال ما به شمار می‌آید و به روش کلّی خود با توجّه به سرّ قصّه از هر یک از اجزای حکایت نتیجه‌ای مناسب گرفته است.

سرِّ سخن آن است که آدمی در شاهراه زندگی، خواه‌ناخواه اسیر و شکار نفس نازلهٔ خویش است و این نَفْس نیز در دامِ تعلّقات دون دنیوی گرفتار و در بند است.

مولانا راه رهایی از این اسارت و راهکار عملی آن را خروشی از میان جان می‌داند که سبب جوشش بحر بخشایش است و چنگ‌زدنی خالصانه، حبل‌المتین حق را، تا به برکت دلی شکسته، حکیمی الهی رخ نماید و در درمان وی بتوان سحر مطلق را دید که چگونه با نور آن یار، وصول به مقامات معرفت حصول می‌یابد و گرد تعلّقات از دامن دل افشانده می‌شود و سیر و سلوک در عوالمی، ماورای عالم محسوسات امکان‌پذیر می‌گردد. این حکایت تا بیت ۳۲۴ استمرار می‌یابد.

بشنوید ای دوستان! این داستان   خود، حقیقت نقدِ حالِ ماست آن ۳۵

ای دوستان، این حکایت را که بیانِ احوال خود ماست، بشنوید که داستانی است برای ارشاد سالکان که مهالک راه حق را بشناسند و ارائهٔ طریقی است برای گذشتن از این موانع.

بود شاهی در زمانی پیش از این   ملکِ دنیا بودش و هم ملکِ دین ۳۶

در زمان‌های قدیم پادشاهی بود که هم شوکتِ سلطنت و هم ایمانی والا داشت.

اِتّفاقا، شاه روزی شد سوار   با خواصِ خویش، از بهرِ شکار ۳۷

شاه، روزی همراه عدّه‌ای از درباریان به عزمِ شکار، سوار بر مرکب به راه افتاد.

یک کنیزک دید شه بر شاهْ راه   شد غلام آن کنیزک، پادشاه ۳۸

شاه، کنیزکی را در شاهراهی دید و شیدای او شد.

---

۱ - مأخذ آن حکایتی است در فردوس الحکمة که در طیّ آن طبیبی ایرانی به نام علیّ بن ربّن که در نیمهٔ اوّل قرن سوم شهرت یافته، داستانی را با این مضمون نقل کرده است.

نظامی عروضی، در چهار مقاله، با تفصیلی بیشتر این نوع معالجه را به ابوعلی سینا نسبت می‌دهد. ابوعلی سینا در کتاب قانون این نوع معالجه را یادکرده و گفته است که من این طریق را آزمودم.

نظامی، قسمتی از حکایت را احتمالاً از عشق ارشمیدس به کنیزک چینی و تدبیر ارسطو در رهایی وی اخذکرده و در اسکندرنامه به نظم آورده است. شیخ عطّار، بدون ذکر نام آن دو، از استاد و شاگردی یادکرده و داستانی پرشور، در مصیبت‌نامه منظوم ساخته است: احادیث، ص ۲.

شاه؛ اینجا نمادِ «روح عالی»،[۱] یا «نور محض» است که از عالم آمده و به آنجا باز می‌گردد.

این نور محض، در کالبد تن به فرمان الهی برای مدّتی معیّن محبوس شده است. روح عالی از حضرت باری‌تعالی آمده و در اتّصال با حق است. بر علوم و اسرار وقوف دارد و از حکمت الهی مطّلع است. دانش و حکمت روح عالی در شرایط عادی به ضمیر آگاه و عقل و اندیشهٔ انسان انتقال نمی‌یابد، مگر به عنایت الهی و با تزکیه و تهذیب نفس و طاعات و عبادات خالصانهٔ قلبی و خدمات صادقانه در راه خدا.

استقرار این شاه [روح عالی علوی که از اعلیٰ علّیین آمده است] در مُلکِ تن [که از جنس مادّه است] در شرایطی که هیچ‌گونه سنخیّت (جنسیّت) با یک‌دیگر ندارند، مستلزم وجود رابطی است بینابینی که به آن «جسم اثیری» می‌گویند.

در ارتباط با «جسم اثیری» یا «نفس»، در کتاب «انسان روح است نه جسد» چنین آمده است:[۲] هر موجود زنده خواه انسان، خواه حیوان، یک جسم غیر مادّی دارد که به آن «جسم اثیری» یا «جسم کوکبی» می‌گویند که اثیری است و از مادّه تشکیل شده، ولی ارتعاش امواج موادّ تشکیل دهندهٔ آن خیلی بالاتر از ارتعاش امواج نوری است که چشم انسان قادر به درک آن است.[۳] این ذرّات اثیری در شکم مادر جسم مادّیِ اثیری جنین را تشکیل می‌دهند و روی آن‌ها را ذرّات فیزیکی (مادّی) می‌پوشانند تا هر دو کامل شوند و جسم مادّی در درون خود، جسم اثیری را جای می‌دهد، در حالی که جسم اثیری کاملاً به شکل جسم مادّی درآمده است.

ذرّات مادّی (فیزیکی) خلأ زیادی در درون خود دارند؛ بنابراین ذرّات اثیری که بسیار لطیف و سیّال هستند در داخل این خلأها جای می‌گیرند.

این جسم اثیری یا جسد غیر مادّی، رابط میان روح [نور محض] و جسم مادّی است. تمام عملیّات روح نسبت به رشد عقلی و جسمانی انسان از طریق این جسم اثیری به جسم فیزیکی می‌رسد و میان این دو جسم رابطی نوری [در گذشته آن را ریسمان نقره‌ای می‌نامیدند] وجود دارد که هنگام مرگ و خروج روح و جسم اثیری از بدن این رابط نوری پاره می‌شود تا [جسم اثیری یا روح متجسّد در آدمی] به آسانی از جسم مادّی خارج شده و در جهان بعدی [عالم ارواح] ادامه حیات دهد.

«روح متجسّد» در آدمی یا «نفس» یا «جسم اثیری»، پس از جدا شدن از جسد فیزیکی خود به علّت وقوع مرگ، در سطحی از عوالم متعدّد اثیری قرار خواهد گرفت که ارتعاش امواجش منطبق بر ارتعاش امواج جسم اثیری وی باشد؛ پس نفس یا روح متجسّد هر انسانی در اثر رشد عقلی و ملکات اخلاقی که در بدن فیزیکی به دست آورده و بر اساس آنکه تا چه حد متعالی شده و تا چه پایه منوّر گشته باشد به جهان روحی هم‌سطح خود منتقل خواهد شد تا در آنجا پس از مدّتی با تعالی یافتن به جهان روحی بعدی منتقل شود.

فیثاغورث، عالم یونانی[۴] هم به وجود جسم اثیری معتقد بود و می‌گفت: جسم اثیری یا جسم نفسانی، در ظاهر

---

۱ - حِجْر: ۲۹/۱۵: فَإِذا سَوَّيْتُهُ وَ نَفَخْتُ فيهِ مِنْ رُوحي فَقَعُوا لَهُ ساجِدينَ: چون آن عنصر معتدل را سامان دادم و از روح خویش بر او دمیدم همه بر او سجده کنید.

۲ - انسان روح است نه جَسد، نوشتهٔ دکتر رئوف عبید، ترجمهٔ دکتر زین‌العابدین کاظمی خلخالی، چکیده‌ای از صفحات ۳۸۰-۳۷۱.

۳ - توضیحات: چشم انسان قادر به رؤیت امواج پایین‌تر از ماورای بنفش و بالاتر از مادون قرمز است. ارتعاش امواج مواد اثیری بالاتر از ماورای بنفش می‌باشد.

۴ - **فیثاغورث**: فیلسوف و ریاضی‌دان یونانی. قرن ششم قبل از میلاد معاصر کورش و داریوش هخامنشی.

شبیه جسد مادّی است و پس از مرگ در جهان روح باقی می‌ماند. او اعتقاد داشت که عقلِ کُل، از طریق مادهٔ اثیری موجود در همهٔ اشیای مادّی بر تمامِ جهان تسلّط دارد.

کارل‌گوستاو یونگ[1]، از برجسته‌ترین علمای روانشناسی جدید به این نتیجه رسید که روح یک حقیقت قائم به ذات و مستقل از مادّه فیزیکی است. او ورای وجود روح در بدن انسان به وجود جسم اثیری هم اعتقاد داشت.

دکتر ژیراد آنکوس [محقّق معروف در موضوعات ماوراء الطّبیعه، متوفّی به سال ۱۹۱۶ م] معتقد بود که: انسان برای به وجود آمدن در جهان زمینی به سه عنصر نیازمند است:

۱ـ جسم فیزیکی ۲ـ جسم اثیری ۳ـ روح جاودانه

که روح جاودانه از طریق الهام، ادراک عقلی و اراده با جسم اثیری مربوط می‌شود، پس در اثنای حیات زمینی این عناصر سه‌گانه با هم ارتباط کاملی دارند.

اکنون باز می‌گردیم به داستان پادشاه و کنیزک و تحلیل نقش هر یک از عناصر نام‌برده در وجود انسان. در این حکایت، «شاه»، انسانی است با نفس معتدل [نفس لوّامه یا ملامت‌کننده] و گرچه تمایل به بهره بردن از مظاهر دنیوی و تمنّیات جسمانی را داراست، در عین حال ایمان و اعتدال نفس، وی را به سوی حق متمایل می‌دارد. او بدان حد از آگاهی رسیده است که می‌داند حقیقی‌ترین پناهگاه برای انسان حضرت احدیّت است؛ امّا نفس وی هنوز کمال تعالی را نیافته است که «شاهِ مُلکِ تن و امیرِ وجود خویش» هم باشد و پادشاهیِ ملکِ زمین از آن او است و به پادشاهی حقیقی که امیری و سروری بر نفس خویش است (نفس مطمئنّه) نرسیده است.

شاه، روزی با عدّه‌ای از نزدیکان عازمِ شکار می‌شود، غافل از آنکه خود او در این شاهراه؛ یعنی گذرگاه زندگی [مسیر سیر و سلوک] شکار نفس امّاره (کنیزک) خواهد شد، «شد غلامِ آن کنیزک جان شاه»؛ یعنی احساسات شاه به شدّت به کنیزک تمایل یافت.

۳۹ **مرغِ جانش در قفص چون می‌طپید داد مـــال و آن کـــنیزک را خـــرید**

جان و دلِ شاه اسیر محبّت کنیزک شده بود؛ بنابراین او را از صاحبش خریداری کرد.

۴۰ **چون خرید او را، و برخوردار شـد آن کـــنیزک از قـــضا بـــیمار شـــد**

او را خرید و از وجودش بهره بُرد؛ امّا از قضا کنیزک رنجور شد.

۴۱ **آن یکی خر داشت و پالانش نـبود یافت پالان، گُرگْ خر را در رُبـود[2]**

شخصی خری بدون پالان داشت. هنگامی که پالانی تهیّه کرد، گرگ، خرش را دریده بود.

۴۲ **کـــوزه بـودش، آب می‌نامد بـه دست آب را چون یافت، خودکوزه شکست[3]**

شخص دیگری کوزه داشت؛ ولی آب را نمی‌یافت. به آب که رسید، کوزه شکست.

---

۱ - روانکاو و روانشناس سوئیسی (۱۹۶۱-۱۸۷۵) و مؤسّس مکتب روانشناسی تحلیلی.

۲ - تمثیلی برای تبیین این معنا که سعادت دنیایی بقایی ندارد و نوش و نیش توأم‌اند.

۳ - سعادت و خوشبختی حقیقی در دنیا وجود ندارد و نباید از طریق مظاهر دنیوی در جستجوی آن بود.

شه طبیبان جمع کرد از چپّ و راست — گفت: جانِ هر دو در دستِ شماست ۴۳

شاه، پزشکان را از سراسر مملکت فراخواند و گفت: بیماری او، رنجوری من است و اینک حیاتِ ما دو نفر به لیاقت شما وابسته است.

جانِ من سهل است جانِ جانم اوست — دردمند و خسته‌ام، درمانم اوست ۴۴

هنگامی که مایهٔ حیات و درمان دل خستهٔ من بیمار است، زندگیِ من ارزشی ندارد.

هر که درمان کرد مر جانِ مرا — بُرد گنج و دُرّ و مرجانِ مرا ۴۵

کسی که بتواند جانِ مرا درمان کند، خزانهٔ جواهراتم را به او می‌بخشم.

جمله گفتندش که: جانبازی کنیم — فهم گِرد آریم و انبازی کنیم ۴۶

پزشکان گفتند: برای درمان او تا پایِ جان ایستاده‌ایم و با یک‌دیگر مشورت می‌کنیم.

هر یکی از ما، مسیحِ[1] عالمی است — هر اَلَم را در کفِ ما مرهمی است ۴۷

هر یک از ما، مانندِ مسیح(ع) هستیم و دوایِ دردها نزدِ ماست.

آنان به علّت کبر و غرور پنداشتند که دانش پزشکی به تنهایی می‌تواند درمان دردها باشد و فراموش کردند که شفادهندهٔ حقیقی خداوند است و اگر ارادهٔ الهی بر درمان دردی قرار نگیرد، بهترین پزشکان و عالی‌ترین داروها هم نمی‌توانند کاری بکنند؛ بنابراین در اندیشه و مشاوره‌های پزشکی‌شان **ارادهٔ خداوندی** نقشی نداشت.

گر خدا خواهد نگفتند، از بَطَر[2] — پس، خدا بنمودِشان عجزِ بشر ۴۸

به سببِ تکبّر جملهٔ «اگر خدا بخواهد» بر دل و زبانشان جاری نشد؛ پس خداوند عجز بشری را به ایشان نشان داد.

ترکِ استثنا[3]، مرادم قَسْوَتی است[4] — نه همین گفتن، که عارِض حالتی است ۴۹

ترکِ استثنا، یعنی غفلت از حق نتیجه‌اش سنگ‌دلی و قساوت است. توجّه به **مسبب** یا **سبب‌ساز**، باید خالصانه و قلبی باشد، بیان این عبارت بدون اعتقاد قلبی حالتی ناپایدار و گذرا و از جنس عَرَض است؛ یعنی عارض شدنی است و اثری ندارد.

---

۱ – به اذن پروردگار و به دست عیسی مسیح(ع) مرده زنده می‌شد و کور مادرزاد شفا می‌یافت و...

۲ – **بَطَر** : تکبّر، غرور.

۳ – **استثنا** : منظور عبارت إن شاءَ الله یا اگر خدا بخواهد است که اشارتی است قرآنی، کهف: ۲۳/۱۸ و ۲۴: وَلاٰ تَقُولَنَّ لِشَیءٍ إنّی فاعِلٌ ذٰلِكَ غَداً إلاّ أنْ یَشآءَ اللهُ...: هرگز مگو که من این کار را فردا خواهم کرد، مگر اینکه بگویی «إن شاءَ الله» اگر خدا بخواهد... . ۴ – **قَسْوَت** : قساوت قلب، سنگ‌دلی.

ای بســا نـاورده اِسْـتثنا بـه گُـفت   جانِ او با جانِ اسـتثناست جـفت ۵۰

بسا کسان هستند که ممکن است عبارت **إن شاءَ الله** را به کار نبرند؛ ولی جان آنان با روح و حقیقت این عبارت یکی شده و این مقام عارفان و کاملان واصل است که دریافته‌اند در کلّ کائنات فقط قدرت خداوندی ساری و جاری است؛ بنابراین ارادهٔ آنان در ارادهٔ باری‌تعالیٰ مستهلک شده و از خود اراده‌ای ندارند.

هــر چـه کـردند از عـلاج و از دوا   گشت رنج افزون و حـاجت نـاروا ۵۱

چون ارادهٔ خداوند آشکار کردنِ عجز بشری بود، درمان نتیجه‌ای نداشت، بلکه موجبِ افزایش بیماری و رنج هم شد.

آن کـنیزک از مـرض چـون مـوی شـد   چشمِ شه از اشکِ خون، چون جوی شد ۵۲

کنیزک از شدّت بیماری و ضعف بسان مویی شد و شاه از غصّه خون می‌گریست.

از قــضا ســرکنگبین صـفرا فـزود   روغــنِ بـادام خشکـی مـی‌نمود ۵۳

از قضا سکنجبین که داروی ضد صفراست، آن را افزود و روغن بادام که مسهل است، سببِ یبوست شد.

از هلیله[۱] قبض[۲] شد، اطلاق رفت[۳]   آبْ آتش را مدد شـد هـمچو نـفت ۵۴

هلیله که سببِ یبوست یا قبض می‌شد، خـاصیّت خـود را از دست داده بـود و اسـهال می‌آورد و هر چیزی به ارادهٔ حق برخلاف طبیعت خود عمل می‌کرد؛ مانند آب که آتش را فرو نمی‌نشاند و سببِ افزونیِ آن شد.

ظاهر شدنِ عجزِ حکیمان از معالجهٔ کنیزک و روی آوردنِ پادشاه به درگاهِ اِله، و در خواب دیدنِ او وَلیّی را

شه چو عجزِ آن حکیمان[۴] را بدید   پـابرهنه جـانبِ مـسجد دویـد ۵۵

شاه ناتوانی پزشکان را دید و سرآسیمه به سوی مسجد روانه شد.

---

۱ - **هلیله** : درختی که میوه‌اش قابض است.   ۲ - **قبض** : گرفتگی.   ۳ - **اطلاق رفت** : اسهال آورد.

۴ - **حکیم** : کسی که حکمت می‌داند و با حقایق و حقیقت هر چیز آشناست. در اصطلاح به اطبّا و پزشکان، حکیم هم گفته می‌شد، بدان سبب که اغلب حکما در قدیم از علم طب هم اطّلاع داشتند یا اینکه پزشکان از حکمت بهره‌مند بودند.

۵۶ **رفت در مسجد، سویِ محراب شد　　　سجده‌گاه از اشکِ شه پـر آب شـد**

به سوی محرابِ مسجد روانه شد و با اشک و زاری به درگاه آن بی‌نیاز روی آورد.

۵۷ **چون به خویش آمد ز غرقابِ[1] فنا[2]　　　خوش زبان بگشاد در مـدح و دعـا**

شدّتِ اندوه شاه، اشکِ خالصانه و درماندگیِ او موجب صفای سینه‌اش گردید و آینهٔ درونش را از زنگارِ غفلت‌ها پاک نمود و این صفا به حدّی رسید که در آن لحظه «محو» حق شد و زمانی که به خود آمد؛ یعنی از «محو» به هوشیاری «صَحْو» رسید، زبان به حمد و ثنای باری‌تعالیٰ گشود.

۵۸ **کِای کمینه بخششَت مُـلکِ جـهان　　　من چه گویم؟ چون تو می‌دانی نهان**

ای خدایی که کمترین احسان تو این پادشاهی است، چه بگویم؟ تو از سرِّ من آگاه هستی.

۵۹ **ای هـمیشه حـاجتِ مـا را پـناه[3]　　　بـارِ دیگـر مـا غـلط کـردیم راه[4]**

ای خدایی که پناهگاه حاجت ما هستی. ما بار دیگر به راه خطا رفته‌ایم.

۶۰ **لیک گفتی: گرچه مـی‌دانـم سِـرَت[5]　　　زود هـم پـیدا کُـنَش بـر ظـاهِرت[6]**

پروردگارا، خودت گفتی: گرچه راز نهان شما را می‌دانم، هنگام درماندگی آن را به زبان آورید و دعا کنید.

۶۱ **چون بر آورد از میانِ جان[7] خروش　　　اندر آمد بحرِ بخشایش بـه جـوش**

هنگامی که شاه از میانِ دل نالهٔ عاجزانه سر داد، دریای رحمت الهی به جوش آمد؛ زیرا او چشم از خلق برگرفته و امید به حق بسته بود.

۶۲ **در مـیانِ گـریه خـوابش در رُبـود　　　دید در خواب او، که پیری رُو نمود**

در حالی که گریه می‌کرد و می‌نالید، به خواب رفت و در رؤیا **پیری** را دید.

---

۱ - **غرقاب :** آبی که از سر بگذرد و موجب غرق شدن باشد.

۲ - **فنا :** مستهلک شدن در حق و خود را در میان ندیدن. حالتی که بنده به خود توجّه ندارد و از خودی خویش به در آمده است و با تمام وجود به حق توجّه دارد.

۳ - اشارتی قرآنی، بقره : ۱۸۶/۲ : أُجِیْبُ دَعْوَةَ الدّاعِ إِذٰا دَعٰانِ فَلْیَسْتَجِیْبُوا لي...: هر که مرا بخواند، دعای او را اجابت کنم... .

۴ - عرضِ حاجت و نیاز به «سبب»، مانند پزشکان و اعتماد به قدرت شفادهندگی دارو که خود «وسیله و سبب»اند، بدون در نظر داشتنِ «مسبّب» که «حق» است، خطا و بیراهه رفتن است.

۵ - اشارتی قرآنی؛ توبه: ۷۸/۹ : أَنَّ اللهَ یَعْلَمُ سِرَّهُمْ...: به درستی که خداوند می‌داند اسرار شما را... . همچنین زُخْرُف : ۸۰/۴۳.

۶ - اشارتی قرآنی؛ غافر: ۶۰/۴۰ : اُدْعُوني أَسْتَجِبْ لَکُمْ...: مرا بخوانید تا دعای شما را اِجابت کنم... .

۷ - **از میانِ جان :** با توجّه و سوز، با حضورِ دل.

گفت: ای شه! مژده! حاجاتت رواست　　گر غریبی[1] آیدت فردا، ز ماست ۶۳

پیر گفت: ای شاه، مژده که خواسته‌ات اجابت شد. اگر فردا غریبی آمد، فرستادهٔ حق است.

چونکه آید او، حکیمی حاذق است　　صادقش دان، کو امین و صادق است ۶۴

چون نزدِ تو آمد، بدان که حکیمی ماهر است. سخنانش را باور کن؛ زیرا امین درگاه حق است.

در علاجش، سِحْرِ مطلق[2] را ببین　　در مِزاجش[3]، قدرتِ حق را ببین ۶۵

نحوهٔ درمان بی‌نظیر و جادویی او را ببین و در کارِ او قدرت الهی را مشاهده کن.

چون رسید آن وعده‌گاه و روز شد　　آفتاب از شرقْ اختر سوز شد ۶۶

هنگامی که خورشید طلوع کرد و انوارِ آن نورِ ستارگان را محو کرد و زمان وعده رسید،

بود اندر مَنْظره[4]، شه مُنتظِر　　تا ببیند آنچه بنمودند سِر[5] ۶۷

شاه بر بالای کوشک منتظر بود تا آنچه را که در رؤیا گفته بودند، ببیند.

دید شخصی، فاضلی، پُر مایه‌یی　　آفتابی در میانِ سایه‌یی ۶۸

انسانی سرشار از فضل و دانش دید که مانندِ خورشیدی در سایه «تن» مخفی شده بود.

می‌رسید از دُور مانندِ هلال[6]　　نیست بود و هست، بر شکلِ خیال[7] ۶۹

پیر با قامتی خمیده مانند هلال از دور می‌آمد در حالی که از صفات بشری تهی شده و از

---

۱ - **غریب:** انسانِ کامل، انسانی که به حق اتّصال تام یافته و در این دنیا غریب است و کمتر کسی آشنای اوست؛ زیرا ادراک عظمت باطنی مردان خدا، دلی را می‌طلبد دردآشنا و درونی از زنگار غفلت‌ها مصفّا.

۲ - **سحر مطلق:** معجزه و قدرت خداوندی (خرق عادت).

۳ - **مزاج:** یکی از چهار حالتِ حرارت یا برودت، رطوبت یا یبوست که بر طبع آدمی مستولی می‌گردد. در لفظ به معنی آمیختن بوده و کیفیتی است که از تأثیر عناصر اربعه در بدن آدمی حاصل می‌شود. در اینجا به معنی سرشت و نهاد، روش و کار و حال به کار رفته است.　۴ - **منظره:** چشم‌انداز.

۵ - سِرّی از اسرار الهی را که عنایت خداوندی بر او مکشوف داشته بود.　۶ - **هلال:** خمیده قامت.

۷ - **خیال:** آنچه در خواب یا بیداری در ذهن نقش گردد، خیال نامند و در لفظ به معنی وهم و گمان و پندار است. نزد حکما، اطلاق می‌شود بر یکی از حواس پنجگانهٔ باطنی که نگاهدارندهٔ صور و اشکالی است که رؤیت شده و در آن حال غایب است. ما وقتی چیزی را مشاهده می‌کنیم و پس از مدّتی مجدّداً همان را می‌بینیم، فوراً تصویری را که در آغاز دیده‌ایم، مجسّم می‌کنیم و ادراک می‌نماییم که قبلاً این صورت را دیده‌ایم: مرآةالمحقّقین، شیخ محمود شبستری، نقل از دهخدا.

«**عالم مثال**» یا «**برزخ**» را هم که عالمی است میان عالم ارواح و اجسام، خیال نامند که باطن و حقیقت آن مانند عالم ارواح و ظاهر آن مانند عالم اجسام است؛ پس برزخ، مابین مجرّدات و مادّیّات یا لاهوت و ناسوت قرار دارد.

هستی مجازی رهیده بود. «هستیِ» او به شکلِ یک خیال لطیف از عالم برین بود. حضور این حقیقتِ متجلّی در کسوت بشر آن‌چنان خوشایند و لطیف بود که گویی یک رؤیا یا یک خیال است؛ زیرا به «هستیِ حقیقی» و یا «بقاء بالله» رسیده بود.

نیست وش[1] باشد خیالْ اندر روان[2]   تو، جهانی بر خیالی[3] بین روان ۷۰

خیالی[4] که در ذهن آدمی نقش می‌بندد، محصول درکِ محسوسات و تجسّم بخشیدن به

---

۱ - **نیست وش :** غیرِ حقیقی.

۲ - **روان :** مجموعهٔ قوای ذهنیِ معطوف به هوش، حافظه و عاطفه که کیفیّت رفتاریِ فرد را مشخّص می‌کند.

۳ - «ذهن انسان نسبت به امور چهار حالت دارد، هرگاه علم قطعی داشته باشد، آن را «یقین» گویند. هرگاه نفی و اثبات قضیه برابر باشد، آن را «شک و تردید» گویند. اگر اثبات بر نفی بچربد آن را «ظن و گمان» خوانند و عکس آن را که نفی بر اثبات بچربد «وهم و پندار» نامند.

«خیال»: از نظر عامِ خلق وهم و اندیشه‌های سستِ واهی است. بنابر اصطلاح فلاسفه قوهٔ ادراک معانی جزئی و در معنیِ مصطلح علمای اصول؛ «وهم و پندار» است.

در ارتباط با تأثیرات نیروی «وهم و خیال» در حیات جسمانی و روحانی، مولانا می‌فرماید: «تو جهانی بر خیالی بین روان»؛ یعنی گفتار و کردار انسان‌ها همه بر محور «وهم» و «خیال» می‌گردد و قهرها، جنگ‌ها و صلح‌ها، دوستی‌ها و دشمنی‌ها، نیکی‌ها و بدی‌ها، اختلاف عقاید و مسالک و بالجمله آنچه از نوع آدمی به ظهور می‌رسد، همه نشأت گرفته از وهم و خیال است: مولوی چه می‌گوید، استاد همایی، صص ۶۷۹-۶۷۵ با تلخیص و تصرّف. زیرا ادراک آدمی به سببِ تصرّف نَفْس مطابق با واقع نیست.

از دیدگاه عارفان، این عالم، «هستی مجازی» دارد و انسانی که دارای هستی موهومی است، بنابر پندارها و تصوّرات خویش زندگی می‌کند.

۴ - «عالم خیال»، غیر از قوّهٔ خیال و عالمی میانِ عالمِ مجرّدات و عالمِ مادّه است. «عالم مجرّدات» از مادّه مجرّد است؛ امّا از آثار آن برکنار نیست؛ یعنی میان عالم محسوس و معقول است. عالمِ خیال در عرفان اهمیّت بسیار دارد؛ زیرا راهِ «کشف و شهود» عارفانه است. عرصه‌ای است که در آن جمع اَضداد ممکن می‌شود و در آن می‌توان اموری را که دارای صورت‌اند، شهودکرد و اموری را که دارای صورت نیستند، تصوّرکرد. «خیال» در زبان ابن عربی دو معنای نسبتاً متفاوت دارد، در یک معنا، همان «ماسوی‌الله» است که در آن معنای خیال، تجلّی خداوند بر اسماء خویش و بر اعیان ثابته است؛ پس به این معنی خیال، همان «عما» یا تودهٔ ابری عظیم است که در معنای رمزی‌اش از نَفَس الاهی پدید آمده است؛ پس از قابلیّت مکنون در ذات حق و با نَفَس رحمانی یا «تجلّیِ» حق به ظهور و فعلیت رسیده است.

خیال در معنای دوم: در جهان‌بینی ابن عربی، جهان و انسان، بیش از دو ساحت دارند و مرتبهٔ میانِ این دو ساحت، «عالمِ خیال» است که رابطهٔ میان دو عالم را ممکن می‌کند. در عالمِ کبیر که طبیعت در مرتبهٔ نازل و مجرّدات در مرتبهٔ عالی‌اَند، «عالمِ مثال» رابطه و واسطهٔ این دو است که در آن مجرّدات تجسّم پیدا می‌کنند. در «عالم صغیر» نیز «عالم خیال» واسطهٔ «عقلِ مجرّد» و بدن مادّی است؛ البتّه اینجا «عالم خیال»، هم شأنِ وجودی دارد و هم شأن معرفتی. تفاوتِ «شأنِ وجودی» و «شأنِ معرفتی»، تفاوتِ میان «خیالِ منفصل» و «خیال متّصل» است. خیالی که «شأنِ وجودی» دارد، قائم بالذّات و مستقل از فاعل خیال است، هم در عالم کبیر و هم در عالم صغیر، در حالی که خیال منفصل که محصول قوّهٔ خیال انسان است، به فاعل خیال وابسته است؛ البتّه چون عبور از «خیالِ متّصل» به «عالم

(ادامه دارد...)

آن در اشکال مختلف است و از آن‌رو که کلّ عالم، هستیِ مجازی دارد و «**نیست وَش**» است، «خیال» نیز زاییدهٔ «وهم و گمان» و **نیست وَش** است.

بر خیالی صلحشان و جنگشان[1] **وز خیالی فخرشان و ننگشان** ۷۱

«صلح و دوستی» یا «درگیری و جنگ» و یا آنچه را که خلق به نام «فخر» و «ننگ» می‌شناسند، چیزی جز «خیال و پندار» نیست. به عنوان مثال: ریشهٔ حقیقیِ عدم تفاهم و سوء رفتارها در تصوّرات غلط و دریافت‌های غیر واقعیِ آدمی است و نمونهٔ بارزِ آن جنگ‌های بزرگی است که در اثر باورِ پنداری به نام کشورگشایی خون انسان‌ها را بر باد داده است.

چنانکه در شرح ابیات ۶۹ به بعد همین دفتر آمد، جهانی بر خیالی روان است؛ یعنی «نَفْسِ» اکثرِ مردم چنان بر اثر غلبهٔ عالم حس و درک جزئیِ آن مقیّد به قوانینِ عالمِ مادّه شده است که برای آنان رهایی از این قید و توجّه به حق کاری بس دشوار و غیر ممکن می‌نماید؛ بنابراین خیال و ادراک جزئی ایشان تحت تأثیر غلبهٔ ظلمت عالم طبع از حقایق انحراف دارد و این است که می‌فرماید: «بر خیالی صلحشان و جنگشان».

(...ادامه)

خیال منفصل» ممکن است، قوّهٔ خیال در انسان ارج بسیار دارد؛ زیرا عارفی که «خلاقیّت دل»، یعنی «همّت» وی به فعلیّت شایسته‌ای برسد، می‌تواند خیالاتِ خود را به اذن خداوند به صورت موجوداتِ قائمِ بالذّات در آوَرَد و آنچه را که در مرتبهٔ بالاتر موجود است در مرتبهٔ فروتر متجلّی سازد. خیال به این معنی خلاّق است: تخیّل خلاّق در عرفان ابن عربی، هانری کُربَن، رحمتی، صص ۲۳-۲۱، با تلخیص.

«برای عالم خیال دو مرتبه قائل‌اند: **مرتبهٔ مطلق** و **مرتبهٔ مقیّد**، خیال مقیّد قوّهٔ متخیّلهٔ انسان است که از طریقِ آن و در ادراکات خیالی، متّصل به خیال مطلق می‌شود و حقایق را به واسطهٔ اتّصال به عالم وسیع خیال که لوح جمیع حقایق است ادراک می‌نماید. ادراکات خیالی، گاهی مطابق با واقع‌اند. عدم تطابق ناشی از تصرّفاتی است که از ناحیهٔ نفس تحقّق پیدا می‌نماید.

غلبهٔ احکام محسوسات بر انسان، یکی از موجبات انحراف قوّهٔ خیال است نسبت به ادراک حقایق موجود در عالم مثال. اگر نفس قوّت بگیرد و بتواند ظلمات نَفْس را مغلوب کند، حقایق را درک می‌نماید.

کسی که در سیر خیال و اتّصال به عالم مثال مطلق، به نحوی اتّصال پیدا نماید که جهات خارجی او را منحرف نکند، حقایق را ادراک می‌نماید و چه بسا از این عالم بالاتر رفته و در دیار مجرّدات تام و ارواح عالیّه سیر می‌کند و بر جمله‌ای از حقایق اشراف حاصل می‌نماید و در بازگشت به عالمِ کثرت مدرکات او حقایق صافی و تام و تمام خواهد بود»: شرح مقدّمهٔ قیصری، صص ۴۸۷ و ۴۸۸.

۱ - مُراد آنکه: هرچه در عالم می‌گذرد، نتیجهٔ جریانِ ذهنیِ خلق است نه درک حقایق، و از آنجا که جریان ذهنی زاییدهٔ «وهم و گمان» و غیر حقیقی است، پس آن‌چه آدمیان را به خود مشغول می‌کند، «نیست وش» است.

آن خیالاتی که دامِ اولیاست[1] عکسِ[2] مه‌رویانِ بُستانِ خداست[3] ۷۲

خیالی که بر «اولیا» می‌تواند مستولی شود و حجاب راه باشد، چیزی جز تصویر مَه‌روی بوستان خداوندی؛ یعنی «تجلّیِ حق» به صفت و اسم «جمال» نیست که در آن حال با سیطرهٔ جمال، عارف به هیجان می‌آید و با تجلّی اسم «قهّار»، عقل وَی مقهور و متحیّر می‌گردد؛ زیرا جمال بدون جلال تحقّق ندارد و در سیرِ فی‌الله که نهایتی ندارد، «کاملِ واصل» باید از پرده‌های «اسما و صفات» بگذرد و در عالی‌ترین مرتبه از مراتب کمال، حق را در ماورای حجاب‌ها شهود کند که آن را **تجلّی ذاتی** نامند.

آن خیالی که شه اندر خواب دید در رخ مهمان همی آمد پدید ۷۳

رؤیایی که شاه دیده بود با مشاهدهٔ چهرهٔ مهمان واقعیّت یافت.

شه به جای حاجبان فا[4] پیش رفت پیشِ آن مهمانِ غیبِ خویش رفت ۷۴

شاه به جای دربانان و اعضای تشریفات به پیشوازِ وی رفت.

هر دو بحری[5]، آشنا[6] آموخته هر دو جان بی دوختن بر دوخته ۷۵

شاه و مهمان اهلِ دریای وحدانیّت بودند و آشنا با اسرار. گویی جان آنان به هم متّصل بود.[7]

گفت: معشوقم تو بودستی، نه آن لیک کار از کار خیزد در جهان[8] ۷۶

شاه گفت: معشوق من تو بودی نه کنیزک؛ امّا رسیدن به این حقیقت، مستلزم وجود او بود.

معشوق حقیقی، حقیقت متجلّی در وجود **ولیّ** است، نه مظاهرِ دنیوی؛ امّا درکِ این حقیقت، که «معشوقِ حقیقی»، **حق** است، مستلزم آن بیقراری‌ها و رنج‌ها بود.

ای مرا تو مصطفیٰ[9]، من چون عُمَر از برای خدمتت بندم کمر ۷۷

شاه، میهمان غیبی را بسیار بلندمرتبه یافت که باید در خدمت وی باشد، همان‌گونه که عمر در خدمت پیامبر(ص) بود.

---

۱ - **دامِ اولیاست :** سدّ راهِ اولیاست در سیرِ «فی‌الله».   ۲ - **عکس :** انعکاس، پرتو.

۳ - **مه رویِ بستان خدا :** تجلّیاتِ جمالی و جلالی، معانیِ غیبی.   ۴ - **فا :** با، به.

۵ - **بحری :** اینجا «اهل عالمِ معنا»، «اهل دریای حقیقت».

۶ - **آشنا :** شنا. «آشناآموخته»، یعنی شناکردن در این دریا را بلد بودند.

۷ - اتّصال معنوی و روحانی، اتّحادی که جان پاکان با یک‌دیگر دارد.

۸ - بیانِ سلسلهٔ اسباب: اگر لطف الهی شامل حال باشد، درد و رنج، انسان را در مسیر حق قرار می‌دهد؛ بنابراین درد و رنج می‌تواند سبب و وسیله‌ای باشد برای رسیدن به حقیقت.

۹ - اصحاب رسول گرامی خدا(ص)، عاشقانه به حضرتش مهر می‌ورزیدند. عمر از صحابهٔ خاص بود که با اسلام آوردن وی، قدرت و شجاعت و شمشیر توانمند او در خدمت اسلام و مسلمانان قرار گرفت و منشأ خدمات بسیار شد و فتوحات مسلمانان در عهد وی «خلیفهٔ دوم» بیشترین گسترش را یافت و ایران در خلافتِ او فتح گردید.

از خداوندِ ولیُّ التوفیق در خواستنِ توفیقِ رعایت ادب در همه حال‌ها و بیان کردنِ وخامتِ ضررهایِ بی‌ادبی[۱]

از خدا جوییم توفیقِ[۲] ادب[۳]　　بی‌ادب محروم گَشت از لطفِ رب[۴] ۷۸

از خداوند توفیقِ رعایتِ ادب را می‌خواهیم؛ زیرا لطف و مرحمت الهی شامل حال بی‌ادبان نمی‌شود.

«ادب» و احترامِ تامّی که شاه در نهایت تواضع نسبت به پیر روحانی ابراز داشت، تداعی‌گر بیانِ بزرگ‌ترین رکن تصوّف می‌شود و مولانا از میان داستان، گریزی می‌زند و به وصفِ آن می‌پردازد.

بی ادب، تنها نه خود را داشت بد　　بلکه آتش در همه آفاق زد ۷۹

«بی ادب» تنها به خود بدی نمی‌کند، بلکه گاهی افرادِ کثیری را به مصیبت دچار می‌سازد.

مایده[۵] از آسمان در می‌رسید　　بی شِریٰ[۶] و بیع[۷] و بی گفت و شنید[۸] ۸۰

به قوم موسی(ع) بی‌آنکه مشقّتی را تحمّل کنند، رزق الهی می‌رسید.

---

۱ - این عنوان در متن فراموش شده و در حاشیه افزوده‌اند.

۲ - **توفیق**: موافقت کردن، به حکم الهی تسلیم بودن، متابعت از فرمان حق.

۳ - گفته‌اند. التَّصَوُّفُ كُلُّهُ آداب؛ یعنی تصوّف اجرای آداب است، آداب ظاهری و آداب باطنی. برخورداری از ادب ظاهری و ادب باطنی که مستلزمِ درکِ روحانی و معنوی است و به سهولت میسّر نمی‌شود. توجّه به این که حضرت حق در تمام لحظات حاضر، ناظر و شاهد است بر آنچه می‌اندیشیم، حس می‌کنیم یا کلامی که می‌گوییم و یا اعمالی که از ما سر می‌زند و به‌طور خلاصه رعایتِ خصلت‌هایِ نیک را در عرف کاملان، **ادب باطنی** می‌نامند، که رکن اساسی آن حضور هموارهٔ دل آدمی در محضر باری‌تعالی است.

۴ - مقایسه کنید: حافظ:　حافظا علم و ادب ورز که در مجلس شاه　　هر که را نیست ادب لایق صحبت نبود

۵ - **مائده**: خوان، سفره، طعام، فرهنگ‌نویسان عرب به معنی عطا دانسته‌اند.　۶ - **شِریٰ**: خریدن.

۷ - **بَیْع**: داد و ستد، خرید و فروش.

۸ - اشارتی قرآنی به داستان موسی(ع) و قوم نافرمان: پس از آنکه بنی اسرائیل از فرعونیان نجات یافتند، خداوند فرمان داد که به فلسطین و اراضی قدس وارد شوند؛ امّا بنی اسرائیل گفتند: تا ستمکاران «قوم عمالقه» از آنجا بیرون نروند، ما وارد نمی‌شویم و به موسی(ع) گفتند: «تو و خدایت به جنگ آن‌ها بروید پس از آنکه پیروز شدید ما وارد خواهیم شد»! و نتیجهٔ این بی‌ادبی چهل سال سرگردانی آن قوم در صحرای سینا بود. مائده: ۲۶/۵-۲۱، گروهی پشیمان شدند و مورد مغفرت قرار گرفتند. بقره: ۵۷/۲: وَ أَنْزَلْنا عَلَيْكُمُ الْمَنَّ وَالسَّلْوىٰ: ما، مَنّ و سَلویٰ را بر شما نازل کردیم. به عنایت الهی بر آن قوم نافرمان و پیمان‌شکن، مواهبِ بسیاری ارزانی داشته شد؛ امّا باز هم لجاجت ورزیدند و ادب را فرو نهاده، تقاضای غذاهای متنوّع و رنگارنگ کردند. بقره: ۶۱/۲. بعضی مفسّران احتمال داده‌اند که «منّ» یک نوع عسل طبیعی بوده و در مورد «سلویٰ» آن را یک نوع پرنده دانسته‌اند که پرگوشت و به اندازهٔ کبوتر است.

در میانِ قومِ موسی چند کس بی ادب، گفتند: کو سیر و عدس؟[1] ۸۱

در میان قوم چند نفر با گستاخی نسبت به طعام الهی که بی‌مشقّت می‌رسید، ناسپاسی ورزیدند و درخواست غذاهای متنوّع کردند و به موسی(ع)گفتند: از خدایت بخواه تا آنچه از زمین می‌روید برای ما قرار دهد، مانند: سبزی‌ها، خیار، سیر و عدس.

منقطع شد خوان و نان از آسمان ماند رنج و زرع و بیل و داسِ‌مان ۸۲

بنابراین نعمت و طعام آسمانی قطع شد و زحمت و مشقّت کشت و زرع بر جای ماند.

باز، عیسی[2] **چون شفاعت کرد، حق خوان**[3] **فرستاد و غنیمت بر طبَق** ۸۳

یاران خاص مسیح(ع) به او گفتند: آیا پروردگار تو می‌تواند غذایی از آسمان برای ما بفرستد؟ عیسی(ع) از این درخواست که علائمی از تردید و شک در آن بود، نگران شد و گفت که از خدا بترسید اگر ایمان دارید؛ امّا آنان گفتند: می‌خواهیم از این مائده بخوریم و به عین‌الیقین برسیم و چنین بود که عیسی(ع) گفت: خداوندا، برای ما مائده‌ای از آسمان بفرست.

باز، گستاخان ادب بگذاشتند چون گدایان زَلّه‌ها[4] **برداشتند.** ۸۴

برخی از آنان باقی‌ماندهٔ غذا را برمی‌داشتند و با این کار که نشانی بود از بی‌اعتمادی به لطف حق، بی‌ادبیِ افزون‌تری را روا می‌داشتند.

لابه کرد عیسی ایشان را که: این دایم‌است و کم نگردد از زمین ۸۵

عیسی(ع) از آنان خواست که به لطف پروردگار اعتماد داشته باشند و باور کنند که این سفره دایمی است و کم نمی‌شود.

---

۱ - اشارتی قرآنی؛ بقره: ۶۱/۲.   ۲ - اشارتی قرآنی، مائده: ۱۱۵/۵-۱۱۲.

۳ - «بعضی از محقّقان بر آن‌اند که مائدهٔ آسمانی که به دعای عیسی(ع) نازل شده احتمالاً با «شام آخر» در سنّت مسیحی برابر یا مرتبط است. زمخشری می‌نویسد: «گویند عیسی علیه‌السّلام چون آهنگ دعا [برای مائده] کرد، پشمینه پوشید و گفت: پروردگارا، مائده‌ای بر ما نازل فرما. آنگاه سفره‌ای سرخ در میان دو پاره ابر از آسمان فرود آمد و پیروان عیسی(ع) نظاره می‌کردند. عیسی(ع) گریست و گفت: خداوندا مرا از شاکران قرار بده و آن را مایهٔ رحمت، نه منشأ بلا و عقوبت بگردان. مائده عبارت بود از ماهی بریان بدون فلس و بدون تیغ که از آن روغن می‌چکید. حواریون باز هم معجزهٔ دیگری خواستند و به دعای عیسی(ع) ماهی برشته تازه و زنده شد و جنبید و دوباره به دعای او به صورت بریان در آمد، سپس مائده به آسمان بر شد، و پیروان او عصیان پیشه کردند و به صورت میمون و خوک مسخ شدند...»: قرآن، ذیل آیه.   ۴ - **زَلّه** : باقی‌ماندهٔ غذا.

بدگمانی کردن و حرص آوری کُفر باشد پیشِ خوانِ مهتری ۸۶

عیسی(ع) به آنان فرمود: سوء ظنّ و حرص و طمعی که نمی‌گذارد کلام وی را باور کنند در برابر سفره‌ای که خداوند از عنایات ظاهری و باطنی بر آنان گسترده کفران و ناسپاسی است.

زآن گداورویانِ[1] نادیده[2] ز آز آن درِ رحمت بریشان شد فراز[3] ۸۷

به سبب وجود این افرادِ پررو و حریص درِ رحمت بر روی همهٔ آنان بسته شد.

ابر بر ناید پیِ منع زکات[4] وَزْ زنا، افتد وبا اندر جهات[5] ۸۸

بارش باران نشانی از رحمت الهی است. اگر بنده‌ای رحمت خود را [زکات و کمک به مستحقّان، به فرمان الهی و برای رضای او] از بندهٔ دیگری دریغ کند، نباید توقّع رحمت الهی را داشته باشد.

هر چه بر تو آید از ظلمات و غم[6] آن ز بی‌باکی و گستاخی‌ست هم ۸۹

هر تیرگیِ درون، افسردگی و غم که به تو می‌رسد، نتیجهٔ افکار و اعمالت و نشانهٔ گستاخی است.

هر که بی‌باکی کند در راهِ دوست ره زن مردان شد و نامرد اوست ۹۰

شرطِ طریق «سیر و سلوک إلی الله» رعایت آداب ظاهری و باطنی است. کسی که در راهِ حق بی‌باکی می‌ورزد و گستاخ است، خواه‌ناخواه رفتار و کردار ناپسندش تأثیراتی هرچند جزئی بر دیگر سالکان دارد و گمراه کنندهٔ مردانِ راه محسوب می‌شود و از صفتِ مردان حق به دور است.

از ادب پر نور گشته‌ست این فلک وز ادب معصوم و پاک آمد مَلَک ۹۱

آسمان و زمین و کهکشان‌ها به ارادهٔ الهی استوارند. خورشید می‌درخشد و ستارگان پرتوافشانی می‌کنند. [ادبِ فلک، اجرای فرامین الهی است] و فرشتگان همه مطیع‌اند و از خطا مبرّا.

---

۱ - **گداورویان**: پررو، وقیح. ۲ - **نادیده**: حقیقت ندیده، حریص.

۳ - **فراز**: از اضداد است، به معنی باز و هم به معنی بسته.

۴ - **زکات**: خلاصهٔ چیزی، در فقه آنچه که به حکم شرع به درویش و مستحق می‌دهند و بر مسلمانان واجب و به حکم قرآن کریم، توبه: ۶۰/۹، مخصوص طبقات معیّنی از مردم است. حدیثی می‌گوید: هیچ قومی از پرداخت زکات جلوگیری نکردند، مگر اینکه باران از ایشان برداشته شد و آن‌گاه که وبا شیوع یافت، بدانید که زنا رواج یافته است: احادیث، ص ۹.

۵ - آنجا که فرامین الهی را به سخره می‌گیرند، عذاب الهی و یا بلای آسمانی تحت عنوان «بیماری‌های همه‌گیر» بروز می‌کند. ۶ - تیرگی و ظلمات یعنی سیاه دل شدن و غفلت که نتیجه‌اش می‌تواند غم و افسردگی باشد.

بُـد ز گسـتاخی کُسـوفِ[1] آفـتاب　　شد عزازیلی[2] ز جُـرأت، رَدِّ بـاب[3] ۹۲

با انحرافِ خورشید از مسیر اصلی [گستاخی] کُسوف رُخ می‌دهد و عزازیل هم به سبب گستاخی مردود درگاه می‌شود.

ملاقاتِ پادشاه با آن ولی که در خوابش نمودند

دست بگشـاد و کـنارانَش[4] گـرفت　　همچو عشق اندر دل و جانش گرفت ۹۳

شاه او را در آغوش گرفت. مانند عشقی که در دل و جان جای می‌دهند.

دست و پیشانیش بـوسیدن گـرفت　　وز مـقام و راه پُـرسیدن گـرفت ۹۴

شاه دست و پیشانی مهمان را با احترام بوسید و از چگونگی سفر و منازلِ راه جویا شد.

پُرس پُرسان می‌کشیدش تا به صدر　　گفت: گنجی یـافتم آخِـر بـه صـبر ۹۵

شاه در حال پرس و جو، مهمان را به صدر هدایت کرد و با خود گفت: در نتیجهٔ صبر گنجی را یافتم.

گفت: ای نـورِ حـق و دفـعِ حَـرَجْ!　　مـعنیِ الصَّـبْرُ مِـفتاحُ ٱلفَـرَج[5]! ۹۶

گفت: ای نور الهی و ای زایل‌کنندهٔ غم و دلتنگی، ای معنیِ حقیقیِ: صبر کلیدِ گشایش است. حضور در محضر اولیا که نور حق‌اند، عنایتی الهی است؛ زیرا وجود آنان موجب از بین رفتن مشکلات است؛ پس آنان دفع حرج و تحقّق این حدیث نبوی‌اند.

ای لِـقای تـو جـواب هـر سُـؤال!　　مُشکل از تو حل شود، بی قیل و قال ۹۷

ای کسی که دیدار و ارتباطِ معنویِ با تو «**لقاء**»، پاسخ هر مشکلی و دریافت حقایق است، مشکلِ من به دستِ تو حل می‌شود؛ زیرا تو بر ضمایر آگاه هستی.

---

۱ - **کسوف**: تقارن خورشید با ماه است که به علّت تغییر مسیر جزئی رخ می‌دهد و این تغییر مسیر و کجروی را به گستاخی تعبیر کرده است که موجب عدم تابش نور خورشید می‌شود. (انحراف از مسیر اصلی)

۲ - **عزازیل**: نام ابلیس قبل از تمرّد و گردن‌کشی که به سبب این بی‌ادبی و گستاخی ردّ باب شد.
اشارتی قرآنی، بقره: ۳۴/۲: و چون گفتیم فرشتگان را که سجده کنید آدم را، همه سجده کردند، جز شیطان که سر باز زد و برتری جست و از کافران گردید.　۳ - **رَدّ باب**: مردود درگاه الهی، رانده شده.

۴ - **کنارانش**: جمع کنار، اطراف بدن.

۵ - **الصَّبْرُ مِفْتاحُ الفَرَجِ**: صبر، کلید گشایش است. [حدیث نبوی]: شرح مثنوی شریف، ص ۷۸.

ترجمانی[1] هر چه ما را در دِل است   دستگیر هر که پایش در گِل است ۹۸

تو بر ضمایر اشراف داری و هرگاه که صلاح بدانی به شرح و بیان مُعضلاتِ ما می‌پردازی و امدادگر کسانی می‌شوی که پایِ جانشان در سلوک به گِل مانده است.

مَرْحَبا[2] یا مُجْتَبیٰ[3] یا مُرْتَضیٰ[4] !   اِنْ تَغِبْ جاءَ ٱلقَضا ضاقَ ٱلفَضا ۹۹

مرحبا بر تو باد، ای برگزیدهٔ صاحب نفس مطمئنّه، اگر تو غایب شوی، قضای الهی فرا می‌رسد و فضا تنگ و غیر قابل تحمّل می‌گردد.

اَنْتَ مَوْلَی ٱلقَوْمِ مَنْ لا یَشْتَهی   قَدْ رَدیٰ، کَلّا لَئِنْ لَمْ یَنْتَهِ[5] ۱۰۰

تو خداوند قومی، اگر کسی تو را به رغبت نخواهد و از روی گردانیدن از تو باز نگردد و پشیمان نشود به تحقیق هلاک خواهد شد.

چون گذشت آن مجلس و خوانِ کَرَم   دستِ او بگرفت و بُرد اندر حَرَم ۱۰۱

بعد از ضیافت شاه دستِ پیر روحانی را گرفت و به حرم‌سرا برد.

بردن پادشاه آن طبیب را بر سرِ بیمار تا حالِ او ببیند[6]

قصّهٔ رنجور و رنجوری بخواند   بعد از آن در پیشِ رنجورش نشاند ۱۰۲

شاه بیماری کنیزک را شرح داد و پیر را بر بالین وی نشاند.

رنگِ روی و نبض و قاروره[7] بدید   هم علاماتش[8] هم اسبابش[9] شنید ۱۰۳

پیر روحانی، به رنگ چهره و نبض و رنگ ادرار و دیگر علائم توجّه کرد.

گفت: هر دارو که ایشان کرده‌اند   آن عمارت نیست، ویران کرده‌اند ۱۰۴

گفت: آنچه که پزشکان انجام داده‌اند، بهبودی نبوده، بلکه رنجوری را افزون کرده است.

---

۱ - **ترجمان**: بیان کننده، شارح. ۲ - **مرحبا**: خوش‌آمد گفتن، خوش آمدی. ۳ - **مُجْتَبیٰ**: برگزیده.

۴ - **مُرْتَضیٰ**: برگزیده و راضی و خشنود شده از عنایت و مراحم دوست.

۵ - «کَلاّ لَئِنْ لَمْ یَنْتَهِ»؛ اشاره‌ای است به عَلَق: ۱۵/۹۶.

۶ - این عنوان در متن کُهن فراموش شده، و بعد در هامش افزوده‌اند.

۷ - **قاروره**: ظرفی از شیشه به شکل بالن برای نگهداری ادرار بیمار.

۸ - **علاماتش**: بررسی علایم بیماری مانند: تب، سردرد، اشتها و... .

۹ - **اسبابش**: توجّه به دلایل ایجاد کنندهٔ بیماری.

بی خبر بودند از حالِ درون   اَسْتَعیذُ اللهَ مِمّا یَفْتَرُون ۱۰۵

آنان از احوال درونی بیمار بی‌خبر بوده‌اند و بنابر علائم ظاهری درمان کرده‌اند. از این افترا و اشتباه به خدا پناه می‌برم.[۱]

دید رنج و کشف شد بر وی نهفت   لیک پنهان کرد و با سلطان نگفت ۱۰۶

پیر روحانی، عامل رنج و درد کنیزک را دریافت؛ امّا به شاه نگفت.

رنجش از صفرا و از سودا[۲] نبود   بویِ هر هیزم پدید آید ز دود[۳] ۱۰۷

میهمان غیبی متوجّه شد که عامل رنجوری کنیزک، تغییرات مزاج نیست.

دید از زاریش، کو زارِ دِل است   تن خوش است و او گرفتارِ دِل است ۱۰۸

احوال زار و نزار او بیانگر آن بود که دل وی در دامِ عشق است و تن او بیمار نیست.

عاشقی پیداست از زاریِّ دل   نیست بیماری چو بیماریِّ دل ۱۰۹

عشق از ناله‌هایِ زارِ دل آشکار می‌شود و با بیماری دیگری قابل قیاس نیست.

علّتِ عاشق ز علّت‌ها جداست   عشقْ اصطرلابِ[۴] اسرارِ خداست ۱۱۰

عاشق در دنیایی از عوالم عاشقانه زندگی می‌کند. اندیشه و احساس او محور محبوب در نوسان و گردش است. هر چه به او می‌رسد از معشوق است. خواه شادی، خواه درد و غم؛ پس علّت شادی یا غم و یا بیماری او به علل زندگیِ روزمرّه شبیه نیست. «عشق»، اسطرلابِ کشفِ اسرارِ الهی است.

عاشقی گر زین سر و گر زآن سر است   عاقبت ما را بدآن سر رهبر است[۵] ۱۱۱

عشق، **خواه مجازی** [عشق به انسان کمال نیافته] و **خواه حقیقی** [عشق به حق]، می‌تواند انسان را

---

۱ - فشارهای روحی و روانی، عوارض جسمانی نیز دارد که به آن بیماری‌های روان‌تنی می‌گویند.

۲ - **صفرا و سودا:** اخلاط چهارگانه، تغییراتِ مزاج، ایجاد گرمی یا سردی، بروز زردی و افزایش صفرا.

۳ - از معلول می‌توان به علّت پی برد.

۴ - **اُسطرلاب:** اُصطرلاب، این لفظ یونانی است به معنی **ترازوی آفتاب**، ابزاری است که برای مشاهدهٔ وضع ستارگان و تعیین ارتفاع آن‌ها در افق به کار می‌رفت، بیشتر از برنج می‌ساختند. گویند: پسر ادریس پیغمبر آن را وضع کرده است و عدّه‌ای معتقدند، ارسطاطالیس. چون عشق موجب لطافت احساسات و منوّر شدن درون آدمی و تعالی نفس می‌شود، به اسطرلاب مانند شده است.

۵ - مولانا عالی‌ترین راه رسیدن به حقیقت را عشق می‌داند. عشقی که روشن‌گر، بیانگر، یاری‌دهنده و حیات‌بخش است.

به مظهر عشق [حضرت باری‌تعالی] هدایت کند. آتش عشقی که صادقانه است، صفات ناپسند بشری مانند: بخل، کینه، حسد، طمع، حرص، شهوت و... را می‌سوزانَد و از بین می‌برد و سبب تعالیِ نَفْس می‌شود و عاقبت ما را به سویِ «حق» رهبری می‌کند.

هر چه گویم عشق را شرح و بیان   چون به عشق آیم، خِجل باشم از آن[1] ۱۱۲

هرچه عشق را شرح دهم، چون به خودِ عشق می‌رسم، شرمنده می‌شوم؛ زیرا عظمت عشق در شرح و بیان نمی‌گنجد. انسان با ویژگی‌های محدود نمی‌تواند از نامحدود سخن براند و حقّ مطلب را ادا کند.

گرچه تفسیر زبان روشنگر است   لیک عشقِ بی زبان روشنتر است ۱۱۳

اگرچه زبان به روشنی احساس را بیان می‌کند؛ امّا عشقی که به زبان نمی‌آید، از هر بیانی روشن‌تر است؛ زیرا پریدن‌های رنگ و تپیدن‌های دل خود رساترین کلامی است که برای معشوق بسیار دلپذیر است؛ زیرا «زبانِ حال» گویاتر از «زبانِ قال» است، «لِسانُ الحالِ أَنْطَقُ مِنْ لِسانِ المَقال». تنها راه شناخت عشق دریافت آن است. وقتی که مهمان عظیمی به نام عشق به «خانهٔ دل» وارد می‌شود، بر خانه و صاحب‌خانه احاطه کامل می‌یابد و ارکان وجود عاشق را مسخّر می‌سازد. هر قدر این مهمان عظیم‌تر باشد احاطهٔ بیشتری دارد و اگر عشق حقیقی باشد، عظمت او تمام هویّت میزبان را مُنْدَک [متلاشی و پاره‌پاره] می‌کند و از هستی او چیزی بر جای نمی‌گذارد و بعد از آن عشق در این وجود سخن می‌گوید و حکم می‌راند.

چون قلم اندر نوشتن می‌شتافت   چون به عشق آمد، قلم بر خود شکافت ۱۱۴

روز ازل که مشیّت الهی رقم عشق را برای انسان زد، از عظمت **عشق** قلم شکاف برداشت و می‌گویند: شکافی که قلم دارد از آنجاست.

عقل، در شرحش چو خر در گِل بخفت   شرحِ عشق و عاشقی، هم عشق گفت[2] ۱۱۵

عقل در شرحِ عشق، مانندِ خر به گِل می‌مانَد و سکوت می‌کند. شرح و تفسیرِ عشق و عاشقی با خودِ عشق است؛ زیرا جایی عقل می‌تواند سخن برانَد که قدرت احاطه و درکِ آن را دارا باشد، عرصهٔ عشق خارج از ادراک عقل است.

---

۱ - مقایسه کنید: حافظ: در حریم عشق نتوان زد دم از گفت و شنید   ز آنکه آنجا جمله اعضا چشم باید بود و گوش

۲ - هر جا که سخن از عشق است، از زبان عاشقی یا از زبان معشوقی، به حقیقت آنجا خودِ عشق شرح خویش می‌دهد، از زبان دیگران.

مقایسه کنید: حافظ: ساقی بیا که عشق ندا می‌کند بلند   کانکس که گفت قصّهٔ ما هم ز ما شنید

آفـــتاب آمـــد دلیـــلِ آفـتاب[1] گر دلیلت باید، از وی رو متاب ۱۱۶

عشق خورشیدی است درخشـان و گـرمی‌بخش. هـیچ نشـانی بـرای وجـود او بـهتر از حضورش نیست. مانند خورشید که به محض طلوع گرمی و نورِ حضورش را اعلام می‌دارد. اگر مشتاقِ خورشیدِ عشق هستی، خودت را در مسیر او قرار ده و از وی روگردان نباش.

از وی، اَر سـایه[2] نشـانی مـی‌دهد شمس[3] هر دم نورِ جـانی مـی‌دهد[4] ۱۱۷

«استدلال» یا هرگونه «سخن و دلیل» برای اثباتِ حقیقتی به نام «عشق»، مانند «سایه»‌ای است که به سببِ تابشِ «آفتاب» بر چیزی پدید می‌آید و نشانِ وجودِ آفتابِ معنوی است، خـودِ آفتاب نیست.

اگر آفتابِ معرفتِ «شمس» بر جان بتابد، موجب کشف عوالم معنوی جدیدی می‌شود که گویی جان تازه‌ای در آدمی دمیده شده و هر لحظه تولّدی دیگر است با بـینشی جـدید و آگاهی‌های تازه.

آفتابِ معنوی، سبب کشف و شهود و رسیدن به «حقیقت» است و سایه مقام استدلال به شمار می‌آید. در اینجا مقایسه‌ای است بین **کشف و شهود** و **استدلال**، آن کس که به مشاهده رسیده است به «دلیل و برهان» نمی‌پردازد.

سایه خواب آرد تو را، همچون سَمَر[5] چون بر آیـد شـمس، اِنشـقَّ اَلقَـمَر[6] ۱۱۸

«دلیل و برهان» یا هـرگونه اسـتدلال عـقلانی (سـایه)، در ایـن بـاب چـیزی جـز غـفلت و خواب‌آلودگی را در بر ندارد، مانند افسانه‌ای که در شب گفته می‌شود و خواب‌آور است، نقش بیدارکنندگی ندارد. هر گاه این حقیقت به ظهور بـرسد، در مـقابل شکـوه و عـظمت بی‌نظیرش، عقل بر خود می‌شکافد و با «آگاهیِ» کُلّ پیوند می‌یابد. در این بیت، خورشیدِ حقیقت به شمس و عقل به قمر تشبیه شده است.

---

۱ - **آفتاب** : اینجا «عشق» و یا «آفتابِ حقیقت». ۲ - **سایه** : اینجا «استدلال» به سایه مانند شده است.

۳ - **شمس تبریزی** : مراد و مقتدای معنوی مولانا، که دیدار با وی مولانای سجّاده‌نشین را بـا تـوفان سـهمگین و کوبندهٔ عشق آشنا ساخت.

۴ - مصراع دوم: توجّه یا فیضانِ لطف حق از طریقِ انسان کامل «مرد حق»، هر دم به نوعی جان را منوّر می‌کند.

۵ - **سَمَر** : افسانه‌ای که در شب گویند.

۶ - اشارتی قرآنی: قمر : ۱/۵۴ : اِقْتَرَبَتِ السّاعَةُ وَ انْشَقَّ الْقَمَرُ... : رستاخیز نزدیک است و ماه شکاف خورد... . خورشید باطن رسول گرامی(ص) اراده فرمود و ماه از هم شکافت و به دو نیمه شد.

خود غریبی در جهان چون شمس نیست   شمسِ جانِ باقیی کِش اَمس[1] نیست ۱۱۹

در این جهان، **انسان‌کامل** غریب است؛ زیرا از وطن اصلی خویش (مبدأکلّ هستی) به دور افتاده و در تن محبوس شده است. او تجلّی‌گاه حق است در میان این همه باطل.

غریب‌ترین این غریبان مُرشد روحانی مولانا، **شمس** است، که با مخلوق اُنسی نداشت. غریب زیست، غریب رفت و غریب دار فانی را وداع گفت. شمس از دیدگاه مولانا مظهر عشق است و مظهر غربت. در مصراع دوم: گرچه ظاهرِ شمس رفت؛ امّا حقیقتِ او، آن «جان مجرّد» باقی است. خورشید باطنِ او غروبی ندارد. یک حقیقتِ «لازمان» و «لامکان» است.

شمس در خارج اگر چه هست فرد   می‌توان هم مثلِ او تصویر کرد ۱۲۰

شمس (خورشید)، اگرچه که در منظومهٔ شمسی و در دنیایی که ما در آن زندگی می‌کنیم، فرد هست و نظیر ندارد؛ امّا چون یک جسم مادّی است، می‌توان مثل و مانند او را تصوّر کرد. کمااینکه امروزه به کمک دوربین‌های بزرگی که با آن ستارگان را رصد می‌کنند، وجود خورشیدهای دیگری در سایر کهکشان‌ها به اثبات رسیده است.

شمسِ جان کو خارج آمد از اَثیر[2]   نَبْوَدش در ذهن و در خارج نظیر ۱۲۱

امّا «شمسِ جان» که «روحِ مجرّد» و برتر از عالی‌ترین عوالمِ شناخته شده‌است، در ذهن و خارج نظیر ندارد.

در تصوُّر ذاتِ او را گُنج کو   تا در آید در تصوّر مثلِ او[3] ؟ ۱۲۲

تصوّر و فکر و اندیشهٔ انسان مانند خود او محدود است و محدود نمی‌تواند «روحِ جاودانِ» پیوسته به حق را که نامحدود است، دریابد.

چون حدیث رویِ شمس‌الدّین[4] رسید   شمس چارُم آسمان[5] سر درکشید[6] ۱۲۳

با یادی که از نام **شمس** کردیم، خورشید روی خویش را به خجلت فروپوشانید.

---

۱ - **أَمْسِ** : در عربی ظرف زمان است و به معنی دیروز.

۲ - مصراع اوّل، ابتدا «لیک شمسی که از او شد هست اثیر» بوده، در مقابله در حاشیه تغییر داده‌اند. «**عالم اَثیری**»: عالمِ ورای جهان مادّی، اگرچه آن عالم در داخل همین جهان مادّی است و موادّ تشکیل دهندهٔ آن بسیار بسیار لطیف‌تر و سیّال‌تر از ملکول‌های موادّ جهان قابل رؤیت ما است. امواج اثیری ارتعاشی بالاتر از امواج مادّی دارند: کتاب انسان روح است نه جسد، دکتر رئوف عبید، ص ۳۸۵.

۳ - انسان کامل، «ولیّ» در اتّصال کاملِ با حق و با ذاتِ باری است و غیر قابل تصوّر برای اندیشه و فکر انسان.

۴ - **شمس الدّین** : مراد و محبوب مولانا، انسان کاملی که وجود او محلّ تجلّی اسما و صفاتِ حق بود.

۵ - **چارم آسمان** : ستاره‌شناسان معتقدند که خورشید در آسمان چهارم واقع شده است.
تقابل بین خورشید باطن و خورشید ظاهر، و شرمندگی خورشید ظاهر از عظمت خورشید باطن.

۶ - **سر درکشید** : پوشاندن روی به جهت شرم و خجالت.

واجب آید، چونکه آمد نام او   شرح کردن رمزی از اِنعام[1] او ۱۲۴

چون نام شمس‌الدّین برده شد، بیان شرحی رمزآمیز از دهش و عطای او واجب است.

این نَفَس، جانْ دامنم برتافته‌ست   بوی پیراهانِ یوسف یافته‌ست ۱۲۵

اینک با یاد و نام **شمس**، جانِ ملتهب و بیقرار مولانا پرده‌ای را که روی هیجانات دل افکنده بود، به یک سو زده است. هرچند که محبّتِ عارفانهٔ او به حُسام‌الدّین سبب می‌شود که حتّی‌الامکان نام شمس را بر زبان نرانَد و در ارتباط با احوال دل‌انگیزِ گذشته کلامی نگوید؛ امّا در این لحظه عِطر نام شمس جان شیدای او را شیداتر کرده و دامن دل به کنار رفته و عواطف وی را به هیجان آورده است. چشمِ دل را که خود، بالاجبار بر هیجانات کوبندهٔ آن عشق آتشین بسته بود، از نام محبوب بر تمام خاطرات گذشته باز می‌یابد؛ مانند بوی پیراهن یوسف که چشمِ پدر را بینا ساخت.

کز برای حقِّ صحبت[2] سال‌ها   باز گو حالی از آن خوش حال‌ها[3] ۱۲۶

مولانای همیشه عاشق که احساساتش به غَلَیان آمده است، خود را ناگزیر می‌یابد که از شمس سخن بگوید؛ امّا به ملاحظهٔ حضور حُسام‌الدّین از حقّ صحبت به عنوان روی‌پوشی برای بیان عواطف خود استفاده می‌کند، شاید خاطرِ او که به اصول تصوّف بسیار پای‌بند است، کمتر رنجه گردد و خطاب به خویش می‌گوید که دِین خود را نسبت به محبوب از دست رفته ادا کن و اینک که نام او به میان آمده است، شرحی از احوالِ خوش گذشته را بگو.

تا زمین و آسمان خندان شود   عقل و روح و دیده صد چندان شود[4] ۱۲۷

از شرحِ احوال خوش گذشته با شمس‌الدّین، هم حقِّ صحبت ادا می‌شود و هم توجّه به

---

۱ - **إنعام** : دهش، عطا. حضور حُسام‌الدّین که اینک مولانا او را بسیار دوست می‌دارد و عشق سراسر اخلاص و صادقانهٔ حُسام‌الدّین به مولانا و غیرت عشق را که مولانا در او حسّ می‌کند، وی را بر آن می‌دارد تا در این لحظه که نام شمس، محبوب از دست رفته بر زبان آمده است و او خود را ملزم به بیان عنایت و مرحمت شمس می‌یابد، در ارتباط با عشق از دست رفته جز به رمز نگوید و خاطرِ حُسام‌الدّین را رنجه نسازد.

۲ - **حقِّ صحبت** : اصطلاحی است در تصوّف. صحبت مراد با مرید. تعالیم وی و بهره بردن از تعالیم ظاهری و باطنی مراد. حقّ صحبت در تصوّف شأن و اعتبار و جایگاه عظیمی دارد و دینی است برگردن مرید.

۳ - مقایسه کنید : پیش ما رسم شکستن نبود عهد و وفا را   الله الله تو فراموش مکن صحبت ما را

کلّیات سعدی، به تصحیح فروغی، ص ۵۳۵.

۴ - توجّه قلبی به ارواح مقدّس (اولیاءالله، انسانِ کاملِ واصل) سبب توجّه متقابل آنان می‌شود. هر قدر توجّه به «روح مقدّس» از طرف انسان‌های زمینی بیشتر و صادقانه‌تر و خالصانه‌تر باشد، توجّه متقابل نیز بیشتر است. «**روح عالی عِلوی**» نور محض است و توجّه از جانب او نیز چیزی جز انوار مرحمت و هدایت نخواهد بود. بارش انوار عنایت الهی، زمین و آسمان را خندان می‌کند و عقل و روح و بینش را صد چندان.

روح مقدّس وی، سبب توجّهی متقابل می‌گردد که جان و دل را خندان و عقل و روح را صد چندان می‌گردانَد.

لاٰ تُکَلِّفنِی فَاِنّی فِی ٱلفَنا   کَلَّتْ اَفْهامی فَلاٰ اُحْصی ثَنا ۱۲۸

دل بیقرار مولانا به او تکلیف می‌کند تا از شمس سخن بگوید و این محاوره‌ای است بین مولانا و دل بی‌تاب او: بر من تکلیف نکن و از من نخواه که راجع به او بگویم؛ زیرا در بحر عشقِ وی فانی شده‌ام. در مقابل عظمت این بحر بی‌کران عقل من عاجز شده و از کار افتاده است، در چنین شرایطی نمی‌توان ثنای او را گفت.

کُلُّ شیءٍ قالَهُ غَیْرُ ٱلمُفیق[1]   اِنْ تَکَلَّفْ اَوْ تَصَلَّفْ لاٰ یَلیق ۱۲۹

کلامی را که «در حال محو و بی‌خویشی» بر زبان جاری می‌شود، هوشیاران نمی‌توانند درک کنند؛ بنابراین ای دل بیقرار، ای عشق، شایسته نیست مرا بیش از این به سختی و رنج بیفکنی که در بیانِ احوالِ او گامی فراتر نهم.

من چه گویم یک رگم هشیار نیست   شرح آن یاری که او را یار نیست؟ ۱۳۰

چگونه می‌توان در حال استغراق «مستیِ عشقِ الهی» سخن از یاری گفت که مثل و مانندی ندارد.

شرح این هجران و این خون جگر   این زمان بگذار تا وقت دگر ۱۳۱

ای دل من، اینک شرح هجران و درد و رنجِ غم‌انگیز را رها کن تا وقت آن فرا رسد.

شمس، محبوبِ روحانی مولانا حدود پانزده سال پیش از شروع مثنوی، مولانا را ترک کرد و احتمالاً جهان فانی را وداع گفته بود.

قالَ: اَطْعِمْنِی فَاِنّی جایعٌ   وَاعتَجِلْ، فَالْوَقْتُ سَیْفُ قاطِعٌ ۱۳۲

تمام محاورات از بیت ۱۲۶ تا ۱۴۳، گفت‌وگوی **عشق** و **عقل**[2] در درون مولانا است که بر زبان وی جاری شده است. دل شیدایِ او مشتاق است که از **شمس** و از «هجران خون‌ریز» سخن گفته

---

۱ – **مُفیق** : مفیق کسی است که از حالت مستی و سکر، وجد و خلسه به «صحو»، حالت عادی یا حالت هوشیاری باز گشته است.

۲ – بعضی از شارحان مثنوی چنین اندیشیده‌اند که این محاورات بین مولانا و حُسام‌الدّین است، حال آنکه روابط بین مُراد و مُرید نمی‌تواند چنین باشد. مولانا مرادِ حُسام‌الدّین است و یک مرید هر قدر به مراد نزدیک باشد، به خود اجازه نخواهد داد که به وی امر و نهی کند و بخواهد که این را بگو و آن را نگو... مرید در نهایت ادب می‌نشیند و به کلام مرادگوش جان می‌سپارد، این گونه سخن گفتن در عرف کاملان جسارت محسوب می‌گردد و از آداب تصوّف و عرفان به دور است.

شود؛ امّا عقل که تمام جوانب را می سنجد، می‌بیند دیرگاهی است که آن حوادث گذشته‌اند و اینک تحوّلاتی بسیار رخ داده است، بخصوص عشق عارفانهٔ حُسام‌الدّین به مولانا و محبّتِ متقابلِ مولانا، وی را بر آن می‌دارد که دیگر چونان گذشته بی‌مُحابا از عشقِ شمس سخن نگوید.

در واقع دلِ عاشق مولانا از او می‌خواهد که شرحِ حقیقتِ شمس، جان را بگو که غذایِ معنوی جان ماست، ما را ضایع نگذار. تعجیل کن، این دم استغراقِ در شمس، حق را غنیمت بدان و بگو، زیرا زمان مانند شمشیر برّنده‌ای است، گذشتن دقایق و لحظات سبب قطع این حالِ استغراق خواهد شد.

صوفی[1] ابن الوقت[2] باشد ای رفیق! نیست فردا گفتن از شرطِ طریق[3] ۱۳۳

ای عقل دوراندیش، ای رفیقِ من، صوفی زمانی را که در آن است و حالِ خوش فرارسیده را گرامی می‌دارد و به فردا نمی‌اندیشد.

تو مگر خود مردِ صوفی نیستی؟ هست را از نِسیه خیزد نیستی ۱۳۴

همین لحظه را باید غنیمت داشت، این «حال» و «استغراق» شاید فردا نباشد.

گفتمش: پوشیده خوشتر سرِّ یار[4] خود تو در ضمنِ حکایت گوش دار ۱۳۵

به دل بیقرار خویش گفتم که بیان اسرار یار فرازمینی را ضمنِ حکایت دیگران خواهیم گفت و تو در لابلای سایر قصّه‌ها، یاد و احوال خوش، با او را خواهی شنید.

خوشتر آن باشد که سِرِّ دلبران گفته آید در حدیثِ دیگران ۱۳۶

کوله‌باری از خاطرات گذشته بر دوش مولانا سنگینی می‌کند. حوادثی که بخشی از آن

---

۱ - **صوفی** : سالک، پوینده راه حقیقت، پشمینه‌پوش.

۲ - **ابن الوقت** : پسرِ وقت، کسی که وقت را در می‌یابد، این دَم (این لحظه) را غنیمت می‌دارد. در طریقت می‌گویند: دَم غنیمت است. معنی ظاهری آن گرامی‌داشت وقت است؛ زیرا در هر لحظه ممکن است توجّهی از جانب حق به دل سالک باشد و سالک تیزهوش با توجّه به دل خویش و استغراقِ در حق آن لحظه را در می‌یابد و از دست نمی‌دهد. مفهوم عارفانهٔ آن، دَمِ الهی است که به سالک عنایت شده و غنیمت و به عبارتی موهبتی است الهی که رعایت آداب آن، شکر نعمتی است که عطا شده است.

۳ - **طریق** : طریق به معنی طریقت «سلوک إلی الله از راه دل و محبّت و عشق به حق».

۴ - **کتمان سِرّ** : از شروط طریقت است. پیران طریق و مشایخ برای نوآموزان راه، شرایطی را قائل می‌شوند و در هنگام بیعت، آنان را متعهّد و ملزم به رعایت آن می‌نمایند. یکی از این شروط کتمان سِرّ است از خودی و بیگانه. اسرار الهی ویژهٔ خاصّان است و خاصّ الخاصان قرب الهی. افشای اسرار الهی کاری است بس خطرناک که به خودکشی شباهت دارد.

سرشار از تجربیّات تلخی است که در ارتباط با افشای احساسات درهم‌کوبندهٔ عاشقانه‌اش نسبت به حقیقتی که در «شمس» دید، بود. کینه‌توزی‌های حاسدانهٔ کوته‌نظرانِ بی‌مایه که به کرّات با رفتارهای جاهلانهٔ خویش «شمس» را آزرده خاطر ساخته بودند و ماجراهایِ غم‌انگیز و دردناک ناشی از این سوء رفتارها و به یاد آوردن آن رویدادها، او را بر آن می‌دارد که **سرّ دلبران** را در **حدیث دیگران** بگوید.

گفت: مکشوف[1] و برهنه، بی غُلول[2] باز گو دفعم مده[3] ای بوالْفُضُول[4] ۱۳۷

امّا عشق زیاده‌خواه است و می‌گوید: آشکارا و به تفصیل بگو، بهانه میاور و فضل‌فروشی مکن.

پرده بردار و برهنه گو، که من می نخسبم با صنم[5] با پیرهن ۱۳۸

عشق می‌گوید: آشکارا بگو. از کنایه بپرهیز و پرده‌دری کن.

گفتم: ار عریان شود او در عیان نه تو مانی، نه کنارت، نه میان ۱۳۹

گفتم: اگر سِرّ وحدت آشکار شود، همهٔ هستی‌های موهومی را نابود خواهد کرد.

آرزو می‌خواه، لیک اندازه خواه بر نتابد کوه را یک برگِ کاه ۱۴۰

خواسته‌ات را محدود کن. شرح حال او را نمی‌توانم به طور کامل بگویم. عظمت کوه را برگ کاه نمی‌تواند تحمّل کند. افهام عامّه از درک آن عاجز است.

آفتابی کز وی این عالم فروخت اندکی گر پیش آید، جمله سوخت ۱۴۱

خورشیدِ عالم‌افروز که سببِ هستیِ مادّی موجودات است، اگر کمی نزدیک‌تر آید، همه را می‌سوزانَد.

فتنه و آشوب و خونْریزی مجوی بیش از این از شمسِ تبریزی مگوی ۱۴۲

مولانا سعی کرد بپذیرد و بیش از این از شمس نگوید و به راستی نیز که چنین شد و تقریباً می‌توان گفت که دیگر در سراسر مثنوی به صراحت از شمس سخنی نرفت و **سرّ دلبران** در حدیث دیگران، گفته آمد.

---

۱ - **مکشوف** : عریان، آشکار. ۲ - **بی غُلول** : بی کم و کاست.
۳ - **دفع دادن** : از سر باز کردن، امروز و فردا کردن.
۴ - **بوالفضول** : صاحب فضل، دارای رجحان و برتری، دارای حکمت و کمال. ابتدا بیت «گفت مکشوف و برهنه گوی این / آشکارا به که پنهان ذکر دین» بوده است که در مقابله تغییر داده‌اند.
۵ - **صَنَم** : بت، معشوق، محلّ تجلّی حق.

۱۴۳ **ایـن نـدارد آخـر، از آغـاز گـوی   رو تـمامِ ایـن حکـایت بـازگوی**

بیان اوصاف شمس پایانی ندارد. بهتر است به آغاز سخن بازگردیم و از حکایت بگوییم.

خلوت طلبیدنِ آن ولیّ از پادشاه جهتِ دریافتنِ رنج کنیزک

۱۴۴ **گفت: ای شه! خلوتی کـن خـانه را   دور کن هم خویش و هم بـیگانه را**

مهمان غیبی گفت: ای شاه، خانه را خلوت کن و اجازه نده کسی حضور یابد.

۱۴۵ **کس نـدارد گـوش در دِهـلیزها   تـا بـپُرسم زیـن کـنیزک چـیزها**

کسی در راهروها و دالان به‌گوش نایستد تا محرمانه چیزهایی را از کنیزک بپرسم.

۱۴۶ **خانه خـالی مـاند و یک دیّـار[1] نـه   جز طبیب و جـز هـمان بـیمار نـه**

خانه خلوت شد و هیچ کس جز ولیّ و بیمار حضور نداشت.

۱۴۷ **نرم نرمک گفت: شهرِ تو کجاست؟   که علاجِ اهلِ هر شهری جداست[2]**

آرام آرام، پرسید که اهل کجا هستی؟ زیرا، هر شهر درمان ویژه‌ای دارد.

۱۴۸ **واندر آن شهر از قرابت[3] کـیستت؟   خویشی و پیوستگی بـا چـیستت؟**

در آن شهر چه خویشاوندی داری و تعلّق خاطر تو به چه چیز است؟

۱۴۹ **دست بر نبضش[4] نهاد و یَک به یَک   بـاز مـی‌پرسید از جـور فـلک**

طبیب، نبض بیمار را معاینه کرد و از حوادثی که برای وی رخ داده بود، پرسید.

---

۱ - **دیّار**: کس، کسی.

۲ - در گذشته هنگام معالجهٔ بیماران چنین سؤالاتی مرسوم بود به سبب وجود بعضی از بیماری‌های بومی در مناطق خاص و یا وجود آب و هوای مخصوص در بعضی نقاط.   ۳ - **قرابت**: خویشی، خویشاوندی.

۴ - چگونگی ضربان نبض از نظر تعداد و قدرت همواره برای پزشکان کمک مهمّی برای تشخیص بیماری‌ها بوده است. در التهابات درونی و هیجانات معمولاً تعداد نبض به شدّت افزایش می‌یابد. در اینجا طبیب الهی با استفاده از دانش روانکاوی به بررسی نبض بیمار پرداخته است تا چگونگی هیجانات درونی بیمار را از طریق ضربان نبض و افزایش آن دریابد. ابن سینا با استفاده از این روش جوانی را که عاشق شده بود و عشق خویش را کتمان می‌کرد، معالجه نمود. این جوان از بستگان قابوس بن وشمگیر بود.

چون کسی را خار در پایش جَهد پای خود را بر سر زانو نهد ۱۵۰

اگر خار در پای کسی فرو رود، پا را بر سر زانو می‌نهد و به جست‌وجوی آن بر می‌آید. در این حکایت نیز خاری در دل کنیزک خَلیده بود که حکیم الهی جویای آن بود.

وز سرِ سوزن همی جوید سرش ور نیابد، می‌کند با لب تَرَش ۱۵۱

اگر با دست خار را نیابد، از سر سوزن کمک می‌گیرد یا دست را با آب دهان مرطوب می‌کند.

خار در پا، شد چنین دشوارْ یاب خار در دِل چون بُوَد؟ وادِه جواب ۱۵۲

یافتن خاری که در پا خلیده دشوار است؛ پس یافتنِ خار در دل دشوارتر است.

خار در دِل گر بدیدی هر خسی[1] دست کی بودی[2] غمان[3] را بر کسی؟[4] ۱۵۳

اگر هر فرد بی‌مایه‌ای می‌توانست خارِ دل را دریابد، غم و اندوهی وجود نداشت.

کس به زیرِ دُمِّ خر خاری نهد خر نداند دفع آن، بر می‌جَهَد ۱۵۴

در گذشته که مردم از تفریحات معدودی بهره‌مند بودند از هر حادثه‌ای برای خنده و تفریح سود می‌جستند و یکی از این موارد، شوخی غیر انسانی نهادن خار زیر دُمِ چهارپایان بود که جهیدن چهارپا و حرکات ناشی از درد را موجبی برای خنده می‌دانستند.

بر جهد، و آن خار محکم‌تر زند عاقلی باید که خاری بر کَنَد ۱۵۵

«خار» از حرکاتِ نابجا و جَستن [درمان غلط] محکم‌تر می‌شود؛ امّا انسان با تجربه و فهیم به سرانگشت تدبیر، خار را می‌یابد و درمان می‌کند.

خر ز بهرِ دفعِ خار، از سوز و درد جُفته می‌انداخت، صد جا زخم کرد ۱۵۶

«خر» که نمادِ «جهل» است، از سوز و درد می‌جهید و با تکیه به قدرت بدن برای دفعِ مشکل کوچک، مشکلاتِ دیگری را به وجود می‌آوَرَد.

---

۱ - **خسی** : خس و خاشاک، در اینجا به معنی انسان بی‌مایه و دون، انسان سبک مایه.

۲ - **دست کی بودی** : دسترسی نبود. ۳ - **غمان** : غم و اندوه.

۴ - توجّه به احوال درونی و عاطفی و درک تحوّلات روحی و روانی نیازمند پختگی و تجربیّات بسیار و تعالی معنوی است. قسمت اعظم توجّه انسان دون‌مایه معطوف به عوالِم ظاهری و ظاهر هر چیز است و از عوالم معنوی هیچ نمی‌داند.

آن حکیمِ[1] خـارچـین، استاد بـود   دست مـی‌زد، جـابه جـا مـی‌آزمود ۱۵۷

آن حکیم الهی بسیار زبردست بود و خارِ دل را می‌شناخت و با عوارض آن آشنا بود. به نکات ظریفی اشاره می‌کرد و هر یک را مورد بررسی قرار می‌داد.

زآن کـنیزک بـر طـریقِ داسـتان   بـاز مـی‌پُرسید حـالِ دوسـتان ۱۵۸

حکیم از کنیزک خواست که داستان زندگی و شرحی از احوال دوستانش را بگوید.

با حکـیم، او قـصّه‌ها مـی‌گفت فـاش   از مقام[2] و خواجگان و شهر و باش[3] ۱۵۹

کنیزک از قصّهٔ زندگیش، محلِّ اقامت، اربابان و شهرهای مختلف به طبیب می‌گفت.

سویِ قـصّه گـفتنش مـی‌داشت گـوش   سویِ نبض و جستنش می‌داشت هوش ۱۶۰

حکیم به قصّهٔ او گوش می‌داد و توجّه داشت که چه موقع نبضِ کنیزک بر می‌جهد.

تا که نبض از نامِ که گـردد جَـهان؟   او بُـوَد مـقصودِ جـانش در جـهان ۱۶۱

تا از شنیدن نام چه کسی دچارِ تغییرِ ضربانِ نبض می‌شود که مقصود و مُرادِ اوست.

دوسـتان و شـهر، او را بـر شُـمرد   بعد از آن شـهری دگـر را نـام بُـرد ۱۶۲

دوستانی را که در شهر زادگاهش داشت یک به یک نام برد؛ سپس به سایر شهرها رسید.

گفت: چون بیرون شدی از شهرِ خویش   در کدامـین شـهر بـودستی تـو بـیش؟ ۱۶۳

حکیم پرسید: بعد از خروج از زادگاهت، بیشترین اقامت را در کدام شهر داشته‌ای؟

نام شهری گفت و ز آن هم درگذشت   رنگِ روی و نـبضِ او دیگـر نگشت ۱۶۴

کنیزک نام شهری را برد و به داستان زندگیش ادامه داد؛ امّا احوال وی تغییری نکرد.

خواجگان و شهرها را یَک بـه یَک   باز گفت، از جای و از نان و نـمک ۱۶۵

خواجه‌ها و شهر محلّ زندگیشان را نام برد و از مهمان‌نوازی و پذیرایی‌ها سخن گفت.

---

۱ - «حکیم الهی، ولیّ، انسان کامل» از علوم الهی و اسرار مطّلع است و به کار بردن چنین نحوهٔ درمان از جانب وی برای روی‌پوش است [مخفی کردن اسرار و حقایق از عوام].

۲ - **مقام**: در عربی مُقام و مَقام هر دو به معنی اقامت و قیام و محل قیام است. فارسی زبانان مقیّد بوده‌اند که در شعر و نثر مَقام را به معنی جا و مکان و محل و موضع بشناسند و مُقام را به معنی اقامت کردن.

۳ - **باش**: اقامتگاه.

شهر شهر و خانه خـانه قـصّـه کـرد   نه رگش جنبید و نه رخ گشت زرد ۱۶۶

شهر به شهر و خانه به خانه از همه گفت؛ امّا سبب تغییر حالت و تغییر نبضِ او نشد.

نبضِ او بر حالِ خود بُد بی گـزند   تـا بپرسید از سـمرقندِ چـو قـند ۱۶۷

ضربان نبضِ کنیزک کاملاً طبیعی بود تا زمانی که نام شهر سمرقند به میان آمد.

نبض جَست و روی سرخ و زرد شد   کـز سـمرقندیِّ زرگـر فـرد شـد ۱۶۸

ناگهان نبض جهید و رنگِ رویِ او سرخ و زرد شد؛ زیرا زرگرِ مورد علاقه‌اش سمرقندی بود.

چون ز رنجور آن حکیم این راز یافت   اصـلِ آن درد و بـلا را بـاز یـافت ۱۶۹

هنگامی که حکیم از رازِ کنیزک وقوف یافت و متوجّه شد که سببِ این درد و بلا چیست،

گفت: کویِ او کدام است در گـذر؟   او سـرِ پُـل گـفت و کُـویِ غـاتِفَرْ[1] ۱۷۰

حکیم گفت: محلِّ زندگی او کجاست؟ کنیزک گفت: سرِ پلِ غاتفر.

گفت: دانستم که رنجت چیست، زود   در خلاصت سـحرها خـواهـم نـمود ۱۷۱

حکیم گفت: درد تو را شناختم و اینک برای رهایی‌ات اعجاز خواهم کرد.

شاد بـاش و فـارغ و آمِـن، کـه مـن   آن کنم بـا تـو کـه بـاران بـا چـمن ۱۷۲

خوشحال باش و آسوده و در امان. بدان که من با تو همان می‌کنم که باران با سبزه‌زار می‌کند.

من غم تو می‌خورم، تو غـم مـخَور   بر تـو مـن مشـفق‌ترم از صـد پـدر ۱۷۳

من غم‌خوار تو هستم، تو اندوهگین مباش که از هر پدری بر تو دلسوزترم.

هان و هان! ایـن راز را بـا کس مگـو   گرچه از تو شه کند بس جُست و جو ۱۷۴

به هوش باش و این راز را با کسی نگو؛ حتّی اگر شاه از تو بسیار پرس و جو کند.

گورخـانهٔ رازِ[2] **تـو چـون دل شـود   آن مُـرادت زودتـر حـاصل شـود** ۱۷۵

اگر بتوانی راز را در دل نهان بداری و مدفون کنی، زودتر به مرادت می‌رسی.

---

۱ - **غاتِفَرْ** : محلّه‌ای از محلاّت آباد سمرقند که هنوز هم هست.

۲ - منسوب است به حضرت علی(ع): «صُدُورُ الأَحْرارِ قُبورُ الأَسْرارِ»: امثال و حکم دهخدا.
کِتمان سرّ از شروط طریق است و در تصوّف بر آن تأکید بسیار شده است. در تمام کتاب‌های باقی‌مانده از بزرگان عرفان و تصوّف در این باب اشاراتی هست.

گفت پیغمبر که: هر که سِرِّ نهفت زود گردد با مُرادِ خویش جفت[1] ۱۷۶

پیامبر(ص) فرمود: هر کس رازش را پنهان کند، به مرادش می‌رسد.

دنیایی که ما در آن زندگی می‌کنیم مملو از امواج گوناگون است، امواج مثبت و امواج منفی. امواج مثبت، یاری دهنده هستند و امواج منفی، مزاحم و سدّ راه....

حسادت، کینه، نفرت، آه و حسرت نسبت به زندگی و موفقیّت افراد، همه و همه امواج منفی و خطرناکی هستند که در زندگی و سلامتی دیگران تأثیرات عمده دارند. آگاهی از وجود امواج منفی و چگونگی تأثیرات این گونه امواج نیازمند لطافتِ خاصّ روح متجسّد در آدمی یا نفس، یا به عبارتی تعالی نفس است.[2]

دانه چون اندر زمین پنهان شود سِرِّ او سرسبزیِ بستان شود ۱۷۷

دانه برای آنکه بروید و رشد کند، ابتدا باید در زمین کاشته و نهان شود.

زرّ و نقره گر نبودندی نهان پرورش کِی یافتندی زیرِ کان[3] **؟** ۱۷۸

اگر طلا و نقره در زیر زمین در طبقات گوناگون نهان نبودند، پرورده نمی‌شدند.

وعده‌ها و لطف‌های آن حکیم کرد آن رنجور را آمِن ز بیم ۱۷۹

وعده‌های حکیم و محبّت او سبب شد که کنیزک آرامش یافت و نگرانی‌اش زایل گردید.

وعده‌ها باشد، حقیقی، دل پذیر وعده‌ها باشد، مجازی، تاسه‌گیر[4] ۱۸۰

وعده‌هایِ راستین، تسکین دهنده و وعده‌های غیر حقیقی، خفقان‌آور و رنج دهنده است.

وعدهٔ اهل کَرَم، گنجِ روان[5] **وعدهٔ نااهل، شد رنجِ روان** ۱۸۱

وعدهٔ مردم بزرگوار مانند گنجی عظیم، اطمینان‌بخش است و وعدهٔ نااهل تشویش‌آور.

---

۱ - اشاره‌ای است به حدیث: اِسْتَعِیْنُوا عَلیٰ إنجاحِ الْحَوائِجِ بِالْکِتْمانِ فَإنَّ کُلَّ ذي نِعْمَةٍ مَحْسُودٌ: با استعانت از رازداری، برآورده شدن حاجت‌ها و صاحب نعمت شدن‌تان را تداوم بخشید؛ زیرا صاحب نعمتی که سر زبان‌ها بیفتد مورد حسادت این و آن قرار می‌گیرد.

مَنْ کَتَمَ سِرَّهُ حَصَلَ أَمْرَهُ: هر کس رازش را پنهان کند، به مرادش می‌رسد: احادیث، ص ۱۴.

۲ - آنچه را که از گذشته تحت عنوان چشم زخم می‌شناختند، چیزی جز امواج منفی نیست. این امواج منفی بدون آنکه شخص متوجّه باشد بر جسم فیزیکی وی (اندام‌ها و سلول‌ها) اثر می‌کند و نظام عادّی آن را مختل می‌سازد و یا به نوعی بر زندگی و روابط خانوادگی و اجتماعی و موفّقیّت‌های فرد تأثیرات بد و سوء دارد و مانند هاله‌ای از بدی‌ها به دور او می‌پیچد. برای دفع این امواجِ سوء و آکنده از بدی در شریعت و طریقت دستوراتی و روش‌هایی پیشنهاد شده است. ۳ - **کان**: معدن، جایی که فلزات و شبه فلزات را استخراج کنند. ۴ - **تاسه‌گیر**: خفقان‌آور.

۵ - **گنج روان**: گنج قارون، اینجا ثروت عظیم.

در یافتنِ آن ولی رنج را و عرض کردنْ رنجِ او را پیشِ پادشاه

۱۸۲ **بعد از آن برخاست و عزم[۱] شاه کرد   شـاه را زآن شـمّه‌یی[۲] آگـاه کـرد**

حکیم به حضور شاه رفت و او را تا حدودی از ماجرا آگاه کرد.

۱۸۳ **گـفت: تـدبیر آن بُـوَد کآن مـرد را   حـاضر آریـم از پـیِ ایـن درد را**

حکیم الهی گفت: تدبیر آن است که برای درمان این درد، زرگر را به اینجا بیاوریم.

۱۸۴ **مرد زرگر را بخوان ز آن شـهرِ دور   بـا زر و خِـلعت بِـدِه او را غـرور**

مرد زرگر را از آن شهر دور احضار کن و زر و جامه‌های نفیس بده تا احساس سربلندی کند.

۱۸۵ **چونکه سلطان از حکیم آن را شنید   پندِ او را از دل و جـان بـر گـزید[۳]**

شاه با شنیدن اندرز حکیم الهی، از دل و جان نصیحت وی را پذیرفت.

فرستادنِ پادشاه رسولان به سمرقند، به آوردنِ زرگر

۱۸۶ **پس فرستاد[۴] آن طرف یک دو رسول   حـاذقان و کـافیان[۵] بَس عُـدول**

بنابراین، شاه یکی دو نفر از پیشکاران لایق و با صلاحیّت را روانه کرد.

۱۸۷ **تـا سـمرقند آمـدند آن دو امـیر   پیشِ آن زرگـر ز شـاهنشه بشـیر[۶]**

نمایندگان به سمرقند رسیدند و با بشارتی از جانب شاه نزد زرگر رفتند.

۱۸۸ **کِای لطیف استادِ کـاملْ مـعرفت[۷]!   فـاش انـدر شـهرها از تـو صـفت**

و به او گفتند: ای استاد برجستهٔ زرگری، آوازهٔ هنر تو در شهرها پیچیده است.

۱۸۹ **نَک، فـلان شـه از بـرای زرگـری   اخـتیارت کـرد، زیـرا مِـهتری**

اینک فلان شاه، تو را به عنوان زرگر مخصوص برگزیده است؛ زیرا تو برجسته‌ترین جواهرساز این مرز و بوم هستی.

---

۱ - **عزم**: آهنگ چیزی کردن. ۲ - **شمّه**: مقدار اندک، اندکی.

۳ - این بیت را در حاشیه افزوده‌اند، در پاورقی نیکلسون آمده است.

۴ - در مصراع اوّل «شه فرستاد» است که به «پس فرستاد» بدل کرده‌اند. ۵ - **کافیان**: پیشکاران.

۶ - **بشیر**: بشارت دهنده. ۷ - **معرفت**: اینجا آگاه.

اینک این خلعت بگیر و زرّ و سیم　　چون بیایی، خاص باشی و ندیم ۱۹۰

اکنون این جامهٔ نفیسِ مرحمتی شاه را به انضمام طلا و نقره بگیر و بدان که در زمرهٔ درباریان و نزدیکان او به شمار خواهی آمد.

مرد مال و خِلعت بسیار دید　　غَرّه شد، از شهر و فرزندان بُرید ۱۹۱

مرد زرگر با دیدن مال و جامه‌های گران‌بها فریب خورد و شهر و خانواده را رها کرد.

اندر آمد شادمان در راهْ مرد　　بی خبر کآن شاه قصدِ جانْش کرد ۱۹۲

مرد زرگر با شادی راه را طی می‌کرد و نمی‌دانست که شاه قصد جان او را دارد.

اسب تازی بر نشست و شاد تاخت　　خونبهایِ خویش را خِلعت شناخت ۱۹۳

سوار بر اسب تازی به سرعت و شادمانی می‌تاخت. خون‌بهایِ خود را خِلعت می‌شناخت.

ای شده اندر سفر با صد رِضا　　خود، به پایِ خویش، تا سوءَ ٱلقَضا[1] ۱۹۴

ای کسی که با رضایت تام راهی سفر شده‌ای، با پای خود به سوی قضای بد می‌شتابی.

در خیالش مُلک و عِزّ و مِهتری　　گفت عزرائیل: رو، آری، بَری[2] ۱۹۵

مرد زرگر می‌اندیشید که این سفر راهی است به سوی ثروتمند شدن و عزّت و سروری؛ امّا عزرائیل با خود گفت: برو که همین را خواهی برد!

چون رسید از راهْ آن مردِ غریب　　اندر آوردش به پیشِ شه طبیب ۱۹۶

زرگر از راه رسید و حکیم وی را که غریب بود، به حضور شاه آورد.

سوی شاهنشاه بُردندش به ناز　　تا بسوزد بر سرِ شمع طِراز[3] ۱۹۷

با احترامات او را به دربار بردند تا پروانه‌سان گِرد شمع وجود کنیزک زیباروی بسوزد.

شاه دید او را، بسی تعظیم کرد　　مخزنِ زر را بدو تسلیم کرد ۱۹۸

شاه، به زرگر احترام بسیار گذاشت و گنجینهٔ جواهرات را در اختیارش قرار داد.

---

۱ - اشاره‌ای است به کلامی از امیرالمؤمنین علی(ع) از نهج البلاغه: وَ رُبَّ سَاعٍ فِي مَا يَضُرُّهُ: چه بسا تلاشگری که کوشش وی به زیانش تمام می‌شود: احادیث، ص ۱۵.
حدیثی به نقل از حضرت رسول اکرم(ص): از قضای بد، تسلّط دشمن و بلای سخت به خدا پناه می‌برم: همان.

۲ - **بَری**: می‌بری.

۳ - **طراز**: با فتح و کسر اوّل هر دو صحیح است. شهری در ترکستان که ساکنانش به حسن جمال معروف‌اند.

۱۹۹ **پس حکیمش گفت: کای سلطانِ مِهْ[1] آن کنیزک را بدین خواجه[2] بِدِهْ**

حکیم به سلطان گفت: ای شاهِ شاهان، آن کنیزک را به عقد این مرد زرگر در آور.

۲۰۰ **تا کنیزک در وصالش خوش شود آب وَصلش دفعِ آن آتش شود**

تا این همجواری سبب بهبود حال بیمار و دفع آتش بیماری گردد.

۲۰۱ **شه بدو بخشید آن مَهْ رُوی[3] را جفت کرد آن هر دو صُحبت جُوی[4] را**

شاه کنیزک زیباروی را به زرگر بخشید و آنان را که مشتاق یک‌دیگر بودند، به وصال رسانید.

۲۰۲ **مدّتِ شش ماه می‌راندند کام تا به صحّت آمد آن دختر تمام**

آن دو شش ماه به کامرانی پرداختند تا آن دختر به‌طور کامل بهبود یافت.

طبیب الهی، اجازه می‌دهد که نَفْس [در اینجا مظهر نفس، کنیزک است] مدّتی را به برآوردن تمایلات خویش بپردازد و به اصطلاح ترکتازی کند؛ یعنی در جهت خواسته‌های خود که مظاهر دنیوی است [اینجا مرد زرگر و برخورداری از او] حرکت کند؛ سپس با تجویز داروی عرفان [تفویض بینش و معرفت]، چهرهٔ آمال و آرزوها [دنیا و مظاهر دنیوی] نزد او به شدّت زشت و کریه می‌شود و نَفْس پالایش می‌یابد و به تدریج مترقّی و متعالی می‌گردد.

۲۰۳ **بعد از آن از بهرِ او شربت[5] بساخت تا بخورد و پیشِ دختر می‌گداخت[6]**

سپس، حکیم شربتی آماده کرد و به او خورانید که در حضور کنیزک می‌سوخت و آب می‌شد.

۲۰۴ **چون ز رنجوری جمالِ او نماند[7] جانِ دختر در وبالِ او نماند[8]**

چون مرد زرگر زیبایی خود را در اثر بیماری از دست داد، عشقِ کنیزک سرد شد.

۲۰۵ **چونکه زشت و ناخوش و رُخ زرد شد اندک اندک در دلِ او سرد شد**

هنگامی که زرگر، زشت و زار شد، آرام‌آرام مهر او از دل کنیزک رفت.

---

۱ - **مِه**: مِهین، بزرگ‌ترین. ۲ - **خواجه**: بزرگ، سرور، دولتمند. ۳ - **مَه‌روی**: زیباروی.

۴ - **صحبت جوی**: کسی که خواهان همصحبتی و همجواری با دیگری است.

۵ - شربتی که طبیب الهی تجویز می‌کند، داروی عرفان یا تفویض ادراکات معنوی و روحانی است.

۶ - **پیش دختر می‌گداخت**: با ارادهٔ باطنی ولیّ، چهرهٔ مظاهر دنیوی نزد سالک تغییر می‌کند.

۷ - **جمال او نماند**: لطف و زیبایی خاصّی که دنیا و تعلّقات دنیایی در چشم وی داشت تغییر کرد.

۸ - **جان دختر در وَبال او نماند**: در چشم نفس، بی‌جمال بودن و زردرویی **دنیا** به نمایش گذاشته می‌شود که دیگر تعلّق خاطری به مظاهر دنیوی نداشته باشد. (پالایش نفس)

دنیا دو چهره دارد: چهرهٔ زشت و چهرهٔ زیبا. طبیب باطنی (مرشد روحانی، پیر) برای تربیت سالکان، چهرهٔ زشتِ دنیا را به ایشان می‌نماید و مهر دنیا را بر دل سالک سرد می‌کند.

مجموعهٔ افکار و اندیشه، اهداف و علایق یک فرد دنیایی است که او در آن زندگی می‌کند. اگر این علایق و افکار در جهت ترقّیِ معنوی باشد، پسندیده است. اگر تلاش و جدّ و جهد فقط و فقط در جهت رسیدن به اهداف دنیایی و زوال‌پذیر باشد، مذموم و نکوهیده است.

پس در طریقت، دنیای هر کس خواسته‌های اوست. چیزی که برای رسیدن به آن می‌کوشد و به عبارت دیگر، دنیا؛ یعنی غفلت از حق، و هر چیزی که موجبات این غفلت را فراهم آورد. بنابراین هر غیرِ حق، ماسِوَی‌الله، دنیا، نامیده می‌شود.[1]

در طریقت برای تربیت سالک، مرشد روحانی با قدرت روحانی خود که از حضرت حق به وی می‌رسد، دنیای سالک را عوض می‌کند؛ یعنی در حقیقت جهان‌بینی جدیدی به وی ارائه می‌نماید و ارزش‌ها را در ذهن و فکر او با آنچه که قبلاً بوده است، متفاوت می‌سازد و معیار حقیقی را جایگزین معیارهایِ قراردادیِ دنیوی می‌کند. بدین‌سان زیربنای هر فکر و هر فعلِ مُرید، رضای دوست خواهد بود و مجموعهٔ این فعل و انفعالات ناشی از توجّه باطنی و معنوی مرشد به مرید است که درصد ناچیزی از آن راکلام و سخن در بر می‌گیرد.

عارفی بزرگوار در این باب فرموده است: ذکر؛ چون آبی است که به امر مراد در جوی‌های باطن مرید به‌گردش در می‌آید. آنچه که در سرشت و فطرت وی باشد از صفات پسندیده و ناپسند، تمایلات عارفانه و یا جاهلانه، و آنچه که در وی به صورت نهفته وجود دارد و خود او از حضور این ویژگی‌ها در خویش بی‌خبر است، به امداد این آب (ذکر قلبی) به ظهور می‌رسد و سالک را از درون وی باخبر می‌سازد. آنگاه که بر وجودِ صفات ناپسند در خویش آگاه شد و هنگامی که ریشهٔ تعلّقات دنیوی را در اعماق وجود خویش سخت محکم یافت، وی را به طریق معنوی قدرت و قوّت می‌دهد تا حقایق را در حدّ ترقّی خویش دریابد و در حالت مراقبه و عالم رؤیا ببیند که هدف غایی و نهایی خلقت چیست؟ و برای چه آفریده شده است؟ و برای هماهنگی با نظام زیبای کلّ کاینات چگونه باید بود؟ آنگاه که بر این امور واقف گردید، از عدم هماهنگی خویش با نظام هستی که زیبایی محض است، به رنج می‌افتد و در پی زیباسازی خود از جهات افکار و احساس و اندیشه و صفات برخواهد آمد و اینجا است که قدرت عظیم معنوی استاد روحانی به امداد او می‌شتابد تا وی را در این جهاد بزرگ (جهاد با نفس) یاری کند؛ در نتیجه سالک آرام‌آرام ترقّی روحی می‌یابد و نفس وی پالایش می‌شود و تزکیه می‌گردد و بدین ترتیب دنیا در نظرِ او جلوه‌ای دیگر می‌یابد و ارزش‌های معنوی و روحانی جایگزین ارزش‌های دنیوی می‌گردد. بدین سان سالک تیزهوش بافراست در می‌یابد که باید تلاش وی در جهت هماهنگی با نظام عالی کاینات و در جهت رسیدن به کمال باشد؛ در نتیجه کوشش و جدّ و جهد او برای انجام امور محوّلهٔ دنیایی هرگز مبدّل به سستی و بی‌حالی و بی‌رغبتی نمی‌شود؛ زیرا هدف آفرینندهٔ قادر، تداوم دنیا و امور دنیوی است؛ امّا نیّت وی تفاوت می‌یابد و ساده‌ترین امور زندگی را به شوق و رغبت تام و با هدف رضایت خالق انجام می‌دهد؛ چون حضور و توجّه حق را در لحظه‌لحظهٔ زندگی خویش، در هر فکر، در هر حس و در هر حرکت و عملِ خود ساری و جاری یافته است و تمام همّ و غمّ وی ترقّی معنوی و تعالی روحانی خواهد بود... و بدین ترتیب دنیا و مظاهر دنیوی رنگ می‌بازند و دنیای وی، دنیایی است پر از حق‌خواهی، حق‌جویی و حق‌گویی.

---

۱ - مقایسه کنید : حافظ : یار مفروش به دنیا که بسی سود نکرد آنکه یوسف به زر ناسره بفروخته بود

* * *

از ره مشو به عشوهٔ دنیا که این عجوز مکّاره می‌نشیند و محتاله می‌رود

۲۰۶ **عشــق‌هایی کــز پــی رنگی بُـوَد   عشــق نــبْوَد، عــاقبت نــنگی بُـوَد**

آن کس که عشق را می‌شناسد، به خوبی آگاه است که عشق فناپذیر نیست؛ امّا عامّه که شناخت آگاهانه‌ای از عشق و عوالم روحانی و لطیف آن ندارند، به کشش‌های عاطفی بین دو جنس مخالف و تمایلات شدید نفسانی [تمنّیات جسمانی و هوا و هوس] نامِ عشق می‌دهد. حال آنکه بسیاری از بیقراری‌ها و تب و تاب‌های سنین مختلف عمر، ناشی از فوران غرایز است و با ارضای خواسته‌های طبیعی بشری به سکون می‌انجامد. در حالی که عشق به مفهوم حقیقی آن تابع تمایلات جسمی نیست و باگذشت زمان نه تنها تخفیف نمی‌یابد، بلکه از وسعت و عمق بیشتری برخوردار می‌گردد.

بنابراین مولانا می‌فرماید: عشقی که بر اثر رنگ و رو، ظاهر زیبا و آراسته؛ امّا بدون آگاهی به وجود آمده باشد، عشق نیست و نامی جز ننگ و رسوایی نمی‌توان بر آن نهاد.

۲۰۷ **کاش کآن هم ننگ بـودی یکسـری   تـا نـرفتی بـر وی آن بـد داوری**

ای کاش تمایلات نَفْسانی واضح باشد تا هرگز توهّمی را به وجود نیاورد که این احساس عشق است و سبب داوری اشتباه نسبت به عشق نشود.

۲۰۸ **خون دوید از چشم همچون جویِ او   دشــــمنِ جــــانِ وی آمـد رُویِ او**

از چشم‌های او خون مانند جویی روان بود؛ زیرا چهرهٔ زیبا دشمن جانش شده بود.

۲۰۹ **دشــــمن طـــاووس آمـد پــرِّ او   ای بســی شــه را بکُشــته فــرِّ او**

طاووس را برایِ پرِ رنگارنگ اسیر می‌کنند و چه بسا شاهان که به سببِ شوکتِ حسدبرانگیز کشته شده‌اند.

۲۱۰ **گفت: مـن آن آهُـوَم کـز نـافِ مـن   ریخت این صیّادْ خونِ صـافِ مـن**

گفت: من مانند آن آهو هستم که خون پاکم برای مُشکِ معطّر ریخته می‌شود.

۲۱۱ **ای من آن روباهِ صحرا کـز کـمین   سـر بُـریدندش بـرای پـوستین**

من مانندِ آن روباهِ صحرا هستم که برای پوست نرم و لطیف سرم را بریده‌اند.

۲۱۲ **ای مـن آن پـیلی کـه زخـمِ پـیلبان   ریـخت خـونم از بـرای اسـتخوان**

یا آن فیلی که برای عاج گران‌قیمت، فیلبان خونم را می‌ریزد.

۲۱۳ **آنکــه کُشْــتَسْتَم پـی مـادون مـن[1]   می نداند کـه نَـخُسْبَد خـون مـن؟[2]**

زرگر خود را بی‌گناه می‌داند و علّتِ نابودی را زیبایی ظاهریِ خود می‌انگارد. حال آنکه

---

۱ - **مادون من**: چیزی غیر از خودِ من، اینجا زیبایی ظاهری.

۲ - **نخسبد خون من**: آرام نمی‌یابد، خون بی‌گناه پایمال نمی‌شود و انتقام خواهد گرفت.

او محرکِ نَفْس بوده و آن را در پایین‌ترین مرتبه، یعنی نفس امّاره نگه داشته؛ پس محکوم به نابودی است. در راهِ حق هر چیزی که مانعِ تهذیبِ نَفْس باشد، محکوم به زوال است. اینجا «زرگر نمادی از تعلّقات دنیوی است.»

۲۱۴ **بر من است امروز و فردا بر وی است   خونِ چون من کس چنین ضایع کی‌است؟**

این ظلم امروز به من رسید و فردا دامن او را می‌گیرد، خون بی‌گناه پایمال نمی‌شود.

۲۱۵ **گرچه دیوار افکند سایهٔ دراز   بازگردد سویِ او آن سایه باز**[1]

هرچند که دیوار سایهٔ بلندی دارد؛ امّا این سایه به سوی خود او باز می‌گردد.

۲۱۶ **این جهان کوه است و فعلِ ما نِدا   سوی ما آید نداها را صدا**

همان‌گونه که صوت در کوه پژواک دارد، کلیّهٔ افعال و افکار انسان هم نتایجی دارد که بازگشت آن‌ها به سوی خود اوست.

۲۱۷ **این بگفت و رفت در دَمْ زیر خاک   آن کنیزک شد ز عشق و رنجْ پاک**

زرگر این سخنان را گفت و مُرد و کنیزک از عشق و رنج رهایی یافت.

۲۱۸ **زآنکه عشقِ مُردگان پاینده نیست   زآنکه مُرده سویِ ما آینده نیست**

زیرا عشقِ مُردگان پایدار نیست و مُرده به سویِ ما باز نمی‌گردد. تنها ذات باری تعالیٰ «حیّ، زنده یا موجود» است و هر کس که فانی در حق و باقی به حق شده باشد [ولیّ، انسان کامل]، و غیر از آن هر چه هست، گرچه به ظاهر زنده است، از نظر باطنی یا معنوی حیّ یا زنده نیست.

۲۱۹ **عشقِ زنده در روان و در بَصَر   هر دمی باشد ز غُنچه تازه‌تر**

«عشقِ حقیقی» که عشق به «زنده» است، زوال نمی‌پذیرد و همواره شاداب است.

۲۲۰ **عشقِ آن زنده گُزین، کو باقی[2] است   کز شرابِ جان فزایت ساقی است**

عشق کسی را بگزین که زندهٔ حقیقی است و تو را از مِیِ حقیقت سرمست می‌سازد.

---

۱ - تیرگی‌ها، کدورت‌ها و بدی‌ها به سوی شخص باز می‌گردد.

۲ - **باقی:** بقا تنها خاصّ حضرت حق است و زندهٔ حقیقی اوست که از شرابی جان‌فزا که همان «شراباً طَهُورا» یا «می اَلَست» است به عنایتی سرمدی هر آن که را لطف ازلی شامل حالش باشد سرمست می‌سازد و کسی که از چنین می بی‌خویش گشته باشد، سر به دو کون فرود نمی‌آورد و جز به دوست نظر ندارد.

مقایسه کنید:

حافظ: هرگز نمیرد آنکه دلش زنده شد به عشق   ثبت است بر جریدهٔ عالم دوام ما

عشـقِ آن بگزین کـه جـمله انـبیا   یـافتند از عشـقِ او کـار و کـیا ۲۲۱

انبیا فقط عشق حق را خواستند و به پادشاهی و حکومت بر دل‌ها و جان‌ها رسیدند.

تو مگو: ما را بر آن شه بـار نـیست   با کـریمان کـارها دشـوار نـیست[1] ۲۲۲

تو نگو به بارگاهِ او راه نداریم، با کریمان کارها آسان است. او برای راه یافتن بـه حـریمِ حرم، ابواب رحمت را بر بندگان گشوده است و ندای «**أُدعُونی أَسْتَجِبْ لَكُمْ**»: غافر: ۶۰/۴۰: *مرا بخوانید تا شما را اجابت کنم*، درداده و راه‌های بازگشت را به مشتاقان نشان داده است.

بیانِ آنکه کشتن و زهر دادنِ مردِ زرگر به اشارت الهی بود، نه به هوایِ نَفْس و تأمّلِ[2] فاسد

کشـتنِ آن مـرد بـر دستِ حکـیم   نـه پـیِ اومـید بـود و نـه ز بـیم ۲۲۳

کشتن زرگر به‌دست حکیم، نه به امید رسیدن به مقصودی خاص و نه به دلیل نگرانی از چیزی بود.

او نکُشـتش از بـرای طـبع شـاه   تـا نـیامد اَمْـر و الهـام الـه ۲۲۴

حکیم الهی، زرگر را به خواست شاه نکشت، به امر خداوند بود.

آن پسر را کِش خَضِر بُـبْرید حـلق   سِـرّ ِ آن را در نـیابد عـامِ خـلق[3] ۲۲۵

پسری را که خضر(ع) کُشت، در پی سرّی بود که عوام از درکِ آن عاجزند.

در ملاقات موسی(ع) با خضر(ع)، موسی(ع) همراهی و همگامی با خضر(ع) را طالب است تا از او دانش حقیقی

---

۱ - بنابراین کریمی که در خلقت انسان «وجهی خلقی و وجهی ربّی» نهاده است، از سرِکَرَم ندای سیر استکمالی برای همگان در داده و ابواب راه سلوک را بر آنان گشوده است.

مقایسه کنید: حافظ:

کار خود گر به کرم باز گذاری حافظ   ای بسا عیش که با بخت خداداده کنی

۲ - **تأمّل**: اندیشیدن. عنوان، از قلم افتاده، در مقابله اضافه شده است.

۳ - اشاره‌ای است به ملاقات حضرت موسی(ع) با خضر نبیّ که در سورهٔ کهف آیه ۶۰ به بعد به تفصیل در مورد آن سخن رفته است. در بعضی کتاب‌ها نوشته‌اند که نام خضر «بلیاء» بوده و خضر لقب اوست، مادرش رومی و پدرش اهل ایران بوده است. بعضی او را نبیّ و برخی او را ولیّ می‌دانند و گویند خضر و الیاس (پیغمبر بنی اسرائیل) هر دو زنده هستند و هر سال در عرفات به یک‌دگر می‌رسند و تا قرآن باقی است، آن‌ها هم باقی هستند: قرآن کریم، تفسیر خواجه عبدالله انصاری.

بیاموزد؛ زیرا وی از جانب حق تعالیٰ **علم لَدُنی** [علم الهی بی‌واسطهٔ مخلوق] آموخته است. خضر(ع) به موسی(ع) می‌گوید: تو همراه و همگام من نتوانی بود؛ زیرا عاقبت امور را نمی‌دانی و موسیٰ(ع) که بسیار مشتاق به دریافت علوم الهی است، اصرار می‌ورزد و با او همراه می‌گردد. در این همراهی اتّفاقاتی رخ می‌دهد که موسیٰ(ع) را سخت برآشفته می‌سازد. بر کشتی سوار می‌شوند، خضر کشتی را سوراخ می‌کند و با اعتراض موسی(ع) مواجه می‌شود، پس از طیّ مسیری نوجوانی را می‌بینند. خضر(ع) او را می‌کشد و باز با اعتراض موسی(ع) روبرو می‌گردد. بعد از رسیدن به شهری، دیواری را می‌بینند که در شرف افتادن بود و خضر آن را بر جای می‌نهد و موسی(ع) باز هم معترض می‌شود که اگر می‌خواستی می‌توانستی در ازای ترمیم دیوار، از این مردم که به ما غذا ندادند، پاداش دریافت کنی... و بدین سان خضر(ع) به موسی(ع) می‌گوید: اینجا محل جدایی من و توست؛ تو با من شکیبایی نتوانی؛ زیرا از حقیقت هر چیز و عاقبت امر بی‌اطّلاع هستی؛ بنابراین تو را با خبر می‌کنم از آنچه شکیبایی بر آن را نتوانستی.

کشتی از آنِ قومی درویش است که با آن در دریا کار می‌کنند. کشتی را معیوب کردم؛ زیرا در راه ایشان سلطانی ستمگر بود که هر کشتی بی‌عیب را به ناحق می‌گرفت.

آن نوجوان پدر و مادری با ایمان داشت؛ پس ترسیدم که ناپاکی و سرکشی فراسر ایشان نشانَد. چنان کردم که خداوند به جای او به آن‌ها فرزندی بهتر در هنر و نزدیک‌تر به بخشایش دهد.

امّا؛ آن دیوار از آنِ دو کودک بود که به حدّ بلوغ نرسیده بودند و پدر آن‌ها مرده بود. زیر آن دیوار گنجی بود و خدا خواست که آن دو یتیم به حدّ رشد برسند و گنج خویش را بیرون آرند؛ پس بدان هر آنچه من کردم، خودسرانه نبود، این است معنی آنکه تو بر آن شکیبایی نتوانستی.

در قرآن از خضر نامی برده نشده است؛ امّا تمام مترجمان و مفسّران قرآن کریم آیهٔ ۶۴ از سورهٔ کهف را در مورد وی می‌دانند که از جانب خداوند به او علم لدنّی و علوم و اسرار الهی بی‌واسطهٔ مخلوق عنایت شده است: «**علماً مِنْ لَدُنّا**» و به این جهت است که گاه وی را در مرتبهٔ انبیا قرار می‌دهند و از نظر نور باطنی (نور ولایت) نسبت به موسی(ع) مقام برتری می‌یابد و چون به علّت دریافت علوم و اسرار الهی از آنچه که پس پردهٔ غیب می‌گذرد مطّلع است، اطاعت بی‌چون و چرا از موسیٰ(ع) می‌خواهد، هرچند که ممکن است اعمال وی از دیدگاه مردم عادّی غیر قابل توجیه، خطا و یا جنایت باشد.

سفر حضرت موسی(ع) به مجمع‌البحرین را در ذیل بیت ۱۹۶۲ دفتر سوم بخوانید.

آنکه از حق یابد او وَحْی و جواب — هر چه فرماید، بُوَد عینِ صواب ۲۲۶

کسی که از حق وحی دریافت می‌دارد و معانی و پاسخ هر سؤال در دلش القا می‌گردد، هرچه بگوید عین خیر و درستی است.

آنکه جان بخشد، اگر بُکْشد رواست — نایب است و دستِ او دستِ خداست [1] ۲۲۷

انسان کامل، با امداد از حق به دیگران جان تازه‌ای می‌بخشد که همان حیات روحانی و

---

۱ - خداوند در ارتباط با جنگ بدر خطاب به رسول گرامی می‌فرماید: و تو [ای محمّد] تیر نینداختی، هنگامی که انداختی بلکه خداوند انداخت؛ «وَ ما رَمَیْتَ إِذْ رَمَیْتَ وَ لٰکِنَّ اللهَ رَمیٰ»، انفال: ۱۷/۸.

معنوی یا حیاتی ماورای حیات ظاهری و عادّی انسان‌هاست. چنین انسان والایی آنچه را که انجام می‌دهد از آنجا که جان او به حق پیوسته، حق است و دست او دست خداست و ارادهٔ خداوندی از طریق او به فعل می‌آید.

۲۲۸ **همچو اسماعیل[1] پیشش سر بنه   شاد و خندان پیش تیغش جان بده**

تو نیز ای سالک، همانند اسماعیل(ع) باش که به رضایت تام، حاضر شد جان را قربانی کند.

۲۲۹ **تا بماند جانت خندان تا ابَد   همچو جانِ پاکِ احمد[2] با احَد**

تا جانی سرمدی بیابی، همان گونه که جان پاک رسول(ص) در پیشگاه خداوند شادمان است.

۲۳۰ **عاشقان آنگه شراب جان کَشند   که به دستِ خویش خوبانْشان کُشند[3]**

عاشق زمانی سرشار از شادمانی می‌شود که عشق او مقبول معشوق باشد و توجّه متقابل را حس کند. معشوق ازلی، عشقِ هیچ عاشقی را نمی‌پذیرد مگر آنکه دل او خالی از هر تعلّق و محبّتِ دیگر و سرشار از عشق حق باشد.

---

۱ - چون ابراهیم(ع) خواب دید که باید فرزند را قربانی کند، هر دو از مکّه خارج شدند و به صحرای منیٰ رفتند. آنگاه ابراهیم کارد را بر گلوی اسماعیل نهاد. کارد نبرّید، تا بدانی که کارد به فرمان می‌بُرّد، چنانکه آتش به فرمان می‌سوزانَد و چون فرمان رسید، آتش ابراهیم را نسوزانید. سپس فرمان آمد که ما قربانی تو را به گوسفندی بزرگ فدا کردیم و رسم قربانی در حج بدین مناسبت است که آن را عید قربان گویند.

اکثریّت صحابه و اهل خبر معتقدند که ذبیحِ ابراهیم، اسماعیل بود که در مکّه می‌زیست، نه اسحاق که در شام بود. رسول خدا(ص) فرمود: من پسر دو ذبیح هستم. پرسیدند دو ذبیح چه کسانی‌اند؟ فرمود: جدّم اسماعیل و پدرم عبدالله. عبدالمطّلب نذر کرد که اگر خداوند به او ده پسر کرامت فرماید، یکی را در راه خدا قربانی کند و چون خداوند او را ده فرزند ذکور عنایت فرمود، سران قوم را حاضر کرد و چند بار قرعه به نام عبدالله [عزیزترین پسر] آمد. هر بار که قرعه به نام عبدالله آمد، ده قربانی شتر افزود تا صد شتر. آنگاه آخرین قرعه به نام صد شتر آمد و عبدالله نجات یافت. از این رو است که دیهٔ کشتن مرد مسلمان صد شتر آمده است. اشارتی قرآنی، صافات: ۱۰۱/۳۷ به بعد: کشف الاسرار، میبدی، ذیل آیهٔ مذکور.

۲ - **احمد :** بسیار ستوده، صف: ۶/۶۱: وقتی که عیسی پسر مریم به بنی اسرائیل گفت: من فرستادهٔ خداوند به سوی شما هستم و راست دارنده و پذیرندهٔ تورات که پیش از من فرو آمده و مژده دهنده است به رسولی که نامش «احمد» است... .

خداوند در قرآن «محمّد» رسول گرامی(ص) را احمد می‌نامد. فرق میان احد و احمد، حرف «م» است که ارزش عددی آن ۴۰ و مبیّن عقل کلّی است؛ یعنی انسان کامل که به باطن و ذات، الهی است و به صورت و ظاهر در کسوت بشر؛ یعنی حقیقت انسان کامل، «واجب‌الوجود» است و صورت ظاهر او «ممکن‌الوجود».

۳ - **که به دستِ خویش خوبانشان کُشند :** که خود به خواست خویش هر محبّت جز عشق به حق را در دل خود محو کنند.

شاه آن خون[1] از پیِ شهوت نکرد تو رها کن بدگمانی و نبرد ۲۳۱

حکیم الهی آنچه را که از حق دریافته بود [کشتن مرد زرگر] با شاه در میان نهاد و شاه خود را به دست انسانِ کامل سپرد؛ پس آنچه شد، به دنبال هوا و هوس نبود. بدگمانی در حقّ مردان خدا نبرد با حق است.

تو گمان بُردی که کرد آلودگی در صفا، غِشْ کِی هِلَد پالودگی؟ ۲۳۲

تو پنداشتی که او به غَرَضی آلوده شد، انسان کامل مظهر صفا و پاکی است، در وجودِ او حق و باطل آمیخته نیست که مرتکب خطا شود.

بهرِ آن است این ریاضت[2] وین جَفا[3] تا بر آرَد کوره از نُقره جُفا[4] ۲۳۳

رنج و مشقّتِ سالک برای آن است که نَفْس او تربیت شود و به همین مناسبت در کوره‌ای از فشارها و ریاضت‌ها قرار می‌گیرد تا باطنِ طلا صفت او از خس و خاشاک نَفْسانی پالایش یابد.

بهرَ آن است امتحانِ نیک و بد تا بجوشد، بر سر آرَد زر زَبَد[5] ۲۳۴

این امتحانات و سختی‌هایِ مُرید، برای پالایشِ نَفْس وی از بدی‌ها است. [تربیت نَفْس]

گر نبودی کارش الهام اِلٰه او سگی بودی درانده، نه شاه ۲۳۵

آنچه که شاه انجام داد متعاقب الهام الهی دل پیر بود وگرنه کشتن، کار حیوانات است، نه انسان.

پاک بود از شهوت و حرص و هوا نیک کرد او، لیک نیکِ بد نما ۲۳۶

او از صفات ناپسند مبرّا بود. کار خوبی کرد؛ امّا جلوه‌ای بد داشت.

گر خَضِر[6] در بحر کشتی را شکست صد دُرستی در شکستِ خِضر هست ۲۳۷

اگر خضر(ع) کشتی را شکست، در آن خرابی ظاهری صد آبادانی نهان بود.

---

۱ - **خون کردن :** کشتن، قتل.

۲ - **ریاضت :** رنج و مشقّتی که سالک راه خدا برای تهذیب نفس متحمّل می‌شود. ممکن است ریاضت به صورت انجام اعمال عبادی طولانی و دشوار باشد و یا انجام خدمات گوناگون برای رضای خدا، یا تحمّل سختی‌ها و دشواری‌های متفاوتی که به ارادهٔ استاد تربیت کننده بر سر راه سالک قرار می‌گیرد و هدف کلّی آن پالایش نفس است.

۳ - **جَفا :** بی‌مهری، آزردن، ستم. ۴ - **جُفا :** خاشاک.

۵ - **زَبَد :** کف روی آب، دُردی که هنگام جوشیدن زر و سیم در کوره، روی آن جمع می‌شود.

۶ - توضیح کامل آن در بیت ۲۲۵ آمده است.

وهـمِ مـوسی بـا هـمه نـور و هُـنر　　شد از آن محجوب، تو بی‌پر مـپر[1] ۲۳۸

موسیٰ(ع) با شوکتِ پیامبری و آن همه معجزات، از اسرار خضر(ع) بی‌خبر بود، تو که هنوز در عالم معنا بال و پری نگشوده‌ای، قضاوت بیهوده نکن.

آن گُلِ سرخ است، تو خـونَش مـخوان　　مستِ عقل‌است او، تو مجنونَش مخوان ۲۳۹

خونی که حکیم الهی ریخت، چون در اجرای فرمان حق تعالیٰ بود، گل سـرخ مـحبّت است و نمی‌توان او را خونریز نامید؛ زیرا از عقلِ کُلّی مست است. او را مجنون مپندار.

گـر بُـدی خـونِ مسلمان کـامِ او　　کـافِرم، گـر بُـردَمی مـن نـام او ۲۴۰

نابودی زرگر به خواست او نبود. هیچ مؤمنی از موجودی جنایتکار ستایش نمی‌کند.

مـی بـلرزد عـرش از مـدحِ شـقی[2]**　　بـد گُـمان گـردد ز مـدحش مُـتَّقی** ۲۴۱

از ستایش بدکار ستم‌پیشه، عرش به لرزه می‌آید؛ زیرا موجب بدگمانی مؤمنان است.

شـاه بـود و شـاهِ بس آگـاه بـود　　خـاص بـود و خـاصهٔ اَللّه بـود ۲۴۲

حکیم الهی، شاه عالم معنا و بنده‌ای خاص از خاصان حق تعالیٰ بود.

آن کسی را کِش چنین شاهی کُشـد　　سویِ بخت و بهترین جـاهی کَشـد ۲۴۳

کسی که توسط شاه عالم معنا کشته می‌شود، نابودی‌اش هدایتی است به سوی اقبال.

گـر نـدیدی سـودِ او در قـهرِ او　　کِیْ شدی آن لطفِ مطلق قهرجُـو؟ ۲۴۴

قهرِ انسان کامل عین لطف است [عنایات پنهانی یا لطف خفی]. سود زرگر در مرگ او بود و گرنه بعدها به سبب پیروی از تمایلات نفسانی در آتش قهر حقیقی حق؛ یعنی آتشِ ندامت می‌سوخت.

---

۱ - عرفا را اعتقاد بر این است که هر چه هست از وجود مبارک رسول گرامی حضرت محمّد(ص) خارج نیست و رسول گرامی(ص) را نوری بود در ظاهر که نور نبوّت وی بود و نوری بود در باطن، که نور ولایت وی بود. ایشان چنین معتقدند که «ولایت» عبارت است از ادراک عارفانه و عاشقانهٔ حضرت باری‌تعالیٰ و اتّصال به دریای وحدانیّت حضرت حق؛ پس نور ولایت رسول گرامی(ص) برتر از نور نبوّت وی است، نبوّت با محمّد(ص) پایان یافت و او خاتم‌الانبیا بود؛ امّا نور باطن وی (نور ولایت) همچنان وجود دارد که در حقیقت همان نور هدایت است.
موسیٰ(ع) را نبوّت بود و نور وی نور پیامبری او که مقامی است از جانب خداوند به بنده‌ای برای تبلیغ دین.

۲ - اشاره به حدیثی با همین مضمون: احادیث، ص ۱۷.

بچّه می‌لرزد از آن نیشِ حَجام[۱] مادرِ مُشفِق، در آن دَم شادکام ۲۴۵

کودک از ترس حجامت می‌لرزد؛ امّا مادر که نتایج آن را می‌داند، شادمان است.

نیم جان بستاند و صد جان دهد آنچه در وهمت نیاید، آن دهد ۲۴۶

حکیم الهی جانِ وابسته به خواب و خور را می‌ستانَد و در عوض چیزی می‌دهد که در تصوّر بشر نمی‌گنجد. [رسیدن به تکامل و اتّصال با حق]

تو قیاس[۲] از خویش می‌گیری و لیک دورِ دورْ افتاده‌ای، بنگر تو نیک ۲۴۷

در چنین مواردی، تو خود و یا دیگران را به عنوان معیار در نظر می‌گیری، در حالی که کار مردان حق و افعال اولیا را نباید با رفتارهای عادی انسان سنجید.

حکایتِ بقّال و طوطی، و روغن ریختنِ طوطی در دکّان[۳]

طوطی مسکین با ضربه‌ای که بقّال وارد ساخت، پرهای سرش ریخت و مغموم و ساکت در گوشه‌ای نشست. این تنبیه به جهت ریختن شیشه‌های روغن بود که هنگام گریختن او از بیم گربه به سویی رخ داد. خاموشی چند روزهٔ طوطی از دیدن قلندری پشمینه‌پوش با سری بی‌مو در میان عابران بازار شکست و با هیجان بانگ برداشت که ای فلان، تو هم از شیشه روغن ریختی؟

سرّ این حکایت زیان قیاسِ باطل و بیان حال عارف بالله است با مردمان عادی. مولانا این داستان را در توجیه

---

۱ - **حَجام**: کسی که حَجامت می‌کند و خون می‌گیرد. حَجامت به معنی خون گرفتن از بدن به طریقی که با تیغ مخصوصی پوست قسمتی از پشت را در میان دو استخوان کتف برش می‌دهند و به مقدار کافی خون را از بدن خارج می‌کنند. در گذشته بعضی از بیماری‌ها را ناشی از غلظت خون می‌دانستند؛ در نتیجه اطبّا خون گرفتن از بیمار یا حجامت را توصیّه می‌کردند. ۲ - **قیاس**: سنجیدن، حدس زدن، اندازه گرفتنِ دو چیز با هم.

۳ - مأخذ آن بدون شک از لطایف عامیانه است. نظیر آن را در حکایات عامیانه و غیرعامیانهٔ اروپا هم می‌توان یافت و این امر نشان اشتراک فرهنگ عام بین شرق و غرب در عهد «رنسانس» است. در نورماندی فرانسه، حکایتی مشابه در باب طوطی یا زاغچه‌ای وجود دارد که متعلّق به صاحب مهمان‌سرایی است. رهگذران بیکاره به او عبارتی را آموخته‌اند که شراب اینجا ناگوار است. این امر صاحب مهمان‌سرا را به خشم آورد و او را تنبیه کرد و به آب انداخت. با تضرّع و فریاد مرغ او را بیرون آورد. طوطی در کنار آتش پر و بال خود را خشک کرد. در همان هنگام برّه‌ای هم که از اتّفاق به آب افتاده و سراپایش خیس بود، در کنار آتش خود را خشک می‌کرد. طوطی با دیدن برّه و شرایط مشابه با حیرت گفت: آیا تو هم گفته‌ای که شراب اینجا ناگوار است؟ : سِرّ نی، ج ۱، صص ۲۹۸ و ۳۲۰.

کار حکیم الهی در داستان شاه و کنیزک آورده است تا گمان آن نباشد که آن حکیم در کشتن مرد زرگر که نمادی است از تعلّقات دنیوی مرتکب خطایی شده است؛ زیرا کارِ کاملان را نمی‌توان با افرادِ عادی قیاس کرد. عمده گمراهی مردم به سبب همین قیاس باطل است. قیاسی که سبب می‌شد کافران، انبیا و اولیا را همچون خود بپندارند و تفاوت شگرف را در آن میان نبینند.

طبیعی است که این داستان نزد مولانا پیمانه‌ای است که در آن دانه‌های علوم بلند و معارف عالی را بنهد و نگفتنی‌ها را بگوید و یکی از اُمّهات معتقدات خویش را تبیین کند و شرح دهد که انبیا و اولیا از جنس دیگرند یا از جنس دیگر گشته‌اند و وجه الهی آنان تمام وجودشان را مسخّر ساخته است و اگر در میان مردمان عادی زندگی می‌کنند، فقط به جهت ارشاد و هدایت و خیر و برکت بر آنان است.

بود بقّالی و وی را طوطیی　　خوش نوایی، سبز، گویا، طوطیی ۲۴۸

بقّالی، طوطی سبز و خوش‌آوایی داشت که سخنگو هم بود.

بر دکان بودی نگهبانِ دکان　　نکته گفتی با همه سوداگران ۲۴۹

طوطی نگهبان دکان بود و به همهٔ مشتریان نکات خوشایندی می‌گفت.

در خطابِ آدمی ناطق بُدی　　در نوای طوطیان حاذق بُدی ۲۵۰

این طوطی هم با انسان‌ها سخن می‌گفت و هم نوای زیبای طوطیان را سر می‌داد.

جَست، از سویِ دکان، سویی گریخت　　شیشه‌هایِ روغنِ گُل را بریخت ۲۵۱

روزی که از یک سوی دکان به سوی دیگر می‌جهید، شیشه‌های روغنِ گل را ریخت.

از سویِ خانه بیامد خواجه‌اش　　بر دکان بنشست، فارغ، خواجه وَش ۲۵۲

بقّال از خانه به سوی دکان آمد و ارباب‌وار بر جای خود نشست.

دید پُر روغن دکان و جامه چرب　　بر سرش زد، گشت طوطی کَلْ ز ضرب ۲۵۳

دکان را پر از روغن و جامه را چرب دید، ضربهٔ محکمی بر سرِ طوطی زد که پرِ سرش ریخت.

روزکی، چندی، سخن کوتاه کرد　　مردِ بقّال از ندامت آه کرد ۲۵۴

با سکوت چند روزهٔ طوطی، بقّال از کاری که کرده بود، پشیمان شد.

ریش بر می‌کَند[1] و می‌گفت: ای دریغ　　کآفتابِ نعمتم شد زیر میغ[2] ۲۵۵

او افسوس می‌خورد و می‌گفت: حیف شد، نعمتم زوال یافت.

---

۱ - **ریش بر می‌کند**: افسوس می‌خورد.　۲ - **میغ**: ابر، مِه، بخاری تیره نزدیک به سطح زمین.

دستِ من بشکسته بودی آن زمان ‌ ‌ که زدم من بر سرِ آن خوشْ زبان ۲۵۶

کاش دست من می‌شکست و بر سر طوطی خوش زبان نمی‌زدم.

هدیه‌ها می‌داد هر درویش را ‌ ‌ تا بیابد نطقِ مرغ خویش را ۲۵۷

به هر مسکینی کمک می‌کرد و صدقه می‌داد، شاید طوطی به سخن آید.

بعد سه روز و سه شب حیران و زار ‌ ‌ بر دکان بنشسته بُد نومیدوار ۲۵۸

بعد از سه شبانه‌روز، بقّال با حالی پریشان و ناامید در دکان نشسته بود.

می‌نمود آن مرغ را هر گون نهفت[1] ‌ ‌ تا که باشد اندر آید او بگُفت ۲۵۹

بقّال هر گونه کار شگفت‌آوری را که می‌توانست انجام می‌داد شاید طوطی کلامی بگوید.

جُولقیّ سر برهنه می‌گذشت ‌ ‌ با سر بی مو، چو پُشت طاس و طشت ۲۶۰

پشمینه‌پوشی که بنا بر رسمِ قلندران موی سر و روی را تراشیده بود، از آنجا می‌گذشت.

آمد اندر گُفت طوطی آن زمان ‌ ‌ بانگ بر درویش زد که: ای فلان![2] ۲۶۱

همان دم طوطی به سخن آمد و درویش را صدا کرد و گفت: ای فلان،

کز چه ای کَلْ با کَلان آمیختی؟ ‌ ‌ تو مگر از شیشه روغن ریختی؟ ۲۶۲

چطور شد که تو هم جزو کَل‌ها شده‌ای؟ آیا تو هم روغن شیشه را ریخته‌ای؟

از قیاسش خنده آمد خلق را ‌ ‌ کو چو خود پنداشت صاحب دلق[3] را ۲۶۳

مردم از قیاس طوطی خندیدند که چگونه او قلندر را مانند خود پنداشته بود.

کارِ پاکان را قیاس از خود مگیر ‌ ‌ گرچه مانَد در نبشتن شیر[4] و شیر[5] ۲۶۴

مقایسهٔ اعمال و رفتار انسانِ کامل با انسان عادی [انسان ناقص، به‌کمال نرسیده] صحیح نیست. گرچه ظاهر او مانند دیگران است؛ امّا در باطن تفاوتی بی‌نهایت دارد.

---

۱ - در مصراع اوّل، بالای «نهفت»، «شگفت» را به عنوان بَدَل افزوده‌اند.

۲ - در متن اصلی «چون عاقلان» بوده، بالای آن «کای فلان» نوشته‌اند.

۳ - **دلق** : نوعی پشمینهٔ درویشان، گاه این جامه از تکّه‌ها و پاره‌ها تشکیل می‌شد که آن را دلق مُرَقَّع می‌گفتند.

۴ - **شیر** : با یاء مجهول و تلفّظ کشیده، شیر درّنده. ‌ ‌ ۵ - **شیر** : با یاء معروف، شیر خوردنی.

جمله عالم زین سبب گمراه شد　　کم کسی ز اَبدال[1] حقّ آگاه شد ۲۶۵

اکثریّت مردم با قیاس به‌نفس گمراه می شوند، کمتر کسی ابدال حق را می شناسد و به حقایق راه می‌یابد.

همسری با انبیا برداشتند　　اولیا را همچو خود پنداشتند ۲۶۶

ظاهربینان انبیا و اولیا را انسانی نظیر خود می‌پنداشتند.

گفته: اینک ما بشر[2]، ایشان بشر　　ما و ایشان بستهٔ خوابیم و خور ۲۶۷

با قیاسی باطل می‌گفتند: ما و ایشان انسان‌هایی وابستهٔ خواب و خوراکیم و فرقی میان ما نیست.

این ندانستند ایشان از عَمیٰ[3]　　هست فرقی در میان بی مُنتهیٰ[4] ۲۶۸

به سببِ کوردلی نمی‌توانند تفاوتِ بی‌نهایتِ را که بین «انبیا و اولیا» با خلق را دریابند.

هر دو گون زنبور، خوردند از محل[5]　　لیک شد زآن نیش و زین دیگر عسل ۲۶۹

زنبور عسل و زنبور معمولی تغذیه‌ای مُشابه دارند؛ امّا محصول یکی عسل و دیگری نیش است؛ زیرا تفاوت آنان در چگونگی و ماهیّت است.

هر دو گون آهو، گیا خوردند و آب　　زین یکی سرگین[6] شد و زآن مُشکِ ناب ۲۷۰

غزال و آهوی مُشک (آهوی ختن) یک نوع علف را می‌خورند و از یک چشمه آب می‌نوشند، در یکی مبدّل به سرگین می‌شود و در دیگری به مادّه‌ای معطّر.

هر دو نی خوردند از یک آبْ خَور　　این یکی خالی و آن پُر از شکر ۲۷۱

هر دو نوع نی از یک آب بهره‌مند شدند؛ امّا یکی خالی و دیگری پر از شکر است.

---

۱ - **ابدال :** جمع بَدَل، کسانی که اخلاق و صفاتشان تبدیل یافته است، متخلّق به اخلاق‌الله شده و محلّ تجلّی صفات الهی هستند. «خاصان حق» و تعداد ایشان را هفت نفر می‌دانند. با درگذشت یک نفر از ابدال، شخص دیگری که به همان تعالی رسیده است جانشین وی می‌شود: فرهنگ اصطلاحات عرفانی، دکتر سجّادی، ص ۴۷.

۲ - اشارتی قرآنی؛ ابراهیم : ۱۱/۱۴ : ...إِنْ نَحْنُ إِلاّ بَشَرٌ مِثْلُكُمْ...: رسولان، ایشان را گفتند: ما هم مردمانی چون شما هستیم. انبیاء : ۳/۲۱ : ...هَلْ هذا إِلاّ بَشَرٌ مِثْلُكُم...: کافران گفتند: این کس هم بشری مانند شماست. فرقان : ۷/۲۵ : وَ قالُوا مٰالِهٰذَا الرَّسُولِ یَأْكُلُ الطَّعامَ وَ یَمْشِي فِی الأَسْواقِ...: و گفتند: این چه فرستاده خداست که غذا می‌خورد و در بازارها می‌رود. ۳ - **عَمیٰ :** کوری، کوردلی.

۴ - بزرگان و خاصانِ مقرّب درگاه الهی را فقط به جهت آنکه مانند آنان درکسوت بشر بودند و ویژگی‌های زندگی عادّی را رعایت می‌کردند، به چشم سَر می‌دیدند، نه به چشم سِرّ و آنان را چون خود انسانی عادی می‌پنداشتند.

۵ - تفاوت و اختلاف مردان حق با مردمان عادی یا با منکران، در محلّ زیست و خوراک و پوشاک نیست.

۶ - **سرگین :** مدفوع چهارپایان.

صد هزاران این چنین اَشباه بین فرقشان هفتاد ساله راه بین ۲۷۲

صدها هزار مورد شباهت‌هایی این چنین هست، که تفاوت فاحشی بین آن‌ها وجود دارد.

این خورَد، گردد پلیدی زو جدا آن خورَد، گردد همه نورِ خدا ۲۷۳

یکی می‌خورد و تبدیل به پلیدی می‌گردد. دیگری می‌خورد و سراپا نور الهی می‌شود.

این خورَد، زاید همه بُخل و حسد وآن خورَد، زاید همه نورِ اَحَد ۲۷۴

این یکی می‌خورد و صفاتی زشت را پدید می‌آورد و دیگری محلّ تجلّی حق می‌گردد.

این زمینِ پاک و آن شوره است و بد[1] این فرشتهٔ پاک و آن دیو است و دَدْ ۲۷۵

حاصلِ درون تاریکِ کافر، ظلمت [بخل، حسد، کینه، حرص و شهوات...] است و حاصلِ درون کاملان، نور و هدایت است.

هر دو صورت گر به هم مانَد، رواست آبِ تلخ و آبِ شیرین را صفاست ۲۷۶

شباهتِ ظاهر مؤمن و کافر غیر عادی نیست. آب تلخ یا شیرین هر دو نمایی مصفّا دارند.

جز که صاحب ذوق[2]، که شْناسد؟ بیاب او شناسد آبِ خوش از شوره آب ۲۷۷

دورنمای یک برکه یا چشمه زیبا و مصفّاست؛ امّا تشخیص طعم آب و گوارا بودن یا هلاک کنندگی آن، نیازمند قوهٔ چشایی سالم و هوشمند است؛ بنابراین حتّی در مواردی که صورت ظاهر حق و باطل بسیار به هم شبیه‌اند، عارف که دارای ذائقهٔ باطنی نیرومندی است، می‌تواند سَره را از ناسَره باز شناسد؛ پس در امر سلوک، چتر حمایت و امداد و ارشاد مرشدی کامل الزامی است.

سحر را با مُعْجِزه کرده قیاس هر دو را، بر مکر پندارد اساس ۲۷۸

معجزات انبیا در بسیاری از موارد توسط منکران، افسونگری تلقّی شده است و اساس آن را مکر دانسته‌اند. در صدر اسلام، کفّار پیامبر(ص) را جادوگر و ساحر می‌خواندند.

ساحرانِ موسی از استیزه را بر گرفته چون عصایِ او عصا[3] ۲۷۹

ساحران در مقام ستیزه‌جویی و مقابله با موسی(ع)، عصایی همانند عصای او برگرفتند.

---

۱ - زمین وجود مؤمن، زمینِ پاک و مستعدّی است که تخم ایمان عالی‌ترین نتایج را در آن به بار آورده در حالی که در زمین شوره‌زار وجود کافر، این تخم نشو و نما نکرده و نابود شده است.

۲ - **ذوق**: در اصطلاح عارفان وجد و شورِ ادراک معانی و معارف. **صاحب ذوق**؛ عارف، کسی که دارای ذائقهٔ باطنی نیرومندی برای درک حق و باطل است؛ بنابراین باید در جست‌وجوی او بود.

۳ - ماجرای موسی(ع) و ساحران، مراجعه کنید به بیت ۱۶۲۴/۱.

زین عصا تا آن عصا فرقی‌ست ژرف   زین عمل تا آن عمل راهی شگرف ۲۸۰

ساحرانِ غافل نمی‌دانستند که آنچه به دست موسی(ع) انجام می‌شود، امری الهی است و آن را مانند عمل ساحرانهٔ خود نوعی افسونگری می‌پنداشتند.

لعنةُ اللّه این عمل را در قفا   رحمةُ اللّه آن عمل را در وفا ۲۸۱

عملی را که موسی(ع) انجام داد، وفای به عهد بود و پیامد آن رحمت و عنایت الهی و آنچه را که ساحران انجام می‌دادند لعنت خداوندی و ردّ باب را در پی داشت.

کافران اندر مِری[1] بوزینه طبع[2]   آفتی آمد درونِ سینه، طبع ۲۸۲

منکران در ردّ حقیقت و عنادی که با آن می‌ورزند، مقلّد هستند. تعقّل نمی‌ورزند و فکر خویش را به کار نمی‌گیرند. مانند بوزینه که سرشت وی تقلید حرکات دیگران است. چنین سرشتی در وجود بشر آفتی بیش نیست، سرشتی که او را به تقلید کورکورانهٔ جاهلان و کوردلان وادار می‌نماید.

هر چه مردم می‌کند، بوزینه هم   آن کند کز مرد بیند دَم به دَم ۲۸۳

بوزینه بنا بر سرشت خود هر حرکتی را که می‌بیند تقلید می‌کند.

او گمان بُرده که: من کردم چو او   فرق را کِی داند آن استیزه رو؟ ۲۸۴

کافر می‌پندارد کاری را کردم که مؤمنان می‌کنند. آن ستیزه‌جو، تفاوت آن‌ها را نمی‌داند.

این کند از امر، و او بهرِ ستیز   بر سرِ استیزه رویان خاک ریز ۲۸۵

فعلی که برای انجام اوامر الهی است با عملی که مخالفت با امر است، می‌تواند یکسان باشد؟

آن منافق با موافق در نماز   از پیِ استیزه آید، نه نیاز ۲۸۶

«منافق» و «مؤمن» هر دو به نماز می‌ایستند. عمل منافق به سبب ستیزه است نه عرض نیاز.

در نماز و روزه و حجّ و زکات   با منافق، مؤمنان در بُرد و مات ۲۸۷

در انجام اعمال عبادی، منافق با مؤمنان به بازی خطرناکی پرداخته که پایان آن برد و باخت است.

مؤمنان را بُرد باشد عاقبت   بر منافق مات، اندر آخرت ۲۸۸

در نهایت، مؤمنان برنده و منافقان بازنده‌اند.

---

۱ - **مری** : (مراء) جدال کردن، برابری کردن با کسی در قدر و مرتبه و بزرگی.
۲ - **طَبْع** : طبیعت هر کس یا سرشت وی، نهاد.

مؤمن را نیاز به اتّصال با دوست و اجرای فرمان حق به محراب نماز می‌آورد، حال آنکه منافق، اعتقادی به عمل منافقانهٔ خود [ایستادن در صفوف نماز] ندارد و این کار را از سر ستیزه انجام می‌دهد، باشد که روزی برمؤمن چیره گردد.

گرچه هر دو بر سرِ یک بـازی انـد هر دو با هم مَـروَزی[1] و رازی[2] انـد ۲۸۹

هرچند که هر دو به ظاهر در یک جایگاه ایستاده‌اند؛ امّا با هم تخالف و تضاد دارند.

هــر یکــی سویِ مـقام خـود رود هـر یکـی بـر وَفـق نـام خـود رود ۲۹۰

در نهایت، هر یک به قرارگاه خاصّ خود می‌رود و هر کدام بنابر حقیقت وجودِ خود، به مسیر خویش هدایت می‌شود.

مؤمنش خوانند، جانَش خوش شود ور مــنافق گــویی، پـر آتش شـود ۲۹۱

شخص ریاکار به ظواهر بسنده می‌کند و همان ظاهر را اصل می‌پندارد. کارهایِ او بدونِ خلوص است و از کلامِ عاری از حقیقت دلشاد می‌شود و از اینکه او را مؤمن خطاب کنند، خشنود می‌گردد.

نـامِ او، مـحبوب از ذات وی است نامِ این، مبغوض[3] از آفات وی است ۲۹۲

«مؤمن» به سبب سرشت پاک مورد محبّت حق است؛[4] امّا منافق و منکر، به علّت کردار بد و ناپسند و صفات نکوهیده ردّباب درگاه الهی است.

میم و واو و میم و نُون تشریف نیست لفظِ مؤمن جُـز پی تـعریف نـیست ۲۹۳

واژهٔ مؤمن به خودی خود، شرافتی ندارد. به کار بردن این لفظ برای توصیف یک حقیقت است.

گر منافق خوانـیَش، ایـن نـامِ دون هــمچو کَـژدم مـی‌خَلَد در انـدرون ۲۹۴

اگر منافق را به جهت دورویی منافق بنامی، این نام که ناشی از صفات پست خود اوست، وی را مانند نیش کژدم آزار می‌دهد.

---

۱ - **مَروزی**: اهل مَرو در شرق ایران.

۲ - **رازی**: اهل شهر ری در غرب ایران.

مروزی و رازی: دو چیز متضاد، دو امر مخالف و دور از هم. ۳ - **مبغوض**: مطرود، رانده.

۴ - حدیث قدسی: مَنْ طَلَبَنی وَجَدَنی وَ مَنْ وَجَدَني عَرَفَني وَ مَنْ عَرَفَني أَحَبَّني وَ مَنْ أَحَبَّني عَشَقَني وَ مَنْ عَشَقَني عَشَقْتُهُ وَ مَنْ عَشَقْتُهُ قَتَلْتُهُ وَمَنْ قَتَلْتُهُ فَعَلَيَّ دِيَتُهُ وَمَنْ عَلَيَّ دِيَتُهُ فَإِنِّي دِيَتُهُ: هرکس که مرا طلب کند می‌یابد، و هرکس که مرا بیابد، می‌شناسد و هرکس که مرا بشناسد، دوست خواهد داشت و هرکس که مرا دوست بدارد، عاشق من خواهد شد و هرکس که عاشق من بشود، من عاشق اوخواهم شد و هرکس راکه من عاشق شوم، می‌کشم و هرکس راکه بکشم، دیه او بر من واجب خواهد بود و هر که را دیه او بر من واجب باشد، من دیه او خواهم بود: احادیث، ص ۸۰.

گر نه این نام اشتقاقِ دوزخ است   پس چرا در وی مَذاقِ دوزخ است؟ ۲۹۵

دوزخی از صفات زشت در درون منافق و منکر وجود دارد که از شنیدن نام منافق خشمگین می‌شود و جهنّم درونی‌اش را مشتعل می‌سازد؛ پس جهنّم حقیقی در درون اوست که جهنّم آن جهانی را برای وی مهیّا می‌سازد.

زشتیِ آن نامِ بد، از حرف نیست   تلخیِ آن آبِ بحر از ظرف نیست ۲۹۶

ناخوشایند بودن این نام به سبب حروف تشکیل دهندهٔ آن نیست، همان‌گونه که تلخی آب دریا ناشی از ظرف نیست و به ماهیّت و کیفیّت آب بستگی دارد.

حرفْ ظرف آمد در او معنی چو آب   بحرِ معنی، عِندَهُ اُمُّ الکِتاب[1] ۲۹۷

حروف مانند ظروفی هستند که در آن‌ها معانی ریخته می‌شود و به همین ترتیب، عالم معنا نزد باری‌تعالیٰ مانند بحری بیکران یا همان **اُمُّ**الکتاب است. حقیقت نام **منافق** و **موافق** در لوح محفوظ بیان شده است و وجود آنان محلّی است برای تجلّی ماهیّت حقیقی هر یک.

بحرِ تلخ و بحرِ شیرین در جهان   در میانْشان بَرْزَخٌ لاٰ یَبْغِیان[2] ۲۹۸

بحر تلخ [کافر یا منافق]، بحر شیرین [مؤمن، صالح]، در جهان در کنارِ یک‌دیگر زندگی می‌کنند؛ امّا در میان آنان برزخی وجود دارد که مانع از امتزاج آن‌ها می‌شود. این حایل (سدّ بین آن‌ها) چیزی جز «ایمان صالح» و «انکار طالح» نیست، وجود بحر تلخ و بحر شیرین در جهان برای برقراری نظام دنیا اجتناب‌ناپذیر است.

وانگه این هر دو ز یک اصلی روان   بر گذر زین هر دو، رو تا اصلِ آن ۲۹۹

هرچه در جهان هستی هست خارج از ذات باری‌تعالیٰ نیست؛ پس ایمان و کفر هم از ذات حق است و نشانهٔ تجلّی اسما و صفات حق تعالیٰ؛ یعنی ایمان تجلّی هدایت خداوند است (هادی) و کفر تجلّی قهر خداوند و منشأیی واحد دارند. توصیهٔ مولانا این است که از هر دوی این‌ها (خیر و شر) بگذر و از دنیایی که در آن خیر و شر در تنازع هستند، گذر کن و به خالقِ آن توجّه کن.

---

۱ - **اُمّ الکتاب :** لوح محفوظ، کتب آسمانی نسخهٔ اصلی‌شان در لوح محفوظ است در عرش الهی، و علم اوّلین و آخرین در آن لوح موجود است: اشارتی قرآنی، رعد : ۳۹/۱۳: خدا هر چه را خواهد محو و هر چه را خواهد اثبات کند، اصل کتاب آفرینش، مشیّت خداوند است.

۲ - «برزخٌ لاٰ یَبْغِیانِ»، میان آن‌ها برزخی است که نه آن بر این نیرو کند و نه این آن را بگرداند. اشارتی قرآنی، الرّحمن: ۲۰/۵۵.

زرّ قلب و زرّ نیکو در عیار بی مِحکْ هرگز ندانی ز اعتبار ۳۰۰

همان‌طور که بدون محک عیار زر تعیین نمی‌شود، محکِ تشخیص حق از باطل هم روش عارفانه است.

هر که را در جان، خدا بِنهد مِحَک هر یقین را باز داند او ز شَک ۳۰۱

اگر خداوند در جان کسی محکی نهاده باشد (نور معرفت)، می‌تواند هر یقینی را از شک باز شناسد.

در دهانِ زنده خاشاکی جَهد آنگه آرامد که بیرونش نَهد ۳۰۲

انسانی که زنده است و حسّ دارد، وجود خاشاکی را در دهان نمی‌تواند تحمّل کند و تا آن را از دهان خارج نکند آرامش نمی‌یابد.

در هزاران لقمه یک خاشاکِ خُرد چون در آمد، حسّ ِ زنده پی بِبُرد ۳۰۳

همان‌گونه که در میان هزاران لقمه‌ای که آدمی می‌خورد، حتّی اگر یک خاشاک کوچک وجود داشته باشد، حسّ انسان می‌تواند آن را تشخیص دهد و تا خاشاک را خارج نسازد، نمی‌آرامد. باطل نیز مانند خاشاکی است که آرامش و آسایش انسان پاک سرشت را مشوّش می‌کند و تا آن را از خود دور نکند، آرام نمی‌یابد. اگر این محک، یعنی حسّ تمییز حق از باطل وجود داشته باشد در میان هزاران مورد که در زندگی روزمرّهٔ خویش با آن در تماس است به وجود خاشاک (باطل) پی خواهد بُرد.

حسّ ِ دنیا نردبانِ این جهان حِسّ ِ دینی نردبانِ آسمان ۳۰۴

ترقّی دنیایی بشر، مرهون سلامتی کامل حواس ظاهری و مجموعهٔ هوش و ادراکی است که توسط آن بتواند به تمایلات و خواسته‌های دنیایی و مادّی خویش برسد؛ امّا تعالی جان انسان نیازمند ادراک خاصّی است که به آن حق‌جویی می‌گویند و موجب اعتلای درونی وی و رسیدن او بر بام حقایق است.

صحَّتِ این حس بجویید از طبیب صحّتِ آن حِس بجویید از حبیب ۳۰۵

سلامتی حواس ظاهری با کمک طبیبانِ بدن و صحّتِ حسّ حق‌جویی به کمک طبیبانِ الهی میسّر می‌شود.

صحَّتِ این حس ز معموریِّ تن صحّت آن حس ز تخریبِ بدن ۳۰۶

سلامتی حواس پنج‌گانهٔ ظاهری با سلامتیِ بدن حاصل می‌گردد در حالی که سلامتیِ حسّ حق‌جویی با توجّه نکردن به تمایلاتِ نفسانی (ویرانی بدن) و عدم تن‌پروری تأمین می‌شود.

۳۰۷ **راهِ جان مر جسم را ویران کند — بعد از آن ویرانی، آبادان کند**

توجّه نکردن به تمایلات نفسانی و جسمانی در حدّ معقول، خواه‌ناخواه سبب ضعف توانایی‌های جسمانی می‌شود [به دلیل امساک در غذا و امساک در برآورده کردن تمنّیات جسمانی به هر شکل]؛ امّا پس از این ویرانی و این ضعف، آبادانی خواهد بود.

۳۰۸ **کرد ویران خانه بهرِ گنج زر — وز همان گنجش کند معمورتر**

خانهٔ تن برای رسیدن به گنجی که در آن نهفته است (روح عالی) ویران می‌شود و هنگامی که جدّ و جهد سالک به نتیجه می‌رسد، همان حقیقت وجودی او (بارقهٔ نور الهی) در آبادانی تن به او یاری می‌کند که بتواند با وجودی سالم منشأ خیر برای خود و دیگران باشد.

۳۰۹ **آب[1] را بُبْرید و جُو را پاک کرد — بعد از آن در جُو روان کرد آبِ خورد**

آبِ تمایلات نَفْسانی را قطع کرد و جویِ درون را از تخمِ شهوات و تمایلات نادرست شست‌وشو داد تا در آن آب قابلِ شُرب را روان سازد. بعد از دوران ریاضت و مجاهده با نَفْسِ امّاره، سالک می‌تواند به زندگی عادی بازگشت نماید. در حالی‌که درکِ او تغییر کرده و دیدگاهش متعالی شده‌است.

۳۱۰ **پوست[2] را بشکافت و پیکان راکشید — پوستِ تازه بعد از آنش بر دمید**

پیکانی در وجودش راه یافته و جراحتی را ایجاد کرده بود، پوست را شکافت و عامل به وجود آورندهٔ این زخم چرکین [تمایلات نَفْس امّاره] را خارج کرد تا بعد از آن پوست جدید بروید؛ یعنی بعد از مجاهدهٔ نفسانی باز هم وجود ظواهر (قشر) اجتناب‌ناپذیر است؛ امّا این قشر چون حاصل حقیقت درون است، مانعِ تعالی نیست.

۳۱۱ **قلعه ویران کرد و از کافر ستَدْ — بعد از آن بر ساختش صد بُرج و سَد**

با مجاهده قلعهٔ تن را که اسیر نفس امّاره (کافر) است، باز ستانید و به آبادانی آن کوشید.

۳۱۲ **کارِ بی چون را که کیفیَّت نهد؟ — اینکه گفتم، این ضرورت می‌دهد**

چگونگی کار حق را نمی‌توان شرح داد. این مختصر هم بنا به ضرورت بود که جویندگان بتوانند تا حدودی مسائل را درک کنند؛ امّا حقیقت امر این است که در تمام موارد هم این امر مصداق ندارد؛ یعنی رسیدن به حقایق دارای یک قانون کلّی نیست، روش متعارف آن تزکیه نفس است که جز به مجاهده حاصل نمی‌شود؛ امّاگاه بر خلاف رسوم معمول عنایت الهی شامل فردی می‌شود و طومار گناهی را به آهی که از صدقِ دل برخیزد در هم می‌نوردد و نام وی در صحیفهٔ پاکان ثبت می‌گردد.

---

۱ - اینجا «تمایلات نَفْسانی» یا «وسوسه‌ها» به «آب» مانند شده که در درون آدمی که مانندِ جوی محلِّ گذر آن‌هاست، جریان دارد. ۲ - **پوست** : کنایه از قشر یا ظاهرِ هر چیز.

گه چنین بنماید و گه ضدِّ این جز که حیرانی[1] نباشد کارِ دین ۳۱۳

کارِ حق موجب حیرانی است؛ زیرا حق و قدرتِ او نامتناهی است و بشر و ادراک او محدود به حدود خاصّی است.

نه چنان حیران که پشتش سوی اوست بل چنان حیران و غرق و مستِ دوست ۳۱۴

گمراهان به علّت عدم دریافت حقایق، در افعال تباه و گمراهیِ خویش متحیّرند و عارفان به سببِ مستی و استغراق.

آن یکی را روی او شد سوی دوست و آن یکی را روی او خود روی اوست[2] ۳۱۵

تقابل میان «ناقص» و «کامل» است. **ناقص** کسی است که به کمال الهی نرسیده؛ ولی در تلاش برای رسیدن به حقیقت است و روی دل وی به سوی دوست (حق) است. در حالی که **کامل**، خود جمال حق شده؛ زیرا از قید نفس رسته و به دوست پیوسته است.

روی هر یک می‌نگر، می‌دار پاس بُوکه گردی تو ز خدمت رُو شناس ۳۱۶

به دیدهٔ احترام در همگان بنگر و در راه حق صادقانه بکوش. شاید به سبب خدمت خالصانه پرتو عنایتی جانت را منوّر کند و ادراک عارفانه بیابی. آن زمان با نگریستن به هر کس باطن و ضمیر وی را در خواهی یافت.

چون بسی ابلیسِ آدم روی هست پس به هر دستی نشاید داد دست[3] ۳۱۷

چون کسانی هستند که در عین ضلالت، ادّعای دلالت و ارشاد دارند، باید از این ابلیسان آدم‌روی پرهیز کرد.

زانکه صیّاد آوَرَد بانگ صفیر تا فریبد مرغ را آن مرغ‌گیر ۳۱۸

صیّاد دام می‌نهد و دانه می‌گذارد. آنگاه از خفا صدای پرندهٔ مورد نظر را تقلید می‌کند. پرنده به شوق صدای آشنا در دام می‌افتد.

---

۱ - ادراک عارفانه از فعل حق سبب حیرتی عاشقانه می‌شود، حیرتی که غرق و مست ذات و صفات حق است.

۲ - چنانکه پیامبر گرامی(ص) فرمود: مَنْ رَآنِي فَقَدْ رَأَى الْحَقَّ : احادیث مثنوی، ص ۶۳.

۳ - **دست دادن** یا **بیعت کردن**؛ از آداب ورود به حلقهٔ سالکان است که مرید دست ارادت به دست مراد می‌دهد و با او بیعت می‌کند؛ یعنی متعهّد می‌شود که وی را به عنوان مرشد روحانی بشناسد و کلیّهٔ فرامین او را انجام دهد. مراد، متعهّد می‌شود که مرید را در صورت اجرای دستورات شریعت و طریقت به کمال وجودی خویش برساند. این امر را دستگیری نامند؛ یعنی دست کسی را گرفتن و به مقصد رساندن.
فقط انسان به کمال رسیده (طبیب الهی، ولیّ، کامل واصل) شایستگی انجام این امر خطیر را دارد و یا به امرِ وی و با امداد معنوی او، افراد دیگر نیز (شیخ به کمال نرسیده) اجازهٔ دستگیری می‌یابند و در چنین مواردی از وجود شیخ به کمال نرسیده به عنوان منبعی برای انتقال قدرت معنوی و انتقال نیرو استفاده می‌شود.

بشنود آن مرغ بانگِ جنسِ خویش   از هوا آید، بیابد دام و نیش ۳۱۹

پرنده به شوق نوای همجنس از آسمان فرود می‌آید و در دام گرفتار می‌شود.

حرفِ درویشان بدُزدد مردِ دون   تا بخواند بر سلیمی زآن فُسون[1] ۳۲۰

همان‌گونه که صیّاد برای پرنده دام می‌گذارد، انسان بی‌مایه و دون، حقایقی را که از مردان حق و اهل دل شنیده است، به عنوان حقیقتی که خود بدان رسیده برای افراد ساده‌دل بیان می‌دارد و آنان را گمراه می‌کند.

کارِ مردان روشنی و گرمی است   کارِ دونان حیله و بی‌شرمی است ۳۲۱

افعالی که از مردان خدا سر می‌زند، از نور درون سرچشمه می‌گیرد؛ پس افاضهٔ گرمی عشق حق و نور است، در حالی که فعل و قولِ افراد پست، نیرنگ و بی‌شرمی است.

شیرِ پشمین[2] از برای کَدْ کنند   بو مُسَیْلِمْ[3] را لقب، احمد کنند[4] ۳۲۲

این ابلیسان آدم‌روی، مانند مردان حق، خرقهٔ پشمین بر دوش می‌افکنند و ادّعای بزرگی دارند.

بو مُسَیْلِمْ را لقب، کذّاب[5] ماند   مر محمّد را، اولُوالاَلْباب[6] ماند ۳۲۳

مسیلمه از ادّعای جاهلانه چیزی جز هلاکت ظاهر و باطن و لقب کذّاب نیافت؛ امّا رسول خدا(ص) از ادّعای حقّانی خویش شهرتی جاودانه یافت.

آن شراب حق، خِتامش مُشکِ ناب[7]   باده را، ختمش بود گند و عذاب ۳۲۴

شراب عشق حق (می اَلَست)، ختامش (مُهرش) مُشک ناب است که اهل ایمان در بهشت می‌نوشند. مقایسه‌ای بین بادهٔ الهی که نتیجه و حاصل آن خیر و برکت است و بادهٔ دنیایی که ثمرهٔ آن گند این جهانی و عذاب آن جهانی است.

---

۱ - **فسون** : برای آنان افسانه می‌خواند؛ یعنی آنچه را که حقیقت درونی خود وی نیست، بازگو می‌کند و آنان را به خواب غفلت فرو می‌برد و به متابعت از خویش وامی‌دارد و در حقیقت در دام خودپرستی‌هایش اسیر می‌کند.

۲ - **شیر پشمین** : در قدیم مجسّمه‌هایی از بافتنی‌ها به شکل شیر می‌ساختند و درون آن را از پشم پر می‌کردند و آن را بر سر چوب می‌زدند و با عَلَم و ابزار دیگری به راه می‌افتادند و گدایی می‌کردند.

۳ - **بومُسَیلِمْ** : مَسَیْلِمهٔ کذّاب که ادّعای پیامبری داشت؛ با مسلمانان جنگید و کشته شد (سال ۱۱ هجری).

۴ - در اینجا منظور از شیر پشمین، افراد دون و بی‌مایه‌ای هستند که خرقهٔ پشمین بر دوش می‌اندازند و خود را در ردیف مردان خدا (شیران حق) قرار می‌دهند و در حقیقت با این کار از مردمان احترام و احتشام خاصّ مردان حق را گدایی می‌کنند، بی‌آنکه شایستگی آن را داشته باشند.   ۵ - **کَذّاب** : لقبی که پیامبر(ص) برای وی برگزید.

۶ - **أُولُوالأَلْباب** : صاحبان خرد و بینش.   ۷ - اشارتی قرآنی، مطفّفین: ۲۵/۸۳ و ۲۶.

داستان آن پادشاه جُهود که نصرانیان را می‌کشت، از بهرَ تعصّب

همزمان با پیدایش دین مسیح(ع) و با رواج مسیحیّت در میان اقوام مختلف، پادشاه متعصّبی که همچنان بر دین یهود باقی مانده بود، بر آن شد تا مسیحیان را از بُن براندازد و به نام حمایت از دین یهود خون کثیری از مردم بی‌گناه را ریخت و چون دریافت که بسیاری از پیروان عیسی(ع) ایمان خویش را پنهان داشته و جان سالم به در برده‌اند، با وزیر مکّار خویش مشورت کرد تا چاره‌ای برای در دام افکندن این گروه نیز بیابد. وزیر حیله‌گر مکری شگفت اندیشید و به شاه پیشنهاد کرد تا او را به جرم پیروی از مسیح(ع) به مرگ محکوم کند؛ امّا خون او را نریزد و به عنوان تنبیه اعضای بدنش را بِبُرَد و وی را به شهر دیگری تبعید کند، سپس وزیر به سوی مسیحیان برود و با نیرنگ آنان را بفریبد و محبّت خویش را در دل آنان مستقر سازد و پس از جلب اعتماد ایشان طرحی برای نابودی‌شان درافکند.

این دسیسه با موفّقیّت انجام شد و وزیر با زاهدنمایی بسیار مقبول ترسایان گردید و در نهایت همگی مرید وی شدند و به فرمان او گوش جان نهادند. وی در فرصتی مناسب دوازده امیری را که به معاونت خود برگزیده بود فرا خواند و به هر یک طوماری داد، متضمّن انتصاب هر یک به جانشینی خود و مشتمل بر تعالیمی که با تعالیم مسیح تفاوت داشت و با طومارهای دیگر در تضاد بود و آن مجموعه را بشارت حقیقی مسیح(ع) عنوان کرد، آنگاه خود را کشت و مسیحیان را درگیر نزاع سختی کرد که یکباره در میان آن دوازده امیر مدّعی جانشینی به وجود آمد و گروه کثیری بر سر هواداری از این خُلفا جان خود را از دست دادند.

این داستان در روایات اوّلیّهٔ آن بسیار ساده و عاری از جاذبهٔ عظیمی است که مولانا با طرح نکات اخلاقی و مسائل فلسفی و عرفانی بدان بخشیده است.

در روزگار مولانا هنوز جنگ‌های صلیبی به پایان نرسیده بود و مسلمانان و مسیحیان تحت لوای دین خون هم را می‌ریختند و فرق اسلامی با یک‌دیگر خصومت می‌ورزیدند و با پیروان تصوّف و فلاسفه نیز غالباً به نظر موافق نمی‌نگریستند و از آزار ایشان پرهیزی نداشتند؛ در چنین محیطی، مولانا هم که از مخالفت فقها و ظاهرپرستان مصون نمانده بود،

در این داستان و در سخنان و مجالس خود به انتقاد متعصّبان برخاسته و آشکارا می‌گوید که بین نبیّ و ولیّ به لحاظ صورت، تفاوت است و حقیقت و معنای آن‌ها یکی است.[۱]

در قصص الانبیاء نیشابوری، وزیر را بولس رسول می‌نامند، هر چند قصّه چیزی از مخالفت بولس را قبل از نصرانی شدنش تصویر می‌کند و جز این مورد هیچ ارتباطی با بولس واقعی نمی‌تواند داشته باشد. مولانا هم در ظاهر به سبب آشنایی با نصارای قونیه و شام عمداً او را وزیر یک پادشاه معاند نشان داده است.

رشته‌ای ظریف و نهانی همزمان با پایان قصّهٔ شاه و کنیزک، آنجاکه سخن از ابلیسان آدم‌روی است و فسونی که دونان از درویشان دزدیده و بر سُلیمان می‌خوانند، ارتباطی است معنوی برای آغاز داستانی که مربوط است به اواخر قرن اوّل میلادی و اوایل قرن دوم، که قصّه‌ای است از تعصّبات مذهبی مردم جاهل و دسیسه‌ها و نیرنگ‌های ریاست‌طلبان. در این حکایت ابلیسی آدم‌روی در نقش وزیر، بنیان‌گذار فتنهٔ عظیمی است که تعصّب کورکورانهٔ شاه و جهل جاهلان، دیگر عوامل آن به شمار می‌آیند.

بود شاهی در جُهودان[۲] ظُلم ساز — دشمنِ عیسی و نصرانی[۳] گُداز ۳۲۵

در میان یهودیان شاهی ستمگر بود که عداوتی با عیسی(ع) و مسیحیان داشت.

عهدِ عیسی بود و نوبت آنِ او — جانِ موسی او و موسیٰ جانِ او ۳۲۶

نبوّت به عیسی(ع) رسیده و دوران پیامبری او بود؛ امّا در حقیقتِ جان او و جانِ موسیٰ(ع) تفاوتی نبود، جان آنان متّحد بود.

شاهِ احْوَل[۴]، کرد در راهِ خدا — آن دو دمسازِ خدایی را جُدا ۳۲۷

شاه که چشم حقیقت‌بین نداشت، یگانگی میانِ جان موسی(ع) و عیسی(ع) را نمی‌دید و به ظاهر آنان که متفاوت بود توجّه می‌کرد؛ بنابراین یک حقیقتِ واحد را دو می‌پنداشت.

---

۱ - برگرفته از شرح مثنوی شریف، فروزانفر، ج ۱، ص ۱۵۲. اصل داستان که ظاهراً مأخوذ از قصّهٔ بولس رسول است و به احتمال قوی از همین قصّه بدان‌گونه که در روایات قُصّاص انعکاس داشته اخذ گردیده است؛ امّا برخی جزئیّات حکایت به داستان زوپیر در روایات هرودت و به قصّهٔ بوم و غربان در کلیله و دمنه می‌ماند؛ در نتیجه معلوم می‌دارد که احتمالاً اصل روایات کتب قصص الانبیاء در باب بولس رسول هم باید از همین‌گونه عناصر تألیف و ترکیب یافته باشد: سرّ نی، ص ۳۱۵. این داستان در مآخذ و قصص مثنوی صص ۷-۶ بنا بر تفسیر ابوالفتوح رازی چاپ تهران، ج ۲، صص ۵۷۹-۵۷۸ شرح شده و به نقل از شرح مثنوی شریف، با اختلاف مختصری در تفسیر کشف‌الاسرار، انتشارات دانشگاه تهران، ج ۲، صص ۱۱۸-۱۱۷ آمده است.

۲ - **جُهود**: صورت دیگری از کلمهٔ یهود.

۳ - **نصرانی**: نسبت است به شهر «ناصره» محلّ تولد مسیح(ع) واقع در فلسطین.   ۴ - **أَحْوَل**: دوبین.

۳۲۸ **گـفت اسـتاد احـولی را: کـاندر آ　　　زُو بـرون آر از وِثـاق آن شـیشه را**

استادی به شاگرد لوچ خود گفت: شیشه‌ای را که در اتاق است، زود بیاور.

کورباطنی شاه جهود و دوبینی او، کلام مولانا را به سوی قصّهٔ شاگرد اَحول و استاد می‌کشاند و به شرح داستانی از دوبینی ظاهری می‌پردازد.

این داستان که تمثیلی است از تقابل میان ناقص و کامل، بیانگر حال سالک مبتدی است که از شهود حقایق محروم است.

در این حکایت[1] استاد که رمزی است از کمال، شاگرد لوچ را که نمادی است از نقصان، برای آوردن شیشه‌ای می‌فرستد و شاگرد دوبین که نمی‌داند کدام یک از دو شیشه را باید بیاورد، با استاد به بحث می‌پردازد و در نهایت امر، استاد از او می‌خواهد که یکی از آن دو شیشه را بشکند و شاگرد به این ترتیب درمی‌یابد که نقص در دیدگان او بوده که دو می‌دیده است.

۳۲۹ **گفت احول: زآن دو شیشه، من کدام　　　پـیشِ تـو آرم؟ بکـن شـرحِ تـمام**

شاگرد لوچ گفت: از آن دو شیشه کدام را بیاورم، دقیق بگو.

۳۳۰ **گفت استاد: آن، دو شیشه نیست، رو　　　احولی بگـذار و افـزون بـین مشـو**

استاد گفت: آنجا دو شیشه نیست، دوبینی را کنار بگذار.

۳۳۱ **گـفت: ای اسـتا! مـرا طـعنه مـزن　　　گفت اُستا: زآن دو، یک را در شکن**

شاگرد گفت: ای استاد مرا مسخره مکن آنجا واقعاً دو شیشه است. استاد گفت: پس یکی را بشکن.

۳۳۲ **چون یکی بشکست، هر دو شد ز چشم　　　مرد، اَحْول گـردد از مَـیْلان[2] و خشـم**

هنگامی که شاگرد لوچ یکی از شیشه‌ها را شکست هر دو شیشه محو شد. همواره چنین است. آدمی با پیروی از نفسانیّات اَحول می‌شود و بصیرت خویش را از دست می‌دهد. پادشاه جهود نیز با غرض‌ورزی، حریم مقدّس عیسی(ع) را می‌شکست و نمی‌دانست که شکستن آن حریم، شکستن حریم تمام انبیا است و ردّ یک ولیّ ردّ تمام اولیا به شمار می‌آید.

۳۳۳ **شیشه یک بود و به چشمش دو نمود　　　چون شکست او شیشه را، دیگر نبود**

یک شیشه بیشتر نبود؛ امّا شاگرد دو می‌دید و چون آن را شکست هر دو محو شد.

---

۱ - مأخذ آن حکایتی است در مرزبان‌نامه، چاپ چهارم، ص ۸۳، طبع لیدن که شیخ عطّار آن را در اسرارنامه به نظم آورده است: احادیث، ص ۲۰.　۲ - **مَیْلان**: مخفّف مَیَلان، یعنی گرایش به چیزی، اینجا گرایش به هوا و هوس.

خشم و شهوت مرد را احول کند　　ز استقامت روح را مُبْدَل کند ۳۳۴

صفات پست، آدمی را دوبین می‌سازد و نفس را در مراتب نازلهٔ آن متوقّف می‌دارد.

چون غَرَض آمد، هنر پوشیده شد　　صد حجاب از دل به سوی دیده شد ۳۳۵

غرض‌ورزی و سوء نیّت پرده‌ای از بدبینی را بر روی دیدگان قرار می‌دهد و مانع درک شایستگی‌ها و زیبایی‌ها می‌شود.

چون دهد قاضی به دل رُشوت قرار　　کِی شناسد ظالم از مظلوم زار؟ ۳۳۶

اگر قاضی توقّع رشوه داشته باشد، چگونه می‌تواند حکمی بر حقّانیّت مظلوم بدهد؟

شاه از حِقدِ جُهودانه چُنان　　گشت احول، کالامان، یا رب امان ۳۳۷

شاه نیز از تعصّب جهودانه چنان دوبین بود که از شرّ چنین جهلی باید به خدا پناه برد.

صد هزاران مؤمنِ مظلوم کُشت　　که: پناهم دینِ موسیٰ را و پُشت ۳۳۸

صدهاهزار انسان با ایمان و مظلوم را کشت با این تصوّر ناروا که از دین موسیٰ(ع) حمایت می‌کند.

آموختن وزیر مکْر، پادشاه را

او وزیری داشت، گَبر[1] و عشوه دِه[2]　　کُو بر آب از مکر بربستی گِره ۳۳۹

شاه وزیری حیله‌گر داشت که قادر به انجام هر امر دشوار با روشی مکرآمیز بود.

گفت: ترسایان پناهِ جان کنند　　دین خود را از مَلِک پنهان کنند ۳۴۰

وزیر گفت: عیسویان برای اینکه در امان باشند، دین خود را از شاه نهان خواهند داشت.

کم کُش ایشان را، که کُشتن سود نیست　　دین، ندارد بُوی، مُشک و عود نیست ۳۴۱

آنان را نکشید که سودی ندارد. ایمان و دین را می‌شود مخفی کرد. مانند مُشک یا عود نیست.

سِرّ پنهان است اندر صد غلاف　　ظاهرش با توست و باطن بر خِلاف ۳۴۲

دین امری اعتقادی است که آنان از ترس آن را نهان می‌دارند و بنا بر معتقدات تو دعوی ایمان می‌کنند.

---

۱ - **گبر**: کافر.　　۲ - **عشوه دِه**: بسیار مکّار.

شاه گفتش: پس بگو، تدبیر چیست؟ چارهٔ آن مکر و آن تزویر چیست؟ ۳۴۳
شاه گفت: پس تو بگو چه تدبیری بیندیشیم که نتوانند با ما تزویر کنند؟

تا نمانَد در جهان نَصْرانیی نی هویدا دین و نه پنهانیی ۳۴۴
برای ریشه‌کن کردن نصرانیان چه کنیم؟ تا کسی آشکارا یا نهان پیرو این دین باقی نمانَد.

گفت: ای شه! گوش و دستم را بِبُر بینی‌ام بشکاف و لب، در حکمِ مُر[1] ۳۴۵
وزیر گفت: فرمان بده گوش و دست مرا جدا کنند و بینی و لبم را بشکافند.

بعد از آن در زیرِ دار آور مرا تا بخواهد یک شفاعت‌گر مرا ۳۴۶
سپس وانمود کن که می‌خواهی مرا دار بزنی، آنگاه کسی را بفرست تا شفیع من شود.

بر مُنادی‌گاه[2] کن این کار، تو بر سر راهی که باشد چارسُو ۳۴۷
این کار را در محلّ تجمّع مردم انجام بده. بر سر چهارراهی که همه در جریان قرار گیرند.

آنگهم از خود بران تا شهر دور تا در اندازم در ایشان شرّ و شور ۳۴۸
سپس اعلام کن که مرا به شهر دوری تبعید می‌کنی تا من بروم و در میان آنان فتنه و غوغا بر پا کنم.

تلبیس وزیر با نصارا

پس بگویم: من به سِر، نصرانی‌ام ای خدای راز دان می‌دانی‌ام ۳۴۹
به آنان خواهم گفت که من به دین عیسی اعتقاد دارم و این سرّی بوده که از پادشاه نهان می‌کرده‌ام.

شاه واقف گشت از ایمانِ من وز تعصُّب کرد قصدِ جان من ۳۵۰
شاه ایمان قلبی مرا دریافت و به سبب تعصّب خواست مرا به هلاکت برساند.

خواستم، تا دین ز شه پنهان کنم آنکه دینِ اوست، ظاهر آن کنم ۳۵۱
سعی کردم تا دین خود را از شاه مخفی بدارم و وانمود کنم که مانند او جهود هستم.

---

۱ - **در حُکم مُر**: بنا بر اجبار.
۲ - **منادی‌گاه**: مکانی مخصوص بر بلندی و در محلّ تجمّع مردم. از آنجا ندا می‌کنند، جار می‌زنند برای آگاهی عموم. در قدیم که وسایل ارتباط جمعی وجود نداشت رسانیدن اخبار به مردم از طریق جارزدن جارچی‌ها بود و ندا کردن در منادی‌گاه.

دفتر اوّل ۱۵۷

شاه بویی بُرد از اسرارِ من   متّهم شد پیشِ شه، گفتارِ من ۳۵۲

شاه حقیقت حال و سرّ درون مرا دریافت و کلام من در نزد او بی‌اعتبار شد.

گفت: گفتِ تو چو در نان سوزن است   از دلِ من تا دلِ تو روزن است [1] ۳۵۳

شاه گفت: کلام تو مانند سوزنی در نان است که به سرعت آشکار می‌شود و ارتباطی نهانی میان دل من با دل تو هست؛ گویی روزنی پنهانی دارند.

من از آن روزن بدیدم حالِ تو   حالِ تو دیدم، ننوشم قالِ تو ۳۵۴

من از آن روزنهٔ پنهانی، حال واقعی تو را دیده‌ام و کلام غیر واقعی تو را نمی‌پذیرم.

گر نبودی جانِ عیسی چاره‌ام   او، جُهودانه بکردی پاره‌ام ۳۵۵

جان عیسی(ع) مرا نجات داد وگرنه او با تعصّب خاصّی که داشت مرا زنده نمی‌گذاشت.

بهرِ عیسی جان سپارم، سر دهم   صد هزاران منّتش بر خود نهم ۳۵۶

به خاطر عیسی(ع) حاضرم در نهایت افتخار جانبازی کنم و سر را در راه او فدا کنم.

جان دریغم نیست از عیسی، و لیک   واقفم بر علمِ دینش نیک نیک ۳۵۷

از جانبازی دریغی ندارم؛ امّا چون بر علوم و اسرار دین او به خوبی آگاهم، می‌خواهم زنده باشم.

حیف می‌آمد مرا کآن دینِ پاک   در میانِ جاهلان گردد هلاک ۳۵۸

دریغ داشتم که مبادا دین پاک عیسی(ع) در میان جاهلان و ناآگاهان نابود گردد.

شُکرْ ایزد را و عیسی را، که ما   گشته‌ایم آن کیشِ حق را رهنما ۳۵۹

سپاس خداوند و مسیح(ع) را که من رهبر و پیشوای آن دین برحق شده‌ام.

از جُهود و از جُهودی رَسته‌ایم   تا به زنّاری [2] میان را بسته‌ایم ۳۶۰

از هنگامی که به رسالت عیسی(ع) ایمان آورده‌ام، یهود و یهودی‌گری را رها کرده‌ام.

---

۱ - ضرب‌المثل فارسی می‌گوید: دل به دل راه دارد.
ضرب‌المثل عربی می‌گوید: مِنَ القَلْبِ إلی القَلبِ رَوْزَنَةٌ یا القَلْبُ یَهْدِي إلی القَلْبِ.

۲ - **زنّار**: رشته‌ای متّصل به صلیب که مسیحیان به گردن خود آویزان می‌کنند. کمربندی که زرتشتیان به کمر می‌بستند و در زمان عمر خلیفهٔ دوم، نصرانیان در مشرق زمین مجبور بوده‌اند به کمر ببندند تا به این وسیله از مسلمانان متمایز گردند.

دور، دورِ عیسی است ای مردمان　　بشنوید اَسرارِ کیش او به جان ۳۶۱

ای مردم، دوران عیسی(ع) است. با گوش جان علوم و اسرار دین او را بشنوید.

کرد با وی شاه، آن کاری که گفت　　خلق، حیران مانده زآن مکرِ نهفت ۳۶۲

شاه آنچه را که وزیر گفت انجام داد. مردم متحیّر بودند و مکر بر آنان آشکار نبود.

راند او را جانبِ نصرانیان　　کرد در دعوت شروع او بعد از آن ۳۶۳

سپس او را تبعید کرد به شهری که مرکز نصرانیان بود و او تبلیغ دین مسیح را آغاز کرد.

قبول کردنِ نصاری، مکر وزیر را

صد هزاران مردِ ترسا سوی او　　اندک اندک جمع شد در کویِ او ۳۶۴

صدها هزار مسیحی به وی گرایش یافتند و آرام‌آرام به دور او جمع شدند.

او بیان می‌کرد با ایشان به راز　　سِرّ انگلیون[1] و زُنّار و نماز ۳۶۵

وزیر مکّار مخفیانه اسرار انجیل و اعمال عبادی مسیحیّت را برای آنان می‌گفت.

او به ظاهر، واعظِ احکام بود　　لیک در باطن صفیر و دام بود ۳۶۶

کلام او در ظاهر اندرز و بیان احکام دین بود؛ امّا در باطن صفیر صیّادی بود که قصدِ صید آنان را داشت.

بهرِ این بعضی صحابه[2] از رسول　　مُلتمِس بودند مکرِ نفس ِ غول ۳۶۷

به دلیل وجود وسوسه‌هایِ پنهانی که هر لحظه به شکلی رخ می‌نماید، عدّه‌ای از صحابه به رسول اکرم(ص) پناه برده بودند و از وی چگونگیِ واکنش‌های نفسانی را جویا می‌شدند؛ زیرا می‌دانستند که نَفْس در بسیاری از موارد، با تزویر راه ریاضت و عبادت را نشان می‌دهد و هدف او ایجادِ کِبر و غرور از بسیاری طاعات یا صرف کردن عمر در قشر است.

---

۱ - **انگلیون**: انجیل، در اصل یونانی است به معنی بشارت و مژده.

۲ - **حُذَیْفَه** یکی از صحابه رسول اکرم(ص) گفت: اصحاب پیامبر(ص) از آن حضرت راجع به خیر می‌پرسیدند، در حالی که من راجع به شرّ می‌پرسیدم و وقتی که دیگران علّت را جویا شدند، پاسخ داد: آن کس که از شرّ آگاه شود و از آن بپرهیزد، قطعاً به دامن خیر افتاده است: احادیث مثنوی، ص ۵.

کــو چــه آمـیزد ز اغـراض ِ نـهان در عبادت‌ها و در اخلاص ِ جـان؟ ۳۶۸

می‌پرسیدند: نَفْس چگونه اخلاص و عبادتِ ما را تیره می‌کند؟

فــضلِ طـاعت را نـجُستَندی از او عیبِ ظاهر را بجُستندی که:کو[1] ؟ ۳۶۹

راجع به ثوابِ طاعات نمی‌پرسیدند. می‌پرسیدند: اعمال عبادی و ظاهری آنان در اثر چه افکار و یا انگیزه‌هایی بی‌اعتبار می‌شود یا از ارزش ِ باطنی کمتری برخوردار می‌گردد؟

مــو بـه مـو و ذرّه ذرّه مکـرِ نَـفْس می‌شناسیدند، چون گُـل از کـرفس ۳۷۰

تمام جزئیّات مکرِ نَفْس را می‌پرسیدند تا وسوسه‌ها را بشناسند؛ همان‌گونه که گُل را از کرفس می‌شناسند.

مــوشکافانِ صــحابه هــم در آن وعظِ ایشان، خیره گشتندی به جان ۳۷۱

یاران بسیار دقیق هم در اثر شنیدن مکرهای بسیار ظریفِ نفس متحیّر مـی‌شدند و در می‌یافتند که آنان نیز با تمام دقّتی که دارند، بسا مکایدِ نَفْس را نمی‌شناسند.

مُتابعتِ نصاری وزیر را

دل بــدو دادنــد تــرسایان تــمام خود چـه بـاشد قـوّتِ تـقلیدِ عـام! ۳۷۲

مسیحیان به او ایمان آوردند؛ زیرا مردم در یک جریان کلّی تقلیدی قوی حرکت می‌کنند.

در درونِ ســینه مِـهرش کــاشتند نــایبِ عــیسی‌ش مــی‌پنداشــتند ۳۷۳

نصرانیان محبّت عمیقی نسبت به او پیدا کردند و وی را نایب و خلیفهٔ بر حق عیسی(ع) پنداشتند.

او به سِرّ، دجّالِ[2] یک چشمِ لعین ای خدا ! فریادرَس، نِـعْمَ الْـمُعین[3] ۳۷۴

حقیقتِ او تلبیس کننده‌ای ملعون بود، پروردگارا، ما را از شرّ چنین فریب‌کارانی نجات ده.

---

۱ - نیکلسون مصراع دوم را چنین خوانده است: «عیب ظاهر را نَجستندی که کو».

۲ - **دَجّال** : فریب دهنده، تلبیس کننده، بر اساس روایات اسلامی در آخرالزّمان ظاهر می‌شود و بر اساس همین روایات یک چشم و کور است. ۳ - **نِعْمَ الْمُعین** : بهترین یاری دهندگان، حق.

صد هزاران دام و دانه‌ست ای خدا ما چو مرغانِ حریص ِ بی‌نوا[1] ۳۷۵

در «سیر و سلوک إلی الله» جاذبه‌های بیرونی و هوای نَفْسانی هر لحظه سالک را در دام نویی می‌افکَنَد. بدین لحاظ مولانا از خداوند کمک می‌خواهد که پروردگارا، در راه صدهزاران دام گسترده و دانه ریخته‌اند، ما نیز مانندِ پرندگانی بی‌نوا و حریص‌ایم.

دم بـه دم ما بستهٔ دام نـویم هر یکی، گر باز و سیمرغی شویم ۳۷۶

بی‌آنکه بدانیم، هر یکی در هر مرتبه‌ای که باشیم، لحظه به لحظه اسیرِ دام تازه‌ای می‌شویم.

مـی‌رهانی هـر دمی مـا را و بـاز سویِ دامی می‌رویم، ای بی‌نیاز ۳۷۷

پروردگارا، چون صدق ما را می‌دانی هر لحظه ما را از دامی رهایی می‌دهی و باز با ناآگاهی به سوی دام دیگری می‌رویم.

ما در این انبارْ[2] گندم[3] می‌کنیم گـندمِ جـمع آمـده گُم مـی‌کنیم ۳۷۸

پروردگارا، نتیجهٔ طاعات و عبادات و افعال پسندیدهٔ ما را وسوسه‌ها نابود می‌کنند.

مـی‌نیندیشیم آخـر مـا بـه هـوش کین خلل درگندم است از مکرِ موش ۳۷۹

هرگز نمی‌اندیشیم که طاعات و عبادات و اقدامات خیرخواهانه‌ای که انجام می‌دهیم، باید اثراتی در باطن ما داشته باشد که تأثیر آن بدون تردید ضمیری روشن، بی‌نیازی نسبت به بهره‌های دنیوی و شفقت بر خلق است. اگر چنین نیستیم و علی‌رغم اجرای دستورات شریعت و طریقت، همچنان گرفتار درونی تیره و صفاتی نکوهیده‌ایم، آیا این خلل و کاستی جز مکرِ نَفْس دلیل دیگری دارد؟

مـوش تـا انبارِ مـا حـفره زده‌ست و از فَنَش انبارِ ما ویـران شـده‌ست ۳۸۰

موش مکّار «نَفْس امّاره» به ضمیرِ ما راه یافته و با حیلهٔ او صفای دل را از دست داده‌ایم.

اوّل ای جان! دفع شرّ ِ مـوش[4] کـن وانگهان در جمعِ گندم جـوش کـن ۳۸۱

پس باید نفس را بشناسی تا راه نفوذش را به ضمیر و دل خود مسدود سازی.

---

۱ - موفقیّت وزیر در فریب دادن نصاری سبب می‌شود که مولانا بحث‌هایی را در باب مکاید نفس و خطراتی که حتّی پارساترین افراد و مؤمنان را هم اغوا می‌کند، به تقریر آورد. ۲ - **انبار** : ضمیر، باطن سالک، جان.

۳ - **گندم** : کنایه از طاعات و عبادات و افعال نیک (نتایج درونی حاصل از طاعات و عبادات).

۴ - **موش** : اینجا کنایه از نَفْس ِ امّاره.

دفتر اوّل ۱۶۱

بشنو از اخبارِ آن صَدرُالصّدور[1] لا صَلوٰةَ تَمَّ اِلاّ بِالْحُضور ۳۸۲

اینکه چگونه موش به انبار ضمیر راه می‌یابد، از پیامبر(ص) بشنو که فرموده است: حضور قلب در نماز الزامی است.

گر، نه موشی دزد در انبارِ ماست گندمِ اعمالِ چل ساله کجاست؟ ۳۸۳

اعمال و افعال صادقانه، چیزی جز نور نیستند. اگر نَفْس هر لحظه به شکلی حاصل روحانیِ اعمال عبادی ما را بر باد نمی‌دهد؛ چرا نتیجهٔ این اعمال نورانی که باید سبب متعالی شدن سالک باشد، دیده نمی‌شود؟

چرا یک فرد بعد از چهل سال نماز و روزه و انجام اعمال عبادی، همچنان لئیم و دون‌مایه می‌مانَد؟ چرا نورِ نماز و نورِ عبادات، رفتار و کردار او را منوّر نمی‌سازد؟

ریزه ریزه صدقِ هر روزه چرا جمع می‌ناید در این انبارِما؟ ۳۸۴

اگر در انجام اعمال عبادی و کارهای خیر صادق هستیم، چرا ضمیرمان منوّر نیست؟

بس ستارهٔ آتش از آهن جهید و آن دلِ سوزیده پذرفت و کشید ۳۸۵

دل سوخته، چه بسا رنج طاعات و عبادات را پذیرفت و بار آن را بر دوش کشید و با برهم خوردن سنگ و آهنِ طاعات و مجاهده، نوری در ظلماتِ نَفْس حاصل شد که اگر تداوم می‌یافت، چراغی در جان افروخته می‌شد و ظلمات درون به نور باطن مبدّل می‌گردید.

لیک در ظلمت یکی دزدی نهان[2] می‌نهد انگُشت بر استارگان ۳۸۶

امّا دشمن غدّاری که در نهان است «نفس امّاره»، بر جرقه‌های نورانی انگشت می‌گذارد و آن‌ها را خاموش می‌کند و ستارگانی را که در آسمان جان روشنی‌بخش هستند، از بین می‌برد.

می‌کُشد استارگان را یَک به یَک تا که نفروزد چراغی از فَلَک ۳۸۷

هر ستاره‌ای را که در آسمان جان نورافشانی کند، می‌کُشد تا چراغی در فلک جان نیفروزد.

---

۱ - **صَدْرُالصُّدُور**: مقصود حضرت محمّد(ص) است که فرمود: لاٰ صَلاٰةَ إلاّ بِحُضُورِ القَلْب: و مفهوم حضور قلب آن است که در هنگام نماز، دل آدمی متوجّه حق باشد و در اندیشه هیچ گذر نکند جز خدا، عارف همواره در نماز است و نیاز: احادیث مثنوی، ص ۵.

۲ - این دشمن غدّار درونی برای انجام این اعمال روش‌های خاصّی دارد. یکی از این روش‌ها تلقین افکار زشت و وسوسه‌های شیطانی است، دیگر آنکه با القای خودپسندی و غرور، صدق اعمال را از بین می‌برد و از این مقوله بسیار است و در مباحث دیگر در ارتباط با آن بحث خواهد شد.

گـر هـزاران دام بـاشد در قـدم چون تو با مـایی نـباشد هـیچ غـم ۳۸۸

اگر لطف الهی شامل حال باشد از وجود این همه دام باکی نیست.

چـون عـنایاتت بُـوَد بـا مـا مـقیم کـی بُـوَد بـیمی از آن دزدِ لئـیم؟[1] ۳۸۹

خدایا، اگر توجّه الهی تو همواره با ما باشد، کی از نَفْس ترس و بیمی داریم؟

هـر شـبی از دامِ تـن ارواح را مـی‌رهانی، مـی‌کَنی الواح را ۳۹۰

خدایا، به خواست تو هر شب هنگام خواب روح از بدن خارج می‌شود، در حالی که با رشته‌های ظریفی همچنان به تن متّصل است. به این سبب از چون و چرای امور دنیوی فراغت می‌یابد و تو به فضلِ خویش ذهن آدمی را برای ساعاتی از تعلّقات دنیوی می‌رهانی و جان او را متوجّه عوالم برتر می‌کنی، گویی که الواحی را که از امور دنیایی بر جان و ذهن او حک شده بود، به ارادهٔ تو از جای کنده می‌شود.

می‌رهند ارواح هر شب زین قـفس فارغان، نه حـاکـم و مـحکومِ کَس ۳۹۱

ارواح هر شب از قفس تن رهایی می‌یابند و از مسائل دنیایی فارغ می‌شوند. در این حال نه حاکم‌اند و نه محکوم و با حذف نسبی پرده‌های ضخیمِ هستیِ جسمانی، هر یک بنا به کمالی که دارد، می‌تواند در آن صحرای بی‌چون، از اجرام ظریفِ روحانی و معارف اصیل بهره‌مندگردد.

شب ز زنـدان بـی خـبر زنـدانـیان شب ز دولت بی خـبر سُـلطانیان ۳۹۲

شب هنگام، زندانی در خواب از زندان بی‌خبر و آسوده است و به همین ترتیب شاه و دولتیان با خوابیدن از غوغای دولت و ارکان آن می‌آسایند و بی‌خبرند.

نـه غـم و انـدیشهٔ سـود و زیـان[2] نـه خـیالِ ایـن فُـلان و آن فُـلان ۳۹۳

روحی که از جسم رها شده است، غم و اندیشهٔ سود و زیان ندارد و با تعطیل حواس ظاهری، خیال این و آن باقی نمی‌ماند و ادراک امور غیر حقیقی از کار می‌افتد.

حالِ عارف این بُوَد بی‌خواب هـم گفت ایزد: هُـمْ رُقُـودٌ زیـن مَـرَم[3] ۳۹۴

آدمی هنگام خواب از حیطهٔ جبر و اختیار خارج می‌شود و در پنجهٔ قدرت الهی قـرار

---

۱ - این بیت در حاشیه نسخهٔ خطی آمده و در نسخهٔ نیکلسون در پاورقی است.

۲ - نتیجه اینکه؛ در هنگام خواب، انسان از حیطهٔ جبر و اختیار خارج می‌شود و فقط در پنجهٔ قدرت خداوندی قرار دارد.

۳ - **زین مَرَم**: از این امر متعجّب مشو. امر شگفتی نیست که عارف کامل از امور دنیوی بی‌خبر باشد؛ یعنی از احوال دنیایی خفته باشد و به حق بیدار و آگاه.

می‌گیرد. عارف در تمام لحظات زندگی چنین شرایطی دارد و در سیطرهٔ قدرت الهی است. در مورد احوال عارف، مولانا وضعیّت اصحاب کهف[1] را نمونه می‌آورد.[2]

خُـفته از احـوالِ دنـیا روز و شب — چـون قـلم در پـنجهٔ تـقلیبِ رَب[3] ۳۹۵

انسان کامل به علّت استغراق در حق به دنیا و اهل دنیا چندان توجّهی ندارد و در پنجهٔ تقلیب ربّ است.

آنکـه او پـنجه نـبیند در رقـم — فِـعل پـندارد بـه جـنبش از قـلم ۳۹۶

حال عارف واصل به قلمی مانند شده است در دست قدرت حق، چشمی حقیقت‌بین می‌تواند پنجهٔ پنهان قدرت حق را در آنچه قلم می‌نویسد و رقم می‌زند، ببیند.

شمّه‌یی زیـن حـالِ عـارف وانـمود — عقل را هم خوابِ حسّی در ربـود ۳۹۷

حضرت حق، مختصری از حال عارف را که عدم تعلّق به امور دنیوی است، به مردم نشان می‌دهد و آن حالتی است که فرد از تلاش روزانه خسته و دلزده چشم بر امور دنیایی و تعلّقات می‌بندد و می‌خوابد و خواب حسّی او را می‌رباید؛ یعنی حواس طبیعی وی، مانند شنیدن، سخن گفتن، دیدن، به خواب می‌روند و در این حال جانِ او به عالم غیب می‌رود تا روح و تن از مسائل فرساینده دنیایی بیاسایند و عقل معاش هم تعطیل شود.

رفته در صحرای بی چون جانشان — روحشـان آسـوده و اَبـدانشـان ۳۹۸

خستگی انسان از تلاش روزانه سبب می‌شود که چشم بر امور دنیایی ببندد و جانش به صحرای بی‌چون، یعنی عوالم روحانی برود و اندکی بیاساید. این امر مختصری است از حال همیشگی عارف که حق برای مدّتی کوتاه به دیگران می‌نماید.

وز صـفیری[4] بـاز دام انـدر کشی — جـمله را در داد و در داور کشـی ۳۹۹

بعد از پروازی که مرغ روح در صحرای جان در خواب داشته است، صفیری که همان ارادهٔ خداوندی است، آن را به دام تن باز می‌گردانَد تا باز در حیطهٔ جبر و اختیار مورد داوری قرار گیرد.

---

۱ - **اصحاب کهف :** هفت نفر خفتگان شهر **اِفِسُس** که شهری بود در ایونیه واقع در ساحل دریای اژه. طبق روایات اسلامی غار اصحاب کهف در همین شهر بوده است.

۲ - کهف : ۱۸/۱۸ : وَ تَحْسَبُهُمْ أَيْقاظاً وَ هُمْ رُقُودٌ وَ نُقَلِّبُهُمْ ذاتَ الْيَمينِ وَ ذاتَ الشِّمالِ : و آنان را [اصحاب کهف] بیدار پنداشتی و حال آنکه در خواب بودند و ما آنان را به پهلوی راست و چپ می‌گردانیدیم.

۳ - **پنجهٔ تقلیب ربّ :** اشاره است به حدیث: قَلْبُ الْمُؤمِنِ بَيْنَ إِصْبَعَيْنِ مِنْ أَصابِعِ الرَّحْمَنِ. قلب مؤمن میان دو انگشت از انگشتان خداوند رحمان قرار دارد: احادیث مثنوی، ص ۶. دو انگشت؛ عبارت است از صفات جمال و جلال الهی.

۴ - **صفیر :** بانگ و فریاد مرغان یا عام است.

چونکه نورِ صبحدم سر بر زند   کرکسِ زرّینِ گردون پر زند[1] ۴۰۰

هنگامی که صبح می‌شود، خورشید، مانند کرکس زرّین بال و پر درخشان خود را می‌گشاید.

فالِقُ ٱلاِصْباحْ[2]، اسرافیل وار   جمله را در صورت آرَد زآن دیار ۴۰۱

صفیر الهی (ارادهٔ خداوندی)، ارواح را به تن‌ها باز می‌گرداند، همانگونه که اسرافیل «مَلَک مقرّب» در روز رستاخیز در صور می‌دمد تا ارواح مردگان به بدن‌های خود باز گردند و در صحنهٔ قیامت حضور یابند.

روح‌هایِ منبسط را تن کند   هر تنی را باز آبستن کُند ۴۰۲

روح متجسّد در آدمی از مولکول‌های اثیری ساخته شده است که اینک برای دانش بشری هنوز شناخته شده نیست؛ امّا علم ماوراءالطّبیعه ثابت کرده است که این مولکول‌ها به نسبت مولکول‌های موادّ شناخته شده بسیار لطیف و سیّال‌اند و هنگام خروج روح از بدن می‌توانند منبسط شوند و فضای بسیاری را اشغال کنند. این روح منبسط شده دوباره به تن باز می‌گردد و در قالب تن، متراکم می‌گردد؛ بنابراین تن باز هم آبستن روح می‌شود.

اسبِ جان‌ها را کُند عاری ز زین   سِرّ «ٱلنَّوْمِ اَخُ ٱلمَوْت» است این[3] ۴۰۳

دوباره در هنگام خواب بعدی روح رهایی یافته از قید تن که به اسبی مانند شده است، بدون زین و به آسایش قادر به حرکت در چراگاه می‌شود؛ امّا افسار او بسته است و توانایی ترک چراگاه را ندارد.

لیک بهر آنکه روز آیند باز   بر نهد بر پایشان بندِ دراز[4] ۴۰۴

علم ثابت کرده است که هنگام خواب تمامی روح از بدن خارج نمی‌شود. قسمت اعظم آن خارج می‌گردد و رشته‌های بسیار ظریف و لطیفی بین این دو وجود دارد.

---

۱ - این بیت در نسخهٔ نیکلسون نیامده است.

۲ - **فالق الاصباح :** شکافندهٔ روز از دل شب: اشارتی قرآنی، انعام: ۹۶/۶.

۳ - **سِرُّالنَّومِ أَخُ الْمَوْتاست این :** اشاره است به حدیثی که می‌گوید: خواب برادر مرگ است: احادیث مثنوی، ص ۵.

این ابیات شرحی است از سورهٔ زمر آیه ۴۲، مفهوم کلّی آن این است که خداوند به هنگام خواب و همچنین در وقت مرگ روح‌ها را به سوی خود می‌برد (یَتَوَفَّی الأَنْفُس)، ارواحی که به هنگام خواب به سوی حق رفته‌اند، باز به تن بر می‌گردند «یُرسِلُ» تا وقت معین: شرح مثنوی شریف، ص ۱۸۶.

۴ - **پابند دراز :** رشته‌های ظریفی که سبب اتّصال روح به تن می‌شود.

تا کـه روزش واکشَـد زآن مـرغزار وز چـراگـاه آردش در زیـرِ بـار ۴۰۵

این رشته‌ها برای آن است که در هنگام بیداری، روح را از مرغزار الهی باز گرداند و به زیر بار تکلیف کشد.

کاش چون اصحابِ کهف این روح را حفظ کـردی، یـا چـو کَشـتی نـوح را ۴۰۶

حفظ روح متجسّد در آدمی (نفس) از آفـاتی کـه در راه وی است، کـار آسـانی نـیست، دشواری دریافت حق از باطل، مولانا را بر آن می‌دارد تا آرزو کند که ای کاش، روح بشر در حصن الهی مصون می‌ماند آن چنان که اصحاب کهف محفوظ ماندند یا مانند نوح(ع) که در کشتی عنایت و هدایت از توفان بلایا رهید.

تا از این طـوفانِ بـیداری و هـوش وارهیدی این ضمیر و چشم و گوش ۴۰۷

در سیر إلی الله، سالک، در حال استغراق و مستی مِیِ عشق و در دستِ لطـفِ دوست محفوظ است و **محمول حق** که در این حال تکالیف را بر وی آسان می‌گردانند یا به کلّی بار را از دوش او بر می‌دارند، این حال را **سُکْر** نامند. زمانی که مستی (سُکر) پایان یابد و سالک به حال هوشیاری (صحو) برسد، حسّ و فکر و اندیشهٔ او که به قوّت عشق به یک نقطه (حق) توجّه یافته بود، از حالت **جمع** به **تفرقه** باز می‌گردد و ناچار است در توفانِ بیداری یا مسائل دنیوی و هوش معاش، با مجاهده و پالایش نفس حق و باطل را تمییز دهد تا کشتی وجود خویش را به سلامت به ساحل مقصود برساند.

ای بسی اصحابِ کهف اندر جهان پهلوی تو، پیش تو هست این زمان ۴۰۸

چه بسا عزیزان درگه حق و اولیای خدا که هم اکنون در میان ما زندگی می‌کنند و دلشان چون غاری است که در آن جز حق نیست؛ امّا کسانی کـه کـور و کـر روحـانی‌انـد، قـدرتِ شناخت آنان را ندارند.

یـار بـا او، غـار بـا او، در سُـرود مُهر بر چشم است و بر گوشَت، چه سود؟[۱] ۴۰۹

و این بزرگان کسانی‌اند که یار و غار با آنان هماهنگ و همنوااند؛ امّا افسوس که گوش و چشم روحانی تو در حجاب غفلت‌ها از حقایق محروم است.

---

۱ - اشارتی قرآنی، بقره: ۷/۲: خَتَمَ اللهُ عَلىٰ قُلوبِهِمْ وَ عَلىٰ سَمْعِهِمْ وَ عَلىٰ أَبْصارِهِمْ غِشاوَةٌ: خداوند بر دل‌های آنان مُهر نهاد و بر گوش و چشم‌شان پرده‌ای است.
بعضی از مفسّران مانند ابوالفتوح نوشته‌اند: حال آنان چنان است که گویی مهر بر دل و چشم و گوش دارند: قرآن، ترجمهٔ خرّمشاهی، ذیل آیه.

قصّهٔ دیدنِ خلیفه لیلی را[1]

گـفت لیـلی را خـلیفه کآن تـویی   کز تو مجنون شد پریشان و غَوی[2]؟ ۴۱۰

خلیفه به لیلی گفت: آن کسی که مجنون را چنین پریشان و گمراه کرد تو هستی؟

از دگـر خـوبان تـو افـزون نـیستی!   گفت: خامش! چون تو مجنون[3] نیستی[4] ۴۱۱

بهرهٔ زیبایی تو افزون‌تر از دیگر خوبان نیست، لیلی گفت: خاموش باش؛ زیرا تو مجنون نیستی و نمی‌توانی در مورد من قضاوت کنی.

هر که بیدار است، او در خواب‌تر   هست بـیداریش، از خـوابش بَـتَر ۴۱۲

هوش و ادراکی که فقط در جهت امور دنیوی به کار رود، سبب غفلت از امور روحانی است. شخصی که تمام قوای جسمی و ذهنی او در جهت بهتر زیستن، بدون ابعاد معنوی صرف می‌شود، در جهت نیل به اهداف دون خویش از هیچ عمل زشتی روی‌گردان نیست و چنین شخصی که همواره در حال ستم به خود و دیگران است، بیدار بودنش از خوابش بدتر است؛ زیرا در خواب زیان کمتری به خود و دیگران می‌رساند.

چون به حق بـیدار نَـبْوَد جـانِ مـا   هست بـیداری، چـو دربـندان[5] مـا ۴۱۳

هوشیاری و ادراکی که از حق امداد نیابد، بدون شک تحت تأثیر و تصرّف وسوسه‌هایِ نَفْسانی است؛ پس این بیداری غافلانه لحظه به لحظه موجب دوری بیشتری از حق و بسته شدن راه وصول است.

جان هـمه روز از لگـدکوبِ خـیال   وز زیـان و سـود، وز خـوفِ زوال ۴۱۴

از دیدگاه عارف دلبستگی به امور دنیوی، دلبستگی به رؤیا و صُوَر خیالی است؛ بنابراین «جان» همه روز از فشارِ اندیشهٔ امور عادی زندگی و سود و زیان در رنج است.

---

۱ - مأخذ این داستان احتمالاً مصیبت‌نامهٔ شیخ عطّار است که در آن خلیفه‌ای که لیلی را با نقصانی در جمال می‌یابد، هارون است؛ امّا در روایت مثنوی، خلیفه بدون ذکر نام مطرح می‌شود و سرّ سخن در مجنون بودن است: احادیث، صص ۲۳ و ۲۴.   ۲ - غَوِیّ: گمراه.

۳ - در ادبیّات عرفانی ما، لیلی و مجنون به صورت نمادی از عشق و عاشقی مطرح می‌شوند و معمولاً لیلی رمزی است از معشوق ازلی و مجنون هم رمزی است از عاشق کوی دوست.

۴ - جان کلام در تقریر این داستان آن است که تا ادراک عارفانه و چشم حقیقت‌بین نباشد، واقعیّت اشیا و افراد دیده نخواهد شد. مجنون در وجود لیلی، حقیقتی را دید و عاشق جمال آن شد که دیگران از دیدن آن محروم بودند.

۵ - **دربندان**: عمل بستن در، این کلمه می‌تواند اینجا به معنی دربند بودن (زندان) باشد و یا به معنی حصاری از غفلت‌ها.

نی صفا می‌مانَدَش، نی لطف و فَر[1] نـی بـه سـوی آسـمان، راهِ سَـفر ۴۱۵

توجّه تامّ به امور غیر معنوی و غیر روحانی، جان را از اصلی‌ترین امور، یعنی کسب معرفت و ترقّی باز می‌دارد و جانی که راه اتّصالش با عوالم غیبی مسدود شده است، نه صفایی دارد و نه لطف و شکوهی.

خفته آن باشد، که او از هر خـیال دارد اومـید و کـند بـا او مَـقال ۴۱۶

غافلان، احوالشان به حال کسی می‌مانَد که در خواب نقوش و صُوَری را می‌بیند و آن‌ها را حقیقت می‌پندارد و با این تصاویر به گفت‌وگو می‌نشیند.

دیو را چون حور بیند او به خواب پس ز شهوت ریزد او بـا دیـوْ آب ۴۱۷

انسان غافل، مانند کسی است که به سبب تحریک شهوانی، دیو را در خواب مانندِ پریِ زیبا می‌بیند و محتلم می‌گردد.

چونکه تخم نسل را در شوره ریخت او به خویش آمد، خیال از وی گریخت ۴۱۸

بعد از احتلام که رؤیا پایان می‌یابد، متوجّه می‌شود که مادّهٔ تولید نسل خویش را در شوره‌زاری از تمایلات پلید واهی ریخته است.

ضعفِ سر بـیند از آن و تـنْ پـلید آه از آن نـقشِ پـدیدِ نـاپدید ۴۱۹

حاصل آنچه رخ داد، اینک دردِ سر و تنی ناپاک است. آه از آن صُوَر و نقوشی که در خیال ظاهرند و وجود ندارند.

مرغ[2]، بر بـالا و زیـر، آن سـایه‌اَش می‌دود بـر خـاک، پَـرّان مـرغ وش ۴۲۰

پرنده در آسمان پرواز می‌کند و سایه‌اش بر زمین می‌دود و شخص غافل که خواهان مرغ است به دنبال سایه روان می‌رود.

ابـلهی، صـیّادِ آن سـایه شـود می‌دود چـندان، کـه بـی‌مایه شـود ۴۲۱

فقط ابله گول می‌خورد و سایه را واقعی می‌پندارد و در پی صید آن، چنان می‌دود که خسته و کوفته شود.

بی خبر کآن عکسِ آن مرغِ هواست بی خبر که اصلِ آن سایه کـجاست ۴۲۲

و بی‌خبر که آنچه را در هوایش چنین می‌دود، سایهٔ مرغِ هواست.

---

۱ - فَرّ: شأن و شوکت و رفعت و شکوه.

۲ - این پرنده تمثیلی است از مرغ سعادت که بر اوج آسمان معارف و عوالم روحانی می‌توان بدان دست یافت و جاهلان بر زمین در جست‌وجوی آن دوانند.

تیر اندازد به سوی سایه او ترکشش خالی شود از جُست و جو ۴۲۳

تیر افکار و قوّتش در پی صیدِ غیرحقیقی به هدر می‌رود و توانِ خود را از دست می‌دهد.

ترکشِ عُمرش تهی شد، عمر رفت از دویدن در شکارِ سایه، تَفت[1] ۴۲۴

پس بنا بر این تمثیل، مرغی که در آسمان می‌پرد، حقیقتی است که در عوالم معنوی می‌توان یافت و سایهٔ مرغ که بر زمین می‌دود، پرتوی است لرزان و بی‌دوام و کم‌رنگ از سرخوشی‌های حقیقی. جست‌وجوی لذّات حقیقی در طبایع بشری [تن و صفات بشری] ممکن نیست و آن کس که چنین کند از جست‌وجو در پی شکاری که به دست نمی‌آید [خوشبختی]، خسته و فرسوده می‌شود.

سایهٔ یزدان چو باشد دایه‌اش وارهانَد از خیال و سایه‌اَش ۴۲۵

اگر سایه یزدان، یعنی انسان کامل پرورش او را بر عهده گیرد، وی را از خیال می‌رهانَد.

سایه یزدان، بُوَد بندهٔ خدا مُرده او زین عالم و زندهٔ خدا ۴۲۶

سایه یزدان (ظِلُّ الله)، ولیّ، انسان کامل است که از بندگی نفس رهایی یافته و حلقهٔ بندگی حق تعالی را بر گوش جان آویخته و «مُرده او زین عالم» است؛ یعنی امور دنیایی برای وی شأن و اعتباری ندارند و «زندهٔ خدا» است؛ یعنی دل او به نور حق، حیّ شده و وجودش محلّ تجلّی نور الهی است.

دامنِ او گیر زوتر، بی‌گمان تا رهی در دامنِ آخر زمان ۴۲۷

راه سعادت ابدی چیزی جز دست زدن در دامان تربیت مردان حق و انسان کامل نیست.

کَیْفَ مَدَّ ٱلظِلّ،[2] **نقش اولیاست کو دلیل نورِ خورشید خداست** ۴۲۸

اولیا سایهٔ رحمت و عنایت خداوندی هستند که بر سر عالمیان گسترده شده‌اند و وجود و تعالیم‌شان راه رسیدن به خورشید حقیقت را نشان می‌دهد.

---

۱ - **تَفت** : با شتاب، با عجله.

۲ - اشارتی قرآنی؛ فرقان : ۴۵/۲۵ و ۴۶ : أَلَمْ تَرَ إِلىٰ رَبِّکَ کَيْفَ مَدَّ الظِّلَّ وَ لَوْ شاءَ لَجَعَلَهُ ساكِناً ثُمَّ جَعَلْنَا الشَّمْسَ عَلَيْهِ دَلیلاً ثُمَّ قَبَضْنَاهُ إِلَيْنا قَبْضاً يَسيراً : آيا نديدی که لطف خداوند چگونه سايه را بر سر عالميان بگسترانيد و اگر می‌خواست آن را ساکن می‌کرد، آنگاه آفتاب را بر آن سايه نشانی قرار داديم. سپس ما خود آن سايه را به راحتی گرفتيم.

اشارتی است به بيان معجزهٔ رسول گرامی(ص) و بر حسب معنی اشارت است به کرامت حق و قرب به حق دربارهٔ اين رسول بی‌نظير. [بيان معجزه آن است که رسول خدا(ص) در يکی از سفرها هنگام نيم روز در زير درختی فرود آمد، چون ياران او بسيار بودند و سايه درخت گنجايش نداشت، خداوند سايه را بکشيد تا همگی آرميدند و در آن حال اين آيت نازل شد.

أَلَم تَرَ؛ خطاب با حاضران است و تشريف مقرّبان: کشف الاسرار، ميبدی، ذيل آيه در شرح و تفسير.]

دفتر اوّل ۱۶۹

اندر این وادی[1] مرو بی این دلیـل[2] لا اُحِبُّ آلآفِلینْ[3] گو، چون خلیل[4] ۴۲۹

در طریق سلوک إلی الله بدون چتر امداد و تربیت مرشد کامل طیّ راه مکن. همان‌طور که خلیل گفت: غروب کنندگان را دوست ندارم.

رو، ز ســـایه آفـــتابی را بـــیاب دامــنِ شه شـمس تـبریزی بـتاب ۴۳۰

با قرارگرفتن در سایهٔ لطف مردان حق می‌توان آفتاب حقیقت را یافت. با توسّل به شمس و چنگ زدن به دامان هدایت وی به سوی انوار حقیقت رهنمون خواهی شد.

رَه ندانی جانب این سُور و عُـرس[5] از ضیاءَالحق حُسـامالدّیـن بـپرس ۴۳۱

خداوند خوان هدایتی از طریق خاصّان درگاه الهی بر همگان گسترده است [مردان حق، اولیا]. اگر از راهِ ورود به این میهمانی الهی [سور و عُرس] بی‌خبر هستی، حُسام‌الدّین رهنمونِ شما خواهد بود. اولیا محارم حق‌اند و مانند عروس که برای داماد عزیز است، برای حق عزیزند.

ور حســد گــیرد تـو را در رَه گَـلُو در حســـد ابـلیس را بـاشد غُـلو[6] ۴۳۲

اگر احوالِ برتر دیگران سببِ حسد تو شد، بدان که ابلیس مظهرِ افراط در حسد است.

کـو ز آدم نـنگ دارد، از حســد بـا سـعادت جـنگ دارد، از حسـد ۴۳۳

سعادت ابلیس در اجرای فرمان و سجده بود که از فرط حَسَد ننگ داشت.

---

۱ - **وادی**: صحرا، بیابان، توسعاً طریق طلب، مراحل متفاوت سیر و سلوک إلی الله.

۲ - **دلیل**: رهبر، مرشد روحانی به کمال رسیده، فانی فی الله و باقی بالله.

۳ - اشارتی قرآنی؛ انعام: ۷۶/۶: ابراهیم خلیل در شب ستاره‌ای را دید و گفت: این خدای من است: قالَ هٰذا رَبّی، ولی آن‌گاه که ستاره فرو رفت، گفت: من خدایی را که غروب کند و پاینده نباشد دوست ندارم: لٰا اُحِبُّ الآفِلینَ.

۴ - داستان زندگی ابراهیم(ع)، ر.ک. ۵۵۱/۱ و مفسّرین نوشته‌اند که ابراهیم در زمان نمرود پسر کنعان نوادهٔ سام پسر نوح چشم به جهان گشود. اوّل کسی که تاج بر سر گذاشت و مردم را به پرستش خود خواند نمرود بود. روزی ابراهیم از مادرش پرسید: خدای من کیست؟ گفت: مادرت. پرسید: خدای او کیست؟ گفت: پدرت. پرسید: خدای او کیست؟ گفت: نمرود. پرسید: خدای او کیست؟ پدر سیلی بر صورت وی زد و گفت: ساکت شو. ابراهیم نپذیرفت و در اندیشه بود. چون شب بر آمد و ستارگان و ماه را دید گفت: این خدای من است و چون روز بر آمد و خورشید درخشیدن گرفت، گفت: خدای من این است. آن‌گاه که خورشید غروب کرد، به کاهنان بت‌پرست گفت: آنچه را که شما بزرگ می‌شمردید، بزرگ شمردم؛ امّا می‌بینم که دچار نقص و نشیب شد، خواستم به شما بفهمانم که خدا نقص ندارد، چگونه چیزی را که در نقصان است بپرستم؟ : کشف الاسرار، میبدی، تفسیر آیه، ج ۱، ص ۲۹۳.
راه ابراهیم راه استدلال بود. چون از درجهٔ استدلال گذشت، جمال توحید را عیان دید و گفت ای قوم من از همهٔ شرک‌آوران بی‌زارم.

۵ - **عُرس**: غذایی که در میهمانی یا عروسی داده می‌شود. بزرگی گفته است: اولیاء الله عرائس الله هستند.

۶ - **غُلو**: همان غُلُوّ، به معنی زیاده‌روی.

عَقْبه‌یی[1] زین صعب‌تر در راه نیست — ای خُنُک آن، کِش حسد همراه نیست[2] ۴۳۴

سخت‌ترین گذرگاه در طیّ طریق، حسادت است که وجود سالک را تاریک می‌سازد و حرکت وی را به سوی تعالی مختل می‌کند. خوشا به کسی که در وجودش حسد نیست.

این جسد، خانهٔ حسد آمد، بدان — از حسد آلوده باشد خاندان ۴۳۵

جسد [جسم، بدن] خانهٔ حسد است؛ زیرا تن و صفات بشری تمایل به عالم مادّه دارند. ورودِ حسد، حس و اندیشه را آلوده می‌سازد.

گر جسد خانهٔ حسد باشد، و لیک — آن جسد را پاک کرد الله، نیک ۴۳۶

تن آدمی می‌تواند خانهٔ حسد باشد؛ امّا جسمِ انسان کامل را خداوند پاک گردانیده است.

طَهِّرا بَیْتی[3] بیانِ پاکی است — گنجِ نور است[4]، اَر طلسمش خاکی است ۴۳۷

دل جایگاه حق است و باید از آلایش پاک گردد. نظر عوام بر کعبهٔ گل است و خواصّ به کعبهٔ دل. جسم به طلسمی مانند شده است که شکستن این طلسم، گنج نور درونش را هویدا می‌کند و شکستن طلسم، بها ندادن به تمنّیات نفسانی و پالایش آن است.

چون کنی بر بی حسد مکر و حسد — زآن حسد، دل را سیاهی‌ها رسد ۴۳۸

اگر به انسان کامل حسد بوَرزی و نیرنگ درکار آوری از این مکر و حسد، دل سیاه و تباه می‌شود. اشاره به رفتار حاسدانهٔ مریدان با شمس محبوب.

خاک شو مردانِ حق را زیرِ پا — خاک بر سر کن حَسَد را، همچو ما ۴۳۹

در مقابل مردان حق متواضع و افتاده باش، تا حسد به امداد باطنی اولیا ریشه‌کن شود.

---

۱ - **عَقْبه** : گردنه، راه سخت در کوهستان.

۲ - عشق سرشار مولانا به شمس و رفتار حاسدانهٔ مریدان مولانا نسبت به محبوب وی، که به ناپدید شدن شمس انجامید، برای وی رنج و درد عظیمی را به ارمغان آورد که در تمامی عمر خویش نتوانست آن را به دست فراموشی سپارد؛ در نتیجه اینک به عنوان یک استاد دردکشیده بر حذر بودن از این صفت زشت و ناپسند را به سالکان راه توصیه می‌فرماید.

۳ - اشارتی قرآنی: بقره: ۱۲۵/۲: فرمان الهی خطاب به ابراهیم(ع) و اسماعیل(ع)، که خانهٔ مرا برای طواف کنندگان و معتکفان و نمازگزاران پاکیزه نگه‌دارید.

و تفسیر عارفانهٔ این آیت، پاکیزه نگه داشتن دل است از غیر حق و آنچه ماسِوی الله است.

۴ - حدیث قدسی : نمی‌گنجم نه در آسمان‌ها و نه در زمین، بلکه می‌گنجم در دل بندهٔ مؤمن: احادیث، ص ۱۱۳.

بیانِ حَسَدِ وزیر

آن وزیـرک از حسـد بـودش نـژاد   تا به باطل، گـوش و بـینی بـادْ داد ۴۴۰

صفات رذیلهٔ وزیر مکّار موجب می شود که مولانا او را با «ک» تصغیر یاد کند و حقیر بشمارد. انسانی که سرشت او با حسد آمیخته بود و برای امری باطل گوش و بینی خود را از دست داد.

بـر امـیدِ آنکـه از نـیشِ حسـد   زهـر او در جـانِ مسکـینان رسـد ۴۴۱

وزیر حاضر شد گوش و بینی را از دست بدهد که بتواند زهری در کام نصرانیان بریزد.

هر کسـی کـو از حسـد، بینی کـند   خویش را بـی‌گوش و بـی‌بینی کـند ۴۴۲

آن کس که اجازه دهد حسادت، شامهٔ بویایی حقیقی و باطنی او را تحت تصرّف خود درآورد، لاجرم عوارض این عدم تشخیص دامن‌گیر او می شود و گوش حقیقت نیوش و شامهٔ باطنی خویش را از دست می‌دهد.

بـینی آن بـاشد کـه او بـویی بَـرَد[1]   بـوی، او را جـانبِ کـویی بَـرَد ۴۴۳

شأنِ بینی به قدرتِ درکِ رایحهٔ خوش حقیقت است که شخص را به کوی یار هدایت کند.

هر که بویش نیست، بی بـینی بُـوَد   بوی، آن بوی است، کآن دینی بُوَد[2] ۴۴۴

آن کس که بوی حق و باطل را در نمی‌یابد، مانند کسی است که فاقد عضو بویایی است، بوی ارزشمند بوی نفخهٔ رحمانی است.

چونکه بویی بُرد و شکـرِ آن نکـرد   کـفرِ نـعمت آمـد و بـینیش خَـورد ۴۴۵

اگر بوی حقیقت به مشام جان کسی رسید، شکر سبب ازدیاد این ادراک می شود و بی‌توجّهی به آن، ناسپاسی است که سببِ زوالِ درک روحانی می‌گردد.

---

۱ - سورهٔ یوسف آیات ۹۴-۹۳ اشاره‌ای به همین معناست: «یوسف گفت پیراهن من را برای پدرم یعقوب ببرید. حضرت حق تعالیٰ باد صبا را فرمان داد تا بوی پیراهن را به مشام یعقوب رساند و به ذوق عارفان، این بشارت باد صبا همان نفخهٔ الهی است که گِردِ جهان می‌گردد، هر جا که سینهٔ صافی یابد و سری از سودای جهان خالی، آنجا منزل کند. آنگاه یعقوب(ع) گفت: إِنّی لَأَجِدُ رِیحَ یُوسُفَ : من بوی یوسف را می‌یابم، آورنده آن پیراهن هیچ بویی نیافت و یعقوب از مسافت هشتاد فرسنگ بوی عشق را دریافت»: قرآن، تفسیر ادبی عرفانی، خواجه عبدالله انصاری، ج ۱، ذیل آیه.

۲ - حدیث نبوی: إِنّي لَأَجِدُ نَفَسَ الرَّحْمَنِ مِن قِبَلِ الْيَمَنِ : من نفس رحمان را از جانب یمن می‌شنوم: احادیث، ص ۲۵۰.

شکر کن، مر شاکران را بنده باش پیش ایشان مُرده شو، پاینده باش ۴۴۶

شکر کن و در بندگی و ارادت به انسانِ کامل ثابت قدم بمان و بدان که باید در حضور بزرگان مانند میّت در دست غسّال بود، بدون حرکت و اراده تا تو نیز پایدار شوی.

چون وزیر، از رهزنی مایه مساز خلق را تو بر میآور از نماز ۴۴۷

همانند وزیر مکّار، دیگران را از راه راست باز ندار و مانعِ ایمان آنان نباش.

ناصحِ دین گشته آن کافر وزیر کرده او از مکر در لَوْزینه[1] سیر ۴۴۸

وزیر کافر به ظاهر اندرز می‌داد و ترسایان را هدایت می‌کرد و در باطن ریا می‌ورزید.

فهم کردنِ حاذقانِ نصاریٰ مکرِ وزیر را

هر که صاحبْ ذوق[2] بود، ازگفتِ او لذّتی می‌دید، و تلخی جُفتِ او ۴۴۹

هر کس که صاحب ذوق بود، در آغاز از سخنان او لذّت می‌برد و بعد ناگواری آن را حس می‌کرد.

نکته‌ها می‌گفت او، آمیخته در جُلابِ قند، زهری ریخته ۴۵۰

ظرایف را آمیخته با چاشنی مورد نظر خود می‌گفت تا زهرِ تلخ را در شربتِ سخنانِ دلکش عرضه کند.

ظاهرش می‌گفت: در ره چُست شو وز اثر، می‌گفت جان را: سُست شو ۴۵۱

سخنان او در ظاهر تأییدِ تعالیمِ دین مسیح(ع) بود؛ امّا تأثیرِ کلامش اعتقاد را سست می‌کرد.

ظاهر نُقره گر اسپید است و نو دست و جامه می سیه گردد از او ۴۵۲

نقره گرچه سپید است، سبب سیاهی دست و لباس می‌شود، کلامِ او هم ظاهری از نور داشت؛ امّا تاریک بود.

آتش اَرچه سرخ روی است از شرر تو ز فعلِ او سیه‌کاری نگر ۴۵۳

شعله‌های آتش گرچه سرخوش است؛ امّا اجسام را می‌سوزانند و سیاهی بر جای می‌گذارد. اینجا کلام وزیر به سیاه‌کاری آتش مانند شده است.

---

۱ - **لوزینه**: یک نوع شیرینی با مغزگردو به شکل لوزی، **در لوزینه سیر کردن**: مکر و ریا، آمیزش حق و باطل.

۲ - **صاحب ذوق**: دارای درک و ذوق معنوی (بینش برای تمیز حق از باطل).

بـرق، اگـر نـوری نـمايد در نـظر　　لیک هست از خـاصیت دُزدِ بـصر ۴۵۴

برق آسمان چیزی جز نور نیست؛ امّا ضربهٔ شدید آن به چشم آسیب وارد می‌کند.

هر که جز آگاه و صاحب ذوق بود　　گـفتِ او، درگـردنِ او طـوق بـود ۴۵۵

جز افراد آگاه و صاحب بینش دیگران سخنان او را می‌پذیرفتند و چون طوقی برگردن می‌آویختند.

مدّتی، شش سـال در هـجرانِ شـاه　　شـد وزیـر اَتـباعِ عـیسی را پـناه ۴۵۶

شش سال دور از شاه و در میان عیسویان بود و آنان وی را پناهگاه امن خویش می‌شناختند.

دین و دل را، کُل بدو بسپرد خـلق　　پیش امر و حُکمِ او، مـی‌مُرد خـلق ۴۵۷

در این مدّت همگان شیفتهٔ او شدند، دل را به او سپردند و دستوراتش را از جان و دل اجرا می‌کردند.

پیغامِ شاه پنهان با وزیر

در مـــیان شـــاه و او پـــیغام‌ها　　شـــاه را پـــنهان بـــدو آرام‌هـــا ۴۵۸

میان شاه و وزیر در نهان پیام‌هایی ردّ و بدل می‌شد که شاه آرامش خاطر می‌یافت.

آخـــرالامـــر از بـــرای آن مـــراد[۱]　　تا دهد چون خاک، ایشان را به باد ۴۵۹

عاقبت برای آنچه که مقصودشان بود؛ یعنی بر باد دادن ترسایان،

پیشِ او بنوشت شـه، کِـای مُـقبلم　　وقت آمـــد، زود فـــارغ کـــن دلم ۴۶۰

شاه نامه‌ای نوشت که ای وزیر نیک‌بخت من، وقت انجام وعده رسیده است، دل مرا فارغ بدار.

گـفت: ایـنک انـدر آن کـارم شـها　　کـــافکنم در دیـــنِ عـیسی فـتنه‌ها ۴۶۱

وزیر پاسخ داد که زمان آن رسیده است تا فتنه در دین عیسی برپا کنم.

۱ - بیت ۴۵۹ در هامش افزوده شده است، در نسخهٔ نیکلسون نیز نیست.

بیانِ دوازده سِبْط از نصاری

قوم عیسی را بُد اندر دار و گیر حاکمانْشان ده امیر و دو امیر ۴۶۲

در این گیر و دار و در میان مجموعه‌ای از گرفتاری‌ها که داستان نقل می‌کند، عیسویان دوازده گروه بودند و هر یک امیری مستقل داشتند. می‌تواند دوازده امیر این حکایت اشاره‌ای باشد به دوازده سبط یهودیان یا دوازده حواری عیسی(ع).

هر فریقی، مَرْ امیری را تَبَع بنده گشته میرِ خود را از طمع ۴۶۳

هر گروهی به امید رسیدن به ایمان حقیقی، امیر خود را خالصانه پیروی می‌کردند.

این ده و این دو امیر و قومشان گشته بندِ آن وزیر بد نشان[1] ۴۶۴

این دوازده امیر و پیروانشان، مطیعِ وزیر زشت سیرتِ زشتْ صورت بودند.

اعتمادِ جمله بر گُفتارِ او اقتدایِ جمله بر رفتارِ او ۴۶۵

همگان به کلام او معتقد بودند و از رفتار او پیروی می‌کردند.

پیشِ او در وقت و ساعت هر امیر جان بدادی، گر بدو گفتی: بمیر ۴۶۶

ارادت هر یک از امرا چنان بود که اگر وزیر اراده می‌کرد، جان را فدا می‌کردند.

تخلیطِ[2] وزیر در احکامِ انجیل

ساخت طوماری[3] به نام هر یکی نقش هر طومار، دیگر مَسْلکی ۴۶۷

وزیر برای هر یک از رهبران طوماری تهیّه کرد و در هر طومار فرمان خاصّی را نوشت.

حُکم‌هایِ هر یکی نوعی دگر این خلافِ آن، ز پایان تا به سر ۴۶۸

تمام نوشته‌ها ضدّ و نقیض بودند؛ زیرا هدف او ایجاد درگیری و آشوب بود.

---

۱ - اشارتی قرآنی؛ الرّحمن : ۴۱/۵۵ : يُعْرَفُ الْمُجْرِمُونَ بِسِيمَاهُمْ : گناه‌کاران از سیمایشان شناخته شوند.

۲ - **تخلیط** : آمیختنِ باطل در کلام، فساد افکندنِ در کار.

۳ - **طومار** : نامهٔ بلند و طویلی که بنا بر عرف، فرمان و دستورالعمل در آن نوشته می‌شد و معمولاً در انتهای آن چوبی باریک و استوانه‌ای قرار داشت که نامه به دور آن پیچیده می‌شد.

۴۶۹ **در یکی راهِ ریـاضت[1] را و جُـوع[2]   رکنِ تـوبه[3] کـرده و شـرطِ رجـوع[4]**

در یکی از طومارها، تحمّلِ «ریاضت و جُوع» را رکنِ توبه و شرط بازگشت به راه حق، ذکر کرده بود.

۴۷۰ **در یکی گفته: ریـاضت سـود نـیست   اندر این ره مَخْلصی جز جُود[5] نیست**

در یک طومار، راه نجات را «جُود و احسان» نشان داده و نوشته بود ریاضت سودی ندارد.

۴۷۱ **در یکی گفته که: جُـوع و جُـودِ تـو   شِـرک بـاشد از تـو، بـا مـعبُودِ تـو**

در طوماری نوشته بود: جُوع یا جُود، حالتی نفسانی و خود را دیدن و در واقع شِرکِ خَفی است.

۴۷۲ **جـز تـوکُّل[6]، جـز کـه تسـلیمِ تـمام   در غم و راحت همه مکر است و دام[7]**

برای رستگاری راهی جز «توکّل و تسلیم» نیست. تحمّل گرسنگی و سخاوت، اثبات وجود شخص و شرک است.

وزیر، به این ترتیب جُوع و جُود را شرک می‌شمارد و توکّل را که نادیدن سبب‌ها و توجّه تام به مسبب الاسباب است، تنها راه نجات می‌شمارد.

۴۷۳ **در یکی گفته که: واجب خدمت[8] است   ورنـه انـدیشهٔ تـوکُّل تُـهمت است**

در طوماری، توکّل را که اصل مسلّمی دانسته بود، رد می‌کند و می‌گوید که خدمت به

---

۱ - **ریاضت** : تحمّل رنج و تعب برای پالایش نفس و تربیت آن، در گذشته ریاضت توأم با گوشه‌نشینی و عبادت و کَفّ نفس و روزه‌داری بود، امروزه این گونه اعمال سخت را برای تربیت مریدان توصیه نمی‌کنند و تأکید بزرگان عرفان و تصوّف بر صدق عمل و اندیشهٔ مثبت و توجّه به دل و درون و مراقبه است.

۲ - **جُوع** : گرسنگی، نخوردن غذا و یا به مقدار بسیار کم خوردن برای تهذیب نفس و متعالی ساختن آن. در اثر تعالی روح و ترقّی نفس، انسان با طعامی اندک می‌تواند زندگی متعادل و پرنشاط داشته باشد.

۳ - **توبه** : بازگشت به حق از ناحق، برگشتن از راه خطا، درک اشتباهات و خطاها و تأثّر ناشی از آن و بازگشت به سوی خدا و معذرت‌خواهی از ذات باری‌تعالی. ۴ - **رجوع** : بازگشت، بازگشت به سوی حق.

۵ - **جُود** : احسان، نیکی و بخشش بدون هیچ‌گونه غرض و منّت و بدون توقّع پاداش.
«جُود» مرحله‌ای بالاتر از ریاضت است؛ زیرا که جز نفس پالایش یافته و متعالی نمی‌تواند جواد و بخشنده باشد.

۶ - **توکّل** : سپردن امور به ید قدرت خداوندی و اراده و اختیار خویش را از امور برداشتن. همچنین توکّل عبارتست از دیدن فاعل حقیقی؛ یعنی مسبب الاسباب و ندیدن و قطع امید از اسباب.

۷ - حقیقت آنکه هر یک از اعمال عبادی و یا هرگونه ریاضت و صفات پسندیده اگر انگیزهٔ خودبینانه داشته باشد و به غیر از قدرت الهی، چیز دیگری را فاعل و عامل بدانند، شرک محسوب می‌شود.

۸ - **خدمت** : خدمت صادقانه و خالصانه به مخلوق بدون توقّع اجر و پاداش مادّی یا معنوی در پالایش نفس اثرات نیکویی دارد و سبب توجّه حق به «خادم» می‌گردد. در بعضی از سلاسل فقری، مشتاقان ورود به حلقهٔ اخوّت را نمی‌پذیرفتند مگر اینکه هزار و یک روز خدمت داشته باشد و این خدمت ابتدا از شست‌وشوی آبریزگاه و نظافت محل نگهداری چهارپایان شروع می‌شد و نوع خدمت ارتقا می‌یافت. هدف کلّی این بود که سالک مجاهدهٔ با نفس را عملی بیاموزد.

مخلوق عالی‌ترین راه نجات است؛ زیرا در خدمت به مخلوق، خادم خود را در میان نمی‌بیند و هدف کمک به دیگران و رضایت حق است، حال آنکه در توکّل، شخص در اندیشهٔ نجات خویش است و به دیگران و به اهداف آفرینش توجّهی ندارد.

در یکی گفته که: امر و نهی‌هاست بهرِ کردن نیست، شرحِ عجزِ ماست ۴۷۴

در طوماری نوشته بود: اوامر و نواهی، بیان عجز انسان است برای انجام دادن نیست.

تا که عجزِ[1] خود ببینیم اندر آن قدرتِ او را بدانیم آن زمان ۴۷۵

در این طومار، موضوع **جبر و اختیار** را مطرح می‌کند و می‌نویسد که دستورات دینی و احکام الهی، همگی **امر** به طاعات و عبادات و **نهی** از موضوعات خاصّی است. این احکام برای اجرا نیست برای آن است که مخلوق، عجز خویش و قدرت خلاّق را بداند.

به این ترتیب وزیر حیله‌گر، مسألهٔ جبر مطلق را مطرح می‌کند و به طور ضمنی اختیار را ساقط می‌داند؛ یعنی به طور دقیق، بر خلاف آنچه که در تمام کتاب‌های الهی آمده است و برای بشر **اختیار** را در محدوده‌ای از توانایی‌های او قایل شده است، می‌گوید که بشر اختیار و توانایی انجام تکالیف و اوامر الهی و قدرت و توانایی نهی از نواهی را ندارد و بدین شکل، سردرگمی و گمراهی را راه نجات این گروه بیان می‌دارد.

در یکی گفته که: عجزِ خود مبین کفرِ نعمت کردن است آن عجز، هین! ۴۷۶

در طومار دیگری در ردّ دستورات قبلی سخن می‌گوید و می‌نویسد که عاجز بودن بشر امری طبیعی است و به ناتوانی‌ها اندیشیدن کفران قدرت‌هایی است که داریم.

قدرتِ خود بین که این قدرت از اوست قدرتِ تو، نعمتِ او دان که هوست[2] ۴۷۷

وزیر مکّار در این طومار می‌نویسد: به انسان توانایی‌هایی هم داده شده است؛ بنابراین راهی بین جبر و اختیار برای بشر وجود دارد، پس عدم توجّه به قدرتی که از جانب حق به انسان داده شده است، کفران نعمت الهی محسوب خواهد شد.

---

۱ - مثال قرآنی برای شرح عجز بشری، بقره: ۲۳/۲: فَأْتُوا بِسُورَةٍ مِنْ مِثْلِهِ: اگر می‌توانید سوره‌ای مثل این بیاورید، که نمی‌توانید.

بیان عجز عرب است در ارتباط با تردید و شوردلی‌های آنان نسبت به وحی الهی.

۲ - **هُو**: مخفّف هُوَ، ضمیر منفصل و صیغهٔ مفرد مذکّر غایب است. صوفیّه آن را بر ذات مطلق و یا هستی مطلق اطلاق می‌کنند، بدون اعتبار اسما و صفات.

و امّا اینکه از وی به عنوان غایب نام می‌برند، از آن جهت است که وجود محض، جامع جمیع کمالات است و رسیدن به کمال شهود آن هرگز میسّر نمی‌شود و بدین مناسبت در عین مشهود بودن مانند چیزی است که غایب باشد.

دفتر اوّل ۱۷۷

در یکی گفته: کزین دو برگذر   بُت بُوَد هر چه بگنجد در نظر ۴۷۸

در طوماری می‌گوید: باید از اندیشهٔ عجز و قدرت بشری گذشت. آنچه که در اندیشهٔ انسان بگنجد، خواه اعتقاد به عجز و خواه اعتقاد به قدرت انسان، در فکر آدمی تبدیل به «**بُت**» خواهد شد پس شخص مشرک محسوب می‌شود، یعنی شرک خفی. بدین ترتیب در این نوشته توصیه آن است که اندیشهٔ بشر ناتوان‌تر از آن است که به حقایق پی ببرد؛ پس به هیچ میندیش و خودت را به حق بسپار تا برای تو چه رقم زند.

در یکی گفته: مکُش این شمع را   کین نظر چون شمع آمد، جمع را ۴۷۹

در فرمان قبلی «نظر»، یعنی «بینش و اندیشه» و «درک عقلی» توسط وزیر مردود اعلام شد و بت‌پرستی تلقّی گردید؛ امّا در این طومار، فرمان وزیر به‌طور کامل بر خلاف آن است. تأکید تام بر «نظر» و «بینش و درک عقلی» دارد.

از نظر چون بگذری و از خیال[1]   کُشته باشی نیم‌شب شمعِ وصال[2] ۴۸۰

انسان برای دریافت حقایق به تفکّر نیازمند است تا به بینش وسیع و ادراک عقلانی برسد؛ پس نمی‌شود از نظر «اندیشه و فکر» گذشت.

در یکی گفته: بکُش، باکی مدار   تا عوض بینی نظر را صد هزار ۴۸۱

در طومار دیگری دستور می‌دهد که درک عقلی را رها کنید و به درک روحانی توجّه کنید.

که ز کُشتن شمعِ جان افزون شود   لیلی‌اَت از صبرِ تو مجنون شود ۴۸۲

با صرف نظر کردن از «بینش و تعقّل»، «ادراکات معنوی و روحانی» افزون می‌گردد و مطلوب حق می‌شوی.

ترکِ دنیا هر که کرد از زُهدِ[3] خویش   بیش آید پیش ِ او دنیا، و بیش ۴۸۳

در این طومار تأکید بر بی‌اعتباری تعقّل و دانش در سلوک است. محتمل است که نظریهٔ گروهی از اهل تصوّف را که علوم عقلی و بحثی را حجاب راه می‌دانند بیان می‌دارد؛ بنابراین توصیه در این فرمان حاکی از آن است که تعالی روح و اجرای حقیقی احکام دین مسیح نیازی به بینش و تعقّل ندارد. باید

---

۱ - **خیال**: بسا اوقات که خیال و تصوّر در ارتباط با یک حقیقت به اشکال گوناگون در ذهن شکل می‌گیرد و پس از تفکّرات بسیار، همین خیال شخص را به حقیقت رهنمون می‌شود.

۲ - **شمع وصال**: فکر و نظر یا بینش و درک عقلی، مانند شمعی است که نور آن در شب تاریک جهل سبب هدایت به کوی دوست خواهد بود.   ۳ - **زُهد**: پارسایی، روی گرداندن از دنیا.

توجّه را از درکِ محسوسات برداشت و به حقایق درونی پرداخت تا به سبب این تمرکز بینش روحانی حاصل شود و این ادراک معنوی صد هزاران بار ارزشمندتر از درک عقلی بشر است؛ حتّی با آن قابل قیاس نیست؛ پس راه نجات تهذیب نفس است. همچنین تأکید می‌دارد که هر کس از دنیا روی‌گردان شود، دنیا بیش از آنکه بتواند تصوّر کند، به وی روی می‌آوَرَد.

در یکی گفته که: آنچه‌ت داد حق　　بر تو شیرین کرد در ایجادْ حق ۴۸۴

در طوماری گفته است: آدمی باید بنابر «فطرت» یعنی «قابلیّت و استعدادِ» خود عمل کند تا در مسیر اهداف آفرینش و کمال قرار بگیرد.

بر تو آسان کرد و خوش، آن را بگیر　　خویشتن را در میفکن در زحیر[1] ۴۸۵

خداوند راه رسیدن به حقایق را آسان قرار داده است و از هر کس متناسب با قابلیّت و ادراک عقلانی‌اش توقّع می‌رود، پس شاد باش و خود را برای رسیدن به مراتبی که استعدادش را نداری، به سختی نیفکن.

در یکی گفته که: بگذار آنِ خود　　کآن قبولِ طبعِ تو، رَدّ است و بد ۴۸۶

در این طومار، تعالیم در تضادّ با طومار قبلی و در بزرگداشتِ شریعت و عدم پیروی از سرشت است، با این استدلال که صفات بشری تمایل به عالم مادّه دارند و پیروی از آن‌ها، سبب سقوط انسان می‌شود. مثلاً اگر شهوت در آدمی طغیان کند، عاقبت‌اندیشی و تعقّل به فراموشی سپرده می‌شود؛ بنابراین نباید از صفات رذیله پیروی کرد.

راه‌های مختلف، آسان شده‌ست　　هر یکی را ملّتی، چون جان شده‌ست ۴۸۷

هر دین و آیینی راه و روش‌های رسیدن به حق را بیان می‌کند که برای پیروان، مانند جان عزیز و اجرای احکام و قوانینِ آن سهل و ضروری است.

گر میسَّر کردنِ حق، ره بُدی　　هر جُهود و گبر از او آگه بُدی ۴۸۸

امّا اگر درکِ حقایق سهل بود که هر مذهب و آیینی راه را می‌یافت و اسرار به دست هر کافری می‌رسید.

در یکی گفته: میسَّر آن بُوَد　　که حیاتِ دل، غذای جان بُوَد ۴۸۹

در طوماری نوشته بود: «میسّر» چیزی است که خداوند برای بنده آسان می‌کند؛ یعنی قابلیّت دریافت حیات دل و غذای روح را عطا می‌کند.

---

۱ – **زحیر**: سختی، اندوه.

دفتر اوّل ۱۷۹

هر چه ذوق طبع باشد، چون گذشت   بَر نیارد همچو شوره، رَیْع[1] و کشت ۴۹۰

اگر به آنچه که طبیعت بشری می‌پسندد، عمل شود، چون «وجه مادّی» در برابر «وجه معنوی»، شوره‌زاری بیش نیست، فرد تعالی نمی‌یابد.

جز پشیمانی نباشد رَیْعِ او   جز خسارت پیش نارَدْ بَیْعِ[2] او ۴۹۱

در این حال، نتیجه پشیمانی است و این تجارت جز خسارت حاصلی ندارد.

آن میسَّر[3] نَبْوَد اندر عاقبت   نام او باشد معسَّر[4] عاقبت ۴۹۲

این حال را «مُیَسَّر» نمی‌گویند؛ بلکه «مُعَسَّر» نام دارد و همه چیز برای او دشوار خواهد شد.

تو، معسَّر از میسَّر باز دان   عاقبت بنگر جمالِ این و آن ۴۹۳

اینجا تفسیر «مُیَسَّر و مُعَسَّر» را می‌گوید و منظور کلّی این است که راه را از چاه باز دان و آگاه باش که جان متعالی از نور دل تغذیه می‌یابد، و دل تا به نور حق، تابناک نشده باشد، قادر به تغذیهٔ جان نخواهد بود.

در یکی گفته که: استادی طلب   عاقبت بینی نیابی در حسَب[5] ۴۹۴

در این طومار توصیه می‌کند که مرشدی را بیاب؛ زیرا «بینش معنوی» را نمی‌توان با حَسَب و نَسَب و یا تلاش و کوشش به دست آورد. تکروی حاصلی ندارد و مرید باید در دامان تربیت و هدایت استاد کامل واصلی پرورده شود.

عاقبت دیدند هر گون ملّتی   لاجرم گشتند اسیر زلّتی ۴۹۵

تعدّدی که در آیین و مذاهب و جهان‌بینی اقوام مختلف وجود دارد، از آن‌روست که هر گروه طرز تفکّر خود و «بینش معنوی» خود را برترین دانستند، در نتیجه کثیری از ایشان به گمراهی و لغزش افتادند.

عاقبت دیدن نباشد دست‌باف   ور نه کِی بودی ز دین‌ها اختلاف؟ ۴۹۶

«عاقبت‌اندیشی» و دانستن غایتِ هر چیز، کار آسانی نیست که با تعقّل آدمی حاصل شود. این «بینش» از راه معرفت بر انبیا، اولیا و خواص پدید می‌آید.

---

۱ - **ریع**: رشد و نمو.   ۲ - **بیع**: خریدن و فروختن.

۳ - **مُیَسَّر**: آسان کرده شده، ممکن، در اینجا بنا بر شرح، آسان‌ترین راه رسیدن به هدف است.

اشارتی قرآنی، لیل: ۷/۹۲: فَسَنُيَسِّرُهُ لِلْيُسْرَىٰ: ما هم البته کار او را در دو عالم سهل و آسان می‌گردانیم.

۴ - **مُعَسَّر**: دشوار کرده شده.

اشارتی قرآنی، لیل: ۱۰/۹۲: فَسَنُيَسِّرُهُ لِلْعُسْرَىٰ: پس به زودی کار او را در دو عالم دشوار گردانیم.

۵ - **حسب**: بزرگی و اعتبار بر اساس نسب و همچنین شأن و اعتبار و سربلندی حاصل از تلاش و کوشش.

۴۹۷ **در یکی گفته که: اُستا هم تویی   زآنکه اُستا را شناسا هم تویی**

در طوماری، مضمون طومار قبلی را رد کرده و گفته است: نیازی به استاد راهنما یا پیر طریقت نیست؛ زیرا برای شناختن یک انسان کامل، آدمی باید از ادراکی متعالی برخوردار باشد و هنگامی که چنین معرفتی بیابد، به کمال رسیده است و کامل هم نیازی به ارشاد ندارد.

۴۹۸ **مرد باش و سُخرهٔ مردان مشو   رو سرِ خود گیر و سرگردان مشو**

بنابراین، روی پای خودت بایست و بازیچهٔ دیگران نشو. راهی را که می‌دانی برو.

۴۹۹ **در یکی گفته که: این جمله یکی است   هر که او دو بیند، احول مردَکی است**

در طوماری گفته است: حقیقت همهٔ ادیان یکی است و اگر کسی اختلافی ببیند، عیب از نقصِ بیناییِ معنوی و ادراک اوست.

۵۰۰ **در یکی گفته که: صد، یک چون بُوَد؟   این که اندیشد؟ مگر مجنون بُوَد**

در طومار دیگری، مضمون طومار قبلی را رد می‌کند و می‌گوید: چگونه صدها مذهب یکی‌اند؟ فقط دیوانه این‌گونه می‌اندیشد.

۵۰۱ **هر یکی قولی است ضدِّ هم دگر   چون یکی باشد یکی زهر و شکر؟**

هر مذهب چیزی مخالفِ مذهبِ دیگر را بیان می‌کند، چطور زهر و شکر یکی باشند؟

۵۰۲ **تا زِ زهر و از شکر[۱] در نگذری   کِی تو از گلزار وحدت بو بری؟**

تا از کفر و ایمان که در لابلای مذاهب گوناگون وجود دارد، نگذری و به کمال نرسی چگونه می‌توانی سرِّ وحدت را دریابی؟

۵۰۳ **این نمط، وین نوع، ده طومار و دو   بر نوشت آن دینِ عیسی را عَدُو**

بدین‌گونه دوازده طومارِ ضد و نقیض توسط وزیر مزوّر که دشمن دین مسیح بود، نوشته شد.

---

۱ - **زهر و شکر**: اینجا خوبی و بدی، کفر و ایمان، تضادهایی که در عالمِ امکان هست.

در بیان آنکه: این اختلافات در صورتِ روش است، نی در حقیقتِ راه

۵۰۴ **او ز یک رنگیِّ عیسی[۱] بو نداشت[۲]   وز مزاج[۳] خُمّ عیسی[۴] خو نداشت[۵]**

وزیر مکّار، از صفای معنوی عیسی(ع) بویی نبرده بود و وجودِ نورانی او را نمی‌شناخت.

۵۰۵ **جامهٔ صد رنگ از آن خُمِّ صفا[۶]   ساده و یک رنگ گشتی چون صبا[۷]**

دل انسان کامل، منبع نور است و وجود او مظهر تجلّی انوار و صفات حق. در پرتو انوار عیسی(ع)، جامه‌های صد رنگ؛ یعنی انسان‌ها با عقاید و اندیشه‌های گوناگون، از صدرنگی به بی‌رنگی و یا یک‌رنگی (رنگ محبّت)، می‌رسیدند و منوّر می‌شدند.

«داستان خمّ رنگرزی و عیسی قالبی است برای بیانِ این امر که عیسی(ع) مردم را به دریای وحدانیّت الهی می‌خواند و کسی که به حقیقت تعالیم وی آگاهی یابد، از عالم کثرت به عالم وحدت و نور ره خواهد یافت.[۸]

۵۰۶ **نیست یک‌رنگی کزو خیزد ملال   بَل مثال ماهی و آبِ زلال**

اهلِ دنیا هم با یک‌دیگر یکدل و یکرنگ‌اند و با صفایی که قشری از صفای حقیقی است، زندگی می‌کنند؛ امّا این همدلی و یک‌رنگی مانند تمام شئونات دیگر دنیوی خسته‌کننده و

---

۱ - **یک رنگیِّ عیسی :** صفای باطن و معنوی عیسی(ع).

۲ - **بو نداشت :** بویی از صفای معنوی عیسی(ع) به مشام جان او نرسیده بود. وزیر از شامّهٔ باطنی بی‌بهره بود.

۳ - **مزاج :** مزاج به معنی آمیخته شدن، کیفیّت و چگونگی وضع جسمی و روحی یک فرد که نتیجهٔ اثرات فعل و انفعالات فیزیولوژیکی اندام‌ها و متابولیسم عمومی بدن و دستگاه‌های مختلف حیاتی بر یک‌دیگر است.

۴ - **خُمّ عیسی :** وجود عیسی مسیح(ع) آمیزه‌ای بود از یک‌رنگی که همان بی‌رنگی است و صفا. وجود مصفّا، یعنی وجودی صیقلی یافته و سرشار از نور.   ۵ - **خو نداشت :** آشنایی نداشت.

۶ - در معنای ظاهری این بیت، حکایتی را نقل می‌کنند که در کشف الاسرار و تفسیر ابوالفتوح و قصص‌الانبیاء ثعلبی آمده است: مریم، عیسی را برای آموزش حرفهٔ رنگرزی به نزد مهتر صبّاغان برد و عیسی به سرعت تمام ظرایف این فن را آموخت. آنگاه مهتر صبّاغان، جامه‌های بسیار به وی داد و بر هر جامه علامتی زد و رنگی را که می‌خواست به عیسی گوشزد کرد و گفت که هر جامه به رنگ خاصّی که نشان کرده‌ام رنگ کن. آنگاه به سفری بیرون شد. عیسی تمام آن جامه‌ها در یک خنب نهاد بر یک رنگ و گفت: «کُوني بِإِذْنِ اللهِ عَلیٰ ما أُریدُ مِنْكَ» آنگاه که مهتر صبّاغان باز آمد و جامه‌ها در یک خنب دید بر یک رنگ نهاده، دلتنگ شد و گفت این جامه‌ها تباه کردی، عیسی گفت جامه‌ها چون خواهی و بر چه رنگ خواهی؟ تا چنانکه خواستِ دل توست از خُنب بیرون آرم. چنان کرد، یکی سبز آمد، یکی زرد، یکی سرخ، چنانکه مراد بود. آن مرد از کار وی در عجب ماند و دانست که جز صنع الهی نیست.

۷ - در مثنوی مولوی این کلمه «ضیا» و در مثنوی خطی «صبا» ضبط شده است.

۸ - شرح مثنوی شریف، صص ۲۱۹-۲۱۸.

ملال‌آور است؛ زیرا غیرِ حقیقی است. وحدتی که عیسی(ع) مردم را به آن می‌خواند، دعوت به چشمهٔ فَیَضان و نور بود. «حیاتِ عارف» در «دریایِ وحدانیّت» به حیات ماهی در دریا مانند شده است.

گرچه در خشکی هزاران رنگ‌هاست　　　ماهیان[1] را با یُبوسَتْ جنگ‌هاست ۵۰۷

گوناگونیِ رنگ‌ها و زیبایی‌ها در طبیعت (خشکی) بسیار زیاد و خوشایند است؛ امّا علی‌رغم تنوّع رنگ‌ها و زیبایی‌های طبیعی، ماهی که سرشتِ او «دریایی» است، از خشکی که تمثیلِ مادّه و دنیای مادّی است، هیچ لذّتی نمی‌برد؛ زیرا فطرت ماهی در تضادّ با خشکی است.

کیست ماهی؟ چیست دریا در مَثَل؟　　　تا بدان مانَد مَلِک عزَّوجَلّ ۵۰۸

خداوندِ عظیم‌الشأن و بلند مرتبه از هر گونه تشبیه منزّه است؛ امّا برای درکِ حقیقتِ هستی به «طالبِ حق»، در عالم رؤیا، حضرت حق در ابتدای «**حال**» به صورت بحر بیکران به نمایش در می‌آید تا وی به معرفت و آگاهی لازم برسد و بداند که یگانه وجود حقیقی یا «واجب‌الوجود»، بحرِ بی‌کرانی است که صُوَر فناپذیر در آن، مانند امواجی پدید می‌آیند و ناپدید می‌شوند و جز حقیقتِ مطلق هیچ چیز دیگری **وجود** ندارد.

صد هزاران بحر و ماهی در وجود　　　سجده آرَد پیشِ آن اِکرام و جُود ۵۰۹

بنابراین، تمثیلِ حق به بحر فقط به جهت درکِ ناقصِ طالبان است و گرنه همهٔ بحرها و ماهی‌ها ساجد درگه آن کریم بخشنده‌اند.

چند بارانِ عطا باران شده　　　تا بدان آن بحر دُرّ افشان شده ۵۱۰

دریا که صدف و مروارید را در خود می‌پرورد، باران‌های عنایت بر وی باریده تا چنین قابلیّتی را به دست آورده است. بدون اراده و لطف خداوندی چنین امری امکان‌پذیر نبود.

چند خورشیدِ کَرَم افروخته　　　تا که ابر و بحر، جُود آموخته[2] ۵۱۱

انوار لطف خداوندی بر ابر و دریا تابیده که سرشتی بخشنده داشته باشند.

---

۱ - در ادبیّات عرفانی و در کلام به جا مانده از بزرگان عرفان و تصوّف، حضرت حق به «دریا» مانند شده است و طالب حق به «ماهی» و این تمثیل در مثنوی به تکرار آمده است.

۲ - این ابیات بیانگر این اصل کلّی و مهم است که کلیّهٔ اجزای عالم امکان تحت فرمان و سیطرهٔ حضرت باری‌تعالی‌اند و به دقّت تمام فرمانبر اوامر و فرامین حضرت حق هستند.

پـرتو دانش زده بـر آب[1] و طـین تـا کـه شـد دانـه پـذیرنده زمـین ۵۱۲

پرتوی از دانش الهی بر خاک تابیده تا قابلیّت پذیرش و پرورش دانه را یافته است.

خاک امین، و هر چه در وی کاشتی بـی خـیانت جـنس ِ آن بـرداشـتی ۵۱۳

خاک امانت را رعایت می‌کند و هر دانه‌ای را که در آن می‌کارند، رشد می‌دهد.

این امـانت ز آن امـانت یـافته‌ست کآفـتابِ عـدل بـر وی تـافته‌ست ۵۱۴

امین بودن خاک از آن‌رو است که خورشید عدل الهی امانت‌داری را به او آموخته است.

تـا نشـانِ حـق نـیارد نـو بـهار خـاکْ سِـرّها را نکـرده آشکـار ۵۱۵

فرارسیدن بهار، مُهر و نشانی از جانب حق برای خاک است که سرّی را که در دل خود مخفی داشته بود [رویش دانه و نباتات]، آشکار سازد.

آن جـوادی کـه جـمادی را بـداد این خبرها، وین امانت، وین سَداد[2] ۵۱۶

از دیدگاه عرفان، جمادات و نباتات و کلیّهٔ اجزای عالم امکان بر اساس قوانین حاکم بر عالم هستی عمل می‌کنند و این امر به سبب ارادهٔ حق تعالیٰ است که اجزای عالم بر وظایف خویَش آگاه باشند و به سبب این آگاهی است که سر بر خطّ فرمان دارند و از صراط مستقیم خارج نمی‌شوند.[3]

مر جـمادی را کـند فـضلش خـبیر عـاقلان را کـرده قـهرِ او ضـریر[4] ۵۱۷

اجزای عالم، از درک و شعور خاصّ خود بهره‌مندند و با آگاهی ویژهٔ خویش مجری امر الهی‌اند و این امر به جهت فضل عام الهی است که شامل کلیّهٔ مراتب هستی هست.

«عاقلان راکرده قهر او ضریر»: آنان که از قوای معنوی و روحانی خود برای درکِ اهداف الهی بهره نمی‌جویند و تنها از طریق عقل جزوی بشری، خلقت، آفرینش و دیگر موضوعات را

---

۱ - در نسخهٔ خطی، «خاک و طین» بوده، بعداً در بالای کلمه برای اصلاح «آب» نوشته شده است.

۲ - **سَداد :** بر راه راست بودن، استقامت داشتن.

۳ - خداوند در سورهٔ نحل آیه ۴۰ می‌فرماید: إِنَّما قَوْلُنا لِشَیءٍ إِذا أَرَدْناهُ أَنْ نَقُولَ لَهُ کُنْ فَیَکُونُ: همانا گفتار ما برای آنچه اراده کنیم این است که بگوییم «باش»، پس می‌باشد و در لحظه موجود خواهد شد.
یس : ۸۲/۳۶: إِنَّما أَمْرُهُ إِذا أَرادَ شَیْئاً أَنْ یَقُولَ لَهُ کُنْ فَیَکُونُ : فرمان خدا این است که چون چیزی را اراده کند و بخواهد، آن را گوید «باش»، پس بلافاصله می‌باشد و موجود می‌شود.
در این آیات و موارد عدیدهٔ دیگری در کلام وحی تصریح می‌شود که: آنچه در کلّ کائنات است مطیع و فرمانبر امر حضرت باری‌تعالیٰ است و تسبیح‌گوی خداوند. اسراء: ۴۴/۱۷، سورهٔ زلزال: ۴/۹۹ و ۵.

۴ - **ضریر :** کور.

بررسی می‌کنند، چون «عقلِ جزوی» از دریافت حقایق کلّی ناتوان است، ره به حقیقت نمی‌برند و به سبب قهرِ الهی برای همیشه از درک حقایق محروم می‌شوند و کور باطن می‌مانند.

۵۱۸ **جان و دل را طاقت آن جوش نیست   با که گویم؟ در جهان یک گوش نیست**

جان و دل انسان با ادراک متعارف بشری، قابلیّت آن را ندارد که بتواند دریابد که چه جوششی از عشق و ادراک به امر الهی در کلّ اجزای عالم ساری و جاری است. عارف با درک روحانی همهٔ این عوالم معنوی را در می‌یابد؛ امّا عامی (غیر عارف، ناقص)، گوش حقیقت‌نیوش ندارد. در جهان گوش شنوا آن قدر کم است که گویی نیست، سخنِ حق را با که می‌توان گفت؟

۵۱۹ **هر کجا گوشی بُد، از وی چشم گشت   هر کجا سنگی بُد، از وی یَشم[1] گشت**

هر طالب حقیقی که گوشی شنوا دارد، با پذیرش حقایق و انجام دستورات شریعت و طریقت خود را در مسیر عنایت خداوند قرار می‌دهد تا تحوّلاتی در درون او رخ دهد و علوم و دانشی را که به‌طور اکتسابی آموخته است، با چشم دل، به طریق کشف و شهود مشاهده کند.[2] بنابراین گوش حقیقت نیوش، سبب می‌شود که جسم مادّی شخص که به سنگ تشبیه شده‌است، به درجات عالی‌تر تبدّل یابد. این جسم تعالی‌یافته را به یَشم مانند کرده‌اند.

۵۲۰ **کیمیا[3]ساز است، چه بْوَد کیمیا؟   معجزه[4] بخش است، چه بْوَد سیمیا[5]؟**

فضل پروردگار، کیمیای الهی است که ناقص را به کامل مبدّل می‌کند. او معجزه‌بخش است. در مقام قدرت بی‌همتای او علوم خفیّه چه شأنی دارد؟

---

۱ - **یَشم** : یکی از گونه‌های عقیق که دارای رنگ دودی مایل به سفید یا رنگ‌های دیگر است. بهترین آن سبز مایل به زرد و یا زیتونی است. از آن در جواهرسازی استفاده می‌کنند. یکی از گونه‌های یشم سفید است و به آن حجر اخاطیس گویند.

۲ - مقصود ارتقای سالک است از مرحلهٔ «علم‌الیقین»، که درک و دریافت و باور علوم رسمی است به مرحلهٔ «عین‌الیقین» که مرتبه‌ای است عالی‌تر و رؤیت است از طریق کشف و شهود، بی‌واسطهٔ غیر.

۳ - **کیمیا** : اختلاط و امتزاج، یکی از علوم خفیه، معتقد بودند به وسیلهٔ آن اجسام ناقص را می‌توان به کمال رسانید؛ مثلاً قلع و یا مس را تبدیل به نقره و طلا نمود. اصل این کلمه یونانی است به معنی مکر و حیله، مترادف آن «**اکسیر**» است.   ۴ - **معجزه** : خرق عادت، انجام اموری خارج از قدرت بشر و به امر خداوند به دست انبیا.

۵ - **سیمیا** : از علوم خفیّه، علمی که انسان به سبب آن قادر بر انجام امور مخالفِ عادت می‌شود یا قادر بر منع اموری که موافق عادت‌اند. علم اسرار حروف را نیز جزو سیمیا دانسته‌اند و فایدهٔ این علم تصرّف نفوس ربّانی در عالم طبیعت است به مدد اسماء حسنیٰ و کلمات الهی که ناشی از حروف است.

۵۲۱ این ثنا گفتن ز من ترکِ ثناست کین دلیلِ هستی، و هستی خطاست

سالک یا در حال «سُکْر» است یا در حال «صحو». در حال سُکر، مستی ناشی از عشق حق بر او غلبه دارد و وجودی که مشتعل از عشق است، تامّ و تمام به معبود توجّه دارد و حجابی در میان نیست؛ پس در حالی که «دویی» از میان برخیزد و «من» را در میان نبیند، هر چه هست معبود است و خودی وی در میان نیست که ثنای معشوق ازلی را بگوید، پس از آن سالک را از حال سُکر به حال صحو یا هوشیاری می‌برند که در آن از مستیِ سُکر اثری نیست. در صحو، سالک می‌تواند ثناگو باشد؛ زیرا سُکر پایان یافته و استغراق که بر وجود عارف کامل واصل مستولی است، هنوز حاصل نگردیده؛ پس رونده در این حالت خود را می‌بیند و خارج از وجود خویش معبود را می‌یابد و به حمد و ثنای او می‌پردازد. این مرحله از دیدگاه عارفان واصلِ کامل **دویی** و شرک محسوب می‌گردد؛ زیرا سالک، **هستی** خود را می‌بیند و این هستی در مقایسه با هستی حقیقی، هستی موهومی و **خطا** و **شرک** است.

۵۲۲ پیشِ هستِ او بباید نیست بود چیست هستی پیشِ او؟ کور و کبود[1]

هستی موهومی ما در مقایسه با ذات هستی، چنان بی‌قدر و پست است که باید در حق فانی شد.

۵۲۳ گر نبودی کور، زو بگداختی گرمیِ خورشید را بشناختی

اگر وزیر کورباطن نبود، نور و گرمایِ حقیقت را می‌دید و می‌گداخت.

۵۲۴ ور نبودی او کبود از تعزیَت[2] کِیْ فسردی همچو یخ این ناحیَت؟

او تاریک و افسرده بود با دَمی سرد که در گروهی اثر کرد و سبب انجماد و افسردگی آنان شد.

بیانِ خسارتِ وزیر در این مکر

۵۲۵ همچو شه، نادان و غافل بُد وزیر پنجه می‌زد[3] با قدیم[4] ناگزیر[5]

وزیر، مانند شاه جهود، جاهل بود و با خداوندی که همه به او نیازمندند، خصومت می‌ورزید.

---

۱ - **کور و کبود** : پست و بی‌ارزش، این تعبیر به تکرار در مثنوی آمده است.

۲ - **تعزیت** : عزاداری، کنایه از یخ‌زده و منجمد. اینجا بُعد از حق.

۳ - **پنجه زدن** : زورآزمایی کردن، در افتادن با کسی، خصومت ورزیدن.

۴ - **قدیم** : ذات باری تعالی، خداوند ازلی و ابدی. ۵ - **ناگزیر** : چیزی که از آن بی‌نیاز نتوان بود.

با چنان قادر خدایی کز عدم صد چو عالم، هست گرداند به دَم[1] ۵۲۶

با خداوند قادری که در هر لحظه صدها عالم را از نیستی به هستی می‌آوَرَد.

عُرفا معتقدند که نیستی محض «عدم» وجود ندارد و آنچه که عدم می‌گویند، در علم الهی و در لوح محفوظ ثبت شده است؛ امّا هنوز در قالب صُوَرِ امکانی ظهور نیافته است. ظهور آن، آمدن از «عالم اعیان ثابته» به «عالم امکان» است.

صد چو عالم در نظر پیدا کُند چونکه چشمت را به خود بینا کند ۵۲۷

عارف که به نور حق، چشمی بینا دارد از طریق نفس متعالی خویش که در سیطرهٔ روح عالیِ عِلْوی خود وی است، می‌تواند عوالم معنوی را در ورای جهان مادّی، دریابد و بشناسد.

گر جهان پیشت بزرگ و بی بُنی‌ست پیش قدرت، ذرّه‌یی می‌دان که نیست ۵۲۸

هرچند که جهان مادّی در نظر انسان بی‌انتهاست، در مقایسه با قدرت حق ذرّه‌ای هم نیست.

این جهان، خود حبسِ جان‌هایِ شماست هین! روید آن سو که صحرایِ شماست ۵۲۹

«جهان مادّی و جسم انسان»، زندانِ حقیقتِ اوست، توجّه به ورای این جهان، یعنی به عوالم روحانی سببِ رهاییِ «روح» است.

این جهان محدود و آن خود بی حد است نقش و صورت، پیش آن معنی سد است ۵۳۰

«عالم مادّه»، محدود و «عالم غیب» نامحدود است. اگر انسان برای دریافت حقایق متوجّه «نقش و صورت» شود، از عالم معنا به دور می‌افتد، باید از سدِّ ظاهر عبور کرد.

صد هزاران نیزهٔ فرعون را درشکست از موسیی با یک عصا ۵۳۱

چون معرفتِ قدرتِ الهی، برای آدمی با مغز و اندیشهٔ محدود، ممکن نیست، خداوند قدرت مطلقهٔ خود را گاه از طریق معجزات انبیا به ظهور رسانده است، مانند عصای موسیٰ(ع) که فرعونیان را به دَمی نابود کرد.

تقابل میان قدرت دنیوی موجودات امکانی با قدرت حق تعالیٰ.

---

۱ - **به دَم**: به دَمی، به آنی، دم رحمانی یا نفس رحمان، کلمهٔ «کن».

صد هزاران طبِّ جالینوس[1] بود   پیش عیسی[2] و دَمَش، افسوس بود[3] ۵۳۲

در تاریخ بشر، هزاران پزشک عالیقدر مانندِ «جالینوس» بوده‌اند؛ امّا در مقایسه با «نَفَس حیات‌بخشِ عیسی(ع)» شأنی نداشته‌اند. در اینجا علم و قدرت بشر، در مقایسه با علم و قدرت خداوند قرار می‌گیرد و نتیجه این که دانش و قدرت بشر پرتو ناچیزی از علم و قدرت الهی است.

صد هزاران دفترِ اشعار بود   پیش حرفِ اُمّیی[4]اش عار بود ۵۳۳

در دوران جاهلیّتِ اعراب، شعر و شاعری رونق بسیار داشت. یکی از شاعران معروف آن دوران، «لبید بن ربیعة بن عامر بن صعصعه» بود که دیوان اشعار دارد و ابیاتی از وی بر در کعبه آویخته می‌شد. او با خواندن آیات اوّلیّهٔ سورهٔ بقره در شِگفت شد، مسلمان گردید و گفت: این کلام سخن بشر نیست و وحی الهی است.

با چنین غالب خداوندی، کسی   چون نمیرد، گر نباشد او خسی؟ ۵۳۴

در برابرِ خداوندی که هستی در پنجهٔ قدرت اوست، چگونه از سرِ هستیِ خود نگذرد؟ مگر کسی که انسان نیست.

---

۱ - **جالینوس** : پزشک یونانی (متوفیٰ به سال حدود ۲۱۰ م) در تشریح کشفیّاتی دارد. در اسلام نیز معروف است.

۲ - **عیسی** : عیسی بن مریم ناصری (منسوب به ناصره) ملقّب به مسیح، بعد از تولّد از جانب هرودوس (Herode) والی روم مورد تهدید بود. خانوادهٔ وی او را به مصر بردند که پس از بازگشت در ناصره مستقرگردید و در سی سالگی در جلیل به تبلیغ رسالت خود پرداخت و در اورشلیم مورد عداوت مخالفان قرارگرفت و یکی از حواریون وی (یهودا) درمقابل سی سکهٔ نقره به او خیانت کرد. پس از محاکمه وی را به صلیب آویختند. مسیحیان معتقدند که چند تن از زنان قدّیسه وی را دفن کردند، او پس از سه روز زنده شد و پس از چهل روز به آسمان صعود کرد. حواریّون وی برای تبلیغ مسیحیّت در سراسر جهان پراکنده شدند. در قرآن آمده است: «او را نکشتند و او را بر دار نکشیدند، امّا امر بر ایشان مشتبه شد.» عمر او را سی و سه ساله نوشته‌اند. عیسی مسیح(ع) به دعای خود بیماری‌های دشوار و علاج‌ناپذیر را شفا داد و معجزات بسیاری به قدرت الهی و توسط وی به ظهور رسید: ف. معین.

۳ - اشارتی قرآنی؛ آل‌عمران : ۴۹/۳ : و پیامبری است به سوی بنی‌اسرائیل، که می‌گوید: من نشانی از خداوند برای شما آوردم و آن این است که من از گِل چیزی می‌سازم به شکل مرغ، آنگاه در آن می‌دمم و به اذن خداوند مرغی زنده می‌شود. من آدم شب‌کور و پیس را شفا می‌دهم و مرده را به اذن خداوند زنده می‌کنم و به شما می‌گویم که در خانه چه خورده‌اید و چه ذخیره دارید، این‌ها نشانی راست و استوار برای شما است. اگر ایمان داشته باشید.

۴ - **اُمّی** : منسوب به «اُم»، مادری. کسی که درس نخوانده و خواندن و نوشتن نمی‌داند. در قرآن، اعراف: ۱۵۸/۷، رسول گرامی(ص)، «اُمّی» خوانده می‌شود. مقصود کلام وحی است که بر زبان پیامبر(ص) جاری بود.

بس دلِ چـون کـوه را انگـیخت او   مرغِ زیـرک[۱] بـا دو پـا آویـخت او ۵۳۵

در ابیات پیشین، مولانا تأثیرات قدرت و ارادهٔ خداونـد را در امـور مـحسوس بـیان کـرد. ایـنک می‌پردازد به تصرّف حق در دل و جان که ارادهٔ باری، دل‌های قوی را بر اثر غلبهٔ خشم و شـهوت و تمایلات نفسانی به جنبش می‌آورد و چون پر کاهی در تندبادِ حوادث سرگردان می‌کند و آدمی را با همهٔ عقل و زیرکی در دام افکار باطل می‌افکَنَد و اسیر تلقینات نادرست می‌کند؛ پس تصرّف او محدود به امور مادّی نیست، دل و خرد و جان انسان‌ها نیز در تصرّف قدرت و ارادهٔ خداوند است.[۲]

تحقّق این امور با اندیشه، احساس و اعمالِ شخص ارتباط دارد.

فهم و خاطر تیز کردن، نـیست راه   جز شکسته[۳] می‌نگیرد فـضلِ شـاه ۵۳۶

راه رسیدن به دوست، انکسار و شکستگی است. عقل و فراستی که در امور دنیوی بـا اهداف غیر الهی به کار افتد، کسبِ مال و جاه است که فانی‌اند و سدّ راه نیز به شمار می‌آیند. تیزهوشی آن است که در عین توجّه به امور دنیوی، تمرکز سالک به واردات غیبی باشد.

ای بســا گــنج آکــنانِ[۴] کُــنج کــاو   کآن خیال اندیش[۵] را شد ریش ِگاو[۶] ۵۳۷

چه بسا مسیحیانی که واقعاً جویای حقایق بودند؛ امّا بازیچهٔ دست وزیر شدند.

گاو کِه بْوَد تا تـو ریش ِ او شـوی؟   خاک چه بْوَد تا حشیش[۷] او شوی؟ ۵۳۸

گاو [نَفْسِ امّاره یا نَفْسِ حیوانی] چیست که تو آلت دست او شوی؟ خاک [تن، جسم] چیست که خواسته‌های آن را محور اصلی اندیشه‌ات قرار دهی؟

---

۱ - **مرغ زیرک :** مرغی است معروف که با دو پا از درخت آویزان می‌شود و به آواز بلند حق‌حق می‌گوید. بعضی گفته‌اند که مرغ زیرک همان طوطی است که برای به دام انداختن او نی را در رشته به دو درخت می‌بندند. چون طوطی بر نی می‌نشیند، نی بر می‌گردد و طوطی برای آنکه نیفتد، نی را با دو پا محکم گرفته آویزان مـی‌شود و آن را رهـا نمی‌کند؛ بنابراین زیرکی در برابر قضای آسمانی سودمند نمی‌افتد و تدبیر آدمی در برابر تقدیر الهی راه بـه جـایی نمی‌برد: شرح مثنوی شریف، ج ۱، صص ۲۳۱-۲۳۰. در کلامِ مولانا کسی که خود را آگاه می‌پندارد.

۲ - اشارتی قرآنی؛ انفال : ۲۴/۸ : وَاعْلَموا أَنَّ اللهَ یَحُولُ بَیْنَ الْمَرْءِ وَ قَلْبِهِ: بدانید که خدا بین شخص و قـلبش حائل است.

۳ - حدیث قدسی می‌فرماید: أَنا عِنْدَ الْمُنْكَسِرَةِ قُلوبُهُمْ لِأَجْلِي : من نزد کسانی هستم که دل‌هایشان از بـهر مـن شکسته است. [کسی که در راه حق از هستیِ خود بگذرد.]: احادیث، ص ۲۸.

۴ - **گنج آکنان :** جویندگان گنج، اینجا اشاره به کسانی که جویایِ حقیقت‌اند.

۵ - **خیال اندیش :** اینجا کسی که می‌پندارد با تیزهوشی و عقلِ دنیوی می‌توان حقایق را دریافت.

۶ - **ریش گاو :** احمق و ابله، گاو همان نَفْسِ امّاره یا نَفْسِ حیوانی است.

۷ - **حشیش :** گیاه سبز یا خشک، سر شاخه‌های گل‌دار گیاه شاه‌دانه که خشک کـنند و پس از کـوبیدن بـه صـورت جویدن در دهان و یا تدخین مورد استفاده قرار می‌دهند.

چون زنی از کارِ بد شـد روی زرد[1] مَسخ[2] کرد او را خدا، و زُهره کـرد ۵۳۹

اشاره است به **داستان هاروت و ماروت**[3]، نام دو تن از فرشتگان افسانه‌ای که به **زُهد** خویش مغرور شدند و خود را برتر از فرزندان آدم که گُنهکار و غافل بودند، پنداشتند. این حکایت در بقره: ۱۰۲/۲ به ایجاز نقل می‌گردد. شرح حال آنان نمونه‌ای از استدراج حق است و اینکه از امتحان حق ایمن نمی‌توان بود و بر قُدس و زُهد خویش اعتماد نمی‌توان کرد؛ زیرا سالک تا سر مویی از خودی در او باشد، هر لحظه احتمال لغزش و سقوط وی هست و در طریق حق جز با تکیه بر عنایت و جز با نفی خودی نمی‌توان از سقوط در امان ماند.

هاروت و ماروت که نام آن‌ها را اهل تفسیر سریانی خوانده‌اند، در السنهٔ سامی هم نام دو فرشته است و در ادبیّات اوستایی به شکل دو واژه **«خورتات»** به معنی کمال و **«امرتات»** به معنی جاودانی تلقی می‌شود. علّت آمدن این دو فرشته بر زمین آن بود که مردم در زمین ستم‌ها کردند و ناموس‌ها دریدند و شراب خوردند و مستی‌ها کردند و از زنا شرم نداشتند. فرشتگان به خدا عرض کردند که خدایا، بندگان را آفریدی که تو را نافرمانی کنند؟ خداوند فرمود: اگر آن نیروی شهوت که در آن‌هاست در شما بود، شما هم چنین می‌کردید. فرشتگان بر خود بالیدند که خلاف امر خداوند رفتار نمی‌کنند. خداوند از آنان خواست تا برای امتحان الهی، صورت انسانی بپذیرند و با ویژگی‌های انسانی (نفس و شهوت) به زمین فرود آیند تا معلوم گردد که آیا آن‌ها در برابر وسوسه‌های شهوات نفسانی توانایی مقاومت دارند یا خیر؟ این دو فرشته که از همه عابدتر و خاشع‌تر بودند آمادگی خود را برای این امتحان اعلام کردند و در واقع غرور ناشی از عبادت بسیار و اعتمادی که بر زهد خویش داشتند آنان را به این اشتباه انداخت که تصوّر کردند می‌توانند با تکیه بر عبادت و زهد در امتحان الهی سرفراز باشند.

آنان به زمین آمدند تا در میان مردم داوری کنند و کارگزار باشند. این دو فرشته روزها به این امور اشتغال داشتند و شب به آسمان باز می‌گشتند. روزی زنی زیبا، **زهره** نام با کسی که طرف دعوای وی بود، نزد آنان به داوری آمد. گویند: این زن پادشاه‌زاده‌ای از کشور پارس بود. فرشتگان چون زیبایی او را دیدند، در دل هوای زن کردند و داوری را به تأخیر انداختند و او را به خانهٔ خود دعوت کردند تا کام دل گیرند. آن زن سر باز زد و گفت: اگر شما را از من مرادی است، نخست باید مانند من بت‌پرست شوید و آدم بکشید و شراب بنوشید. آن‌ها گفتند: این کارها از ما به دور است و ما نتوانیم انجام دهیم. سه بار این گفت‌وگو میان آنان بود تا بار سوم که شهوت کار خود را کرد و گفتند: از بین کارهایی که از ما خواسته‌ای، شراب خوردن برای ما از همه آسان‌تر است و ندانستند که شراب مادر همهٔ جنایت‌ها و گناهان است؛ پس خمر خوردند و مست شدند و کام خود از آن زن برگرفتند. در آن حال کسی از حال و کار آنان باخبر شد. از ترس رسوایی او را کشتند. خداوند فرشتگان را از کار آنان آگاه ساخت و چنین بود که فرشتگان از آن پس برای مردم زمین از خداوند آمرزش خواستند و نوشته‌اند که به آن زن اسم اعظم آموختند و او به آسمان شد، فرشتگان او را مانع شدند و خداوند هم صورت وی بگردانید تا ستاره‌ای سرخ در نزدیکی زمین شد که

---

۱ - **روی زرد**: شرمسار. ۲ - **مسخ**: به صورت زشتی در آمدن.

۳ - **داستان هاروت و ماروت**: با استفاده از تفسیر ادبی عرفانی قرآن، خواجه عبدالله انصاری و فرهنگ معین و بحر در کوزه.

نامش به عربی زهره و به فارسی ناهید است. مفسّران نوشته‌اند: پس از آنکه دو فرشته مرتکب گناه شدند، نتوانستند به پرستش‌گاه خود بازگردند، نزد ادریس رفتند تا شفاعت ایشان کند. خداوند آن‌ها را میان عذاب دنیا یا عذاب آخرت مخیّر کرد. آنان عذاب دنیا را خواستند و از آن پس آنان را سرنگون به چاهی در انداختند که به تشنگی و عذاب آتش گرفتارند.

مولانا در این ابیات به تبیین دامِ ناپیدای حق **(استدراج)** می‌پردازد که مبتلایان بدان را از هر نوع محنت که می‌تواند مایهٔ جلب رحمت حق گردد، دور می‌دارد و بدین گونه آرام‌آرام به عقوبتی که در فرجام‌کار در کمین آن‌هاست نزدیک می‌سازد. کسانی که به موجب اشارت قرآنی (۱۸۲/۷) از آنجاکه نمی‌دانند در معرض استدراج حق واقع گشته‌اند، از غرور پیروزی و بی‌گزندی، مست و بیخود می‌شوند و حال و چگونگی وضع خویش را به خاطر نمی‌آورند. در اینجا سؤالی مطرح می‌شود که اگر در استدراج حق که نشان بُعد است چنین مستی‌ها باشد، در قرب و لطف حق چه مستی‌ها خواهد بود؟ وقتی زهره کردن یک زن، مسخ است آیا در قید آب و گل ماندن روح هم نوعی مسخ نیست؟

۵۴۰ **عورتی[1] را زُهره کردن، مسخ بود — خاک و گِل گشتن، نه مَسخ است ای عنود[2]؟**

چنانکه مسخ شدن زنی و تبدیل او به ستارهٔ زهره ناخوشایند تلقّی گردد، در قید آب و گِل ماندن و اسارتِ تمایلاتِ نفسانی چه مسخ بدی است؟

۵۴۱ **روح می‌بُردت سوی چرخ برین — سوی آب و گِل شدی در اسفلین[3]**

تمایل روح تو به سوی «عالمِ برین» است؛ امّا به سبب پیروی از خواسته‌ها به پستی‌ها گرایش یافته‌ای. تقابل بین ترقّی روحانی و تنزّل آن.

۵۴۲ **خویشتن را مسخ کردی زین سُفول[4] — ز آن وجودی که بُد آن رشکِ عقول**

خود را از وجودی که عقول بر آن رشک می‌بردند، به در آوردی و به سببِ این پستی مسخ کردی. «مسخِ ظاهر»، تغییر صورت و شکل است به ترکیبی پست و ناخوشایند. مسخ دیگری نیز وجود دارد و آن «مسخ باطن»، یا مسخ درون است. نفس انسان در هنگام تولّد هنوز رنگ تعلّق نپذیرفته و بالقوّه موجود است، فعلیّت یافتن آن منوط است به گرایش‌ها و تعلّقاتی که می‌پذیرد. تمایل به صفات پست و استمرار آن، نفس را در نازل‌ترین صورت آن قرار می‌دهد که آن را مسخ درون یا مسخ باطن نامند.

---

۱ - **عورت**: موضع ستر، به مجاز جنس زن.
۲ - **عَنود**: ستیزه‌جو. به کار بردن عَنود به این معنی است: ای کسی که با حقایق ستیزه می‌کنی و آنچه را که بزرگان می‌گویند نمی‌پذیری.
۳ - **أسفلین**: جمع أسفل، پایین‌ترین، هفتمین طبقه دوزخ که زیر همه است.
۴ - **سُفول**: فرومایگی.

«ز آن وجودی که بُد آن رشک عقول»؛ خداوند آدم را بر صورت خود خلق کرد «**خَلَقَ اللهُ آدمَ علی صُورتِه**» بنابراین انسان کامل، محلّ ظهور و تجلّی جمیع اسما و صفات حق تعالیٰ است در حالی که ملائکه را این مقامِ جامع نیست و بدین سبب انسان کامل مورد رشک‌ورزی عقول ملکی قرارگرفت و عقل فرشتگان که در مرتبه‌ای محدود از مراتب وجود قرار دارد، قادر به شناخت ماهیّت حقیقی آدم نبود و امانت الهی (عشق) را که در وجود آدم(ع) به ودیعه گذاشته شده بود، با توجّه به ذات خویش که فاقد این موهبت الهی است، نمی‌شناخت.

پس ببین، کین مسخ کردن چون بُوَد؟ پیشِ آن مسخ، این به غایت دون بُوَد ۵۴۳

دقت کن که در تقابل بین مسخ ظاهر و باطن، «مسخ باطنی» از مسخِ ظاهری بسیار بدتر است.

اسبِ همّت سویِ اختر تاختی[1] آدمِ مسجود را نشناختی ۵۴۴

همّتِ خود را صرف شناختنِ ستارگان کردی؛ امّا حقیقتِ انسان را نشناختی.

مقایسه‌ای است بین گرایش‌های مادّی و گرایش‌های معنوی، و انتقادی بر برخی از منجّمان که بدون توجّه به مسائل معنوی تمام تلاش و کوشش خویش را در راه شناخت سعد و نحس کواکب و تأثیر ستارگان بر زندگی بشر مصروف می‌دارند.

آخر آدم‌زاده‌ای ای ناخلف چند پنداری تو پستی را شرف؟ ۵۴۵

ای انسان، تو از نژاد آدم(ع) و پیامبرزاده‌ای، چرا بی توجّه به تبار، پستی را شرف می‌پنداری؟

چند گویی: من بگیرم عالمی این جهان را پُر کنم از خود همی؟ ۵۴۶

تا کی و تا چه حدّ می‌خواهی در اندیشه‌های مادّی و خودخواهانه‌ات غوطه‌ور باشی؟

گر جهان پر برف گردد سر به سر تابِ خور بگدازدش با یک نظر ۵۴۷

اگر دنیا پر از برف شود، تابش سوزان خورشید همه را می‌گدازد و محو می‌کند.

وِزْرِ[2] او و صد وزیر و صد هزار نیست گرداند خدا از یک شرار ۵۴۸

اگر خداوند اراده کند با یک شراره، خرمن گناهان وزیر و صدها نفر مانند او را محو می‌کند.

عینِ آن تخییل را حکمت کند عینِ آن زهرآب را شربت کند ۵۴۹

خداوند قادر است موجبات شک، خیال و توهّم را به حکمت یا مصلحتی مبدّل سازد و

---

۱ - اشاره به برخی از منجّمان که به سعد و نحس کواکب می‌پرداختند و از عظمتِ انسان غافل می‌ماندند.

۲ - وِزْر: بارگناه، سنگینی بارگناه.

آبی زهرآلود را به شربتی گوارا تبدیل کند؛ بنابراین مکرِ انسان با حق، حاصلی جز نابودی ندارد. آن چنانکه مکر وزیر به نابودی وی انجامید و به دین مسیح لطمه‌ای وارد نساخت.

آن گمان انگیز را سازد یقین — مِهرها رویانَد از اسبابِ کین ۵۵۰

مشیّت الهی می‌تواند عوامل ایجاد کنندهٔ شک و وهم و خیال را مبدّل به وسایلی جهت تحکیم اعتقاد نماید و آنچه را که سبب کینه است وسیله‌ای جهت ایجاد مهر و محبّت سازد.

پَروَرَد در آتش ابراهیم[1] را — ایمنیِ روح سازد بیم را ۵۵۱

اشاره به داستان ابراهیم(ع) که بت‌های قوم خود را شکست و به فرمان نمرود او را در آتش افکندند و به فرمان خداوند آتش بر او سرد و سلامت شد.

از سبب سوزیش من سوداییم — در خیالاتش چو سُوفِسطاییم[2] ۵۵۲

چشم حق‌بین عارف واصل به جای دیدن «سبب»، «مسبّب» را می‌بیند و حیران می‌گردد.

از دیدگاه عارف، دنیای ظاهر دارایِ هستی مجازی است و قائم به ذات نیست؛ بنابراین هستی آن را نفی می‌کند. این رمزی از سوفسطاییان است که با توجّه به طرز تفکّر خاصی که

---

۱ - **ابراهیم**(ع) : نیای بزرگ پیامبر اسلام، از تبار عرب‌های اصیلی بود که نژادشان به سام پسر نوح(ع) می‌رسد. تورات نام وی را «ابرام بن تارح» خوانده است؛ امّا قرآن نام پدر او را «آزر» گفته است. زیستگاه خلیل را در عراق اعلیٰ در جزیرهٔ میان دجله و فرات دانسته‌اند در محلّی به نام «حاران» و نه در «اور» مشهور در جنوب عراق. محقّقان ولادت او را در دهه‌های پایانی سدهٔ بیستم قبل از میلاد دانسته‌اند و رفتن وی را به کنعان در سال ۱۹۰۰ ق.م شمرده‌اند و اندیشیده‌اند که او هنگام جنگ‌های آموری و عیلامی بین‌النهرین را ترک کرده است؛ ولی هجرت او دینی بوده نه سیاسی یا اقتصادی. ابراهیم(ع) دعوت خویش را با فراخوانی به توحید آغاز کرد تا کار به جایی رسید که ابراهیم(ع) ناگزیر شد برای بیدار کردن آنان به شکستن بت‌های ایشان بپردازد که سنگ و چوب شایستهٔ پرستیدن نیستند؛ امّا این حرکت او ذهن متحجّر قوم را درسی جز این نیاموخت که ابراهیم(ع) را به آتش بیفکنند، انبیا ۵۱-۷۰/۲۱، و بدین سان به فرمان الهی، آتش بر ابراهیم سرد و سلامت شد. با ایمان نیاوردن قوم، به ویژه پس از بگومگوهایی با فرمانروا، ابراهیم(ع) از حاران که زیستگاه وی بود و در کناره رود «بلخ» جای داشت، به ناچار هجرت کرد. حاران در آن زمان حوالی سال ۱۸۶۵ ق.م شهری باشکوه بود. ابراهیم(ع) ابتدا به کنعان رفت و پس از چندی راهی مصر و پس از آن عازم حجاز گردید: بررسی تاریخی قصص قرآن، ج ۱، صص ۱۱۶-۹۶.

اشاره‌ای قرآنی؛ انبیا: ۶۸/۲۱ و ۶۹

۲ - **سوفسطائی** : در اواخر قرن پنجم میلادی گروهی از اهل نظر در یونان به وجود آمدند که جست‌وجوی حقیقت هر چیز را ضروری نمی‌دانستند و شاگردان خود را در فنّ جدل و مناظره ماهر می‌ساختند تا در هر مقام، خاصّه در مشاجرات سیاسی بتوانند بر خصم غالب شوند. این جماعت به سبب کسب فنون مختلف به سوفستیس معروف شدند؛ بنابراین به کسانی که برای موفقیّت در هر امری به جدل می‌پرداختند و برای غلبه بر مدّعی به هر وسیله‌ای دست می‌یازیدند، سوفسطایی می‌گفتند و روش آنان را **سفسطه** می‌نامند.

داشتند با استدلال و تعقّل موجودیّت همه چیز را نفی می‌کردند؛ امّا عارف که پردهٔ پندار از برابر دیدگانش برداشته شده، «مجازی» بودن این ظواهر را با شهود دریافته است و نفی او حاکی از استدلال عقلانی نیست.

مکرِ دیگر انگیختنِ وزیر در اضلالِ[1] قوم

مکر دیگر آن وزیر از خود ببست وعظ را بگذاشت و در خلوت[2] نشست ۵۵۳

وزیر نیرنگی دیگر اندیشید. موعظه و پند و اندرز را وداع گفت و خلوت‌نشینی را آغاز نمود.

یکی[3] از مسائل مهمّ مورد اختلاف ارباب طریقت این است که آیا برای تهذیب نفس و اخلاق، خلوت گزیدن به مقصود نزدیک‌تر است یا صحبت و جمعیّت با یاران. امام محمّد غزّالی در إحیاءالعلوم شرحی مبسوط در این‌باره نوشته است که خلاصهٔ آن را در کیمیای سعادت نیز می‌توانید ببینید. در مؤلّفات دیگر از قبیل کشف‌المحجوب نیز مطالبی آمده است؛ امّا در **خلوت گزیدن** و یا **صحبت** و جمعیّت به‌طور مطلق حکم کلّی و قاطعی نمی‌توان داد، بلکه باید گفت که این امر نسبت به احوال و روحیّات سالکان و همچنین اشخاصی که ممکن است طرف صحبت واقع شوند تفاوت می‌کند. به عنوان مثال، برای کسی که معاشران او دانشمندان کامل و عارفان واصل و یاران ناصح پاکدل باشند، صحبت از خلوت سودمندتر است؛ امّا برای کسی که در معاشرت با خلق خطر لغزش اخلاقی دارد، انزوا و تنهایی بر جمعیّت مزیّت دارد و برای کسانی که روحانیّت قوی دارند و می‌توانند در آمیزش با خلق ناپاکی‌های اجتماعی را تحمّل کنند و خود را از رذایل اخلاقی مصونْ بدارند و به قولی **خلوت در انجمن** داشته باشند، می‌توان گفت که خلوت و جمعیّت برابر و یکسان است.

در مریدان در فکند از شوق، سوز بود در خلوت، چهل پنجاه روز ۵۵۴

وزیر مکّار، چهل پنجاه روز در خلوت نشست و مریدان را به حضور نپذیرفت. در نتیجه، مریدان از شوق دیدار او به سوز و گداز آمدند.

---

۱ - **اِضلال** : گمراه گردانیدن.

۲ - **خلوت‌نشینی** : انقطاع از خلق و جملگی انبیا و اولیا در بدایت حال، داد خلوت داده‌اند تا به مقصود رسیده‌اند. چلّه‌نشینی یا خلوت نشستن آداب خاصّی دارد.

حدیث نبوی به نقل از رسول گرامی(ص): مَنْ أَخْلَصَ لِلّٰهِ أَرْبَعینَ یَوْماً ظَهَرَتْ یَنابیعُ الحِکْمَةِ مِنْ قَلْبِه علیٰ لِسانِه: هر کس که برای خدا چهل شب را با اخلاص به روز آورد، چشمه‌های حکمت و دانش از قلبش می‌جوشد و بر زبانش جاری می‌شود: احادیث، ص ۵۴۱.

در قرآن کریم آمده است که به فرمان باری تعالیٰ موسی(ص) چهل شبانه‌روز در میقات خلوت گزید.

۳ - مولوی نامه، همایی، ج ۱، ص ۳۵۵.

خلق دیوانه شدند از شوقِ[1] او   از فراقِ حال[2] و قال[3] و ذوقِ[4] او ۵۵۵

مریدان از اشتیاق دیدار او و برخورداری از حال معنوی‌اش به جنون رسیدند؛ زیرا در حضور وی از شور و حال و کلام پندآمیزش بهره‌ها می‌بردند و اینک همه منقطع شده بود.

لابه[5] و زاری همی کردند و او   از ریاضت[6] گشته در خلوت دو تو ۵۵۶

مریدان به جهت دیدار او زاری و التماس می‌کردند و وزیر مکّار در خلوت ریاکارانه به ریاضت‌های سخت تن در داده بود، چنانکه پیکرش خمیده می‌نمود.

گفته ایشان: نیست ما را بی‌تو نور   بی عصاکَش چون بُوَد احوالِ کور؟ ۵۵۷

مریدان می‌گفتند که نور هدایت از وجود تو بر ما می‌تابد. در غیاب این نور ما همانند کورانی بی‌عصاکش و بدون راهنماییم.

از سرِ اِکرام[7] و از بهرِ خدا   بیش از این ما را مدار از خود جُدا ۵۵۸

آنان می‌خواستند که به خاطر خدا احسان کند و دوران هجران را به پایان بَرَد.

ما چو طفلانیم و ما را دایه تو   بر سرِ ما گستران آن سایه تو ۵۵۹

مریدان می‌گفتند: ما در سیر و سلوک از تجربه و پختگی لازم برخوردار نیستیم و «طفلان راه» به شمار می‌آییم و از شیر معنوی تربیت و هدایت تو تغذیه می‌شویم. می‌خواهیم که از سر لطف سایهٔ عنایت و هدایت خود را چون چتری بر سر ما بگسترانی.

گفت: جانم از مُحبّان دور نیست   لیک بیرون آمدن، دستور نیست ۵۶۰

وزیر گفت: جان من و حقیقت وجودی من در کنار کسانی است که به من محبّت و توجّه دارند؛ امّا برای خروج از خلوت، دستور و فرمانی از حضرت حق نرسیده است.

---

۱ - **شوق**: آرزومندی، میل، اشتیاق.

۲ - **حال**: عارفان هر چه را که به محض موهبت بر دل پاک سالک از جانب حق وارد می‌شود «حال» می‌نامند و چون حال دایمی شد و ملکهٔ سالک گشت **مقام** می‌خوانند.

۳ - **قال**: اصطلاحی است عرفانی و متضادّ «حال»؛ یعنی کلام و لفظی که بر زبان جاری شود بدون آنکه حقیقتی از آن در دل وجود داشته باشد. در لفظ به معنی کلام و سخن به کار می‌رود.

۴ - **ذوق**: در لفظ به معنی چشیدن، نشاط و خوشی است. اصطلاحی در عرفان به مفهوم نوری از معرفت که به عنایت بر دل مشتاقان حقیقی می‌تابد و وجود سالک را از سردی می‌رهاند و کلام وی را شیرین می‌گرداند و از وجد بادوام‌تر است.   ۵ - **لابه کردن**: تضرّع کردن، زاری کردن، التماس.

۶ - **ریاضت**: تحمّل رنج و تعب برای تهذیب نفس توأم با عبادت.

۷ - **إکرام**: احسان کردن، گرامی داشتن، احترام کردن.

۵۶۱ آن امـــیران در شـــفاعت[1] آمـــدند وآن مـــریدان در شَـناعت[2] آمـدند

امیران به شفاعت برخاستند و مریدان نیز با شرح سوز و درد به ملامتی عاشقانه پرداختند.

۵۶۲ کین چه بدبختی‌ست ما را ای کریم؟ از دل و دین مـانده مـا بی تـو یـتیم

ای کریم، این چه بخت بدی است؟ بی تو دل و دین را از دست داده و یتیم شده‌ایم.

۵۶۳ تـــو بــهانه مـــی‌کنی و مـــا ز درد مـی‌زنیم از سوزِ دل دَم‌هـای سـرد

خلوت، بهانه‌ای بیش نیست، رأی خویش را بگردان که هر لحظه از سوز دل آهی سرد می‌کشیم.

۵۶۴ ما به گفتارِ خـوشت خُـو کـرده‌ایـم ما ز شیر حکـمتِ تـو خـورده‌ایـم

ما به کلام شیرین تو خو گرفته‌ایم و از شیرِ حکمتِ سخنِ تو پرورش یافته‌ایم.

۵۶۵ اللّه اللّه[3]، ایـن جـفا[4] بـا مـا مکـن خَـیْر کـن امـروز را، فـردا مکـن

از بهر خدا چنین بی‌مهری نکن. نیکی کن و اجازهٔ دیدار بده. وعدهٔ فردا نده.

۵۶۶ می‌دهد دل مر تو را، کین بی دلان[5] بی تو، گردند آخر از بی حاصلان[6]؟

آیا دل تو راضی می‌شود که مریدان دلداده، بی تو زندگی‌شان بی‌حاصل شود.

۵۶۷ جمله در خشکی چو ماهی می‌طپند آب را بگشـــا، ز جُـو بـردار بـند

این مریدان، مانندِ ماهی دور از آب است و دست و پا می‌زنند و همچون ماهی که بدون آب می‌میرد، از او می‌خواهند که آب رحمتی را که ناشی از دیدار و حضور وی است به روی آنان بگشاید و سدّی را که خود بر این جوی بسته است، از میان بردارد.

۵۶۸ ای که چون تو در زمانه نیست کس اللّـــه اللّـــه، خـــلق را فـــریاد رَس

ای کسی که همچون تو در این زمان یافت نمی‌شود، از بهر خدا به مشتاقان توجّه کن.

---

۱ - **شفاعت** : خواهش کردن، درخواست عفو و یا کمک برای دیگری.

۲ - **شَناعت** : زشتی، رسوایی، قباحت و افتضاح (المُعْجم البَسیط) مجازاً: ملامت کردن.

۳ - **الله الله** : از بهر خدا. ۴ - **جَفا** : بی‌مهری و دوری. ۵ - **بی‌دل** : عاشق، دلداده، آزرده.

۶ - **بی‌حاصل** : کسی که تعالی معنوی نیافته باشد.

دفع گفتنِ[1] وزیر مُریدان را

گفت: هان ای سُخْرگانِ[2] گفت و گو　　وعظ و گفتارِ زبان و گوشْ جو ۵۶۹

وزیر حیله گر، به تقلید از عارفان کامل که با فضل فروشی مخالف‌اند، گفت: ای کسانی که خود را سُخرهٔ «گفت و گو» کرده‌اید؛ یعنی منتظرید وعظ و اندرزی را بشنوید یا حکمتی را بیاموزید و پس از آن «گوش جو» شوید و به دنبال گوشی بگردید تا فضل‌فروشی کنید،

پنبه اندر گوشِ حسِّ دون[3] کنید　　بندِ حسّ از چشم خود بیرون کنید ۵۷۰

حواس ظاهری را تعطیل کنید تا حواس باطنی به کار بیفتد.

پنبهٔ آن گوشِ سِر، گوشِ سَر است　　تا نگردد این کَرْ، آن باطن کَر است ۵۷۱

تا حواس ظاهری متوجّه مسائل دنیوی است، حواس باطنی به کار نمی‌افتد. باید گوش ظاهر از شنیدن موضوعات بیهوده بسته شود تا گوش باطن ندای غیب را بشنود.

بی‌حس و بی‌گوش و بی‌فکرت شوید　　تا خطاب اِرْجِعی[4] را بشنوید ۵۷۲

اگر مشتاق شنیدن خطاب اِرْجِعی هستید، باید تمام حواس را متوجّه درون کنید.

تا به گفت و گویِ بیداری دَری　　تو ز گفتِ خواب، بویی کِیْ بَری؟ ۵۷۳

در ارتباط با بیت قبلی و برای بیان مفهوم آن، تمثیل خواب و بیداری آمده است: تا شخص بیدار است از گفت‌وگویی که ممکن است در عالم خواب برای وی رخ دهد، محروم می‌مانَد؛ پس برای خواب دیدن باید در خواب بود و برای برخورداری از عوالم معنوی باید نَفْس را در خواب نگاهداشت تا «بیدار و هوشیار» نباشد.

سیرِ[5] بیرونی‌ست قول و فعلِ ما　　سیرِ باطن هست بالایِ سَما ۵۷۴

سالک در ظاهر سیر و سلوکی دارد که شامل مجموعهٔ رفتار و گفتار او است (سیر بیرونی).

---

۱ - **دفع گفتن**: مخالفت کردن، رد کردن.

۲ - **سُخرگان**: جمع سُخره، کسی که مورد تمسخر قرار گیرد. (در متن اصلی سُخره‌گان)

۳ - **حسّ دون**: حواس ظاهری که در تقابل با حواس باطنی در مرتبه‌ای بسیار نازل و دون قرار دارد، چشم سَر را ببندید تا چشم سِرّ گشوده شود.

۴ - اشارتی قرآنی؛ فَجر: ۲۷/۸۹ و ۲۸: یا أَيَّتُهَا النَّفْسُ الْمُطمَئِنَّةُ ارْجِعِي إِلىٰ رَبِّكِ راضِيَةً مَرْضِيَّةً: ای نفس مطمئنّه و دل بر یقین، بازگرد به سوی خدای خویش در حالی که تو از او خشنود هستی و او از تو خشنود است. خطاب اِرْجِعی خاصّ نفوس مطمئنّه و انسان کامل است.

۵ - **سیر**: حرکت، سلوک در طریقت.

در باطن نیز سیری دارد که درونی است (سیر باطنی یا صعود باطنی) که از آسمان‌ها برتر و در عالم عقول و مجرّدات است.

۵۷۵ **حسّ، خشکی دید، کز خشکی بزاد　　عیسیِ جان پای در دریا نهاد**[1]

«حواس ظاهری» مانند: شنوایی، بینایی و... از عناصر مادّی پدید آمده و قادر به درک عالم مادّه‌اند؛ امّا «جان» که به عیسی(ع) تشبیه شده است، مادّی نیست. از «عالم امر» آمده و به مبدأ خویش یا «عالم معنا» گرایش دارد.

۵۷۶ **سیرِ جسم خشک**[2]**، بر خشکی فتاد　　سیرِ جان، پا در دلِ دریا نهاد**[3]

«جسم»، سیر و سلوک ظاهری دارد و در سرزمین‌های گوناگون می‌گردد و سیر می‌کند و با مردم متفاوت به گونه‌ای خاص سلوک و معاشرت می‌نماید؛ امّا «جان» در سیرِ خویش به عالم حقایق توجّه دارد.

۵۷۷ **چونکه عمر اندر رهِ خشکی گذشت　　گاه کوه و گاه دریا، گاه دشت**

اگر عمر فقط در جهت امور عادی زندگی بگذرد و سیر و سفرها ظاهری باشد،

۵۷۸ **آبِ حیوان ازکجا خواهی تو یافت؟　　موجِ دریا راکجا خواهی شکافت؟**[4]

چگونه می‌توانی به حیاتی سرمدی و علم لَدُنّی دست یابی؟

آب حیوان؛ آب حیات، آب زندگانی، **عین‌الحیوة، علم لَدُنّی**. چشمه‌ای مفروض در ظلمات که هر کس از آن بنوشد یا سر و تن در آن بشوید، جاودانه خواهد زیست. فکر نوشیدن آب حیات یا بهره‌ور شدن از هر اسباب و وسیلهٔ جاودان‌ساز فکری است پیشینه به درازای عمر آدمی در این کرهٔ خاکی؛ زیرا برای مردم آنچه که هرگز چاره‌ای نداشته و ندارد مرگ است، این اندیشه در فرهنگ بسیاری از ملّت‌ها حضور دارد. درکتاب مکاشفهٔ یوحنا آمده است: «نهری از آب حیات به من نشان داد که درخشنده بود مانند بلور و از تخت خدا و جاری». (۱:۲۲)

در میان قهرمانان جاودانه‌جوی، از همه کهن‌تر گیلگمش (Gilgamesh) پهلوان حماسی بابلی است که بر شهر «اِرِک» فرمان می‌راند و وجودی دو سوم خدایی داشت، از مرگ دوستی به نام «**انکیدو**» سخت اندوهگین شد و به نزد نیای خویش که در توفان بابل زندگی جاودانه یافته بود رفت تا راز زندگی جاودان را بداند. جدّش به او گفت: مرگ سرنوشت چاره‌ناپذیر آدمی است و با این همه گیاهی را به وی نشان داد که در ته دریا است و خوردن آن جوانی می‌بخشد. گیلگمش در بازگشت آن گیاه را به دست آورد؛ امّا در راه بر سر چاه آبی ماری دریایی آن گیاه را دزدید و گیلگمش تهی‌دست و دل‌شکسته بازگشت.

---

۱ – اشاره دارد به راه رفتنِ عیسی(ع) بر دریا: شرح مثنوی مولوی، ج ۱، ص ۱۱۰.
۲ – خشکی کنایه‌ای است از ظاهر، متضادّ باطن.　عیسی(ع) روح مجرّد بود و او را «روح الله» می‌گویند.
۳ – در تعبیرات عرفانی، دریا، عالم معنا و عالم حقایق و حق است.
۴ – اشاره به شکافتن دریا و عبور موسیٰ(ع) و قومِ او از رود نیل است. کنایه از کمال.

از این پس، آب حیات وارد زندگی قهرمانان می‌شود. یکی از کسانی که از آن بهره‌مند شد «**آشیل**» از پهلوانان «**ایلیاد**» و از قهرمانان برجستهٔ جنگ «**تروا**» بود. مادرش که دلهرهٔ مرگ او را داشت، وی را در رود «**استوکس**»، رودی در عالم زیرین، فرو برد تا رویین‌تن گردد، ولی آب به پاشنهٔ پای او که در دست مادر بود نرسید و شاهزادهٔ تروایی، «**پاریس**» بعدها از این نقطه ضعف آشیل آگاه شد و تیری بر پاشنهٔ پای او زد و وی را به هلاکت رسانید.

اسفندیار؛ قهرمان رویین‌تن داستان‌های ملّی ایران، زندگی مشابهی با آشیل دارد. او رویین‌تن وارد **شاهنامه** شده است و فردوسی علّت رویین‌تن بودن او را ذکر نمی‌کند.

در روایات و داستان‌های اسلامی نیز نام سه تن آمده است که در پی آب حیات رفته‌اند. دو تن از ایشان از آن آشامیده و زندگی جاودان یافته‌اند و یکی ناکام بازگشته است. **الیاس**، **خضر** و **اسکندر** یا **ذوالقرنین**. «الیاس» یکی از پیامبران بنی اسرائیل است که نام وی دو بار در قرآن کریم آمده است، انعام: ۸۵/۶ و صافات: ۱۲۳/۳۷، در سورهٔ اخیر، گزارش رسالت او در ۸ آیه کوتاه (۱۳۰-۱۲۳) به صورتی فشرده آمده ولی اشارتی به نوشیدن او از آب حیات نشده است؛ امّا از خضر در قرآن نامی برده نشده است و آنچه که سرچشمهٔ پدید آمدن اندیشهٔ آب حیات در فرهنگ اسلامی شده است آیاتی از سورهٔ «کهف» است، ***یاد آر آن‌گاه که موسی به شاگرد خود گفت: من پیوسته راه می‌روم تا به برخوردگاه دو دریا برسم... پس بنده‌ای از بندگان ما را یافتند که او را رحمتی از خویش بخشیدیم و دانشی آموختیم. موسی به او گفت: آیا می‌توانم پیرو تو باشم که بیاموزی مرا از آنچه که به تو آموخته‌اند*، کهف: ۶۶/۱۸-۶۰.** پیرامون این آیات مفسّران و محدّثان روایات و داستان‌های بسیار آورده‌اند که بیشتر احادیث شیعه و اهل تسنّن در این زمینه همانند است. داستان به نقل از تفاسیر و مآخذ امامی چنین روایت می‌شود:

چون پیامبر(ص) قریشیان را از داستان کهف آگاه ساخت (سورهٔ کهف مکّی است)، گفتند: ما را آگاه ساز از دانشمندی که موسی به نزد وی شد و فرمان یافت از وی پیروی کند، او فرمود: چون تورات بر موسی فرود آمد و خدا با موسی سخن گفت، موسی با خود اندیشید که بر روی زمین کسی از من داناتر نیست، خدا به جبرئیل وحی فرمود که موسی را دریاب که نابود شده است. به او بگوی که در برخوردگاه دو دریا در نزدیکی تخته سنگی، مردی داناتر از تو است، به نزد او شو و از وی دانش بیاموز و آن مرد خضر بود.

در قرآن سخنی از **آب حیات**، **ظلمات**، **خضر** و یا اشاره به اشتیاقی برای نوشیدن آب حیات نیست، و موسی(ع) از یافتن آن مرد «**عَبْداً مِنْ عِبادِنا**» شاد می‌شود و می‌کوشد در همراهی با وی از چشمهٔ دانش او بهره‌مند گردد.

باری، بر پایهٔ داستان‌ها خداوند خضر را بر دریاها گماشته است که هر کسی که به دریا غرقه شود و اجل وی نرسیده باشد، خضر وی را بگیرد و راه به او نماید و نیز الیاس را موکّل کرده است بر خشکی، که گمشدگان در خشکی را به راه باز برد و هر دو بدین جهان نمیرند تا روز بازپسین. (ترجمهٔ تفسیر طبری، ۹۴۹/۴-۹۴۸)

برخی دیگر نیز عکس این را دربارهٔ این دو گفته‌اند: خضر و الیاس تا روز قیامت نمیرند که هر دو آب زندگانی خورده‌اند، خضر همه روزه در بیابان‌ها و الیاس در دریاها می‌گردند تا گمشدگان را به راه باز آرند و تا قیامت چنین است. (نیشابوری، قصص الانبیاء، ۳۳۸)

از اسکندر نیز در قرآن یاد نشده است، آنچه هست گزارشی است از گردش ذوالقرنین از مغرب تا مشرق

خورشید، **کهف** : ۸۳-۹۹/۱۸، برخی از مفسّران وی را با اسکندر یکی دانسته‌اند و داستان رفتن او به جست‌وجوی آب حیات، که گویا برای اوّلین بار در تاریخ‌الرّسل و الملوک محمّد بن جریر طبری آمده است، نویسنده پس از شرح گردش و جهانگشایی‌های وی در سراسر گیتی: ایران، هند، چین و تبّت که «همه جای زمین رام او شد»، می‌گوید: آن‌گاه از سوی قطب شمال وارد ظلمات گشت، چنانکه خورشید در جنوب او بود و همراه ۴۰۰ تن به جست‌وجوی چشمهٔ جاودانگی «عین‌الخُلد» بر آمد، هجده روز بگشت و سپس به عراق باز آمد. در این گزارش نامی از خضر نیست.

گزارش مفصّل‌تر را در میان مآخذ فارسی موجود، در ظاهر نخستین بار حکیم ابوالقاسم فردوسی داده است که مانند مآخذ بعدی، خضر را در کنار اسکندر دارد و بر اساس گزارش‌های وی، آن دو روانه شدند ولی بر سر دو راهی، اسکندر خضر را گم کرد. خضر به درون تاریکی فرو رفت و آب حیات را یافت، بخورد و بیاسود و برگشت زود.[1]

موج خاکی، وهم و فهم و فکرِ ماست   موجِ آبی، محو[2] و سُکْر[3] است و فنا[4] ست ۵۷۹

«موج خاکی»، یعنی «سیر و سلوک ظاهری» و امورِ دنیوی که به‌طور روزمرّه آدمی در انجام آن می‌کوشد، اگر بدون اهداف معنوی باشد، جز «وهم و خیال» نیست؛ زیرا عقل انسان و اندیشهٔ او اگر به «عقل کلّ» اتّصال نیابد، محصولی جز توهّم ندارد و از دریافت حقایق بی‌بهره می‌ماند.

با «موج آبی»، یعنی حرکت در جهت «اهداف آفرینش» یا در مسیر «کمال» و فرو رفتن در «بحر معنا» می‌توان امواج حقایق را شکافت که محصول آن محوِ صفات بشری و مستیِ میِ الهی و فناست.

---

۱ دایرةالمعارف بزرگ اسلامی، ج ۱، ص ۳۶.

۲ - **محو** : ستردن و زایل کردن. اهل تصوّف و عرفان لفظ «محو» را که در مقابل «اثبات» است به معانی مختلف به کار برده‌اند: فنای عبد در ذات حق تعالیٰ. پاک کردن خود از صفات نکوهیده. محو لغزش از رفتار. محو غفلت از ضمایر. پس می‌توان گفت: محو، بی‌خبری از خود و نفی صفات بشری است.

۳ - **سُکْر** : در لفظ به معنی مستی و حالتی است که در اثر نوشیدن باده و غیره در شخص ایجاد شود و در اصطلاح اهل تصوّف و عرفان سُکْر را به حالتی گویند که مستی سالک نه از می مجازی بلکه از می حقیقی (می اَلَست) باشد، این مستی خدایی است و در اثر عنایت الهی و در وارادت قلبی و مشاهدهٔ جمال معشوق حقیقی دست می‌دهد و در آن حال تمییز میان احکام ظاهر و باطن از میان می‌رود.

۴ - **فنا** : در لفظ به معنی نیستی، زوال، نابودی. در اصطلاح عرفان و اهل تصوّف: ۱ ـ در اثر استیلای حق بر باطن سالک عقل جزوی رونده با عقل کلّی اتّصال می‌یابد. ۲ ـ از بین رفتن صفات نکوهیده در مقابل بقا که پدید آمدن اوصاف پسندیده است. ۳ ـ فناء فی‌الشّیخ، که تبدیل صفات مرید است به صفات مراد (فنای مرید در مراد) که اوّلین مرحلهٔ فنا می‌باشد. ۴ ـ فناء فی‌الله، که تبدیل صفات بشری به صفات ربوبی است. بعد از فنا، بقا است. فناء نفس؛ عبارت است از جدا شدن از خودبینی و ملاحظهٔ عظمت و جلال خداوندی به نحوی که همهٔ موجودات را در مقابل عظمت الهی ناچیز ببینند؛ مانند از بین رفتن نور ستارگان در برابر نور خورشید.

خداوند در سورهٔ ذاریات : ۵۶/۵۱ می‌فرماید: ... مٰا خَلَقْتُ الجِنَّ وَ الاِنْسَ اِلاّ لِیَعْبُدُونِ : ما آدمی و پری را نیافریدیم مگر به جهت آنکه مرا عبادت کنند. مولانا می‌فرماید: این «لِیَعْبُدُونِ» به جهت «لِیَعْرِفُون» است؛ یعنی عبادت باید ثمره‌اش معرفت و شناخت باشد و گرنه انجام یک‌سری اعمال فیزیکی بدونِ هیچ‌گونه تعمّق، معرفتی در پی ندارد.

تا در این سُکْری، از آن سُکْری تو دور   تا از این مستی، از آن جـامی نـفور[1] ۵۸۰

تا عقل و اندیشه و حس آدمی در تصرّف خواسته‌هایِ امور جاری زندگی است [در تصرّف نفس امّاره]، این امور چنان شأن و اعتبار غیر واقعی می‌یابند که به عنوان معیاری اصلی شناخته می‌شوند و شخص را مست می‌دارند؛ مانند حبّ جاه و مقام. این سرخوشی کاذب مـانند حجابی عظیم انسان را از رسیدن به سرخوشی و مستی حقیقی مهجور می‌کند؛ زیرا نـفس نمی‌تواند در آن واحد، هم به امور ظاهری بپردازد و هم به عوالم معنوی.

گفت و گویِ ظاهر، آمد چون غبار   مدّتی خاموش[2] خُو کن، هوش دار ۵۸۱

گفت‌وگو و سخن گفتن مانند گرد و غباری است که بر آیینهٔ ضمیر و درون می‌نشیند؛ زیرا هنگام سخن گفتن و یا شنیدن، الزاماً نفس به بیرون توجّه دارد و از سیر تکاملی خـود بـاز می‌ماند، همچنین سخن گفتن به نوعی اظهار وجـود است کـه بـا مـبانی تـصوّف و عـرفان مغایرت دارد.

مکرّر کردنِ مریدان که: خلوت را بشکن

جمله گفتند: ای حکیم رخـنه جـو   این فریب و این جـفا بـا مـا مگـو ۵۸۲

مریدان گفتند: ای حکیمی که چارهٔ درد ما را می‌دانی، ما را فریب مده و از جفا مگو.

چـــارپا را قـــدرِ طـــاقت بـــارْ نِـهْ   بـــر ضـعیفان قـدرِ قـوّت کـار نِـهْ[3] ۵۸۳

همان‌گونه که چهارپا، بیش از توان نمی‌تواند بار را ببرد، ما نیز تحمّلِ بار هجران را نداریم.

---

۱ - در متن اصلی «تو کور» آمده و سپس با اصلاح «نُفور» ضبط شده است؛ یعنی: نفرت داشتن، اظهار عدم تمایل.

۲ - خاموشی و سکوت، به عنوان یک پند و اندرز و در حقیقت به صورت یک درس در تعالیم عرفانی عرفا مطرح می‌شود و در کلّیات شمس تبریزی تأکید بر خاموشی کراراً جلوه‌گر است که به عنوان مثال چند نمونه را ذکر می‌کنیم: «خاموش همچون مریمی تا دم زند عیسی دمی»: کلیّات شمس، ف. غزل شماره ۲۱۳۴. «خمش کن ای مضطر مگو دیگر ز خیر و شر»: همان، غزل شماره ۲۱۶۴. «خاموش کن، خاموش کن، از راه دیگر جوش کن»: همان، غزل شماره ۲۲۷۸. «خاموش باش، فتنه در افکنده‌ای به شهر»: همان، غزل شماره ۱۷۰۴.

۳ - اشارتی قرآنی: بقره: ۲۸۶/۲: وَ لاٰ تُحَمِّلْنا ما لاٰ طاقَةَ لَنا بِهِ: بیش از توان و طاقت ما، تکلیفی بر دوش ما مگذار.

دانـهٔ هـر مـرغ، انـدازهٔ وی است طعمهٔ هر مرغ، انجیری[1] کِی است؟ ۵۸۴

دانهٔ هر پرنده متناسب با جثّهٔ اوست، هر مرغ نمی‌تواند انجیر بخورد.

مریدان می‌کوشند که با استدلال و تأکید بر ضعف و ناتوانی خود، وزیر را قانع کنند که هنوز طفلان راه‌اند و به دیدار وی و بهره‌مندی از تعالیم او نیازمندند و هنوز قابلیّت دریافت فیوضات را بی‌واسطهٔ وجود وی ندارند.

طفل را گر نان دهی بر جـایِ شیـر طفلِ مسکین را از آن نان، مُرده گیر ۵۸۵

ما مانند طفل شیرخواره به شیر تربیت مرشد نیازمندیم و به رشد معنوی نرسیده‌ایم.

چونکه دندان‌ها بـر آرَد، بـعد از آن هم به خود، گردد دلش جویایِ نان ۵۸۶

هنگامی که سالک قابلیّتِ ادراک و جذب رزق معنوی را بیابد، خود به خود جویای آن خواهد بود.

مـرغِ پـرنارُسته چـون پـرّان شـود لقـمهٔ هـر گـربهٔ درّان شـود ۵۸۷

اگر پرنده‌ای که پر او کامل نشده است، پرواز کند و از لانه دور شود، طعمهٔ گربهٔ درنده‌ای می‌شود.

چون بر آرد پـر، بـپرّد او بـه خـود بی تکلّف، بی صـفیرِ نـیک و بـد[2] ۵۸۸

مریدان باز هم با آوردن مثال‌های گوناگون می‌کوشند وزیر را قانع کنند که به او نیازمندند و می‌گویند: ما به تنهایی نمی‌توانیم در عوالم معنوی پرواز کنیم؛ زیرا آفاتی دارد که قادر به شناخت و دفع آن نیستیم.

دیـو را نـطقِ تـو خـامُش مـی‌کند گوشِ ما را گفتِ تـو هُش مـی‌کند[3] ۵۸۹

دیو درون ما (نفس امّاره)، هر لحظه با وسوسه‌های گوناگون می‌تواند ما را از راه به بیراهه ببرد؛ امّا هنگامی که در محضر تو هستیم، از نور و نفوذِ معنویِ کلام تو قرار می‌یابد.

گوش ما هوش است چون گویا تویی خشکِ ما بحر است چون دریا تویی ۵۹۰

گوش در حضور تو هوشِ معنوی می‌یابد و قـادر بـه ادراک حـقایق مـی‌گردد. سـلوک ظاهریِ ما با حضورِ تو معنا می‌یابد و به سلوک باطنی مبدّل می‌گردد.

---

۱ - **مرغ انجیرخوار**: مرغی زرد رنگ که منقاری کج دارد. هر مرغی نمی‌تواند انجیر بخورد و هر سالکی نمی‌تواند بی‌واسطهٔ مراد یا شیخ، مستغرق در حق گردد.

۲ - سالک در راهِ حق تا رسیدن به کمال همواره نیازمند ارشاد و تربیت استاد کاملِ مکمل است، کسی که به درجهٔ کمال الهی رسیده و می‌تواند دیگران را رهبری کند و به کمال برساند.

۳ - گفتار تو گوشِ باطنیِ ما را می‌گشاید، به سببِ سیطرهٔ معنوی مراد در مرید.

با تـو مـا را خـاک بـهتر از فَـلَک[1]   ای سِماک[2] از تو منوّر تـا سَـمَک[3] ۵۹۱

ای کسی که آسمان و زمین از تو نور یافته است، با تو در زمین خوش‌تر از بی تو در آسمان است. مریدان وزیر را مانند نورِ روشنگر آسمان‌ها و زمین می‌دانند و در ادامهٔ استدلالی که برای نیاز به وی دارند، بیان می‌کنند که ما بی‌تو در آسمان نیز تیره و تار هستیم؛ چون روشنی‌بخشِ ما تویی.

بی تـو مـا را بـر فـلک تـاریکی است   با تو ای ماه! این فلک باری کی‌است؟[4] ۵۹۲

بدون تو آسمان‌ها هم برای ما نوری ندارد، ای ماه، با وجود تو فلک چه شأنی دارد؟

صـورتِ رِفـعت[5]، بُـوَد افـلاک را   مـعنیِ رِفـعت، روانِ پـاک[6] را ۵۹۳

«رفعتِ فلک» به لحاظ مکانی است، در حالی که «رفعتِ روح انسان کامل» به لحاظ معنا است؛ بنابراین «عالم شهادت» و افلاک به صورت، عالم اکبر است و به معنی، عالم اصغر و بالعکس، انسان کامل به صورت عالمِ اصغر و به معنا عالم اکبر به شمار می‌آید.

صورتِ رِفعت بـرای جسـم‌هاست   جسم‌ها در پیشِ معنی اسم‌هاست ۵۹۴

بزرگی و عظمت ظاهری اجسام و اجرام، نقشی از عظمت است و در مقایسه با عظمت عوالم معنوی، نامی دارند و بس.

جواب گفتنِ وزیر که: خلوت را نمی‌شکنم

گفت: حجّت‌های خود کوته کـنید   پـند را در جـان و در دل ره کُـنید ۵۹۵

وزیر در پاسخ استدلال مریدان گفت: احتجاج را بس کنیدو پند مرا با دل و جان بپذیرید.

گـر امـینم، مـتّهم نَـبْوَد امـین   گـر بگـویم آسـمان را مـن زمـین ۵۹۶

اگر مورد اعتماد هستم، مرا متّهم نکنید و کلامم را بپذیرید؛ حتّی اگر آسمان را زمین بنامم.

---

۱ - **فلک** : هر یک از بخش‌های هفت یا نه‌گانه آسمان که قدما بدان معتقد بودند، مجموع آسمان، سپهر.

۲ - **سِماک** : هر یک از دو ستاره که در پای اسد باشند و آن دو را سِماکان نامند که عبارتند از: سِماک أعْزَل، که بی‌سلاح به نظر می‌آید و سِماک رامِح، که به نظر می‌رسد نیزه‌دار است.

۳ - **سَمَک** : ماهی افسانه‌ای که در داستان‌های اساطیری آمده است و قدما می‌پنداشته‌اند که زمین را بر پشت خود نگاه داشته است. سماک تا سَمَک، مقصود زمین تا آسمان است. «از سماک تا سمک»: از آسمان تا زمین. «خاک یا زمین» مظهر تاریکیِ تن و کنایه از صفات نکوهیده بشری و «فلک» مظهر نور و روحانیّت است.

۴ - مقایسه نور معنوی مراد و فلک.   ۵ - **رفعت** : والایی، بلندقدری.   ۶ - **روان پاک** : روح انسان کامل.

گر کمالم، با کمال انکار چیست؟ ور نیَم، این زحمت و آزار چیست؟ ۵۹۷

اگر کامل‌ام، چرا سخنم را نمی‌پذیرید؟ و اگر نیستم، از من چه می‌خواهید؟

من نخواهم شد از این خلوت برون زآنکه مشغولم به احوال درون ۵۹۸

من خلوتگاه را ترک نخواهم کرد؛ زیرا به احوال درونی و عبادت مشغول هستم.

اعتراض مریدان در خلوت وزیر

جمله گفتند ای وزیر! انکار نیست گفتِ ما چون گفتنِ اغیار نیست ۵۹۹

مریدان در پاسخ وزیر که گفته بود کلام انسان کامل حق است و انکار بر حق جایز نیست، شرح می‌دهند که انکار از «غیر» سر می‌زند که اعتقادی به این کمال ندارد. آنچه ما می‌گوییم، انکار نیست، بلکه نیاز است، نیازی از سرِ عشق.

اشکِ دیده‌ست از فراقِ تو دوان آه آه است از میانِ جان روان ۶۰۰

از دوری و فراق تو دیدگانمان اشکبار است و پیاپی آه حسرت از جانمان بر می‌خیزد.

طفل با دایه نه استیزد، و لیک گرید او، گرچه نه بد داند نه نیک ۶۰۱

کودک با دایه ستیزه ندارد، گریهٔ او که نیک و بد را نمی‌داند، از سر عجز است. ما نیز، همان اطفال نیازمندِ ناتوان هستیم که حق را از باطل تشخیص نمی‌دهیم.

ما چو چنگیم و تو زخمه می‌زنی[1] زاری از ما نه، تو زاری می‌کنی ۶۰۲

با توجّه به تصرّف معنوی مراد در مرید، مریدان اظهار می‌دارند: کشش معنوی و روحانی تو ما را به سوی خود می‌کشد و خواستِ تو ما را جذب می‌کند. ما مانند چنگی هستیم که قدرتِ روحانیِ تو بر آن زخمه می‌زند و چنگ را به نوا می‌آورد؛ پس زاری ما، در حقیقت خواستِ توست.

---

۱ - در طیّ ابیات پیشین گفتیم که حق تعالی در مقام فعل معیّت سریانی و در مقام ذات معیّت قیّومی دارد. این ابیات در تقریر فنای افعالی است که مرتبه‌ای است از مراتب فنا که در طیّ آن مریدان اذعان می‌دارند که مستغرق در جان مراد خویش گشته‌اند و فعل ایشان، فعل فانی است.

در سیر و سلوک إلی الله، آنگاه که مرید به محضر مراد (انسان کامل) می‌رسد و دست ارادت به دامان همّت و تربیت وی می‌زند، برای تکامل معنوی و تبدیل صفات ناپسند بشری به صفات متعالی، خود را به مُراد می‌سپارد، تا تحت تصرّف معنوی باطن قدرتمند و منوّر او مراحل سیر و سلوک را طی کند و در جریان آن، باطن وی نیز منوّر گردد و صفات او تبدیل یابند.

۶۰۳ **ما چو ناییم و نوا در ما ز توست ما چو کوهیم و صدا در ما ز توست**

ما همانندِ «نی» هستیم که دَمِ تو در آن می‌دمد یا چون کوهی که صدای تو را منعکس می‌کند.

۶۰۴ **ما چو شطرنجیم اندر بُرد و مات بُرد و ماتِ ما ز توست ای خوش صفات**[1]

ما، مانندِ مُهره در دستِ قدرتِ تو‌ایم که هر فعل و بُرد و باختِ ما به سببِ تصرّف روحانی توست.

۶۰۵ **ما که باشیم ای تو ما را جانِ جان تا که ما باشیم با تو در میان؟**

ای جانِ جان، ما که‌ایم که در برابر تو ادّعایِ بودن داشته باشیم؟

مریدان، وزیر را محلّ تجلّی حق و خود را دارای هستی موهومی و عدم می‌دانند.

۶۰۶ **ما، عدم‌هاییم**[2] **و هستی‌هایِ ما تو، وجودِ مُطلقی فانی نما**

هستیِ ظاهری ما، عدم است و هستیِ حقیقی ما، وجودِ مطلق توست که در کسوت انسان فانی جلوه می‌کند.

۶۰۷ **ما همه شیران، ولی شیرِ عَلَم**[3] **حمله شان از باد باشد دم به دم**

ما مانند نقوش پرچم‌ایم. اگر شیر جلوه کنیم، صورتی است که تحرّکِ آن از بادِ عنایتِ توست.

۶۰۸ **حمله شان پیدا و ناپیداست باد آنکه ناپیداست، هرگز گُم مباد**

تحرّکاتِ نقوش آشکار است؛ امّا باد عنایتی که سبب آن شده، نهانی است. آن مراحم هرگز از سر ما کم مباد.

---

۱ - این حالت را در سیر و سلوک، فنای فعل یا فنای افعالی می‌نامند که یکی از مراتب فنا است. در چنین حالتی سالک فعل یا عمل را از خود نمی‌بیند؛ بلکه از حق می‌داند. اگر عنایت حق دیدهٔ سالک را روشنی بخشد و وجه نفسانی رونده که افعال را به خود نسبت می‌دهد، برداشته شود، سالک هیچ فعلی را به خود منتسب نمی‌داند و سلب فعل از وی درست و صواب است و کسی که به این مرتبه رسیده باشد، نزد صوفیان به مقام فنای افعالی رسیده است.

۲ - **عدم**: نیستی، انسان و عالمی که در آن زندگی می‌کند، قائم به ذات نیست و به ذات حق تعالی قائم است و از آنجا که فانی و ناپایدار است، عالم شهادت را که همان عالم امکان است، «عدم» نامیده‌اند.

۳ - **شیر عَلَم**: تصویر شیر که بر عَلَم و بیرق نقش شده باشد. شیر نقش شده بر پرده و عَلَم در اثر باد حرکت می‌کند و بیننده جنبش شیر را می‌بیند؛ ولی عامل حرکت را که وزش باد است، رؤیت نمی‌کند. این ابیات نیز مثال دیگری است برای فنای فعلی، مریدان می‌گویند: محرّک اصلی هر حرکت ما که همانند شیران علم هستیم، قدرت معنوی تو است که ناپیداست و می‌خواهند که این نسیم عنایت همچنان بر آنان وزان باشد.

دفتر اوّل ۲۰۵

بـادِ مـا و بـودِ مـا از دادِ تـوست   هستی[1] ما جمله از ایـجادِ تـوست ۶۰۹

هستیِ ما از عطا و آفرینش توست.

در «هستی»، موجودِ واقعی حق تعالی است که «حقیقتِ وجود»، «واجب‌الوجود» یـا «صِرف وجود» است. این «وجودِ واحد» در سراسرِ عالم سَرَیان دارد و در آیینه‌های رنگارنگ ماهیّات و مظاهر جلوه‌گر شده است، به‌طوری که هیچ وجودی از ظهور او خالی نیست و او هم از عالم بیرون نیست و عین هیچ موجودی نیز نیست.

لذّتِ هـسـتی نـمودی نـیست را   عاشقِ خود کرده بودی نیست را ۶۱۰

لذّت «هستی» را به «عدم» یا «نیستی» چشانیدی تا به تو عشق بِوَرزَد.

تمام موجوداتی که وجود یافته‌اند و هستیِ امکانی دارند، قبل از آنکه به وجود عینی خلق شوند، حقیقت نهانی آنان در علم باری‌تعالی موجود بوده و تعبیر «نیست» بر ایشان به سبب وجه عدمی آنان است.

خلقتِ این «نیست»؛ یعنی آفرینشِ «حقیقت موجودات» که به آن «اعیان ثابته» مـی‌گویند، در علم باری تعالی چنان است که هر «عینِ ثابته» به لسان حال اشتیاق پذیرش وجود خارجی را دارد.

لذّتِ اِنـعام خـود را وامگـیر   نُقل و باده و جامِ خـود را وامگـیر ۶۱۱

خداوندا، لذّتِ بخشش خود را مستدام بدار و عشق حق را که چون نُقل و باده خوشایند است، از ما مگیر.

ور بگیری کیت جُست و جو کند؟   نـقشْ بـا نـقّاش چُـون نـیرو کـند؟ ۶۱۲

اگر عنایتت شامل بندگان نشود، که می‌تواند بازخواست کند؟ نقش چگونه با نقّاش بستیزد؟

مـنگر انـدر مـا، مکـن در مـا نـظر   انـدر اِکـرام و سـخایِ خـود نگـر ۶۱۳

خداوندا، به اعمال و افعال و کردار ما منگر و به کَرَم و سخای خویش نظر کن.

---

۱ - چون «هستیِ ما» قائم به ذات نیست، «عدم» یا «نیست» به شمار می‌آید. اصطلاح عدم در تعبیرات عرفانی ابن عربی و مولانا، دلالت دارد بر عالم محسوسات؛ یعنی کلّیهٔ عوالمی که به وجهی موجود و به وجهی معدوم‌اند. مثلاً عالم مادّه که به صورت، موجود و به ذات، معدوم است یا عالم ادراکات که به صورت، موجود نیست و به وجود علمی در علم باری تعالی موجود است.

«باد» تعبیری است از تجلّیات حق تعالی که با فیض اقدس و سپس فیض مقدّس، منشأ خلقت گردید؛ پس همان نسیم عنایت است که از خالق می‌وزد و عامل بودن و هستی ماست.

ما نبودیم و تقاضامان نبود[1] لطفِ تو ناگفتهٔ ما می‌شنود ۶۱۴

خداوندا، ما وجود خارجی نداشتیم که استدعایِ «هستی» داشته باشیم، عنایتِ تو زبانِ حال ما را شنید و وجود خارجی بخشید.

«ما نبودیم و تقاضامان نبود»؛ ما هنوز صورت خارجی نداشتیم و در علم باری با حقیقتی علمی مجال حضور و ظهور یافته بودیم.

«لطف تو ناگفتهٔ ما می‌شنود»؛ لطفِ تو، زبانِ حالِ‌ما را که تقاضای ظهور بنا به استعداد و قابلیّت داشت، می‌شنید.

نقش، باشد پیش نقّاش و قلم عاجز و بسته، چو کودک در شکم ۶۱۵

همان‌طور که کودک در شکم مادر ناتوان است، نقش در برابر نقش‌زننده و قلم عاجز است.

پیش ِ قدرت، خلقِ جملهٔ بارگه[2] عاجزان، چون پیش ِ سوزن کارگه[3] ۶۱۶

همهٔ موجودات در برابر قدرتِ آفرینش، همان قدر ناتوان‌اند که نخ در برابر سوزن.

گاه نقشش دیو و گه آدم کند گاه نقشش شادی و گه غم کند ۶۱۷

نقش، هر طرحی را می‌پذیرد، خواه شیطانی خواه انسانی. قدرتی برای تغییر ندارد.

دست نه، تا دست جنباند به دفع نطق نه، تا دَم زند از ضَرّ و نفع ۶۱۸

نقش، دست و زبانی ندارد که مانع ایجاد آن نقش شود و یا در سود و زیانِ خود سخنی بگوید.

عالمِ حُدوث درکارگاهِ جبر و مقدّرِ الهی: با توجّه به ابیات پیشین، تمام موجودات و انسان‌ها هر یک به زبان حال یا زبان استعداد از خداوند تقاضای ظهور و هستی کردند. ابیات (۶۱۴-۶۱۱) در ارتباط با چگونگیِ آفرینش است که در آن، انسان را به تصویری که بر صفحه‌ای می‌کشند و یا نقشی که با قلاّب بر روی پارچه می‌دوزند، تشبیه می‌کند که نقش مقهور قلمِ نقّاش و یا سوزن نگارگر است که هر چیز را به تصویر می‌کشد، زشت یا زیبا، دیو یا آدم، شَادی یا غم.

---

۱ - همان‌گونه که در بیت ۶۱۰ نیز تبیین گردید و اینک به تفصیل تقریر می‌یابد، ذات حق تعالی در اوّلین تجلّی در مقام احدیّت وجود متجلّی می‌گردد و پس از آن به مرتبهٔ واحدیّت تنزّل می‌یابد. احدیّت وجود، مقام تجلّی علمی است؛ یعنی همان جایگاهی که کلّیهٔ عالم هستی فقط در علم باری حضور دارند و تعبیر «نیست» در بیت مذکور نیز بر همین مبنا است، در واحدیّت وجود است که علم حضرت حق تعالی درکسوت صُوَر خارجیه علمی یا اعیان ثابته و صُوَر ادراکیّه ظاهر می‌گردد.

۲ - **بارگه** : بارگاه، دربار و کاخ شاهان، خیمهٔ پادشاهی، عالم آفرینش. (عالم امکان)

۳ - **کارگه** : کارگاه، هر جا که چیزی در آن سازند، محلّ بافتن پارچه، مجازاً به معنی دنیا و جهان نیز به کار می‌رود.

بر آرندهٔ سقف این بارگاه نگارندهٔ نقش این کارگاه نظامی

عاشق شو ارنه روزی کار جهان سر آید ناخوانده نقش مقصود از کارگاه هستی حافظ

تو ز قرآن بـاز خـوان تـفسیرِ بَیت   گفت ایـزد: مـا رَمَـیْتَ اِذْ رَمَـیْت[1] ۶۱۹

می‌توانی تفسیر ابیات اخیر را با خواندن آیه ۱۷ سورهٔ انفال به خوبی درک کنی.

رسول گرامی خدا(ص) در جنگ بدر مشتی سنگریزه به سوی لشکَر قریش پرتاب کرد و پیش از شروع جنگ، لشکَرِ قریش گریختند. قرآن می‌فرماید: آنچه که پرتاب شد در حقیقت خداوند پرتاب کرد و این کار برای آزمون نیکوکاران در روز جنگ بدر بود تا لطف خود را به اهل ایمان بنماید. لِيُبْلِيَ الْمُؤْمِنِينَ مِنْهُ بَلاءً حَسَناً.
ازاین آیه استنباط می‌شود که دست نبی، دست خداست؛ زیرا پرتاب سنگریزه‌ها گرچه ظاهراً بادست رسول(ص) بود؛ امّا تأیید حق تعالیٰ در این امر سبب شد که قدرتی خاصّ در آن وجود داشته باشد؛ پس فعل الهی بود و در حقیقت بیانی است از وحدت عارفانهٔ (وصال عارفانه) رسول گرامی(ص) که به مقام فناء فی‌الله و بقاء بالله رسیده بود.

«از بیت (۶۱۰) تا اینجا، ابیات به نحوی مسألهٔ جبر را بیان می‌دارند و مولانا برای آنکه این گفته‌ها موجب لغزش افهامِ و اذهان نشود و قدرت خالق را با اختیار مخلوق اشتباه نکنند و نپندارند که بشر در اعمال خود «مجبور» است و هیچ اختیاری ندارد، می‌گوید: «تو ز قرآن باز پرس تفسیر بیت» و بر حسب شعار مذهبی خود که همان «مٰا رَمَيْتَ إِذْ رَمَيْتَ» است، حالتی مابین جبر و تفویض مطلق را بر می‌گزیند که همان اعتقاد شیعهٔ امامیه است: «لا جبرَ و لا تفویضَ بل أمرٌ بینَ الأمرینِ». بسیاری از فلاسفهٔ اسلامی به ویژه آن گروه که شیعهٔ امامی بوده‌اند از قبیل: خواجه نصیرالدّین طوسی و قطب‌الدّین محمّد رازی در مسألهٔ جبر و اختیار همان مسلک بین‌الامرین و حالت مابین جبر و اختیار را برگزیده‌اند، مخصوصاً گروه متأخّران که پیشوای آن‌ها صدرالمتألّهین یعنی ملاصدرای شیرازی «متوفی به سال ۱۰۵۰ هـ. ق» است، درین باره با مسلک مولانا که مأخوذ از «مٰا رَمَيْتَ إِذْ رَمَيْتَ» باشد، بسیار نزدیک گشته‌اند، آن چنانکه می توان گفت: پیرو اندیشه و طرز تفکّر او شده‌اند. حاج ملاّ هادی سبزواری «متوفی به سال ۱۲۸۹ هـ. ق» که از خواصّ پیروان اندیشهٔ فلسفی ملاّصدرا بود می‌گوید: «الفِعْلُ فِعْلُ اللهِ وَ هُوَ فِعْلُنا». مولانا در مسألهٔ جبر و اختیار بسیار پافشاری کرده به‌طوری که در تمامِ شش دفتر مثنوی و بیش از همه در دفتر اوّل و پنجم به تفصیل و یا به اختصار درین باب سخن گفته و دلایلی برای اثبات اختیار و ابطال جبر مطلق آورده است. با یک جمع‌بندی کلّی می توان گفت: مولانا در بیان اثبات اختیار و ردّ جبر مطلق به چند دلیل تکیه دارد که عبارتند از:[2]

۱ ـ وجدان بشری، که اختیاری را برای خویش حس می‌کند.
۲ ـ تردید در بعضی امور که فلان کار را انجام بدهم یا ندهم دلیل آن است که اختیاری را حس می‌کند.

ایـن کـه فـردا ایـن کنم یـا آن کـنم   ایـن دلیـل اخـتیار است ای صـنم

انسان در امور غیر ممکن حالت تردید پیدا نمی‌کند، مثلاً هرگز فکر نمی‌کند که به هوا بپرد یا کوه سنگین را با یک دست از جای برکند، یا در امور تکوینی هرگز به فکر نمی‌افتد که قد خود را بلند کند یا اینکه به جای دو چشم، چهار چشم داشته باشد.

---

۱ - اشارتی قرآنی؛ انفال : ۱۷/۸ : وَ مٰا رَمَيْتَ إِذْ رَمَيْتَ وَ لكِنَّ اللهَ رَمىٰ : ای محمّد، تو تیر نینداختی هنگامی که انداختی، بلکه خداوند انداخت.
۲ - مولوی نامه، استاد همایی، بحث جبر و اختیار.

۳ـ تفاوت آشکاری که بین حرکات غیرارادی و حرکات ارادی است، مانند ارتعاش دست بیماری که رعشه دارد و حرکات دست کسی که در حال نگارش موضوعی است و تمام این حرکات تحتِ اختیار نویسنده است.

۴ـ امر و نهی، وعده و وعید که در کتب الهی آمده است. اگر فرد اختیار نداشته باشد چه مفهومی می تواند داشته باشد؟ قوانین وضع شده در جوامع بشری که در آن انسان را موظّف به انجام و رعایت بعضی قوانین و مکلّف به منع انجام بعضی امور می‌نماید، نشانهٔ اختیار بشر در انجام یک‌سری اعمال است.

۵ـ حالت ندامت و پشیمانی که بعد از انجامِ اعمال ناشایست در انسان به وجود می‌آید.

۶ـ حالت خجلت و شرمساری از یادآوری کارهای زشت و اعمال نادرست.

۷ـ حالت خشم و کینه نسبت به اعمال و گفتار دیگران که اگر آنان را مختار ندانیم، چنین احساسی نداریم.

گر بِپَرّانیم تیر، آن نه ز ماست ما کمان و تیراندازش خداست ۶۲۰

هنگامی که تیری را از چلّهٔ کمان رها می‌کنیم، هرچند که توسط قدرت بشری ما رها شده است؛ امّا چشم حقیقت‌بین می‌داند که قدرت بشر از قدرت الهی است و در حقیقت بشر وسیلهٔ ظهورِ قدرت و فعلِ الهی است.

این نه جبر[1]، این معنیِ جبّاری[2] است ذکرِ جبّاری برای زاری است ۶۲۱

آنچه که گفته شد به معنی تأیید جبر نیست؛ بلکه برای بیانِ جبّاری [قدرت و تسلّط تامّ حق تعالی] است که بنده عجز خویش را دریابد و در برابر حق در نهایت انکسار و تواضع باشد و همواره از او یاری بخواهد.

زاریِ ما شد دلیلِ اضطرار خجلتِ ما شد دلیلِ اختیار ۶۲۲

زاری بنده به درگاه حق تعالیٰ نشانهٔ درماندگی است و آگاهی به عجز خویش. خجلت و شرمساری که بعد از انجام فعلی ناپسند بر وجود انسان مستولی می شود، نشانه اختیار در انجام آن فعل و یا عدم انجام آن است. اگر جبر مطلق بود و انسان ناگزیر از انجام اعمال و افعال بود، شرمندگی مفهومی پیدا نمی‌کرد؛ زیرا کاری که بدون اختیار صورت گیرد، معذور است و عیب محسوب نمی شود.

گر نبودی اختیار، این شرم چیست؟ وین دریغ و خجلت و آزرم چیست؟ ۶۲۳

اگر آدمی در انجام بسیاری از اعمال مختار نیست، چرا سرافکندگی ناشی از فعل زشت

---

۱ - **جبر** : اعتقاد به عدم اختیار بندگان، پیروان آن بر این باورند که اعمال انسان به ارادهٔ خداوند انجام می‌گیرد و بندگان هیچگونه اختیاری از خود ندارند. (عقیدهٔ اشعریّه)

۲ - **جبّار** : قاهر، مسلّط، یکی از اسماءالحسنیٰ، در سورهٔ حشر آیه ۲۳ خداوند خود را جبّار می‌خواند و این بدان جهت است که بندگان بدانند که همگی تحت تسلّط و ارادهٔ خداوندی او هستند.

دامن‌گیر او می‌شود؟ چرا دچار پشیمانی می‌گردد؟ همهٔ این احساسات دالّ بر وجود اختیارِ او در انجام و یا عدم ارتکاب عملی غیر اخلاقی است.

زجر شاگردان و استادان چراست؟ — خاطر از تدبیرها گردان چراست؟ ۶۲۴

اگر آدمی دارای اختیار نیست، چرا استادان شاگردان را در عدم موفقیّت‌ها تنبیه و یا توبیخ می‌کنند؟ و اگر اختیار انسان نقشی در سعادت او ندارد، چرا ذهن ما از تدبیری که برای امری اندیشیده‌ایم، با تعقّل افزون‌تر به تدبیری مؤثرتر می‌پردازد و راه حلّ بهتری را می‌یابد؟ این‌ها همه نشانِ اختیاری جزئی است که آدمی در بسیاری از امور دارد؛ امّا در موارد اصلی و کلّی مانند حیات و ممات و بعضی مسائل دیگر اختیاری ندارد.

ور تو گویی: غافل است از جبرِ او — ماهِ حق پنهان کند در ابر رُو ۶۲۵

اگر جبری بگوید که جبر هست؛ امّا انسان از وجود آن غافل است؛ زیرا «جبر» بسان ماه در زیر ابرِ صفات بشری نهان گشته است و آدمی نمی‌داند که در مجموعه‌ای از جبر زندگی می‌کند،

هست این را خوش جواب، اَر بشنوی — بگذری از کفر و در دین بگروی ۶۲۶

این اعتراض جوابی دلنشین دارد. اگر گوش دهی، از کفر باز می‌گردی و به دین می‌گرایی.

حسرت و زاری گَهِ بیماری است — وقتِ بیماری همه بیداری است ۶۲۷

هنگامی که بیمار می‌شوی، آه و ناله‌ات نشان آن است که از خواب غفلت بیدار شده‌ای.

آن زمان که می‌شوی بیمارْ تو — می‌کُنی از جُرم استغفار تو ۶۲۸

در شرایطِ سخت درد و رنج و بیماری از گناهان استغفار می‌کنی.

می‌نماید بر تو زشتیِّ گنه — می‌کنی نیَّت که: باز آیم به رَه ۶۲۹

در حال بیماری زشتی گناه را حس می‌کنی، چون دل در آن هنگام مصفّا می‌شود و نیّت می‌کنی که به راه راست باز می‌گردم.

عهد و پیمان می‌کنی که: بعد از این — جز که طاعت نَبْوَدم کاری گُزین ۶۳۰

عهد می‌کنی که بعد از این شایسته‌ترین کارها را طاعات و عبادات خواهم دانست.

پس یقین گشت این که: بیماری تو را — می‌ببخشد هوش و بیداری تو را ۶۳۱

به یقین در می‌یابی که بیماری و درد تو را از خواب غفلت بیدار کرده است و هوش خاصّی را حس می‌کنی که توسّط آن موفّق به درک حقایق می‌گردی. حقایقی که قبل از این هم وجود داشته؛ ولی غفلت مانع ادراک آن شده است.

پس بدان این اصل را، ای اصل جُو　　هر که‌را درد است، او بُرده‌ست بو ۶۳۲

پس ای طالب حقایق، این قاعدهٔ کلّی را بدان که در هر وجودی که دردِ طلب [طلب رسیدن به حق و حقایق] باشد، به مشامِ جان او بویی از آگاهی رسیده است؛ یعنی اگر معرفت نباشد، طلب وجود ندارد.

هر که او بیدارتر، پُر دردتر　　هر که او آگاه‌تر، رُخ زردتر[1] ۶۳۳

هر کس که به ادراک حقایق آگاه‌تر و بیدارتر باشد، طلب (درد حق‌جویی) در وی افزون‌تر است و هر کس که از معرفت بیشتری برخوردار شود، برای رسیدن به کوی دوست مشتاق‌تر می‌گردد؛ یعنی عاشق‌تر و رخ‌زردتر است.

گر ز جبرش آگهی، زاریت کو؟　　بینشِ زنجیرِ جبّاریت کو؟ ۶۳۴

اگر جبر الهی را حس می‌کنی، چرا با عجز به سوی حق روی نمی‌آوری؟ و اگر زنجیر جبّاریّت خداوندی؛ یعنی تسلّط تامِ قدرت الهی را در جمیع امور دریافته‌ای؛ پس باید رفتارت تفاوت یابد، مانندِ رفتاری که محکوم در قبال حاکم دارد؛ یعنی تسلیم محض، چرا چنین نیستی؟!

بسته در زنجیر، چون شادی کند؟　　کِی اسیرِ حبس آزادی کند؟ ۶۳۵

چگونه زنجیر جبّاریّت خداوندی را بر اراده و اختیار خود می‌بینی و به شادی‌های زودگذر دنیوی شادمان می‌شوی؟ یا چگونه خود را اسیرِ پنجهٔ قدرت الهی می‌دانی و احساس آزادی می‌کنی؟ چنین کس احساس بندگی می‌کند، نه آزادی.

ور تو می‌بینی که پایت بسته‌اند　　بر تو سرهنگانِ شه بنشسته‌اند ۶۳۶

اگر خود را اسیر زنجیر جبّاریّت خداوند می‌بینی و درمی‌یابی که سرهنگان شاه [عوامل و مظاهرِ قدرت حق، ارواح پاک و مقدّس، فرشتگان بارگاه الهی]، بر تو گماشته شده‌اند؛

پس تو سرهنگی مکن با عاجزان　　زآنکه نبود طبع و خویِ عاجز آن ۶۳۷

پس با عاجزان درشتی مکن؛ زیرا این طبع و خُوی عاجزان نیست.

---

۱ - نتیجهٔ حاصل از این ابیات و ارتباط با مسألهٔ جبر و اختیار را می‌توان چنین شرح داد: زاری نتیجهٔ درک و شهودِ عجز خویش و درک قدرت و جبّاریّت خداوند است؛ یعنی انسان هنگام بیماری به علّت درد و ناتوانی به عجز خویش پی می‌برد و فریاد و فغان بر می‌آوَرَد و متوسّل به قدرت خداوندی می‌شود و جبّاریّت و نفوذ حکم الهی را بهتر در می‌یابد. اگر کسی به درجه‌ای از معرفت و آگاهی رسیده باشد که قادر به شهود جبر باشد (انسان کامل) درمقابل جبّاریّت و قدرت حق تسلیم محض است و لابه و زاری و تضرّع برای چنین انسانی مفهومی ندارد.

چون تو جبرِ او نمی‌بینی، مگو   ور همی بینی، نشانِ دیدْ کو؟[1] ۶۳۸

چون جبر او را نمی‌بینی، نگو و اگر می‌بینی، نشانهٔ این معرفت چیست؟

در هر آن کاری که میل‌است بدان   قدرتِ خود را همی بینی عیان ۶۳۹

در کاری که موافق میل توست و توانایی انجام آن را حس کنی، خود را مختار می‌یابی.

واندر آن کاری که میلَت نیست و خواست   خویش را جبری کنی، کین از خداست ۶۴۰

و در کاری که موافق میلِ تو نیست و رُخ می‌دهد، می‌گویی «جبر» است و از خداست.

دیدگاه کسانی که اعتقاد به جبر مطلق دارند، مبتنی بر درک حقایق نیست؛ زیرا در گفتار و اعمالشان تناقض وجود دارد. آنچه را که مطابق هوای نفسانی و امیالشان نباشد، مقدّر الهی و جبر می‌نامند و این تناقض نشانهٔ آن است که این اعتقاد را بهانه‌ای برای عدم رعایت قوانین و دستورات شرع و مجاهده با نفس قرار می‌دهند.

انبیا در کارِ دنیا جبری‌اند[2] **   کافران در کار عُقبیٰ جبری‌اند**[3] ۶۴۱

انبیا در انجام امور دنیوی جبری هستند؛ زیرا دلبستگی به دنیا ندارند و کارِ دنیا را به پروردگار جبّار می‌سپارند و بر حسب وظیفه بدان می‌پردازند؛ امّا کافران در کارهای مربوط به آن جهان جبری‌اند و چون گرایشی به حقیقت ندارند، هرگز تلاشی در جهت تعالی معنوی نمی‌کنند.

انبیا را کارِ عقبیٰ اختیار   جاهلان را کار دنیا اختیار ۶۴۲

انبیا در انجام کار آخرت؛ یعنی اجرای دستورات حق و اعمال ستوده مختار بودند و فطرت نیک و حق‌جویی آنان کششی بود که هر چه بیشتر به حقیقت گرایش داشته باشند؛ امّا جاهلان که امور دنیوی را بر اُخروی رجحان می‌نهند، در این انتخاب مختار بوده‌اند.

---

۱ - با توجّه به توضیحاتی که در ابیات پیشین آمد باید پذیرفت که آدمی با ادراک متعارف، جبّاریّت خداوندی را نمی‌بیند و حس نمی‌کند؛ پس نباید سخن از جبر بگوید؛ زیرا اگر معرفتی از جبّاریّت الهی داشته باشد، به‌طور یقین تفکّری متفاوت و به‌طور طبیعی رفتاری دگر خواهد داشت.

۲ - شمس تبریزی در مقالات می‌فرماید: ناقص اگر بگوید «جبر» است «گَبْر» است، جَبْر هست، نه در مقام ناقصان، بلکه در مقام کاملان و در جایگاهی که ارادهٔ انسان کامل در ارادهٔ خداوندی محو و مستهلک شده است.

۳ - خداوند در بقره: ۱۰/۲ می‌فرماید: «در دل‌های منکران مرضی است (جهل)؛ پس خداوند بر مرض آنان، بیفزاید...» و این افزوده شدن مرض بر مرض (جهل مرکب)، همان جبری است که منکران و کفّار در امور معنوی دارند.

زآنکه هر مرغی به سویِ جنسِ خویش   می‌پرد او در پس و جانْ پیش پیش ۶۴۳

زیرا هر مرغی تمایل به همجنسان خود دارد و هنگامی که به سوی همجنس پرواز می‌کند، جان او با شوق بیشتری بال و پر می‌گشاید، آن چنانکه تن وی در پس و جانِ او پیش پیش می‌رود.

کافران چون جنس سِجّین[1] آمدند   سِجْنِ[2] دنیا را خوش آیین آمدند ۶۴۴

نَفْس به اعتبار تعلّق به بدن و در نازل‌ترین مرتبه که با مادّهٔ جسمانی متّحد می‌گردد، نار معنوی است. چون نفس کافران در این مرتبه و از جنس سجّین (دوزخ) است، به مراتب نازلهٔ هستی؛ یعنی دنیای مادّی بسیار دلبسته‌اند.

انبیا چون جنس عِلّیّین[3] بُدَند   سوی عِلّیّینِ جان و دل شدند ۶۴۵

پیامبران دارای عالی‌ترین مرتبهٔ نَفْس یعنی نَفْسِ مطمئنّه بودند؛ بنابراین گرایش به ملکوت اعلی داشتند و به نیک‌ترین طاعات و عبادات و اعمال می‌پرداختند.

این سخن پایان ندارد، لیک ما   باز گوییم آن تمامِ قصّه را ۶۴۶

مفاهیمی که گفته شد، تمامی معانی مورد نظر را در بر ندارد؛ امّا باز می‌گردیم و قصّهٔ وزیر را بیان می‌کنیم.

نومید کردنِ وزیر مریدان را از رَفْضِ[4] خلوت

آن وزیر از اندرون آواز داد   کِای مریدان! از من این معلوم باد ۶۴۷

وزیر از خلوتگاه بانگ بر آورد که ای مریدان، از من این مطلب را بشنوید.

که: مرا عیسی چنین پیغام کرد   کز همه یاران و خویشان باش فرد ۶۴۸

عیسی(ع) به من پیامی داده است که خلوت گزینم و از همهٔ یاران و خویشان جدا باشم.

---

۱ - **سِجّین** : مکانی در دوزخ، کتابی است که اعمال بدکاران در آن نوشته می‌شود. اشارتی قرآنی؛ مطفّفین : ۸۳/۹-۷ : همانا که نامهٔ اعمال بدکاران در پایین‌ترین درجه از درجات دوزخ قرار دارد. یا مکانی است در دوزخ که این کتاب در آنجا نگهداری می‌شود.

۲ - **سجن** : زندان، به موجب حدیث: الدُّنیا سِجْنُ الْمُؤمِنِ وَ جَنَّةُ الْکافِرِ: دنیا زندان مؤمن و بهشت کافر است: احادیث مثنوی، ص ۱۱.

۳ - **عِلّیّین** : ملکوت اعلی، آسمان هفتم، متضادِ سجّین، مُطفّفین : ۱۸/۸۳ : آگاه باشید که کارنامهٔ نیکوکاران در علّیین است.   ۴ - **رَفْض** : وداع کردن، ترک کردن.

روی در دیـوار کـن، تـنها نشـین   وز وجودِ خویش هم خلوت گُـزین ۶۴۹

فرمان این است که خلوت گزینم و خود را از وجود خویش (انانیّت) نیز تهی کنم.

بعد از این دسـتوریِ گـفتار نـیست   بعد از این باگفت و گویم کار نیست ۶۵۰

از این به بعد اجازهٔ وعظ و اندرز ندارم. دیگر سخن نمی‌گویم و سکوت می‌کنم.

اَلوَداع [1] ای دوسـتان! مـن مُـرده‌ام   رخت بر چـارم فـلک [2] بَـر بُـرده‌ام ۶۵۱

بدرود دوستان، من مرده‌ام و از خویش تهی شده‌ام. باطن یا حقیقتِ من به آسمان چهارم صعود کرده است و علوّ درجه و مقام یافته‌ام.

مُوتُوا قَبْلَ أَنْ تَمُوتُوا: بمیرید *قبل از آنکه شما را بمیرانند.* (تهی شدن از انانیّت).

تا به زیرِ چرخِ ناری [3]، چون حَطَب [4]   مـن نسـوزم در عَـنا [5] و در عَـطَب [6] ۶۵۲

تا در این دنیا، در زیر این فلک آتشین، مانند هیزم در آتشی از رنج نسوزم و به هلاکت نیفتم و به سبب تمایلات دنیوی مبتلا به اندوهِ آن جهانی نشوم.

پـهلویِ عـیسی نشـینم بـعد ازایـن   بـر فـرازِ آسـمانِ چـارمین ۶۵۳

پس از این در جوار عیسی(ع) و بر آسمان جای خواهم داشت و به امور دنیوی کاری ندارم.

ولی‌عهد ساختن وزیر هر یک امیر را جُدا جُدا

وآنگـهانی، آن امـیران را بـخوانـد   یک به یک، تنها به هر یک حرف راند ۶۵۴

آنگاه، وزیر دوازده امیر را یکایک فراخواند و با هر یک جداگانه صحبت کرد.

گفت هر یک را: بـه دیـنِ عـیسوی   نـایبِ [7] حـق و خـلیفهٔ مـن تـویی ۶۵۵

به هر یک از امیران گفت: در دین عیسی(ع) بعد از این جانشین من تو هستی.

---

۱ - **وداع کردن :** بدرود کردن، خداحافظی کردن.

۲ - **چارم فلک :** این کلام اشاره به آن دارد که عیسی(ع) در آسمان چهارم است و روایات متفاوتی در این باب هست از جمله: بر اساس روایت ابوبکر عتیق بن محمّد سورآبادی (متوفّی به سال ۴۹۴) عیسی را به آسمان چهارم بردند. در اشعار فارسی نیز غالباً همین روایت مورد توجّه بوده است، مثلاً در دیوان سنایی یا دیوان خاقانی. تاریخ طبری اشاره به آسمان دوم دارد. در «انسان کامل» جیلی، پس از عروج عیسی(ع) با اکثر انبیا به آسمان چهارم رفت. فتوحات مکّی، اشاره به آسمان دوم دارد.

۳ - **چرخِ ناری :** کرهٔ اثیر، فلک آتشین که به عقیدهٔ قدما بالای کرهٔ هوا قرار دارد.   ۴ - **حَطَب :** هیزم، هیمه.

۵ - **عَناء :** رنج و مشقّت، غصّه و اندوه، زحمت.   ۶ - **عَطَب :** هلاکت و تباهی.

۷ - **نایب :** جانشین، خلیفه.

وآن امیرانِ دگر، اتباعِ[1] تو — کرد عیسی جمله را اَشیاعِ[2] تو ۶۵۶

امیران دیگر از تو تبعیّت می‌کنند. عیسی(ع) خواسته است که آن‌ها یاری‌کنندگان تو باشند.

هر امیری کو کَشد گردن، بگیر — یا بِکُش، یا خود همی دارش اسیر ۶۵۷

هر امیری را که در مقابل فرمان تو سرکشی کرد، بگیر، بکش یا زندانی کن.

لیک تا من زنده‌ام، این وامگو — تا نمیرم، این ریاست را مجُو ۶۵۸

امّا، تا من زنده هستم، آنچه را که گفتم به کسی نگو و تا نمرده‌ام در طلب ریاست نباش.

تا نمیرم من، تو این پیدا مکن — دعویِ شاهی و اِستیلا مکن ۶۵۹

در زمان حیات من این راز را آشکار نکن و ادّعای ریاست و رهبری نداشته باش.

اینک این طومار[3] و اَحکامِ مسیح — یک به یک بر خوان تو بر اُمَّت فصیح ۶۶۰

اکنون احکام دین مسیح(ع) را که در این طومار نوشته شده است، به تو می‌دهم. هنگامی که به رهبری رسیدی، آن را به وضوح برای امّت مسیح(ع) بخوان.

هر امیری را چنین گفت او جدا — نیست نایب جز تو در دینِ خدا ۶۶۱

به هر یک از امیران جداگانه گفت: در دین مسیح(ع)، جز تو خلیفهٔ برحقّی وجود ندارد.

هر یکی را کرد او یک یک عزیز — هر چه آن را گفت، این را گفت نیز ۶۶۲

به هر امیر عزّت نهاد و آنچه را که به آن یکی گفت، به دیگری نیز گفت.

هر یکی را او یکی طومار داد — هر یکی ضدِّ دگر بود، اَلمُراد ۶۶۳

خلاصه، به هر یک طوماری داد که مضمون آن مخالف و متضاد با طومار دیگر بود.

متن آن طومارها بُد مختلف — چون حروفْ آن جمله، تا یا از اَلِف[4] ۶۶۴

مضمون طومارها به کلّی با یک‌دیگر اختلاف داشت. مانند حروف الفبا و تفاوتی که میان حروف از نظر شکل و نوشتن و تلفّظ وجود دارد.

حکمِ این طومارْ ضدِّ حکمِ آن — پیش از این کردیم این ضد را بیان ۶۶۵

دستوراتِ یک طومار بر خلاف طومار دیگر بود که قبلاً چگونگی این اختلاف بیان شد و لزومی به تکرار نیست.

---

۱ - **أتباع:** جمع تَبَع، پیرو. ۲ - **أشیاع:** جمع شیعه، هواخواه، یاری کننده.

۳ - **طومار:** نامه، کتاب، صحیفه، مکتوب، نوشتهٔ دراز و لوله شده که در قدیم از پاپیروس می‌ساختند.

۴ - مصراع دوم در حاشیه چنین است: همچو شکل حرفها یا تا الف.

کشتنِ وزیر خویشتن را در خلوت

بعد از آن چل روز دیگر در بِبَست خویش کُشت و از وجودِ خود بِرَست ۶۶۶

وزیر چهل روز دیگر در خلوت نشست و سپس خود را کشت و از خویش خلاص شد.

چونکه خلق از مرگِ او آگاه شد بر سرِ گورش قیامتگاه شد ۶۶۷

چون مردم از مرگ او آگاه شدند، از ناله و زاری بر مزار او هنگامهٔ عجیبی برپا کردند.

خلق چندان جمع شد بر گورِ او موکَنان، جامه‌دران، در شورِ او ۶۶۸

جمعیّت کثیری بر سرگورش گرد آمدند در حالی که از اندوه موی خویش را می‌کندند و جامه‌ها را بر تن می‌دریدند.

کآن عدد را هم خدا دانَد شمرد از عرب، وز ترک وز رومی و کُرد ۶۶۹

تعداد مردم از عرب و ترک تا رومی و کُرد، آن‌قدر زیاد بود که خدا می‌دانَد.

خاکِ او کردند بر سرهایِ خویش دردِ او دیدند درمان جایِ خویش[1] ۶۷۰

از شدّت اندوه خاک مزار او را بر سر خود می‌ریختند و با اشک خود را تسلّی می‌دادند.

جمله از درد و فراقش در فغان هم شهان و هم مهان و هم کهان[2] ۶۷۱

از درد فقدان و فراق او، امرا و بزرگان و همهٔ مریدان در ناله و فغان بودند.

آن خلایق بر سرِ گورش مَهی کرده خون را از دو چشمِ خود رَهی ۶۷۲

مدّت یک ماه تمام بر سر مزار او حضور می‌یافتند و خون می‌گریستند.

طلب کردن اُمّتِ عیسی علیه السّلام از اُمرا که: ولی‌عهد از شما کدام است؟

بعدِ ماهی، خلق گفتند: ای مِهان! از امیران کیست بر جایش نشان؟ ۶۷۳

بعد از یک ماه مردم پرسیدند: ای بزرگان قوم، از بین شما جانشین کیست؟

---

۱ - **درمان جایِ خویش**: جایی که می‌توان برای درد خویش تسکینی یافت.

۲ - بر اساس قدیمی‌ترین نسخهٔ خطی قونیه این مصراع به همین صورت و با قلمی ریز ضبط شده است.

تـا بـه جـای او شـناسیمش امـام[1] دست و دامن را به دست او دهیم[2] ۶۷۴

تا بعد از وزیر، او را پیشوای خود بشناسیم و تسلیم او شویم.

چونکه شد خورشید، و ما راکرد داغ چـاره نَـبْوَد بـر مقامش از چـراغ[3] ۶۷۵

مریدان گفتند: اکنون که خورشید حضور پیشوای خود را از دست داده‌ایم، باید به عنوان جانشین او یکی از امیران را بپذیریم. گرچه از نظر معنوی، مانند چراغی است در مقابل خورشید.

چونکه شد از پیش، دیده وصلِ یار نـایبی بـاید از او مـان یـادگار ۶۷۶

اکنون که وصال معنوی یار را از دست داده‌ایم، باید خلیفهٔ دست‌پروردهٔ او به عنوان نایب و یادگار نزد ما باشد.

چونکه گل بگذشت و گلشن شد خراب بـوی گُـل را از کـه یـابیم؟ از گـلاب ۶۷۷

چون حضور گل پایان یافته و گلشن بدون گل زیبایی ندارد، بوی گل را از گلاب، یعنی دست‌پرودهٔ او می‌یابیم.

چـون خـدا انـدر نـیاید در عـیان نـایِب حـقّ‌انـد ایـن پـیغمبران[4] ۶۷۸

چون خداوند ظاهر نیست، پیامبران که کاملان‌اند، خلیفهٔ حق‌اند.

نه، غلط گفتم، که نـایب بـا مَـنوب گر دو پنداری، قبیح آید نه خوب[5] ۶۷۹

مولانا به جهت آنکه از ابیات اخیر، خاطری دچار لغزش نشود، کلام خود را چنین

---

۱ - **امام:** مطابق قواعد زبان عربی هرگاه پیش از الف (ساکنه) کسره واقع شود، فتحهٔ قبل از الف متمایل به‌کسره و الف شبیه به یاء مجهول در زبان فارسی تلفّظ می‌شود. لذا مولانا «امام» را با «دهیم» قافیه کرده؛ بنابراین در مصراع اوّل «امام» را «اِمیم» بخوانید.

۲ - **دست و دامن به دست کسی دادن:** کنایه از دست بیعت دادن و دامن دل را به او سپردن است.

۳ - اشاره‌ای است تمثیلی که در طیّ طریق بدون حضور رهبری راه‌دان که خود به سر منزل مقصود رسیده است، امکان‌پذیر نیست و این یکی از اصول کلّی طریقت است.

۴ - تلمیحی است از کلام الهی، بقره: ۳۰/۲: ...من گمارندهٔ جانشینی در زمینم... و به موجب دانش خاصّ و قابلیّت ویژه‌ای که در وی نهاده شد، بقره: ۳۱/۲، انسان کامل نسخهٔ ظاهر و باطن است؛ یعنی به اعتبار وجود عنصری و مادّی، وجه خلقی دارد و عبد است و به اعتبار آنکه فانی در مقام احدیّت است، منشأ جمیع تعیّنات حقیقت کلّیهٔ محمّدیّه(ص) است، دارای مرتبهٔ اطلاقی و ربّ است؛ پس پیامبران و انسان کامل محمّدی(ص) نایبان و جانشینان حق‌اند و نمونهٔ والایی برای تقرّب به حق؛ زیرا نزدیکی و قرب به خداوند از راه صورت و از جهت مکان، غیرممکن است و تنها راهی که در این مورد گشاده است، معرفت و تخلّق و تحقّق است به اسما و صفات حضرت باری. از این رو است که عنایت الهی، کاملان را قبلهٔ معرفت و تحقیق قرار داده است.

۵ - آنان که از رسول خدا اطاعت می‌کنند، خدا را اطاعت کرده‌اند: نساء: ۸۰/۴.
کسانی که با رسول بیعت می‌کنند، همانا با خدای یگانه بیعت می‌کنند: فتح: ۱۰/۴۸.

اصلاح می‌کند و می‌فرماید: گفتیم که خدا آشکار نمی‌شود «منوب»، و پیامبران و کاملان «نایب» او هستند؛ امّا مبادا بیندیشی که بین نایب و منوب تفاوتِ حقیقی وجود دارد؛ زیرا این بزرگان در حقیقت حق، فانی گشته‌اند و آثار و رسوم بشری ایشان محو شده است و در اتّصال تام با حق‌اند و دوگانگی از میان برخاسته است.

نه، دو باشد تا تویی صورت‌پَرست — پیشِ او یک گشت، کز صورت بِرَست ۶۸۰

تا در قید صورت هستی و به ظاهر توجّه می‌کنی، این دوگانگی بر اندیشه‌ات احاطه دارد و تجلّی حق را در کسوت بشر نخواهی پذیرفت. برای درک این حقیقت و ورود به عالم معنا باید از ظواهر گذشت.

چون به صورت بنگری، چشمِ تو دُوست — تو به نورش درنگر کز چشم رُست[1] ۶۸۱

به عنوان مثال، اگر به صورت خود توجّه کنی، دو چشم داری؛ امّا اگر به نور آن توجّه کنی، می‌بینی که یکی است؛ یعنی نور باصره علی‌رغم تعدّد چشم، واحد است و آنچه را هم که می‌بیند، یکی است.

نورِ هر دو چشم، نتوان فرق کرد — چونکه در نورش نظر انداخت مرد ۶۸۲

اگر انسان به نور باصره توجّه کند، بین نور دو چشم نمی‌تواند فرقی قائل شود.

ده چراغ اَر حاضر آید در مکان — هر یکی باشد به صورت غیرِ آن ۶۸۳

اگر در محلّی ده چراغ با شکل و اندازهٔ متفاوت باشد،

فرق نتوان کرد نورِ هر یکی — چون به نورش رُوی آری، بی‌شکی[2] ۶۸۴

چون به نور چراغ‌ها نظر کنی، به‌طور یقین نمی‌توانی آن‌ها را از هم جدا کنی.

گر تو صد سیب و صد آبی[3] بشمری — صد نماند، یک شود چون بفشری ۶۸۵

اگر صد عدد سیب و صد عدد به بشماری و آب آن‌ها را بگیری، می‌بینی که تعدّد از میان می‌رود.

در معانی قسمت و اعداد نیست — در معانی تجزیه و افراد نیست ۶۸۶

در عالم معنا و عوالم روحانی، وحدت ذاتی حاکم است. عالم مجرّدات غیر قابل تجزیه و

---

۱ - اگر به نور انبیا بنگری، یک نور واحد بیش نخواهی دید. هر چند که ابدان آنان متفاوت باشد. این نور همان نور خدا است که در وجود انسان کامل متجلّی شده است.

۲ - موارد ذکر شده در تبیین لاٰ نُفَرِّقُ بَيْنَ أَحَدٍ مِنْ رُسُلِهِ نیز هست، آل عمران: ۸۴/۳ و همچنین در آخر سورهٔ بقره که از زبان مؤمنین می‌فرماید: ما میان رسولان خدا فرق نمی‌گذاریم.

۳ - **آبی**: به.

بسیط است. در عالم حقایق جز حقیقت حق؛ یعنی ذات و صفات او چیز دیگری وجود ندارد. مانند عالم ظاهر نیست که بتوان آن را جزءجزء دانست و افراد را بنا بر ویژگی‌های گوناگون طبقه‌بندی کرد.[۱]

اتّحادِ یار با یاران خوش است   پایِ معنی[۲] گیر، صورت سرکش است ۶۸۷

وحدتِ یار ازلی با یارانی که در عالم کثرت زیسته و می‌زیند؛ امّا متّصل به عالم وحدانیّت هستند، بسیار زیبا و خوشایند است. [اتّحاد نایب و منوب]

«پایِ معنی گیر...»؛ به عالم معنا رو کن. توجّه به صورت و ظاهر، توسن سرکشی است که سوار خویش را بر زمین می‌زند و از راه باز می‌دارد.

صورتِ سرکش گدازان کن به رنج   تا ببینی زیرِ او وحدت چو گنج[۳] ۶۸۸

«نَفْس»، انسان را وابسته به عالم ظاهر و صورت می‌کند که در مرحلهٔ نازل آن، نفسِ أمّاره است و تمایلات پست را می‌شناسد، در مرحلهٔ میانی، نفس لَوّامه است و تمایل به خیر دارد و از بدی‌ها شرمنده می‌شود و مرتبهٔ عالی آن «نفس مطمئنّه» یا نفس انسان کامل است.

ور تو نگدازی، عنایت‌هایِ او   خود گدازد،[۴] ای دلم مولایِ او[۵] ۶۸۹

ای سالک، اگر در تهذیب نفس کوتاهی کنی، عنایت آن کس که دل من بندهٔ اوست، تو را با کمند جذبهٔ الهی، در دام می‌افکند و با آتش عشق می‌گدازد و پاک می‌گرداند.

---

۱ - در بیانِ این معنا که انبیا و اولیا و کاملان از نظر باطن و عوالم روحانی وحدت دارند، به حق پیوسته‌اند و حق هستند.

۲ - مهم‌ترین دلیل درگیری‌ها و تعصّبات، دوبینی و صورت‌پرستی است. اگر به عالم معنا توجّه شود، تمام انبیا و اولیا محلّ تجلّی و ظهور یک حقیقت واحدند و با دریافت این امر دیگر کینه و عداوتی بین ادیان و مذاهب نخواهد بود.

۳ - رهایی از صورت‌پرستی و دوبینی راهی جز مجاهده با نفس ندارد. مجاهده و ریاضت هم جز با رنج ممکن نیست. با پالایش درون خواهی دید که در زیر این پردهٔ ظلمانی که نفس بر باطن تو کشیده بود، چه گنجی نهفته است، گنج رسیدن به حقایق و رهایی از کثرت.   ۴ - **خود گدازد :** حق، انانیّت تو را ذوب می‌کند.

۵ - حدیث: جَذْبَةٌ مِنْ جَذَباتِ الرَّحمٰنِ تُوازي عَمَلَ الثَّقَلَيْنِ : جذبه‌ای از جذبات خداوند رحمان برابر است با عمل انس و جن: فصوص الحکم ابن‌عربی و مرصادالعباد نجم‌الدّین رازی: احادیث، ص ۳۷۴.

اشاره‌ای است به سالک مجذوب و مجذوب سالک: سالک مجذوب؛ رونده‌ای است که طیّ طریق می‌کند و با مجاهده و ریاضت در صفای باطن می‌کوشد و به عنایت الهی جذبهٔ حق می‌رسد. مجذوب سالک؛ کمند جذبهٔ الهی به یکباره شخص را از خود می‌رباید و سالک در این حال به پای خویش ره نمی‌برد بلکه به بال و پر جذبهٔ شوق و عشق الهی بال در آسمان عشق می‌گشاید و در این حال مجذوب از خود اختیاری ندارد.

او نماید هم به دل‌ها خویش را   او بدوزد خرقهٔ[1] درویش را ۶۹۰

حق تعالیٰ، انوار معرفت را بر دلِ سالک متجلّی می‌سازد و به دلِ دردمندِ درویش که از سوزِ اشتیاق سوخته است، مرهم می‌نهد.

منبسط[2] بودیم و یک جوهر همه   بی‌سر و بی‌پا[3] بُدیم آن سر[4] همه ۶۹۱

قبل از آنکه کثرت و تعیّن پدید آید، منبسط و نامحدود بودیم؛ زیرا وجود مطلق به هیچ حدّی محدود نمی‌شود.

یک گُهر بودیم همچون آفتاب   بی‌گِره بودیم و صافی همچو آب ۶۹۲

مانند آفتاب بودیم؛ زیرا وجود، ظاهر بالذّات و مُظهِر غیر است. به همین سبب آن را نور می‌گویند، مانند آب پاک و بی‌رنگ بودیم.

چون به صورت آمد آن نورِ سَره[5]   شد عدد، چون سایه‌های کنگره[6] ۶۹۳

هنگامی که آن حقیقت در لباس اسما و صفات جلوه کرد، صُوَر خلق پدیدار شد و کثرت ظاهر گردید. مانند آفتاب که بر برج و باروی قلعه می‌افتد و سایه‌های متعدّد نمودار می‌شود، در حالی که نور خورشید یکی است و تعدّد سایه‌ها آن را متعدّد نمی‌کند.

این ابیات در تقریر وحدت وجود است که اینک به‌طور اجمال به شرح آن می‌پردازیم:

وحدت وجود[7]؛ گروه کثیری از عرفا و صوفیّه و فلاسفهٔ[8] الهی و اشراقی بدانْ معتقدند. «وجود» که در فارسی

---

۱ - **خرقه:** قطعه‌ای از پارچه، جامه‌ای که از قطعات مختلف دوخته شود. جبّهٔ درویشان که آستر آن گاه پوست گوسفند یا خز یا سنجاب است. جامهٔ وصله‌دار، جامهٔ مخصوص صوفیان که از قطعه‌های مختلف رنگارنگ دوخته می‌شد. امروزه خرقه را به ردایی می‌گویند که اهل تصوّف بر روی لباس فقر که تماماً سفید است، بر دوش می‌اندازند، مانند عبا. در گذشته خرقه‌ها بسیار کهنه و مندرس و اغلب از تکّه‌های مختلف به هم دوخته شده تشکیل می‌شد، این جامه را از سر می‌پوشیدند و قسمت جلو آن بسته بود و آن را **مُرَقَّع** و دلق مُرَقَّع نیز می‌گفته‌اند. هدف از پوشیدن لباس کهنه و مندرس تهذیب نفس و ذلّ نفس بود. اینک روش تربیتی سالکان با گذشته متفاوت است و معمولاً مرشد روحانی به مریدان چنین توصیه‌ای نمی‌کند. ۲ - **منبسط** : گسترده و گشاده، بدون قید و تعیّن.

۳ - **بی‌سر و بی‌پا** : اینجا به معنی نامحدود. ۴ - **آن سر** : عالم غیب. ۵ - **سَره** : گزیده، نیکو، اعلیٰ.

۶ - **کنگره** : پستی و بلندی منظم، به شکل مثلث یا نیم‌دایره از گِل یا آجر که بر بالای دیوار قصر و حصار قلعه‌ها می‌ساختند. ۷ - مولوی چه می‌گوید، استاد همایی، ج ۱، صص ۲۱۲-۲۰۱، با تلخیص و اندک تصرّف.

۸ - فلسفه علم، هستی شناسی است و انسان و کلّی‌ترین امور را که با آن روبرو است تبیین عقلانی می‌کند؛ بنابراین «وجود» اساسی‌ترین مفهوم و مدار همهٔ بحث‌های فلسفی است. مجموعهٔ معارف و حکمت فلاسفهٔ بزرگ یونان، مانند: سقراط، افلاطون و ارسطو، در عالم اسلام به نوابغی مانند: فارابی و بوعلی سینا رسید و به مدد اجتهاد فکری آنان فلسفهٔ اسلامی را بنیان نهاد که به جهتِ غلبهٔ گرایش ارسطویی در آن به فلسفهٔ مشّاء معروف شده است.

«هستی» نامیده می‌شود، یک حقیقتِ دارای وحدت است که کثرت ذهنی یا خارجی در آن راه ندارد. واجب‌الوجود یا صِرف وجود و همان حقیقت فرد یگانه است که با اختلاف درجات و مراتب، شدّت و ضعف، نقص و کمال، قلّت و کثرت در سراسر موجودات سَرَیان دارد. از این جهت وجود را به نور تشبیه می‌کنند که نور نیز یک حقیقت است که بر حسب شدّت و ضعف و قلّت و کثرت در درجات و مراتب گوناگونی ظاهر می‌شود؛ پس اختلاف مراتب وجود نیز مانند اختلاف مراتب و درجات نور است. وجود عین نور است؛ زیرا در تعریف نور می‌گوییم: آن است که ظاهر به ذات و مُظهِر غیر باشد و این خاصیّت در وجود موجود است. مایه و منشأ ظهور ماهیّات نیز هست و اختلاف صُوَر و اشکال موجودات همه به سبب همان ماهیّات است که تباین و تغایر ذاتی با یک‌دیگر دارند. کسانی که به وحدت وجود اعتقاد دارند اکثراً به اصالتِ وجود و اعتباری بودن ماهیّات و تعیّنات امکانی نیز معتقداند و جمعی از فلاسفهٔ مشّائی نیز چنین می‌اندیشند.

وحدت موجود؛ «هستی» یک مصداق حقیقی بیش ندارد و در سراسر عالم وجود، یک موجود حقیقی است که در آیینه‌های رنگارنگ ماهیّات و مظاهر جلوه‌گر و نمودار شده است و هر که جز یکی ببیند و توهّم کند از قبیل دوبینی چشمِ اَحول است و آن موجود واحد حق است که به ظهور نورانی در پیکر عالم وجود سَرَیان دارد به‌طوری که هیچ موجودی از جلوه و ظهور او خالی نیست. موجودِ حقیقی هم از عالم مشهود بیرون نیست و عینِ موجودی مخصوص نیز نیست. **وَ هُوَ مَعَكُمْ أَينَ ماكُنْتُمْ**، حدید: ۴/۵۷، **فَأَيْنَمَا تُوَلُّوا فَثَمَّ وَجْهُ اللهِ**. بقره: ۱۱۵/۲، **وَ نَحْنُ أَقْرَبُ إِلَيْهِ مِنْ حَبْلِ الْوَرِيدِ**. ق: ۱۶/۵۰.

ارتباط وحدت وجود و وحدت موجود؛ مسألهٔ وحدت وجود و وحدت موجود، وکثرت ماهیّات و تعیّنات و ظهورِ حقّ اوّل در مظاهرِ موجودات، از یک جهت با قاعدهٔ کلّی عرفانی و فلسفی ارتباط پیدا می‌کند که می‌گوید: «**بَسیطُ الحقیقةِ کلُّ الأَشیاءِ و لاٰ شی ء منها**» که اساس آن «وحدت در کثرت» و «کثرت در وحدت» است که عرفا آن را «جمع و فرق» یا «اجمال و تفصیل» نیز می‌گویند. این قاعده مبتنی بر وحدت وجود و موجود و تجلّی حق در مظاهر موجودات است بدون آنکه عین موجودی خاص شده باشد و از جمله فروع و نتایج این قاعده، قاعدهٔ دیگری است که می‌گوید: «عقل بسیط اجمالی خلاّقِ عقول تفصیلیّه است». بهترین مثال وحدت موجود و ظهور تجلّی حق در موجودات، نفس ناطقهٔ انسانی است که در عینِ وحدتش که ظلّ وحدت نورانیّهٔ الهی است، به صورت قوای ادراکی و حرکت، هر جا به هر حالت و هر صورت مناسب تجلّی می‌کند، مثلاً: قدرت تخیّل، همان نفسِ ناطقه است که در مرتبهٔ وهم و خیال ظهور کرده و یا قوای حس و حرکت و نموّ و تغذیه، همان نفس است که در این مراتب تجلّی نموده است.

سابقهٔ تاریخی وحدت وجود و وحدت موجود؛ این مسأله در فلسفهٔ یونان و هند سابقهٔ طولانی دارد. ابوریحان بیرونی در کتاب الهند، ارکان عمدهٔ فلسفهٔ هندوان و مذهب آنان را با تصوّف اسلامی مقایسه کرده است، امّا اینکه چنین افکاری از کجا و از چه تاریخ در فرق اسلامی و بخصوص اهل تصوّف راه یافته است، احتمال دارد که سرچشمه‌اش فلسفه و مذهب بودایی هند باشد که در حوزهٔ بلخ محلّ بتکدهٔ نوبهار و دیگر نواحی شرقی و جنوبی ایران پیش از اسلام رواج داشته است و تا چندی پس از اسلام نیز مخصوصاً در بلخ و نواحی آن باقی مانده است.

از آثار و سخنان برجای مانده از بزرگانِ اهلِ تصوّف به خوبی پیدا است که با این عقاید و افکار آشنا بوده‌اند، چنانکه اثرات آن در کلام بایزید و حلاّج و امثال ایشان تراوش کرده است. مسألهٔ وحدت وجود و وحدت موجود با

ظهور ابن‌عربی با دلایل منطقی و شهودی عرفانی وی تقویت شد و رونقی تازه یافت به‌طوری که عرفا و صوفیّهٔ پس از وی اکثراً پیرو عقیده و نظریّهٔ او شدند.

مولانا نیز به وحدت وجود و وحدت موجود و ظهور وحدت در کثرت و دیگر جزئیّات این مسائل معتقد است، امّا نه به آن کیفیّت که پیروانِ مفرطِ تندرو گفته‌اند. مولانا وجود واحد حقیقی را مانند دریا و تعیّنات و نمودهای عالم هستی را مانند جنبش امواج و کف‌های دریا می‌داند و هرگز نمی‌گوید: ما خداایم و یا همه چیز خدا است.

کنگره ویران کنید از منجنیق[1] تا رَوَد فرق از میانِ این فریق ۶۹۴

اگر کنگره از دیوار فروریزد، تعدّد از میان بر می‌خیزد؛ پس با منجنیق مجاهده، کنگرهٔ «صورت و ظاهر و تعلّقات دنیوی» را ویران کنید تا وحدت و یگانگی روی نماید.

شرح این را گفتمی من از مِریِ[2] لیک ترسم تا نلغزد خاطری ۶۹۵

حقایقی را به تفصیل بیان داشتم؛ امّا از ادراکِ ناتوانِ بعضی افهام بیمناک هستم.

نکته‌ها چون تیغ پولاد است تیز گر نداری تو سپر، واپس گریز ۶۹۶

ادراکِ نکاتی که در بحث وحدت و سِرّ توحید بیان می‌شود، نیازمند جانی متعالی است. این نکات دقیق، مانند شمشیر پولادین تیز است و کسی می‌تواند بدان راه یابد که تحت حمایت سپرِ استادِ کامل باشد.

پیش این الماس، بی اسپَر میا کز بُریدن تیغ را نَبْوَد حیا ۶۹۷

اگر تحت حمایت سپر مراد نیستی، وارد این بحث که چون الماس برنده است، مشو.

زین سبب من تیغ کردم در غلاف تا که کژ خوانی نخواند بر خلاف ۶۹۸

به همین دلیل بحث را کوتاه کردم که مبادا کج اندیشی دچار لغزش خاطر گردد.

آمدیم اندر تمامی داستان وز وفاداریِ جمع راستان ۶۹۹

اکنون باز می‌گردیم به داستان که آن را به پایان بریم و از وفاداری مریدان صادق بگوییم.

کز پسِ این پیشوا، برخاستند بر مقامش نایبی می‌خواستند ۷۰۰

که بعد از فقدان وزیر، خواهان خلیفه و جانشین او بودند.

---

۱ - **منجنیق**: وسیله‌ای که توسط آن سنگ‌های بزرگ را پرتاب می‌کردند به جهت تخریب برج و بارو.

۲ - **مِری**: مِراء: ستیزه و جدال.

منازعتِ اُمرا در ولی‌عهدی

یک امیری زآن امیران پیش رفت　　　پیش ِ آن قومِ وفااندیش رفت ۷۰۱

یکی از امیرانِ دوازده‌گانه پا پیش نهاد و نزد مریدان باوفایِ وزیر رفت.

گفت: اینک نایبِ آن مردْ من　　　نایبِ عیسی منم اندر زمن ۷۰۲

و به مریدان وزیر گفت: اینک نایب عیسی(ع) و جانشین وزیر منم.

اینک، این طومار بُرهانِ من است　　　کین نیابت بعد از او آنِ من است ۷۰۳

اینک این طوماری که به من داده برهان حقّانیّت من بر این دعوی است.

آن امیرِ دیگر آمد از کمین　　　دعویِ او در خلافت بُد همین ۷۰۴

امیر دیگری از گوشه‌ای برخاست و ادّعای او برای جانشینی وزیر همین بود.

از بغل او نیز طوماری نمود　　　تا بر آمد هر دو را خشم جُهود ۷۰۵

او نیز از بغل خود طوماری را خارج کرد و موجب خشمگین شدن هر دو شد.

آن امیرانِ دگر یک یک قطار　　　بر کشیده تیغ‌هایِ آبدار ۷۰۶

امیران دیگر هم یکایک با طوماری ادّعای خلافت کردند و شمشیرها را بر کشیدند.

هر یکی را تیغ و طوماری به دست　　　در هم افتادند چون پیلانِ مست ۷۰۷

هر یک با شمشیر و طوماری در دست، مانند پیلان مست به جان یک‌دیگر افتادند.

صد هزاران مردِ ترسا کُشته شد　　　تا ز سرهایِ بریده پُشته شد ۷۰۸

به طرفداری از هر امیرعدّه‌ای به پا خاستند و گروه کثیری از عیسویان (صدهزاران) کشته شدند. سرهای قطع شده تودهٔ عظیمی را به وجود آورده بود.

خون روان شد همچو سیل از چپ و راست　　　کوه کوه اندر هوا، زین گردْ خاست ۷۰۹

از چپ و راست و همه طرف سیلاب خون روان شد و گرد و غباری عظیم برخاست.

تخم‌هایِ فتنه‌ها کو کِشته بود　　　آفتِ سرهایِ ایشان گشته بود ۷۱۰

بذر فتنه و دشمنی را که وزیر در دل آنان کاشته بود، ثمره‌اش کشتار بود.

جوزها بشکست،[1] و آن کآن مغز داشت　　بعدِ کُشتن روحِ پاکِ نغز داشت ۷۱۱

ترسایان یک‌دیگر را کشتند. از آن کس که به صفات نیک آراسته بود، روحی پاک به جهان باقی منتقل گردید.

کُشتن و مُردن که بر نقشِ تن است　　چون انار و سیب را بشکستن است ۷۱۲

کشته شدن یا مردن، برای تن و پیکر آدمی به کار می‌رود، مانند بریدن سیب یا انار که محتوای آن آشکار می‌شود.

آنچه شیرین است، او شد ناردانگ[2]　　وآنکه پوسیده‌ست، نَبْوَد غیر بانگ ۷۱۳

روح پاک به‌سوی نور بازگشت و روحی که تعالی نیافته بود، توان بازگشت به اصل را نداشت.

آنچه با معنی‌ست، خود پیدا شود　　وآنچه پوسیده‌ست، او رسوا شود ۷۱۴

مرگ موجب کنار رفتن حجاب است. حجاب تن که برخاست، حقیقت و ماهیّت آشکار می‌شود. نفس مهذّب پس از رهایی از زندان تن می‌بیند که نتیجهٔ تلاش و مجاهدهٔ او چه نیک بوده است و نفس ظلمانی در می‌یابد که چگونه بر خویش ستم کرده است و نزد خود و دیگران رسوا می‌شود.

رو به معنی کوش ای صورتْ‌پَرَست!　　زآنکه معنی بر تنِ صورت پَر است ۷۱۵

ای ظاهربین، بکوش تا به عوالم روحانی راهی بیابی؛ زیرا ادراک معانی و حقایق، موجب کمالات ظاهری هم می‌شود، معنا برای این تن مانند بال و پَر و یاری دهنده است.

همنشینِ اهلِ معنی باش، تا　　هم عطا یابی و هم باشی فَتیٰ ۷۱۶

محضر کسانی را دریاب که به عوالم معنوی روی آورده‌اند؛ زیرا از مجالست اهلِ معنا، مواهب روحانی و صفاتی پسندیده را کسب می‌کنی.

جانِ بی معنی، در این تن، بی‌خلاف　　هست همچون تیغِ چوبین در غلاف ۷۱۷

جانِ تاریک در بدن بدون شک مانند شمشیر چوبینِ کودکان بی‌قدر است.

---

۱ - شکستن جوز کنایه‌ای است از نابودی تن آدمی.

۲ - **ناردانگ** : آب انار، شربت ترش و شیرین و خوشمزّه و به این جهت آن را چنین می‌نامند که در حین جوشیدن و قوام آمدن وزنش به یک چهارم یا یک ششم «دانگ» تقلیل می‌یابد. اناری که شیرین و پر آب باشد ارزشی دارد که با آن شربت بسازند و انار پوسیده از شکسته شدنش ثمری جز صدای شکستن نیست.

تا غلاف اندر بُوَد، با قیمت‌است چون برون شد، سوختن را آلت‌است ۷۱۸

شمشیر چوبین تا در غلاف است، به تصوّر اینکه حقیقی است، شأنی دارد. از غلاف که خارج شود و معلوم شود که چوبین است، ارزش سوزاندن را دارد؛ زیرا برای کارزار به‌کار نمی‌آید. جان نیز بی‌دریافت حقیقت، همان شمشیر چوبین‌است که بعد از خروج از غلاف تن، در آتش عذاب خواهد سوخت.

تیغ چوبین را مَبَر در کارزار بنگر اوّل، تا نگردد کارْ زار ۷۱۹

همان‌گونه که شمشیر چوبین در جنگ و ستیزکاری از پیش نمی‌برد، روح تعالی نیافته نیز در روز حشر اعتباری ندارد؛ پس آن را پرورش ده تا در پایان کار، زار و پریشان نباشی.

گر بُوَد چوبین، برو دیگر طلب ور بُوَد الماس، پیش آ با طَرَب ۷۲۰

اگر تاکنون از عالم معنا به دور بوده‌ای، از این به بعد در طلب حقیقت باش و اگر باطنی متعالی و همچون الماس برّان داری، شادمانه به صحنهٔ رستخیز بیا.

تیغ در زرّادْخانهٔ[1] اولیاست دیدنِ ایشان شما را کیمیاست ۷۲۱

اولیاء الله، شما را به عوالم معنوی راهنمایی می‌کنند و در ترقّی روحانی امداد می‌نمایند. دیدار و کسب فیض از محضرشان، مانند کیمیایی[2] است که مس وجود را مبدّل به زر می‌نماید؛ زیرا انسان کامل سِلاح مبارزه با نفس را در اختیار دارد.

جمله دانایان همین گفته، همین هست دانا رحمةً للعالمین[3] ۷۲۲

اندیشمندان اهل معنا، همه همین اعتقاد را داشته‌اند که وجودِ انسانِ کامل رحمت و عنایتی از جانب خداوند است؛ زیرا مردم را از گمراهی و تباهی می‌رهاند و به آن‌ها حیاتی معنوی می‌دهد.

گر اناری می‌خری، خندان[4] بخر تا دهد خنده ز دانهٔ او خبر[5] ۷۲۳

اگر جویای هادی و راهنما هستی، توجّه کن که خریدار کسی باشی که خود به حقیقت ره

---

۱ - **زرّادخانه** : کارگاه و کارخانهٔ اسلحه‌سازی، زرّاد: کسی که زره می‌سازد.

۲ - مقایسه کنید : حافظ : از کیمیای مهر تو زرگشت روی من آری به یمن لطف شما خاک زر شود

۳ - اشارتی قرآنی؛ انبیاء : ۱۰۷/۲۱ : ای پیامبر، ما تو را به جهت رحمت مردم فرستادیم.

و به موجب حدیث: العلماءُ وَرَثَةُ الأنبیاءِ : عالم ربّانی و عارفِ واصل، وارث روحانی انبیا و مخصوصاً رسول اکرم(ص) هستند.

۴ - **انار خندان** : اناری است که از شدّت رسیده بودن شکاف برداشته و دانه‌هایش آشکار است.

۵ - انسان کامل به دارالسّلام ایمانِ حقیقی و حقایق ره یافته و ایمن است. کمال روحانی تأثیرات عمده در رفتار، گفتار و تمامی ویژگی‌های انسان دارد و شاخص ممتاز بودن فرد صاحب کمال است.

یافته و از حزن و اندوه وسوسه‌های نفسانی رهایی یافته باشد. به موجب آیهٔ کریمه، قصص:۳۱/۲۸: **لاٰ تَخَفْ إِنَّكَ مِنَ الاٰمِنِينَ.** خطاب به موسی(ع): *خوفی نداشته باش؛ زیرا که تو در وادی ایمن هستی.*

ای مبارک خنده‌اش، کو از دهان   می‌نماید دل، چو دُرّ از دُرجِ[1] جان ۷۲۴

گفتارِ انسان کامل فرخنده است؛ زیرا کلام اسرارآمیز او بیانگرِ دلی است که چون مروارید شاهوار، گران‌بها است.

نامبارک خندهٔ آن لاله بود   کز دهانِ او سیاهی دل نمود ۷۲۵

گفتار انسان ریاکاری که ادّعای ارشاد دارد، نامبارک است و سیاه‌دلی از کلام او پیداست.

نارِ خندان، باغ را خندان کند   صحبتِ مردانَت از مردان[2] کند ۷۲۶

انسان کامل در اثر ارشاد و قدرتِ روحانی گروه کثیری را به حق رهنمون می‌کند. به سببِ هم‌صحبتی با مردان راه تو نیز به صفات آنان آراسته شوی.

گر تو سنگ صخره و مَرْمَرْ شوی   چون به صاحب دل رسی، گوهر شوی ۷۲۷

اگر به علّت توجّه تامّ به امور دنیوی، دل تو مانند سنگ مرمر سخت شده باشد، باز هم ناامید نشو؛ زیرا رسیدن به محضر صاحبدلان و درک صحبت ایشان سبب تحوّلات معنوی و روحانی است، آن چنانکه به گوهر باارزش مبدّل می شوی. قدرت باطنی و روحانی مردان خدا، سبب این تبدیل است.

مِهرِ پاکان در میانِ جان نشان   دل مده اِلاّ به مِهرِ دل‌خوشان ۷۲۸

«پاکان» را از دل و جان دوست بدار و دل به مهرِ غیر مبند. مردان خدا دلخوش هستند؛ زیرا هیچ خوفی ندارند.

کویِ نومیدی[3] مرو، اومیدهاست   سویِ تاریکی مرو، خورشیدهاست ۷۲۹

هرگز از رحمت الهی ناامید نشو.

---

۱ - **دُرج** : صندوقچه‌ای که در آن جواهرات را می‌گذارند.

۲ - سالکان راه را صرف نظر از جنسیّت (مرد یا زن)، مردِ راه گویند؛ یعنی کسی که مردانه در تهذیب نفس می‌کوشد.

۳ - آیهٔ کریمه: نومیدی از رحمت الهی کفر است: یوسف : ۸۷/۱۲.
نفس تهذیب نیافته تاریک است و تو را ناامید و مأیوس می‌کند. هیچ‌گاه برای جست‌وجوی حقیقت دیر نیست، خورشیدِ باطنِ مردان خدا هست، به سوی آن‌ها برو.

دل[۱] تـو را در کـویِ اهـلِ دل کَشـد — تن تو را در حبسِ آب و گِل کشـد ۷۳۰

دل صاف، آدمی را به کوی صاحبدل می‌کشاند؛ امّا توجّه به تمنّیات نفسانی انسان را در مراتب نازل متوقّف می‌دارد.

هـین! غـذای دل بـده از هـمدلی — رو بـجو اقـبال را از مُـقبلی ۷۳۱

تن به غذا محتاج است و دل روحانی به تغذیهٔ روحانی. با درک صحبتِ صاحبدل و دریافت فیوضات ربّانی، دل روحانی تغذیه می‌شود و جذب عالم معنا می‌گردد. این بخت و اقبال را از کسی بخواه که به چنین اقبالی رسیده است.

تعظیمِ نعتِ[۲] مصطفی، صلّی اللهُ عَلَیْه و سَلَّم، که مذکور بود در انجیل

در انجیل بعضی صفات رسول اکرم(ص) بیان شده بود. گروهی از عیسویّان هنگام قرائت انجیل چون به نام و خطاب آن حضرت می‌رسیدند، تعظیم و تکریم بسیار عرضه می‌داشتند

---

۱ - **دل** : دلی که مورد توجّه اهل معرفت و تصوّف است، دل جسمانی نیست. از آنجایی که مناسباتی میان دل روحانی و دل جسمانی وجود دارد، دل روحانی را هم دل گفته‌اند. دل جسمانی همواره در حال خالی و پر شدن از خون پاک و ناپاک است. دل روحانی نیز همواره تحت تأثیر روح لطیف و نفس تاریک، در حال زیر و رو شدن و تقلیب است، به همین مناسبت دل را به عربی قلب گویند. همان‌گونه که دل جسمانی عنصر حیاتی برای سلامت بدن است، دل روحانی نیز عنصر حیاتی برای سلامت روان و نفس آدمی است، بدین ترتیب که دل روحانی همواره اخلاق نفسانی را از نفس می‌گیرد و به کمک لطافت و نور روح آن را تصفیّه و تزکیّه می‌کند و در حقیقت این دل واسطه‌ای است میان حقایقِ روحانی و خصایص نفسانی.

حیات جسمانی بستگی به سلامتِ دلِ جسمانی دارد، به همین ترتیب حیاتِ معنوی هر انسان نیز بستگی به حیاتِ دلِ روحانی او دارد و اگر این دل به صفات ناپسند مبتلا شود، فرد بیمار اخلاقی است و اگر به کلّی مغلوب نیروهای نفسانی شود، در اصطلاح عرفا، چنین دلی را مرده می‌نامند؛ زیرا حیات معنوی ندارد: مصباح‌الهدایة و مفتاح‌الکفایة، عزّالدّین محمود کاشانی، ص ۹۷.

به این ترتیب دل روحانی چیز دیگری است و دل جسمانی چیز دیگر، دل روحانی در اکثر مردم با احوالاتی متعادل، برتر از نفس است و نازل‌تر از روح. بیشتر مردم از نظر رشد معنوی در مرحلهٔ طبع و نفس گرفتاراند و تعداد کمی از انسان‌ها صاحبِ دل به شمار می‌آیند. میان همهٔ موجودات فقط انسان است که دل روحانی دارد. مردم به‌طور معمول قبل از آنکه تحت تربیت مرشد روحانی قرار بگیرند اغلب دل و نفس را با یک‌دیگر اشتباه می‌کنند خواسته‌های نفسانی خود را خواستِ دل می‌پندارند.

حدیث نبوی: قلبُ المُؤمِنِ بَیْنَ اِصْبَعَیْنِ مِنْ أَصابعِ الرّحمنِ... : دل مؤمن بین دو انگشت از انگشتان حضرتِ رحمان است: احادیث، ص ۳۳.

۲ - **نعت** : توصیف نیکو، وصف کردن که بیشتر در مورد خدا و رسول به کار می‌رود.

و آن نام شریف را می‌بوسیدند و رخ بر آن می‌سودند؛ امّا گروهی دیگر چنین نبودند. در ادامهٔ داستان وزیر، مولانا بیان می‌دارد که به واسطهٔ این حرمت و تعظیم که در حقِ نام محمّد مصطفی(ص) ابراز می‌داشتند، در فتنه‌ای که میان نصرانیّان بر پا شد نجات یافتند و نام احمد همانند حصاری ایمن سبب امان آنان گردید.[۱]

بود در انجیل نامِ مُصْطفیٰ   آن سَرِ پیغمبران[۲]، بحرِ صفا ۷۳۲

مبتنی است بر روایات مفسّران در ذیل صف: ۶/۶۱: *و هنگامی که عیسی بن مریم به بنی اسرائیل گفت: بی شک من رسول خدا به سوی شما هستم و استوار دارندهٔ کتاب تورات که مقابل من است شما را مژده می‌دهم که بعد از من رسول بزرگواری که نامش در انجیل من احمد است، خواهد آمد.*

بود ذکرِ حِلْیه‌ها[۳] و شکْلِ او   بود ذکرِ غَزْو[۴] و صَوم[۵] و اَکلِ[۶] او ۷۳۳

گفتهٔ مولانا مطابقت دارد با روایتی که ابوالفتوح رازی از قول ابومالک نقل می‌کند و بر طبق این روایت نعت رسول اکرم(ص) از شکل و شمایل و اخلاق و رفتار در تورات نقل شده است: امّا بقیّهٔ داستان و اینکه بعضی از نصاریٰ نام حضرت راگرامی می‌داشتند و نجات یافتند و دیگر گروه در این فتنه کشته شدند در این روایات ذکری نیست.[۷]

طایفه نصرانیان بهرِ ثواب   چون رسیدندی بدان نام و خطاب[۸] ۷۳۴

گروهی از عیسویّان هنگام قرائت انجیل به نام رسول(ص) و خطاب الهی که می‌رسیدند،

بوسه دادندی بر آن نامِ شریف   رو نهادندی بر آن وصفِ لطیف ۷۳۵

آن نامِ شریف را می‌بوسیدند و رخ بر نعت شریف آن حضرت می‌سودند.

اندر این فتنه که گفتیم، آن گروه   ایمن از فتنه بُدند و از شکوه[۹] ۷۳۶

در این فتنه و آشوب، آن گروه از بلایا و ترس در امان بودند.

ایمن از شرِّ امیران و وزیر   در پناه نام احمد مُستجیر[۱۰] ۷۳۷

این گروه از شرّ امیران و وزیر در پناه نام احمد بودند،

---

۱ - مأخذ آن روایاتی است که مفسّران در ذیل آیهٔ ششم سورهٔ صف ۶۱، نقل کرده‌اند.

۲ - **سرِ پیغمبران :** سرور پیامبران. ۳ - **حِلیه :** ویژگی‌های صورت و پیکر مانند رنگ و اندازه.

۴ - **غَزْو :** جنگ، نبرد. ۵ - **صَوْم :** روزه. ۶ - **أکْل :** خوردن. ۷ - احادیث، ص ۳۰.

۸ - **خطاب :** سخن الهی، اشاره به قطعاتی از انجیلِ «اصلی» که تصوّر می‌رود خداوند در آن‌ها محمّد(ص) را که بنابر حدیث، قبل از آفرینش آدم پیامبر بوده، مورد خطاب قرار داده است: شرح مثنوی مولوی، ج ۱، ص ۱۳۳.

۹ - **شِکوه :** شکوهیدن، ترسیدن، بیم، واهمه. ۱۰ - **مُستَجیر :** زنهار خواهنده، پناه برنده.

نسلِ ایشان نیز هم بسیار شد نورِ احمد ناصر آمد، یار شد ۷۳۸

نور محمّدی یاور آنان شد. لطمه‌ای ندیدند و نسل آن‌ها فزونی یافت.

وآن گروه دیگر از نصرانیان نام احمد داشتندی مُستَهان[1] ۷۳۹

گروه دیگر از عیسویّان نام مبارک احمد را خوار می‌داشتند.

مستهان و خوار گشتند از فِتَن از وزیرِ شوم رایِ شوم فن ۷۴۰

در نتیجه در فتنه‌ها خوار و ذلیل گشتند و از وزیر بداندیشِ نامبارک آسیب دیدند.

هم مُخَبَّط[2] دینشان و حُکمشان از پیِ طومارهای کژ بیان ۷۴۱

طومارهای ناروا ایمان و زندگی‌شان را بر باد داد.

نام احمد این چنین یاری کند تا که نورش، چون نگهداری کند؟ ۷۴۲

نام مبارک احمد که چنین یاور است، نور پاک وی چگونه نگهدار خواهد بود.

نامِ احمد چون حِصاری[3] شد حصین[4] تا چه باشد ذاتِ آن روحُ آلامین[5]؟ ۷۴۳

نام مبارک رسول(ص) که بسان حصاری متین، در امان‌دارنده است؛ پس توجّه کن که ذات آن روح‌الأمین چه‌سان آدمی را از آفات می‌رهاند.

بعد از این خون ریزِ درمان ناپذیر کاندر افتاد از بلایِ آن وزیر ۷۴۴

بعد از این پادشاه جهود خونریز به سبب فتنهٔ وزیر به بلایی درمان ناپذیر مبتلا گردید و سقوط کرد که شرح آن در ابیات پیشین گفته شد.

---

۱ - **مُسْتَهان** : خوار، ذلیل شده. ۲ - **مُخَبَّط** : تباه شده، در هم آمیخته شده، آشفته شده.

۳ - **حِصار** : دیوار، دیوار دور قلعه، پناهی که شخص را از دشمن نگاه دارد. ۴ - **حَصین** : استوار و محکم.

۵ - **روح الأمین** : جبرائیل، یکی از فرشتگان مقرّب درگاه باری‌تعالی، آورندهٔ وحی الهی، از آن جهت امین نامیده می‌شود که در پیام الهی امانت‌دار است، نه بر آن می‌افزود و نه می‌کاست. به او روح‌القدس هم می‌گویند. اینجا مقصود از روح‌الأمین، روح مقدّس رسول اکرم(ص) است؛ زیرا امین یکی از القاب آن حضرت بود.

حکایتِ پادشاه جُهود دیگر که در هلاک دینِ عیسی سعی نمود

بی‌گمان آنچه در نوشته‌های اسلامی دربارهٔ شکنجهٔ مسیحیّان نَجران به دست «ذونواس» آمده است، همه ریشه در قرآن‌کریم دارد، آنجاکه به این رویداد اشاره فرموده است: قُتِلَ أَصْحابُ الأُخْدُود،... اخدودیان در گودالی پر آتش کشته شدند... بروج: ۸/۸۵-۴، اشاره قرآن‌کریم به گودالی پر آتش و آتش‌افروزانی که بر فراز آن گودال نشسته بودند و مؤمنانی راکه به الله ایمان آورده بودند، باکینه‌ای سخت ستمگرانه کشته و می‌سوزانیدند، مورّخان و گزارشگران را برانگیخت تا آنچه راکه دربارهٔ این رویداد شگفت، این سو و آن سو یافتند، گرد آوردند و بازگفتند.

پیش از بررسی گزارش‌های مفسّران و مورّخان از این رویداد، شایسته است که کوتاه شدهٔ گزارشی از این داستان راکه در صحیح مسلِم از زبان پیامبر(ص) آمده است، بیاوریم: جادوگری پیر که مرگ خویش را نزدیک دید، از پادشاه خواست تا جوانی را به نزد او فرستد تا دانش خویش را به او بیاموزد. شاه جوانی را نزد او فرستاد. بر سر راهی که جوان به منزل جادوگر می‌رفت خانهٔ راهبی قرار داشت که جوان هر روز پیش از رفتن به منزل جادوگر به راهب سر می‌زد و سخنان او را می‌شنید. روزی جوان بر سر راه خود جانور عظیمی را دید که راه را بر مردم بسته بود. سنگی را بر داشت و از خدا خواست که اگر کار این راهب نزد تو پسندیده‌تر از کار آن جادوگر است این جانور با این سنگ نابود گردد و چنین شد. جوان نزد راهب رفت و جریان کار را شرح داد. راهب به او گفت: پسر من، اینک تو از من فراتر رفته‌ای و می‌بینم که کار تو بالا خواهد گرفت. به این ترتیب، جوان تعالی یافت و موفّق به درمان کوران و پیسان و دیگر دردمندان شد. شاه که با شفا یافتن کوری (یکی از مردان کاخ) از راز جوان که به پرستش الله پرداخته بود، خبر یافت. جوان و راهب را دستگیر کرد و خواست تا خدایی او را پذیرا شوند؛ امّا آنان نپذیرفتند و شاه مصمّم به کشتن ایشان شد؛ امّا هیچ شیوه‌ای برای هلاکت جوان کارگر نیفتاد تا سرانجام خود جوان به شاه گفت: اگر مردم را در میدانی جمع آوری و تیری به سوی من رها کنی و هنگام پرتاب تیر بگویی به نام الله خدای این جوان، قادر به کشتن من خواهی شد. شاه چنین کرد و مردم همه به خدای آن جوان ایمان آوردند. شاه خشمگین شد و فرمان داد تا در گودال‌هایی عظیم، آتش بیفروزند و هر که از دین تازه باز نمی‌گردد در آن گودال‌ها رها سازند. تا سرانجام زنی را با کودکی کنار گودال آوردند، زن با دیدن شعله‌های سرکش آتش گویا می‌خواست پا پس گذارد که کودک به او گفت: مادر، تو بر حقّی، نترس، پیش رو، و چنین شد که آتش خاموش شد.[۱]

در ارتباط با دلایل این رویداد وحشتناک گزارش‌های مورّخان و مفسّران گونه‌گون‌اند؛ امّا اعتماد ما بر گزارش‌هایی است که با اشارات قرآنی در این باب نزدیکی و مشابهت دارد. بعضی از مفسّران گزارش کرده‌اند که

---

۱ - روایتی از این رویداد در قصص الانبیای ثعلبی: یکی از پیروان عیسی(ع) در نجران (شمال یمن) به تبلیغ پرداخت و گروهی به آیین مسیح گرویدند. پادشاه وقت که یهودی بود و ذونواس نام داشت، گفت: اگر به دین یهود باز نگردید، شما را در آتش خواهم افکند. به این ترتیب گروه کثیری را سوزانید.

ذونواس آخرین پادشاه حِمْیَر از قبایلِ معروف یمن بود که در آخر حکومت او لشکریان حبشه که مسیحی بودند به یمن تاختند و آنجا را ضمیمهٔ کشور خود نمودند.

روایت دیگری می‌گوید: این پادشاه بت‌پرست و اصحاب اخدود، خداپرست بوده‌اند، به نظر می‌رسد که مولانا روایتِ ثعلبی را مأخذ قرار داده باشد: بررسی تاریخی قصص قرآن، ج ۱، صص ۲۹۴-۲۹۲، نقل از صحیح مسلم، ۱۳۳/۱۸-۱۳۰.

یکی از ترسایان نجران به نام «دوس ذوثعلبان» توانست از چنگِ ذونواس بگریزد و به دادخواهی به دربار قیصر روم که در آن زمان سزار یوستین (۵۲۷-۵۱۸میلادی) بود، برود. سزار روم به او می‌گوید: سرزمین شما از ما بسیار دور است و ما نمی‌توانیم به آنجا لشکرکشی کنیم؛ امّا نامه‌ای به «نجاشی» پادشاه حبشه که بر دین شما و در نزدیکی شماست می‌نویسم تا داد شما را بخواهد و به این ترتیب نجاشی بنا بر خواستهٔ سزار، سپاهی هفتاد هزار نفره را می‌فرستد و با تسخیر یمن، آنجا را به صورت ایالتی از حبشه ضمیمهٔ کشور خویش می‌سازد و با سقوط یمن و مرگ ذونواس که برخی به دستِ حبشیان و برخی خودکشی در دریا می‌دانند، ماجرای آدم‌سوزی‌های جان‌خراشِ نجران پایان می‌یابد.

علی‌رغم روایات متفاوتی که دربارهٔ ذونواس نقل شده است، قطعی‌ترین و منطقی‌ترین گزارش حاکی از آن است که وی ترسایان نجران را به بت‌پرستی فرا می‌خوانده و نه یهودی‌گری؛ بنابراین خود او نیز قطعاً بت‌پرست بوده‌است.

منابع مسیحی و یونانی تاریخ، پیکار حبشیان با یمنیان را سال ۵۴۲ م دانسته‌اند و محقّقان نوشته‌اند که کوشش حبشیان برای دستیابی به یمن که از دیرباز آغاز شده بود و گاه با پیروزی و گاه با شکست همراه بود، در زمان ذونواس قطعی شد و این بار به انگیزهٔ پشتیبانی از مسیحیّت و مسیحیّان بود که ظاهر قضیّه است و ابرههٔ حبشی که به پیکار ذونواس رفت ظاهراً انگیزه‌ای دینی داشت و نیّتِ حقیقی او گسترش نفوذ حبشیان تا میانه‌های سرزمین عرب بود و امپراتور رومِ شرقی هم که نامه‌ای به نجاشی نوشت انگیزه‌ای سیاسی و اقتصادی را پی می‌گرفت و مشتاق بود که سرزمین‌های عربی را که با چیرگی بر باب‌المندب که دریای سرخ را به اقیانوس هند می‌پیوست و در میانهٔ سرزمین‌های عربی و افریقا جای داشت و شاهرگ مواصلاتی و یکی از مهم‌ترین پایگاه‌های اقتصادی آن روزگاران بود، از دست عرب‌ها خارج ساخته و مصر و دیگر سرزمین‌های وابسته به امپراتوری خود را بر جای آنان بنشاند؛ بنابراین با این اندیشه که به بهره‌گیری از دین، سرزمین‌های عرب جنوبی را به امپراتوری خویش بپیوندد، حتّی دسته‌هایی از روحانیان و مبلّغان دینی را هم به این سوی و آن سوی سرزمین‌ها فرستاده بود تا احساس و اندیشهٔ مردم را برای پذیرشِ نفوذ رومی‌ها آماده سازند، به این دلیل حبشیان را واداشت تا به یمن هجوم برند.[1]

در این داستان که پادشاه قصّهٔ اصحاب اخدود، در واقع ادامه دهندهٔ سنّت زشتی است که در حکایت پادشاه و وزیر جهود آمده است، زجر و آزار و شکنجهٔ قوم نصاریٰ به وسیلهٔ مخالفان مطرح می‌گردد. هدف کلّی قصّه، بیان صبر و پایداری اهل ایمان، در مقابل جور و آزار و ستم کفّار است. در این داستان که غالب مفسران، پادشاه ستمکار را ذونواس، شاه حمیری یمن دانسته‌اند وگفته‌اند: نزدیک یک قرن قبل از ظهور اسلام می‌زیسته است،گودال پر از آتش این شاه ظالم نتوانست نصارای نجران را از آیین خویش باز گرداند هرچند که گروه کثیری طعمهٔ شکنجه و آتش شدند. ثعلبی در قصص قرآن می‌نویسد، زنی که با سه طفل خویش به دین مسیح گرویده بود به کنار گودال آوردند و چون از ایمان خویش باز نگشت دو طفل وی را در آتش افکندند و هنگامی که کودک شیرخواره‌اش را نزدیک بود که به آتش بیفکنند، تزلزلی در دل وی پدید آمد؛ امّا ناگاه کودک شیرخواره به سخن آمد وگفت: مادر چه می‌کنی؟ مبادا از ایمانت باز گردی.

در روایت مولانا، پادشاه جهود، مؤمنان را به سجدهٔ بتان وامی‌دارد و این امر رمزی از بتِ نفسِ خود اوست که جز کلام و روش خود هیچ آیینی را بر نمی‌تابد و خودپرستی او سنخیّت و جنسیّتی است که بین او و شاه جهودِ قصّهٔ بولس، وجود دارد و تجانس روحی ایشان، آنان را در راستای ستمکاری و خویشتن‌پرستی قرار داده است.

---

۱ - بررسی تاریخی، ج ۱، صص ۳۱۸-۲۹۲، با تلخیص و تصرّف.

یک شـه دیگـر ز نسـلِ آن جُـهود   در هـلاکِ قـومِ عـیسی رُو نـمود ۷۴۵

شاه دیگری از قوم یهود که همان سرشت ناپاکِ شاهِ حکایتِ پیشین را داشت کمر به نابودی قوم عیسی بست. این پادشاه ذونواس نامیده می‌شد و از ملوک یمن بود.

گر خبر خواهی از این دیگر خروج   سوره بر خوان: وَالسَّما ذاتِ البُروج ۷۴۶

اگر می‌خواهی بدانی که چگونه یک بار دیگر انسان‌ها از جادهٔ انسانیّت و عدل و انصاف خارج شدند، سورهٔ بروج[1]: ۸/۸۵-۴ را بخوان.

سـنّتِ بـد، کـز شـهِ اوّل بـزاد   ایـن شـهِ دیگـر قـدم بـر وی نـهاد ۷۴۷

سنّت و روش ناپسندی را که در حکایت پیشین خواندیم و توسّط شاه جهود بنیان‌گذاری شده بود؛ یعنی فتنه و کشتار مردم، توسط شاه جهود دیگری تداوم یافت.

هـر کـه او بـنهاد نـاخوش سـنّتی[2]   سـویِ او نـفرین رود هـر سـاعتی ۷۴۸

بنیان‌گذارِ روش‌های ناپسند همواره و لحظه به لحظه آماج لعنت و نفرین است.

نـیکوان رفـتند و سـنّت‌ها بـماند   وز لئـیمان ظـلم و لعْـنت‌ها بـماند ۷۴۹

انسان‌های نیک که راه و روش‌های پسندیده را بنیاد نهادند، از جهان فانی رفتند؛ امّا سنّت‌های خوب آنان بر جای ماند. مردم نظرتنگ و ستمگر هم جهان را ترک کردند؛ امّا به سبب بنیاد بدی که بر جای نهادند، نفرین و لعنت همواره به دنبال آنان خواهد بود.

تا قیامت هـر کـه جـنسِ آن بَـدان   در وجـود آیـد، بُـوَد رویَش بـدان ۷۵۰

در بیان جاذبهٔ جنسیّت و سنخیّت است: تا روز حشر، هر کس که فطرتِ بدِ ظالمانی را که در طول تاریخ بوده‌اند، داشته باشد، به اعمال زشت و خشونت‌بار بنیان‌گذاران بدی‌ها توجّه خواهد کرد.

---

۱ - قُتِلَ أَصْحابُ الأُخْدُودِ. مرگ بر شکنجه‌گران صاحبِ گودالِ آتش. النّارِ ذاتِ الْوَقُودِ: آتشی عظیم و شعله‌ور. إِذْهُمْ عَلَيْها قُعُودٌ: هنگامی که درکنار آن نشسته بودند. وَ هُمْ عَلىٰ ما يَفْعَلُونَ بِالْمُؤْمِنِينَ شُهُودٌ: و آنچه را که با مؤمنان انجام می‌دادند تماشا می‌کردند. وَ ما نَقَمُوا مِنْهُمْ إِلاَّ أَنْ يُؤْمِنُوا بِاللهِ الْعَزيزِ الْحَميدِ: آنان هیچ ایرادی بر مؤمنان نداشتند جز اینکه به خداوند عزیز و ستوده ایمان آورده بودند.

اُخْدُود: گودال بزرگ یا خندق، اینجا خندق‌های عظیمی که مملوّ از آتش بود و شکنجه‌گران مؤمنان را در آن‌ها می‌افکندند.

۲ - اشاره‌ای است به حدیث: هر کس سنّت نیکویی را پایه‌گذاری کند و دیگران به آن عمل کنند، معادل اجر عمل کنندگان به وی پاداش داده می‌شود، بدون آنکه از اجر آنان چیزی کم شود و آن کس که سنّت بدی را پایه‌گذاری کند و بعداً دیگران به آن عمل کنند، معادل گناهِ مرتکبینِ به آن سنّت بد به حساب وی گذاشته خواهد شد، بدون آنکه از گناهان آنان چیزی کم شود: احادیث، صص ۳۳-۳۲.

۷۵۱ **رگ رگ است[۱] این آبِ شیرین و آبِ شور   در خـــلایق مـــی‌رود تـــا نـــفخِ صُـــور[۲]**

نیکی و بدی، خیر و شرّ، حق و باطل، در جهان در کنار یک‌دیگر وجود دارند. آمیزش خیر و شرّ همچنان در خلایق تا روز رستاخیز تداوم دارد. نیکان به سمت نیکی‌ها گرایش پیدا می‌کنند و بدان به سمت بدی‌ها.

۷۵۲ **نـیکوان را هست مـیراث از خـوشاب   آن چه میراث[۳] است؟ أَوْرَثْنَا الْکِتاب[۴]**

نیکان، میراث‌بران آب زلال حکمت الهی انبیا و اولیا به شمار می‌آیند.

۷۵۳ **شـد نـیازِ[۵] طـالبان[۶]، ار بـنگری   شـــعله‌ها از گـــوهرِ پـیغمبری[۷]**

اگر توجّه کنی در می‌یابی که نیاز و درد و اشتیاقِ طالبان حقایق، به سبب پرتوی است که از نور محمّدی(ص) بر جان آنان تافته است.

---

۱ - **رگ رگ است :** رشته رشته، رشته‌ای از آب شیرین همراه با رشته‌ای از آب شور، برای بیان حق و باطل.

۲ - **نَفْخ صُور :** دمیدن اسرافیل در صور برای برانگیختن مردگان در حشرِ اجساد که نشانهٔ روز رستاخیز است. **صور** به شاخِ میان‌تهی گویند که در آن می‌دمند تا آواز بر آید. از مصطلحات قرآنی است در کهف : ۹۹/۱۸ : وَ نُفِخَ فِي الصُّورِ فَجَمَعْنٰاهُمْ جَمْعاً. و یس : ۵۱/۳۶ و نظایر آن آمده است.

۳ - **میراث :** چیزی است که بدون زحمت و داد و ستد به دست آید و خداوند بدین گونه کتاب آسمانی خود، قرآن را در اختیار مؤمنان قرار داده است؛ امّا همهٔ مسلمانان نیز توانایی و استعداد یکسان برای بهره‌مند شدن از معارف الهی و علوم و اسرارِ نهفته در بطن آیات را ندارند و گروه خاصّی حاملان آن به شمار می‌آیند؛ پس در حقیقت وارثان حقیقی انبیا، آن گروه برگزیده هستند که به سبب اتّصال با حق این میراث عظیم را دریافت داشته‌اند؛ یعنی عارفان، واصلان و کاملان.

۴ - اشارتی قرآنی؛ فاطر : ۳۲/۳۵ : ثُمَّ أَوْرَثْنَا الْکِتٰابَ الَّذينَ اصْطَفَيْنٰا مِنْ عِبادِنٰا : سپس میراث دادیم کتاب آسمانی را به گزیدگان از بندگان خویش.

۵ - **نیاز :** نیازمند به چیزی بودن، فقر (نداشتن چیز بخصوصی)، پیشکش سالکانِ طریقت را به محضر حق نیز نیاز گویند که گاه به علّت قِلّت بضاعت ممکن است یک برگِ سبز باشد.

محمّد : ۳۸/۴۷ : وَ اللهُ الغَنِيُّ وَ أَنْتُمُ الْفُقَرٰاءُ : خداوند بی‌نیاز و غنی است و شما فقیر و نیازمندید.

وَ أَنْتُمُ الْفُقَرٰاءُ خطابی است از جانب خالق به مخلوق؛ پس همهٔ مردم فقیر و محتاج خالقی هستند که غنی و بی‌نیاز است؛ امّا همه کس نمی‌تواند فقر خویش را دریابد. چون سالک راه خدا این امر را به نورِ باطن می‌داند او را فقیر می‌نامند. ختم انبیا فرمود: «أنا سَيِّدُ وَلَدِ آدمَ و لاٰ فَخْرَ» و به فقر فخر فرمود: حدیث نبوی: من سرور و مولای تمام اولاد آدم هستم و به آن تفاخری ندارم، فخر من فقر من است: مرصاد/۸۸.

مقایسه کنید : حافظ : دولت فقر خدایا به من ارزانی دار   کین کرامت سبب حشمت و تمکین من است

* * *

: اگرت سلطنت فقر ببخشند ای دل   کمترین ملک تو از ماه بود تا ماهی

۶ - **طالبان :** جمع طالب، طلب کننده، جست‌وجوگرِ حقیقت. **طلب :** اوّلین وادی از سیر و سلوک. حالتی که میل رسیدن به حق در نهانِ سالک می‌جوشد و شب و روز به یاد خداست چه در خانه و چه در بازار.

۷ - **گوهر پیغمبری :** نور محمّدی، نور ازلی محمّد(ص) که حقیقت نبوّت و ولایت است.

شعله‌ها[1] با گوهران[2] گردان بود   شعله آن جانب رود هم کآن بُوَد ۷۵۴

نور حق، در انسان کامل تجلّی یافته است و به هر جهتی که مرد خدا توجّه کند، این شعله [نور حق] بدان سو تمایل می‌یابد. این عنایت و توجّه شاملِ حالِ کسی می‌شود که در او نیاز و طلب و اشتیاقِ رسیدن به حق باشد.

نورِ روزن گِردِ خانه می‌دَود   زانکه خُور بُرجی به بُرجی[3] می‌رود ۷۵۵

نورِ روزن که ظاهراً گِرد خانه می‌دود، در حقیقت یک نور ثابت است و این گردش و تحوّل مربوط به زمین و خانه است. خانهٔ دل سالک هم تحت تأثیر احوال روحانی و نفسانی مدام در حال تحوّل و گردان است.

در بیت قبل گفته شد: هرجا طلب باشد، توجّه باطنی مردانِ حق بدان سو متمایل می‌گردد، در این بیت می‌فرماید: اگر این طلب همیشه باشد، توجّه هم همیشگی است.

هر که را با اختری پیوستگی‌ست   مر ورا با اخترِ خود هم تَگی‌ست[4] ۷۵۶

به کار بردن یکی از مصطلحات علم نجوم، سبب بیانِ معتقداتِ منجّمین است که طبایع ستارگان چه نقشی می‌تواند در ویژگی‌های اخلاقی و مقدّراتِ جسمانی افراد داشته باشد و بعد از بررسی طبایع ستارگان، نتیجه‌گیری می‌فرماید که مردم عادی طالع‌شان تحت تأثیر ستارگانِ ظاهری (صور فلکی) است؛ امّا افراد خاص و برگزیدهٔ حق تحت تأثیر ستارگانِ ظاهری نیستند و طالع آن‌ها تحت تأثیر کواکب روحانی در فلکِ ذاتِ باری تعالیٰ، همواره منوّر و تابان است.[5]

---

۱ - **شعله‌ها :** پرتو نور محمّدی، حقیقتِ حق که در انبیا و اولیا تجلّی یافته است.

۲ - **گوهران :** مردان خدا، انسان‌های کامل.

۳ - **برج‌های آسمانی** یا **صُوَر فلکی :** مجموعه‌ای از ستارگان که از نظر ما شباهت به یکی از موجودات زمینی دارد و برج‌های دوازده‌گانه، دوازده صورت فلکی است که خورشید در مسیر سالانه خود در هر ماه مقابل یکی از آن‌ها قرار می‌گیرد و این به دلیل حرکت زمین است به دور خورشید. حرکت ظاهری خورشید و ماه و سیّارات به جز زهره و پلوتون در منطقهٔ البروج است. دور منطقهٔ البروج را که ۳۶۰ درجه است به دوازده قسمت مساوی تقسیم کرده‌اند. صورفلکی عبارتند از: ۱ـ حَمَل (برّه، گوسفند) مطابق با فروردین ۲ ـ ثَوْر (گاو) مطابق با اردیبهشت ۳ ـ جَوْزا (دو کودک که دست به گردن هم دارند) مطابق با خرداد ۴ ـ سرطان (خرچنگ) مطابق با ماه تیر ۵ ـ اسد (شیر) مطابق با مرداد ۶ ـ سنبله (خوشه، عذراء) مطابق با شهریور ۷ ـ میزان (ترازو) مطابق مهرماه ۸ ـ عقرب (گژدم) مطابق آبان ۹ ـ قوس (کمان) مطابق آذر ۱۰ ـ جَدی (بزغاله) مطابق دی ۱۱ ـ دَلْوْ (شخصی با دلو) مطابق بهمن ۱۲ ـ حُوت (ماهی) مطابق با اسفند.

۴ - **هم تگی:** همگامی و همراهی در دویدن.

۵ - شرح مثنوی مولوی، دفتر اوّل، ص ۱۳۶.

۷۵۷ طالعش¹ گر زُهره² باشد، در طرب   میلِ کـلّی دارد و عشـق و طلب

اگر طالع شخص زهره باشد، به شادمانی و طرب و عشق تمایل دارد.

۷۵۸ ور بُوَد مـِرّیخی³ خـون‌ریزْ خُو   جنگ و بُهتان و خصومت جوید او

مـرّیخ دلالت دارد بـر شجاعت، دلاوری، بی‌باکی، خـون‌ریزی، جنگ‌طلبی، کینه، خصومت، فتنه‌گری، تهمت و افترا. مرّیخ و زحل را **ستاره‌های نحس** گویند.

۷۵۹ اخـترانـند از ورای اخـتران   که احتراق و نحس⁴ نَبْوَد اَنـدر آن

در ماورای این ستارگان، ستارگانی روحانی «ارواح انبیا، اولیا و واصلان» وجود دارند که هیچ شباهتی به ستارگان ظاهری ندارند و در آنها سوختن و شومی و نامبارکی وجود ندارد.

۷۶۰ سـایران در آسـمان‌هایِ دگر   غیـر این هفت آسـمانِ مُشتَهَر⁵

ستارگانِ روحانیِ آسمان معنا، در فلکِ ذاتِ اسما و صفاتِ الهی که در مردان حق تجلّی یافته است، سیر می‌کنند.

۷۶۱ راسـخـان در تـابِ انـوارِ خـدا   نه به هـم پیوسته، نـه از هـم جـدا

مردانِ خدا یا کاملان و واصلان نیز در عینِ تعدّد ظاهری، اتّحادی روحانی دارند؛ زیرا محلّ تجلّیِ نورِ حق و اسما و صفات هستند.

۷۶۲ هر کـه باشد طالعِ او زآن نجوم   نَـفْسِ او کفّار سوزد در رُجوم⁶

«نَفْسِ» انسان کامل که طالع او و از نجومِ کواکبِ روحانی است، چنان قدرتی دارد که

---

۱ - **طالع** : قسمتی از منطقهٔ البروج که در وقت مفروض به طرف شرقی افق حقیقی باشد؛ بنابراین اگر آن زمان هنگام ولادت شخصی بود، آن را طالع آن شخص گویند و اگر در اوّل سال شمسی باشد آن را طالع سال نامند. به عقیدهٔ منجمان پیشین هر یک از ستارگان بر خویی و حالتی دلالت دارد و این امور را منسوباتِ کواکب نامند، مثلاً زهره دلالت دارد بر نیک‌خویی و خوش‌منشی و گشاده‌رویی و عشق و شهوت ورزیدن و دوست داشتن، سرود و لهو و بازی: شرح مثنوی شریف، دفتر اوّل، ص ۳۰۳.
۲ - **زهره** : ناهید، دومین سیّارهٔ منظومهٔ شمسی که پس از عطارد و پیش از زمین قرار دارد.
۳ - **مرّیخ** : یکی از سیّارات منظومهٔ شمسی، کوچک‌تر از زمین است، روشنایی‌اش به چشم ما نصف زهره است.
۴ - **نحس** : اقتران هر یک از پنج سیّارهٔ زهره، عطارد، مرّیخ، مشتری و زحل را با خورشید در یک درجه از منطقهٔ البروج نحس گویند. نحس اصغر «مرّیخ» و نحس اکبر «زحل».

تـا کـه مشرف اوست اجـرامِ فـلـک را از فـلک   آن دو پیر نحس رحلت کرده‌اند از بیم او   خاقانی

۵ - **مُشتَهَر** : دارای شهرت، معروف. در این بیت، در متن «معتبر» نوشته و بعد کلمهٔ «مشتهر» را ضبط کرده‌اند.
۶ - **رُجوم** : جمع رَجْم، آنچه پرتاب می‌شود. اشارتی قرآنی؛ مُلک : ۶۷/۵ : وَ جَعَلْناها رُجُوماً لِلشَّیاطینِ : و به تیر شهاب آن ستارگان، شیاطین را راندیم.

می‌تواند کُفر را از بین ببرد و کافرتر از نفس آدمی، کافری نیست. انسان کامل برای تربیت و تهذیب نفس سالک، دشواری‌های خاصّی را برای او به وجود می‌آورد و اصطلاحاً سنگ می‌اندازد تا آهسته آهسته اشتیاق نفسانی وی به امور دنیوی، به سبب رنج‌های بسیار از بین برود.

۷۶۳ **خشمِ مِرّیخی نباشد خشمِ او مُنْقَلِبْ رو،[۱] غالب و مغلوبْ خو**

اگر «مردِ خدا» خشمگین شود، خشم او خشمِ حق است، خشمِ نَفْسانیِ خلق نیست که نیرومند و غالب به نظر می‌آیند؛ امّا چونَ «نَفْس» بَر آنان غلبه دارد، مَغلوب‌اند.

۷۶۴ **نورِ غالب[۲]، ایمن از نقص و غسَق[۳] در میانِ اِصبَعَیْن[۴] نورِ حق[۵]**

در انوار هدایت انسان کامل، تاریکی و تیرگی راهی ندارد. انوار جمال و جلال الهی است.

۷۶۵ **حق فشانْد آن نور را بر جان‌ها مُقْبِلان بر داشته دامان‌ها[۶]**

فیض حق و بارش انوار الهی عام‌است. هرکس به میزان طلب و استعداد و قابلیّت از آن بهره‌مند می‌شود. نیک‌بختان کسانی‌اند که اهداف آفرینش را دریافته‌اند و دامان دل را از این فیوضات سرشار می‌سازند.

۷۶۶ **و آن نثارِ نور[۷] را وا یافته روی از غیرِ خدا بر تافته[۸]**

کسی که از فیض حق بهره برد، روی از غیرِ خدا برتافته است.

۷۶۷ **هر که را دامان عشقی نابُده ز آن نثارِ نور بی بهره شده**

دلی که از عشق حق لبریز نبود، از نثارِ فیضِ الهی بهره‌ای نبرد.

---

۱ - **مُنْقَلِب رو :** وارونه رو، کج رو، کسی که به عقب باز می‌گردد.

۲ - **نور غالب :** نوری که غلبه دارد بر دل انسان کامل، نور حق. ۳ - **غَسَق :** تاریکی و تیرگی.

۴ - **إِصْبَعَیْنِ :** تثنیه اِصْبَع، انگشت، کنایه از جمال و جلال الهی.

۵ - حدیث : قَلْبُ الْمُؤمِنِ بَیْنَ إِصْبَعَیْنِ مِنْ أَصابِعِ الرَّحْمٰنِ إِنْ شَاءَ لَأَثْبَتَهُ وَ إِنْ شَاءَ لَأَزَاغَهُ : قلب مؤمن بین دو انگشت از انگشتان قدرت حق تسلیم است، اگر بخواهد به آن قلب ثبات و استواری می‌دهد و اگر بخواهد به انحراف دچارش می‌کند: احادیث، ص ۳۳.

۶ - اشاره‌ای است به حدیث : إِنَّ اللهَ تَعالیٰ خَلَقَ خَلْقَهُ فِی ظُلْمَةٍ فَأَلْقیٰ عَلَیْهِمْ مِنْ نورِهِ فَمَنْ أَصابَهُ مِنْ ذٰلِكَ النّورِ اهْتَدیٰ وَ مَنْ أَخْطَأَهُ ضَلَّ : خدای تعالیٰ، خلق را در حالی که همه جا ظلمت بود آفرید، سپس نورش را بر آنان تابانید، از آن نور هر کس بهره یافت، در راه رَشَد قرار گرفت و هر کس بهره نیافت به گمراهی افتاد: احادیث، صص ۳۴ و ۳۳.

۷ - **نثار نور :** فیض حق. ۸ - **بر تافتن :** برگردانیدن.

جُزْوها را رویها سویِ کُل است[1] بلبلان را عشق بـا رویِ گُـل است[2] ۷۶۸

هر جزو به کلّ باز می‌گردد و در طلب آن می‌کوشد؛ مرید در اشتیاقِ اتّصال به مُراد، مُراد در شوقِ اتّصال با نور مطلق و بلبل در شوق رسیدن به گل است.

گـاو را رنگ از بـرون و مـرد را از درون جـو رنگِ سـرخ و زرد را ۷۶۹

حیوانات یا اشیا را می‌توان از رنگِ ظاهر و ویژگی‌ها شناخت؛ امّا انسان‌ها را نمی‌توان؛ زیرا حقیقتِ هر کس در درون اوست. رنگِ سفیدِ پوستِ بدن سببِ برتری نیست و پوستِ سرخ یا زرد عیبی به شمار نمی‌آید؛ زیرا امور غیر اختیاری‌اند.

رنگ‌هایِ نـیک از خـمّ[3] صـفاست رنگِ زشتان از سیاهابهٔ[4] جـفاست ۷۷۰

رنگِ طینتِ افرادِ پلید که مانند آبِ لجن‌آلود، متعفّن است، رنگِ زشت صفاتی همچون: غرور و تکبّر، ریا و خواسته‌های غیر اخلاقی است.

صِـبْغَةُ اللّـه[5] نـامِ آن رَنگِ لطـیف لَـعْنَةُ اللّـه بُـویِ ایـن رنگِ کـثیف ۷۷۱

آن رنگِ لطیف، «رنگِ خدا»یی نام دارد و رنگِ زشت، «لعنة الله» نامیده شده است.

آنـچه از دریـا، بـه دریـا می‌رود از هـمانجا کآمـد، آنـجا می‌رود ۷۷۲

آنچه از دریا آمده است، به دریا باز می‌گردد؛ زیرا بازگشت هر چیز به اصل خویش است.

از سـرِ کُـه سـیل‌های تـیزْ رو وز تـنِ مـا جـانِ عشق آمیز رو ۷۷۳

همچنان که سیل خروشان از بلندای کوه به دشت سرازیر می‌شود تا پس از تبخیر به دریا بپیوندد، جان ما نیز که از عشق حق نیرو گرفته، به دریای وحدانیّت باز خواهد گشت.

---

۱ - «اَلْجزْءُ یَمیلُ إِلَی الْکُلِّ»: جزو مشتاق رسیدن به کلّ است، بر اساس قاعدهٔ جذب جنسیّت.

۲ - مصراع دوم در نسخهٔ خطّی قدیمی قونیه همین است. بعضی شارحان «عشق بازی با گُلست» نوشته‌اند.

۳ - **خُم** : ظرف سفالین بزرگی که در آن آب، شراب و یا مانند آن را ریزند. اینجا درون افراد سعید و نیکو خِصال به خمی تشبیه شده که پر از صفا و محبّت و بی‌رنگی است و صفات پسندیده که تظاهرات و نمایی از باطن پاک است به رنگ‌هایِ نیک نمودار می‌گردد که رنگ محبّت و عشق است.

۴ - **سیاه آبه** : آب آلوده به لجن، اینجا طینت و درون افراد پلید.

۵ - صِبْغَةُ اللهِ؛ بقره : ۱۳۸/۲ : صِبْغَةَ اللهِ وَ مَنْ أَحْسَنُ مِنَ اللهِ صِبْغَةً : رنگِ خداست که به ما رنگ ایمان و سیرت توحید بخشیده است و چه رنگی بهتر از رنگِ ایمانِ به خدا؟.

آتش کردن پادشاه جهود و بت نهادن پهلوی آتش که : هر که این بُت را سجود کند، از آتش بِرَست

شرح مفصّل داستان پادشاه جهود از بیت ۷۴۴ تا ۷۴۷ گفته شد. چکیده‌ای از آن را مجدّداً می آوریم: ذونواس آخرین پادشاه از پادشاهان حِمیر، آیین یهود را پذیرا شد و نام خود را یوسف نهاد. راویان خبر آوردند که در سرزمین «نجران» در شمال یمن، گروهی از یهودیان و عدّه‌ای از بت‌پرستان نجران مسیحی شده‌اند. بدان سوی روی نهاد و آیین یهود و در حقیقت، بت نفس خویش را بر آنان عرضه داشت و چون نپذیرفتند، دستور داد خندق عظیمی حفر کردند و در آن آتش هولناکی افروختند و مردم نجران را که اکثراً نصاری بودند، در آن سوزاندند.

آن جُهود[1] سگ ببین چه رای کرد　　پهلویِ آتش بُتی بر پای کرد ۷۷۴

ببین آن شاه درنده‌خویِ کافِر چه تدبیرِ وحشیانه‌ای اندیشید. به فرمان او آتش عظیمی را درگودال بزرگی افروختند و درکنار آن، بتی را بر پای داشتند.

کانکه این بُت را سجود آرد، بِرَست　　ور نیارَد در دلِ آتش نشست ۷۷۵

اعلام کرد: هر کس بت را سجده کند، رها می‌شود و گرنه او را به آتش می‌افکنیم.

چون سزایِ این بتِ نفس او نداد　　از بتِ نفسش بتی دیگر بزاد ۷۷۶

اینک مولانا به بررسی دلایلی که موجب اتّخاذ چنین تصمیم شومی شده است، می‌پردازد: این شاه کافر سزای بتِ نفسی را که در درون خود او بود، نداد؛ یعنی هرگز در صدد تهذیب نفس بر نیامد وگرچه به ظاهر به آیین یهود در آمده بود و تمام قبیلهٔ حِمْیَر نیز از وی متابعت کرده و یهودی شده بودند؛ امّا به معتقدات آن آیین نیز پای‌بند نبود؛ زیرا تمام ادیان بر تهذیب نفس و اصول انسانی تأکید دارند. در نتیجه نفس پلید او که مانند بتی مورد پرستش وی قرار گرفته بود، رشد کرد و بت دیگری را زاد که در نهایت، حوادث هولناکی را به وجود آورد.

در قصّهٔ اصحاب‌الاخدود اختلاف هست، استاد فروزانفر می‌گوید: گروهی از مفسّران معتقدند، آن‌ها را شاهِ یهود در آتش افکند و بعضی روایت کرده‌اند، شاه بت‌پرست آنان را به آتش سوزانده است. در جایی آمده است که اصحاب‌الاخدود عیسوی بوده‌اند و بعضی نوشته‌اند، آن‌ها دسته‌ای از مجوس بودند. ظاهراً مولانا روایات را به هم آمیخته و به پادشاه یهود نسبت داده است. نیکلسون می‌گوید: ملوک حِمْیَر به صفت کافران یا جهودها توصیف شده‌اند و این حکایت به زبان فارسی در قصص نسخهٔ خطّی براون نقل شده و ذونواس فردی کافر معرّفی شده نه جهود و در شرح مثنوی مولوی نتیجه‌گیری می‌شود که ممکن است مولانا این داستان را با خاطره‌ای از تمثالِ طلایی

---

۱ - جهود اینجا به معنی کافر به کار رفته است؛ زیرا هیچ دین و آیین پسندیده‌ای چنین مجوّز شومی به پیروان خود نمی‌دهد.

بخت‌النصر (دانیال سوم) در هم آمیخته باشد و می‌نویسد که بعضی از منابع اسلامی، مؤمنین یاد شده در سورهٔ بروج را با دانیال و سه مردی که در تنور آتش افکنده شدند، یکی می‌دانند.

نویسندهٔ این سطور با توجّه به منابعی که در اختیار داشت و مستندات اسلامی و بررسی دقیق هر یک از شروح نامبرده و روایات نقل شده و توجّه به تفاسیر گوناگون ذیل آیهٔ مورد نظر، نتیجه را آن‌چنانکه دریافت، به رشته تحریر آورده است. چنانکه قبلاً هم گفته شد شاه حمیر ابتدا بت‌پرست بود و بعد به آیین یهود در آمد. مردمِ نجران هم ابتدا بت‌پرست بودند و بنا بر تبلیغات یکی دو نفر از پیروان حضرت عیسی(ع) در آن منطقه، گروهی مسیحی شده بودند و دسته‌ای همچنان بت‌پرست بودند و اکثریتِ تام با نصارای نجران بود. شاه حمیر آیین یهود را به آنان عرضه داشت که امتناع ورزیدند؛ پس فرمان داد بت را سجده کنند و به آیین پیشینِ خود باز گردند. گویا تعداد بت‌پرستان نجران در هنگامِ وقوع این حادثه آن‌قدر اندک بوده است که در شرح ماجرا اشاره‌ای به آنان نیست.

مادرِ بُت‌ها[1] بُتِ نفسِ شماست   زآنکه آن بُت مار و این بُت اژدهاست ۷۷۷

تمام بُت‌ها زاییدهٔ بت بزرگی هستند که در درون انسان وجود دارد [نفس امّاره]، بعضی از بت‌ها قابل رؤیت هستند، مانند بتی که از سنگ یا چوب تراشیده می‌شود و بعضی قابل درک هستند، همچون: پول‌پرستی، مقام پرستی، شهوت‌رانی خارج از اعتدال، که تظاهرات ناپسند آن در اجتماع دیده می‌شود؛ بنابراین در مقام مقایسه می‌توان گفت: نَفْس مانند اژدهایی است سیری‌ناپذیر که سایر بت‌ها در برابر او مانند مار به شمار می‌آیند.

آهن و سنگ‌است نفس و بت شرار   آن شرار، از آب می‌گیرد قرار ۷۷۸

«نفس» به «آهن و سنگ» تشبیه شده است که در گذشته وسیله‌ای برای آتش افروختن بود. شراره‌ای که در اثر برخورد سنگ و آهن (فعل و انفعالات نَفْسانی درون افراد) بر می‌خیزد، بُتی است که نتیجهٔ آن را به صورت کارهایِ زشت می‌توان دید. این شراره با «آب توبه یا آب ذکر» قرار می‌یابد؛ یعنی پس از ارتکاب گناهان و خطاها می‌توان به سوی خدا بازگشت و از او بخشش خواست. امّا بازگشت به حق نشانهٔ پایان یا عدم ارتکاب آن خطا نیست؛ زیرا منشأ لغزش، یعنی «نَفْسِ امّاره» فعّال است و چاره‌ای جز تهذیب یا کشتن آن نیست.[2]

سنگ و آهن زآب کِی ساکن شود؟   آدمی با این دُو کِی ایمن بُوَد ؟ ۷۷۹

در اثر برخورد سنگ و آهن شراره‌ای می‌جهد که با آب خاموش می‌شود؛ امّا برخورد مجدّد سنگ و آهن شرارهٔ دیگری تولید می‌کند؛ یعنی باحضورِ منبعِ فساد، انسان هرگز از ارتکاب خطا ایمن نیست.

---

۱ - فرقان : ۴۳/۲۵ : مَنِ اتَّخَذَ إِلٰهَهُ هَوٰیهُ : آن کس که هوای نفسش را خدای خود ساخت.
بت : پیکری از سنگ یا چوب یا فلز به شکل انسان یا حیوان سازند و آن را پرستش کنند، صنم، محبوب، معشوق.
۲ - این موضوع در دفتر دوم به نوع دیگری طرح و بررسی می‌شود.

بت، سیاهابه است در کوزه نهان   نَفْس، مر آبِ سیه را چشمه دان ۷۸۰

اگر اعمال زشت را مانند آبی آلوده به لجن بدانیم که در کوزه‌ای نهان است، باید گفت: نَفْس، چشمهٔ جوشان و تولید کنندهٔ این تعفّن و لجن است.

آن بتِ مَنحوت[1] چون سیلِ سیاه   نَفْسِ بُتگر، چشمه‌یی بر آب راه ۷۸۱

اگر بتی را که می‌تراشند، سیلی لجن‌آلود بدانیم، نفس چشمه‌ای جوشان و مولّد آب لجن‌آلود است. سیل می‌آید و می‌رود؛ ولی چشمه همواره جوشان است و هر لحظه بتی نو می‌سازد؛ پس باید چشمه را پاک ساخت.

صد سبو را بشکند یک پاره سنگ   و آبِ چشمه می‌زَهاند[2] بی‌درنگ ۷۸۲

صدها بت را می‌توان با سنگ پشیمانی و توبه و استغفار شکست. این‌ها بت‌های کوچکی‌اند که نشان از بتگر اصلی می‌دهند که مانند چشمه‌ای جوشان هر زمان نقشی تازه می‌آفرینند.

بت شکستن سهل باشد، نیک سهل   سهل دیدن نفس را جهل است، جهل ۷۸۳

شکستن بتی که نفس برای آدمی ساخته است کار دشواری نیست. به آسانی می‌توان از یک خواستهٔ زشت گذشت؛ امّا مبارزه با نفس بتگر کار آسانی نیست و نهایت جهل آن است که نفس را کوچک بشماریم و توجّه نکنیم که چه دشمن غدّاری در درون ماست. جهاد اکبر، جهاد با نفس است.

صورتِ نَفْس[3] ار بجویی، ای پسر!   قصّهٔ دوزخ بخوان با هفت در[4] ۷۸۴

ای سالک، اگر مشتاقی که معنی تجسّم نفس را دریابی، قصّهٔ دوزخ را با هفت در، بخوان.

هر نَفَس مکری، و در هر مکر زآن   غرقه صد فرعون با فرعونیان ۷۸۵

نفس حیله‌گر در هر نَفَس مکری می‌اندیشد و تبعیّت از آن نتیجه‌ای جز غرق شدن در دریای خودکامگی را در پی ندارد، مانند فرعون و فرعونیان که در نیل غرق شدند.

---

۱ - **مَنْحوت :** از نَحْت: تراشیدن، اشارتی قرآنی، صافّات : ۹۵/۳۷ : أَتَعْبُدُونَ ما تَنْحِتُونَ. سخن ابراهیم(ع) است با بت‌پرستان: آیا چیزی را می‌پرستید که با دست خود می‌تراشید؟ آیا انسان عاقل، مصنوع خود را پرستش می‌کند؟

۲ - **می‌زهاند :** می‌زاید، روان می‌کند، جاری می‌سازد. ۳ - **صورت نفس :** ظاهر نفس.

۴ - اشارتی قرآنی؛ حِجر: ۴۳/۱۵ و ۴۴ : و جهنّم میعادگاه همهٔ آن‌ها [پیروان هوای نفس و شیطان] است، همان دوزخی که هفت در دارد و برای هر دری گروهی از پیروان شیطان تقسیم شده‌اند. لَها سَبْعَةُ أَبْوابٍ لِكُلِّ بابٍ مِنْهُمْ جُزْءٌ مَقْسُومٌ. (آیه ۴۴)

این درها در حقیقت درهای گناهانی است که با ارتکاب آن، افراد وارد دوزخ می‌شوند. ابواب یا دَرَکات هفتگانهٔ دوزخ را هفت خلق زشت و ناپسند: کبر، حسد، شهوت، غضب، حقد، حرص و شَرَه دانسته‌اند.

در خــدای مـوسی و مـوسی گـریز آبِ ایــمان را ز فـرعونی مـریز ۷۸۶

از شرِّ نفس، به خدای موسی و موسی(ع) پناه ببر (استمداد از انسان کامل). با فرعون صفتی و خودکامگی و خودپرستی، آبروی ایمان را مبر.

دست را انـدر اَحـد و احـمد بـزن ای بـرادر! وا رَه از بـوجهلِ[1] تـن ۷۸۷

ای برادر، با استعانت از باری تعالیٰ، دامان هدایت پیامبر(ص) را بگیر [از انسان کامل یاری بخواه] و خود را از خودپرستی برهان.

به سخن آمدنِ طفل در میان آتش و تحریض[2] کردنْ خلق را در افتادن به آتش

یک زنـی بـا طـفل آورد آن جـهود پیشِ آن بُت، و آتش اندر شعله بود ۷۸۸

مأموران زنی را با طفل خردسالش نزدیک بت آوردند در حالی که خندقِ عظیم، مملو از آتش بود.

طفل از او بستد، در آتش در فکـند زن بـترسید و دل از ایـمان بکَـند ۷۸۹

طفل خردسال را از مادر گرفتند و در میان شعله‌های آتش افکندند، مادر ترسید و با امید این که شاید فرزند را نجات دهد، تصمیم گرفت به ظاهر از ایمان خویش باز گردد.

خواست تا او سجده آرَد پیش ِ بُت بــانگ زَد آن طــفل: اِنّـی لَـمْ اَمُتْ ۷۹۰

مادر خواست سجده کند که ناگهان فریاد کودک خردسال از میان شعله‌های آتش شنیده شد که خطاب به مادر می‌گفت: من حقیقتاً نمرده‌ام.

اندرآ ای مـادر، ایـنجا مـن خـوشم گــرچــه در صـورت مـیانِ آتشـم ۷۹۱

ای مادر من، تو هم بیا و ببین که چگونه در میان شعله‌ها خوش و راحت هستم.

---

۱ - **بوجهل** : ابوجهل، عَمرو بن هِشام، از دشمنان سرسخت اسلام و حضرت محمّد(ص)، که در جنگ بدر در سال سوم هجری کشته شد. ابوجهل (پدر جهل) لقبی است که مسلمانان وی را با آن می‌خواندند. قریش او را ابوالحِکَم (صاحب خرد) می‌نامیدند. وی در ادراک حسّی و عقلی صاحب نام، ولی از عالم معنا بی‌خبر بود. تن، به بوجهل مانند شده است؛ زیرا تن تمایلی به تهذیب، ریاضت و سختی کشیدن ندارد.

۲ - **تحریض** : ترغیب و تشویق.

چشم بند است آتش از بهرِ حجاب رحمت است این سر بر آورده ز جَیْب[۱] ۷۹۲

این آتش، مانند چشم‌بندی بر چشم بیگانگان است. حقیقت این آتش که رحمت الهی است، در پرده و حجابی پنهان شده است.

اندر آ مادر، ببین بُرهانِ حق تا ببینی عِشرت خاصانِ حق ۷۹۳

مادر در درون آتش بیا تا دلیل و برهان حقّانیّتِ حق را مشاهده کنی و ببینی که چگونه برگزیدگان حق در میان آتش شاد و مسرورند.

اندر آ و آب بین آتش مثال[۲] **از جهانی کآتش است آبش، مثال**[۳] ۷۹۴

بیا و ببین که اینجا آتش مانند آب عمل می‌کند. در حالی که در عالم مادّی و جهان حسّی آب آتش‌وش است؛ یعنی همه چیز واژگونه می‌نماید.

اندر آ، اسرارِ ابراهیم[۴] **بین کو در آتش یافت سرو و یاسمین**[۵] ۷۹۵

مادر بیا و آنچه را که بر ابراهیم(ع) گذشت، ببین که چگونه در آتش، سرو و یاسمین یافت.

مرگ می‌دیدم گهِ زادن ز تو سخت خوفم بود افتادن ز تو ۷۹۶

ای مادر، در لحظاتی که مرا به دنیا می‌آوردی، از اینکه باید از تو جدا شوم سخت می‌ترسیدم.

چون بزادم، رَستم از زندانِ تنگ در جهانِ خوش هوایِ خوب رنگ[۶] ۷۹۷

وقتی که به دنیا پا نهادم، دریافتم که از زندانی تنگ به جهانی خوش و هوایی خوب آمده‌ام.

---

۱ - **جَیْب** : گریبان، سینه، دل. ۲ - شهادت ظاهرش مرگ و باطنش، زندگی ابدی است.

۳ - این تمثیل به صورت حکایت و مشروح در دفتر پنجم آمده است. بیت ۴۲۴ به بعد. بدین مفهوم که پیامدِ خوشی‌ها و لذایذ جهان مادّی، رنج و دردِ جهان باقی است.

۴ - اشارتی قرآنی؛ انبیاء : ۶۹/۲۱ : قُلْنا یا نارُ کُونِي بَرداً وَ سَلاماً عَلیٰ إِبْراهیمَ : خطاب کردیم که ای آتش، سرد و سالم باش بر ابراهیم. ابراهیم را به جرم شکستن بت‌ها با منجنیق به درون شعله‌های آتش پرتاب کردند. فرمان خداوند به آتش که همان فرمان تکوینی بود، سبب سرد شدن آتش گردید که می‌نویسند: دندان ابراهیم از شدّت سرما به هم می‌خورد.

۵ - **سرو و یاسمین** : سرو و یاسمینی که ابراهیم در آتش یافت، لطف و عنایت الهی بود و رضایت حضرتِ دوست از دوست. دوستی که بنا بر ایمان خویش حاضر شد، در میان شعله‌ها جان ببازد.

۶ - این مضمون در دفتر سوم بیت ۳۵۱۷ به بعد آمده و همچنین تمثیلِ عالم به رحم مادر و مرگ به متولّد شدن نیز در همان دفتر بیت ۳۵۵۷ به بعد آمده است.

۷۹۸ **من جهان را چون رَحِمْ دیدم کنون چون در این آتش بدیدم این سکون**[۱]

اکنون که در آتش این آسایش را می‌بینم، جهان در نظر من، تنگنایِ رحم مادر را دارد.

۷۹۹ **اندر این آتش بدیدم عالمی ذرّه ذرّه اندر او عیسی دمی**

در این آتش جهانی را دیدم که در هر ذرّه‌اش عیسی دمی هست. [ورود به جرگهٔ خاصّانِ حق]

۸۰۰ **نَک جهانِ نیست شکلِ هستْ ذات و آن، جهانِ هستْ شکلِ بی ثبات**

اینک جهانی را می‌بینم که با چشم عادی قابل رؤیت نیست؛ امّا وجود دارد و جهانِ مادّی را هم می‌بینم که به ظاهر موجود است؛ امّا ثبات و دوام ندارد.

۸۰۱ **اندر آ مادر، به حقِّ مادری بین که این آذر ندارد آذری**

ای مادر، به حقّ آنکه مادر من هستی بیا و ببین که این آتش نمی‌سوزاند.

۸۰۲ **اندر آ مادر، که اقبال آمده‌ست اندر آ مادر، مده دولت زِ دست**

مادر، بیا و اقبال را ببین. بیا و بختِ نیکی را که برای تو رقم زده شده است، از دست مده.

۸۰۳ **قدرتِ آن سگ بدیدی، اندر آ تا ببینی قدرتِ لطفِ خدا**

قدرت آن درنده‌خوی را دیدی که با ما چه کرد. اینک درون شعله‌های سوزان بیا تا قدرتِ لطف خداوند را مشاهده کنی که از مرحمت با تو چه می‌کند.

۸۰۴ **من زِ رحمت می‌کشانم پایِ تو[۲] کز طرب خود نیستم پروایِ تو**

اینکه با اصرار می‌خواهم که بیایی، به سبب محبّتی است که به تو دارم وگرنه این سرخوشی چنان است که اندیشهٔ هیچ کس حتّی تو، به ذهن من نمی‌آید.

۸۰۵ **اندر آ و دیگران را هم بخوان کاندَر آتش شاه بِنهاده‌ست خوان**[۳]

مادر، بیا و به دیگران هم بگو؛ زیرا در میان شعله‌ها، خوان رحمت خداوندی گسترده شده است.

---

۱ - تقابلی است بین تولّد و مرگ که تولّد، خروج از مکانی حقیر است به جهانی فراخ و مرگ که در حقیقت نقل است، انتقالی است از جهان حسّی و مادّی به جهانی ماورای این حسّ، و برای آنان که «صالح» بوده‌اند این انتقال آسایش و رحمت را به ارمغان دارد.

۲ - فانی فی الله و آن کس که مستِ می الهی است، از رحمت، دیگران را به حق می‌خواند.

۳ - سالک راه إِلی الله وقتی که می‌بیند نتیجهٔ ریاضت و رنج و دردی که متحمّل شده است، تهذیب نفس و دریافت حقایق و ادراک عالم معانی است، مشتاقانه و از سر لطف دیگران را نیز برای ورود به عالم معنا ترغیب و تشویق می‌کند.

انــدر آیــد ای مسـلمانان هــمه غیر عَذْبِ[1] دین، عذاب‌است آن همه ۸۰۶

ای کسانی که تسلیم دین خدا شده‌اید، همه به درون آتش بیایید؛ زیرا غیر از رنج و عذابی که برای خدا متحمّل می‌شوید، هر چیز دیگری به حقیقت رنج و عذاب است. و این عذاب گرچه ظاهری از درد و رنج دارد؛ امّا حقیقتِ آن آسایش و فرح و شادمانی است.

انــدر آیــید ای هـمه! پـروانـه وار اندر این بـهره، کـه دارد صـد بـهار ۸۰۷

ای کسانی که تسلیم آیین الهی شده‌اید، عاشقانه بیایید و از این بهره که با شکفتن و بهار توأم است، برخوردار شَوید.

بــانگ مــی‌زد در مـیانِ آن گـروه پُر همی شد جانِ خـلقان از شکـوه ۸۰۸

طنینِ بانگ کودک در میان مردمی که بر گِرد آتش ایستاده بودند، می‌پیچید و جانِ آنان را از شکوهِ ایمان و یقین لبریزتر می‌ساخت.

خلق، خود را بعد از آن بی‌خویشتن مــی‌فکندند انـدر آتش، مـرد و زن ۸۰۹

نصارای نجران، بعد از شنیدن کلام حق که از حلقوم کودکی خردسال با بانگ و فریاد به گوش می‌رسید، چنان بی‌اختیار شدند که عاشقانه هجوم آوردند و زن و مرد با شتاب خود را به درون آتش می‌افکندند.

بی موکَّل[2]، بی کَشش، از عشقِ دوست زانکه شیرین کردنِ هر تلخ از اوست ۸۱۰

مرد و زن با شتاب و اشتیاق به میان شعله‌ها می‌رفتند، بی‌آنکه کسی مجبورشان کند و یا آن‌ها را کشان‌کشان ببرد. عشق حق چنان شعله‌ای در میان جانشان افروخته بود که آتش را دروازه‌ای برای لقای یار می‌پنداشتند. و این چنین، خداوند رنج و درد شعله‌های آتش را بر مؤمنان گوارا و دل‌انگیز ساخت؛ زیرا شیرین کردن هر سختی به ارادهٔ اوست.

تا چُنان شد کآن عوانـان[3] خـلق را مــــنع مــی‌کردند کآتش در مـیا ۸۱۱

غوغا و ازدحامی بر پا شده بود و چنان شور عاشقانه‌ای برای رسیدن به آتش و شعله‌های سرکشش در جان مردم موج می‌زد که مأموران ذونواس که گرداگرد شعله و در کنار مردم ایستاده بودند، متحیّر بودند و مانع می‌شدند که مردم خود را به میان آتش بیفکنند.

---

۱ - **عَذب** : شیرین وگوارا. ۲ - **مُوَکَّل** : مأمور اجرای حکم.
۳ - **عوانان** : جمع عوان، مأمور اجرای دیوان.

آن یـهودی شـد سـیه رُو و خـجل شد پشیمان، زین سبب بـیمارْ دل[1] ۸۱۲

ذونواس این تدبیر شوم را اندیشیده بود تا نصارای نجران را مجبور کند که از ایمان خود باز گردند، اینک با هجوم عاشقانهٔ مردم به سوی شعله‌ها می‌فهمید که اشتباه کرده و در برابر مأموران احساس شرمندگی می‌کرد که تدبیر او نتیجه‌ای معکوس داشته است.

کاندر ایمان، خلق عـاشق‌تر شـدند در فـنایِ جسـم صـادق‌تر شـدند ۸۱۳

می‌دید که ایمانِ مردم افزون‌تر شده است و صادقانه و در نهایت صفا جسم را برای تداوم ایمان به نابودی می‌سپارند.

مکرِ شیطان، هم در او پیچید، شُکر دیو هم خود را سیه رُو دید، شکـر ۸۱۴

شکر پروردگاری را که به لطف او، مکری که شیطان نفسِ شاه اندیشیده بود، به خود او برگشت و سپاس خداوند را که به یاری او شاه جُهود خود را سیه‌رو یافت.

آنـــچه مـــی‌مالید در رُویِ کَســـان جمع شـد در چـهرهٔ آن نـاکس آن ۸۱۵

ذونواس که می‌خواست عجز و بیچارگی و خواری خلق را بـه سـبب تـرس از مـرگ و شعله‌های سوزان ببیند، اینک آن عجز و بیچارگی در چهرهٔ غیر انسانی‌اش دیده می‌شد.

آنکه می دِرّید جامهٔ خلق[2] **چُست**[3] **شــد دریـده آنِ او، ایشـان دُرست** ۸۱۶

شاه می‌خواست که مردم از ترس جان، از ایمان بازگردند و به این ترتیب هم ایمانشان بر باد رود و هم شرف و آبروی خویش را از دست بدهند؛ امّا با حوادثی کـه رخ داد، جـامهٔ آبروی خلق بر قامت ایمانِ حقیقی‌شان به سلامت ماند و آبروی او بر باد رفت.

---

۱ - **بیمار دل**: کسی که دلش بیمار و اسیر وسوسه‌های پلید نفسانی است.

۲ - **جامهٔ خلق**: کنایه از آبرو و شرف. ۳ - **چُست**: چالاک.

کژ ماندنِ دهانِ آن مرد که نامِ محمّد را صلی اللهُ علیه و سَلَّم به تَسخَر[1] خواند

مردی جاهل در زمان پیامبر(ص)، نام مبارک حضرت را با استهزا به زبان می‌آورد، در نتیجهٔ این عمل زشت دهانش بدان سان که به تَسْخَر کج کرده بود، ماند.[2]

دیو سیرتی شاه جهودکه جامهٔ خلق را می‌درید و قصد آبرو و شرف و ایمانشان را داشت، کلام را تداعی‌گر حکایت جاهلی پلید می‌داردکه به پنداری واهی و با تمسخری ابلهانه می‌خواست جامهٔ آبرو و شرف سرمدی رسول خدا(ص) را بدرد.

جانِ کلام آنکه هیچ کس را نرسدکه با حق پنجه زند و آن کس که به پنداری باطل چنین کند، پنجه در جان و آبروی خویش افکنده است.

آن دهان کژ کرد و از تَسْخَر بخواند نام احمد[3] را، دهانش کژ بماند ۸۱۷

مردی جاهل با استهزا در حالی که دهانش را کج کرده بود، نام شریف رسول‌گرامی(ص) را خواند، به سبب این بی‌حرمتی دهانش همچنان کج ماند.

باز آمد کِای محمّد! عفو کن ای تو را الطاف و علمِ مِنْ لَدُن[4] ۸۱۸

مرد استهزا کننده دریافت که قدرت الهی پشتیبان پیامبر(ص) است؛ بنابراین نزد رسول خدا رفت و گفت: مرا ببخش و مورد مغفرت قرار ده؛ زیرا لطف الهی شامل حال تو است و اسرار غیب را می‌دانی و آگاهی که آنچه کردم، از سر جهل بوده است.

من تو را افسوس[5] می‌کردم ز جهل من بُدم افسوس را منسوب و اهل ۸۱۹

جهل و نادانی من سبب تمسخر بود. اینک به خوبی دریافته‌ام که خود سزاوار ریشخند بوده‌ام.

---

۱ - **تَسْخَر** : مسخره، استهزاء.

۲ - مأخذ آن روایتی است در احیاءالعلوم غزّالی، ج ۲، ص ۲۵۷ که بلاذری آن را مفصّل‌تر نقل کرده است که بر اساس این دو روایت، حَکَم بن ابی‌العاص بن اُمیّه عموی عثمان خلیفهٔ سوم، بیش از دیگران به آزار حضرت رسول(ص) می‌پرداخته و با شکلک در آوردن به پندار خویش حضرتش را مورد تمسخر قرار می‌داده است. روزی پیامبر به او فرمود: همان‌گونه که استهزا می‌کنی بمان. وی از آن پس تا پایان عمر به رعشه مبتلا شد: احادیث، صص ۳۴ و ۳۵. ۳ - در متن «مر محمّد» است که در بالای این مصراع «نام احمد» نوشته‌اند.

۴ - علم مِنْ لَدُن؛ علم لَدُنّی، علم و دانشی که شخص بدون تعلّم و به الهام الهی دریابد. این تعبیر مأخوذ است از کهف : ۶۵/۱۸ : وَ عَلَّمْنٰاهُ مِنْ لَدُنّا عِلْماً : او را رحمت و لطف خاصّی عطا کردیم و هم از نزد خود وی را اسرار غیب الهی بیاموختیم. این آیه اشاره‌ای است به بنده‌ای از بندگان خاصِّ حق که اکثر مفسّران وی را خضر نبیّ می‌دانند.

۵ - **افسوس** : تمسخر، مضحکه، ریشخند.

۸۲۰ **چون خدا خواهد که پردهٔ کس دَرَد میلش اندر طعنهٔ پاکان بَرَد**

اگر خداوند بخواهد که به سبب خطایی که کسی مرتکب شده است، پردهٔ عِرض و آبروی او دریده شود، این تمایل در او به وجود می‌آید که نفوس پاک را مورد طعنه و استهزا قرار دهد.

۸۲۱ **ور خدا خواهد که پوشد عیبِ کس کم زند در عیبِ معیوبان نَفَس**[1]

اگر ارادهٔ خداوندی بر آن باشد که عیب و ایراد آدمی در پردهٔ ستّاریّت حق پوشیده باشد، خصلت بدِ عیب‌جویی و بدگویی از مردم را ندارد.

۸۲۲ **چون خدا خواهد که مان یاری کند میلِ ما را جانبِ زاری کند**

آن‌گاه که انسان به درگه حق می‌نالد، لحظه‌ای است که خداوند می‌خواهد او را یاری کند.

۸۲۳ **ای خُنُک**[2] **چشمی که آن گریانِ اوست ای همایون دل که آن بریانِ اوست**

خوشا چشمی که برای تقرّب گریان است و فرخنده دلی که از عشقِ او بریان است.

۸۲۴ **آخِرِ هر گریه آخِر خنده‌ای است مردِ**[3] **آخِربینْ مبارک بنده‌ای است**

تعمّق و تفکّر در رفتارها و خصلت‌ها سبب درک و شناخت عیوب و نواقص است و کسی که چنین معرفتی را بیابد، در رفع عیوب و برطرف کردن نواقص خود می‌کوشد و چنگ به دامان حق می‌زند و اشک سوزان و خالصانه‌اش درهای رحمت الهی را به روی او می‌گشاید. بنده‌ای که به عاقبت کار بیندیشد و در صدد تعالی روح باشد، انسان فرخنده‌ای است.

۸۲۵ **هر کجا آبِ روان، سبزه بُوَد هر کجا اشکی روان، رحمت شود**

همان‌گونه که گل و گیاه نیازمند آب‌اند و با وجودِ آن حیات و شادابی می‌یابند، حیاتِ معنوی آدمی نیز منوط به عجز و انکسار و افتادگیِ بنده در مقابل خالق است. اشک خالصانه، بارشِ رحمت الهی را در پی دارد.

---

۱ - **نَفَس زدن در عیب معیوبان:** سخن گفتن دربارهٔ معایب دیگران، بدگویی.

۲ - **خُنُک:** خوش، خوشا، نیکا، تحسین را رساند.

۳ - به کار بردن «مرد» در مصراع دوم، از آن‌روست که سالکان را «مردان راه» می‌گویند صرف نظر از جنسیّت؛ زیرا راهِ خدا، راهی است دشوار و پر از بلا... و آن کس که برای حرکت در چنین مسیر پرآسیبی کمر همّت بسته است «مرد صفت» است، خواه مرد، خواه زن.

باش چون دولاب[1] نالان چشم تر   تا ز صحنِ جانتْ بَرْ روید خُضَر[2] ۸۲۶

اگر از عشق حق سینه‌ای نالان و چشمی گریان داشته باشی، اشکِ سوزان، گرد و غبار غفلت و خودخواهی را از صحن جانت پاک می‌کند و در آن مکان مصفّا، سبزه‌های شاداب صفا و یکرنگی می‌روید.

اشک خواهی، رحم کُن بر اشکْ بار   رحم خواهی، بر ضعیفان رحمْ[3] آر ۸۲۷

چشم اشکبار و سینهٔ سوزان، رحمت الهی را به سوی بنده معطوف می‌دارد. اگر خواهان رحمت الهی هستی، به دیگران رحمت و شفقت داشته باش. دستگیری درماندگان و غمخواری با آنان پیامدِ رحمتِ حق را در بر دارد.

عِتاب کردن آتش را، آن پادشاه جُهود

رو به آتش کرد شه کِای تُند خو   آن جهان سوزِ طبیعی خُوت کو؟ ۸۲۸

شاه از هجوم نصرانیّان به شعله‌های آتش متعجّب شد و با سرزنش به لهیب سوزان آتش گفت: ای آنکه خوی تندت سوزاننده است و طبیعت ذاتی تو جهانی را در شراره‌های خود نابود می‌کند، صفت سوزندگی تو چه شده است؟

چُون نمی‌سوزی؟ چه شد خاصیَّتت؟   یا ز بختِ ما دگر شد نیَّتت[4]؟ ۸۲۹

چرا نمی‌سوزانی؟ خاصیّت تو چه شده؟ آیا از بخت ما، ذات تو عوض شده است؟

می‌نبخشایی تو بر آتش پَرَست   آنکه نپرستد تو را، او چون بِرَست؟ ۸۳۰

به آتش پرست رحم نمی‌کنی و او را می سوزانی، چگونه قومی که تو را نمی‌پرستند، نمی سوزانی؟

---

۱ - **دولاب** : چرخ چاه، چرخی است که بر روی چاه می‌گذارند و به کمک ریسمان و دلو از چاه آب می‌کشند. از چرخ چاه، هنگام استفاده، صدایی ناله‌مانند بر می‌خیزد. این چرخ در مکانی ثابت بالای چاه قرار می‌گیرد و همواره حولِ یک محور می‌گردد. وقتی که دلو پر آب را می‌خواهند از ریسمان جدا کنند، معمولاً مقداری آب بر روی چرخ می‌ریزد، بدین مناسبت دولاب معمولاً خیس و مرطوب است و از تعبیر «چشم تر» به این مناسبت استفاده شده است.   ۲ - **خُضَر** : جمع خُضْرة، سبزی.

۳ - حدیث: اِرْحَمُوا تُرْحَمُوا واَغْفِروا یُغْفَرْ لَکُمْ : بر دیگران رحمت آرید تا بر شما رحمت آرند، دیگران را ببخشید تا بر شما ببخشایند: احادیث: صص ۳۵ و ۳۶.

۴ - **نیّت** : قصد، آهنگ، اینجا به معنی صفت و ذات یا خصلت.

۸۳۱ **هـرگز ای آتش تـو صـابر نـیستی   چون نسوزی؟ چیست قادر نیستی؟**

ای آتش، هرگز در سوزاندن درنگ نداشته‌ای. چرا نمی‌سوزانی؟ آیا قدرت آن را نداری؟

۸۳۲ **چشم‌بند[1] است این عجب! یا هوش‌بند[2]؟   چـون نـسوزانـد چـنین شُعلهٔ بـلند؟**

این تردستی است یا هوش و فکرِ من از کار افتاده است؟ چگونه شعلهٔ بلند نمی‌سوزاند؟

۸۳۳ **جادوی کردت کسی؟ یا سیمیا[3]ست؟   یا خلافِ طبعِ تو از بخت ماست؟**

ای آتش، آیا کسی تو را افسون کرده یا با قدرتی فوق‌العاده مانعِ تو شده است؟ از بخت بد ما خلاف طبع و ذات خود عمل می‌کنی.

۸۳۴ **گفت آتش: مـن هـمانم ای شَـمَن[4]   انـدر آ، تـا تـو ببینی تـابِ مـن**

آتش گفت: ای دوستدار، من همان هستم، بیا تا تابش و سوزش شراره‌ها را حس کنی.

۸۳۵ **طبع مـن دیگـر نگشت و عُـنصرَم   تیغ حـقَّم، هـم بـه دسـتوری بُـرَم[5]**

طبیعت و ماهیّتم دگرگون نشده است، مانندِ شمشیر در دست حقّ‌اَم، هرجا بخواهد، تیغ می‌بُرَد.

۸۳۶ **بـر درِ خـرگه[6] سگـانِ تُـرکمان[7]   چـاپلوسی کـرده پـیشِ مـیهمان**

سگ‌های نگهبان که بر درِ خیمهٔ ترکمن‌ها، مهمان را از غـریبه تـمییز مـی‌دهند و بـرای خودی و میهمان دُم می‌جنبانند.

---

۱ - **چشم بَند :** تردستی، شعبده‌بازی و یا پارچه و یا چیزی که با آن چشم را ببندند.

۲ - **هوش بَند :** چیزی که هوش را از کار بیندازد، کنایه از حیرت و تعجّب بسیار زیاد.

۳ - **سیمیا :** یکی از علوم خفیّه و از علوم خمسهٔ محتجبهٔ قدما. علم به اموری است که انسان متمکّن شود بدان، از اظهار آنچه مخالف عادت بُوَد یا منع آنچه موافق عادت باشد.

۴ - **شَمَن :** راهب بودایی یا برهمایی، بت‌پرست، مجازاً دوستدار.

۵ - مولانا و اهل تصوّف و عرفان بر این عقیده‌اند که عالم امکان و کلّیّهٔ موجودات در تصرّف حضرت حق هستند، بدون هیچ‌گونه واسطه‌ای، قوانین حاکم بر مادّه نیز بنا بر اراده و مشیّت الهی درکلّ کائنات و موجودات ساری و جاری است و اگر حق بخواهد قوانین تغییر خواهد کرد. نمونه‌های بسیاری از این تغییر قوانین در قالب داستان‌های متفاوت در مثنوی ذکر شده است. به عنوان مثال، در داستان کنیزک و پادشاه ارادهٔ الهی بر عدم شفای کنیزک توسّط اطبّا سبب می‌شود که هر دارو خاصیّتی مخالف داشته باشد. روغن بادام موجب خشکی می‌شود، مسهل، یبوست می‌آورد و آب، آتش را مدد می‌کند همچو نفت.

اشارات قرآنی نیز مؤیّد این نظریّه و اعتقاد است: «خطاب کردیم که ای آتش سرد و سالم باش بر ابراهیم». انبیاء: ۶۹/۲۱

۶ - **خرگه :** خرگاه، خیمهٔ بزرگ، سراپرده.

۷ - **تُرکمان :** ترکمن، فردی از قوم ترکمن.

دفتر اوّل ۲۴۹

ورِ بـه خـرگَه بگـذرد بـیگانه رُو[1] حـمله بـیند از سگـان شـیرانـه او ۸۳۷

اگر غریبه‌ای از کنار خیمه عبور کند، سگ‌های نگهبان مانند شیر به او حمله می‌کنند.

مـن ز سگ کـم نـیستم در بـندگی کم ز تُرکی نیست حق، در زنـدگی ۸۳۸

من در بندگی کمتر از سگ نیستم و حق هم در حیات و قدرت کمتر از ترک نیست.

آتش طـبعت اگـر غـمگین کـند سـوزش از امـرِ مَـلیک دیـن[2] کـند ۸۳۹

اگر غم به سراغت آمد، به فرمان خداوند این سوز و درد به وجود آمده؛ زیرا فاعلِ حقیقی حق است.

آتش طـبعت اگـر شـادی دهـد انـدر او شـادی مَـلیکِ دیـن نـهد ۸۴۰

اگر در وجودِ خود شادی حس می‌کنی، شادی را خداوند در طبع تو نهاده است.

چونکه غم بینی تـو، اسـتغفار کـن غـم بـه امـرِ خـالق آمـد کـار کـن ۸۴۱

وقتی غم و اندوهی احساس می‌کنی، طلب مغفرت کن؛ زیرا غم و اندوه به فرمان حق جاری می‌شوند و نتیجهٔ خطا و عمل ناصواب‌اند. پس از استغفار، آنگاه که غفران الهی شامل حال گردد، مشاهده خواهی کرد که یکباره ابرهای تیره و تار غم و یأس و ناامیدی از آسمان دلت رخت برخواهند بست و احساس سبکی و آسایش خواهی کرد.

چون بخواهد، عینِ غم شادی شود عـــینِ بـــندِ پـای آزادی شـــود ۸۴۲

اگر خداوند بخواهد، چیزی که مایهٔ غم و اندوه است، مایهٔ شادی و سعادت می‌شود، یا چیزی که مانند بند مانعِ آسایش و آزادی است، مایهٔ آزادی و آسودگی می‌گردد.

باد و خـاک و آب و آتش بـنده‌انـد با من و تو مُرده، بـا حـق زنـده‌انـد ۸۴۳

کلّیّهٔ اجزای عالم امکان، به ارادهٔ حق از عدم به هستی آمده‌اند و در درجات مختلف تعیّن یافته‌اند؛ پس همگی مخلوق و در سیطرهٔ حق و بندگان وی‌اند و ارادهٔ خداوندی بدون واسطه در کلّ عالم ساری و جاری است؛ بنابراین اجزای هستی با حق زنده‌اند و گوش بـه فـرمان حضرت باری‌اند.

پـیش حـق آتش هـمیشه در قـیام همچو عاشق روز و شب پیچان مدام ۸۴۴

آتش هم که یکی از اجزای عالم هستی است، همواره آماده به خدمت و در قیام است، مانند عاشقی که از عشق بر خود می‌پیچد، آتش نیز برای رسیدن فرمان حق و اجرای آن بر خود می‌پیچد.

---

۱ - **بیگانه رُو**: غریبه، نا آشنا. ۲ - **ملیک دین**: مالِکِ یَوْمِ الدّین، خداوند روز قیامت و جزا، حق تعالی.

سنگ بر آهن زنی بیرون جهد هم به امرِ حق قدم بیرون نهد[۱] ۸۴۵

در اثر برخورد سنگ بر چخماق (سنگ آتش زنه)، جرقه و شرارهٔ آتش تولید می‌شود که به امر و ارادهٔ خداوند می‌جهد. اگر بخواهیم این موضوع و یا موارد مشابه را بررسی عقلانی کنیم، تبیین عقلانی به قانون علّت و معلول حکم می‌دهد؛ یعنی می‌گوید: برخورد سنگ با چخماق، علّت است و تولید جرقه، معلول. اگر بخواهیم دقیق‌تر بررسی کنیم، می‌بینیم که علّت، خود معلولِ علّتِ دیگری است؛ یعنی سلسلهٔ علّت و معلول که می‌رسد به حق تعالیٰ.

آهن و سنگِ هوا بر هم مزن کین دو می‌زایند همچون مرد و زن[۲] ۸۴۶

«نفس امّاره» به آهن، و «ظلم و ستم» به سنگ مانند شده‌اند. با پیروی از هوای نفس که نتیجهٔ آن خودخواهی است و تظاهرات آن به شکل ظلم و ستم بر دیگران نمود می‌یابد، در حقیقت این دور معیوب ادامه پیدا می‌کند؛ یعنی سنگِ ستمی که به دیگران زده می‌شود، همان هوای نفسانی است که به آهنِ نفس امّاره برخورد می‌کند و جرقهٔ تازه‌ای زاده می‌شود و عملِ ناپسند دیگری را در پی خواهد داشت، مانند تماس مرد و زن که زاده شدن فرزند را پیامد دارد؛ بنابراین با خودداری از اعمال شنیع و نکوهیده باید به تهذیب نفس و صیقلی کردن این آهن پرداخت.

سنگ و آهن خود سبب آمد، و لیک تو به بالاتر نگر ای مرد نیک! ۸۴۷

گرچه برخورد سنگ با چخماق تولید جرقه می‌کند؛ ولی تو موضوع را عمیق‌تر ببین.

کین سبب را آن سبب آورد پیش بی سبب کِی شد سبب هرگز ز خویش؟ ۸۴۸

سنگ و آهن، سببِ ایجادِ جرقه و معلول‌اند؛ امّا این علّت، خود، معلولِ علّتِ دیگری است؛ یعنی دستی که آن دو را بر هم می‌زند و این دست که از اجزای بدن انسان است، خود در تصرّف قدرتِ دیگری است و آن ارادهٔ نفسانی است که محرّک این حرکت می‌شود؛ پس

---

۱ - اعتقاد دارند که قوانین حاکم بر عالم امکان و سلسلهٔ علّت و معلول تا آنجا قدرت اجرایی دارند که ارادهٔ خداوند بر انجام امور عادی و متعارف باشد و در امور غیر متعارف، بنا به خواست حق این قوانین تغییر می‌کنند؛ یعنی آتش که طبعِ سوزانی دارد، با ارادهٔ باری‌تعالی از طریق رشتهٔ سبب‌سوزی می‌تواند سرد و سالم باشد، یا آب که رفع تشنگی می‌کند، به نفس و ماهیّت ذاتیِ خود نیست که چنین عمل می‌کند، بلکه آب آلت و وسیله‌ای است از جانب حق برای رفع تشنگی و هر گاه که حق نخواهد، معکوس عمل می‌کند و یا بی‌اثر خواهد بود. مشابه مفهومی است که در بیت ۸۳۵ شرح آن گذشت.

۲ - در متن «آتش و سنگ ستم ...» نوشته‌اند، با گذاشتن علامتی بر بالای «ستم» و با قید «صح» در حاشیه به «هوا» تبدیل کرده‌اند.

می‌رسیم به «سلسلهٔ اسباب» و «علّت و معلول»، که سبب بروز و ایجاد آثار محسوب می‌شوند؛ امّا این **سلسلهٔ علّت و معلول** به خودی خود کاری نمی‌کنند و اگر ارادهٔ حق تعالیٰ ظهورِ فعلی نباشد، از کار می‌افتند؛ زیرا سببیّت و علیّت هر کدام از آن‌ها قائم به ذات خود نیست و قائم به ارادهٔ حق است؛ زیرا بنا بر اعتقاد عرفا و صوفیان و همچنین همان‌گونه که اشعریان می‌اندیشند، **ارتباط حق تعالی با موجودات و اشیا** از طریق دو رشتهٔ کلّی سبب‌سازی و سبب‌سوزی است که در **رشتهٔ سبب‌سازی**، ارادهٔ خداوند برای ظهور فعلی، واسطه‌های طولی و عرضی و مادّی و مجرّد را مقرّر فرموده است، مثلاً خاصیّت سوزانندگی آتش، بنا بر همین نظریّه، به سبب ذات آتش نیست، بلکه به جهتِ آن است که به ارادهٔ حق تعالیٰ واسطه‌ای برای این امر گشته و بنا بر قوانین کلّی، عادت بر آن جاری شده است. در **رشتهٔ سبب‌سوزی**، جمیع واسطه‌ها در برابر سیطرهٔ حضرت باری مقهور و فانی‌اند و حق تعالیٰ بلاواسطه با هر موجودی رابطه‌ای ویژه دارد، ارتباطی بی تکیّف بی قیاس / هست ربّ الناس را با جان ناس.

اینک بی‌مناسبت نیست که به توضیح مختصری در مورد اشاعره و تأثیرات احتمالی تفکّرات آنان در اندیشه و آثار مولانا بپردازیم.

اشاعره؛ جمع اشعری، پیرو طریقهٔ مخصوص اشعریان. فرقه‌ای از مسلمانان که در اواخر قرن سوم و یا اوایل قرن چهارم هجری ظهور کرد و به نام مشهورترین رؤسای این فرقه؛ یعنی **ابوالحسن علی بن اسماعیل اشعری**، که از اخلاف ابوموسیٰ اشعری بود، معروف گردید. وی به مخالفت با فرقهٔ اسلامی دیگری به نام **معتزله** که از اول قرن دوم هجری مطرح شده و اعتباری یافته بود، ظهور کرد. اشاعره و معتزله با یک‌دیگر در تخالف و تضاد بودند و کار مخالفت آنان به زد و خوردها و انقلابات خونین کشید. معتزله در قرن دوم و سوم در تمدّن اسلامی تأثیر شدید داشتند و از قرن چهارم و پنجم به بعد جمهور مسلمانان اهل سنّت خاصّه در حوزهٔ خراسان که موطن غزّالی است در اصول، طریقهٔ اشعری و در فروع، مسلک شافعی داشتند. آنان که اصحاب رأی بودند؛ یعنی پیروان امام ابوحنیفه، نیز اکثراً اشعری مسلک بودند.

معتزله؛ بنیانگذار این فرقه **واصل بن عطا** است که از شاگردان **حسن بصری** (م. ۱۱۰ هجری) بود که با استاد خود بر سر سرنوشت مرتکب معاصی کبیره و تعیین حدود کفر و ایمان اختلاف نظر یافت و از مجلس بصری کناره گرفت. در ارتباط با این فرقه و معتقدات ویژه‌ای که دارند، در دفتر دوم مثنوی بیت ۶۱ به بعد اشارات صریحی است که بنا بر روشی که در این شرح معمول شده است برای تبیین آن توضیحاتی نسبتاً مبسوط و به تفصیلی که در حوصلهٔ این مجموعه می‌گنجد، به تقریر آمده است که می‌توان بدان مراجعه کرد؛ امّا از آنجا که این دو فرقهٔ مسلمانان در عصر مولانا مطرح بودند و متکلّمان و حُکما و اندیشمندان هر یک به نوعی در ردّ و یا تأیید ایشان سخن می‌گفتند، بی‌مناسبت نیست اگر به بعضی وجوه افتراق و تضادّ میان آنان اشارتی به اجمال داشته باشیم:

۱ ـ معتزله می‌گویند: اعمال خیر و افعال نیک از خداوند است؛ امّا افعال شرّ مخلوق قدرت و ارادهٔ انسان است. اشعریّه معتقدند: افعال خیر و شرّ هر دو آفریدهٔ خداوندند و بنده محلّ ظهور آن فعل است.

۲ ـ معتزله می‌گویند: ایمان را سه رکن است: اعتقاد به قلب، گفتار به زبان، عمل به ارکان.

اشعریّه معتقدند: ایمان، قلبی است و گفتار به زبان و عمل به ارکان فروع آن است. کسی که دین را از صمیم قلب پذیرفته باشد مؤمن است هرچند که گفتار و عمل وی با عقیده‌اش در یک راستا نباشد.

۳ ـ معتزله می‌گویند: خداوند را هیچ‌گاه به چشم نمی‌توان دید.

اشعریّه معتقدند: خداوند در روز رستاخیز به عیان دیده می‌شود. در این باب میان این دو جریان فکری گفتگوهای بسیار است.

۴ ـ معتزله می‌گویند: کلام الله مخلوقی است حادث.

اشعریّه معتقدند: کلام حق قدیم است.

۵ ـ معتزله می‌گویند: اعجاز قرآن در آن است که مردم را از معارضه و آوردن مانند آن منصرف کرد.

اشعریّه معتقدند: قرآن بالذّات معجزه است و آوردن مشابه آن برای مخلوق محال است.

۶ ـ معتزله می‌گویند: از ذات واجب الوجود صفات ازلیّهٔ نفی است؛ یعنی خداوند قادر است نه به صفت قدرت بلکه بالذات.

اشعریّه معتقدند: صفات ازلیّهٔ زائد بر ذات است که قائم به ذات واجب الوجودند.

لازم به توضیح است که موارد اختلاف و یا تضاد میان این دو فرقه مسائل عمدهٔ دیگر نیز هست که ما در این مقال به اندک بسنده کردیم و ذکر این مختصر نیز بدان جهت بود که در ارتباط با مذهب و عقیدهٔ مولانا گفته‌اند: سنّی حنفی مذهب اشعری مسلک بوده است و همان‌گونه که از تتبّع در احوال و زندگانی وی بر می آید، در خانواده‌ای سنّی و حنفی مذهب تولّد یافته و بالیده است و فقه حنفی را نیز در ایّام جوانی به خوبی فراگرفته و بدان معتقد گشته است؛ امّا پس از رسیدن به درجهٔ اجتهاد و بالاخص پس از برخورد با شمس تبریزی و انقلابی که محصول این آشنایی بود و نتیجهٔ دل‌انگیزِ آن که عارفی عاشق را به جهان عرضه داشت، مولانا عارفی بی‌نظیر شد که از نظرگاه تقلیدگامی فراتر نهاده و در جایگاه تحقیق به استغراق و شهودی تمام، حقایق را به ادراکی عارفانه حاصل می‌یافت و در این منزلگاه، ادراک روحانی وی برتر از آن بود که درقالب فقه و اصول شافعی یا حنفی بگنجد، گفتار او تراوشات بی‌وقفهٔ یک روح پاک است که به الهام ربّانی، کشف و شهود عارفانه و دریافت حقایق از منبع آن اتّکا دارد، این حقایق یکجا به صورت محبّت بسیار در حقّ پیامبر عظیم‌الشّأن(ص) و خاندان پاکش نمود می‌یابد و علی(ع) را با اظهار محبّت تامّ و ولایت، افتخار هر نبیّ و هر ولیّ می‌داند و «ترازوی احد خو» و «مولای مؤمنان» می‌خوانَد. و در جایی که به مناسبتی نام سیاهکاران تیره‌بختی همچون یزید یا شمر در میان می‌آید، انزجار از چهرهٔ کلام وی آشکارا هویدا می‌گردد؛ بنابراین این انسان فرازمینی خارج از قواعد و قوالب مذاهب، هر جا که حقایق را به ادراک عظیم روحانی خویش می‌یافت، به وضوح در تقریر آن می‌کوشید و اندیشهٔ ژرف وی را نمی‌توان در چهارچوب فرقه یا گروه خاصّی محصور و محدود ساخت.

و آن سبب‌ها کانبیا را رهبرند آن سبب‌ها زین سبب‌ها برترند ۸۴۹

آنچه که انبیا را رهبری می‌کند و به ابلاغ رسالت موظّف می‌دارد، نیز «سبب» یا «علّت» است؛ امّا این «سبب»، انوارِ الهی است و ایشان می‌بینند که تجلّی صفاتِ حق مانند: علم، اراده و قدرت، اسباب حقیقی در کلّ عالم امکان هستند و کلّیّهٔ اعمال و افعال از آن‌ها با سلسله مراتب به ظهور می‌رسند.

این سبب را آن سبب عامِل کند   باز گاهی بی بر و عاطِل کند ۸۵۰

«سبب»ها به دلیل ارادهٔ آن سببِ اصلی، سبب یا «علّتِ» انجام فعلی شده‌اند؛ یعنی گاه تجلّی صفاتِ حق که همان سببِ اصلی، یا «مسبّب» است، سبب‌ها را از کار می‌اندازد و عاطل و باطل می‌کند.

این سبب را محرم آمد عقل‌ها   و آن سبب‌ها راست محرم انبیا ۸۵۱

سبب‌های ظاهری را عقل جزوی بشر می‌شناسد؛ امّا سبب‌هایِ حقیقی را جان انبیا می‌شناسد.

این سبب چه بْوَد؟ به تازی[1] گو: رَسَن[2]   اندر این چَهْ، این رَسَن آمد به فن ۸۵۲

دنیا مانند چاهی است که در آن توسّط چرخ چاهی، ریسمانی به فنّی خاص آویزان است، سبب‌های ظاهری همان ریسمان‌اند.

گردشِ چرخه رَسَن را علّت است   چرخه گردان را ندیدن، زَلّت است ۸۵۳

گردش چرخ چاه علّت بالا و پایین رفتن طناب است، اگر آدمی فقط ریسمان را ببیند، نه دستی که چرخ چاه را می‌چرخاند؛ یعنی در حدّ دیدن سبب‌های ظاهری متوقّف شود، گمراه است.

این رَسَن‌هایِ سبب‌ها در جهان   هان و هان! زین چرخِ سرگردان مدان ۸۵۴

هوشیار باش که سبب‌های ظاهری دنیای مادّی را از عوامل طبیعی و افلاک ندانی.

تا نمانی صِفر[3] و سرگردان، چو چرخ   تا نسوزی تو ز بی مغزی چو مَرخ[4] ۸۵۵

بکوش تا با درک سبب حقیقی، عاری از معرفت و پوچ و سرگردان نباشی و مانند چرخ گردون که همواره بر محور ثابتی می‌گردد، حول یک محور نگردی و تعالی یابی؛ زیرا شخص تهی مغز همواره در آتش جهل خود خواهد سوخت.

باد آتش می‌شود از امرِ حق   هر دو سر مست آمدند از خمرِ حق ۸۵۶

وزش باد آتش را فرو نمی‌نشانَد؛ بلکه آن را فروزان‌تر می‌کند و این امر و ارادهٔ حق است که باد «سببِ» فروزانی آن باشد. باد و آتش هر دو گوش به فرمان و در تصرّف حق‌اند.

---

۱ - **تازی** : عربی.   ۲ - **رَسَن** : طناب، ریسمان.   ۳ - **صِفْر** : توخالی، پوچ، تهی.

۴ - **مَرْخ** : درخت بادام تلخ را گویند، یکی از گونه‌های بادام با هستهٔ تلخ. در قدیم برای ایجاد آتش از این درخت، زند اسفل می‌ساختند که چوبی بود و در پایین قطعه چوب دیگری به نام زند اعلی قرار می‌گرفت و به وسیلهٔ مالش و اصطکاک شدید با چوب بالایی، آتش ایجاد می‌شد.

آبِ حلم و آتشِ خشم ای پسر! هم ز حق بینی، چو بگشایی بصر ۸۵۷

خشم و قهری که می‌تواند همانند آتش، سوزان و نابودکننده باشد و یا حلم و صبری که می‌تواند بسان آب، آتش خشم و قهر را فرونشاند، اگر با دیدهٔ بصیرت بنگری، خواهی دید که از جانبِ حق می‌رسد؛ یعنی تجلّی صفات اوست.

گر نبودی واقِف از حق جانِ باد[1] فرق کِی کردی میانِ قومِ عاد؟[2] ۸۵۸

اگر باد بدون هیچ واسطه‌ای در تصرّف حق نیست، چگونه میان قوم عاد و پیروان هود(ع) افتراقی قائل شد؟[3]

---

۱ - بادی که در عهد هود(ع) قوم عاد را هلاک کرد، نزد عارفان رمزی است از وزش بادهای نفسانی یا به عبارتی تهاجم افکاری که از «هویت ذهنی» یا «انانیّت» که همان «خودبینی» و «خودخواهی»های ماست بر می‌خیزد و اهل دنیا را که «قوم عاد» نماد آن است، به هلاکت معنوی و روحانی می‌رساند.

۲ - **قوم عاد** را تاریخ‌نگاران به چشم کهن‌ترین تیرهٔ عرب‌های از میان رفته (بائده) می‌نگرند. قرآن کریم تنها کتابی است که از عادیان و پیامبر آنان هود(ع) سخن گفته و سوره‌ای را به نام «هود» نامیده است، در تورات سخنی از این قوم نیست. در تاریخ بطلمیوس نیز نام‌های عاد (Oditate) و ثمود (Thamudida) آمده است. جایگاه عادیان که تنومند و تهمتن و توانا بودند و فریفتهٔ قوّت و قدرت خود شدند و استکبار ورزیدند، با تندبادی که هفت شب و هشت روز ویرانگرانه بر آنان وزید نابود شد، (سورهٔ الحاقه: ۶۹/۸-۶)، بنابر تحقیقات محقّقان در احقاف؛ یعنی توده‌های شنی، در شمال غربی شبه جزیرهٔ عربستان بوده است، هرچند که اسناد و مدارک در ارتباط با روزگار عادیان خاموش‌اند؛ امّا به دلایلی سنجیده، محقّقان روزگار آنان را تقریباً هزارهٔ دوم پیش از میلاد تا سدهٔ ۲۳ قبل از میلاد؛ یعنی پیش از روزگار ابراهیم(ع) می‌دانند. این قوم از فرزندان عاد بن عوص بن ارم بن سام بن نوح(ع) بودند. کندوکاوهای «هرتسفلد» در کوه «رَمّ» در ۲۵ میلی شرق عقبه، آشکار می‌کند که این همان «ارم» است که نامش در قرآن کریم آمده و پیش از اسلام ویران گشته است، مکانی که در آن سلسله کوه‌ها، قوم عاد جای داشته‌اند و با عظمت و شوکت می‌زیسته‌اند.

محمّد سمیر عطا، پژوهشگر مصری، بر اساس کاوش‌های سال ۱۹۷۰ در معبد کرنک درمصر که در طیّ آن بازمانده‌های انسانی یافت شد که درازی یکی از اعضای او شش متر بود و همچنین کاوش‌های سال ۱۹۸۶ در جنوب قاهره که منجر به یافتن پیکر انسانی شانزده متری شد، صحّه‌ای بر غول پیکر بودن عادیان گذاشته است و آنان را سازندگان اهرام مصر می‌داند: بررسی تاریخی، ج ۱، صص ۲۱۸-۲۰۰ با تلخیص.

۳ - مأخذ داستان هود(ع) و مؤمنان و نابودی قوم عاد که در اعراف (۶۴/۷) به بعد، حاقّه (۶۹/۸-۶) و ذاریات (۴۱/۵۱) به بعد، اشارات قرآنی آن آمده است، روایتی است که ثعلبی در قصص الانبیاء، ص ۵۳ نقل کرده است: هود(ع) و پیروانش، هنگامی که بادهای شدید می‌وزید، به جایگاهی که ساخته بودند پناه می‌بردند، در نتیجه وزش باد پوست آنان را نوازش می‌داد و برایشان لذّت‌بخش بود؛ امّا همین باد وقتی به قوم عصیانگر عاد می‌وزید، آن‌ها را از جا می‌کند و به بالا می‌برد و به تخته‌سنگ‌ها می‌کوبید. قوم عاد این چنین به هلاکت رسیدند.

در تفسیر ابوالفتوح هم (ج ۲، ص ۴۱۶) این حکایت آمده است.

هـــود، گِـردِ مـؤمنان خـطّی کـشـید   نـرم مـی‌شد بـاد کآنـجا مـی‌رسید[1] ۸۵۹

هود(ع) گرداگرد مؤمنان حصاری کشید که باد به آنان که می‌رسید، نرم می‌وزید.

هر که بیرون بود زآن خط، جمله را   پـاره پـاره مـی‌گُسِست انـدر هـوا ۸۶۰

هر کس که از حصارِ ایمن خارج بود، پاره پاره می‌شد و پیکرش از هم می‌گسست.

هـمچنین شَـیْبانِ راعـی[2] **مـی‌کشید   گِـرد بـر گِـرد رمـه خـطّی پـدید**[3] ۸۶۱

همچنین شَیْبان که زاهدی بود و شبانی می‌کرد، برای اینکه گلّه‌اش در امان باشد، دورش خطّی می‌کشید و به نماز جمعه می‌رفت. هنگامی که برمی‌گشت، گلّه همچنان برجا بود.

چون به جُمعه می‌شد او وقت نماز   تـا نـیارد گـرگ آنـجا تُـرک تـاز ۸۶۲

او حصار را برای رفتن به نماز جمعه و جلوگیری از تاخت و تاز گرگ‌ها می‌کشید.

هـیچ گـرگی در نـرفتی انـدرآن   گوسفندی هـم نگشـتی زآن نشـان ۸۶۳

هیچ گرگی وارد حصار نمی‌شد و هیچ یک از گوسفندان هم خارج نمی‌گشت.

بادِ حرص ِگرگ و حرصِ گوسفند   دایـرهٔ مـرد خـدا را بـود بَـنْد ۸۶۴

دایره‌ای که آن مرد خدا به دور گوسفندان می‌کشید، در حقیقت بندی بود که قدرت ایمان او (کرامت) بر حرص و طمع گرگ به دریدن گوسفندان می‌زد و بندی بر حرص گوسفندان برای خروج و یافتن سبزه‌های بیشتر.

---

۱ - در این داستان مولانا به بحث در مورد ارتباط حق تعالیٰ با موجودات و اشیا می‌پردازد و همان‌طور که از بیت ۸۲۸ به بعد مشاهده کردیم، از «رشتهٔ خاص یا سبب سوزی» سخن گفته است و ذیل بیت ۸۴۸ نظر اشعریان و صوفیان را در این مورد بررسی کردیم که به اعتقاد ایشان جمیع ممکنات بدون واسطه مستند به حق‌اند.

در عرفان نظری ابن عربی نیز ارتباط حق تعالی با موجودات و اشیا از طریق دو رشتهٔ سبب سازی و سبب سوزی است و بنا بر اعتقاد وی: جمیع موجودات در عالم هستی از نظر وحدت به حقِّ اوّل، ارتباط دارند؛ زیرا حقیقتِ وجود، عبارت است از حقِّ اوّل که در تمام ماهیّات و اعیان ثابته متجلّی و ظاهر است.

احاطهٔ حقیقت به اشیا، احاطهٔ قیّومی و احاطهٔ این فعل بر اشیا، احاطه و ظهور سَرَیانی است؛ پس حق تعالیٰ به تمام جهات خدایی از اشیا خارج نیست و به تمام جهات خدایی داخل در اشیا هم نیست. قول اوّل ملازم تنزیه صِرف و قول دوم ملازم فقر و امکان و حدوث و تشبیه است؛ پس حق تعالیٰ در مقام ذات، معیّت قیّومی و در مقام فعل، معیّت سَرَیانی نسبت به اشیا دارد: شرح مقدّمهٔ قیصری، صص ۱۲۳-۱۲۱.

از بیت ۸۲۸ به بعد و همچنین در این داستان، سرّ سخن در تبیین «رشتهٔ سبب سوزی» است.

۲ - **راعی** : چرانندهٔ گله، شبان، چوپان.

۳ - او در زمان امام شافعی زندگی می‌کرد و اکثراً شافعی به زیارتش می‌رفت. ترک دنیا گفته بود و در نواحی مصر می‌زیست.

همچنین بادِ اَجَل با عارفان نرم و خوش همچون نسیم گلستان[1] ۸۶۵

همان‌طور که باد صرصر برای مؤمنان نرم می‌شد، باد اَجَل نیز برای عارفان مانند نسیمِ لطیفِ حضورِ یوسف رُخان، خوشایند است.[2]

آتش ابراهیم را دندان نَزَد چون گُزیدهٔ حق بُوَد، چونَش گزَد؟ ۸۶۶

آتش، ابراهیم(ع) را آسیبی نرساند و به فرمان الهی «برداً و سلاماً»، انبیاء: ۶۹/۲۱، شد چگونه برگزیدهٔ حق را آسیبی برساند؟

ز آتشِ شهوت نسوزد اهلِ دین باقیان را بُرده تا قعرِ زمین ۸۶۷

اهلِ دین بودن، یعنی تسلیم حق بودن و کسی که مهار خود را به دست خدا سپرده است، با رهایی از شرّ نفسِ دون، در آتش شهوات گوناگون نخواهد سوخت، خواه شهوت جسمانی، خواه شهوت دیگر مانند: شهوت پول‌پرستی، مقام پرستی و خودپرستی. دنباله‌روی از هوای نفس آدمی را تا نازل‌ترین و پست‌ترین صفات نکوهیده تنزّل می‌دهد.[3]

موجِ دریا چون به امرِ حق بتاخت اهلِ موسی را ز قِبْطی واشناخت[4] ۸۶۸

موجِ دریا چون در تسلّط و سیطرهٔ حق بود، موسی(ع) و اهلِ وی، یعنی همراهانش را از فرعون و فرعونیان تشخیص داد. برای موسی(ع) راه‌گشود و بیگانه را غرق کرد.

---

۱ - در متن اصلی «یوسفان» ضبط شده، در پایین کلمه اصلاح کرده‌اند «گلستان».

۲ - حدیث: ملک الموت به صورتِ جوان زیبایی با لباس خوب و بوی خوش بر مؤمنان ظاهر می‌شود: احادیث، ص ۳۵.

۳ - اعراف : ۱۷۹/۷ : کالأَنعامِ بَلْ هُمْ أَضَلُّ : مانند چهارپا، بلکه از چهارپا پست‌تر.

۴ - اشارتی قرآنی؛ یونس: ۹۰/۱۰ و بقره: ۵۰/۲.

خاک، قارون[۱] را، چو فرمان در رسید　　با زر و تختش به قعرِ خود کشید[۲] ۸۶۹

هنگامی که فرمان خداوندی رسید، خاک قارون را با گنج عظیمش به اعماق زمین فرو برد.

آب و گِل، چون از دمِ عیسی چرید[۳]　　بال و پر بگشاد مرغی شد پَرید[۴] ۸۷۰

آب و گِل چون از دمِ عیسی(ع) برخوردار شد، حیات یافت و به مرغی حقیقی مبدّل گردید.

هست تسبیحت[۵] بُخارِ آب و گِل　　مرغ جنّت شد ز نَفخِ[۶] صِدقِ دل ۸۷۱

در حمد و ثنای حق و یا ذکر خدا، الفاظ و صوتِ خارج شده چیزی جز هوای توأم با بخار نیست که از آب و گِل تن خارج می‌شود و اگر با صفا و صداقت همراه باشد، عنایت الهی، تسبیح و ذکر حق را جان می‌بخشد و به پرنده‌ای از پرندگان بهشت مبدّل می‌سازد.[۷]

---

۱ - **قارون؛ قصص**: ۸۱/۲۸-۷۶، معروف است که قارون از بستگان نزدیک موسی(ع) بود و اطّلاعات قابل ملاحظه‌ای از تورات داشت. قرآن در مورد او می‌گوید: «قارون از قوم موسیٰ بود؛ امّا بر آن‌ها ظلم و ستم کرد. ما آن‌قدر اموال و ذخایر و گنج به او دادیم که حمل خزاین او برای یک گروه نیرومند مشکل بود»، در تفاسیر و منابع اسلامی آمده است: او جاه‌طلب، بخیل و حسود بود و همواره کار قوم بنی‌اسرائیل را آشفته و بی‌سامان می‌کرد، هرچند به او اندرز می‌دادند که به مال دنیا مغرور نشود و آن را در راه خیر صرف کند نمی‌پذیرفت، وی در پرداخت زکات، بخل می‌ورزید و عاقبت، حیله‌ای اندیشید تا موسی(ع) را با تهمت و افترا مغلوب کند؛ پس با زنی تبهکار تبانی کرد تا وی در حضور قوم موسی(ع) تظلّم کند و پیامبر خدا را به زنا متهّم سازد. روز بعد در جمع بنی‌اسرائیل به موسیٰ گفت: آیا در تورات وارد نشده که باید زانی را سنگسار کرد؟ موسی(ع) گفت: آری. قارون ادامه داد که تو به حکم تورات و فتوای خودت باید سنگسار شوی؛ زیرا با فلان زن زنا کرده‌ای. موسی(ع) زن را احضار کرد و او را قسم داد که حقیقت را بگوید. زن گواهی داد که موسی(ع) منزّه است. آن‌گاه موسی(ع) او را نفرین کرد و خدا زلزله‌ای سخت پدید آورد و قارون و گنج عظیمش به کام زمین فرو رفت. دربارهٔ تشخیص هویّت تاریخی قارون با رجال تاریخی میان محقّقان اختلاف است.

۲ - فرعون به امر حق در امواج نیل فرو می‌رود و قارون به اعماق زمین. باد به ارادهٔ خداوند قوم عاد را نابود می‌کند در حالی که هود و مؤمنان با امن و آسایش در همان‌جا حضور دارند. زاهدی تارک‌دنیا برگِرد رَمه خطّی می‌کشد و گرگ و رمه را یارای عبور از خط نیست. این‌ها و بسیار نمونه‌های دیگر که در جای‌جای مثنوی می‌آید، بیانگر تسلّط و تصرّف مستقیم حضرت حق در عالم امکان است.　　۳ - **چرید** : تغذیه کرد.

۴ - اشارتی قرآنی؛ مائده : ۱۱۰/۵ : ازگل به فرمان من چیزی شبیه پرنده می‌ساختی، سپس در آن می‌دمیدی و به اذن من پرندهٔ زنده‌ای می‌شد.

۵ - **تسبیح** : سبحان الله گفتن، حمد و ثنای باری و به پاکی یاد کردن خدای را، ذکر خدا کردن.

۶ - **نفخ** : دمیدن، وزیدن، تکبّر داشتن.

۷ - حدیث: کسی که لا اله الاّ الله گوید به ازای هر کلمهٔ آن خداوند یک پرنده، آن هم با منقاری از طلا و پر و بالی از مرجان می‌آفریند: احادیث، ص ۳۹.

کوهِ طور[1] از نورِ موسی شد به رقص   صوفیِ کامل شد و رَست او ز نقص ۸۷۲

کوه طور از تجلّی انوارِ الهی به رقص آمد؛ یعنی از هم پاشید. کوه به صوفیِ کاملی مانند شده است که از شدّت بی‌خویشی به سماع عارفانه می‌پردازد و جامه بر تن چاک می‌کند.

چه عجب گر کوه، صوفی شد عزیز   جسمِ موسیٰ از کلوخی بود نیز ۸۷۳

عجبی نیست اگر کوه که سنگ و کلوخی بیش نیست، صوفی بشود و عزیز باشد؛ زیرا تجلّی انوار الهی او را بیخود و پاره‌پاره ساخت. جسم موسی(ع) نیز از خاک بود. همان‌طور که این گِل و خاک می‌تواند پذیرای تجلّی حق باشد، کوه هم می‌تواند؛ زیرا همه مخلوق حق تعالیٰ هستند و در سیطرهٔ قدرت او.

طنز و اِنکار کردنِ پادشاهِ جهود و قبول ناکردنِ نصیحتِ خاصانِ خویش

این عجایب دید آن شاهِ جُهود   جز که طنز و جز که انکارش نبود ۸۷۴

علی‌رغم حوادث عجیبی که شاهِ جهود، شاهد آن بود به حقّانیّت آنان ایمان نیاورد و هجومِ ایشان را به سوی شعله‌ها تمسخر می‌کرد و بر انکار خویش باقی ماند.

ناصحان گفتند: از حد مگذران   مرکبِ استیزه را چندین مران ۸۷۵

بزرگان گفتند: حدّ و مرزی را نگاه دار و این همه ستیزه‌جویی نکن.

ناصحان را دست بست و بند کرد   ظلم را پیوند در پیوند کرد ۸۷۶

امّا او خشمگین شد و ناصحان را دست بسته به زندان افکند و ستمی را که در حقِّ نصرانیان نجران روا داشته بود، افزون‌تر کرد.

بانگ آمد کار چون اینجا رسید   پای دار ای سگ! که قهرِ ما رسید ۸۷۷

هاتفِ غیب ندا داد، اکنون که کار به اینجا رسید، ای درنده‌خو، اندکی صبرکن که قهر الهی می‌رسد.

---

۱ - اشارتی قرآنی؛ اعراف : ۱۴۳/۷ : «و چون موسی به میقات (جای مقرّر بر کوه طور) آمد، خداوند بی‌ترجمان و واسطه با او سخن گفت. موسی گفت: خداوندا، خودت را به من بنما تا بنگرم. خداوند گفت: هرگز مرا نخواهی دید ولی به کوه نگاه کن، اگر در جای خود آرمید، مرا خواهی دید. چون خداوند بر کوه تجلّی کرد و خود را به کوه نمود، کوه از هیبت خُرد و تکه‌پاره شد و موسی بیهوش بیفتاد».

بعد از آن، آتش چهل گز[1] بر فروخت حلقه گشت و آن جهودان را بسوخت ۸۷۸

بعد از آن، آتش زبانه کشید و شعله‌های هولناک به چهل متر رسید و به شکل حلقه‌ای جهودان را در برگرفت و سوزانید.

اصلِ ایشان بود آتش ز ابتدا سویِ اصلِ خویش رفتند انتها ۸۷۹

اصل و حقیقتِ هر فرد چگونگی احوال نفسانی و درونی اوست. این قوم، یعنی شاه جهود و اطرافیانش، از ابتدا در استیلای نَفْس امّاره بودند که همان شیطان است و از آتش خلق شده. از آنجا که آنان هرگز در پی تهذیب این دشمن درونی نبودند، طبیعت‌شان شیطانی شده بود و عاقبت هم به سوی اصلِ خویش، یعنی حقیقتِ درونی‌شان که آتش و دوزخ بود، رفتند.

ابلیس: نام خاص برای موجودی که از فرمان خدا سر باز زد و از درگاه حق رانده شد و نیز اسمی عام برای شیاطین. کلمهٔ ابلیس یازده بار در قرآن کریم آمده است که نُه بار آن مربوط به آفرینش آدم است. لغت‌شناسان مسلمان گفته‌اند: این واژه از ریشهٔ بَلَسَ مشتق شده است؛ یعنی نومید شدن و گاه نومید کردن. این لغت در شعر جاهلی عرب به کار نرفته و به نظر می‌رسد از جمله واژه‌هایی است که همزمان با نزول وحی به عربی راه یافته است. اکثر لغت‌شناسان و مفسّران آن را واژه‌ای بیگانه دانسته‌اند؛ امّا طبری برای تأیید اشتقاق آن از ریشهٔ بَلَسَ دو مثال در تفسیر طبری (۱۸۰/۱) می‌آوَرَد. گویا این نظریه، از ابن عبّاس، سرچشمه گرفته است که می‌گوید: «خداوند او را از هر خیری نومید کرد و شیطانی رجیم ساخت». ابوالفتوح رازی (۸۸/۱) و طوسی (۱۵۳/۱) هر دو نظر طبری را ردّ کرده‌اند و می‌گویند: ابلیس و اسحق و یعقوب همه معرب‌الد.

در زبان‌های سامی دور و نزدیک هم ریشه‌ای برای آن یافت نشده است. ناچار باید در زبان‌های غیر سامی به جست‌وجو پرداخت. از دیرباز خاورشناسان این نام را شکل تحریف شده‌ای از کلمهٔ یونانی «diabolos» دانسته‌اند که همان مفهوم شیطان را دارد که در ترجمه‌های یونانی، در عهد عتیق، زکریّا، باب سوم مذکور است؛ بنابراین می‌توان پنداشت که این واژه از طریق زبان مسیحیان به عربی راه یافته است. از ابن عبّاس روایت کرده‌اند: ابلیس پیش از معصیت، **عَزازیل** نام داشت و از فرشتگانی بود که در زمین مسکن داشت. علم بسیار وی را مغرور کرد و از فرمان خدا سر بر تافت (طبری، تفسیر، ۱۷۸/۱). در ادبیات دینی عربی، ابلیس را علاوه بر نام حارث و لقب رجیم که لفظی قرآنی است، چندین لقب و کنیهٔ دیگر نیز داده‌اند، از جمله: ابومُرّة، ابوخلاف، ابوالجن، ابودَوجانه و نیز خَنّاس و... .

ظاهر آیات شریفه دربارهٔ ابلیس مفسّران را در اینکه او از فرشتگان بوده یا نه به اختلاف واداشته است. ظاهر آیات سوره‌های بقره، أعراف، حِجر و إسراء آن است که ابلیس از جملهٔ فرشتگان بوده است؛ امّا در سورهٔ **کهف: ۵۰/۱۸**: «*وقتی که به فرشتگان فرمان دادیم که بر آدم سجده کنید، پس سجده کردند جز ابلیس که از جنّ بود و از فرمان پروردگارش سر پیچید*»، ابلیس از جنّ شمرده شده است و نیز بنا بر آیات متعدّد دیگر خلقت ابلیس از آتش بوده است و مفسّران معتقدند که جنّ بودن ابلیس منافاتی با فرشته بودن او ندارد و می‌گویند:

---

۱ - **گز**: واحد طول معادل ذراع یا ذرع و برابر شانزده گره که امروزه آن را معادل متر می‌دانند.

احتمال دارد که جنّ نوعی از فرشته باشد. به هر حال ابلیس سجده نکرد و دلیل عدم اطاعت خود را اصل و منشأ خلقت خود و آدم دانست که معنی آن ترجیح آتش بر گِل (طین) است و به او فرمان رسید: «*ازین مقام فرود آی که تو را نرسد که تکبّر ورزی، بیرون رو که تو از زمرهٔ پست‌ترین فرومایگانی*» **اعراف**: ۱۳/۷، ابلیس که آدم را علّت اصلی خواری و مطرودی خود می‌دانست در صدد انتقام از او و اولادش بر آمد و برای این کار از خداوند مهلت خواست و خداوند او را تا «وقت معلوم» مهلت داد و او سوگند یاد کرد که آدم و فرزندانش را خواهد فریفت و زمین را در نظر ایشان خواهد آراست و آن‌ها را از صراط مستقیم خدا منحرف خواهد کرد. اعراف: ۱۶/۷ و حجر: ۳۹/۱۵

آنچه از این گفت‌وگو در زندگانی عملی و اخلاقی انسان سودمند می‌افتد، همانا منع پیروی از نفس امّاره و هوا و هوس و امر به اطاعت از انبیا الهی است. هر انسانی تا زمانی که امیال و شهوات او بیدار نشده در جنّت است؛ یعنی آرامش دارد. وسوسه‌های شیطان همراه با ظهور امیال و غرایز است. در درون هر انسان پیش از ارتکاب اوّلین گناه، نبرد دیو و فرشته آغاز می‌شود و آن نفخهٔ الهی که در درون انسان است به یاری او می‌شتابد تا او را از چنگ دیو رهایی بخشد، در این نبرد جز پرستندگان خدا آنان که مخلص‌اند و خالصانه به عبادت حق می‌پردازند، پیروزی با شیطان است.

بحث دربارهٔ ابلیس غالباً مسأله‌ای کلامی است و متکلّمان اسلامی، ابلیس و داستان او را که در آیات و روایات گوناگون به آن اشاراتی شده است مورد بحث عقلی قرار داده‌اند و کوشیده‌اند که آن را با معیارهای خود سازگار کنند. برخی که دارای ذوق فلسفی و عرفانی بوده‌اند، ابلیس را دو گونه دانسته‌اند: یکی ابلیس عالم کبیر که در قرآن به او اشاره شده و دیگر ابلیس عالم صغیر [نفس امّاره و یا صفات رذیله]؛ امّا آنچه در مورد آرای متکلّمان اهمیّت دارد، مسائل و ایراداتی است که دربارهٔ ابلیس مطرح شده و پاسخ‌هایی که به این موارد داده شده است که اکنون برخی از این مسائل را بیان می‌کنیم:

۱ ــ چرا خداوند با آنکه می‌دانست ابلیس از فرمان او سرپیچی خواهد کرد او را آفرید و چرا به او توانایی داد که بندگان را وسوسه کند؟ از جمله پاسخ‌هایی که به این ایراد داده‌اند: یکی این است که ترک معصیت مستلزم مبارزه با خواهش‌های نفسانی است که امری سخت دشوار است و اجر افزون‌تری دارد.

۲ ــ بر اساس اصل توحید، سجده که مظهر کاملِ عبادت است ویژهٔ خداوند است در حالی که او فرمود: «*آن‌گاه به فرشتگان گفتیم که آدم را سجده کنید، همه کردند جز ابلیس*»، **اعراف**: ۱۱/۷، در پاسخ این ایراد گفته‌اند: این سجده، سجدهٔ عبادت نبوده، بلکه سجدهٔ بزرگداشت و تکریم بوده است.

۳ ــ آیا ابلیس بر قلوب بندگان آگاهی و تسلّط دارد؟ گروهی از معتزله در این باره گفته‌اند: ابلیس از آنچه در دل‌ها می‌گذرد از طریق قراین آگاهی دارد؛ ولی تسلّط ندارد و گروهی می‌گویند: او از دل آدمی بی‌خبر است و هرگاه کسی اراده بر انجام کاری داشته باشد، آگاه می‌شود و می‌کوشد او را باز دارد. بعضی نیز معتقدند: ابلیس وارد قلب آدمی می‌شود و از نیّت او آگاه می‌گردد. اشعری، مقالات الاسلامیین، ۱۱۰/۲.

۴ ــ آیا ارادهٔ ابلیس بر ارادهٔ خداوند غالب است که فرمود: شیطان شما را وعدهٔ فقر می‌دهد و به کارهای زشت امر می‌کند و خداوند شما را به آمرزش و فضل خود نوید می‌دهد، بقره: ۲۶۸/۲، گفته‌اند از این آیه لازم نمی‌آید که ارادهٔ ابلیس بر ارادهٔ خداوند غالب باشد؛ مثلاً، فرعون میان ایمان و کفر مختیر بود و او کفر را برگزید و به ارادهٔ شیطان گردن نهاد.

مطالبی که در آثار متصوّفه دربارهٔ ابلیس آمده است، به‌طور کلّی بر مضامین قرآنی و احادیث و اقوال مفسّران مبتنی است و مقصود همهٔ آن‌ها عبرت گرفتن از سرنوشت او، شناختن حیله‌ها و شیوه‌های او و دوری کردن از وسوسه‌ها و دسیسه‌های اوست. ابلیس صیّادی است که دام در راه نهاده و مردم ناآگاه را صید می‌کند. خشم، آز، حرص، کینه، مال‌دوستی، دنیاپرستی، نظربازی، شهوت‌رانی، این‌ها همه وسایل کار او و یا به گفتهٔ محمّد غزّالی، ابواب و مداخل او به قلب انسان است.

به هر تقدیر، **ابلیس** آفریدهٔ خداست و در خلقت او حکمتی است که بر ما پوشیده است و شقاوت ابلیس هم تابع همان حکمت است و خداوند به اقتضای همان حکمت بالغه، هر که را بخواهد گمراه می‌کند و هر که را بخواهد هدایت می‌کند. «**يُضِلُّ مَنْ يَشاءُ وَ يَهْدِي مَنْ يَشاءُ**، نحل: ۹۳/۱۶».[1]

هم ز آتش زاده بودند آن فریق[2]   جزوها را سوی کُل باشد طریق ۸۸۰

بنا بر توضیحاتی که گذشت، آن گروه طبیعت شیطانی و دوزخی داشتند و به سوی اصل خویش که همان دوزخ کلّی بود شتافتند.

آتشی بودند مؤمنْ سوز، و بس   سوخت خود را آتشِ ایشان چو خس ۸۸۱

وجود ایشان مانند آتشی بود که افراد با ایمان را می‌سوزاند و همان آتش سبب شد که همچون خَس و خاشاک در شعله‌های سرکش و سوزان بسوزند.

آنکه بوده‌ست أُمُّهُ الْهاوِيَه[3]   هاویه آمد مر او را زاویه ۸۸۲

آن کس که سرشت دوزخی دارد، به آتش باز می‌گردد.

---

۱ - دایرةالمعارف بزرگ اسلامی، ج ۲، ص ۵۹۲.   ۲ - **فریق** : دسته‌ای از مردم، گروه مردم، بیشتر از فرقه.

۳ - اشارتی قرآنی؛ قارعه : ۱۰۱/۱۱-۶، که در وصف قیامت است، «القارِعَةُ» آن حادثهٔ کوبنده، که به حشر و نشر و زنده شدن مردگان و تقسیم‌بندی آن‌ها به دوگروه پرداخته، می‌فرماید: فَأَمّا مَنْ ثَقُلَتْ مَوازِينُهُ : امّا آن کسی که در آن روز ترازوی اعمالش [کارهای نیک و پسندیده] سنگین است. فَهُوَ في عِيشَةٍ راضِيَةٍ. او را زندگی دلپذیر و خشنود کننده‌ای خواهد بود. وَ أَمّا مَنْ خَفَّتْ مَوازِينُهُ : امّا آن کس که ترازوی عمل و کارهای نیکش سبک است. فَأُمُّهُ هاوِيَةٌ : پناهگاهش هاویه (دوزخ) است که در آن سقوط می‌کند. تعبیر به «أُمّ» مادر، در جملهٔ فوق را مفسّران به این سیاق معنی می‌کنند که گنهکار پناهگاهی جز دوزخ نمی‌یابد و مادر همواره پناهگاه کودکان است که در مشکلات به او پناه می‌برند و نزد او می‌مانند. وَ ما أَدْرٰيكَ ماهِيَه : و تو چه می‌دانی که هاویه چیست؟ نارٌ حامِيَةٌ : آتشی است سوزان و فوق تصوّر همهٔ انسان‌ها.
حدیث: ترازوی سنجش همان عدل است.

مــادرِ فــرزند، جــویانِ وی است اصل‌ها مـر فـرع‌ها را در پـی است ۸۸۳

همچنانکه هر مادری جویای فرزند خویش است، دوزخ نیز جویای دوزخیان است. کلّ، جزء را به سوی خود جذب می‌کند.

آب‌ها در حوض اگر زندانـی است باد، نَشْفش[1] می‌کند کارکانی[2] است ۸۸۴

هرچند که آب در میان حوض زندانی است و از اصل و مبدأ خود مهجور گشته؛ امّا باد بخار آب را جذب می‌کند؛ زیرا یکی از چهار رکن یا چهار عـنصر اصـلی است. بـخار آب تجمّع می‌یابد و ابر ایجاد می‌شود و از ابر باران می‌بارد و مجدّداً آب به اصل و منشأ اصلی خود که دریا است می‌پیوندد؛ یعنی جزء به سوی کلِّ خود باز می‌گردد.

مـــی‌رهانَد، مـــی‌بَرَد تـــا مَـــعْدَنش انـــدک انـــدک، تـــا نـبینی بُـردَنش ۸۸۵

باد، آب را از حوض رها می‌سازد تا به منبع اصلی‌اش باز گردد. این رهاندن اندک اندک است آن چنانکه زندانی را در خفا و آهسته از زندان می‌رهانند.

وین نَفَس، جان‌های ما را همچنان اندک اندک دُزدد از حـبسِ جـهان ۸۸۶

آدمی با هر نفسی که می‌کشد یک گام به زندگانی آن جهانی نزدیک‌تر می‌گردد؛ پس در حقیقت تنفّس، جانِ ما را که در زندانِ تن و در عالمِ مادّی اسیر است گام به گام به رهایی نزدیک می‌سازد.

تــا اِلَــیهِ یَــصْعَدْ اَطْیابُ الْکَلِمْ[3] صــــاعِداً مِـــنّا اِلیٰ حَـیْثُ عَـلِمْ ۸۸۷

کلمات پاک (ارواح مؤمنان) به بارگاه الهی صعود می‌کنند، به جایی که فقط خدا از آن خبر دارد.

در ابیات پیشین گفته شد که هر چیز به سوی اصل خویش باز می‌گردد و جزء به سوی کلّ جذب می‌شود، در این بیت مولانا می‌فرماید: کلام پاک به سوی حق صعود می‌کندو عمل صالح آن را بالا می‌برد و در حقیقت پاکی به سوی پاکی می‌رود.

---

۱ - **نشف کردن :** جذب کردن، به خود کشیدن.

۲ - **ارکانی :** منسوب به ارکان؛ پایه‌ها، مبناها، عنصرها و طبع‌های چهارگانه که عبارتند از: آب، باد، خاک و آتش.

۳ - اشارتی قرآنی؛ فاطر : ۱۰/۳۵ : مَن کٰانَ یُریدُ الْعِزَّةَ فَلِلّٰهِ الْعِزَّةُ جَمیعاً : کسانی که عزّت می‌خواهند از خدا بطلبند؛ زیرا تمام عزّت از آن خداست. سپس راه رسیدن به عزّت را چنین تشریح می‌فرماید: إِلَیْهِ یَصْعَدُ ٱلْکَلِمُ ٱلطَّیِّبُ : سخنان پاکیزه و عقاید و اندیشهٔ پاک به سوی او صعود می‌کند. وَٱلْعَمَلُ ٱلصَّالِحُ یَرْفَعُهُ : و عمل صالح آن [سخنان پاکیزه] را بالا می‌برد.

ٱلْکَلِمُ الطَّیِّبُ؛ مفسّران شیعه آن را اعتقادات صحیح نسبت به مبدأ و معاد و آیین خداوندی می‌دانند. همچنین، ذکر خدا و حمد و ثنای باری تعالیٰ و کلام حق که برای خدا گفته شود نیز می‌دانند و لاٰ إِلٰهَ إِلاَّ اللهُ و سُبْحانَ اللهِ وَ ٱلْحَمْدُ لِلّٰهِ وَ لاٰ إِلٰهَ إِلاَّ اللهُ وَ اللهُ أَکْبَرُ.

تَــرْتَقي اَنْــفاسُنا بِــالْمُنْتَقیٰ　　مُــتْحِفاً مِــنّا اِلیٰ دارِ الْــبَقٰا ۸۸۸

نَفَس پاک ما، یعنی کلمات پاکی را که با نیّات خیر بر زبان جاری می‌کنیم، یا ذکر حق که به صورت الفاظ یا نَفَس پاک گفته می‌شود، از آنجاکه پاک است، به اصلِ پاکی‌ها صعود می‌کند و این‌ها تحفه و ارمغانی است برای ما در سرای باقی.

ثُــمَّ تَأتــینا مُکٰـافٰاتُ الْــمَقٰال　　ضِعْفَ ذٰاکَ رَحْمَةً مِنْ ذِی الْجَلاٰل ۸۸۹

صعود کلام پاک و اعمال صالح به سوی درگاه معبود سبب می‌شود که پاسخی از جانب حق تعالی به آنچه که رسیده است، داده شود و این اجر و پاداش خداوندی دو چندان است که به وجود ثناگوی صادق و عاملِ افعالِ نیک می‌رسد تا با کسب انوار رحمت الهی آمادگی بیشتری برای انجام کلّیّهٔ اعمال و افعال پسندیده داشته باشد و صعود نیکی‌ها و بازگشت اجر و رحمت خداوندی همواره به صورت یک عمل رفت و برگشتی در ارتباط با انسان‌های شریف و سالکان صدّیق جریان دارد و در هر عمل رفت و برگشتی بندهٔ مؤمن از نظر باطنی ترقّی و تعالی بیشتری می‌یابد و قابلیّت‌های افزون‌تری را برای انجام خدمات و کارهای عام‌المنفعه و خداپسندانه دارا می‌شود و این عنایتی است از جانب خداوند شکوهمند و بزرگوار.

ثُــمَّ یُــلْجِئنا اِلــی اَمْــثٰالِهٰا　　کَــیْ یَــنٰالَ الْــعَبْدُ مِــمّٰا نــالَهٰا ۸۹۰

آنگاه خداوند بندهٔ مؤمن و صالح را به امثال آن سخنان وامی‌دارد تا بنده بدان جایی که باید برسد، راه یابد.

هٰکَــذٰی تَــعْرُجْ وَ تَــنْزِلْ دایــما　　ذا فَــلاٰ زِلْتَ عَــلَیْهِ قــائِما ۸۹۱

و بدین ترتیب عروج نیکی‌ها و تسبیحات به درگه حق تعالیٰ و نزول رحمت الهی در پاسخ آن یک سیر دایمی دارد و این‌ها به جهت رفع نقایص بشری و رسیدن به درجهٔ کمال است.

پــارسی گــوییم: یــعنی ایــن کَشِش　　زآن طرف آیــد کــه آمــد آن چَشِش ۸۹۲

چند بیتی به تازی گفته شد. اینک بهتر است به فارسی سخن بگوییم. این کشش و میل برای ثنایِ حق و افعالِ نیک، از جانب خداوند به بنده می‌رسد که «چَشِش» یا «ذوق و شوقی» را برای نیکی‌ها و تسبیحات در درون او به وجود می‌آورد؛ یعنی بعد از هر طاعت و عبادت خالصانه و هر عمل خداپسندانه احساس فرح و شادمانی و سبکی وجود سالکِ صادق و بندهٔ مؤمنِ خالص را سرشار می‌سازد و روز به روز و لحظه به لحظه این شوق در وی افزایش می‌یابد تا معرفت بیشتری کسب کند.

چشمِ هر قومی به سویی مانده است — کآن طرف یک روز ذوقی رانده است ۸۹۳

طبایع و سرشت مردم یکسان نیست. هر قوم، یا هر گروه به چیزی دلخوش می‌شوند. عدّه‌ای با امور دنیوی شادمان می‌گردند و در جهتِ کسبِ هرچه بیشتر مطامعِ دنیایی می‌کوشند و گروهی به عالمِ معنا دل‌بسته‌اند و همّ و غمّ‌شان تقرّب به حق است؛ بنابراین چشم هر قومی به سویی نگران است که از آن سو شوق و ذوق و رضایت خاطر می‌رسد.

ذوقِ جنس از جنسِ خود باشد یقین — ذوقِ جزو از کلِّ خود باشد، ببین[1] ۸۹۴

به یقین آنچه که سبب جذب عدّه‌ای به سوی یک‌دیگر می‌شود، سنخیّت و جنسیّت است که آنان را مشتاق مجالست می‌نماید و اگر دقّت کنی، می‌بینی ذوق و شوقی که جزء برای رسیدن به کُلِّ خود دارد از جانب کلّ است که او را به سوی خود مشتاق می‌نماید.

یا، مگر آن قابلِ جنسی بُوَد — چون بدو پیوست، جنسِ او شود ۸۹۵

گاه جنسیّت یا سنخیّت بالقوّه است و بالفعل نیست و قابلیّت بالفعل شدن را دارد.

همچو آب و نان، که جنس ما نبود — گشت جنسِ ما و اندر ما فزود ۸۹۶

مانند غذایی که آدمی می‌خورد و قبل از تغذیه هیچ سنخیّتی با انسان ندارد و پس از هضم و جذب جزو وجود می‌شود.

نقشِ جنسیَّت ندارد آب و نان — ز اعتبارِ آخِر، آن را جنس دان ۸۹۷

گرچه آب و نان جنسیّتی با انسان ندارد، امّا قابلیّت آن را دارد و پس از گوارش و جذب بالفعل می‌شود.

ور ز غیرِ جنس باشد ذوقِ ما — آن مگر مانند باشد جنس را ۸۹۸

گاه امکان دارد آدمی به کسی یا چیزی میل و رغبت داشته باشد که آن امر یا آن فرد ظاهراً رنگ جنسیّت داشته باشد.

آنکه مانند است باشد عاریت — عاریت باقی نماند عاقبت ۸۹۹

چیزی که به ظاهر رنگ سنخیّت داشته باشد، نمی‌تواند دایمی باشد و ناپایدار خواهد بود. شور و اشتیاق با عدم جنسیّت خاموش می‌شود.

---

۱ – در مورد سنخیّت و جنسیّت ضرب‌المثل معروفی است که می‌گویند: کبوتر با کبوتر، باز با باز / کند همجنس با همجنس پرواز.

دفتر اوّل ۲۶۵

مــرغ را گــر ذوق آیــد از صــفیر   چونکه جنس خود نیابد، شد نَفیر[1] ۹۰۰

مانند مرغی که نوای پرندهٔ همجنس خود را می‌شنود و با اشتیاق به سوی دام مـی‌آید. زمانی که گرفتار شد، نفرت از دام او را به فریاد و فغان وامی‌دارد.

تشــنه را گــر ذوق آیـد از سـراب   چون رسد در وی، گریزد، جوید آب ۹۰۱

و یا مانند تشنه‌ای که شوق رسیدن به آب او را به سوی سراب می‌برد؛ امّا هنگامی که متوجّه می‌شود که سرابی بیش نیست، می‌گریزد و در طلب آب می‌کوشد.

مُفلسان گر خوش شوند از زرِّ قلب[2]   لیک آن رسوا شود در دارِ ضـرب[3] ۹۰۲

تهی‌دستان ممکن است به طلای کم‌عیار یا تقلّبی هم شاد شوند و آن را گران‌بها بپندارند؛ امّا بی‌اعتباری زرّ تقلّبی و کم‌ارزش در ضرّاب‌خانه که عیار را تعیین می‌کند، آشکار می‌شود.

تـــا زرانـــدودیت[4] از رَه نَـفکَنَد   تــا خـیال کـژ تـو را چَـهْ نَـفکَند ۹۰۳

تقریر این تمثیل بدان جهت بود تا به‌هوش باشی و پرهیز کنی از کسانی که ظاهری آراسته به تدیّن و تصوّف دارند و مدّعی هدایت و ارشاد دیگران هستند؛ زیرا پیروی از آنان تو را از راه حق دور می‌دارد و تصوّر اینکه در صراط مستقیم حرکت می‌کنی تو را به چاه گمراهی خواهد افکند.

از کـلیله[5] بـاز جـو آن قـصّه را   وَندر آن قصّه طلب کـن حِـصّه[6] را ۹۰۴

اینک حکایتی را از کلیله می‌آوریم که در طیّ آن به تفصیل در ارتباط با فسون و تزویر عالم‌نمایان و دنیاپرستان زاهدنما سخن خواهیم گفت، در آن قصّه ظرایفی مطرح است که با تعمّق از آن بهره و نصیبی خواهی داشت.

---

۱ - **نفیر** : ناله.   ۲ - **زرِّ قلب** : طلای تقلّبی.   ۳ - **دارِ ضرب** : ضرّاب‌خانه.

۴ - **زراندود** : چیزی که با زر یا طلا روکش شده باشد؛ مثلاً سکّهٔ مسی، اینجا به معنی سکّهٔ تقلّبی و یا هر چیز غیر واقعی و واقع‌نما؛ مثلاً، عابدنمای ریاکار.

۵ - **کلیله** : نام یکی از دو شغال قهرمان **کلیله و دمنه** که مجموعهٔ داستان‌هایی است از زبان حیوانات که در عهد ساسانیان از زبان سانسکریت به پهلوی ترجمه شد. بعد از حملهٔ اعراب به ایران عبدالله بن مقفّع آن را از پهلوی به عربی ترجمه کرد. بعدها در زمان نصر بن احمد سامانی و به فرمان وی، ابوالفضل محمّد بلعمی آن را از عربی به فارسی ترجمه کرد که از این ترجمه اثری در دست نیست. همچنین امیر نصر بن احمد، رودکی را فرمود تا کلیله و دمنه ترجمهٔ بلعمی را به نظم آورد که اینک ابیاتِ پراکنده‌ای از آن باقی است. کلیله و دمنه منثور فارسی از ابوالمعالی نصرالله بن محمّد عبدالحمید منشی است که از کلیلهٔ ابن مقفّع در نیمهٔ قرن ششم هجری در دورهٔ سلطنت بهرام‌شاه غزنوی (۵۴۷-۵۱۲) ترجمه کرده است و در آن علاوه بر نقل اصل هندی، دو سه حکایت ایرانی و اسلامی افزوده شده است.   ۶ - **حِصّه** : بهره، نصیب.

بیانِ توکّل، و ترکِ جهد گفتنِ نخچیران به شیر

قصّهٔ نخچیران و شیر برگرفته از **کلیله و دمنه**[1]، این داستان و مانند آن را **امثال حیوانات** نامند. پاره‌ای از این‌گونه امثال را مولانا از کلیله اخذ می‌کند و این کار غیر از سابقهٔ انس او با این کتاب تا حدّی هم به سبب شهرت و قبولی است که کتاب کلیله در محیط قونیه عصر وی داشته است، چنانکه **قانعی طوسی** شاعر معاصر این کتاب را در همین ایّام حدود ۶۵۸هق. در قونیه به نظم درآورده و در اندک مدّت ترجمه‌های ترکی آن نیز در قلمرو آل‌عثمان انتشار یافته است.

داستان متضمّن این تمثیل است که وحوش مرغزار چون به سبب مجاورت و نزدیکی شیر، عیش خویش را منغّص می‌یابند، از وی می‌خواهند تا از آنان دست بردارد و آن‌ها در عوض هر روز از بین خویش شکاری را که طعمهٔ وی باشد به نزد او بفرستند و چون شیر به این پیشنهاد رضایت می‌دهد بر همین منوال عمل می‌کنند تا اینکه روزی قرعهٔ فال به نام خرگوش می‌افتد. وی از یاران می‌خواهد تا در فرستادن او کمی تأمّل کنند و آن‌ها می‌پذیرند. چند ساعت از چاشت شیر می‌گذرد که خرگوش به سوی شیر می‌رود و به نزد وی می‌رسد و چون شیر علّت تأخیر را جویا می‌شود، پاسخ می‌دهد که یاران برای چاشت امروز، خرگوش دیگری را انتخاب کردند و به همراهی من به درگاه ملک هدیه نمودند. در راه شیری که نزدیک چاهی بود، آن را به جبر از من ستاند و هرچه گفتم که این چاشت ملک است، التفات نکرد. شیر خشمگین از جای بر آمد و گفت: باید که آن شیر گستاخ را به من بنمایی. خرگوش پیش افتاد و شیر را به سر چاهی برد و گفت: اینجا است و چون من از وی می‌ترسم، اگر ملک مرا در کنار گیرد او را به وی نمایم. شیر او را در بغل گرفت و به درون چاه نگریست. عکس خود و آن خرگوش را در چاه دید و یقین کرد که آنجا شیری هست و خرگوشی را که طعمهٔ او بوده است در کنار دارد. خرگوش را بگذاشت و برای مقابله و مبارزه با خصم موهوم، خویشتن را به چاه افکند.

اصل قصّه در کلیله می‌گوید: خصم ضعیف را نباید حقیر گرفت؛ چرا که خرگوش خُرد هم ممکن است شیر ژیان را به چاه هلاکت افکند؛ امّا مولانا با آنکه در نقل داستان به صراحت مأخذ آن را نشان می‌دهد، تمثیل مضمون را مخصوصاً در بیان این نکته به کار

---

۱ - کلیله و دمنه، باب الاسد و الثور، چاپ قریب، ۱۳۱۱، صص ۸۱-۷۹، به نقل از احادیث، ص ۴۰.

می‌برد که نباید به فسون و تزویر عالم‌نمایان و دنیاپرستان زاهدنما از راه به در رفت و نباید اجازه داد که قلب زراندودی، آدمی را مفتون و مغبون ظاهر فریبندهٔ خویش سازد و نباید خیال کژ را مجال آن داد تا انسان را به چاه هلاکت بیندازد.

مولانا قصّه را حکایتِ حالِ مخاطب مغروری می‌یابد که خرگوشِ نفس، جانِ او را، که قدر و مرتبهٔ شیران را دارد، به زیرکی و تزویر در چاهِ جاه نگونسار می‌کند و آن کس که جان وی مانند این شیر به ننگِ اغفالِ خرگوشِ نفس دچار است از فرط غفلت و غرورگه‌گاه مانند بعضی از رؤسای عامّه این فریب خوردگی و گمراهی خویش را نمی‌بیند و در عالمِ پنداری که دارد می‌خواهد که او را به دین و دانش بستایند و به قول مولانا «فخر دین خواهد که گویندش لقب».

با آنکه خرگوش در قسمتی از داستان مولانا مظهر چاره‌اندیشی است؛ امّا در کلِّ داستان رمز **عقل الهامی** و **عقل وحیی** و مظهر رسول الهی است و به همین مناسبت در پایان قصّه هم وحوش را چنانکه اقتضای ارشاد و تعلیم اوست به مجاهده با نفس که نزد صوفیّه و زهّاد همان جهاد اکبر است ترغیب می‌نماید.

جزئیّات داستان مولانا که حکایت مثنوی را بر خلاف روایت ساده کلیله از قصّه‌های ضمنی و حوادث فرعی سرشار می‌دارد، این فرصت را فراهم می‌آورد تا در طیّ حکایت، ضمن سؤال و جواب‌های مکرّر بین شیر و نخچیران و خرگوش و نخچیران، مسألهٔ توکّل و اجتهاد و مسألهٔ علم و الهام را هم مطرح نماید و دامنهٔ بحث را به جبر و اختیار هم بکشاند و طُرفه آن است که در حکایت مثنوی شیر را خشم و طمع با وجود تکیه و اعتمادی که بر عقل و لزوم سعی و اجتهاد دارد، زبون حکم قضا می‌سازد و نخچیران هم که توکّل و تسلیم را تا حدّ جبر پذیرفته‌اند، با تمسّک به عقل و چاره‌اندیشی‌های وی که خود نوعی جهد و سعی و به هر حال در ظاهر امر خلاف توکّل است، خصم را به چاه هلاکت می‌افکنند.

تأمّل و تفکّر در این داستان و قصّه‌های دیگری که مولانا در طیّ دفاتر گوناگون مثنوی می‌آورد، خوانندهٔ مشتاق را به ظرایف و دقایق و اسرار سیر و سلوک و مقامات باطنی آشنا می‌سازد.[1]

---

۱ - با استفاده از بحر در کوزه، ص ۱۶۷، با تلخیص و تصرّف.

طایفهٔ[1] نـخچیر[2] در وادیِّ[3] خَـوش بودشان از شیر، دایـم کَش مکَش[4] ۹۰۵

در مرغزاری سبز و خرّم، وحوش با شادمانی و آسایش تمام مـی‌زیستند. آب و هـوای خوب و طبیعت دلکش شرایطی بس مساعد و فرح‌بخش را برای آنان فراهم آورده بود؛ امّا وجود شیری در آن حوالی موجب کشمکش و دغدغهٔ خاطر آنان بود.

بس که آن شیر از کمین می در ربود آن چَرا بر جمله ناخوش گشته بود ۹۰۶

بس که شیر به ناگاه یکی از آنان را می‌ربود چراگاهِ سبز برای آنان ناخوشایند شده بود.

حیله کردند، آمدند ایشان بـه شـیر کـز وظـیفه مـا تـو را داریـم سـیر ۹۰۷

تدبیری اندیشیدند و به شیر گفتند: بعد از این به شکار نیا، این وظیفهٔ ماست که تو را سیر بداریم.

بـعد از ایـن انـدر پیِ صـیدی مـیا تـا نگـردد تـلخْ بـر مـا ایـن گـیا ۹۰۸

و گفتند: جز برای صیدی که روزانه برایت می‌آوریم، تلاشی مکن، تا تو خرسند باشی و ما هم از چراگاه سبز و خرّم خود لذّت ببریم.

جواب گفتنِ شیر
نخچیران را، و فایدهٔ جهد گفتن

گفت: آری، گر وفـا بـینم نـه مکـر مکرها بس دیده‌ام از زیـد و بکـر[5] ۹۰۹

شیر پاسخ داد: آری، اگر به عهد خود وفادار باشید و مکر نورزید که در زمانه نـیرنگِ بسیار دیده‌ام.

مـن هـلاکِ فـعل و مکـرِ مـردمم مـن گَـزیدهٔ زخـم مـار و کَـژدمم ۹۱۰

من از تزویر و نیرنگ مردم زخم‌ها دیده‌ام و رنج‌ها کشیده‌ام.

---

۱ - **طایفه** : مؤنث طایف، دسته، گروه، دسته‌ای از چیزی. ۲ - **نخچیر** : شکار، حیوانی که آن را شکار کنند.
۳ - **وادی** : گشادگی میان تپه‌ها یا کوه‌ها، زمین نشیب هموار که گذرگاه سیل باشد، رود، نهر، صحرا و فارسی زبانان به معنی صحرا و بیابان استفاده می‌کنند. ۴ - **کَش مکَش** : از هر سو کشیدن، کشاکش.
۵ - **زید و بکر** : کنایه از فلان و بهمان.

۹۱۱ **مـردمِ نَـفْس از درونـم در کـمین[۱]   از همه مـردم بَـتَر در مکـر و کـین**

نَفْسِ امّاره هم از درون در کمین است که نیرنگ او بدتر است.

۹۱۲ **گوش من لاٰ یُـلْدَغُ الْـمُؤمِنْ[۲] شـنید   قـولِ پـیغمبر بـه جـان و دل گـزید**

آنچه را که پیامبر فرموده است، شنیده‌ام؛ بنابراین علی‌رغم مکر و تزویری که دیده‌ام؛ چگونه به عاقبت کار نیندیشم؟

ترجیحْ نهادنِ نخچیران توکّل را بر جهد و اکتساب

۹۱۳ **جـمله گـفتند: ای حکـیم بـا خـبر   اَلْحَذَر[۳]، دَعْ، لَیْسَ یُـغْنی عَـنْ قَـدَر**

وحوش گفتند: ای آنکه از حکمت و قضای الهی آگاهی، می‌دانی که چاره‌اندیشیِ تو، مقدّرِ الهی را تغییر نمی‌دهد و اگر قرار باشد به تو مکر ورزیده شود و تقدیر چنین باشد، حذر از آن نتوانی؛ پس حذر را رها کن؛ زیرا حذر، مانع قَدَر نیست.[۴]

۹۱۴ **در حَذَر شوریدنِ شـور و شـراست   رو تـوکُّل[۵] کـن، تـوکّل بـهتر است**

پرهیز از تقدیر و چاره‌اندیشی برای گریز از آن جز شورانیدن درون و نگرانی ثمره‌ای

---

۱ - اشاره است به حدیث: أَعْدیٰ عَدُوِّکَ نَفْسُکَ اَلّتي بَیْنَ جَنْبَیْکَ : دشمن‌ترین دشمن تو، نفس توست، همان که بین دو پهلویت، جای دارد.

همچنین از امیر مؤمنان علی(ع) روایت شده است: «لاٰ عَدُوَّ أَعْدٰی عَلَی الْمَرْءِ مِنْ نَفْسِهِ : هیچ دشمنی برای انسان از نفس او دشمن‌تر نیست»: احادیث، ص ۴۱.

۲ - حدیث: لاٰ یُلْدَغُ الْمُؤْمِنُ مِنْ جُحرٍ واحِدٍ مَرَّتَیْنِ : مؤمن از یک سوراخ دو بار گزیده نمی‌شود: احادیث، ص ۴۲.

۳ - **حَذَر :** پرهیز کردن، ترسیدن و بیم داشتن، اینجا پرهیزی که با بدبینی و نگرانی توأم است.

۴ - اشاره‌ای است به این روایت: لَنْ یَنْفَعَ حَذَرٌ مِنْ قَدَرٍ وَ لکِنَّ الدُّعاءَ یَنْفَعُ مِمّا نَزَلَ وَ مِمّا لَمْ یَنْزِلْ فَعَلَیْکُمْ بِالدُّعاءِ عِبادَ اللهِ : بر حذر بودن انسان از تقدیر الهی به هیچ وجه برایش سودی ندارد؛ امّا به هر حال نسبت به آنچه تقدیر و نازل شده یا نشده، دعا نافع است، ای بندگان خدا، بر شما باد دعا کردن: احادیث، ص ۴۲.

۵ - **توکّل :** حالتی است قلبی که در آن سالک راه هدی کار خود را به خدا وامی‌گذارد و مقامی است بلند از مقاماتِ باطنیِ عارفانِ بالله و این حالت آن زمان حاصل می‌شود که سالک بنا بر تجربه و به نور باطن قدرتِ تصرّفِ حضرتِ حق را در تمام عالم امکان می‌بیند و می‌داند که جز قدرت خداوندی و ارادهٔ ذات باری تعالیٰ هیچ عامل دیگری در کلِّ کائنات وجود ندارد و اسباب و علل به خواست حق در کارند. سالکِ منوّر در چنین مقامی با دیدهٔ بصیرت به کلّیّهٔ اعمال و افعال می‌نگرد و شهود قدرتِ حق و رحمت بی‌منتهای خداوندی اعتماد قلبی در وی به وجود آورده است آن چنانکه با رضا و رغبت کامل تمام امور خود را به خدای خود می‌سپارد و حق را به وکالت خود بر می‌گزیند و می‌داند که وکیل مدبّر است و آگاه و بهتر از وی بر تمامی امور وقوف دارد.

قرآن : مائده : ۲۳/۵ : وَ عَلَی اللهِ فَتَوَکَّلُوا إِنْ کُنْتُمْ مُؤْمِنینَ : بر خدا تکیه کنید اگر از مؤمنین هستید.

قرآن : یونس : ۸۴/۱۰: فَعَلَیْه تَوَکَّلُوا إِنْ کُنْتُمْ مُسْلِمینَ : بر خداوند توکّل و تکیه کنید اگر در اسلام خود صادق‌اید.

ندارد و در نتیجهٔ دلشوره ممکن است دست به اعمالی بزنی که شرّآفرین باشد؛ بنابراین عاقلانه‌تر است که توکّل کنی و کار را به کارساز بسپاری.

مولانا معتقد است، توکّل هیچ مغایرتی با تلاش و کوشش بشری ندارد؛ یعنی انسان وظیفه دارد در جهت گذران امور دنیوی و ترقّی و تعالی ظاهری و باطنی خود بکوشد و نتیجهٔ تلاش و سعی خود را به خدا واگذارد و بداند که بی‌اراده و خواست او هیچ امری میسّر نخواهد بود و سالکِ منوّر که به خداوند اعتماد قلبی دارد و او را به وکالت خود برگزیده است چه در امور ظاهری و چه در امور باطنی، آنگاه که موفقیّت مورد نظر حاصل نگردد، ناامید و مأیوس نخواهد شد؛ زیرا ایمان دارد که حق تعالیٰ کارساز بنده‌نواز است و به یقین مصلحتِ او در این عدم موفقیّت بوده است و مجدّداً با تکیه بر قدرت خداوندی سعی در انجام امور می‌نماید و می‌کوشد که این بار با رفع نواقص درونی و برونی توفیق یابد.

در این حکایت شیر که قوی‌پنجه و زورمند است با تکیه بر قدرت خود و شهود اسباب و علل، در جهت معاش بر جهد تکیه دارد و از قضای الهی بی‌خبر است؛ امّا وحوش و نخچیران به خوبی از عجز و ناتوانی خویش در مقابل حوادث آگاه‌اند و با توکّلِ به حق در جهت آسایش خویش می‌کوشند.

با قضا پنجه مزن ای تند و تیز[1] تا نگیرد هم قضا[2] با تو ستیز ۹۱۵

ای انسانی که در تصمیم‌گیری‌هایت عجول و شتابانی و به سرعت آن‌ها را به مرحلهٔ اجرا در می‌آوری، با حُکم حق زورآزمایی نکن. در مقابل قضا تسلیم باش تا سخت‌تر نشود.

---

۱ - مولانا به قضای الهی معتقد است، همان‌طور که ارباب شرایع و فلاسفه معتقدند و می‌گویند: قضا و قدر الهی امری است که از اراده و توان بشر خارج است. إِذٰا قَضیٰ أَمْراً فَإِنَّما یَقُولُ لَهُ کُنْ فَیَکُونُ: اگر خداوند چیزی را اراده کند و فرمان دهد، به آن می‌گوید: موجود باش و موجود می‌شود. مریم: ۳۵/۱۹
تعبیر «کُنْ فَیَکُونُ»، ترسیم بسیار ارزنده‌ای از وسعت قدرت خداوند و تسلّط و حاکمیّت او در امر خلقت است.

۲ - **قضا**: اداکردن، درگذشتن، دادرسی و قضاوت، تقدیر و سرنوشت. **قضای الهی**؛ حکم کلّی الهی، مشیّت باری تعالیٰ، علم حق است به آنچه می‌آید بر احسن نظام. **قضای سابق الهی**؛ حکم حق از آن جهت که مقدّم بر قدر است. **قضای علمی**؛ مرتبهٔ ظهور در علم است. **قضای آسمانی**؛ سرنوشت و تقدیر آسمانی.
مولانا در ارتباط با حکم و قضای الهی مواردگوناگونی چه در مثنوی شریف و چه در کلیّات شمس و یا دیگر آثار مانده از وی سخن رانده است، اینک به اختصار اشاراتی را می‌آوریم:

چون قضا آید طبیب ابله شود وان دوا در نفع هم گمره شود

* * *

چون قضا آید شود دانش بخواب مَه سیه گردد بگیرد آفتاب

* * *

چون قضا آید خرد پوشد بصر تا ندانند عقل ما پا را ز سر

**مُرده[1] باید بود پیشِ حکمِ حق		تا نیاید زخم از رَبُّ الفَلَق[2]** ۹۱۶

نخچیران برای ترغیب و تشویق شیر به توکّل می‌گویند: باید در برابر حکم و فرمان خداوند تسلیم محض بود، آن چنانکه میّت در برابر غسّال تسلیم محض است. اگر جز این باشد، حکم حق سخت‌تر می‌شود و زخم و دردِ افزون‌تری از جانب خداوند نازل خواهد گردید.

اینکه تعبیر «رَبُّ الفَلَق» به کار رفته، بدان جهت است که موضوع بحث، توکّل است، و بندهٔ متوکّل، باطنی سخت منوّر دارد و در مقام شهود قدرت و رحمت، همان میّت است در دست قدرت حق تعالیٰ؛ امّا آن کس که با قضا پنجه می‌زند و تسلیم حق نیست، از «رَبُّ الفَلَق» زخم خواهد خورد؛ یعنی قدرت و ارادهٔ الهی که نور محض است، وجود تاریک و ظلمانی او را ضربه و زخم می‌زند و می‌شکافد.

ترجیح نهادنِ شیر، جهد و اکتساب را، بر توکّل و تسلیم

**گفت: آری، گر توکّل[3] رهبر است		این سبب هم سُنّت پیغمبر است** ۹۱۷

شیر گفت: آری، باید به خدا تکیه کرد؛ امّا کار هم سنّت رسول خداست.

**گفت پیغمبر به آوازِ بلند		با توکّل، زانویِ اشتر بِبَند** ۹۱۸

اشاره است به حدیث[4]: *عربی به حضور رسول گرامی خدا آمد، در حالی که شتر خویش را یله و رها کرده بود. پیامبر پرسید: شترت را کجا گذاشته‌ای؟ گفت: آن را رها و بازگذاشته‌ام و بر خدا توکّل کرده‌ام. پیامبر(ص) فرمود:* **اِعْقِلْها وَ تَوَکَّلْ**: *شترت را ببند و سپس به خدا توکّل کن.*

---

۱ – سهل بن عبدالله می‌گوید: اوّلین مقام توکّل آن است که بنده در برابر خداوند، همان حال را داشته باشد که میّت در برابر غسّال، او هرگونه که بخواهد میّت را بر می‌گرداند و کمترین حرکت و تدبیری از میّت مشاهده نمی‌شود: احادیث، ص ۴۳، به نقل از رسالهٔ قشیریه، ص ۷۶.

۲ – رَبُّ الفَلَق؛ خداوند سپیدهٔ صبح، خداوند قادر و توانا که ظلمت و تاریکی شب را با نور صبحگاهی می‌شکافد و به زوال می‌آورد.

۳ – از ابن سالم بصری شاگرد سهل بن عبدالله تستری، از صوفیان بنام (متوفّیٰ به سال ۲۹۷ ﻫ. ق) نقل می‌کنند که: توکّل از حالات رسول خدا است و کار و کوشش و کسب سنّت اوست: احادیث، ص ۴۳.

سهل بن عبدالله: کسی که به کار و کوشش خرده بگیرد، به سنّت رسول خدا(ص) ایراد گرفته است و کسی که به توکّل بر خدا خرده بگیرد، به اصل ایمان ایراد گرفته است: همان، ص ۴۳.

۴ – همان، ص ۴۴.

رَمْزِ الکاسِبْ حَبیبُ اللّه[1] شنو — از توکّل، در سبب کاهل مشو ۹۱۹

شیر گفت: مگر شما نشنیده‌اید که می‌گویند: کاسب، حبیب خداست، این رمزی نهانی است، یعنی به سبب توکّل نباید از کسب معاش باز ایستاد.

ترجیح نهادنِ نخچیران توکّل را بر اجتهاد

قوم گفتندش که: کسب از ضعفِ خلق — لقمهٔ تزویر دان بر قدر حلق ۹۲۰

نخچیران که دیدند او همچنان بر عقیدهٔ خود پافشاری می‌کند و برهان منطقی ارائه می‌دهد، به ناچار برای مجاب کردن شیر به ظرایفی دیگر می‌پردازند و می‌گویند: کسب روزی و تلاش برای معاش در حقیقت نشانهٔ ضعف ایمان است؛ یعنی به زبان و به ظاهر می‌گویند: به خدا توکّل دارند ولی باور ندارند که حق، ضامن روزی است؛ پس لقمه‌ای را که به قدر توان به دست می‌آورند، چیزی جز لقمهٔ تزویر با خدا نیست.

نیست کسبی از توکّل خوب‌تر — چیست از تسلیم، خود محبوب‌تر؟ ۹۲۱

نتیجهٔ کار و کسب، رزق و روزی است که خواه‌ناخواه حاصل می‌شود، چه کار و کسبی ثمره‌ای بهتر و پربرکت‌تر از این دارد که مخلوق بداند که خداوند ضامن روزی اوست و چه چیزی محبوب‌تر از این است که تسلیم مشیّت خالق باشد.

بس گریزند از بلا سویِ بلا — بس جَهند از مار سویِ اژدها ۹۲۲

تا کنون موارد بسیاری بوده است که مخلوق برای فرار از بلا و قضا به سوی بلای بزرگ‌تری شتافته است و برای آنکه گرفتار نیش مار نشود خود را به کام اژدها افکنده است.

حیله کرد انسان و حیله‌اش دام بود — آنکه جان پنداشت، خون‌آشام بود ۹۲۳

انسان به چاره‌جویی و نیرنگی می‌پردازد که در نهایت دام او می‌شود و چیزی را که جان می‌پندارد، جان‌سِتان او می‌گردد.

در ببست و دشمن اندر خانه بود — حیلهٔ فرعون زین افسانه بود ۹۲۴

آدمی در را بر روی خود می‌بندد در حالی که دشمن درون خانه است. مکری که فرعون به کار برد از این نوع بود.

---

۱ - «الکاسِبُ حَبیبُ اللهِ»، به عنوان حدیث برای آن مأخذی یافت نشده است: احادیث، ص ۴۴.

صد هزاران طفل کُشت آن کینه کَش   و آنکه او می‌جُست، اندر خانه‌اش[1] ۹۲۵

به دستور فرعون صدها هزار کودک را کشتند و او غافل از مکر خداوندی بود که طفلی را که می‌جوید در خانهٔ خود اوست.

دیدهٔ ما چون بسی علّت در اوست   رو فنا کن دیدِ خود در دیدِ دوست ۹۲۶

«دیدهٔ ما»، یعنی نِگرش ما یا جهان‌بینی خاصّی که داریم. انسان در معنی عام آن، چون از «جانِ» کمال یافته‌ای برخوردار نیست، دارایِ نفسی نازل است که به سببِ این نَفْسِ غیرِ

---

۱ - این ابیات اشاراتی است به تأویلِ آدمی در ابتدای خلقت که در طیّ قرون و اعصار نمودهای گوناگونی داشت؛ ولی همواره نتیجهٔ واحدی از مکر بشر حاصل شد و آن ضرر و زیانی بود که متوجّه وی گردید. اوّلین خطای بشر که به عنوان ترک اولیٰ در فرهنگ اسلامی از آن یاد شده است چه بود؟ باز می‌گردیم به داستان آفرینش و خلقت انسان. آدمی به وسوسهٔ شیطان، آنچه را که از انجامش منع شده، می‌آزماید و عهد و پیمانی را که در روز الست با خدای خود داشته و «قالوا بلیٰ» را به دست فراموشی می‌سپارد و رابطهٔ بین ربّ و مربوب را که تسلیم مخلوق در برابر خالق است به وسوسهٔ شیطان از خاطر می‌برد و با خدای خویش مکر می‌ورزد و به امید آنکه بر نیک و بد آگاهی یابد و یا به روایتی دیگر جاودانه شود، وسوسهٔ شیطان را می‌پذیرد و مرتکب جرم و حیله‌ای می‌گردد که او و دودمانش را در مهلکهٔ ابتلا به وسوسه‌های شیطانی و نفسانی قرار می‌دهد... و این جنگ و گریز بین نور و ظلمت قرن‌ها ادامه می‌یابد، تا نوبت به فرعون می‌رسد، داستان موسیٰ(ع) و فرعون، در قرآن کریم به تفصیل آمده است و آنچه را که در این ابیات مورد نظر است در قصص: ۲۸/۸-۴ بیان می‌فرماید.

خداوند به فرعون در سرزمین مصر فرمانروایی و قدرت عنایت کرد و او به سبب جهل دچار خودبزرگ‌بینی شد و دعوی خدایی کرد. مردم مصر را به دو گروه مشخّص تقسیم کرد، «قبطیان» که بومیان آن سرزمین بودند و در آسایش و رفاه می‌زیستند و «سبطیان» که مهاجران بنی‌اسرائیل بودند و به عنوان بردگان و غلامان و کنیزان در چنگ گروه اوّل گرفتار بودند. مفسّران چنین نوشته‌اند: منجّمان بر اساس علوم خویش به فرعون گفته بودند: سلطنت وی توسّط یکی از افراد قوم بنی‌اسرائیل نابود خواهد شد و او بر آن شد که بر خلاف مشیّت الهی، تدبیری بیندیشد و حیله‌ای در کار کند، فرمان داد که تمام فرزندان ذکور قوم بنی‌اسرائیل را در بدو تولّد از دم تیغ بگذرانند. چون موسی(ع) به دنیا آمد، به مادرش وحی رسید و الهام الهی از او خواست که او را شیر ده و آن‌گاه که بر جان وی بیمناک شدی او را در دریا بیفکن و ترس و اندوهی به خود راه مده و او چنین کرد، موسیٰ را در جعبه‌ای یا صندوقی نهاد و در رود نیل رها ساخت و او را به خداوند مهربان سپرد.

در اخبار آمده است که فرعون دختری داشت و بیماری شدید این دختر او را آزرده‌خاطر ساخته بود، اطبّا و حکیمان چارهٔ کار را نمی‌دانستند و سرانجام فرعون به کاهنان متوسّل شد و آنان گفتند: ای فرعون، ما پیش‌بینی می‌کنیم که از درون این دریا انسانی به این کاخ گام می‌نهد که اگر از آب دهانش به بدن این بیمار بمالند، بهبودی می‌یابد، فرعون و همسرش، آسیه، در انتظار چنین ماجرایی بودند که ناگاه صندوقچه‌ای که بر امواج در حرکت بود نظر آنان را جلب کرد و به این ترتیب موسیٰ(ع) به کاخ فرعون راه یافت و چون آب دهان نوزاد حقیقتاً سبب شفای بیمار گردید، مهر موسیٰ در دل آنان فزونی یافت. فرعون و خاندانش که با خدا مکر ورزیده بودند و گناهان عظیمی را با کشتن هزاران طفل و دیگر فجایع مرتکب شده بودند از مکر خداوند غافل بودند و به درستی که خداوند خَیْرالْماکرین است. موسیٰ را از امواج نیل برگرفتند و به مهر پروردند تا سرانجام دودمانشان به دست او بر باد فنا رود. مولانا داستان موسیٰ و فرعون را در دفتر سوم با شرح و بسط و به تفصیل بیان می‌دارد.

متعالی، درکِ غیر واقعی از افراد و یا موضوعات مختلف دارد؛ زیرا نفس در مرتبهٔ نازل با علّت یا غَرَض به هر چیز می‌نگرد؛ بنابراین توصیه می‌فرماید: دیدهٔ آلودهٔ به غَرَض و مرض را در دید دوست فنا کن؛ یعنی خودت را تامّ و تمام به حق بسپار، این بیت نیز تأییدی است بر دلایلی که نخچیران برای شیر ارائه می‌دهند و وی را به توکّل و ترک جهد ترغیب می‌نمایند و به عنوان اقامهٔ دلیل می‌گویند: وقتی مخلوق نمی‌داند که خیر او در چه چیز است، بهتر آن است که امور خود را به خدا واگذارد و ترک جهد و تدبیر و طلب نماید و با خدا حیله و مکر نَوَرزَد.

دیدِ ما را دیدِ او نِعْمَ الْعِوَض   یابی اندر دید او کُلِّ غَرض ۹۲۷

به جای آنکه با دیدهٔ خود به جهان بنگریم، بهتر است که با دیدهٔ او نظاره‌گر عالم باشیم و چنین چیزی با فنای سالک در حق امکان‌پذیر است. آن کس که فانی شده است، دیدهٔ خود را داده و دیده‌ای حق‌بین دریافت داشته است. با کنار رفتن تمام حجاب‌های ظلمانی و نورانی، انسان کامل، حقیقت هر چیز را آن چنانکه هست می‌بیند و به «کلّ غرض»، یعنی غرض از هستی و اهداف آفرینش واقف می‌گردد.

طفل، تا گیرا و تا پویا نبود   مرکبش جز گردنِ بابا نبود[1] ۹۲۸

تا کودک ناتوان است و پا نگشاده و به راه نیفتاده، پدر او را بر دوش می‌گیرد و محمولِ پدر خویش است.

چون فُضولی گشت و دست و پا نمود   در عَنا[2] افتاد و در کور[3] و کبود[4] ۹۲۹

هنگامی که توانایی‌هایی کسب کرد و در تکاپو افتاد، به سبب آنکه راه را از چاه نمی‌داند، به رنج و دردِ بسیار مبتلا می‌شود.

جان‌هایِ خلق پیش از دست و پا   می‌پریدند از وفا اندر صفا ۹۳۰

ارواح آدمیان نیز قبل از محبوس شدن در قالب تن، محمول حق بودند و در انوارِ لطف و وفا می‌زیستند.

---

۱ - تمثیلی برای تأکید لزوم توکّل.   ۲ - **عَنا**: رنج.

۳ - **کور و کبود**: مقرون به رنج و آفت، کنایه از سختی و دشواری.

۴ - همچنانکه طفل تا محمولِ پدر است، آسوده است، آدمی نیز در سیر و سلوک إلی الله و در طیِّ مقاماتِ معنوی، طفلِ راه است و راه را از چاه نمی‌داند و اگر با عرض عجز به درگه حق و توکّلِ بر دوست، محمولِ حق‌گردد، از عنا و رنج مصون و محفوظ خواهد بود.

چون به اَمرِ اِهْبِطُوا[1] بَندی شدند[2] حَبسِ خشم و حِرص و خُرسندی شدند ۹۳۱

هنگامی که به فرمان الهی در قالب تن محبوس شدند، متّصف به صفات عدیده‌ای گشتند.

ما عِیالِ حضرتیم و شیر خواه گفت: اَلْخلْقُ عِیالُ لِلاِلٰه[3] ۹۳۲

ما، مانند عهد و عیال حق تعالیٰ‌ایم که رزق مادّی و معنوی خود را از او خواهانیم.

آنکه او از آسمان باران دهد هم تواند کو ز رحمت نان دهد ۹۳۳

خداوند قادری که از آسمان باران را رحمتی برای مخلوقات قرار داده است، می‌تواند به لطف خویش آنان را روزی نیز بدهد، امّا ارادهٔ او بر این است که انسان‌ها یار و یاور یک‌دیگر باشند.

ترجیح نهادنِ شیر جهد را بر توکّل

گفت شیر: آری، ولی ربُّ الْعِباد نردبانی پیشِ پایِ ما نهاد ۹۳۴

شیر در پاسخ نخچیران که با آوردن دلایل بسیار سعی دارند، وی را به ترک جهد و کوشش وادارند و ثابت کنند که با توکّل دست از کسب بدارد، می‌گوید: من استدلال شما را می‌پذیرم؛ امّا فراموش نکنید که خداوند نردبانی پیش پای ما قرار داده است تا پلّه پلّه مدارج ترقّی معنوی را طی کنیم و بر بام سماوات معنوی برسیم. بدون طیِّ این مراحل و با

---

۱ - اِهْبِطوا؛ اشاره‌ای است به هبوط انسان از قرب وصال حق، بقره: ۳۶/۲ و ۳۸: ...وَ قُلْنَا اَهْبِطُوا بَعْضُکُمْ لِبَعْضٍ عَدُوٌّ...: ما به آنان دستور دادیم که به زمین فرود آیید در حالی که دشمن یک‌دیگر خواهید بود... [مقصود از هبوط و نزول آدم به زمین مقامی است نه مکانی؛ یعنی از مقامی ارجمند که قرب وصال یار ازلی و سرمدی بود، سقوط کرد.]

۲ - این ابیات نیز مثال دیگری است برای تکیه بر خدا و توکّل به حق و ترک جهد. ارواح آدمیان قبل از آنکه در کالبد جسمانی محبوس گردند، جان مجرّد یا روح مجرّد بوده‌اند. در نهایت صفا و وفا می‌زیسته‌اند و از انوار الهی رزق معنوی خود را دریافت می‌داشته‌اند. کار و کسب و جهدی برای معاش نبوده است و همگی تسلیم حق بوده و توکّل داشته‌اند، از روزی که انسان با حق مکر ورزید و مرتکب خطا شد، از مقام قرب الهی هبوط و سقوط کرد و درگیر زندگی عادی زمینی با ویژگی‌های خاصِّ آن شد، نفس آدمی که سیری‌ناپذیر است، وی را برای کسب روزی و دیگر تمتّعات، مبتلای صفات ناپسندی همچون خشم و حرص نمود. مقصود از این ابیات آن است که اگر انسان بتواند با تزکیهٔ نفس به مقام حقیقی توکّل برسد، مانند آن زمان که روح مجرّد بود از دغدغه و تشویشِ روزگار، درکنفِ حمایتِ حضرت باری مصون و محفوظ خواهد بود.

۳ - اشاره به حدیثی که می‌گوید: اَلْخَلْقُ کُلُّهُمْ عِیالُ اللهِ فَاَحَبُّهُمْ إِلَی اللهِ اَنْفَعُهُمْ لِعَیالِهِ: همهٔ مردم، عهد و عیال و اولاد و خانوادهٔ خداوندند، بنابراین هرکس بیش از همه به اهل و عیال حق منفعت رساند و مفیدتر و سودمندتر برای مخلوق خدا باشد در نزد خداوند عزیز است: احادیث، ص ۴۵.

«نقص معنوی» سخن از «توکّل حقیقی» و رها کردن کسب و جهد، طمع خامی است که حاصلی جز یأس ندارد؛ زیرا «جبر» در مورد انسانِ کامل که اراده‌اش در ارادهٔ حق مستهلک شده، مصداق دارد؛ امّا «انسانِ ناقص»، به سببِ «نقصِ معنوی»، اسباب و علل را می‌بینند؛ زیرا به مقتضای حکمت الهی وسایل و اسبابی برای هر امر قرار داده شده است که بیهوده پنداشتنِ آن، خلاف سنّتِ خداوند در امور جاری است.

پـــایه پـــایه رفت بـاید سـویِ بـام   هست جبری بودن اینجا طَمْعِ خام ۹۳۵

برای رسیدن به توکّل باید مراحل آن را طی کرد. باور داشتن جبر در شرایط ما بیهوده است.

پای داری، چون کـنی خـود را تـو لنگ؟   دست داری، چون کنی پنهان تو چـنگ؟ ۹۳۶

خداوند، پا را به عنوان وسیلهٔ حرکت بخشیده است، چگونه با داشتن ابزار حرکت مانند افرادِ معلول می‌توان درگوشه‌ای نشست؟ دست را ابزارکار قرار داده است، چگونه می‌توان از آن در جهت کسب و معاش استفاده نکرد؟ عدم استفاده از این ابزارکه اسباب و وسایط به شمار می‌آیند، خلاف مشیّت و حکمت الهی است.

خواجه[1] چون بیلی[2] به دستِ بنده داد   بـی زبـان[3] مـعلوم شـد او را مُـراد ۹۳۷

وقتی که ارباب بیلی به دست خادم می‌دهد، بی‌آنکه سخنی بگوید، انجام خدمتی را می‌خواهد.

دستِ همچون بیل اشارت‌هایِ اوست   آخـــر انـــدیشی عـبارت‌هایِ اوست ۹۳۸

«دست»، اشارهٔ حق برای کسب و کار، و «عقل» برای تعقّل و عاقبت‌اندیشی است.

چون اشارت‌هاش را بر جـان نـهی   در وفـــای آن اشـارت جـان دهـی ۹۳۹

اگر رمز و رازِ خلقت را بشناسی و اشارات حق با بنده را دریابی و آن لطایف را با جان و دل بپذیری و در انجام آن حاضر به جان باختن باشی،

پس اشـــارت‌های اســرارت دهــد   بـــار بـــردارد ز تـــو، کـــارَت دهـد ۹۴۰

آنگاه حق تو را به درک اسرار و حقایق رهنمون می‌شود، بارهای ظاهری و باطنی را از دوش‌ات بر می‌دارد و تو را به کاری که برای آن خلق شده‌ای، مشغول می‌دارد. این کار حقیقی که انسان برای آن خلق شده است، چیست؟ در ذاریات: ۵۶/۵۱ می‌فرماید: **وَ ما خَلَقْتُ**

---

۱ - **خواجه**: اینجا کنایه از حق.   ۲ - **بیل**: اینجا کنایه از ابزار و وسایل مانندِ توانمندی‌هایِ انسان.

۳ - **بی‌زبان**: بدون آنکه سخنی بگوید.

الْجِنَّ وَ الاِنْسَ إِلاّ لِیَعْبُدُونِ : *جن و انس را نیافریدم مگر برای عبادت*؛ پس همهٔ ما برای عبادت آفریده شده‌ایم؛ امّا باید دانست که حقیت عبادت چیست؟ حقیقتِ عبادت، عبودیّت و بندگی، یعنی آخرین درجهٔ خضوع در برابر معبود است و این امر جز با معرفت حاصل نخواهد شد؛ پس درک اشاراتِ ظریفِ حق به آگاهی منتهی می‌شود.

حاملی[1]، محمول[2] گرداند تو را قابلی، مقبول گرداند تو را ۹۴۱

هر انسان مجموعه‌ای از بارهای ظاهری و باطنی را بر دوش دارد. بار ظاهری، یعنی گرفتاری‌ها و مشکلات عادی و جاری زندگی و بار باطنی، یعنی سنگینی تلاش و جهد در جهت ترقّی معنوی و تعالی، حمل این بار سهل نیست و گاه بسیار دشوار و طاقت‌فرساست. کسی که اشارت‌های حق را با جان و دل می‌پذیرد و در وفای آن حاضر به جان دادن است، خداوند بار را از دوش او بر می‌دارد و وی را سبک‌بار می‌سازد، چنین فرخنده انسانی محمولِ عنایتِ حق است و با قابلیّت‌های ذاتی به چنین مقام شایسته‌ای رسیده و اینک مقبول درگه دوست است.

قابلِ[3] امرِ ویی، قایل[4] شوی وصل جویی، بعد از آن واصل شوی ۹۴۲

کسی که اشارات حضرت احدیّت را در می‌یابد و اوامر و نواهی را می‌پذیرد، لایق دریافت فیض وجود از فاعلِ حق می‌گردد و با رسیدن به مقامِ انسان کامل، سخنگوی حق می‌شود. انسانی که برایِ وصلِ دوست، به تزکیهٔ نفس پرداخته و در این جهاد اکبر موفّق شده، وصل‌جویی است که به عنایت الهی واصل به حق شده است.

سعیِ شکرِ نعمتش، قدرت بُوَد جبرِ تو انکارِ آن نعمت بُوَد ۹۴۳

سعی و جهد در جهت رزق دنیایی و معنوی، در حقیقت تشکّر از خداوند است، برای تمامی توانایی‌هایی که به انسان داده است [قدرت بدنی و ابزارکار مانند دست و پا و...]. اعتقاد به جبر در حقیقت، انکار تمام نعمت‌هاست.

---

۱ - **حاملی :** اینجا حمل کنندهٔ بارهای ظاهری و باطنی، یعنی بارِ امور دنیوی و معنوی.

۲ - **محمول :** کسی که عنایتِ حق بارِ ظاهری و باطنی را از او برگرفته است.

۳ - **قابل :** قبول کننده، پذیرنده، لایق، اعیان ثابته از جهت آنکه فیض وجود را از فاعلِ حق قبول می‌کنند قابل هستند. در عالم هستی، انسان قابلیّت و استعداد آن را داشت که امانتی را به او بسپارند. قرآن ؛ احزاب : ۷۲/۳۳ : إِنّٰا عَرَضْنَا الأَمانَةَ عَلَى السَّمٰواتِ وَ الارضِ وَ الْجِبٰالِ، فَأَبَیْنَ أَنْ یَحْمِلْنَها وَ أَشْفَقْنَ مِنْها، وَ حَمَلَهَا الإِنْسانُ، إِنَّه کٰانَ ظَلُوماً جَهُولاً : ما بر آسمان‌ها و زمین و کوه‌های عالم امانت خویش را عرضه داشتیم، همه از تحمّل آن امتناع ورزیدند و اندیشه کردند، تا انسان ناتوان بپذیرفت، که او در ادای امانت بسیار ستمکار و نادان بود، که اکثراً به راه جهل و عصیان شتافت. «امانت الهی»، همان قابلیّتِ تکامل به صورتِ نامحدود است و عامل تحقّقِ آن عشقِ الهی است.

۴ - **قایل :** گویندهٔ سخن، سخن‌گو.

شکرِ قُدرت، قدرتت افزون کند جبر، نعمت از کفت بیرون کند ۹۴۴

سپاس‌گزاری[۱] و تشکّر از خداوند به سبب توانایی‌هایی که به بنده ارزانی داشته است، موجب افزایش نعمت و ناسپاسی و اعتقاد به جبر مذموم، سبب زوال آن است.

حقیقتِ شکر، تشکر زبانی نیست، وجودِ آدمی و احوال او باید شاکر باشد. مرحلهٔ عالی آن، شکر عملی است که بیندیشیم هر نعمت برای چه هدفی داده شده است و آن را در همان مورد به کار گیریم و اگر جز این باشد، کفران ورزیده‌ایم و کسانی که نعمت‌ها را در جهتِ هدف‌های واقعی آن صرف کردند، به اثبات رساندند که شایسته و لایق‌اند.[۲]

جبرِ تو خُفتن بُوَد، در ره مخُسب تا نبینی آن در و درگه، مخُسب ۹۴۵

اینکه انسان دست از کار و کوشش بدارد و در جهت کسبِ رزق دنیایی و معنوی مجاهده نکند، «جبر» مذمومی است که مورد تأیید انسان عاقل نیست و خفتن در راه است. دنیا مانند کاروان‌سرایی است در مسیرِ زندگیِ آن جهانی که توقّفِ در این منزل کوتاه است و باید زاد راه را تهیه کرد و این توشه چیزی جز کسب مدارج روحانی نیست؛ یعنی اگر انسان آن قدر منوّر شود که قابلیّت بار یافتن به بارگاه حق را بیابد، آنگاه می‌تواند دست از طلب بدارد و تا حصول چنین مقصود عظیمی جهد از واجبات است.

هان! مَخُسب ای کاهل[۳] بی اعتبار جـز بـه زیـر آن درختِ مـیوه دار ۹۴۶

ای انسان سست عنصر که اعتقادت به جبر از کاهلی است، آگاه باش که نمی‌توان به امیدی واهی نشست. هنگامی می‌توانی آسوده باشی که در زیر چتر حمایت و تربیت مرشد روحانی متعالی (انسان کامل) قرار گیری.

تا که شاخ افشان کند هر لحظه باد بـر سـر خـفته بـریزد نُـقْل و زاد ۹۴۷

همچنانکه انسان در هنگام خواب، از وقایعی که در اطراف وی در جریان است، مطّلع نیست، مریدی که تحت تربیت و ارشاد روحانی و معنوی مراد قرار می‌گیرد، نیز از حقایق و

---

۱ - ابراهیم: ۷/۱۴: ... لَئِنْ شَکَرْتُمْ لَأَزیدَنَّکُمْ وَ لَئِنْ کَفَرْتُمْ إِنَّ عَذابی لَشَدیدٌ: اگر شکر نعمت‌های پروردگار را به جای آورید، به‌طور قطع نعمت‌های شما را افزون می‌کنم و اگر راه کفر و ناسپاسی بپیمایید عذاب و مجازات خداوند شدید است.

۲ - از امیرالمؤمنین علی(ع) روایت شده است: هنگامی که نعمت‌ها به سوی شما سرازیر شد مواظب باشید آن‌ها را با قصور در سپاس‌گزاری از خود دور مکنید: احادیث، ص ۴۶.

۳ - مصراع اوّل در متن «کاهل» است، در مقابله با قلم ریز «جبری» را بر بالای آن افزوده‌اند.

عوامل معنوی بی‌خبر است. به همین سبب مُرید یا سالک، به خفته‌ای مانند شده است که در زیر درختِ پر از میوهٔ وجودِ منوّرِ مراد قرار گرفته و در هر لحظه بادِ عنایتِ حق وزان می‌شود و تعالیم معنوی را بر او نثار می‌نماید.

جبر و خُفتن در میانِ رَهزنان مرغِ بی‌هنگام[1] کِی یابد امان؟ ۹۴۸

«جبر»، مانند خوابیدن هنگامِ حملهٔ رهزنان به کاروان است که در این حال، هیچ انسانِ فهیمی نمی‌خوابد و در صدد دفعِ آن می‌کوشد. کاروان زندگی در دنیایی پر از راهزنان مادّی و معنوی در گذر است. چگونه می‌توان در انبوهِ خوف و خطر خوابید؟ چنین انسان بی‌توجّهی، مانندِ مرغ بی‌هنگام سرش برباد می‌رود.

ور اشارت‌هاش را بینی زنی[2] مرد پنداری، و چون بینی، زنی[3] ۹۴۹

اگر به اشارات ظریفِ حق که می‌رسد و تو را به کمال فرا می‌خوانَد، توجّه نکنی، مردِ راه نیستی و وجودت در تسخیر نَفْسِ امّاره است.

این قدر عقلی که داری، گُم شود سَر کِه عقل از وی بپَّرد، دُم شود ۹۵۰

بی‌قدر دانستنِ اشاراتِ حق، ناسپاسی است، سببِ قهرِ حق می‌شود که در نتیجهٔ آن همین عقلِ جزوی را هم از دست می‌دهی. کسی که چنین قهری شاملِ حالش شود، دچار حماقت می‌گردد. سرِ بی‌عقل، با دُم فرقی ندارد.

زآنکه بی‌شکری بود شوم و شَنار[4] می‌بَرَد بی شُکر را تا قعرِ نار ۹۵۱

ناسپاسی در قبال اشاراتِ الهی شوم و زشت است که تو را به دوزخ می‌برد.

گر توکّل می‌کنی، در کار کن کِشت کن، پس تکیه بر جَبّار کن ۹۵۲

توکّل باید با کوشش همراه باشد، آنگاه با اعتماد به حق بدانی که نتیجهٔ آن هر چه باشد، بنا به قوانین نظامِ هستی و خواستِ حق است و کم و کاستی آن را بپذیری.

---

۱ - **مرغ بی‌هنگام:** خروسی را گویند که در اوایل شب یا نیمه‌های شب و قبل از هنگام اذان صبح، بانگ کند. این آواز را عامّه شوم می‌دانند و این چنین مرغی را سر می‌برند.

۲ - **بینی زنی:** بینی زدن، کبر ورزیدن و اینجا به معنی بی‌شأن و بی‌اعتبار پنداشتن، بی‌توجّهی.

۳ - در ادبیّات عرفانی «زن» نمادی از نفس امّاره و «مرد» رمزی است از مبارزه با نفس؛ بنابراین سالک راه، اگر در بند هوا و هوس باشد، زن‌صفت است؛ حتّی اگر مرد باشد و اگر در پی تهذیب و تزکیه نفس و پیکار با این دشمن غدّار دوست‌نمای باشد، مرد است؛ حتّی اگر از نظر جنسیّت زن به شمار آید.

۴ - **شَنار:** عار و ننگ، زشت‌ترین عیب.

باز، ترجیح نهادنِ نخچیران توکّل را بر جهد

جمله با وی بانگ‌ها برداشتند کآن حریصان که سبب‌ها کاشتند[1] ۹۵۳

نخچیران با اعتراض گفتند: آن‌هایی که به اسباب و علل توجّه داشتند و از مشیّت بی‌خبر بودند،

صد هزار اندر هزار از مرد و زن پس چرا محروم ماندند از زَمَن؟ ۹۵۴

چرا صدها هزار زن و مرد با جدّ و جهد زندگی کردند؛ امّا از بهرهٔ روزگار محروم ماندند؟

صد هزاران قرن ز آغاز جهان همچو اژدرها گُشاده صد دهان ۹۵۵

تا کنون صدها هزار نسل زیستند که توکّل را رها کردند و از حرص دهان را مانند اژدها گشودند.

مَکرها کردند آن دانا گُروه که ز بُن بر کنده شد زآن مَکر، کوه[2] ۹۵۶

آنان به تصوّر آنکه دانا و فهیم‌اند، مکرهایی اندیشیدند که کوه‌ها را از جا بر می‌کَند.

کرد وصفِ مکرهاشان ذوالجلال[3] **لِـتَزُولَ مِـنْهُ اَقْلالُ**[4] **الْـجِبال**[5] ۹۵۷

خداوند بزرگوار و شکوهمند، مکر و نیرنگ آنان را توصیف و بیان نموده است.

جز که آن قسمت، که رفت اندر ازل روی ننمود از شکار و از عمل ۹۵۸

نتیجهٔ آن همه کوشش جز نصیبِ ازلی نبود و تکیه بر اسباب و جهد ثمری نداشت؛ زیرا قدرتِ خداوند که فوق اسباب است، گاه اسباب و علل را بی‌اثر می‌کند.

جمله افتادند از تدبیر و کار ماند کار و حُکم‌هایِ کردگار ۹۵۹

کوشش و نیرنگِ آنان حاصلی نداشت و حُکم الهی با عذاب و هلاکت باقی ماند.

---

۱ - **سبب کاشتن :** دیدن اسباب و علل بدون توجّه به مسبّب حقیقی که خداوند است.

۲ - مانند عذاب‌هایی که بر قوم لوط، قوم عاد، ثمود، قوم نوح و فرعونیان نازل گردید.

۳ - **ذوالجلال :** خداوند که دارای عظمت و بزرگواری و شکوه است. ۴ - **اقلال :** جمع قلّه، نوک کوه.

۵ - ابراهیم : ۴۶/۱۴ : وَ قَدْ مَکَرُوا مَکْرَهُمْ : آن‌ها تا جایی که قدرت داشتند مکر و توطئه به کار بردند. وَ عِنْدَ اللهِ مَکْرُهُمْ : و همهٔ مکرها و شیطنت‌هایشان نزد خدا آشکار است. وَ إنْ کانَ مَکْرُهُمْ لِتَزُولَ مِنْهُ الْجِبالُ : این نیرنگ‌ها و نقشه‌ها و طرح‌های آنان اثری نخواهد داشت، هرچند که مکرشان چنان باشد که کوه‌ها را از جا برکند.

کسب، جز نامی مدان ای نامدار   جهد، جز وَهْمی مپندار ای عَیار[۱] ۹۶۰

نخچیران گفتند: ای نام‌آور، «کسب و جهد» نامِ توخالی است و تصوّر آنکه می‌توان با کوشش به نتیجه رسید، وهم و پندار است.

نگریستنِ عزرائیل بر مردی و گریختنِ آن مرد در سرای سلیمان و تقریر ترجیحِ توکّل بر جهد و قلّتِ فایدهٔ جهد[۲]

مردی وحشت‌زده و مضطرب به بارگاه سلیمان(ع) وارد شد و از او خواست: باد را فرمان دِه مرا به هندوستان ببرد؛ زیرا از نگاه هولناکی که عزرائیل بر من افکَند، سخت بیمناکم. سلیمان او را اجابت کرد و در ملاقاتی با عزرائیل از وی سبب خشم او را نسبت به آن مرد جویا شد. عزرائیل پاسخ داد: خداوند امر فرموده بود تا جان او را در هندوستان بِستانم و هنگامی که او را در اینجا دیدم، از تعجّب در وی نگریستم که چگونه یک روزه می‌تواند به هندوستان برود؟

سِرّ سخن آن است که «تدبیر» آدمی در حذر از «تقدیر» حاصلی ندارد.

زادمردی چاشتگاهی در رسید   در سرا عدل سلیمان[۳] در دوید ۹۶۱

آزاد مردی بامدادان هراسان و شتابزده به بارگاه سلیمان(ع) وارد شد.

---

۱ - **عَیار**: مخفّف عیّار، تندرو، چالاک، جوانمرد. عیّاری یکی از طرق تربیت قدیم بود و از اواخر قرن دوم هجری وجود داشته است. عیّاران روش‌هایی داشته‌اند که به تدریج با تصوّف آمیخته و به صورت فتوّت در آمده است.

۲ - مأخذ اصلی این حکایت ظاهراً به تَلمود [کتابی است که شامل مجموعه‌ای از روایات و تفاسیر قوانین موسی(ع) است که دارای دو جزء است یکی «میشنا» که شامل روایات و احادیث مستند به روات است و دیگری «جمارا» که شرح «میشنا» است. اسرائیلیات: روایات و اخباری که از طریق یهود در اسلام آورده شده و غالباً خرافی و بی‌بنیان است.] می‌رسد که در تفاسیر و کتب مربوط به احوال و قصص انبیا هم ذکر شده است و عین آن در ذیل آیه ۳۴ سورهٔ ۳۱ تفسیر بیضاوی هم آمده است. در الهی نامهٔ عطّار هم هست.
این داستان را در حلیة‌الاولیاء و جوامع‌الحکایات عوفی و در عجایب‌نامه از مؤلّفات قرن ششم هم می‌توان دید: احادیث، صص ۴۶ و ۴۷.

۳ - سلیمان بن داوود؛ از انبیای بنی اسرائیل، پادشاه یهود و جانشین داوود(ع) که برای تعمیر بیت‌المقدس اقدام کرد، عقل و کیاست او زبانزد عموم است. خداوند زبان حیوانات را به وی آموخت و باد را مسخّر او ساخت. در روایات، حاکم بر انس و جن شناخته شده است.

رویش از غم زرد و هر دو لب کبود   پس سلیمان گفت: ای خواجه! چه بود؟ ۹۶۲

رنگ چهرهٔ او از اندوه به زردی گراییده و لب‌هایش از شدّت ترس کبود شده بود. سلیمان از او پرسید: ای مرد محترم، چه اتّفاقی افتاده است؟

گفت: عزراییل در من این چنین   یک نظر انداخت پر از خشم و کین ۹۶۳

آن مرد گفت: عزرائیل با خشم و غضب و نفرت به من نگاه کرد.

گفت: هین! اکنون چه می‌خواهی؟ بخواه   گفت: فرما باد را ای جان پناه! ۹۶۴

سلیمان(ع) گفت: اکنون چه می‌خواهی؟ مرد گفت: ای جان‌پناه، به باد فرمانی بده.

تا مرا زینجا به هندستان بَرَد   بو که بنده کآن طرف شد، جان بَرَد ۹۶۵

که مرا از این مکان به هندوستان ببرد، شاید بتوانم از دست عزرائیل بگریزم.

نَک ز درویشی[1] گُریزانانـد خلق   لقمهٔ حرص و اَمَل[2] زآن‌اند خلق ۹۶۶

اینک مردم از فقر و تهیدستی، چه به مفهوم ظاهری آن و چه به معنایِ عرفانی آن، می‌گریزند؛ بنابراین مانند لقمه‌ای در دهان حرص و آرزوهای دور و دراز گرفتار می‌آیند.

ترسِ درویشی، مثالِ آن هراس   حرص و کوشش را تو هندستان شناس ۹۶۷

ترس از فقر و درویشی مانند هراسی است که آن جوان از مرگ داشت و حرص و کوشش برای دستیابی به امیدها و آرزوهای دور و دراز، مانند هندوستان است که آن جوان با شتاب به آنجا پناه برد؛ امّا فرار او سودی نداشت و مرگ طبق مشیّت الهی به سراغ او آمد؛ بنابراین فرار از حقایق و پناه جستن به لذایذ دنیوی و حرص برای کسب این گونه امور همان قدر بیهوده است که کوشش آن جوان.

باد را فرمود تا او را شتاب   بُرد سویِ قعرِ هندستان بر آب ۹۶۸

سلیمان(ع) به باد دستور داد تا او را با سرعت به دورترین نقاط هندوستان ببرد.

روزِ دیگر وقتِ دیوان و لِقا[3]   پس سلیمان گفت عزرائیل را ۹۶۹

روز بعد هنگام بار عام و دادرسی، سلیمان(ع) عزرائیل را مورد خطاب قرار داد.

---

۱ - **درویشی**: فقیر، تهی‌دست، صوفی، قلندر. ۲ - **اَمَل**: امید و آرزو. ۳ - **لقا**: دیدار.

کآن مسلمان را به خشم از بهرِ آن بنگریدی، تا شد آواره ز خان؟ ۹۷۰

وگفت: نگاه خشم‌آگینی که به آن مرد مسلمان افکندی برای آن بود که آواره‌اش سازی؟

گفت: من از خشم کِیْ کردم نظر؟ از تعجّب، دیدمش در ره گذر ۹۷۱

عزرائیل گفت: نگاه من خشمگین نبود، از اینکه او را در این مکان دیدم، متعجّب شدم.

که مرا فرمود حق، کامروز هان! جان او را تو به هندستان سِتان ۹۷۲

زیرا از درگاه حق فرمانی رسید که امروز جان این جوان را در هندوستان بستان.

از عجب گفتم: گر او را صد پَر است او به هندستان شدن دُور اندر است ۹۷۳

چون او را اینجا دیدم، اندیشیدم که اگر صدها پر داشته باشد، نمی‌تواند امروز در هندوستان باشد.

تو همه کار جهان را همچنین کن قیاس و چشم بگشا و ببین ۹۷۴

ای شنونده و ای خوانندهٔ تیزهوش، تمامی کار جهان را بر همین منوال تصوّر کن و چشم حقیقت‌بین را بگشای و ببین که آدمی مقهور اراده و مشیّت الهی است و توکّل و اعتماد به خداوند و تسلیم بودن در برابر ارادهٔ او تقدیر انسان است.

از که بُگْریزیم؟ از خود؟ ای مُحال! از که بِرْباییم؟ از حق؟ ای وَبال[1] ! ۹۷۵

آدمی نمی‌تواند از «خود» بگریزد. این اندیشه‌ای است محال. این خود، همان **شخصیّت نفسانی** هر فرد است. آنچه که انسان انجام داده است، خواه نیک، خواه بد با اوست و نمی‌تواند از نتایج اعمال و افعال و افکار خود بگریزد.

آنچه را که **نصیب** و قسمت و **روزی** است، انسان می‌تواند با **جهد** و **توکّل** به دست آورد و چیزی را که مقدّر او نیست، نمی‌تواند. چنین خواستی را مولانا به «ربودن» مانند کرده است و اندیشهٔ آن نیز برای آدمی وبال است و حاصلی جز عذاب ندارد.

---

۱ - **وبال** : دشواری، سختی.

باز، ترجیح نهادنِ شیر جهد را بر توکّل، و فوایدِ جهد را بیان کردن

شیر گفت: آری، و لیکن هم ببین — جهدهایِ انبیا و مؤمنین ۹۷۶

شیر گفت: آری، باید به خدا توکّل داشت؛ امّا اعتماد به خدا مغایرتی با جهد ندارد. رسولان الهی بسیار کوشیده‌اند که باید برای ما سرمشق زندگی باشد.

حق تعالیٰ، جهدشان را راست کرد — آنچه دیدند از جفا و گرم و سرد ۹۷۷

خداوند به آنان همواره کمک کرده است و امداد نیروهای غیبی، جهد و کوشش انبیا را تحکیم بخشیده و در گرم و سرد روزگار مددکارشان بوده است.

حیله‌هاشان جمله حال آمد، لطیف — کُلُّ شَیْءٍ مِنْ ظَریفٍ هُو ظَریفْ ۹۷۸

انبیا و مؤمنین برای پیشبرد اهداف الهی گاه حیله‌هایی به کار بردند و مکری ورزیدند که چون در جهت تحکیمِ دین بود از جانب حق به عنوان احوالی لطیف تعبیر گردید؛ زیرا آنچه از ظریفی می‌رسد، ظَریف است.

دام‌هاشان مرغ گردونی گرفت — نقص‌هاشان جمله افزونی گرفت ۹۷۹

تدبیر انبیا و مؤمنان مانند دام، مرغان آسمانی را می‌گیرد؛ یعنی به کشف اسرار می‌انجامد و کمبودهای آنان را به کمال و فزونی تبدیل می‌کند.

جهد می‌کن تا توانی، ای کیا! — در طریقِ اَنْبیا و اَوْلیا ۹۸۰

ای سرور، سعی کن طریق انبیا و اولیا را طی کنی.

با قضا پنجه زدن، نَبْوَد جهاد — ز آنکه این را هم قضا بر ما نهاد ۹۸۱

جهد کردن، مقابله با تقدیر نیست؛ زیرا جهدِ معنوی و روحانی را هم قضا رقم زده است.

کافرم من، گر زیان کرده‌ست کس — در ره ایمان و طاعت یک نَفَس ۹۸۲

هیچ کس از ایمان زیانی ندیده است؛ حتّی اگر در راه اجرای فرمانِ حق، ضرری ببیند. این‌ها در ظاهر زیان‌اند؛ ولی در حقیقت، سودند.

سر شکسته نیست، این سر را مبند یک دو روزکْ جَهْد کُن، باقی بخند ۹۸۳

سری را که شکسته نیست، نباید بست. مقصود این که ابزار جهد و کسب را که خداوند داده است، در جهت اهداف آفرینش و تعالی معنوی به کار ببر تا سعادتِ سرمدی، بیابی.

بد محالی جُست، کو دنیا بِجُست نیک حالی جُست، کو عقبیٰ بجُست ۹۸۴

آن کس که بهره‌هایِ دنیوی را طلب کرد، عمر را هدر داد؛ زیرا آنچه که مربوط به دنیا است، ناپایدار است و یک عمر تلاش برای چیزی که باید نهاد و رفت، عاقلانه نیست و آن کس که در جست‌وجوی بقا، عمر را به جهاد با نفس گذراند، در جست‌وجوی حالی نیک روزگار را به سر برد.

مکرها در کسبِ دنیا بارِد است[1] مکرها در ترکِ دنیا وارِد است ۹۸۵

نیرنگ برایِ حصولِ دنیا و لذّت‌های دنیایی، مکرِ سرد و ناخوشایندی است؛ امّا چاره‌اندیشی و تدبیر برای ترک دنیا، مکرِ پسندیده‌ای است.

مکر آن باشد که زندان حفره کرد آن که حفره بست، آن مکری است سرد ۹۸۶

کسی که در زندان گرفتار است، باید با حیله و تدبیر خود را برهانَد، نه اینکه راه‌های رهایی را ببندد که این کار تدبیر سرد و ناپسندی است.

این جهان زندان و ما زندانیان[2] حفره کن زندان و خود را وارهان ۹۸۷

آدمی در جهان مادّی به اسارتی گرفتار آمده است، بس دشوار؛ امّا راه رهایی را به او نشان داده‌اند، اگر خواهان آزادی حقیقی است، باید خود را از این بند نجات دهد.

چیست دنیا؟ از خدا غافل بُدَن نه قماش[3] و نَقده[4] و میزان[5] و زن ۹۸۸

آنچه سبب شود آدمی از خداوند غافل باشد، «دنیا» نامیده می‌شود. این تعریفی است که مولانا و دیگر عرفا از دنیا دارند؛ پس دنیا چیزی است که فکر انسان را به خود مشغول می‌دارد و فرد برای رسیدن به آن می‌کوشد. دنیا برای کسی زرّ و سیم است، برای دیگری پست و مقام؛ پس دنیا تعلّق دل است به هر چیز جز حق.

---

۱ - **بارِد** : سرد و ناخوشایند، نابجا.

۲ - حدیث: اَلدُّنیا سِجْنُ الْمُؤْمِنِ وَ جَنَّةُ الْکافِرِ : دنیا زندان مؤمن و بهشت کافر است: احادیث، ص ۴۸.

۳ - **قماش** : اسباب و امتعهٔ خانه، اثاث، رخت و پارچه. ۴ - **نَقده** : مسکوک نقره، سیم و زر.

۵ - **میزان** : ترازو.

مال را کز بهرِ حق باشی حَمول نِعْمَ مٰالُ صالِحٌ خوانَدش رسول[1] ۹۸۹

«ثروت و دارایی» اگر به جهت کیش و آیین الهی در تصاحب انسان باشد، همان مال حلالی است که رسول گرامی(ص) فرمود: زیبندهٔ انسان صالح است. کیش و آیین الهی مستلزمِ برقراری نظام در جوامع بشری است و لازمهٔ این نظام، وجود کانون زندگی و دیگر لوازم زیست است و نکتهٔ اصلی، حسّ قلبی انسان نسبت به داراییِ اوست، اگر آن را لطف خداوند برای آسایش او و خانواده، کمک و دستگیریِ درماندگان و بیچارگان بداند که چنین بندهٔ فرخنده‌ای در محیطی امن با فراغ بال می‌تواند به خدمت مخلوق و عبادت خالق بپردازد و اگر جز این باشد، مال همان «وزر و وبال» است.

آب در کشتی، هلاکِ کشتی است آب اندر زیرِ کشتی پُشتی است ۹۹۰

همان‌گونه که وجود آب در کشتی، سبب غرق و نابودی کشتی می‌شود، تعلّق خاطر به مالِ دنیا و مهرِ آن در دل انسان هلاکت‌آور است و همان‌طور که وجود آب در زیر کشتی برای حرکت کشتی الزامی است، ثروت هم در حدّ معقول برای زندگی لازم و وجودِ آن پشتیبانِ امنیت و آسایش متعارف است، خطر هلاکت در تعلّق خاطرِ بدان است.

چونکه مال و مُلک را از دل بِراند زآن سلیمان خویش جز مسکین نخواند[2] ۹۹۱

چون سلیمان(ع) که دارای سلطنت ظاهری و باطنی بود، آن همه قدرت و شوکت را نمی‌دید و تعلّق خاطری به آن‌ها نداشت، خود را بندهٔ مسکینِ محتاج عنایات خداوندی می‌دید.

کوزهٔ سربسته اندر آبِ زَفْت[3] از دلِ پر باد، فوق آب رفت ۹۹۲

کوزه‌ای که سرش را بسته باشند به سبب وجود هوا (باد) روی آب می‌ماند و به زیر آب فرو نمی‌رود.

بادِ درویشی چو در باطن بُوَد بر سرِ آب جهان ساکن بُوَد ۹۹۳

سالک به سبب «باد درویشی»؛ یعنی «ذکر قلبی» که همواره به یاد حق است، تعلّق خاطری به دنیا و مظاهر دنیوی ندارد و مانند کوزهٔ سربسته روی آب شناور است؛ یعنی در جهان مادّی

---

۱ - اشاره است به حدیث : نِعْمَ المَالُ الصَّالِحُ لِلرَّجُلِ الصَّالِحِ : دارایی حلال، زیبندهٔ انسان صالح است: احادیث، ص ۴۸.

۲ - این بیت مبتنی است بر روایتی که ثعلبی در سیرهٔ سلیمان نقل می‌کند: وَ کانَ خاشِعاً مُتَواضِعاً یُخالِطُ المَسَاکِینَ وَ یُجَالِسُهُمْ وَ یَقُولُ مِسکینٌ یُجالِسُ مِسکیناً : حضرت سلیمان اهل خشوع و فروتنی بود و با مسکینان همنشین می‌شد و می‌گفت: تهیدست به سراغ تهیدست می‌رود: احادیث، ص ۴۹.

۳ - **زَفت** : پُر، مالامال، درشت و ستبر.

و جاذبه‌هایِ آن غرق نمی‌شود و هرقدر ارتقای روحانی بیشتری یابد، قطعِ تعلّقاتِ وی افزون‌تر می‌گردد.

گرچه جمله این جهان مُلک وی است مُلک، در چشمِ دلِ او لاٰ شَیْ[1] است ۹۹۴

در مقام انسان کامل، تجلّی انوارِ حق در وجود بشر به ظهور رسیده است و با وجود آنکه قدرت تصرّف در کون و مکان را دارد و جهان، مُلک او محسوب می‌گردد؛ امّا در دیدهٔ حقیقت‌بین وی جهان بی‌ارزش‌است.

پس دهان دل ببند و مُهر کن پُر کُنَش از بادِ کِبْرِ مِنْ لَدُن[2] ۹۹۵

اگر انسان خاکی بتواند از تعلّقات دنیوی دل برکَنَد، یعنی دهانِ دل را ببندد و مُهر بزند، دلِ او جایگاهِ حق و جلال و عظمت الهی می‌شود.

جهْدْ حقّ است و دوا حقّ است و درد مُنکر اندر نَفْیِ جهدش، جهدکرد ۹۹۶

شیر بعد از ارائه دلایلی چند در رجحانِ جهد و کسب بر توکّل، نتیجه‌گیری می‌کند: جهد و کوشش، حقایقی انکارناپذیرند. اگر درد هست، درمان هم هست که همان جهد برای سلامتی است. منکر می‌کوشد تا جهد آدمی را بی‌حاصل جلوه دهد.

مقرر شدن ترجیحِ جهد بر توکّل

زین نَمَط[3] بسیار بُرهان گفت شیر کز جواب، آن جبریان گشتند سیر ۹۹۷

بدین ترتیب، شیر دلایلی در الزامِ جهد بر شمرد، چنانکه نخچیران را که در این داستان نمادی از معتقدان به جبر و توکّل‌اند، از پاسخ‌گویی بیزار کرد و لاجرم گفتهٔ او را پذیرفتند.

---

۱ - **لاٰ شَیء :** هیچ، چیزی که وجود ندارد.

۲ - مِنْ لَدُن؛ اشارتی قرآنی، کهف : ۶۵/۱۸ : هنگامی که موسیٰ و یار همسفرش به جای اوّل، یعنی کنار صخره و نزدیک مجمع‌البحرین بازگشتند، ناگهان بنده‌ای از بندگان ما را یافتند که او را مشمول رحمت خود ساخته و علم و دانش فراوانی از نزد خود تعلیمش داده بودیم.

بادِ کِبرِ من لَدُن؛ باد کِبر همان کبریا است؛ یعنی عظمت و بزرگ‌منشی.

ای جان شیرین تلخوش بر عاشقان هجرکش در فرقت آن شاهِ خوش بی‌کبر و با صد کبریا : دیوان کبیر

مقایسه کنید : حافظ : تُرک ما سوی کس نمی‌نگرد آه از این کبریا و جاه و جلال

به قول هاتف اصفهانی : تا بجایی رسی که می نرسد پای اوهام و پایهٔ افکار

بار یابی به محفلی کان جا جبرییل امین ندارد بار

۳ - **نَمط :** روش، طریقه.

**روبــه و آهــو و خــرگوش و شـغال		جـبر را بگـذاشـتند و قـیل و قــال** ۹۹۸

وحوش تصمیم می‌گیرند که راجع به جبر و توکّل سخنی نگویند و با او به تفاهم برسند.

**عــهدها کــردند بــا شــیرِ ژیـان[1]		کاندر این بـیعت[2] نـیفتد در زیـان** ۹۹۹

نخچیران به شیر قول دادند که در این پیمان زیانی متوجّه او نخواهد شد.

**قسمِ هـر روزش بـیاید بـی جگـر		حــاجتش نَـبْوَد تـقاضایِ دگــر** ۱۰۰۰

و متعهّد شدند که غذای روزانهٔ شیر را بدون خون جگر، به او برسانند.

**قُرعه[3] بـر هـر کـه فُـتادی روز روز		سویِ آن شیر او دویدی همچو یوز[4]** ۱۰۰۱

هر روز به قید قُرعه یکی از وحوش را برای غذای روزانهٔ شیر بر می‌گزیدند که به سرعت تمام به سوی شیر می‌رفت.

**چون به خرگوش آمد این ساغر[5] به دور		بانگ زد خرگوش: کآخر چـند جـور؟** ۱۰۰۲

روزی که قرعه به نام خرگوش اصابت کرد و ساغر مرگ در چرخش به دست خرگوش افتاد، فریاد بر آورد که تا کی باید این جور و ستم را تحمّل کرد و خاموش بود؟

انکار کردنِ نخچیران بر خرگوش، در تأخیرِ رفتن بر شیر

**قوم گـفتندش کـه: چـندین گـاهْ مـا		جــان فـدا کـردیم در عـهد و وفـا** ۱۰۰۳

نخچیران گفتند: ما برای وفای به عهد، دیرگاهی است که جان فدا کردیم و معترض نشدیم.

**تـو مَـجو بـدنامیِ مـا ای عَـنود[6]!		تــا نـرنجد شـیر، رو رو، زود زود** ۱۰۰۴

ای ستیزه‌گر، در پی بدنام کردن ما مباش، و پیش از آنکه شیر ناراحت شود، زود برو.

---

۱ - **ژیان**: درّنده، خشمگین، غضبناک.

۲ - **بیعت**: دست دادن به عنوان عهد و پیمان، پیمان بستن و عهد کردن.

۳ - **قُرعه**: قطعه‌ای کاغذ، چوب یا استخوان و مانند آن که به وسیلهٔ فال زدن با آن نصیب کسی را معیّن کنند.

۴ - **یوز**: یوزپلنگ که پستانداری است گوشت‌خوار، دارای اندام کشیده و بلند با سرعتی زیاد.

۵ - **ساغر**: پیاله یا جامی که با آن می می‌نوشیده‌اند. «ساغر به دور آمدن» به معنی گردش جام یا پیاله در میان باده‌نوشان و اینجا، پیاله‌ای است که به قید قرعه زهر مرگ از آن می‌آشامند.

۶ - **عَنود**: ستیزه‌گر، برگردنده از راه.

جواب گفتنِ خرگوش ایشان را

گفت: ای یاران! مـرا مُـهلت دهـید   تـا بـه مَکْـرَم از بـلا بـیرون جـهید ۱۰۰۵

خرگوش گفت: ای دوستان، به من فرصتی بدهید که تدبیری بیندیشم تا از این بلا رهایی یابید.

تـا امـان مـانَد بـه مَکْـرَم جـانتان   مـانَد ایـن مـیراثِ فـرزندانـتان ۱۰۰۶

با نیرنگی جان شما نجات می‌یابد و تدبیر من به عنوان میراث برای فرزندان شما می‌مانَد که بدانند باید در مقابل خطرات چاره‌اندیشی کرد.

هـر پـیمبر اُمَّـتان را در جـهان   همچنین تا مَخْلَصی می‌خوانـدشان ۱۰۰۷

هر پیامبر و رهبر قوم به همین ترتیب امّت را به سوی نجات برده و راهِ رهایی را به آن‌ها نشان داده است.

کز فلک راهِ برون شـو[1] دیـده بـود   در نظر[2] چون مردمک پیچیده بـود ۱۰۰۸

پیامبر هر امّت راه رهایی از جهان مادّی را می‌دانست؛ زیرا حقیقت هر چیز را دیده بود.

مردمش، چون مردمک دیدند خُرد   در بزرگی مـردمک، کس ره نَـبُرد[3] ۱۰۰۹

مخالفان و دشمنانِ هر یک از پیامبران به سبب حقارتِ درونی خود، به چشم حقارت در وی نگریستند و عظمتِ او را درنیافتند؛ مانند مردمک چشم که بسیار کوچک است؛ امّا علی‌رغمِ کوچکی، می‌تواند اجسام بزرگ و تمامی جهان را ببیند.

اعتراضِ نخچیران بر سخنِ خرگوش

قوم گفتندش که: ای خر! گـوش‌دار   خـویش را انـدازهٔ خـرگوش دار ۱۰۱۰

نخچیران گفتند: ای نادان، به‌هوش باش و آگاهانه سخن بگو و حدِّ خود را نگاه دار.

---

۱ - **راهِ برون شو** : راه رهایی و خلاص.

۲ - **نَظَر** : نگاه کردن، نگریستن، نگاه، نیروی بینایی. در نظر چون مردمک پیچیدن: عمیق نگریستن، حقیقت هر چیز را دیدن.

۳ - «جسم ضعیف پیامبر(ص) با قدرت و عظمت روحانی او تقابل یافته است. ابن عربی در فصوص الحکم، می‌گوید: نسبت انسان کامل با حق چون نسبت مردمک چشم است با چشم و نظر بدو حاصل است، چه نظر بدو است و مشاهدهٔ عالم ظاهر که صورت حق است، از اوست، حق تعالیٰ خود را به جمیع صُوَر گوناگون خویش در او مشاهده می‌کند.»: شرح مثنوی مولوی، دفتر اوّل، ص ۱۷۴.

هین! چه لاف است این که از تو بهتران　　در نیاوردند اندر خاطر آن؟ ۱۰۱۱

آگاه باش که سخن تو خودستایی است. آنان که از تو بهتر بودند، جرأتِ چنین ادّعایی نکردند.

مُعْجِبی[1]، یا خود قضامان در پی است　　ورنه این دَمْ لایقِ چون توکِی است؟ ۱۰۱۲

آنچه می‌گویی یا از خودبینی تو است یا قضا در پی نابودی ماست، و گرنه این گونه سخنان شایستهٔ موجود کوچکی چون تو نیست.

جوابِ خرگوش نخچیران را

گفت: ای یاران! حَقَم الهام[2] داد　　مَرْ ضعیفی را قوی رایی[3] فُتاد ۱۰۱۳

خرگوش گفت: ای دوستان، آنچه را که می‌گویم، الهامی از جانب حق است و این خواست اوست که موجودِ ناتوانی چون من تدبیری والا داشته باشد.

آنچه حقّ آموخت مَر زنبور را[4]　　آن نباشد شیر را و گور را ۱۰۱۴

آنچه را که خداوند به زنبور عسل آموزش داد [علی‌رغم جثّهٔ کوچک و ضعیفش]، به شیر و یا گورخر [با آن جثّهٔ بزرگ و قدرت بدنی فراوان] نیاموخت.

---

۱ - **مُعْجِب**: خودبین، خودپسند.

۲ - **الهام**: به دل افکندن، در دل انداختن، در دل افکندگی خدای کاری نیک یا مطلبی را.

۳ - **رأی**: اندیشه، فکر، تدبیر، اعتقاد.

۴ - اشارتی قرآنی؛ نحل: ۶۸/۱۶ و ۶۹: وَ أَوحىٰ رَبُّكَ إِلَى النَّحْلِ أَنِ اتَّخِذي مِنَ الْجِبالِ بُيُوتاً وَ مِنَ الشَّجَرِ وَ مِمّا يَعْرِشُونَ: و پروردگار تو به زنبور عسل وحی کرد که خانه‌هایی از کوه‌ها و درختان و داربست‌هایی که مردم می‌سازند انتخاب کن. ثُمَّ كُلي مِنْ كُلِّ الثَّمَراتِ: سپس ما به او الهام کردیم که از تمام ثمرات تناول کن. فَاسْلُكي سُبُلَ رَبِّكِ ذُلُلاً: و راه‌هایی را که پروردگارت برای تو تعیین کرده به راحتی بپیما. يَخْرُجُ مِنْ بُطُونِها شَرابٌ مُخْتَلِفٌ أَلْوانُهُ: از درون زنبوران عسل نوشیدنی مخصوصی خارج می‌شود که رنگ‌های مختلفی دارد (بر حسب آنکه بر چه گلی نشسته باشد، رنگ عسل تفاوت می‌کند)، فيهِ شِفاءٌ لِلنّاسِ: در آن نوشیدنی مخصوص، داروی شفابخش مهمّی برای مردم وجود دارد.

دانشمندان به این نتیجه رسیده‌اند که ساختن عسل توسط زنبوران به نحوی است که خواص درمانی و دارویی گیاهان به عسل منتقل می‌شود و محفوظ می‌ماند؛ بنابراین عسل هم غذا است، هم دوا و هم درس زندگی و نشانی از قدرت خداوندی برای کسانی که می‌اندیشند: إِنَّ في ذٰلِكَ لَآيَةً لِقَوْمٍ يَتَفَكَّرُونَ.

خانه‌ها سازد پر از حلوایِ[1] تر ‌ ‌ ‌ ‌ حق، بر او آن علم را بگشاد در ۱۰۱۵

زنبور عسل با علمی که خداوند به طریق الهام به وی آموخت، خانه‌هایی پر از عسل می‌سازد.

آنچه حقّ آموخت کِرمِ پیله[2] را ‌ ‌ ‌ ‌ هیچ پیلی داند آن گون حیله را؟ ۱۰۱۶

دانشی را که خداوند به طریق الهام و غریزه به کرم ابریشم آموخته است، هیچ فیلِ عظیم نمی‌داند. این ابیات بیانگر آن است که ارزش و اعتبار به چگونگی و هیأت ظاهری نیست بلکه به دانش خصوصاً دانشی است که از جانب حق می‌رسد.

آدمِ خاکی ز حقّ آموخت عِلم[3] ‌ ‌ ‌ ‌ تا به هفتم آسمان افروخت علم ۱۰۱۷

اشارتی قرآنی، بقره: ۲/۳۹-۳۰: آدم از خاک آفریده شد و خداوند همهٔ اسما را به او آموخت. سپس آن چیزها را به فرشتگان نشان داد و از آنان خواست که اگر فکر می‌کنید به خلافت بر زمین سزاوارتر از آدم هستید، مرا خبر کنید از نام‌های آن چیزها؟ و فرشتگان اعلام کردند که علمی ندارند جز آنچه که حق به آنان آموخته است. آنگاه به امر خداوند، آدم، فرشتگان را مطلّع نمود. دانشی که از جانب حق به آدم رسیده بود، مانند چراغی پرفروغ بود که نور آن حتّی به آسمان هفتم، یعنی به فرشتگان هم رسید.

نام و ناموسِ[4] مَلَک[5] را در شِکَست ‌ ‌ ‌ ‌ کوریِ آن کس که در حق، در شَک است ۱۰۱۸

خدا همه چیز را به آدم آموخت. فرشتگان گمان بردند که اگر جانشین خدا در زمین از

---

۱ - **حلوا:** خوراکی که به وسیلهٔ آرد و شکر و روغن تهیّه می‌کنند، شیرینی.

۲ - **پیله:** محفظه‌ای است که نوزاد برخی حشرات مانند کرم ابریشم، به دور خود می‌تنند و در داخل آن دورهٔ دگردیسی خود را می‌گذرانند و پس از تبدیل به حشرهٔ بالغ پیله را سوراخ کرده، از آن خارج می‌شوند. از الیاف این پیله که توسط نوزاد کرم ابریشم ایجاد شده، در صنعت برای تهیّهٔ ابریشم استفاده می‌گردد.

۳ - ابن عبّاس در مورد اسمایی که به آدم آموخته شد، می‌گوید: مقصود نام‌هایی از قبیل: انسان، جانور، زمین، دشت، کوه و دریاست که مردم با آن یک‌دیگر و چیزهای جهان را می‌شناسند. طوسی می‌گوید: خداوند معانی نام‌ها را به آدم آموخت. طبرسی می‌گوید: خداوند در این آیه برای فرشتگان روشن ساخته که آدم را بر ایشان و بر همهٔ آفریدگان دیگر با امتیاز علم برتری بخشیده است. میبدی در کشف‌الاسرار (۷۶/۱) می‌گوید: هر چه اسما بود، آدم را آموختند، هم اسما خالق و هم اسما مخلوقات؛ پس آدم به دانستن اسما مخلوقات از فرشتگان متمایز شد و تخصیص و افزونی وی بر ایشان پیدا شد و علم وی به نام‌های آفریدگار، خود سرّی بود میان وی و حق که فرشتگان را بر آن اطّلاعی نبود؛ پس ثمرهٔ علمِ نامِ مخلوق، در حقِّ آدم، آن بود که مسجود فرشتگان گشت و ثمرهٔ علمِ خالق آنکه به مشاهدهٔ حق رسید و کلام حق شنید: دایرةالمعارف بزرگ اسلامی، ج ۱، ص ۱۸۳.

۴ - **ناموس:** آوازه و غوغا، اشتهار، قانون و قاعده، آبرو و عزّت.

۵ - **مَلَک:** فرشته، موجوداتی روحانی و آسمانی که به تسبیح خدا و اجرای اوامر الهی مشغول‌اند.

ایشان باشد، تباهی و خونریزی نخواهد شد. آنان نمی‌دانستند که اقتضایِ طبیعت زندگی در این کرهٔ خاکی چیست؟ از این‌رو، خداوند به آنان فرمود: مرا آگاه سازید از نام‌های این کسان و چیزهایی که می‌بینید [اگر راست می‌گویید]، که پندارتان درست است و به این ترتیب محدودیّت علم و دانش فرشتگان بر آن‌ها آشکار گردید و نام و ناموس مَلَک در هم شکست. (تفسیر طبری: ۱۷۳/۱-۱۷۱، طوسی: ۱۴۰/۱-۱۳۹، فخررازی: ۱۷۸/۱)

و آدمی که از خاک آفریده شده بود، به سبب علمی که حق به وی آموخت، مسجود ملائک گشت. به کوری آن کس که حقیقت انسان را باور نداشت و در شک بود.

زاهدِ ششصد هزاران ساله[1] را　　　پوزبندی[2] ساخت، آن گوساله را ۱۰۱۹

به ارادهٔ خداوند بر دهان ابلیس پوزبندی است که از شیر معارف نیاشامد.

تا نتاند شیرِ علم[3] دین کشید　　　تا نگردد گِردِ آن قصرِ مَشید[4] ۱۰۲۰

ابلیس در سورهٔ ص: ۷۶/۳۸، با استدلال عقلی می‌گوید از آدم برتر است و از آنجا که «عقل جزوی» در برابر «عقل کلّی» راه به جایی نمی‌بَرَد، این جسارت، «پوزبندی» می شود که دهان او را برایِ دریافتِ شیرِ علم و معرفت می‌بندند تا گِردِ آن قصر مشید نگردد و از قرب حق دور و رانده شود.

علم‌هایِ اهلِ حسّ[5] شد پوزبند　　　تا نگیرد شیر ز آن علمِ بلند ۱۰۲۱

چون «علوم کسبی و رسمی» از طریق تقلید حاصل شده‌اند، توأم با اعتلای روحانی نیستند،

---

۱ - **زاهد ششصد هزاران ساله** : ابلیس: بر اساس روایات اسلامی، ابلیس پیش از آنکه از فرمان حق سر باز زند و به سجود آدم رضایت ندهد، یکی از علما و زهّادِ فرشتگان بود و خدای تعالی کارِ آسمانِ دنیا (آسمانِ اوّل) را به او سپرده بود و نگهبانِ بهشت نیز بود. به گفتهٔ طبری، ابلیس، در پرستشِ خدا و از حیثِ علم نظیر نداشت. بر اساس بعضی از این روایات او در هر آسمان هشت هزار سال عبادت می‌کرد و نیز بر زمین بنا بر روایت دیگری ششصد هزار سال بندگی خدا کرد؛ بنابراین زاهد ششصد هزار ساله ابلیس است و به سبب جهل و بی‌خبری از حقیقت آدم «گوساله» نیز خوانده شده است و آن «پوزبند» که مانع کشیدن شیر علم گشت، «کبر و خودبینی» ابلیس است که خود را از آدم برتر پنداشت؛ زیرا او از آتش و آدم از خاک بود، جهت استدلال نیز همین است؛ زیرا کبر ابلیس ناشی از این بود که صورت و اصل و نژاد را دلیل فضیلت پنداشت و آدم را سجده نکرد تا ملعون ازل و ابد گشت.

۲ - **پوزبند** : شبکه‌ای از ریسمان که بر دهان گوساله یا بچّهٔ شتر می‌بندند تا نتواند دهان باز کند و شیر بخورد.

۳ - **شیر عِلم** : همان عِلم و حکمت الهی است.

۴ - **قصر مشید** : کاخ بلند و سفید شده باگچ. قَصْرٍ مَشِيدٍ؛ عبارتی است قرآنی، حج: ۴۵/۲۲: و چه بسیار قصرهای پر شکوه و کاخ‌های سر به آسمان کشیده که ویران گشتند و صاحبانش با مجازات الهی به هلاکت رسیدند.

۵ - مقایسه کنید: حافظ در ارتباط با علم اهل حس با مدّعیان معارف. «اهل حسن»: مراد علوم نظری، علوم کسبی.

با مدّعی مگویید اسرار عشق و مستی　　　تا بی‌خبر بمیرد در درد خودپرستی

عُجب‌برانگیزند و خودپسندیِ حاصل از آن، عالِمان این علوم را در حصاری از تحجّرِ خودبینانه محصور می‌دارد که فکر و اندیشهٔ تازه‌ای را بر نمی‌تابند. این دانش به پوزبندِ دهانِ گوساله مانند شده است که با وجود آن، صاحبانِ علومی که فقط به ظواهر و قشر بسنده کرده‌اند، از درکِ معانیِ بلند و حقایق محروم می‌مانند.

قطرهٔ دل را، یکی گوهر[1] فُتاد کآن به دریاها و گردون‌ها نداد ۱۰۲۲

عنایت الهی، «دل» آدمی را معدن «محبّت حق»، مکاشفات و «علومِ لَدُنّی» قرار داده و این مرحمت به دریاها و افلاک نشده است.

چند صورت آخر ای صورت پرست! جانِ بی معنیت از صورت نَرَست؟ ۱۰۲۳

ای که به قشر یا صورت و ظاهر هر چیز بها می‌دهی، تا کی در غفلت می‌مانی و آیا حیاتِ فاقدِ معنویاتِ تو نمی‌تواند گامی فراتر نهد و به عوالم پاک نیز توجّه کند؟

گر به صورت، آدمی انسان بُدی احمد و بوجهل[2] خود یکسان بُدی ۱۰۲۴

اگر شأن انسان به ظاهر بود، احمد(ص) و بوجهل یکسان بودند؛ ولی می‌دانیم که قدرِ انسان به تعالیِ معنوی، افکار متعالی، اعمال پسندیده و گفتار نیکوست.

نقش بر دیوار مثلِ آدَم است بنگر، از صورت چه چیزِ او کم است؟ ۱۰۲۵

نقّشی را که نقّاش از چهرهٔ آدمی بر دیوار می‌نگارد، تفاوتی با چهرهٔ او ندارد.

جان کم است آن صورتِ باتاب را رو، بجُو آن گوهرِ کم‌یاب را ۱۰۲۶

چهرهٔ نقاشی شدهٔ درخشان، «جان» ندارد. جان، یعنی حقیقتِ حیات. جویایِ آن گوهرِ کمیاب باش.

---

۱ - **گوهر** : جوهر، جواهر، مقصود از گوهرِ دل، سویدای دل است که دانهٔ سیاه یا نقطهٔ سیاه دل «حَبّة القلب» نامند. معدن محبّت حضرت حق تعالی است و معدنِ مکاشفات غیبی و علوم لدنّی است و منبع حکمت و گنجینهٔ اسرار الهی و محل علم اسما: «و عَلَّمَ آدمَ الاسماءَ کُلَّها، ۳۱/۲» و در وی انواع علوم کشف شود که ملائکه از آن محروم‌اند. و معدن ظهور انوار تجلّیات صفات الوهیّت است و سرِّ: «وَ لَقَد کَرَّمْنا بَنی آدمَ، ۷۰/۱۷» این است که این نوع کرامت با هیچ نوع از انواع موجودات نکرده‌اند.

حدیث قدسی: لا یَسَعُنِي أَرضي وَ لا سَمٰائِي إِنَّمَا یَسَعُني قَلبُ عَبْدِي المُؤْمِنِ : نمی‌گنجم در زمین و نه در آسمان، بلکه در دل بندهٔ مؤمن: مرصاد العباد، شیخ نجم‌الدّین رازی، ص ۱۹۷ و مثنوی، ذیل ابیات ۴۳۷/۱ و ۱۰۲۲/۱.

۲ - **بوجهل** : ابوجهل، عمرو بن هشام، دشمن سرسخت حضرت محّمد(ص).

شد سرِ شیرانِ عالم جمله پست چون سگِ اصحاب را، دادند دست[1] ۱۰۲۷

چون سگ اصحاب کهف را دستِ عنایت الهی از دیگر سگان ممتاز کرد، در مقایسه با او سرِ شیرانِ عالم خوار شد؛ یعنی سگ را که ناپاک محسوب می‌شود، شرفِ خاص دادند.

چه زیانَستَش از آن نقشِ نَفور[2]؟ چونکه جانش غرق شد در بَحْرِ نور ۱۰۲۸

سگِ اصحابِ کهف از آنکه سگ است، چه بیمی دارد؟ جان او غرق در دریای نور است و جزو کهفیان محسوب شده است: کهف: ۱۸/۲۲-۱۸.

وصف و صورت نیست اندر خامه‌ها[3] عالِم و عادِل بُوَد در نامه‌ها ۱۰۲۹

در نگارش، برای توصیف فرد، اوصاف روحانی و معنوی را بیان می‌دارند؛ مثلاً اگر شخص مورد نظر، دانشمند است، وی را عالِم وصف می‌کنند، یا اگر رعایت عدالت را واجب می‌شمارد، او را عادل وصف می‌کنند، هرگز برای بیان خوبی یا بدی از صفات ظاهری نامی نمی‌برند و نمی‌نویسند، آدم کوتاه قدِ نیک سیرتی است؛ زیرا صفاتِ ظاهری و وصفِ ظاهر، ربطی به خصوصیّات باطنی و معنوی ندارد.

عالِم و عادِل همه معنی‌ست، بس کِش نیابی در مکان و پیش و پس ۱۰۳۰

عالِم و عادل و صفاتی مانند آن‌ها، ویژگیِ معنوی و مربوط به عوالم روحانی که در عالم مادّی یافت نمی‌شوند.

می‌زند بر تن ز سویِ لامکان می‌نگنجد در فلک خورشید جان[4] ۱۰۳۱

اوصاف و معانی روحی، همچون علم و عدل، صفاتِ حق‌اند که از لامکان پرتوی از آن بر جان و تنِ انسان متعالی تابیده است.

---

۱ - حکایت شده است که سگِ اصحابِ کهف، کهف: ۹/۱۸ به بعد، به صورت انسانی به نام بلعم به بهشت راه خواهد یافت؛ ولی بلعم به صورت سگ به دوزخ خواهد رفت:

سگ اصحاب کهف روزی چند پی نیکان گرفت و مردم شد

گلستان سعدی، باب اوّل، حکایت ۴.

۲ - **نفور**: نفرت‌انگیز [سگ در اسلام مانند خوک پلید است]. ۳ - **خامه**: قلم.

۴ - ابیات پیشین، مقایسه‌ای بود بین صورت و معنا یا ظاهر و باطن، که ظاهر متعلّق است به عالم مادّی و باطن متعلّق است به عالم معنا و عوالم روحانی. عظمت خورشید تابناک حقیقتِ جان آدمی، چنان است که در افلاک و آسمان‌ها نمی‌گنجد.

ذکرِ دانشِ خرگوش، و بیانِ فضیلت و منافعِ دانستن

این سخن پایان ندارد، هوش دار　　　هوش سویِ قصّهٔ خرگوش دار ۱۰۳۲

آگاه باش که شرح عوالم روحانی و حقایق ربّانی را پایانی نیست؛ زیرا حق نامتناهی است، اینک گوشِ هوش را متوجّه داستان خرگوش بدار تا معارفی را که سِرّ سخن است، از دقایق و ظرایفی که بیان می شود، دریابی.

گوشِ خر[1] بفروش و دیگر گوش خر　　　کین سخن را در نیابد گوشِ خر ۱۰۳۳

ادراک حقایق از طریقِ گوشِ هوش است؛ یعنی گوشی که قابلیّت جذب مفاهیمِ معنوی را داشته باشد.

رو[2]، تو روبه بازیِ[3] خرگوش بین　　　مکر و شیراندازیِ خرگوش بین ۱۰۳۴

ببین که چگونه خرگوش با تدبیر و تعقّل سلطان جنگل را به سُخره گرفت و در دام افکند.

خاتمِ مُلکِ سُلیمان[4] است عِلم　　　جمله عالَم صورت و جان است عِلم ۱۰۳۵

دانش، مانند خاتم سلیمان(ع) است. همچنانکه آن خاتم خاصیّت عظیمی داشت، اگر علم و دانش از حق پرتو یافته باشد، با همان ویژگی، آدمی را بر انس و جنّ و جمیع موجودات مسلّط می سازد.

عالَمِ اِمکان را ظاهری است که می توان رؤیت کرد و جان این عالم و آنچه که بدان حیات می‌بخشد، علمی است که از جانب حضرت حق در جمیع ممکنات ساری و جاری است؛ زیرا حق مظهر علم است.

آدمی را زین هنر، بیچاره گشت　　　خلقِ دریاها و خلقِ کوه و دشت ۱۰۳۶

انسان به برکت علم و دانش و به کارگرفتن مغز پویای خویش توانسته است بر موجوداتی که در دریاها، کوه‌ها و دشت‌ها زندگی می‌کنند، سیطره یابد.

زو پلنگ و شیر، ترسان همچو موش　　　زو نهنگ و بحر در صفرا و جوش ۱۰۳۷

آدمی علی‌رغم قدرت بدنیِ محدود، به سبب دانشی که حق به وی عنایت کرده است،

---

۱ - **گوش خر** : گوش ظاهر، گوشی که حقایق را نشنود.　۲ - **رو** : برو.

۳ - **روبه بازی** : روباه به مکر و حیله مَثَل است.

۴ - **خاتم سلیمان** : انگشتر سلیمان که بنا بر منابع اسلامی خاصیّت ویژه‌ای داشت که قدرت فرمانروایی وی بر انس و جنّ و جمیع پرندگان و چرندگان و وحوش بدان وابسته بود.

قدرت عظیمی یافته، چنانکه درندگان قوی پنجه‌ای، همچون پلنگ و شیر، مانند موش از وی می‌هراسند و بحرنوردانِ قوی‌پیکری مانند نهنگ از وحشتِ دامِ او در جوش و خروش‌اند.

زو پری[1] و دیو[2] ساحل‌ها گرفت[3] هر یکی در جایِ پنهان جا گرفت ۱۰۳۸

استفاده از علوم ظاهری و باطنی [علوم و اسرار] انسان را چنان نیرومند و قادر می‌سازد که اجنه و شیاطین قدرت مقابله و برابری با وی را ندارند و کناره می‌گیرند.

آدمی را دشمنِ پنهان بسی‌ست آدمیِ با حذر عاقل کسی‌ست ۱۰۳۹

انسان دشمنان نهانی بسیاری دارد که قابل رؤیت با چشم ظاهر نیستند، دشمن‌ترینِ دشمنانِ انسان نَفْسِ سرکش خودِ اوست که دیگر دشمنان از طریق همین دشمن درونی می‌توانند به وی آسیب برسانند، انسان عاقل از این دشمنان نهانی پرهیز می‌کند.

خلقِ پنهان، زشتشان و خوبشان می‌زند بر دل به هر دَم کوبشان ۱۰۴۰

«خلقِ پنهان» که با چشم ظاهر قابل رؤیت نیستند، چه آن‌هایی که پلیدند و چه آن‌هایی که پاک‌اند، در هر لحظه بر دل و جان ما اثر می‌کنند. خواطر و القائات پاکان در جهت خیر است [مانند القای ارواح پاک] و آنچه از موجودات ناپاک می‌رسد، القا به شرّ و بدی است که آن را وسوسه‌های نفسانی در اثر القائات شیطانی نامند.

---

۱ - **پری :** جنّ، دیو، به استعاره زن زیبا. جادوگران و جنّ‌گیران آینه‌ای در مقابل چشم اطفال نگاه می‌دارند، اوراد و اذکاری می‌خوانند تا کودکان نابالغ، پریان و اعمال آنان را در آیینه ببینند و از گمگشته یا سفرکرده‌ای که خبری از او نیست، در آینه خبر دهند. «پری‌بند» به تسخیرکنندهٔ جنّ گفته می‌شود. در ادبیّات لغات و ترکیباتی مانند پری‌زاده و پری‌زاد و پری‌وش، معادلِ زیباروی و زیبا مورد استفاده قرار می‌گیرد. [یکی لطف و خوی پری‌وار داشت: بوستان سعدی]

۲ - **دیو :** موجودی که او را به صورت انسانی بلند قامت و تنومند و زشت و هولناک تصوّر کنند. دیوان را از نسل شیطان پندارند. دیو را در معنی به جای شیطان به کار می‌برند یا در مورد نفسِ جاهل بدکردار. نظر به تصوّری که در مورد مَهیب بودنِ دیوان است، هرچیز را که از حدِّ معمول قوی‌تر و بزرگ‌تر باشد، به دیو نسبت می‌دهند؛ مثلاً کمان بزرگ را «کمان دیو» خوانند.

پهلوی dev، اوستا daeva (دیو)، هندی باستان dêvá (خدا). این واژه (دیو) در قدیم به گروهی از پروردگاران آریایی اطلاق می‌شد؛ ولی پس از ظهور زرتشت پروردگاران عهد قدیم دیوان گمراه کننده و شیاطین خوانده شدند؛ ولی کلمهٔ دیو نزد همهٔ اقوام هند و اروپایی به استثنای ایرانیان معنی اصلی خود را محفوظ داشته است. deva نزد هندوان هنوز به معنی خدا است. Zeus نام پروردگار بزرگ یونانی و Deus پروردگار لاتینی و Dieu در فرانسوی از همین ریشه است: حاشیهٔ برهان، مصحّح دکتر معین.

۳ - **ساحل گرفت :** کناره‌گیری کرد.

**بهر غُسْل اَرْ در روی در جویبار		بر تو آسیبی زند در آب، خار** ۱۰۴۱

در بیت پیشین سخن از خواطر و القائاتی بود که همواره بر دل آدمی اثر می‌گذارند، اینک به عنوان مثال می‌فرماید: این تأثیرات در عالم مادّی هم وجود دارد، اگر آدمی به جهت شست‌وشو وارد جویباری شود، خارِ ته جویبار به پای او صدمه و آسیب می‌رساند.

**گرچه پنهان خار در آب است پست		چونکه در تو می‌خَلَد[1]، دانی که هست** ۱۰۴۲

خارِ کفِ جویبار به چشم نمی‌آید؛ امّا هنگامی که در پای تو می‌خلد، به وجودش پی می‌بری؛ زیرا درد تو را متوجّه حضور خار می‌کند.

**خارْ خارِ وَحْی‌ها و وَسْوسه		از هزاران کس بُوَد، نه یک کَسه** ۱۰۴۳

فرو رفتن خار در پای آدمی مادّی و قابل درک است؛ امّا واردات قلبی و خواطر غیر مادّی‌اند و افرادی قادر به ادراک آن‌اند که به امور معنوی روی آورده و به تهذیب نفس کوشیده‌اند. این واردات که مولانا آن‌ها را به «خار خار»، یعنی خارهای فراوان، به سبب اثراتی که دارد، مانند می‌کند، یا القائات صحیح‌اند یا فاسد، القا صحیح یا ربّانی است یا مَلَکی و روحانی، آنچه مربوط به «علوم و معارف» باشد، «القای ربّانی» و آنچه مربوط به طاعات و صلاح سالک باشد، مَلَکی است. القای فاسد، شیطانی است که آن را وسوسه نیز می‌نامند. معیار، شرع مقدّس است.

**باش، تا حسّ‌هایِ تو مُبْدَل شوند		تا ببینیشان و مُشکل حل شود** ۱۰۴۴

اگر سالک با صبر در تهذیب و تربیت نَفْس به امدادِ مُرشدِ روحانی بکوشد، روزی می‌رسد که حواسّ ظاهریِ او مبدّل به حواسّی متعالی می‌شود؛ یعنی تحت تأثیر حقیقتی که در دل و جان وی به ظهور رسیده است، می‌تواند عوالم غیر مادّی را با چشم دل ببیند.

**تا سخن‌هایِ کیان[2] رَدْ کرده‌ای؟		تا کیان را سَرْورِ خود کرده‌ای؟** ۱۰۴۵

هنگامی که سالک بتواند با چشم دل عالم غیب را ببیند و پیام عالم بالا را بشنود، متوجّه می‌شود که در بسیاری از موارد، واردات غیبیِ حقّانی را نپذیرفته و چه بسا وسوسه‌های نفسانی را که تحت تأثیر القائات شیطانی یا موجودات تاریک بوده، پذیرفته و پیروی کرده است.

---

۱ - **می‌خَلَد**: فرو می‌رود. ۲ - **کیان**: اینجا چه کسانی.

باز، طلبیدنِ نخچیران از خرگوش سرِّ اندیشهٔ او را

بعد از آن گفتند: کِای خرگوشِ چُست   در میان آر آنچه در اِدراک توست ۱۰۴۶

بعد از آنکه خرگوش ادّعا کرد که بنا بر الهام، تدبیری برای رهایی از شرّ شیر اندیشیده است، نخچیران بی‌صبرانه گفتند: ای خرگوشِ چالاک، بگو چه اندیشیده‌ای تا بدانیم تدبیر چیست؟

ای که با شیری تو در پیچیده‌ای   باز گو رایی که اندیشیده‌ای ۱۰۴۷

ای خرگوش کوچکی که با شیر در افتاده‌ای، بگو چه تدبیری به فکر تو رسیده است؟

مشورت[1] ادراک و هشیاری دهد   عقل‌ها مر عقل را یاری دهد ۱۰۴۸

مشورت سبب درک و هوشیاری افزون‌تر است، عقلِ مشاوران صالح، عقل را یاری می‌دهد.

گفت پیغمبر: بکن ای رایْ زن!   مشورت، کَالْمُسْتَشارُ مُؤتَمَنْ[2] ۱۰۴۹

افکارت را با ما در میان بگذار؛ زیرا پیامبر(ص) گفته است که باید مشورت کرد. مشاور امین است و خیانت نمی‌کند.

منع کردنِ خرگوش، از راز، ایشان را

گفت: هر رازی نشاید باز گفت   جُفتْ طاق آید گهی، گه طاقْ جُفت ۱۰۵۰

خرگوش گفت: لزومی ندارد هر رازی را بازگو کنیم، همان‌طور که در بازی جفت و طاق، جفت می‌گویند و گاه طاق می‌آید و بالعکس، این امر می‌تواند در مورد مشورت هم مصداق داشته باشد.

از صفا گر دَم زنی با آینه   تیره گردد زود با ما آینه ۱۰۵۱

اگر روبروی آیینه‌ای بنشینی و در نهایت صفا سخن بگویی، می‌بینی که از دم تو [بخار آب

---

۱ - اَلْمَشْوَرَةُ لِقَاحُ الْعُقُولِ وَ رَائِدُ الصَّوابِ. إِذا شاوَرْتَ الْعاقِلَ صَارَ نِصْفُ عَقْلِهِ لَكَ : مشورت عقل‌ها را بارور می‌کند و در ارائهٔ حقیقت پیشگام است. اگر عاقلی را به مشورت برگزینی نیمی از عقلش را به عقل خویش افزوده‌ای: احادیث، ص ۵۰.

۲ - اشاره است به حدیث: اَلْمُسْتَشارُ مؤتَمَنٌ : کسی را که به مشورت برگزیده‌ای در حقیقت امین نیز دانسته‌ای؛ بنابراین نباید در امانت خیانت کند: احادیث، ص ۵۱.

موجود در تنفّس] آینه تیره و کدر می‌شود. مقصود از آیینه، وجود دوستانی است که آدمی صفات نیک و بد خود را در آیینهٔ درون آنان می‌بیند و گاه تضادِ منافع و صفات ناپسند بشری به علّت عدمِ کمال، سبب کدورت آیینه می‌گردد و مشورت نتیجهٔ نیک را به بار نمی‌آورد.

در بیان این سه، کم جُنبان لبت　　از ذَهاب و از ذَهَبْ وز مَذْهَبَت[1] ۱۰۵۲

در مورد سه چیز سخن نگو، راهی را که برگزیده‌ای، طلایی که داری و اعتقاداتت.

کین سه را، خصم است بسیار و عدو　　در کمینت ایستد، چون داند او ۱۰۵۳

که برای این سه، دشمنان بسیاری وجود دارد که اگر آن‌ها را افشا کنی، به تو آسیب می‌رسانند.

ور بگویی با یکی دو، اَلْوَداع　　کُلُّ سِرٍّ جاوَزَ اَلاِثْنَیْنِ شاع[2] ۱۰۵۴

اگر سِرّ خویش را با یکی دو نفر در میان بگذاری، با پوشیده ماندن آن وداع بگو؛ زیرا رازی که بین دو نفر ردّ و بدل شود، افشا شدنش قطعی است.

گر دو سه پرّنده را بندی به هم　　بر زمین مانند، مَحبوس از اَلَم[3] ۱۰۵۵

هر پرنده به تنهایی قادر به پرواز است؛ امّا اگر بال و پر دو یا سه پرنده را به هم ببندند، همگی دردمند و محبوس بر زمین می‌مانند. این مثال از زبان خرگوش بیان می‌گردد که رأی‌زنی در تمام موارد هم کار سنجیده‌ای نیست؛ زیرا آدمی، مانند آن پرنده است که به خوبی پرواز می‌کند و اگر مصمّم به انجام کاری باشد، از عهدهٔ آن بر می‌آید؛ امّا مشورت با دیگران از آنجا که هنگام رأی‌زنی به تمام جوانب غیر ضروری نیز توجّه می‌کند، فرد را در رسیدن به مقصود مأیوس و سرد می‌کند و حالِ او مانند پرنده‌ای است که بالِ پروازش توسط چند پرنده بسته شده باشد.

---

۱ - اشاره است به این جمله: أُسْتُرْ ذَهَبَكَ وَ ذَهابَكَ وَ مَذْهَبَكَ : سه چیز را از دیگران مخفی بدار: طلا، راه و عقیده‌ات را. ولی‌محمّد اکبرآبادی آن را حدیث نبوی و خواجه ایوب از سخنان حضرت جعفر صادق(ع) و حاجی سبزواری حدیث (بدون قید) شمرده‌اند. و نزدیک به آن روایتی است از حضرت علی(ع) که می‌فرماید: همان طوری که طلا و سکه‌هایت را به گنجینه می‌سپاری، زبانت را نیز گنجینهٔ اسرار قرار ده: احادیث، ص ۵۲.

۲ - این مصراع، مَثَلی است در عرب و متداول از بیتی که تمامی آن چنین است:

کُلُّ سِرٍّ جاوَزَ الاِثْنَیْنِ شاع　　کُلُّ عِلْمٍ لَیْسَ فِی الْقِرْطاسِ ضاع

که در امثال و حکم دهخدا منسوب است به علی(ع). در دیوان خطّی اشعار حضرت امیر(ع) موسوم به انوارالعقول مِنْ أشعارِ وَصِيّ الرَّسُول، این بیت وجود ندارد. ترجمه بیت چنین است: رازی که بین دو نفر رد و بدل شود افشا شدنش قطعی است و علمی که مکتوب نشود ضایع می‌گردد: احادیث، ص ۵۲. ۳ - **أَلَم** : درد، دردمند شدن.

مشورت، دارند سرپوشیده[1] خوب — در کِنایت، با غلط افکن[2]، مَشوب[3] ۱۰۵۶

مشورت و رأی‌زنی با دیگران بسیار خوب است، به شرط آنکه نحوهٔ سخن گفتن به گونه‌ای باشد که شنونده در نیابد که موضوع در ارتباط با چه کس است و در عین حال که مقصود از مشورت حاصل می‌شود، ضرر و زیانی از جهت افشا شدن اسرار زندگی پیش نیاید و این همان روشی است که پرندگانِ دربند پیش گرفتند [در حکایت طوطی و بازرگان] که با ظاهری غلط‌افکن و مأیوس و درمانده، امّا در واقع با بینش و تدبیر به رأی‌زنی با یک‌دیگر پرداختند تا چارهٔ کار را یافتند.

مشورت کردی پیمبر بسته سر — گفته ایشانش جواب، و بی‌خبر[4] ۱۰۵۷

پیامبر(ص) هم در مشورت و رأی‌زنی با دیگران همین روش را به کار می‌بردند و موضوع مورد نظر را سربسته عنوان می‌کردند و شنوندگان بدون آنکه از حقیقت امر به‌طور کامل مطلّع باشند، پاسخ منطقی و لازم را می‌گفتند.

در مثالی بسته گفتی رأی را — تا نداند خصم، از سر پای را ۱۰۵۸

پیامبر(ص)، مطلب مورد نظر را، در قالب مثال و سربسته مطرح می‌فرمودند، به نحوی که اگر در بین شنوندگان، غیر محرم و دشمنی حضور داشت مقصود حقیقی ایشان را متوجّه نمی‌شد.

او جوابِ خویش بگرفتی از او — و ز سؤالش می‌نَبُردی غیرْ بو ۱۰۵۹

رسول اکرم(ص) از پاسخ، جواب را می‌گرفتند، در حالی که نحوهٔ طرح سؤال و رأی‌زنی به گونه‌ای مدبّرانه بود که نامحرم از مقصود مطلّع نمی‌شد.

قصّهٔ مَکرِ خرگوش

ساعتی تأخیر کرد اندر شدن — بعد از آن شد پیشِ شیرِ پنجه زن[5] ۱۰۶۰

اینک بازگردیم به حکایت و ببینیم که خرگوش چه تدبیری اندیشیده بود و حیله‌ای که در سر داشت چه بود. قرعهٔ فال به نام خرگوش افتاده است و باید بی‌چون و چرا به سوی شیر برود؛ امّا او ساعتی تأخیر کرد و بعد به سوی شیر به راه افتاد.

---

۱ - **سرپوشیده:** سربسته، غیر واضح. ۲ - **غلط افکن:** تولید اشتباه کردن، دوپهلو سخن گفتن.
۳ - **مَشُوب:** آمیخته شده، گمراه کردن (ذهن او را مشوب کردند). ۴ - احادیث، ص ۵۳.
۵ - **پنجه زن:** نبردکننده، مقابله کننده.

زآن سبب کاندر شدن او مـاند دیـر　　　خـاک را مـی‌کَند و مـی‌غُرّید شـیر ۱۰۶۱

به جهتِ تأخیر، شیر خشمگین بود. می‌غرّید و با پنجه‌هایش خاک را می‌کند.

گفت: من گفتم که عـهدِ آن خسـان　　　خام باشد، خام و سُست و نارسان ۱۰۶۲

شیر می‌غرّید و می‌گفت: می‌دانستم که پیمان آن نخچیرانِ بی‌مایه ناپایدار و سست است.

دمدمهٔ[1] ایشـان مـرا از خـر فکـند[2]　　　چند بفریبد مـرا ایـن دهـر، چـند؟ ۱۰۶۳

سخنان خوش آن‌ها که حیله و مکر بود، مرا از شکار باز داشت که بنشینم و منتظر باشم. تا کی فریب روزگار را تحمّل کنم؟

سخت در مـانَد امـیر سُست ریش[3]　　　چون نه پس بیند نه پیش از احمقیش ۱۰۶۴

شیر، چون عاقبت‌اندیش نبود، در دامِ مکر گرفتار شد و سرانجام هر امیرِ بی‌خرد که به گذشته و آینده توجّه نکند و مدبّرانه نیندیشد، همین است.

راهْ هـموار است، زیـرش دام‌هـا　　　قـحطِ مـعنی در مـیانِ نـام‌ها[4] ۱۰۶۵

گذرگاه زندگی، راهِ به ظاهر همواری است؛ امّا در نهان دام‌ها و خطراتی بسیار در کمین‌اند؛ زیرا در این جهان حتّی نام‌ها و الفاظی که بدان برخورد می‌کنیم، عاری از معنای راستین خویش‌اند؛ مثلاً آنچه را که مردم خوشی و شادی می‌نامند، چیزی جز غفلت از حقایق نیست؛ پس حقیقتِ آن‌ها درد و رنج و تأسف است یا برعکس درد و رنج، اگر آدمی را به حقّ نزدیک کند، عین سعادت است.

لفـظ‌ها و نـام‌ها چـون دام‌هـاست　　　لفظ شیرین ریگِ آبِ عمرِ ماست[5] ۱۰۶۶

الفاظ و اسامی، همانند دام‌اند که به سبب ظاهری خوشایند و عاری از معنا، عمر را به هدر می‌دهند.

---

۱ - **دمدمه** : حیله، مکر و فریب.

۲ - **از خر فکندن** : پیاده کردن، از رأی و اندیشهٔ خود منصرف کردن و پذیرفتن سخن دیگری.

۳ - **سُست ریش** : بی‌خرد.

۴ - از مواردی که می‌توان قحط معنی را در میان نام‌ها یافت، عناوین و القاب و اسامی خاصّی است که بزرگان و سلاطین و حاکمان زر و زور را بدان می‌نامیدند یا گاه می‌نامند؛ مثلاً امیر عادل یا سلطان سلاطین و یا حاکم قَدَر قدرت و مانند آن، که از معنا تهی بوده‌اند، این گونه تملّق‌ها، همان دامِ راه است و فرد را به خودبینی و خودمحوری و خودخواهی مبتلا می‌سازد: شرح مثنوی شریف، دفتر اوّل، ص ۴۰۶.

۵ - در این تمثیل الفاظ و عبارات به ریگ مانند شده‌اند، ریگ یا شن نرم، همان لفظ شیرین عاری از حقیقت است و عمر آدمی را که به آب تشبیه شده است، جذب می‌کند و در خود فرو می‌بَرَد و ریگ غیر نرم یا سنگ‌ریزه همان الفاظ و عبارات غیر خوشایند؛ امّا سرشار از حقایق‌اند که بدون وجود آن‌ها زندگی آدمی بهره‌ای از معارف ندارد. [شن نرم آب را جذب می‌کند و اصولاً قنات و کاریز تا به ریگ و سنگ‌ریزه نرسد، آب کافی نمی‌دهد.]: همان، ص ۴۰۶.

آن یکی ریگی که جوشد آب از او   سخت کم‌یاب است، رو آن را بجو ۱۰۶۷

«کلامِ عارفانه» که محصولِ معرفت و یقین است، امدادِ معنوی گوینده را در پی دارد، جان را صفا می‌بخشد و به عمر آدمی اعتبار و شأنی را که هدف آفرینش وی در آن است، عطا می‌کند، این سخنِ کمیاب را بجو.

منبعِ حکمت[1] شود، حکمتْ طلب   فارغ آید او ز تحصیل و سبب ۱۰۶۸

«طالبِ حکمت الهی»، اگر در طلب ثابت‌قدم باشد؛ پس از طیّ مراحل استکمال، منبع حکمت می‌شود و از کسب علوم و ریاضت‌های گوناگون فارغ می‌گردد.

لوح حافظ[2]، لوحِ محفوظی[3] شود   عقل او از روح، محظوظی شود ۱۰۶۹

با اتّصال به حق، حافظه و درک سالک به لوح محفوظ بدل می‌گردد و عقل او از عقل کل، نور می‌یابد.

چون معلّم، بود عقلش ز ابتدا   بعد از این، شد عقل شاگردی ورا ۱۰۷۰

عقلِ سالکِ مبتدی، او را به سلوک و رسیدن به دامانِ تربیتِ استادی کامل هدایت می‌کند؛ امّا پس از رسیدن به این جایگاه فعالیّت وی تعطیل می‌شود و مرشد روحانی با کمند جذبه و عشق، سالک را در دام محبّت حق گرفتار می‌سازد و از لحظه‌ای که کمندِ «جذبهٔ حق» در رسد، «عقل رخت خویش اندازد برون»، دیگر هادی و معلّم عشق[4] است و عقل آنچه را که عشق می‌گوید، انجام می‌دهد و شاگردی او را می‌پذیرد.

---

۱ - **حکمت**: علم و دانش، فلسفه، معرفت اشیا به قدر طاقت بشری.

۲ - **لوح حافظ**: لوح، هرچه را که پهن باشد، اعم از تخته یا سنگ و چوب که بر آن بنویسند. اینجا مراد از لوح حافظ، حافظهٔ سالک و طالبِ حقیقی است که پس از رسیدن به کمال الهی به لوح محفوظ تبدیل می‌گردد.

۳ - **لوح محفوظ**: حقیقت وجود پس از تجلّی در عقلِ اوّل، از عالم عقول مرور نموده، به نفس کلّی می‌رسد و با ظهور در نفسِ کلّی، ربّ را نفس کلّی نامند و به اعتبار آنکه این نفس کلّی، خزینهٔ ادراکات نفوس جزئی است آن را لوح محفوظ دانسته‌اند: شرح مقدّمهٔ قیصری، ص ۲۱۶، اصطلاحی است قرآنی، بروج: ۲۲/۸۵: فی لَوْحٍ محفوظٍ: قرآن در لوح محفوظ جای دارد.

۴ - مقایسه کنید: حافظ:

عاشقان را بر سر خود حکم نیست   هر چه فرمان تو باشد آن کنند

* * *

مرا تا عشق تعلیم سخن کرد   حدیثم نکتهٔ هر محفلی بود

عقل، چون جِبریل، گوید: احمدا! گـر یکی گـامی نـهم، سـوزد مـرا ۱۰۷۱

در آن جایگاه که مرتبهٔ عشق است، جبرئیلِ عقل به سالک مجذوب می‌گوید: نمی‌توانم گامی فراتر نهم.

تو مرا بگذار، زیـن پس پـیش ران حدِّ من این بود ای سلطانِ جـان! ۱۰۷۲

تو مرا بگذار و با بال و پر عشق در اوج آسمان معرفت پرواز کن که حدِّ من همین است.

مقتبس است از حدیث معراج[1]: «فَلَمّا بَلَغَ سِدْرَةَ الْمُنْتَهىٰ فَانْتَهىٰ إِلَى الْحُجُبِ فَقالَ جِبْرِئيلُ تَقَدَّمْ يا رَسُولَ اللهِ لَيْسَ لي أَنْ أَجُوزَ هذا الْمَكانَ وَ لَوْ دَنَوْتُ أَنْمُلَةً لَاحْتَرَقْتُ: هنگامی که در شب معراج، پیامبر(ص) و جبرئیل به سدرةالمنتهیٰ و به پایان حجاب‌ها رسیدند، جبرئیل گفت: ای رسول خدا، بعد از این خودت به جلو قدم بردار؛ زیرا من اگر به اندازهٔ سرانگشتی جلو بروم خواهم سوخت».

در سورهٔ نجم: ۵۳/۱۰-۷: سخن از معلّم وحی است و نخستین دیدار دوست: آن‌کس که توانایی فوق‌العاده دارد، سلطه یافت و این تعلیم را به او داد، در حالی که در افق اعلی قرار داشت «وَ هُوَ بِالْأُفُقِ الأَعْلىٰ». سپس نزدیک‌تر و نزدیک‌تر شد «ثُمَّ دَنا فَتَدَلّىٰ» تا آنکه فاصلهٔ او با پیامبر به اندازهٔ دو کمان یا کمتر بود «فَكانَ قابَ قَوْسَيْنِ أَوْ أَدْنىٰ» در اینجا خداوند آنچه را وحی کردنی بود به بنده‌اش وحی نمود «فَأَوْحىٰ إِلىٰ عَبْدِهِ ما أَوْحىٰ» در ادامه، نجم: ۵۳/۱۸-۱۳، از دومین دیدار و شهود باطنی به هنگام معراج بر فراز آسمان‌ها سخن می‌گوید و این شهود نزد «سدرةالمنتهیٰ» روی داد «عِنْدَ سِدْرَةِ الْمُنْتَهىٰ»، در روایات اسلامی توصیف‌های گوناگونی پیرامون آن آمده است و نشان می‌دهد که هرگز منظور درختی شبیه آنچه در زمین می‌بینیم نبوده است، بلکه اشاره به سایبان عظیمی است در جوار قرب رحمت حق که فرشتگان بر برگ‌های آن تسبیح می‌کنند و امّت‌هایی از نیکان و پاکان در سایهٔ آن قرار دارند. در ادامه می‌فرماید: همان که جَنَّةُ الْمَأْوىٰ و بهشت برین در آنجا است «عِنْدَها جَنَّةُ الْمَأْوىٰ».

جَنَّةُ الْمَأْوىٰ؛ بهشتی است برزخی و محل سکونت موقتی، که ارواح شهدا و مؤمنان موقتاً به آنجا می‌روند.

در آن هنگام نور خیره‌کننده‌ای سدرةالمنتهیٰ را پوشانده بود «إِذْ يَغْشَى السِّدْرَةَ ما يَغْشىٰ»، این‌ها واقعیّاتی بود که پیامبر دید و چشم او هرگز منحرف نشد و طغیان نکرد آنچه دید واقعیّت بود «ما زاغَ الْبَصَرُ وَ ما طَغىٰ»، او پاره‌ای از آیات و نشانه‌های بزرگ پروردگارش را دید «لَقَدْ رَأىٰ مِنْ آياتِ رَبِّهِ الْكُبْرىٰ»

هدف معراج، رسیدن پیامبر به شهود باطنی و از سوی دیگر، دیدن عظمت خداوند در پهنهٔ آسمان‌ها با همین چشم ظاهر بوده است. در روایات اسلامی آمده است که در عروج پیامبر، جبرئیل تا سدرةالمنتهیٰ رسول خدا را همراهی کرد و در پاسخ پیامبر که فرمود: ای برادر چرا از من عقب ماندی؟ يا أَخي لِمَ تَأَخَّرْتَ مِنّي، جبرئیل پاسخ داد که: لَوْ دَنَوْتُ أَنْمُلَةً لَاحْتَرَقْتُ.[2] اگر یک سر انگشت نزدیک‌تر آیم به یقین خواهم سوخت.

از پیامبر پرسیدند: آیا پروردگارت را هرگز دیده‌ای؟ فرمود: رَأَيْتُهُ بِفُؤادي: با چشم دل دیده‌ام.

«حدّ من این بود ای سلطان جان»؛ **هر موجودی را حدّی است، چنانکه هر یک از فرشتگان حدّی و مقامی دارند؛ امّا انسان را حدّی نیست، وی را هفت لطیفه است** [انسان کامل] **و عبارتند از:** طبع، نفس، قلب، روح، سرّ، خفی و اخفی؛ پس طایر به اوج لاهوت است در عین اینکه در حضیض ناسوت است.

---

۱ - احادیث، ص ۴۲۳. ۲ - بحارالانوار.

هر که مانْد از کاهلی بی شکر و صبر او همی داند که: گیرد پایِ جبر ۱۰۷۳

آن کس که به سبب کاهلی و سستی برای اهداف دنیوی یا اُخروی نمی‌کوشد، برای نعمت‌ها شاکر نیست و در جهت رسیدن به مقامات معنوی صبر پیشه نمی‌کند، برای تبرئه کردن خود پای جبر را به میان می‌آورد که خواستِ حق چنین است و جهد و کوشش او ثمری ندارد.

هر که جَبْر آورد، خود رنجور کرد تا همان رنجوریَش در گور کرد ۱۰۷۴

در مباحث پیشین نیز گفته شد که «جبر» خاصِّ کاملانِ واصل است که ارادهٔ آن‌ها در ارادهٔ حق مستهلک شده و از خود اراده‌ای ندارند، هر کس که در عین نقص سخن از جبر بگوید، کلامی بیهوده گفته و با این یاوه‌گویی جانِ بیمارِ خود را رنجورتر کرده است، از نظر ظاهری هم اعتقاد به جبر، حاصلی جز یأسِ هلاکت‌بار ندارد.

گفت پیغمبر[1] که: رنجوری به لاغ[2] رنج آرَد تا بمیرد چون چراغ ۱۰۷۵

پیامبر(ص) فرموده است که تمارض، هلاکت‌آور است.

جَبْر چه بْوَد؟ بستنِ اشکسته را یا بپیوستن رگی بگسسته را ۱۰۷۶

جبر در لفظ؛ شکسته‌بندی استخوان است یا بستن رگ پاره شده.

چون در این ره، پایِ خود نشکسته‌ای بر که می‌خندی؟ چه پا را بسته‌ای؟ ۱۰۷۷

ای جبری، تو که هرگز برای درک حقایق جهد نکرده‌ای، چرا مانند سخت‌کوشان که پای همّت و حرکتشان آزرده و شکسته است، پای را بسته‌ای؟ چه کسی را تمسخر می‌کنی؟

و آن که پایش در ره کوشش شکست در رسید او را بُراق[3] و بر نشست ۱۰۷۸

مجاهد سخت‌کوشی که در سلوک با توسّل به انواع طاعات و عبادات به تهذیب نفس پرداخته و فرط جدّ و جهد چنان او را خسته کرده که گویی شکسته‌پایی است که قدرت حرکت ندارد، درمانده باقی نمی‌مانَد، عنایت الهی او را به لطف بر می‌گیرد و بر بُراقِ عنایت به کوی دوست می‌رسانَد.

---

۱ - اشاره است بدین روایت: لاَتَمَارَضُوا فَتَمْرِضُوا وَ لاَ تَحْفُرُوا قُبورَکُمْ فَتَمُوتُوا: تمارض نکنید که مریض می‌شوید، و گور خود را نکَنید که (زودتر) می‌میرید: احادیث، ص ۵۴. ۲ - **لاغ**: بددلی، هزل.

۳ - **بُراق**: مرکب پیامبر اکرم(ص) در معراج. در ادبیّات عرفانی، مراد از آن عشق است که جان عاشق را به جهان روحانی می‌پیوندد.

حاملِ دین[1] بود او، مَحْمُول شد قابلِ فرمان بُد او، مقبول شد ۱۰۷۹

سالکی که در راه حق «حاملِ دین» بود، اینک **محمول** است؛ زیرا عنایتِ حق، او را حمل می‌کند و بار ظاهر و باطن وی را می‌بَرَد و مجاهدات را از او بر می‌گیرد. سالک در این حال «واصل» و در سرمنزل مقصود است، آن کس که قابلیّت پذیرفتن فرمان حق را داشت، اینک مقبولِ درگاهِ الهی است.

تا کنون فرمان پذیرفتی ز شاه بعد از این فرمان رسانَد بر سپاه ۱۰۸۰

تا این لحظه مجری فرامین حق بود، اکنون شایستهٔ مقامِ ارشاد است.

تا کنون اختر اثر کردی در او بعد از این باشد امیرِ اختر او ۱۰۸۱

همچنانکه در شرح بیت ۷۵۶ گفته شد، طالع عامّه تحتِ تأثیر ستارگان ظاهری [صُوَرِ فلکی] است؛ امّا افراد خاصّ و برگزیدهٔ حق تحت تأثیر ستارگان ظاهری نیستند، طالع آن‌ها تحت تأثیر کواکب روحانی در فلکِ ذاتِ باری‌تعالیٰ، همواره تابناک است و به سبب اتّصال روحانی با حق قدرتی ماورای ادراک آدمی دارند، قدرتی که در کلّ کائنات ساری و جاری است.

گر تو را اشکال آید در نظر پس تو شک داری در اِنْشَقَّ الْقَمَر[2] ۱۰۸۲

اگر تو، سَرَیان و جریان قدرتِ حق و انسان کاملِ واصل را در عالم هستی، نمی‌توانی بپذیری؛ پس در انشقاقِ قمر هم تردید داری.

---

۱ - **حامل دین** : کسی که بار طاعات و عبادات و ریاضت‌های گونه‌گون را مشتاقانه بر دوش جان حمل می‌کند و هدف او در این کار رسیدن به حق و حقیقت است.

۲ - اشارتی قرآنی، قمر: ۱/۵۴ : اِقْتَرَبَتِ السّاعَةُ وَ انْشَقَّ الْقَمَرُ: قیامت نزدیک شد و ماه دو پاره شد. بسیاری از صحابهٔ عظیم‌الشأن رسول الله(ص) از جمله عبدالله بن عبّاس و عبدالله بن مسعود و اَنَس بن مالک و حذیقة بن یمان، انشقاق ماه (دو نیمه شدن ماه) را به درخواست مشرکان و به دعای پیامبر بزرگوار(ص)، جزو معجزات رسول خدا(ص) روایت کرده‌اند. گروهی از اهل تفسیر که مشرب حکما دارند و خرق و التیام را در جرم سماوی جایز نمی‌دانند، وقوع آن را منکرند. عامّهٔ متشرّعه معتقدند که وقوع آن از روی اخبار صحیح است. به موجب اخباری که از صحابهٔ خاص منقول است، شقّ‌القمر در عهد پیغمبر در مکّه و به وسیلهٔ او واقع شده است، به این تفصیل که مشرکان از وی خواستند تا ماه را دو نیم کند، پیغمبر هم دعا کرد و ماه دو پاره شد، چنانکه در دو جانب کوه حرا قرار گرفت. مع‌هذا، گویند که مشرکان علی‌رغم آنکه این معجزه را دیدند، تکذیب کردند و آن را سحر مستمر خواندند: قرآن کریم، ترجمهٔ خرّمشاهی، ذیل آیه، به نقل از دایرة‌المعارف فارسی.

تازه کن ایمان[۱]، نه از گفتِ زبان   ای هوا را تازه کرده در نهان ۱۰۸۳

ای کسی که هوای نفس هر لحظه در دلت وسوسه تازه‌ای دارد، برای ایمان حقیقی که در دل و جان ریشه دارد بکوش؛ زیرا با ایمان می‌توان حقایق و اسرار غیب را پذیرفت.

تا هوا تازه‌ست، ایمان تازه نیست   کین هوا جز قفلِ آن دروازه نیست ۱۰۸۴

تا هوای نفسانی دَم به دَم وسوسه می‌انگیزد، ایمان راستین نیست؛ زیرا پیروی از تمایلاتِ نَفْسِ دون، مانندِ قفل محکمی بر دروازهٔ ایمانِ حقیقی است.

کرده‌ای تأویل[۲] حرفِ بِکر[۳] را   خویش را تأویل کن، نه ذِکر[۴] را ۱۰۸۵

روی سخن با کسانی است که آیات مربوط به کسب و کوشش را بنا به میل خویش تأویل و تفسیر می‌کنند: کلامِ حق را بر اساس تصوّرات و درکِ غلطِ خود تفسیر می‌کنی، بهتر است به خویشتن بپردازی و در شناخت خود بکوشی و اگر موفّق به این مهمّ شوی، خواهی دانست که حقیرتر و ناتوان‌تر از آنی که بتوانی کلامِ خدا را تأویل و تفسیر کنی.

بر هوا تأویل قرآن می‌کنی[۵]   پَست و کژ شد از تو معنیِّ سَنی[۶] ۱۰۸۶

قرآن را بنابر نَفْسِ خویش تأویل و تفسیر می‌کنی و آن مفاهیم والا را متناسب با حقارت اندیشه و تصوّرات خود در می‌یابی و تبیین می‌کنی.

---

۱ - **ایمان** : تصدیق و باور داشتن. در تعریف ایمان و شرایط حصول آن گفته‌اند: تصدیق قلبی باید همراه محبّت و تعظیم باشد و اگر کسی معرفت و تصدیق به خدا و پیامبر(ص) حاصل کند ولی دلش خالی از محبّت و تعظیم خدا و رسول باشد، او را مؤمن نمی‌گویند و چون تصدیق به محبّت و تعظیم پیوسته باشد لازمهٔ آن تبعیّت اراده از احوال قلب و نتیجهٔ آن اطاعت از امر و نهی است؛ پس ایمان حقیقتی است که اعتراف و عمل اثر لازمهٔ آن به شمار می‌آید.

۲ - **تأویل** : در لفظ به معنی تفسیر کردن و شرح و بیان کلمه یا کلام و توضیح مفهوم باطنی آن.

۳ - **حرفِ بِکر** : سخن تازه و نو، کلامِ حق، قرآن کریم.

۴ - **ذکر** : یکی از نام‌های قرآن کریم: حجر: ۶/۱۵ و ۹ و دیگر آیات.

۵ - اشاره است به حدیث: مَنْ فَسَّرَ الْقُرْآنَ بِرَأْيِهِ وَ أَصَابَ الْحَقَّ فَقَدْ أَخْطَأَ : کسی که قرآن را با رأی خویش تفسیر کند، هرچند به حقیقتی دست یابد، به خطا رفته است: احادیث، ص ۵۴.

۶ - **سَنِي** : رفیع و بلند، عالی‌رتبه.

زیافتِ[1] تأویلِ رکیکِ مگس[2]

مگسی بر برگ کاهی نشست و در گودالی انباشته از بول درازگوش روان شد و با قیاسی نابجا خود را کشتیبان و برگ کاه را کشتی و گودال را دریا پنداشت و از پندار خود سخت خرسند بود که مطلوب را یافته است.

این تمثیل که در ضمن داستان شیر و خرگوش و به مناسبت لزوم پیروی از بزرگان آورده شده است، رمزی است از بیان حال مدّعیان ارشاد و پیرانِ مدّعی که در عالم پندار احوال خویش را با کاملان قیاس می‌کنند، خود را مانند ایشان می‌پندارند و تذکاری است به سالکان که خود را ملاک حقیقت نشمارند؛ زیرا عالمِ هر کس به قدر بینش اوست و هر چه بصیرت افزون‌تر البته جهان شخص فراخ‌تر. مگس که به حقارت و خُردی مثال زده شده است، تمثیلی است برای خُردی معرفت که سدّ راه کمال است؛ امّا همین موجود کوتاه نظر و اهل تأویل اگر قیاسِ به نفس را فروگذارد و تأویل را رها کند، «**آن مگس را بخت گرداند همای**».

آن مگس بر برگِ کاه و بولِ خر　　همچو کشتیبان همی افراشت سر ۱۰۸۷

آن مگس بر برگ کاهی در گودال انباشته از پیشاب درازگوش، با سری افراشته خود را کشتیبان می‌پنداشت.

گفت: من دریا و کشتی خوانده‌ام　　مدّتی در فکر آن می‌مانده‌ام ۱۰۸۸

مگس با خود می‌گفت: من در ارتباط با دریانوردی و کشتیرانی مطالبی خوانده‌ام و مدّتی دربارهٔ آن اندیشیده‌ام.

اینک این دریا و این کشتی و من　　مردِ کشتیبان و اهل رای‌زن ۱۰۸۹

حال آن مطالعات را به کار می‌برم؛ زیرا اینک من هستم و دریا و کشتی، در حالی که بر فنّ کشتیبانی واقفم.

بر سرِ دریا همی راند او عَمَد[3]　　می‌نمودش آن قَدَر بیرون ز حد ۱۰۹۰

او از فرط حقارت آن آب را دریا و خود را کشتیبان می‌پنداشت و این مجموعه را عظیم می‌دید.

---

۱ - **زیافت**: رکاکت، ناروایی.

۲ - مأخذ این تمثیل ممکن است قطعه‌ای از ابونواس باشد در هجای جعفر برمکی که او را مگسی که بر نجاست نشسته دانسته است و در عیون‌الاخبار ابن قتیبه، طبع مصر، ج ۱، ص ۲۷۳ آمده است: احادیث، ص ۵۵.

۳ - **عَمَد**: نوعی قایق که از ریسمان و تنهٔ درخت می‌ساختند.

بود بی‌حدّ آن چَمین[1] نسبت بِدو — آن نظر، که بیند آن را راست، کو؟ ۱۰۹۱

در نظرِ او، پیشاب بی‌حدّ بود. کجاست نگاهی حقیقت‌بین که بتواند به درستی ببیند؟

عالَمش چندان بُوَد کِش بینش است — چشمْ چندین، بحرْ همچندینش است ۱۰۹۲

وسعت دنیای هر کس به اندازهٔ بینش و ادراک اوست. مگس و مگس‌صفتانی بی‌مقدار همچون او، از بینش محقّرانه برخوردارند و چنان آب متعفّن و کوچکی در نظرشان چون بحری بی‌پایان است. [بیان تفاوت ادراک میان آدمیان است.]

صاحبِ تأویلِ باطل، چون مگس — وهمِ او بولِ خر و تصویرْ خَسْ ۱۰۹۳

آن کس که کلامِ حق را بنابر نَفْسِ خود تأویل می‌کند، مانند همین مگس است.

گر مگس، تأویل بگذارد به رای — آن مگس را بخت گرداند هُمای[2] ۱۰۹۴

اگر صاحبِ «تأویلِ باطل»، به جای تأویل و تفسیر به تعقّل بپردازد، همای سعادت بر بام وجودش می‌نشیند و او را به حقیقت رهنمون می‌شود.

آن، مگس نَبْوَد، کِش این عبرت بُوَد — روحِ او، نه در خُورِ صورت بُوَد ۱۰۹۵

آنگاه، موجودی که حقیر بود، با پذیرفتن حقایق، دیگر حقیر نیست. عبرتی است برای دیگران که دریابند با درک معنویّات، جان آدمی چنان متعالی می‌شود که شأن و اعتبار آن را نمی‌توان از قالب و صورت دریافت.

تولیدنِ[3] شیر از دیر آمدنِ خرگوش

همچو آن خرگوش، کو بر شیر زد — روحِ او، کی بود اندر خوردِ قد؟ ۱۰۹۶

مانند آن خرگوش کوچکی که حیله و مکری در کار شیر کرد و تدبیر عظیمی اندیشید، تدبیری از سر بینش و نشأت گرفته از روحی بزرگ در جثّه‌ای کوچک.

---

۱ - **چَمین**: پیشاب و بول.

۲ - **همای**: فرخنده، پرنده‌ای است با جثّهٔ درشت، همان عقاب استخوان‌خوار است و قُدما این مرغ را موجب سعادت می‌دانستند و می‌پنداشتند که سایه‌اش بر سر هر کس که افتد، خوشبخت می‌شود.

۳ - **تولیدن**: نفرت داشتن، رمیدن.

دفتر اوّل

شیر می‌گفت از سرِ تیزی و خشم   کز رهِ گوشم، عدو بر بست چشم ۱۰۹۷

شیر با خشم می‌گفت: سخنانِ دشمنان چشم حقیقت‌بینِ مرا بست و به چنین روزم افکند.

مکرهایِ جبریانم بسته کرد   تیغِ چوبینشان تنم را خسته کرد ۱۰۹۸

در این داستان، نخچیران مصلحت دیدند که بر جبر تأکید بورزند؛ بنابراین وحوش جنگل، نماد «جبریون»اند. اینک شیر می‌اندیشد که حیله و نیرنگ این جبریان زبان مرا بست و تیغِ چوبین آنان «استدلال و ادّله‌ای که معتقدان به جبر دارند و مانند شمشیر چوبین بی‌اثر است»، تن مرا مجروح کرد.

زین سپس من نشنوم آن دَمدَمه[1]   بانگِ دیواناست و غولان آن همه ۱۰۹۹

بعد از این، فریب نمی‌خورم؛ زیرا سخنِ آنان، کلام شیطان است.

بر دران ای دل تو ایشان را، مَهایست   پوستشان بر کَن، کِشان جز پوست نیست ۱۱۰۰

ای دل، راضی باش که همهٔ آن‌ها را بِدَرم و پوست از تنشان برکَنَم که عاری از حقیقت‌اند.

پوست چه بْوَد؟ گفت‌هایِ رنگ رنگ   چون زِرِه[2] بر آبْ، کِش نَبْوَد درنگ ۱۱۰۱

«پوست یا قشر» چیست؟ گفتار سراسر رنگ و ریا که ظاهری دارد و عاری از حقیقت است، مانند موجی که روی آب پدیدار و پس از لحظه‌ای ناپدید می‌شود.

این سخن چون پوست و معنی مغز دان   این سخن چون نقش و معنی همچو جان ۱۱۰۲

کلام، مانندِ «پوست یا قشر» است و معنا «مغز» و حقیقتِ آن، یا اینکه می‌توان سخن را مانندِ نقش و معنای آن را همچو جان دانست.

پوست، باشد مغزِ بد را عیبْ پوش   مغزِ نیکو را ز غیرت، غیبْ پوش ۱۱۰۳

از نظر ظاهربینان، قشر [ظاهر آراسته] می‌تواند معایب درونی را مخفی کند؛ امّا گاه غیرت حق، باطن آراسته و منوّر دوستانِ حق را از چشم اغیار مستور می‌دارد. این نازنینان والامقام را «اولیای مستور» نامند.

چون قلم از باد بُد، دفتر ز آب   هرچه بنویسی فناگردد شتاب ۱۱۰۴

تصوّر کن با قلمی از جنسِ «باد» و دفتری از جنسِ «آب» در حال نگاشتن هستی، حاصل آن چیست؟ هرچه بنگاری به سرعت نابود می‌شود و اثری از آن نمی‌ماند.

---

۱ - **دمدمه**: مکر و فریب.   ۲ - **زِرِه**: دوایر و حلقه‌هایی که بر سطح آب پدیدار می‌شود.

نقشِ آب است اَر وفا جویی از آن باز گردی، دست‌های خود گزان ۱۱۰۵

آنچه را که بر آب نوشته‌ای یا نقشی را که بر آن کشیده‌ای، به سرعت محو می‌گردد، توقّع بقا و وفا از آن، حاصلی جز دست را به دندان گزیدن و پشیمانی ندارد.

بـاد در مـردم، هـوا و آرزوست چون هوا بگْذاشتی، پیغامِ هوست ۱۱۰۶

هوا و هوس، همان قلم بادگونه است. هرکس بتواند آن را رها کند، دلِ وی محلِّ الهامات ربّانی می‌شود و علم و حکَمت الهی در آیینهٔ مُصفّای درون او انعکاس می‌یابد و هرچه که به دل پاک وی رسد، پیغام حق است.

خـوش بُـوَد پـیغام‌هایِ کِـردگار کـو ز سـر تـا پـای، بـاشد پـایدار ۱۱۰۷

پیامِ خالق خوش و دل‌انگیز است، زیرا حق ماندگار است.

خـطبهٔ[1] شـاهان بگـردد و آن کـیا[2] جـز کـیا و خُـطبه‌هایِ انـبیا[3] ۱۱۰۸

خطبه‌ای که به نام شاهان خوانده می‌شود و حکومتِ آنان، روزی پایان می‌یابد؛ امّا خطبه‌ای که به نام انبیا، «حضرت محمّد(ص)» خوانده می‌شود و شوکتِ آنان که حکومتِ بر دل‌هاست؛ همواره برقرار است.

زانکه بَوْشِ[4] پادشاهان از هـواست بـارْنامهٔ[5] انـبیا از کِـبْریاست[6] ۱۱۰۹

حشمت و شوکت پادشاهان زوال می‌پذیرد، چون بنابر ضوابط جهان مادّی است، حال آنکه بارنامهٔ انبیا، بار یافتن سرمدیِ آنان به بارگاه حضرت باری است.

اینجا سخن از عظمت و بزرگی است و بدین جهت لفظ کبریا به‌کار رفته است، از آن‌رو که کبریا ردایی است که فقط برقامت حق زیبنده و استواراست. انبیا که اجازهٔ ورود به درگاه حق رادارند، عظیم‌اند و عظمت حق پاینده‌است.

از دِرَم‌ها[7] نـامِ شـاهان بـر کَـنَند نـامِ احـمد تـا ابـد بـر مـی‌زَنند ۱۱۱۰

از قدیم مرسوم بود که نام و یا علائم شاهان را بر سکّه‌های رایج حک کنند و هرگاه حاکم یا پادشاهی فوت می‌کرد و یا حکـومتش زوال مـی‌یافت، سکّـه‌هایی کـه بـه نـام وی بـود، جمع‌آوری می‌شد و به نام شاه جدید سکّه می‌زدند؛ امّا نام پیامبر(ص) را تا ابـد در مـمالک اسلامی بر سکّه‌ها ضرب کرده و می‌کنند. «مُحَمَّدٌ رَسُولُ اللهِ»

---

۱ - **خطبه** : خطبت، سخنرانی، وعظ و نصیحت خلق. ۲ - **کیا** : پادشاه، حاکم، والی.
۳ - تقابلی بین حشمت و شوکت دنیوی و شکوه و جلال معنوی و حقیقی. ۴ - **بَوْش** : کروفرّ، خودنمایی.
۵ - **بارنامه** : پروانهٔ بار یافتن به درگاه شاهان و امیران، رخصت‌نامه برای دخول به مجلس بزرگان.
۶ - مقایسه کنید : حافظ : تُرک ما سوی کس نمی‌نگرد آه از این کبریا و جاه و جلال
۷ - **دِرَم** : دِرْهَم، واحد سکّهٔ نقره که وزن و بهای آن در عصرهای مختلف متفاوت بوده است.

نـامِ احـمد، نـامِ جُـملهٔ انـبیاست   چونکه صد آمد، نَوَد هم پیشِ ماست[1] ۱۱۱۱

نام محمّد(ص) و رسالت او، مانند نام جملهٔ انبیا و رسالتِ جمیع رسولان و پیامبران الهی است.

هم در بیانِ مکرِ خرگوش

در شدن، خرگوش بس تأخیر کـرد   مکـرها بـا خـویشتن تـقریر[2] کـرد ۱۱۱۲

خرگوش در رفتن به سوی شیر بسیار تأخیر کرد و جوانب موضوع را اندیشید.

در ره آمـــد بـــعد تأخـیرِ دراز   تا به گوشِ شیر گـوید یک دو راز ۱۱۱۳

بعد از تأخیری طولانی به سوی شیر رفت تا در گوش او اسراری را زمزمه کند.

تا چه عالم‌هاست در سودایِ[3] عقل   تا چه با پهناست این دریایِ عـقل ۱۱۱۴

در داستان نخچیران، فقط خرگوش با تعقّل و خِردوَرزی می‌کوشد تا تدبیری بیندیشد و خود و دیگران را از شرّ دشمنی عظیم برهاند؛ بنابراین اینک کـه حکـایت بـه خـردورزی خـرگوش رسیده است، مصلحت در آن است که شمّه‌ای از شأن و اعتبار عقل بیان شود: عوالم اَسرارآمیز بسیاری در راه رسیدن و اتّصال به عقل کلّ وجود دارد. عقل، همانند دریایی بیکران اَست.

صورتِ ما اندر ایـن بـحرِ عِـذاب[4]   می‌دود چون کـاسه‌ها بـر رویِ آب ۱۱۱۵

آدمی تا در امور دنیوی و ظواهر زندگی غرق است، مانند کاسه‌ای تهی بر دریای بی‌انتها و نغزِ عقل، شناور است و هر لحظه امواج او را به گوشه‌ای پرتاب می‌کنند.[5]

---

۱ - اوّلین صورت وجود مطلق که فعلاً و کمالاً عین حقایق است، عقل اوّل است و آدم حقیقی یا حقیقت آدم همان عقل اوّل به شمار می‌آید. از این روست که از حضرت ختمی مرتبت(ص) وارد است: «أَوَّلُ ما خَلَقَ اللهُ نُورِي» و نیز وارد شده است: «أَوَّلُ ما خَلَقَ اللهُ العَقْلُ»؛ پس به این معنی حضرت ختمی مرتبت بر حسب ظهور خلقی عین عقل اوّل است و آدم حقیقی اوست هرچند که از اولاد صفی(ع) است و بر حسب حقیقت جدّ حقیقی اوست، بلکه آدم و جمیع انبیا(ع) از ظهورات و تجلّیات آن نیّر اعظم‌اند. مولانا بدین مناسبت وجود با برکات پیامبر(ص) را به عدد صد مانند می‌کند که دیگر مرتبهٔ اعداد در آن مندرج‌اند: شرح مقدّمهٔ قیصری، ص ۴۷۳.

۲ - **تقریر کردن**: بیان کردن و روشن ساختن یک موضوع.   ۳ - **سودا**: سِرّ و سودا؛ اسرار و اندیشه‌های باطن.

۴ - **عِذاب**: جمع عَذب به معنی گوارا، شیرین، نغز.

۵ - «جمیع موجودات ظهورات و تجلّیات و دقایق وجود عقل‌اند، عقل به منزلهٔ روح ساری در همهٔ حقایق است و مدبّر نظام کلّی وجود.»: شرح مقدّمهٔ قیصری، ص ۴۷۱.

تا نشد پُر، بر سرِ دریا چو طشت   چونکه پُر شد طشت، در وی غرق گشت ۱۱۱۶

امواجِ دریایِ بیکرانِ عقلِ کُلّ، هر آن به نوعی بر پیکرِ کاسه [آدمی در مرحلهٔ نقص معنوی] فرود می‌آید، گاه به صورت بروز حوادثی در زندگی، گاه به شکل درد و رنج، هدف کلّی آن هدایت به سوی درکِ معنویّات و طیّ مراتب کمال است، اگر در اثر ضربات جدارهٔ کاسه بشکند و به شکل مسطّح در آید مانند «تشت»، به آسانی در اثر امواج، پر از آب و غرق می‌شود؛ پس کسی که به سبب شکست‌ها، درد و رنج یا تهذیبِ نَفْس و طیّ سیر استکمالی، تعالی یابد، مانند تشتی است که در دریای عقل غرق می‌گردد.

عقل پنهان است و ظاهر عالمی   صورتِ ما موج، یا از وی نمی ۱۱۱۷

از مِشکاتِ وجودِ کُلّیِ عقل، [عقل اوّل] که «اوّلین صورتِ وجودِ مطلق» است، تعیّن یافته و به حسب ذات، کُلّ اشیا است [مبدأ هستی]، در عین پیدایی، بسیار نهان است و آنچه که برای چشمِ سر قابل رؤیت است، جهانی است مادّی که در آن می‌زیَد، ظاهرِ انسان موجی است ناپایدار، در این بحر بیکران یا مانندِ نمی که به سرعت محو می‌شود.

هر چه، صورت می وسیلت سازدش   ز آن وسیلت، بحر دُور اندازدش ۱۱۱۸

اگر **عقل جزوی** (عقل معاش)، به عقل کلّ اتّصال نیابد، عقلِ حقیقی نیست و عقلی است که تحت تأثیرِ نَفْس آدمی است؛ بنابراین جزو ظواهر آدمی (صورت) محسوب می‌شود، بدین ترتیب، هر چیزی را که عقلِ جزویِ انسان وسیله‌ای برای قُرب به حق قرار دهد و تصوّر کند که راه صحیحی را انتخاب کرده است؛ مثلاً انجام «طاعات و عبادات» و تکیه بر آن‌ها و اعتمادِ بر آنکه سبب تقرّب خواهد شد، عقلِ کُلّی، همان وسیله را موجبات بُعد و دوری وی از حق قرار می‌دهد. به عنوان نمونه، تکیه بر طاعات و عبادات سبب عُجب و خودبینی می‌گردد که از مهالکِ سخت طیّ طریق است.

تا نبیند دل، دهندهٔ راز را   تا نبیند تیر، دورْ انداز را ۱۱۱۹

«عقلِ کلّ» با «عقلِ جزوی» که می‌پندارد می‌تواند راه‌های رسیدن به حق را بیابد، چنین می‌کند تا دلِ او قادر به رؤیتِ دهندهٔ رازها، یعنی «حق» نباشد و نتواند تیری را که دستِ دورانداز قضای الهی به سوی او پرتاب کرده است، ببیند و در نیابد که از کجا و چگونه خلع سلاح شده است.

اسبِ خود را یاوه[1] داند، وز ستیز[2] — مـی‌دوانـد اسبِ خـود در راهْ تـیز ۱۱۲۰

این ابیات در بیان جدّ و جهد طالبِ حق یا سالک است.

«روح»، محرّکِ آدمی و عامل حیات وی است، از این رو به «اسب» مانند شده است، در این تمثیل، «تن»، سواری است که بر اسبِ «روح» نشسته و شتابان به هر سو می‌رود و اسب خود را می‌جوید. این جویایِ حق، تا زمانی که به حقیقتِ وجودِ خویش نرسد، روح یـا حقیقت خود را گمشده می‌داند و جویایِ این گمگشته است.

اسبِ خـود را یـاوه دانـد آن جـواد[3] — و اسب، خود او راکشان کرده چو باد ۱۱۲۱

در پی یافتن گمشدهٔ خویش جست‌وجو می‌کند در حالی که بر همان اسب سوار است و به سرعت به هر سو می‌دود.

در فغان و جُست و جو آن خیره سر[4] — هر طرف پُرسان و جـویان در بـه در ۱۱۲۲

سالک با ناله و فغان در پی اسب گمشدهٔ خویش به هر نوع مجاهده و رنج تن در می‌دهد که آن را بیابد.

کآن کـه دزدیـد اسبِ مـا راکـو و کـیست؟ — این که زیر رانِ توست، ای خواجه چیست؟ ۱۱۲۳

از هر کس جویا می‌شود که چه کسی و چگونه اسب او را دزدیده است؟ این اسب که زیرِ رانِ تو و «حقیقتِ» توست، چیست؟

آری این اسب است، لیک این اسب کو؟ — بـا خـود آی، ای شـهسوارِ اسبْ‌جـو ۱۱۲۴

و اگر کسی بگوید: آن نیرویی که تو را حرکت می‌دهد «حقیقت یا روح عالی»، که اینجا به اسب مانند شده، درون تو است، از روی قراین و شواهد می‌پذیرد؛ امّا چون هنوز به مرحلهٔ کشف و شهود نرسیده است، همچنان در جست‌وجو به سر می‌برد. «دائم بـه دل در گفت‌وگو بیچاره من محروم از او»

جـان ز پـیدایـی و نـزدیکی است گُـم[5] — چون شکم پر آب و لب خشکی چو خُم؟ ۱۱۲۵

روح عالی عِلوی یا حقیقتِ موجود در انسان، از فرط نزدیکی دور و بعید به نظر می‌رسد. مانند خُمِّ پُر آبی که دهانهٔ آن خشک است و از آبِ خُم نصیبی نمی‌یابد.

---

۱ - **یاوه** : گمشده. ۲ - **وز ستیز** : شتابان. ۳ - **جواد** : جوانمرد. ۴ - **خیره سر** : آشفته.

۵ - وَ نَحْنُ أَقْرَبُ إِلَیْهِ مِنْ حَبْلِ الْوَرِیدِ : ما از رگ گردن به او نزدیکتریم. ق : ۱۶/۵۰

وَ إِذا سَأَلَكَ عِبادي عَنّي فَإِنّي قَريبٌ : اگر بندگانم از تو [ای رسول] دربارهٔ من سؤال کنند، بگو: نزدیکم. بقره : ۱۸۶/۲

کِی ببینی سرخ و سبز و فور[1] را　　تا نبینی پیش از این سه، نور را ۱۱۲۶

برای دیدنِ رنگ‌ها، باید نوری باشد تا اشیا و رنگ آن‌ها دیده شود.

لیک چون در رنگ گم شد هوشِ تو　　شد ز نور آن رنگ‌ها روپوشِ تو ۱۱۲۷

آنچه را که آدمی در نور می‌بیند، از انسان‌ها، اشیا، طبیعت و رنگِ آن‌ها، چنان هوش و حواسِ انسان را به خود مشغول می‌دارد که از وجود نور که عامل اصلی رؤیت است، غافل می‌شود و فراموش می‌کند که در پرتو وجود نور این مشاهدات ممکن شده است. حق تعالی نیز از شدّتِ ظهور، مخفی‌است و عالَمِ کثرت حجاب رؤیت انوار حق است.

چونکه شب آن رنگ‌ها مستور بود　　پس بدیدی، دیدِ رنگ از نور بود[2] ۱۱۲۸

در ظلمات شب، رنگ‌ها و اشیا را نمی‌توان رؤیت کرد و این مطلب غیر قابل انکار است که با وجود نور رنگ‌ها دیده می‌شوند.

نیست دیدِ رنگ بی نورِ برون　　همچنین رنگِ خیالِ اندرون ۱۱۲۹

پس همان گونه که دیدنِ رنگ‌های مادّی بدون نور ممکن نیست، اندیشه و خیالات گوناگون که در ذهن و فکر انسان نقش می‌بندند، رنگ‌هایِ درونی‌اند که با نور بصیرت دیده می‌شوند، بصیرت بینشی متعالی و نشأت گرفته از نَفْس مُصفّاست.

این برون، از آفتاب و از سُها[3]　　و اندرون، از عکسِ انوارِ عُلا[4] ۱۱۳۰

نوری که عالَم مادّی را روشن می‌سازد، از خورشید و بلندای آسمان و ستارگان است، امّا نوری که در اندرون انسان می‌تابد، از فَیَضانِ انوارِ الهی است.

نورِ نورِ چشم، خود نورِ دل است　　نورِ چشم از نورِ دل‌ها حاصل است ۱۱۳۱

نورِ چشم از نور دل پدید آمده است؛ زیرا حیات آدمی منوط به وجودِ نَفْس ناطقه است که از طریق آن ادراکات جزئی و کلّی حصول می‌یابد. برای ادراکات جزئی، نفس ناطقه از

---

۱ - **فور**: رنگِ بور، سرخِ کم‌رنگ.

۲ - به عقیدهٔ حکما نور شرط وجود رنگ و به گفتهٔ متکلّمین شرط دیدن آن است: شرح مثنوی شریف، دفتر اوّل، ص ۴۳۳.

۳ - **سُها**: ستارهٔ معروف باریک در بنات‌النعش صغری و آن متّصل است با ستارهٔ دوم از سه ستارهٔ بنات، در انتهای دُب اصغر. «جای سُها بُوَد به بِرنعش و دخترش: خاقانی».

بنات النعش: ستارهٔ معروف به هفت ستارگان در شمال و جنوب، چهار از وی را نعش و سه را بنات گویند و آن دواند بنات النعش الکبریٰ و بنات النعش الصغریٰ.

۴ - **عُلا**: بلندی و بزرگی.

ابزاری مانند چشم و گوش و وهم و خیال، استفاده می‌کند؛ امّا کلّیات را مستقلاً ادراک می‌کند؛ زیرا جوهر ذات او مجرّد است.

باز، نورِ نورِ دل، نورِ خداست　　کو ز نورِ عقل و حس، پاک و جُداست ۱۱۳۲

نوری که دل را منوّر می‌کند، «نور حق» است که بی‌حجاب و به واسطهٔ حضور بر دل عارف می‌تابد، این نور، از نورِ عقل و حسّ ِ بشری جداست، زیرا عقل و حسّ ِ انسان قابلیّتِ حضور در محضرِ حق را ندارند و از نورِ نورِ نور [نور حقیقی، نور ذات] در حجاب‌اند.

شب نَبُد نور و ندیدی رنگ‌ها　　پس به ضدِّ نور پیدا شد تو را ۱۱۳۳

شب به سبب نبودن نور، رنگ‌ها قابل رؤیت نیستند؛ بنابراین ظلمت که ضدّ نور است، موجب درک «نور» می‌شود، تا «ظلمت» نباشد، «نور» مفهومی ندارد. «هرچیز به ضدّ آن شناخته می‌شود.»

دیدنِ نور است، آنگه دیدِ رنگ　　وین به ضدِّ نور دانی بی درنگ ۱۱۳۴

برای تشخیص و درک رنگ‌ها ابتدا باید نور را دید و حضور و وجود آن را درک کرد تا رنگ‌ها دیده شوند و این نکته با وجود ظلمت که قابل درک است؛ زیرا نور به جهت حضورِ همیشگی، وجودش مورد توجّه قرار نمی‌گیرد.

رنج و غم را حق پیِ آن آفرید　　تا بدین ضِدّ، خوش دلی آید پدید ۱۱۳۵

رنج و درد و غم و غصّه را خداوند بدان جهت آفرید و برای انسان مقرّر داشت، تا ضدّ آن یعنی شادی و خوشدلی پدید آید، اگر غم نبود، شادی مفهومی نداشت.

پس نهانی‌ها به ضد پیدا شود　　چونکه حق را نیست ضد، پنهان بُوَد ۱۱۳۶

مثال‌های گوناگونی که بیان شد، مانند رنگ‌ها که در نور قابل رؤیت هستند و در ظلمت و تاریکی نهان‌اند و به چشم نمی‌آیند، یا درد و رنج که با متضادّی به نام «خوشدلی» شناخته می‌شود، بدان مناسبت آمد که بدانیم هر چیز به ضدّش قابل شناخت است؛ امّا چون خداوند ضدّی ندارد، در عین ظهور نهان است؛ بنابراین با مظاهر عادی که انسان هر چیز را به ضدّش می‌شناسد، قابل درک نیست و معرفت به حق تنها از طریق فضل الهی و منوّر شدن دل به نور باری‌تعالیٰ و به سبب تهذیب نَفْس، با طاعات و عبادات و مجاهدات و نیکی‌ها امکان‌پذیر است.

کـه نـظر بـر نـور بـود، آنگـه بـه رنگ ضِد به ضد پیدا بُوَد، چون روم و زنگ[1] ۱۱۳۷

زیرا ابتدا چشم آدمی نور را می‌بیند و سپس رنگ را؛ بنابراین هر ضدّی با ضدّ خودش قابل تشخیص است، مانند سفید پوست از سیاه پوست.

پس به ضـدِ نـور دانسـتی تـو نـور ضِـدُّ ضِـدّ را مـی‌نماید در صُـدور[2] ۱۱۳۸

پس آدمی وجودِ نور را از طریق متضادّ آن یعنی ظلمت می‌شناسد؛ زیرا هر ضدّ، ضدّ خود را در مرتبهٔ ظهور، نمایان می‌سازد و این قانون کلّی در تمام عالم هستی، مصداق دارد.

«نیکلسون معتقد است که مولانا در این قطعه آرای مأخوذ از فلوطین و عقاید ابن عربی را، دربارهٔ آنکه حق تعالی و عالم، چون باطن و ظاهر هستی با یک‌دیگر وابسته‌اند، تلفیق کرده و تبیین نموده است.»[3]

اینک شایسته به نظر می‌رسد که برای تقریر موضوع، اندکی به آرا و افکار فلوطین و شیخ اکبر بپردازیم و در همین راستا در جهت تقریر مکتب نوافلاطونی که همان آرا و اندیشه‌های فلوطین است، ابتدا توضیحی مختصر در مورد افلاطون ضرورت می‌یابد.

افلاطون[4]**؛** (متولّد ۴۲۷ پیش از میلاد، یونان)، وی نخستین فیلسوفی بود که بر اصول نفسانی در علوم ماوراءالطبیعه قدم گذارد. او معتقد بود که در ورای این دنیای مادّی، عالم معقول یا عالم غیب وجود دارد که عقل ما می‌تواند با نردبان معرفت بدان‌جا ارتقا یابد. نفس ما پیش از پیوستن به بدن در حال معقول می‌زیسته و با چشم عقل از فیض دیدار اصول و دستورهای هستی برخوردار شده است و پس از تعلّق به بدن، معقولات عالم بالا را یکسره فراموش نکرده بلکه خاطراتی بسیار ضعیف از عالم مُثُل در او باقی مانده‌است. اکنون با رؤیت آنچه از مُثُل بهره‌مند است آن خاطرات را به یاد می‌آورد. حکمت او مبتنی بر عشق، استدلال و اشراق است.

فلسفهٔ نوافلاطونی؛ فلسفهٔ افلاطون چند قرن بعد به صورتی دیگر در اسکندریهٔ مصر ظهور تازه‌ای یافت و به جهان اسلامی وارد شد که به نام فلسفهٔ نوافلاطونی خوانده می‌شود. فلسفهٔ نوافلاطونی خود کاملاً شکل تطوّر یافتهٔ افکار و آرای افلاطون بود و جنبه‌ای التقاطی داشت و دربردارندهٔ اندیشهٔ اندیشمندان سَلَف بود. این فلسفه با

---

۱ - **روم و زنگ**: در اصطلاح مسلمانان و مورّخان اسلامی مُراد از روم آسیای صغیر و توابع آن است. بدین توضیح که دولت‌های جمهوری و امپراتوری روم چون وسعت یافت و تا حدود آسیای صغیر مُسخّر آنان گردید، از قرن پنجم میلادی به بعد منقسم به غربی و شرقی شد، غربی همان ایتالیا بود و پایتخت آن شهر رُم و امپراتوری روم شرقی، همان آسیای صغیر بود به پایتختی استانبول، بدین مناسبت آن قسمت‌های آسیای صغیر را حتّی بعد از ورود سلجوقیان و ترکان هم روم می‌گفتند و مولانا جلال الدین بلخی را به مناسبت اقامت او در لارنده و قونیهٔ آسیای صغیر، رومی نامیدند.

مردم روم پوست سفید دارند و زنگ که مقصود همان حبشه است، رنگ پوست مردم سیاه و تیره است. «روم و زنگ» را برای بیان تضادّ به کار می‌برند مانند سپیدی و سیاهی و در اشعار شاعران «سپاه روم» کنایه از روز است.

۲ - فیض مقدّس که در کسوت صُوَر خارجیه و صُوَر ادراکیه ظاهر می‌گردد.

۳ - شرح مثنوی مولوی، دفتر اوّل، ص ۱۹۵.

۴ - سیر حکمت در اروپا، فروغی، ج ۱، صص ۳۰-۲۸، با تصرّف و تلخیص.

تعلیمات پلوتینوس که عرب‌ها او را «افلوطین» یا شیخ‌الیونانی خوانده‌اند، شکل روشن‌تری یافت. مؤسّس این مکتب را آمونیوس ساکاس (Ammonius Saccas) از مردم مصر می‌دانند که در پایان قرن دوم و نیمهٔ اوّل قرن سوم میلادی در اسکندریهٔ مصر می‌زیست. از احوال و تعلیمات او چندان آگاهی نداریم و کلّیهٔ فلسفه‌ای که به افلاطونیان اخیر منتسب است و در واقع باید **حکمت اشراق و عرفان** نامیده شود مربوط است به **پلوتین** (Plotin) یا **افلوطین** نامی، از یونانیان مصر (۲۰۵-۲۷۰ ق. م).

فلوتین یا فلوطینس؛ فیلسوف نوافلاطونی رُم در مصر تولّد یافت، وی را بنیان‌گذار مکتب نوافلاطونی می‌دانند. موجودات را جمیعاً تراوش و فَیَضانی از مبدأ نخستین و مصدر کلّ می‌انگارد و غایت وجود را هم بازگشت به سوی همان مبدأ می‌پندارد. بر اساس آرای او، هبوط روحانی انسان در سیر نزولی است که از مرتبهٔ عقول، افلاک و عناصر می‌گذرد و در بازگشت در سیر صعودی، از مرتبهٔ جماد، نبات، حیوان و سپس انسان کامل، به روح الهی در عالم وحدت اتّصال می‌یابد.

در این مکتب اندیشهٔ توافق میان عقاید دینی و فلسفه‌های روحانی مختلف دیده می‌شود. او می‌گوید: خداوند وجود است و اوّلین صادر از او عقل یا معقولات هستند که نخستین مظهر او هستند. از عقل که صادر اوّل است، نفس صادر می‌شود که در مقایسه با عقل مانند ماه است نسبت به خورشید و نفس از عقل کسب نور می‌نماید.

ذات احدیّت و صادر اوّل عقل یا عالم معقولات و صادر دوم نفس یا روح اقانیم ثلاثه‌اند و هر یک به قدر مرتبهٔ خود لاهوتی هستند. عقل واسطهٔ میان ذات احدیّت و نفس است و نفس واسطهٔ میان مجردات و محسوسات می‌باشد.

هرچه در عالم حرکت دارد، دارای نفس است و نفس کلّ در اجسام و ابدان ظهور یافته و هر یک از آن‌ها به قدر استعداد از آن بهره برده‌اند و به این طریق نفوس جزئی صورت پذیرفته است؛ امّا جسم که آخرین و ضعیف‌ترین پرتو ذات احدیّت است، صورتی است که درمادّه قرار گرفته است؛ بنابراین عالم جسمانی بین وجود و عدم است، این است که دائم در تغییر و تبدیل می‌باشد و در حال کون و فساد است. چون روح یا نفس انسان در قوس نزول از عالم ملکوت به عالم ناسوت آمده گرفتار مادّه شده و به آلایش‌های این عالم و کاستی و زشتی آلوده گردیده است، برای اینکه خود را از سقوط در جهان ماده برهاند، باید قوس صعودی طی کند تا به مبدأ نخستین که نفس کلّ است، صعود نماید.

طریق راه یافتن به قوس صعودی نخست تزکیهٔ نفس و پاک شدن از اغراض دنیوی و خواهش‌های پست و شهوت و غضب است. در این راه مرد سالک باید سه مرحلهٔ هنر، عشق و حکمت را بپیماید.[1]

تعالیم افلوطین طیّ رسالاتی که خود وی جهت پیروانش نوشت تقریر شد و بعدها مجموعهٔ آن رسالات توسط یکی از مریدان وی به نام فرفوریوس صوری (۳۰۰-۲۳۳ م) در طیّ نُه دفتر که هر دفتر شامل شش رساله می‌شود تدوین گردید و به نام نه‌گانی‌ها (تاسوعات) خوانده شده است و این حکمت بعدها به حکمای مشائی و بعد به فلاسفهٔ اسکولاستیک اروپا رسید.[2]

ابن عربی[3]؛ ابو عبدالله محیی‌الدین محمّد بن علی بن محمّد بن العربی الحاتمی (۶۳۸-۵۶۰ ق) معروف به **شیخ اکبر**، اندیشمند، عارف، صوفی بزرگ جهان اسلام، وی در شهر مُرسیه در جنوب اندلس متولّد شد. سلسلهٔ نسب وی

---

۱ - سیر حکمت در اروپا، فروغی، ج ۱، صص ۹۴-۸۴ با تلخیص و تصرّف.

۲ - با کاروان اندیشه، دکتر زرّین‌کوب، صص ۲۹۴ و ۲۹۵.

۳ - دایرةالمعارف بزرگ اسلامی، ج ۴، صص ۲۷۳-۲۲۶.

به حاتم طایی می‌رسد. در سن ۷۸ سالگی درگذشت و آرامگاه وی در دامنهٔ جَبَل قاسیون در مقبرهٔ خانوادگی ابن زکی در دمشق زیارتگاه است. وی در دست‌نوشته‌ای شمار آثار خود را ۲۹۰ ضبط کرده است. برخی از آثار مشهور او عبارتند از الفتوحات المکیة، فصوص الحکم، ترجمان الاشواق. جهان‌بینی عرفانی وی، همان نظریهٔ مشهور به «**وحدت وجود**» است که در عرفان اسلامی هیاهوی بسیار برانگیخته است. پس از ابن عربی هیچ یک از عارفان اندیشمند یا فیلسوفان عارف‌مشرب را در جهان اسلام نمی‌یابیم که به‌گونه‌ای تحت تأثیر اندیشه‌های نیرومند ابن عربی نباشند و بی‌سبب نیست که وی را شیخ اکبر لقب داده‌اند.

ابن عربی، **وحدت مطلق حق** را، **جامع اضداد** معرّفی می‌کند، چه حق «اوّل» و «آخر» است، «ظاهر» و «باطن» است، «مُعِزّ» عزّت‌بخش و «مُذِلّ» خوارکننده است و یا «ضارّ» زیان‌بخش و «نافع» سودبخش.

شیخ اکبر در سلسلهٔ مراتب آفرینش موجودات، واپسین مرحلهٔ کمالِ هر صنفی از موجودات را آغاز موجود کامل‌تری می‌شمارد. وی پس از برشمردن پیدایش و مراتب اجرامِ کیهانی و تأثیر آن‌ها در عناصر چهارگانه می‌گوید: از این عناصر، نخست جماد که معدن باشد، سپس گیاه و سرانجامِ حیوان پدید آمدند و واپسین موجود، انسانِ حیوان، که صورت آشکاری است که از این رهگذر، حقایق جهان را در خود گرد آورده است؛ امّا انسانِ کامل آن کسی است که حقایقِ حق را نیز بر جمیع حقایق عالم که در خود دارد، افزوده است و بدین وسیله خلافت حق در جهان برای او درست آمده است.

بررسی و غور در دیوان کبیر و مثنوی، بیانگر شباهت‌هایی در مبانی عرفان عاشقانهٔ مولانا با فلسفهٔ مورد بحث است، تا حدّی که عدّه‌ای از بزرگان بر این اندیشه‌اند که مولانا عقاید فلوطین را رنگ حدیث و قرآن زده است؛ امّا نکتهٔ ارزشمند آنکه یک حقیقت واحد بیش نیست و طایران بلندپرواز آسمان معنا هر یک به نوعی به آن دست یازیده‌اند، آن چنانکه از زندگی فلوطین بر می‌آید وی مردی اهل معنا و سخت به زندگی مادّی بی‌اعتنا بوده است و شباهت‌های موجود بین عرفان مولانا و اندیشهٔ او ناشی از حصول ادراکات روحانی و معنوی مشابه و گاه تجاربی یکسان بوده و توجّه به آثار ارزشمند مولانا مبیّن این تفکّر است که او برای علومِ اکتسابی صِرف که عاری از تأیید و تحقّقِ درونی و تجربیّات روحانی و شهود عینی است، اعتباری قائل نیست؛ بنابراین عرفان او را شرحی از اندیشه‌های فلوطین با الحاقی از عقاید ابن عربی پنداشتن، خط بطلانی است بر مقامات معنوی و روحانی وی.

نورِ حق را نیست ضدّی در وجود   تا به ضدّ او را توان پیدا نمود ۱۱۳۹

نور حق، ضدّی ندارد که از طریق اضداد، بتوان بر آن معرفت یافت.

لاجَرَم اَبْصار ما لا تُدْرِکُه[1]   وَ هُوَ یُدْرِکْ، بین تو از موسی و کُه ۱۱۴۰

ناگزیر باید بپذیریم که چشمان ما از درک حق تعالیٰ ناتوان است؛ امّا او ما را درک می‌کند، این موضوع را می‌توان از موسی(ع) و کوه طور آموخت.

صورت از معنی، چو شیر از بیشه دان   یا چو آواز و سخن ز اندیشه دان ۱۱۴۱

تمثیلی برای بیان تفاوت میان ظاهر و باطن و برخاستن صورت از معنی: «صورت یا ظاهرِ» هر چیز یا هر امر، مانند «شیر»ی است که از بیشهٔ معنا و باطن آن بر می‌خیزد و پس از تأثیراتی که می‌گذارد و یا تأثّراتی که می‌پذیرد، به همان بیشه باز می‌گردد. در تمثیلی دیگر «ظاهر» را به کلام و آوازی مانند می‌سازد که از اندیشه [باطن و معنا] برخاسته باشد.

این سخن و آواز، از اندیشه خاست   تو ندانی بحرِ اندیشه کجاست ۱۱۴۲

سخنی که گفته می‌شود از تفکّر آدمی برخاسته است؛ امّا از آنجا که اندیشه امری مادّی و ملموس نیست و مرتبه‌ای از مراتب ظهور نَفْس انسان است، کسی نمی‌داند که اندیشه که به دریایی شگرف مانند شده است، کجاست؟ هیچ‌کس به حقیقت نمی‌تواند مکانی برای نَفْس آدمی تعیین کند؛ «زیرا نَفْس نه خارج و نه داخل بدن، نه به آن متصل و نه از آن منفصل است.»[2]

لیک چون موجِ سخن دیدی لطیف   بحرِ آن دانی که باشد هم شریف ۱۱۴۳

هنگامی که موجی از بحر اندیشه به صورت کلامی دلنشین و سخنانی گهربار بر زبان جاری می‌شود، شنونده در می‌یابد که این موج لطیف، برخاسته از دریایی شریف است.

چون ز دانش موجِ اندیشه بتاخت   از سخن و آواز، او صورت بساخت ۱۱۴۴

هنگامی که از بسترِ علم و دانش بشر، موجی از اندیشه بر می‌خیزد، برای انتقال آن، که امری است غیر مادّی، از سخن به عنوان صورت یا قالب استفاده می‌کند.

از سخن، صورت بزاد و باز مُرد   موج، خود را باز اندر بحر بُرد ۱۱۴۵

بنابراین «سخن»، «صورت» یا قالب «اندیشه» است و با منتقل شدن آن، صورت محو می‌گردد و موج اندیشه به محلِّ خود، یعنی دریای علم و دانش باز می‌گردد.

---

۱ - اشارتی قرآنی، انعام: ۱۰۳/۶: «لاٰ تُدْرِکُهُ الأَبْصارُ وَ هُوَ یُدْرِکُ الأَبْصارَ: چشم‌ها او را نمی‌بینند، امّا او همه‌ی چشم‌ها را ادراک می‌کند.» [در اثبات تفاوت خالق است با همه‌ی موجودات.]

همچنین اشاره‌ای است به اعراف: ۱۴۳/۷، که در دفتر ششم، در شرح بیت ۲۴۴۵ آمده است.

۲ - شرح مثنوی شریف، دفتر اول، ص ۴۳۷.

صورت از بی صورتی آمد برون باز شد، که اِنّا اِلَیْهِ راجِعون[1] ۱۱۴۶

صورت (ظاهر) از معنا و بی‌صورتی (باطن) پدیدار شده است و به همان‌جا باز می‌گردد. این مثال برای بیانِ ظهور و پیدایش «مخلوق» از «خالق» است که بازگشت همه به سوی او است؛ یعنی ظهور و خلقِ تمام «عالم امکان» و انسان که «ممکن الوجود» است از ذاتِ «واجب‌الوجود» (خالق هستی) است که «اوّل» است: زیرا خلقت از اوست و «آخر» است، بازگشت به اوست.

پس تو را هر لحظه مرگ و رَجْعَتی‌ست[2] **مصطفیٰ فرمود: دنیا ساعتی‌ست**[3] ۱۱۴۷

پس تو در هر لحظه در حال فنا شدن و بقا یافتن هستی و این حال تغیّر و تبدّل و بقا به صورتی بی‌نهایت لطیف و ظریف است، مانند صورتِ قبلی. به همین جهت پیامبر(ص) فرموده است: دنیا ساعتی بیش نیست.

این بیت شرح مجدّدی است بر آنچه که در توضیح بیت پیشین به تقریر آمد؛ یعنی برون آمدن صورت از بی‌صورتی و پدیدار شدن «ظاهر» از «باطن» و «مقیّد» از «مطلق».

تغییری که در مجموعهٔ عالم و در هر لحظه حادث می‌گردد به سبب استمرار فیض حق است که در هر آن تجلّیات جلالیّه از تعیّنات و ممکنات خلع وجود می‌کند و تجلّیات جمالیه جان و روح تازه‌ای به کالبد عالم امکان می‌دهد، این امر به اقتضای ظهور حق در صفات متقابله مانند **محیی** و **ممیت** است.

فکر ما تیری‌ست از هُو در هوا در هوا کِی پاید؟ آید تا خدا ۱۱۴۸

«فکر و اندیشهٔ» آدمی، مانند تیر به خواست و قدرت حق در هوای وجود وی پرتاب می‌شود و از آنجا که هر تیر خواه‌ناخواه دور یا نزدیک بر زمین می‌افتد؛ پس فکر و اندیشه که در تصرّف حق و به خواست او در وجود آمده است، به سوی حق باز می‌گردد.

هر نَفَس نو می‌شود دنیا، و ما بی خبر از نو شدن اندر بقا ۱۱۴۹

این جهان در هر لحظه در حال تغییر و تحوّل است و ما از این همه دگرگونی‌ها بی‌خبریم؛ زیرا صورت ظاهر جهان، ثابت و بی‌تغییر است. این بیت نیز ناظر به قاعدهٔ «تجدّد امثال» است.

---

۱ - إنّا إلَیْهِ راجِعونَ؛ برگرفته از بقره : ۱۵۶/۲ ، که دربارهٔ ویژگی صابران می‌فرماید: آن‌ها کسانی هستند که هرگاه مصیبتی به آنان می‌رسد، می‌گویند: ما از آنِ خدا هستیم و به سوی او باز می‌گردیم: اَلَّذینَ إذا أَصابَتْهُمْ مُصیبَةٌ قالُوا إنّا لِلّهِ و إنّا إلَیْهِ راجِعونَ. ۲ - **رَجعت** : بازگشت.

۳ - حدیث: « الدُّنیا ساعَةٌ فَاجْعَلْها طاعَةً : دنیا ساعتی بیش نیست، آن را به بندگی خدا اختصاص ده». که مقصود کوتاه بودن عمر دنیاست، دنیایی که در هر لحظه‌اش فنا و بقا استمراری بی‌وقفه دارد: احادیث، ص ۵۶، این حدیث را از موضوعات شمرده‌اند.

جهان به عقیدهٔ اشعریّه عبارت است از جوهر[1] واحدی که اَعراض[2] گوناگون بر آن طاری «عارض و ظاهر» می‌شوند و این اَعراض دایم و پیوسته در تغیّر و تبدّل‌اند. این قاعده را «تجدّد امثال» می‌نامند. و از ابوالحسن اشعری نقل کرده‌اند که: اَلعَرَضُ لاَ یَبْقیٰ زَمَانَیْنِ؛ یعنی: عَرَض دائماً در تغییر است و در دو زمان نمی‌پاید.

به گفتهٔ ابن عربی: از شگفتی‌های امور جهان این است که دائماً ارتقا می‌پذیرد؛ امّا به علّت لطافت، نازکی و همانندی، صورت‌های آن درک نمی‌شود و این تغییر به چشم نمی‌آید.»[3]

بنابراین، مجموعهٔ عالم دائماً متغیّر است و تعیّن آن متبدّل و سیّال است و هر تعیّنی غیر از تعیّنِ قبلی است که بر عینِ ثابت موجودِ امکانی عارض می‌گردد.

عُمر، همچون جوی، نو نو می‌رسد مُستَمِرّی می‌نماید در جسد ۱۱۵۰

عمر آدمی (طول حیات جسمانی)، وابسته به نَفْس است و عَرَض، بنا بر قاعدهٔ «تجدّد امثال» در بیت پیشین، عَرَض دائماً در حال تغییر است و عمر همچون جویی است که نو به نو تغییر می‌کند و تازه از راه می‌رسد؛ امّا از آنجا که این تغییر و نو و تازه شدن بدون فاصلهٔ زمانی است، پیوسته به نظر می‌رسد.

آن ز تیزی مُستَمِر شکل آمده‌ست چون شَرَر، کِش تیز جُنْبانی به دست ۱۱۵۱

مستمر و پیوسته به نظر رسیدن عمر به سبب سرعت (تیزی) تغییرات و نو شدن آن بدون فاصلهٔ زمانی است که به شکل خطّی مستقیم حس می‌شود، مانند شعله‌های آتش در آتش‌گردان که اگر با سرعت زیاد بچرخد، به شکل دایره دیده می‌شود.

شاخ آتش را بجنبانی به ساز در نظر آتش نماید بس دراز ۱۱۵۲

همچنین اگر شاخه درخت «هیزمی» را آتش بزنیم و در جهات مختلف حرکت دهیم، می‌بینیم که شعلهٔ آتش، خط طویلی به نظر می‌رسد، حال آنکه شعلهٔ آتش خط نیست و این به سبب سرعت حرکت است که ما نقطه را با نقطهٔ بعدی پیوسته می‌بینیم.

این درازی مدّت، از تیزیِ صُنع[4] می‌نماید سرعت انگیزیِ صُنع ۱۱۵۳

اینکه عمر آدمی طولانی به نظر می‌رسد، به سبب سرعت آفرینش است؛ زیرا چنانچه

---

۱ - **جوهر** : در اصطلاح منطقی و فلسفی، آنچه به ذات خود قائم باشد، ضدّ عَرَض.

۲ - **عَرَض** : نزد حکما و متکلّمان، آن است که در بقای وجود محتاج باشد به غیری، و آنچه که قائم به غیر باشد چون الوان و صفات و موجودی که برای وجود داشتن احتیاج به موضع، یعنی محلّی دارد که در آن قائم باشد، مانند رنگ بر جامه و حروف بر کاغذ؛ پس جامه و کاغذ در این مثال جوهرند که به ذات خود قائم است و رنگ و حروف عَرَض‌اند. ۳ - احادیث، ص ۵۶، اشعریّه: رجوع کنید به ذیل بیت ۸۴۸/۱

۴ - **تیزی صُنع** : سرعت آفرینش، به مقتضای اسم «سریع». در سورهٔ ق : ۱۵/۵۰ می‌فرماید: بَلْ هُمْ فی لَبْسٍ مِنْ خَلْقٍ جَدیدٍ : بلکه آنان از آفرینش جدید در شک و شبهه‌اند. همچنین: الرّحمن : ۲۹/۵۵ : کُلَّ یَوْمٍ هُوَ فی شَأْنٍ: خداوند هر لحظه درکاری و در تجلّی تازه‌ای است.

گفته شد، عمر، «عَرَض» است و عَرَض همواره در حال تغییر است و نو می‌شود؛ امّا توالی حدوث عَرَض به دنبال یک‌دیگر چنان با سرعت است که به شکل یک خطِ پیوسته به نظر می‌رسد، حال آنکه با توجّه به این توضیحات، می‌دانیم که در هر آن، عمر به پایان می‌رسد و در همان آن عمر نو حادث می‌گردد، به مقتضای «محیی و ممیت».

طالب این سِرّ اگر علاّمه[1] ای‌ست   نَک حُسام‌الدین که سامی[2] نامه‌ای‌ست ۱۱۵۴

جویایِ این اسرار اگر نیک داناست، باید بداند که دریافتِ واقعیِ معانی و ادراک عالی آن جز از طریق نزدیکی و قُرب به حق ممکن نیست و اینک حُسام‌الدّین نمونهٔ والایِ مقرّبان درگاه است که می‌توان از وجود پر برکت او این معانیِ بلند و اسرارِ الهی را به ودیعت گرفت؛ زیرا او همان انسانِ کامل است.

رسیدن خرگوش به شیر

شیر اندر آتش و در خشم و شور   دید کآن خرگوش می‌آید ز دور ۱۱۵۵

باز می‌گردیم به حکایت نخچیران و آنجا که داستان را رها کردیم. شیر که از گرسنگی و انتظار در آتش خشم می‌سوخت، خرگوش را دید که از دور می‌آید.

می‌دود بی دهشت[3] و گستاخْ او   خشمگین و تُند و تیز و تُرش رو ۱۱۵۶

شیر دید که خرگوش علی‌رغم تأخیر از خشمِ سلطان جنگل بیمناک و سراسیمه نیست و گستاخانه و خشمگین با چهره‌ای عبوس و به سرعت به سوی او می‌آید.

کز شکسته آمدن، تُهمت بُوَد   وز دلیری، دفع هر رَیْبَت[4] بُوَد ۱۱۵۷

شیر اندیشید که حالت ظاهری خرگوش وی را مقصّر نشان نمی‌دهد؛ زیرا کسی که با سرافکندگی می‌آید، احتمال آن هست که مرتکب جرم و خطایی شده باشد؛ امّا آن کس که با شهامت و دلیری تمام می‌آید، هرگونه بدگمانی و تهمتی را از خود دور می‌کند.

---

۱ - **عَلاّمه** : نیک دانا.   ۲ - **سامی** : بلند.   ۳ - **دَهْشَت** : حیرت و سرگردانی، سرگشته و متحیّر.
۴ - **رَیْبَت** : گمان و شک، تهمت، بدگمانی.

۱۱۵۸ **چون رسید او پیشتر نزدیکِ صف[1] بانگ بر زد شیر، های! ای ناخلف!**

به محض اینکه خرگوش به آستانهٔ شیر رسید، شیر فریاد زد: ای ناخلف!

۱۱۵۹ **من که پیلان را ز هم بِدْریده‌ام من که گوشِ شیرِ نر مالیده‌ام**

شیر در حالی که به شدّت از تأخیرِ خرگوش خشمگین بود، می‌غرّید و می‌گفت: من آن قدر نیرومند هستم که می‌توانم فیل را از هم بِدرّم و پاره‌پاره کنم؛ حتّی شیر نر را گوشمالی داده و تأدیب کرده‌ام.

۱۱۶۰ **نیم خرگوشی که باشد که چنین امرِ ما را افکَنَد او بر زمین؟**

خرگوشِ کوچک کیست که این چنین بتواند، فرمان ما را نقض کند.

۱۱۶۱ **ترکِ خوابِ غفلت خرگوش[2] کن غُرّهٔ این شیر، ای خر! گوش کن**

خواب غفلت را کنار بگذار. هوشیار باش و غرّشِ خشمِ این شیر را ای درازگوشِ نادان، گوش کن و برحذر باش.

شیر در اینجا «نماد» نَفْس یا نیمهٔ تاریک و ظلمانی انسان است که دائماً می‌غرّد و در پی هضم و نابودی نیمهٔ روحانی و منوّر وی است.

عذر گفتنِ خرگوش

۱۱۶۲ **گفت خرگوش: اَلاَمان[3]، عذریم هست گر دهد عفوِ خداوندیت دست**

خرگوش گفت: امان که برای تأخیر عذری دارم. اگر ببخشی و بزرگی کنی.

---

۱ - **صَف**: دسته، رسته، اینجا می‌تواند «صَفِ نِعال» باشد که مقصود محلّ کفش‌کن و شروع آستانهٔ مجلس است که در مقابلِ صدر قرار دارد، از آنجا که شیر سلطانِ جنگل است. همچنین می‌تواند «صف»، به مفهوم صف کشیدن و صف‌آرایی در کارزار و جنگ محسوب گردد؛ زیرا خرگوش به خوبی می‌داند که با تأخیری که رخ داده است و خشمگین بودن شیر، کمترین حادثه‌ای که ممکن است رخ دهد، درگیری لفظی و بحث و جَدَلی است که او با شیر خواهد داشت.

۲ - **خواب خرگوش**: خرگوش‌ها به شکلی می‌خوابند که یکی از دو چشم باز یا هر دو نیم‌باز باشد، کنایه از غفلت است. کسی که ظاهراً بیدار به نظر می‌رسد، حال آنکه در خواب غفلت فرو رفته است.

۳ - **الاَمان**: کلمه‌ای است که در وقت نزول حوادث گویند و معنی آن امان خواستن و فریاد کردن، زنهار.

گفت: چه عذر ای قُصورِ[1] ابلهان؟ این زمان آیند در پیشِ شهان؟ ۱۱۶۳

شیر گفت: ای مقصرِ ابله، چه عذری داری؟ این موقع به حضور شاهان می‌آیند؟

مرغِ بی وقتی[2]، سرت باید بُرید عذرِ احمق را نمی‌شاید شنید ۱۱۶۴

تو همان مرغِ بی‌وقتی که باید سرت را برید. عذر احمقان را نباید شنید؛ زیرا عذر بدتر از گناه دارند.

عذرِ احمق بَتَّر از جُرمش بُوَد عذرِ نادان، زهرِ هر دانش بُوَد ۱۱۶۵

عذر احمق بدتر از گناه اوست و پوزشِ نادان با دلایل بیهوده‌اش، مانندِ زهر دانش را به تباهی می‌کشد.

عذرت، ای خرگوشِ از دانش تهی من نه خرگوشم، که در گوشم نهی ۱۱۶۶

ای خرگوش نفهم، چه عذری داری؟ من درازگوش نیستم که اباطیل تو را بشنوم.

گفت: ای شه! ناکسی را کس شمار عذرِ اِسْتَم دیده‌یی را گوش دار ۱۱۶۷

خرگوش گفت: ای شاه، مرا که ضعیفی بی‌قدرم، کس شمار و عذر مظلومی را بشنو.

خاص از بهرِ زکاتِ[3] جاهِ[4] خود گُمرهی را تو مران از راهِ خود ۱۱۶۸

بخصوص به سبب زکاتِ حشمت و جاهِ خود، گمراهی را نران.

بحر، کو آبی به هر جو می‌دهد هر خسی را بر سر و رُو می‌نهد[5] ۱۱۶۹

دریا که به همهٔ جویبارها آب می‌رساند، بدونِ کبر هر خَس و خاشاک را با حرمت بر سر می‌نهد.

کم نخواهد گشت دریا زین کَرَم از کَرَم دریا نگردد بیش و کم ۱۱۷۰

از بزرگ منشیِ بزرگانِ دریاصفت، کاسته نمی‌شود، اگر به زیردستان بخشنده باشند.

گفت: دارم من کَرَم، بر جایِ او جامهٔ هرکس بُرَم بالای او[6] ۱۱۷۱

شیر گفت: من کَرَم دارم؛ که برای هر کس در خور شأنِ اوست.

---

۱ - **قُصور**: باز ایستادن و عاجز گردیدن، کوتاه آمدن.

۲ - **مرغ بی‌وقت**: مرغی که بی‌وقت بخواند، مرغ بی‌گه، خروس بی‌محل. «مرغ بی‌وقت خوان را سر بُرند.» توضیحات بیشتر، ر.ک: ۹۴۸/۱.

۳ - **زَکات**: در فقه آنچه به حکم شرع، درویش و مستحق را دهند و این کار بر مسلمانان فرض است.

۴ - **زکاتِ جاه**: زکاتِ حشمت و شوکت و قدرت پادشاهان این است که عدالت پیشه کنند و فریادرس مظلومان و ستمدیدگان باشند. ۵ - قرارگرفتن خُرده‌کاه بر سر آب.

۶ - مصراع دوم: با هر کس متناسب با شأن او رفتار می‌کنم.

گفت: بشنو، گر نباشم جایِ لطف[1]   سر نهادم پیش اژدرهای عُنف[2] ۱۱۷۲

خرگوش گفت: سخنان مرا بشنو. اگر مستحقِّ لطف نباشم، در برابر درشتیِ تو تسلیم هستم.

من به وقتِ چاشت[3] در راه آمدم   با رفیق خود سوی شاه آمدم ۱۱۷۳

من صبحگاهان هنگامِ چاشتِ روزانهٔ سلطان همراهِ دوست خود به سوی شاه آمدم.

با من، از بهرِ تو خرگوشی دگر   جفت و همره کرده بودند آن نَفَر[4] ۱۱۷۴

نخچیران برای غذای سلطان خرگوش دیگری را همراه من فرستاده بودند.

شیری اندر راه قصدِ بنده کرد   قصدِ هر دو همرهِ آینده کرد ۱۱۷۵

ما در راه بودیم که شیری به من و همراهم حمله کرد.

گفتمش: ما بندهٔ شاهنشهیم   خواجه تاشانِ[5] کهِ آن درگهیم ۱۱۷۶

به او گفتم که ما بندگان سلطان هستیم و از کوچک‌ترین غلامان او به شمار می‌آییم.

گفت: شاهنشه که باشد؟ شرم دار   پیشِ من تو یادِ هر ناکس میار ۱۱۷۷

او گفت: شرم کن، شاهنشاه کیست؟ نزدِ من از هر فرومایه یاد نکن.

هم تو را و هم شَهَت را بر درم   گر تو با یارت بگردید از دَرَم[6] ۱۱۷۸

اگر تو و همراهت بخواهید درگاه مرا ترک کنید، هم تو و هم شاهت را خواهم درید.

گفتمش: بگذار تا بارِ دگر   روی شه بینم، بَرَم از تو خبر ۱۱۷۹

از او خواستم که بگذار بار دیگر روی سلطان خویش را ببینم و خبر حضور تو را بدهم.

گفت: همره را گِرو نِهْ پیشِ من   ورنه قربانی تو اندر کیش من ۱۱۸۰

او گفت: باید همراهت را گروگان بگذاری تا بدانم که باز می‌گردی و گرنه هلاکت می‌کنم.

لابه کردیمش بسی، سودی نکرد   یارِ من بستد، مرا بگذاشت فرد ۱۱۸۱

ما التماس کردیم؛ امّا سودی نداشت و همراهم را گروگان گرفت و مرا به تنهایی رها کرد.

---

۱ - **گر نباشم جایِ لطف**: اگر مستحقِّ لطف نباشم. ۲ - **عُنْف**: درشتی. ۳ - **چاشت**: صبح، بامداد.
۴ - **نَفَر**: شخص، مردم، قبیله و عشیره.
۵ - **خواجه تاشان**: دو غلام را گویند که یک خواجه یا یک مولیٰ دارند.
۶ - **بگردید از دَرَم**: بروید و مرا ترک کنید.

یارم از زَفْتی دو چندان بُد کـه مـن   هم به لطف و هم به خوبی، هم به تن ۱۱۸۲

یار همراه من از نظر درشت هیکلی دو برابر من بود و از نظر لطافتِ بدن هم بهتر بود.

بعد از این، زآن شیر این ره بسته شد   حالِ من این بود و با تـو گـفته شـد[1] ۱۱۸۳

بعد از این با وجود آن شیر راهِ ما به سوی تو بسته شد. احوالی که بر من رفت، همین بود که گفتم.

از وظیفه[2]**، بـعد از ایـن اُومـید بُـر   حق همی گویم تـو را والحقُّ مُـرّ**[3] ۱۱۸۴

بعد از این، امیدت را از مقرّری روزانه قطع کن. اینکه می‌گویم، حقیقت است و سخن حق تلخ است.

گــر وظـیفه بـایدت، ره پـاک کـن   هــین! بیا و دفـعِ آن بـی‌باک کـن ۱۱۸۵

اگر مقرّری روزانه را می‌خواهی، بیا و این شیر بی‌باک را از میان بردار.

جواب گفتنِ شیر خرگوش را و روان شدن با او

گفت: بسم اللّه[4]**، بیا، تا او کجاست؟   پیش در شو، گر همی گویی تو راست** ۱۱۸۶

گفت: برویم و ببینیم او کجاست؟ اگر راست می‌گویی تو راهنما باش و راه را نشان بده.

تا سـزای او و صـد چـون او دهـم   ور دروغ است این، سزایِ تو دهـم ۱۱۸۷

تا پاسخ گستاخی او و صدها گستاخِ دیگرِ مانندِ او را بدهم و اگر دروغ باشد، سزای تو را خواهم داد.

---

۱ - مصراع دوم این بیت، در نسخهٔ کهن، زیرنویسی به عنوان اصلاحیّه دارد و مصراع دوم را چنین ضبط کرده است: «از چنین خصمی ره ای شه بسته شد». و در مثنوی نیکلسون چاپ امیرکبیر سال ۱۳۳۶ «رشته‌ی ایمان ما بگسسته شد» قید شده است.   ۲ - **وظیفه** : چیزی که برای کسی هر روز مقرّر باشد، طعام و خوراک روزمره.

۳ - **مُرّ** : تلخ، مجازاً به معنی سخت و ناگوار، **الحقُّ مُرٌّ**: ضرب‌المثلی است که می‌گویند: سخن حق تلخ است، برای کسی که حاضر نیست حق را بپذیرد.

۴ - **بسم الله** : مخفف بسم الله الرّحمن الرّحیم، به نام خدا، لفظ مذکور به جای بسیاری از افعال مثل: بکنید، بروید یا بگویید و غیر آن‌ها استعمال می‌شود.

«آن دلیرانِ شیران در قَلعت بگشادند و آواز دادند که بسم الله اگر دل دارید.» :   تاریخ بیهقی

کودکان گفتند بسم الله روید   بر دروغ و صدق ما واقف شوید :   مولانا

اندر آمد چون قلاووزی[1] به پیش تا بَرَد او را به سویِ دامِ خویش ۱۱۸۸

خرگوش مانند یک راهنما، جلوتر از شیر به راه افتاد تا او را به سوی دام هلاکت ببرد.

سویِ چاهی کو نشانش کرده بود چاهِ مَغْ[2] را دامِ جانش کرده بود ۱۱۸۹

به سوی چاهی که در نظر گرفته بود، چاهِ عمیقی که می‌خواست دامِ جانِ شیر باشد.

می‌شدند این هر دو تا نزدیکِ چاه اینْت[3] خرگوشی چو آبی زیرِ کاه[4] ۱۱۹۰

خرگوش و شیر رفتند تا به نزدیکی چاه رسیدند. زهی و آفرین بر چنین خرگوشی که مانند آبی در زیر کاه، با آرامی و ملایمت، چنین مکر پسندیده‌ای با خصم می‌ورزد.

آب، کاهی را به هامون می‌بَرَد آب، کوهی را، عجب! چون می‌بَرَد؟ ۱۱۹۱

اینکه آب بتواند کاهِ سبکی را جابه‌جا کند و به دشت و صحرا ببرد، عجبی نیست؛ امّا اگر کوه بزرگی را از جا بر کَنَد و ببرد، جای تعجّب هست. مقصود،کوچکی جثّهٔ خرگوش است که با مکر توانسته است شیر عظیم‌الجثّه‌ای را به دنبال خود به هر سو بکشاند.

دامِ مکرِ او، کمندِ شیر بود طُرفه[5] خرگوشی، که شیری می‌ربود ۱۱۹۲

دامِ مکرِ او، مانندِ کمند شیر را گرفتار ساخته بود، شگفتا از خرگوشِ نادری که شیری را با خود می‌برد.

موسیی، فرعون را با رودِ نیل[6] می‌کُشد، با لشکر و جمعِ ثقیل[7] ۱۱۹۳

موسیٰ(ع) هم با آنکه قدرت فرعون را نداشت، او و لشکر انبوه وی را به هلاکت می‌رسانَد.

پشّه‌ای، نمرود[8] را با نیم پر می‌شکافد، بی‌مُحابا[9] دَرْزِ سر[10] ۱۱۹۴

اشاره‌ای است به داستان نمرود پادشاه اساطیری بابل که دعوی خدایی کرد. ابراهیم(ع) در عهد او

---

۱ - **قلاووز:** لفظی است ترکی به معنی مقدّمهٔ لشکر و راهبر. همچنین به سوارانی گویند که در بیرون لشکر به منظور محافظت حرکت می‌کنند. ۲ - **مغ :** گود، عمیق.

۳ - **اینْت :** تو را این، چنانکه گویند اینْت می‌رسد؛ یعنی تو را این می‌رسد. همچنین این تو را، به معنی تحسین نیز به کار می‌رود. ۴ - **آب زیر کاه :** مکر و حیله.

۵ - **طُرفه :** شگفتا، شگفت و نادر از هر چیز. در مقام تعجّب نیز گویند.

۶ - اشارتی قرآنی، اعراف : ۱۳۶/۷ : فَأَغْرَقْناهُمْ فِي الْيَمِّ : آن‌ها را در دریا (دریای سرخ یا بحر قُلزُم) غرق کردیم. همچنین در سورهٔ بقره : ۵۰/۲ و موارد دیگری که در قرآن کریم راجع به غرق شدن فرعون و سپاهش سخن رفته است. ۷ - **ثقیل :** جمع و گروه انبوه، لشکر گران.

۸ - **نمرود :** در لغت به معنی قوی است. شخصی دلیر و جبّار بود و نام وی را در قاموس کتاب مقدّس، نمرود بن کوش بن نوح ذکر کرده‌اند و بابل تا مدّتی سرزمین نمرود خوانده می‌شد. ۹ - **بی‌مُحابا :** بی‌پروا.

۱۰ - **دَرْزِ سَر :** پیوندگاه استخوان‌های جمجمه.

به پیامبری مبعوث گشت و بت‌های بابلیان را در هم شکست و به فرمان نمرود [نمرود بن کنعان بن کوش بن نوح] وی را به آتش افکندند؛ امّا به خواست خداوند آتش بر ابراهیم خلیل الله گلستان گشت.

گویند که اوّلین جبّاری که بر زمین زیست نمرود بود. مردم از نزد وی آذوقه بر می‌گرفتند و چون کسان بر او می‌گذشتند می‌پرسید: پروردگارتان کیست؟ و می‌گفتند: پروردگارِ ما تویی. هم او بود که برجی بساخت و خدا آن را از ریشه برافکند. نمرود سوگند خورد که خدای ابراهیم را بجوید و به قصد جنگیدن با خدایی که مسکنش را در آسمان‌ها می‌پنداشت، بفرمود تا صندوقی بساختند و بر چهار گوشهٔ فوقانی آن چهار نیزه تعبیه کردند و بر سر هر نیزه پاره‌ای گوشت بیاویختند. سپس چهار کرکس گرسنهٔ تیزپرواز بر چهار گوشهٔ تحتانی صندوق بستند. نمرود در صندوق نشست و کرکسان به هوای خوردن گوشت‌ها به سوی بالا پرواز کردند و نمرود و صندوق را به بالا بردند، چون نمرود به هوا بر شد، تیری در چلّهٔ کمان نهاد و به آسمان رها کرد که خدای آسمانی را بکشد و خود بی‌رقیب، خدای آسمان و زمین شود. حق تعالیٰ فرمود که فرشتگان تیر نمرود را به خون آلودند و به زمین افکندند و نمرود پنداشت که خدای آسمان را کشته است. به تقدیر حق در اوجِ غرور قدرت نمرود، پشّه‌ای مأمور جنگیدن و هلاک وی گردید و در بینی او جای گزید و مغز سرش را بخورد و هلاکش کرد. گویند به فرمان خداوند دری از پشّه بر آن‌ها گشوده شد که چون خورشید برآمد از بسیاری پشه آن را ندیدند.

نزول قهر خداوندی بر این متکبّر جبّار چنان بود که پشّه‌ای به بینی وی وارد شد و به مغزش رفت و به فرمان حق تعالی در مغز وی زنده بود و مغز سرش را می‌خورد، از شدّت رنج فرمان داد تا سرش را با مطرقه‌ها [پتک آهنگران و همچنین چوب پنبه‌زنی] می‌کوفتند. طبری می‌نویسد: چهارصد سال جبّاری کرده بود و خداوند چهارصد سال او را عذاب کرد تا بمرد.[1]

حالِ آن کو قول دشمن را شنود — بین جزای آنکه شد یار حسود ۱۱۹۵

و این بود سرگذشت کسی که سخن دشمن را پذیرفت و چنین بود سزای آن کس که یار و همراه حسود شد. نمرود به خدای خویش حَسَد می‌ورزید و خود را تسلیم وسوسه‌های شیطانی درون خویش کرده بود.

حال فرعونی که هامان[2] را شنود — حال نمرودی که شیطان را شنود ۱۱۹۶

عاقبتِ فرعون که سخنان هامان را پذیرفت، غرق شدن بود و عاقبتِ نَمرود که وسوسه‌های شیطان را پذیرفت، هلاکت بود.

دشمن اَر چه دوستانه گویدت — دام دان، گرچه ز دانه گویدت ۱۱۹۷

کلامِ دشمن هرچند به ظاهر از سر دلسوزی باشد، دام است؛ حتّی اگر از خوبی بگوید.

---

۱ - ترجمهٔ تاریخ طبری، ص ۲۱۶ (محمّد بن جریر طبری).

۲ - **هامان**: نام وزیر فرعون، نام وزیر اوّل خشایارشا که بر مُردَخای یهودی غضب کرد و شاه را بر آن داشت تا فرمانی صادر کند و یهود را در تمام ممالک فارس به قتل رسانند؛ امّا اِستر زن یهودی خشایارشا شاه هخامنشی این فرمان را باطل نمود. امّا در روایات اسلامی هامان را وزیر فرعون معرفی کرده‌اند: برهان قاطع.

گر تو را قندی دهد، آن زهر دان   گر به تن لطفی کند، آن قهر دان ۱۱۹۸

اگر دشمن قند دهد، زهر است و اگر لطف کند، در این لطفِ ظاهری، قهری نهفته است.

چون قضا[1] آید، نبینی غیرِ پوست   دشمنان را باز نشناسی ز دوست ۱۱۹۹

اگر قضای الهی برسد، ادراکِ واقع‌بینانه‌ات را از دست می‌دهی و فقط قشر یا پوست را که ظواهر امر است، می‌بینی، آن چنانکه دشمن را دوست می‌پنداری.

چون چنین شد، اِبتهال[2] آغاز کن   ناله و تسبیح و روزه ساز کن ۱۲۰۰

اگر چنین شد، با صدق و تضرّع از حق بخواه که مورد مغفرت قرار بگیری، به حمد و ثنا بپرداز و در طاعات بکوش.

ناله می کن، کِای تو علاّم الغیوب!   زیرِ سنگِ مکرِ بد ما را مکوب ۱۲۰۱

با ناله و زاری بخواه که ای دانندهٔ غیب، با سنگِ مکر عظیم خود که نتیجهٔ اعمال و نیّات بد من است، مرا نابود نکن.

گر سگی کردیم، ای شیر آفرین!   شیر را مگمار بر ما زین کمین ۱۲۰۲

ای خدایی که شیر نفسِ مطمئنّه را آفریدی، اگر ما از سگِ نفسِ امّاره پیروی کردیم، شیر قهرت را بر ما مگمار. خطاکاران و آنان راکه در انجام گناهان و خطاها اصرار می‌ورزند، قهر الهی به ورطهٔ هلاکت می‌کشاند.

آبِ خوش را صورتِ آتش مَده   اندر آتش صورتِ آبی منه[3] ۱۲۰۳

با قهر الهی، آدمی از درک حقیقت عاجز می‌شود. خیر را شَرّ و شَرّ را خیر می‌پندارد.

از شرابِ قهر، چون مستی دهی   نیست‌ها را صورتِ هستی دهی ۱۲۰۴

قهرِ الهی که شامل حال انسان‌های طغیانگر و خودکامه می‌گردد، چون شراب آنان را از بادهٔ کبر و غرور مست می‌کند و ارزش‌های غیر حقیقی را حقیقی جلوه می‌دهد.

---

۱ - مستفاد است از مضمون حدیث: إِنَّ اللهَ إِذَا أَرَادَ إِنْفَاذَ أَمْرٍ سَلَبَ كُلَّ ذِي لُبٍّ لُبَّهُ : اگر خداوند اراده کند کاری تحقّق یابد عقل هر عاقلی را [موقتاً] از وی سلب می‌کند. [تا مانع تحقّق آن کار نشود]: احادیث، ص ۵۷.

۲ - **ابتهال** : زاری، تضرّع و اخلاص در دعا.

۳ - این ابیات نیایشی است به درگه باری‌تعالیٰ و استدعایی است عاجزانه از زبان بنده‌ای که می‌داند قهر الهی سبب می‌شود که هر چیز واژگونه در نظر آید.

چیست مستی؟ بندِ چشم از دیدِ چشم تـا نُـماید سـنگْ گـوهر، پَشْمْ یَشْـم[۱] ۱۲۰۵

مستیِ ناشی از قهرِ الهی چیست؟ این که پرده‌ای بر روی چشم کشیده می شود و شخص از فراسویِ آن نمی‌تواند حقایق را بفهمد نیست و ارزش‌ها را واژگونه می‌بیند. سنگ را گوهر و پَشم را یَشم می‌پندارد.

چیست مستی؟ حسّ‌ها مُبْدَل شدن چوبِ گز[۲] **اندر نظر صَنْدل**[۳] **شـدن** ۱۲۰۶

مستیِ قهر چه اثراتی دارد؟ این که حسّ آدمی و فکر وی به حالتی نازل‌تر از آنچه که هست تبدیل می شود؛ یعنی عقلِ جزویِ شخص تحت تأثیرِ قهر، فقط در چهارچوبِ پیروی از هـوا و هوس می‌اندیشد و دیگر احساساتِ او نیز به سطحی نازل تنزّل می‌یابند و ارزش‌های بی‌اعتبار در ذهنِ وی معتبر می شوند. مولانا نمونه‌هایی از این‌گونه افراد برشمرد، مانند: نمرود و فرعون.

قصّهٔ هُدهُد[۴] و سلیمان، در بیان آنکه چون قضا آید، چشم‌هایِ روشن بسته شود

هنگامی که سراپردهٔ سلیمان(ع) را در هامونی برافراشتند، همهٔ پرندگان که او را محرم و همزبان یافته بودند، به محضر وی شتافتند و هر یک از فنون و کاردانی خود شمّه‌ای را

---

۱ - **یشم** : نام سنگی قیمتی که از چین یا هند می‌آورند و گویند: هر که آن را با خود داشته باشد از آفت برق ایمن خواهد بود. آن را جزء جوهریّات دانند و مبارک شمرده‌اند.

۲ - **گز** : درختی است که بیشتر در کناره‌های آب و رودخانه روید و آن را به عربی طرفا خوانند، اغلب در صفحات جنوب و شوره‌زارها وجود دارد. چوب آن را به مصارف ساختمانی و سوختن می‌رسانند.

۳ - **صَنْدَل** : چوب خوشبوی، معرّب چندن، بهترین آن سرخ و سفید است. جوشانده و بخور چوب این درخت را برای رفع بدبویی دهان و دردسر حادّ و باد سرخ و بعضی امراض دیگر به کار می‌برده‌اند.

۴ - مأخذ این قصّه روایتی است که در قصص‌الانبیا ثعلبی ص ۲۶۲ به اختصار و در کتاب نثرالدّر از ابوسعد آبی مفصّل‌تر نقل شده است. همین حکایت به صورت دیگر ولی با حفظ نتیجه در کتاب سندبادنامه، چاپ استامبول ص ۳۳۶-۳۳۴ و در جوامع‌الحکایات، باب سیزدهم از قسم چهارم نقل شده است و هرچند این روایت در دو کتاب اخیرالذکر از حیث تفصیل و اجمال اندک اختلافی دارد ما آن را از روی جوامع‌الحکایات در اینجا می‌آوریم: آورده‌اند که وقتی هدهدی در صحرا می‌پرید کودکی را دید که فخّی بر زمین می‌نهاد. گفت چه می‌کنی؟ گفت فخی نهاده‌ام تا هدهد گیرم، گفت: تو کی توانی گرفت که دیدم و دانستم. این بگفت و برپرید و بر سر درختی ساعتی بنشست و فراموش کرد. کودک خاک بر روی فخ و دانه بر زمین بگذاشت و پنهان شد، هدهد بیامد. دانه دید و دام ندید. قصد دانه کرد و فخ درگردن او محکم شد. کودک بیامد و گفت: نمی‌گفتی که مرا نتوانی گرفت که من دیدم که تو چه می‌کنی؟ گفت: آری گفته‌اند: إِذَا جَاء الْقَضَاءُ عَمَی الْبَصَرُ. همچنین این قصّه در مرزبان‌نامه، چاپ لیدن، ص ۱۱۱ نیز ذکر شده و احتمالاً مولانا در نظم این داستان بدان کتاب نظر داشته است، ذکر قصّهٔ آدم بلافاصله پس از این داستان در هر دو کتاب مؤیّد این امر است: احادیث، صص ۶۱-۵۸ و شرح مثنوی شریف، ص ۴۵۲.

برشمردند تا نوبت به هُدهُد رسید. او ادّعا کرد که هنگام پرواز در اوج آسمان، آب‌ها را در قعر زمین می‌بیند و سرچشمه و رنگ آن را می‌داند، پس بهتر است که سلیمان(ع) برای رفع نیاز لشکریان او را همراه خود ببرد. سلیمان(ع) هم که او را نیکو رفیقی برای بیابان‌های بی‌آب یافته بود، درخواست او را پذیرفت.

زاغ از سر حسادت گفت: اگر دعوی او صحّت دارد، چرا نمی‌تواند دام را زیر مشتی خاک ببیند؟ هدهد در مقام پاسخ گفت: چشم تیزبین من می‌تواند دام را در زیر خاک از اوج آسمان ببیند اگر قضای الهی دیدگان عقلم را نبندد و قهر خداوندی از بادهٔ خودبینی مستم نکند.

در این قصّه سِرّ سخن در تقریر قضای الهی است که با فرارسیدن آن، عقل چشم تیزبین را فرو می‌پوشد و دانش آدمی تعطیل می‌گردد و تحذیر و تدبیر کارگر نمی‌افتد.

چون سلیمان را سراپرده زدند[1]   جمله مرغانَش به خدمت آمدند ۱۲۰۷

هنگامی که سراپردهٔ سلیمان(ع) را افراشتند، همهٔ پرندگان به حضور وی بار یافتند.

همزبان و محرم خود یافتند[2]   پیشِ او یک یک به جان بشتافتند ۱۲۰۸

پرندگان سلیمان(ع) را همزبان و محرم خود یافتند و با جان و دل به حضور او شتافتند.

جمله مرغان ترک کرده چیک چیک[3]   با سلیمان گشته اَفْصَح مِن اَخیک[4] ۱۲۰۹

پرندگان چیک‌چیک را رها کردند و با سلیمان فصیح سخن می‌گفتند، مانند دو برادر همزبان.

همزبانی، خویشی و پیوندی است   مرد با نامحرمان چون بندی است ۱۲۱۰

همزبانی و همدلی پیوندِ معنوی و روحی است، خویشاوندِ حقیقی محرم دل است. انسان با بیگانه‌گویی در زندان است.

ای بسا هندی و تُرکِ همزبان   ای بسا دو تُرک چون بیگانگان ۱۲۱۱

ای بسا که انسان‌ها با نژادها و فرهنگ‌های مختلف، به سبب همدلی و گرایش‌های درونی و روحی یکسان، زبان دل یک‌دیگر را در می‌یابند و چه بسا که افراد یک قوم قادر به درک یک‌دیگر نیستند.

---

۱ - ظاهراً ناظر است به روایت ذیل: «وهب بن مُنَبِّه گوید: میدانی ساخته بود (سلیمان) چهار فرسنگ در چهار فرسنگ. و تختی فرسنگی در فرسنگی. و شادُروانی فرمود بالای آن تخت از زر و سیم بافته گردبرگرد به مروارید بافته. آنگاه مرغان بیامدندی از هر جنسی هفتاد. پر در پر بافتندی چنانکه تخت وی همه سایه داشتندی»: احادیث، ص ۶۰.

۲ - اشارتی قرآنی، نمل : ۱۶/۲۷ : عُلِّمْنا مَنْطِقَ الطَّیْرِ : به ما سخن گفتن پرندگان تعلیم شد.

۳ - **چیک چیک** : آوای پرندگان کوچک.   ۴ - **أَفصَحُ مِنْ أَخِیْكَ** : گویاتر از برادرت.

۱۲۱۲ پس زبانِ محرمی خود دیگر است   همدلی از همزبانی بهتر است

بنابراین زبانِ آشنایی، زبانِ محرمِ دل شدن است که بهتر از همزبانی است.

۱۲۱۳ غیرِ نطق و غیر اِیما[1] و سِجِلّ[2]   صد هزاران تُرْجمان[3] خیزد ز دل

غیر از کلام یا سخنی که با ایما و اشاره بیان می‌گردد، یا آنچه که نگاشته می‌شود، انسان زبان دیگری برای بیان حسِ خویش دارد و آن زبان دل است که در هر لحظه با روش خاصِ خود احساسات گونه‌گونی را بیان می‌کند.

اینکه در قصّهٔ هدهد و سلیمان، جملهٔ مرغان، سلیمان را محرم و همزبان یافتند و به خدمت شتافتند، رشتهٔ سخن را به همدلی و تقریر ظرایف آن کشاند. اینک ادامهٔ داستان:

۱۲۱۴ جمله مرغان هر یکی اسرارِ خود   از هنر، وز دانش و از کار خود

تمام پرندگان یک به یک با سلیمان(ع) از هنرها و دانش خویش نکته‌ها می‌گفتند.

۱۲۱۵ با سلیمان یک به یک وا می‌نمود   از برای عرضه خود را می‌سُتود

آن‌ها با بیان صفات خوب و محاسن خویش، خود را به وی عرضه می‌داشتند.

۱۲۱۶ از تکبّر نه و از هستیِ خویش   بهرِ آن تا ره دهد او را به پیش

بیان این نکات از سر خودستایی نبود، به امید آن بود که مقبول درگاه شوند.

۱۲۱۷ چون بباید برده را از خواجه‌یی   عرضه دارد از هنر دیباجه‌یی[4]

هنگامی که برده‌ای مشتاق بود که توسّط خواجه‌ای خریداری شود، از هنرهای خویش داد سخن می‌داد تا مورد پسند قرار گیرد. پرندگان نیز که مشتاق تقرّب به سلیمان(ع) بودند، چنین کردند.

۱۲۱۸ چونکه دارد از خریداریش ننگ   خود کند بیمار و کَرّ و شلّ و لَنگ

و اگر برده از خریدار نفرت داشته باشد، وانمود می‌کند که بیمار است یا گوشش نمی‌شنود یا اینکه پایش معیوب است تا خریدار منصرف شود.

---

۱ - **ایما**: سخن گفتن با اشاره از طریق چشم، ابرو و یا دست.

۲ - **سِجِلّ**: نامه، حکم، عهد و پیمان و مانند آن، شناسنامه.

۳ - **تُرْجمان**: تَرجُمان هم می‌گویند، تعریب ترزفان، کسی را گویند که لغتی را از زبانی به زبانی دیگر ترجمه کند.

۴ - **دیباجه**: رخساره، روی هر چه باشد. دیباج: جامه‌ای که تار و پود آن از حریر باشد.

نـوبتِ هُـدهُد رسـید و پـیشه‌اش و آن بـیانِ صـنعت و انـدیشه‌اش ۱۲۱۹

بدین ترتیب نوبت به هدهد رسید که از هنر و کاردانی خویش سخن بگوید.

گفت: ای شه! یک هنر کآن کِهتر است بـاز گـویم، گـفتْ کـوته بـهتر است ۱۲۲۰

هُدهُد گفت: ای شاه، هنرِ کوچکی دارم که به اختصار می‌گویم که ایجاز بهتر است.

گفت: برگو، تا کدام‌است آن هـنر؟ گفت: من آنگـه کـه بـاشم اوجْ بَـر ۱۲۲۱

سلیمان(ع) فرمود: بگو آن هنر چیست؟ هدهد گفت: آنگاه که در اوج آسمان پرواز می‌کنم،

بـنگرم از اوج بـا چشـمِ یـقین مـن بـبینم آب در قـعرِ زمـین ۱۲۲۲

از اوج، با چشم حقیقت‌بین وجود آب را در اعماق زمین تشخیص می‌دهم.

تاکجای‌است و چه‌عُمق‌استش، چه‌رنگ؟ از چه می‌جوشد؟ ز خاکی یا ز سنگ؟ ۱۲۲۳

که این آب کجاست و چه عمقی دارد و رنگِ آن چیست، حتّی می‌توانم بگویم سرچشمه‌اش کجاست، از زمین خاکی است یا از میان سنگ‌ها.

ای سـلیمان! بـهرِ لشکـرگاه را در سـفر، مـی‌دار ایـن آگـاه را ۱۲۲۴

ای سلیمان(ع)، برای تعیین محلّ لشکرگاه، در سفر مرا همراه ببر؛ زیرا همراهانت نیازمندِ آب هستند.

پس سلیمان گفت: ای نیکو رفـیق! در بـیابان‌هایِ بـی آبِ عـمیق ۱۲۲۵

بنابراین سلیمان(ع) فرمود: نیکو یاری هستی در بیابان‌های وسیعِ بدون آب.

طعنهٔ زاغ در دعویِ هُدهُد

زاغ[1] چون بشـنود، آمـد، از حَسَـد با سلیمان گفت کو کـژ گـفت و بـد ۱۲۲۶

زاغ چون سخنان هدهد را شنید، با حسد به سلیمان گفت: او دروغ و گزافه می‌گوید.

از ادب نَـبْوَد بـه پـیشِ شـه مـقال خاصه، خود لافِ دروغین و مُحال ۱۲۲۷

در حضور شاه سخن گفتن مغایر ادب است. بخصوص که لاف و گزاف و دعوی غیرممکن باشد.

۱ - **زاغ**: پرنده‌ای کوچک که به عربی غُراب گویند، به شکل کلاغ کوچک است با منقار سرخ، زاغ ایران چشم سرخ دارد، چشم کبود و ازرق را اصطلاحاً چشم زاغ و دیدهٔ زاغ گویند.

گر مَر او را این نظر بودی مُدام   چون ندیدی زیرِ مشتی خاکْ دام؟ ۱۲۲۸

اگر او چنین دیدهٔ حق‌بینی دارد، چرا دامی را که صیّاد در زیر خاک پنهان کرده نمی‌بیند؟

چون گرفتار آمدی در دامْ او؟   چون قفص اندر شدی ناکامْ او؟ ۱۲۲۹

چرا گرفتار دام و ناکامیِ قفس می‌شود؟

پس سلیمان گفت: ای هُدهُد! رواست   کز تو در اوّل قدح، این دُرد خاست[1]؟ ۱۲۳۰

سلیمان(ع) گفت: ای هدهد، شایسته است که از تو در اوّلین گام چنین نادرستی دیده شود؟

چون نمایی مستی[2] ای خورده تو دوغ؟   پیشِ من لافی زنی، آنگه دروغ؟ ۱۲۳۱

چگونه وانمود می‌کنی که چشمی حق‌بین داری و در حضور من خودستایی می‌کنی، آن هم به دروغ.

جواب گفتنِ هُدهُد طعنهٔ زاغ را

گفت: ای شه! بر منِ عورِ گدای   قولِ دشمن مشنو از بهر خدای ۱۲۳۲

هدهد گفت: ای شاه، بر منِ گدایِ برهنه رحمت آور و به خاطر خدا سخن دشمن را نپذیر.

گر به بُطلان است دعوی کردنم   من نهادم سر، بِبُر این گردنم ۱۲۳۳

اگر ادّعای من حقیقت نداشته باشد، آماده‌ام که سر بِنَهم و تو فرمان قتل مرا صادر کنی.

زاغ، کو حُکمِ قضا را منکر است   گر هزاران عقل دارد، کافِر است ۱۲۳۴

زاغی که مُنکر قضای الهی است، کافر است؛ حتّی اگر عقل بسیار داشته باشد. [منکردین]

در تو، تا کافی بود از کافِران[3]   جای گند و شهوتی چون کافِ ران[4] ۱۲۳۵

تا در تو سر سوزنی از خصوصیّات کافِران و منکران هست، وجودت محلِّ شهوات است، مانند شرمگاه انسان.

---

۱ - **در اوّل قدح این دُرد خاست**: دُرد شراب در ته خم می‌نشیند و به‌طور معمول شراب در بالای خم زلال و شفاف و بدون دُرد است، در اوّل قدح یا پیالهٔ اوّل دُرد برخاستن کنایه از عدم صفا و غلّ و غش است.

۲ - مُراد مستیِ مِیِ حق است که سبب چشمی بصیر و حق‌بین می‌گردد.

۳ - **کافی بود از کافِران**: حرف (ک) از لغت کافر، جزئی از ویژگی‌های کافران.

۴ - **کافِ ران**: (ترکیب اضافی)، کنایه از فرج.

مـــن بـــبینم دام را انـــدر هـــوا　　　گـــر نـپوشد چشمِ عـقلم را قـضا ۱۲۳۶

من در اوج آسمان، دام را می‌بینم، اگر چشمِ حق‌بین مرا قضای الهی نبسته باشد.

چون قضا آید، شود دانش به خواب　　　مــه ســیه گــردد، بگــیرد آفــتاب ۱۲۳۷

اگر قضا برسد، دانش در پس حجابی که حق بر آن می‌کشد، از کار می‌افتد. ماهِ تابناکِ باطن شخص تاریک می‌شود و خورشیدِ حقیقت در کسوف از درخشش باز می‌مانَد.

از قضا، این تعبیه[1] کِیْ نادِر است؟　　　از قضا دان، کو قضا را مُنکِر است ۱۲۳۸

این قبیل کارها از قضای الهی بعید نیست. انکار مُنکران نیز از قضای آسمانی است.

قصّهٔ آدم علیه‌السّلام، و بستن قضا نظر او را از مراعاتِ صریحِ نهی و ترکِ تأویل

بوالبَشَر[2] کو عَلَّمَ الاسْما[3] بَگ است[4]　　　صد هزاران علمش اندر هر رگ است ۱۲۳۹

آدم(ع) که خداوند همهٔ اسرارِ هستی را به او آموخت، در هر رگِ وی صدها هزار دانش و اَسرار نهفته بود.

اسمِ هر چیزی، چنان‌کآن چیز هست　　　تـا بـه پـایان، جـانِ او را داد دست ۱۲۴۰

اسم هر چیز چنانکه ماهیّت حقیقی آن است، از ابتدا تا انتها به جان آدم(ع) تعلیم داده شد. اسما که خدا به آدم(ع) آموخت «اعیانِ کاینات» است در «عالمِ اعیانِ ثابته» که هر یک اسمی است از اسماء الهی. مولانا در بیانِ آن می‌فرماید:

همه چیز در حال تغییر و تحوّل دائمی است و ماهیّت و حقیقت نهایی آن چیز، اسم حقیقی آن است و این علمی است الهی که به فضل باری به آدم(ع) تعلیم شد و آغاز و پایان هرچیز و حقیقت آن را دانست. به عنوان مثال، شخصِ کافر ممکن است مؤمن شود یا

---

۱ - **تَعْبِیَه** : حیله و خُدعه جنگی، آراستن و آماده‌سازی لشکر، آماده‌سازی چیزی.

۲ - **بوالبَشَر** : ابوالبشر، پدر آدمیان.

۳ - عَلَّمَ الأسْما ؛ مأخوذ از بقره: ۳۱/۲: وَ عَلَّمَ آدَمَ الأَسْماءَ : خداوند به آدم همهٔ اسما یعنی حقایق و اسرار عالم هستی را تعلیم داد. ۴ - **بَگ** : یا بِگ، مخفّف بیگ به معنی امیر کلمه‌ای ترکی.

بالعکس، همچنین آنچه را به نام درد می‌شناسیم، ممکن است عین درمان باشد یا رنج به حقیقت عین شادمانی، یا آنچه را که عموم مردم به نام شادی می‌شناسند، ممکن است چیزی جز رنج نباشد؛ زیرا شادی این جهانی عموماً با غفلت توأم است که سبب مهجوری و بُعد از حق می‌شود.

۱۲۴۱ **هر لقب کو داد، آن مُبدَل نشد — آنکه چُستش خواند او، کاهل نشد**

بر اساس علم الهی، هرکس و هر چیز را که آدم(ع) با لقب بخصوصی خواند، تغییر نیافت، اگر کسی را چابک و چالاک نامید، او هرگز کاهِل و سست نشد.

۱۲۴۲ **هر که آخر مؤمن است، اوّل بدید — هر که آخِر کافِر، او را شد پدید**[1]

آن کس که قرار بود مؤمن بشود، آدم(ع)، عاقبت او را می‌دید و آن کس که در آخر کار، اعمال و رفتارش وی را به کُفر می‌کشانید، برای او آشکار بود.

۱۲۴۳ **اسمِ هر چیزی تو از دانا شنو — سِرِّ رَمز عَلَّمَ ألاَسما شنو**

اسم حقیقیِ هر چیز را باید از کسی که بر علوم و اسرار واقف است، شنید و این امر همان رازی است که در «**عَلَّمَ الأَسماء**» نهفته است که به امر حق بر انسان کامل آشکار می‌گردد.

۱۲۴۴ **اسمِ هر چیزی برِ ما ظاهرش — اسمِ هر چیزی برِ خالق سِرش**

مردم، ظاهرِ هر چیز را می‌شناسند و بنابر ظواهر سخن می‌گویند و افراد یا اشیا را بر همان مبنا می‌نامند؛ امّا همان چیز یا همان فرد نزدِ خالق، حقیقتی دارد که از چشم ظاهربین نهان است.

۱۲۴۵ **نزدِ موسیٰ، نامِ چوبش بُد عصا**[2] **— نزدِ خالق، بود نامش اژدها**

موسیٰ(ع) عصای خویش را جز تکّه چوبی نمی‌دانست، حال آنکه نزد حق تعالیٰ نام آن اژدها بود.

---

۱ - **پدید** : ظاهر.

۲ - اشارتی قرآنی؛ طه : ۲۰/۲۰-۱۷ : وَ ما تِلْكَ بیمینِكَ یا موسیٰ : و چه چیز در دست توست ای موسی؟ قٰالَ هِیَ عَصٰایَ... : موسی گفت: این قطعه چوب عصای من است. ...قَالَ أَلْقِهَا یا موسیٰ : ای موسی عصایت را بیفکن فَأَلْقیٰهَا فَإِذَا هِیَ حَیَّةٌ تَسْعیٰ : فوراً عصا را افکند، ناگهان ماری شد که حرکت می‌کرد.

۱۲۴۶ **بُد عُمَر [۱] را نام، اینجا بت پرست — لیک مؤمن بود نامش در اَلَست [۲]**

عُمَر پیش از ایمان آوردن بت‌پرست نامیده می‌شد؛ امّا از روزِ ازل نام او مؤمن بود.

۱۲۴۷ **آنکه بُد نزدیکِ ما نامش منی — پیشِ حق، این نقش بُد که با منی [۳]**

یک قطرهٔ منی، نزد حق نقشِ تو بود که اینک نزدِ من نشسته‌ای.

۱۲۴۸ **صورتی بود این منی اندر عدم — پیشِ حق موجود، نه بیش و نه کم**

صورت منی در علم ازلی حق معلوم است که ظهور می‌یابد.

۱۲۴۹ **حاصل آن آمد حقیقت نامِ ما — پیش حضرت، کآن بُوَد انجامِ ما**

خلاصه می‌توان گفت: نزد خداوند نام ما، حقیقتی است که سرانجام خواهیم داشت.

۱۲۵۰ **مرد را بر عاقبت نامی نهد — نی بر آن کو عاریت، نامی نهد**

در سورهٔ واقعه، سخن از روز رستاخیز و ویژگی‌های آن است و بر اساس کلامِ قدیم، در آن روز انسان‌ها به سه

---

۱ - **عُمَر** : عُمَربن الخطاب، خلیفهٔ دوم، وی نخستین کسی است که در اسلام ملقّب به امیرالمؤمنین گشت. در عهد او شام و عراق و قدس و مدائن و مصر و الجزیره به دست نیروهای مسلمان فتح گردید. او تاریخ هجری را متداول ساخت و برای مسلمانان بیت‌المال بنیان نهاد و نیز در روزگار او دیوان‌هایی به سبک دیوان‌های ایران تأسیس گشت. دِرْهَم‌ها در عهد او نقش کسری داشت، و او در بعضی از آن‌ها جملهٔ «الحَمْدُ لله» و در برخی «لا اِلهَ اِلاّ الله وَحْدَه» و در بعضی «مُحَمَّدٌ رَسُولُ اللهِ» را بیفزود. پیامبر او را لقب فاروق و کنیهٔ ابوحفص داد. سرانجام در سال ۲۳ ه. ق شخصی به نام فیروز فارسی (ابولؤلؤ) وی را در نماز صبح با خنجر مجروح ساخت و پس از سه روز درگذشت.

۲ - **اَلَست** : روز اوّل در عهد ازل، روز میثاق. اشارتی قرآنی، اعراف : ۱۷۲/۷ : وَ إِذْ أَخَذَ رَبُّكَ مِنْ بَنی آدَمَ مِنْ ظُهُورِهِمْ ذُرِّيَّتَهُمْ وَ أَشْهَدَهُمْ عَلىٰ أَنْفُسِهِمْ أَ لَسْتُ بِرَبِّكُمْ قالُوا بَلىٰ شَهِدْنا: و چون پروردگارت از پشت فرزندان آدم ذرّیهٔ آن‌ها را برگرفت و آشکار ساخت و آنان را بر خودشان گواه گرفت [و پرسید]: آیا من پروردگار شما نیستم؟ گفتند: آری، شهادت می‌دهیم. تا مبادا روز قیامت بگویید ما از این [حقیقت] بی‌خبر بودیم: أَنْ تَقُولُوا يَوْمَ الْقِيٰمَةِ إِنّا كُنّا عَنْ هٰذا غافِلِينَ.

این آیه اشاره‌ای است به توحید فطری و وجود ایمان به خدا در اعماق وجود آدمی. «در اینجا خداوند فرمود: آیا من خدای شما نیستم؟ و نفرمود آیا شما بندهٔ من نیستید؟ پیوستگی خود را با بنده در خدایی خود بست، نه در بندگی بنده، که اگر در بنده بستی، چون بنده بندگی به جای نیاوردی در آن پیوستگی خلل آمدی، چون در خدایی خود بست و خدایی وی بر کمال است لاجرم پیوستگی بنده با وی هرگز قطع نشود.»: کشف‌الاسرار، خواجه عبدالله انصاری، ج ۳، ص ۷۹۵.

۳ - چنانکه می‌فرماید: ما از رگ گردن به او نزدیکتریم: وَ نَحْنُ أَقْرَبُ إِلَيْهِ مِنْ حَبْلِ الْوَرِيدِ: ق : ۱۶/۵۰.

وَ هُوَ مَعَكُمْ أَيْنَما كُنْتُمْ: و خداوند همه جا با شماست: حدید : ۴/۵۷.

مولانا : از منی بودی منی را واگذار — ای ایاز آن پوستین را یاد آر

مقایسه کنید : سعدی : ای قطرهٔ منی سر بیچارگی بنه — کابلیس را غرور منی خاکسار کرد

گروه تقسیم می‌شوند: «اصحاب‌الیمین» که مؤمنان و اهل سعادت و نجات هستند، «اصحاب‌الشّمال» که تیره‌روزان شقی هستند و گروه سوم که «سابقون»اند و در ایمان بر همه سبقت گرفته و مقرّبان‌اند.

بنابراین می‌فرماید: اسامی انسان‌ها که بدان نام شناخته می‌شوند، عاریه و غیر واقعی است و اسم واقعی هرکس به عاقبت کار وی وابسته است.

چشمِ آدم، چون به نورِ پاک دید جان و سِرِّ نام‌ها گشتش پدید ۱۲۵۱

آدم(ع) در پرتو نور پاک خداوند حقیقت و سِرّ نام‌ها را دریافت.

چون مَلَک، انوارِ حق در وی بیافت در سجود افتاد و در خدمت شتافت[1] ۱۲۵۲

فرشتگان انوار حق را در آدم(ع) دیدند و سجده کردند و این سجده بر حقیقت بود. حقیقتی که به ارادهٔ خداوندی در وجود آدم(ع) به ظهور رسیده بود.

مدحِ این آدم که نامش می‌برم قاصرم، گر تا قیامت بِشمُرم ۱۲۵۳

در ستایش انسانی که محلّ ظهور و تجلّی حق است [انسانِ کامل] اگر تا قیامت سخن بگویم و از محسّنات او بر شمرم، کوتاهی ورزیده‌ام.

این همه دانست، و چون آمد قضا دانشِ یک نهی[2] شد بر وی خطا ۱۲۵۴

آدم(ع) علی‌رغم آنکه محلِّ تجلّی حق بود و علوم و اسرار الهی بر وی مکشوف بود، با فرا رسیدن قضای الهی گرفتار شد و در دانستن چیزی که از آن «نهی» شده بود، مرتکب خطا گردید.

---

۱ - حِجر: ۲۹/۱۵ : فَإِذٰا سَوَّيْتُهُ وَ نَفَخْتُ فِيهِ مِنْ رُوحي فَقَعُوا لَهُ ساجِدينَ : پس اگر درست و کامل بگردانمش و از روح خویش بر او بدمم همه بر او سجده کنید. [پس این سجده بر آن روح عالی عِلوی است که در حضرت آدم(ع) از قوّه به فعل در آمده و به ظهور رسیده بود].

حدیث قدسی: نمی‌گنجم نه در زمین و نه در آسمان، بلکه می‌گنجم در دلِ بندهٔ مؤمن: احادیث، ص ۱۱۳.

اشارتی قرآنی، بقره: ۳۴/۲: وَ إِذْ قُلْنا لِلْمَلائِكَةِ اسْجُدُوا لِآدَمَ فَسَجَدُوا إِلاّ إِبْليسَ أَبىٰ وَاسْتَكْبَرَ وَ كانَ مِنَ الْكافِرينَ : و [یاد آر] هنگامی راکه به فرشتگان گفتیم برای آدم سجده و خضوع کنید، آن‌ها همگی سجده کردند جز ابلیس که سر باز زد و تکبّر ورزید و به سبب این کبر و نافرمانی از کافران شد.

۲ - اشارتی قرآنی، بقره: ۳۵/۲: وَ قُلْنا يا آدَمُ اسْكُنْ أَنْتَ وَ زَوْجُكَ الْجَنَّةَ وَ كُلا مِنْها رَغَداً حَيْثُ شِئْتُما وَ لا تَقْرَبا هٰذِهِ الشَّجَرَةَ فَتَكُونا مِنَ الظّالِمينَ : و گفتیم ای آدم، تو و همسرت در بهشت ساکن شوید و هر چه می‌خواهید از نعمت‌های آن گوارا بخورید ولی به این درخت نزدیک نشوید که از ستمگرانِ [بر خود] خواهید شد.

۱۲۵۵ **کِای عجب! نهی[1] از پیِ تحریم[2] بود یا به تأویلی[3] بُد و تَـوْهیمْ[4] بـود؟[5]**

آدم(ع) اندیشید: اینکه فرموده است: لاٰ تَقْرَبا هٰذِهِ الشَّجَرَةَ: به این درخت نزدیک نشوید. آیا این درخت را بر ما حرام قرار داده است یا نزدیک شدن به آن ممنوع است و خوردن میوهٔ آن ممنوع نیست، یا اینکه نهی به آن جهت بوده که او و زوجه‌اش به گمان بیفتند و مقصود خاصّی هست که وی به درستی آن را در نمی‌یابد و امکان دارد «نهی» به دلیل آن باشد که اگر به آن درخت و میوه‌اش نزدیک نشوند، بهتر است.

۱۲۵۶ **در دلش، تأویل چون ترجـیح یـافت طبع، در حیرت سویِ گندم شتافت[6]**

آدم(ع) موارد گوناگون را اندیشید و تأویل را بر تحریم ترجیح داد و طبیعت بشری او در حالی که متحیّر بود که حقیقت امر چیست، به سوی گندم تمایل پیدا کرد.

۱۲۵۷ **باغبان[7] را خار چون در پای رفت دزد فرصت یافت، و کالا بُرد تَفت[8]**

وقتی که خاری به پای باغبان می‌خَلَد، برای دفع آن متوجّه پا و خار می‌شود و این غفلت، بهترین فرصت است که دزد اموال او را به شتاب برباید. آدم(ع)، خار تردید به پای جان و دلش خلیده بود و این بهترین فرصتی بود که شیطان یافت تا تمامی کالا و سود و سرمایهٔ آدم(ع) را که قربِ وصال حق بود، از وی برباید.[9]

۱۲۵۸ **چون ز حیرت رَست، باز آمد به راه دیـد بُـرده دزد رخت از کـارگاه**

تأویل و تردیدِ آدم(ع) در ارتباط با نهی خداوند، سبب شد که میوهٔ ممنوعه را خورد.

---

۱ - **نهی**: منع شدن، کسی را از کاری باز داشتن. ۲ - **تحریم**: حرام کردن و ناجایز قرار دادن.

۳ - **تأویل**: تفسیر کردن، شرح و بیان کلام یا کلمه به طرزی که غیر از ظاهر آن باشد.

۴ - **تَوْهیم**: بدگمانی افکندن و در غلط انداختن و به گمان افتادن.

۵ - درخت ممنوعه را گندم، سیب، انگور، انجیر و کافور ذکر کرده‌اند. مفسّران شیعه «نهی» را تنزیهی دانسته‌اند که مفهوم آن ترجیح ترک فعل است.

۶ - در مقام مقایسه: حافظ: پدرم روضهٔ رضوان بدو گندم بفروخت من چرا ملک جهان را به جوی نفروشم؟

۷ - **باغبان**: آدم(ع)، انسانِ کامل و خلیفهٔ حق بود. در سلوک مردان حق را باغبان بوستان حق می‌نامند؛ زیرا کار آنان تربیت و پرورش سالکان راه است و در نتیجهٔ این رشد روحانی و معنوی آنان به گل‌هایی خوشبو و ریاحین معطّر و درختان تنومند پرمیوه و سایه‌داری مبدّل می‌شوند که دیگران می‌توانند در سایهٔ آن‌ها بیارامند و از میوه‌های معنای درخت وجود آنان بهره‌مند گردند. سبب انتخاب لفظ باغبان در این بیت نیز بدین جهت بوده است که آدم(ع) باغبان بوستانِ حق بود. ۸ - **تَفت**: تعجیل و شتاب، به عجله.

۹ - مقایسه کنید: حافظ: جایی که برق عصیان بر آدم صفی زد ما را چگونه زیبد دعویّ بیگناهی

در این باب سورآبادی می‌نویسد[۱]: «در ساعت حلّه‌ها از تن ایشان ببرید و تاج از سر آدم(ع) و حوّا(س) برخاست و کمر عِزّ از میان‌گشاده گشت. برهنه شدند و از یک‌دیگر می‌گریختند و برگ درختان بر خود می‌نهادند و آن برگ‌ها از ایشان جدا می‌شدند. آخر برگ انجیر نهادند و بماند. ندا آمد: نه تو را می‌گفتم که نگر پیرامن آن درخت نگردی و نخوری، بیرون رو از بهشت!» آنگاه آدم(ع) متوجّه شد که دزد [وسوسهٔ شیطانی]، رخت عزّت و اعتبار وی را که قرب وصال یار بوده است از کارگاهِ هستی او [بقای‌بالله] دزدیده است.[۲]

۱۲۵۹ **رَبَّـــنا اِنّــــا ظَـلَمْنا[۳] گــفت و آه یـعنی آمـد ظلمت و گـم گشت راه**

آدم(ع) آهی کشید و گفت: پروردگارا، ما بر خود ستم کردیم و در تیرگیِ تأویل، راه‌گم شد.

۱۲۶۰ **این قضا ابری بُـوَد خـورشیدپوش شیر و اژدرها شود زو همچو موش**

قضایِ الهی، مانند ابری خورشید حقیقت را می‌پوشانَد و قوی‌ترین موجودات در برابر آن، مانند موش ناتوان می‌شوند و از دریافت حقایق عاجز می‌گردند.

۱۲۶۱ **مـن اگـر دامـی نـبینم گـاهِ حُکـم[۴] مـن نـه تـنها جـاهلم در راهِ حُکـم**

این بیت در ادامهٔ استدلالی است که هدهد در پاسخ طعنهٔ زاغ بیان می‌دارد و می‌گوید: اگر هنگامِ قضای الهی، نتوانم دام را ببینم، عجبی نیست؛ همه در برابر حُکمِ حق همین‌اند. قضایِ الهی که برسد هر عاقلی جاهل می‌شود.

---

۱ - قصص قرآن مجید، تفسیر ابوبکر عتیق سورآبادی، ص ۸.

۲ - اشارتی قرآنی، بقره : ۳۶/۲ : فَأَزَلَّهُمَا الشَّيْطانُ عَنْها فَأَخْرَجَهُما مِمّا كانا فِيهِ: سرانجام شیطان آن دو را به لغزش واداشت و از آنچه در آن بودند، بیرون کرد. وَ قُلْنَا اهْبِطُوا: و ما به آن‌ها دستور دادیم که به زمین فرود آیید.

۳ - اشارتی قرآنی، اعراف : ۲۳/۷ : قالاٰ رَبَّنا ظَلَمْنا أَنْفُسَنا...: گفتند: پروردگارا ما بر خویشتن ستم کردیم. (تأویل و تردیدی که درمورد نهی خداوندی بود، مانند تیرگی و ظلمتی ما را در خویش فرو برد، آن چنانکه راه حقیقت را که همان اجرای صریح فرمان الهی بود گم کردیم.)

مدارک اسلامی به ما می‌گوید: پیامبران مرتکب گناه نمی‌شوند و هدایت و رهبری خلق به شخص گناهکار واگذار نخواهد شد و حضرت آدم(ع) از پیامبران الهی بود؛ بنابراین در پاره‌ای از تعبیرات قرآنی که دربارهٔ پیامبران آمده است، نسبت عصیان به آن‌ها داده شده است که همگی به معنی «عصیان نسبی» و «ترک اولیٰ» است که در تعابیر عرفانی به آن «خطا» می‌گویند به معنی سهو و اشتباه.

ناصر خسرو : اوّل خطا ز آدم و حوّا بود تو هم ز مَثَل آدم و حوایی

بدین مناسبت است این عبارت معروف: ألإنْسانُ جائِزُ الخَطَأ.

مقایسه کنید : حافظ : آبرو می‌رود ای ابر خطاپوش ببار که بدیوان عمل نامه سیاه آمده‌ایم

۴ - **گاهِ حُکم** : هنگامِ رسیدنِ قضا.

ای خُنُک[1] آن کو نکو کاری گرفت زور را بگذاشت او، زاری گرفت ۱۲۶۲

خوشا آن کس که هنگام فرارسیدنِ قضا راه و روش پسندیده‌ای را برگزینَد؛ یعنی به جای مقابله با آن، با زاری متوسّل درگاه حق شود.

گر قضا پوشد سیه همچون شَبَت هم قضا دستت بگیرد عاقبت ۱۲۶۳

اگر قضای الهی، مانند شبی تاریک، چشم‌هایت را بپوشانَد که نتوانی حق را از باطل تمییز دهی، راه نجاتِ تو چنگ زدن به همان قضاست؛ یعنی به درگاه حق روی آوری و بخواهی مورد مغفرت قرارگیری که عنایت خداوندی قضا را به خیر بگرداند.

گر قضا صد بار قصدِ جان کُند هم قضا جانت دهد، درمان کند ۱۲۶۴

اگر قضای الهی بارها قصد جان تو را داشته باشد، تسلیم باش و با عجز و لابه به حق روی آور، آنگاه می‌بینی که همان قضا، تو را از بیماری‌های نفسانی می‌رهانَد.

این قضا صد بار اگر راهت زند بر فرازِ چرخ، خرگاهت زند ۱۲۶۵

اگر صدها بار به حُکمِ قضا از راهِ راست خارج شوی؛ امّا همواره شرط بندگی را به جای آوری و رَبَّنا إنّا ظَلَمْنا بگویی، همان کس که به حکم تدبیر بر تو آن قضا را نهاد، به فضل و کَرَم تو را به برتری و سروری می‌رسانَد.

از کَرَم دان این که می‌ترسانَدَت تا به مُلکِ ایمنی بنشاندت ۱۲۶۶

خداوند از لطف گه‌گاه تو را می‌ترساند تا از خطرات و آفاتِ راه بیمناک باشی که تو را به سرمنزل مقصود برسانَد.

این سخن پایان ندارد، گشت دیر گوش کن تو قصّهٔ خرگوش و شیر ۱۲۶۷

اسرارِ قضای الهی را پایانی نیست، دیری است که از تقریر داستان دور افتاده‌ایم؛ بنابراین بهتر است به قصّهٔ خرگوش و شیر باز گردیم.

پا واپس کشیدنِ خرگوش از شیر، چون نزدیکِ چاه رسید

چونکه نزدِ چاه آمد شیر، دید کز ره آن خرگوش ماند و پا کشید ۱۲۶۸

به محض اینکه نزدیک چاه رسیدند، شیر متوجّه شد خرگوش حاضر نیست جلوتر بیاید.

---

۱ - **خُنُک**: خوشا، نیک و خرّم باد.

گفت: پا واپس کشیدی تو چرا؟ پای را واپس مکَش، پیش اندرآ ۱۲۶۹

شیر خطاب به خرگوش گفت: چرا عقب مانده‌ای؟ جلوتر بیا.

گفت :کو پایم؟ که دست و پای رفت جانِ من لرزید و دل از جای رفت ۱۲۷۰

گفت: از ترس دست و پا را گُم کرده‌ام، جانم می‌لرزد و دلم فرو می‌ریزد.

رنگ و رویم را نمی‌بینی چو زر؟ ز اندرون خود می‌دهد رنگم خبر ۱۲۷۱

آیا رنگ و رویِ زردِ مرا نمی‌بینی؟ رنگِ رخسارم حاکی از ترس و نگرانی من است.

حق، چو سیما[1] را مُعَرِّف خوانده است[2] چشمِ عارف سویِ سیما مانده است ۱۲۷۲

از آنجا که خداوند، سیما را نشان‌دهندهٔ احوال درونی دانسته است، چشم عارف همواره به وجه‌الله نگران است.

خداوند موارد گوناگونی را در قرآن کریم بیان می‌دارد که سیما و چهرهٔ انسان عامل شناخت حقیقت وجودی او در روز رستاخیز است و در زندگی این جهانی نیز اعمال و افکار و احساس فرد تأثیراتی بر چهرهٔ وی دارد و بسا افراد نیک‌سیرت و خیّر که پرتو اعمال نیکشان موجب درخشندگی و تابناکی چهره‌شان می‌گردد؛ بنابراین عارف، یعنی آن کس که به حقایق، معرفت یافته است با نگریستن به سیمای افراد می‌تواند مراتب باطنی آنان و حقیقتِ وجودی ایشان را در یابد.

رنگ و بو، غَمّاز[3] آمد چون جرس[4] از فَرَس آگه کند بانگ فَرَس[5] ۱۲۷۳

رنگ رخساره خبر می‌دهد از سرّ درون؛ بنابراین رنگ و بوی ظاهر، بیان کننده احوال درون است، مانند صدای جرس که از حرکت کاروان خبر می‌دهد، همچنانکه شیههٔ اسب نشانهٔ حضور وی است.

---

۱ - **سیما** : نشان و علامتی که بدان شناخته شوند به خیر و شرّ، چهره، صورت.

۲ - الرّحمن : ۴۱/۵۵ : یُعْرَفُ المُجْرِمُونَ بِسِیماهُمْ : مجرمان از چهره‌هایشان در روز رستاخیز شناخته می‌شوند. (در روز رستاخیز گروهی چهره‌های نورانی و درخشان دارند که مبیّن ایمان و عمل صالح آن‌هاست و گروهی صورت‌های سیاه و زشت که بیانگر اعمال پلید آنان است.)

اعراف : ۴۶/۷ : وَ عَلَی الأَعْرافِ رِجالٌ یَعْرِفُونَ کُلّاً بِسِیمٰهُمْ : بر اعراف (منطقه‌ای میان بهشت و دوزخ) مردانی قرار دارند که هر یک از دوزخیان را از سیمایشان می‌شناسند.

بنا بر منابع اسلامی در اعراف دو گروه قرار می‌گیرند، ضعیفان و آلودگانی که رحمت الهی شامل حال آنان است و پیشوایان بزرگ (انبیا، اولیا و صالحان) که یار و یاور ضعیفان‌اند.

۳ - **غَمّاز** : صیغهٔ مبالغه است از غَمز به معنی جنباننده و به هیجان آورنده، سخن چین، اظهار کننده.

۴ - **جَرَس** : درای و زنگ، زنگوله که بر گردن چهارپایان بندند، جرس به معنی مطلق چیزی است که آواز دهد، گاه به صورت پیاله سازند و گاه به شکل گوی پردازند. جرس عربی و درای فارسی است، از آهن و مس می‌سازند. زنگ شتران هنگام حرکت کاروان. ۵ - **فَرَس** : اسب تازی.

بانگِ هر چیزی رسانَد زو خبر تـا بـدانـی بـانگِ خـر از بـانگِ در ۱۲۷۴

صدای هر چیزی از وجود آن خبر می‌دهد که با تفاوتِ اصوات بتوانی سَره را از ناسره بشناسی، به عنوان مثال، بانگ درازگوش را بتوانی از صدایِ کوفتن در تمییز دهی.

گـفت پـیغمبر: بـه تـمییزِ کسـان مَـرْءُ مَـخْفِیٌّ لَـدَیْ طَـیِّ اللِّسـان[1] ۱۲۷۵

پیامبر(ص) در ارتباط با تشخیص احوال آدمیان فرموده است: انسان پشت زبانِ خود پنهان است.

رنگِ رُو از حـالِ دل دارد نشـان رحمتم کن، مِهرِ مـن در دل نشـان ۱۲۷۶

رنگ رخساره‌ام از احوالِ درونی و دل من خبر می‌دهد. رحمتی کن و با من مهربان باش.

رنگِ رویِ سرخ، دارد بانگِ شکـر بانگِ رویِ زرد دارد صـبر و نُکْـر[2] ۱۲۷۷

صورتِ گلگون، نشان خوبی و خوشی است و بانگ شکر از وی بر می‌خیزد؛ امّا چهرهٔ زرد رنگ، نشانه‌ای از سختی، رنجِ درون و دشواری یا صبری است که بر آن گزیری نیست.

در مـن آمـد آنکـه دست و پـا بَـرَد رنگِ رو و قُـوّت و سـیما بَـرَد ۱۲۷۸

در من حالتی رخ داد که دست و پای خود را گم کردم، حالتی که رنگ از رویم پرید و تمام قدرت و انرژی خود را از دست دادم. مقصود ترس از مرگ است که توسط خرگوش برای شیر بیان می‌شود.

آنکـه در هـر چـه در آیـد، بشکـند هر درخت از بیخ و بُن او بَـر کَـند ۱۲۷۹

حالتی که برای هر چیز رخ دهد، آن را می‌شکند. قدرتی که هر درخت را از بیخ و بُن بر می‌کَنَد.

در من آمد آنکه از وی گشت مـات آدمـی و جـانور، جـامد، نـبات ۱۲۸۰

حالتی که انسان و حیوان و گیاهان و تمامی موجودات در برابر آن مات و بی‌اختیار می‌شوند.

این خـود اجـزا انـد، کـلّیات از او زرد کـرده رنگ و فـاسد کـرده بـو ۱۲۸۱

نه تنها اجزای جهان، بلکه کلّیاتِ جهان، یعنی عناصر چهارگانه [خاک، آب، باد و آتش] نیز در برابر حُکمِ او رنگ از رویشان می‌پرد و نابود و فاسد می‌شوند.

تا جهان گه صابر است و گه شَکور بوستان گـه حُـلّه پـوشد، گـاه عُـور ۱۲۸۲

تا جهان باقی و برقرار است، گاه بر حکم حق صبور است و گاه شاکر. بوستان و گلستان در تغییر فصل تغییر شکل می‌دهند و در بهار جامهٔ آراسته می‌پوشند و در زمستان برهنه می‌شوند و تابعِ این تغییرات و ارادهٔ الهی‌اند. جهان و جهانیان نیز در فنا و بقا تابع حکم حق‌اند.

---

۱ - اشاره است به حدیث: اَلْمَرءُ مَخْبُوءٌ تَحْتَ لِسٰانِهِ: شخص پنهان است در زیر زبانش؛ زیرا سخن گفتن، شخصیّت حقیقی هر کس و درون وی را آشکار می‌دارد: عوالی الثالی، ج ۱، ص ۲۹۴، به نقل از شرح حاج ملّاهادی سبزواری، ذیل بیت: احادیث، ص ۱۸۰. ۲ - **نُکْر**: کار دشوار و زشت.

آفتابی کو برآید نارگون[1] ساعتی دیگر شود او سرنگون ۱۲۸۳

خورشید که هنگام طلوع بسیار درخشان و آتشین است، در اندک زمانی غروب می‌کند و گویی در مغرب سرنگون می‌شود.

اختران تافته بر چارطاق[2] لحظه لحظه مُبتلای احتراق[3] ۱۲۸۴

ستارگانی که بر فلک می‌تابند نیز لحظه به لحظه امکان احتراق آن‌ها وجود دارد و از این قانون کلّی مستثنیٰ نیستند و تسلیم حکم حق‌اند.

ماه، کو افزود ز اختر در جمال شد ز رنجِ دِقّ[4]، او همچون خیال[5] ۱۲۸۵

ماه که از نظر روشنایی و جمال از دیگر ستارگان افزون‌تر و برتر است، نیز تابعِ حکم کلّی حق است و در مُحاق باریک و باریک‌تر می‌گردد، مانند کسی که از رنجوری می‌میرد.

این زمینِ با سکونِ با ادب اندر آرد زلزله‌ش در لرزِ تب ۱۲۸۶

زمین با آنکه بسیار آرام و موقّر به نظر می‌رسد، بنابر همان قوانین کلّی حاکم بر کلِّ جهان، گاه بر اثر زلزله آن چنان می‌لرزد که گویی بیماری بر اثر تب شدید به لرزه افتاده است.

ای بسا کُهْ، زین بلایِ مُرده ریگ[6] گشته است اندر جهان او خُرد و ریگ ۱۲۸۷

چه کوه‌های عظیم که به سبب این بلای همیشگی خُرد و متلاشی گشته است.

این هوا با روح آمد مُقْتَرِن[7] چون قضا آید، وَبا[8] گشت و عَفِن[9] ۱۲۸۸

هوایی که انسان تنفّس می‌کند، اگر قضای الهی برسد، می‌تواند آلوده و عفونی شود و موجب

---

۱ - **نارگون :** مانند آتش.

۲ - **چارطاق :** طاقی که بر چهار پایه استوار باشد بدون دیوار، به نوعی از خیمهٔ چهارگوش هم می‌گویند، کنایه از عناصر اربعه، آسمان، به عنوان کنایه‌ای از دنیا نیز به کار می‌رود.

۳ - **احتراق :** سوختن، سوخته شدن، احتراق نزد منجّمان مقارنهٔ خورشید است با یکی از خمسهٔ متحیّره؛ یعنی زحل، مشتری، مریخ، زهره و عطارد در یک درجه از فلک‌البروج که نتیجهٔ آن نهان شدن یکی از این پنج اختر است در زیر شعاع خورشید، به سبب برابر شدن در برج واحد.

۴ - **دِقّ :** بیماری سل، به آن تب لازم نیز گفته می‌شد. از اندوه و رنج و غصّه، رنجور شدن و مردن. و برای قمر این اصطلاح به این جهت به کار می‌رود که در هر ماه از پانزدهم به بعد، قمر باریک می‌گردد تا به مُحاق کامل رود. سه شب آخر هر ماه قمری را که روشنی ماه در بامداد و در شامگاه قابل رؤیت نیست مُحاق نامند.

مولانا : بدر را دیدی بر این خوش چارطاق حسرتش را هم ببین وقت مُحاق

۵ - مصراع دوم در بعضی نسخ «شد ز رنج دق مانند خیال» ضبط شده است. این متن بر اساس نسخهٔ کهن است.

۶ - **مُرده ریگ :** میراث، بازمانده، دشنام‌گونه‌ای است با مفهومی نزدیک به وامانده، زشت و منفور.

۷ - **مُقْتَرِن :** یار شونده، دوست. ۸ - **وَبا :** بیماری عفونی مسری که آن را مرگامرگی گویند.

۹ - **عَفِن :** عفونی، فاسد.

انتقال بیماری‌های کُشنده گردد. «با روح آمد مقترن»؛ مقصود «جسم اثیری» است که به سبب زندگی این جهانی که به وجود هوای پاک نیاز دارد، در اثرِ تهذیب تزکیه می‌گردد؛ بنابراین هوای پاک با روح (جان) یار و رفیق است؛ زیرا بدون هوای پاک، زندگی و کمال امکان‌پذیر نخواهد بود.

آبِ خوش، کو روح را همشیره[1] شد   در غدیری[2] زرد و تلخ و تیره شد ۱۲۸۹

آبِ خوش که برای بقای جسم و روح ضروری و با آن سازگار است، اگر در برکه راکد بماند، می‌گندد.

آتشی کو باد دارد در بُروت[3]   هم یکی بادی، بر او خواند یَموت ۱۲۹۰

آتش که شعله بر می‌فروزد و به سبب گرمی و نور به خود می‌نازد، با وزش تندباد می‌میرد.

حالِ دریا، ز اضطراب و جوشِ او   فهم کن تبدیل‌هایِ هوشِ او ۱۲۹۱

دریا نیز احوال گوناگونی دارد، گاه آرام است و گاه می‌خروشد. این تحوّلات، بنا بر قوانین کلّی حاکم بر کائنات و هوش نهانی جمیع موجودات است که در سیطرهٔ حق تعالیٰ‌اند.

چرخِ سرگردان که اندر جُست و جُوست   حالِ او چون حالِ فرزندانِ اوست ۱۲۹۲

چرخِ گردان یا فلک که به سبب گردش به چرخ سرگردان مانند شده است در جست‌وجوی معبود ازلی است و حالِ این چرخ مانند حالِ فرزندان وی [جماد، نبات، حیوان] همواره در حال تغییر و تبدیل و در تحوّل است. اقسام سه‌گانهٔ جسم یا **موالید ثلاثه** [جماد و نبات و حیوان]، اصطلاحاً فرزندان عناصر افلاک نامیده می‌شوند.

گه حضیض[4] و گه میانه، گاه اوج[5]   اندر او از سعد[6] و نحسی[7] فوج فوج ۱۲۹۳

فلک و اختران نیز حال یکسانی ندارند. گاه در حضیض، گاه در میانه و گاه در اوج‌اند. برای آنان نیز همواره سعد و نحس وجود دارد.

---

۱ - **همشیره :** خواهر، مراد سازگاری است.   ۲ - **غدیر :** برکه، آبگیر.

۳ - **بُروت :** شارب، سبیل، موی پشت لب مردان. «باد در بروت افکندن» کنایه از تکبّر، غرور و لاف زدن.

۴ - **حضیض :** پستی، در اصطلاح اهل نجوم نزدیک‌ترین نقطه از محیط خارج مرکز نسبت به مرکز عالم و آن را به یونانی اَفرنجیون نامند و نزد اهل هیأت نقطهٔ مقابل اوج است.   مقایسه کنید : شیخ محمود شبستری :

کواکب گر همه اهل کمالند   چرا هر لحظه در نقص و وبالند
چرا گه بر حضیض و گه بر اوجند   گهی تنها فتاده گاه زوجند

۵ - **اوج :** علوّ، بلندی، نزد علمای هیأت نقطه‌ای مشترک است بین محلِّ تلاقی دو سطح محدّب از دو فلک.

۶ - **سَعد :** در عربی متضادّ نحس است. نیک‌اختری.   مقایسه کنید : ناصر خسرو :

به سعد زهره و نحس زحل نگر که که داد   بدان یکی سعدی و بدین دگر نحسی

۷ - **نحس :** بداختری، شوم و نامبارک.   مقایسه کنید : ناصر خسرو :

نحس همی بارد بر تو زحل   نام چه سود است تو را مشتری

از خود، ای جزوی زکُل‌ها مُختلط[1]! فـهم مـی‌کن حـالتِ هـر مُـنْبَسط[2] ۱۲۹۴

ای انسان که وجود تو متشکّل از کُلّ‌های ساده [عناصر اربعه] است، می‌توانی حالت هـر بسیط را با قیاس نسبت به خود دریابی و بدانی که عناصر اربعه [آب و آتش و باد و خاک] هم که کلّیات‌اند، مانندِ تو دائماً در تغییر و تبدیل‌اند.

چونکه کلّیات را رنـج است و درد جزوِ ایشان چون نباشد روی زرد؟ ۱۲۹۵

هنگامی که کلّیات از تغییر و تحوّل و رنج رهایی ندارند، اجزای آن‌ها چگونه از این تغییر و تبدیل بِرَهند؟ این قانون شاملِ تمامِ‌اجزای عالم امکان است.

خاصه، جزوی کو ز اضداد است جمع ز آب و خاک و آتش و باد است جمع ۱۲۹۶

بخصوص این جزو، یعنی انسان که جمع اضداد و مجموعهٔ آب، خاک، باد و آتش است و بیش از همه در معرض این تغییر و تحوّل و رنج و درد است.

این عجب نَبْوَد که میش از گـرگ جست این عجب کین میش، دل درگرگ بست[3] ۱۲۹۷

این عجیب نیست اگر میش از چنگ گرگ رهایی یابد، این عجیب است که میش محبّت گرگ را در دل بپرورد.

زنـــدگانی، آشـــتیِ ضـــدّهاست مرگ، آن کاندر میانَش جنگ خاست[4] ۱۲۹۸

زندگی و حیاتِ آدمی منوط به آشتی، یعنی اعتدالِ میان اضدادِ وجودِ وی است، اگر این اعتدال از بین برود، حیاتِ او در معرض نابودی و مرگ خواهد بود.

لطفِ حـق ایـن شـیر را و گـور[5] را اُلْف[6] داده‌ست، این دو ضدِّ دور را ۱۲۹۹

لطف خداوند، میان آدمی و دنیا [دو چیز متضاد] اُنس و الفت نهاده، دو چیز مـخالفی کـه حقیقت آن‌ها از هم بسیار دور است و این امر به جهت بقا و تداوم زندگی این جهانی است.

چون جهان رنجور و زنـدانـی بُـوَد چه عجب رنجور اگـر فـانی بُـوَد؟ ۱۳۰۰

از آنجایی که جهان و عالم امکان مقیّد به قیود و قوانین خاصّی‌اند و آن چنانکه در ابیات

۱ - **مختلط** : آمیخته. ۲ - **منبسط** : بسیط، غیر مرکّب، گسترده.
۳ - کنایه از دل بستن آدمی به دنیا که قصد تباهی وی را دارد.
۴ - مصراع دوم در بعضی از نسخ: مرگ آن کاندر میانشان جنگ خاست.
۵ - **شیر و گور** : اینجا کنایه از دو چیز مخالف و متضاد.
۶ - **اُلْف** : الفت و دوستی، خوگر شدن، انس گرفتن به کسی یا به جایی.

پیشین گفته شد گاه اختران در حضیض و گاه در اوج‌اند و سعد و نحس بر آن‌ها فوج‌فوج می‌بارد؛ پس جهانی که از اسارت خویش رنجور است، فناپذیر است و نابودی این موجود رنجور تعجّب‌آور نیست.

خواند بر شیر او از این رو پندها گفت: من پس مانده‌ام زین بندها ۱۳۰۱

خرگوش از این گونه پندها برای شیر بر شمرد و گفت: این بندها نمی‌گذارد جلوتر بیایم.

پرسیدنِ شیر از سببِ پای واپس کشیدنِ خرگوش

شیر گفتش: تو ز اسبابِ مرض این سبب گو خاص، کین اَستم غرض ۱۳۰۲

شیر گفت: آنچه گفتی، کُلّی بود. بگو سببِ خاص، نگرانی و بیمِ تو چه بود؟

گفت: آن شیر، اندر این چَهْ ساکن است اندر این قلعه ز آفات ایمن است ۱۳۰۳

خرگوش گفت: آن شیر در این چاه مسکن دارد و در این قلعه از آفات در امان است.

قعرِ چَهْ بگزید هر که عاقل است زانکه در خلوت[1] صَفاهایِ دل است ۱۳۰۴

هر عاقلی خلوت‌گزینی می‌کند؛ زیرا در توجّه به حق دل، مصفّا می‌گردد.

ظلمت چَهْ، بِهْ که ظلمت‌هایِ خلق سر نبُرد آن کس که گیرد پایِ خلق ۱۳۰۵

ظلمتِ چاه بهتر از ظلمت نَفْسِ اهلِ دنیاست. کسی که از آنان پیروی کند، جان به سلامت نمی‌بَرَد.

گفت پیش‌آ، زخمم او را قاهر است تو ببین کآن شیر در چَهْ حاضر است؟ ۱۳۰۶

شیر گفت: جلوتر بیا که از زخم پنجهٔ من جان به در نمی‌بَرَد. نگاه کن که شیر در چاه است؟

---

۱ - **خلوت**: در لفظ به معنی انزوا و عزلت است و در متون عرفانی گاه به مفهوم گوشه‌نشینی و عزلت به کار می‌رود و گاه خلوت به معنی خلوت از اغیار و گوشه‌گیری از نفس و آنچه که آدمی را به غیر خدا مشغول می‌دارد استفاده می‌شود. حکیمی گفته است: خلوت، انس به ذکر و اشتغال به فکر است و دانایی گفته: خلوت، تنهایی از جمیع اذکار است جز از حق‌تعالیٰ.

مقایسه کنید: حافظ: حافظ ار آب حیات ازلی می‌طلبی منبعش خاک در خلوت درویشانست

مقایسه کنید: سعدی: ورت مال و جا هست و زرع و تجارت چو دل با خدایست خلوت نشینی

۱۳۰۷ **گفت: من سوزیده‌ام زآن آتشی تو مگر اندر برِ خویشم کَشی**

خرگوش پاسخ داد: من از آتش خشم او سوخته‌ام، مگر تو مرا در بر گیری.

۱۳۰۸ **تا به پُشتِ تو، من ای کانِ کَرَم چشم بگشایم، به چَهْ دَر بنگرم**

تا به پشت‌گرمیِ تو، ای کریم، چشم بگشایم و درون چاه را ببینم.

نظر کردنِ شیر در چاه و دیدن عکسِ خود را و آن خرگوش را

۱۳۰۹ **چونکه شیر اندر برِ خویشش کشید در پناه شیر تا چَهْ می‌دوید**

وقتی که شیر او را در آغوش گرفت، به پشت‌گرمی شیر تا سر چاه آمد.

۱۳۱۰ **چونکه در چه بنگریدند اندر آب اندر آب از شیر و او، درتافت تاب**

چون به آب چاه نگاه کردند، در آب عکس آن دو دیده می‌شد.

۱۳۱۱ **شیر، عکس خویش دید، از آب تَفت[1] شکلِ شیری، در بَرَش خرگوشِ زفت**

شیر به شتاب نگاه کرد و تصویر خویش را که خرگوش فربهی را در آغوش دارد، دید.

۱۳۱۲ **چونکه خصمِ خویش را در آب دید مر وَرا بگذاشت و اندر چَهْ جهید**

چون دشمن خیالی را در آب دید، خرگوش را زمین گذاشت و به داخل چاه پرید.

۱۳۱۳ **در فُتاد اندر چَهی کو کَنده بود زانکه ظلمش در سرش آینده بود[2]**

در چاهی که برای خویش کنده بود، سرنگون شد؛ زیرا ستم به ستمگر باز می‌گردد.

۱۳۱۴ **چاهِ مُظْلِم گشت ظلمِ ظالمان این چنین گفتند جملهٔ عالمان**

ظلمِ ظالم، همانند چاهی است تاریک که او در آن می‌افتد. این را دانایان گفته‌اند.[3]

---

۱ - **تَفْت**: به شتاب، به عجله، غضبناک.

۲ - در این مورد روایتی است که می‌گوید: مَنْ حَفَرَ لِأَخیه حُفْرَةً وَقَعَ فیها: هرکس که برای برادر خود چاهی بکَنَد، خود در آن می‌افتد: احادیث مثنوی، ص ۱۴.

۳ - حدیث: اِتَّقُوا الظُّلْمَ فَإِنَّ الظُّلْمَ ظُلُماتُ یَوْمَ الْقِیامَةِ: از ظلم بپرهیزید که منشأ ظلمت‌های روز قیامت است: احادیث، ص ۶۱.

هر که ظالم‌تر، چَهَش با هول‌تر[۱] عدل[۲] فرموده است بَتَّر را بَتَر ۱۳۱۵

هر کس ظالم‌تر، چاهی که می‌کَنَد، وحشتناک‌تر. حُکم عدل برای کار بدتر جزای بدتر است.

ای که تو از جاه، ظُلمی می‌کُنی از برای خویش دامی می‌کُنی[۳] ۱۳۱۶

ای آنکه به سببِ داشتنِ جاه و مقام ستمگری می‌کنی، ظالم می‌شوی، برای خود دام می‌گذاری.

گِرد خود چون کِرم پیله[۴] بر مَتَن بهر خود چَهْ می‌کَنی، اندازه کَن ۱۳۱۷

مانند کرم ابریشم که خود را در پیله محبوس می‌سازد، خویش را در تاریکیِ اعمالِ ستمگرانه‌ات محبوس مکن. ظلم گریبان‌گیر می‌شود. اندازه نگهدار تا راه نجات بمانَد.

مر ضعیفان را تو بی خصمی[۵] مدان از نُبی[۶] ذاجَاءَ نَصْرُاللهِ[۷] خوان ۱۳۱۸

افراد ناتوان را که نمی‌توانند پاسخ ستمگری‌های تو را بدهند، به چشم حقارت منگر؛ زیرا روزی خداوند آنان را یاری خواهد کرد.

گر تو پیلی، خصمِ تو از تو رسید نَک جَزا، طَیْراً اَبابیلَت[۸] رسید ۱۳۱۹

اگر پیلی قدرتمند شوی، چنانکه خصم از تو بگریزد، مرغان ابابیل جزای تو را خواهند داد.

داستان تاریخی معروفی که در سال تولّد پیامبر(ص) رخ داد و به داستان اصحاب فیل موسوم است و به اشکال گوناگون نقل شده و خلاصهٔ آن بر اساس منابع معتبر اسلامی چنین است:

با دستیابی و تسلّط حبشیان به یمن، **ابرهه** بی‌درنگ به استوارسازی قدرت خود در این سرزمین عربی پرداخت و به عنوان «نماینده و نایب پادشاه جغریان در یمن» به حکومت پرداخت و بر آن شد تا مسیحیّت را در

---

۱ - **هول** : هراس و وحشت.

۲ - اشارتی قرآنی؛ شوریٰ : ۴۰/۴۲ : وَ جَزاءُ سَيِّئَةٍ سَيِّئَةٌ مِثْلُها : کیفر بدی، مجازاتی است همانند آن.

عدل؛ صفتی از صفات باری تعالیٰ که به واسطهٔ آن دنیا و مافیها برقرار و پایدار است و در اصطلاح اخلاقی مقابل ظلم است به معنای احقاقِ حق. در عرفان نظری ابن‌عربی، عدل به معنای میل و مشتق از عدل به معنای مَأَل است و خداوند به این جهت عادل است که از حضرت وجوب ذاتی به حضرت وجوب بالغیر و یا امکان میل فرموده و موجودات را در وجود آورده است: فرهنگ اصطلاحات عرفانی ابن عربی، ص ۵۲۱.

۳ - مصراع دوم در متن کهن چنین است: «وانک بهر خویش چاهی می‌کنی» و در حاشیه اصلاح کرده‌اند.

۴ - **پیله** : محفظهٔ ابریشمینِ کِرم ابریشم. مادّه‌ای که کرم ابریشم از لعاب دهن دور خود می‌تَنَد.

سنایی : خرمن خود را به دست خویشتن سوزیم ما کرم پیله هم به دست خویشتن دوزد کفن

۵ - **خصم** : دشمن، طرف جدال. ۶ - **نُبی** : قرآن، مصحف.

۷ - اشارتی قرآنی؛ نصر : ۱/۱۱۰ : إِذا جاءَ نَصْرُ اللهِ وَ الْفَتْحُ... : اگر یاری خدا و پیروزی فرا رسد... .

۸ - اشارتی قرآنی؛ فیل : ۳/۱۰۵ : وَ أَرْسَلَ عَلَيْهِمْ طَيْراً أَبابِيلَ. و بر سر آن‌ها پرندگانی را گروه گروه فرستاد. تَرْمِيهِمْ بِحِجارَةٍ مِنْ سِجّيلٍ. که با سنگ‌های کوچکی آنان را هدف قرار می‌دادند.

سرزمین‌های عربی گسترش دهد و با دیگر ادیان در آویزد؛ بنابراین شروع به ساختن کلیساهایی در این سو و آن سوی یمن کرد که از همه برجسته‌تر **کلیساهای مآرب، نجران** و **صنعا** است و در همین صنعا بود که ابرهه کلیسای بزرگ و باشکوهی را به نام «**قُلَّیْس**» ساخت. او می‌خواست مردم از رفتن به مکّه و حجّ کعبه روی گردانند و به صنعا و حجّ قُلَّیْس روی آورند. اگر چنین می‌شد برای او سودهای سیاسی و اقتصادی و ادبی فراوانی به همراه داشت؛ امّا چنین نشد و عوامل دیگری پیش آمد که ابرهه را واداشت تا به حملهٔ معروفش به مکّه دست یازد.

ساخت این کلیسا به روزگاری باز می‌گردد که جهان مسیحیّت کلیساهای بزرگ و بشکوهی را در خود داشته است همچون کلیسای «ایاصوفیه» در قسطنطنیه یا استانبول امروزی؛ امّا کلیسای ابرهه (قلیس) آمیزه‌ای از هنر معماری کهن عرب و هنر معماری بیزانس مسیحی بوده است.

بی‌گمان حملهٔ ابرهه حبشی به مکّه پیش از هر چیز در گام نخست از روی انگیزه‌های اقتصادی و سیاسی بوده است و اگر انگیزهٔ دینی نیز درگام‌های پسین درکار بوده، آن نیز در راستای همان روند به شمار می‌رفته است؛ زیرا با تسلّط حبشیان بر یمن، به دلیل پیکارهای ایران و روم به ناچار، یمن نقش تعیین کننده‌ای راکه در بازرگانی جهان از طریق تنگهٔ باب‌المندب داشت، از دست داد. در نتیجه تنها راهی که پیش پای بازرگانی آن روزگار باز مانده بود راه صحرایی بود که از سرزمین‌های تهامه و حجاز می‌گذشت و پل پیوند کالای تجارتی میان دو ابرقدرت درگیر، جایی جز مکّه نبود. مکّه‌ای که از نیمه‌های سدهٔ پنجم میلادی به این سو در میان عرب‌های شمالی جایگاه بلندی یافته بود و هر دو ابرقدرت آن روزگار یعنی ایران و روم نیز بدان چشم دوخته بودند. در این میان حبشه بسیار دوست می‌داشت که خود این شاهرگ بازرگانی و اقتصادی پر سود را به دست آورد از این‌رو به مکّه حمله کرد تا بازرگانی جنوب و شمال نیز در دست او باشد و ناکامی ابرهه از این که نتوانست آیین حجّ را از کعبه به قُلَّیْس باز گرداند نیز نقش عمده‌ای در این امر داشت.

آشکارترین نشانهٔ انگیزه‌های سیاسی و اقتصادی ابرهه (ابراموس) برای حمله به مکّه، گزارش یکی از مورّخان مسلمان است که بر پایهٔ آن، ابرهه پس از ساختن کلیسای «قُلَّیْس» و قبل از آلوده شدن به دست مردی عرب به نجاشی نوشت که از پای نخواهد نشست تا اینکه بتواند آیین حجّ را از کعبه به قُلَّیْس بازگرداند.[1]

ابرهه سپاهی کلان فراهم آورد که به گزارش مورّخان مسلمان شمارشان به چهل هزار یا شصت هزار نفر می‌رسید و به سوی مکّه روانه شد. عرب‌ها ایستادگی و پیکار با ابرهه را بر خویش بایسته می‌شمردند از همین رو برخی از سران عرب راه را بر او گرفتند و با او در آویختند؛ امّا چندان کاری از پیش نبردند و سپاه طاغوت تا چراگاه‌های مکّه رسید.

پسندیده‌ترین روایات حاکی از آن است که عبدالمطّلب کوشید تا مردم مکّه را به پیکار با ابرهه وادارد و چون کوشش او کارساز نیفتاد و مردم از ترس به کوه و کمر گریختند، عبدالمطّلب خود به اتّفاق گروهی از خویشان ماند و آمادهٔ پاس‌داری از کعبه و پیکار با حبشیان شد و همواره به دعا از خدا خواست تا خانهٔ خویش را از دست‌اندازی دشمنان محفوظ دارد. از این رو بعد از پایان هنگامه و فتنه، زمانی که حبشیان به کام ناکامی و نابودی افتادند، پایگاه عبدالمطّلب از آنچه پیش‌تر بود، بسی فراتر رفت و در چشم همگان گرامی‌تر شد. به هر تقدیر، نقشه و حملهٔ ابرهه با ناکامی و شکستی شگفت رویارو شد؛ زیرا خواست خداوند، جز آن بود که طاغوت حبشی پنداشته بود. قرآن کریم

---

۱ - تاریخ طبری، ۱۳۰/۲، تفسیر طبری، ۱۹۳/۳۰

سوره‌ای را ویژهٔ این رویداد قرار داده است، فیل: ۵/۱۰۵-۱: *آیا ندانسته‌ای که پروردگارت با پیل‌سواران چگونه رفتار کرد؟ آیا نیرنگشان را بی‌اثر نساخت؟ و بر آنان پرندگانی فوج فوج فرستاد که بر سرشان سنگ‌ریزه‌هایی از سنگ-گل فروانداختند و سرانجام آنان را مانند برگ کاه نیمه جویده ساخت.*

حملهٔ ناکام ابرهه عصر نوینی را در تاریخ زندگی قومی عرب‌ها بازگشود، چنانکه آن را آغاز تقویم و سنجش تاریخ نهادند و از آن پس رویدادها را بر پایهٔ «عام‌الفیل» که در سال ۵۷۹ م بوده است، تاریخ‌گذاری کردند که سال‌زاد پیامبر(ص) نیز هست. پیامدهای نیکوی این حملهٔ ناکام آن بود که بعد از آن هرگز حبشیان در فکر درآویختن با مکّیان نبودند و با برانگیخته شدن پیامبر اسلام(ص) پیوند میان حبشیان و مکّیان نیکو بوده و رسول خدا(ص) با نجاشی ارتباطی خوب داشته است.[1]

گر ضعیفی در زمین، خواهد اَمان — غـلغل افـتد در سـپاهِ آسـمان ۱۳۲۰

اگر ناتوانِ ستمدیده‌ای امانی خواهد، در لشکر حق غوغایی برپا می‌شود.

گر به دندانَش گزی، پُر خون کُنی — دردِ دنـدانت بگـیرد، چـون کُـنی؟ ۱۳۲۱

اگر به فرد ناتوانی صدمه بزنی و به کیفرِ آن به دردِ دندان یا عذاب دیگری مبتلا شوی، چه می‌کنی؟

شیر خود را دید در چَـهْ، وز غُـلُو[2] — خویش را نشناخت آن دَم از عَـدُو ۱۳۲۲

شیر، خود را در چاه دید؛ ولی با کینه‌ای که به آن شیر داشت، تصویر خویش را دشمن پنداشت.

عکس خود را، او عدّوِ خویش دید — لاجرم بر خویش شمشیری کشید ۱۳۲۳

تصویر خود را خصم پنداشت و شمشیر کشید که او را هلاک کند.

ای بسا ظُـلمی کـه بـینی در کَسان — خویِ تو باشد در ایشان ای فلان[3]! ۱۳۲۴

چه بسا ظلم و ستمی را که در دیگران می‌بینی، انعکاسِ صفاتِ بد خود توست.

انـدر ایشـان تـافته هسـتیِّ تـو — از نِـفاق و ظـلم و بـدمستیِّ تـو ۱۳۲۵

پرتوی از هستی نَفْسانی‌ات بر آنان تابیده است و آنچه را که به شکل دورویی و نفاق یا ستمگری در دیگران مشاهده می‌کنی، بازتابِ صفات نکوهیدهٔ خودِ توست.

آن توی، و آن زخم بر خود می‌زنی — بر خود آن دَم، تـارِ لعنت مـی‌تَنی ۱۳۲۶

آن بدی که در دیگران می‌بینی، در خود توست. ضربه‌ای که به آنان می‌زنی، در واقع به خودت وارد می‌سازی و خود را مستحقِّ لعنت می‌کنی.

---

۱ - بررسی تاریخی قصص، ج ۱، صص ۳۳۸-۳۲۰، با تلخیص و تصرّف. ۲ - **غُلُوّ**: مبالغه، از حدّ درگذشتن.
۳ - **فلان**: شخص ناشناس، از نام‌های مردم.

در خـود آن بـد را نـمی‌بینی عـیان ورنه دشمن بودیی خود را به جـان ۱۳۲۷

تو، چشمِ حقیقت‌بین نداری که بدی را در خود ببینی، اگر می‌دیدی، به جای دشمنی با دیگران با نفسِ خویش مبارزه می‌کردی که آن خویِ بد را نابود کنی.

حمله بر خود می‌کنی ای ساده مـردا! همچو آن شیری که بر خود حمله کرد ۱۳۲۸

ای ساده‌دل، در دشمنی با دیگران، با خود دشمنی می‌کنی، مانندِ شیر که به تصویرِ خود حمله کرد.

چون به قعرِ[1] خُوی خود اندر رسی پس بدانی کز تـو بـود آن نـاکسـی ۱۳۲۹

اگر نَفْس خود را بشناسی، در می‌یابی که ویژگیِ بدی که در دیگران می‌بینی، بازتاب بدیِ خودِ توست.

شیر را، در قـعر پـیدا شـد کـه بـود نقشِ او، آن کِش دگر کَس می‌نمود ۱۳۳۰

شیر در قعر چاه فهمید تصویری که دشمن می‌پنداشت، خودِ او بوده است.

هــر کــه دنـدان ضـعیفی مـی‌کَند[2] کـارِ آن شـیر غـلطبین مــی‌کُند ۱۳۳۱

هر کس که بر ناتوانی ستم می‌کند، در حقیقت همان کاری را می‌کند که آن شیر کرد.

ای بـدیده خـالِ بـد بـر روی عَـمْ[3] عکسِ خالِ توست آن، از عم مَرَم[4] ۱۳۳۲

ای که بدی و زشتی را در چهره و اعمال دیگران می‌بینی، این نابسامانیِ خودِ توست که در آیینهٔ وجودِ دیگران می‌بینی، می‌رنجی و دوری می‌کنی.

مــؤمنان آیــینهٔ هــمدیگرند[5] ایـن خـبر مـی از پـیمبر آورنـد ۱۳۳۳

وجودِ مؤمنان، مانندِ آیینه‌ای است که هر یک می‌توانند در آیینهٔ وجودِ دیگری، حقیقتِ باطنیِ خویش را ببینند. هرکس بدی ببیند، خود را دیده و اگر نیکی و زیبایی ببیند، درون خود را دیده است، چنانکه روایتی از رسول گرامی(ص)[6]: اَلْمُؤمِنُ مِرْآةُ الْمُؤمِنِ: مؤمن آیینهٔ مؤمن‌است.

---

۱ - **قعر**: تک و پایان هر چیزی. ۲ - **دندان ضعیفی راکندن**: کنایه از ظلم و ستم بر ناتوان است.

۳ - **عَمّ**: برادر پدر (عمو)، گروه بسیاری از مردم.

۴ - مصراع نخست، ابتدا «عکس بد» بوده، بعداً به «خال بد» تبدیل کرده‌اند.

۵ - می‌گویند: مؤمن آیینهٔ مؤمن است، نمی‌گویند: کافر آیینهٔ کافر است؛ زیرا کافر به سبب جهل و خودکامگی، آیینهٔ وجودش چنان زنگار گرفته است که هیچ کافری در آیینهٔ زنگار بستهٔ کافر دیگر قادر به مشاهدهٔ حقیقت تاریک خود نیست. ۶ - احادیث، ص ۴۱.

پیشِ چشمت داشتی شیشهٔ کبود[1]   زآن سبب، عـالم کـبودت مـی‌نمود ۱۳۳۴

از پسِ شیشهٔ کبودرنگ به عالم و عالمیان می‌نگری و همه را سرشار از بدی می‌بینی.

گرنه کوری، این کبودی دان ز خویش   خویش را بدگو، مگو کس را تو بیش ۱۳۳۵

اگر کور نیستی، زشتی‌ها و بدی‌ها را از خود بدان، از بدیِ خودت بگو، نه از دیگران.

مـؤمن اَر یَـنْظُر بِـنُورِ اللّـه[2] نـبود   غیب، مؤمن را برهنه چـون نـمود؟ ۱۳۳۶

اگر مؤمن با نور حق نمی‌بیند، چگونه می‌تواند حقایق غیب را مشاهده کند؟

چون که تو یَـنْظُر بِـنار اللّـه[3] بُـدی   در بـدی از نـیکوی غـافل شـدی[4] ۱۳۳۷

امّا تو که خواسته‌های نَفْسِ پست را برآورده می‌کردی و با نارِ الهی می‌دیدی، چنان در بدی غرق شدی که به یادِ نیکی و نیکویی نیفتادی.

انـدک انـدک، آب بـر آتش بـزن   تا شود نارِ تو نـور، ای بُـوالْـحَزَن[5] ۱۳۳۸

با پاسخ ندادن به تمایلات نفسانی که تهذیب نفس است، آرام آرام آتشِ سرکش خواسته‌های نفس امّاره را خاموش کن. یاد و نامِ خدا مانند آب این آتش سوزان را نابود می‌سازد و نارِ درونی آهسته آهسته به نور مبدّل می‌گردد؛ یعنی نفسِ دون متعالی می‌شود.

تـو بـزن یـا رَبَّـنا ! آبِ طَـهُور[6]   تا شود این نـارِ عـالم، جـمله نـور ۱۳۳۹

پروردگارا، تو بخواه و اجازه بده که با یاد تو و نام پاک تو نارِ عالمیان به نور مبدّل گردد.

آبِ دریا جـمله در فـرمانِ تـوست   آب و آتش، ای خداوند! آنِ توست ۱۳۴۰

خداوندا، دریاها با آن وسعت و آتش با آن سوزانندگی و جمیع کائنات تحت سیطرهٔ قدرت تو هستند.

---

۱ - **کبود** : رنگ نیلی لاجوردی است و اینجا به معنی تیره و تار، کنایه از عوالم نفسانی پست.

۲ - اشاره‌ای است به حدیث : اِتَّقُوا فَراسَةَ الْمُؤْمِنِ فَإِنَّهُ یَنْظُرُ بِنُورِ اللهِ: از تیزبینی و فراست مؤمن حذر کنید، زیرا با نور خدا می‌بیند: احادیث، ص ۵۵۸.

۳ - **نار الله** : آتش قهر و خشم الهی، آتش دوزخ یا جحیم، کنایه از نفس امّاره.

۴ - مصراع دوم در حاشیه چنین قید شده است: «نیکوی را واندیدی از بدی».

۵ - **بوالحَزَن** : غم‌زده و اندوهگین.

۶ - طهور : پاکیزه ساختن، آب باران طهور است و مادام که با آلاینده‌ها آلایش نیابد، توسط آن می‌توان ازالهٔ ناپاکی و نجاست کرد. فرقان : ۴۸/۲۵ : وَ أَنْزَلْنا مِنَ السَّماءِ ماءً طَهُوراً : و از آسمان آبی پاک کننده نازل کردیم. مفهوم عرفانی آبِ طهور، آبِ ذکر «یاد خدا و نام پاک حق تعالیٰ» است.

گر تو خواهی، آتش آبِ خوش شود ور نـــخواهی، آب هـم آتش شـود ۱۳۴۱

خداوندا، اگر تو اراده کنی آتش بر خلاف طبیعت خویش به آبی گوارا مبدّل می‌گردد و اگر نخواهی آب به آتشی سرکش تبدیل می‌شود.

این طِلب[1]، در ما، هم از ایجاد[2] توست رَستن از بـیداد، یـا رب! داد[3] تـوست ۱۳۴۲

پروردگارا، تو این طلب را در ما به وجود آورده‌ای و به لطفِ تو از شرّ نفس بیدادگر رهایی می‌یابیم.

بی طلب، تو این طلب مان داده‌ای گنجِ احسان بـر هـمه بگشـاده‌ای[4] ۱۳۴۳

خداوندا، بی‌آنکه بخواهیم، در ما طلب را نهادی؛ زیرا خداجویی در فطرتِ بشر گنجِ احسان توست.

مژده بردنِ خرگوش سویِ نخچیران که: شیر در چاه فتاد

چونکه خرگوش از رهایی شاد گشت سویِ نخچیران دوان شد تا به دشت ۱۳۴۴

خرگوش که از شرّ شیر آسوده و شاد شد، با سرعت به سوی نخچیران و دشت دوید.

شیر را چون دید در چَه، کُشته، زار چـرخ مـی‌زد شـادمان تـا مـرغزار ۱۳۴۵

وقتی که شیر را با بیچارگی در چاه کشته دید، از شادی می‌چرخید و می‌دوید تا به سبزه‌زار برسد.

دست می‌زد چون رهید از دستِ مرگ سبز و رقصان در هوا چون شاخ و برگ ۱۳۴۶

خرگوش با شادمانی دست می‌زد؛ زیرا از چنگال مـرگ رهـایی یـافته بـود. مـدام مـی‌چرخـید و می‌رقصید و می‌پرید، مانند شاخه‌ها و برگ‌های درختان که در اثر نسیم در هوا با شعف رقصان‌اند.

شاخ و برگ از حبسِ خاک آزاد شد سـر بـر آورد و حـریفِ بـاد شـد ۱۳۴۷

همان‌طور که خرگوش با رهایی از چنگال مرگ، دست‌افشان و پای‌کوبان شد، آدمی نیز در مقام رهایی جان از قید تعلّقاتِ طبایع بشری، از سنخیّت با خاک، رها می‌شود و حریف باد عنایت که بر جان آزادگان از تمنّیات وزان است، می‌گردد.

بـرگ‌ها چـون شـاخ را بشکـافتند تـا بـه بـالای درخت اِشـتافتند[5] ۱۳۴۸

همان‌گونه که برگ‌ها به محض جوانه زدن از میان شـاخه‌ها بـیرون مـی‌آیند و سـراسـر

---

۱ - **طلب** : درخواست و تقاضا. در اصطلاح سالکان، طلب شور و شوقی است درونی بـرای رسیدن بـه حق و حقیقت. طالبِ حقیقی جز در قرب وصال یار ازلی آرام نمی‌یابد و دنیا و عقبیٰ در نظر وی اعتباری ندارد.

۲ - **ایجاد** : در وجود آوردن و هست کردن، آفریدن. ۳ - **داد** : عدل، بذل، مقابل ستم.

۴ - در بعضی نسخ مصراع دوم: بی‌شمار و حد عطاها داده‌ای. ۵ - **اِشتافتند** : شتافتن، شتاب کردن.

درخت را می‌پوشانند، جان آدمی نیز با رهایی از قید تعلّقات شکفته می‌شود و برگ‌هایِ علوم و معارف از میان شاخه‌های صفاتی که حامل علم الهی برای عارفان است، جوانه می‌زنند و سراپای درخت هستی‌اش را سرشار می‌دارند.

با زبانِ شَطْأَه[1]، شُکر خدا   می‌سراید هر بر و برگی جدا ۱۳۴۹

هر شاخ و برگی به زبانِ حال ثناگوی حق تعالیٰ و همنوا با اجزای عالم مسبّح است.

که بپَرْوَرْد اصلِ ما را ذوالعَطا[2]   تا درخت اِسْتَغْلَظْ[3] آمد وَاْسْتَویٰ[4] ۱۳۵۰

که آن خالق بخشنده ما را پرورش داد تا ریشهٔ وجود ما استوار شد و به صورت درختی تناور راست ایستاد.

سِرّ سخن آنکه فضلِ الهی جانِ قابل را از قید تعلّق تن می‌رهاند و به‌کمال می‌رساند.

جانهایِ[5] بسته اندر آب و گِل[6]   چون رَهند از آب و گِلها شاد دل ۱۳۵۱

جان‌های آدمیان که در تن محبوس و اسیر تمایلاتِ بشری‌اند، زمانی که با تزکیه و تهذیب متعالی شوند و از اسارت تن برهند،

در هوایِ عشقِ حق رقصان[7] شوند   همچو قرص ِ بَدْر بی نقصان شوند ۱۳۵۲

در هوای عشقِ حق به چرخش و گردش و رقص در می‌آیند و در آن حال مانندِ قرصِ کاملِ ماه بی‌عیب و نقص و منوّرند.

---

۱ - **شَطْأ** : شاخه تازه روییده یا جوانهٔ تازه.   ۲ - **ذوالعطا** : خداوند بخشنده.

۳ - **اِسْتَغْلَظَ** : غلیظ شد، ستبر شد.

۴ - اِسْتَویٰ : راست ایستاد. اشارتی قرآنی؛ فتح : ۲۹/۴۸ : کَزَرْعٍ أَخْرَجَ شَطْأَهُ فَآزَرَهُ فَاسْتَغْلَظَ فَاسْتَویٰ : [در بیانِ حالِ یارانِ پیامبر(ص) که در آغاز بعثت اندک و ضربه‌پذیر بودند.]: و توصیف آن‌ها در انجیل، همانندِ کِشتی است که جوانه‌اش را برآوَرْد، پس آن را نیرومند ساخت و ستبر گردید و بر ساقه‌هایش ایستاد.

۵ - **جان** : ابن سینا جان را همان نفس می‌داند. به عقیدهٔ قدما جسمی است لطیف و فناپذیر (جسم اثیری) بر خلاف روح عالی عِلوی که جسم نیست و فنا نمی‌پذیرد. مظروف روح است. آنچه که تن به وی زنده است. جان رتبهٔ ناسوتی دارد و روان از مجرّدات است، پست‌تر از روح انسانی، یعنی روحِ حیوانی است.

۶ - **آب و گِل** : مقصود «تن» آدمی و صفاتِ پست بشری است.

۷ - **سَماع**؛ وجد و سرور و پای‌کوبی و دست‌افشانی صوفیان، منفرداً یا جمعاً با آداب و تشریفات مخصوص را سَماع نامند. حالتی است که در اثر توجّه حق به سالک و عنایت الهی به عارف هیجانات عاطفی و غلیان و شور و وجد درونی دست می‌داده و عارفان را بر آن می‌داشته است که گاه و بی‌گاه در هر زمان و یا هر مکان، بدون آنکه پروایی از طعنه کوردلان و کج‌اندیشان داشته باشند، دست بیفشانند و پای‌کوبان همراه تمامی اجزای عالم که در گردش‌اند، به چرخش و گردش در آیند و در لحظات چرخش و استغراقِ در حق، واسطه‌ای باشند برای دریافتِ انوارِ رحمتِ الهی و بارشِ آن بر زمینیان.

جسمشان در رقص، و جان‌ها خود مپرس وانکه گِردِ جان، از آن‌ها خود مپرس ۱۳۵۳

در حال چرخش و گردش، جسم سالک در رقص و دست‌افشانی است و جانِ او حالی دارد که کلام از وصف آن عاجز است؛ زیرا مستِ عشقِ جانِ جان است و آن چیزی که جانِ او را احاطه کرده، عشقِ حق است و این حال در بیان نمی‌گنجد.

شیر را خرگوش در زندان نشاند ننگ[1] شیری کو ز خرگوشی بماند ۱۳۵۴

شیر نیرومندی را خرگوش ناتوانی در چاه محبوس کرد. ننگ باد بر چنین شیری.

در چنان ننگی و آنگه این عجب «فخرِ دین»[2] خواهد که گویندش لقب ۱۳۵۵

مایهٔ تعجّب است که شیر با چنان ننگ و سرافکندگی می‌خواهد با لقب‌هایِ پر معنایی از قبیل «فخر دین» او را بنامند.

ای تو شیری در تکِ این چاهْ فَرد[3] نفْس، چون خرگوشْ خونت ریخت و خورد ۱۳۵۶

ای آدمی، اگر در چاه تاریک هوس‌ها گرفتار شده‌ای، آن را از مکرِ نَفْسِ لئیم بدان، قصّهٔ شیر نقد حال توست.

نفسِ خرگوشت به صحرا در چَرا تو به قعرِ این چَهِ چون و چرا ۱۳۵۷

نفس تو، مانند خرگوش در صحرای خواهش‌های گوناگون در حال گشت و گذار است و خودِ تو در عمقِ چاهِ «چون چرا» مانده‌ای و «حق» را از طریق راه‌هایِ این جهانی و استدلال می‌جویی.

سویِ نخچیران دوید آن شیرْگیر کَابْشِروا یا قَوْم اِذْ جاءَ اَلْبَشیر ۱۳۵۸

خرگوش به سوی نخچیران دوید و گفت: بشارت بر شما که خبری خوش آورده‌ام.

---

۱ - **ننگ**: سرشکستگی، بدنامی، شرم.

۲ - محمّد بن عمر بن حسین بن علی طبرستانی (۶۰۶-۵۴۴ هـ ق)، مولد وی به ری بود و در هرات مدفون گردید. لقبش فخرالدّین مشهور به امام فخرالدّین و فخر رازی. وی از حکما و علمای شافعی است و جامع علوم عقلی و نقلی. در تاریخ، کلام، فقه، اصول، تفسیر و حکمت و فنون ریاضیه وحید عصر خود بود. در حوزهٔ درس وی بیش از دو هزار تن می‌نشستند. او با اسماعیلیان مخالف بود و از بدگویی دربارهٔ آنان بیم نداشت. برای بررسی احوال وی و اطّلاعات بیشتر به «دانشمندان نامی اسلام» تألیف محمود خیری و «مجالس النفائس» چاپ حکمت مراجعه کنید.
فَخرِ دین؛ فخر در لفظ به معنی مباهات و بالیدن است و فخرِالّدین کسی را گویند که اعتبار علمی وی در علوم فقهی و شریعت مایهٔ مباهات باشد. لقب فخر رازی است که معاصر پدر مولانا و بنا بر بعضی اقوال از معاندان وی بوده است. عدّه‌ای از شارحان مثنوی این بیت را طعنه‌ای در حقِّ فخر رازی انگاشته‌اند؛ امّا احتمالاً مقصود مولانا کسانی هستند که خود را به ظواهر دین و شریعت می‌آرایند و از تهذیبِ نفس و تعالی بهره‌ای ندارند و به قول مولانا «در چنان ننگی»، یعنی در اسارت نفس امّاره‌اند و خود را مایهٔ مباهات می‌پندارند.

۳ - **فرد**: تنها، دور شده و جدا مانده.

مژده مژده ای گروهِ عیش ساز[1]   کآن سگِ دوزخ به دوزخ رفت باز ۱۳۵۹

ای گروهی که می‌خواهید به خوشی زندگی کنید، مژده که آن سگ دوزخی به جهنّم واصل شد.

مژده مژده کآن عدوّ[2] جان‌ها   کَنْد قهرِ خالقش دندان‌ها ۱۳۶۰

مژده مژده که دشمن جان شما به قهر الهی سختی دچار شد و نابود گردید.

آنکه از پنجه بسی سرها بکوفت   همچو خَسْ جاروبِ مرگش هم بروفت ۱۳۶۱

آن که با پنجهٔ هلاکت‌بار، بسیاری را نابود کرده بود، مانند خَس با جاروب مرگ برداشته شد.

جمع شدنِ نخچیران گِرد خرگوش، و ثنا[3] گفتن او را

جمع گشتند آن زمان جمله وحوش   شاد و خندان، از طرب در ذوق و جوش ۱۳۶۲

تمام جانوران آن دشت با شادی و جوش و خروش به دور هم جمع شدند.

حلقه کردند او چو شمعی در میان   سجده آوردند و گفتندش که: هان![4] ۱۳۶۳

جانوران، دور خرگوش حلقه زدند و او مانند شمعی در میان بود و خاضعانه ستوده می‌شد.

تو فرشتهٔ آسمانی، یا پری؟[5]   نی، تو عزرائیلِ[6] شیرانِ نری ۱۳۶۴

می‌گفتند: تو فرشته‌ای یا پری؟ نه تو همان عزرائیلِ جان‌ستانِ شیرانِ نر هستی.

هر چه هستی جانِ ما قربانِ توست   دست بُردی[7]، دست و بازویت دُرست ۱۳۶۵

هر چه هستی، فرقی نمی‌کند. جان ما فدای تو که پیروز شدی. احسنت بر تو.

---

۱ - **عیش ساز** : عشرت کننده، خوش‌گذران.   ۲ - **عَدُوّ** : دشمن.

۳ - **ثنا** : آفرین، تمجید و تحسین، شکر و سپاس.

۴ - **هان** : به راستی و در حقیقت. مصراع دوم، در حاشیه: «سجده کردندش همه صحراییان».

۵ - **پری** : موجود متوهَم که صاحب پر باشد و به چشم نمی‌آید و غالباً نیکوکار است، فرشته، حوری، مقابل دیو. مراجعه کنید به ۱۹۳۱/۱ و ۲۳۲۹/۲

۶ - **عزرائیل** : نام ملک‌الموت، ملک مقرّب، «عزرا» در زبان سُریانی به معنی بنده است و «ئیل» نامِ خدای تعالیٰ، فرشته مرگ. **سُریانی:** نام قوم سامی‌نژاد که با قوم آرامی خویشاوند بوده، لهجهٔ آنان را سُریانی نامند. زبان نبطی، زبانی که با آن تورات نازل شده است. منسوب به سورستان (عراق و بلاد) خطّی که برای نوشتن سریانی به کار می‌رفته با اندک تغییراتی همان خط آرامی است.   ۷ - **دست‌بُرد** : چیره شدن، غلبه کردن.

راند حق این آب را در جویِ[۱] تو آفرین بر دست و بر بازویِ تو ۱۳۶۶
کاری که کردی به هدایت و خواست حق بود. آفرین بر دست و بازوی تو باد.

باز گو تا چون سِگالیدی[۲] به مکر؟ آن عوان[۳] را چون بمالیدی[۴] به مکر؟ ۱۳۶۷
بگو که چه حیله‌ای اندیشیدی که آن ظالمِ ستمگر را این چنین گوشمالی دادی؟

باز گو، تا قصّه درمان‌ها شود باز گو، تا مرهمِ جان‌ها شود ۱۳۶۸
بازگو کن تا بیان این قصّه درمان دردها و مرهم زخم‌هایِ جان خستهٔ ما باشد.

باز گو، کز ظلم آن اِستم نما[۵] صد هزاران زخم دارد جانِ ما ۱۳۶۹
شرح بده؛ زیرا از ظلمِ آن ستمگر، جانِ ما صدهزار جراحت دارد.

گفت: تأیید[۶] خدا بُد ای مِهان! ورنه خرگوشی که باشد در جهان؟ ۱۳۷۰
خرگوش گفت: ای بزرگان، تأییدِ الهی بود وگرنه در این جهان خرگوش کوچک چه کاره است؟

قوّتم بخشید و دل را نور داد نورِ دل مَر دست و پا را زور داد ۱۳۷۱
خداوند پرتوی بر دلم افکند. نوری که بر دل می‌تابد، سبب شجاعت می‌شود و شجاعت، قدرت و قوّت پا را برای مبارزه افزون می‌کند.

از بَرِ حق می‌رسد تفضیل‌ها[۷] باز هم از حق رسد تبدیل‌ها[۸] ۱۳۷۲
فضیلت از جانب حضرت‌باری‌است و دگرگونی‌ها یا تبدیل صفات و تعالی نیز همه از حق می‌رسد.

حق به دور[۹] و نوبت[۱۰]، این تأیید را می‌نماید اهلِ ظنّ[۱۱] و دید[۱۲] را ۱۳۷۳
تأییدِ الهی به تناوب شاملِ حالِ این دو گروه می‌شود. گاه شیرانِ زورگو غلبه دارند و گاه خرگوشانِ ناتوان آنان را شکست می‌دهند.

---

۱ - **آب را در جوی کسی راندن :** کنایه از پیروزی است. ۲ - **سِگالیدن :** اندیشیدن.
۳ - **عَوان :** سخت گیرنده و ظالم، شُرطه. ۴ - **مالیدن :** تنبیه و گوشمال دادن.
۵ - **اِستم نما :** ظالم، ستمگر. ۶ - **تأیید :** نیرو و قوّت دادن، پشتیبانی.
۷ - **تفضیل :** فزونی و برتری، فضیلت. ۸ - **تبدیل :** دگرگونی.
۹ - **دَوْر :** گردش ایّام، دورگردون، تقدیر، گردشِ جام می در مجلس.
۱۰ - **نوبت :** هر کاری که به تناوب انجام شود، وقت چیزی، بانگ کوس و نقّاره‌ای که در نزدیکی سرای پادشاهی و دارالحکومه و در اوقات معیّنه و صبح و شام شنیده می‌شود.
۱۱ - **اهلِ ظنّ :** صاحبان پنداشت و گمان، کنایه از صاحبان علوم ظاهری و اصحابِ «قیل و قال»، اینجا اهلِ ظاهر.
۱۲ - **اهلِ دید :** صاحبان بصیرت، کسانی که به علوم باطنی و کشف و شهود معتقدند، عارفان و اهلِ تصوّف، اینجا کسی که با آگاهی و هوشیاری می‌تواند بر شیرِ زورگو غلبه کند.

پند دادن خرگوش نخچیران را که: بدین شاد مشوید

هین[۱] ! به مُلکِ[۲] نوبتی شادی مکن ای تـو بسـتهٔ نـوبت، آزادی مکـن[۳] ۱۳۷۴

به خود بیا و با موفقیّت‌های ناپایدار این جهانی شاد نشو که این‌ها نوبت و مدّت دارد.

آنکه مُلکش بـرتر از نـوبت تَـنَند[۴] برتر از هفت اَنْجُمَش[۵] نوبت زنـنـد ۱۳۷۵

آن کس که قدرت و پادشاهی‌اش موقّتی نیست، دارای سلطنتی معنوی، بـرتر از هـفت اختر است.

بـرتر از نـوبت، مـلوکِ بـاقی‌انـد[۶] دورِ دایـم[۷]، روح‌هـا بـا سـاقی‌انـد ۱۳۷۶

ملوکِ باقی، با سلطنتی بی‌زوال و روحی تابناک در محفلِ ساقی اَلَست حاضر و ناظرند.

ترکِ این شُرب اَر بگویی یک دو روز درکُـنی انـدر شـرابِ خُـلْد[۸] پـوز[۹] ۱۳۷۷

اگر لذّات ناپایدار این جهانی را ترک کنی، از شراب معرفت و بقا خواهی نوشید.

---

۱ - **هین** : کلمه‌ای است که به جهت تأکید و امر می‌گویند یعنی بشتاب و زود باش.

۲ - **مُلک** : خداوندِ چیزی شدن، پادشاهی، بزرگی و عظمت و سلطه.

۳ - اسیرِ تعلّقات نمی‌تواند مانند آزاده شاد باشد. ۴ - **تَنَند** : از مصدر تنیدن به معنی بافتن.

۵ - **أنْجُم** : نَجم، ستارگان. **هفت؛** از میان اعداد، عدد هفت از دیرباز مورد توجّه اقوام مختلف جهان بوده است، اغلب در موارد ایزدی و نیک و گاه در امور اهریمنی و شرّ به کار می‌رفته است. قدیمی‌ترین قومی که به عدد هفت توجّه کرده، قوم سومر است؛ زیرا آنان متوجّه سیّارات شدند و آن‌ها را به صورت ارباب انواع پرستیدند. عدد هفت در مذاهب و تاریخ جهان، در تصوّف و در سنن و آداب اهمیّت زیادی داشته و شمارهٔ بسیاری از امور و مواضیع هفت بوده است؛ مانند: هفت طبقهٔ زمین، هفت طبقهٔ آسمان، ایّام هفته، هفت فرشتهٔ مقدّس نزد بنی‌اسرائیل، تقسیم جهان به هفت کشور یا هفت اقلیم، هفت مقام مقدّس در مهرپرستی، هفت در و هفت طبقهٔ دوزخ در قرآن، هفت شبانه‌روز بلای قومِ عاد، هفت عضوی که در سجده باید بر زمین باشد، هفت شهر عشق و هفت مردان در تصوّف: اقتباس و اختصار از رساله شماره هفت و هفت پیکر نظامی از دکتر معین. **هفت أنْجُم؛** هفت اختر: قمر، عطارد، زهره، شمس و مریخ و مشتری و زحل که نام فارسی آن‌ها چنین است: ماه، تیر، ناهید، خورشید، بهرام و برجیس و کیوان. به اعتقاد قدما جای این هفت اختر به ترتیب در هفت فلک یا هفت آسمان است.

۶ - **مُلوکِ باقی** : انبیا، اولیا، انسانِ کامل.

۷ - **دورِ دایم** : گردش همیشگی و هموارهٔ روزگار و ایّام و گردش جام می. ۸ - **خُلد** : بقا، بهشت.

۹ - **پوز** : پوزه، پیرامون دهان.

تفسیر رَجَعْنا مِنَ اَلْجِهادِ الأَصْغَرِ إِلَی الجِهادِ اَلأَکْبَر[۱]

مولانا در این مبحث که تا بیت ۱۳۹۴ ادامه می‌یابد، به شرح مجاهده و مبارزه با نفس می‌پردازد. تلاشی که سخت دشوار است و جز به عنایت الهی و فرارسیدن جذبهٔ حق کمتر حصول می‌یابد؛ زیرا مبارزه‌ای است در جهت نفی امیال و شهوات که زندگی آدمی بدان وابسته است.

۱۳۷۸ **ای شهان! کُشتیم ما خصم برون[۲] مانْد خصمی زو بَتَر در اندرون**

ای بزرگان، دشمن بیرونی را کشتیم؛ امّا در درون خصمی هولناک‌تر باقی است.

۱۳۷۹ **کشتنِ این، کارِ عقل و هوش نیست شیرِ باطن سُخْرهٔ خرگوش نیست**

کشتنِ نَفْس و تهذیب آن با عقلِ جزوی بشری ممکن نیست. «نَفْس»، شیری نیست که خرگوش بر او غلبه کند.

۱۳۸۰ **دوزخ است این نَفْس و دوزخ[۳] اژدها[۴]ست کو به دریاها نگردد کمّ و کاست**

نَفْسِ امّاره، دوزخ است و دوزخ اژدهاست با دهانی فراخ که اگر دریاها را هم ببلعد، آتش حرصِ او را پایانی نیست.

۱۳۸۱ **هفت دریا[۵] را در آشامد، هنوز کم نگردد سوزش آن خلقْ سوز[۶]**

عطشِ نفسِ مردم‌سوز با هفت دریا کاستی نمی‌یابد.

---

۱ - مستفاد است از این حدیث: قَدِمْتُمْ مِنَ الْجِهَادِ الأَصْغَرِ إِلَی الْجِهَادِ الأَکْبَرِ مُجَاهَدَةِ الْعَبْدِ هَوَاهُ: اکنون بیشتر مواظب باشید؛ زیرا از جهاد اصغر به جهاد اکبر که جهاد انسان با هوای نفس خویش است روی آوردید. از رسول خدا(ص) نقل شده است که وقتی یکی از اصحاب از جبهه بازگشته بود، در حالی که گرد و غبار سفر را پاک می‌کرد و سلاح را به زمین می‌گذاشت تا به خانه رود، به وی فرمود: از جهاد اصغر بازگشتی؛ امّا جهاد اکبر را پیش رو داری. صحابی، شگفت‌زده پرسید: مگر جهادی بالاتر از جهاد با شمشیر هم هست؟ پیامبر(ص) فرمود: آری جهاد انسان با نفسِ خویش: احادیث، ص ۶۳.

نظیر آن گفتهٔ یکی از حکمای یونان است: سخت‌ترین جهاد، جهاد انسان با خشم خویش است. نفس قوی‌ترین دشمن انسان است. ۲ - **خَصم برون:** دشمن بیرونی.

۳ - **دوزخ:** جهنّم به عقیدهٔ همه اَدیان، جایی در جهان دیگر که بزهکاران را به انواع عقوبت کیفر دهند و نام درکات سبعهٔ آن چنین است: جهنّم، لظی، حطمة، سعیر، سقر، جحیم و هاویه.

۴ - **اَژدَها:** اَژدَرها، مار بزرگ جثّه و دهانِ فراخِ باز و گشاده به عربی ثُعبان گویند. جانوری اساطیری به شکل سوسمار عظیم دارای دو پر که آتش از دهانش می‌بارد.

۵ - **هفت دریا:** هفت دریایی که قدما معتقد بودند، عبارتند از: دریای أخضر، دریای عمان، دریای قُلزم، دریای بربر، دریای اقیانوس (اقیانوسِ اطلس)، دریای قسطنطنیه (بحرالروم، دریای مدیترانه) و دریای أسود (دریای سیاه). مقصود از هفت دریا، اینجا همه چیز و یا هر چیز است.

۶ - **خلق سوز:** مراد نفس امّاره است که پیروی از آن عواقب وخیمی دارد.

۱۳۸۲ **سنگ‌ها و کافرانِ[1] سنگْ دل[2] اندر آیند اندر او زار و خَجِل**

نَفْس، بسان جهنّم است که سنگ‌ها و کافران سنگدل، زار و شرمنده بدان در می‌آیند.

۱۳۸۳ **هم نگردد ساکن از چندین غذا تا ز حقّ آید مَر او را این ندا**

چنان سیری‌ناپذیر است که با این غذاها آرامش نمی‌یابد، مگر از حق به او این ندا برسد:

۱۳۸۴ **سیر گشتی سیر؟ گوید: نه هنوز! اینْتْ[3] آتش، اینْت تابش، اینْت سوز**

آیا سیر شدی؟ دوزخ گوید: هنوز نه. چه آتشی! چه تابشی! چه سوزشی!

۱۳۸۵ **عالَمی را لقمه کرد و درکشید معده‌اش نعره‌زنان: هَلْ مِنْ مَزِید؟[4]**

جهانی را لقمه می‌کند و می‌بلعد و از درون نعره می‌زند که بیشتر نیست؟

۱۳۸۶ **حق قدم بر وی نهد از لامکان[5] آنگه او ساکن شود از کُن فکان[6]**

دوزخِ آن جهانی در روز رستاخیز به پایِ قدرت و ارادهٔ خداوندی سیر و آرام می‌شود.[7]

۱۳۸۷ **چونکه جزو دوزخ است این نَفْسِ ما طبعِ کُل دارد همیشه جزوها**

نَفْسِ امّاره، جزوی است از دوزخِ کلّی و اجزا تابع کلّ‌اند با همان ویژگی.

۱۳۸۸ **این قدم حق را بُوَد، کو را کُشد غیرِ حق، خود که کمانِ او کَشد؟**

قدمِ الهی آن‌را فرو می‌نشانَد. غیر از حقّ چه کسی می‌تواند برای انهدام او تیر در چلّهٔ کمان بگذارد؟

۱ - **کافِر**: ضدِّ مؤمن، بی‌دین، ناگرویده، کافر را در تداول بیشتر فارسی‌زبانان کافَر نیز استعمال کرده‌اند. در شرع به معنی منکر دینِ محمّدی است. اشارتی قرآنی؛ بقره: ۲۴/۲: فَاتَّقُوا النّارَ الَّتي وَقُودُهَا النّاسُ وَ الْحِجارَةُ: بترسید از آتشی که آتشگیره و هیزم آن بدن‌های مردمِ بی‌ایمان و سنگ‌هاست.

۲ - **سنگدل**: قسیّ‌القلب، بی رحم، جفاکار. ۳ - **اینْتْ**: این تو را.

۴ - اشارتی قرآنی؛ ق: ۳۰/۵۰: یَوْمَ نَقولُ لِجَهَنَّمَ هَلِ آمْتَلأْتِ وَ تَقُولُ هَلْ مِنْ مَزِیدٍ: روزی که به جهنّم گوییم: آیا پر شدی؟ و گوید: آیا افزون بر این هم هست؟ ۵ - **لامکان**: ورای مکان.

۶ - **کُن فَکان**: کُنْ فَیَکُونُ، شو پس شد، عالم موجودات، مقصود امر باری تعالیٰ است.

۷ - اشاره‌ای است به حدیث: یُقالُ لِجَهَنَّمَ هَلْ آمْتَلأْتِ وَ تَقُولُ هَلْ مِنْ مَزِیدٍ فَیَضَعُ الرَّبُّ تَبارَكَ وَ تَعالَی قَدَمَهُ عَلَیْها فَتَقُولُ قَطْ قَطْ: وقتی خطاب به جهنّم گفته می‌شود با پذیرفتن این همه دوزخی سیر شدی؟ و گوید آیا باز هم بیشتر است؟ ق: ۳۰/۵۰، تا اینکه پایِ قدرت و ارادهٔ خداوندی بر سر او فرود می‌آید و محدودش می‌کند. آنگاه جهنّم می‌گوید: بس است، دیگر ظرفیّتم کامل شد: احادیث، ص ۶۴.

در کَـمان[1] نـنهند اِلّا تـیرِ راست   این کمان را، باژگون[2] کژ تیرهاست ۱۳۸۹

برای مبارزه از تیرِ راست استفاده می‌کنند؛ زیرا تیر کج به هدف نمی‌خورَد؛ امّا نَفْسِ غیر متعالی، کمانی است با تیرهای کج که به سویِ تیرانداز باز می‌گردد.

راست شو[3] چون تیر و وارَهْ ازکمان   کَز کمان هر راست بِجْهد بی‌گمان ۱۳۹۰

مستقیم و پایدار باش تا از کمانِ نفس رها شوی.

چـونکه واگشـتم ز پیکارِ بُـرون   روی آوردم بــه پــیکارِ درون ۱۳۹۱

اینک که از پیکار و جنگ با دشمنان بیرونی بازگشتم به جنگ با دشمن درونی می‌پردازم.

قـد رَجَـعْنا مِـنْ جِـهادِ اْلأَصْـغَریم   بـا نَـبی انـدر جـهادِ اکـبریم ۱۳۹۲

و اکنون که از جهاد اصغر، یعنی جنگ با کافران باز گشته‌ایم، در کنار پیامبر(ص) به جهاد اکبر، یعنی مبارزه با نفس می‌پردازیم.

قوّت از حق خواهم و توفیق[4] و لاف[5]   تا به سوزن بـر کَـنم ایـن کـوهِ قـاف[6] ۱۳۹۳

از خداوند می‌خواهم که مرا نیرو و توفیق بدهد تا با سوزنِ مجاهده و ریاضت بتوانم کوهِ هستیِ مجازی را که خودبینی و جهل است، از جای بر کَنَم.

سهل شیری دان، که صَفْ‌ها بشکند   شیر آن است آن، که خود را بشکند ۱۳۹۴

شیری که صفوف دشمن را در هم می‌شکند، کار دشواری نکرده است، شیرِ حقیقی آن است که بتواند با «من» و با نَفْسِ خود مبارزه کند و او را نابود سازد.

---

۱ - **کمان :** در اصل خَمان بوده است به جهت خمیدگی آن، سلاحی که در قدیم برای تیرانداختن به کار می‌رفت.

۲ - **باژگون :** واژگون، سرنگون و معکوس. مجازاً شوم و نامبارک.

۳ - راست شو: اشارتی قرآنی؛ هود: ۱۱۲/۱۱: چنانکه مأموری استقامت و پایداری کن.

۴ - **توفیق :** سزاوار گردانیدن، قدرت دادن کسی را به کاری، کامیابی و کامرانی.

۵ - **لاف :** از لافیدن، ادّعا و خودستایی، بزرگ‌منشی نمودن.

۶ - **کوه قاف :** نام کوهی مشهور که محیط است به ربع مسکون. گویند پانصد فرسنگ بالا دارد و معتقد بودند که آشیانهٔ عنقا است. همچنین گفته‌اند: مراد جبال قفقاز و قبق است. شاید مأخوذ از قافقاز تلفّظ یونانی قفقاز باشد. کوهی است از زبرجد که گِرداگِرد زمین را گرفته است و نوشته‌اند از نوک کوهِ قاف تا آسمان فاصله به میزانِ قامتِ یک مرد است، بلکه آسمان بر او منطبق است.

آمدنِ رسولِ روم تا امیرالمؤمنین عُمَر رَضِیَ اللهُ عَنْهُ، و دیدنِ او کراماتِ عمر را، رَضِیَ اللهُ عنه[1]

امپراتور روم فرستاده‌ای را به سوی عُمَر در عهد خلافت وی گسیل داشت. نمایندهٔ قیصر روم که حُکّام و دولت‌مردان را در قصرهای بشکوه و آراسته دیده بود، جویای قصر خلیفهٔ مسلمین شد و شنید که عُمَر را کاخی جز جان معمور نیست و در جست‌وجوی او، وی را زیر خرمابُنی یافت که بدون مراقبت پاسبانان و حارسان بر خاک دراز کشیده بود. شگفت‌زده شد که این مرد چندین کشور را به ضرب شمشیر گشوده، چگونه بدون هیچ دغدغه باجامه‌ای وصله‌زده اینک چنین آسوده بر خاک خفته‌است؟

رسول روم، در حالی که هیبت مرد خفته جانش را به لرزه افکنده بود، ایستاد و پس از ساعتی عُمَر از خواب برخاست و رسول را به نزد خود خواند و چون او را جانی طالبِ اسرار یافت، در مقام مرشدی کاملِ مکمّل، تخمِ پاک علوم و اسرار را در زمین پاک جان وی کاشت و به ارشاد او همّت گماشت.

مولانا چنانکه روش معهود اوست، از «قصّه رسول و امیرالمؤمنین عُمَر» قالبی را بر می‌گیرد تا در این پیمانه، «دانهٔ معنا» را که جانِ کلام است به تقریر آوَرَد. در این داستان، رسول روم نمادی است

---

۱ - مأخذ این قصّه حکایتی است در اسرارالتوحید، چاپ تهران، به اهتمام دکتر صفا، ص ۳۷۲، که در طیِّ آن به نقل از شیخ ابوسعید روایت کرده‌اند: رسول روم که جویای عُمَر خلیفهٔ مسلمین است او را در گورستان میان ریگ فرو شده می‌یابد و می‌گوید: داد دادی و لاجرم ایمن نشسته‌ای، مَلِک ما داد نکرد و پاسبان بر بام کرد و ایمن نخفت. نظیر آن حکایتی است که در محاضرات الادبا، تألیف ابوالقاسم حسین بن محمّد راغب، چاپ مصر، ج ۱، ص ۱۶۴ نقل شده است. ظاهراً گفت‌وگوی رسول با مردم مدینه، مأخوذ باشد از حکایت حاتم اصم (از مشایخ متصوّفه) و مسافرت او به مدینه که دراحیاءالعلوم، ج ۱، ص ۵۰ آمده است. مأخذ روایتی که ابوسعید نقل کرده است، حکایتی است که محمّد بن عمر واقدی در فتوح‌الشّام آورده است: قیصر روم مردی نصرانی را برای قتل عمر روانه می‌دارد، مرد نصرانی به مدینه وارد می‌شود و خلیفه را زیر درختی در حالی که سنگی زیر سر گذاشته، خوابیده می‌یابد و چون قصد جان او می‌کند، شیری درنده‌ای از بیابان سر می‌رسد و به دور خلیفه می‌گردد و به احترام، پای وی را می‌لیسد و هاتفی ندا در می‌دهد که ای عمر چون به عدل پرداختی این چنین در امانی. مرد نصرانی که سخت تحت تأثیر قرار گرفته است، خود را در دامان عُمَر می‌افکَنَد و به دست وی اسلام می‌آوَرَد: احادیث، صص ۶۹-۶۷.

این قصّه احتمالاً از روی حکایت ملاقات هرمزان، حاکم خوزستان که به اسارت گرفته شده بود با عمر که اصل تاریخی دارد، ساخته شده است. این روایت را طبری در تاریخ خود نقل کرده و روایتی معتبر است. خلاصه‌ای از آن را نیز در محاضرات راغب اصفهانی، با تبدیل نام هرمزان به مرزبان می‌توان دید. این روایات به هم نزدیک‌اند، با این تفاوت که روایت واقدی و هجویری متضمّن غرایب بیشتری است از قبیل، پاسبانی شیران و آواز هاتف دربارهٔ عدل عُمَر و نفوذ وی در دَدان و فرشتگان و پریان.

مولانا این قصّه را از مطالب سست راویان جدا ساخته و به جای آن به طریقِ اشارت از بلندی مقام عمر و زهد و دادگستری وی سخنان دلنشین آورده است: شرح مثنوی شریف، ص ۴۹۳.

از سالکِ نوآموزی که طالبی سخت مستعدّ است و عُمَر، رمزی از مرشد کاملِ مکمّل را تبیین می‌دارد که طیِ گفت‌وگوی آنان که مشحون از دقایق و ظرایف عرفانی است، داستان‌های دیگر و مباحث ژرف ارزشمندی تداعی می‌شود که ضمن شرح ابیات به آن می‌پردازیم.

در این قصّه، عمده سخن آن است که کیفیّتِ تعلّقِ «جان به تن» و «روح قدسی به جسم خاکی» چیست و چگونه است؟ اگر جان در عالمی پاک چنان آزادی و پروازی داشته است، برای چه و چگونه بدین قالب خاکی در پیوسته و محبوس گشته است؟

در لابلای پاسخی مناسب که به این پرسش سخت باریک داده می‌شود، مسائل دیگری نیز از قبیل «حال و مقام»، «قدرت و حکمت الهی»، «جبر و اختیار» و... مطرح می‌شود.

۱۳۹۵ **در بیان این شنو یک قصّه‌یی تا بری از سِرّ گفتم حصّه‌یی**[۱]

در بیان اینکه توفیقِ مجاهده با نَفْس قوّتی است که از حق می‌رسد و آدمی را در این سختی و دشواری یاری می‌دهد، داستانی را نقل می‌کنیم. این قصّه را به گوش جان بشنو تا از سِرّ کلام بهره‌مند گردی و بدانی که شیرمردانی هستند که در این راه خود را شکسته‌اند. «شیر آن است که خود را بشکند.»

۱۳۹۶ **تا عُمر آمد ز قیصر یک رسول در مدینه[۲]، از بیابانِ نُغول[۳]**

امپراتور روم نماینده‌ای به سوی عُمر روانه کرد که پس از طیّ بیابان‌ها به مدینه که مرکز خلافت اسلامی بود، وارد شد.

۱۳۹۷ **گفت: کو قصر خلیفه[۴] ای حَشَم[۵]! تا من اسب و رخت را آنجا کَشم؟**

پس از ورود به مدینه به جست‌وجوی کاخِ خلیفه بر آمد تا به آنجا روانه شود.

---

۱ - این بیت در مقابله با خط ریزتر و در طرفین عنوان، افزوده شده است.

۲ - **مدینه** : به معنی عام، شهر و به معنی خاص، شهری در عربستان که روضهٔ مقدّس پیامبرگرامی(ص) و بسیاری از صحابه آنجاست. پس از مهاجرت رسول خدا(ص) از مکّه بدانجا موقعیّت خاصی پیداکرد و نامش از یثرب به مدینةالنّبی تغییر یافت، تا آغاز خلافت امیرالمؤمنین علی(ع) و پیش از آنکه حضرت، کوفه را مقرّ حکومت سازد، مرکز خلافت اسلامی بود. ۳ - **بیابانِ نُغول** : بیابان دور و دراز.

۴ - **خلیفه** : لقب حکّامی است که پس از پیامبر(ص) بر ممالکِ اسلامی حکم راندند و در تاریخ اسلام خلفای مشهور: خلفای راشدین (ابوبکر و عُمر و عثمان و علی(ع)) و خلفای اُموی (از معاویه تا مروان بن الحکم) و خلفای عبّاسی و خلفای فاطمی‌اند. فاطمیان بر مصر و آن نواحی اسلامی حکم می‌راندند و شاخه‌ای از آنان سال‌ها بر نواحی اسپانیا حکومت کردند و حوزهٔ غرب تمدّن اسلامی را اداره کردند.

۵ - **حَشَم** : خدمت‌کاران، لشکر، مملوکان شخصی، مجموعهٔ اسب و اَستر و خر و گاو قبیله‌ای یا امیری.

قوم گفتندش که: او را قصر نیست[1] مر[2] عُمر را قصر، جانِ روشنی‌ست ۱۳۹۸

مردم گفتند: عُمر کاخ ندارد. قصرِ او جانِ منوّر و روشن اوست.

گرچه از میری وُرا[3] آوازه‌ای‌ست همچو درویشان مر او را کازه[4] ای‌ست ۱۳۹۹

هرچند به عنوان امیر شهره شده و آوازهٔ حکومت وی همه جا پیچیده است؛ امّا مانند درویشان در خانه‌ای کوچک و ساده زندگی می‌کند.

ای برادر! چون ببینی قصرِ او؟ چونکه در چشمِ دلت رُسته‌ست مُو؟ ۱۴۰۰

ای برادر، چگونه می‌توانی کاخ او را ببینی؟ هنگامی که در چشمِ دل تو مو رُسته است؛ یعنی بی غرض نیستی.

چشمِ دل از مو و علّت پاک آر و آنگه آن دیدارِ قصرش چشم دار ۱۴۰۱

اگر چشمِ دل از غَرَض و مرض صافی شود، می‌توان قصرِ رفیعِ دلِ وی را مشاهده کرد.

هر که را هست از هوس‌ها جانِ پاک زود بیند حضرت و ایوانِ پاک[5] ۱۴۰۲

هر کس که از قید هوس‌ها بِرَهد، با چشمی حق‌بین عوالم غیبی را می‌بیند.

چون محمّد پاک شد زین نار و دود هر کجا رو کرد وَجْهُ الله[6] بود ۱۴۰۳

چون وجودِ رسول(ص) از آتش و دودِ نفس‌پرستی پاک بود، به هر سو که روی می‌آورد، **وَجهُ الله**، یعنی **حقیقت مطلق** بود.

چون رفیقی وسوسهٔ بدخواه را کی بدانی ثَمَّ وَجْهُ الله را؟ ۱۴۰۴

تو که با وسوسه‌های نفسانی دوستی می‌کنی، چگونه می‌توانی معنی **وَجْهُ الله**، یعنی ذاتِ هر چیز را دریابی؟

---

۱ - معمولاً سلاطین و حکّام برای به نمایش آوردن قدرت و حشمت و شوکتِ خویش کوشک‌های عظیم بنا می‌کردند و در قصرهای پر زرق و برق می‌زیستند و اینک از زبان قوم خطاب به رسولِ قیصر روم گفته می‌شود که: قصر و حشمت و شوکتِ او در جانِ منوّر و تابناک وی است نه به کاخ و کلوخی که در آن زندگی می‌کند.

۲ - **مَر** : حرفی برای زینت و تحسین کلام یا اقامهٔ وزن در شعر یا تأیید در جمله. ۳ - **وُرا** : مخفّف او را.

۴ - **کازه** : کومه، کوخ، خانهٔ محقّر. ۵ - **ایوان پاک** : درگاه پاک حضرت حق، کنایه از حقایق.

۶ - وَجهُ الله : اشارتی قرآنی؛ بقره : ۱۱۵/۲ : وَ لِلّٰهِ الْمَشْرِقُ وَ الْمَغْرِبُ فَأَيْنَما تُوَلّوا فَثَمَّ وَجْهُ اللهِ: مشرق و مغرب از آنِ خداست و به هر طرف رو کنید، خدا آنجاست. مقصود از مشرق و مغرب اشاره به دو جهت خاص نیست، بلکه این تعبیر کنایه از تمام جهات است. ابن عبّاس می‌گوید: این آیه مربوط به تغییر قبله است. هنگامی که قبلهٔ مسلمانان از بیت‌المقدّس به کعبه تغییر یافت، یهود در مقام انکار بر آمدند و به مسلمانان ایراد کردند که مگر می‌شود قبله را تغییر داد؟ و این آیه نازل شد و به آنان پاسخ داد که شرق و غرب جهان همه از آنِ خداست.

هر که را باشد ز سینه فتحِ باب[1] او زِ هر شهری ببیند آفتاب[2] ۱۴۰۵

بر روی هر کس که دری به عالمِ غیب گشوده شود، هر جا و در هر وجود، آفتابِ حقیقت را می‌بیند.

حق پدید است از میانِ دیگران همچو ماه اندر میانِ اختران ۱۴۰۶

«حقیقت»، در هستی چنان مشخّص است که ماه در آسمان و در بین ستارگان، این آشکار بودن برای چشمی حق‌بین است نه همه کس.

دو سرِ انگشت بر دو چشم نِهْ هیچ بینی از جهان؟ انصاف دِهْ ۱۴۰۷

اگر دو انگشت را روی چشمان قرار دهی، جهان را نخواهی دید.

گر نبینی این جهان، معدوم[3] نیست عیب، جز ز انگشتِ نَفْسِ شوم نیست ۱۴۰۸

اینکه نمی‌توانی جهان را ببینی، دلیلِ عدمِ دنیا و مافیها نیست، تو مانعِ دیدن شده‌ای. ندیدن حقایق، دلیلِ نبودن آن نیست، چشمِ حق‌بین را انگشتان نفسِ شومِ تو بسته است که نمی‌توانی جلوهٔ حق را در مراتب گوناگون آن در تمامی موجودات ببینی.

تو ز چشم انگشت را بردار، هین! وآنگهانی، هر چه می‌خواهی ببین ۱۴۰۹

اگر سر انگشتان نفسِ شوم را از دیدگان دل خویش برداری، یقیناً حقایق را می‌بینی.

نوح را گفتند اُمّت: کو ثواب؟ گفت او: زآن سویِ وَٱسْتَغْشَوْا ثِیاب[4] ۱۴۱۰

قوم نوح گفتند: پاداشی که وعده می‌دهی، کجاست؟ نوح فرمود: ماورایِ حجابِ جهل و کِبری که شما را احاطه کرده است.

---

۱ - **فتح باب :** معنی مرسوم و متداول آن گشایش کارهاست و در عرفان مفهوم آن گشوده شدن دری از درهای رحمت الهی است برای کشف و شهود باطنی.

۲ - مصراع دوم این بیت، در حاشیه «بیند او بر چرخ دل صد آفتاب» افزوده شده است به عنوان اصلاحیّه.

۳ - **معدوم :** نیست، آنکه موجود نَبُوَد.

۴ - اشارتی قرآنی؛ نوح : ۷/۷۱ : وَ إِنّي كُلَّما دَعَوْتُهُمْ لِتَغْفِرَ لَهُمْ جَعَلُوا أَصابِعَهُمْ في آذانِهِمْ وَٱسْتَغْشَوْا ثِيابَهُمْ وَ أَصَرُّوا وَ ٱسْتَكْبَرُوا ٱسْتِكْباراً : نوح پیامبر: خداوندا، من هر زمان آن‌ها را دعوت کردم که ایمان بیاورند و مورد غفران و آمرزش تو قرار بگیرند، انگشتان خویش را در گوش‌هایشان قرار داده و لباس‌هایشان را بر خود پیچیدند و در مخالفت اصرار داشتند و به شدّت استکبار ورزیدند. [انگشت را درگوش می‌گذاشتند تا کلامِ حق را نشنوند و لباس را بر خود می‌پیچیدند تا نشان دهند که میزان عدم رضایت و شدّت بدآیند آنان از این کلام و گویندهٔ آن تا حدّی است که حتّی نمی‌خواهند روی او را ببینند.]

رُو و سر در جامه‌ها پیچیده‌اید　　لا جَرَم با دیده، و نادیده‌اید ۱۴۱۱

صورت و سر را در لباس‌ها می‌پوشانید؛ بنابراین چیزی را نمی‌بینید؛ پس با دیده و بی‌دیده‌اید.

آدمی دید است و باقی پوست است[1]　　دید آن است، آن‌که دیدِ دوست است ۱۴۱۲

شأن انسان به «تعقّل و تفکّر» و به‌طور کلّی به «جهان‌بینی و بصیرت» وی است و بقیّه چیزی جز قشر یا پوست نیست. بصیرت آن است که جویای دیدار دوست و ادراکِ حقایق و معانی باشد.

چونکه دید دوست[2] نَبْوَد، کور بهْ　　دوست، کو باقی نباشد، دور بهْ ۱۴۱۳

چشمی که جویای ادراک معانی و دیدن حقایق و مشتاقِ دیدار دوستِ حقیقی نیست، همان بهتر که کور باشد. از دوستی که فنا می‌پذیرد، شایسته است که دوری کنی.

چون رسول روم این الفاظِ تَر[3]　　در سماع آورد[4]، شد مشتاق‌تر ۱۴۱۴

فرستادهٔ روم که این سخنان تازه و دل‌انگیز را شنید، برای دیدار عُمَر مشتاق‌تر شد.

دیده را بر جُستن عُمَّر گماشت　　رخت را و اسب را ضایع[5] گذاشت ۱۴۱۵

در جست‌وجوی عُمَر اسب و اسبابی را که آورده بود، رها کرد.

هر طرف اَندر پی آن مردِ کار[6]　　می‌شدی پرسانِ او دیوانه‌وار ۱۴۱۶

نمایندهٔ روم در جست‌وجوی مردِ عمل روانه شد و دیوانه‌وار از همگان محل و مأوای او را می‌پرسید.

---

۱ - ای برادر تو همان اندیشه‌ای　　مابقی خود استخوان و ریشه‌ای: مثنوی
دیدهٔ ما چون بسی علّت در اوست　　رو فنا کن دیدِ خود در دیدِ دوست: همان

۲ - **دوست**: محبّ و یکدل و یکرنگ، خیرخواه. ظاهراً این لفظ در اصل «دوس» بوده که به معنی پیوستن به چیزی است و به مرور از معنی اصلی مهجور گشته و به معنی مأخوذ شهرت یافته است و از آنجا که تنها خیرخواه حقیقی انسان حق است در ادبیّات عرفانی برای محبوب و مطلوبِ حقیقی مورد استفاده قرار می‌گیرد. (نگار، معشوق)
مقایسه کنید: حافظ: مابیم و آستانهٔ عشق و سر نیاز　　تا خواب خوش که را بَرَد اندر کنار دوست
مقایسه کنید: نظامی: مرا پرسی که چونی؟ چونم ای دوست　　جگر پر درد و دل پر خونم ای دوست
حدیث عاشقی بر من رها کن　　تو لیلی شو که من مجنونم ای دوست
مقایسه کنید: سعدی: آب حیات من است خاکِ سر کوی دوست　　گر دو جهان خرّمی است ما و غم روی دوست
ولوله در شهر نیست جز شکن زلف یار　　فتنه در آفاق نیست جز غم ابروی دوست

۳ - **الفاظ تر**: سخنان تازه.　۴ - **در سماع آورد**: شنید و گوش فراداد.　۵ - **ضایع**: تلف، تباه، اینجا رها.

۶ - **کار**: آنچه که از شخص یا چیزی صادر گردد و یا چیزی که آدمی خود را بدان مشغول دارد. برترینِ کارها جستن حق و کاری است که خالصانه و برای رضای خدا باشد.
از همه کار جهان پرداخته　　کو و کو می‌گو به جان چون فاخته: مثنوی

کین چنین مردی بُوَد اندر جهان   وز جهان مانندِ جان باشد نهان؟ ۱۴۱۷

می‌اندیشید که چنین مرد بزرگی در جهان وجود دارد و همان‌گونه که جان در تن نهان و مخفی است، او هم خود را در پرده‌ای از سادگی‌ها نهان کرده و دیگران وی را نمی‌شناسند.

جُست او را، تاش[1] چون بنده[2] بُوَد   لاجرم[3] جوینده یابنده بُوَد ۱۴۱۸

می‌جُست که او را ببیند و بداند که چگونه بنده‌ای است و مسلّماً جوینده یابنده است.

دید اعرابی زنی او را دَخیل[4]   گفت: عُمَّر، نَک به زیر آن نخیل[5] ۱۴۱۹

زنی عرب که او را بیگانه یافت، گفت: عُمَر زیر آن خرمابُن است.

زیر خُرمابُن ز خلقان او جدا   زیر سایه خفته بین سایهٔ خدا[6] ۱۴۲۰

زیر درخت خرما، جدا از خلق خفته است. برو و ببین که در زیر سایهٔ درخت، سایهٔ خدا [خلیفه، ظِلُّ الله] خوابیده است.

یافتنِ رسولِ روم امیرالمؤمنین عُمَر را رَضِیَ اللهُ عنه، خُفته به زیرِ درخت

آمد او آنجا و از دور ایستاد   مَر عُمَر را دید و در لرز اوفتاد ۱۴۲۱

نمایندهٔ روم بدانجا آمد. دور ایستاد و عمر را تماشا کرد. ناگهان بدنش به لرزه افتاد.

هیبتی[7] زآن خفته آمد بر رسول   حالتی خوش، کرد بر جانش نزول ۱۴۲۲

از آن مرد خفته در دل رسول، ترسی توأم با احترام پدید آمد و نشاطی را در جان حس کرد.

مِهر و هیبت هست ضِدِّ همدگر   این دو ضِدّ را دید جمع اندر جگر[8] ۱۴۲۳

مهر و محبّت احساسی است که به طور معمول آدمی را ملزم به رعایت آداب نمی‌دارد، حال آنکه

---

۱ - **تاش**: مُخفف «تااش»، تا او را.   ۲ - **بنده**: بندهٔ خدا، انسانی که مطیع خداست، انسان کامل.

۳ - **لاجِرم**: ناچار.   ۴ - **دَخیل**: درآینده، مهمان متوسّل.   ۵ - **نخیل**: خرمابُن، جمع نخل.

۶ - **ظِلُّ الله**: صفتی است که برای پادشاهان به کار می‌بردند. که انتظام مملکت به وجود ایشان بود، همان‌گونه که انتظام جمیع ممکنات به وجود باری‌تعالی است. اینجا مراد انسان کامل است. مأخوذ است از این حدیث: السُّلْطانُ ظِلُّ اللهِ فِی الأَرْضِ یَأْوِی إِلَیْهِ کُلُّ مَظْلُومٍ مِنْ عِبَادِهِ: پادشاه یا حکومت، سایهٔ خداست در زمین که هر مظلومی از بندگان خدا بدو پناه تواند برد: احادیث، ص ۷۱.

۷ - **هیبت**: ترس و بیم، با شکوه و باابهّت. در اصطلاح صوفیّه هیبت و انس دو حالت‌اند فوقِ قبض و بسط چنانکه قبض و بسط فوق خوف و رجا هستند؛ پس مقتضای هیبت محو است و انس را مقتضیٰ صحو است.

۸ - **جگر**: جگرگاه و جگرستان کنایه از سینه است.

هیبت، احساسی احترام‌برانگیز است و شکوهمندی ناشی از آن، آدمی را ملزم به رعایت حرمت و آداب می‌دارد. رسولِ روم این دو حسِّ متضاد را به یکباره در وجود خویش توأمان دید.

گفت با خود: من شهان را دیده‌ام پیشِ سلطانان، مِه[1] و بگزیده‌ام ۱۴۲۴

با خود اندیشید که من شاهان بسیاری را دیده‌ام و نزد سلاطین مقام بلندی دارم.

از شهانم هیبت و ترسی نبود هیبتِ این مرد هوشم را رُبود ۱۴۲۵

هرگز از شاهان ترس و هیبتی در دل نیافته‌ام؛ امّا هیبتِ این مرد هوش مرا ربوده است.

رفته‌ام در بیشهٔ[2] شیر و پلنگ روی من ز ایشان نگردانید رنگ ۱۴۲۶

بارها به بیشهٔ شیر و پلنگ رفته‌ام و هرگز رنگ از رخسار من نپریده است.

بس شدستم در مَصاف و کارزار همچو شیر، آن دم که باشد کارْ زار ۱۴۲۷

در جنگ‌ها شرکت داشته‌ام و مانند شیر جنگیده‌ام، حتّی زمانی که قدرت ما کمتر و کار زار بود.

بس که خوردم، بس زدم زخمِ گران دل قوی‌تر بوده‌ام از دیگران ۱۴۲۸

چه زخم‌ها که خورده‌ام و چه زخم‌ها که زده‌ام؛ امّا همواره از دیگران دلی قوی‌تر داشته‌ام.

بی سِلاح، این مرد خفته بر زمین من به هفت اندام[3] لرزان، چیست این؟ ۱۴۲۹

این مردی که بر زمین خوابیده است، جنگ‌افزاری ندارد و از دیدن او پیکرم به لرزه افتاده، این چه حالتی است که از درکِ من خارج است؟

هیبتِ حقّ است این، از خلق نیست هیبتِ این مردِ صاحبْ دلق[4] نیست ۱۴۳۰

هیبتی که حس می‌کنم، از حق است، از مخلوق و این مرد ژنده‌پوش نیست.

---

۱ - **مِه** : بزرگ و سردار قوم، مقابل کِه.

۲ - **بیشه** : زمینی غیر مزروع که درختان نی و دیگر رستنی‌ها در آنجا تنگ درهم آمده باشد، به صورت حصاری.

۳ - **هفت اندام** : سر، سینه، شکم، دو دست و دو پا.

۴ - **صاحب دَلق** : کسی که جامهٔ کهنه و مندرس پوشد، دَلق نوعی از پشمینه است که درویشان پوشند و گاه بر آن پاره‌های رنگارنگ دوخته و وصله شده بود. توضیحات بیشتر ذیل بیت ۶۸۵ همین دفتر. در احادیث و قصص مثنوی، صص ۷۱ و ۷۲ به نقل از حلیةالاولیاء، طبع مصر، ج ۱، ص ۵۳: عُمر جامه‌ای بر تن داشت که بر آن دوازده وصله زده بودند و تنها سه وصله بر پشت شانه‌اش بود و در احیاءالعلوم، چاپ مصر، ج ۴، ص ۱۶۰ می‌نویسد: برخی از وصله‌ها از پوست بود.

هر که ترسید از حق و تَقْویٰ[1] گُزید ترسد از وی جنّ و اِنس و هر که دید ۱۴۳۱

هر کس که از حق بترسد و تقوا گزیند، به درجه‌ای می‌رسد که محلِّ تجلّیِ انوارِ الهی شود و از دیدن او، هیبتی بر دل‌ها مستولی گردد.

اندر این فکرت به حُرمت دست بست بعدِ یک ساعت عُمَر از خواب جست[2] ۱۴۳۲

نمایندهٔ روم غوطه‌ور در این افکار با احترام دست بر سینه در گوشه‌ای ایستاد. ساعتی گذشت و ناگهان عمر از خواب بیدار شد.

کرد خدمت[3] مَر عُمَر را و سلام گفت پیغمبر: سلام، آنگه کلام[4] ۱۴۳۳

ادای احترام کرد و درود گفت. آن چنانکه پیامبر(ص) فرموده است: ابتدا سلام کنید و بعد سخن بگویید.

پس عَلَیْکَش گفت و او را پیش خواند ایمنش کرد و به پیشِ خود نشاند ۱۴۳۴

عُمَر پاسخ داد و او را به نزد خود خواند و به او آرامش داد و نزدِ خود نشاند.

لاٰ تَخافُوا[5] هست نُزلِ[6] خایفان هست در خور از برای خایف[7] آن ۱۴۳۵

کسی را که از خداوند می‌ترسد، در امان می‌دارند و این شایستهٔ بیمناک است.

---

۱ - **تقوا**: پرهیزکاری، ترسیدن از حق تعالی در عواقبِ امور یا ترس از نفس خود که مبادا رهزنی کرده و او را به مهالِک مبتلا سازد. تقوا برای عوام از ترسِ عقاب است و تقوای خواص، ترسِ از فراقِ دوست. عوام از اوامر و نواهی سرپیچی نمی‌کنند و خواص از غیرِ حق پرهیز می‌کنند.

مضمون این بیت مستفاد است از حدیث ذیل: مَنْ خَافَ اللهَ خَوَّفَ اللهُ مِنْهُ کُلَّ شَیْءٍ: هرکه از خدا بترسد، خدا همه چیز را از او می‌ترساند: احادیث، ص ۷۲.

۲ - بعد از این بیت در بعضی نسخ «سلام کردن رسول روم امیرالمؤمنین را رَضِیَ الله عَنْهُ» آمده است که در نسخهٔ کهن وجود ندارد. ۳ - **خدمت کردن**: ادای احترام کردن.

۴ - اشاره است بدین حدیث: اَلسَّلامُ قَبْلَ الْکَلامِ: اوّل سلام، سپس کلام: احادیث، ص ۷۲.

۵ - لاٰ تَخافُوا؛ اشاره‌ای است به فصّلت: ۳۰/۴۱: إِنَّ الَّذینَ قالوا رَبُّنَا اللهُ ثُمَّ اسْتَقامُوا تَتَنَزَّلُ عَلَیْهِمُ الْمَلائِکَةُ أَلاّٰ تَخافُوا وَ لاٰ تَحْزَنُوا: به یقین کسانی که گفتند: پروردگار ما خداست، سپس استقامت کردند، فرشتگانِ الهی بر آنان نازل می‌شوند که نترسید و غمگین مباشید [از حوادث آینده بیمناک نباشید و از گناهان گذشتهٔ خود غمی به دل راه مدهید].

نزد ارباب سلوک، خوف شرم نمودن از ارتکاب گناهان و منهیات شرعیه و نگرانی از وقوع آن است.

۶ - **نُزل**: آنچه برای مهمان نهند از طعام و جز آن. ۷ - **خایف**: ترسان، خوف دارنده.

هر کـه تـرسد، مَـر وَرا ایـمن کـنند   مَـر دلِ تـرسنده را سـاکـن[۱] کـنند ۱۴۳۶

آن کس را که می‌ترسد، امنیّت می‌بخشند و دلی را که نگران است، آرامش می‌دهند.

آنکه خوفش نیست، چُون گویی: مترس؟   درس چه دْهی؟ نـیست او مُـحتاجِ درس ۱۴۳۷

چرا به کسی که از حق نمی‌ترسد، بگویی: نترس. چرا تعلیم دهی؟ او در خود نیازی به آموزش نمی‌بیند.

آن دل از جا رفـته[۲] را دلشـاد کـرد   خـــاطرِ ویـرانْش را آبـاد کـرد ۱۴۳۸

عُمَر، او را که از هیبت وی نگران و پریشان بود، آرام کرد.

بعد از آن گفتش سخن‌های دقـیق[۳]   وز صفاتِ پاکِ حق، نِعْمَ اَلرَّفـیق[۴] ۱۴۳۹

سپس سخنانی دقیق از حقایق گفت و از صفاتِ پاک حق که بهترینِ یاران است، سخن راند.

وز نـوازش‌هـای[۵] حـق، ابـدال[۶] را   تـا بـدانـد او مـقام و حـال[۷] را ۱۴۴۰

عمر، مراحم الهی به اَبدال و موضوعات ظریف و دقیق عرفانی را مطرح کرد تا او مدارج باطنی را بداند و از مقامات و احوال سالکان باخبر گردد.

---

۱ - **ساکن**: تسکین دادن.   ۲ - **دل از جا رفتن**: نگران و مضطرب شدن.

۳ - **سخن‌های دقیق**: سخنان لطیف و ظریف از علوم باطنی و حقایق.

۴ - **نِعمَ الرَّفیق**: همراه و دمسازی نیک و خوش.

۵ - **نوازش**: از روی مهربانی دست بر سر کسی کشیدن، مهربانی کردن، تفقّدکردن و مورد مرحمت قرار دادن.

۶ - **ابدال**: بدل یا بدیل، عدّه‌ای معلوم از صلحا و خاصانِ خدا که گویند هیچگاه زمین از آنان خالی نیست و جهان به سبب وجود آنان برپا است: شرح بیشتر ذیل بیت ۲۶۵ همین دفتر.

۷ - **مقام و حال**: منزلت و مرتبه و درجه. مقام نزد صوفیّه درجه‌ای است که به کوشش بنده به دست آید و بنابراین هر یک از اعمال و مکاسب که در تصرّف سالک آید و ملکهٔ وی شود مقام اوست و از این‌رو «مقام» را صفت ثابت عبد تعریف کرده‌اند و آن را از امور اختیاری شمرده‌اند، مقابل «حال» که از مواهب است و در اختیار سالک نیست و بعضی معتقدند که احوال به سبب تکرار جزو مقامات می‌شود: کلّیات شمس، ج ۷، فرهنگ نوادر لغات.

گفته‌اند: «الأَحْوالُ مَواهِبُ و المَقاماتُ مَکٰاسِبُ» و جملهٔ مقامات در بدایت احوال باشند و در نهایات مقام گردند: ف. سجّادی.

پیران طریقت گفته‌اند بالاترین مقام، مقامِ رضا است. هر یک از مواهب مانند انس با حق و یا شوق، اگر تداوم یابند به مقام مبدّل می‌گردند.

حال[1]، چون جلوه است زآن زیبا عروس　　وین مقام آن خلوت آمد با عروس ۱۴۴۱

تقابلی است میان «حال» و «مقام»: حال مانند جلوه‌ای است که نوعروس زیبا در مجلس دارد، خوشایند و ناپایدار. مقام، خلوت با عروس است و پایدار.

جلوه[2] بیند شاه و غیرِ شاه نیز　　وقتِ خلوت، نیست جز شاهِ عزیز ۱۴۴۲

در عروسی شاهانه، جلوهٔ عروس را هم شاه می‌بیند و هم دیگران؛ امّا در خلوت، کسی جز شاه با عروس نیست.

در ارتباط با حال و مقام می‌توان گفت: مراد از **شاه، اهل مقام** اند؛ یعنی آنان که به‌کمال روحانی رسیده‌اند و از مراحل **تلوین** گذشته و به **تمکین** و ثبات رسیده‌اند و **غیرِ شاه، اهل حال** اند؛ یعنی آنان‌که در حال سلوک‌اند به نحوی که حال بر آنان به شکل موهبتی نازل می‌گردد و ثبات ندارد.

جلوه کرده خاص و عامان را عروس　　خلوت اندر، شاه باشد با عروس ۱۴۴۳

حالات الهی [عروس حُسن]، موهبتی است که حق به عام و خاص، یعنی پویندگان راه حق در هر مرتبه‌ای عطا می‌کند؛ امّا **استغراق در حق** حالِ کاملانِ واصل و سوختگان است و این **مقامِ خاصّ‌الخاص ـ قرب الهی** است.

هست بسیار اهلِ حال[3] از صوفیان　　نادر است اهلِ مقام اندر میان ۱۴۴۴

در بین سالکان تعداد کثیری «اهلِ حال» هستند؛ «ولی اهلِ» مقام اندک‌اند.

از منازل‌هایِ[4] جانش یاد داد　　وز سفرهایِ روانش یاد داد ۱۴۴۵

منازلِ جان، یعنی «تحوّلات و تعالیِ نفس» و **سفرهایِ روان**، یعنی «سفرِ روح از وحدت به‌کثرت و از کثرت به وحدت» را به او آموخت.

---

۱ - **حال :** وجد و شور مقابلِ قال، حالتی خوش با حق که صوفیان را دست دهد.

مقایسه کنید : سعدی : دانی کدام جاهل بر حالِ ما بخندد　　کو را نبوده باشد در عمر خویش حالی

مقایسه کنید : شیخ بهایی : علم رسمی سر به سر قیل است و قال　　نه از او کیفیتی حاصل نه حال

۲ - **جلوه :** عرضه، به وضع خوش آراستن و عرضه دادن، رونق و تابش.　۳ - **اهل حال :** اهل ذوق و وجد.

۴ - **منازِل‌ها :** جمع منازل، گاه جمع عربی با اداتِ جمع در زبان فارسی (ان . ها) استفاده شده است و این روشی بود که شاعران و کاتبان فارسی زبان به کار برده‌اند. منزل، جای فرود آمدن است و یا مسافتی که کاروانی به یک روز طی کند.

در اصطلاح اهلِ تصوّف، مراحل سیر و سلوک است و به عبارتی دیگر تحوّلاتی است که نفس از مراتبِ دون تا رسیدن به تعالی و کمال طی می‌کند و هر یک از این مراحل یا مراتب را منزل می‌نامند؛ زیرا نفس مدّت زمانی خواه کوتاه و یا بلند در آن استقرار می‌یابد و یا عبور می‌کند. خواجه عبدالله انصاری، منازلِ راه را در کتاب صد میدان، صد منزل و یا صد میدان بیان کرده است. هر منزل خود مقامی است که ده درجه دارد و بدین ترتیب هزار مقام است از أسْفَل‌السّافلینِ طبیعتِ بشری تا أعلی‌علّیّین که از مقام توبه آغاز می‌شود که بازگشت به سوی خداست.

وز زمانی کز زمان[1] خالی بُده‌ست وز مقامِ قُدس که اِجلالی بُده‌ست ۱۴۴۶

عُمَر در مقامِ مرشدِ کامل برای رسولِ روم که رمزی از طالبِ مشتاق است، از زمانی سخن گفت که فراسوی زمان است و از مقامِ مقدّس باری تعالی که شایستهٔ احترام و بزرگداشت است.

وز هوایی کاندر او سیمرغِ[2] روح پیش از این دیده‌ست پرواز و فتوح[3] ۱۴۴۷

از عالمِ ملکوت گفت که سیمرغِ روح (روحِ عِلْوی)، قبل از تعلّق به جسم در آن پرواز کرده و حقایق عالَمِ معنا را دریافته است. در این ابیات عمر، رمزی است از مرشد کامل و عارفی واصل.

هر یکی پروازش از آفاق بیش وز امید و نَهمتِ[4] مشتاقْ[5] بیش ۱۴۴۸

هر پرواز و جولانی که سیمرغ روح در عالم ملکوت داشته است، بی‌نهایتی در پهنهٔ بیکران بوده و سرشار از امید و لبریز از شوقِ کمالِ مقصود که در آن غوطه‌ور بوده است.

---

۱ - **زمان :** زمان در لفظ به معنی فوت و مرگ است. وقت، هنگام، روزگار. در ارتباط با مفهوم زمان از نظر ماهیّت و حقیقت اختلاف بسیاری در میان حکما وجود دارد. ارسطو می‌گوید: زمان مقدار حرکت فلک و افلاک است. گروهی از فلاسفه به‌طور مطلق منکر وجود آن هستند و عدّه‌ای زمان را حرکت می‌دانند. ابوالبرکات می‌گوید: زمان، نفسِ وجود است و ملاصدرا زمان را مقدار حرکت سیلانی در جوهر می‌داند و بعضی آن را ذات واجب‌الوجود می‌دانند. ارسطو آن چنانکه گفته شد زمان را مقیاس حرکت گفته و معتقد است اگر حرکتی نبود، زمانی وجود نداشت و اگر انسانی نبود که زمان را حس کند زمانی نبود. عدّه‌ای از فلاسفهٔ اروپا بر آن هستند که زمان و مکان جزو ذهن انسان هستند و از خود وجودی ندارند.

۲ - **سیمرغ :** پرنده‌ای مشهور و افسانه‌ای. می‌گویند که سیمرغ همان عنقا است که زال پدر رستم را پرورده و بزرگ کرده است. سیرنگ هم می‌گویند. در اصل سین مرغ به پهلوی و در اوستا «مرغو ساینو» بوده است.
محقّقان کلمهٔ سینه یا ساینو را در اوستا به شاهین و یا عقاب ترجمه کرده‌اند و بی‌شک بین دو مفهوم سَیَنه اوستایی و سیمرغ فارسی اطلاق آن بر مرغِ مشهور و حکیمی دانا، رابطه‌ای موجود است. می‌دانیم که در عهد کهن روحانیان و موبدان علاوه بر وظایف دینی، به شغل پزشکی نیز می‌پرداخته‌اند؛ بنابراین تصوّر می‌شود یکی از خردمندان روحانی عهد باستان که نام وی سَیَنه از نام پرندهٔ مزبور اتّخاذ شده بود، سمت روحانی مهمّی داشته که انعکاس آن به خوبی در اوستا روشن است، بعدها سئنه (نام روحانی مذکور) را به معنی لغوی خود نام مرغ گرفتند و جنبهٔ پزشکی او را در اوستا به درختی که آشیانهٔ مرغ سئنه است و در خداینامه و شاهنامه به خود سیمرغ نسبت دادند. تشبیه روح به سیمرغ به سبب بلندپروازی وی و حکمت و تدبیر اوست.

سنایی : عقل جزیی کی تواند گشت بر قرآن محیط عنکبونی کی تواند کرد سیمرغی شکار

۳ - **فتوح :** جمع فتح به معنی گشوده شدن، گشایش کارها بیش از آنچه توقّع باشد. در اصطلاحاتِ تصوّف، بیشتر به معنی نذر و نیازی است که در راه رضای خدا به اقطاب و پیران و مشایخ طریقت هدیه شود و گاه به معنی فتحِ باب به کار می‌رود؛ یعنی دری که از عالمِ غیب بر دل سالک گشوده گردد و سبب کشف و شهود گردد. در بیت اخیر ادراکات روحانی مورد نظر است. ۴ - **نَهْمَت :** مراد، کمال مقصود. ۵ - **مشتاق :** آرزومند.

چون عُمَر اغیار رُو[۱] را یـار یـافت — جـانِ او را طـالبِ اسـرار یـافت ۱۴۴۹

چون عُمَر، رسولِ روم را که به ظاهر بیگانه بود، یار و همراه یافت و نشانِ آشنایی را که اشتیاق بود، در او دید، دریافت جانِ پاکی دارد و در طلبِ درک حقایق است.

شیخ[۲] کامل بود و طـالبْ مُشْـتَهی[۳] — مردْ چابک بود و مـرکبْ درگـهی[۴] ۱۴۵۰

عُمَر، شیخی بود در مقام ارشاد و رسولِ روم خواهنده‌ای مشتاق، مردِ راهی چالاک با مرکب ارادتی که بر درگه حق بسته بود.

دید آن مُرشد کـه او ارشـاد داشت — تخمِ پاک اندر زمـینِ پـاک کـاشت ۱۴۵۱

مرشد که او را قابل ارشاد یافت، در زمینِ پاکِ وجودِ او تخمِ پاکِ معارف را کاشت.

سؤال کردنِ رسولِ روم از امیرالمؤمنین عُمَر، رضی الله عنه

مـرد گـفتش کِـای امـیر المـؤمنین! — جان، ز بالا چون در آمد در زمین؟ ۱۴۵۲

رسول روم پرسید: ای امیر مؤمنان، چگونه روح از عالم ملکوت فرود آمد و در قـالب جسمانی گرفتار گردید؟ جسم آدمی به زمین مانند شده است.

---

۱ - **اغیار رو** : کسی که به ظاهر بیگانه و به باطن آشنا و یار است. «اغیار»، جمع غیر به معنی بیگانه، فارسیان بـه جای مفرد به کار می‌برند.

۲ - **شیخ** : در لفظ به معنی سالمند است. به افراد کثیرالعلم نیز می‌گویند. در اصطلاح اهلِ تصوّف و عرفان، به کسی گفته می‌شود که به مقامِ ارشاد و دستگیری و هدایت سالکان طریقت رسیده باشد و چنین کسی یا به کمالِ الهی رسیده است که در این صورت انسانِ کامل است و واصلِ به حق و یا سالکِ رونده است که تحتِ حمایتِ معنوی و ارشاد انسانِ کامل، مجاز به دستگیری طالبان و هدایت سالکان است.

۳ - **مُشْتَهی** : با اشتها، خواهنده، مشتاق.

۴ - **مرکب درگهی** : اسبی که بر درگاه شاهان می‌بستند، زین شده و لگام بسته و آماده برای حرکت و سواری. پیران طریقت معتقدند که انسان تا پای‌بند هوا و هوس است و تحتِ نظرِ استادِ کامل قرار نگرفته، بر «خرِ نفس» سوار است. مقصود از انسان، حقیقتِ وی است (روح عِلوی) که در تن اسیر و محبوس شده است و مرکب وی، نَفْسِ آدمی است. «نَفْسِ امّاره» را به «خر» مانند می‌کنند از آنجا که این حیوان به بی‌تمییزی و جهل موسوم است. هنگامی که تربیت و تهذیب شروع می‌شود و ارادتی به مرشد خویش می‌یابد، می‌گویند: بر «اسبِ ارادت» سوار است و همین ارادت، سالک را یاری می‌کند تا از آفات راه برهد. چنانکه گفته‌اند: ارادتی بنما تا سعادتی ببری. «ارادت» در اصطلاح صوفیّه عبارت است از تعلّق خاطر و کشش درونی و احترام باطنی و تسلیم خالصانه و سرسپردگی نسبت به انسان کامل در مقامِ پیر یا شیخ.

۱۴۵۳ **مـرغِ بـی انـدازه چـون شـد در قَـفَص؟ گفت: حق بر جان فسون خواند و قصص**

«مرغِ روح» که «جانِ مجرّدِ» بی‌حدّ و مرز است، چگونه در قفسِ تن اسیر شد؟ عُمَر پاسخ داد: حق تعالیٰ سرّی از اسرارِ الهی را بر وی عیان داشت.

۱۴۵۴ **بـر عـدم‌ها کآن نـدارد چشـم و گـوش چون فسون خوانَد، همی آید به جوش**[1]

هنگامی که باری تعالیٰ بر عدم‌ها «آنچه که نیست؛ امّا در علمِ حق بالقوّه موجود است و بالفعل نشده است» افسونی بخوانَد و سِرّی بگوید، به جوش و خروش می‌آیند.

۱۴۵۵ **از فســـونِ او عـــدم‌ها زود زود خوش مُعلّق مـی‌زند سـوی وجـود**

از افسون حق، «یس: ۸۲/۳۶»، آن‌ها از قوّه به فعل می‌آیند و صورتِ اِمکانی می‌یابند.

۱۴۵۶ **باز بر موجود، افسونی چو خـوانـد زُو دو اسبه در عدم مـوجود رانـد**[2]

و اگر حق بر موجودی افسونی دیگر بخواند، به سرعت به سوی عدم خواهد شتافت.

۱۴۵۷ **گفت در گوشِ گُل و خندانْش کرد گفت با سنگ و عقیقِ کـانْش کـرد**

ارادهٔ خداوندی سبب شد تا گل، زیبا و خندان باشد و سنگ در معدن به عقیق مبدّل گردد.

۱۴۵۸ **گفت با جسم آیتی تا جان شـد او گفت با خورشید تا رُخشان شد او**

با جسم حجّت و برهانی گفت و بر آن در مرتبهٔ خاصّی که قرار دارد، تجلّی کرد تا دارای جان (نفس، روح حیوانی) گردد و به خورشید فرمود که درخشان و تابان باش و چنان شد.

۱۴۵۹ **باز در گـوشش دمـد نکـتهٔ مَـخُوف در رخ خورشید افتد صد کسـوف**[3]

اگر حق تعالیٰ، درگوش خورشید که رُخشان و تابان است، نکته و سِرّی را بگوید، یعنی با نامِ قابض بر وی تجلّی نماید، خورشید دچارکسوف خواهد شد.

---

۱ - «امر او چون آفرینش چیزی را اراده کند، تنها همین است که به آن می‌گوید: موجود شو و بی‌درنگ موجود می‌شود: یس: ۸۲/۳۶» به‌گفتهٔ طبرسی و سایر مفسّران، تمثیل است و خطاب لفظی درکار نیست و مراد این است که از ارادهٔ الهی تا تحقّق آن امر، هیچ فاصله‌ای نیست.

۲ - در حاشیه راست این نسخهٔ بدل را افزوده‌اند: «زُود او را در عدم دو اسبه راند».

۳ - **کسوف**: خورشید گرفتگی. هنگامی که در مواجههٔ با زمین، ماه، میان آن دو حائل باشد. کسوف جزئی، گرفتن بخشی از خورشید وکسوف کلّی، گرفتن تمامی آن است.

مفهوم کلّی ابیات آن است که قوانین حاکم برکائنات به امرِ حق نافذ هستند: توضیح بیشتر ذیل بیت ۹۲ همین دفتر.

تا به گوشِ ابر آن گویا چه خواند؟ که چو مَشک[1] از دیدهٔ خود اشک راند؟ ۱۴۶۰

حق در گوشِ ابر چه گفت که مانندِ مَشک اشک ریخت؟

تا به گوشِ خاک، حق چه خوانده است؟ کو مراقب[2] گشت و خامش مانده است؟ ۱۴۶۱

حق در گوش خاک چه گفت که آرام و خاموش مانده است؟

در تَردُّد[3] هر که او آشفته است حق به گوشِ او مُعَمّا[4] گفته است ۱۴۶۲

اجزای عالمِ هستی همه کلامِ حق را می‌شنوند و بدون چون و چرا سر بر خط فرمان دارند، تنها آفریده‌ای که در اجرای فرامین الهی دچار تردید می‌شود، انسان است که حق در گوشِ جان او رمزی گفته است.

تا کند محبوسش اندر دو گُمان آن کُنم آن گفت، یا خود ضدِّ آن؟ ۱۴۶۳

تا او را به تردید مبتلا کند و بیندیشد که چه باید کرد؟ آیا آن کار را انجام دهم و یا برعکس، ضدِّ آن را.

هم ز حق ترجیح یابد یک طرف زآن دو یک را برگزیند زآن کنف[5] ۱۴۶۴

نتیجهٔ تردید و دودلی در هر امر آن است که از جانبِ حق، یکی از دو کار بر دیگری رجحان می‌یابد و آدمی در انجام آن مصمّم می‌شود و اینکه کدام‌یک برتری یابد، [آنکه صواب و پسندیده است یا عکسِ آن] بستگی به اندیشه، احساس و عملکرد آدمی دارد. آن کس که همواره اوامر باری را حُرمت می‌نهد، از مهالک می‌رَهَد.

گر نخواهی در تردُّد هوشِ جان کم فشار این پنبه اندر گوشِ جان ۱۴۶۵

اگر نمی‌خواهی که هوش معنوی و ادراک روحانی‌ات در انتخابِ راه‌های صحیح دچار تردید و دودلی شود، پنبهٔ غفلت را از گوشِ جان بیرون کن.

---

۱ - **مَشک**: کیسهٔ چرمین و بدون درز که در آن ماست یا دوغ می‌ریزند.

۲ - **مراقب**: در لفظ به معنی نگرنده و مواظبت کننده، در اصطلاح عرفا، حضور دل است با خدا و غیبت از ماسویٰ. سالک در هنگام مراقبه با آرامش و سکوت می‌نشیند و می‌کوشد که به هیچ چیز نیندیشد و با حضورِ دل در محضر حق باشد. در حقیقت مراقبت و نگهداری نفس است از بدی‌ها به سبب توجّهی که از جانبِ حق به سالکِ مشتاق می‌شود. در این حال مراقبه کننده در انتظار وارداتی است که به عنایت الهی بر دل او فرود می‌آید.

۳ - **تَرَدُّد**: آمد و شد کردن، دودله شدن، عدم ثبات در رأی، تحیّر.

۴ - **مُعَمّا**: پوشیده شده، سخن رمزآمیز که جز به اندیشهٔ تمام و فکر بسیار به سِرّ آن نتوان رسید.

۵ - **کَنَف**: کرانه و جانب، پناه و حمایت.

تــا کــنی فــهم آن مُــعمّاهاش را تــا کــنی ادراک رمــز و فــاش را ۱۴۶۶

تا بتوانی با درونی مصفّا و پاکیزه، «اسرارِ» معمّاهایی را که حق به گوش جانت می‌گوید، بفهمی و حقایق را به رمز و یا به وضوح دریابی.

پس محلِّ وحی[1] گردد گوشِ جان وحی چه بْوَد؟ گفتنی از حس نهان ۱۴۶۷

با درونی پاک از کدورت، گوش جان قادر است پیام الهی را دریافت دارد.

گوشِ جان[2] و چشمِ جان جز این حس است گوشِ عقل و گوشِ ظَن، زین مُفْلِس[3] است ۱۴۶۸

گوش و چشمِ جان، حسّی است معنوی، ماورای حواسّ ظاهری آدمی، حال آنکه عقل جزوی (عقل معاش) و ظنّ و گمان فاقد حسِّ باطنی است؛ بنابراین از دریافت پیام حق عاجز است.

لفظِ[4] جَبْرم عشق را بی صبر کرد و آن که عاشق نیست، حبسِ[5] جَبْر کرد ۱۴۶۹

موضوعی که در قطعهٔ اخیر مطرح شد، یعنی نافذ بودن ارادهٔ خداوند بر کائنات و انسان، «جبرِ محمود» است. سخن از اراده و قدرتِ تامِّ محبوبِ ازلی، مولانا را مجبور می‌کند که پاسخ ظریف و در عین حال محکم و پسندیده‌ای به معتقدانِ «جبرِ مذموم» [جبریّون] بدهد و بگوید: نفوذِ ارادهٔ معشوق که جبر نیست؛ زیرا عاشقِ حقیقی با ارادهٔ معشوق هماهنگی دارد و آن کس که عاشق نیست، با انانیّت خود در مقابلِ حق قد عَلَم کرده و مانعِ اجرایِ قوانین الهی است. خواستِ حق قوانین کلّی را شامل می‌شود که برای ترقّی و تعالی بشر در قالب احکام و اوامر و نواهی بیان شده‌است.

---

۱ - **وحی** : سخن پنهان و نرم، پیغام خدا، هرچه که به صورت پیام یا نوشته یا اشاره به دیگری القا و تفهیم شود، وحی نام دارد و در اصطلاح شرع، کلام خداست که بر پیامبر نازل شده است. وحی بر دو قسم است: وحی ظاهر و وحی باطن؛ و امّا وحی ظاهر سه‌گونه است: اوّل، آنچه بر زبان فرشته جاری شود و پیامبر آن را شِنَوَد که قرآن از این قبیل است. دوم، آنچه واضح گردد به اشارهٔ فرشته بدون آنکه کلام در میان باشد و سوم، الهام. تمام این اقسام به‌طور مطلق حجّت است؛ امّا الهام اولیا بر دیگران حجّت نیست. وحی باطن، توسط تهذیب و تزکیه درون حاصل می‌گردد. بر اساس آیات قرآن‌کریم، وحی انواع و مراتبی دارد و بر زنبور عسل «نَحل: ۶۸/۱۶» و مادر موسی «قصص: ۷/۲۸» و ملائکه «انفال: ۱۲/۸» و آسمان «فُصِّلَت: ۱۲/۴۱» نازل می‌گردد و عالی‌ترین مراتب وحی بر انبیا نازل شده است.

۲ - تعبیرگوش جان و چشم جان ناظر است بدین حدیث: رُوِیَ عَنِ النَّبِیِّ(ص) أَنَّهُ قَالَ لِلْقَلْبِ أُذُنَانِ وَ عَیْنَانِ فَإِذَا أَرَادَ اللهُ تَعَالیٰ بِعَبْدٍ خَیْراً فَتَحَ عَیْنَیْهِ اللَّتَیْنِ فِي قَلْبِهِ: روایت کرده‌اند که پیمبر(ص) گفت: دل نیز دوگوش و دو چشم دارد و چون خدای متعال خیر کسی را بخواهد چشم دلش را باز می‌کند: احادیث، ص ۷۴.

۳ - **مُفلِس** : محتاج و تهیدست. ۴ - **لفظ** : سخن، مقابل معنی. ۵ - **حبس** : بازداشتن، منع.

این، معیَّت[1] با حق‌است و جبر نیست این تجلّیِ مَهْ است، این ابر نیست ۱۴۷۰

آنچه را که دیگران «جبر» می‌پندارند، هماهنگی با حق و نتیجهٔ تعالی و اتّصال به حقیقت است. این تجلّی و درخشش ماهِ باطن است که نور حق مستقیماً از خورشیدِ «روح عالی عِلْوی» بر وی می‌تابد، بی‌آنکه ابرِ خواسته‌های نَفْسانی و صفاتِ بشری مزاحمتی ایجاد کند.

ور بُوَد این جَبْر، جبرِ عامه نیست جبرِ آن اَمّارهٔ[2] خودکامه نیست ۱۴۷۱

آنچه که گفته شد، اگر «جبر» هم باشد، «جبرِ عوام» نیست، بلکه «جبرِ خواص» است [جبرِ کاملان و واصلان]، جبرِ عوام، تسلّطِ نَفْسِ امّارهٔ افسارگسیخته است.

جبر را، ایشان شناسند ای پسر[3]! که خدا بگْشادشان در دل بَصَر ۱۴۷۲

جبر را کسانی می‌شناسند، که خداوند چشم دلشان راگشوده است.

غیب و آینده بر ایشان گشت فاش ذکرِ ماضی پیشِ ایشان گشت لاش[4] ۱۴۷۳

چشمِ حق‌بینِ انسان کامل، گذشته و آینده را می‌داند و نزد او سخن از زمان بی‌قدر است.

اختیار و جبرِ ایشان دیگر است قطره‌ها اندر صدف‌ها گوهر است[5] ۱۴۷۴

«اختیار و جبرِ» کاملان با آنچه که ناقصان از جبر و اختیار می‌شناسند، متفاوت است. همانگونه که قطره‌های آب در شرایط عادی چیزی جز قطرات آب نیستند؛ امّا در صدف که قرار می‌گیرند به گوهری شاهوار مبدّل می‌گردند.

هست بیرون، قطرهٔ خُرد و بزرگ در صدف، آن دُرِّ خُرد است و سُترگ[6] ۱۴۷۵

بیرون از صدف قطرات کوچک و بزرگ آب‌اند که در صدف به مرواریدهای ریز و درشت مبدّل می‌گردند.

---

۱ - **مَعیَّت** : احاطهٔ حقیقت به اشیا، احاطهٔ قیّومی و احاطهٔ این فعل بر اشیا، احاطه و ظهور سریانی است؛ پس حق تعالیٰ در مقام فعل، معیّت سریانی و در مقام ذات، معیّت قیّومی دارد: شرح مقدّمهٔ قیصری، صص ۱۲۲ و ۱۲۳. اشارتی قرآنی، حدید : ۴/۵۷ : ... وَ هُوَ مَعَکُمْ أَیْنَما کُنْتُمْ... : او با شماست هر جا که باشید... .

۲ - توضیحاتی در ارتباط با نفس امّاره ذیل بیت ۱۸ همین دفتر.

۳ - خطابِ ای پسر، به کسی است که در سلوک نوجوان است و به پختگی نرسیده است: ذیل بیت ۱۹ همین دفتر.

۴ - **لاش** : بی‌اعتبار، ناچیز. ۵ - اشاره به اعتقاد قدما. ۶ - **سُتُرگ** : بزرگ، درشت.

طبعِ نافِ آهو[1] است آن قوم را از برون خون، و درونشان مُشک‌ها ۱۴۷۶

همان‌گونه که نافِ آهو در ظاهر محتوی خون و در حقیقت دارای مُشک است، کاملان نیز فقط از نظر ظاهر مانند دیگران‌اند و خاصیّتِ ناف آهو را دارند.

تو مگو کین مایه بیرون خون بُوَد چون رود در ناف، مُشکی چون شود؟ ۱۴۷۷

تو نگو که این مایعی که در بیرون خونی بیش نیست، چگونه در ناف تبدیل به مُشک می‌شود.

تو مگو کین مِس برون بُد مُحْتَقَر[2] در دلِ اِکسیر[3] چون گیرد گُهَر[4] ؟ ۱۴۷۸

انسان‌کامل را **اکسیراعظم** می‌نامند از آنجا که نظر و توجّه باطنی مرشد کامل، ماهیّت سالک را تغییر می‌دهد و اصطلاحاً می‌گویند **مسِ وجود طالب** را به **زر** مبدّل می‌سازد؛ یعنی با ارشاد و امداد باطنی سبب ترقّی و تعالی درونی و معنوی وی می‌شود.

اختیار و جَبْر، در تو بُد خیال چون در ایشان رفت، شد نورِ جلال[5] ۱۴۷۹

اندیشهٔ تو در ارتباط با جبر و اختیار چیزی جز پندار نیست، حال آنکه اختیار و جبر در کاملان پرتوِ نورِ جلال و استهلاک ارادهٔ بنده در ارادهٔ خداوند است.

---

۱ - **طبعِ نافِ آهو** : کیفیّت تکوین مُشک چنان است که در طبیعت وجودی آهو حالتی است که خونی که به ناف آهو می‌رسد، پس از تجمّع در ناف که کیسه‌ای است به اندازهٔ تخم مرغ در زیرِ پوستِ شکم آهوی ختایی نر، سبب خارشِ آن منطقه می‌شود و آهو را آزار می‌دهد؛ بنابراین به صخره‌ها و سنگ‌هایی می‌رود که در اثر تابش آفتاب گرم شده است و نافِ خویش را به آن سنگ‌ها می‌زند و به سبب خاراندن ناف بر سنگ، پوستِ ناف شکافته می‌شود و مادّه بر سنگ روان می‌گردد. بعد از خروج مادّه از ناف، محلّ جراحت التیام می‌یابد. مردم تبّت برای به دست آوردن این مادّه به چراگاه‌ها می‌روند و خون خشک شده را بر روی سنگ‌ها می‌یابند و در نافه‌هایی که از آهوان شکاری به دست آورده‌اند، می‌گذارند و این نیکوترین مُشک‌ها است که پادشاهان تبّت به کار می‌بردند و برای یک‌دیگر هدیه می‌فرستادند؛ امّا اغلب مُشک را از طریقِ شکار آهو به دست می‌آورند و نافه را می‌بُرند و در این حالت خون در نافِ آهو گرم است و بوی ناخوشایندی دارد؛ امّا پس از مدّتی بوی ناخوشایند آن از بین می‌رود و به مشک تبدیل می‌گردد.

۲ - **مُحْتَقَر** : پست، فرومایه، بی‌ارزش.

۳ - **اکسیر** : به اصطلاح کیمیاگران جوهر گدازنده و آمیزنده و کامل کننده که ماهیّت جسم را تغییر دهد؛ یعنی جیوه را نقره و مس را طلا کند و چنین جوهری وجود خارجی ندارد و فرض محض است.

۴ - **گُهر گرفتن** : اصالت یافتن، معتبر شدن.

مصراع دوم را در حاشیه «گیردگهر» را به «گشتست زر» مبدّل کرده‌اند.

۵ - **جلال** : بزرگی، در اصطلاح صوفیّه به معنی اظهار استغنای معشوق است از عشقِ عاشق. همچنین عبارت است از صفت بزرگی و مجد حضرت باری، شدّت پیدایی حق تعالیٰ را نیز به جلال تعبیر می‌کنند. در مبادی ظهورش بر خلق به نام جمال شناخته می‌شود و از اینجا است که گفته‌اند برای هر جمالی، جلالی است.

مقایسه کنید : سعدی : بدَرّد یقین پرده‌های خیال نماند سراپرده اِلاّ جلال

نان چو در سُفره است، باشد آن جماد　　　در تـنِ مـردم شـود او روحِ شـاد ۱۴۸۰

نان در سفره جمادی بیش نیست؛ امّا در وجود انسان جزو وجود وی می‌شود و این امر نتیجهٔ تصرّف جانِ آدمی در مادّه جامد است.

در دلِ سـفره نگـردد مسـتحیل[1]　　　مستحیلش جان کند از سلسبیل[2] ۱۴۸۱

نان در سفره به جان مبدّل نمی‌شود، جانِ آدمی موجب استحاله و تغییر ماهیّتِ آن می‌شود.

قوّتِ جان است این، ای راست خوان[3]　　　تـا چـه بـاشد قـوّتِ آن جـانِ جـان؟ ۱۴۸۲

ای کسی که منظور واقعی از این تمثیل را می‌دریابی، توجّه کن که جان انسان چنین قوّت و قدرتی دارد؛ پس ببین که قدرت جانِ جان [انسان کامل] چه حدّ می‌تواند باشد.

گوشت پارهٔ آدمی، با زور و جـان[4]　　　مـی‌شکافد کـوه را بـا بـحر و کـان ۱۴۸۳

آدمی‌زاده که جسم وی مجموعه‌ای است از گوشت و پوست و استخوان، به سبب عقل و جان قادر است کوه و دَریا را بشکافد و معادن را در اختیار گیرد و طبیعت را مسخّر خود سازد.

زور جانِ کـوه کَـن[5]، شـقِّ حَـجَر[6]　　　زورِ جـانِ جـان در اِنْشَـقَّ اَلْـقَمَر[7] ۱۴۸۴

قدرت انسان حدّاکثر کوه را می‌شکافد؛ امّا قدرت جانِ جان [رسول گرامی (ص)] ماه را می‌شکافد.

گـر گشـاید دل، سـر انبان[8] راز　　　جان به سوی عرش سازد تُرک تاز[9] ۱۴۸۵

اگر دل من، اسرار را بر ملا کند، جانِ شنوندگان به عرشِ الهی خواهد تاخت؛ زیرا همه کس طاقت شنیدن اسرار و آنچه را که اکنون مورد بحث است، ندارد. قدرت باطنی مردان حق می‌تواند به شکل خرق عادت و اعجاز در اَجرامِ فلکی و کائنات تصرّف کند و سبب بروز اموری گردد که از قدرت انسان عادی خارج است.

---

۱ - **مستحیل**: از مصدر استحاله، تغییر یافته و دگرگون شده.

۲ - **سلسبیل**: چشمه‌ای است در بهشت، آب خوش و گوارا، اینجا مراد خاصیّتی است که «جانِ ما» به عنوان یک «عامل غیبی» دارد و می‌تواند خوراک را استحاله کند.

۳ - **راست خوان**: کسی که مقصود حقیقی را در می‌یابد.

۴ - در مصراع اوّل، هنگام مقابله کلمهٔ «عقل» را به عنوان اصلاح «زور» نوشته‌اند.

۵ - **کوه کَن**: کسی که کوه را می‌شکافد. کوهکن معروف فرهاد است که بنا بر روایت کتاب خسرو و شیرین نظامی، شغل سنگ‌تراشی داشته و رقیب خسروپرویز در عشق شیرین دختر شاه ارمنستان بوده است. خسرو او را به کندن کوه بیستون گماشت و هنگامی که خبر دروغین مرگ شیرین را به او دادند از فراز کوه در غلتید و جان سپرد.

۶ - **شَقِّ حَجَر**: شکافتن سنگ.

۷ - اِنْشَقَّ الْقَمَر، اشارتی قرآنی، قمر: ۱/۵۴، به ذیل بیت ۱۱۸ همین دفتر مراجعه کنید.

۸ - **انبان**: کیسهٔ چرمی برای زاد راه.

۹ - **ترک‌تاز**: به سرعت تاختن بی‌خبر و ناآگاه مثل تاخت ترکان به هنگام تاراج.

اضافتْ کردن آدم آن زَلّت را به خویشتن که: رَبَّنا ظَلَمْنا[1]، و اضافت کردنِ ابلیس گناه خود را به خدای تعالی که: بِما اَغْوَیْتَنی

آدم(ع) و شیطان هر دو به خطا و گناهی که کرده‌اند، اعتراف می‌کنند؛ امّا شیطان، اغوا کردن را بـه خـداونـد نسبت می‌دهد و عدّه‌ای از مفسّران گفته‌اند که مراد شیطان از اینکه به حق تعالیٰ گفته است: «از آنجا که مرا فریفتی...»، این است که مرا با حکم به سجده کردنم بر آدم امتحان کردی و من اشتباه کردم و گمراه شدم، حتّی به تعبیر بعضی از عرفا از شدّت تعصّب و غیرت در ایمان بود که حاضر نشد به غیر از خدا سجده کند.

شیطان از این نظر گمراه شد یا به قول خودش فریب خورد که تصوّر می‌کرد امر به سجده بردنش بر آدم، از این است که خداوند می‌خواهد خلوص و عبودیّت او را امتحان کند، لذا کوشید ثبات قدم خود را حفظ کند. حال آنکـه روح بندگی و اساس آن در اطاعت است.

کردِ حـق و کـردِ مـا، هـر دو بـبین　　کردِ ما را هست دان، پیداست این ۱۴۸۶

فعلی را که از مخلوق سر می‌زند و فعلی را که بنا به ارادهٔ حق صادر می‌شود، هر دو را ببین و بدان که افعالی که از مخلوق صادر می‌شود واقعیّتی است انکارناپذیر.

گـر نـباشد فـعل خـلق انـدر مـیان　　پس مگو کس را: چرا کردی چُنان؟ ۱۴۸۷

در ارتباط با ردّ نظریهٔ جبریّون می‌فرماید: اگر جبرِ مطلق و مذموم وجـود دارد و خـلق مسؤول اعمالِ خود نیستند؛ پس هرگز به کسی نگو چرا چنین و چنان کردی؟

خلقِ حق، افعالِ ما را مُوجِد است　　فـعلِ مـا آثـارِ خـلقِ ایـزد است ۱۴۸۸

قدرتِ خلّاقهٔ حقّ تعالیٰ عاملِ پدیدآورندهٔ افعالی است که از مخلوق سر می‌زند.

ناطقی، یـا حـرف بـیند یـا غَـرَض　　کِیْ شود یک دم مُحیطِ دو عَرَض[2]؟ ۱۴۸۹

کسی که سخن می‌گوید یا به آراستگی کلام احاطه دارد یا به معنی و مفهوم، هرگز در آنِ واحد احاطهٔ کامل بر صورت و معنی کلام ندارد.[3]

---

۱ - اشاره‌ای است به آیات قرآنی، اعراف : ۲۳/۷ : قَالاٰ رَبَّنا ظَلَمْنا أَنْفُسَنَا : گفتند: پروردگارا ما بـر خـود سـتم کرده‌ایم. اعراف : ۱۶/۷ : قَالَ فَبِما أَغْوَیْتَنی لَأَقْعُدَنَّ لَهُمْ صِراطَكَ الْمُسْتَقیمَ : گفت: پروردگارا، چون تو مرا گمراه کردی، بر سر راه راست تو در کمین آنان [بندگان] می‌نشینم.

۲ - **عَرَض** : آنچه قائم به غیر باشد، چون الوان و صفات، که برای وجود داشتن احتیاج به موضع و محلّی دارند که در آن قائم باشند. دو عَرَض: صورت و معنیِ حرف.

۳ - این امر بیانگر عجز آدمی است در خلقِ افعال و در رَدِّ نظریّهٔ معتزله که معتقدند انسان خالقِ افعالی است که از وی سر می‌زند و بیان نظریّهٔ شریعت و اشاعره که می‌گویند: خالقِ همهٔ افعال حق تعالیٰ است و آدمی محلّ کسب آن فعل است و قدرت وی بر انجام افعال از آن جهت است که توسط او صادر می‌گردد.

گر به معنی رفت، شد غافل ز حرف   پیش و پس یک دم نبیند هیچ طَرْف[۱] ۱۴۹۰

توجّه کاملِ به معنی و مفهوم، گوینده را از ظاهر کلام غافل می‌دارد. اشاره به عجز آدمی است که در یک آن نمی‌تواند محیط بر دو عَرَض باشد. به عنوان مثال: هیچ چشمی همزمان پیش و پس را نمی‌بیند و توجّه کامل بر دو امر در آن واحد برای آدمی غیر ممکن است.

آن زمان که پیش بینی، آن زمان   تو پسِ خود کِیْ ببینی؟ این بدان ۱۴۹۱

هنگامی که به روبرو می‌نگری، چگونه می‌توانی پشت سر را ببینی؟

چون محیطِ حرف و معنی نیست جان   چُون بُوَد جان خالقِ این هر دُوان؟ ۱۴۹۲

جانِ آدمی که نمی‌تواند همزمان محیط بر صورت و معنی کلام باشد، چگونه می‌تواند خالقِ آن‌ها باشد؟ لازمهٔ خلق احاطهٔ کامل بر مخلوق است.

حق محیطِ[۲] **جمله آمد ای پسر!   وا ندارد کارش از کار دگر**[۳] ۱۴۹۳

ای نوآموز، بدان که حق احاطهٔ کامل بر ظاهر و باطن دارد و کاری او را از کار دیگر باز نمی‌دارد.

گفت شیطان که: بِما اَغْوَیْتَنی   کرد فعلِ خود نهان، دیو دَنی ۱۴۹۴

شیطان به خداوند گفت: مرا گمراه کردی و فعلی را که از او سرزده بود، ندیده گرفت.

گفت آدم که: ظَلَمْنا نَفْسَنا   او ز فعلِ حق نَبُد غافل چو ما ۱۴۹۵

آدم(ع) گفت: پروردگارا، ما بر خود ستم کردیم. او مانند ما از حقایق غافل نبود و می‌دانست که خالقِ فعل حق است؛ امّا فعل توسط وی جاری شده و خود را قابل سرزنش می‌یافت.

در گنه او از ادب پنهانْش کرد[۴] **   زآن گنه بر خود زدن او بَر بخَورد** ۱۴۹۶

آدم(ع) به سبب ادب، حرمت حق را نگاه داشت و گناه را به خود نسبت داد و همین امر موجب شد که از درگاه الهی رانده نشد و مقبول دوست نیز گردید.

---

۱ - **طَرْف** : چشم.

۲ - اشارتی قرآنی؛ نساء : ۱۲۶/۴ : وَ کانَ اللهُ بِکُلِّ شَیْءٍ مُحیطاً : خدا به همه چیز احاطه دارد.

۳ - مصراع دوم نیز بیان ترجمهٔ این جمله است: لاٰ یَشْغُلُهُ شَأنٌ عَنْ شَأنٍ : خداوند را هیچ کاری از کار دیگر باز نمی‌دارد. که کلامی است از حضرت علی(ع): نهج‌البلاغه، خطبه ۱۷۷.

۴ - مقایسه کنید : حافظ : گناه اگرچه نبود اختیار ما حافظ   تو در طریق ادب باش گو گناه منست

: گرچه رندی و خرابی گنه ماست ولی   عاشقی گفت که تو بنده بر آن می‌داری

بعدِ توبه[1] گفتش: ای آدم! نه من آفریدم در تو آن جُرم و مِحَن[2] ؟ ۱۴۹۷

بعد از آنکه آدم نادم به سوی خدا بازگشت، حق تعالیٰ فرمود: ای آدم، مگر آن جرم و آفت را من در تو نیافریدم؟

نه که تقدیر و قضای من بُد آن چون به وقتِ عذر، کردی آن نهان؟ ۱۴۹۸

مگر بنا بر تقدیر و قضا مرتکب آن خطا نشدی، چرا هنگام عذرخواهی آن را نهان کردی و خطا را به خود نسبت دادی؟

گفت: ترسیدم، ادب نگْذاشتم گفت: من هم پاسِ آنت داشتم ۱۴۹۹

آدم(ع) پاسخ داد: ترسیدم که اسائهٔ ادب باشد. حضرت حق فرمود: من هم به پاس آن تو را بخشیدم.

هر که آرَد حُرمت[3]، او حرمت بَرَد هر که آرد قند، لَوْزینه[4] خورَد ۱۵۰۰

کسی که حرمت را پاس می‌دارد، قدر و منزلت می‌یابد و آن کس که قند عرضه بدارد، شیرینی و خوشی نصیب او می‌گردد.

طیّبات از بهرِ که؟ لِلطَّیِّبین[5] یار را خوش کن[6]، برنجان، و ببین[7] ۱۵۰۱

حق تعالیٰ فرموده است: زنان پاک برای مردان پاک‌اند و پاکی نصیب پاکان است. آن کس که بدی می‌کند و یار را می‌رنجاند، نصیبی جز بدی ندارد.

یک مثال ای دل! پی فرقی بیار تا بدانی جبر را از اختیار ۱۵۰۲

ای دل، مثالی را بگو که در آن به وضوح تفاوت میان جبر و اختیار معلوم باشد.

دست کآن لرزان بود از ارتعاش وانکه دستی تو بلرزانی ز جاش ۱۵۰۳

دستی که بر اثر بیماری رعشه می‌لرزد و دستی که شخص می‌لرزاند، هر دو تکان می‌خورند؛ ولی میان این دو تفاوت است. مورد اوّل، شخص بی‌اختیار است و مورد دوم مختار.

---

۱ - **توبه** : ندامت و پشیمانی و بازگشت از گناه و رجوع به دل به سوی خدا و قیام کردن به همهٔ حقوق پروردگار.

۲ - **مِحَن** : جمع مِحْنَت به معنی رنج، بلا و آفت. ۳ - **حُرمت** : بزرگداشت.

۴ - **لَوْزینه** : باقلوا، نوعی شیرینی که از مغز بادام و عسل یا شکر تهیّه کنند، بادام را به عربی لوز گویند.

۵ - اشارتی قرآنی؛ نور: ۲۶/۲۴ : ... وَٱلطَّیِّبَاتُ لِلطَّیِّبِینَ... : و زنان پاک برای مردان پاک هستند...

۶ - **خوش کن** : خشنود کردن، مجازاً به معنی خاموش کردن و اینجا به معنی خاموش کردن آتش مهر و محبّت.

۷ - مصراع دوم، «خوش کن»، طبق نسخهٔ کهن است. در بعضی نسخ «برکش» است.

هر دو جنبش آفریدهٔ حق شناس   لیک نتوان کرد این با آن قیاس ۱۵۰۴

جنبش در هر دو مورد آفریدهٔ حق است؛ امّا قابل مقایسه نیست.

زآن پشیمانی، که لرزانیدیَش   مُرتَعِش را کِی پشیمان دیدیش؟ ۱۵۰۵

اگر آدمی دست خود را برای فعل نابجایی حرکت دهد، از این کارِ اشتباه پشیمان می‌شود، در حالی که حرکتِ دستی که دچار رعشه است، پشیمانی به بار نمی‌آورد. در حالت اوّل شخص در خود اختیاری را حس می‌کند و می‌داند که می‌تواند از حرکت نابجای دست خود جلوگیری کند و در حالت دوم دستی که دچار رعشه است، در لرزش دست و یا عدم آن اختیاری ندارد.

بحثِ[1] عقل است این، چه عقل؟ آن حیله‌گر   تا ضعیفی ره بَرَد آنجا مگر ۱۵۰۶

بحثِ مورد نظر ما، «بحثِ عقلانی»، یعنی «عقلِ جزوی» است که به آن «عقلِ معاش» می‌گویند و در امور دنیوی به کار می‌آید، حیله‌گر و مصلحت‌اندیش است و این بحث را نیز آورده‌ایم که شاید با بیان آن، کسی که دچار ضعف است و قدرت درک حقایق را ندارد، بیندیشد و خواهان رسیدن به حقیقت گردد.

بحثِ عقلی، گر دُر و مرجان[2] بُوَد   آن، دگر باشد که بحثِ جان بُوَد ۱۵۰۷

بحث عقلی و کلامی هر قدر با ارزش باشد، بحث جان و کشف و شهود عارفانه ماورای آن است.

بحثِ جان اندر مقامی دیگر است   بادهٔ جان را قِوامی[3] دیگر است ۱۵۰۸

از جان سخن گفتن شأن و اعتباری والا دارد. جانِ مستغرقِ در حق، چون باده‌ای است، که نه فقط صاحب خویش، بلکه دیگران را نیز مستِ حق می‌دارد.

آن زمان که بحثِ عقلی ساز بود   این عُمَر[4] با بُوالحَکَم[5] همراز بود[6] ۱۵۰۹

در نظرِ «عقلِ مادّی»، عمر بن الخطاب با بوالْحَکَم هر دو صاحب عقل و دانش‌اند.

---

۱ - **بحث** : کاوش و جست‌وجو از سخن.

۲ - **مرجان** : دُرّ و مرجان غالباً در اشعار با هم ذکر شده‌اند، مروارید ریز را مرجان و نوع درشت را دُرّ درشت گویند. مرجان گیاهی است دریایی بین نبات و حجر، درکف دریا چون گیاهی می‌روید و بعضی دارای شاخ و برگ هستند و در نقاط کم عمق دریاها می‌زیند. پایهٔ آهکی مرجان قرمز که جزو احجار کریمه است، در جواهرسازی مورد استعمال دارد.

۳ - **قِوام** : حالت چیزی که پخته و جاافتاده باشد. دارای غلظت و شایسته شدن. همچنین، آنچه امر بدان قائم باشد و مایهٔ درستی و آراستگی آن.   ۴ - ر.ک: ۱۲۴۱/۱.   ۵ - همان، ۷۸۲/۱.

۶ - عَمرو بن هِشام که قریش او را ابوالْحَکَم (صاحب خرد) می‌نامیدند و عُمَربن الخطاب، هر دو از دشمنان سرسخت اسلام بودند و اتّصال تامّ جان پیامبر(ص) را با حق تعالیٰ و دریافت وحی الهی باور نداشتند.

چون عُمَر از عقل آمد سوی جان   بوالحَکَمْ بوجهل شد در حکم آن ۱۵۱۰

چون عُمَر ایمان آورد و به تعبیر مولانا سوی جان آمد از «عقلِ مادّی» و «بحثِ عقلی» دور شد؛ امّا ابوالحکم از جان خبر نیافت و در نظر عُمر و مسلمانان ابوجهل شد.

سوی حِسّ و سوی عقل، او کامل است   گرچه خود نسبت به جان، او جاهل است ۱۵۱۱

از دیدگاه عقل جزویِ «اهلِ ظاهر»، عَمرو بن هِشام کامل و فرزانه شناخته می‌شد؛ امّا این کمال نسبت به کمالِ جان، جهل و نقصِ بسیار است.

بحثِ عقل و حِسّ اثر دان یا سبب   بحثِ جانی، یا عجب! یا بوالعَجَب[1] ! ۱۵۱۲

بحثِ عقلی و حسّی چیست؟ روشی که به‌طور معمول متکلّمان و فلاسفه دارند و ادلّه و براهینی عرضه می‌دارند و از اثر به مؤثّر و از سبب به مسبّب می‌رسند و همواره از ادراک عارفانه و کشف و شهود باطنی (بحث جان) غافل‌اند و به این ترتیب عمر گرانمایه را بر باد می‌دهند و از حقایق محروم می‌مانند.

ضَوْءِ[2] جان آمد، نمانْد ای مُسْتَضی[3] !   لازم[4] و ملزوم، نافی[5] مقتضی[6] ۱۵۱۳

ای خواهانِ نور معرفت، آگاه باش که اگر نورِ جان بتابد، مباحث عقلی و کلامی و اصطلاحات آن مانند: لازم و ملزوم و نافی و مُقْتَضی جایگاهی نخواهد داشت.[7]

زانکه، بینایی که نورش بازغ[8] است   از دلیلِ[9] چون عصا بس فارغ است ۱۵۱۴

زیرا چشمی که به نورِ حق بینا شده است، نیازی به دلیل و بحث ندارد، همان‌گونه که عصا برای کمکِ نابینایان و افراد ناتوان به کار می‌آید و شخص بینا و توانمند از عصا بی‌نیاز است. مباحث عقلی و کلامی هم حکم عصا را برای کسانی دارند که از ادراک عارفانه بی‌بهره‌اند. در کشف و شهود، نیازی به مباحث عقلی و بحثی نیست.

---

۱ - **بُوالْعَجَب** : خداوند شگفتی، هر چیز شگفتی‌زا.   ۲ - **ضَوْء** : پرتو، فروغ، روشنایی.

۳ - **مُسْتَضی** : طالب و خواهان نور، روشنی‌جوی.

۴ - **لازم** : واجب و ناگزیر، در اصطلاح منطق، لاینفک، امری که منفک از امر دیگری نباشد. لازم و ملزوم، اموری را گویند که از هم جداشدنی نیستند.

۵ - **نافی** : نفی کننده، کسی که با ادلّه و براهین نادرستی سخن دیگری را بیان می‌کند.

۶ - **مُقْتَضی** : ایجاب کننده، سبب، در فلسفه به معنای «علّت» به کار برده شده است. چیزی که موجب افزایش کلمه‌ای یا بیشتر در کلام گردد که از لغو محفوظ ماند.

۷ - آن چنانکه مولانا می‌فرماید: درکف هر یک اگر شمعی بُدی   اختلاف از گفتشان بیرون شدی

۸ - **بازغ** : درخشنده، نورگسترده.   ۹ - **دلیل** : برهان، بحث و استدال.

تفسیرِ «وَ هُوَ مَعَکُمْ اَیْنَما کُنْتُمْ[1]»

این فصل در ارتباط است با تقریر معیّتِ سریانی و معیّتِ قیّومیِ حق بر اشیاکه تفصیل آن در ذیل بیت ۱۴۷۰ همین دفترگذشت. مراد آنکه تجلّی و مشیّت حق در اعمال و افعال خلق جلوه‌گر است.

بـــارِ دیگـــر مـــا بـــه قـصّه آمـدیم ما از آن قصّه برون خود کِیْ شدیم؟ ۱۵۱۵

بار دیگر به حکایت مورد نظر بازگشتیم؛ امّا در واقع، مباحثی که گفتیم، خارج از موضوع نبود. به بررسیِ مطالبی پرداختیم که در ارتباط مستقیم با معانی مورد نظرِ ما بود.

گر به جهل آییم، آن زنـدانِ اوست ور به عـلم آیـیم، آن ایـوانِ اوست ۱۵۱۶

اگر از «جهل» بگوییم، زندانِ پروردگار و نشانِ قهر اوست، اگر از «علم» بگوییم، علمِ حق و نشانِ لطف اوست.

ور به خواب آییم، مسـتانِ وی‌ایـم ور به بـیداری، بـه دَسـتان وی‌ایـم ۱۵۱۷

اگر به خواب رویم مستِ قدرت حق‌ایم و اگر بیدار شویم، مقهور فرمانِ خداوندایم.

ور بگـریيم، ابـرِ پُـر زرقِ[2] وی‌ایـم ور بخندیم، آن زمان برقِ[3] وی‌ایـم ۱۵۱۸

اگر گریه کنیم، ابر پرشکوه او هستیم و اگر بخندیم، آن خنده جلوهٔ لطف اوست.

ور به خشم و جنگ، عکسِ قهرِ اوست ور به صلح و عذر، عکسِ مهرِ اوست ۱۵۱۹

خشم، پرتوی از قهر خداوند است و صلح و آشتی بازتابِ مهر اوست.

مـــا کـه‌ایـم انـدر جـهانِ پـیچ پـیچ[4]؟ چون الف، او خود چه دارد؟ هیچ هیچ[5] ۱۵۲۰

در این دنیا، ما چه کاره‌ایم؟ مانند «الف»ایم که از خود چیزی ندارد. تشبیه انسان به «الف» از آن‌رو است که سایر حروف، نقطه و یا انحنا دارند و «الف» ندارد.

---

۱ - اشارتی قرآنی؛ حدید : ۴/۵۷ : ... و خداوند هر جا که باشید با شما است ...

۲ - **زرق** : کرّ و فرّ، شوکت و حشمت. ۳ - **برق** : درخشندگی، تلألؤ، تابش.

۴ - **جهان پیچ پیچ** : دنیای پر رنج، عالم کثرت.

۵ - در این قطعه مولانا چگونگی معیّت و همراهی حق را با انسان بیان می‌فرماید و نتیجهٔ برگرفته از آن این است که هستیِ آدمی، موهومی است و انسان مانند دیگر اجزای عالم امکان، به هستی حق تعالیٰ قائم است و هر چه که به او می‌رسد، از حق رسیده است. خواه جهل باشد یا علم، خواب یا بیداری، اشک یا خنده که در حقیقت همه پرتوی از تجلّی صفاتِ قهر و یا لطف الهی است و از آنجاکه آدمی به ذات خود قائم نیست و به ذاتِ باری تعالیٰ قائم است، از خود هیچ ندارد. منشأ و عامل کلیّهٔ افعال و صفات آدمی، حق است و انسان محلّ کسب و فاعل آن به شمار می‌آید.

سؤال کردنِ رسولِ روم از عُمَر رَضیَ اللهُ عنه، از سببِ ابتلایِ ارواح با این آب و گِلِ جسم

۱۵۲۱ **چون ز عُمَّر آن رسول این را شنید روشنی اندر دلش آمد پدید**

نمایندهٔ روم از شنیدن سخنان عمر، نوری را در دل احساس کرد.

۱۵۲۲ **محو شد پیشش سؤال و هم جواب گشت فارغ از خطا و از صواب**

تجلّی انوار، سؤال‌ها و جواب‌ها را در ذهن او محو کرد و از خودی خود فانی شد. فنای مُرید در مُراد]

۱۵۲۳ **اصل را دریافت و بگذشت از فروع بهرِ حکمت کرد در پُرسش شروع**[1]

حقیقت را دریافت و از جزئیّات گذشت و به جهتِ درکِ عمیق‌تر پرسشی را آغاز کرد.

۱۵۲۴ **گفت: یا عُمَّر! چه حکمت بود و سِر حبسِ آن صافی در این جایِ کِدر؟**

پرسید: ای عُمَر، چه حکمت و چه سرّی بود که خداوند، «روح» را که نور محض است در این بدن تاریک محبوس فرمود؟

۱۵۲۵ **آبِ صافی در گِلی پنهان شده جانِ صافی بستهٔ اَبدان شده**

آبِ زلال چگونه با گِل و خاک ممزوج شد؟ جان که نورِ محض است، چگونه چنین تنزّلی یافت و وابستهٔ بدن گردید؟

۱۵۲۶ **گفت: تو بحثی شِگَرفی می‌کنی معنیی را بندِ حرفی می‌کنی**

عمر گفت: سؤال تو مربوط به بحث عجیب و شگفت‌انگیزی است، مانند آن که معنا و مفهوم عظیمی را در قالبِ کوچک و نارسای کلمات محبوس کرده باشی.

۱۵۲۷ **حبس کردی معنیِ آزاد را بند حرفی کرده‌ای تو یاد را**[2]

تو معنا را که مقیّد به قیدی نیست، با این سؤال در قالبِ حقیر کلام محبوس کردی و اندیشه را که جولانگاه بسیار وسیعی دارد، در قالب حروف و کلمات نهاده‌ای.

---

۱ - ابیات «۱۵۲۳-۱۵۲۱» در متن اصلی نیست، در مقابله آن را افزوده‌اند. نیکلسون آن را در پاورقی آورده است.

۲ - در متن کهن به وضوح «یاد را» نوشته شده است؛ امّا در دیگر نسخه‌ها و نیکلسون چنین است، «باد را» خوانده‌اند. یاد به معنی تذکار، اندیشه، ذکر باقی و جاودان.

از بـــرای فـــایده ایـــن کـــرده‌ای   تـو کـه خـود از فـایده در پـرده‌ای ۱۵۲۸

این سؤال، به امید نتیجه‌ای بـود کـه از پـرسش حـاصل مـی‌شود؛ یـعنی روشـن شـدن موضوعی که نمی‌دانی؛ امّا تو فایدهٔ حقیقی را نمی‌شناسی و نمی‌توانی آن را ببینی.

آنکــه از وی فــایده زایـیده شـد   چُون نبیند آنچه مـا را دیـده شـد؟ ۱۵۲۹

مخلوق هیچ کاری را بدون علّت و غَرَض انجام نمی‌دهد، علی‌رغم آنکه احتمال دارد از نتیجه بی‌خبر باشد، چگونه حق تعالیٰ کاری را بدون فایده انـجام مـی‌دهد؟ و آنـچه را کـه مخلوق می‌بیند و می‌داند، حق که همهٔ فواید از اوست، نمی‌بیند و نمی‌داند؟

صد هزاران فایده است و هر یکی   صد هـزاران پـیشِ آن یک انـدکی ۱۵۳۰

اینکه ما معنا و اندیشه را در قالبِ کلمات قرار می‌دهیم تا آنچه را که مورد نظر ما است به دیگران منتقل کنیم، صدها هزار فایده و نتیجهٔ نیکو دارد، که تمامی این فواید در مقایسه با آنچه که حق کرده است، اندکی بیش نیست. باری تعالیٰ هم به غرضی خـاص روح عـالی عِلوی را در قالبِ جسم محبوس کرده و او را محلّ تجلّی صفات الهی قرار داده است. قالبِ تیره و تار جسمانی، مانند جیوهٔ آینه برای انعکاس انوار ضروری است.

آن دمِ نُطقت که جـزوِ جـزوهاست   فایده شد، کُلِّ کلّ خالی چـراست؟ ۱۵۳۱

کلامِ تو که جزوی از اندیشه و وجود توست و وجودت که جزوی از اجزای عالم است، فایده و ثمر دارد، چگونه جزوِ جزو فایده دارد؛ ولی کلِّ کلّ بی‌فایده است؟

تو که جزوی، کارِ تو بـا فـایده‌ست   پس چرا در طَعْنِ کُلّ آری تو دست؟ ۱۵۳۲

تو که جزوی از اجزای عالم هستی، افعال و اعمالت بی‌نتیجه و بی‌دلیل نیست، چگونه در کار مبدأ عالمِ هستی طعنه می‌زنی؟

گــفت را، گــر فـایده نَـبْوَد، مگـو   ور بُوَدْ، هِلْ[1] اعتراض و شکر جـو ۱۵۳۳

اگر کلامی را که می‌گویی، ثمری ندارد، نگو و اگر دارد و در می‌یابی که هر کاری نتیجه و حاصلی دارد، اعتراضی به فعل حق نکن و شاکر باش.

شکرِ یزدان طوقِ[2] هـر گـردن بُـوَد   نـی جـدال و رُو تـرش کـردن بُـوَد ۱۵۳۴

اگر آدمی آگاه باشد و حقِّ نعمت‌های خداوندی را بداند، این حق‌شناسی، آرامشی در

---

۱ - **هِلْ** : فعل امر از مصدر هلیدن، بر زمین نهادن، رهاکردن.

۲ - **طوق** : گردن بند، حلقهٔ آهنی متّصل به زنجیر که برگردن اسیران نهند، مجازاً امری واجب و ضروری.

وی به وجود می‌آورد که در سلامت و بیماری یا رنج و بلا، راضی است و با همگان در صلح و آشتی به سر می‌برد. رفتارِ بعضی از عابدان و زاهدان خشک[1] که به‌طور معمول ترشروی و گرفته‌اند و به نظر می‌رسد که از همه چیز ناراضی‌اند و هرگز بارقهٔ مهرآمیزی در چهره‌شان دیده نمی‌شود، با سپاس‌گزاری حقیقی مغایرت دارد.

گر تُرُش رُو بودن آمد شکر و بس　　　پس چو سِرکه، شکرگویی نیست کس ۱۵۳۵

اگر ترشرویی، شکر است؛ پس هیچ کس مانند سرکه شاکر نیست.

سرکه را گر راه باید در جگر　　　گو: بشو سرکنگبین، او، از شِکَر ۱۵۳۶

اگر قرار باشد سرکه قوتِ آدمی شود، باید با شکر و یا عسل ممزوج گردد تا سرکنگبین بتواند مقبول طبع انسان باشد، به همین ترتیب آدمی با تبدیل صفات که محصول ترقّی نفس است، مقبول حق واقع می‌گردد.

معنی اندر شعر، جز با خبط[2] نیست　　　چون قلاسنگ است[3] و اندر ضبط[4] نیست ۱۵۳۷

بیان مفاهیم عالی و بلندِ عالم معنا در قالب شعر بدون لغزش نیست؛ چون شعر قالبی محدود دارد، وزن و قافیه سراینده را محبوس می‌کند و آزادی عمل را سلب می‌نماید؛ بنابراین می‌فرماید: در قالب شعر معانی را بیش از این نمی‌توان گفت؛ زیرا وزن و قافیه مانند کفهٔ فلاخن که سنگی را پرتاب می‌کند، چندان تحت ضبط و فرمان شاعر نیست.

در معنی آنکه: مَنْ اَرادَ اَنْ یَجْلِسَ مَعَ اللهِ فَلْیَجْلِسْ مَعَ اَهْلِ اَلتَصَوُّفِ

آن رسول از خود بِشد زین یک دو جام　　　نی رسالت یاد ماندش، نی پیام ۱۵۳۸

ابیات این قطعه اشاره دارد به سرّ وحدانیّت و اثر همنشینی و همکلامی با اولیاءالله و انسان کامل. رسول روم پس از آنکه یکی، دو جام از شراب معرفت در کامِ جانش ریخته شد، از خویش رفت و در انسان کامل فنا یافت و رسالتی راکه به سبب آن به سوی عمر روانه گشته بود، از یاد برد. تبیین تأثیر و قدرتِ باطنی اولیاءالله و انسان کامل که صفحهٔ وجود را از غیر حق پاک می‌کند.

---

۱ - مقایسه کنید: حافظ: گله از زاهد بدخو نکنم رسم این است　　که چو صبحی بدمد در پیش افتد شامی
: یارب آن زاهد خودبین که به جز عیب ندید　　دود آهیش در آئینهٔ ادراک انداز

۲ - **خبط**: اشتباه.　۳ - **قلاسنگ**: فلاخن.　۴ - **ضبط**: در اختیارگرفتن و حفظ چیزی.

واله انـــدر قـــدرتِ الله شـــد آن رسول اینجا رسید، و شـاه شـد ۱۵۳۹

رسول، واله و شیدای قدرتِ خداوند و تأثیر نفوذ کلامِ انسان کامل شد و این شیدایی به حدّی بود که جانش با جانِ او اتّصالی روحانی یافت و به سببِ این پیوستگی از «خود» خالی و از حق پُر گردید، یعنی در او فانی شد.

سیل، چون آمد به دریا، بحر گشت دانه، چون آمد به مزرع، گشت کَشت ۱۵۴۰

همان‌گونه که سیل در دریا موجودیّت خود را از دست می‌دهد و موجودیّت جدیدی می‌یابد و دریا خوانده می‌شود یا دانه هنگامی که در مزرعه کاشته می‌شود، تبدیل می‌یابد و مبدّل به ثمره‌ای می‌شود که شباهتی به دانه ندارد، آدمی نیز در اثر همنشینی و همکلامی با انسان کامل در دریای بی‌کرانِ باطنِ وی، خویشتن را گم می‌کند و حق را می‌یابد.

چون تعلّق یافت نـان بـا بـوالبشـر نـان مُـرده، زنـده گشت و بـا خـبر ۱۵۴۱

همان‌طور که نان در وجود آدمی از ماهیّت جمادی، مبدّل به موجودی زنده و دارای حسّ و درک می‌شود، سالک نیز پس از آنکه به انسان کامل تعلّق خاطر یابد، آرام آرام از هستیِ خود می‌میرد و به هستیِ حق زنده می‌گردد.

مُوم و هیزم، چـون فـدای نـار شـد ذاتِ ظـــلمانیِّ او انـــوار شـــد ۱۵۴۲

موم و هیزم که فاقد نور و روشنایی‌اند، در اثر پیوستگی با آتش، عین آتش می‌شوند و نور و گرمی می‌یابند، به همین ترتیب نَفْسِ غیر متعالیِ سالک که ذاتِ ظلمانی دارد، در اثر پیوستگی با نفسِ نورانیِ انسان کامل، منوّر می‌شود.

سنگ سُرمه،[1] چونکه شد در دیدگان گشت بـینایی، شـد آنـجا دیـدبان ۱۵۴۳

به همین ترتیب، سرمه در چشم، عین بینایی و سبب افزایش نیروی دیدن می‌گردد.

ای خُنُک آن مرد کز خود رَسته شد در وجـود زنـده‌یی پـیوسته شـد ۱۵۴۴

خوشا به سالکی که از خودی خویش رها شد و در وجود انسان کامل مستهلک گردید.

وای آن زنـده کـه بـا مُـرده نشست مُرده گشت و زندگی از وی بجَست ۱۵۴۵

افسوس بر کسی که با مُرده‌دلان [اهلِ دنیا] حشر و نشر کرد و به سبب تأثیرِ همنشینی و همکلامیِ آنان او هم مُرده‌دل شد و زندگی حقیقی و بقا را از دست داد.

---

۱ - **سنگ سُرمه** : توتیا، سنگی که از آن سرمه می‌سازند و به رنگ سیاه یا بنفش و ورقه‌ورقه که آن را می‌سایند و ساییدهٔ آن را در چشم می‌کشند، کحل. به عربی اِثْمِد گویند.

**چون تو در قرآنِ حق بگریختی		با روانِ انبیا آمیختی** ۱۵۴۶

پناه بردن به قرآن و تفکّر و تعمّق در مفاهیم ظاهری و باطنی آن، مانند همنشینی و استفاده از محضرِ روحانیِ انبیا نیز محسوب می‌شود؛ زیرا اعمال، گفتار و رفتارِ انبیا نشأت گرفته از پرتو معرفتی بوده است که از جانب حق تعالیٰ بر جانِ آنان افاضه گشته بود؛ پس استفاده از محضر و بهره بردن از تعالیمِ ایشان جدا از جان و حقیقتِ قرآن نیست.

**هست قرآن حال‌هایِ انبیا		ماهیانِ بحرِ پاکِ کبریا** ۱۵۴۷

قرآن، بیانِ احوال انبیا است، برگزیدگانی که در دریای پاک ذات باری‌تعالیٰ غوطه‌ورند.

**ور بخوانی و نه‌ای قرآن پذیر		انبیا و اولیا را دیده گیر** ۱۵۴۸

اگر قرآن را بخوانی و در دل و جانت اثری نداشته باشد، گویی در محضر انبیا و اولیا بوده‌ای و از این حضور بهره‌ای نبرده‌ای.

**ور پذیرایی، چو بر خوانی قصص		مرغِ جانت تنگ آید در قفص** ۱۵۴۹

و اگر جانِ تو پذیرای کلام وحی باشد، زمانی که قصص قرآن را می‌خوانی و از احوال انبیا و برگزیدگان خاصِّ حق مطّلع می‌شوی، حس می‌کنی که جانِ تو مانند مرغی است که اسیر و محبوس قفس تنگ تن شده است و اشتیاق پرواز در عوالم پاک و ملکوتی در وجودت شعله‌ور می‌گردد.

**مرغ، کو اندر قفص زندانی است		می‌نجوید رَستن، از نادانی است** ۱۵۵۰

اگر پرندهٔ محبوس خواهان رهایی نباشد، نادان است.

**روح‌هایی کز قفص‌ها رَسته‌اند		انبیایِ رهبرِ شایسته‌اند** ۱۵۵۱

جان‌هایی که از صفات بشری رهایی یافتند، انبیای برگزیده بودند که شایستهٔ رهبری‌اند.

**از برون آوازشان آید ز دین		که: رهِ رَستن تو را این است، این** ۱۵۵۲

صدای این رهبران شایستهٔ برگزیده از طریق دین و شریعت و احکامی که آورده‌اند به گوش می‌رسد که تنها راه نجات همین است.

**ما بدین رَستیم زین تنگین قفص		جز که این ره نیست چارهٔ این قفص** ۱۵۵۳

ما به این ترتیب، با تسلیم در برابر قوانین الهی از این قفسِ تنگ رهایی یافتیم و جز این راهی نیست. این تنها راهی است که سازندهٔ این قفس در برابر محبوس قرار داده است.

خویش را رنجور سازی زارْ زار   تا تو را بیرون کنند از اشتهار ۱۵۵۴

برای رهایی، چاره‌ای جز این نیست که مشتاق مقبولیّت مخلوق و عامّه نباشی، و برای نجات از آفات شهرت، خود را رنجور و ناتوان نشان بده، نه به مفهوم بیماری جسمی، بلکه به معنی آنکه پیرو انسان کامل باش و آنچه را که حق می‌گوید انجام ده، نه آنچه را نفس امّارهٔ مردم می‌خواهد، و اگر چنین کنی از نظر آنان می‌افتی.

که اشتهارِ خلق بندِ محکم‌است   در ره، این از بندِ آهن کِیْ کم‌است؟ ۱۵۵۵

شهرت و مقبولیّت عامّه‌پسند، مانند بند محکمی است که از زنجیر آهنین کمتر نیست. این رشتهٔ درونی، فرد را برای حفظ این اشتهار وادار به اعمالی می‌کند که در شرایط دیگر احتمالاً انجام نمی‌داد؛ یعنی ریاکاری، تزویر و کارهایی که برای رعایت نفس و خواستهٔ دیگران ضروری می‌یابد.

قصّهٔ بازرگان که طوطیِ محبوسِ او، او را پیغام داد به طوطیان هندوستان، هنگامِ رفتن به تجارت[1]

خواجه‌ای بازرگان با عزم سفر هند، از طوطیِ مورد علاقهٔ خود پرسید: خواستار چه ارمغانی است؟ طوطی از خواجه خواست که پیکِ ترجمانِ دردِ اشتیاق و هجرانِ او از یاران باشد. بازرگان، هنگام رسیدن به هند و دیدار دسته‌ای از طوطیان، پیغام را رساند و با حیرت دید که یک طوطی در دم لرزید و از درخت افتاد. در بازگشت به خانه شرح ماجرا را با تأسف و تأثر برای طوطی خویش نقل کرد و با حیرتی افزون‌تر دید که او هم پروبالی زد و افتاد. خواجهٔ بازرگان پس از نوحه و زاری بسیار، جسد بی‌جان او را از قفس بیرون افکند و دید طوطی پرواز کرد و بر فراز درختی نشست و با دیدن تحیّر خواجهٔ بازرگان به او گفت: آن طوطیِ هند با عمل خویش به من تعلیم داد که تا نمیری از قیدِ قفس نَرَهی.

این قصّه نیز قالبی است برای تصویر و بیانِ قاعده‌ای که عارفان در سیر استکمالی ارائه کرده‌اند و رستگاری و کمال روحانی آدمی را در فنای از اوصاف و مرگ پیش از مرگ دانسته‌اند. این حکایت تمثیل کاملی است از احوال روح آدمی در این دنیا و راه رهایی و سعادت او و نتیجه‌ای که در پایان داستان حاصل می‌گردد، این است که «تن قفس شکل است، تن شد خارِ جان».

---

۱ - مأخذ این قصّه که تمثیلی است از طوطیِ جان، در قرن ششم شهرت داشته و خاقانی در تحفةالعراقین به آن اشاره کرده است و در تفسیر ابوالفتوح رازی، ج ۱، ص ۴۵۹ آمده است و در عین حال که سِرّ قصّه و پیام آن واحد است، در مضمون ظاهری آن تفاوت‌هایی دیده می‌شود؛ امّا شیخ عطّار در اسرارنامه این حکایت را به شکلی به نظم آورده که به گفتهٔ مولانا نزدیک‌تر است: احادیث، صص ۷۷-۷۵.

۱۵۵۶ **بـــود بــازرگان و او را طــوطیی　　در قـفص مـحبوس، زیـبا طـوطیی**

بازرگانی طوطی زیبای خویش را در قفسی محبوس ساخته بود.

۱۵۵۷ **چونکه بازرگان سـفر را سـاز کـرد　　سـوی هـندستان شـدن آغـاز کـرد**

چون بازرگان آهنگ سفر به سوی هندوستان کرد،

۱۵۵۸ **هـر غـلام و هـر کـنیزک را ز جُـود　　گفت: بهر تـو چـه آرم؟ گـوی زود**

از آنجا که با سخاوت بود از غلامان و کنیزکان پرسید که چه ره‌آوردی می‌خواهند؟

۱۵۵۹ **هر یکی از وی مُرادی خواست کرد　　جمله را وعـده بـداد آن نـیک مـرد**

هر یک تقاضایی کرد و آن مردِ نیک وعدهٔ اجابت داد.

۱۵۶۰ **گفت طوطی را: چه خواهی ارمغان　　کآرمت از خِـــطّهٔ هـــندوستان؟**

بازرگان از طوطی پرسید: تو چه می‌خواهی که از هندوستان بیاورم؟

۱۵۶۱ **گفتش آن طوطی که: آنجا طوطیان　　چون ببینی، کن ز حـالِ مـن بـیان**

طوطی پاسخ داد: طوطیان آن سرزمین را که دیدی، شرح حال مرا بیان کن.

۱۵۶۲ **کآن فلان طوطی که مُشتاقِ شماست　　از قضایِ آسمان در حبسِ ماست**

و بگو که یک طوطیِ مشتاقِ دیدار شما، به حکم تقدیر، محبوس ما است.

۱۵۶۳ **بر شما کرد او سلام و داد خواست [1]　　وز شما چاره و رَهِ ارشاد خـواست**

به شما سلام می‌رسانَد و دادخواهی می‌کند و راهنمایی می‌خواهد.

۱۵۶۴ **گفت: می‌شاید کـه مـن در اشـتیاق　　جان دهم، اینجا بـمیرم در فـراق؟**

و می‌گوید: آیا سزاوار است که من در اشتیاق دیدار شما و در تنهایی و دوری بمیرم؟

۱۵۶۵ **این روا باشد که من در بندِ سـخت　　گه شما بر سبزه، گاهی بر درخت؟**

آیا سزاوار است که من اسیر باشم و شما گاه بر سبزه‌زاران و گاه بر درختان بنشینید؟

۱۵۶۶ **ایـن چـنین بـاشد وفـایِ دوسـتان؟　　من در این حبس، و شما در گلستان؟**

آیا پیمانِ دوستی چنین است که من در قفس باشم و شما در گلستان باشید؟

---

۱ - **داد خواستن**: درخواست رفع و دفع ظلم و ستم کردن.

۱۵۶۷ **یاد آرید ای مِهان! زین مرغ زار   یک صبوحی[1] در میان مرغزار**

ای بزرگان، در بامدادی خوش و در میان چمنزار از این پرندهٔ زار یاد کنید.

۱۵۶۸ **یادِ یاران یار را میمون بُوَد   خاصه کآن لیلی و این مجنون بُوَد**

یاد دوستان مبارک است، بخصوص که عشقی در میان باشد.

۱۵۶۹ **ای حریفانِ[2] بتِ موزونِ[3] خود!   من قدح‌ها[4] می‌خورم پر خون خود**

ای دوستان که با معشوق همنشین‌اید و بادهٔ عیش می‌نوشید، بدانید که من خونِ دل می‌خورم.

۱۵۷۰ **یک قدح مِی نوش کن بر یادِ من   گر نمی‌خواهی که بِدْهی دادِ من**

اگر به فریادم نمی‌رسید و چاره‌ای نمی‌اندیشید، قدحی می به یاد من بنوشید.

۱۵۷۱ **یا به یادِ این فُتادهٔ خاک بیز[5]   چونکه خوردی، جرعه‌یی[6] بر خاک ریز[7]**

یا اینکه به یاد این یار غریب مانده جرعه‌ای بر خاک بریزید.

۱۵۷۲ **ای عجب! آن عهد و آن سوگند کو؟   وعده‌های آن لبِ چون قند کو؟**

پیام سوزناکِ طوطی برای یارانی که در سبزه‌زار سرمست‌اند، مولانا را بر آن می‌دارد که همچنان به رسم عادت دیرین خویش، «سِرّ دلبران» را در «حدیثِ دیگران» بگوید و عشقِ سوزان به یار از دست رفته را که اینک باز در وجودش جوشان شده است، با شرح فراق و جفایِ معشوق از زبان طوطی اسیر بیان نماید و به راز و نیازی عاشقانه با حقیقتِ شمس بپردازد و به وی یادآوری کند که عجبا آن همه عهد و پیمان، دوستی و سوگندهای عاشقانه چه شد؟ و وعده‌های آن لبِ شکرین کجا رفت؟

۱۵۷۳ **گر فراقِ بنده از بد بندگی‌ست   چون تو با بد بدکنی، پس فرق چیست؟[8]**

اگر هجرانی را که به آن مبتلا شده‌ام، از بد بندگی و سرپیچی است، آیا نباید تفاوتی میان مولا با بنده باشد و اگر تو به بدیِ من، پاسخ بد بدهی؛ پس میانِ ما چه فرقی است؟

---

۱ - **صَبوحی :** شراب خوردن در بامداد، گاهی نیز به یاد یا به سلامتی و شادی کسی می‌نوشیده‌اند.

۲ - **حریفان :** معاشران، همنشینان. ۳ - **بت موزون :** محبوب خوشایند. ۴ - **قدح :** کاسهٔ بزرگ.

۵ - **خاک بیز :** کسی را گویند که خاک کوچه و بازار و یا خاک کارخانهٔ زرگران را به آب می‌شوید تا زر گمشده و یا جز آن را بیابد. به غریب و مسافر نیز می‌گویند؛ زیرا خاک‌بیزی کنایه از غربت و سفر است.

۶ - **جرعه :** آن مقدار از آب یا شراب و یا جز آن که در یک بار آشامیده شود.

۷ - **جرعه بر خاک ریختن :** اینجا به معنی توجّه به کسی که بر خاک افتاده است. رسمی است کهن که باده‌نوشان، آخرین جرعه‌های جام را به یاد یاران غایب و یا از دست رفته بر زمین می‌ریخته‌اند.

مقایسه کنید : حافظ : اگر شراب خوری جُرعه‌ای فشان بر خاک   ز آن گناه که نفعی رسد به غیر چه باک

۸ - این ابیات راز و نیاز با پروردگار است.

دفتر اوّل ۳۹۵

ای بدی که تو کنی در خشم و جنگ   با طرب‌تر از سماع و بانگِ چنگ ۱۵۷۴

آنچه که از تو می‌رسد، حتّی اگر به ظاهر بد باشد، برای عاشق خوشایندتر از سماع و نوای دل‌انگیز چنگ است؛ زیرا نشانهٔ توجّهی است که به عاشق داری.

ای جفایِ تو ز دولت خوب‌تر   و انتقامِ تو ز جان محبوب‌تر ۱۵۷۵

ای محبوب حقیقی، آنگاه که جفا می‌کنی، بیداد تو از اقبال خوش‌تر است و زمانی که با خشم انتقام می‌گیری، کین‌کشی تو از جان محبوب‌تر است.

نارِ تو این است، نورت چون بُوَد   ماتم این، تا خود که سورت چون بُوَد؟ ۱۵۷۶

آتش قهر تو که این چنین دلپذیر است، استغراق در انوار لطف تو چه سان می‌تواند دل‌انگیز باشد؟ غم هجران تو که این است، شادی وصل تو چه خواهد بود؟

از حلاوت‌ها[1] که دارد جور[2] تو   وز لطافت[3]، کس نیابد غَوْرِ[4] تو[5] ۱۵۷۷

از حلاوتی که جفا و بیداد تو دارد و یا از لطف و مهربانی‌ات، کسی نمی‌تواند به کنه ذاتت پی ببرد.

نالم و ترسم که او باور کند   وز کَرَم آن جور را کمتر کند ۱۵۷۸

ناله می‌کنم و بیمناکم که بانگ زاریِ من نشانی از ناخشنودی‌ام باشد و یار از کرم، جور و جفا را که خواست اوست، کمتر کند.

عاشقم بر قهر و بر لطفش به جِد[6]   بوالعجب، من عاشقِ این هر دو ضِد[7] ۱۵۷۹

به راستی که عاشق قهر و لطف او هستم (صفات جلال و جمال)، جایِ شِگفتی است که چگونه به این دو صفت که متضادّ یک‌دیگرند، عشق می‌ورزم.

---

۱ - **حلاوت :** شیرینی.   ۲ - **جور :** جفا، بیداد.

۳ - **لطافت :** لطیف بودن، لطیف از اسماء باری تعالیٰ است به معنی مهربان و رسانندهٔ نیکی‌ها و منافع به بندگان به لطف.   ۴ - **غَوْر :** تفکّر و تأمّل، مجازاً به معنی حقیقت و کنه چیزی.

۵ - از صفات الهی مانند قهر و لطف نمی‌توان کنه ذات حق تعالیٰ را شناخت؛ زیرا با ادراک محدود آدمی نمی‌توان پی به نامحدود برد.   ۶ - **جِد :** کوشیدن در کاری، درست و راست گفتن، به حقیقت.

۷ - عاشقِ صادق تمام صفاتِ محبوبِ حقیقی را دوست دارد؛ زیرا صفات حق از ذاتِ باری‌تعالیٰ جدا نیست و انسان کامل هرچه را که به او می‌رسد، خواه قهر، خواه لطف می‌پذیرد و به آن عشق می‌ورزد؛ زیرا تجلّی صفات محبوب است. آدمی پیش از آنکه به کمال الهی برسد، در حیطهٔ خاصّی، دارای اراده و اختیار است و نفسِ وی آسایش و راحتی و لطف را ترجیح می‌دهد؛ امّا در مقام کمال الهی، انسان کامل، مستغرق در حق است، ارادهٔ او در ارادهٔ باری تعالیٰ مستهلک شده و از خود بی‌خویش است؛ پس خواسته و آرزویی ندارد، خواستار خواستِ حق است، حتّی اگر قهر باشد.

وَ اللّه اَرْ زین خار در بستان شوم — همچو بُلبل زین سبب نالان شوم ۱۵۸۰

به خدا سوگند که اگر به سبب ناله و فغان من، خارِ قهرِ او به بوستان مُبدّل شود، مانند بلبل در هجرانِ گل، نالان خواهم شد؛ زیرا نالەام محضِ عشق است و بس.

این عجب بلبل، که بگشاید دهان — تا خورَد او خار را با گُلْسِتان ۱۵۸۱

شگفت‌آور بلبلی است که دهان بگشاید تا گل و خار بوستان را یک جا ببلعد.

این چه بلبل؟ این نهنگِ آتشی‌ست — جمله ناخوش‌ها ز عشق او را خوشی‌ست ۱۵۸۲

چگونه بلبل چنین باشد؟ بلبل، عاشقِ لطفِ گل است و هنگامِ خزان در بوستان نمی‌پاید. چنین کس نهنگِ آتشین مزاجی است که غرق در دریای آتش‌خیز عشق شده است و هرچه از عشق به او می‌رسد، برای او عین خوشی است؛ حتّی اگر ناخوشی تلقّی گردد.

عاشقِ کُلّ است و خود کُلّ است او — عاشقِ خویش است و عشقِ خویش جو[1] ۱۵۸۳

انسان کامل، عاشق هستی و هستی‌بخش است و خود را غرق در دریای وحدانیّت می‌بیند و اینک که غیریّت و دویی از میان برخاسته، او نیز کلّ است. همهٔ هستی را در خود و خود را در تمامی کائنات می‌بیند و به کُلِّ مظاهرِ هستی عشق می‌ورزد. عاشقِ خویش است و جویایِ عشق خویش. حق، عاشق و معشوق به ذات است. محبّت از حق آغاز شده و در فطرت آدمی است، آدمی ابتدا خود را دوست دارد و به نَفْسِ خویش عشق می‌ورزد، به نفسی غیر متعالی و خودخواه، و رفته رفته با تهذیب نفس، عشق به خویش، مبدّل به عشقِ حق می‌شود و در عالی‌ترین مرحلهٔ آن، عشق را در خویش می‌یابد و خود را در عشق و عاشقِ عشق خود است.

صفت اَجْنِحِهٔ[2] طیور عُقولِ الهی[3]

قصّهٔ طوطی جان زین سان بُوَد — کو کسی، کو محرمِ مرغان بُوَد؟ ۱۵۸۴

همچنان که طوطی بازرگان در قفس اسیر بود و دیگر طوطیان را محرم یافت و راه نجات را جویا شد، جان آدمی نیز در قفسِ تن محبوس است. کجاست آن محرم که بتوان اسرار را بی‌پرده با وی بازگفت؟

---

۱ - ابیات اخیر در تبیین مقام رضاست که جایگاهی والا و مقام کاملانِ بی‌خویش است.

۲ - **أَجْنِحة**: جمع جَناح، بال، دست، همچنین طایفه‌ای از هر چیز.

۳ - **عقول الهی**: انبیا و اولیا که صاحب روح قدسی هستند. (بیان صفات آنان)

کــو یکـی مـرغی ضـعیفی بـی‌گناه   و انــدرونِ او، ســلیمان بــا سـپاه ۱۵۸۵

همان گونه که پرنده بی‌آنکه مرتکب خطایی شده باشد، در قفس گرفتار مـی‌آید، روحِ قدسی انبیا و اولیا نیز به حکم تقدیر در قفس تن محبوس شده و در نظر ظاهربینان مرغی ضعیف است، حال آنکه این ضعف مربوط به جسم و قوای طبیعی انسان است و در درون وی حشمت و قدرت سلیمانی وجود دارد.

چون بـنالد زار، بـی شُکـر و گِـله[1]   اُفــتد انــدر هـفت گـردون غُـلْغُله ۱۵۸۶

اگر او بنالد، چون ناله‌اش برای حظِّ نَفْسانی نیست و از عشق است، در آسمان‌ها غوغا برپا می‌کند.

هر دَمش صد نامه، صد پیک از خدا   یا رَبی زُو، شصت لبَّیک از خـدا ۱۵۸۷

اتّصالِ جانِ او با حق چنان است که گویی در هر لحظه صدها نامه و پیک از جانب خدا به وی می‌رسد و با هر یاربّ، اجابت باد را نثار می‌یابد.

زَلَّت[2] او بِـهْ ز طـاعت نـزدِ حـق   پیش کُفرش[3] جمله ایمان‌ها خَلَق[4] ۱۵۸۸

لغزشِ او نزد حق مقبول‌تر از طاعت خلق است و در برابر کفرش ایمانِ مخلوق خوار.

هر دمی او را یکی مـعراجِ[5] خـاص   بر سرِ تاجش نهد صد تاجِ[6] خاص ۱۵۸۹

در هر لحظه معراجِ خاصّی دارد و عنایت الهی بر تاجِ فقرِ او تاجی از مراحم را نثار می‌فرماید.

---

۱ - **بی شکر و گِله** : شکر و گِله آثار هوشیاری به نَفْس‌اند.

۲ - **زَلّت** : لغزش و لغزیدن که عبارت است از کار ناپسندیده و این لفظ را به طریقِ ادب استعمال کنند.

۳ - **کفر** : ضدّ ایمان، خلاف دین، بی‌اعتقادی به اسلام. در تعابیر عرفانی، ظلمتِ عـالمِ تـفرقه را کـفر گـویند. نـیز گفته‌اند: کفر پوشیدن وحدت در کثرت است. التفات به غیر حق را نیز کفر گویند.

مولانا ـ دیوان کبیر : معشوقه به سامان شد تا باد چنین بادا   کفرش همه ایمان شد تا باد چنین بادا

۴ - **خَلَق** : کهنه و پاره.

۵ - **معراج** : نردبان، عروج و صعود بر آسمان‌ها. در شریعت معراج، عروج پیامبر اسلام به آسمان است که در بیست و ششم ماه رجب بوده است. در عهد عتیق و جدید نیز از معراجِ روحانی برخی از پیامبران بـنی اسـرائیل مـانند: حزقیال و نیز یوحنای حواری یاد شده است. محیی‌الدّین ابن عربی نیز در رسالة الاسراء شرحی از معراج خود دارد. در روایات اسلامی آمده است که هر مؤمنی معراجی دارد: وَالصَّلاةُ مِعْراجُ الْمُؤمِن: ف. سجّادی.

مقایسه کنید : عطّار : دی پیر من از کوی خرابات بر آمد   وز دلشدگان نعرهٔ هیهات بر آمد

شوریده به بازار فنا سر بِبَر افکند   سرمست به معراجِ مناجات بر آمد

معراج خاص ؛ عروج روحانی جان انسان کامل و چگونگی اتّصال وی به حق به میزان قرب وی به درگاه باری تعالیٰ.

۶ - **تاج** : کلاه معروف فقر و از جمله کلاه دوازده تَرک است که نمایندهٔ دوازده طلبِ اهلِ سلوک باشد و در هر ترک، ترکِ یک قبیح کند و طلب یک فعلِ خوب تا شایستهٔ سلوک گردد: ف. سجّادی.

صورتش بر خاک، و جان بر لامکان[1]   لامکـــانی فـــوقِ وهـــمِ ســالکان ۱۵۹۰

ظاهرِ عارفِ واصل بر خاک است و جانِ او بـه سـوی حق و لامکـان در پـرواز است. لامکانی که خارج از اندیشه و تصوّر درک مبتدیان راه است.

لامکــانی نــه کــه در فـهم آیـدت   هــر دمــی در وی خـیالی زایـدت ۱۵۹۱

لامکانی را که می‌گوییم، عوالم غیبی و الهی است کـه بـرای درکِ مـتعارف، قـابل فـهم نیست. ادراک عوالم قدسی فقط برای انسان کامل واصل ممکن است.

بل مکـان[2] و لاٰ مکـان در حُکـمِ او   همچو در حُکمِ بهشتی چـار جُـو[3] ۱۵۹۲

عالم شهادت و عوالم غیبی در حکم اوست و باطن نیرومند وی احاطهٔ کامل بر آن‌ها دارد، همان‌گونه که چهار جوی بهشت، در تصرّف بهشتیان است.

شرحِ این کوته کن و رُخ زین بتاب   دم مــزن، وَ اللهُ اَعْــلَم بِــالصَّواب ۱۵۹۳

شرح صفات ارواح قدسی را کوتاه می‌کنیم و بیش از این نمی‌گوییم که خداوند به راستی و درستی آگاه‌تر است.

بــاز مــی‌گردیم مــا ای دوســتان !   سویِ مرغ و تـاجر و هـندوستان[4] ۱۵۹۴

ای دوستان، باز می‌گردیم به قصّهٔ مرد بازرگان و طوطی و سفر به هندوستان.

مـردِ بـازرگان پـذیرفت ایـن پـیام   کو رسانَد سویِ جنس از وی سلام ۱۵۹۵

بازرگان پذیرفت که پیام طوطی را به همجنسان وی برساند.

---

۱ - **لامکان :** عالم غیب، عالم الهی، از اوصاف سلبیهٔ حق و جوهر مجرّد.

۲ - **مکان :** کون و مکان، کلّ عالم شهادت.

مقایسه کنید : حافظ : خسرواگوی فلک در خم چوگان تو باد   ساحت کون و مکان عرصهٔ میدان تو باد

۳ - **چار جُو :** چهار جوی بهشتی، یکی از آب، دوم از شیر، سوم از خمر، چهارم از عسل. کوثر و سلسبیل و تسنیم و طهور در بهشت.

قرآن کریم، محمّد: ۱۵/۴۷، به چهار جوی جنان تصریح دارد. این چهار جوی از کوثر می‌آید. به خمر بهشتی بارها در قــرآن اشــاره شــده است. از جــمله در صــافات: ۴۷/۳۷-۴۵، طــور: ۲۴/۵۲-۲۳، واقــعه: ۱۹/۵۶-۱۸، انسان: ۵/۷۶، ۱۷، ۱۹

نظامی : ز دوزخ مشو تشنه را چاره جوی   سخن در بهشت است و آن چار جوی

۴ - در متن کهن مصراع اوّل را در پایین آن به «باز می‌گردیم ازین ای دوستان» بدل کرده‌اند.

دیدنِ خواجه طوطیانِ هندوستان را در دشت، و پیغام رسانیدن از آن طوطی

چونکه تا اقصایِ هندستان رسید   در بیابان طوطیی چندی بدید ۱۵۹۶

وقتی که به دورترین نقاط هندوستان رسید، در بیابان تعدادی طوطی را دید.

مرکب استانید، پس آواز داد   آن سلام و آن امانت باز داد ۱۵۹۷

مرکب را متوقّف کرد و با صدای بلند سلام و پیامِ طوطی را به طوطیان رسانید.

طوطیی ز آن طوطیان لرزید بس   اوفتاد و مُرد و بگسستش نَفَس ۱۵۹۸

یکی از طوطیان سخت لرزید و بر زمین افتاد و نفسش قطع گردید.

شد پشیمان خواجه از گفتِ خبر   گفت: رفتم در هلاکِ جانور ۱۵۹۹

بازرگان از رساندنِ پیام پشیمان شد و با خود گفت: من موجب مرگ پرنده شدم.

این مگر خویش است با آن طوطیَک؟   این مگر دو جِسم بود و روح یَک؟ ۱۶۰۰

مگر این پرنده چه خویشاوندی با آن طوطی دارد؟ آیا آنان دو جسم بودند و یک روح؟

این چرا کردم؟ چرا دادم پیام؟   سوختم بیچاره را زین گفتِ خام ۱۶۰۱

چرا پیام را رساندم؟ با سخنِ خام زندگیِ او را به آتش کشیدم.

این زبان چون سنگ و هم آهن‌وش است   وآنچه بِجْهَد از زبان، چون آتش است[1] ۱۶۰۲

زبان مانند سنگ و آهن آتش‌زنه است و سخنی که بدون تفکّر و تأمّل از زبان بجهد، مانند آتش سوزان است.

سنگ و آهن را مزن بر هم گزاف   گه ز رُویِ نَقْل و گه از روی لاف ۱۶۰۳

سنگ و آهن را بیهوده بر هم نزن، گاهی برای نقل قول و بیان آنچه شنیده‌ای و گاه لاف‌زنی، این‌ها پرحرفی و بیهوده‌گویی است.

زانکه تاریک است و هر سو پنبه‌زار   در میانِ پنبه، چون باشد شرار؟ ۱۶۰۴

کلامِ نسنجیده، مانند شرارهٔ آتش در پنبه‌زار در شبی تاریک است که همه جا را به آتش می‌کشانَد.

---

۱ - کلامی که از زبان بازرگان با خامی و بی‌تدبیری گفته شد، باب جدیدی را می‌گشاید تا مولانا تعالیم خود را در مورد زبان و سخن و تأثیرات آن تبیین نماید.

ظالم آن قومی که چشمان دوختند زآن سخن‌ها عالمی را سوختند ۱۶۰۵

ستمگرند آن کسانی که چشمان خود را می‌بندند و با سخنان فتنه‌انگیز جهانی را به آتش می‌کشند.

عالمی را یک سخن ویران کند روبهانِ مُرده را شیران کند ۱۶۰۶

سخن فتنه‌انگیز می‌تواند جهانی را به نابودی بکشد یا روبه‌صفتانِ ناتوان را به شیری غرّان مبدّل سازد.

جان‌ها در اصل خود عیسی دم‌اند[1] یک زمان زخم‌اَند و گاهی مرهَم‌اَند ۱۶۰۷

جان [روح انسانی] در اصل، دمِ مسیحایی دارد، از تجلّیات حق و گاه درد و گاه درمان است.

گر حجابْ[2] از جان‌ها برخاستی گفتِ هر جانی مسیح‌آساستی ۱۶۰۸

اگر حجابِ «سرشت و صفاتِ بشری» از چهرهٔ جان برداشته شود، هر «جان» مسیحادم است.

گر سخن خواهی که گویی چون شکَر صبر کن، از حرص و این حلوا مخَور ۱۶۰۹

اگر می‌خواهی که کلامِ تو مانند شکر، خوشایند و نغز باشد، بر سخن گفتن صبور باش و از حرّافی و لاف‌زنی بپرهیز و علی‌رغم آنکه سخنوری و مطرح شدنِ در جمع را چون حلوا شیرین می‌یابی، از آن صرف نظر کن تا کلامِ تو پخته و نغز گردد.

صبر[3] باشد مُشْتَهایِ[4] زیرکان هست حلوا آرزوی کودکان ۱۶۱۰

انسان زیرک، شکیباست و با واداشتن نفس به چیزی که تمایلی ندارد، به تهذیب آن می‌پردازد، هرچند که این پالایش بی‌شک موجب تلخ‌کامی و رنج است. ارضای تمایلات نفسانی و شیرین کام شدن لحظه‌ای و مقطعی، تمایل کودکان و یا کودک‌صفتان به شمار می‌آید.

---

۱ - **عیسی دم :** دمِ عیسی، نَفَسِ عیسی و گویند نَفَس و دمِ وی شفا دهندهٔ بیماران و زنده کنندهٔ مردگان بود. عیسی‌دم بودن اشاره است به تأثیرات اعجاب‌آفرین قدرت و همّت باطنی مردانِ حق و انسانِ کامل.

مقایسه کنید : ناصر خسرو : ای دردمند مشو خیره بر طبیب زیرا نشسته بر در عیسی بن مریمی

در مقام مقایسه : حافظ : فیض روح القُدُس اَر باز مدد فرماید دیگران هم بکنند آنچه مسیحا می‌کرد

۲ - **حجاب :** پرده، مانع و در اصطلاح اهلِ تصوّف و عرفان، پرده‌ای که آدمی را از قربِ حق دور می‌دارد یا نورانی است یا ظلمانی. نورانی، نور روح است و ظلمانی، ظلمت جسم. ادراکات باطنی، اعمّ از نفس و عقل و سِرّ و روح، هر یک حجابی دارند. حجاب نفس، لذّات و شهوات است. حجاب قلب، ملاحظه در غیر حق. حجاب عقل، وقوف اوست با معانی معقوله.

به‌طور خلاصه می‌توان گفت: آنچه که سببِ عدمِ تجلّی حق گردد، یعنی چیزهایی که مخالفِ با گوهرِ نفس بوده و با وی مشابهت و مناسبت نداشته باشد، حجاب نامند.

۳ - **صبر :** شکیبایی، واداشتن نفس به چیزی که بدان رغبت ندارد. نوعی داروی تلخ.

۴ - **مُشْتَهیٰ :** میل و خواسته.

هر که صبر آورد، گردون بر رَوَد　　　هر که حلوا خورد، واپس‌تر رَوَد ۱۶۱۱

هر کس که در برآوردن تمایلاتِ نَفْس خویش شکیبا باشد، سیرِ استکمالی را طی می‌کند و به درجات عالی معنوی می‌رسد و آن کس که نفسِ خود را شیرین‌کام می‌گرداند، روز به روز از حق دورتر می‌شود و با کلامِ نسنجیده و خودنمایی‌هایِ کودکانه، خویش را در انظار پختگان خوار می‌دارد.

تفسیرِ قولِ فریدالدّین عَطّار[1] قَدَّسَ اللهُ روحَهُ :

تو صاحب نفسی ای غافل! میان خاک، خون می‌خور
که صاحب دل، اگر زهری خورَد آن انگبین باشد

این بیت مربوط به غزلی است از دیوان عطّار که مطلع آن چنین است:

چه دانستم که آن دریای بی‌پایان چنین باشد　　　بخارش آسمان گردد کفِ دریا زمین باشد

صاحبِ دل[2] را ندارد آن زیان　　　گر خورد او زهرِ قاتل را عیان ۱۶۱۲

مولانا دراین قطعه به بیان تفاوت میان انسان کامل واصل و سالکی که در مراحل مختلف

---

۱ - فریدالدّین ابو حامد محمّد بن ابی‌بکر ابراهیم بن اسحاق عطّار نیشابوری، عارف و شاعر مشهور قرن ششم و آغاز قرن هفتم هجری است. وی به سال (۵۴۰ هـ. ق) متولّد شد و گویند پدر او سازنده و فروشندهٔ عطر و داروفروش بود و فریدالدّین کار او را دنبال کرد. وی را در همان اَوان انقلابی درونی رخ داد و چون سرمایه‌ای بزرگ از ادب و عرفان اندوخته بود، اندیشه‌های خود را به نظم در آورد. عطّار را مرید مجدالدّین بغدادی و رکن‌الدّین اسحاق و قطب حیدر دانسته‌اند. عطّار قسمتی از عمر خود را در سفر گذرانید و از مکّه تا ماوراءالنّهر مشایخ بسیاری را زیارت کرد و در همین سفرها بود که به خدمت مجدالدّین بغدادی رسید و سرانجام به سال ۶۱۸ هـ. ق، به دست مغولی کافر کشته شد. مقبرهٔ وی در نزدیکی شهر نیشابور، بقعه و بارگاهی پرشور و حال است. وی آثار زیادی را به نظم و نثر کشید که از جمله می‌توان: تذکرةالاولیاء، دیوان اشعار، منطق‌الطّیر، اسرارنامه، الهی‌نامه، مصیبت‌نامه را نام برد. غالب شاعران بزرگ پس از عطّار، او را به بزرگی یاد کرده و مقام عرفانی وی را ستوده‌اند. ابیات زیر نمونه‌ای از آن‌ها به شمار می‌آید:

مولانا :

من آن مولای رومی‌ام که از نطقم شکر ریزد　　　و لیکن در سخن گفتن غلام شیخ عطّارم
: آنچه گفتم از حقیقت ای عزیز　　　آن شنیدستم هم از عطّار نیز
: هفت شهر عشق را عطّار گشت　　　ما هنوز اندر خَم یک کوچه‌ایم
: عطّار شیخ ما و سنائیست پیشرو　　　ما از پسِ سنایی و عطّار آمدیم

شیخ شبستری : مرا از شاعری خود عار ناید　　　که در صد قرن یک عطّار ناید

۲ - **صاحب دل :** آن کسی که به حقیقتِ دل معرفت یافته است.

سلوک است، می‌پردازد و می‌فرماید: عارف که به عالمِ حقایق راه یافته است، انسان سالمی است که پس از طیّ دوران نقاهت که همان تهذیب و مجاهده با نفس است، به صحّت کامل نفسانی رسیده است؛ بنابراین انسانِ سالم نیازی به پرهیز ندارد و استفاده از بهره‌های دنیوی و برخورداری از آن که برایِ سالک در حکم زهر کشنده است، برای وی زیان‌آور نیست.

زانکه صحَّت یافت، و از پرهیز[1] رَست طـالبِ مسکـین مـیان تب دَر است ۱۶۱۳

انسان کامل، از بستر بیماری‌های باطنی برخاسته و صحّتِ نفس یافته است و اینک دیگر نیازی به احتراز از دنیا و انواع مجاهدت‌ها ندارد. در حالی که طالبِ ناتوان در میان تب تعلّقات و هوس‌ها می‌سوزد و برای رهایی چاره‌ای جز پرهیز ندارد.

گفت پیغمبر کـه: ای مـردِ جِـری[2] هان! مکن با هـیچ مـطلوبی مِـری[3] ۱۶۱۴

پیامبر(ص) فرمود: ای جیره‌خوار، به هوش باش که با مردان حق نستیزی.

در تو نمرودی‌ست[4]، آتش در مـرو رفت خـواهی، اوَّل ابـراهـیم شـو ۱۶۱۵

در تو نَفْسی است که وجودت را با آتشِ خواسته‌ها می‌سوزاند و نابود می‌کند، توجّه کن که برای ورود به این آتش، یعنی «مظاهر دنیوی»، باید ابراهیم‌صفت بود تا آتش «برداً و سلاماً»[5] شود.

چون نـه‌ای سَبّاح[6] و نـه دریـایی در میفکن خـویش از خـودْ رایـیی ۱۶۱۶

دریایِ متلاطم زندگی، با توفانی از حوادثِ گوناگون، هر لحظه به شکلی آدمی را به خود مشغول و از حق غافل می‌دارد، کسی از این ورطه جان به سلامت می‌بَرَد که نزد استادی کامل، فنون را آموخته باشد. اگر با خودسری و بدون تعلیم وارد این دریای موج‌خیز شوی، در گردابی از تعلّقات [زر و زور و ... ماسِوَی الله] به هلاکتِ معنوی می‌رسی.

او ز آتش وَرْدِ احـــمر[7] آوَرَد[8] از زیـان‌ها سـود بـر سـر آوَرَد[9] ۱۶۱۷

انسان کامل و ابراهیم‌صفت در آتشِ زرق و برق و فریبندهٔ دنیا زیانی نمی‌بیند و از آن بهرهٔ معنوی می‌بَرَد.

---

۱ - **پرهیز** : احتراز کردن، ورع، نگاه‌داری نفس از آنچه که وی را به هلاکت می‌کشاند، خویشتن‌داری.
ناصر خسرو : جز به پرهیز و زهد و استغفار کارِ ناخوب کی شود مغفور

۲ - **جِری** : جیره‌خوار، وظیفه‌گیر، اینجا کسی که جیره‌خوار خوان انسان کاملی است و رزق معنوی و روحانی را از طریق او دریافت می‌دارد. ۳ - **مِری** : مِراء: ستیزه و جدال.

۴ - **نمرود** : در لفظ به معنی قوی، پادشاه اساطیری بابل، در ادبیّات عرفانی مظهر نفسِ امّاره.

۵ - اشارتی قرآنی؛ انبیا: ۶۹/۲۱. ۶ - **سَبّاح** : شناگر. ۷ - **وَرْدِ احمر** : گل سرخ.

۸ - اشاره به داستان ابراهیم(ع)، آتشی که نمرود برای وی افروخته بود، به فرمانِ خداوند به بستانی پرگل و ریحان مبدّل گردید. ۹ - مصراع دوم در حاشیه «او ز قعر بحر گوهر آورد» به عنوان بدل افزوده شده است.

کاملی گر خاک گیرد، زر شود   ناقص، ار زر بُرد، خاکستر شود ۱۶۱۸

خاک در کفِ انسانِ کامل تغییر ماهیّت می‌دهد و به زرّ مبدّل می‌گردد.

در تبیین قدرت باطنیِ کامل است که سبب تبدیل صفات سالک می‌شود و ناقص را به کمالِ وجودی‌اش می‌رساند و هر چیز را به موقع و در جای خویش به‌کار می‌برد و بر عکس انسان ناقص، به سبب نقص باطنی و عدم آگاهی، زری را که در کف دارد، در محلّی نابجا صرف می‌نماید و حاصل کار خاکستری است که بر باد می‌رود.

عمر گرانمایه و مال دنیا اگر در جهت تعالی معنوی به‌کار نرود، زری است گران‌بها که به خاکستر تبدیل شده است.

چون قبولِ حق بُوَد آن مردِ راست   دستِ او در کارها دستِ خداست ۱۶۱۹

چون انسان کامل، مقبول حق است، آنچه را که انجام می‌دهد، مورد تأیید حضرتِ باری است، پس دست او، دست حق است.

دستِ ناقص، دستِ شیطان است و دیو   زانکه اندر دامِ تکلیف است[1] و رِیو[2] ۱۶۲۰

انسانِ ناقص همواره در معرض وسوسه‌هاست و فعل وی اکثراً ناصواب و دست او در واقع دست شیطانِ نَفْس است؛ زیرا به مرحلهٔ پاکی درون نرسیده و انجام تکالیف شرعی برای وی حکم دامی را دارد که‌گاه او را به سویِ فریب و تزویر و ریاکاری سوق می‌دهد و با اجرای آن و آدابِ سلوک احساس غرور می‌کند و به بُعدِ حق مبتلا می‌شود.

جهل آید پیشِ او، دانش شود   جهل شد علمی که در ناقص رود[3] ۱۶۲۱

«جهل» تاریکی است. «باطنِ انسان کامل»، از ظلمت مبرّاست و هر نکتهٔ سربسته‌ای را که دیگران به آن آگاهی ندارند، نزد او دانش و حقیقتی است که می‌داند. بر عکس کسی که فقط به آموختن علوم رسمی بسنده کرده، از آنجا که عاری از معرفت است و بر حقایق آگاه نیست، علم برای وی جهلی است که به شکل دانش نمود یافته است؛ زیرا علمی که دستاویزی برای کسبِ مقام و ثروت و لذّات دنیوی باشد از منظرِ عارف، جهل و ظلمت است.

هر چه گیرد علّتی، علّت[4] شود   کفر گیرد کاملی، ملّت[5] شود ۱۶۲۲

در تقابل ناقص و کامل، چون انسان ناقص در گردابی از تمایلات نفسانی اسیر است، هر

---

۱ - **تکلیف**: چیزی از کسی خواستن که او را از آن رنجی رسد. در زبان فارسی به معنی مطلق کار فرمودن به کسی است؛ پس تکالیف شرعیّه از این قسم است.   ۲ - **ریو**: فریب و مکر و تزویر، ریا.

۳ - ابتدا «منکر» نوشته‌اند، در مقابله بر بالای کلمه «ناقص» نوشته و اصلاح کرده‌اند.

۴ - **علّت**: بیماری، مرض، اینجا کسی که مبتلا به بیماری‌های نفسانی است؛ یعنی فرد ناقص.

۵ - **مِلّت**: دین.

راهی را که پیش گیرد، خواه برای تعالی و خواه برای هدایت دیگران، از علّت مبرّا نیست، در حالی که انسان کامل آنچه را که انجام می‌دهد بدون نقص و در صراط حق است، حتّی اگر دیگران آن را کفرآمیز محسوب کنند.

ای مِری کرده پیاده با سوار — سر نخواهی بُرد، اکنون پای دار[1] ۱۶۲۳

در پایان این قطعه و به عنوان یک نتیجه‌گیری کلّی می‌فرماید: سالک باید بدون قید و شرط تسلیم مرشد روحانی خویش باشد و آن کس که با کاملان می‌ستیزد، سر به سلامت نخواهد برد و به هلاکت معنوی و گاه ظاهری می‌رسد.

تعظیم ساحران مر موسیٰ را علیه السّلام، که: چه می‌فرمایی؟ اوّل تو اندازی عَصا؟

به فرمان فرعون، جادوگران در روزی ویژه که گویا روز جشن پرآبیِ نیل یا روز جشنِ دیگری بوده است، نزد فرعون جمع آمدند، در حالی که به پاداش و پیروزی خویش امیدوار بودند، چون به چیره‌دستی خود سخت پشت‌گرمی داشتند. به گفته فخر رازی[2]، در برابر موسی(ع) از در ادب و فروتنی در آمدند و کار را به موسی(ع) واگذاشتند و موسی(ع) نیز از روی فروتنی آنان را به خود پیشی داد و گفت: شما بیفکنید، شعرا: ۴۳/۲۶، و همین ادب و فروتنی ایشان زمینهٔ ایمان‌آوری و رستگاری‌شان شد، چنانکه در همین قطعه خواهیم دید. به هر تقدیر جادوگران پا پیش نهادند و ریسمان‌ها و چوبدست‌هایشان را افکندند و جادویی شگفت آوردند و مردم را به هول و هراس افکندند، اعراف: ۱۱۶/۷؛ زیراکه ریسمان‌ها و چوبدست‌ها چون ماران پیچ و تاب می‌خوردند. موسی(ع) نیز چوبدست خویش را افکند و اژدهایی شد و همهٔ جادوهای ساختهٔ آنان را فرو بلعید و جادوگران شگفت‌زده به سجده افتادند و گفتند: به خدای موسی و هارون گرویدیم، طه: ۲۰/ ۷۰-۶۵.کاری که ارادهٔ الهی بر دست موسی(ع) انجام داد در لحظه‌ای، ایمان و ایقان اندیشه و احساسِ جادوگران مصری را فراگرفت، آن چنانکه تهدیدِ فرعون راکه فریاد می‌کشید که دست و پایتان را ناهمگون می‌بُرم و بر تنه‌های خرمابنان به دارتان می آویزم، به هیچ نگرفتند و گفتند: ما را باک و زیانی نیست که به سوی پروردگارمان روی آورده‌ایم و از اینکه نخست گروندگان بودیم، امیدواریم خداوند کژی‌هایمان را بر ما ببخشاید، شعرا: ۲۶/ ۵۱-۵۰، امّا فرعون باز هم ایمان نمی‌آوَرَد و به سرکشی و خودسری می‌پردازد و به بلاهایِ آسمانی دیگری مبتلا می‌شود، قحط و خشکسالی فرا می‌رسد و توفانی از ملخ و سوسکِ گندم و وزغ بر آنان می‌بارد، همهٔ آب‌ها در جوی و رودخانه به خون مبدّل می‌شود و در هر یک از این بلایا فرعون از موسی(ع) می‌خواهد تا ردِّ آن بلیّه را از حق تعالیٰ بخواهد تا آنان ایمان آوَرَند و چون بلا را خداوند باز می‌دارد، دوباره پیمان می‌شکنند و به انتقام الهی در دریا غرقه می‌گردند.که این کیفر کسانی است که نشانه‌های حق را دروغ می‌شمارند، اعراف: ۷/ ۱۳۶-۱۳۰.

---

۱ - **پای دار**: ایستادگی کن، صبر کن. ۲ - تفسیر فخر رازی، ۱۳۴/۲۴-۱۳۳.

در اینجا شاید این پرسش مطرح گردد که چرا معجزه‌های انتخابی خداوند برای موسی(ع) از گونهٔ سحر و جادو است؟ پرسشی که با نگاهی به تاریخ کهن مصر می‌توان به پاسخ درست آن رسید؛ زیرا معجزه‌های پیامبران در پیوند نزدیکی است با مسائل و موضوعاتی که در روزگار آنان در میان مردم رواج داشته است. تاریخ کهن مصر آشکارا داستان‌های بسیاری از جادو و جادوگران را پیش روی ما می‌گذارد و نشان می‌دهد که در آن ایّام، ذهن و ضمیر مردم تا چه حد وابسته به این امور بوده است و از روی هماهنگی با همین‌هاست که موسی(ع) نیز معجزاتی از آن دست پیش روی آنان نهاده است، چنانکه در روزگار پیامبر اسلام(ص) ذهن و ضمیرِ مردم به سخن، سرود، شعر، شاعری، سخنوری و زبان‌آوری بیش از هر چیز دیگر خو گرفته بود، پیامبر(ص) نیز از روی هماهنگی با چنان فضا و فرهنگی بود که آنان را با معجزه‌ای از گونهٔ سخن (سخن خدا و قرآن) رویارو و بهت‌زده ساخت. قرآنی که خطابه‌ها و چکامه‌های سخنوران چیره‌دست عرب را کم‌فروغ ساخت و در هر محفلی همگان از زیبایی، شیوایی، دل‌انگیزی و شگفت‌کاری‌هایِ آن سخن می‌گفتند، قرآنی که ساختار استوار و سنجیدهٔ آن جایی برای کوچک‌ترین خرده‌گیری خرده‌بینان بر جای نگذاشته بود.

به داستان معجزات موسی(ع) باز گردیم. او در روزگاری به پیامبری بر انگیخته شد که مردم مصر به گواهی داستان‌های ادبی‌شان، شیفتهٔ سحر و جادو و شگفت‌کاری بودند. چنانکه از داستان‌های خوفو و جادوگران در پاپیروس (وستکار) بر می‌آید، مردم آن روزگار تا چه اندازه به جادو باور داشته و کارهایی را به آن نسبت می‌داده و در انجام امور از آن یاری می‌خواسته‌اند.

در سومین داستانِ این پاپیروس که در موزهٔ برلین نگهداری می‌شود، در «داستان همسر فریب خورده»، کاهنی که همسرش در خفا با جوانی پیوندی نامشروع دارد از راز ننگین زن باخبر می‌شود و در می‌یابد که همسرش با آن جوان به خانهٔ ییلاقی شوهر در کنار دریاچه می‌رود و چون روز به پایان می‌رسد، جوان به دریاچه می‌زند و می‌رود. شوهر که کاهنی جادوگر است از موم پیکرهٔ تمساحی را می‌سازد و با خواندن وردی آن را به دریاچه می‌افکند. موم به تمساحی بزرگ و راستین مبدّل می‌گردد و جوان را که مانند همیشه به آب زده بود تا برود، شکار می‌کند و به زیر آب می‌برد. از سوی دیگر کاهن شکایت به شاه می‌برد و شاه همراهِ او برای دیدنِ معشوق به کنار دریاچه می‌آید و چون کاهن تمساح را آواز می‌دهد، تمساح که جوان را در دهان دارد، بالا می‌آید.

در داستان دیگری در همین پاپیروس «داستان شاه سنفرو» سرسلسلهٔ چهارم و دختران کاخ، می‌خوانیم که پادشاه با دسته‌ای از دختران زیبا برای تفرّج و قایقرانی به دریاچهٔ قصر رفته است و چون گُل‌سر یکی از دختران در آب می‌افتد و با پافشاری گل‌سر خود را می‌خواهد، شاه ناگزیر و بی‌درنگ کاهن کاخ را فرا می‌خواند و از وی می‌خواهد تا با جادویی آب دریاچه را بشکافد و همه را در سویی انباشته سازد و سوی دیگر بی‌آب بماند تا خدمه بتوانند گل‌سر را از روی پاره‌ای سفال شکسته یافته و بر دارند و سپس کاهن با خواندن وردی دیگر، دوباره دریاچه را به گونه نخست باز آوَرَد.

در همین پاپیروس داستان دیگری نیز از جادوگری است که با خواندن اوراد سر و تن بریده غاز و مرغابی و دو گاو، زنده شده به سوی یک‌دیگر رفته و به هم می‌پیوندند.

با پیش چشم داشتن چنین اسطوره‌هایی است که داستان موسی(ع) و جادوگرانِ فرعون را می‌توانیم به خوبی دریابیم و از دلایل طعنه و تهمت فرعون بر موسی(ع) و برادرش هارون آگاه گردیم، که چرا آنان را متّهم به چیره‌دستی در جادوگری کردند و مدّعی شدند که به این ترتیب می‌خواهند بر مصر دست یابند و مردمش را بیرون کنند و آنجا را به دست اسرائیلیان بسپارند.[1]

---

۱ - بررسی تاریخ قصص، ج ۲، صص ۲۰۵-۱۸۶، با تلخیص و تصرّف.

ساحران در عهدِ فرعونِ لعین　　چون مِری کردند با موسیٰ به کین ۱۶۲۴

جادوگران در زمان فرعونِ ملعون با موسی(ع) ستیزه کردند و کینه ورزیدند.

لیک موسیٰ را مقدَّم داشتند[1]　　ساحران او را مکرَّم داشتند ۱۶۲۵

امّا علی‌رغم ستیزی که با موسی(ع) ورزیدند، وی را بر خود مقدّم و محترم داشتند.

زانکه گفتندش که: فرمان آنِ توست　　گر همی خواهی، عصا تو فکْن نُخُست ۱۶۲۶

و نشانهٔ حرمت نهادن آن بود که گفتند: انتخاب با توست، اگر می‌خواهی ابتدا تو عصا را بیفکن.

گفت: نی، اوّل شما ای ساحران!　　افکنید آن مکرها را در میان ۱۶۲۷

موسی(ع) گفت: نه، ابتدا شما سحر خود را که نیرنگی بیش نیست در میانه آورید و بیفکنید.

این قدر تعظیم دینْشان را خرید　　کز مِری آن دست و پاهاشان بُرید[2] ۱۶۲۸

همین بزرگداشتی که ساحران روا داشتند، سبب شد که در پایان کار به رسالتِ موسی(ع) ایمان بیاورند؛ امّا به جهتِ جدالی که با وی کردند، دست و پایشان بریده شد.

ساحران چون حقِّ او بشناختند　　دست و پا در جُرمِ آن در باختند ۱۶۲۹

اینکه ساحران موسی(ع) را بر خود مقدّم داشتند، رمزی است از آنکه مقام و منزلت وی را شناخته بودند و اینکه علی‌رغم این معرفت باز با او به ستیزه برخاستند، جرمی بود که جزای آن از دست دادن دست و پا بود.

لقمه و نکته‌ست کامل را حلال[3]　　تو نه‌ای کامل، مخور، می‌باش لال ۱۶۳۰

آنچه را که کامل بخورد، رواست؛ زیرا دریایِ زلالِ درون او آلوده نمی‌گردد و هر سِرّی را که بگوید، بجاست. تو که به کمال نرسیده‌ای در خوردن و گفتن امساک کن.

چون تو گوشی، او زبان، نی جنسِ تو　　گوش‌ها را حق بفرمود: اَنْصِتُوا[4] ۱۶۳۱

سالک در محضر مرشد باید سراپا گوش باشد و به کلام حق که از زبان گویای پیر گفته

---

۱ - اشارتی قرآنی، اعراف: ۱۱۵/۷ و ۱۱۶: قالُوا یا موسیٰ إِمّا أَنْ تُلْقِیَ وَ إِمّا أَنْ نَکُونَ نَحْنُ الْمُلْقِیْنَ. قالَ أَلْقُوا: گفتند: ای موسی، اوّل تو می‌اندازی یا ما باید بیندازیم؟ گفت: شما بیندازید.

۲ - اشارتی قرآنی، شُعراء: ۴۹/۲۶: ... لَأُقَطِّعَنَّ أَیْدِیَکُمْ وَ أَرْجُلَکُمْ مِنْ خِلافٍ وَ لَأُصَلِّبَنَّکُمْ أَجْمَعِینَ: دست و پای شما را به خلاف هم می‌بُرم و آن‌گاه همهٔ شما را به دار می‌کشم. (دست راست با پای چپ و یا برعکس)

۳ - انسان کامل می‌تواند از نعمت‌ها بهره‌مند گردد.

۴ - **أَنْصِتُوا**: خاموش باشید، برگرفته از اعراف: ۲۰۴/۷: وَ إِذا قُرِئَ الْقُرْآنُ فَاسْتَمِعُوا لَهُ وَ أَنْصِتُوا لَعَلَّکُمْ تُرْحَمُونَ: و اگر قرآن خوانده شود، به آن گوش فرا دهید و خاموش باشید. شاید شما از رحمت و لطف پروردگارتان برخوردار شوید.

می‌شود، توجّه کند و بداند که گرچه مرید گوش است و مراد زبان؛ امّا این گوش و زبان با هم سنخیّت و جنسیّت کامل ندارند؛ یعنی کلام انسان واصل، به سبب اتّصال با حق، حق است و مرید به سبب نقصی که دارد، آمیزه‌ای است از حق و باطل. خاموشی و نیازمندی او لطفِ الهی را شاملِ حالِ وی می‌دارد که گوشی حق‌نیوش بیابد و حقیقت آنچه را که می‌شنود، دریابد.

کودکْ اوّل چون بـزایـد شیـرنوش　　　مدّتی خامُش بُـوَد او جـمله گـوش ۱۶۳۲

همچنانکه طفل نوزاد فقط شیر می‌نوشد و در خاموشی سراپاگوش است، مرید نیز که طفلِ راهِ سیر و سلوک است، باید در سکوت شیرِ معانی را از پستانِ حقایقِ باطنِ منوّر مرشدِ کامل بنوشد تا آرام آرام مراحل ترقّی معنوی را طی کند.

مـــدّتی مـــی‌بایدش لب دوخـــتن　　　از ســـخن، تـــا او ســخن آمـوختن ۱۶۳۳

همچنانکه طفل مدّتی لب از گفتن می‌بندد و کلامی نمی‌گوید تا از سخنانی که می‌شنود، گفتن را بیاموزد، مرید نیز باید در محضر مُرشد سکوت کند و تا به امدادِ استاد، ره به حقایق نبرده است، در طریقت سخن نگوید و خاموش باشد.

ور نباشد گوش و تـی‌تی[1] مـی‌کند　　　خـــویشتن را گُـــنگِ گـیتی مـی‌کند ۱۶۳۴

اگر طفلِ نوزاد ناشنوا باشد، قادر به سخن گفتن نیز نخواهد بود و فقط می‌تواند کلماتی نامفهوم را بر زبان جاری سازد. سالک نیز اگر گوش شنوا نداشته باشد و قبل از آنکه باطن وی گویای حقایق گردد، در طریقت سخن آغاز کند، کلام وی نزد اهل معنا چون تی‌تی کودکانه است.

کَرِّ اصلی[2]، کِش نَبُد ز آغـاز گـوش　　　لال باشد، کِی کند در نطق جـوش؟ ۱۶۳۵

کسی که کر مادرزاد است، لال هم هست و هرگز نمی‌تواند سخن بگوید. همچنین است حال آن کس که نسبت به حقایق و کلام حق گوشی ناشنوا دارد و زبان وی از بیان حقایق لال است؛ زیرا از حقایق آگاه نیست.

زانکـــه، اوّل ســـمع بـــاید نـطق را　　　ســـویِ مـــنطق[3] از ره سـمع انـدرآ ۱۶۳۶

شنیدن و آموختن لازمهٔ سخن گفتن است؛ پس راه سخن‌گویی و سخن‌دانی، خاموشی و آموختن است.

---

۱ - **تی تی** : زبان کودکانه، کلماتی نامفهوم.　۲ - **کَرِّ اصلی** : کر مادرزاد.　۳ - **منطق** : سخن، کلام.

وَ ٱدْخُـلوا الأبْیاتَ مِـنْ اَبْـوابِـها[۱] **وَ ٱطْـلُبُوا الأغْـراضَ فـی اَسْـبابِها** ۱۶۳۷

برای داخل شدن به خانه‌ها باید از درهای منازل وارد شد و برای رسیدن به خواسته‌ها و نیّات، باید وسایل و ابزار رسیدن به مقصود را فراهم آورد.

نطق کآن موقوفِ[۲] **راهِ سمع نـیست** **جز که نطقِ خالقِ بی طمع**[۳] **نیست** ۱۶۳۸

در ابیات پیشین گفته شد که شنیدن، دروازه سخن گفتن است. اینک سخن از این معناست که تنها کلامی که وابستهٔ شنیدن و آموختن نیست، کلام خالق است؛ زیرا علمِ حق متوقّف بر شنیدن نیست.

مُـبْدِع است[۴] **او، تـابعِ اُسـتادْ نـی** **مُسْـنَدِ**[۵] **جـمله، ورا اِسْـناد**[۶] **نـی** ۱۶۳۹

خداوند هستی‌بخش است و علم و فعل او از ذات ناشی می‌شود و نتیجهٔ آموزش نیست. حق تعالیٰ تکیه‌گاه همگان است و بی‌نیاز از تکیه‌گاه.

باقیان، هم در حِرَف[۷]**، هم در مَقال**[۸] **تـــابع اســـتاد و مُـحتاج مـثال** ۱۶۴۰

به غیر از حق تعالیٰ، همهٔ مخلوقات و انسان‌ها، چه در انجام امور و کارها و چه در سخن گفتن و گفت‌وگو نیازمندِ استاد هستند و محتاج نمونه‌هایی برای تعلیم و آموزش.

زین سـخن، گـر نـیستی بـیگانه‌یی **دَلق**[۹] **و اَشْکـی گـیر در ویـرانـه‌یی** ۱۶۴۱

اگر از سخنی که گفته شد بیگانه نیستی و جانِ کلام را دریافته‌ای و به نقص و نیازِ خود پی برده‌ای، ظواهر را رها کن و در کسوتِ فقر، به درگاه حق تعالیٰ روی آور، زاری کن و بخواه که در جهت کمال به تو یاری فرماید.

زانکه آدم، زآن عِتاب[۱۰] **از اشک رَست** **اشکِ تـر بـاشد دَمِ تـوبه**[۱۱] **پـرست** ۱۶۴۲

آدم(ع) به جهت سرپیچی، مورد عتاب قرار گرفت. ندامت و اشک او را نجات داد.

---

۱ - مصراع اوّل برگرفته است از بقره: ۱۸۹/۲ : وَأْتُوا البُیُوتَ مِنْ أَبْوابِها: به خانه‌ها از درهای آن‌ها درآیید. اعراب جاهلی چون برای حج یا عمره اِحرام می‌گرفتند، به هنگام بازگشت به خانه یا خیمهٔ خود، برای احترام به خانهٔ خدا، از در وارد نمی‌شدند و به هر نحو که بود از پس و پشت خانه یا خیمه وارد می‌شدند. این رسم بر خلاف بسیاری از آداب حجّ، به تصویب شارع اسلام نرسید و نهی شد. مفهوم آنکه برای هر کاری باید از راه درستش وارد شد و هر خیری را از اهلش طلبید. ۲ - **موقوف** : وابسته به چیز دیگری. ۳ - **طَمع** : حرص و آز.

۴ - **مُبْدِع** : پدید آورنده، هستی‌بخش بدون مادّه و زمان.

۵ - **مُسند** : اسناد شده، کسی که به آن تکیه کنند و پناه برند، آنچه سبب تکیه کردن باشد.

۶ - **إسناد** : نسبت دادن کلامی به گویندهٔ آن. ۷ - **حِرَف** : جمع حرفه به معنی کار و پیشه، شغل.

۸ - **مقال** : گفتن، گفت‌وگو. ۹ - **دلق** : جامهٔ درویشان. ۱۰ - **عِتاب** : خشم گرفتن، ملامت کردن.

۱۱ - **توبه** : ندامت و پشیمانی و بازگشتن از گناه و آن بازگشتِ به دل است و سپس قیام کردن به همهٔ حقوق پروردگار.

بـهر گـریه آمـد آدم بـر زمـین[1] تـا بُـوَد گـریان و نـالان و حـزین ۱۶۴۳

هبوطِ آدم(ع) به زمین برای گریستن و اندوه و ناله بود.

آدم از فـردوس و از بـالایِ هـفت[2] پـایْ مـاچان[3] از بـرای عـذر رفت ۱۶۴۴

آدم(ع) از بهشت برین و فراز هفت آسمان و قربِ وصالِ حق، به زمین هبوط کرد، تا در هجران، گریان و عذرخواه باشد و زمین برای وی همان صف نعال و یا مقام غرامت است.

گـر ز پشتِ آدمـی، وز صُـلْبِ[4] او در طلب می‌باش هم در طُـلْبِ[5] او ۱۶۴۵

اگر تو هم ای آدمی‌زاده بر حسب و شرف آباواجدادی از تیرهٔ آدم(ع) هستی، همواره در طلب رضای حق باش و خود را در شمار پیروان حقیقی او قرار ده.

ز آتشِ دل و آب دیده نُـقل[6] سـاز بوستان از ابر و خورشید است باز ۱۶۴۶

با سوز دل و بارانِ اشک، کامِ جان را شیرین ساز. همچنانکه بوستان با تابشِ خورشید و بارشِ ابر خرّم است، بوستانِ جانِ آدمی نیز با سوز دل و آب دیده مصفّا می‌گردد.

تـو چـه دانـی قـدرِ آبِ دیـدگان؟ عاشق نـانی تـو، چـون نـادیدگان[7] ۱۶۴۷

تو که حریص و عاشق نان و اسیر علائق مادّی هستی، چگونه ممکن است حال روحانی و معنویِ کسی را که خالصانه و از سرِ عشق به درگهِ حق می‌نالد و می‌گرید، درک کنی؟

گر تو این انبان[8] ز نان خالی کـنی پُـر ز گـوهرهای اِجـلالی[9] کـنی ۱۶۴۸

اگر علائق مادّی را رها کنی، وجودت پر از گوهر معانی و معارف می‌شود.

---

۱ - اشاره‌ای است به هبوط آدم(ع)، بقره: ۳۶/۲، و فرود آمدن از بهشت و قرب وصالِ حق، و زندگی زمینی در هجرانِ یار سَرمدی، وگریستن بر دردِ فراق و نالان و اندوهگین بودن. ۲ - **هفت** : هفت آسمان.

۳ - **پای ماچان** : کفش کن، درگاه، صف نعال. صوفیان و درویشان را رسم بر آن بوده است که اگر یکی از ایشان مرتکب خطا و گناهی می‌شد، او را در صف نعال که مقام غرامت است به یک پای می‌داشتند تا آنگاه که پیر و مرشد عذر او را بپذیرد و از گناهش در گذرد. ۴ - **صُلب** : تیره و استخوان‌های پشت، حسب و شرف آبائی.

۵ - **طُلْب** : فوج وگروه، دسته‌ای از مردم.

۶ - **نُقْل** : آنچه بعد از شراب و به عنوان مزه خورند، اعم از ترش و نمکین و کباب و یا آجیل و تنقلات و شیرینی‌های گوناگون.

۷ - **نادیدگان** : مفلسان، گدایان، نادیده بودن به معنی نوکیسگی، گداچشمی، گداطبعی، اینجا بی‌بصیرتان.

در مصراع اوّل در متن «ذوق» است، در بالای کلمه به عنوان اصلاح «قدر» نوشته‌اند.

۸ - **انبان** : توشه دان، ظرف چرمی که در آن زاد راه نگه دارند، کنایه از شکم و معده.

۹ - **اِجلالی** : گران‌بها، عظیم‌الشأن.

طفلِ جان از شیرِ شیطان[1] باز کُن بعد از آنَش، با مَلَک انباز[2] کن ۱۶۴۹

جان یا نَفْس، در مرحلهٔ نازل خود [نفس امّاره]، چون طفلی است که باید تحت تربیت و ارشادِ انسانِ کاملی قرار گیرد و از پستان حقایق وجود وی شیر معانی را بنوشد تا رشد کند و مراحل ترقّی را پشت سر بگذارد. رها شدن از شرّ شیر شیطان یا تمایلات نفسانی جز به امداد انسان کامل و دریافت حقایق ممکن نیست.

تا تو تاریک و ملول و تیره‌ای دان که، با دیو لعین همشیره‌ای ۱۶۵۰

تاریکی‌ها و دلتنگی‌ها از علائق مادّی و تعلّقات است. همان‌طور که شیطان تمام توجّه‌اش به ظاهر بود. اگر تو هم توجّهات فقط به امور دنیوی است، بدان که طفلِ جانت از شیر شیطان و تمایلات نفسانی تغذیه می‌کند.

لقمه‌یی کو نور افزود و کمال آن بُوَد آورده از کَسبِ حلال[3] ۱۶۵۱

پاک یا ناپاک بودن لقمه‌ای که خورده می‌شود، در تأثیرات آن بر آدمی است. آنچه که شور و شوق خداجویی را افزون کند، حلال است و هرچه که سبب افسردگی باطنی و تشدید صفات ناپسند شود، حرام است، اگرچه که محلّ کسب و روشِ حصول آن حلال باشد.

روغنی کآید چراغِ ما کُشَد آبْ خوانَش، چون چراغی را کُشد ۱۶۵۲

روغنی که سبب خاموشی چراغ گردد، روغن نیست، آب است؛ زیرا خاصیّت روغن، افروخته نگاه داشتن شعلهٔ چراغ است، نه خاموش کردن آن و به همین ترتیب لقمه‌ای که موجب تیرگی درون و افسردگی و کسالت گردد، برخورندهٔ آن حرام است اگرچه حلال باشد.

این ابیات بیان‌کنندهٔ تأکید بسیار مولانا بر اِمساک در غذا و تحمّل گرسنگی برای مبارزه با نفس است، امری که خود بر آن بسیار اهتمام می‌ورزیده است.

علم و حکمت زاید از لقمهٔ حلال عشق و رِقّت آید از لقمهٔ حلال ۱۶۵۳

دانش و بینش از لقمهٔ حلال حاصل می‌گردد و محبّت و صفای درون را موجب می‌شود.

چون ز لقمه تو حسد بینی و دام جهل و غفلت زاید، آن را دان حرام ۱۶۵۴

هنگامی که در جهل و غفلت به سر می‌بری و حسادت چون دیوی بر دل و جان تو چنگ انداخته، بدان که لقمه‌ات حرام است و باید با امساک در غذا با این تاریکی‌ها مبارزه کنی.

---

۱ - **شیر شیطان**: خواهش‌های نفسانی، شهوات. ۲ - **انباز**: شریک، همدم، همتا.
۳ - **حلال**: نقیض حرام، جایز، طیب.

هیچ گندم کاری و جو بَر دهد؟ دیده‌ای اسبی که کُرّهٔ خر دهد؟ ۱۶۵۵

هرگز گندم نکاشتی که ثمره‌اش جو باشد و هیچ اسبی، کرّه‌اش، خر نبوده است.

لقمه تخم است و بَرَش اندیشه‌ها لقمه بحر و گوهرش اندیشه‌ها ۱۶۵۶

لقمه مانند تخمی در زمین تن آدمی پاشیده می‌شود و ثمرهٔ آن اندیشه و افکار انسان است که می‌تواند متعالی و یا غیرمتعالی باشد. همچنین لقمه را می‌توانیم به دریایی مانند کنیم که اندیشه و افکار، درّ و مروارید این بحرند.

زاید از لقمهٔ حلال اندر دهان میلِ خدمت، عزمِ رفتنْ آن جهان ۱۶۵۷

تأثیرات لقمهٔ حلال در آدمی آن است که شوق و میلِ خدمتِ صادقانه به مخلوق، در راهِ خدا را به وجود می‌آورد و تعلّق خاطری نسبت به این دنیایِ دون را در دل شخص باقی نمی‌گذارد.

باز گفتنِ بازرگان با طوطی، آنچه دید از طوطیانِ هندوستان

کرد بازرگان تجارت را تمام باز آمد سوی منزل دُوستکام[1] ۱۶۵۸

بازرگان در حالی که از تجارت راضی و خرسند بود، به منزل بازگشت.

هر غلامی را بیاورد ارمغان هر کنیزک را ببخشید او نشان ۱۶۵۹

به هر غلامی هدیه داد و به هر کنیزک نیز ارمغانی بخشید که نشانهٔ محبّت او بود.

گفت طوطی: ارمغانِ بنده کُو؟ آنچه دیدی و آنچه گفتی، باز گو ۱۶۶۰

طوطی گفت: هدیهٔ من کو؟ آنچه را که دیدی و با طوطیان هند گفتی، بگو.

گفت نه، من خود پشیمانم از آن دستِ خود خایان[2] و انگشتان گزان ۱۶۶۱

بازرگان گفت: نه، من از آنچه که شد، پشیمانم و انگشت ندامت به دندان می‌گزم.

من چرا پیغامِ خامی از گزاف بردم از بی دانشی و از نِشاف[3]؟ ۱۶۶۲

پشیمانم که چرا پیام بیهوده‌ای را از سر نادانی و غفلت به آنان رسانیدم.

---

۱ - **دوستکام :** مطابق میل دوستان، رسیده به مراد.

۲ - **خایان :** صفت فاعلی به معنی چیزی را زیر دندان جویدن یا خرد کردن.

۳ - **نِشاف :** نادانی، غفلت. نَشاف هم تلفّظ می‌کنند؛ امّا در نسخهٔ کهن نِشاف ضبط شده است.

گفت: ای خواجه! پشیمانی ز چیست؟ چیست آن کین خشم و غم را مُقتضی[1]ست؟ ۱۶۶۳

طوطی گفت: ای خواجه، چرا پشیمانی؟ چه چیزی سبب آشفتگی و اندوه توست؟

گفت: گفتم آن شکایت‌های تو با گروهی طوطیان، همتای تو ۱۶۶۴

بازرگان گفت: شکایت‌های تو را با دسته‌ای از طوطیانِ همجنسِ تو بیان کردم.

آن یکی طوطی ز دردت بوی بُرد زَهره‌اَش بدرید[2] و لرزید و بِمُرد ۱۶۶۵

یکی از طوطیان درد و اندوه تو را حس کرد، از غصّه زَهره‌ترک شد و لرزید و مُرد.

من پشیمان گشتم، این گفتن چه بود؟ لیک چون گفتم، پشیمانی چه سود؟ ۱۶۶۶

از آنچه گفتم، پشیمان هستم؛ امّا پشیمانی سودی ندارد.

نکته‌یی کآن جَست ناگه از زبان[3] همچو تیری دان که آن جَست از کمان ۱۶۶۷

کلامِ نسنجیده، مانند تیری است که ناگاه از چلّهٔ کمان رها شده باشد.

وا نگردد از ره آن تیر ای پسر! بند باید کرد سیلی را ز سر ۱۶۶۸

تیری که رها شد، باز نمی‌گردد و سیلاب را نمی‌توان بند کرد، سرچشمه را باید بست.

چون گذشت از سر، جهانی را گرفت گر جهان ویران کند، نَبْوَد شِگفت ۱۶۶۹

اگر سیل در سرچشمه هدایت نشود، جای تعجب نیست که همه چیز را ویران کند.

فعل را در غیب، اَثَرها زادنی‌ست و آن موالیدش[4] به حکمِ خلق نیست ۱۶۷۰

هر فعل، علاوه بر اثرات ظاهری، اثراتی در عوالم غیبی دارد، که زادهٔ فعل است و چگونگی‌اش در سیطرهٔ مخلوق نیست و بر اساس قوانین کلّی حاکم بر انسان و مخلوقات است.

بی شریکی، جمله مخلوقِ خداست آن موالید، اَرْ چه نِسبتشان به ماست ۱۶۷۱

تأثیراتی که هر فعلی در عوالم غیبی و معنوی دارد و موجب بروز اعمال و اثرات دیگری می‌گردد، همگی نتیجهٔ قدرتِ خلقِ خداوند است و آدمی شراکتی در خلقِ آن ندارد. اگرچه که این تأثیرات ناشی از عملی است که مخلوق انجام داده است و به او نسبت داده می‌شود؛ زیرا فعلی است که توسّط وی انجام یافته است.

---

۱ - **مقتضی** : اقتضا کردن، درخواست شده و محتاج شده.

۲ - **زَهره دریدن** : زهره‌ترک شدن، سخت ترسیدن، مردن به سبب مضطرب شدن و هول کردن. زَهره همان کیسه صفراست که محفظه‌ای است کوچک چسبیده به کبد که صفرا از آنجا برای هضم غذا به روده می‌ریزد.

۳ - این بیت و دو بیت بعد از آن، در باب سخن نسنجیده و آفات کلامی است که بدون تفکّر جاری شود و فواید خاموشی.

۴ - **موالید** : جمع مولود، زادگان.

زیـد پـرّانـید تـیری سـوی عَـمر[1] عَمر را بگرفت تیرش همچو نَـمْر[2] ۱۶۷۲

زید نامی تیری به سوی عَمْرو می‌افکَند، تیر او مانند پلنگی عَمْرو را مجروح می‌کند.

مـــدّتِ ســالی هــمی زایــید درد دردهــا را آفــرینند حـق، نـه مـرد ۱۶۷۳

در اثر اصابت تیر، زمانی طولانی عَمْرو رنج می‌کشد که درد را حق می‌آفریند، نه تیرانداز.

زیدِ رامی[3]، آن دم ار مُرد از وَجَل[4] دردهــا مــی‌زایــد آنـجا تـا اجـل ۱۶۷۴

اگر زیدِ تیرانداز در همان لحظه از ترس بمیرد و اگر خالق درد او باشد، باید دردِ عَمْرو تمام شود، در حالی که ادامه می‌یابد؛ پس زید عامل آن فعل است و خالقِ اثرات آن نیست.

ز آن موالیـد وَجَـع[5] چـون مُـرد او زیــد را ز اوّل ســبب، قــتّال گــو ۱۶۷۵

اگر عَمْرو در اثر درد شدید و بیماری بمیرد، چون زید عامل پرتاب تیر بوده، قاتل عَمْرو است.

آن وَجَــعْها را بــدو مــنسوب دار گرچه هست آن جمله صُنع کِردگار ۱۶۷۶

همهٔ درد و رنج و بیماریِ عَمْرو را می‌توان به زید نسبت داد؛ زیرا او فاعل و سبب آن بوده است؛ امّا خالق این دردها خداوند است که قدرت خلق دارد.

همچنین کِشت و دَم و دام و جِماع آن موالیـد است حـق را مُسْـتَطاع[6] ۱۶۷۷

و به همین ترتیب کشت و زرع، نَفَس کشیدن، گستردن دام، آمیزش زن و مرد و هرچیز دیگری، موالیدی است که زایش و خلق آن فقط در قدرتِ حق تعالیٰ است و انسان وسیلهٔ انجام و کسب آن است.

اولیــــا[7] را هست قــدرت از الٰــه تــیر جَســته، بــاز آرنــدش ز راه ۱۶۷۸

اولیا در اتّصال تامّ با حق‌اند، و قدرت آنان ناشی از قدرت خداوند است که در تمام

---

۱ - **زید و عَمْرو :** مبهمات، به جای فلان و بهمان.

۲ - **نَمْر :** پلنگ، و آن را بدان جهت نَمْر گویند که خال‌دار و پیسه است. ۳ - **رامی :** تیرانداز.

۴ - **وَجَل :** ترس و بیم. ۵ - **وَجَع :** رنجوری و بیماری. ۶ - **مستطاع :** آنچه در قدرت و توانایی است.

۷ - **اولیاء :** جمع ولیّ و دارای معانی بسیاری است چون دوست، یار، هم‌پیمان و به بزرگان دین و عرفان هم گفته می‌شود که مِنْ عِندِ اللهِ مُؤَیَّدٌ به حالات و مکاشفات گشته‌اند و باقی خلایق را به آن دسترسی نیست. از ابن سالم پرسیدند که اولیاءالله به چه شناخته شوند؟ گفت: لطف زبان، اخلاق خوب، چهرهٔ گشاده، سخاوت نفس، کمیِ اعتراض به تنگی معیشت و یا هر امری، قبول عذر کسی که عذر خواهد، شفقت با خلق خدا، چه نیکوکار چه تباهکار: ف. سجّادی، صص ۱۵۸-۱۵۶.

کائنات ساری و جاری است؛ پس اولیا نیز قدرت تصرّف در عوالم مادّی و معنوی را دارند و می‌توانند تیری را که از کمان رها شده باشد، باز گردانند.

بسته درهای موالید از سبب چون پشیمان شد ولی زآن دستِ رَب ۱۶۷۹

اگر ولیّ از امری پشیمان شود، درهای موالید را می‌بندد؛ یعنی تأثیراتِ آن را محو می‌کند؛ به عنوان مثال اگر کسی را نفرین کند و بعد پشیمان شود.

گفته ناگفته کند از فتحِ باب[1] تا از آن نه سیخ سوزد، نه کباب[2] ۱۶۸۰

قدرتی که از حق یافته چنان است که می‌تواند کلام گفته شده و تأثیرات ناشی از آن را محو کند.

از همه دل‌ها که آن نکته شنید آن سخن را کرد محو و ناپدید ۱۶۸۱

مرشد روحانی، می‌تواند هر زمان که مصلحت بداند، از دل همهٔ کسانی که آن کلام را شنیده‌اند، آن سخن و اثرات آن را محو و ناپدید کند.

گرْت بُرهان باید و حُجَّت، مِها! باز خوان: «مِنْ آیَةٍ اَوْ نُنْسِها»[3] ۱۶۸۲

ای مرد بزرگ، اگر در این باب برهانی را لازم می‌یابی، بار دیگر آیهٔ «هیچ آیه‌ای را منسوخ یا ترک نمی‌کنیم» را تلاوت کن.

از نظر قرآن پژوهان و علمای اسلام، نسخ هم در قرآن و هم در سنّت رواست و نسخ «قرآن به قرآن» و «قرآن به سنّت»، «سنّت به سنّت» و «سنّت به قرآن» جایز است و سابقه دارد: میبدی، برای تفصیل بیشتر ابوالفتوح، ایراد منکران به نسخ این است که می‌گویند: خداوند که عالم مطلق و علاّم‌الغیوب است و همهٔ کلیّات و جزئیّات گذشته و

---

۱ - **فتح باب** : کنایه از باز شدن درها و گشادگی کارها و در اصطلاح اهل تصوّف و عرفان، گشایش مقام قلب و ظهور صفای دل و کمالات آن: ف. سجّادی، ص ۶۱۷.

۲ - **نه سیخ سوزد نه کباب** : مثلی معروف، انجام کار به صورتی که به ضرر هیچ یک نباشد و یا آثار حاصلِ از آن برای طرفین یکسان باشد.

۳ - اشارتی قرآنی؛ بقره : ۱۰۶/۲ : ما نَنْسَخْ مِنْ آیَةٍ أَوْ نُنْسِها نَأْتِ بِخَیْرٍ مِنْها أَوْ مِثْلِها : هر آیه‌ای را که نسخ کنیم و یا فرو گذاریم بهتر از آن یا همانندش را می‌آوریم.

نسخ در لفظ به معنی ابطال یک چیز و آوردن چیز دیگری به جای آن: طبرسی. نسخ آیه، بیان پایان یافتن تعبّد مؤمنان به قرائت یک آیه یا حکم مستفاد از آن یا به هر دو است: بیضاوی، یهودیان از تبدیل بعضی آیات و احکام قرآن به پیامبر(ص) طعن می‌زدند و می‌گفتند: اگر فرمان پیشین حق بود و پسندیده، پس چرا نسخ بود و اگر باطل بود، خلق را بر آن داشتن چه معنا داشت؟: میبدی، و بر این مبنا به پیامبر افترا می‌زدند که قرآن برساخته و فرابافتهٔ خود اوست. خداوند در پاسخ و ردّ سخن آنان این آیه را فرستاد. در جای دیگر در همین معنا، نحل : ۱۰۱/۱۶ : وَ إِذَا بَدَّلْنَا آیَةً مَکَانَ آیَةٍ واللهُ أَعْلَمُ بِمَا یُنَزِّلُ قَالُوا إِنَّمَا أَنْتَ مُفْتَرٍ بَلْ أَکْثَرُهُمْ لا یَعْلَمُونَ : و چون آیه‌ای را به جای آیه دیگری آوریم، و خداوند به آنچه نازل می‌کند، آگاه‌تر است. گفتند: تو فقط افترا زنی، چنین نیست، بلکه بیشتر آنان درنمی‌یابند.

حال و آینده را می‌داند، چرا حکمی می‌فرستد که بعد آن را تغییر دهد؟ در پاسخ گفته‌اند: خداوند عالماً و عامداً حکم اوّل را می‌فرستد و خود می‌داند که آن موقت و زمان‌دار است؛ حتّی اگر این زمان‌داری آن بر بندگان یا حتّی بر پیامبر پوشیده(ص) باشد، سپس چون زمان آن سر رسید، حکم دوم را که متضمّن تبدیل [اعم از تشدید یا تضعیف] حکم اوّل است، فرو می‌فرستد. موارد نسخ در قرآن بسیار است از جمله، تبدیل عدهٔ زن شوهر مرده از یک سال (بقره: ۲۴۰/۲)، به چهار ماه و ده روز (بقره: ۲۳۴/۲)، یا اینکه ابتدا فرمود: سزاوار است هر یک از مجاهدان اسلام با ده کس مقاومت و برابری کند (انفال: ۶۵/۸) و در آیه بعد تخفیف فرمود: که هر کس با دو کس (انفال: ۶۶/۸) یا در مسألهٔ تغییر قبله (بقره: ۱۴۴/۲)، یا پرداختن صدقه پیش از نجوا با پیامبر(ص) که حکم آن در (مجادله: ۱۲/۵۸) و نسخ آن در آیه بعد، یا تبدیل وجوب نماز شب به استحباب (حکم آن در اوایل سورهٔ مُزمّل و نسخ آن در آخرین آیه همان سوره) و تبدیل حکم مدارا و مماشات با کفّار که در ده‌ها آیه بیان شده و نسخ آن‌ها به آیات سیف و قتال. ابوالفتوح می‌گوید: این آیه بر ردّ یهود است که نسخ شرایع را منکرند. حق تعالیٰ باز نمود چنانکه شرایع تبع مصالح بود، نسخ او و تبدیل او هم تبع مصالح بود.[1]

بنابراین مولانا می‌فرماید: همچنانکه حق تعالیٰ علی‌رغم علم کامل بر جمیع امور، حُکمی را می‌فرستد و بعد آن را نسخ می‌کند و حُکم دیگری فرو می‌فرستد، انسان کامل که از صفات بشری فانی و متخلّق به اخلاق الله است، نیز می‌تواند هرگاه که مصلحت بداند، کلامی را که گفته است، فروگذارد و آن را تبدیل، تشدید یا تضعیف نماید.

آیتِ «اَنْسَوْکُمْ ذِکْری»[2] بخوان   قدرتِ نسیان[3] نهادن‌شان بدان ۱۶۸۳

آیهٔ «یاد مرا از خاطرتان زدوده‌اند» را بخوان تا بدانی که فراموش کردن را چگونه در دل‌ها نهاده‌اند.

چون به تذکیر[4] و به نسیان قادرند   بر همه دل‌های خلقان قاهر[5] ند[6] ۱۶۸۴

قدرتِ تصرّفِ کاملان چنان است که قادرند در باطن دیگران اثر بگذارند و موضوعی را که فراموش شده است در خاطر مریدان زنده کنند و یا مطلبی را که مصلحت می‌دانند از خواطر محو کنند.

---

۱ - قرآن، ترجمه خرّمشاهی، ذیل آیه.

۲ - اشارتی قرآنی؛ مؤمنون : ۱۱۰/۲۳ : فَاتَّخَذْتُمُوهُمْ سِخْرِيّاً حَتّى أَنْسَوْكُمْ ذِكْري وَ كُنْتُمْ مِنْهُمْ تَضْحَكُونَ : آنگاه [شما ای کافران]، بندگان مرا به ریشخند گرفتید، تا آنجا که یاد مرا [از بس به آن‌ها پرداختید]، از خاطر شما بردند و به آنان می‌خندیدید.

اشارتی است به قدرتِ باطنیِ بندگانِ خاصِ خدا که می‌توانند موجبِ نسیان و فراموشی ضمایر گردند. (قدرت تصرّف باطنی اولیاء الله)   ۳ - **نسیان** : فراموشی.   ۴ - **تذکیر** : پند دادن، موضوعی را به یاد کسی آوردن.

۵ - **قاهر** : چیره، غالب.   ۶ - دل مخلوق در تصرّف انسان کامل است.

چون به نسیان بست او راهِ نظر کار نتوان کرد، ور باشد هنر ۱۶۸۵

هنگامی که مرشد با فراموشی اندیشهٔ مرید را در امر خاصّی مسدود کند، او توانایی خود را در آن مورد بخصوص از دست می‌دهد، حتّی اگر بسیار هنرمند و صاحب نظر باشد.

«خِلْتُمُ سُخْرِيَّةً» اَهْلَ آلسُّمُو از نُبی خوانید تا «أَنْسَوْكُمُ» ۱۶۸۶

ای کسانی که از هوس پیروی می‌کنید، شما به استهزای بزرگان و اهل کمالات پرداختید، اکنون از قرآن کریم آیه حَتّٰى أَنْسَوْكُمْ ذِكْرِي را تلاوت کنید، تا بدانید که نتیجهٔ این ریشخند چیست.

صاحبِ ده[۱]، پادشاه جسم‌هاست صاحبِ دل، شاهِ دل‌هایِ شماست ۱۶۸۷

حکّام و دولتمردان بر جسم کسانی که در قلمرو حکومتی ایشان زندگی می‌کنند، حکم می‌رانند در حالی که صاحبدلان [اولیاء الله، انسان کامل، مردان خدا] بر دل‌ها حکومت می‌کنند. جسم آدمی به فرمان دل است؛ پس صاحب دل شاه حقیقی است.

فرعِ دید آمد عمل، بی هیچ شک پس نباشد مردم اِلّا مَرْدُمک[۲] ۱۶۸۸

بدون هیچ شک، هر عمل و فعلی محصول بینش است؛ پس اصل، بینش و نگرش است و فرع آن فعل. به همین ترتیب می‌توان گفت که اصل و علّت آفرینش، وجود انسان کامل است و مردم فرع آن.

من تمامِ این نیارم گفت، از آن منع می‌آید ز صاحبْ مَرکَزان[۳] ۱۶۸۹

تمام این نکات را نمی‌توانم بگویم؛ زیرا از بزرگان کامل، در ارتباط با بیان آن منعی می‌رسد.

چون فراموشیِ خلق و یادشان با وی است و او رسد فریادشان ۱۶۹۰

اینکه چیزی در خاطر مُرید بماند یا فراموش کند، در دست «ولیّ» است و یاری‌دهنده هم اوست.

صد هزاران نیک و بد را آن بَهی[۴] می‌کند هر شب ز دل‌هاشان تهی ۱۶۹۱

حق، هر شب به هنگام خواب، تمام احساسات و افکار خوب یا بدی را که در طیّ روز در ضمیر و دل نقش بسته است، پاک می‌کند.

---

۱ - **صاحب ده**: حکّام و امرای دنیایی.

۲ - مرشد کامل با غوطه‌ورگشتن در بحر معانی و حقایق، دارای عالی‌ترین بینش و جهان‌بینی است و اوست که به دیگران راه را از چاه می‌نماید و چون مرکز شهود است به مردمک چشم مانند شده که آدمی توسّط آن قادر به رؤیت است. ۳ - **صاحب مرکزان**: کسانی که به مراکز حقیقت رسیده‌اند، اقطاب و پیران کامل.

۴ - **بَهی**: روشن و تابناک، کسی که به تمام خوبی‌ها و زیبایی‌ها آراسته است.

روز دل‌ها را از آن پُر می‌کند — آن صدف‌ها را پر از دُر می‌کند ۱۶۹۲

صبحگاهان، دستِ قدرت حق دوباره تمام احساسات و افکار خوب یا بد را که از ضمیر و دل آدمی زدوده شده بود، به وی بر می‌گرداند و هر کس با همان صفات و خصوصیّاتی که به خواب رفته بود، از خواب بر می‌خیزد.

آن همه اندیشهٔ پیشانه‌ها[1] — می‌شناسد از هدایت خانه‌ها ۱۶۹۳

جانِ آدمی به سبب هدایت حق، آگاهی خاصّی دارد که اندیشه و احساسات و افکاری را که متعلّق به اوست، صبحگاهان می‌پذیرد.

پیشه و فرهنگِ تو، آید به تو — تا درِ اسباب بگشاید به تو ۱۶۹۴

هنگام بیدار شدن در صبح، تمامی دانشی را که آموخته‌ای، در باب کار و کسب یا علوم گوناگون، به سوی تو باز می‌گردد تا با استفاده از آن‌ها که خود اسباب و وسیله‌اند، به تلاشِ روزانه بپردازی.

پیشهٔ زرگر به آهنگر نشد — خُوی این خوش‌خُو به آن مُنْکَر نشد ۱۶۹۵

در این بازگشت هرگز اشتباهی رخ نمی‌دهد و به عنوان مثال، آموزشِ حرفه‌ای یک زرگر به آهنگر انتقال نمی‌یابد یا ایمان و خوش‌خویی مؤمن به منکر منتقل نمی‌گردد.

پیشه‌ها و خُلق‌ها همچون جِهاز[2] — سویِ خصم[3] آیند روزِ رستخیز ۱۶۹۶

پیشه‌ها و خُوی‌های هر کس، مانند بار و بنه‌اش در رستاخیز به سوی او می‌شتابند.

پیشه‌ها و خُلق‌ها از بعدِ خواب — واپس آید هم به خصمِ خود شتاب ۱۶۹۷

دانش، فرهنگ و صفات، پس از بیدار شدن نیز با شتاب به سوی صاحب خویش باز می‌گردد.

پیشه‌ها وَ اندیشه‌ها در وقتِ صُبْح — هم بدانجا شد که بود آن حُسن و قُبْح ۱۶۹۸

هر چه را که فرد کسب کرده است، شامل آموزش‌های حرفه‌ای یا اندیشه‌های گوناگون و ویژگی‌ها، چه خوب و چه بد، هنگام بیدار شدن در صبحگاهان، به وی باز می‌گردد.

چون کبوترهای پیک[4] از شهرها — سوی شهرِ خویش آرد بهرها[5] ۱۶۹۹

بازگشتِ افکار، اعمال و احساسات هر کس به او، مانند کبوتران پیک است که از شهرها به شهر خویش نامه را می‌آورند.

---

۱ - **پیشانه** : مقابل پایان، ازل، مفهوم سابقان و مقدّمان نیز از آن مستفاد است.

۲ - **جِهاز** : بار و بُنهٔ مسافر، کشتیِ جنگی. ۳ - **خصم** : دشمن، مالک، صاحب.

۴ - **کبوتر پیک** : کبوتر نامه‌رسان. ۵ - **بَهر** : بهره، نصیب، قسمت.

شنیدنِ آن طوطی، حرکتِ آن طوطیان، و مُردنِ آن طوطی در قفص، و نوحهٔ خواجه بر وی

چون شنید آن مرغ، کآن طوطی چه کرد پس بـلرزید، اوفـتاد و گشت سـرد ۱۷۰۰

طوطیِ بازرگان که شنید طوطی دیگر چه کرده است، لرزید و افتاد و مرد.

خواجه چون دیدش فُتاده همچنین بـر جـهید و زد کُـلَه را بـر زمـین ۱۷۰۱

بازرگان که دید طوطی افتاده و مرده است، از جای جهید و کلاه را با غصّه بر زمین کوبید.

چون بدین رنگ و بدین حالش بدید خواجه بر جَست و گـریبان را دریـد ۱۷۰۲

مردِ بازرگان که حال طوطی و علائم مرگ را دید، از جای جَست و گریبان خود را درید.

گفت: ای طوطی خوب خوش حَنین[۱]! این چه بُودت این؟ چرا گشتی چُنین؟ ۱۷۰۳

گفت: ای طوطی خوب و خوش‌آواز، این چه اتّفاقی بود؟ چرا چنین شدی؟

ای دِریـغا مـرغ خـوش آوازِ مـن ای دریـغا هـمدم و هـمرازِ مـن ۱۷۰۴

افسوس و صد حیف که مرغ خوش‌نوای خویش را که همدم و همرازم بود، از دست دادم.

ای دریغا مرغِ خـوش الحـانِ[۲] مـن راحِ[۳] روح و روضه[۴] و ریحانِ[۵] من ۱۷۰۵

دردا و حسرتا از پرندهٔ خوش‌آهنگ من که موجب نشاط و راحتِ روح، باغ بهشت و گل و ریحانِ من بود.

گر سُلیمان را چنین مـرغی بُـدی[۶] کِیْ خود او مشغول آن مرغان شدی؟ ۱۷۰۶

اگر سلیمان(ع) چنین پرنده‌ای داشت، وقت خود را صرف آن پرندگان نمی‌کرد.

ای دِریـغا مـرغ کـار زآن یـافتم زود روی از روی او بـــرتافتم ۱۷۰۷

افسوس که زود او را از دست دادم و این کار، یعنی نالهٔ من به سبب همین هجران است.

---

۱ - **حنین**: ناله، فریاد شوق از سر آرزومندی. ۲ - **الحان**: جمع لحن، آهنگ.

۳ - **راح**: شادمانی، نشاط. ۴ - **روضه**: گلستان، بهشت. ۵ - **ریحان**: هرگیاه خوشبوی، رافع سردرد.

۶ - مقایسهٔ حال انبیا و صحو آنان با اولیا که مستغرق در حق و در سُکرند: شرح مثنوی مولوی، ج ۱، ص ۲۶۲.

ای زبـان! تـو بس زیـانی بـر وَریٰ[1]   چون تویی گویا، چه گویم من تورا؟[2] ۱۷۰۸

مرد بازرگان که از کلامِ نسنجیده متأثّر بود، خطاب به زبانِ خود گفت: ای زبان، از تو زیانِ بسیاری به مخلوق می‌رسد. هنگامی که تو سخن می‌گویی، من به تو چه بگویم؟

ای زبـان! هـم آتش و هـم خـرمنی   چند این آتش در این خرمن زنی؟ ۱۷۰۹

ای زبان، تو مانند آتشی هستی که درکنار خرمنی قرار گرفته است و حرکت بی‌جای تو آتش در خرمن هستی‌ها می‌زند. تا کی می‌خواهی چنین بی‌محابا باشی؟

در نهان جان از تو افـغان[3] مـی‌کند   گرچه هر چه گـویی‌اش آن مـی‌کند ۱۷۱۰

جانِ من در نهان، از تو شِکوه می‌کند و از حرکت نسنجیدهٔ تو به فغان است، هرچند که علی‌رغمِ این فریاد و زاری، آنچه را که تو می‌گویی، انجام می‌دهد.

ای زبان! هم گـنجِ بـی پـایان تـوی   ای زبان! هم رنجِ بی درمان تـوی[4] ۱۷۱۱

ای زبان، هنگامی که خردمندانه سخن می‌گویی، کـلیدِ درِ مـعرفت و گـنج‌های بـیکران معنوی هستی و سبب رنج و دردِ بی‌درمان می‌شوی، زمانی که نابخردانه سخن می‌رانی.

هم صفیر[5] و خدعهٔ[6] مـرغان تـوی   هـم انـیسِ وحشت هـجران تـوی ۱۷۱۲

ای زبان، تو می‌توانی مانندِ صفیری مرغ جان‌ها را بفریبی و در دامِ دنیا اسیر کنی یا می‌توانی با گفتاری سرشار از معرفت، مونس دوران فراق آدمی در مهجوری او در این حاکدان باشی.

چند امانم مـی‌دهی ای بـی‌امـان[7]؟   ای تو زِه[8] کرده به کینِ مـن کـمان[9] ۱۷۱۳

تا کی امانم می‌دهی ای سخت‌دل که قصد جانم را داری؟

نک، بـپّرانـیدهٔ مـرغِ مـرا   در چَـراگـاهِ ستم کـم کـن چَـرا[10] ۱۷۱۴

اینک، با کلام نابجا، طوطی نازنین مرا گرفتی. ستم نکن.

---

۱ - **وَریٰ** : آفریدگان، کنیهٔ روزگار. ۲ - در ارتباط است با سخن نسنجیده و زیان ناشی از آن.

۳ - **افغان** : ناله و فریاد.

۴ - مقایسه کنید : نظامی : چه خوش گفت فرزانهٔ پیش‌بین زبان گوشتین است و تیغ آهنین

امثال و حکم دهخدا : زبان سرخ، سر سبز می‌دهد بر باد. زبان، پاسبان سر است. زبان، سر را عدوی خانه‌زاد است.

۵ - **صفیر** : بانگ و فریاد مرغان. ۶ - **خُدعه** : نیرنگ.

۷ - **بی‌امان** : آنکه به دیگری زنهار یا فرصت نمی‌دهد، توسّعاً سنگدل. ۸ - **زه** : چِلّهٔ کمان.

۹ - ای که قصد جانم را داری. ۱۰ - در چراگاه ستم کم چرا کن؛ یعنی ستم نکن.

یـا جـوابِ مـن بگـو، یـا داد دِه[1] یـا مـرا ز اسبابِ شـادی یـاد دِه ۱۷۱۵

یا پاسخ بده یا انصاف داشته باش و کلامی شادی‌بخش به من بیاموز.

ای دریـغا نـورِ ظُـلمت سـوزِ مـن ای دریـغا صُـبحِ روز افـروزِ مـن ۱۷۱۶

افسوس بر نور تابناکی که تاریکی زندگی مرا می‌زدود. حسرت بر سپیده‌دمی که روز مرا منوّر می‌کرد.

ای دریغا مرغِ خـوش پـروازِ[2] مـن ز انـتها پـرّیده تـا آغـازِ مـن[3] ۱۷۱۷

دریغ بر مرغ خوش‌پرواز من که از منتهای پروازگاه خود اوج می‌گرفت و باز به مبدأ باز می‌گشت.

عـاشقِ رنج است نـادان تـا اَبَـدْ خیز، لا اُقْسِم[4] بخوان تـا فِـی کَـبَد ۱۷۱۸

آن‌کس که به آگاهی نرسیده و نادان است، همواره تفکّرات و اعمالش خطا و از مصلحت حقیقی به دور و زیان‌آفرین است. چنین کس با افکار و اعمالِ خود آن چنان به خویش ضربه می‌زند و رنج به بار می‌آورد که گویی همواره عاشق رنج و درد است.

از کَـبَد[5] فـارغ بُـدم بـا روی تـو وز زَبَد[6] صافی بُدم در جـوی تـو[7] ۱۷۱۹

با حضور تو (جان مجرّد، روح قدسی) از سختی و دشواری به دور بودم.

ایـن دریغاها خـیالِ دیـدن است وز وجودِ نـقدِ خـود بُـبْریدن است ۱۷۲۰

دریغ و دردِ عاشقِ حق، برای مشاهدهٔ جمال یار است که با تهی شدن از خویشتنِ خویش ممکن است.

---

۱ - **داد ده :** انصاف بده.

۲ - **مرغِ خوش پرواز :** جانِ آدمی که مجرّد است و به عالم بالا تعلّق دارد به طوطی مانند شده که در قفس تن محبوس است.

۳ - **ز انتها پرّیده تا آغازِ من :** جانِ انسان، از انتها (جهان مادّی و عالم کثرت) با بال و پر تفکّر و رهایی از بند تعلّقات و استغراقِ در حق، پرواز می‌کند و به آغاز و مبدأ وجود که ذات حق است می‌پیوندد و این همان قوس صعودی است در دایرهٔ هستی.

۴ - لا اُقْسِم؛ اشارتی است به بَلَد : ۴/۹۰ : لاٰ أُقْسِمُ بِهٰذَا الْبَلَدِ وَ أَنْتَ حِلٌّ بِهٰذَا الْبَلَدِ وَ وَالِدٍ وَ مَا وَلَدَ لَقَدْ خَلَقْنَا الْإِنْسَانَ فِي كَبَدٍ : [چگونه] به این شهر [مکّه] سوگند یاد نکنم؟! و حال آنکه تو [ای پیامبر] در این شهر مقیمی و سوگند به پدر [آدم یا ابراهیم] و فرزندانش. به حقیقت انسان را در رنج و محنت آفریده‌ایم.

لا أُقْسِم هشت بار در قرآن کریم به کار رفته است و مفسّران و مترجمان و نحویان در معنای آن اختلاف دارند که آیا به معنای «سوگند می‌خورم» است یا به معنای «سوگند نمی‌خورم»، امّا اکثریّت بر آنند که مراد قسم خوردن است.

۵ - **کَبَد :** سختی و دشواری.

۶ - **زَبَد :** کفی که بالای آب و سایر مایعات قرار دارد، کفِ سیم و زر گداخته را چرک زر و سیم گویند.

۷ - اشاره‌ای است به آسایش ارواح در قرب وصال حق، قبل از انتقال به کالبد خاکی.

غیرتِ[1] حق بود و با حق چاره نیست　　　کو دلی کز عشق حق صد پاره نیست؟[2] ۱۷۲۱

مرگِ پرندهٔ زیبای من از غیرت حق بود که غیری را در میان نمی‌پسندید و بر آن چاره‌ای نیست، کو دلی که از عشق حق صد پاره نباشد؟

غیرتْ آن باشد که او غیرِ همه است　　　آنکه افزون از بیان و دَمْدَمه[3] است ۱۷۲۲

غیرت حقیقی مختصّ حق است و فراتر از شرح و بیان.

ای دریغا اشک من، دریا بُدی　　　تا نثار دلبر زیبا بُدی ۱۷۲۳

ای کاش اشکِ من دریا بود تا نثار دلبر زیبا و بی‌همتای من گردد.

طوطیِ من، مرغِ زیرکسارِ[4] من　　　ترجمانِ[5] فکرت و اسرارِ من ۱۷۲۴

آن چنانکه در شرح بیت ۱۷۰۸ نیز به تقریر آمد، جانِ آدمی مجرّد است و به عالم بالا تعلّق دارد و در این حکایت به طوطی مانند شده است. این «جان» همان «روحِ عالیِ عِلْوی» است که مظهر درک، فهم، شعور و شارحِ اندیشه و اسرارِ آدمی و جهانِ خلقت است.

هر چه روزی داد[6] و ناداد[7] آیدم　　　او ز اوّل گفته، تا یاد آیدم ۱۷۲۵

آنچه که بهرهٔ من در این جهان است، حق تعالیٰ از روز اَلَست گفته است که اینک فراموش کرده‌ام و باید به یاد آورم. علمی که انسان کامل بر کلّ جهان هستی دارد، به موجب **عَلَّمَ آدَمَ الأَسْماءَ**[8] است. این دانش، آموزهٔ جان مجرّد یا روح عالی عِلوی است که به موجب **وَ نَفَخْتُ**

---

۱ - **غیرت**: رشک بردن، حسد. در تداول فارسی زبانان به معنی حمیّت، محافظت از عصمت، آبرو و ناموس.

غیرت حق بر مَثَل گندم بُوَد　　　کاه خرمن غیرت مردم بُوَد
اصل غیرت‌ها بدانید از اله　　　آنِ خلقان فرع حق بی‌اشتباه

«مثنوی»

دوستیِ بی غیرت، دشمنی است: امثال و حکم دهخدا. در اصطلاح متصوّفه؛ غیرت یا غیرتی است در حق به جهت گذشتن از حدود، یا غیرتی که در ازای کتمان اسرار و سرایر است و یا بخل و ضنّت حق به اولیای خویش. در شرح کلمات باباطاهر (ص ۱۹۱-۱۸۹) آمده است که: غیرت عارف بر پروردگار این است که نمی‌خواهد غیری در میان باشد و غیرتِ حق بر عارف نیز چنین است که او را از هر آلایش پاک دارد تا فقط به او عشق بورزند و تنها او را بخواهند: دهخدا، به نقل از تعریفات جرجانی و فرهنگ مصطلحات عرفا، ص ۲۹۵.

۲ - در متن «عشق حق» آمده و بالای آن به جای «عشق» کلمهٔ «حکم» را به عنوان بدل نوشته‌اند.

۳ - **دمدمه**: شهرت و آوازه.　　۴ - **زیرکسار**: خداوند ادراک و فهم و شعور.

۵ - **ترجمان**: بیان کنندهٔ زبانی به زبانی دیگر، سخنگو.

۶ - **داد**: عدل، بخشش، قسمت و تقدیر، حصّه و بهره.　　۷ - **ناداد**: ستم، بی‌بهره بودن.

۸ - سورهٔ بقره: ۳۱/۲: و خداوند همهٔ اسما را به آدم تعلیم فرمود.

فیهِ مِنْ رُوحی[1] ودیعه‌ای است الهی که در انسان کاملِ واصل تجلّی یافته و به ظهور رسیده است و در انسان کمال نیافته بالقوّه وجود دارد و نفس وی حجابی است که نمی‌گذارد این علم الهی از قوّه به فعل مبدّل گردد و به ظهور برسد.

طـــوطیی کآیـــد ز وحـــی آواز او   پـــیش از آغـــازِ وُجـــود آغـاز او[2] ۱۷۲۶

«جان مجرّد» یا «روح عالی عِلوی» به سبب اتّصال تامّ با حق، آنچه را که می‌گوید الهامِ الهی و یا وحی است و آفرینش او قبل از کالبد جسمانی بوده است.

انـــدرونِ تـوست آن طـوطی نـهان   عکسِ او را دیده تـو بـر ایـن و آن ۱۷۲۷

این طوطی سخنگو (جان مجرّد، روح عالی عِلوی) در درون تو است، در حالی که از وجود او بی‌خبری و تصویر و بازتابش را در آیینهٔ وجود دیگران می‌بینی و به این و آن دل می‌بندی.

می‌برد شـادیت را، تـو شـاد از او   می‌پذیری ظـلم را چـون داد از او ۱۷۲۸

محبّت‌های دنیایی و دل بستن به این و آن، انسان را به خلق مشغول و از حق دور می‌دارد. این دلبستگی‌های ناپایدار دنیایی، خوشی کاذبی را به وجود می‌آورد که ستمی را که بر نفس و وجودت شده است، مانند یک لطف و رحمت می‌پذیری.

ای که جان را بهرِ تـن مـی‌سوختی   سـوختی جـان را و تـن افـروختی ۱۷۲۹

ای کسی که برای «تن»، «جان» را سوزاندی، جان سوخت و تن نجات یافت.

سوختم من، سوخته[3] **خواهد کسی؟   تـــا ز مـن آتش زنـد انـدر خَـسی؟** ۱۷۳۰

آتشی از عشقِ حق در وجودم افتاده که سراپای هستی مجازی‌ام را سوزانیده است و اینک هرکس که بخواهد می‌تواند به کمک این وجود مشتعل، آتش در خس و خاشاکِ تعلّقاتِ خود بزنند.

سـوخته، چـون قـابلِ[4] **آتش بُـوَد   سوخته بستان کـه آتش کَش**[5] **بُـوَد** ۱۷۳۱

سوختهٔ عشقِ حق سراپای وجودش مشتعل است، خواهان این سوخته باش تا در تو نیز آتش درگیرد.

---

۱ - سورهٔ حِجر: ۲۹/۱۵: در آن از روح خود دمیدم.

۲ - در این مورد حدیثی می‌گوید: إِنَّ اللهَ خَلَقَ الأَرْوَاحَ قَبْلَ الأَجْسَادِ بِأَلْفَیْ سَنَةٍ: خدای تعالیٰ جان‌ها را دو هزار سال پیش از تن‌ها آفرید: احادیث، ص ۸۰، به نقل از مرصادالعباد، ص ۲۱.

۳ - **سوخته** : هر چیزی که آتش در آن افتاده باشد، سنجیده، سوختهٔ چیزی بودن به معنی فریفته، اسیر، عاشق و شیدای او بودن. ۴ - **قابل** : قبول کننده، پذیرنده، سزاوار و لایق، کارآزموده.

۵ - **آتش کَش** : وسیله‌ای که توسط آن آتش را در تنور بر هم می‌زنند و یا آتش را منتقل می‌کنند.

ای دریـغا، ای دریـغا، ای دریـغ! کآنچنان ماهی نهان شد زیر میغ[۱] ۱۷۳۲

توجّه به دو بیت پیشین و پیوستگی مفهومِ آن‌ها با بیت اخیر، می‌تواند روشنگرِ منظور از ماهی که در زیر میغ نهان است، باشد. بیانِ شیدایی و سوخته بودن وی و اینکه او آتش‌کَش شده است و مانندِ مشعل، وسیلهٔ اشتعال است و می‌تواند هر دلی را بـا آتش عشـقِ الهـی مشتعل سازد، وی را به یادِ شمس می‌اندازد، باز به یاد او دریغ و درد دارد و از اینکه چنان ماه رخشانی در زیر ابرها نهان شده، اندوهگین است و این هجران خـونریز را از غـیرتِ حق می‌داند، غیرتی که او را از توجّه به ظاهرِ شمس، هرچند که مظهرِ حق بود، منع مـی‌کند و توجّه عاشق را به ذاتِ باری معطوف می‌دارد: [غیرت حق بود و با حق چاره نیست /کو دلی کز عشق حق صد پاره نیست].

و در ادامه و تأیید این «غیرت» که با آن چاره نیست و در پایان این قطعه، همان گونه که مشاهده خواهیم کرد، به تفسیر قول حکیم سنایی در همین باب می‌پردازد که:

به هر چ از راه وامانی چه کُفر آن حرف و چه ایمان / به هر چ از دوست دور افتی چه زشت آن نقش و چه زیبا،

و نتیجه می‌گیرد که غیرت حق، هر چیزی را که موجبات بُعد از ذات باشد، بر نمی‌تابد چه کُفر و چه ایمان.

چون زنم دم[۲]**؟ کآتش دل تـیز شـد شیرِ هَجْر**[۳] **آشفته**[۴] **و خون‌ریز شـد** ۱۷۳۳

چگونه به سخن ادامه دهم، در حالی که شراره‌های عشق در دلم زبانه مـی‌کشد و درد هجرانی که چشیده‌ام، مانند شیری غرّان و پریشان قصد جان مرا دارد.

آنکه او، هُشیار[۵] **خود تُند**[۶] **است و مست چون بُوَد چون او قـدح گـیرد بـه دست؟** ۱۷۳۴

آن کس که در عین هوشیاری و خردمندی، تند و تیز و مست و بی‌باک است، اینک که قدحِ شرابِ این عشق را در دست دارد، پیداست که چه می‌کند!

شیرِ مستی کـز صـفت بـیرون بُـوَد از بسـیطِ[۷] **مـرغزار افـزون بُـوَد** ۱۷۳۵

غَلَیانِ عشقِ الهی که از گسترهٔ قلب عاشق افزون‌تر است، شیر مستی است که سراپـای هستیِ او را پاره پاره و متلاشی می‌کند.

---

۱ - **میغ** : ابر، سحاب. ۲ - **دم زدن** : به سخن در آمدن و افشای راز نمودن. ۳ - **هَجْر** : فراق، دوری.
۴ - **آشفته** : خشمگین، پریشان، شیدا و شوریده. ۵ - **هشیار** : هوشیاری. ضدّ مست.
۶ - **تند** : چست و تیز و بی‌باک.
۷ - **بسیط** : گسترده، زمین فراخ، اینجا کنایه از وجود مادّی یا قالبِ جسمانی، همچنین عالم مادّه.

قافیه اندیشم و دلدار من   گویدم: مندیش جز دیدار من ۱۷۳۶

شوق و درد، دلدادگی و شدّت این احوال، حیرتی را در مولانا به وجود می‌آورد که به سبب آن، چشمهٔ جوشان شعر که بی‌وقفه از درون پاک وی جاری است، برای لحظاتی چند احتمالاً به سبب اندیشیدن در باب قافیه و لزوم قواعد شعری، متوقّف می‌گردد و ندایی از جانب محبوب می‌گوید به هیچ چیز جز دیدار من نیندیش. شعرِ تو شورِ شهود است، قافیه در آن چه شأنی دارد؟

خوش نشین ای قافیه اندیش[1] من   قافیهٔ دولت تویی در پیشِ من ۱۷۳۷

ای قافیه اندیش، لفظ را رها کن، آسوده و آرام باش که نزدِ من بخت و اقبال تویی.

حرف[2] چه بُوَد تا تو اندیشی از آن؟   حرف چه بُوَد؟ خار دیوارِ رَزان[3] ۱۷۳۸

«حرف» یعنی ظاهر لفظ، چه اهمّیّتی دارد که به آن بیندیشی؟ حرف همانند بوته‌های خار مانع ورود غریبه است؛ ولی اهلِ معرفت معانی را در می‌یابد، هرچند که ظاهر کلام چندان آراسته نباشد.

حرف و صوت وگفت را بر هم زنم   تا که بی این هر سه با تو دم زنم[4] ۱۷۳۹

بدون «حرف و صوت» با «دل و جانِ» تو سخن می‌گویم.

آن دمی کز آدمش[5] کردم نهان   با توگویم، ای تو اسرارِ جهان![6] ۱۷۴۰

ای سرِّ باطن عالم، سرّی را که از آدم صفی(ع) نهان داشتم، با تجلّی خاصِ تو، بر تو عیان می‌دارم.

آن دمی راکه نگفتم با خلیل[7]   و آن غمی[8] راکه ندانند جبرئیل ۱۷۴۱

سرّی را که برای ابراهیم خلیل(ع) فاش نکردم، اندوه جانکاهی که جبرائیل از آن بی‌خبر است، بر تو آشکار کردم.

---

۱ - **قافیه اندیش** : کسی که قافیه می‌سازد، شاعر.

۲ - **حرف** : در تداول فارسی زبانان، سخن و گفتار، کلام و قول و حرف زدن، ظاهر لفظ.

۳ - **خار دیوار رَزان** : آنچه از خاربنان و خار و خلاشه و امثال آن برگِرد دیوار باغ فرو می‌برند به جهت محافظت و عدم ورود سوار و پیاده و حیوانات. میوهٔ باغ و بوستان درونِ مولانا هم معانی و معارف است.

۴ - سالکان طریقت به خوبی واقف‌اند که در هنگام مراقبه (مراقبت از نفس و توجّه قلبی به حق)، اتّصال جان و دل با حق و با یاران افزون‌تر می‌گردد و بی‌آنکه حرف و صوت و گفت در میان باشد، سخن‌ها رد و بدل می‌شود.

۵ - آدم(ع) به لطف پروردگار دارای استعداد فوق‌العاده‌ای برای درک حقایق هستی بود و خداوند این استعداد او را از قوّه به فعل رسانید و به آدم(ع) همهٔ حقایق و اسرار عالم هستی را تعلیم داد. بقره: ۳۱/۲

۶ - در تبیین الهامی ربّانی که از جانب حق بر دل پاک مولانا به برکت عشق رسیده است، اینجا مولانا خود را با سرّ باطن عالم هستی متّحد می‌یابد.

۷ - **خلیل** : دوست، یار، لقب حضرت ابراهیم پیغمبر است و او را خلیل‌الرّحمن و خلیل‌الله نیز می‌گویند.

۸ - **غم** : غمِ عشق.

دفتر اوّل ۴۲۵

آن دمی، کز ویْ مسیحا دم نزد حق ز غیرت نیز بی ما هم نزد[۱] ۱۷۴۲

رازی را که عیسی بن مریم(ع) از آن سخن نگفت، حق تعالیٰ به سبب غیرت، آن چنانکه خواست او بود، بر ما آشکار کرد و واسطهٔ ظهور خود و آن سرّ قرار داد.

ما چه باشد در لغت؟ اثبات و نفی من نه اثباتم، منم بی ذات و نَفْی ۱۷۴۳

از آنجا که در بیت پیشین فرموده است: حق، «ما» را واسطهٔ ظهورِ آن سرِّ خاص قرار داد، اینک در شرح لغوی «ما» می‌فرماید: «ما» در زبان فارسی، ضمیر اوّل شخص جمع و در عربی به معانی و صُوَر مختلفی به کار می‌رود، از جمله: اسم استفهام یا اسم موصول که مفهومی مثبت و ادّعایی بر وجود دارد. گاه نیز به معنی نفی مورد استفاده قرار می‌گیرد؛ امّا «ما»یی که اینجا به کار بردم، در مورد کسی است که ادّعایی بر وجود و ذات مستقل ندارد و می‌داند که ذات و وجود او در پرتو انوار الهی از خودی خویش تهی شده و در آن نور حل شده است. [بقای بعد از فنا]

من کسی[۲] **در ناکسی دریافتم پس کسی در ناکسی دربافتم**[۳] ۱۷۴۴

برای آنکه در درگاه حق کسی باشم و شأنی بیابم، خود را فنا کردم.

جمله شاهان، بندهٔ[۴] **بندهٔ خودند جمله خلقان، مردهٔ مردهٔ**[۵] **خودند**[۶] ۱۷۴۵

همهٔ پادشاهان، بندهٔ بندگان خودند؛ زیرا شاه بودن آنان وابسته به بندگان است [لازم و ملزوم] و همهٔ مردم دل‌بستهٔ عشّاق خودند، از آنجا که معشوق بودن آنان وابسته به عاشق بودن عشّاق است؛ پس هر معشوق، عاشق هم هست.

جمله شاهان، پَستْ[۷] **پَستِ خویش را جمله خلقان، مَستْ**[۸] **مستِ خویش را** ۱۷۴۶

کبکبه و دبدبهٔ شاهان برای اغیار است و در قبال کسانی که بندگی خود را به اثبات رسانیده‌اند، بسیار نرم‌اند. مردم دلباختهٔ عاشقان خویش‌اند.

می‌شود صیّاد، مرغان را شکار تا کند ناگاه ایشان را شکار ۱۷۴۷

شکارچی برای آنکه مرغی را شکار کند، ناگزیر است ابتدا تمهیداتی بیندیشد و ابزار لازم را تهیه

---

۱ - تجلّی حق تعالیٰ بر هر یک از خاصان و خاصّ‌الخاصان و مقرّبان درگاه الهی ویژهٔ خود او است و با ظهور و جلوه بر دیگری تفاوت دارد و همچنانکه همهٔ موجودات از فیض وجود او جامهٔ هستی‌امکانی در بر کرده‌اند و ظهور حق در هر ذرّه، خاصّ آن ذرّه است و با جلوه در ذرّات دیگر یکسان نیست.

۲ - **کسی**: کس بودن، شخصیّتی داشتن، در شمار مردم مهم بودن. ۳ - **دربافتن**: درآمیختن، پیوستن.

۴ - **بنده**: بسته شده و بند شده و محکم شده.

۵ - **مردهٔ کسی بودن**: مشتاق، سخت آرزومند و دلبسته، عاشق. ۶ - این بیت در حاشیه اضافه شده است.

۷ - **پست**: پایین، دون، سخت خُرد و نرم.

۸ - **مست کسی بودن**: عاشق و مستغرق در معشوق بودن، دلباخته و از خود بیخود.

کند و ساعاتی را در انتظار صید بگذراند تا بر این کار توفیق یابد؛ پس صیّاد در تمام این مراحل در دام چیزی است که خواهان به دام افکندن آن است و در حقیقت صیدِ صید خویش است.

بی‌دلان [1] را دلبران [2] جُسته به جان [3] — جمله معشوقان شکارِ عاشقان ۱۷۴۸

آنان که دل‌ها را به حُسن و کرشمه می‌برند، خود در بند و اسیر دل‌هایی هستند که به مهر و عشق آن‌ها می‌تپند؛ پس در حقیقت معشوق صیدِ عاشق است.

هر که عاشق دیدیَش، معشوق دان — کو به نسبت هست هم این و هم آن ۱۷۴۹

هر کسی را که در مقام عاشقی یافتی، بدان که معشوقِ محبوبِ خویش نیز هست؛ امّا ممکن است نسبت عاشقی با معشوقی‌اش متفاوت باشد.

تشنگان گر آب جویند از جهان — آب، جوید هم به عالم تشنگان [4] ۱۷۵۰

همچنانکه تشنه جویای آب است، آب نیز جویای تشنگان است.

چونکه عاشق اوست [5]، تو خاموش باش — او چُو گُوشت می‌کَشد [6]، تو گوش باش [7] ۱۷۵۱

چون عاشق واقعی حق است، پس تو دم از عشق نزن و هنگامی که جذبهٔ حق رسید و تو را به خود کشاند، سراپا توجّه باش.

بند کن چون سیل سَیْلانی [8] کند — ورنه رسوایی و ویرانی کند ۱۷۵۲

هنگامی که جذبه حق می‌رسد و انوار لطف بر بنده‌ای می‌بارد، در وی حالتی از وجد و بیخودی به وجود می‌آید که ممکن است در وصف حال و شدّت وجد، کلامی بگوید [شطْح] که شنیدن آن بر ارباب ظاهر ناخوش باشد و موجب انکار گردد.

من چه غم دارم که ویرانی بُوَد؟ — زیرِ ویران گنج سلطانی بُوَد ۱۷۵۳

اگر جذبهٔ حق چون سیلابی بر وجود جاری گردد و شدّتِ آن موجب انهدام تعلّقات دنیوی گردد و

---

۱ - **بی‌دلان** : جمع بی‌دل، کسی که دل از کف داده، عاشق.

۲ - **دلبر** : دلربا، آنکه دل‌های عشّاق را به حسن و کرشمه می‌برد، معشوق.

۳ - **جُسته به جان:** حقیقتاً جویا و خواستار کسی بودن، از جان و دل خواهان بودن.

۴ - مانند کردن عاشق به تشنه و معشوق به آب، تمثیلی است که در ادبیّات مکرراً آمده است.

۵ - عاشق اوست؛ به استناد اشارت قرآنی، در حقیقت حق عاشق است، مائده : ۵۴/۵ : ... یُحِبُّهُمْ وَ یُحِبُّونَهُ... : کسانی که خدا آن‌ها را دوست دارد و آنان نیز خدا را دوست می‌دارند.

۶ - **گوش کشیدن** : به دنبال خود کشاندن، جذبه‌ای که از جانب حق می‌رسد.

۷ - **گوش بودن** : ساکت بودن و دم نزدن و توجّه بسیار کردن.

۸ - **سَیْلانی** : روان شدن و جاری شدن مایع از شدّت و فراوانی.

خلق و خُوی مجذوب را آن‌چنان تغییر دهد که از نظر ظاهربینان، آسیب دیده و ناسالم جلوه کند، باکی نیست؛ زیرا درّ و گوهرِ معنوی در همین ویرانی و تبدیل و تحوّلاتِ صفاتِ بشری به دست می‌آید.

غرقِ حق، خواهد که باشد غرق‌تر   همچو موجِ بحرِ جان زیر و زبَر ۱۷۵۴

آن کس که جذبهٔ الهی وی را غرقه در انوار عنایت کرده است، چنان حالِ خوشی در این بی‌خویشی می‌یابد که همواره خواهان آن است که این استغراق افزون‌تر گردد و مانند موجی در دریای نور و حقیقت به امر حق زیر و زبر گردد و در تلاطم باشد.

زیرِ دریا[1] خوشتر آید یا زبر؟   تیرِ او دلکش‌تر آید یا سِپر؟ ۱۷۵۵

مدّعی عشق حق باید در خود تعمّق کند و ببیند که وصل و اتّصال با محبوب برای او خوش‌تر است یا هجران و همچنین دریابد که جور و جفای معشوق [صفات جلال] برای وی دلپذیرتر است یا لطف و رحمت. [صفات جمال الهی]

پاره کردهٔ[2] وسوسه[3] باشی دلا!   گر طرب را باز دانی از بلا[4] ۱۷۵۶

ای دل، اگر خوشی یا رنج که هر دو از محبوب می‌رسد، برایت تفاوتی دارد، هنوز اسیر وسوسه‌ها و تفرقه هستی.

گر مُرادت را مذاقِ شکّر است   بی مُرادی نه مُرادِ دلبر است؟ ۱۷۵۷

اگر برآورده شدن مُراد به شیرینی شکر باشد، از آنجا که بی‌مرادی خواست محبوب است؛ پس باید برای عاشق در مقام رضا، مرادِ معشوق، شیرین‌تر از مراد خود باشد.

هر ستاره‌ش خونبهای صد هِلال   خونِ عالَم ریختن، او را حلال[5] ۱۷۵۸

هر تجلّی حق، دیه و تاوانِ صدها درد و رنجِ عاشق و خون‌دل اوست که مانندِ هلالِ ماهِ

---

۱ - **زیر دریا :** اعماق دریا، استغراق در حق و وصال محبوب.

۲ - **پاره کرده :** از هم گسیخته، اینجا دچار تفرقه.

۳ - **وسوسه :** بد اندیشیدن، آنچه شیطان به دل مردم می‌افکند از اندیشه‌های بد و اغواکننده.

۴ - یعنی از مرحلهٔ تلوین گذر نکرده و به تمکین نرسیده‌ای.

تلوین : تغییر حال باطنی سالک از حالی به حالی و از وصفی به وصفی و ارتقای وی.

تمکین : پایداری و استقرار در محلّ کمال و دوام کشفِ حقیقت.

۵ - مقایسه کنید : حافظ :

رسم عاشق کشی و شیوهٔ شهرآشوبی   جامه‌ای بود که بر قامت او دوخته بود
جان عشّاق سپند رخ خود می‌دانست   و آتش چهره بدین کار برافروخته بود
گرچه می‌گفت که زارت بکشم می‌دیدم   که نهانش نظری با من دلسوخته بود

نو، ضعیف و ناتوان می‌گردد. دیه‌ای که یار می‌پردازد، آن چنان والا است که با هیچ چیز قابل قیاس نیست؛ بنابراین حتّی اگر خونِ عالمی را هم بریزد، جایز است.

ما بها و خونبها را یافتیم   جانبِ جان باختن بشتافتیم ۱۷۵۹

ما شأن حقیقیِ خود و دیه‌ای را که حق تعالیٰ برایِ خون عشّاق می‌دهد، شناخته‌ایم و می‌شتابیم که جان را در راه او فدا کنیم.[۱]

ای حیاتِ عاشقان در مُردگی!   دل[۲] نیابی جز که در دل بُردگی[۳] ۱۷۶۰

ای عاشقان، بدانید که حیاتِ ابدی و حقیقی شما در مُردن از اوصاف بشری است و دلِ منوّر را جز در جذبهٔ الهی و بیخودی نمی‌یابید.

من دلش جُسته[۴]، به صد ناز و دَلال[۵]   او بهانه کرده با من از مَلال[۶] ۱۷۶۱

من ازاو دل‌جویی کردم و خریدار ناز و غمزه‌اش شدم؛ امّا او بهانه می‌آورد که خسته و دلتنگ است.

گفتم: آخر[۷] غرقِ توست این عقل و جان   گفت: رو، رو، بر من این افسون مخوان[۸] ۱۷۶۲

به شِکوه گفتم: آخر عقل من در دریای عظمت تو و دل و جانم در بحر عشق تو غرق است؛ چرا پرده از جمال نمی‌گشایی؟ گفت: برو، برو، سعی نکن که مرا بفریبی.

عارفی که فانی در حق باشد و مستغرق بحر وحدانیّت، هیچ فعلی را از خود نمی‌بیند و هیچ شِکوه‌ای ندارد و آن کس که هنوز حضور خویش را حس می‌کند، در ابتدای فناست.

---

۱ - حدیث قدسی: «هر کس که مرا طلب کند می‌یابد و هر کس که بیابد مرا می‌شناسد و هر کس که مرا بشناسد عاشق من می‌شود و هر کس که عاشق شود من عاشق او می‌شوم و هر که من عاشق او شوم، می‌کُشمش و هر که را بکشم خون‌بهایش من هستم.»: احادیث، ص ۴۰۴.

۲ - **دل** : مخزن اسرار حق. عارفی بزرگ گوید: از روز آفرینش تا روز رستاخیز، آدمیان گویند: دل، دل. و من دوست می‌دارم مردی را ببینم که بر من روشن کند که دل چیست؛ امّا چنین کسی نمی‌بینم. اکنون بدان که مراد از دل به زبان اشارت آن نقطه‌ای است که دایرهٔ وجود از او در حرکت آمد و به او کمال یافت و جمال و جلال وجه باقی بر او متجلّی شد، ناظر و منظور پادشاه و محب و محبوب اله و حامل و محمول سرّ امانت و لطف الهی، جمله اوصاف اوست: به اختصار از فرهنگ اصطلاحات و تعبیراتِ عرفانی، دکتر سیّد جعفر سجّادی.

۳ - **دل بُردگی** : حالت دل برده، عشق، محبّت، بیخودی، وجد، جذبه.

۴ - **جُسته** : مطلوب، به دست آمده، مقصود.

۵ - **دَلال** : ناز، غمزه و کرشمه، در اصطلاح تصوّف حالتی است از اضطراب که در جلوهٔ محبوب از غایت شوق و عشق و ذوق به باطن سالک می‌رسد و هرچند در آن حال به مرتبت سُکر نیست؛ امّا اختیاری از خود ندارد و از شدّت اضطراب، هر چه بر دل او در آن حال برسد، بی‌اختیار می‌گوید: از کشّاف اصطلاحات الفنون و از فرهنگ علوم عقلی.

۶ - **مَلال** : به ستوه آمدن.

۷ - **آخر** : عاقبت، فرجام، این کلمه را در فارسی در مقام تعجّب و شکایت از انتظار نیز به کار می‌برند.

۸ - سخن مولانا از زبان سالکِ متوسّطی است که شور و حالی دارد؛ امّا به کمال و استغراق نرسیده است.

مــــن نـــدانــم آنــچه انــدیشیده‌ای ای دو دیده[1]! دوست را چون دیده‌ای؟ ۱۷۶۳

آنچه اندیشیده‌ای که عقل و جانت غرق دریای وحدانیّت است، تصوّری است باطل. تو که به خویشتن چنین هوشیار و واقف هستی، از حق چه معرفتی داری که در عین خودی، خویش را غرقه در حق می‌پنداری؟

ای گرانـجان[2]! خـوار دیـدستی وَرا زانکــه، بس ارزان خــریدستی وَرا ۱۷۶۴

ای مدّعی، حق را بی‌قدر پنداشتی که تصوّر کردی عاشق و مستغرق شـده‌ای؛ زیـرا بـا جهدی ناچیز، عنایتی وافر را نصیب یافتی.

هـر کـه او ارزان خـرد، ارزان دهـد گوهری، طفلی به قرصی نـان دهـد ۱۷۶۵

کسی که چیزی را ارزان بخرد، ارزان می‌فروشد، مانند کودکی که گوهری را به گردهٔ نانی می‌دهد.

غرقِ عشقی‌ام که غرق است اندر این عشــــقِ‌های اوَّلیــــن و آخــــرین ۱۷۶۶

غرقِ عشقی‌ام که عشق‌های گذشتگان و آیندگان در آن غرق‌اند.

مُجْمَلش[3] گـفتم، نکـردم زآن بـیان ور نه هم اَفهام[4] سـوزد، هـم زبـان ۱۷۶۷

آنچه را که گفتم سربسته و مختصر بود و کسی مقصود واقعی را درک نخواهد کرد، مگر اهل دل. اگر بیش از این حقایق را می‌شکافتم، هم ادراک شنوندگان مختل می‌شد و هم زبان از بیان عظمت حقایق می‌سوخت.

من چُو لب[5] گویم، لبِ دریـا[6] بـود مــن چـو لا[7] گـویم، مُـراد اِلّا بـود ۱۷۶۸

هنگامی که از «لب» می‌گویم، مقصودم «لبِ دریایِ اسرارِ الهی» است و زمانی که نفی می‌کنم، منظور نفیِ ما سِوَی الله و در حقیقت اثباتِ وحدانیّت حق تعالی است.

---

۱ - **دو دیده :** کسی که هنوز در عالم کثرت است و دو می‌بیند، دوبین.

۲ - **گرانجان :** ضدّ سبک‌روح، کسی که در معاشرت سخت‌گیر است، بی‌ذوق.

۳ - **مُجْمَل :** هر کلامی که محتاج به شرح و تفسیر باشد، سربسته و خلاصه.

۴ - **أفهام :** جمع فهم، قوّهٔ دریافت و درک کردن. ۵ - **لب :** کنار، کناره، ساحل.

۶ - **لبِ دریا :** اینجا ساحلِ دریای بیکران وحدانیّت الهی که صورت ظاهرِ آن در انسان کامل مشهود است.

۷ - **لاٰ :** در عربی از ادات نفی است و در اصطلاح عارفانه کنایه از فنا است و نفی ما سوی الله و نفی غیر.
اِلاّٰ؛ اثبات حق تعالیٰ است به الهیّت. **لا و اِلاّٰ**؛ اشاره به لاٰ إِلٰهَ إِلاّٰ الله است وگرچه صورت نفی دارد ولی غایت اثبات است و نهایت تحقیق اشارت ارباب معرفت آن است که «لا» در ابتدا کلمه نفی اغیار و «إِلاّٰ الله» اثبات جلال الهیّت می‌باشد: ف. سجّادی.

من ز شیرینی[1] نشستم رو تُرش　　　　من ز بسیاریِ گفتارم، خمش ۱۷۶۹

کلامِ من چنان شیرین است که ناگزیرم روی در هم کشم و در مقابل اغیار ترشرو بنشینم. از چشمه‌های درونم مفاهیم بلند و معانی والا در فوران است و چاره‌ای جز سکوت نمی‌یابم.

تا که شیرینیِ ما از دو جهان　　　　در حجاب رُو ترش باشد نهان[2] ۱۷۷۰

تا به سببِ ترشرویی، حلاوتِ کلامِ حق، از نامحرم در دو جهان نهان بماند.

تا که در هر گوش ناید این سخُن　　　　یک همی گویم ز صد سِرّ لَدُن ۱۷۷۱

از آنجا که کلام حق را هر گوش ناپاکی نباید بشنود، اندکی از علوم و اسرار را می‌گویم، آن هم به اجمال و ایما و اشاره.

تفسیر قول حکیم[3]:

به هر چْ از راه وامانی، چه کُفر آن حرف و چه ایمان
به هر چْ از دوست دور افتی، چه زشت آن نقش و چه زیبا

در معنی قَوْلُهُ عَلَیهِ السَّلامُ:

إِنَّ سَعْداً لَغَیُورٌ وَ أَنا أَغْیَرُ مِنْ سَعْدٍ وَاللهُ أَغْیَرُ مِنّی وَ مِنْ غَیْرَتِهِ حَرَّمَ الْفَواحِشَ ما ظَهَرَ مِنْها وَ ما بَطَنَ

پیامبر اسلام(ص) فرمود: همانا سَعْد (یکی از اصحاب رسول خدا) غیور است و من از او غیورتر هستم و خدا از من غیورتر است و از غیرت او آنکه، هرگونه رفتار زشت را از چه آشکار و چه پنهان حرام کرده است.[4]

---

۱ - **شیرینی**: دارای حلاوت، مجلس آرا، کسی که محضری گرم و خوشایند دارد.

۲ - عوام قادر به درک شیرینی و لطف مسائل معنوی نیستند.

۳ - تفسیر قول حکیم: سنایی عارف عالی‌مقام (قرن ششم هجری قمری) می‌فرماید: هر چیزی که انسان را از رسیدن به حق باز دارد، خواه کفر و خواه ایمان، و یا آنچه که موجب بُعدگردد و آدمی را به خود مشغول دارد، خواه نقشِ زشت یا زیبا، بر تو حرام است؛ زیرا غیرت تعالیٰ چنین است که سالک، حریم حق را محفوظ بدارد و در مراعات حدود احکام الهی بکوشد و به ما سوی الله نظر نکند. بیتی که مولانا به منزلهٔ موضوعی برای بحث خود دربارهٔ غیرت الهی برگزیده است، بیتِ دوم قصیده‌ای است از دیوان سنایی.

۴ - قسمتی از آیه ۳۳ سورهٔ اعراف، دربارهٔ سَعد بن عُبادة بن دلیم بن حارثه خارجی معروف به ابوثابت صحابی، از مردم مدینه و رئیس قبیله خزرج، از بزرگان جاهلیّت و اسلام. مقتبس است از حدیث نبوی دربارهٔ غیرت رسول گرامی(ص): احادیث، ص ۸۲

جمله عالم ز آن غیور آمد، که حق بُرد در غیرت بر این عالم سَبق[1] ۱۷۷۲

پرتوی از غیرتِ حق تعالیٰ بر عالم تابیده و دیگر غیرت‌ها نشأت گرفته از غیرتِ جانِ جانِ جهان است.

او چو جان است و جهان چون کالبَد کالبد از جان پذیرد نیک و بد ۱۷۷۳

حق، جانِ جهان است و عالَم مانند جسمِ آن. هرچه به جسم می‌رسد از جان است.

هر که محرابِ[2] **نمازش گشت عَیْن**[3] **سوی ایمان**[4] **رفتنش می‌دان تو شَیْن**[5] ۱۷۷۴

هر کس که قبلهٔ دل و جانش حق باشد و عوالم غیبی را ببیند، بازگشت او به ایمانِ تقلیدیِ صِرف، تنزّل است.

هر که شد مر شاه را او جامه‌دار هست خُسران بهر شاهش اِتّجار[6] ۱۷۷۵

جامه‌دارِ شاه که می‌تواند ساعاتی را در حضور بگذراند، اگر به کارِ دیگری، حتّی داد و ستد برای پادشاه بپردازد، دچار زیان شده؛ زیرا ارزش و اعتبار در قُرب است.

مقصود از این بیت و مثال‌های دیگری که مولانا آورده، رسیدنِ به قربِ حق است به هر شکل و وسیله‌ای که دوست پسندد.

هر که با سلطان شود او همنشین بر درش شِسْتن[7]**، بود حیف و غبین**[8] ۱۷۷۶

کسی که سعادتِ همنشینی با شاه را دارد، اگر بر درِ بارگاه بنشیند، مغبون شده است.

دستبوسش چون رسید از پادشاه گر گُزیند بوسِ پا، باشد گناه ۱۷۷۷

کسی که اجازه دارد دست شاه را ببوسد، اگر به جای دست، پا را ببوسد، خطا کرده‌است.

---

۱ - **سَبَق** : پیش افتادن، پیشی گرفتن.

۲ - **محراب** : محلی که امام جماعت برای نماز در آنجا می‌ایستد و نشان دهندهٔ قبله نیز هست، در اصطلاح سالکان، هر مطلوب و مقصودی که دل مردم متوجّه آن باشد، محراب گویند.

۳ - در اصطلاح عارفان عین اشاره به ذات شیء است. عین‌الیقین یا عیان دیدن، شهود بی‌واسطه را گویند. عین‌الحق و عین الله و عین‌العالم انسان کامل است؛ زیرا خداوند با چشم انسان کامل به عالم می‌نگرد و به واسطهٔ این وجود، همه را مورد رحمت خود قرار می‌دهد که فرمود: لَولاكَ لَما خَلَقْتُ الأَفْلاك : ای محمّد، اگر وجود تو [که انسان کامل هستی] نبود، جهان و افلاک را نمی‌آفریدم: ف. سجّادی.

۴ - **ایمان** : اعتقاد قلبی به کسی یا چیزی، در لفظ به معنی تصدیق است یعنی باور داشتن و در عرف اهل تحقیق تصدیقی خاص باشد و آن تصدیقی است به آنچه علم قطعی به آن حاصل است. عزالدّین کاشانی در مصباح الهدایه، ص ۵۳ می‌گوید: ایمان راستین آن است که مؤمن به درجهٔ یقین رسد. گروهی به علم‌الیقین می‌دانند، عدّه‌ای با عین‌الیقین به عیان می‌بینند و معدودی حقّ‌الیقین‌اند در درجات وصول. ۵ - **شَیْن** : زشت، عیب.

۶ - **اِتّجار** : بازرگانی کردن، معامله. ۷ - **شِستن** : نشستن.

۸ - **غبین** : مغبون شدن، گول خوردن در معامله.

گرچه سر بر پا نهادن خدمت[1] است — پیش آن خدمت خطا و زَلّت[2] است ۱۷۷۸

هرچند که سر نهادن بر پای نشان ادب است؛ امّا نه برای کسی که تقرّب یافته و به دست‌بوس مجاز گشته است.

شاه را غیرت بُوَد بر هر که او — بو[3] گزیند، بعد از آن که دید رو ۱۷۷۹

غیرت باری تعالیٰ، به مقرّبان که به شهودِ عارفانه رسیده‌اند، اجازه نمی‌دهد که به اثر و نشانی از حق یا «واسطه»ها اکتفا کنند.

غیرتِ حق، بر مَثَل گندم بُوَد — کاهِ خرمن غیرت مردم بُوَد ۱۷۸۰

غیرت حق که اصلِ غیرت‌هاست به گندم مانند شده و در تقابل با غیرتِ عالمیان که بسان خرمنی از کاه است، قرار گرفته.

اصلِ غیرت‌ها بدانید از اَلٰه[4] — آنِ خلقان فرعِ حق، بی اشتباه ۱۷۸۱

اصلِ غیرت از پروردگار است و آنچه مخلوق دارد، بدون شبهه، بدلی از آن است.

شرحِ این بگذارم و گیرم گِله — از جفای[5] آن نگارِ دَه دِله[6] ۱۷۸۲

اینک از شرحِ غیرتِ حق در می‌گذرم و به شِکوه از محبوب می‌پردازم، از بیداد او می‌گویم که گاه بر سر مهر است و گاه قهر. تجلّی صفات جمال و جلال.

نالم، ایرا ناله‌ها خوش آیدش — از دو عالم ناله[7] و غم[8] بایدش ۱۷۸۳

جفا و بیداد او مرا به زاری و فغان می‌دارد و می‌دانم که این ناله‌ها خوشایند اوست و از دو جهان عرضهٔ آه و زاری و اندوه را می‌پسندد.

---

۱ - **خدمت** : انجام عملی از سر بندگی و تعهّد و دلسوزی، تعظیم و ادای احترام و رعایت شرطِ ادب.

۲ - **زَلّت** : لغزش و لغزیدن، کار ناپسند. ۳ - **بُو** : رایحه، مجازاً اثر و نشان، ذرّهٔ أقل و قلیل از هر چیزی.

۴ - متن اصلی در مصراع اوّل نگارش «اله» به همین سیاق است.

۵ - **جفا** : بیداد و ستم، در اصطلاح اهل سلوک، پوشانیدن دلِ سالک در معارف و مشاهدات.

۶ - **دَه دله** : کنایه از بی‌وفایی، هر دم دل به کسی دادن، تلوّن مزاج.

۷ - **ناله** : زاری و فغان، تضرّع کردن، به آه و زاری التماس و دعا کردن.

۸ - می‌تواند بیت فوق اقتباسی باشد از این حدیث: و در خبر می‌آید که بنده‌ای دعا کند که خدای تعالیٰ او را دوست‌تر دارد، گوید ای جبرئیل، اندر حاجت این بنده تأخیر کن که من دوست دارم که آواز وی شنوم. و همچنین حدیث: إِنَّ اللهَ یُحِبُّ الْقَلْبَ الْحَزِینَ : خدا دل اندوهگین و غمناک را دوست دارد: احادیث، ص ۸۳

چُون ننالم تلخ[1] از دستانِ[2] او؟ چون نیَم در حلقهٔ مستانِ او ۱۷۸۴

چگونه می‌توانم از داستان پر غصّه‌ای که با او دارم، غمگین نباشم و ناله سر ندهم، در حالی که در حلقهٔ خاصّ مقرّبانی که از بادهٔ شهود **بیخود** و سرمست‌اند، حضور ندارم.

چُون نباشم همچو شب بی روزِ او؟ بی وصالِ[3] روی روز افروزِ او؟ ۱۷۸۵

چگونه می‌توانم مانند شب تاریک و غمزده نباشم، در حالی که جمالِ تابناک او بر من نمی‌تابد و مرا در وصال عارفانه مستغرق نمی‌دارد.

ناخوشِ او خوش بُوَد در جان من جان فدایِ یار دل رنجانِ من ۱۷۸۶

هر نیک و بدی که از او می‌رسد، در جان من گوارا است، جان فدای یار دل‌آزارِ من باد.

عاشقم بر رنجِ خویش و دردِ خویش بهرِ خشنودیِ شاه فردِ خویش ۱۷۸۷

رنج و درد را عاشقانه دوست دارم، زیرا سببِ خرسندی یارِ یگانه است.

خاکِ غم را سرمه سازم بهرِ چشم تا زگوهر پُر شود دو بحرِ چشم ۱۷۸۸

از اندوه جانکاهی که آسمان دل و جانم را غبارآلود کرده است، کُحل بصر می‌سازم و با این غم جانسوز آن چنان اشک می‌بارم تا چشم‌های من دریای پر گوهر و بیناتر گردد.

اشک، کآن از بهرِ او بارند خلق گوهر است و اشک پندارند خلق ۱۷۸۹

باران سرشک برای تقرّب، گوهری است گران‌بها، بلکه گران‌قدرتر از آن؛ زیرا غبار تعلّقات را می‌زداید و دل را مصفّاتر می‌کند، چنین درّ بی‌بهایی را مردم اشک می‌پندارند.

من ز جانِ جان[4] شکایت[5] می‌کنم من نیم شاکی، روایت می‌کنم ۱۷۹۰

آنچه را که بر من از رنج و درد و بی‌نوایی رسیده است، بیان می‌کنم و این کار شِکوه و شکایت نیست، شرحِ حال است.

---

۱ - **تلخ :** ضدّ شیرین، تند و تیز، حزین و غمگین. ۲ - **دستان :** داستان، افسانه، حیله و چاره‌جویی.

۳ - **وصال :** مقابلِ فراق، نزد عرفا مرادف با وصل و اتّصال است، رسول خدا(ص) فرمود: اتّصال به خداوند به قدر انفصالِ از خلق است،گویند: کسی که از دو جهان جدا نگردد، به خدای دو جهان نرسد. کمترین مرتبهٔ وصال آن است که شخص خدای را به چشمِ دل ببیند و اگر هنوز حجابی در میان باشد آن را محاضره گویند و اگر بعد از رفعِ حجاب باشد، مکاشفه نامند و پسَ از محاضره و مکاشفه، اگر ذات متجلّی گردد و در مقامِ مشاهدهٔ أعلیٰ در آید، اینَ را وصالِ أعلیٰ خوانند؛ پس محاضره برای صاحبانِ تلوین، مشاهده برای صاحبانِ تمکین و مکاشفه میان آن دو، تا مشاهده مستقر گردد: کشاف اصطلاحات الفنون، از مجمع السلوک، به نقل از دهخدا.

شرح اصطلاحات تلوین و تمکین ذیل بیت ۱۷۵۶، همین دفتر.

۴ - **جانِ جان :** کنایه از روح اعظم، ذات حق تعالیٰ.

۵ - **شکایت :** گله کردن، اینجا درد دل کردن، شرح درد و رنج و بی‌برگی خود بیان کردن.

دل همی گوید کزو رنجیده‌ام وز نفاقِ سُسْت می‌خندیده‌ام ۱۷۹۱

دل می‌گوید که از او سختی دیده‌ام و آزرده خاطرم و من از این دورویی و نفاقِ بی‌قدر خندیده‌ام؛ زیرا دلِ عاشق از معشوق گله ندارد.

راستی کن ای تو فخرِ راستان! ای تو صدر و من دَرَت را آستان ۱۷۹۲

صادق باش ای دل من، ای مایهٔ افتخارِ راستان، ای دلی که به بارگاه باری بار یافته‌ای [دل جایگاه و نظرگاه حضرت باری است]، جسمِ خاکی‌اَم بر آستانهٔ درِ تو به انتظار توجّه حق ایستاده است.

آستانه [1] و صدر [2] در معنی کجاست؟ ما و من کو آن طرف کآن یار ماست؟ [3] ۱۷۹۳

آستانه و صدر در عالم معنا کجاست؟ این کلمات ویژگی‌های عالم مادّی‌اند و در عوالم معنوی، قربِ یار صدر و بُعد از او آستانه به شمار می‌آید و آنجا که محبوب ازلی متجلّی است، خودبینی و خودنمایی وهم‌آلود بشری یا «من و ما»، چه شأن و اعتباری دارد؟

ای رهیده جانِ تو از ما و من ای لطیفهٔ روح اندر مرد و زن ۱۷۹۴

ای یار من، ای انسان کامل که نَفْسِ تو از دوبینی رهایی یافته است، تو همان لطیفه یا «ذات نورانی روح» در مرد و زن هستی که در اثر اتّصال کامل با «روح عالی عِلْوی» که خداوند به آدمی عنایت کرده و در تو از قوّه به فعل رسیده است، با ذات خویش مرتبط گشته‌ای.

مرد و زن چون یک شود، آن یک توی چونکه یک‌ها محو شد، آنک توی ۱۷۹۵

هنگامی که سالک، مرد یا زن به مرتبه‌ای برسد که آن را «فنا» گویند، نورِ حق در او متجلّی شده است و هنگامی که استغراقِ تامّ یابد، به بقای حق بقا یافته و این عالی‌ترین مرتبه‌ای است که انسان می‌تواند بدان دست یابد. اینک ای یار، تو در چنین جایگاهی حضور یافته‌ای.

این من و ما، بهر آن بر ساختی تا تو با خود نردِ خدمت باختی [4] ۱۷۹۶

پروردگارا، «من» و «ما»؛ یعنی مخلوق را آفریدی که اسما و صفات خود را متجلّی کنی که تو را بشناسند.

---

۱ - **آستانه**: درگاه، قسمت پیشین اتاق یا مجلس که متّصل به در است.

۲ - **صدر**: در لفظ به معنی بالای مجلس و پیشگاه است.

۳ - در اجلاس عظیمی، میان اکابر و علما بحث افتاد که صدر کدام است؟ در آن روز حضرت شمس‌الدّین تبریزی در صف نعال میان مردم نشسته بود. به اتّفاق از حضرت مولانا پرسیدند که صدر چه جا را گویند؟ فرمود: صدر علما در میان صفّه، صدر عرفا در کنج خانه، صدر صوفیان در کنار صفّه و در مذهب عاشقان صدر در کنار یار است، همانا که برخاست و پهلوی شمس‌الدّین تبریزی بنشست. گویند آن روز بود که مولانا شمس‌الدّین تبریزی در میان اکابر قونیه مشهور شد: مناقب، ج ۱، صص ۱۲۲-۱۲۱.

۴ - اشارتی قرآنی؛ ذاریات: ۵۶/۵۱.

تا من و توها همه یک جان شوند　　عاقبت مُستغرقِ جانان شوند ۱۷۹۷

تا روزی که «من»ها و «تو»ها، همه به آن «جان» واحدِ خویش، ادراک یابند و با تهذیب، طریق تکامل را بپویند و با رسیدن به جانِ مجرّدِ خویش (روح عالی عِلوی) مستغرقِ در جانان باشند.

این همه هست، و بیا ای امرِ کُن[1]　　ای مُنَزَّه از بیا و از سخُن ۱۷۹۸

«من» و «تو»ها، از من و تویی برخاسته و اتّحاد یافته و مستغرق جانان نیز گشته‌اند، همهٔ این‌ها هم اکنون حصول یافته است؛ امّا رهایی کامل از کثرت بدون لطفِ خداوندی تو امکان‌پذیر نیست؛ بنابراین ای **امرکن** و ای ارادهٔ الهی، عنایتی بفرما.

جسم جسمانه[2] تواند دیدنَت　　در خیال آرَد، غم و خندیدنت[3] ۱۷۹۹

دیدگاه مادّی نمی‌تواند ادراکی نسبت به تو داشته باشد. آنان که در تصرّف صفات بشری‌اند و قدرت درک عظمت حق را ندارند، همان صفات را به حضرت سبحان نسبت می‌دهند که مثلاً غمگین می‌شود یا می‌خندد.

دل که او بستهٔ غم و خندیدن است　　تو مگو کو لایقِ آن دیدن است ۱۸۰۰

دلی که تحت تأثیر غم و شادی زوال‌پذیر دنیوی باشد، هنوز در تصرّفِ نفسِ نامتعالی است و لایقِ شهود عارفانه نیست.

آنکه او بستهٔ غم و خنده بُوَد　　او بدین دو عاریت[4] زنده بُوَد ۱۸۰۱

آنکه با غم و خنده و سایر ویژگی‌های نفسِ تکامل نیافته، اثر می‌پذیرد و شاد یا غمگین می‌شود، پرتوی از معرفت و عشقِ حقیقی را دریافت نداشته و زندگی‌اش متأثّر از عواملی عاریتی و بی‌دوام است.

---

۱ - اشاره به سورهٔ یس: ۸۲/۳۶: إِنَّما أَمْرُهُ إِذا أَرَادَ شَيْئاً أَنْ يَقُولَ لَهُ كُنْ فَيَكُونُ: امر او چون آفرینش چیزی را اراده کند، تنها همین است که به آن می‌گوید: موجود شو و بی‌درنگ موجود می‌شود. مراد این است که از ارادهٔ الهی تا تحقّق آن امر از نظر سهولت مانند این است که سخنی گفته و شنیده شود. اشیاء معدوم در علم الهی وجود دارند و در حکم موجوداند و خطاب به آن‌ها به معنای صحیح و حقیقی است؛ بنابراین می‌فرماید: اینک با حصول تمام زمینه‌های لازم، عنایت و تجلّی الهی تو است که می‌تواند موجب استغراق تام و وصال عارفانه گردد.

۲ - **جسمانه**: منسوب به جسم.

۳ - حدیث: خداوند برای سه دسته از مردم می‌خندد: صفی در نماز، مردی که در دل شب نماز می‌گزارد و مردی که در پشت جبهه می‌جنگد. و حدیثی دیگر می‌گوید: خدای، از نومیدی بندگان خود با وجود نزدیکی بخشایش به آن‌ها می‌خندد: احادیث، ص ۸۴

۴ - **عاریت**: چیزی که از کسی می‌ستانند برای رفع حاجتی و پس از رفع حاجت باز می‌دهند، آنچه که در مالکیّت آدمی نیست و مدّتی کوتاه در اختیار وی قرار می‌گیرد.

بـاغِ سـبزِ عشـق، کـو بی‌منتهاست   جز غم و شادی در او بس میوه‌هاست ۱۸۰۲

عشق الهی، باغی سرسبز و نامحدود است که در دل و جان عاشق روییده و حاصلِ آن احوالی است خاص. غم و شادی عارف که به ادراک صفات جلال و جمال الهی نایل آمده است، جنسِ غم و شادیِ این جهانی که متأثّر از عوامل خارجی و حوادث بیرونی است، نیست.

عاشقی زین هر دو حالت برتر است   بی‌بهار و بی‌خزان سبز و تر است ۱۸۰۳

عاشقِ حقیقی که در مقام رضاست، از غم و شادی [قهر و لطف] یا بهار و خزان و عوامل خارجی تأثیر نمی‌پذیرد. احوال او فوق تصوّر است و در شهود حقایق جانی تازه و خرّم دارد.

دِه زکاتِ[1] رویِ خوب، ای خوب‌رو!   شرحِ جانِ شَرحه شَرحه بـازگُو ۱۸۰۴

ای خالقِ بی‌همتا، به عنوان زکاتِ جمالِ بی‌مثالت وصفی بگو از جان پاره‌پاره و ریش‌ریش. بگو که چگونه جان از همه کس و همه چیز می‌گسلد و به تو متّصل می‌گردد.

کـز کَـرِشْم[2] غـمزهٔ[3] غَـمّازه‌ای[4]   بـر دلم بـنهاد داغـی تـازه‌ای ۱۸۰۵

تجلّی صفات جمالی و جذبهٔ باطنی، داغی تازه بر دلم نهاد و تمنّا در جانم افزون گردید.

من حلالش کردم ار خونم بریخت   من همی گفتم: حلال، او می‌گریخت ۱۸۰۶

بر حق رواست، اگر خونم را بریزد؛ زیرا داغی که از حسرت در دل من نهاده، چنان جانسوز است که اگر تابش انوار جمال ادامه می‌یافت، بدون شک جان باخته بودم و همان را می‌خواستم؛ امّا او گریخت و عنایتِ حق تداوم نداشت.

چـون گـریزانـی ز نـالهٔ خـاکـیان[5]   غم چه ریزی بر دل غـمناکـیان[6]؟ ۱۸۰۷

پروردگارا، تو که از نالهٔ حزین عاشقانِ خاک‌نشینت احتراز می‌کنی، چرا بر آنان متجلّی می‌شوی و با این تجلّی دل شیدای آنان را شیداتر و اندوهشان را از تمنّای وصال افزون‌تر می‌کنی؟

---

۱ - **زکات**: در فقه، آنچه به حکم شرع به درویش و مستحق می‌دهند و فرض است و بنا بر آیه ۶۰ از سورهٔ ۹ قرآن کریم مخصوصِ طبقات معیّنی از مردم است.

مقایسه کنید: حافظ: من اگر کامرواگشتم و خوشدل چه عجب   مستحق بودم و اینها به زکاتم دادند

: نصاب حُسن در حدِّ کمال است   زکاتم ده که مسکین و فقیرم

۲ - **کَرِشْم**: کرشمه به معنی عشوه و ناز و غمزه، چشمک و اشاره کردن با چشم و ابرو.

۳ - **غمزه**: حرکت چشم و مژه بر هم زدن از روی ناز، در اصطلاحِ عاشقان عدم التفات است و در اصطلاح صوفیّه به معنی فیض و جذبهٔ باطنی است و تجلّی صفات جلالی.

۴ - **غمّازة**: مؤنّث غمّاز و اسم مبالغه است؛ یعنی دختر زیبایی که اشارات او با چشم و ابرو بسیار است، اینجا کنایه از حق که بر عارف عاشق هر دم تجلّیاتی دارد.   ۵ - **خاکیان**: جمع خاکی، آدمیان.

۶ - **غمناکیان**: منسوب به غمناک، کسانی که اندوهگین و غمگین‌اند.

ای که هر صبحی که از مشرق[1] بتافت همچو چشمهٔ مُشْرِقت[2] در جوش یافت ۱۸۰۸

پروردگارا، بر هر کس که صبح سعادت دمید و ادراکی روحانی کسب کرد، دریافت که تو چونان منبع و مبدئی بی‌پایان از انوار در جوشش و غلیان هستی و فَیَضانِ انوارت به جمیع موجودات و کائنات استمراری همواره دارد.

چون بهانه دادی این شیدات را؟ ای بها نه شکّر لب‌هات[3] را ۱۸۰۹

فضل الهی تو سبب شیدایی دل من شده است و این التهابات جانسوز دست‌آویزی است که تو به عاشقِ خویش داده‌ای، ای آنکه اتّصال و وصلت آن چنان شیرین است که بهایی برای آن نمی‌توان تصوّر کرد و چشیدن این طعم دل‌انگیز، بهانهٔ بیقراری همیشگی من است.

ای جهانِ کهنه را، تو جانِ نو از تنِ بی جان و دل افغان شنو ۱۸۱۰

ای خدایی که جهانِ کهنسال را با تجلّیاتی مستمر، دم به دم جان تازه‌ای می‌بخشی، از تنِ بی‌جان من که جانِ جانش تویی و دلش را ربوده‌ای، نالهٔ زار و حزینم را بشنو که خواهانِ جانی نو است.

شرحِ گُل بگذار از بهرِ خدا شرحِ بلبل گُو که شد از گل جدا ۱۸۱۱

مولانا خطاب به خویش می‌فرماید: از بهر خدا توصیف محبوب را رها کن و به وصف حال عاشق بپرداز، محبّی که در روز اَلَست در قربِ وصال بوده و اینک از معشوق جداست.

از غم و شادی نباشد جوشِ ما با خیال و وهم نَبْوَد هوشِ ما ۱۸۱۲

جوش و خروش عاشقِ حق از غم و شادیِ دنیوی نیست؛ زیرا تعلّقِ خاطری به آن ندارد، این تلاطم به سبب وارداتِ دلِ اوست که سببِ غَلَیان اوست و هوشی که وی را به سوی ادراکاتِ برتر هدایت می‌کند، خیال و وهم نیست، هوشی ورای هوشِ بشری است.

حالتی[4] دیگر بُوَد کآن نادر است تو مشو منکر، که حق بس قادر است ۱۸۱۳

این جوش و خروش حالتی شِگفت است که برای عام خلق قابل درک نیست؛ امّا اگر به قدرتِ حق ایمان دارند، نباید به ردِّ آن بپردازند؛ زیرا این غَلَیان و خروش نتیجهٔ توجّه و عنایت ویژه‌ای است که به خاصّ الخاصان می‌فرماید.

---

۱ – **مشرق** : باختر، محلّ بر آمدن خورشید، در اصطلاح سالکان مشرق کنایه از عالم ارواح و مغرب کنایه از عالم اجساد است. ۲ – **مُشْرِق** : درخشنده و تابان.

۳ – **لب** : در اصطلاح عارفان کلام را گویند و گروهی لب را اشاره به نَفَس رحمانی می‌دانند که به اعیان، افاضهٔ وجود می‌کند: ف. سجّادی.

۴ – **حالت** : در اصطلاح صوفیّه: وجد، طرب، حال. فریاد از خلق بر آمد و حال‌ها رفت: اسرارالتوحید. ص ۴۵. چون قوّال این بیت بگفت درویشان را حالتی پدید آمد: اسرارالتوحید. ص ۱۰.

مقایسه کنید : حافظ : در نمازم خم ابروی تو با یاد آمد حالتی رفت که محراب بفریاد آمد

تو قیاس از حالتِ انسان مکن   منزل اندر جور و در احسان مکن ۱۸۱۴

احوال انسان را با حالِ عارفِ عاشق قیاس نکن. غم و شادی که معلول بدی و نیکی و بازتابی از این‌گونه عملکردهای آدمی است، حالاتی ناپایدار و منبعث از عوامل و حوادث بیرونی‌اند که در عاشقانِ حق تأثیری ندارند.

جور و احسان، رنج و شادی حادث[1] است   حادثان میرند و حقشان وارث[2] است ۱۸۱۵

جور و احسان یا رنج و شادی اموری عَرَضی و زوال‌پذیرند، «باقی» و «وارث» پروردگار است.

صبح شد، ای صبح را صبح و پناه[3]!   عذر[4] مخدومی[5] حُسام‌الدّین بخواه[6] ۱۸۱۶

سپیده صبح دمید، ای خدایی که مدد دهندهٔ هر طلوعی از دل تاریکی‌ها هستی، اینک که استغراقِ در حق موجب شد که بیانِ این ابیات تا سپیدهٔ صبح به درازا بکشد، خواهان آنم که تو به سبب فشاری که این کار بر حُسام‌الدّین، کاتب آن وارد آورده است، به وی کرامت فرمایی.

عذرخواهِ عقلِ کلّ و جان، توی   جانِ جان و تابشِ مرجان توی ۱۸۱۷

اکرام کننده و اجر دهندهٔ عقل کلّ و جان تویی، جان جانی و نورِ سِرّ سویدای دل از توست.

عقل کلّ؛ خردِ و دانش، نوری است روحانی که نفس به وسیلهٔ آن علومِ ضروری و نظری را در می‌یابد و می‌گویند: غریزه‌ای است که انسان را آمادهٔ فهمِ خطاب می‌کند و لفظ عقل از عِقال و پای‌بند شتر مأخوذ است. آن را نفسِ ناطقه نیز می‌نامند و در اصل لفظ، عقل مصدر است به معنی بند در پا بستن، چون خرد و دانش مانعِ رفتن طبیعت بشری به سوی افعالِ ناپسند می‌شود (غیاث اللغات). دراصطلاح حکما به معنی ملک و فرشته است و در اصطلاحِ فلسفی همان نفس است که در مراتب مختلف به نام‌هایی مانند عقل بالقوّه و بالفعل خوانده می‌شود: فرهنگ علومِ عقلی

همچنین می‌گویند: عقل جوهری است روحانی که خداوند تعالیٰ آن را خاصِّ بدنِ انسان آفریده و گویند عقل نوری است در قلب که حق و باطل را می‌شناسد و عقل و نفس و ذهن را واحد می‌دانند، جز آنکه عقل را به سبب مدرک بودنش نفس گفته‌اند و ذهن به جهت استعداد ادراکش، ذهن خوانده شده است: از تعریفات جرجانی. در

---

۱ - **حادث :** عارض شدن، ناگهان پدیدار شدن.

۲ - **وارث :** کسی که به او ارث می‌رسد. نامی از نام‌های خداوند. اشاره‌ای است به سورهٔ حجر: ۲۳/۱۵ : وَ إِنّا لَنَحْنُ نُحْيِي وَ نُمِيتُ وَ نَحْنُ الْوارِثُونَ: ماییم که زنده می‌کنیم و می‌میرانیم و وارث همهٔ روی زمین و این جهان ماییم.

۳ - **پناه :** حامی و مدد دهنده، پشتیبان و نگاهدار.

۴ - **عذر خواستن :** پوزش خواستن، علّت موجّه گفتن کار ناروایی را.

۵ - **مخدوم :** سَرور، بزرگ، خدمت کرده شده.

۶ - نیکلسون به نقل از فاتح می‌نویسد: «عذر از حُسام‌الدّین بخواه»؛ یعنی بر حُسام‌الدّین کرامت فرما و حدیثی نقل می‌کند که بنا بر آن، خداوند در روز رستاخیز بر مردی که مقدّرش بوده است تا در آخرت عزّت یابد و کرامت ببیند و بدین سبب حسنات دنیوی از وی دریغ داشته شده است، عذرخواهنده (يَعْتَذِرُ) نمایانده می‌شود: شرح مثنوی مولوی، دفتر اوّل، صص ۲۷۹-۲۷۸.

اصطلاحِ عرفا[1]، عقل چیزی است که به وسیلهٔ آن خدا را عبادت می‌کنند و در کلمات باباطاهر است که «**العـقلُ سِراجُ العُبُودیّةِ**» که بدان حق از باطل و طاعت از معصیت جدا می‌شود و عقل را دو نوع می‌گویند: یکی عقلِ معاش که محلِّ آن سر است و دیگر عقل معاد که محل آن دل است.

عقلِ اوّل[2]، کنایه از نور حضرتِ رسالت پناهِ محمّدی(ص) وکنایه از جبرئیل و روح اعظم و عرش و فلک اوّل باشد (برهان). همچنین اصل و حقیقتِ انسان را نیز گویند از آن جهت که واسطهٔ ظهور نفس کلّ است و آن را به چهار نام نامیده‌اند، عقل کلّ، قلم اوّل، روح اعظم و اُمّ الکتاب و از روی حقیقت، آدم صورتِ عقلِ کلّ است و حوّا صورت نفسِ کلّ. و عقل اوّل یا همان عقل کلّ مرتبهٔ وحدت است و آنچه راکه اهلِ نظر عقلِ اوّل گویند، اهل الله، روح نامند و از این جهت است که روح القدس بر آن اطلاق شده است و نسبت عقل اوّل به عالم کبیر عیناً مانند نسبت روح انسانی است به بدن.

در شرحِ گلشن راز آمده است که: عقل و روح که جان است، و سرّ و خفی و نفسِ ناطقه و قلب یک حقیقت‌اند، که بر حسبِ ظهور در مراتب به واسطهٔ اختلافِ صفات، اسامی مختلفی یافته‌اند.

عزیزالدّین نسفی دربارهٔ عقل اوّل گوید[3]: بدان که عقل اوّل یک جوهر است که این جوهر را بـه اضـافات و اعتبارات، به اسامی مختلفه ذکر کرده‌اند:

چون این جوهر را دیدند که دریابنده و دریاب‌کننده بُوَد، نامش عقل کردند، از جهت اینکه عقل هم مدرک است و هم مدرک کننده.

و چون همین جوهر را دیدند که زنده و زنده کننده بُوَد، نامش روح کردند، از جهت اینکه روح، حیّ و محیی است.

و چون همین جوهر را دیدند که پیداکننده بُوَد، نامش نور کردند، از جهت اینکه نور، ظاهر و مظهر است.

و چون همین جوهر را دیدند که نقاش علومِ بُوَد بر دل‌ها، نامش قلم کردند.

و چون همین جوهر را دیدند که سبب علم عالمیان بود، نامش جبرئیل کردند.

و چون همین جوهر را دیدند که سبب رزق عالمیان بود، نامش میکائیل کردند.

و چون همین جوهر را دیدند که سبب حیات عالمیان بود، نامش اسرافیل کردند.

و چون همین جوهر را دیدند که حقایق چیزها در می‌یافت و قبض معانی می‌کرد، نامش عزرائیل نهادند.

و چون همین جوهر را دیدند که هرچه هست و بود و باشد جمله در وی محفوظ است، نامش لوح محفوظ کردند.

و اگر همین جوهر را بیت الله و بیت‌المقدّس و بیت اوّل و مسجدالاقصیٰ و آدم و ملک مقرّب و عرش اعظم هم گویند، راست است.

پس عقل اوّل، نخستین چیزی است که از ذات حق تعالیٰ صادر شده و به اصطلاح مشائیان عقل اوّل و به اصطلاحِ اشراقیان، نور اوّل نامیده می‌شود.

مولانا در فیه ما فیه می‌فرماید[4]: لطفهای شما و سعیهای شما و تربیتهاکه می‌کنید حاضراً و غایباً، من اگر درشکر و تعظیم و عذرخواستن تقصیر میکنم، ظاهراً بنا برکبر نیست یا بر فراغت یا نمیدانم حق منعم راکه چه مجازات میباید‌کردن بقول و فعل، لیکن دانسته‌ام از عقیدهٔ پاک شماکه شما آن را خالص برای خدا می‌کنید من نیز بخدا می‌گذارم تا عذر آن را هم او بخواهد چون برای اوکرده‌ای که اگر من بعذر آن مشغول شوم و بزبان اکرام‌کنم و مدح گویم چنان باشد که بعضی از آن اجر که حق خواهد دادن

---

۱ - فرهنگ مصطلحات عرفا به نقل از اسرار القلوب و شرح گلشن راز و اسرارالتوحید و شرح کلمات باباطاهر.

۲ - همان. ۳ - ف. سجّادی، ص ۵۸۶. ۴ - فیه ما فیه، ص ۱۱۰.

بشما رسید و بعضی مکافات رسید زیرا این تواضعها و عذرخواستن و مدیح کردن حظّ دنیاست چون در دنیا رنجی کشیدی مثل بذل مالی و بذل جاهی آن به که عوض آن بکلّی از حق باشد جهت این عذر نمی‌خواهم.

تـافت نـورِ صـبح و مـا از نـورِ تـو　　　در صبُوحی[1] بـا مِـیِ مـنصورِ[2] تـو ۱۸۱۸

صبح شد، سپیده دمید و ما از نور الهی تو بادهٔ صبحگاهی می‌نوشیم و این می عشق و جذبهٔ الهی، غلبهٔ شهود است که بر منصور غلبه کرد و مستانه بر دار رفت.

دادهٔ[3] تــو، چــون چــنین دارد مـرا　　　باده کـه بْـوَد کـو طـرب[4] آرَد مـرا؟ ۱۸۱۹

عطیهٔ الهی که همان عشقِ توست، چنان مرا از خود بیخود کرده است که هیچ التفاتی به بادهٔ زمینی ندارم؛ زیرا جز تو کیست که آدمی را سرمست سازد؟

باده[5] در جوشِش گدایِ جوشِ ما[6]ست　　　چرخ در گردش[7] گدایِ هوشِ ما[8]ست ۱۸۲۰

باده برای غَلَیان و جوشش نیازمند جوش و خروش ماست، همچنانکه فلک برای گردش محتاجِ

---

۱ - **صبوحی :** می صبحگاهی که گاه به یاد و سلامتی و شادی کسی می‌نوشیده‌اند.

۲ - **می منصور؛** منصور نام پدر حسین حلاّج صوفی مشهور است که خود وی نیز به همین نام شهرت یافته. با جنید بغدادی و بعضی اکابر صوفیّه مصاحبت داشته است. عدّه‌ای وی را از اولیا پندارند و گروهی کذّابش نامند. أَنَاالْحَقُّ می‌گفت و به استناد همین کلمات کافرش دانستند و به امر حامد بن عبّاس وزیر مقتدر عبّاسی به حکم علمای وقت هزار تازیانه‌اش زدند، دست‌ها و پاهایش را بریدند و در آتش سوزانده، خاکسترش را در دجله ریخته یا به باد دادند و یا اینکه می‌گویند، بعد از تازیانه کشته شد و سرش را در بغداد آویختند. (۳۰۹ هـ. ق)

مقایسه کنید : حافظ : 　گفت آن یار کزو گشت سر دار بلند　　جرمش این بود که اسرار هویدا می‌کرد

دکتر احمد علی رجائی بخارایی در باب أَنَاالْحَق گفتن و مسألهٔ افشای سرّ منصور در فرهنگ اشعار حافظ می‌نویسد: موضوع افشای سرّ نیز بحثی است؛ زیرا کسی را می‌توان مقصّر شناخت که با علم و آگاهی رازی را فاش کرده باشد نه آنکه از این عالم فارغ و از خود بیخود است و ذات و صفاتِ او در حق فانی شده و آنچه می‌گوید در مقامِ نفی کثرت و اثبات انیّت برای خداست و چون هنوز به بقای بعد از فنا و هوشیاری بعد از بیخودی و کثرت پس از وحدت که سفر دوم اولیای حقّ است نرسیده، آنچه می‌گوید از مقام توجّه به وحدت و از زبانِ حق است. بنابراین اتّهام افشای راز به او مورد تأمّل است. در باب این صوفی بی‌پروای پاکباز که اهل بیضای فارس و غالباً ساکن واسط بود، جامی می‌نویسد: وی نه حلاّج بود. روزی به دکّان حلاّجی بود که دوست وی بود. او را به کاری فرستاد. گفت: من روزگار وی بردم، به انگشت اشارت کرد، پنبه از یک سو شد و پنبه‌دانه از یک سو. وی را حلاّج نام کردند: نفحات‌الانس، ص ۱۴۹.

۳ - **داده :** عطا، عطیه، بخشش.

۴ - **طرب :** شادمانی، جنبش، میل به سوی چیزی، طرب در اصطلاحِ صوفیّه عبارت است از انس با حق تعالیٰ.

۵ - **باده :** شراب، از آن‌رو که معمولاً باد غرور در سر می‌آورد و به باد نسبت داده‌اند و همچنین لطافتی را که دارد، به عربی خمر گویند. آن را مُل، نبید، آب انگور، مدام، مدامه و عقار نیز می‌نامند.

۶ - **جوش ما :** اینجا عشق الهی.

۷ - **چرخ در گردش :** فلک سیّارگان، سپهر و آسمان که به اعتقاد قدیم کره‌ای است گردنده.

۸ - **هوشِ ما :** اینجا عقل کلّ.

عقل و فراستِ متعالی ماست. [انسان کامل، به سبب اتّصال تامی که با حق دارد، جمیع موجودات در تصرّف وی و نیازمند او هستند]؛ پس اگر آدمی حقیقت خود را بیابد، بیت مورد نظر مصداق وی خواهد بود.

باده از ما مست[1] شد، نه ما از او　　قالب از ما هست شد، نه ما از او ۱۸۲۱

خاصیّت مست کننده بودن شراب، پرتو حقیری است از مستی حقیقی؛ پس مستی شراب از ما است، همچنانکه کالبد جسمانی از ما هستی یافته است و ما به سبب وجود کالبد، هستی نپذیرفته‌ایم.

ما[2] چو زنبوریم و قالب‌ها چو موم　　خانه خانه کرده قالب را چو موم ۱۸۲۲

ما همانند زنبوریم و کالبدها، همان خانه‌های کندوی عسل که محلّی است برای انگبینی که زنبور در آن می‌ریزد. «ما» اشارتی است به انسان کامل واصل که در مقام حقانیّت سخن می‌گوید و به زنبوری مانند شده است که عسل، یعنی نور و عشق و علم را بر حسب قابلیّت و استعداد در قوالب گوناگون می‌ریزد. همچنین می‌توان گفت که «عسل»، همان ودیعهٔ الهی یا روح عالی عِلوی یا مایهٔ حیات است.

رجوع به حکایت خواجهٔ تاجر

بس دراز است این، حدیثِ خواجه گو　　تا چه شد احوالِ آن مردِ نکو؟ ۱۸۲۳

این ماجرا مفصّل است. آن را رها کن و بگو که سرانجام آن نیک‌مرد به کجا انجامید.

خواجه اندر آتش و درد و حنین　　صد پراکنده همی گفت این چنین ۱۸۲۴

خواجه که غم و اندوه به جانش آتش زده بود، سخنان پراکنده و بی‌ربطی می‌گفت.

گه تناقُض، گاه ناز و گه نیاز　　گاه سودایِ حقیقت، گه مجاز ۱۸۲۵

فشار روحی شدید تعادل فکری‌اش را بر هم زده بود. ضد و نقیض می‌گفت و نوحه‌سرایی می‌کرد. گاه از ناز می‌گفت و گاه از نیاز، گاه از عشق حقیقی و گاه از عشق مجازی.

---

۱ - **مست**: مستی حیرتی است که در اثر مشاهده جمال دوست بر عارفِ صاحبِ شهود دست می‌دهد. همان استغراق را گویند. مستی هم نفس راست و هم دل را و هم جان را. چون شراب بر عقل زور کند نفس مست گردد. چون آشنایی بر آگاهی افزون شود دل مست شود و چون کشف بر انس برتری یابد، جان مست شود. چون ساقی متجلّی گردد، هستی آغاز کند و مست بعد از صحو گردد: ف. سجّادی.

۲ - شاعر در این ابیات به صفتِ انسان کامل، آلت افعال عقل کُل، یعنی مبدأ جانبخش و محرّک آنچه که در عالم مادّی و روحانی هست، سخن می‌گوید: شرح مثنوی مولوی، ج ۱، ص ۲۸۰.

مـرد غـرقه گشته جـانی می‌کَنَد   دست را در هـر گـیاهی مـی‌زَنَد ۱۸۲۶

همان‌گونه که آدمی از بیم هلاک در هنگام غرق شدن، برای رهایی و نجات در هر گیاه سستی چنگ می‌زند و واقع‌بینی را به امیدی محال از دست می‌دهد، بازرگان نیز که در غرقابِ غم و اندوه غرقه گشته بود، برای طوطی خود مرثیه می‌خواند و برای رهایی از این وضع اندوهبار هرچیزی که به فکرش می‌رسید، می‌گفت.

تـا کـدامش دست گـیرد در خـطر   دست و پـایی مـی‌زند از بـیم سـر ۱۸۲۷

از ترس هلاکت دست و پایی می‌زند و به هر چیز می‌آویزد تا کدام یک او را نجات دهد.

دوست دارد یـار، ایـن آشـفتگی[1]   کـوشش بـیهوده بِهْ از[2] خـفتگی[3] ۱۸۲۸

یار ازلی، این جدّ و جهد را برای تقرّب دوست دارد و پریشان خیالی‌ها و زیر و زبر شدن‌های طالب شیدا را می‌پسندد. این تلاش هرچند که بی‌ثمر، بهتر از غفلت است.

آنکه او شاه است، او بی‌کار نیست[4]   ناله، از وِیْ طُرفه[5]، کو بیمار نیست ۱۸۲۹

خداوند که سلطان مطلق است و بی‌نیاز، موصوف است به صفت «فعّال». شگفت‌انگیز است فغان از جانب کسی که رنجور و بیمار نیست؛ زیرا در حقیقت خواسته و جذبِ آن سری است که کوشش و جهد این سری سالک را امکان‌پذیر می‌سازد.

بهرِ این فرمود رحـمان[6]، ای پسـر!   کُـلَّ یَـوْمٍ هُـوَ فـي شَأن[7] ای پسـر! ۱۸۳۰

خلقتِ همواره او را خسته نمی‌کند، پاسخگویی او به نیازهای نیازمندان نیز چنین است. یک

---

۱ - **آشفتگی :** پریشان خیال گشتن، اضطراب، زیر و زبر شدن. شیدایی و در اصطلاح صوفیان حالت جذبه الهی.

۲ - **خفتگی :** خواب‌آلودگی، غافل شدن.

۳ - در تبیین جدّ و جهدِ مقرون به اختیار سالک و کسب فضایل و تقرّب، هرچند که قرب وابستهٔ لطف است؛ امّا بدون جهد به امید فیض و قسمت ازلی نشستن امیدی واهی است.

۴ - اشارتی قرآنی؛ هود: ۱۰۷/۱۱ و بروج: ۱۶/۸۵.   ۵ - **طرفه :** شگفت‌آور، بوالعجب.

۶ - **رحمان :** بخشاینده، روزی دهنده، یکی از اسما حسنیٰ است و مختصّ به خداوند است. اطلاق این لفظ به جز ذات حق تعالیٰ بر دیگری روا نیست.

۷ - کُلَّ یَوْمٍ هُوَ فِی شَأْنٍ: اشارتی قرآنی، الرّحمن : ۲۹/۵۵ : خداوند هر روز در شأن و کاری است. ترجمهٔ کامل آیهٔ ۲۹ چنین است: هر آن کس که در آسمان‌ها و زمین است از او درخواست دارد. [همواره نیازهای خود را از او تقاضا می‌کند] او هر روز در کاری است. بعضی از مفسّران از جمله اسماعیل حقّی از قول مقاتل نقل کرده‌اند که این آیه در ردِّ قول یهود که می‌گفتند خدا در روز «سبت» شنبه، کاری نمی‌کند نازل شده است و حسین بن فضل گفته است که معنا آن است که مقدّرات را به فعل در می‌آورد. همچنین می‌تواند در ردّ این اعتقاد عیسویان و یهودیان باشد که می‌پنداشتند که خداوند جهان را در شش روز آفرید و روز هفتم را استراحت کرد و آیه می‌فرماید که آفرینش همواره در حال تجدید است و خستگی در مقام خداوندی مفهومی ندارد: قرآن کریم، ذیل آیه.

روز قومی را قدرت می‌دهد و روزی دیگر می‌سِتانَد. یک روز سلامت می‌بخشد، روز دیگر ناتوانی می‌دهد. هر روز طبق حکمت و نظام خلقت، پدیدهٔ تازه و آفرینش و حادثهٔ جدیدی دارد.

اندر این رَه می‌تراش[1] و می‌خراش[2] تـا دَمِ آخِـر[3]، دمی غـافل مـباش ۱۸۳۱

در راه حق، بکوش و وجودت را صیقلی کن، تا واپسین دم لحظه‌ای از جدّ و جهد غافل نشو.

تـــا دمِ آخِـــر دمـی آخِـر بـود که عنایت با تو صاحب سِرّ[4] بود ۱۸۳۲

عاقبت لحظه‌ای عنایت شامل حال می‌شود و اسرار را در حدّ قابلیّت بر تو مکشوف می‌گرداند.

هر چه کوشد جان که در مرد و زن است[5] گوش و چشمِ شاهِ جان بـر روزن است[6] ۱۸۳۳

جدّ و جهدِ جان آدمی (روح انسانی یا نفس) برای کمال، از نظر یار پوشیده نیست؛ زیرا حق توجّهِ کامل به دلِ رونده دارد.

---

۱ - **تراش** : از مصدر تراشیدن، ستردن و برداشتن قسمت‌های اضافی.

۲ - **خَراش** : هر چیز شکافته و دریده، ریش و خدشه‌دار، خُراش به معنی داغ داشتن و علامت حاصل از داغ.

۳ - **دم آخر** : واپسین دم، آخرین نَفَس. گاهِ مرگ.

۴ - **سِرّ** : پوشیده و پنهان، سِرّ از جملهٔ معانی است و مقصود از آن حالی است مستور میان بنده و خدا که غیری را بر آن اطّلاعی نیست و گویند بنده را با خدای سرّی است: ف. سجّادی.

۵ - مصراع اوّل در متن به صورت «هرچه می‌کوشند اگر مرد و زنست» ضبط شده و اصلاحیهٔ آن مطابق آنچه آمده، نوشته شده است.

۶ - اشارتی قرآنی؛ آل عمران : ۱۹۵/۳ : فَاسْتَجابَ لَهُمْ رَبُّهُمْ أَنّي لاٰ أُضِيْعُ عَمَلَ عامِلٍ مِنْكُمْ مِنْ ذَكَرٍ أَوْ أُنْثى : آن‌گاه پروردگارشان دعای آنان را اجابت کرد که من عمل هیچ صاحب عملی را از شما، چه مرد باشد چه زن، [که همه همانند یک‌دیگرید]، ضایع نمی‌کنم. [بدون پاداش نمی‌گذارم.]

و این آیه، وفای وعده‌ای است که مؤمنان را داده بود و تحقیق این وفا آن است که داعی را اجابت، سائل را عطیّت، مجتهد را معونت، شاکر را زیادت، صابر را بصیرت، مطیع را مثوبت، نادم را رحمت و محبّت راکرامت داد و مشتاق را دیدار. فرمان آمد: ای محمّد، ناامیدی در این درگاه نیست و کار بنده در پیروی از سه خصلت بیرون نیست: اگر مطیع است ثواب او بجاست، اگر عاصی است شفاعت تو بجاست و از هر چه باز ماند، رحمت من او را بجاست: تفسیر ادبی و عرفانی قرآن، خواجه عبدالله انصاری، ذیل آیه.

منابع اسلامی می‌گویند: امّ سلمه یکی از همسران رسول خدا(ص)، پرسید: در قرآن از جهاد و هجرت و فداکاری مردان، فراوان بحث شده، آیا زنان هم در این قسمت سهمی دارند؟ و نزول این آیه، پاسخی بر سؤال فوق بود.

بُرون انداختنِ مردِ تاجر طوطی را از قفص و پرّیدنِ طوطیِ مُرده

بعد از آنَش از قفص بیرون فکند طوطیک پرّید تا شاخ بلند ۱۸۳۴

مردِ بازرگان طوطی را از قفس بیرون انداخت. پرندهٔ کوچک پرواز کرد و بر فراز شاخهٔ بلندی نشست.

طوطی مُرده، چنان پرواز کرد کآفتاب از چرخ ترکی تاز[1] کرد[2] ۱۸۳۵

همان‌گونه که خورشید هنگام طلوع به سرعت طالع می‌شود، طوطی با شتاب پرواز کرد.

خواجه حیران گشت اندر کارِ مرغ بی‌خبر، ناگه بدید اسرارِ مرغ ۱۸۳۶

خواجه از این کار متحیّر شد و در حالی که از واقعیّت بی‌خبر بود، ناگهان متوجّه اسراری شد.

روی بالا کرد و گفت: ای عندلیب[3]! از بیانِ حالِ خودْمان دِه نصیب ۱۸۳۷

به طوطی که بر شاخهٔ بلندی نشسته بود، گفت: ای پرندهٔ خوش‌آواز، از حالِ خود مرا بی‌بهره نگذار.

او چه کرد آنجا که تو آموختی؟ ساختی مکری و ما را سوختی ۱۸۳۸

آن طوطی چه کرد و چه آموخت که با چنین حیله‌ای جان مرا به آتش کشیدی؟

گفت طوطی: کو به فعلم پند داد که: رها کن لطفِ آواز و گشاد[4] ۱۸۳۹

طوطی گفت: آن طوطی با عمل اندرز داد و گفت که نغمه‌سرایی و دوستی و محبّت را رها کن.

زانکه آوازت تو را در بند کرد خویشتن، مُرده پی این پند کرد ۱۸۴۰

زیرا آوایِ خوش، تو را محبوس کرده است و برای اینکه من اندرز او را دریابم، خود را به مُردن زد و به من درسی عملی داد.

---

۱ - **تُرکی تاز**: تاخت و تاز ترکانه، به سرعت تمام.

۲ - در متن اصلی مصراع دوم ابتدا «شرق» بوده بعد در اصلاح «از چرخ» نوشته‌اند.

۳ - **عندلیب**: هزاردستان، بلبل، مجازاً خوش‌آواز.

۴ - مصراع دوم «آواز و داد» را در مقابله «آواز و گشاد» نوشته‌اند.

یعنی: ای مطرب[1] شده با عام و خاص! مُرده شو چون من، که تا یابی خلاص ۱۸۴۱

طوطی با تظاهر به مردن به من آموخت که طرب‌انگیزی تو برای عام و خاص بلای جانت شده است، وانمود کن که مرده‌ای تا رهایی یابی؛ یعنی در حقیقت گفت: لطف و زیبایی و هنرت را از عوام پنهان کن.

دانه باشی، مرغکانت بر چِنَنْد غنچه باشی، کودکانت بر کَنَنْد ۱۸۴۲

اگر دانه باشی، پرندگان کوچک تو را بر می‌چینند و اگر غنچه باشی، خردسالان پرپرت می‌کنند و به تو اجازهٔ رشد و بالندگی نمی‌دهند.

دانه پنهان کن، به کُلّی دام[2] شو غنچه پنهان کن، گیاهِ بام[3] شو ۱۸۴۳

دانه یا غنچهٔ وجودت را که هنوز به رشد و بالندگی نرسیده است، از عوام پنهان دار تا [هنر یا تعالی روح]، مورد توجّه نباشی؛ زیرا اینک در مرتبه‌ای هستی که احوالت در معرضِ تغییر است؛ بنابراین ستایش دیگران تو را به چاهی از خودبینی و غرور می‌افکَنَد.

هر که داد او حُسن خود را در مَزاد[4] صد قضای بد سوی او رُو نهاد ۱۸۴۴

هر کسی که جمال و هنر خود را به نمایش در آوَرَد، صدها حادثهٔ ناگوار به او روی خواهد آورد.

چشم‌ها[5] و خشم‌ها و رشک‌ها بر سرش ریزد چو آب از مشک‌ها ۱۸۴۵

چشم زخمِ دوستان یا دشمنان و خشم و حسد مغرضان و کوته‌بینان بر سرش خواهد بارید، مانند آبی که از مشک فرو می‌ریزد و این امواجِ منفی مانع رشد و ترقّی او می‌شود.

دشمنان او را ز غیرت می‌دَرَند دوستان هم روزگارش می‌برند ۱۸۴۶

دشمنان با رشک و حسد او را پاره‌پاره می‌کنند و دوستان به کمالات او حسرت می‌برند.

---

۱ - **مُطرب** : طرب‌آور، به نشاط آورنده، آنکه به خوش صدایی و غنا دیگران را شاد می‌سازد و به طرب می‌آورد.

۲ - **دام** : تله، هر چیزی که جانوران به فریب در آن گرفتار شوند. نزد محقّقین به معنی زخارف دنیوی است و هر چیزی که باعث باز ماندن از سلوک باشد. مجازاً به معنی حیله و تزویر.

۳ - **گیاهِ بام** : علف هرزه و یا گیاه خودرو که بر بام می‌روید و کسی به آن اهمّیّتی نمی‌دهد.

۴ - **مَزاد** : مزایده، افزون کردن قیمت چیزی.

۵ - **چشم** : چشم زخم، آسیب و زیانی که از نگاه پر محبّت و تحسین یا از نظر آمیخته به حسد و حیرتِ شورچشمان، به افراد یا اشیا می‌رسد.

آنکــه غـافل بـود از کشت و بـهار — او چه داند قـیمت ایـن روزگـار؟[۱] ۱۸۴۷

کسی که در بهار عمر، دانه‌های تعلیم و هدایت در مزرع جانش افشانده نشده، از ارزش این روزگار و تأثیرات حیاتی آن بر زندگی بی‌خبر است و نه تنها اوقاتِ خود را بیهوده می‌گذراند بلکه موجب تباه شدن عمر گران‌قیمت همنشینان و صاحبان حُسن و هنر نیز می‌گردد.

در پناهِ لطـفِ حـق بـاید گـریخت — کو هزاران لطف بـر ارواح ریـخت ۱۸۴۸

در پناهِ اِحسان خداوند می‌توان از «حسدِ حاسدان» و «بدخواهیِ تنگ‌نظران» و «آه و حسرتِ کوتاه‌اندیشان» در امان بود؛ زیرا حق به جانِ آدمی مرحمت دارد و رسیدن به کمالِ وجودی از اهداف عالی خلقت است، و بنده‌ای را که برای رهایی از بدی به لطفِ الهی چنگ می‌زند، نه تنها از بدخواهی دیگران می‌رهانَد، بلکه از شرّ نَفْسِ خویش نیز در امان می‌دارد. محصول دشمنی و حسادت عوام که غالباً ایجاد صفات مذمومی مانند کینه و نفرت است، نزد وی آرامش و امنی است از جانب حق که در سایهٔ این عنایت فرصتی برای تکاملِ خود می‌یابد.

تا پناهی یـابی، آنگـه چـون پـناه؟ — آب و آتش مـر تـو را گـردد سپاه ۱۸۴۹

در پناه بردن به درگاه حق، خداوند بنده را در کنف حمایت خود می‌دارد تا آب و آتش او را یاری و خدمت کنند.

نوح و موسیٰ را نه دریـا یـار شـد؟ — نه بر اعداشان[۲] به کین قَـهّار شـد؟ ۱۸۵۰

در توفان نوح[۳] و گذشتن موسی(ع) از دریا[۴]، طبیعت یاورشان نشد و بر دشمنانشان غلبه نکرد؟

---

۱ - جان کلام و سِرّ سخن در ابیات ۱۸۴۷-۱۸۳۹ در تبیین آفات شهرت است و توصیه مولانا در مقام مرشدی کامل برای رهروان کوی طریقت و صاحبان هنر و دانش آن است که از شهرهٔ عام و خاص گشتن به فضیلتی که آنان را برتر از دیگران می‌دارد، بپرهیزند که حسد حاسدان و حسرت بی‌مایگان وقت گرانقدر و نیرویِ سازنده‌شان را به باد خواهد داد. حاصل آنکه آدمی با کسب شهرت از دوست زیان می‌بیند و از دشمن ضرر.
این همان معناست که در پی حصول آن ابوحامد محمّد غزّالی طوسی، متکلّم و متصوّف بزرگ که مولانا نیز از حیطهٔ احیاگرانهٔ اندیشه‌های وی برکنار نبوده است، تدریس در نظامیّهٔ بغداد و حشمت و شوکت آن را رها کرد تا در کنج عزلت و تعمّق در درون بدان راه یابد.
حجة‌الاسلام ابوحامد محمّد بن محمّد غزالی طوسی (۵۰۵-۴۵۰ هـ. ق).

۲ - **أعداء**: جمع عَدُوّ به معنی دشمن، در فارسی مأخوذ از تازی به معنی دشمنان و بدون همزهٔ آخر می‌نویسند.

۳ - اعراف: ۶۴/۷. ۴ - بقره: ۵۰/۲.

آتش ابـراهـیم[1] را نـه قـلعه بـود؟ تــا بـر آورد از دل نــمرود دود؟ ۱۸۵۱

آتش بر ابراهیم خلیل(ع) مانند دژی امن نبود و دود از دل نمرود برنیاورد؟

کوه یحیی را نه سوی خویش خواند؟ قاصدانش را بـه زخـمِ سـنگ رانـد؟ ۱۸۵۲

کوه، یحیی بن زکریّا را که از هلاکت و شرّ جهودان می‌گریخت، پناه نداد و دشمنانش را با سنگسار دور نکرد؟

گفت: ای یـحیی بـیا در مـن گـریز تــا پـناهت بـاشم از شـمشیر تـیز ۱۸۵۳

استاد فروزانفر می‌نویسد[2]:

تاکنون در هیچ یک از روایات اسلامی این قصّه را منسوب به یحیی بن زکریّا نیافته‌ام. ظاهراً مأخذ آن داستان ذیل است که در قصص الانبیاء از محمّد بن عبدالله کسایی، طبع لیدن، ۱۹۲۲، ص ۲۴۴ روایت شده است: الیاس روزی گفت که ای بنی اسرائیل من کاری شگفت از خود به شما نمایم و سپس فریادی سخت و بلند برکشید که از بیم آن دل‌های اسرائیلیان به ترس افتاد، پادشاه به قتل او همّت بست و او بگریخت تا به کوهی رسید و کوه دهان بازکرد و کوه با او به سخن در آمد که ای الیاس، در منزل و پناهگاه خود درآی.

به اعتقاد استاد فروزانفر، مولانا در این ابیات داستان یحیی و الیاس را به هم آمیخته است. گولپینارلی به نقل از انقروی داستان را به یحیی پیامبر نسبت می‌دهد، ولی مأخذی برای آن ذکر نمی‌کند.

وداع کردنِ طوطی خواجه را و پرّیدن

یک دو پندش داد طوطی پُر مذاق[3] بــعد از آن گـفتش: سـلامُ، اَلْـفِراق ۱۸۵۴

طوطی یکی دو پند پر از لطف به بازرگان داد و گفت: سلامت باشی. زمانِ بدرود است.

خواجه گفتش: فِی امـانِ اللّـه، بـرو مــر مــرا اکــنون نــمودی راهِ نـو ۱۸۵۵

بازرگان گفت: در امن الهی برو که اکنون راه تازه‌ای را برای بهتر زیستن به من نشان دادی.

خواجه با خود گفت کین پندِ من است راهِ او گـیرم، کـه ایـن ره روشـن است ۱۸۵۶

بازرگان اندیشید، اندرزِ طوطی را برای زندگی بهتر بر می‌گزینم که راهی روشن است.

---

۱ - انبیاء: ۶۹/۲۱: گفتیم ای آتش بر ابراهیم سرد و سلامت شو. ۲ - شرح مثنوی شریف، صص ۷۲۸-۷۲۷.

۳ - **پُر مذاق**: پُرلطف و شیرین. مصراع اوّل ابتدا «بی‌نفاق» بوده که در اصلاحیه «پر مذاق» نوشته‌اند.

جانِ من کمتر ز طوطی کِیْ بُوَد؟ جان چنین باید که نیکوپی[۱] بُوَد ۱۸۵۷

جان من که کمتر از طوطی نیست. جان باید این چنین فرخنده باشد که از بند تعلّقات بِرَهد.

مَضَرَّتِ تعظیمِ خلق و انگشت‌نمای شدن

تن قفص شکل است، تن شد خارِ جان در فریب داخلان و خارجان[۲] ۱۸۵۸

تن مانند قفسی است که جان در آن محبوس است و این کالبد خاکی تمایل به سِفل دارد. صفاتِ بشری، تمایلات جسمانی و شهوات که به تن تعلّق دارند، مانند خاری در پای جان خَلیده‌اند و وی را از حرکت‌های معنوی و روحانی و تعالی باز داشته‌اند. ریشهٔ این معایب در نفس است که در مراتب نازله متمایل به صفات رذیله و خواسته‌های جسمانی و شهوات است. معاشران با استفاده از همین تمایلات مادّی و نفسانی می‌توانند آدمی را فریب دهند.

اینْش گوید: من شوم همراز تو وآنْش گوید: نی، منم انبازِ تو ۱۸۵۹

یکی می‌گوید: من محرم اسرار تو هستم، دیگری ادّعا می‌کند که فقط من شریک درد و غم و رفیق توأم و بدین‌سان اعتمادی را در وی به وجود می‌آورند که در مراحل گوناگون زندگی که سراسر آزمون است، نادرستی آن مشخّص می‌گردد.

اینْش گوید: نیست چون تو در وجود در جمال و فضل و در احسان و جود ۱۸۶۰

این یکی برای تملّق و چاپلوسی می‌گوید: در دنیا موجودی مانند تو یافت نمی‌شود؛ زیرا تو در زیبایی صورت و سیرت و لطف ممتاز و در بخشش و نیکی بی‌همتایی.

آنْش گوید: هر دو عالم آنِ توست جمله جان‌هامان طُفیلِ جان توست ۱۸۶۱

آن یکی می‌گوید: تو از نظر روحانی و معنوی چنان کمالی یافته‌ای که کون و مکان در تصرّف توست و جان ما برای حیات معنوی به تو نیاز دارد.

او، چو بیند خلق را سرمستِ خویش از تکبُّر می‌رود از دستِ خویش ۱۸۶۲

او که خلق را واله و شیدایِ ویژگی‌های ارزنده یا هنر خود می‌بیند، فریب می‌خورد و به غرور و خودستایی مبتلا می‌شود.

---

۱ - **نیکوپی**: مبارک‌پی، فرخنده.

۲ - **داخلان و خارجان**: داخل شوندگان و خارج شوندگان، آیندگان و روندگان.

۱۸۶۳ **او نـدانـد کـه هـزاران را چـو او   دیـو افکـندەست انـدر آبِ جـو**

او نمی‌داند که گروه کثیری را مانند او، غرور و تکبّر که همان شیطان درونی است، از راه راست منحرف کرده و به تباهی کشانده است.

۱۸۶۴ **لطف و سالوسِ[1] جهان خوش‌لقمه‌ای است   کمترش خور، کآن پر آتش لقمه‌ای است**

توجّه دنیا و اهلِ دنیا، مانندِ لقمهٔ پر تزویری با ظاهری خوشایند و ماهیّتی کُشنده خورنده را به آتش ندامت می‌افکند.

۱۸۶۵ **آتشش پـنهان و ذوقش آشکـار   دودِ او ظـاهر شـود پـایانِ کـار**

قدرت و مقام دنیوی و مدّاحی ستایشگران که مولانا آن را به لقمه‌ای پرآتش مانند کرده است، طعمی خوشایند دارد که همگان آن را دوست دارند؛ امّا تأثیرات ویرانگرِ نهانی آن، جز بر کاملان آشکار نیست.

۱۸۶۶ **تو مگو: آن مدح را من کِی خـورم؟   از طـمع، مـی‌گوید او، پـی مـی‌برم**

تو نگو که ستایش دیگران در من اثری ندارد؛ زیرا به تبعِ توقّعی است که فریب آن را نخواهم خورد.

۱۸۶۷ **مادِحَت[2] گر هَـجْو[3] گـوید بـر مـلا   روزهـا سـوزد دلت زآن سُـوزها**

اگر آن ستایشگر در نکوهش تو داد سخن بدهد، روزهای بی‌شماری دلت از آن می‌سوزد.

۱۸۶۸ **گرچه دانی کو زِ حرمان[4] گفت آن   کآن طمع که داشت از تو شد زیان**

هرچند می‌دانی که بدگویی او به جهت برآورده نشدن خواسته‌اش بوده است.

۱۸۶۹ **آن اثـر مـی‌مانَدَت در انـدرون   در مدیح[5] این حالتت هست آزمون**

علی‌رغم آنکه انگیزه‌های هجوگو را می‌دانی، اثرات سوء آن باقی می‌ماند و خشمگین می‌شوی و این خشم مدّت‌ها پایدار می‌ماند. این حالت را در ستایشی که از تو شده است، تجربه کرده‌ای که اثر تمجید دیگران روزها باقی می‌ماند.

۱۸۷۰ **آن اثـر هـم روزهـا بـاقی بُـوَد   مـایهٔ کِـبْر و خِـداع[6] جـان شـود**

احساسِ خوشایندِ ناشی از ستایش هم مدّت‌ها پایدار و باقی است و وسیله‌ای می‌شود تا نفسِ امّاره فرصتی یابد و فریبت دهد تا خودبین و متکبّر شوی.

---

۱ - **سالوس**: خدعه، مکر، حیله. ۲ - **مادح**: مدّاح، ستایش کننده.

۳ - **هجو**: نکوهیدن، عیب کسی را بر شمردن، دشنام و بدگویی. ۴ - **حرمان**: بی‌بهرگی و ناامیدی.

۵ - **مدیح**: ستودن، کلامی که در ستایش گویند. ۶ - **خِداع**: خدعه، نیرنگ و فریب.

لیک ننماید، چو شیرین است مدح   بد نماید، زانکه تلخ افتاد قَدْح[1] ۱۸۷۱

تأثیراتِ مخرّب ستایش دیگران را به آسانی متوجّه نمی‌شوی؛ زیرا تمجید با سرشت و نفس آدمی موافق است و ریشه در خودخواهی آدمی دارد؛ امّا نکوهش با خودپسندی در تضادّ است، پس به سرعت اثرات آن را درمی‌یابی و ناراحت می‌شوی.

همچو مطبوخ[2] است و حَب[3]، کآن راخوری   تا بـه دیری، شورِش[4] و رنج اندری ۱۸۷۲

تلخیِ نکوهش دیگران تأثیری، مانند دوای جوشانده و حبّ گیاهی دارد که به‌طور معمول تلخ است و تا دیر زمانی پس از خوردن آن حال تهوع داری؛ زیرا تلخی آن با ذائقه آدمی سازگار نیست؛ ولی درمان در همان چیزی است که موافق نَفْس نیست.

ور خوری حلوا، بُوَد ذوقش دمی   این اثر چون آن نمی‌پاید همی ۱۸۷۳

و اگر شیرینی بخوری، ذوقِ طعمِ آن مدّتِ کوتاهی می‌مانَد و اثرش مانند «تلخی» پایدار نیست.

چُون نمی‌پاید، همی پاید نهان   هر ضِدی را تو به ضدِّ او بدان ۱۸۷۴

از آنجا که تأثیرات ظاهری آن کوتاه است، باید بدانی که اثرات نهانی آن پایدار است. هر موادِ قندی بیش از حدّ و به کرّات مورد استفاده قرار گیرد، بعد از مدّتی زیان ناشی از آن به شکلِ جوش یا دُمل‌های چرکی در صورت و اندام خودنمایی می‌کند و سبب عدمِ تناسب اندام نیز می‌گردد. ستایشِ خلق نیز همین گونه در نَفْس آدمی عمل می‌کند و اگر تکرار گردد، به تدریج جوشِ چرکیِ خودپسندی، غرور و تکبّر در روانِ آدمی ایجاد می‌شود و با فربه شدن نفس و بر هم خوردن تعادلِ روان، شخص سخنانی می‌گوید و رفتاری از وی سر می‌زند که ناخوشایند است و نشانِ خودبینی و غرور.

بنابراین هر چیزی را با ضدِّ آن می‌توان شناخت، به عنوان مثال، داروهایی که موجب صحّت و برایِ سلامتی‌اند، طعم گوارایی ندارند، ذائقه را آزرده می‌سازند و برعکس شیرینی‌های گوناگون که چرب و شیرین‌اند و با ذائقه و میل سازگارند، سببِ بیماری‌های مختلف می‌گردند.

---

۱ - **قَدْح** : طعنه زدن به دیگران.

۲ - **مطبوخ** : هر چیزی که با آتش پخته باشند خصوصاً دوای جوشانیده شده و دم شده.

۳ - **حَبّ** : دانه، گلوله کردن داروهای کوبیده و سرشته شده به اندازهٔ نخود یا ماش.

۴ - **شورش** : بر هم خوردن، استفراغ و دل به‌هم خوردن، قی.

چـون شکـر، پـاید هـمی تأثیرِ او　　　بـعد حینی دُمَّـل آرَد، نـیش جُـو ۱۸۷۵

همچنانکه گفته شد، تأثیرِ «مدح»، مانند شکر پایدار است و مدّتی بعد دُمَلی را به وجود می‌آوَرَد که باید آن را با نیشتر سوراخ کنند تا چرک تخلیه شود.

نَفْس، از بَس مـدح‌ها، فـرعون شـد　　　کُـنْ ذَلیـلَ ٱلنَّـفْسِ هَـوْناً لاٰ تَسُـد[1] ۱۸۷۶

«نَفْس» از بسیاری ستایش فرعون[2] شده است. متواضع و فروتن باش و بر دیگران سروری مطلب.

تـا تـوانی بـنده شـو، سـلطان مـباش　　　زخم‌کَش چون گوی شو، چوگان مباش ۱۸۷۷

بکوش با تواضع و افتادگی نَفْس را خوار کنی، جویایِ سروری نباش. نخواه که خلق به تو خدمت کنند، تو خادم باش. همان‌گونه که گوی ضربات را تحمّل می‌کند، تو نیز ضرباتِ دیگران را تحمّل کن و ضربه نزن.

ور نه چون لطفت نمانَد وین جمال　　　از تـو آیـد آن حـریفان را مـلال ۱۸۷۸

اگر متواضع نباشی، روزی که لطف و زیبایی‌ات زوال یابد، یاران از تو ملول می‌شوند.

آن جماعت کِت همی دادنـد ریـو[3] **　　　چون ببینندت، بگویندت کـه دیـو** ۱۸۷۹

کسانی که با چاپلوسی فریبت می‌دادند، اینک که آن موقعیّت را نداری؛ امّا هنوز متکبّری، تو را که ببینند، می‌گویند: شیطان آمد.

جمله گویندت، چو بینندت بـه در　　　مُرده‌یی از گـور خـود بـر کـرد سـر ۱۸۸۰

چون تو را بر درگاه خانه ببینند، با انزجار می‌گویند: مرده از گور بیرون آمده است.

همچو اَمْرَد[4] **که خـدا نـامش کـنند　　　تـا بـدین سـالوس در دامش کـنند** ۱۸۸۱

همچنانکه پسرِ بدکار را برای فریب دادن خداوندِ جمال خطاب می‌کنند، تو را نیز در دام غرور می‌افکنند.

---

۱ - مصراع دوم اشاره‌ای است به فرقان : ۶۳/۲۵ : وَ عِبادُ الرَّحْمٰنِ الَّذینَ یَمْشُونَ عَلَی ٱلْأَرْضِ هَوْناً : و بندگان خدای رحمان کسانی‌اند که روی زمین فروتنانه راه می‌روند.

۲ - نام پادشاه مصر که معاصر موسی بن عمران پیامبر بنی اسرائیل بود. اکثر محقّقان بر آن‌اند که این فرعون رامسس ثانی، سومین پادشاه از طبقهٔ نوزدهم سلاطین مصر است، او از معروف‌ترین فراعنهٔ مصر و پادشاهی قاهر و غالب بود و از فرط غرور و تکبّر خود را خداوند جهان می‌خواند. فرعونی که در سِفْر خروج تورات از او یاد شده و موسی و هارون عجایب و آیات خود را در حضور وی به جا آوردند و لشکرهای او در بحر قلزم در تعقیب موسی(ع) هلاک شد.　　۳ - **ریو** : فریب و مکر و تزویر.　　۴ - **اَمْرَد** : جوان بی‌ریش و ساده زنخ. پسر بدکار و مفعول.

چــونکه در بـدنامی آمـد ریش ِ او　　　دیــو را نـنگ آیـد از تـفتیش ِ[1] او ۱۸۸۲

هنگامی که ایّامِ جوانیِ او با اعمالِ زشت سپری شد، ریش او رویـید و سـیاهکاری در وجودش تثبیت شد، اهریمن نیز به وی نگاه نخواهد کرد.

دیـو ســوی آدمـی شـد بـهرِ شر　　　ســوی تـو نـاید کـه از دیـوی بَـتَر ۱۸۸۳

شیطان به سوی کسی می‌رود که بتواند او را گمراه کند، با تو که مظهرِ مجسّمِ شیطان، بلکه از او بدتری، کاری ندارد.

تا تو بـودی آدمـی، دیـو از پـی‌اَت　　　مـی‌دوید و مـی‌چشانید او مِـی‌اَت ۱۸۸۴

تا اثری از انسانیّت در تو بود، شیطان به دنبالت می‌دوید و با وسوسه از بـادهٔ غـرور و صفات رذیله سرمستت می‌کرد.

چون شدی در خویِ دیوی استوار　　　مـــی‌گریزد از تـــو دیـــو نـــابکار ۱۸۸۵

چون خُوی شیطانی در وجودت تثبیت شده است، آن ملعون از تو بیزاری می‌جوید.

آنکـــه انـــدر دامـــنت آویـــخت او　　　چون چنین گشتی، ز تو بگریخت او[2] ۱۸۸۶

شیطان که در پیِ تو بود، اینک که خود شیطان شده‌ای، از تو می‌گریزد.

تفسیرِ « ماشاءَ اللهُ کانَ »

در تقریرِ «هرچه خدا خواست همان شود».

رهایی از تعلّقات و هواهای نفسانی جز به لطف خداوند ممکن نیست.

این همه گـفتیم، لیک انـدر بسیج[3]　　　بی عـنایات[4] خـدا هـیچیم، هـیچ ۱۸۸۷

آنچه را که گفتیم درست بود؛ امّا حقیقت این است که در سلوک که سفری است درونی، هیچ جدّ و جهدی، بدون عنایتِ خداوند، مثمرِ ثمر نیست.

---

۱ - **تفتیش** : جستن و کاویدن، نظر کردن در ظاهر چیزی و کاویدن آن.

۲ - اشارتی قرآنی؛ حشر : ۱۶/۵۹ : کَمَثَلِ الشَّیْطانِ إِذْ قالَ لِلْإِنْسانِ اکْفُرْ فَلَمّا کَفَرَ قالَ إِنّی بَرِیءٌ مِنْكَ إِنّی أَخافُ اللهَ رَبَّ العالَمینَ : مانند شیطان که به انسان گفت کافر شو و چون کفر آورد، گفت: من از تو، ای آدمی، بیزارم. من از خدا که پروردگار جهان و جهانیان است، می‌ترسم.

۳ - **بسیج** : آماده شدن و تدارک برای کاری خاصّه سفر.

۴ - **عنایات** : جمع عنایت به معنی لطف و احسان و انعام، یاری و امداد.

بی عـنایاتِ حـق و خـاصانِ حـق گر مَـلَک بـاشد، سـیاهَسْتش ورق ۱۸۸۸

بدون مراحم و احسان خداوند و برگزیدگان درگاه هیچ کس نمی‌تواند با تکیه بر اعمال نیک و عبادات، طیّ طریق کند، حتّی اگر نیک سیرت و فرشته‌خو باشد، بدون عنایات حقّ و خاصان او، نامهٔ اعمالش سیاه و تباه است.

ای خدا ! ای فضلِ[1] تو حاجت روا بـا تـو یـاد هـیچ کس نـبود روا ۱۸۸۹

ای خدایی که فضلِ تو حاجت‌ها را بر می‌آوَرَد، با وجود تو یادِ هیچ کس شایسته نیست.

این قَـدَر[2] اِرشـاد، تـو بـخشیده‌ای تا بدین، بس عـیبِ مـا پـوشیده‌ای ۱۸۹۰

خدایا، در راهِ حق به هر مرتبه‌ای که رسیده‌ایم، به هدایت تو بوده است که معایب ما را پوشانده و امکان سلوک را مقدور گردانیده‌ای.

قطره‌یی دانش[3] که بخشیدی ز پیش متّصِل گردان به دریـاهایِ خـویش ۱۸۹۱

دانشی که روز اَلَست بخشیدی و در اثر تعلیم شکوفا می‌گردد، در مقایسه با علم الهی‌ات قطره‌ای بیش نیست، آن را به دریاهای بیکران دانش خداوندی‌ات متّصل گردان.

قطره‌یی علم است انـدر جـانِ مـن وارَهـانش از هـوا وز خـاکِ تـن ۱۸۹۲

خداوندا، قطره‌ای دانش در جان من است، آن را از هواهای نفسانی و شهوات در امان بدار.

پیش از آن کین خاک‌ها خَسْفَش[4] کنند پیش از آن کین بادها نَشْـفَش[5] کـنند ۱۸۹۳

پیش از آنکه شهوات نورش را تیره کنند و خـواسـته‌هایِ نَـفْسانی، ایـن انـدک دانش را بخشکانند، تو آن را از بلیّات بِرَهان.

گرچه چون نَشْفَش کند، تو قـادری کِش از ایشـان واسـتانی، واخـری ۱۸۹۴

هر چند اگر نفسانیّات دانش و قابلیّتِ تعالی را از ما بگیرند، تو قادری آن را باز گردانی.

قطره‌یی کو در هوا شد یا که ریخت از خزینهٔ قدرت تو کِـی گـریخت؟ ۱۸۹۵

قطره آبی که بخار می‌شود یا می‌ریزد و به زمین فرو می‌رود، با تغییر شکل، از انظار نهان می‌گردد؛ امّا از خزانهٔ قدرت تو که نمی‌تواند بگریزد.

---

۱ - **فضل** : احسان و بخشش بی آنکه سببی داشته باشد. یکی از صفات خداوند که موجب بخشایش گناهکاران است. ۲ - **قَدَر** : فرمان و حکم، تقدیر، اندازه‌ای از هر چیز که خدای تعالیٰ بر بندگان حکم می‌راند.

۳ - اشارتی قرآنی؛ إسراء : ۸۵/۱۷: وَ ما أُوتِیْتُمْ مِنَ العِلْمِ إلاّ قَلیلاً: و داده نشده‌اید از علم جز اندکی را. [و حقیقت هر چیز را با علم اندک خود نمی‌توانید بیابید.] ۴ - **خَسْف** : فرورفتن در زمین، ماه گرفتگی.

۵ - **نَشْف** : جذب کردن رطوبت و نم را، مانند جذب آب توسط کاغذ یا پارچه.

گر در آید در عـدم[1] یـا صـد عـدم چون بخوانیش، او کند از سر قَـدَم ۱۸۹۶

اگر دانش و علمی که بخشیده‌ای محو گردد و یا به کلّی نیست گردد، از آن رو که هیچ موجودی معدوم نمی‌شود و فقط تغییر ماهیّت می‌دهد، تا او را بخوانی، می‌شتابد و از سر، قدم می‌سازد.

صد هزاران ضِدّ[2]، ضِدّ را مـی‌کُشد بازشان حُکمِ تـو بـیرون مـی‌کَشد ۱۸۹۷

در هر لحظه صدها هزار پدیدهٔ مخالف و متضاد سبب نابودی یک‌دیگر می‌شوند و باز ارادهٔ خداوندیِ تو به آن‌ها موجودیّت می‌بخشد؛ مانند: سلامتی و بیماری، شادی و غم، سرما و گرما.

از عدم‌ها[3] سویِ هسـتی هـر زمـان هست یـا رب کـاروان در کـاروان ۱۸۹۸

خداوندا، در هر لحظه کاروان موجودات از عدم به سوی هستی رهسپارند.

خاصه هر شب جمله افکار و عقول نیست گردد، غرق در بـحر نُـغول[4] ۱۸۹۹

به عنوان مثال، هر شب به هنگام خواب، همهٔ افکار گوناگون، دانایی و تـدبیر و تـمییز انسان در بحر ژرف حق محو می‌گردد.

بـــاز وقتِ صـــبح آن اَللّــهیان[5] بر زنند از بحرْ سر، چـون مـاهیان ۱۹۰۰

صبحگاهان تمام تفکّرات و احساسات و تعقّل و تدبّری که از ضمیر آدمیان زدوده شده و در قبضهٔ تصرّف حق بود، به سوی صاحبانشان باز می‌گردند.

در خزان آن صد هزاران شاخ و برگ از هزیمت[6] رفـته در دریـای مـرگ ۱۹۰۱

با فرا رسیدن پاییز، صدها هزار شاخه و برگِ گل‌ها و گیاهان، از لشکـر خـزان شکست می‌خورند و در خواب زمستانی و مرگ غوطه‌ور می‌شوند.

زاغ پـوشیده سـیه چـون نـوحه‌گـر در گلستان نوحه کـرده بـر خُـضَر[7] ۱۹۰۲

زاغ با پرِ سیاه، مانندِ عزاداران در باغ و گلستان بر فقدان سبزه‌زاران شیون می‌کند.

---

۱ - **عَدَم** : نیستی و فقدان مقابل هستی و وجود.

۲ - **ضِدّ** : ناهمتا. امر وجودی که با امر وجودی دیگر قابل اجتماع نباشد.

۳ - آنچه هنوز موجود نشده، آنچه که در علم الهی موجود است و هنوز به اعتبار وجود خارجی ماهیّت نیافته و به اعتبار تجلّی علمی جزو اعیان ثابته محسوب است.

بقره : ۱۱۷/۲ : ... و چون به کاری اراده کند فقط می‌گوید: موجود شو و بی‌درنگ موجود می‌شود. خلق خداوندی چنین است که در هر لحظه کاروان در کاروان و پیوسته در حالِ ایجاد و خلق جدید است.

۴ - **نُغول** : ژرف، عمیق، غور و نهایت یک چیز. ۵ - **اَللّهیان** : چیزها یا کسانی که منسوب به الله اند.

۶ - **هزیمت** : گریز به هنگام شکست. ۷ - **خُضَر** : جمع خُضْرة، سبزی و سبزه.

بـــاز فـــرمان آیـــد از ســـالارِ ده[1] مَر عدم را، کآنـچه خـوردی بـاز دِه ۱۹۰۳

در بهار، طبق قوانینِ حاکم بر طبیعت، فرمانی می‌رسد که عدم آنچه را برده، باز گرداند.

آنچه خوردی، واده ای مرگِ سیاه[2]! از نـــبات و دارو و بـــرگ و گـــیاه ۱۹۰۴

ای اجلِ هولناک، آنچه را که نابود کرده‌ای، از سبزه و گیاهان دارویی، برگ و گل، باز ده.

ای برادر! عـقل یکـدم بـا خـود آر دم به دم در تو خزان است و بـهار ۱۹۰۵

ای انسان، لحظه‌ای بیندیش و ببین که خزان و بهارِ طبیعت، هر نَفَس، در تو نیز هست، از قبیل احساسات و افکارگوناگون و متضاد، مثل: شادی و غم، یأس و امید و یا دیگر احوال از قبیل سلامتی و بیماری، توانایی و ناتوانی، شادابی و پژمردگی، این قدرت خداوند است که اموری متخالف و متضاد را هر آن در وجود تو می‌میراند و زنده می‌کند.

باغِ[3] دل را سـبز و تـرّ و تـازه بـین پُر ز غنچه و وَرْد[4] و سرو و یاسمین ۱۹۰۶

اکنون به باغ دلت رجوع کن و ببین که مانند بوستانی سرشار از تازگی و پر از گل و گیاهان گوناگون است.

ز انبهیِ برگ[5] پـنهان گشـته شـاخ[6] ز انـبُهیِ گـل، نـهان صـحرا و کـاخ ۱۹۰۷

فراوانیِ افکار و گوناگونی اندیشه [صورت ظاهری عقل]، مانع از آن است که شاخهٔ درخت [عقل] به نظر آید. همچنانکه فراوانی گل‌های گونه‌گون [احساسات مختلف، عشق، محبّت و...]، مانع توجّه به صحرای دل و کاخِ آن که می‌تواند محلِّ استقرار شاه وجـود بـاشد، مـی‌شود. [سرّ سویدای دل، جوهر مجرّد]

این سخن‌هایی که از عقلِ کُل[7] است بویِ آن گلزار و سرو و سُنبل است ۱۹۰۸

این کلام مُلهم از عقل کُلّ [نور محمّدی. روح عالی عِلوی] و رایحهٔ دل‌انگیزِ آن گلستان روحانی است.

---

۱ - **سالارِ ده**: بزرگِ روستا، صاحبِ اختیار، قائد. خداوند. ۲ - **مرگِ سیاه**: مرگِ بسیار سخت و هولناک.

۳ - باغ، اشارتی است به مقام جامعی که انسان می‌تواند احراز نماید.

۴ - **وَرْد**: گل، گل هر درخت و معمولاً گل سرخ را گویند.

۵ - **برگ**: تمثیلی از اندیشه و افکارگوناگون که صورت و ظاهری است از عقل.

۶ - **شاخ**: شاخهٔ درخت یا تنهٔ درخت، تمثیلی از عقل و ادراک که جوهری است مجرّد.

۷ - **عقلِ کلّ**: عقل اوّل، جوهری روحانی که خداوند تعالی آن را خاصِ بدن انسان آفریده است. برای توضیحات بیشتر به بیت ۱۸۱۷ همین دفتر مراجعه کنید.

بویِ گل دیدی که آنجا گُل نبود؟ جوشِ مُل دیدی که آنجا مُل نبود؟ ۱۹۰۹

هرجا رایحهٔ گل به مشام برسد، از وجود گُل است و هر جا که جوششی از شراب باشد به سبب وجود شراب است؛ بنابراین از رایحهٔ گل که «اثر» است، می‌توان به وجود «تأثیرگذار» یا «مُؤثِّر» پی برد و این استدلالی است ساده برای بیان آنکه بوی خوش این گفتار و سخنان «اثری» است از عطرِ دل‌انگیزِ حقایق صادر از جوهرِ روحانیِ عقل کل «مُؤثِّر».

بو[1]، قلاووز[2] است و رهبر مر تو را می‌بَرَد تا خُلد[3] و کوثر[4] مر تو را ۱۹۱۰

رایحهٔ خوشِ کلامِ حق، با مشامِ جان استشمام می‌شود و اثرات نیک و عظیمی بر روح و روان آدمی دارد و مانند یک راهنما، انسان را هدایت می‌کند و به سرچشمهٔ تمام خیرها و برکت‌ها می‌رساند و از طریق تأثیر نیک آن می‌توانی به حقانیّت آن پی ببری.

بو، دوایِ چشم باشد نورساز شد ز بویی دیدهٔ یعقوب باز ۱۹۱۱

اشارتی قرآنی، یوسف: ۹۶/۱۲-۹۴: *و چون کاروان رهسپار شد، پدرشان گفت اگر مرا به خرفتی متّهم نکنید من بوی یوسف را می‌شنوم. گفتند: به خدا در همان خبط و خطای دیرینت هستی. و چون [پیک] مژده‌آور آمد آن [پیراهن] را بر روی او [یعقوب] انداخت و بیناگشت. گفت: آیا من به شما نگفته بودم که من از [عنایت] خداوند چیزی می‌دانم که شما نمی‌دانید؟*

بوی بد مر دیده را تاری کند بوی یوسف دیده را یاری کند ۱۹۱۲

همان‌گونه که رایحهٔ خوشِ همنشینی با یوسف‌رُخان و یوسف‌صفتان تأثیرات نیکی دارد و موجب افزونی بینش می‌گردد، بویِ ناپسندِ درونِ ناپاکِ افرادِ پلید نیز اثرات مخرّبی بر روح و روان دارد و بینش را تیره و تار می‌نماید.

تو که یوسف نیستی، یعقوب باش همچو او با گریه و آشوب باش ۱۹۱۳

تو که به کمال نرسیده‌ای، مانند یعقوب گریان و نالان، جویای یوسف‌رُخان باطنی باش تا بوی یوسف‌رُخی دیدهٔ دلت را بگشاید.

---

۱ - **بو**: رایحه، مجازاً اثر و نشان. ۲ - **قلاووز**: مقدّمهٔ لشکر و راهبر. ۳ - **خُلد**: فردوس، بهشت.
۴ - **کوثر**: چشمهٔ کوثر، حوض کوثر، قرآن: ۱/۱۰۸: إِنَّا أَعْطَيْنَاكَ الكَوْثَرَ: ما به تو کوثر بخشیده‌ایم.
کوثر یک تفسیر دارد و یک تأویل، تفسیر آن است که کوثر را حوضی شگرف در بهشت می‌دانند که دارای خیر کثیر است [کثیر با کوثر رابطهٔ لفظی دارد]، تأویل آن است که بر خلاف طعنی که عاص بن وائل به پیامبر(ص) زد و او را ابتر و بدون نسل خواند، خداوند از طریق فرزندش حضرت فاطمه(ع) ذریهٔ بسیاری به او خواهد بخشید: قرآن کریم، ترجمهٔ خرّمشاهی، نقل از تفسیر ابوالفتوح و مجمع‌البیان.

بشنو این پند از حکیمِ غزنوی　　تا بیابی در تنِ کهنه، نوی ۱۹۱۴

از حکیم سنایی[1] این اندرز را بپذیر تا تن فرسوده‌ات شاداب شود.

ناز[2] را رویی بباید همچو وَرد　　چون نداری، گِردِ بدخویی مگَرد ۱۹۱۵

ناز، خاصِ نازنینان گل‌رخسار است (انسان‌کامل)، اگر چنین رخ نکویی نداری، ناز و تندی نکن.

زشت باشد روی نازیبا و ناز　　سخت باشد چشم نابینا و درد ۱۹۱۶

ناز از شخصِ نازیبا زشت است و به همین ترتیب دردِ چشمی که نابیناست، رنجی است مضاعف.

پیش یوسف نازش[3] و خوبی مکُن　　جز نیاز و آه یعقوبی مکن ۱۹۱۷

در حضور یوسف رُخان [انسان کامل] به هیچ چیز تفاخر نکن. فقط نیاز، لابه و آهِ پر درد عرضه کن.

معنیِ مُردن ز طوطی، بُد نیاز[4]　　در نیاز و فقر[5]، خود را مرده ساز ۱۹۱۸

مقصودِ طوطی که خود را به مُردن زد، نیاز و اشتیاق برای زندگی آزاد بود. اگر تو نیز خواهان زندگی بدون اسارت هستی، با نیازمندی چنگ در دامن تربیت مرشد بزن.

تا دمِ عیسی تو را زنده کُند　　همچو خویشت خوب و فرخنده کند ۱۹۱۹

همچنانکه دمِ مسیحایی عیسی(ع) مُرده را زنده می‌کرد، دَمِ مُرشد در تو جان تازه‌ای می‌دمد و باتربیت معنویِ وی آرام آرام به کمال وجودی خود می‌رسی و نیک‌بخت و نیک‌سیرت و نیک‌روش می‌گردی.

از بهاران کِی شود سر سبز سنگ؟　　خاک شو، تا گُل نمایی رنگ رنگ ۱۹۲۰

همان‌گونه که بهار، جانِ تازه‌ای به طبیعت می‌دهد، دم مرشد کامل نیز جان نوی به طبیعت بشری انسان می‌دمد؛ امّا باید در برابر وی خاک بود تا صفات نیک را در تو برویاند و به گُل بنشاند. سنگدلی و سرکشی حاصلی جز سیه‌روزی ندارد.

---

۱ - حکیم ابوالمجد مجدود بن آدم سنایی، شاعر و عارف بلندپایه و نامدار قرن ششم هجری و از استادان مسلّم شعر فارسی است. مقبرهٔ وی در غزنین زیارتگاه خاصّ و عام است.

۲ - **ناز**: عشوه و کرشمه، استغنای معشوق از عاشق برای افزون‌تر شدن شوق.

۳ - **نازش**: نازیدن، امتناع، تکبّر، فخر.

۴ - **نیاز**: حاجت، عرض بی‌نوایی و فقر، بیان شوق و اشتیاق، تحفه و هدیهٔ درویشان به نزد اولیاءالله و مرشد و مراد به نیّت تقرّب به درگه حق و گذشتن از تعلّقات دنیوی، چیزی نذر مزار اولیا و یا اقطاب کردن.

۵ - **فقر**: درویشی، بی‌چیزی و نداری، در اصطلاحِ اهل تصوّف، حقیقتِ فقر نیازمندی است؛ زیرا بنده نیازمند است و بندگی یعنی مملوک بودن و مملوک به مالکِ خود محتاج است. غنی، خالق است و فقیر مخلوق و این صفت عبد است به حکم قرآن کریم، محمّد: ۳۸/۴۷: وَ اللهُ الْغَنِيُّ وَ أَنْتُمُ الْفُقَرَآءُ...: خداوند بی‌نیاز است و شما نیازمندانید.

سال‌ها تو سنگ بودی دل خراش　　آزمون را، یک زمانی خاک باش ۱۹۲۱

سال‌های بسیاری را با سنگدلی سپری کردی و چه بسا دل‌ها را که آزردی و رنجه ساختی. اینک مدّتی هم خاکسار بودن و نرمی و فروتنی را بیازمای تا ببینی که بهارِ وجودِ مردانِ حق و دمِ مسیحایی آنان چگونه در دلِ نرم و تأثیرپذیرت حیاتی نو می‌دمد.

داستانِ پیرِ چنگی[1] که در عهدِ عمر رَضِیَ اللهُ عَنْهُ، از بهرِ خدا روزِ بی نوایی چنگ زد میان گورستان

در روزگار عُمَر، مطربی چنگ‌نواز بود که آوازی به غایت خوش و دلنواز داشت. نوای چنگ او و صوت روح‌نوازش در مجالس قیامتی بر پا می‌کرد. گذر ایّام او را به کهولت رسانید و آواز خوش وی ناخوش گردید و ستایشگران پراکنده شدند. پیر چنگی که از همه جا سرخورده بود، به خدا روی آورد. به گورستان مدینه رفت و برای خدا چنگ نواخت و از او ابریشم بها تقاضا کرد. آن‌قدر نواخت تا خستگی بر وی چیره شد و خواب او را در ربود. همچنانکه او در خواب بود، خداوند خوابی سنگین و نابهنگام بر عُمَر خلیفهٔ مسلمین گُمارد. عمر دریافت که مقصودی در میان است. سر به بالین نهاد و خوابید. در آن حال ندایی از جانب حق به وی رسید که بنده‌ای خاصّ و ارجمند داریم که اینک در گورستان خوابیده است. هفتصد دینار تمام از بیت‌المال برگیر و به وی ده و بگو: این زر را بستان و خرج کن، چون تمام شد به سوی ما بیا و چنگ بزن و مزد خود بگیر. عمر برخاست و به سوی گورستان شتافت. گِرد گورستان گشت؛ امّا بندهٔ خاصّ را نیافت و جز پیرچنگی کس دیگری را ندید. حیران ماند که چگونه ممکن است چنین مطربی **بیقدر** بندهٔ خاصّ درگه باری تعالی باشد؟ او بارها به کمتر از این بر سر خلاف‌کارانِ ظاهر شریعت تازیانهٔ محتسب را زده بود. اکنون چگونه می‌توان وجوه بیت‌المال را به رامشگری این چنین سپرد؟ باز هم به جست‌وجو پرداخت و به یقین دانست که بندهٔ خاص و ارجمند همان پیر چنگی است.

---

۱ - مآخذ آن به احتمال قوی از مصیبت‌نامهٔ عطّار یا اسرارالتوحید (مقامات ابوسعید ابوالخیر) چاپ تهران به اهتمام بهمنیار، ص ۸۷-۷۶ است: احادیث، صص ۸۸-۸۶

بنا بر روایت اسرارالتوحید، روزی پیرزنی صد دینار زرّ می‌آورد و شیخ از خادم می‌خواهد که زرّ را به گورستان حیره ببرد و به طنبورزنِ پیری که خلق او را رد کرده‌اند و به خالق پناه آورده است، بدهد. طنبورزن به دیدار شیخ می‌رود و توبه می‌کند.

پس به ادب آنجا نشست. عطسه‌ای ناگهانی از جانب او، پیر را از خواب بیدار کرد. عمر را با هیبت خاصِ او، بالای سر خود دید و از ترس لرزید. عمر گفت: مترس که اینک پیام خدا را برایت آورده‌ام. خداوند به تو سلام می‌کند و از حالت مـی‌پرسد و تـمامی پـیام را بـرای چنگی پیر بازگو کرد. بیان این احوال، پـیر رامشگـر را مـتأثّر و مـتأسّف از گـذشته خـویش ساخت و حالی در وی پدیدار گردید که توبه را آغاز کرد و از تأثیر دَمِ عمر چنان دگرگون شد که جان به جان‌آفرین تسلیم کرد و عمری جاویدان در جهان باقی یافت.

نکتهٔ اصلی در این حکایت آن است که رسیدن به حق و دعای مستجاب، منوط به راه و روش خاصّی نیست و شرط اصلی در توجّه حق به بنده، نیازمندی خالصانه، سوز دل، شکستگی و بی‌پناهی است و احراز چنین شرایطی شمول رحمت خداوند را به‌طور خاصّ متوجّه بندگان خواهد ساخت و نیایش بی‌آلایش به درگاه حق تعالیٰ مقبول‌تر است از آداب پر تکلّف.

به احتمال قریب به یقین قصّهٔ پیر چنگی از مصیبت‌نامهٔ عطّار اقتباس شده که مأخذ آن اسرارالتوحید است؛ امّا همچنانکه روش و منش مولانا است با تصرّفاتی بدیع بر تأثیر آن افزوده و قصّه را سخت جذاب‌تر و دل‌انگیزتر نموده است. در این حکایت نمادین پیرچنگی رمزی از بازگشت جان از عالم مادّه و قطع تعلّق وی از محسوسات است. گورستان و خواب مطرب پیر نیز رمزی از مرگ پیش از مرگ است که مایهٔ قبول و تقرّب بـه درگـاه الهی محسوب می‌گردد.

«روایت مثنوی محلِّ وقوع قصّه را شهر مدینه تبیین می‌دارد که در اواخر قـرن اوّل هـجری مـوسیقی‌دانـان و خنیاگران بنام داشته و اوّلین مرکز خلافت در عهد سه خلیفه از خلفای راشدین بوده است. نکتهٔ دیگری که آن را با روایت عطّار متفاوت می‌دارد، عُمَر، خلیفهٔ مسلمین است که به جای ابوسعید، فریادرس رامشگر پیر است. خلیفه‌ای که در سخت‌گیری و شدّت عمل شهره‌گشته است و در اجرای اوامر و نواهی بی‌محابا عمل می‌کند و نخستین کسی است که تازیانهٔ احتساب بر کمر بسته است و خلاف‌کاران را سخت می‌کوبد؛ امّا ابوسعید شیخی روشن‌بین و پرشور و حال بود که مجالس سماع بر پای می‌داشت و بر خلاف ظاهربینان که می‌پندارند غلبه و اعـمال قـدرت مـی‌توانـد دیگران را به تهذیب ترغیب دارد، راه آن را غلبهٔ شور و حال و جذبهٔ روحانی می‌دانست و بر همین منوال نیز عمل می‌کرد.»[۱]

جان کلامِ و سرّ سخن در این قصّه در تبیین این معناست که جان غافل و غرقه در محسوسات عالم مشهود که رامشگر پیر، نمادی از آن است در لحظات خاصّ و نابی که ناامید از مخلوق، شکسته و خسته به خالق روی می‌آوَرَد می‌تواند با شمول رحمت خداوندی به حریم حرم مقرّبان بارگاه بار یابد و راه صدساله را در شبی بپیماید. همچنین این حکایت در تقریر این معنا نیز هست که هیچ کافر را به خواری نباید نگریست که مسلمان مردنش باشد امید؛ زیرا با کریمان کارها دشوار نیست که‌گاه طومار گناهی به آهی سوزناک و خالصانه پاک می‌شود و بارگاه یار را بار یافتن به عنایت است.

---

۱ - با استفاده از شرح مثنوی شریف، دفتر اوّل، صص ۷۵۵-۷۵۴.

«قصّهٔ پیرچنگی [1] هم از مقولهٔ حکایاتی است که در ادب عام‌پسند اقوام دیگر با اندک تفاوت نظایر آن را می‌توان یافت. در ادبیّات دینی فرانسه در قرون وسطیٰ داستانی است مشابه، اختلافاتی که در بین این داستان که به نام «شعبده‌باز خاتون ما» شهرت دارد با «پیرچنگی» ناشی از تفاوت رسوم میان شرق و غرب است. در این حکایت شعبده‌باز پیری می‌خواهد در مراسم نیایش کلیسا شرکت کند و چون نمی‌تواند، پنهانی در شبستان صومعه در برابر شمایل مریم عذرا بر سبیل نیایش به رقص می‌پردازد و چندان می‌رقصد که از پای در می‌آید و هلاک بر زمین می‌افتد. راهبان او را در آن حال می‌یابند و به هتک حرمت صومعه و اهانت به شمایل مریم عذرا متّهم می‌دارند، امّا چون مریم با ملایک آسمانی در می‌رسند و روح او را به بهشت می‌برند، راهبان در حق وی مراسم تکریم به جای می‌آورند و به حرمت به خاکش می‌سپارند.»

آن شنیدستی که در عهد عُمَر ... بود چنگی [2] مُطربی با کرّ و فَر [3]؟ ۱۹۲۲

آیا این داستان را شنیده‌ای که در روزگار عمربن الخطاب، خنیاگری بود که چنگ می‌نواخت و با اقبال عمومی مردم روبرو شده بود و در نزد همگان محتشم و برازنده بود.

بلبل از آوازِ او بی‌خود شدی ... یک طرب ز آوازِ خوبش صد شدی ۱۹۲۳

چنگ‌نواز، صدایی دلکش داشت، آن‌چنانکه هزاردستان از آواز او شیداتر می‌شد و قرار از دست می‌داد. خواندنِ این چنگیِ خوش‌آواز شادی و نشاط شنوندگان را صد برابر می‌کرد.

مجلس و مجمع دَمَش آراستی ... وز نوایِ او قیامت خاستی ۱۹۲۴

لحن دلنوازِ آوایِ گرم او مجالس را زینت می‌بخشید و با سوز و گدازی عاشقانه که از جمع بر می‌خاست، محشری برپا می‌شد.

همچو اسرافیل [4]، کآوازش به فَنْ ... مُردگان را جان در آرَد در بدن ۱۹۲۵

آوایِ او، مانندِ دمیدن اسرافیل بر مردگان، جان‌بخش بود.

---

۱ - سِرّ نی، ص ۳۲۱.

۲ - **چنگ** : نام سازی مشهور، نوعی از مزامیر است و قدمت آن به بیش از دو هزار سال پیش از میلاد مسیح می‌رسد که در آن زمان در بابل و آشور بسیار رایج بوده است. انواع ابتدایی آن مثلثی شکل با تخته‌ای به طول نزدیک یک گز و دارای میله‌ای چوبی که وَتَر آن از ابریشم بوده است و سیم‌ها به موازات وتر ادامه می‌یافته و در عهد ساسانی چنگ معروف‌ترین و محبوب‌ترین سازها بوده است. در شاهنامه مکرر نام آن آمده و نکیسا موسیقیدان معروف دربار خسروپرویز در نواختن آن مهارت تام داشته است. این ساز در اصل در ایران و عراق رواج داشته و ارتباط آن با ملل خاورمیانه مسلّم است. ۳ - **کَرّ و فَرّ** : دارای اقبال و شوکت، باشکوه و برازنده.

۴ - **اسرافیل** : یکی از فرشتگان مقرّب که قبل از همهٔ فرشتگان به آدم سجده کرد. در قیامت دو بار در صور خواهد دمید. در دمیدن اوّل همهٔ مخلوقات که در حیات‌اند، می‌میرند و در دمیدن دوم همهٔ مردگان زنده خواهند شد. اسرافیل در زبان سریانی به معنی بندهٔ خدای تعالیٰ است.

صور: شاخی است عظیم که پهنای دایره آن از آسمان و زمین افزون‌تر است.

دفتر اوّل ۴۶۱

**یـا رَسـیلی[1] بـود اسـرافـیل را		کـز سـماعش پـر بِـرُستی فـیل را** ۱۹۲۶

شاید نوایِ رامشگر، با دمِ اسرافیل همراهی می‌کرد که تأثیرِ شگرفی داشت و افراد سنگینِ پیل‌تن را نیز به نشاط می‌آورد، گویی در جانشان بال و پر می‌رویید.

**سـازد اسـرافـیل روزی نـاله را		جـان دهـد پـوسیدهٔ صـد سـاله را** ۱۹۲۷

روزی اسرافیل در صور می‌دمد و کسانی را که صدها سال پیش مرده و پوسیده‌اند، جان می‌بخشد.

**انـبیا را در درون هـم نـغمه‌هاست		طالبان را زآن، حیاتِ بی بـهاست[2]** ۱۹۲۸

همان گونه که دمیدن اسرافیل، مردگان را زنـده مـی‌کند، دم گـرم انـبیا نـیز زنـده کـنندهٔ دلْ‌مردگان است و آهنگِ ملکوتی درونشان نشانی است از عنایت ویژهٔ حق و وحی الهی و تأثیرات شگفت‌انگیز آن. جویندگان از این نغمه، حیاتی سرمدی می‌یابند.

**نشـنود آن نـغمه‌ها را گـوشِ حِس		کز ستم‌ها گوشِ حِس باشد نجس** ۱۹۲۹

این نغمهٔ الهی را گوش حس نمی‌تواند بشنود؛ زیرا ظلم و ستمی که آدمی بر خـود روا می‌دارد و به یاوه‌سرایی، دروغ، بدگویی و غیبت‌ها گوش فرا می‌دهد، لطافت این حس را که می‌تواند اصوات عوالم روحانی را بشنود، از دست می‌دهد.

**نشـــنود نـــغمهٔ پـری را آدمـی		کو بُـوَد ز اسـرارِ پـریان اعـجمی[3]** ۱۹۳۰

انسان نمی‌تواند نغمه‌ها و اصوات موجوداتی مانند جنّ و پری را بشنود؛ زیـرا بـا آنـان سنخیّتی ندارد و غریبه محسوب می‌گردد.

۱ - **رَسیل**: آنکه با دیگری همصدا بخواند، همآوایی، همراهی.

۲ - جان کلام در طی ابیات ۱۹۳۳-۱۹۲۸ آن است که نغمهٔ درون انبیا راگوش حس نمی‌تواند بشنود؛ حتّی اصوات پریان را هم که متعلّق به عالم مادّی است، آدمی نمی‌تواند دریابد؛ پس چگونه انس و جنّ که هر دو در قید و بند عالم مادّی اسیرند، بتوانند نغمهٔ دل انبیا و اولیا را بشنوند، انس و جنّ هرگز و از هیچ راهی قادر به دریافت عـلوم الهـی نیستند مگر به ارادهٔ خداوندی و از راهی که مقرّر فرموده که همانا پاکی و تهذیب و صفای ظاهر و باطن و تصفیهٔ دل است از ما سوی الله.

۳ - **أَعْجَمی**: کسی که نتواند کلام گویا و فصیح به زبان عرب بگوید؛ حتّی اگر از همان نژاد باشد. به معنی گنگ و کسی که قادر به تکلّم نیست نیز آمده است.

گرچه هم نغمهٔ پری[1] زین عالَم است نـغمهٔ دِل بـرتر از هـر دو دَم است ۱۹۳۱

هرچند که آوای پریان نیز مادّی است؛ امّا انسان نمی‌تواند آن را بشنود. آوایی که به دل‌ها می‌رسد، از عوالم ملکوتی و برتر از صوت انس و جنّ است.

کـه پـری و آدمـی زنـدانـی‌انـد هر دو در زنـدان ایـن نـادانـی‌انـد[2] ۱۹۳۲

انس و جنّ هر دو محبوس‌اند، و اسارتشان در زندانی از جهل و نادانی است.

---

۱ - **پری :** موجودی صاحب پر که اصلش از آتش است و به چشم نمی‌آید، غالباً نیکوکار است، همزاد، جانّ، جنّ. پس هفت تن از پریان بر رسول خدا(ص) بگذشتند و بایستادند و آواز قرآن خواندن او بشنیدند: تاریخ طبری ترجمهٔ بلعمی.

۲ - بعضی از آیات کلام وحی را که در آن اشاراتی به جهل و نادانی و حرص و بخل سفاهت انس و جنّ است به عنوان نمونه نقل می‌کنیم: معارج : ۱۹/۷۰ : إنَّ الانسانَ خُلِقَ هَلُوعاً : انسان حریص و ناشکیبا آفریده شده است. إسراء : ۱۱/۱۷ : كَانَ ٱلإِنسَانُ عَجُولاً : انسان عجول و پرشتاب است. إسراء : ۶۷/۱۷ : كَانَ ٱلإِنسَانُ كَفُوراً : به درستی که انسان کافرکیش و ناسپاس است. إسراء : ۱۰۰/۱۷ : كَانَ ٱلإِنسَانُ قَتُوراً. انسان بخیل است. جنّ : ۴/۷۲ : وَ أَنَّهُ كَانَ يَقُولُ سَفِيهُنَا عَلَى اللهِ شَطَطاً : و سفیه ما بود که دربارهٔ خدا سخنان پریشان می‌گفت. جنّ : ۵/۷۲ : وَ أَنَّا ظَنَنَّا أَنْ لَنْ تَقُولَ ٱلإِنْسُ وَ ٱلْجِنُّ عَلَى اللهِ كَذِباً [طایفهٔ جن]: و ما چنین می‌پنداشتیم که انس و جنّ هرگز بر خدا دروغ نمی‌بندند. جنّ : ۶/۷۲ : وَ أَنَّهُ كَانَ رِجَالٌ مِّنَ ٱلإِنْسِ يَعُوذُونَ بِرِجَالٍ مِنَ ٱلْجِنِّ فَزَادُوهُمْ رَهَقاً : مردانی از انسان به مردانی از جنّ پناه می‌بردند و سبب افزایش گمراهی و طغیانشان می‌شدند. [در میان عرب کاهنان زیادی بودند که تصوّر می‌کردند به وسیله طایفهٔ «جن» می‌توان از آینده باخبر شد و بسیاری از مشکلات را حل کرد]. جنّ : ۹/۷۲ : وَ أَنَّا كُنَّا نَقْعُدُ مِنْهَا مَقَاعِدَ لِلسَّمْعِ فَمَنْ يَسْتَمِعِ ٱلآنَ يَجِدْ لَهُ شِهَاباً رَصَداً : ما پیش از این به استراق سمع در آسمان‌ها می‌نشستیم؛ امّا اکنون هر کس بخواهد استراق سمع کند، شهابی را در کمین خود می‌یابد. [طایفهٔ جنّ چنین ابراز می‌دارند که با ظهور پیامبر(ص)، دیگر هیچ یک از آنان نمی‌تواند اخباری را دزدیده از آسمان دریافت کند]. بنابراین؛ جنّ که موجودی نامرئی است از علم کامل بهره‌مند نیست و بر علومی آگاه است که حق برای وی مقرّر فرموده است. جَنّ (به فتح اوّل) و جنون، یعنی پوشیده بودن و به جنّ به سبب مستور بودن جنّ گفته می‌شود. (لسان العرب) در علم کلام و عقاید اسلامی مقرّر است که حضرت محمّد(ص) برای ثَقَلین (جنّ و انس) مبعوث شده است.

بعضی از اعراب و مردم عصر جاهلیّت و نیز مردم اعصار پیشین، جنّ را شریک خداوند قرار می‌داده‌اند و می‌پرستیده‌اند، انعام: ۱۰۰/۶، سبأ: ۴۱/۳۴، صافات: ۱۵۸/۳۷، همچنین تصریح شده است که جنّیان در دل آدم وسوسه می‌کنند، ناس: ۶/۱۱۴-۴، نقل از مقالهٔ «جنّ» نوشتهٔ بهاءالدّین خرّمشاهی از کتاب قرآن پژوهی، ص ۵۹۰، توضیحات پاورقی ذیل سورهٔ جنّ ترجمهٔ نویسندهٔ فوق‌الذّکر. جان کلام آنکه: انس و جن از دانش محدودی برخوردارند و در اکثر امور در جهل به سر می‌برند و نغمه‌ای که در دل پیامبران نواخته می‌شود (وحی الهی) از علم مطلق حق تعالی نشأت گرفته و برتر از هر دو دَم است.

مَعْشَرَ الجِنْ، سورهٔ رحمان[1] بخوان تَسْتَطیعوا، تَنْفُذوا را باز دان ۱۹۳۳

از سورهٔ الرّحمن، آیهٔ «ای گروه جنّیان» را بخوان تا دریابی که «کناره‌های آسمان‌ها و زمین را فقط با قدرت الهی می توان دریافت».

نغمه‌هایِ اندرونِ اولیا اوّلاً گوید که: ای اجزای لاٰ[2] ! ۱۹۳۴

آهنگ ملکوتیِ درونِ دوستان خدا می‌گوید: ای اهلِ دنیا، بدانید که دنیا و اهلِ دنیا فانی‌اند.

هین[3] ! ز لای نفی سرها بر زنید[4] این خیال و وهم یکسو افکنید ۱۹۳۵

ای انسان‌ها، شما در میان نیستی‌هایِ هست‌نما زندگی می‌کنید، این هستی غیرواقعی را درک کنید و از میان ظلمات جهل، طالع شوید و توهّم هستی را برای موجودات امکانی به یک سو افکنید.

ای همه پوسیده در کون و فساد[5] ! جانِ باقیتان نرویید و نزاد؟[6] ۱۹۳۶

ای کسانی که در عالم مادّیْ، تباه و پژمرده و در حال فساد هستید، آیا زمان آن نرسیده که جانِ جاویدِ شما که چون طفلی در زهدانِ تن است، رشد کند و از قیدِ تن و تعلّقاتِ آن بِرَهد؟

---

۱ - اشارتی قرآنی؛ الرّحمن : ۳۳/۵۵ : یا مَعْشَرَ الجِنِّ وَ ٱلإِنْسِ إِنِ ٱسْتَطَعْتُمْ أَنْ تَنْفُذُوا مِنْ أَقْطارِ السَّمٰوٰاتِ وَٱلأَرْضِ فَانْفُذُوا لاٰ تَنْفُذُونَ إِلاّٰ بِسُلْطٰانٍ : ای گروه جنّ و انس، اگر توانید که از گوشه و کنار آسمان‌ها و زمین نفوذ کنید، نفوذ کنید؛ امّا جز با نیرویی عظیم، نتوانید به درون راه برید. [نمی‌توانید فرار کنید و از مرگ بیرون روید، مگر به دلیلی و حجّتی و برهانی یا مگر به ارادهٔ خداوند].

منابع اسلامی می‌نویسند که در روز قیامت خداوند بندگان را در محل واحدی جمع می‌کند و به فرشتگان هفت آسمان دستور می‌رسد که فرود آیند و همچون هفت پرده گرداگرد انس و جنّ را احاطه می‌کنند. اینجاست که منادی صدا می‌کند: ای جمعیّت انس و جنّ، اگر می‌توانید از اقطار آسمان‌ها و زمین بگذرید و از حیطهٔ قدرت او خارج شوید، ولی هرگز نمی‌توانید.

۲ - **لاٰ** : از حروف نفی است. مریدان که در برابر مراد خود، دو دست را به صورت لا در می‌آورند و بر زانو می‌گذارند و یا بر سینه می‌نهند، علامت آن است که در برابر وی هیچ به شمار می‌آیند و مطیع محض‌اند؛ پس در اصطلاحات عارفانه کنایه از فنا است: ف. سجّادی.

۳ - **هین** : کلمه‌ای است به جهت تأکید، یعنی بشتاب و زود باش.

۴ - **سر بر زدن** : طالع شدن، دمیدن و طلوع کردن.

۵ - **کون و فساد** : دو حالتی هستند که متعاقب و متوارد بر موجودات جهانِ طبیعت‌اند، چنانکه موجودات همواره در معرض از دست دادن صورت ظاهری فعلی و یافتن صورتی دیگرند. خلع صورت را فساد و یافتن صورت دیگر را کَوْن گویند. چنانکه آب تبدیل به هوا شود. کون و فساد، وجود و تباهی دفعی هستند. عالم کَوْن و فساد، یعنی عالم مادّی و جهانِ جسمانی که در معرض تحوّل و خلع و لبس است یا عالم امکان: فرهنگ علوم عقلی، سجّادی ـ فرهنگ لغات و اصطلاحات فلسفی، سجّادی.

۶ - مثنوی : ۳۵۲۸/۱ : تن چو مادر طفلِ جان را حامله مرگ دردِ زادنست و زلزله

مثنوی : ۱۶۴۹/۱ : طفلِ جان از شیر شیطان بازکن بعد از آنش با مَلَک انبازکن

گــر بگــویم شـمّه‌یی زآن نـغمه‌ها جـان‌ها سـر بـر زنـند از دخـمه‌ها ۱۹۳۷

اگر اندکی از آن نغمهٔ الهی را برای شما بازگو کنم و وجودتان قابلیتِ درکِ آن را داشته باشد، جانِ باقی‌تان از خانه‌های تنگ و تاریکِ دخمه مانندِ تن، طلوع می‌کند تا برای حیاتی سرمدی آماده شوید.

گوش را نزدیک کن، کآن دور نیست لیک نقلِ آن به تو، دسـتور نـیست ۱۹۳۸

گوش جان را که به سبب غفلت قادر به شنیدنِ آن نیست با تزکیهٔ درون، پاک کن و گوش فرا ده؛ زیرا این نوای ملکوتی دور نیست؛ امّا اجازه ندارم آن را به تو بگویم.

هین! که اسـرافـیل وقت‌انـد اولیـا مُرده را ز ایشان حیات است و نَما ۱۹۳۹

دوستان خدا در عصرِ خود اسرافیلی‌اند که بـا دمِ مسـیحایی، مُـرده‌دلان را حـیاتی نـو می‌بخشند و سببِ رشد معنوی و روحانی‌شان می‌شوند.

جانِ هر یک مـرده‌یی، از گـور تـن بـر جـهد ز آوازشـان انـدر کـفن ۱۹۴۰

با آوای جانبخش اولیا و تأثیر قدرت روحانی آنان، جان هر یک از غافلان که مانند مُرده درگورِ تن خفته است، از جای می‌جهد.

گوید: این آواز، ز آواهـا جُـداست زنـده کـردن کـارِ آواز خـداست ۱۹۴۱

می‌گوید: این ندا متفاوت است، سروش حیات‌بخش و از جانب خداست.

مـا بـمُردیم و بـه کُـلّی کـاستیم بانگِ حـق آمـد، هـمه بـرخـاستیم ۱۹۴۲

ما در ظلمات گمراهی‌ها تباه شدیم و در زیان بودیم. بانگ حـق رسـید، قـیام کـردیم و پذیرفتیم.

بانگِ حق، اندر حجاب و بی‌حجاب[1]   آن دهد، کو داد مریم را ز جَیْب ۱۹۴۳

کلامِ حق با واسطهٔ الفاظ یا بدون واسطه و به طریق الهام، ناشی از ارادهٔ باری تعالی است و همان اثر معجزه‌آسایی را دارد که در مریم(س) داشت. با آن هر امر غیرممکنی، ممکن می‌شود و هر موجودی لایق دریافت فیوضات ربّانی و طیّ مسیر استکمالی می‌شود که نتیجهٔ آن انسان کاملی است که با دمِ مسیحایی قادر به زنده کردن دل‌مردگان است.

ای فناتان نیست کرده زیر پوست[2]   باز گردید از عدم ز آواز دوست ۱۹۴۴

ای کسانی که با تعلّق خاطر به امور دنیوی و ظواهر از حقایق دور مانده و نور وجودتان در ظلمت عالم محسوس و پیروی از نفسانیّات در شُرُف نابودی کامل است، از این نیستی باز گردید و ندای آن کس را که دوست‌دارِ شماست، لبیک گویید.

---

۱ - حِجیب خوانده شود که مُمال حجاب است. **حجاب**؛ پرده، در اصطلاح صوفیّه هر چیز که آدمی را از قرب حق دور بدارد. یا نورانی است و یا ظلمانی. نورانی، نور روح است و ظلمانی، ظلمت جسم. ادراکات باطنی شامل نفس، عقل، سِرّ و روح را نیز هر یک حجابی است. حجاب نفس، لذّات و شهوات است و حجابِ عقل مشغولی به معانی معقوله و حجابِ دل توجّه به ماسوی الله است. نجم‌الدّین رازی در مرصاد العباد ص ۳۱۱-۳۱۰ می‌نویسد: عوالم مختلف دنیا و آخرت هفتاد هزار است که حدیث صحیح به آن اشاره دارد. [إِنَّ اللهَ سَبْعِیْنَ أَلْفَ حِجابٍ مِن نورٍ و ظُلمَةٍ] و این هفتاد هزار را مُلک و ملکوت و نیز غیب و شهادت یا جسمانی و روحانی خوانند. جمله یکی است با عبارات متعدّد. انسان مجموعهٔ این دو عالم است و قدرت الهی در انسان جمع بین ضدّین کرده است با حواس پنجگانه که به جسم متعلّق است و همهٔ احساسات جسمانی را با آن پنج حس درک می‌توان کرد و مدرکات باطنی پنجگانه که همهٔ عوالم روحانی را با آن می‌توان دریافت. مقام قبول حقایق از حضرت باری تعالیٰ بدون واسطه میسّر نمی‌گردد تا به کلّی حجاب صفاتِ بشری و روحانی بر نخیزد؛ زیرا هر چه که از پسِ حجاب آید با واسطه است اگرچه که ظاهر آن چنان باشد که بی‌واسطه پندارند. چنانکه موسیٰ(ع) بی‌واسطه کلام می‌شنید و به حقیقت بی‌واسطه نبود. گاه شجر واسطه بود و گاه ندا و صوت. طه : ۱۱/۲۰ و ۱۲ : و چون به نزدیک آن رسید، ندا در داده شد که ای موسیٰ [موسی(ع) از پیامبران عظام الهی فرزند عمران، ملقّب به کلیم‌الله (همکلام با خدا) از بزرگ‌ترین پیامبران بنی‌اسرائیل که بین قرن‌های ۱۵ تا ۱۳ قبل از میلاد ظهورکرده است.]، همانا من پروردگار تو هستم. کفش‌هایت را [به احترام] از پا بیرون کن و بدان که تو در وادی مقدّس طُویٰ هستی. همچنین نجم‌الدّین دایه در مرصاد العباد، ص ۲۳۸-۲۳۷ می‌نویسد: در بدایت نبوّت خواجه را علیه السّلام چون رفع حُجُب به کمال نرسیده بود، وحی حق به واسطه می‌یافت که در سورهٔ شعراء : ۱۹۳/۲۶ و ۱۹۴ : (نَزَلَ بِهِ الرُّوحُ ٱلأَمینُ عَلیٰ قَلْبِكَ... که روح‌الامین آن را بر دل تو فرود آورده است...) و در شب معراج، چون کشف حقیقی بود، واسطه از میان برخاست که: فَأَوْحیٰ إِلیٰ عَبْدِهِ ما أَوْحیٰ : آنگاه به بندهٔ او آنچه باید وحی کند، وحی کرد، نجم: ۱۰/۵۳، در روایات آمده است که منظور از این آیات «نجم: ۱۷/۵۳-۵» شهود باطنی پیامبر(ص) نسبت به ذات پاک خدا است. قرآن نزول وحی را بی‌واسطه بر رسول گرامی(ص) چنین شرح می‌دهد: خداوند شدیدالقوی و پر قدرت، پیامبر(ص) را تعلیم فرمود، در حالی که او به صورت کامل و در حدّ اعتدال و در افق اعلی بود. «آن دهد کو داد مریم را ز جَیْب»؛ اشاره‌ای است به انبیاء : ۹۱/۲۱ : و همچنین آن زن که پاکدامنی ورزید و ما از روح خویش در او دمیدیم «فَنَفَخْنا فیها مِنْ رُوحِنا» و او و پسرش را پدیدهٔ شگرفی برای جهانیان قرار دادیم.

۲ - **پوست** : قشر، مقابل مغز و حقیقت، مجازاً ظاهربینی و عدم تمایل به درک حقایق.

مطلق آن آواز، خود از شه بُوَد گرچه از حلقومِ عبداللّه بُوَد ۱۹۴۵

بدون تردید آن صوت از جانب خداوند است، هرچند که از حنجره و دهان بندۀ خاص او به گوش می‌رسد. انسانی که با عنایت الهی و تزکیه به مقامِ شامخ بندگیِ الله رسیده است. [انسان کامل]، عبدالله لقبی است که حق تعالی در قرآن سورهٔ جنّ: ۱۹/۷۲ به پیامبر گرامی(ص) داده است و اگر به‌طور مطلق در مورد «انسان کامل» به کار رود، از آن روست که ادامه دهندهٔ راه پیامبرند.

گفته او را: من زبان و چشمِ تو من حواس و من رضا و خشمِ تو ۱۹۴۶

خداوند به او فرمود: زبانِ تو من هستم و بینایی و ادراکاتت به خواست من است و از هر که راضی باشی، من راضی‌ام و بر هر که خشم بگیری، من خشم می‌گیرم.

رو که بی یَسْمَع و بی یُبْصِر[1] توی سِرّ تویی، چه جای صاحب سِر تویی ۱۹۴۷

ای بندۀ خاص، آسوده باش که در پرتو فیوضات ربّانی می‌شنوی و به امداد عنایات الهی می‌بینی، اینک تو، وجودت تجسّمی از سرّ است؛ زیرا اسرار که همانا تجلّی انوار جمال و جلال الهی است، در جان تو تحقّق یافته است.

چون شدی مَنْ کانَ لِلّه از وَلَهْ[2] من تو را باشم، که: کانَ اللهُ لَهْ[3] ۱۹۴۸

اینک که از عشق حق چنین سرگشته شده‌ای که هر حرکت و هر نَفَس تو برای خدا و رضای اوست، من نیز با تمام قدرت و لطف الهی خویش از آن تو هستم.

گه «توی» گویم تو را، گاهی «منم» هر چه گویم، آفتابِ روشنم ۱۹۴۹

ای انسان کامل، گاه تو را «تو» خطاب می‌کنم و گاه «من»، هر چه بگویم، من آن نور هستی‌بخش هستم که تو را بقا و روشنی بخشیده‌ام.

اتّصال عاشق و معشوق و برخاستن دوگانگی.

---

۱ - اشاره به حدیثی که ترجمهٔ آن چنین است: خداوند متعال فرمود: کسی که با دوست من به دشمنی برخیزد، با او اعلام جنگ می‌کنم و دوست دارم بندهٔ من با عمل کردن به آنچه بر او واجب کرده‌ام، به من تقرّب یابد. بندهٔ من همواره می‌کوشد با انجام دادن عبادات مستحبّی حبیب من شود؛ پس هنگامی که او را به عنوان حبیب برگزیدم، گوش او می‌شوم تا با آن بشنود و چشم او می‌شوم تا با آن ببیند و دست او می‌شوم تا با آن کار کند و پای او می‌شوم تا با آن برود. اگر چیزی از من درخواست کند به او عطا می‌کنم و اگر به من پناه برد پناهش می‌دهم. فقط آنچه در انجامش مردّد هستم این است که مؤمن را قبض روح کنم در حالی که از مرگ ناخشنود است و من نمی‌پسندم که آنچه را او بد می‌داند در حقّش اعمال کنم: احادیث، ص ۸۹. ۲ - **وَلَه** : سرگشتگی از عشق.

۳ - حدیث : مَنْ کَانَ لِلّهِ کَانَ اللهُ لَه : هر که برای خدا باشد، خدا برای اوست: احادیث، صص ۹۰-۸۹.

هر کجا تابم ز مِشکاتِ[1] دمی حل شد آنجا مشکلاتِ عالَمی ۱۹۵۰

از هر روزنی که انوار عنایتم لحظه‌ای بتابد، همهٔ مسائل آسان می‌شود.

ظلمتی را کآفتابش بر نداشت از دمِ ما[2]، گردد آن ظلمت چو چاشت[3] ۱۹۵۱

ظلماتی را که خورشید جهان‌تاب قادر به زدودن آن نیست [جهل، کفر، صفات رذیله و...]، به برکت فیوضات ربّانی و دمِ واصلانِ کامل، محو می‌شود و جای خود را به درخشش نور حقایق می‌دهد.

آدمی را او به خویش، اسما[4] نمود دیگران را، ز آدم اسما می‌گُشود ۱۹۵۲

خداوند به آدم اسماء [حقایق و اسرار هستی] را تعلیم داد و فرشتگان که موجوداتی مجرّد و روحانی‌اند، اسماء را از آدم(ع) آموختند. در قصص قرآن سورآبادی، ص ۶ به نقل از ابن عباس می‌نویسد: آدم(ع) را بر تختی نشاند تا برای فرشتگان علم گوید و امر فرمود همهٔ فرشتگانِ زمین را تا پیشِ منبر او حاضر آمدند و خدای تعالی تعلیم کرد او را نام همه چیزها تا سُکُرّه[5] و کاسه.

خواه ز آدم گیر نورش، خواه از او خواه از خُم[6] گیر مِیْ، خواه از کدُو[7] ۱۹۵۳

انوار الهی خواه بی‌واسطه از جانب حق تعالیٰ برسد یا با واسطه و از طریق برگزیدگانِ او

---

۱ - **مشکاة :** طاقی وسیع که در آن چراغ یا قندیل قرار می‌داده‌اند و در سورهٔ نور: مَثَلُ نُورِهِ... یعنی سوراخی است که در آن چراغ است. نویسندگان ایرانی آن را مانند حیات و زکات، «مشکات» می‌نویسند.

۲ - **دمِ ما :** نَفَس رحمانی، فیضِ حق، در اصطلاح تصوّف نَفَسِ اولیا و کاملان که در ناقص می‌دمند تا کامل گردد.

۳ - **چاشت :** اوّل روز، بامداد.

۴ - **أسماء :** جمع اسم، اسماء الله تعالی صفات او است. نود و نه اسم باشد. (تفسیر ابوالفتوح، چاپ اوّل، ج ۲، ص ۴۹۳) این اسما بعضی صفات است و بعضی نه، آنچه صفات است چون قادر، حیّ، موجود و مرید و بعضی را مرجع به این صفات است چون سمیع، بصیر، حکیم و مالک. که سمیعی و بصیری را مرجع با حیّ است و حکیمی را با عالِمی و مالک بودن با قادری و بعضی صفات، افعالی هستند، یعنی آن نام صفت فعل است مانند خالقی و رازقی یا مفضل و محیی و ممیت. اشاره‌ای است به بقره: ۳۱/۲: وَ عَلَّمَ آدَمَ الْأَسْمَاءَ كُلَّهَا : و همهٔ نام‌ها را به آدم آموخت. اکثر مفسّران شیعه و سنّی «اسماء» را نام‌های همهٔ مخلوقات و عرض آن‌ها را بر ملائکه، عرضهٔ اعیان ثابته اشخاص و موجودات دانسته‌اند. بعضی نیز علم اسماء را همان استعداد فوق‌العادهٔ انسان برای درک حقایق و اسرار عالم هستی، دانسته‌اند. عرفا (قشیری، میبدی، اسماعیل حقّی) اسماءالله را نیز جزو اسمائی می‌دانند که خداوند به آدم آموخت: قرآن کریم، ترجمهٔ خرّمشاهی، ذیل آیه.

۵ - **سُکُرّه :** پیاله، کاسهٔ گِلی با حجم معیّنی مایع و در کتب طبّی به عنوان میزانِ توزین به کار می‌رفته است.

۶ - **خُم :** ظرفی سفالین یا گِلین و بزرگ که در آن آب، سرکه یا شراب نگهداری می‌کنند. نزد اهل ذوق کنایه از بدایت سلوک است که همچون خُم می‌جوشد و می‌خروشد و اینجا به معنی منبع اصلی.

۷ - **کدو :** گیاهی است بالارونده و علفی که میوهٔ آن حجیم می‌شود. انواع مختلفی دارد. دارای یک سر باریک و یک سر بزرگ می‌باشد. یک نوع از آن را کدوی قلیانی می‌گفتند و در قدیم سر آن را سوراخ و به جای ته قلیان از آن استفاده می‌کردند و همچنین به عنوان ظرفی برای نگهداری حبوبات و سایر چیزها در آشپزخانه. کوزهٔ شراب را نیز گفته‌اند؛ زیرا گاه در کدوی خشک، می را نگهداری می‌کرده‌اند. مجازاً به معنی پیاله و ساغر.

(انسان کامل)، تفاوتی ندارد؛ زیرا عنایت الهی تأثیر خود را دارد، همان‌گونه که تأثیر شراب به خواصِ آن است، نه به ظرف آن.

کین کدو با خُنبْ پیوسته‌ست سخت   نی چو تو، شاد آن کدوی نیکبخت! ۱۹۵۴

دلیل اینکه بی‌واسطه یا باواسطه، مِیِ الهی همان اثر را دارد، این است که این ساغر [انسان کامل] به حق متّصل است و پیوندی ناگسستنی دارد و مانند تو نیست، گرچه به ظاهر شبیه توست. نیک و مسرور باد چنین انسان سعادتمندی.

گفت: طوبیٰ مَنْ رَآنی، مصطفیٰ   وَالَّذی یُبْصِرْ لِمَنْ وَجْهی رأیٰ ۱۹۵۵

مقتبس است از مضمون حدیثی که از پیامبر(ص) روایت شده است[1]: طُوبیٰ لِمَنْ رَآني وَ لِمَنْ رأَیٰ مَنْ رَآني وَ لِمَنْ رَأَیٰ مَنْ رَأَیٰ مَنْ رَآني: خوشا به حال کسی که مرا رؤیت کرده است و خوشا به حال کسی که رؤیت کنندهٔ مرا دیده است و باز خوشا به حال کسی که بینندهٔ رؤیت‌کنندهٔ مرا دیدار کرده است.

طبیعی است که مُراد دیدار حسّیِ صِرف نبوده است؛ زیرا مُعاندان و مُنکران هر روز ایشان را در معابر و مساجد می‌دیده‌اند؛ امّا حاصلی جز سیاه‌بختی نداشته‌اند؛ پس خوشا به نیک‌بختانی که آن یگانهٔ عالم را زیارت کرده و به قدر استعداد و قابلیّتِ خود بهره برده‌اند.

چون چراغی[2] نورِ شمعی را کَشید   هر که دید آن را، یقین آن شمع دید ۱۹۵۶

هنگامی که چراغی با نور شمعی روشن می‌شود، از آنجا که منشأ این فروزندگی شمع بوده است، هر کس که چراغ و نور فروزانش را ببیند، گویی نورِ شمع را که عاملِ افروختن بوده، دیده است.

همچنین تا صد چراغ، ار نقل شد   دیدنِ آخِر، لِقای اصل شد ۱۹۵۷

و به همین ترتیب این دور تسلسل تا صدمین چراغ هم که برسد و فروزان شدن از هر چراغ به بعدی منتقل گردد، دیدار و درکِ محضرِ آخرین، مانند دیدار اوّلین خواهد بود.

خواه از نورِ پسین بِستان تو آن   هیچ فرقی نیست، خواه از شمعِ جان ۱۹۵۸

نور هدایت خواه از منبع اصلی آن [نور محمّدی] و خواه از هر یک از مرشدان کامل، گرفته شود، تفاوتی ندارد؛ زیرا واصلانِ کامل دریافت‌کنندگان همان نور و فرزندان دل و جان‌اند.

خواه بین نور از چراغِ آخِرین   خواه بین نورش ز شمعِ غابرین[3] ۱۹۵۹

نور هدایت و ایمانی را که به تو رسیده است، اگر از انسان کاملِ معاصر خویش بدانی و یا از کاملانِ گذشته، فرقی ندارد. نور واحد است، در کِسوت‌های متعدّد.

---

۱ - احادیث، صص ۹۱-۹۰. ۲ - پیر و مرشدِ راهنما را چراغ راه گویند. ۳ - **غابرین**: گذشتگان.

در بیانِ این حدیث که :
اِنَّ لِرَبِّکُمْ فی اَیّامِ دَهْرِکُمْ نَفَحاتٍ اَلا فَتَعَرَّضُوا لَها[1]

در طول زندگی شما نسیم‌هایی از رحمت پروردگارتان می‌وزد. هان! خود را در معرض آن‌ها قرار دهید.

گفت پیغمبر که: نَفْحت‌های[2] حق — اندر این ایّام[3] می‌آرَد سَبَق[4] ۱۹۶۰

رسول گرامی(ص) فرمود: نسیمِ تجلّیات سبحانی و مراحِم الهی در این عصر و روزگار به شما روی آورده است.

گوش[5] و هُش[6] دارید این اوقات را — در رُبایید این چنین نَفْحات[7] را ۱۹۶۱

متوجّه و مراقب این ایّام باشید و با هوشیاری این نفحات الهی را جذب کنید. هشدار پیامبر(ص) برای ادراک نسیم تجلّیات سبحانی شامل حال امّت در تمام قرون و اعصار است نه فقط صحابه و یاران ایشان؛ زیرا همواره و در هر عصر، دوستان خدا هستند و عنایات الهی به برکت وجود این پاکان شامل حال همگان می‌گردد و درک محضر و صحبت و همنشینی با ایشان، همان نفحات و عنایات است.

نفحه آمد، مر شما را دید و رفت — هر که را می‌خواست، جان بخشید و رفت ۱۹۶۲

نسیمی از عنایت الهی وزید و به شما توجّه کرد و در این میان، طالب مشتاقِ حقّ را که با تمام وجود خواهان ترقّیِ معنوی بود، جان تازه‌ای بخشید و رفت.

نفحهٔ دیگر رسید، آگاه باش — تا از این هم وانمانی، خواجه تاش[8]! ۱۹۶۳

ای همراه، نسیمی دیگر از فیوضات ربّانی در حال رسیدن است، آگاه باش تا از این نفحه بی‌نصیب نمانی. بکوش تا آماده دریافت فیض حق باشی.

---

۱ - احادیث، ص ۹۱.

۲ - **نَفْحَه** : جمعِ آن نَفَحات به معنی بوهای خوش، نَفَحات حق کنایه از تجلّیاتِ رحمانی و عنایاتِ الهی است.

۳ - به سبب وجود پربرکت و مقدّس پیامبر(ص) و علی(ع) و دیگر صحابه که با ایمان راستین از هر گونه جانفشانی مضایقه نداشتند که مصداق آنان چنین است: واقعه : ۱۰/۵۶ و ۱۱ : وَالسّابِقُونَ السّابِقُونَ : و پیشگامان پیشقدم‌اند. أُولئِكَ الْمُقَرَّبُونَ : آن‌ها مقرّبان‌اند. ۴ - **سَبَق** : روی آوردن، پیشی آوردن.

۵ - **گوش داشتن** : متوجّه بودن، مراقب. ۶ - **هُش داشتن** : هشدار بودن، ملتفت.

۷ - **نَفْحات** : مولانا در مکتوبی نفحات را چنین تفسیر می‌کند نزد محقّقان این نفحات، انفاس برادران دینی است که سبق یافته‌اند بر دیگر برادران، انفاس ایشان و نظرهای ایشان و آمیزگاری با ایشان، نفحات و مواهب و عطایا و خلعت حق است، غنیمت داشتنی است: مکتوبات مولانا، ص ۷.

۸ - **خواجه تاش** : دو بنده و یک مولیٰ، هم قطار، همکار، اینجا همراه.

جـــانِ آتش یـــافت زو آتش‌کُشـی جانِ مُرده یـافت از وی جُـنبشی[1] ۱۹۶۴

انوار عنایت الهی، جان آتشین، یعنی جان ناری یا نفس امّاره را متعالی می‌کند و خاصیّت آتش‌کُشی به وی می‌دهد که خود می‌تواند در رهاندن دیگران از این آتش، آنان را یاری دهد و بدین سان جان فاقد حیات روحانی، جنبش معنوی می‌یابد.

جـانِ نـاری[2] **یـافت از وی اِنـطِفا**[3] **مُـرده، پـوشید از بـقای او قـبا**[4] ۱۹۶۵

فیض حق، آتش شهوات را در جان ناری ناقصان خاموش می‌کند و بـا تـلطیف و مـنوّر نمودن ایشان، دلی را که در ظلمات شهوات مرده و در شُرف نابودی مـحض است، زنـده می‌کند و ردایی از بقا را بر قامت دل آنان می‌پوشاند.

تـازگی و جُـنْبش طُوبی‌ست[5] **ایـن همچو جُنبش‌های خلقان نیست این**[6] ۱۹۶۶

طراوت و جُنب‌وجوشی که در سالک به وجود می‌آید و ناشی از توجّه باطنیِ مُرشدِ کـامل [فیض حق و مراحم الهی] است، جنبشی در مسیر تکامل است که با هر حرکت آن نتیجه‌ای، مـانند افعال و صفات نیک در وجود رونده تثبیت می‌گردد، از این رو به جنبش درخت طوبیٰ مانند شده که حرکتی است به ارادهٔ الهی و مانند فعّالیّت‌های ناشی از نَفْسِ امّاره و روحِ نازله انسانی نیست.

گـر در افـتد در زمـین و آسـمان زَهـره‌هاشان آب گـردد[7] **در زمـان** ۱۹۶۷

دمِ مسیحایی انسان کامل و التفات روحانی و معنوی او که نشأت گرفته از قدرت الهـی است، اگر متوجّه زمین یا آسمان گردد، هرگز توان تحمّل آن را نخواهد داشت.

---

۱ - این بیت در مقابله با تعیین محلّ آن در حاشیه نوشته شده است.

۲ - **جان ناری :** نفس امّاره، روح شیطانی. ۳ - **اِنْطِفاء :** خاموش شدن آتش یا چراغ.

۴ - این بیت را نیکلسون در پاورقی آورده است.

۵ - **طُوبیٰ :** تأنیث أطیب، پاک، پاکیزه. نام درختی است در بهشت که در هر خانه از اهلِ جنّت شاخه‌ای از آن هست و میوه‌های گوناگون و خوشبویی دارد. طوبیٰ در زبان عارفان معانی رمزی گوناگونی یافته است. **مقام طوبیٰ**، مقامِ انس با حق است. مولانا آن را رمزی از معرفت می‌داند:

سایهٔ طوبیٰ به بین و خوش بخسب سر بنه در سایهٔ سرکش بـخسب

مفسّران معتقدند که اصل این درخت در سرای علی(ع) است و در سرای هر مؤمنی شاخه‌ای از آن وجود دارد: تفسیر ابوالفتوح، چاپ تهران، ج ۲، ص ۱۹۳-۱۹۲ و تفسیر طبری، چاپ مصر، ج ۱۳، ص ۸۸-۸۷: احادیث، ص ۹۲.

۶ - در متن اصلی در مصراع دوم به جای «خلقان» ابتدا «حیوان» بوده بعد تصحیح شده است.

۷ - **زَهره آب گشتن :** سخت ترسیدن به حدِّ مرگ. ظاهراً استعمال این اصطلاح و مشابه آن مانند زهره تَرَک شدن، از آن جهت بوده است که وقتی کسی در اثر ترس و بیم شدید می‌مرد، پیش از مرگ، صفرا و زردآب استفراغ می‌کرد و قدما این را نشانهٔ ترکیدن کیسهٔ زهره (صفرا) از شدّت ترس می‌دانستند.

۱۹۶۸ خـود ز بـیمِ ایـن دمِ بی مُـنْتَها بـاز خـوان: فَأبَـیْنَ اَنْ یَـحْمِلْنَها

از بیم این دم بی‌نهایت و امانت الهی بود که آسمان و زمین از حمل آن تن زدند.

اشارهٔ زیبایی است به احزاب: ۷۲/۳۳: إِنَّا عَرَضْنَا الْأَمَانَةَ عَلَى السَّمٰوَاتِ وَ الْأَرْضِ وَ الْجِبَالِ: ما امانت [تعهّد و تکلیف و ولایت الهیّه] را بر آسمان‌ها و زمین و کوه‌ها عرضه داشتیم. فَأَبَيْنَ أَنْ يَحْمِلْنَهَا وَ أَشْفَقْنَ مِنْهَا: امّا، آن‌ها [موجودات عظیم و بزرگ عالم خلقت] از حمل آن سر بر تافتند و هراسیدند. وَ حَمَلَهَا الْإِنْسَانُ: امّا، انسان [این اعجوبهٔ عالم خلقت] آن را بر دوش کشید. إِنَّهُ كَانَ ظَلُوماً جَهُولاً: که او [در حقّ خویش] ستمکار نادانی بود [چون قدر این مقام عظیم را نشناخت و به خود ستم کرد].

در اینکه مجاز و استعاره و تمثیل در این آیه به‌کار رفته است، بین مفسّران اتّفاق نظر است؛ امّا در اینکه مراد از امانت چیست؟ آرای مختلفی ابراز داشته‌اند. و بعضی منظور از عرضه داشتن بر آسمان‌ها و زمین را عرضه بر اهل السّماوات و الارض دانسته‌اند و اکثریّت برداشت دیگری داشته و نوشته‌اند که «عرضه داشتن» این امانت به آسمان‌ها و زمین و کوه‌ها، مقایسه نمودن است؛ یعنی این امانت با استعداد و قابلیّت آن‌ها مقایسه شد، آن‌ها به زبان حال عدم شایستگی خود را برای پذیرش این امانت بزرگ اعلام داشتند؛ امّا در آفرینش انسان قابلیّت و استعدادی نهاده شده بود که می‌توانست بار امانت را بر دوش کشد.

خواجه عبدالله انصاری می‌گوید[1]: کریما امانت عرضه دادی، بگریخت کوه، چون است که امانت بهرهٔ من آمد، تجلّی بر کوه؟

مقایسه کنید: حافظ: آسمان بار امانت نتوانست کشید قرعهٔ کار به نام من بیچاره زدند

مقایسه کنید: سعدی: من آن ظلوم جهولم که اوّلم گفتی چه خواهی از ضعفا ای کریم وز جهّال؟
مرا تحمّل باری چگونه دست دهد که آسمان و زمین بر نتافتند و جبال[2]؟

در تفسیر تازه‌ای از امانت می‌توان گفت: امانت عقل و آگاهی است و مسؤولیّت و اختیار و ایمان و عشق. و نام بردن از آسمان‌ها و زمین و کوه‌ها برای آن است که این‌ها نمونهٔ مهم‌تر و کامل‌تر و استوارتر خلقت خداوند است و در جای دیگر می‌فرماید: غافر: ۵۷/۴۰: لَخَلْقُ السَّمَاوَاتِ وَ الْأَرْضِ أَكْبَرُ مِنْ خَلْقِ النَّاسِ: بی شک آفرینش آسمان‌ها و زمین از آفرینش انسان سترگ‌تر است.

در شرح این آیه گفته شده است که دانشمندان قدیم انسان را شگرف‌ترین موجود در آسمان‌ها و زمین می‌دانستند؛ امّا با پیشرفت علوم، معلوم شد که نه انسان عجیب‌ترین موجود است، نه زمین مرکز عالم، بلکه درعالم هستی میلیون‌ها میلیون کهکشان و در هر کهکشان میلیون‌ها میلیون ستاره است و در هر ستاره‌ای میلیون‌ها میلیون عجایب خلقت.

خواجه عبدالله انصاری می‌گوید[3]: آدمی‌زاده صاحبِ دل است و دل، باری را برمی‌دارد که تن از برداشتن آن ناتوان است. آسمان و زمین بار را برنداشتند؛ زیرا به بزرگی و ستبری بار نگریستند و از آن سر وا زدند، ما به کریمی نهندهٔ امانت نگریستیم و بار امانت کریمان به همّت کشند، نه به زور و قوّت. چون آدمی بار برداشت، خطاب آمد که ما انسان را در برّ و بحر حمل کردیم و جزای نیکی جز نیکی نیست.

---

۱ - سخنان پیر هرات، ص ۷۲. ۲ - کلّیات سعدی، ص ۴۶۷. ۳ - کشف الاسرار، میبدی، ذیل آیه، ص ۲۶۶.

ورنه خود اَشْفَقْنَ مِنها چُون بُـدی؟ گرنه از بیمش دلِ کُه خون شـدی[1] ۱۹۶۹

در تأیید ابیات پیشین می‌فرماید: اگر این بار آن قدر عظیم نبود، بی‌شک آسمان و زمین از حمل آن سر بر نمی‌تافتند و نمی‌هراسیدند و از بیم آن کوهِ باعظمت دچار وحشت نمی‌شد و دلش خون نمی‌گردید.

دوشْ دیگر لوْن[2] **این می‌داد دست لقـمهٔ چـندی در آمـد، ره بِبَست** ۱۹۷۰

دیشب شرح و بیان آنچه که مورد بحث ما بود، با حال و هوای دیگری حاصل می‌شد، فضایی الهی حاکم بود؛ امّا اکنون صحبت در امور دنیوی و دغدغهٔ گرفتاری‌های روزمرّه، خاطر یاران را مشغول کرده و راهِ رزق معنوی به سبب رزق دنیایی بسته شده است.

بـهر[3] **لُـقمه، گشـته لقـمانی گِـرو**[4] **وقتِ لُقمان**[5] **است ، ای لقمه! بُـرو** ۱۹۷۱

برای امور بی‌اعتبار و زودگذر دنیوی (لقمه‌ای)، فرزانه‌ای دل‌مشغول است، اینک که زمان شرح فرزانگی‌هاست، فرصتی برای اندیشه‌های پوچ نیست، این فکر را دور کنید.

---

۱ - بیان محدودیّت وجود کوه‌ها و عدم قابلیّت و نداشتن استعداد لازم برای رسیدن به مطلق وجود.

۲ - **لَوْن :** رنگ، جنس، نوع.

۳ - احمد افلاکی می‌نویسد: یاران مولانا از تنگی معیشت و قلّت درآمد، به وی شکایت می‌بردند و خاطرش را پریشان می‌داشتند. گاه نیز مخالفان، بر ضدّ وی و یاران کمر می‌بستند و از روی بدخواهی مانع آن‌ها در تصدّی مشاغل می‌شدند چنانکه مولانا منشور واگذاری خانقاه ضیاءالدّین را برای حُسام‌الدّین حسن چلبی به دست آورد و یک چند اجرای این منشور متوقّف ماند و در روزی که حُسام‌الدّین در آن خانقاه به مسند می‌نشست، شخصی به نام اخی احمد از غایتِ حِقد و حَسَد برخاست و سجّاده را در نوردیده به دست یکی داد که ما او را درین حوالی به شیخی قبول نمی‌کنیم: مناقب العارفین، صص ۷۵۸-۷۵۴.

۴ - **گرو گشتن :** رهین بودن، وابسته، علاقه‌مند.

۵ - **لُقمان :** نام مردی حکیم که بنا بر روایات اسلامی اصلش حبشی بوده و در روزگار داوود نبی می‌زیسته است. به قول بعضی مورّخان عم‌زادهٔ ابراهیم خلیل است پسر ثاعور و به قولی غلامی سیاه، بعضی او را پیامبر شمارند و نام او صریحاً در قرآن آمده؛ امّا به حکمت منسوب است: لقمان : ۱۲/۳۱ : ما لقمان را حکمت دادیم. این شخصیّت قرآنی در دایرةالمعارف اسلام قهرمان و حکیمی افسانه‌ای از عربستان پیش از اسلام معرفی می‌شود. وی در قرآن مردی خداشناس و فرزانه که به فرزندش پندهای پارسایانه می‌دهد، ظاهر شده است. دو صفتی که به آن‌ها اشتهار دارد عبارتند از: فرزانگی و طول عمر. از نظر طول عمر فقط خضر از او برتر است. پندهایی که لقمان در سوره‌ای به همین نام از آیه ۱۲ به بعد خطاب به فرزندش می‌دهد صبغهٔ ادبیّات خاور نزدیک باستانی را می‌توان دید. در اغلب گزارش‌های کهن آمده است که خداوند لقمان را بین پیامبری و فرزانگی مخیّر گردانید و او فرزانگی را برگزید و وزیر داوود(ع) گردید. در بسیاری از احادیث به او حسب و نسب بنی‌اسرائیلی داده شده است و او را با ابراهیم و یعقوب(ع) و حتّی بلعم پیوند داده‌اند و گفته‌اند که تا عهد نبوت یونس(ع) زنده بود: دایرةالمعارف اسلام، انگلیسی، چاپ دوم، ۸۱۲/۵-۸۱۱، به نقل از قرآن کریم، ترجمهٔ خرّمشاهی، لقمان: ۱۲/۳۱، توضیحات.

از هـوای لُقمه‌ای ایـن خـارْخار[1] از کف لقمان همی جویید خـار[2] ۱۹۷۲

این همه تعلّق به امورِ روزمرّه و نگرانی برای لقمهٔ دنیوی، مانند خاری در پای جان آدمی می‌خَلَد و حرکت او را دشوار می‌سازد؛ پس خارِ تعلّقات را بر کَنید و جانِ پاکِ خود را آسوده بدارید.

در کف او خار و سایه‌ش نیز نیست لیک‌تان از حرص[3] این تمییز[4] نیست ۱۹۷۳

زیاده‌خواهی‌ها بصیرت را از شما گرفته است و توانایی درکِ خارِ آزمندی را در پایِ جانِ خود ندارید؛ حتّی کوچک‌ترین اثری از حضور آن را نیز حس نمی‌کنید.

خـار دان آن را کـه خـرما دیـده‌ای زانکه بس نان‌کور[5] و بس نادیده‌ای[6] ۱۹۷۴

چیزی که برایت خوشایند است، خاری بیش نیست؛ زیرا تعلّقِ خاطری بدان یافته‌ای که توجّهات را از حق به ماسویٰ معطوف داشته است. اگر بصیرت و حق‌شناسی می‌داشتی، هرگز ارزش‌های حقیقی را با وسوسه‌های نفسانی اشتباه نمی‌کردی.

جانِ لقمان، کـه گُـلستانِ خـداست پایِ جانش خستهٔ خاری چراست؟ ۱۹۷۵

سالکِ متعالی که جانِ فرزانه‌اش، مانند گلستانِ گل‌هایِ معرفت است، چرا اجازه دهد خارِ تعلّقات، پایِ جانش را آزرده کند و حرکتِ معنوی او را کُند یا متوقّف کند؟

اُشتر آمـد ایـن وجـود خـار خـوار مصطفیٰ زادی[7]، بر این اشتر سوار ۱۹۷۶

در این تمثیل، تن آدمی که تمایل به سِفْل دارد، به شتری مانند شده که به خار خوردن علاقه دارد و سواری بر اوست (روحِ عالی و جان پاک)، از عالی‌ترین نـژاد. در حدیثی بـه نقل از پیامبر(ص) آمده است[8]: *من از نور خدا هستم و نورِ مؤمن از نور من است.*

---

۱ - **خارخار**: دغدغه و خواهش خواه امر پسندیده خواه ناپسند، کنایه از تعلّق خاطر، وسوسه.

۲ - **همی جویید خار**: خارجستن به معنی رفع مزاحمت کردن.

۳ - **حرص**: آزمندی، زیاده جویی. نزد سالکان ضدّ قناعت است. برخی گفته‌اند خواستار بودن نعمت و رزقِ غیر مقسوم است. ۴ - **تمییز**: عقل و هوش، ادراک و بصیرت، قدرت تشخیص و شناخت و فرق نهادن.

۵ - **نان‌کور**: حق ناشناس، ناسپاس، کافر نعمت، دون همّت.

۶ - **نادیده**: نادیده بودن به معنی کور و بی‌دیده، فاقد بصیرت و دید باطنی.

این بیت در تقابل حق و باطل است؛ زیرا در تمثیل خار و خرما، خار از بی‌ارزش‌ترین نباتات و خرما از ارزشمندترین آن‌هاست. هر کجا خرما است خار است (عنصری). نظیر هر کجا گنج است مار است.

۷ - **مصطفیٰ زاد**: از نسل مصطفیٰ، مقصود روح عالی عِلوی و جان متعالی است.

۸ - شرح کبیر، انقروی، ج ۳، ص ۷۸۴ و نقل از شرح مثنوی مولوی، دفتر اول، ص ۵۵۷.

این سوار با این تبار، تمایلی به موضوعات دنیوی ندارد و توجّه او به سوی کمال است؛ بنابراین همواره بین سوار و مرکب، به سبب تضادِگرایش‌ها، درگیری و کشمکشی دائمی وجود دارد. اگر امیال مَرکب، با تربیت، مصفًا نشود، سوار را در جهت بر آوردن تمایلات خویش به هر سو می‌کشانَد تا تاریکیِ ناشی از شهوات و اعمالِ رذیله چنان وی را احاطه و در خود استحاله کند که دیگر اثری از نورعالی و نژاد پاک او باقی نمانَد. امّا اگر تن آدمی مهذّب گردد، چنان پاک می شود که تحت تصرّفِ کامل جان در می آید.

اشترا[1] ! تَنْگِ[2] گُلی[3] بر پشت توست کز نسیمش در تو صد گلزار رُست ۱۹۷۷

ای شتر، آنچه را که حمل می‌کنی، باری است از گُل، که از دولت حضورش، بوی خوشی بر تو می‌وزد و تو را محلِّ رویش گل‌های بسیار کرده است.

میلِ تو سوی مُغیلان[4] است و ریگ تا چه گل چینی ز خارِ مُرده‌ریگ[5] ؟ ۱۹۷۸

ای شتر [ای تن]، توجّه و میل تو به سوی خار و ریگزار است [دنیا و شهوات]. بنگر که از این امور پست، چه نتیجه‌ای حاصل خواهد شد؟

ای بگشته زین طلب از کو به کو چند گویی کین گلستان کُو و کُو؟ ۱۹۷۹

ای جوینده حقیقت که در پی یافتن آن از کویی به کویی می‌گردی، تا کی می‌خواهی به دنبال عوالم روحانی و معنوی باشی؟ که این گلزار کجاست؟

پیش از آن کین خارِ پا بیرون کنی چشمْ تاریک‌است، جولان[6] چون کُنی؟ ۱۹۸۰

قبل از آنکه خارِ وابستگی‌هایِ دنیوی را از پایِ جان بیرون آوری، با بصیرتی کم‌فروغ و بی‌نور (چشم دل)، چگونه می‌توانی در میدان مردان راه و مهالک آن، جولان دهی؟

آدمی کو می‌نگنجد در جهان در سرِ خاری همی گردد نهان ۱۹۸۱

آدمی که به موجب آیهٔ شریفه: حِجر : ۲۹/۱۵: وَ نَفَخْتُ فِیهِ مِنْ رُوحی : و در آن از روح خود دمیدم. حاملِ حقیقتی عظیم است که شأن و اعتبارِ آن، ماورای کون و مکان است؛ امّا در برابر

---

۱ - **شتر** : اینجا کنایه از «تن» و «وجه مادّی نَفْسِ» آدمی. ۲ - **تَنْگ** : بار ستوران.

۳ - هر جا که لفظ گل به تنهایی استفاده شود، مقصود گل سرخ است که به عربی وَرد گویند. کلِّ گل‌ها را هم گل نامند و هر جا گل خاصّی مورد نظر باشد، نام آن را نیز اضافه می‌کنند مثل گل نرگس، گل سوسن.

۴ - **مُغیلان** : درختی خاردار که در مصر و عربستان فراوان است. به عربی آن را اُمّ غیلان خوانند به معنی مادر دیوان. (غیلان جمع غول)، خار شتر، مغیلان‌زار کنایه از دنیا است.

۵ - **مُرده‌ریگ** : میراث، بازمانده، کنایه از چیزهای کم‌بها و بی‌ارزش و مکروه.

۶ - **جَوْلان** : در تداول فارسی به معنی گردیدن و گرد گشتن در کارزار و دوانیدن اسب و تاختن به کار می‌رود.

وسوسه‌های نفسانی و تمایلاتِ شهوانی آن چنان زبون و ناتوان است که اگر آن‌ها را مهار نسازد، این حقیقت به سبب خارِ آرزوهای نفسانی محو خواهد شد.

مصطفی آمد که سازد همدمی — کَلِّمِینِي یا حُمَیْرا[1] ! کَلِّمِي[2] ۱۹۸۲

حضرت محمّد(ص) هم که حدِّ اعلایِ کمال انسانی بود، علی‌رغم استغراق تام در حق، نیازمند همدم و همصحبتی درکسوت انسان بود و از عایشه می‌خواست تا با وی سخن بگوید؛ امّا این نیاز، خاری در پای جان کامل او نبود.

ای حُمَیرا ! آتش اندر نِه تو نعل[3] — تا ز نعل تو شود این کوه[4] لعل ۱۹۸۳

در جواهر الاسرار آمده است[5]: حضرت مصطفیٰ(ع) در اَوان استغراق بی مکالمهٔ عایشه (رضی‌الله عنها) اُنس با این عالم نمی‌گرفت و قرار نداشت. ارتباط این بیت و ماقبل آن با حدیثی که پس از بیت ۱۹۵۹ آمد به این ترتیب مشخص می‌گردد که نَفَحات رب را نیز بی‌کلیمی جان‌آگاه و ندیمیِ دلی که به حق توجّه داشته باشد، ظهورِ تأثیر نیست.

این حمیرا لفظ تأنیث است و جان — نامْ تأنیثش نهند این تازیان ۱۹۸۴

«حُمَیْراء» مصغّر «حَمْراء» و لفظی است مؤنّث، همان‌گونه که کلمهٔ «جان» نیز در میان تازیان به صورت مؤنّث «نفس یا روح» به کار می‌رود.

---

۱ - **حُمَیراء**: مصغّر حَمْراء است، و حَمْراء مؤنّث احمر است. کَلِّمِینِي یا حُمَیْراءُ؛ ای حمیرا با من سخن بگو. اشاره است به حدیثی معروف. کَلِّمِینِي یَا حُمَیْراءُ: در احیاءالعلوم، ج ۳، ص ۷۴ به لفظ: «کَلِّمینی یَا عَائِشَةُ» نقل شده و نیز در طبقات‌الشافعیّة، طبع مصر، ج ۴، ص ۱۶۳ ذکر شده است که سند این روایت به دست نیامده و درکتاب اللؤلؤ المرصوع (ص ۱۰۳) از موضوعات است: نقل از احادیث، صص ۹۲ و ۹۳ (موضوع: حدیث جعلی).

۲ - در ارتباط با ابیات پیشین که گفته شد غفلتِ از حق و مهر ورزیدن به دنیا و هر آنچه در او است، چون خاری در پای جان آدمی می‌خَلَد و او را از رسیدن به کمال باز می‌دارد و زمانی که دل از ماسوی‌الله پاک گردید، حقیقت نقاب از رخ می‌گشاید و کمال الهی درکسوت بشر به ظهور می‌رسد. این جانِ کمال یافته و مستغرقِ در حق نیز از آنجاکه در تن محبوس است و به زندگی دنیوی مجبور و مأمور، ناچار است که از قواعد و قوانین طبیعی حاکم بر تن تبعیّت کند؛ امّا در شرایط و احوال خاصّ انسان کامل که در برابر کلیّهٔ آفات و عوارض روحی و روانی مصونیّت تام یافته است، استفاده از مواهب زندگی در حدّ لزوم و معاشرت با همگان و مباشرت امور دنیوی، موجبات نقص یا حجابی در راه وصل نیست.

۳ - **نعل در آتش نهادن**: کسی را بی‌تاب و بیقرارکردن، مضطرب. افسونگران هرگاه بخواهند که شخصی را رام کنند و به محبّت بیقرارگردانند، نام او را بر نعل اسب نوشته در آتش می‌گذارند و افسونی می‌خوانند.

۴ - **کوه**: کنایه از تن که حجاب حقیقت است و با این همه مظهر حق است چه آنگاه که موسیٰ(ع) در طلب رؤیت حق بر آمد، ندا رسید: هرگز مرا نخواهی دید ولی به کوه نگر اگر در جایش استوار ماند، مرا خواهی دید و چون پروردگارش برکوه تجلّی کرد، آن را پخش و پریشان کرد و موسیٰ بیهوش درافتاد. اعراف: ۱۴۳/۷

۵ - جواهر الاسرار و زواهر الانوار، کمال‌الدّین حسین بن حسن خوارزمی، ج ۲، دفتر اوّل، ص ۲۸۶.

لیک، از تأنیث جان را باک نیست روح را با مرد و زن اِشراک نیست ۱۹۸۵

جان آدمی از اینکه اعراب وی را در نحو، صیغهٔ مؤنّث سَماعی بدانند، پروایی ندارد؛ زیرا روح در ذات خود «جوهر مجرّد» است و از جنس مادّه نیست که جنسیّت‌پذیر باشد و با این گونه تقسیمات هماهنگی ندارد.

از مؤنّث وز مذکّر برتر است این نه آن جان است کز خُشک و تراست[1] ۱۹۸۶

جان انسان والاتر از آن است که بتوان آن را دارای جنسیّت دانست. این «جوهر مجرّد» فارغ از طبایع گوناگون و مزاج‌های مختلف خشکی، تری، یا سردی و گرمی است.

این نه آن جان است کافزاید ز نان یا گهی باشد چُنین، گاهی چنان[2] ۱۹۸۷

جان مورد نظر ما، «روح حیوانی» نیست، نور محض است؛ بنابراین تحت تأثیر عوامل مادّی و جریانات عادی زندگی نیست.

خوش کننده است و خوش و عین خوشی بی خوشی نَبْوَد خوشی ای مُرْتَشی[3]**!** ۱۹۸۸

«جان مجرّد» موجبِ سعادت است؛ زیرا به ذات خویش، عین خوشی است و بدون رسیدن به این جان، خوشی مفهومی ندارد، چون حقیقتِ خوشی درکِ حقایق است.

چون تو شیرین از شکر باشی، بُوَد کآن شکر گاهی ز تو غایب شود ۱۹۸۹

سعادت و خوشیِ ناشی از عوامل خارجی؛ چون قائم به ذات نیست، موقّتی است.

چون شکر گردی ز تأثیرِ وفا پس شکر کِی از شکر باشد جُدا؟ ۱۹۹۰

سعادتِ روحانی که در اثر وفای سالک در جور و جفای معشوق حاصل می‌گردد، قائم به ذات و دائمی است.

---

۱ - این بیت و بیت پیشین، مبیّن اندیشهٔ بلند و تابناک مولانا در ارتباط با یکسان بودن انسان‌ها در برابر خداوند از نظر تعالی و کمال است و اینکه جنسیّت انسان هیچ نقشی در تکامل وی ندارد؛ زیرا کمال، روحانی و معنوی است و طیّ این مسیر با روح است که جنسیّت‌پذیر نیست.

۲ - اطبّا و حکمای پیشین معتقد بودند که روح حیوانی در اثر تغییر احوال مختلف مزاجی تغییر می‌کند و حرارت و برودت یا رطوبت و یبوست در وی تأثیر می‌گذارد و از غذا نیرو می‌گیرد یا از گرسنگی ناتوان می‌شود: ر.ک. شرح مثنوی شریف، ص ۸۱۶

۳ - **مُرْتَشِي**: رشوه‌خوار، پاره‌گیر، مجازاً به معنی کسی که از دیگری چیزی می‌گیرد و خود به ذات خویش فاقد آن است. مقصود انسان است که به خودی خود چیزی ندارد و هستیِ حقیقی او درگرو تعالی است.

عاشق، از خود چون غذا یابد رحیق[1] عقل، آنجا گُم شود، گُم ای رفیق! ۱۹۹۱

عاشقی که در عشق حق به کمال می‌رسد، در اتّصال با دریای وحدانیّت، انوارالهی از روح عالی عِلوی به وی می‌تابد و شرابِ ناب استغراق را در وجود خود می‌یابد. آنجا عقل راهی ندارد و محو می‌گردد.

عقلِ جزوی، عشق را مُنکِر بُوَد گرچه بنماید که صاحبْ سِرْ بُوَد ۱۹۹۲

«عقل جزوی» که همان «عقل معاش» است، تدبیر امور روزمرّهٔ زندگی را بر عهده دارد و چون به بارگاه عشق، او را راهی نیست، قدرت درک احوال الهی را ندارد و آن را منکر می‌شود، علی‌رغم آنکه می‌پندارد که بسیار داناست.

زیرک و داناست، امّا «نیست» نیست تا فرشته «لا» نشد، آهرمنی‌ست ۱۹۹۳

«عقل معاش»، زیرک و داناست و تعقّل او در جهت خودبینی و خودخواهی است و به «فنا» نرسیده است؛ پس «هستیِ مجازی» دارد و هر هستی مجازی قبل از کمال یافتن، بسیار خطا و سقوط می‌کند و در هر سقوطی بروز صفات مذموم اهریمنی هست.

او بـه قـول و فـعلْ، یـارِ مـا بُـوَد چون به حکـم حـال آیـی، لا بُـوَد ۱۹۹۴

«عقل جزوی» قادر به درک مسائل و موضوعات مادّی زندگی و چاره‌جویی‌های آن است و هنگامی که «احوال روحانی و ادراکات معنوی و شهود عینی» در میان باشد، توانایی ورود به آن حیطه را ندارد و منکر می‌شود.

لا بُوَد، چون او نشد از هست نیست چونکه طَوْعاً[2] لا نَشد، کُرْهاً بسی‌ست ۱۹۹۵

«عقل معاش» فاقد «هستی حقیقی» و «لا» است. اگر آدمی به رغبت جویای نیستی و فانی شدن در حق نباشد، خواه ناخواه روزی جریان طبیعی زندگی او را به سوی مرگ و نابودی خواهد کشاند؛ امّا این فنا با فنای قبل از مرگ، یعنی **مُوتُوا قَبْلَ أَنْ تَمُوتُوا**: *بمیرید قبل از آنکه شما را بمیرانند*، متفاوت است و اثری در تعالی روح ندارد.

---

۱ - **رحیق** : شراب ناب.

۲ - اشارتی قرآنی؛ آل‌عمران : ۸۳/۳، همه در برابر فرمانِ حضرت باری تسلیم‌اند چه از روی اختیار (طوعاً) در برابر قوانین تشریعی و عدّه‌ای به جبر (کرهاً) در برابر قوانین تکوینی.

طَوْعاً و کَرْهاً (خواه و ناخواه) بدیهی است که از میان همهٔ مسلمانان تاریخ اسلام یا مؤمنان دیگر بعضی به رغبت ایمان می‌آورند و بعضی نه چندان با رغبت، بلکه بر اثر الزام منطقی و درماندن در احتجاج یا به هنگام مرگ و بر باد رفتن امیدهای واهی، یا مغلوب شدن در جهاد و نظایر آن.

جان کمال است و ندایِ او کمال مصطفیٰ گویان: اَرِحْنا یا بِلال[1] ۱۹۹۶

«ندایِ» جانی که از تعلّقات رهیده، کامل است و از این رو حضرت محمّد(ص) به **بلال** فرمود: ای بلال، ما را با بانگِ خویش آسایش ده.

ای بلال! افراز بانگ سِلسِلهت[2] زآن دمی کاندر دمیدم در دلت ۱۹۹۷

ای بلال، بانگ اذان را بلند کن. بانگی را که زنجیرِ عشق و شوقِ همکلامی با حق است؛ زیرا دمی را که در تو دمیدم، ندای تو را بس تأثیرگذار کرده است.

زآن دمی کآدم از آن مدهوش گشت هوش اهلِ آسمان بیهوش گشت[3] ۱۹۹۸

دمی که در تو دمیده شده، نفخه‌ای است الهی که آدم(ع) را مدهوش کرد و اهل آسمان از آن بیهوش شدند.

مصطفیٰ بی‌خویش شد زآن خوب صوت شد نمازش از شبِ تَعْریس[4] فوت ۱۹۹۹

مصطفیٰ(ص) از آن صوتِ خوب چنان مدهوش شد که نمازش در شب تعریس قضا شد.

اشاره‌ای است به قصّه‌ای در باب بازگشت مسلمانان از فتح خیبر در سال هفتم هجری [۶۲۸ میلادی].

---

۱ - **بلال** : ابن رَباح حبشی، مکنی به ابوعبدالله بود و مادر وی حمامة نام داشت. مؤذن و خزانه‌دار بیت‌المال رسول خداوند(ص)، وی از عرب‌های غیر خالص به شمار می‌رفت و از سابقان و پیشی‌گیرندگان در اسلام، رنگ پوست او به شدت گندم‌گون بود. قدی بلند و اندامی لاغر داشت. بلال در غزوه‌های مختلف از قبیل بدر و احد و خندق از همراهان پیامبر اسلام(ص) بود. آخرین بار هنگام وفات پیامبر(ص) اذان گفت. وی به شام رفت و به سال ۲۰ ق.، به سن ۶۰ سالگی در دمشق به مرض طاعون درگذشت. مجموعاً چهل و چهار حدیث از وی نقل شده است.

أَرِحْنا یا بِلالُ؛ ای بلال، ما را به بانگ اذان از اندیشه‌های این عالم آسایش ده. (یا بلالُ أَرِحْنا بِالصَّلاٰةِ): احادیث مثنوی، ص ۲۱، از احادیث نبوی.

او بندهٔ أُمَیّة بن خَلَف بود، بت‌پرستان قریش از او خواستند که از اسلام بازگردد؛ امّا بلال بر ایمان خود ثابت ماند و پیوسته «اَحَد اَحَد» می‌گفت، این ثبات، خشم قریش را برانگیخت چنانکه در گرمگاه روز او را بر روی سنگ‌های افروخته می‌انداختند و سنگ آسیابی بر روی سینه‌اش می‌نهادند. ابوبکر او را خرید و آزاد کرد. بلال اوّلین کسی است که اذان گفت: شرح مثنوی شریف، صص ۸۱۸ و ۸۱۹.

۲ - **سِلسِلهت** : سلسله‌ات.

۳ - دم الهی که از جانب پیامبر گرامی(ص) در مقام انسان کامل و مرشد روحانی به بلال دمیده شد که عشق و ارادت و صدق وی عامل این مرحمت بود.

۴ - **تعریس** : در آخر شب فرود آمدن در منزل و پس از استراحتی کوتاه بار برگرفتن. عمران بن حصین گفت: در یکی از سفرها با رسول خدا(ص) بودم. شب را تا صبح در راه بودیم. هنگام دمیدن صبح برای استراحت فرود آمدیم. خواب غلبه کرد و خورشید دمید. اوّل کسی که بیدار شد ابوبکر بود. تصمیم نداشتیم رسول خدا(ص) را بیدار کنیم؛ امّا وقتی عمر بیدار شد، نزدیک رسول خدا(ص) ایستاد و با صدای بلند تکبیر گفت تا رسول خدا بیدار شد. آن حضرت که طلوع خورشید را دید فرمود: حرکت کنید و ما را تا بالا آمدن خورشید جلو برد. آنگاه نماز صبح را که قضا شده بود، به‌جا آوردیم. در آن شب بلال مأمور پاسبانی و بیدارکردن بود و تا نزدیک صبح به نماز ایستاده بود؛ امّا قریب به صبح خواب او را در ربود. حضرت فرمودند: چرا ما را بیدار نکردی؟ گفت: مرا در ربود، آنچه شما را: احادیث، ص ۹۴.

سر از آن خوابِ مبارک بر نداشت تا نمازِ صبحدم آمد به چاشت ۲۰۰۰

آن حضرت از خواب بیدار نشد تا نماز صبح قضا شد.

در شبِ تَعْریسْ پیشِ آن عروس یافت جانِ پاکِ ایشان دستبوس ۲۰۰۱

بنابراین در آن شب که اهلِ کاروان با خستگی راهی بس دراز را پیموده و دیرگاه در منزل فرود آمده بودند، عروس بخت از حجلهٔ عنایت به در آمد و جان آنان به مرتبهٔ شهود رسید و سعادت دست‌بوسی جمال یار را یافت. مولانا با استفاده از اشتقاق میان «تعریس» و «عروس»، شب تعریس را که حاصل جانفشانی‌های مسلمانان بود، به نکاح عارفانه جان با حق تعالی نمادین می‌سازد.

عشق و جان هر دو نهان‌اند و سَتیر[1] گر عروسش خوانده‌ام، عیبی مگیر ۲۰۰۲

«عشق و جان» هر دو غیر مادّی‌اند و مستور از نظر اغیار، به همین مناسبت اگر در این تمثیل عشق به عروس مانند شده که غایت آرزوی عاشق است، خُرده مگیر؛ زیرا عروس نیز از غیر پوشیده است.

از ملولی یار، خامُش کردمی گر همو مهلت بدادی یکدمی ۲۰۰۳

اگر این گونه کلام سببِ ملول شدن یار می‌شد، خاموش می‌ماندم؛ حتّی اگر دمی مهلت می‌داد، از گفتن باز می‌ایستادم.

لیک می‌گوید: بگو، هین! عیب نیست جز تقاضایِ قضایِ غیب نیست ۲۰۰۴

امّا، دوست ندا می‌دهد که بگویم و آن را عیب نمی‌داند؛ پس آنچه می‌گویم، اقتضای قضای الهی است.

عیب[2] باشد، کو نبیند جز که عیب عیب کِیْ بیند روانِ پاکِ غیب؟ ۲۰۰۵

این نزدِ «عیب‌بین»، «عیب» است، نه نزدِ جان پاکِ عالَمِ غیب. چشمی عیب‌بین در جست‌وجوی نقایص است. انسان کامل که فاقد عیب است، جویای عیب نیست و جز به خوبی‌ها نظر نمی‌کند. این بیت در تأیید بیت پیشین است که فرمود: یار می‌خواهد این گونه تمثیل را بگویم.

عیب شد نسبت به مخلوقِ جَهول[3] نی به نسبت با خداوندِ قبول[4] ۲۰۰۶

«عیب و حُسن»، «زشتی و زیبایی» یا «خیر و شرّ» اموری نسبی‌اند و آنچه که از دیدگاه خلق

---

۱ - **سَتیر**: پوشیده، مستور. ۲ - **عیب**: نقصان، آلایش، بدی. ۳ - **جهول**: بسیار نادان.

۴ - **قبول**: پذیرفتن، در فارسی به معنای مقبول به کار می‌رود به مفهوم جمال و زیبایی، خوب.

عیب، نقص و یا شرّ نامیده می‌شود، از منظرِ نظامِ محیط بر کائنات، خیر است یا خیر بودن آن بر شرّ بودنش ارجحیّت دارد.

کُفر هم نسبت به خالق حکمت است چون به ما نسبت کنی، کُفر آفت است ۲۰۰۷

به عنوان مثال «کُفر» که در آدمی موجب آفت و شرّ است، نسبت به خالق، شرّ نیست و در ایجاد آن حکمتی است؛ زیرا جهان مادّی منشأ تضاد و اختلافات است و همین ضدّیّت، مخلوقات را مقتضیِ دریافتِ فیوضات ربّانی و استمرار آن می‌کند و تبدیل و تبدّل‌ها وقوع می‌یابد؛ پس آنچه که آدمی شرّ می‌نامد، برای ظهور خیر است.

ور یکی عیبی بُوَد با صد حیات بر مثالِ چوب باشد در نبات[1] ۲۰۰۸

حُکما معتقدند که «شرّ» از «لوازم جهان مادّی و فرودین» است و می‌گویند که شرِ اندک در برابر خیر بسیار به حسب عادت قابل تحمّل است و این معنی مانع افاضهٔ وجود نمی‌گردد. این نکته در تمثیلی از شاخ نبات و چوب‌های نازک که نبات را بر روی آن می‌بندند، بیان شده است.

در ترازو هر دو را یکسان کشند زانکه آن هر دو چو جسم و جان خوش‌اند ۲۰۰۹

هنگامِ وزن کردن، نبات و چوبِ آن را با هم می‌سنجد؛ یعنی نبات را از چوبش جدا نمی‌کند؛ زیرا مکمّل یک‌دیگرند. چوب تمثیلی است از جسم آدمی که جان را دربرگرفته و بار آن را بر دوش می‌کشد.

پس بزرگان این نگفتند از گزاف جسمِ پاکان عینِ جان افتاد صاف ۲۰۱۰

اینک که به این نکتهٔ ظریف توجّه کردیم که نباتِ شیرین را با چوبِ ظریف درون آن یکسان توزین می‌کنند و به چوب همان بها را می‌دهند که به نبات؛ پس کلامِ بزرگان که گفته‌اند: جسم پاکان، مانندِ جان صاف و پاک است، سخنی گزاف و دور از حقیقت نیست؛ زیرا این جسم به سبب ترک هوس و همگامی با جان، اوصافِ آن را یافته است.

گفتشان و نَفْسشان و نقششان جمله جانِ مطلق آمد بی‌نشان ۲۰۱۱

انبیا و اولیا در پرتو تابش انوار الهی بر «روح عالی عِلْوی»شان و متعاقباً افاضهٔ این فیوضات از روح آنان بر نَفْس و جسم‌شان، وجودی سراپا نور گشته‌اند، و از این‌رو کلام آنان حق، نفس‌شان مطمئنّه، ظاهر پاک و مصفّا و همگی جانِ مطلق است و بی‌نشان در عین نشان ظاهری.

---

۱ - شرح مثنوی شریف، صص ۸۲۱ و ۸۲۲.

جانِ دشمن‌دارشان جسم است صِرف   چون زِیاد[1] از نَرد، او اِسم است صِرف ۲۰۱۲

همان گونه که در بازیِ نرد، خالِ زیاده، فقط نامی دارد و بنابر قرارداد بین بازیکنان، عددی بیش از آنکه هست را محسوب می‌دارند، جان دشمنانِ پاکان نیز فقط نامی از جان دارد و صفات جسم را پذیرفته و ظلمانی شده است.

آن به خاک اندر شد و کُل خاک شد   وین نمک[2] اندر شد و کُل پاک شد ۲۰۱۳

جانِ منکران چنان با صفات پست در آمیخت که به صمیم ذات و نازل‌ترین مرحلهٔ ممکن سقوط کرد و مادّی و ظلمانی شد، در حالی که جسم پاکان در اثر تهذیب و ریاضت، خاصیّت روح را پذیرفت.

آن نمک، کز وی محمّد اَمْلَح است[3]   زآن حدیثِ با نمک، او اَفْصَح است ۲۰۱۴

نمکی راکه محمّد(ص) با آن ممزوج است، جاذبه معنوی و قدرت و توانایی روح عالی‌قدر پیامبر(ص) است در تبدیل و استحالهٔ ارواح مؤمنان در جهت تکامل.

این نمک باقی‌ست از میراثِ او   با تُو اَند آن وارثانِ او، بجُو ۲۰۱۵

این نمکِ محمّدی، همان جاذبه و قدرتِ معنوی است که از پیامبر(ص) به وارثان روحانی ایشان به ارث رسیده و این وارثان، کاملانِ همهٔ اعصارند که قادرند جانِ ناپاک را در نمکِ معنوی خود استحاله کنند تا مبدّل به جانِ پاک و تابناک شود. جویایِ ایشان باش.

پیش ِ تو شِسْته، تو را خود پیش کو؟   پیشْ هست، جانِ پیش‌اندیش کو؟ ۲۰۱۶

چه بسا که عزیزی از این بزرگان در کنار و پیش روی تو باشد؛ امّا قادر به شناخت عظمت باطنی‌اش نباشی، جانی که به «پیش» و «پس» می‌اندیشد، «جان مجرّد» نیست که قادر به شهود مجردات باشد.

گر تو خود را پیش و پس داری گُمان   بستهٔ جسمی و محرومی ز جان ۲۰۱۷

تا در اندیشهٔ گذشته و آینده‌ای، وابستهٔ جسم هستی و از جان به دور.

---

۱ - **زِیاد:** نام یکی از بازی‌های هفت‌گانهٔ نرد است که در آن هر نقشی که هنگام انداختن کعبتین آید، به هنگام باختن یکی زیاده بر آن محسوب می‌دارند و آن را خال زیاده گویند.

۲ - به عقیدهٔ فقها: چیزهای نجسی که با استحاله شدن، نجاستشان زایل می‌شود و نامشان تغییر می‌کند، از نظر احکام شرعی پاک محسوب‌اند، مانند شراب که به سرکه تبدیل گردد و پاک دانسته شود: احادیث، ص ۹۵.

۳ - دو حدیث معروف نبوی را در این باب ذکر کرده‌اند: کَانَ یُوسُفُ حَسَناً وَ لٰکِنَّنِي أَمْلَحُ : یوسف خوبرو بود؛ امّا نمک و جاذبهٔ من بیش از اوست: همان.

در حدیث دیگر است: أَنَا أَفْصَحُ الْعَرَبِ : من فصیح‌ترین اعرابم.

زیر و بالا، پیش و پس وصفِ تن است   بی جهت‌ها ذاتِ جانِ روشن است ۲۰۱۸

پایین و بالا یا عقب و جلو، این‌ها جهات است که برای وصف مادّه به کار می‌رود، در حالی که جانِ منوّر، ذاتی است تابناک که زمان و جهتی برای آن نمی‌توان متصوّر شد.

برگشا از نورِ پاکِ شه نظر   تا نپنداری تو، چون کوته نظر ۲۰۱۹

اگر چشمِ تو به نورِ سلطانِ ازلی بینا گردد؛ یعنی بصیرت یابد و با دیدهٔ دل ببیند، هرگز بسان کوتاه‌فکَران، اندیشه‌ای حقیرانه در باب جان و عوالم روحانی نخواهی داشت.

که همینی در غم و شادی و بس   ای عدم! کُو مر عدم را پیش و پس؟ ۲۰۲۰

که مانند کوته‌نظران بینديشی زندگی آدمی همین غم‌ها و شادی‌هاست و ماورای این امور مادّی عوالم دیگری نیست. این هستی عاریتی است و محکوم به فناست؛ پس ای عدم، بگو که عدم چگونه پیش و پس، آینده یا گذشته دارد؟

روزِ باران است، می‌رو تا به شب   نه از این باران، از آن بارانِ رب ۲۰۲۱

زندگی انسان و عمر او آن قدر کوتاه است که می‌توان آن را روزی بیش به حساب نیاورد، پس آن را دریاب و بهرهٔ معنوی ببر؛ زیرا بارانِ رحمت و عنایت همواره می‌بارد، کسانی بهره می‌برند که حضور قلب دارند.

قصّهٔ سؤال کردنِ عایشه رَضِیَ اللهُ عَنْها، از مصطفی صَلَّی اللهُ علیه و سَلَّم، که: امروز باران بارید، چون تو سویِ گورستان رفتی، جامه‌هایِ تو چون تر نیست؟[1]

پیامبر اکرم(ص) روزی برای تشییع جنازه یکی از صحابه به گورستان رفت. در بازگشت همین که عایشه، رسول(ص) را دید، پیش رفت و در حالی که بر جامهٔ پیامبر(ص) دست می‌کشید با تعجّب گفت که امروز

---

۱ - مأخذ آن روایتی است موضوع که سیوطی آن را در کتاب اللالیء المصنوعة فی الاحادیث الموضوعة، چاپ مصر، ج ۱، ص ۱۷۳ نقل کرده و آن روایت این است: از اَنَس بن مالک نقل می‌کنند: روزی با پیامبر گردش می‌کردیم، ناگاه سردی و رطوبتی را احساس کردیم، پرسیدیم: ای پیامبر، این سردی و رطوبت چیست؟ فرمود: مگر شما آن را دریافتید؟ گفتیم: بلی، فرمود: عیسی بن مریم بود که بر من درود فرستاد: احادیث، ص ۹۶.

باران می‌بارید؛ امّا جامه و ردای شما خیس نشده است. آن حضرت پرسید: هنگام نزول باران، روی سرت را با چه چیز پوشاندی؟ عایشه پاسخ داد: با عبای شما. پیامبر(ص) فرمود: آن بارانی که دیدی باران معمولی نبود، باران عالم غیب بود. و چون عبای مرا بر سر کشیدی، باران غیبی را شهود کردی.

جان کلام در این حکایت در بیانِ این معناست که غیر از عالم محسوسات عوالم غیبی دیگری وجود دارد که چشم سَر قادر به رؤیت آن نیست و با چشم سِرّ می‌توان عوالم غیر مادّی را مشاهده کرد که در آن آسمان‌ها و باران‌هایی است که در جایگاه تحقیق و شهود بر عارفان بِالله پدیدار می‌گردد و در تأیید آن بیتی از حکیم سنایی نیز به تفسیر می‌آید.

این تبیین محقّقانه از چگونگی عوالم غیبی، همانند آرای افلاطون در باب مُثُل است که به اعتقاد او، هرچه که در عالم محسوس است به نحوی کلّی در عالم غیب نیز موجود می‌باشد.

مولانا چنانکه روش معهود اوست در طیّ تقریر این حکایت به طرح مباحث دیگری نیز می‌پردازد. از جمله، بحث قدیم یا جدید بودن نفس انسان، سپس با روش استدلالی که برگرفته از کلام الهی است، به عقیدهٔ خویش در این مورد که با مُثُل افلاطون موافقت دارد، می‌پردازد.

مصطفی روزی به گورستان برفت　　با جنازهٔ مردی از یاران برفت ۲۰۲۲

روزی پیامبر(ص) برای تشییع جنازه یکی از یاران به گورستان رفت.

خاک را در گورِ او آکنده کرد　　زیر خاک آن دانه‌اش را زنده کرد ۲۰۲۳

جسمِ آن یار را چون دانه‌ای در خاک نهاد تا بروید و زندگیِ جدیدی را از سر گیرد. تمثیلِ آدمی به دانه و تخمِ گیاهان از آن‌روست که دانه با کاشتن از زمین می‌روید. آدمی نیز همچنانکه جسم وی در گور خفته است با جانِ خود که حقیقتِ اوست از خاک برمی‌آید و زندگی جدیدی را شروع می‌کند.

این درختان‌اند همچون خاکیان　　دست‌ها بر کرده‌اند از خاکدان ۲۰۲۴

گیاهان هم مانند آدمی که از خاک آفریده شده است، از این خاکدان بر آمده و بالیده‌اند.

سویِ خلقان صد اشارت می‌کنند　　وانکه گُوشستش، عبارت می‌کنند ۲۰۲۵

بالندگی و رشد گیاهان در زمین اشارتی است به زبانِ حال برای آن کس که گوشِ رمزنیوش دارد.

با زبانِ سبز و با دستِ دراز　　از ضمیر خاک می‌گویند راز ۲۰۲۶

زبانِ حال درختان، برگ‌های سبز و شاخه‌های بلندی است که بسان دستانی طویل به آسمان گشاده شده است و به رمز و حال از اسرار خاک سخن می‌گوید.

همچو بطّان[1] سر فرو برده به آب گشته طاووسان، و بوده چون غُراب ۲۰۲۷

همان‌گونه که مرغابی‌ها سر را درون آب فرو می‌برند، درختان نیز در فصلِ خزان سر در لاک خود فرو می‌برند، در حالی که مانند کلاغ تیره و تار شده‌اند و اثری از شادابی در آن‌ها نیست و باز در فصل بهار بسان طاووسان پر نقش و نگار، جلوه‌گری می‌کنند و زندگی با شور و هیجان در آنان جاری می‌شود.

در زمستانشان اگر محبوس کرد آن غُرابان را خدا طاووس کرد ۲۰۲۸

اگر قوانین حاکم بر کلِّ نظامِ هستی آن‌ها را در فصلِ زمستان مجبور به رکود کرد، همان قوانین و ارادهٔ باری در بهار آن‌ها را پر از نقش و زیبایی می‌کند.

در زمستانشان اگر چه داد مرگ زنده‌شان کرد از بهار و داد برگ ۲۰۲۹

هرچند که در زمستان می‌میرند؛ امّا در بهار، زندگی و شادابی را از سر می‌گیرند.

خزان و بهار طبیعت تمثیلی است از مرگ و رستاخیز.

مُنکران گویند: خود هست این قدیم این چرا بندیم بر رَبِّ کریم؟ ۲۰۳۰

مُنکران می‌گویند: این تغییر و تبدیل فصول یا تبدیل حال آدمی، امری است که از قدیم بوده و ایجاد فصول مختلف در اثر گردش افلاک است، چرا باید امری را که محصول تحوّلاتی مادّی است، به خداوند نسبت داد؟

قرآن کریم در باب استدلال حشر و نشر و مقایسه و مشابهت آن با بهار و خزان می‌فرماید: اعراف : ۵۷/۷ : وَ هُوَ ٱلَّذِي يُرْسِلُ ٱلرِّيَاحَ بُشْراً بَيْنَ يَدَيْ رَحْمَتِهِ حَتَّى إِذَا أَقَلَّتْ سَحَاباً ثِقَالاً سُقْنَاهُ لِبَلَدٍ مَيِّتٍ فَأَنزَلْنَا بِهِ ٱلْمَآءَ فَأَخْرَجْنَا بِهِ مِنْ كُلِّ ٱلثَّمَرَاتِ كَذَٰلِكَ نُخْرِجُ ٱلْمَوْتَىٰ لَعَلَّكُمْ تَذَكَّرُونَ. و او کسی است که بادها را پیشاپیش رحمتش [باران] مژده‌بخش می‌فرستد؛ تا آنکه ابرهای گرانبار را [همراه] بردارد و آن را به سوی زمین بایری برانیم و از آن آب [باران] فرو فرستیم و به آن هر میوه‌ای بر آوریم؛ مردگان را نیز بدین‌سان برانگیزانیم، باشد که پند گیرند.

در این بیت بحث جدیدی آغاز می‌گردد که آن قدیم بودن یا حادث بودن نفس انسان است. به عقیدهٔ افلاطون و پیروان او نفس انسانی قدیم زمانی است؛ یعنی قبل از تعلّق به بدن عنصری در ازل هم وجود داشته و از عالم مجرّدات است، در بعضی روایات اسلامی هم داریم که «خَلَقَ اللهُ الأَرْواحَ قبلَ الأَجْسام» و نیز بعضی حکمای اسلامی ایرانی که ابوبکر محمّد بن زکریّای رازی را یکی از دانشمندان شاخص آن دسته باید شمرد، نفس را قدیم ذاتی دانسته‌اند.

امّا مولانا چنانکه ازکلام وی بر می‌آید با عقیدهٔ آن جماعت که نفس را قدیم ذاتی و در ردیف ذات باری تعالی دانسته‌اند موافق نیست؛ امّا در قدیم بودن زمانی با افلاطونیان هم‌عقیده است چنانکه در مُثُل افلاطونی و بسیاری از مسائل عشق و هستی با آن طرز تفکّر موافقت دارد.

---

۱ - **بطّ** : مرغابی.

دربارهٔ قدیم زمانی بودن نفس در مجلد اوّل مثنوی در داستان طوطی و بازرگان می‌گوید:

طـــوطیی کآیـــد ز وحـــی آواز او　　　پـــیش از آغـــاز وجـــود آغـاز او

در درون تـــوست آن طـوطی نـهان　　　عکس او را دیـــده تـو بـر ایـن و آن

هرچند ممکن است از تعبیر «پیش از آغاز وجود» ازلیّت و قدمت ذاتی نفس را استنباط کنند؛ امّا به نظر حقیر برخلاف منظور مولاناست چراکه مقصودش از آغاز وجود، وجود خاصّ انسانی است نه مطلق عالمِ هستیِ سرمدی و انسان ذاتاً موجود حادث است هرچندکه جوهر عِلوی نفس، ناطقهٔ انسانی قدیم ازلی باشد.

و مقصود از قدیم بودن نفس، وجود اوست در عالم اعیان ثابته و از آن بالاتر در صف وجود علّت اولی و ذات واجب‌الوجود.

با توجّه به آنچه گفته شد مولانا عالم را حادث ذاتی و قدیم زمانی و همچنین نفس انسانی را نیز حادث ذاتی و قدیم زمانی می‌داند قابل توجّه آنکه وی معتقد است که بشر عادی از درک ازلیّت و ابدیّت عالم عاجز است و نباید جاهلانه خود را در ماجرای این بحث بیندازد.[1]

۲۰۳۱ کـــوریِ ایشـــان، درونِ دوســـتان　　　حـــق بـــرویانید بـــاغ و بـــوستان

به کوری چشم منکران، خداوند در دل دوستانِ حق باغی پر از ریاحینِ معطّرِ ایمان و یقین و بوستانی مملو از گل‌هایِ زیبایِ معرفت رویانیده است.

۲۰۳۲ هـــر گـــلی کـــاندر درون بـویا بُـوَد　　　آن گـــل از اســـرارِ کُـــل گـویا بُـوَد

هر گلی که از درون پاکان عطری بپراکند، به زبانِ حال سرّی از اسرارِ الهی را می‌گوید.

۲۰۳۳ بویِ ایشـان، رغـم اَنْـفِ[2] مـنکران　　　گِـردِ عـالم مـی‌رود پـرده دران

عِطرِ ایمان و معرفتِ اولیا بر خلاف تصوّر و میلِ مُنکران گرد عالم می‌گردد و مشامِ جان پاکان را نوازش می‌دهد.

۲۰۳۴ منکران همچون جُعَل[3] زآن بوی گل　　　یا چو نـازکْ مـغز[4] در بـانگِ دهُـل

انکار کنندگان، مانند جُعَل، با خصلتی پست یا انسانی عصبی که از صدایِ بلند می‌گریزد،

۲۰۳۵ خویشتن مشغول می‌سازند و غـرق　　　چشم می‌دُزدند از این لَمعانِ[5] بـرق

چنان خود را با مسائل دنیوی سرگرم می‌کنند و در آن غرق مـی‌شوند کـه گـویی هـرگز نمی‌خواهند درخشندگی انوار حقایق را ببینند و چشمان خود را از آن می‌دزدند.

---

۱ - مولوی چه می‌گوید، استاد همایی، ج ۱، صص ۱۱۳-۱۱۱.

۲ - **رغم أنْف** : به خاک مالیدن بینی، کنایه از مقهور گردانیدن.

۳ - **جُعَل** : گوگال یا جُعَل، جانوری کوچک، سیاه و پَردار که به سرگین و کثافات رغبت دارد.

۴ - **نازک مغز** : مجازاً کم تحمّل و عصبی.　۵ - **لَمْعان**: مخفّف لَمَعان به معنی درخشیدن، درخشش.

چشم می‌دزدند و آنجا چشم نی   چشم آن باشد که بیند مَأمَنی ۲۰۳۶

چشم را می‌دزدند، در حالی که چشم بینا ندارند؛ زیرا چشمِ بینا به اعتبار دیدن حقایق و دیدنِ محلّی امن و گریز از خطر شأنی دارَد و آنان این عضو را درِ جهت استقبال از خطرات و تباهی استفاده می‌کنند.

چون ز گورستان پیمبَر بازگشت   سویِ صدّیقه[1] شد و همرازگشت ۲۰۳۷

بازگردیم به داستان، هنگامی که پیامبر(ص) بازگشت و به خانهٔ صدّیقه وارد شد.

چشم صدّیقه چو بر رویش فُتاد   پیش آمد، دست بر وی می‌نهاد ۲۰۳۸

چشم عایشه که بر روی مبارک پیامبر(ص) افتاد، پیش آمد و دست را بر حضرت نهاد.

بر عمامه و رویِ او و مویِ او   بر گریبان و بَر و بازویِ او ۲۰۳۹

بر عمامه، صورت، موها، یقه، سینه و بازوان آن حضرت دست کشید.

گفت پیغمبر: چه می‌جویی شتاب؟   گفت: باران آمد امروز از سحاب[2] ۲۰۴۰

پیامبر(ص) فرمود: با شتاب در جست‌وجوی چه چیز هستی؟ گفت: امروز باران بارید.

جامه‌هاتَ می‌بجویم در طلب   تر نمی‌یابم ز باران، ای عجب! ۲۰۴۱

جویایِ اثراتِ باران در لباسِ شما هستم و تعجّب اینکه آن‌ها خیس نشده‌اند.

گفت: چه بر سر فِکندی از اِزار[3]؟   گفت: کردم آن ردایِ[4] تو خِمار[5] ۲۰۴۲

پیامبر فرمود: در آن هنگام تو چه چیزی را بر سر خود افکنده بودی؟ عایشه گفت: ردای تو را.

---

۱ - **صدّیقه** : عنوانی است که اهل سنّت از دیرباز، عایشه را بدان می‌خوانند. وی دختر ابوبکر و از زنان رسول خداست. او از فقه و شعر بهره داشت و روایات بسیار از پیامبر(ص) نقل کرده است و علمای عامّه و اهل سنّت بدان روایات تمسّک می‌جویند، تعداد روایات و احادیث نقل شده از عایشه را دو هزار و دویست و ده ذکر کرده‌اند. پیامبر(ص) در خانهٔ وی وفات یافت و همان جا مدفون گردید که اکنون ضریح نبوی در مسجدالنّبی مشتمل است بر خانهٔ عایشه و خانهٔ حضرت زهرا(س).
پس از قتل عثمان به سال ۳۵ هجری، بر ضدّ حضرت علی(ع) قیام کرد که منجر به جنگ معروف «جَمَل» گردید؛ زیرا وی بر هُودَجی نشسته بود که آن را بر شتری نهاده بودند؛ امّا کوشش او برای خلافت طلحه یا زبیر به جایی نرسید و در سال ۵۹ یا ۵۸ هجری قمری وفات یافت و در بقیع دفن شد.   ۲ - **سحاب** : ابر.

۳ - **اِزار** : تن‌پوش، جامه‌ای که بر تن می‌کنند و تن را می‌پوشاند.

۴ - **رداء** : جامه‌ای بلند و گشاد که بر دوش می‌افکنند، عبا.   ۵ - **خِمار** : روسری.

گفت: بهرِ آن نمود، ای پاک جَیْب[1]! — چشم پاکت را خدا، بارانِ غَیْب ۲۰۴۳

حضرت فرمود: ای پاک نهاد، به سبب همان ردا، خداوند به چشمِ پاک تو باران غیب را نشان داد.

نیست آن باران از این ابرِ شما — هست ابری دیگر و دیگر سَما ۲۰۴۴

باران غیب، از ابرِ آسمان نمی‌بارد. بارش آن از ابر دیگر و آسمانِ دیگر است.

تفسیر بیتِ حکیم[2]:

آسمان‌هاست در ولایتِ جان — کارفرمایِ آسمانِ جهان
در رهِ روح پست و بالاهاست — کوه‌هایِ بلند و دریاهاست

این فصل به شرح این دوبیتی حکیم سنایی اختصاص دارد که مضمون آن مبتنی است بر معتقدات صوفیان و برخی از حُکما مانند افلاطون که می‌گویند: هرچیزی که در این عالم وجود دارد، صورت کامل‌تر و مجرّد آن در عالم غیب موجود است.

غیب را ابری و آبی دیگر است — آسمان و آفتابی دیگر است ۲۰۴۵

همان گونه که عالمِ مادّی دارای ابر، آب، آسمان و آفتاب است، عالمِ غیب نیز آسمان و آفتابی دیگر دارد.

ناید آن اِلّا که بر خاصان پدید — باقیان فی لَبْسٍ مِنْ خَلْقٍ جَدید ۲۰۴۶

آن را فقط خاصّان درگاه حق می‌توانند ببینند، بقیّه از آفرینش جدید در تردیدند.

«به عقیدهٔ صوفیّه آفرینش، ظهور حق است و صُوَر مراتب ظهور و تجلّی انوار الهی‌اند و چون تجلّی تکرار نمی‌پذیرد آفرینش همیشه در تغیّر و تبدّل است و آنچه به دوام و ثبات متّصف می‌شود، ذات حق است که بدین تعبیر جوهر و اساس آفرینش است. این تغیّر و تبدّل را به «خلق جدید» تعبیر می‌کنند که مأخوذ است از: ق: ۱۵/۵۰: **بَلْ هُمْ فی لَبْسٍ مِنْ خَلْقٍ جَدیدٍ**: *آنان دربارهٔ آفرینشی نو به نو در شبهه‌اند.*

---

۱ - **پاک جَیْب**: پاک نهاد، پاک.

۲ - حکیم سنایی غزنوی، این دوبیتی که در مطلع این مبحث آمده است بدون شک از سنایی است و در تمام نسخ خطّی مثنوی‌های موزهٔ قونیه در سرفصل آمده است و بنا بر تحقیقات آقای مدرس رضوی در یکی از نسخ خطّی کتابخانهٔ آستان قدس رضوی مشاهده شده؛ امّا بر اساس بررسی استاد فروزانفر در هیچ یک از نسخ چاپی و خطّی حدیقه و دیگر مثنوی‌های سنایی نیامده و از قلم افتاده است.

به تعبیر دیگر می‌گویند که اشیا و اعیان ممکنات به اقتضای ظهور صفات جلال، گداخته و فانی می‌شوند و به مقتضای صفات جمال، خلعت حیات و بقا می‌پوشند و این گدازش و نوازش، حکمی مستمرّ است و صفت محیی و ممیت به تعاقُب بر صور و اعیان اثر می‌گذارد و جهان هر لحظه می‌میرد و زندگی می‌پذیرد و آن را «حکم صفات متقابله» می‌نامند.

بعضی از صوفیّه معتقد بوده‌اند که تغیّر و تبدّل به اعراض اختصاص ندارد، بلکه شامل جواهر نیز هست. حرکت جوهری مسأله‌ای است که ابن سینا آن را باطل شمرده و صدرالدّین شیرازی در اثبات آن کوشیده و به کرسی نشانده است. شیخ عطّار در اسرارنامه از تحوّل و سیر اجزای جهان به صراحت تمام سخن می‌گوید، گفتهٔ مولانا هم به عقیدهٔ اشعریّه و صوفیّه و هم بر مبنای حرکت جوهری قابل توجیه است».[1]

اینکه فیض هستی دم به دم و نو به نو از مبدأ هستی‌بخش به کلیّهٔ موجودات امکانی می‌رسد، یعنی به‌طور خلع و لبس آنچه که در «آن» سابق بوده، به کلّی معدوم می‌گردد و در آن «لاحق» حیات جدید و وجود تازه‌ای که مماثل با حیات و وجود سابق است به آن‌ها می‌رسد؛ بنابراین هستی سابق عیناً بدون تغییر و ثابت بر جای نمی‌ماند. از این جهت است که عرفا می‌گویند: « **المَوْجُودُ لا یَبْقیٰ زَمانَیْنِ** » و مقصود همهٔ موجودات امکانی است اعم از جوهر و عَرَض نه اینکه بدان گونه که متکلّمان اشعری گفته‌اند که «**العَرَضُ لا یَبْقیٰ زَمانَیْنِ**» که مولانا هم در این بیت بدان اشارت دارد.[2]

با توجّه به توضیحاتی که آمد، مقصود از بیت مورد نظر آن است که: عوالم غیبی را پاکان و خاصّان درگاه حق می‌توانند مشاهده کنند و آفرینش نو و دم به دم یا **خلق جدید** و تجلّیات حق را ببینند و سایر مردم آن صفا و پاکی را که لازمهٔ چنین رؤیتی است ندارند.

۲۰۴۷ **هست باران از پیِ پروردگی — هست باران از پیِ پژمردگی**

بارانی هست که موجب پرورش گیاهان و موجودات می‌شود و باران دیگری آن‌ها را پژمرده یا نابود می‌سازد.

۲۰۴۸ **نفع بارانِ بهاران، بوالعجب! — باغ را بارانِ پاییزی چو تب!**

فوایدِ باران بهاری حیرت‌انگیز است و حیات‌بخش؛ امّا بارانِ پاییز که سبب برگ‌ریزان درختان و گیاهان است، گویی همانندِ تب بر گیاهان عارض می‌شود و جان آنان را می‌کاهد.

۲۰۴۹ **آن بهاری، نازپروردش کند — وین خزانی، ناخوش و زردش کند**

باران بهاری گیاهان و موجودات را به ناز می‌پرورد و باران خزانی، گل و گیاه را افسرده می‌سازد.

۲۰۵۰ **همچنین سرما و باد و آفتاب — بر تفاوت دان و سَرْرِشته بیاب**

همان‌گونه که باران‌ها متفاوت‌اند و یک نوع باران از لطف و دیگری از قهر است، سرما، وزشِ باد و

---

۱ - شرح مثنوی شریف، صص ۴۴۰ و ۴۴۱. ۲ - دو رساله در فلسفهٔ اسلامی، صص ۷-۵.

درخششِ خورشید نیز همواره بر یک منوال نیستند و همان تفاوت را دارند. اگر آدمی به این ظرایف و تفاوت‌ها توجّه کند، سررشته را می‌یابد و به اصلِ موضوع و حقیقتِ آن می‌رسد.

همچنین در غیب انواع است این — در زیان و سود و در رِبْح[1] و غبین[2] ۲۰۵۱

به همین ترتیب بارانِ غیبی گوناگون است. گاه از لطف و گاه قهر خداوندی.

این دَمِ اَبدال باشد زآن بهار — در دل و جان روید از وی سبزه‌زار ۲۰۵۲

دَمِ گرم و نَفَس پاک اَبدال [اولیاءالله، آنان که از صفات بشری رهیده و متخلّق به اخلاق‌الله گشته‌اند] از بهارِ غیبی است و درکِ محضرِ آنان دل و جان را مصفّا می‌کند و حیاتی تازه می‌بخشد.

فعلِ بارانِ بهاری با درخت — آید از انفاسشان در نیکبخت ۲۰۵۳

نَفَس پاکان و اولیا با جانِ انسانِ سعادتمند کاری می‌کند که باران بهاری با درخت.

گر درختِ خشک باشد در مکان — عیبِ آن از بادِ جان‌افزا مدان ۲۰۵۴

اگر در مسیر وزش بادِ حیات‌بخش، درخت خشکی حیات نیابد، نقص از بادِ بهار نیست.

بادِ کارِ خویش کرد و بر وزید — آنکه جانی داشت، بر جانش گُزید ۲۰۵۵

باد بهاری [نَفَس پاک اولیاءالله] می‌وزد و تأثیراتی حیات‌بخش دارد؛ امّا اثرِ آن در کسانی دیده می‌شود که هنوز جانشان ویژگی‌های «جان» را دارد و در اثر افراط در افعال و اعمال ناپسند، صفات جسم را نپذیرفته است.

در معنیِ این حدیث که: «اِغْتَنِمُوا بَرْدَ ٱلرَّبیعِ»[3] اِلیٰ آخِره

از حضرت علی(ع) روایت شده است: تَوَقَّوْا الْبَرْدَ فِي أَوَّلِهِ وَ تَلَقَّوْهُ فِي آخِرِهِ فَإِنَّهُ يَفْعَلُ فِي ٱلْأَبْدانِ كَفِعْلِهِ فِي ٱلْأَشْجارِ أَوَّلُهُ يُحْرِقُ وَ آخِرُهُ يُورِقُ: بپرهیزید از سرمای خزانی که در اوّل می‌رسد و روی آورید به سرمای بهاری که در آخر سال آغاز می‌شود؛ زیرا سرما در دو حالت با کالبدها آن می‌کند که با درختان می‌کند: در آغاز، می‌سوزاند و در پایان می‌رویاند.

گفت پیغمبر: ز سرمایِ بهار — تن مپوشانید یاران! زینهار[4]! ۲۰۵۶

پیامبر فرمود: ای یاران، از سرمای بهار استقبال کنید و تن خود را از آن مپوشانید.

---

۱ - **رِبْح**: سود. ۲ - **غبین**: زیان. ۳ - احادیث، ص ۹۶. ۴ - **زینهار**: زنهار.

زانکه با جانِ شما آن می‌کند کآن بهاران با درختان می‌کند ۲۰۵۷

زیرا باد و سرمای بهار، جان شما را طراوت می‌بخشد، همان‌گونه که درختان را.

لیک بگریزید از سردِ خزان کآن کند کو کرد با باغ و رزان[1] ۲۰۵۸

امّا از باد و سرمای خزان بگریزید که تأثیرش بر شما همان است که با باغ و بوستان و درختان انگور.

راویان این را به ظاهر برده‌اند هم برآن صورت، قناعت کرده‌اند ۲۰۵۹

راویان آن را به بهار و خزان طبیعت نسبت داده و به ظواهر بسنده کرده‌اند.

بی خبر بودند از جان آن گروه کوه را دیده، ندیده کان به کوه ۲۰۶۰

آن دسته‌ای که به ظاهر روایت قناعت کردند، از جانِ کلام بی‌خبر بودند، مانند کسی که کوه را می‌بیند و به معدنِ آن توجّهی ندارد.

آن خزان نزد خدا، نَفْس و هواست عقل و جان عینِ بهار است و بقاست ۲۰۶۱

خزانی که گفته شد، هوایِ نَفْس است که جان را پژمرده می‌سازد. «عقل» متّصل به عقل کُلّ و «جانِ پاک از تعلّقات»، مانند بهار سرشار از طراوت، رشد، کمال و بقاست.

مَر تو را عقلی‌ست جزوی در نهان کاملِ العقلی بجو اندر جهان ۲۰۶۲

تو دارایِ عقلی جزوی یا «عقل معاش» هستی که برای تعالیِ آن، باید جویایِ انسان کاملی باشی که عقل وی در اتّصال با عقل کلّ است.

جزوِ تو از کلِّ او کُلّی شود عقلِ کلّ بر نفس چون غُلّی شود ۲۰۶۳

«عقلِ جزوی» تو در اثر تماس مستمر و تربیتِ انسان کامل، کمال می‌یابد و عقلِ کاملِ او، نَفْسِ سالک را در سیطرهٔ خویش، مانندِ زنجیر مهار می‌کند.

پس به تاویل این بُوَد کانفاسِ پاک چون بهار است و حیاتِ برگ و تاک ۲۰۶۴

پس تأویل حدیث چنین است که نَفَسِ پاک اولیا به جانِ سالکان حیاتی تازه می‌بخشد، مانندِ اثرِ بهار در حیاتِ درختان و گیاهان.

از حدیثِ اولیا نرم و درشت تن مپوشان، زانکه دینت راست پشت ۲۰۶۵

از سخنان اولیا روی نگردانید که کلام‌شان به مهر یا قهر، مُلهم از حق و پیروی از آنان پشت و پناهِ ایمان است.

---

۱ - رَز: درخت انگور.

گرم گوید، سرد گوید، خوش بگیر تا ز گرم و سرد بِجْهی وز سعیر[1] ۲۰۶۶

اگر مُرشدِ کامل به گرمی سخن بگوید یا به سردی کلامی براند، به دلایل هر دو توجّه کن و آن را با جان بپذیر تا کمال یابی و از ناملایمات روزگار و دوزخ بِرَهی.

گرم و سردش نوبهار زندگی‌ست مایهٔ صدق و یقین و بندگی‌ست ۲۰۶۷

اگر کلام او را، هر چه که باشد، سالک به جان پذیرا گردد، درخت وجودش را لحظه به لحظه پربارتر می‌سازد و بر صدق و یقین او می‌افزاید تا به بندگی حق تعالیٰ نایل آید.

زآن، کزو بُستانِ جان‌ها زنده است زین جواهر، بحرِ دل آکنده است ۲۰۶۸

زیرا بوستانِ معرفتِ مریدان از قدرتِ روحانی استاد حیات دارد و از توجّه او دریای دل سالکان سرشار از گوهر است.

بر دلِ عاقل هزاران غم بُوَد گر ز باغِ دِل خلالی کم شود ۲۰۶۹

سالک عاقل بسیار غمگین می‌شود، اگر از ادراکات معنویِ او ذرّه‌ای کاسته شود؛ زیرا سیر تکاملی‌اش منوط به رضایت مُراد است و توقّف و یا سیر نزولیِ آن از عدم رضایت.

پرسیدنِ صدّیقه رَضِیَ اللهُ عَنْها، از مصطفی صَلَّی اللهُ عَلَیْهِ و سَلَّم، که: سرِّ بارانِ امروزینه چه بود؟

گفت صدّیقه که: ای زُبدهٔ وجود! حکمتِ بارانِ امروزین چه بود؟ ۲۰۷۰

عایشه گفت: ای گل سرسبد وجود، باران امروز چه سرّی داشت؟

این ز باران‌هایِ رحمت بود، یا بهرِ تهدید است و عدلِ کبریا؟ ۲۰۷۱

این بارانِ رحمت الهی بود یا قهر خداوندی؟

این از آن لطفِ بهاریّات بود یا ز پاییزیِّ پُر آفات بود؟ ۲۰۷۲

این باران حاصلِ صفات لطف بود یا نتیجهٔ صفات قهریّهٔ الهی؟

---

۱ - **سعیر** : یکی از درکات جهنّم. آتش و زبانهٔ آن.

گفت: این از بهر تسکینِ غم است — کز مصیبت بر نژادِ آدم است[1] ۲۰۷۳

پیامبر(ص) فرمود: باران امروز برای تسکینِ اندوهِ مصیبتِ انسان‌ها بود.

گر بر آن آتش بماندی آدمی — بس خرابی در فُتادی و کمی ۲۰۷۴

اگر آدمی در مصیبت از دست دادن عزیزان، تسکین نیابد و آتشِ غم پابرجا بماند، چه بسا خرابی‌ها که در نظام جهان مادّی رخ خواهد داد و به جای آبادی و عمران، همه چیز به سوی نقصان و کاستی پیش خواهد رفت؛ زیرا مصایب و سختی‌ها توجّه انسان را از دنیای ناپایدار به سوی عالمِ باقی معطوف می‌دارد.

این جهان ویران شدی اندر زمان — حرص‌ها بیرون شدی از مردمان ۲۰۷۵

در نتیجه، جهان مادّی و آبادی و عمران آن به سوی نابودی می‌رود؛ زیرا حرص و طمع که حاصلِ عدم توجّه به دنیای باقی است، در مصیبت و غم، زایل می‌شود و غفلت از حقایق برای مدّتی کوتاه از بین می‌رود.

اُسْتُنِ این عالم ای جان! غفلت است — هوشیاری، این جهان را آفت است ۲۰۷۶

ستون نگاه‌دارندهٔ این جهان، غفلت و کم‌توجّهی آدمی به حقایق است و این غفلت که به سبب حکمت خداوندی بر دل‌ها چیره می‌گردد، عامل برقراری نظام دنیاست؛ زیرا انسان با فراموش کردن غم‌ها، دردها و مصیبت‌ها، باز به تلاش برای آبادانی برمی‌خیزد.

هوشیاری زآن جهان است، و چو آن — غالب آید، پست گردد این جهان ۲۰۷۷

هوشیاریِ حقیقی که آدمی را به مبدأ و اصلِ وی متوجّه می‌دارد، محصول درکِ معنوی و به سببِ انوار عنایت الهی است. هنگامی که این هوشیاری چیره گردد، جهان مادّی و ارزش‌های آن در نظر آدمی بی‌قدر و بی‌اعتبار می‌شود.

هوشیاری آفتاب و حرصْ یخ — هوشیاری آب و این عالم وَسَخْ[2] ۲۰۷۸

«هوشیاریِ معنوی» را می‌توان به گرمای خورشید مانند کرد، که در مقابل آن «حرص و طمع» همچون یخ آب می‌گردد یا می‌توان گفت آگاهی معنوی، مانندِ آب، عالَمِ مادّیِ چرک را می‌شوید و پاک می‌کند.

زآن جهان، اندک ترشُّح می‌رسد — تا نغُرّد در جهان حرص و حسد ۲۰۷۹

از جهان باقی اندکی آگاهی و هوشیاری به عالمیان می‌رسد تا صفات رذیله‌ای مانند حرص یا حسد بیداد نکند و جهان‌سوز نشود.

---

۱ - در آن روز همان‌طور که قبلاً آمد، یکی از صحابه به خاک سپرده شده بود. ۲ - **وَسَخ**: چرک.

گـر تـرشّح بـیشتر گـردد ز غـیب   نه هنر مانَد در این عالم، نـه عـیب ۲۰۸۰

اگر تراوشِ هوشیاری بیشتر شود، ارکان عالم آن از هم می‌پاشد و در دنیا نه هنری می‌مانَد، نه عیبی؛ زیرا همگان در جهت رشدِ معنوی می‌کوشند و به امر دیگری توجّه نمی‌کنند.

ایـن نـدارد حـد، سـویِ آغـاز رو   سـویِ قـصّهٔ مـردِ مـطرب بـاز رو ۲۰۸۱

بیان این اسرار حدّی ندارد؛ پس به قصّهٔ مرد مطرب باز گردیم.

بقیّهٔ قصّهٔ پیرِ چنگی و بیانِ مَخْلَصِ آن

مُطربی کز وی جهان شد پُر طـرب   رُسـته ز آوازش خـیالاتِ عـجب ۲۰۸۲

نوازنده‌ای که از نوای شورانگیز ساز و آوازِ او جهانی بـه نشـاط مـی‌آمد و در شـنونده عوالمی خیال‌انگیز و خیالاتی شِگفت را بر می‌انگیخت.

از نـوایش مـرغِ دل پَـرّان شـدی   وز صدایش هوشِ جان حیران شدی ۲۰۸۳

نوایِ ساز او در جان شنوندگان اثر می‌گذاشت و مرغ دل‌شان بـه پـروازی عـاشقانه در می‌آمد و با صدای خوشِ او، جان هوشمند، حیران و سرگشتهٔ عشق حق می‌گردید.

چون بـر آمـد روزگـار، و پـیر شـد   بازِ جانْش از عجز پشّـه‌گـیر شـد[1] ۲۰۸۴

با گذشت ایّام، روزگارِ کهولت او فرارسید و جانِ وی که مانند شاهین در آسمان هنر پرواز می‌کرد و جانِ شنوندگان را به پرواز در می‌آورد، ناتوان شد، گویی جز پشّه‌ای را نمی‌توانست شکار کند.

پُشتِ او خم گشت همچون پُشتِ خُم   ابـروان بـر چشـم، هـمچون پـالدُم[2] ۲۰۸۵

پشتِ او خمیده، همانند پشتِ خُم و ابروانش افتاده چون پاردُم شد.

گشت آوازِ لطـیفِ جـان فـزاش   زشت، و نزدِ کس نیرزیدی به لاش[3] ۲۰۸۶

صدایِ لطیفِ او، ناخوشایند شده بود و در نظر خلق قدری نداشت.

آن نـــوایِ رَشکِ زُهـره[4] آمـده   هـــمچو آوازِ خـرِ پـیری شـده ۲۰۸۷

نوایی که رشکِ زُهرهٔ خُنیاگر را برمی‌انگیخت، به صدای درازگوشی پیر مانند شده بود.

---

۱ - کنایه از ناتوانی وی و ناخوشایندی صدای او و سازش.

۲ - **پالدُم**: پاردُم، پاره‌ای از چرم که دو سر آن را به زین اسب یا چهارپا دوزند و به زیر اسب اندازند.

۳ - **لاش**: بی‌قدر و بی‌ارزش. ۴ - **زهره**: ناهید، زهرهٔ چنگی یا خنیاگر فلک، بیدخت نیز گویند.

خود کدامین خوش که او ناخوش نشد؟ یا کدامین سقف کآن مِفْرَش[1] نشد؟ ۲۰۸۸

تنها نوای چنگی ناخوش نمی‌شود، در دنیایِ فانی عاقبتِ همه چیز همین است. هر سقف بر افراشته‌ای روزی فرو می‌ریزد.

غیر آواز عزیزان در صُدور[2] که بُوَد از عکس ِ دَمْشان نفخ صُور ۲۰۸۹

امّا آوای انسانِ کامل، تنها صدایی است که اثر آن در دل‌هایی که به جانبِ حق خوانده می‌شوند، پایدار است و مانند نفخِ صور دل‌های مُرده را زنده می‌کند.

اندرونی کاندرون‌ها مست از اوست نیستی کین هست‌هامان هست از اوست ۲۰۹۰

آوای عزیزان، آهنگِ پرنشاطِ درونِ آنان است. درونی سرشار از نورِ حق که مستی سالکان در اثر توجّه باطنی ایشان است. بزرگانی که از هستی عاریتی در گذشته‌اند و واسطه‌ای برای بخشیدن هستی حقیقی به طالبان راستین‌اند.

کهربایِ فکر و هر آوازْ او لذّتِ الهام و وحی و رازْ او ۲۰۹۱

درونِ پاکِ اولیا، مانندِ کهربا، هر فکر، اندیشه یا آوایی را که از سالک برآید، تحت سیطرهٔ روحانی خویش در می‌آورد و لذّت و خوشیِ معنوی را به او می‌نماید و او را با اسرار درون مأنوس می‌سازد.

چونکه مطرب پیرتر گشت و ضعیف شد ز بی کسبی رهینِ[3] یک رَغیف[4] ۲۰۹۲

چنگیِ پیر روز به روز ضعیف‌تر و ناتوان شد به حدّی که محتاجِ نان روزمرّه بود.

گفت: عُمر و مهلتم دادی بسی لطف‌ها کردی خدایا! با خسی ۲۰۹۳

مطرب پیر به راز و نیاز با پروردگار پرداخت و گفت: خدایا، عمر و مهلتی بسیار به من دادی و لطف تو شامل حال این موجود بی‌قدر بود.

معصیت ورزیده‌ام هفتاد سال باز نگرفتی ز من روزی نوال[5] ۲۰۹۴

پروردگارا، هفتاد سال را با گناه گذراندم؛ امّا تو هرگز روزی را از من دریغ نداشتی.

نیست کسب امروز، مهمانِ توأم چنگ بهرِ تو زنم، کآنِ توأم ۲۰۹۵

امّا، امروز مقبولِ مردم نیستم و به درگاهِ تو روی آوردم که برای تو بنوازم؛ زیرا آنِ توأم.

---

۱ - **مِفْرَش**: فرش، هر چه که بگسترانند. ۲ - **صدور**: جمع صدر، سینه.
۳ - در حاشیه به جای «رهین»، «اسیر» قید کرده‌اند. ۴ - **رَغیف**: گردهٔ نان. ۵ - **نوال**: بهره، نصیب.

دفتر اوّل ۴۹۵

چنگ[1] را برداشت و شد الله جو   سوی گورستانِ یَثرِب[2] آه گو ۲۰۹۶

چنگ را برداشت و در جست‌وجوی یاورِ درماندگان، با آه و ناله به سوی گورستان مدینه به راه افتاد.

گفت: خواهم از حق ابریشمْ بها[3]   کو به نیکویی پذیرد قلب‌ها ۲۰۹۷

با خود گفت: برای خدا می‌نوازم و مزد نواختن را از او می‌خواهم؛ زیرا او به نیکی هر چیزِ معیوبی را می‌پذیرد.

چونکه زد بسیار و گریان سر نهاد   چنگ بالین کرد و بر گوری فتاد ۲۰۹۸

دیرگاهی نواخت و با چشمی گریان و خسته ساز را بر بالین نهاد و روی گوری افتاد.

خواب بُردش، مرغ جانْش از حبس رَست   چنگ و چنگی را رها کرد و بجَست ۲۰۹۹

خُنیاگر کهنسال به خواب رفت و روحش، مانندِ مرغی که از قفس بِرَهد، از محبسِ تن رهایی یافت، چنگ و چنگ‌نواز را گذاشت و به عالمِ ورای حس پرواز کرد.

گشت آزاد از تن و رنج جهان   در جهانِ ساده و صحرایِ جان ۲۱۰۰

جانِ او از بارِ تن و رنجِ دنیا خلاص شد و به جهانی ساده که عاری از تضادّهاست [عالمِ مجرّدات] پیوست و در صحرای روحانی به گشت پرداخت.

جانِ او آنجا سرایان ماجرا   کاندر اینجا گر بماندندی مرا ۲۱۰۱

جانِ او در عالمِ غیب، با خود می‌اندیشید که اگر اجازه می‌دادند همین جا بمانم،

خوش بُدی جانم در این باغ و بهار   مستِ این صحرا و غیبی لاله‌زار ۲۱۰۲

در این بوستان و صفای بهاری آن خوش بودم و مستِ این صحرا و لاله‌زار می‌شدم.

بی پر و بی پا سفر می‌کردمی   بی لب و دندان شکر می‌خوردمی[4] ۲۱۰۳

بدون بال و پر می‌پریدم و بدون پا، حرکت می‌کردم و بدون لب و دندان شکر می‌خوردم.

---

۱ - **چنگ**: نام سازی مشهور که سر آن خمیده است و تارها دارد در گذشته‌ها وَتَر آن از ابریشم بوده است.

۲ - **یثرب**: نام مدینه رسول اکرم(ص)، به نام نخستین اقامت کنندهٔ آن یثرب بن قانیة از نژاد سام بن نوح نامیده‌اند؛ امّا در تعیین مکان آن اختلاف هست، برخی بر آن هستند که یثرب نام یک ناحیه و مدینه جزو آن است. گفته‌اند پیامبر(ص) از این نام اکراه داشت و بدین جهت این بَلَد را طیبه و طابه نامند.

۳ - **ابریشم بها**: مزد ساز زدن و چنگ زدن.

۴ - در عالم مجرّدات، اسباب و آلات مفهومی ندارند، همه چیز در آن به قدرت فکر، فعلیّت می‌یابد.

۲۱۰۴ **ذکر و فکری فارغ از رنجِ دِماغ[1] کردمی با ساکنانِ چرخ، لاغ[2]**

ذکر و فکری بدون خستگیِ مغزی می‌داشتم و با دلی خوش با افلاکیان شوخی می‌کردم.

۲۱۰۵ **چشمْ بسته، عالمی می‌دیدمی[3] وَرد[4] و ریحان بی کفی می‌چیدمی**

با چشمی بسته عوالم روحانی را می‌دیدم و بی‌زحمتِ دست گل و ریحان می‌چیدم.

۲۱۰۶ **مرغِ آبی[5] غرقِ دریایِ عسل عینِ ایّوبی[6]، شراب و مُغْتَسَل**

جانِ او، غرق در دریایی عاری از رنج و درد و چون عسل شیرین بود، همانند چشمه‌ای که برای ایّوب(ع) جوشید و وجودش را آرام بخشید.

---

۱ - **دِماغ :** مغز سر. ۲ - **لاغ :** هزل، ظرافت، خوش‌طبعی.

۳ - در ارتباط با خواب و احوال مربوط بدان به ذیل ابیات ۴۰۵-۳۹۰ همین دفتر رجوع کنید.

۴ - **وَرد :** گل سرخ. ۵ - **مرغ آبی :** مجازاً جان آدمی.

۶ - **عینِ ایّوبی :** چشمه‌ای که به امر خداوند از زیر پای ایّوب(ع) جوشید. وی در شرق فلسطین زندگی می‌کرد.

مُغْتَسَل؛ اشارتی قرآنی، ص : ۴۲/۳۸ : اُرْکُضْ بِرِجْلِكَ هٰذٰا مُغْتَسَلٌ بٰارِدٌ وَ شَرٰابٌ : [گفتیم] پایت را به زمین بزن، اینک شُستَنگاهی است سرد و نوشیدنی.

چون مدّتِ بلای ایّوب سر رسید جبرئیل او راگفت پایت را بر زمین زن. چون چنین کرد چشمهٔ آب گرمی نمایان شد و تن خود را شست‌وشو داد! آنگاه گفت پای دیگرت را بر زمین زن، چون چنین کرد، چشمهٔ آب سردی جوشیدن گرفت که از آن آب آشامید و همهٔ تن او درست و سالم گردید. ایّوب هم‌زمان با یعقوب بود. سبب ابتلای او به بدترین بلاها را چند چیز نوشته‌اند و گفتهٔ درست تر آن است که خداوند برای بالا بردن درجات وی، او را مورد آزمون الهی قرار داد: قرآن، خواجه عبدالله انصاری، تفسیر ادبی و عرفانی، ذیل آیه.

قصّهٔ ایّوب(ع) : داستان ایّوب(ع) در قرآن کریم در سوره‌های نساء: ۱۶۳/۴، انعام: ۸۴/۶، انبیاء: ۸۳/۲۱ و ۸۴ و ص: ۴۴/۳۸-۴۱ با کمی تفصیل آمده و به این حقیقت هم اشارت دارد که وی از نوادگان ابراهیم(ع) است. بسیاری از مفسّران و محقّقان ایّوب(ع) را از سلالهٔ عیص بن اسحاق بن ابراهیم(ع) دانسته‌اند و همسرش را «لیا / دنیة» دختر یعقوب(ع) ذکر کرده‌اند. (یعقوب(ع): ۱۶۳۳-۱۷۸۰ ق. م)

اگر وی شکیباترین پیامبر نباشد از جملهٔ شکیباترین آنان به شمار است؛ زیرا وی دربارهٔ خانواده و جسم و مال خویش به سختی مورد آزمون الهی قرارگرفت و از خود نمونهٔ برتری از بندگی راستین الهی را بر جای نهاد و به عنوان بردباری در برابر رنج و سختی ضرب‌المثل شد. خداوند به ایّوب(ع) افزون بر نعمت نیرو و تندرستی و همسری زیبا و خوش‌خلق و درستکار، دارایی‌های فراوان از قبیل کشتزارها، بوستان، اموال، حیوانات، چهارپایان و محصولات بی‌شمار داد؛ امّا این نعمت‌ها مایهٔ سرکشی و غرور او نشد.

آزمون الهی اوضاع زندگی او را دگرگون کرد، کشتزارها خشکیدند، حیوانات و اموال از میان رفتند و فقری شدید با بیماری سخت دامنگیر آن پیامبر بزرگوار شد و مصیبت از دست دادن پسران و دختران که تعداد آنان را هفت دختر و هفت پسر ذکر کرده‌اند، بسی دشوارتر و گران‌تر بود؛ امّا ایّوب(ع) علی‌رغم این مصیبت‌ها از جای نلغزید و بنده‌ای شاکر و صابر بود تا آنکه پس از چند سال که تعداد آن را سه و تا هجده هم ذکر کرده‌اند، خداوند محنت او را برطرف ساخت و آنچه را که از وی زوال یافته بود، به او باز گردانید.

زیستگاه ایّوب(ع) را شبه جزیرهٔ عربستان و یا بادیهٔ شام دانسته‌اند: بررسی تاریخی، ج ۳، صص ۱۹۹-۱۸۳، با تصرّف و تلخیص.

کـه بـدو ایّـوب از پـا تـا بـه فـرق پاک شد از رنج‌ها چون نـورِ شـرق ۲۱۰۷

با شست‌وشو در چشمه‌ای که عنایتی از حق بود، ایّوب(ع) سراپای وجودش از بیماری و مرض پاک شد، همانند نورِ مشرق که سراپا پاکی است.

مثنوی در حجمْ گر بودی چو چرخ در نگنجیدی در او زین نیم بَرْخ [1] ۲۱۰۸

اگر مثنوی از نظر حجم به عظمتِ گردون بود، باز هم شرحِ اسرار در آن نمی‌گنجید.

کآن زمـین و آسـمانِ بس فـراخ کـرد از تـنگی دلم را شـاخ شـاخ [2] ۲۱۰۹

که این زمین و آسمانِ وسیع و با عظمت از شدّت تنگی دل عاشقان را پاره‌پاره می‌کند.

وین جهانی کاندر این خوابم نـمود از گُشـایش پـرّ و بـالم را گشـود ۲۱۱۰

پیر چنگی می‌اندیشد: دنیایی را که در خواب به من نشان دادند، فتح و گشایشی بود که مرا با بال و پر جان در عوالمی روحانی پرواز داد و از تعلّق تن و دنیای مادّی رهانید.

ایـن جـهان و راهش ار پـیدا بُـدی کم کسی یک لحظه‌یی آنجا بُـدی ۲۱۱۱

اگر مردم راهِ ورود به این جهان فرحناک را می‌شناختند لحظه‌ای در دنیای مادّی نمی‌ماندند.

امـر مـی‌آمد کـه: نـه، طـامع مشـو چو ز پایت خار بـیرون شـد، بـرو ۲۱۱۲

فرمان الهی می‌رسید که طمع مکن، اینک که خارِ تعلّقات از پایِ جانت بیرون آمده است، بازگرد.

مُول مُولی [3] **مـی‌زد آنـجا جـانِ او در فـضایِ رحـمت و احسـانِ او** ۲۱۱۳

علی‌رغم فرمانِ الهی که به بازگشت امر می‌کرد، رحمت و لطفی را کـه مـی‌دید، سبب می‌شد که درنگ کند، شاید نصیبی دیگر یابد.

در خواب گفتنِ هاتف مر عمر را رَضِیَ اللهُ عَنْه، که : چندین زر از بیت‌المال به آن مردْ دِه که درگورستان خُفته است

آن زمان حق بر عُمَر خوابی گماشت تاکه خویش از خواب نتوانست داشت ۲۱۱۴

همان موقع حق خوابی را بر عُمَر مستولی ساخت که نتوانست در برابر آن مقاومت کند.

---

۱ - **بَرْخ** : پاره‌ای، قسمتی. ۲ - **شاخْ شاخْ** : چاک چاک، پاره پاره. ۳ - **مُول مُول** : درنگ کردن.

۲۱۱۵ **در عجب افتاد کین معهود نیست   این ز غیب افتاد، بی مقصود نیست**

عُمَر، متعجّب شد که خواب در این هنگام بی‌سابقه و قطعاً از عالمِ غیب است که سرّی در آن نهان است.

۲۱۱۶ **سر نهاد و خواب بردش، خواب دید   کآمدش از حق ندا، جانش شنید**

بنابراین خوابید و در خواب دید که ندایی از حق می‌رسد و جانِ او آن ندا را می‌شنود.

۲۱۱۷ **آن ندایی کَاصل هر بانگ و نواست   خود ندا آن است و این باقی صداست**[1]

ندایی را شنید که حقیقتِ هر بانگ و نوایی است، ندایی که خطاب حق بود. نداِ حقیقی همان است و به غیرِ آن، همه صداست.

۲۱۱۸ **تُرک و کُرد و پارسی و عرب   فهم کرده آن ندا بی‌گوش و لب**

ندایی که جانِ همگان با آن آشناست و اگر مورد خطاب قرار گیرند، بی‌آنکه لبی به حرکت آید یا گوشی بشنود، با گوشِ جان آن را می‌نیوشند.

۲۱۱۹ **خود چه جای ترک و تاجیک[2] است و زنگ؟   فهم کردست آن ندا را چوب و سنگ**

نه تنها ترک و غیر ترک و سیاه و سفید این ندای الهی را درک می‌کنند، بلکه جمادات نیز قادر به درک آن هستند و در تحت سیطرهٔ قدرت الهی موجودی یافته‌اند و قائم به ذات حق و مرتبطِ با آفرینندهٔ خویش‌اند.

۲۱۲۰ **هر دمی از وِیْ همی آید اَلَسْت[3]   جوهر و اَعراض می‌گردند هست**

در هر لحظه نداِ الهی که چیزی جز امر خداوندی نیست، در «عالم هستی» ساری و جاری است که می‌توان آن را «نداِ تکوینی» خواند و چون امری دائمی است، «اعیان ممکنات» با این ندا از مرتبهٔ حضور در «علم الهی» به «مرتبهٔ عینی» می‌رسند و در مرتبه‌ای از مراتب وجود قرار می‌گیرند. حیات و زندگی در عالم به‌طور مرتب در حال تجدید و نو شدن است. امرِ ایجاد و فیضِ حق تعالیٰ به جهتِ وجود بخشی از صفات اوست که از ذات حق جدا نیست. بنابراین آفرینش امری است دائمی و

---

۱ - هر صوتی را که می‌شنویم، اصلِ آن ندایی است از حق. نداِ حق را جان متّصل به حق می‌تواند دریابد.

۲ - **تاجیک**: غیر عرب و ترک را تاجیک نامند. تازیک و تاژیک بر وزن و معنی تاجیک است. اصل این کلمهٔ پهلوی تاجیک منسوب به قبیلهٔ تاج است که از قبایل ایران بوده است. مؤلّف قاموس الاعلام ترکی می‌نویسد: تاجیک در اصل نام قومی از ترک‌ها بوده و این زمان این نام را به یک طایفهٔ ایرانی‌الاصل و متکلّم به زبان فارسی و مقیم در آسیای وسطیٰ اطلاق می‌کنند.

۳ - ر.ک: ۱۲۴۶/۱، اشارتی قرآنی، اعراف: ۱۷۲/۷.

مخصوصِ آغاز خلقت نیست؛ بنابراین خطاب «أَلَسْتُ بِرَبِّکُمْ» به اعیان اشیا همیشگی است و همواره اعیان یعنی صورت ظاهری اشیا از علم به عین می‌آیند و در نهایت از عین به علم می‌روند و بدین ترتیب جوهر و عَرَض موجودیّتِ عینی می‌یابند و آشکار می‌شوند.

گر نمی‌آید «بلی» ز ایشان، ولی ‌‌‌ ‌ آمدنشان از عدم، باشد بلی ۲۱۲۱

هرچند که «اعیان اشیا» پاسخی را که ذریّهٔ بنی آدم به پرسش حق تعالی دادند و «قالوا بلیٰ» گفتند، نمی‌گویند؛ امّا همین که از عدم یا «علم الهی» به «عین» ظاهر شده‌اند، در واقع پاسخِ «بلیٰ» در مرتبهٔ وجودیِ خود داده‌اند.

آنچه گفتم ز آگهیِ چوب و سنگ ‌‌ ‌ در بیانش قصّه بشنو بی‌درنگ[1] ۲۱۲۲

آنچه را که در باب آگاهی چوب و سنگ و یا «اعیان ثابتهٔ جمیع اشیا» گفته شد، حقیقتی است که برای روشن‌تر شدن آن بی‌درنگ به بیان حکایتی می‌پردازیم.

نالیدنِ ستونِ حنّانه، چون برای پیغامبر صَلَّی اللهُ عَلَیْهِ وَ سَلَّمْ، منبر ساختند که جماعت انبوه شد، گفتند: ما رویِ مبارکِ تو را به هنگامِ وعظ نمی‌بینیم، و شنیدنِ رسول و صحابه آن ناله را، و سؤال و جوابِ مُصطفی صلّی الله علیه و سلّم، با ستونْ صریح[2]

اشارتی است به قصّه‌ای معروف که بر اساس آن مسجد پیامبر(ص) در مدینه صُفّه‌ای داشت رو به قبله که تنه‌های درختان خرما را در آن مکان به صورت ستون به کار برده بودند و به شکل داربست و کازه‌مانند باگیاهان و شاخه‌های درختان مسقّف کرده بودند. هنگام خطبه، رسول خدا(ص) به ساقهٔ درختی تکیه می‌داد و سخن می‌فرمود. روزی یکی از صحابه با اجازه از حضرتش برای وی منبری که دارای سه پلّه بود ساخت تا پیامبر(ص) هنگام خطابه بر آن بایستد و مردم ایشان را ببینند و سخنانش را بشنوند. هنگامی که آن حضرت بالای منبر قرار گرفت، آن ستون که ساقهٔ درختی بود به سوی او متمایل شد. پیامبر(ص) فرمود: ای ستون بر

---

۱ - در متن کهن نوشته‌اند : زانچ گفتم من ز فهم سنگ و چوب ‌ ‌ در بیانش قصّهٔ بشنو تو خوب
و در مقابله به صورت فوق اصلاح کرده‌اند.

۲ - مأخذ آن حدیث منقول در دلائل النّبوّه حافظ ابی نعیم است که بخاری نیز در صحیح آورده است: احادیث، ص ۹۷.

جای خود باش. آنگاه به اصحاب فرمود: این ساقهٔ درخت به من نـالید، سـپس گـفت: ای ستون آرام گیر. اگر خواهی تو را در بهشت نشانم تا نیک‌مردان از میوه‌ات بخورند و اگر هم مایلی تو را نخلی سازم چنانکه بودی. ستون آخرت را بر دنیا برگزید.

جانِ کلام آنکه: سریان شعور در همهٔ حقایق در عالم هستی وجود دارد و در این مـورد آیـات و روایـات و نصوص متعدّدی نیز وارد است، نظیر: اسراء : ۴۴/۱۷ : ... وَ إِنْ مِنْ شَیءٍ إِلاَّ یُسَبِّحُ بِحَمْدِهِ وَ لٰکِنْ لا تَفْقَهُونَ تَسْبِیحَهُمْ... : و هیچ چیز نیست مگر آنکه شاکرانه او را تسبیح می‌گویند، ولی شما تسبیح آنان را در نمی‌یابید.

اُستنِ حنّانه[1] از هَجرِ رسول نـاله می‌زد همچو اربابِ عُقول ۲۱۲۳

ساقهٔ درخت خرما که پس از ساختن منبری برای رسول(ص) به حنّانه معروف گشت، از هجران پیامبر ناله سر داد، آن‌چنانکه صاحبان ادراک متعالی.

گفت پیغمبر: چه خواهی ای ستون؟ گفت: جانم از فراقت گشت خون ۲۱۲۴

پیامبر(ص) فرمود: ای ستون، چه می‌خواهی؟ گفت: جان من از دوری تو بی‌تاب و خونین است.

مَسندت من بودم، از من تاختی بـر سرِ منبر تو مسند ساختی ۲۱۲۵

هنگام وعظ به من تکیه می‌کردی؛ امّا اینک مرا رها ساخته و منبر را جایگاه خویش قرار داده‌ای.

گفت: خواهی که تو را نخلی کُنند شرقی و غربی ز تو میوه چِنند؟ ۲۱۲۶

رسول(ص) فرمود: می‌خواهی که باز هم درخت خرما شوی و به مردم شرق و غرب میوه بدهی؟

یا در آن عالم، حَقَت سروی کند تـا تـر و تـازه بمانی تـا ابد؟ ۲۱۲۷

یا مایل هستی که حق تو را در جهان باقی به درخت سرو تبدیل کند که تا ابد شاداب بمانی؟

گفت: آن خواهم که دایم شد بَقاش بشنو ای غافل! کم از چوبی مباش ۲۱۲۸

ستون حنّانه پاسخ داد: بقای همیشگی می‌خواهم. اینک ای غافل، از تکه چوبی بی‌قدرتر نباش.

آن ستون را دفن کرد انـدر زمین تا چو مردم حشر گردد یومِ دین ۲۱۲۹

پیامبر(ص) فرمود: ستون را در زمین مدفون ساختند تا در رستاخیز مانند مردم زنده شود.

تا بدانی هر کـه را یـزدان بـخواند از هـمه کـارِ جهان بی‌کار مـاند ۲۱۳۰

این داستان گفته شد که بدانی ندای حق را اشیا هم می‌شنوند و برحسب مرتبهٔ وجودیِ

---

[1] - **حنّانه** : ناله‌گر.

خود پاسخ می‌دهند. چنانکه ساقهٔ درخت خرما که ندای حق را شنیده بود، باز هم خواهان آن ندا بود. هرکس که ندای حق را بشنود، کارهای جهان در ذهنش بی‌اعتبار می‌شود.

هر که را باشد ز یـزدان کـار و بـار　　　یافت بار آنجا، و بیرون شد زکـار ۲۱۳۱

هرکس که جانش چنین ندایی را شنیده باشد، به خِردی عارفانه رسیده و کار و بار او همه حق‌گویی و حق‌جویی و حق‌خواهی شده است و از بار یافتگانِ درگاه به شمار می‌رود.

آنکـــه او را نَـبْوَد از اســرارْ داد[1]　　　کی کـند تـصدیق، او نـالهٔ جـماد؟ ۲۱۳۲

کسی که از اسرار الهی بی‌بهره است، کجا می‌تواند نالهٔ جمادات را بشنود و تأیید کند؟

گوید: آری، نـه ز دل، بـهرِ وِفـاق[2]　　　تا نگویندش که: هست اهـلِ نـفاق ۲۱۳۳

کسی که هرگز ادراکی از عوالم روحانی نداشته، مُنکرِ درک و شعور جمادات است؛ امّا از آنجا که در این مورد آیات و روایات و نصوص متعدّدی وجود دارد، به ناچار، کلامی موافق می‌رانَد تا وی را از اهل نفاق ندانند؛ امّا در خلوت خویش، آیات و احادیث مربوطه را تأویل‌پذیر می‌شمارد.

گـــر نِـیَندی واقــفانِ امــرِ کُــن　　　در جهان رد گشته بودی این سخُن ۲۱۳۴

امرکُن؛ اشارتی قرآنی، برگرفته از «کُنْ فَیَکُونُ» که در قرآن مکرراً آمده است، بقره: ۱۱۷/۲، یس: ۸۲/۳۶و مفهوم آن چنین است: از ارادهٔ الهی تا تحقّق آن امر فاصله‌ای نیست. «چون به کاری اراده کند، فقط می‌گوید موجود شو و بی‌درنگ موجود می‌شود». و این همان ندای تکوینی است که جمیع ممکنات قادر به درک آن هستند و همان‌گونه که قبلاً گفته شد، ندای تکوینی را در علم الهی، «اعیان ثابتهٔ» اشیا می‌شنوند و از «علم» به «عین» راهی می‌گردند و اگر جز این بود که تاکنون این کلام توسط بزرگان معرفت و اهلِ دل رد شده بود.

«ابن عربی در فتوحات به صراحت اعلام کرده که این مسأله را از طریق کشفِ باطنی دریافته است، فتوحات مکیه، ج ۱، ص ۱۵۴، همچنین گفته است: هرکس می‌خواهد از این راز آگاه شود باید راه مردان پیش گیرد تا نطق جمادات را امری واقعی ببیند».[3] نیکلسون به نقل از کشف‌المحجوب هجویری: خود شاهد بوده است که ستونی در مسجد با ابوالقاسم کُرّکانی سخن گفت.[4]

صد هزاران ز اهلِ تـقلید و نشـان[5]　　　افکَـــنَدْشان نـــیمْ وهـمی در گُـمان ۲۱۳۵

کسانی که بر اساس تقلید و نشانی که پیشینیان برجای گذاشته‌اند، استدلال می‌کنند و از

---

۱ - **داد**: عطیه، بخشش.　۲ - **وفاق**: موافقت.　۳ - شرح مثنوی شریف، ص ۸۶۶.

۴ - شرح مثنوی مولوی، ص ۳۱۶.

۵ - **اهل تقلید و نشان**: صاحبان علوم کسبی و رسمی، اینجا حُکمایی که به عنوان مثال کلام افلاطون یا ارسطو را دربست می‌پذیرفتند و احتجاج را رد می‌کردند.

اثر به اثرگذار می‌رسند، با کمترین توهّم به شک و تردید مبتلا می‌شوند؛ زیرا در اثر کشف و شهود به حقایق نرسیده‌اند. «فلاسفهٔ هم‌عصر مولانا و معتزله چنین بودند و اقوال پیشینیان را مانند اصلِ مسلّم پذیرفته بودند و از اثر بر مؤثّر استدلال می‌کردند.»[۱]

که به ظن تقلید و استدلالشان قایم است، و جمله پرّ و بالشان ۲۱۳۶

تقلید و استدلالِ آنان بر مبنای آموخته‌ها، یعنی «ظنّ و گمان» است و پر و بال تفکّراتشان نیز در محدودهٔ عقل جزوی است.

شُبهه‌یی انگیزد آن شیطانِ دون در فُتند این جمله کوران سرنگون ۲۱۳۷

با کوچک‌ترین وسوسه و شبهه‌ای که شیطان در ایشان بیفکند، مانند دسته‌ای از کوران که چاه را نمی‌بینند و سرنگون می‌گردند، به مغاکی از وهم و گمان درمی‌افتند.

پایِ استدلالیان[۲] چوبین بُوَد پایِ چوبین سخت بی‌تمکین[۳] بُوَد ۲۱۳۸

حُکما و فلاسفه برای رسیدن به حقایق، ادلّه‌ای عقلی می‌آورند و چون در نظر عارف کامل، عقل جزوی به سبب محدودیّتی که دارد، نمی‌تواند به حیطهٔ روحانی، معنوی و عشق وارد شود؛ پس کاملان، دلایل عقلی حکما را مانند پایی چوبین و یا عصایی می‌دانند که ناتوانان یا کوران را یاری می‌کند و پای حقیقی را ندارد.

غیرِ آن قطب زمان[۴] دیده‌وَر کز ثباتش کوه گردد خیره سر ۲۱۳۹

مگر قطبِ زمان یا ولیِّ خدا که بصیر است و دیده‌ای حقیقت‌بین دارد و چنان ثابت‌قدم است که از این همه ثبات و وقار، کوه با تمامِ عظمتش حیران می‌گردد.

پایِ نابینا عصا باشد، عصا تا نیفتد سرنگون او بر حَصا[۵] ۲۱۴۰

فردِ نابینا از عصا کمک می‌جوید تا راه را بیابد و در سنگ‌ریزه‌ها سرنگون نگردد.

آن سواری کو سپه را شد ظفر اهلِ دین را کیست؟ سلطانِ بصر ۲۱۴۱

آن یکّه‌سواری که موجب پیروزی سپاهِ دین شد، کسی جز سلطان بصیرت و معرفت نیست.

---

۱ - شرح مثنوی شریف، ص ۸۶۶.

۲ - **استدلالیان**: جمعِ استدلال. تقریر دلیل برای ثابت‌کردن مدلول. مجازاً حکیم و فیلسوف که به استدلال عقلی می‌پردازد، مقابل عارف که به کشف و شهود معتقد است. ۳ - **تمکین**: استواری و پایداری.

۴ - **قطب زمان**: از مردان خدا و اولیاءالله. رهبر بزرگ طریقت و حقیقت. قطب در عالم وجود به منزلهٔ روح است در بدن. متصرّفات او از عرش تا فرش است: ف. سجّادی، ص ۶۴۰. ۵ - **حَصا**: سنگ‌ریزه.

دفتر اوّل ۵۰۳

بـا عـصا، کـوران اگـر ره دیـده‌انـد　　　در پـنـاهِ خـلـقِ روشـن دیـده‌انـد ۲۱۴۲

نابینایان به کمک عصا راه را می‌یابند؛ زیرا در کنار آنان، بینایان هستند و در هنگام لزوم به یاری ایشان می‌شتابند.

گـر نه بـینایان بُـدندی و شـهان　　　جمله کوران مُـرده‌انـدی در جـهان ۲۱۴۳

اگر در جهان افراد بینا نبودند، زندگی و حیات استمرار نمی‌یافت، به همین ترتیب اگر سلاطین دل که بینا به اسرار و حقایق الهی‌اند، نبودند، همهٔ انسان‌ها با کوردلی و با بی‌بصیرتی می‌زیستند و حیاتِ الهی خود را که در عوالم روحانی است، از دست می‌دادند.

نـه ز کـوران کِشت آیـد، نـه درود　　　نه عـمارت، نـه تـجارت‌ها و سـود ۲۱۴۴

فرد نابینا قادر به کِشت یا دِرو کردن و آبادانی و عمران یا داد و ستد نیست.

گـر نکـردی رحـمت و افـضالتان　　　در شکسـتی چـوبِ اسـتدلالتان ۲۱۴۵

اگر لطف و رحمت الهی شامل حال شما نمی‌شد، دلایل عقلانی‌تان را که مانند چوب شکننده است، نابود می‌ساخت.

این عصا چه بْوَد؟ قیاسات[1] و دلیل　　　آن عـصا که دادشان بینا جـلیل ۲۱۴۶

عصای استدلالیان [حکما و فلاسفه] قیاس و ادلّه است که به آن اعتمادی نیست؛ امّا اهل معرفت، عصایی از حق دریافت کرده‌اند که همان «بصیرت» و «دیدهٔ حق‌بین» و قابل اعتماد است.

چون عصا[2]، شد آلتِ جنگ و نفیر[3]　　　آن عصا را خُرد بشکن ای ضَریر[4]![5] ۲۱۴۷

ای کور، چون «ادلّه و براهین» ابزار خصومت و درگیری شده‌اند، آن را بشکن.

---

۱ - **قیاسات** : جمع قیاس، در معنی لغوی دو چیز را با هم سنجیدن. در اصطلاح منطق، گفتاری است مرکب از دو یا چند قضیّه که تسلیم و پذیرفتن آن موجب پذیرش قول دیگر می‌گردد که نتیجهٔ آن‌هاست، به عنوان مثال آب در صد درجه به جوش می‌آید؛ پس آب درون کاسه نیز در صد درجه به جوش خواهد آمد. در اینجا استدلال وجه قیاسی دارد. وجوه دیگر آن استقراء و تمثیل‌اند.　　۲ - **عصا** : اینجا «دلایل و برهانِ» اصحابِ نظر.

۳ - **نفیر** : جنگ و درگیری.　　۴ - **ضریر** : کور.

۵ - کسانی که در سیر حکمت تأمّل کرده‌اند، می‌دانند که حکمای هوشمند چون به درستی نظر کرده‌اند، دریافته‌اند که در بسیاری از عقاید و ادلّه، به اشتباه رفته بودند و هر چه بر معلومات افزوده شده بر مجهولات نیز، و به مشکلاتی برخوردند که پیش از آن نبود. نکتهٔ دیگر آنکه صاحب‌نظران همواره دو دسته بوده‌اند که پنهان و آشکارا با هم کشمکش داشته‌اند، یک دسته آنان که می‌خواستند همهٔ امور جهان را در تحتِ قوانینِ طبیعی در آورند که آنان را مادّیون می‌نامند و دستهٔ دیگر آن‌ها که برای کشف راز دهر، حقیقتی غیر مادّی نیز قائل بوده‌اند و هرچندگاه یکی از این دوگروه با کسب معلومات و نظریّات تازه و جدید خود را بر دستهٔ دیگر غالب دانسته‌اند و لیکن به زودی گروه دیگر مسائلی را طرح کرده‌اند که معلوم شده است که فتح و غلبه فرقهٔ مقابل کلّی و قطعی نبوده است: سیر حکمت در اروپا، فروغی، ج ۳، صص ۲۷۱-۲۷۰.

کلام مولانا در ارتباط است با احوالِ حُکمایِ هم‌عصر وی که غالباً اقوال پیشینیان، مانند ارسطو و افلاطون را مانندِ اصلِ ثابت علمی می‌پذیرفتند و اشتباهاتِ ایشان را از نهایت اعتقاد تأویل می‌کردند و برای متأخّرین حقّی برای افزودن یا کاستنِ آن قائل نمی‌شدند؛ بنابراین حکمت و فلسفه‌ای که جنبهٔ تقلید داشت، مورد اعتراض مولاناست، نه فلسفه‌ای که مبتنی بر پژوهش و ادراک حقیقت مطابق اصول است.

او عصاتان داد، تا پیش آمدیت آن عصا، از خشم هم بر وِیْ زدیت ۲۱۴۸

خطاب به اهلِ استدلال می‌فرماید: این ادلّه و براهینی که حُکما و فلاسفه می‌آورند، در اثر بیان حقایقِ عالم توسط کاملان و پیامبران و اولیا بوده است که علوم و اسراری را برملا ساختند و ذهن پویای حُکما به تعبیر و تفسیر و تردید در باب آن پرداخت و برای ردّ و یا تأیید آن در طیّ قرون متمادی متوسّل به «استدلال و برهان» گردید. پس این عصا را هم، حق به شما داده است تا راه را بیابید و حرکت کنید؛ امّا عدم شهود حقایق سبب شد که از آن به عنوان آلتی برای کشمکش و مغلوب ساختن دیگران یا ردّ کلام انبیا و اولیا استفاده کردید.

حلقهٔ کوران! به چه کار اندرید؟ دیدبان را در میانه آورید ۲۱۴۹

ای گروهی که چشم بصیرت و حق‌بینی ندارید، دور یک‌دیگر حلقه زده‌اید و کورکورانه به چه می‌پردازید؟ از صاحبِ بصیرتی بخواهید که شما را یاری کند و به مقصود برساند.

دامنِ او گیر کو دادت عصا در نگر کآدم چه‌ها دید از عَصیٰ ۲۱۵۰

دست به دامان کسی بزنید که عصا را به شما داده است. تعمّق کن که آدم(ع) از عصایِ استدلال چه دید: اشارتی قرآنی، طه: ۱۲۱/۲۰.

معجزهٔ موسی و احمد را نگر چون عصا شد مار و اُسْتُن با خبر ۲۱۵۱

به معجزهٔ موسیٰ(ع) توجّه کن که چگونه عصای او ماری عظیم شد: اشارتی قرآنی، اعراف: ۱۰۴/۷ و شعرا: ۳۱/۲۶، یا چگونه ستونی از هجر رسول(ص) حنین کرد؟

دفتر اوّل ۵۰۵

۲۱۵۲ از عصا ماری و از اُستُنِ حَنین   پنج نوبت¹ می‌زنند از بهرِ دین

مبدّل شدن عصا به اژدها یا نالیدن ستون حنّانه، اموری بر خلاف عادت و معجزه‌اند، و نشانه‌هایی برای تبیین قدرتِ خداوندی و تسلّط حق بر کلّ کائنات بدون واسطه به شمار می‌آیند.

۲۱۵۳ گر نه نامعقول² بودی این مزه³   کِی بُدی حاجت به چندین مُعجزه؟

اگر ادراکات روحانی و معنوی برای همگان امکان‌پذیر بود و همه می‌توانستند طعم دل‌انگیز امور معنوی را دریابند، نیازی به خرق عادت و معجزات نبود.

۲۱۵۴ هر چه معقول است، عقلش می‌خورد   بی بیانِ معجزه بی جرّ و مَد⁴

آنچه را که قابل درک برای «عقل جزوی» است، طبیعتاً می‌پذیرد و هضم می‌کند، بدون آنکه نیازی به معجزات و بحث و جدل باشد.

۲۱۵۵ این طریقِ بکرِ نامعقول بین   در دلِ هر مُقبلی مقبول بین

به این روش بکر و غیر قابلِ درک با عقل جزوی انسان توجّه کن و ببین که آن را همهٔ کسانی که مقبول درگاه حقاند، از دل و جان پذیرفته‌اند و قبول دارند.

۲۱۵۶ همچنان کز بیم آدم، دیو و دد   در جزایر در رمیدند از حَسد⁵

از بیم آدم(ع) و به طور کلّی نسل بشر، با به کار بردن علوم ظاهری و باطنی، دیوان و ددان رمیدند و قدرت مقابله را در خویش نیافتند.

۲۱۵۷ هم ز بیم معجزاتِ انبیا   سر کشیده منکران زیرِ گیا

همان گونه که بعضی از پرندگان مانند کبک یا تیهو از بیم پرندگانِ شکاریِ قوی پنجه خود

---

۱ - همچنین گلبانگ اذان که بیش از چهارده قرن است که از منارهٔ مساجد به گوش می‌رسد و مؤمنان را به ارتباط با خالق فرا می‌خواند نیز خود معجزه‌ای است مستمرکه آن را نشانِ اقتدار حق تعالیٰ و اولیا می‌توان دانست، همان‌گونه که در قدیم نوبت زدن یا نقاره زدن بر سردر ارگ سلطنتی رسم بود و نشانی بود بر شوکت و اقتدار سلطان. کما اینکه هنوز هم در حرم مطهّر در مشهد بر سر در شرقی صحن کهنه، این رسم در هنگام برآمدن و فرورفتن آفتاب معمول است.   ۲ - **نامعقول**: چیزی که با عقل نمی‌توان بدان رسید.   ۳ - **این مزه**: طعم و ذوق.
۴ - **جرّ و مَد**: جزر و مد.
۵ - ظاهراً ناظر است به روایتی از طبری: جنّیان اوّلین گروهی بودند که در روی زمین ساکن شدند. آنها کارشان افساد و خونریزی و کشتن یکدیگر بود. به همین جهت خداوند ابلیس را با جمعی از فرشتگان برای مقاتلهٔ با آنان مأمورکرد. ابلیس و همراهان وی موفّق شدند در این درگیری آنها را به جزایر دوردست و اطراف کوه‌ها تبعید و ساکن کنند: احادیث، ص ۵۰.

را در زیر بوته‌ها پنهان می‌دارند، منکران نیز از بیم قدرت و معجزات انبیا خود را در زیر اعمال ریاکارانه مخفی می‌دارند.

تا به ناموس[1] مسلمانی زِیَند   در تَسَلُّس[2]، تا ندانی که کی‌اند ۲۱۵۸

ریا می‌ورزند تا به آبروی مسلمانی با حرمت زندگی کنند و کسی تظاهر آنان را نداند.

همچو قَلّابان[3] بر آن نقدِ تباه   نُقره می‌مالند و نامِ پادشاه ۲۱۵۹

این منکران، همانند دغلبازانی‌اند که پول سیاه را آب نقره می‌دهند و نام شاه را بر آن حک می‌کنند.

ظاهرِ الفاظشان توحید و شرع   باطنِ آن، همچو در نان تُخمِ صَرع[4] ۲۱۶۰

کلام آنان به‌ظاهر از توحید و شریعت دم می‌زند و در حقیقت مانند دانه‌ای مسموم است.

فلسفی را زَهره نه تا دم زند   دم زند، دینِ حَقّش بر هم زند ۲۱۶۱

فیلسوف‌نما جرأت ندارد بر خلافِ شریعت سخن بگوید؛ زیرا دین حق بساط وی را برهم می‌زند.

دست و پایِ او جماد و جانِ او   هر چه گوید، آن دو در فرمانِ او ۲۱۶۲

همان گونه که دست و پا و اعضایِ بدن او از مادّه تشکیل شده و جماداند، جانِ او نیز صفات متعالی خود را از دست داده و در حکم جمادات است و آنچه را جانِ نازل امر کند، تن فرمان می‌برد.

با زبان گرچه که تهمت می‌نهند   دست و پاهاشان گواهی می‌دهند[5] ۲۱۶۳

منکران با انکار حقایق را به پنداری واهی نهان می‌دارند؛ امّا اجزای وجودشان بر آنچه کرده‌اند، گواهانی راستین‌اند.

---

۱ - **ناموس** : آبرو.   ۲ - **تسلُّس** : ریاکاری و سالوس‌ورزی.
۳ - **قَلاّبان** : جمع قَلاّب. کسی که با طلای کم عیار و تقلّبی سکّه می‌زند، دغاباز.
۴ - **تخم صرع** : صرع بیماری تناوبی که با تشنّجات همراه است و حسّ و شناسایی در آن از بین می‌رود (اپیلپسیا). تخم صرع، مقصود تخمی است که استاد فروزانفر آن را از خاندان میخک به نام «لَخنیس» ذکر کرده است که در میان گندم می‌روید و در مازندران همزمان با گندم می‌رسد و تخم آن که خرد و ریز است می‌ریزد، به سببِ سمّیّت بدان گندم دیوانه گویند، نانی که با این گندم پخته گردد سر را سنگین می‌کند.
۵ - اشارتی قرآنی؛ یس : ۶۵/۳۶ : وَ تُکَلِّمُنا أَیْدیهِمْ وَ تَشْهَدُ أَرْجُلُهُمْ بِما کانوا یَکْسِبُونَ : و دست‌هاشان با ما سخن می‌گویند و پاهاشان بدانچه کسب می‌کردند گواهی می‌دهند.
مطابق همین آیهٔ شریفه، در روز رستاخیز، بر دهان‌ها مهر نهاده می‌شود و اجزای پیکر منکران سخن می‌گویند.

اظهارِ معجزهٔ پیغمبر، صلّی اللهُ عَلَیْه وَ سَلَّم: به سخن آمدنِ سنگ‌ریزه در دستِ ابوجهل عَلَیْهِ اَللّعنَه، و گواهی دادنِ سنگ‌ریزه بر حقّیّتِ محمّد صلّی اللهُ عَلَیْهِ و سَلَّمْ، به رسالتِ او[1]

سنگریزه‌ای چند در دست ابوجهل بود. وی که از منکران پیامبر(ص) به شمار می‌آمد، از سر امتحان و به پنداری واهی از رسول خدا(ص) خواست که بگوید: در مشت او چه چیزی نهان است؟ حضرت در پاسخ فرمود: کدام را بگویم؟ بگویم که در مشت تو چیست یا بگویم که آن‌ها بر حقّانیّت من گواهی دهند؟

سِرّ کلامِ آنکه: حقیقت وجود که عبارت است از حقِّ اوّل، در تمامِ ماهیّات و اعیان ثابته متجلّی و ظاهر است. این حقیقت از سنخِ مفاهیم عقلی نیست و در مراتب مختلف تجلّی می‌یابد؛ بنابراین تسبیح سنگریزه که در مرتبه‌ای خاص از مراتب هستی است و شنیدن آن به گوش حق‌نیوش و یا به ارادهٔ کاملان در حقِّ بوجهلان، از حقایقی است که مؤمنان را در آن یقین است و منکران را انکار.

سنگ‌ها اندر کفِ بوجهل بود — گفت: ای احمد! بگو این چیست؟ زود ۲۱۶۴

چند سنگریزه در مشت ابوجهل بود. به رسول(ص) گفت: بگو که در دست من چیست؟

گر رسولی، چیست در مُشتم نهان؟ — چون خبر داری ز رازِ آسمان ۲۱۶۵

اگر رسول هستی و از اسرار آسمان‌ها خبر داری، بگو که در مشت من چیست؟

گفت: چون خواهی؟ بگویم آن چه‌هاست؟ — یا بگویند آن که: ما حقّیم و راست؟ ۲۱۶۶

فرمود: چگونه می‌خواهی؟ بگویم که آن‌ها چه هستند؟ یا آن‌ها به حقّانیّت ما گواهی دهند؟

---

۱ - استاد فروزانفر مآخذ این داستان را بنا بر روایت مثنوی نیافته است؛ امّا مضمون آن را از دلائل النّبوّة، طبع حیدرآباد دکن، ج ۲، ص ۱۵۴ نقل می‌کند: تسبیح سنگریزه از معجزات مشهور حضرت رسول اکرم(ص) است و به چند صورت نقل شده که یکی این است: از ابوذر غفاری نقل می‌کنند که گفت: ما با پیغمبر(ص) نشسته بودیم و او چند سنگریزه در مشت گرفت و آن‌ها تسبیح گفتند سپس بر زمین‌شان نهاد و خاموش شدند، دیگر بار در مشت گرفت و آن‌ها تسبیح گفتند: احادیث، ص ۹۸.

همچنین در باب سخن گفتنِ جمادات، تحت عنوان معجزات پیامبر(ص)، احمد نُوَیری در نهایةالارب می‌نویسد: علی(ع) نقل فرمود: در مکّه همراه رسول خدا(ص) بودم. آن حضرت به طرفی بیرون رفت، هیچ درخت و سنگ و کوهی نبود که پیامبر(ص) از آن بگذرد، مگر اینکه می‌گفت: درود بر تو باد ای رسول خدا: نهایة الأرب فی فنون الأدب، شهاب الدّین احمد نُوَیری، ج ۳، ص ۲۸۷.

گفت بوجهل: این دوم نادرتر است   گفت: آری، حق از آن قادرتر است ۲۱۶۷

ابوجهل گفت: مورد دوم کمیاب‌تر است. فرمود: آری؛ امّا قدرت حقّ بیش از تصوّر است.

از میانِ مُشتِ او هر پاره سنگ   در شهادت گفتن آمد بی‌درنگ ۲۱۶۸

در همان لحظه و بدون درنگ، هر پاره سنگی که در مشت ابوجهل بود، شهادت گفت.

لا اِلهَ گفت و اِلاَّ الله گفت   گوهرِ احمد رسولُ الله سُفت[1] ۲۱۶۹

هر سنگریزه لاٰ إله إلاّ الله را گفت و جوهرِ ذات رسول گرامی(ص) را بیان کرد.

چون شنید از سنگ‌ها بوجهل این   زد ز خشم آن سنگ‌ها را بر زمین ۲۱۷۰

ابوجهل که شهادت را از سنگریزه‌ها شنید، خشمگین شد و آن‌ها را به زمین پرتاب کرد.

بقیّهٔ قصّهٔ مطرب، و پیغام رسانیدنِ امیرالمؤمنین عمر رَضِیَ‌اللهُ عَنْه، به او، آنچه هاتف آواز داد

باز گرد و حالِ مطرب گوش دار   زانکه عاجز گشت مطرب، ز انتظار ۲۱۷۱

اینک باز گردیم و به بیانِ حالِ چنگی پیر بپردازیم که از انتظار عاجز شده است.

بانگ آمد مر عُمَر را، کِای عُمَر!   بندهٔ ما را ز حاجت باز خر[2] ۲۱۷۲

همچنانکه عمر در خواب بود، ندای حقّ را شنید که: حاجت بندهٔ ما را برآور.

بنده‌یی داریم خاص و محترم   سویِ گورستان تو رنجه کن قدم ۲۱۷۳

ندا گفت: بنده‌ای داریم خاص و محترم. برای دیدار وی به گورستان برو.

ای عمر! برجِه ز بیت‌المالِ عام   هفتصد دینار در کف نِهْ تمام ۲۱۷۴

ای عمر، بر خیز و از بیت‌المال مسلمانان هفتصد دینار بردار.

پیش ِ او بَر، کِای تو ما را اختیار![3] **این قَدَر بِستان، کنون معذور دار** ۲۱۷۵

این مبلغ را برای او ببر و بگو: فعلاً این مقدار را بپذیر و ما را معذور بدار.

---

۱ - **گوهر سفتن**: کنایه از کلمات دلپذیر گفتن، اینجا بیانِ شهادت.

۲ - **از حاجت باز خریدن**: نیاز کسی را بر آوردن.   ۳ - **ای تو ما را اختیار**: ای کسی که ما را تو برگزیده‌ایم.

ایــن قَــدَر از بــهرِ ابــریشمْ بــها[1]   خرج کن، چون خرج شد اینجا بیا ۲۱۷۶

این مبلغ مزد نواختن توست. آن را خرج کن. تمام شد، اینجا بیا.

پس عُــمَر زآن هــیبتِ آواز جَست   تا میان را بهرِ این خـدمت بِبَست ۲۱۷۷

عمر از هیبت و شکوه آن ندا از خواب برجَست و خود را برای انجام این خدمت آماده کرد.

ســـویِ گــورستانْ عــمر بــنْهاد رو   در بغل همیان[2]، دوان، در جُست و جو ۲۱۷۸

عمر به سوی گورستان روانه شد، کیسهٔ دینارها را در بغل داشت و دوان در جست‌وجو بود.

گِــردِ گــورستان دوانــه شـد بسـی   غـیرِ آن پـیر، او نـدید آنـجا کسـی ۲۱۷۹

اطراف گورستان را با سرعتی شبیه دویدن طی کرد و به جز پیر خنیاگر کسی را ندید.

گفت: ایـن نَـبْوَد، دگـر بـاره دویـد   مانده گشت و غیرِ آن پیر، او نـدید ۲۱۸۰

اندیشید: این بندهٔ خاص نیست و بار دیگر دوید تا درمانده شده و غیرِ پیر کسی را ندید.

گفت: حق فرمود: ما را بنده‌ای‌ست   صافی و شایسته و فرخـنده‌ای‌ست ۲۱۸۱

با خود گفت: حق فرموده است که ما را بنده‌ای است پاک و شایسته و مبارک.

پیرِ چنگی کِی بـود خـاصِ خـدا؟   حَــبَّذا[3] ای سِــرِّ پــنهان! حَــبَّذا ۲۱۸۲

پیر چنگی چگونه بندهٔ خاص درگه حق است؟ چه خوش است سِرّ پنهانی چه خوش.

بــارِ دیگـر گِـردِ گـورستان بگشت   همچو آن شیرِ شکاری گِـردِ دشت ۲۱۸۳

بار دیگر اطراف گورستان را گشت، مانند شیری که گرد دشت جویای شکار است.

چون یقین گشتش که غیرِ پیر نیست   گفت: در ظلمت دلِ روشن بسی‌ست ۲۱۸۴

وقتی مطمئن شد غیر از پیر کسی آنجا نیست، گفت: چه بسا دلِ پاک که ظاهرِ مؤمنانه ندارد.

آمد او، بـا صـد ادب آنـجا نشست   بر عمر عـطسه فُـتاد و پـیر جست ۲۱۸۵

با ادب آنجا نشست، ناگهان عطسه‌ای بر وی عارض گردید که پیر چنگی از خواب جست.

مر عُمر را دید، ماند انـدر شگِـفت   عزمِ رفـتن کـرد و لرزیـدن گـرفت ۲۱۸۶

پیر چنگی، عمر را دید و متعجّب شد. قصد رفتن کرد در حالی که بدنش می‌لرزید.

---

۱ - **ابریشم بها :** مزدِ نوازندگی. ۲ - **همیان :** کیسه‌ای که در آن زر قرار می‌دادند.
۳ - **حَبَّذا :** لفظی است عربی که برای تحسین به کار می‌رود، نظیر آن در فارسی: چه نیکو، خوشا.

گفت در باطن: خدایا از تو داد مُحتسب[1] بر پیرکی چنگی فُتاد ۲۱۸۷

پیر چنگی در دل گفت: خدایا به فریادم برس که در دست محتسب گرفتار شدم.

چون نظر اندر رخِ آن پیر کرد دید او را شرمسار و روی زرد ۲۱۸۸

عمر به صورت آن پیر نگاه کرد و دید که او با شرمساری و رخساره‌ای زرد ایستاده است.

پس عمر گفتش: مترس، از من مَرَم کِتْ[2] بشارت‌ها ز حق آورده‌ام ۲۱۸۹

بنابراین عمر به او گفت: نترس و از من فرار مکن که از جانب حق برای تو مژده دارم.

چند یزدان مِدحتِ[3] خوی تو کرد تا عُمر را عاشقِ روی تو کرد ۲۱۹۰

آن چنان حق تعالیٰ از خلق‌وخوی تو تمجید و تحسین کرد که من عاشق دیدار تو شدم.

پیش من بنشین و مهجوری مساز تا به گوشَت گویم از اقبال راز ۲۱۹۱

اینک بنشین و دوری نکن تا در گوشِ جانت از اقبالی که به تو روی آورده رازی را بگویم.

حق سلامت می‌کند، می‌پرسدت چونی از رنج و غمانِ بی حَدَت؟ ۲۱۹۲

حق تعالیٰ بهر تو سلام می‌رساند و جویای احوال توست که از رنج و غم بسیار چگونه‌ای؟

نک قُراضهٔ[4] چند، ابریشم بها خرج کن این را و باز اینجا بیا ۲۱۹۳

این پولِ ناچیز، دستمزد نوازندگی توست. آن را خرج کن و باز اینجا بیا.

پیر لرزان گشت چون این را شنید دست می‌خایید[5] و بر خود می‌طپید[6] ۲۱۹۴

پیرچنگی از شنیدن این سخنان لرزید و با اضطراب و بیقراری دست را به دندان می‌گزید.

بانگ می‌زد: کِای خدایِ بی‌نظیر! بس که از شرم آب شد بیچاره پیر ۲۱۹۵

فریادزنان می‌گفت: ای پروردگار بی‌همتا، بس است. پیر بیچاره از خجالت آب شد.

---

۱ - **مُحْتَسِب** : مأمور حکومتی شهر که کار او بررسی مقادیر و اندازه‌ها و نظارت در اجرای احکام دین و بازدارنده از منهیّات و اعمال نامشروع بود. اطلاق محتسب بر عمر به جهت سخت‌گیری شدید وی در امر به معروف و نهی از منکر بود. ۲ - **کِت** : که تو را. ۳ - **مِدحت** : ستایش.

۴ - **قراضه** : در اصل ریزهٔ هر چیز که از مقراض قطع شده بر زمین افتد. اینجا پول خُرد و بی‌بها، که از بابت علوّ طبع فرستنده و مقام عظیمش چنین ذکر می‌گردد. ۵ - **خاییدن** : گاز گرفتن.

۶ - **می‌طپید** : در اصل تپیدن است، مجازاً به معنی بیقراری کردن، مضطرب شدن.

چون بسی بگریست و از حد رفت درد چـنگ را زد بـر زمـین و خُـرد کـرد ۲۱۹۶

پیرمرد، بسیار گریست و از شدّتِ درد و رنج، چنگ را بر زمین زد و تکه تکه کرد.

گـفت: ای بـوده حـجابم از إله! ای مـرا تـو راه‌زن از شـاه‌راه! ۲۱۹۷

گفت: تو نمی‌گذاشتی به حق توجّه کنم و مرا از راه اصلی منحرف می‌کردی.

ای بخورده خونِ مـن هـفتاد سـال! ای ز تو رُویَـم سـیه پـیش ِکـمال! ۲۱۹۸

ای هفتاد سال عمر مرا تباه کرده! ای مایهٔ سیاهرویی‌ام نزد کمال!

ای خـدایِ بـاعطایِ بـا وفـا! رحـم کـن بـر عُـمرِ رفـته در جـفا ۲۱۹۹

ای خداوند بخشندهٔ باوفا، به عمری که در جفا و تباهی تلف کردم، رحم کن.

داد حق عُمری که هـر روزی از آن کس نـدانـد قـیمتِ آن در جـهان ۲۲۰۰

پروردگار عمری به انسان بخشیده است که بهای یک روزِ آن را هیچ کس نمی‌تواند تعیین کند.

خرج کردم عُمرِ خـود را دم بـه دم در دمـیدم جـمله را در زیـر و بـم ۲۲۰۱

عمر خود را لحظه به لحظه از دست دادم و حاصل آن نغمهٔ زیر و بمی بود که نواختم.

آه کـز یـادِ رَه[1] و پـردهٔ عـراق[2] رفت از یـادم دَمِ تـلخ فـراق ۲۲۰۲

آه و افسوس که با یاد ترانه و آهنگ، هجران و فراق از حق را از خاطر بردم.

وای کـز تـرّیِ[3] زیـرافکـندِ[4] خُـرد خشک شد کشتِ دل من، دل بمُرد ۲۲۰۳

افسوس که از لطافت زیرافکند خُرد، از حق غافل شدم و کشتزار دل من خشکید.

وای کز آوازِ این بـیست و چـهار[5] کاروان بگذشت و بیگه شد نـهار[6] ۲۲۰۴

دریغا که آوایِ دلکشِ موسیقی، چنان مشغولم داشت که گذشتِ کاروانِ عمر را در نیافتم و روزگارم به پایان آمد.

---

۱ - **رَه**: راه. پرده و مقام در موسیقی. اکنون اطلاق می‌شود بَر یک قسمت از هفت قسمت گام؛ یعنی فواصل محدود سیم بر دستهٔ ساز. به معنی مطلق آهنگ نیز آمده است.

۲ - **پردهٔ عراق**: یکی از دوازده پردهٔ موسیقی. پرده‌ها و شعب موسیقی بعضی به نام سرزمین یا شهری بوده است، مانند: اصفهان، حجاز. ۳ - **ترّی**: لطافت.

۴ - **زیرافکند**: ضربات موسیقی چهار قسم است: زیر و بم، اقرب به زیر و اقرب به بم و هر کدام را به طبیعتی از طبایع نسبت داده‌اند. زیرافکند خُرد را به طبیعت تر بودن منسوب کرده‌اند، که دو نوع است: خُرد و بزرگ: به نقل از شرح مثنوی شریف، ص ۸۸۹ ۵ - **بیست و چهار**: شعب بیست و چهارگانهٔ موسیقی.

۶ - **نهار**: روز، لیل و نهار (شب و روز).

ای خدا ! فـریادْ زیـن فـریاد خـواه   داد خواهم، نه ز کس، زین دادخواه ۲۲۰۵

خداوندا، به فریادم برس. از نَفْس خویش شکوه‌ها دارم که این چنین مرا فریفته است.

دادِ خـود از کس نـیابم، جُـز مگـر   زانکه او از مـن بـه مـن نـزدیکتر[1] ۲۲۰۶

به فریاد من هیچ کس نخواهد رسید، جز آن کس که از من به من نزدیک‌تر است.

کـین مـنی از وِیْ رسـد دَم دَم مـرا   پس ورا بینم، چو این شد کـم مـرا ۲۲۰۷

زیرا این خودبینی را هم او در وجودم نهاده است؛ پس با کم شدن خودبینی، تنها او را می‌بینم.

همچو آن، کو با تو بـاشد زر شُـمَر   سویِ او داری، نه سویِ خـود نـظر ۲۲۰۸

مانندِ کسی که در کنار تو در حال شمردن سکّه‌های طلا باشد، طبیعی است که به او توجّه می‌کنی، نه به خودت و در آن دم ممکن است، از خود غافل شوی و حواس تو معطوف به پولی شود که قرار است دریافت بداری. امر باطن نیز همین است، اگر آدمی به هوایِ نَفْس توجّه کند، هر لحظه وسوسه‌ای آدمی را می‌فریبد؛ امّا اگر توجّه خویش را به خالق معطوف بدارد، عنایت حق دم به دم مانند همان سکّه‌های زر می‌رسد.

گردانیدنِ عُمَر، رَضِیَ اللهُ عَنْه،
نظرِ او را از مقامِ گریه که هستی‌است، به مقامِ استغراق

پس عمر گفتش کـه: ایـن زاریِ تـو   هست هـم آثـارِ هُشـیاریِ[2] **تـو** ۲۲۰۹

پس عمر گفت: این گریه و زاری هم نشانهٔ هوشیاری و توجّهات به خود است. اصطلاحاً صحو اوّل: حالتی که سالک قبل از سُکر داشته و در هوشیاری دنیوی و نقصان و تفرقه بوده است.

راهِ فانی گشـته[3] **راهـی دیگـر است   زانکه هشیاری گـناهی دیگـر است** ۲۲۱۰

کسی که به سوی حق باز می‌گردد، باید فانی شود. هوشیاری نشانهٔ توجّه به خود و گناه بزرگی است.

۱ - اشارتی قرآنی، ق : ۱۶/۵۰ : وَ نَحْنُ أَقْرَبُ إِلَيْهِ مِنْ حَبْلِ الْوَرِيدِ : ما از رگ گردن او به او نزدیک‌تریم.

۲ - **هشیاری** : صحو یا هوشیاری حالتی است در سالک که پس از «سُکر» یا مستی حق، حاصل می‌گردد و در اصطلاح رجوع به احساس است پس از غیبت از آن: ف. سجّادی، ص ۵۲۷.

۳ - **فانی گشته** : کسی که در حق فنا یافته و به مقام استغراق رسیده است.

۲۲۱۱ **هست هشیاری ز یادِ ما مَضیٰ   ماضی و مستَقبلت پردهٔ خدا**

اینکه به یاد گذشته و آنچه که کرده‌ای هستی، هوشیاری و توجّه به خویش است. یاد گذشته و آینده، پرده و حجابی است که مانع دیدار حق می‌گردد.

۲۲۱۲ **آتش اندر زن به هر دو، تا به کِی   پُر گِرِه باشی از این هر دو چو نِی؟**

با آتش عشق حق، شراری به گذشته و آینده بزن. تا کی مانند «نی» پر از گره باشی؟ بندها را رها کن.

۲۲۱۳ **تا گره با نِیْ بُوَد، همراز نیست   همنشینِ آن لب و آواز نیست**

«نی» گره‌دار، دم نایی را خارج نمی‌کند و نمی‌تواند همنشین لب نایی گردد. آدمی نیز تا بند تعلّقات به «گذشته و آینده» را از خود جدا نکند، لایقِ دم حقّانی نمی‌شود.

۲۲۱۴ **چون به طَوْفی[1]، خود به طَوْفی مُرتدیِ[2]   چون به خانه آمدی، هم با خودی**

تا برای امور دنیوی می‌کوشی، این توجّه به غیر حق، حجاب حق است و زمانی که به خانه می‌آیی، توجّه به خود و زندگی داخلی، حجاب ادراک حقایق می‌شود.

۲۲۱۵ **ای خبرهات از خبرده بی‌خبر   توبهٔ تو از گناهِ تو بَتَر**

آنچه را که می‌گویی نشان آن است که از غفلتی که هم‌اکنون از حق داری، بی‌خبری و در چنین حالی توبهٔ تو از گناهِ تو بدتر است.

۲۲۱۶ **ای تو از حالِ گذشته توبه‌جو   کِی کنی توبه از این توبه[3]؟ بگو**

ای کسی که از اعمال و احوال گذشته پشیمان شده‌ای و توبه می‌کنی، بگو که از توبه کی توبه خواهی کرد؟

۲۲۱۷ **گاه بانگِ زیر را قِبْله کنی   گاه گریهٔ زار را قُبْله زنی[4]**

گاه بانگ زیر و بم، یعنی «هنر»ت قبلهٔ توست و گاه تمام توجّهات به گریه و زاری است و در هر دو حال، از حق محجوب بوده‌ای، ابتدا، چنگ تو را محجوب می‌داشت، و بعد که گمان کردی به آگاهی رسیدی، گریه‌های بی‌امان قبله‌ات شده است.

---

۱ - **طَوف** : گشتن به‌گرد چیزی، گشتن در کوچه و بازار.

۲ - **مُرْتَدِي** : اسم فاعل از مصدر اِرْتِداء، ردا پوشیده، مجازاً مُحْتَجِب.

۳ - **توبه** : در لفظ بازگشتن است و در شرع بازگشت از نکوهیده‌ها. توبه اوّلین منزل است از منازل این راه و اوّلین مقام است از مقامات جویندگان. عارفان گفته‌اند: شرط توبه، پشیمانی است از مخالفت با حق و انجام معاصی، دست از زلّت بداشتن اندر حال و نیّت که بازگِرد آن معصیت نگردد: رسالهٔ قشیریّه، ص ۱۳۷. اینجا مُراد آنکه: کی به حق روی خواهی آورد؟

۴ - **قُبله زدن** : بوسه زدن.

چونکه فاروق[۱] آینهٔ اسرار شد / جانِ پیر از اندرون بیدار شد ۲۲۱۸

وقتی که عمر مانند آیینه‌ای اسرار را برای پیرِ چنگی بیان کرد، جان او از خوابِ غفلت بیدار شد.

همچو جان، بی‌گریه و بی‌خنده شد / جانْش رفت و جانِ دیگر زنده شد[۲] ۲۲۱۹

بنابراین مانند جان که تحت تأثیر احوال گونه‌گون نیست، گریه و خنده را فراموش کرد. روح حیوانی‌اش رفت و روحِ الهی‌اش زنده شد.

حیرتی[۳] آمد درونش آن زمان / که برون شد از زمین و آسمان ۲۲۲۰

پیرچنگی از آگاهی جدید و کمال معرفتی که به لحظه‌ای حصول یافت، متحیّر شد. حیرتی که او را به ورای زمین و آسمان برد، به مقام استغراق در حق.

جُست و جویی از ورایِ جُست و جو[۴] / من نمی‌دانم، تو می‌دانی، بگو[۵] ۲۲۲۱

و در آن حال استغراق که اهل سیر و سلوک آن را پایان این سیر می‌نامند، به حالی رسید که عقل آن را درک نمی‌کند. طلبی که عارفان آن را سیر فی‌الله نامند. من نمی‌دانم چگونه بگویم، اگر تو می‌دانی، بگو.

حال و قالی از ورایِ حال و قال / غرقه گشته در جمالِ ذوالجلال ۲۲۲۲

حال و کلام او ماورای حال و قال بود، حالِ کسی که غرق در دریایِ جمالِ ذوالجلال است.

غرقه‌یی نه که خلاصی باشدش / یا بجز دریا، کسی بشناسدش[۶] ۲۲۲۳

چنان غرقِ دریایِ لطفِ حق بود که از این استغراق رهایی نداشت، حالی که هیچ‌کس جز همان دریای عنایت، قادر به درکِ آن نبود.

---

۱ - **فاروق**: لقب عمر بن خطاب، کسی که امور را از یک‌دیگر تمییز می‌دهد.

۲ - مقصود تبدیل نفس از مرتبهٔ نازله به نفس متعالی است. گریه و خنده از آثار جسم است. «همچو جان بی گریه و بی خنده شد» یعنی سراپای وجودش منوّر گردید مانند جان.

۳ - **حیرت**: یعنی سرگردانی و در اصطلاح اهل الله، امری است که بر قلوب عارفان در موقع تأمّل و حضور و تفکّر آنان وارد می‌شود و ایشان را متحیّر می‌گرداند: ف. سجّادی، صص ۳۳۱ و ۳۳۲.

۴ - غیر قابل درک برای عقلِ متعارف.

۵ - مولانا در شرح این حال می‌فرماید: من نمی‌دانم آن را چگونه توصیف کنم زیرا از حدّ کلام و سخن بیرون است و بیان آن را از سر تواضع به خواننده وامی‌گذارد.

۶ - مُراد آنکه: وجود او مانند قطره‌ای در دریا گُم شده بود. وجود داشت؛ امّا هستیِ فردی‌اش محو شده و به فنایِ عارفانه رسیده بود.

دفتر اوّل ۵۱۵

عقلِ جزو، از کلّ گویا نیستی گر تقاضا بر تقاضا نیستی ۲۲۲۴

اینکه «عقل جزوی» از عقل کلّ و اسرار الهی سخن می‌گوید و اسراری را برای ارشاد جویندگان بیان می‌دارد، بدان جهت است که عقل جزوی به‌طور مداوم تقاضاگر علوم و اسراری است که نمی‌تواند بدان ره بَرَد و استمرارِ نیازِ او مستلزم عنایت و اتّصالش به عقل کلّ می‌گردد.

چون تقاضا بر تقاضا می‌رسد موجِ آن دریا بدینجا می‌رسد ۲۲۲۵

طلبِ مستمر عارف، وی را به کمال الهی و مقام استغراق [پایان سیر إلی الله] می‌رسانَد و در این مقام با شروع سیرِ فِی الله، نفسِ مطمئنّه وی در اتّصال با «روحِ عالیِ عِلْوی» و نورِ محض است، اسرار و حقایقِ عقل کُلّ را درمی‌یابد.

چونکه قصّهٔ حالِ پیر اینجا رسید پیر و حالش روی در پرده کشید ۲۲۲۶

چون پیرچنگی به مقام استغراقِ در حق رسید، صورت ظاهر او و احوالش فنا گردید و در پرده‌ای از اغیار نهان شد؛ زیرا جان او بیش از این هجران و قفس تن را برنمی‌تافت.

پیر، دامن را ز گفت و گو فشاند نیم گفته در دهانِ ما بماند ۲۲۲۷

پیرچنگی سخن گفتن را رها کرد؛ زیرا فانی شده بود و بقیّهٔ گفتار در دهان ما باقی ماند.

از پی این عیش و عشرت ساختن صد هزاران جان بشاید باختن ۲۲۲۸

برای رسیدن به این عیش و عشرتِ الهی و حضور در مجمع خاصّان حق و رسیدن به دریای وحدانیّت و استغراق، اگر صدها هزار بار هم جانبازی کنیم، شایسته است.

در شکارِ بیشهٔ جان[1]، باز باش همچو خورشید جهان جانْباز باش[2] ۲۲۲۹

برای رسیدن به جان متعالی، مانندِ عقاب تیزچنگی باش که در پی شکار به ناگاه بر آن فرود می‌آید و یا مانند خورشیدِ جانباز که نورش از تابش کم نمی‌شود، جانی باقی و فزاینده بیاب.

جان‌فشان[3] افتاد خورشیدِ بلند هر دمی تی[4] می‌شود پُر می‌کنند ۲۲۳۰

خورشید در اثر فعل و انفعالات داخلی نور می‌افشانَد. نورافشانی آن چنان است که گویی

---

۱ - **بیشهٔ جان** : جان مجرّد، جان کمال یافته.

۲ - از جانبازی در این راه نباید هراسید، مانند خورشید جهان‌تاب که هر روز از مشرق طلوع می‌کند و در مغرب جان می‌بازد. ۳ - **جان فشان** : جانفشانی و جانبازی خورشید، نورافشانی آن است.

۴ - **تی** : تهی به معنی خالی.

هر دم تهی می‌شود و در همان آن از جانب حق پر می‌گردد. تمثیلی برای جانفشانی است و آنکه جهان در هر لحظه در حال تجدید است و دم به دم نو می‌گردد.

جان فشان ای آفتابِ معنوی[1] ! مر جهانِ کهنه را بنما نوی ۲۲۳۱

ای انسان کامل، تو هم همان‌گونه که خورشید جانفشانی می‌کند، پرتوافشانی کن و سالکان را جانی نو ببخش و امدادرسان سیر استکمالی‌شان باش.

در وجودِ آدمی جان و روان می‌رسد از غیب چون آبِ روان ۲۲۳۲

جان (نفس) آدمی، همواره در تغییر و تبدّل است و بنابر قاعدهٔ «تجدد امثال[2]» دائماً نو می‌شود. جان از جنس عَرَض است و ثباتی ندارد. قابلیّت تغییر یا تعالیِ ماهیّت در نهاد وی نهفته و بالقوّه است و نو شدن که به تعبیر مولانا چون آب روان از غیب می‌رسد، بنابر آفرینش است که به صورت انوار عنایت خداوندی به جان سالک می‌رسد و سببِ ترقّیِ وی می‌شود.

تفسیرِ دعایِ آن دو فرشته که هر روز بر سرِ هر بازاری منادی کنند که : اَللّٰهُمَّ أَعْطِ كُلَّ مُنْفِقٍ خَلَفاً، اَللّٰهُمَّ أَعْطِ كُلَّ مُمْسِكٍ تَلَفاً، و بیان کردن که : آن منفقْ مُجاهدِ راهِ حقّ است، نی مُسرفِ راهِ هوا

مقصود حدیث ذیل است[3]:

بندگان خدا هیچ شبی را به صبح نمی‌رسانند، مگر اینکه با نازل شدن دو فرشته همراه است. اوّلی به نفع کسی که بخشنده است، می‌گوید: خدایا، عوضش ده و دومی به ضرر کسی که خسیس است، می‌گوید: خدایا، زیانش رسان.

در ادامهٔ ابیات پیشین و در تأییدِ جانفشانی خورشید عالم ظاهر و خورشید معنا، تفسیرِ این حدیث تداعی شده است که مضمون آن نیز رمزی از نورافشانی انسان است که با ابراز سخا و جود، نور مهر و شفقت را بر دلها می‌افکَنَد و نیازمندان بینوا را جانی نو می‌بخشد و خویش را در معرضِ عنایاتِ الهی و فیوضات ربّانی قرار می‌دهد و دعای فرشتگان صحّه‌ای بر این معناست.

گفت پیغمبر که: دایم، بهرِ پند دو فرشته خوش منادی می‌کنند ۲۲۳۳

پیامبر(ص) فرمود: دو فرشته همواره منادی حق‌اند و ندایی خوش سر می‌دهند.

---

۱ - در متن «جان فشان آی آفتاب معنوی» است. ۲ - ر.ک. ۱۱۴۹/۱.

۳ - احادیث مثنوی، ص ۲۲ و احادیث و قصص، ص ۱۰۰.

کِای خدایا ! مُنفقان را سیر دار   هر درمشان را عوض دِه، صد هزار ۲۲۳۴

ای خداوند، انفاق کنندگان را خشنود بدار و در ازای هر درم که بذل می‌کنند، صد هزار درم کَرَم بفرما.

ای خدایا ! مُمسکان را در جهان   تو مده الاّ زیان اندر زیان ۲۲۳۵

خدایا، بخیلان را که از کمک به همنوع دریغ می‌کنند، جز زیان و ضرر مده.

ای بسا امساکْ کز انفاق بِهْ   مالِ حق را جز به امرِ حق مده ۲۲۳۶

چه بسا که خودداری از پرداخت مالی به دیگری از انفاق پسندیده‌تر به شمار می‌آید؛ زیرا صاحبِ حقیقیِ همه چیز خداوند است و مال و ثروتی را که آدمی می‌اندوزد، امانتی است که حق با ایجاد شرایط لازم زمینهٔ کسب آن را فراهم نموده است؛ پس امانت را نمی‌توان به ارادهٔ خویش و بنا بر تمایلات نَفْسانی هزینه کرد.

تا عوض بینی تو گنجِ بی‌کران[1]   تا نباشی از عِدادِ کافران ۲۲۳۷

کسی که در امانت خیانت نکند، گنج بیکران لطف الهی شامل حالش می‌گردد و هرگز در شمار افراد ناسپاس و ستمگر نخواهد بود.

کاشتران قربان همی کردند، تا   چیره گردد تیغشان بر مصطفی[2] ۲۲۳۸

نمونه‌ای از انفاقِ کافران، قربان کردن شتران برای پیروزی بر پیامبر(ص) و مسلمانان در جنگ بدر بود.

امرِ حق را بازجو از واصِلی   امرِ حق را در نیابد هر دلی ۲۲۳۹

کاملان می‌دانند که امر حق چیست، چه پولی در کجا باید هزینه گردد؛ پس باید از ایشان جویا شد؛ زیرا دلی که از هوس پاک نیست، توانایی تشخیصِ حق از باطل را ندارد. بر این اساس، اهل سلوک در تمام امور اعم از جزئی و کلّی به پیر طریقت و شیخ کامل مراجعه می‌کنند و صحّتِ کار را جویا می‌شوند.

چون غلامِ یاغیی کو عدل کرد   مالِ شه بر یاغیان او بذل کرد ۲۲۴۰

به عنوان مثال، غلامِ طغیانگری که به لطف شاه به مقامی می‌رسد، همین که به خزانه

---

۱ - در متن «عوض یابی» نوشته شده، به طریقِ اصلاح در مقابله در بالای «یابی»، «بینی» نوشته‌اند.
۲ - شرح آن در ابیات بعد خواهد آمد.

دسترسی می‌یابد، یاغی می‌شود و ادّعای استقلال می‌کند و برای بقای این استقلال فرضی، مال و خزانه را به تصوّر عدل و داد می‌بخشد.

در نُـبی[1] اِنـذارِ اهـلِ غـفلت است کآن همه اِنفاق‌هاشان حسرت است ۲۲۴۱

در قرآن کریم می‌خوانیم که خداوند، غافلان و مشرکان را تهدید فرمود که: انفاق آنان در روز رستاخیز ثمری جز اندوه و حسرت ندارد.

عدلِ این یاغی و دادش، نـزدِ شـاه چـه فـزایـد؟ دوری و رویِ سـیاه ۲۲۴۲

عدل و دادِ این فردِ سرکش چه سودی جز دوری از حق و روسیاهی، دارد؟

سـرورانِ مکّـه در حـربِ رسـول بـودشان قـربان بـه اومـیدِ قـبول ۲۲۴۳

اشراف مکّه در جنگ با پیامبر(ص)، هر روز ده شتر قربانی می‌کردند و امیدوار بودند که مقبول افتد.

---

۱ - اشارتی قرآنی؛ انفال : ۳۶/۸ : إِنَّ الَّذِينَ كَفَرُوا يُنْفِقُونَ أَمْوَالَهُمْ لِيَصُدُّوا عَنْ سَبِيلِ اللهِ فَسَيُنْفِقُونَهَا ثُمَّ تَكُونُ عَلَيْهِمْ حَسْرَةً ثُمَّ يُغْلَبُونَ وَالَّذِينَ كَفَرُوا إِلَىٰ جَهَنَّمَ يُحْشَرُونَ : [آن] کافران اموالشان را برای بازداشتن از راه خدا خرج می‌کنند، آری خرجش خواهند کرد آن‌گاه مایهٔ حسرت آنان می‌گردد و سرانجام مغلوب می‌گردند؛ و به سوی جهنّم رهسپار می‌شوند.

این آیه اشارتی به سران و ثروتمندان مشرک مکّه دارد که چون خبر احتمال حملهٔ لشکر اسلام را به کاروان برگشته از شام شنیدند، به یاری ابوسفیان و کاروانیان شتافتند. به نوشته میبدی: اینان ده نفر بودند، همه از قریش: ابوجهل، عتبه، شیبه، نضر بن حارث، ... و آخرین آنها عبّاس بن عبدالمطلب، که هر روز برای اطعام سپاهی که بسیج کرده بودند، ده شتر می‌کشتند. سرانجام بین اینان و لشکر اسلام برخوردی روی داد که همان جنگ بدر است و به شکست مشرکان انجامید. **بدرالقتال**، یا البدر الکبری، یکی از مهم‌ترین غزوات پیامبر اسلام(ص) است که در سال دوم هجری بین مسلمانان و مشرکان قریش به سرکردگی ابوسفیان رئیس خاندان امیّه درگرفت. بدر یا بدر حنین شهرکی کوچک در جنوب غربی مدینه بر سر راه کاروان‌رویی که از مدینه به شام می‌رود، واقع است. در این ناحیه در ۱۷ (یا ۱۹ و یا ۲۱) رمضان نخستین نبرد بزرگ حضرت رسول(ص) با مخالفان و مشرکان رخ داده است. چون پیامبر باخبر شد که کاروانی پربار از شام به مکّه، به ریاست ابوسفیان باز می‌گردد، نیرویی در حدود سیصد نفر تجهیز کرد. از آن سو ابوسفیان که کاروان را از حوالی مدینه عبور می‌داد، چون احساس خطر کرد پیکی به مکّه فرستاد و تقاضای کمک کرد. نیروی امدادی مکّه به سرکردگی ابوجهل متشکل از ۹۵۰ مرد همراه با زنان مُغنیه، روانه شدند. ابوجهل خود را با نیروی مکّیان به بدر رسانید و خود را چندان قدرتمند می‌انگاشت که تصوّر نمی‌کرد پیامبر(ص) و نیروی اسلام جرأت حمله به او و یا مقابله با او را داشته باشند، انفال: ۴۹/۸-۴۷، پیامبر(ص) که قوای اسلام را در نزدیک چاه‌های بدر فرود آورده بود در بامداد هفدهم رمضان خطبه‌ای خواند و نبرد آغاز شد؛ که ابتدا به صورت جنگ تن به تن درگرفت و سپس به صورت همگانی در آمد و با پیروزی مسلمانان خاتمه یافت. قبل از اسلام، در دوران جاهلیّت نیز قربانی کردن شتر، گوسفند، بُز و پیشکش آن به بت‌ها و خدایان مرسوم بود و در ماه حج و زیارت یا یکی از سه ماه مقدّس انجام می‌شد.

بهرِ ایـن مـؤمن هـمی گـوید ز بـیم   در نماز: اِهْـدِ اَلصِّـراطَ اَلْمُسْـتَقیم[1] ۲۲۴۴

چون تمییزِ حق از باطل آسان نیست، مؤمنان در نماز با بیم «صراطِ مستقیم» و هـدایت را می‌خواهند تا بتوانند حق را از باطل تشخیص دهند.

آن دِرم دادن سـخی را لایـق است   جان سپردن خود سخایِ عاشق است ۲۲۴۵

انسان بخشنده، شایستگیِ «سخا» را یافته است. سخایِ عاشق، جانبازی و ایثار زنـدگی است که جوانمردیِ ویژه‌ای را می‌طلبد.

نان دهی از بهرِ حـق، نـانت دهـند   جان دهی از بهرِ حق، جانت دهند ۲۲۴۶

اگر برای رضای خدا، خلق را سیر کنی، خداوند تو را سیر و خشنود می‌کند و اگر جان را نثار کنی، جانی باقی عنایت می‌کند.

گـر بـریزد بـرگ‌هایِ ایـن چـنار   بـرگِ بـی‌برگیش[2] بـخشد کـردگار ۲۲۴۷

در این تمثیل انسان سخاوتمند به درختی تناور و پرسایه مانند شده است که اگر به سببِ بذلِ مال در راه خداپسندانه، برگ‌هایش بریزد و از ثروتِ او چیزی نماند، خداوند در عین بی‌برگی ظاهری، به او سرسبزی و صفایِ روحانی و معنوی که همان ثروتِ حقیقی و باطنی است عطا خواهد فرمود.

گر نماند از جود در دستِ تو مـال   کِیْ کـند فـضل اِلـهَت پـایْمال؟[3] ۲۲۴۸

اگر به جهت بخششِ مال، ثروت خود را از دست بدهی، چگونه فضلِ الهی می‌گذارد که پایمال شوی؟

هر کـه کـارَد، گـردد انـبارش تـهی   لیکَش انـدر مـزرعه بـاشد بـهی ۲۲۴۹

هر کس کشت کند و بذر بیفشانَد، انبارش تهی می‌شود؛ امّا در مزرعه رشد و افـزایش محصول خواهد داشت.

وانکه در انـبار مـانْد و صـرفه کـرد   اُشْپُش[4] و موشِ حوادث پاکْ خورد ۲۲۵۰

کسی که بذری نیفشاند و صرفه‌جویی کـرد و دانـه‌ها را در انـبار نگـاه‌داشت، عـوامـل گوناگونی آن را به فساد کشانید و مزرعه تهی و بی‌برگ ماند.

---

۱ - اشارتی قرآنی؛ فاتحه : ۶/۱ : پروردگارا ما را به راه راست هدایت کن.

۲ - **برگ بی‌برگی** : تعالی معنوی، تعبیری که در مثنوی مکرراً آمده است.

۳ - اشارتی قرآنی؛ بقره : ۲۴۵/۲ : کیست که در راه خدا وامی نیکو دهد تا برای او چندین و چند برابرش کند، همین معنا در حدید : ۱۱/۵۷ : کیست که در راه خدا قرض‌الحسنه دهد، تا برایش دو چندان سازد و برایش پاداشی ارجمند است.

۴ - **اُشْپُش** : شِپِشه. جانور خُرد که غلاّت را فاسد و نابود می‌کند.

این جهان نفی است، در اثباتْ جو   صورتت صِفر است، در معنیت جو ۲۲۵۱

این جهان فانی است و عالم معنا، باقی. آنچه را که می‌خواهی در عالم باقی بجو.
ظاهر آدمی مانند عدد صفر است که به خودی خود به حساب نمی‌آید و اعتبار آن به جهت قرار گرفتن در کنار اعداد است. صورت آدمی هم به سبب قرار گرفتن در کنارِ جان او ارزشمند شده است؛ پس شأن حقیقی در معنای اوست که باید آن را در درون جست.

جانِ شورِ تلخ پیشِ تیغ بَر   جانِ چون دریایِ شیرین را بخر ۲۲۵۲

جان شور تلخ را که کنایه‌ای از جان آلوده به تعلّقات و هوای نفسانی است پیش تیغ حکم مرشد کامل ببر و نفسی را که تربیت نیافته است، به امداد رهنمون‌های ظاهری و باطنیِ او، تربیت شده باز گیر.

ور نمی‌دانی شدن زین آستان   باری از من گوش کن این داستان ۲۲۵۳

اگر نمی‌توانی از این درگاه بگذری، این حکایت را به گوش جان بشنو که در آن اندرزهایی نهفته است.

قصّهٔ خلیفه که در کَرَم در زمان خود از حاتمِ طایی گذشته بود و نظیر خود نداشت [1]

مردی بادیه نشین که از فقر و فاقهٔ زندگی بَدَوی در صحرا به تنگ آمده بود، به تلقین زن خویش مَشک آب شوری را به عنوان تحفه‌ای گرانبها به بغداد بُرد. او که از وجود دجله در سر راه آگاه نبود، در تمام طول راه نگران این هدیهٔ پربها بود و همسرش نیز در نهایت ساده‌دلی در این مدّت، سجّاده گسترده و

---

۱ - مأخذ این قصّه را که نیشخندی هنرمندانه بر پندارهای آدمی است، استاد فروزانفر کتاب روح‌الارواح ذکر کرده است که در آن، وقتی که سبب بخشش شاه را از وی می‌پرسند، می‌گوید: این اعرابی جز این که آورد، چیزی نداشت و ما از این مسکوک زر بسیار داریم.
همچنین مأخذ آن می‌تواند روایاتی باشد که شیخ عطّار در مصیبت‌نامه منظوم کرده و محمّد عوفی در جوامع‌الحکایات (باب اوّل از قسم دوم) شبیه به گفتهٔ عطّار آورده است: احادیث، صص ۱۰۳-۱۰۰. در روایت عطّار، قصّه به مأمون خلیفه منسوب است؛ امّا مولانا داستان را به خلیفه‌ای خاص منسوب نمی‌دارد و ظاهراً تمایلات فلسفی مأمون که نزد متشرعه و اصحاب حدیث خوشایند نبوده است تا حدّی بیانگر سکوت عمدی مولانا از ذکر نام او به شمار می‌رود.

«رَبِّ سلِّم» را وِرد خود ساخته بود تا خداوند تحفهٔ پر بهای آنان را سالم به خلیفه که در پندار زن هرگز چنین آب گوارایی را ندیده است، برسانَد. مرد بادیه‌نشین به دربار رسید و درگاهی دید پر از انعام که سبوی او را نیز چون جان پذیرفتند و پر از زر به وی باز گرداندند. در بازگشت، به فرمان خلیفه او را از راه دجله بردند. بادیه نشینِ بی‌خبر که عظمت دجله را مشاهده کرد، از لطف خلیفه که سبویِ آب شور او را با مهربانی و بزرگواری پذیرفته بود، حیران شد.

اینکه در روایت مولانا بر خلاف آنچه در مصیبت‌نامهٔ عطّار آمده است، خلیفه اعرابی را از راه دجله، نه از طریق بادیه، باز می‌گردانَد، از آن‌روست که اینجا خلیفه نمادی است از مرشد روحانی که تکمیل و تربیت او را نیز مدّ نظر دارد و او را در جهل ناشی از محدودیّت خویش رها نمی‌کند؛ پس او را از راه شط باز می‌گردانَد تا دیدهٔ باطنش گشوده آید و از کوته‌نظری و محدودنگری خویش که آفتِ سلوک مرید است، رهایی یابد و حقارتِ وجودِ قطره‌ای و جزئی خود را در جنب عظمت دریای وجود کلّ، بهتر درک نماید.[1]

در این تمثیل که تصویری است از بیان حال ما «نقد حال ما و توست این خوش ببین» زن نمادی است از نفس و شوی نمادی از عقل. چالش‌های میان آن دو بیانگر مبارزاتی درونی است که در نهادِ آدمی در جریان است و سبوی آب شور هم کنایه‌ای است از هستی موهومی و دانش بی‌قدر سالک، خلیفهٔ بغداد و دجلهٔ وی نیز نمادی از هستی مطلق.
طرز بیان حکایت چنان است که متناقض‌گونه می‌نماید؛ زیرا محسوس است که اعرابی همه جا نمادی از سالک و خلیفه در همه حال نمادی از حقیقت حق نیست؛ بنابراین مولانا در مقام دفع اعتراض توجّه را به سِرّ قصّه معطوف می‌دارد که بنا بر روش معهود وی در اصل داستان تصرّفاتی بدیع و دل‌انگیز داشته و بر تأثیر و دلنشینی آن افزوده است.

یک خـــلیفه بـــود در ایّـــامِ پـــیش　　　کرده حاتم[2] را غلام جودِ خـویش ۲۲۵۴

در روزگاران پیشین خلیفه‌ای بسیار بخشنده می‌زیست که حاتم طایی غلامِ کَرَم او بود.

رایتِ اِکــرام و جُــود افــراشته[3]　　　فقر و حاجت از جـهان بـرداشـته ۲۲۵۵

خلیفهٔ سخاوتمند، با دستگیری از مستمندان، فقر و نیازمندی را از ریشه برافکنده بود.

بحر و دُرّ از بخشِشَش صاف آمـده　　　دادِ او از قـــاف تـــا قـــاف[4] آمـــده ۲۲۵۶

وجودِ خلیفه، سرشار از احسان بود، گویی سخایِ او دریاها و مرواریدها را تهی کرده و عدلِ او جهان را فرا گرفته بود.

---

۱ - بحر در کوزه، ص ۴۲۹.
۲ - **حاتم ابن عبدالله بن سعد طائی:** مردی سخی و جوانمرد از قبیلهٔ طیّ که عرب به جُود و کَرَم وی مَثَل زنند. نام او در کتب و ادب پارسی و تازی بسیار آمده و قصص بسیار از وی آورده‌اند.
۳ - **رایتِ اکرام و جود افراشتن:** بسیار بخشنده و سخاوتمند بودن، پرچم‌دار بخشش بودن.
۴ - **قاف:** ر.ک. ۱۳۹۳/۱. قاف تا قاف: از این سر تا آن سر عالم.

در جهانِ خاک، ابر و آب بود مَظهرِ بخشایشِ وهّاب[1] بود ۲۲۵۷
در این دنیای خاکی وجود او همانند ابر و باران، مظهر جود و کرم خداوند بسیار بخشنده بود.

از عطااش بحر و کان در زلزله سویِ جُودش قافله بر قافله ۲۲۵۸
چنان بخشنده بود که گویی مروارید و زر و سیم در خطر نابودی و پایان یافتن بودند. مردم برای بهره‌مند شدن از جُودِ او کاروان در کاروان می‌شتافتند.

قبلهٔ حاجت در و دروازه‌اش رفته در عالَم به جُود آوازه‌اش ۲۲۵۹
درگاه او قبلهٔ حاجات بود و شهرت بخشندگی بی‌نظیرش در همه جا پیچیده بود.

هم عجم[2]، هم روم، هم تُرک و عرب مانده از جود و سخااَش در عجب ۲۲۶۰
سخاوت او شامل حال همه بود و به گروه و طایفهٔ مخصوصی تعلّق نداشت. اقوام گوناگون مانند رومی، ترک، عرب و عجم، از بخشش و کرم بسیارش شگفت‌زده بودند.

آبِ حیوان[3] بود و دریایِ کَرم زنده گشته هم عرب زو، هم عجم ۲۲۶۱
خلیفه مانند آب حیات، با دریای کرم خود بینوایان و بیچارگان را حیاتی تازه می‌بخشید و به جهت اکرام او عرب و عجم حیاتی نو یافته بودند.

قصّهٔ اعرابیِ درویش و ماجرایِ زن با او به سببِ قِلّت و درویشی

یک شب اعرابی[4] زنی مر شوی را گفت و از حد بُرد گفت و گوی را ۲۲۶۲
شبی، زنی بادیه‌نشین با شوهر به گفت‌وگو پرداخت و سخن را به درازا کشاند.

کین همه فقر و جفا، ما می‌کشیم جمله عالم در خوشی، ما ناخوشیم ۲۲۶۳
زن گفت: مااین همه فقر و بیچارگی را تحمّل می‌کنیم، در حالی‌که مردم در خوشی‌اند و ما ناخوش‌ایم.

نان‌مان نه، نان خورش‌مان درد و رشک کوزه‌مان نه، آب‌مان از دیده اشک ۲۲۶۴
نان نداریم و خورش ما درد و حسرت است، کوزهٔ آب نداریم و آبِ ما اشک چشمان ماست.

---

۱ - **وهّاب**: یکی از صفات پروردگار به معنی بسیار بخشنده. ۲ - **عَجَم**: غیر عرب، بیگانه.
۳ - **آب حیوان**: آب حیات. ۴ - **اعرابی**: عرب بیابان نشین، بادیه نشین.

جـامهٔ مـا روز، تـابِ آفـتاب — شب نـهالین و لحاف از مـاهتاب ۲۲۶۵

روزها تابش آفتاب، تن‌پوش ما و شب‌ها مهتاب تشک و لحاف ماست.

قرص ِ مه را قرص ِ نـان پنداشته — دست سـویِ آسـمان بـرداشـته ۲۲۶۶

از فرط گرسنگی قرص ماه را گِردهٔ نان می‌پنداریم و دست به سوی آسمان دراز می‌کنیم.

نـنگِ درویشـان ز درویشـیِّ مـا — روزْ شب از روزی انـدیشیِ مـا ۲۲۶۷

درویشان از فقر و فاقهٔ ما ننگ دارند؛ زیرا آن‌قدر در اندیشهٔ قُوتِ روزانه هستیم که روزِ ما شب سیاه شده است.

خویش و بیگانه شـده از مـا رَمـان — بـر مـثالِ سـامری[1] از مـردمان ۲۲۶۸

خویشاوندان و بیگانگان از ما دوری می‌کنند، مانند سامری که از مردم می‌گریخت؛ زیرا منفور همگان شده بود، ما نیز منفور خاص و عام شده‌ایم.

گر بخواهم از کسی یک مُشتِ نَسْک[2] — مر مرا گوید: خمش کُن، مرگ و جَسْک[3] ۲۲۶۹

اگر از کسی یک مشت عدس بخواهم، می‌گوید: بس کن، برای تو مرگ و بلا شایسته است.

مر عرب را فخر غَزْو است و عـطا — در عرب تو، همچو اندر خط خـطا ۲۲۷۰

افتخار عرب به جنگ و عطاست، تو در این قوم مانند وجود غلط در یک سطر، ناموزون هستی.

چه غزا؟ ما بی‌غزا خـود کُشـته‌ایـم — ما بـه تـیغِ فـقر بـی سـر گـشته‌ایـم ۲۲۷۱

ما چگونه به جنگ برویم که بدون آن هم، مانند مرده‌ایم؛ زیرا تیغ فقر ما را بی‌سر و سامان کرده است.

چه عـطا؟ مـا بـر گـدایی مـی‌تنیم — مـر مگس را در هـوا رَگ مـی‌زنیم ۲۲۷۲

چگونه مانند قوم عرب به عطای خویش تفاخر کنیم، در حالی که با بیچارگی زندگی می‌کنیم و از شدّتِ گرسنگی، مانند عنکبوت، مگس را در هوا رگ می‌زنیم تا خونش را بخوریم.

---

۱ - **سامری** : نام مردی است که در غیبت موسی(ع) گوساله‌ای زرّین ساخت که بانگ می‌کرد و بنی‌اسرائیل را آن‌گاه که موسی(ع) در طور بود به پرستش گوساله گمراه ساخت. پس از بازگشت از میقات موسی(ع) او را محکوم به کیفر «لامِساس» کرد و مردم را فرمود تا با وی حشر و نشر نکنند و تنها ماند: گوساله‌پرستی، ر.ک. به بعد از بیت ۲۰۳۶/۲.

۲ - **نَسْک** : عدس. ۳ - **مرگ و جَسْک** : مرگ و بلا.

گر کسی مهمان رسد، گر من منم شب بخُسْبد، دلقش از تن بر کَنَم ۲۲۷۳

اگر این فقر و فاقهٔ ما بر همین منوال بماند، اگر میهمانی برسد، بی‌شک شب که در خواب است جامهٔ ژنده و پاره‌اش را خواهم ربود.

مغرور شدنِ مریدانِ محتاج، به مدَّعیانِ مُزوِّر، و ایشان را شیخ و محتَشم و واصل پنداشتن، و نَقل را از نقد فرق نادانستن، و بر بَسته را از بر رُسته

بهرِ این گفتند دانایان به فن میهمانِ مُحسنان باید شدن ۲۲۷۴

از این‌روست که دانایان به تجربه دریافته و گفته‌اند که باید میهمان اهلِ سخاوت شد.

تو مرید و میهمان آن کسی کو ستانَد حاصلت را از خَسی[1] ۲۲۷۵

تو مرید و میهمانِ کسی شده‌ای که از شدّت فرومایگی دسترنج تو را می‌ستانَد.

نیست چیره، چُون تو را چیره کند؟ نور نَدْهد، مر تو را تیره کند ۲۲۷۶

او که بر نَفْسِ خود چیره نیست، چگونه تو را به امارتِ نَفْس برساند؟ درونی که منوّر نیست، تو را نورانی نمی‌کند، بلکه تیرگی را افزون‌تر می‌کند.

چون وَرا نوری نبود اندر قِران[2] نور کِی یابند از وی دیگران؟ ۲۲۷۷

چون این مدّعی، ضمیری منوّر ندارد، چگونه دیگران از وی منوّر گردند؟

همچو اَعْمَش[3] کو کند داروِ چشم چه کَشَد در چشم‌ها الّا که یَشْم؟ ۲۲۷۸

مدّعی ارشاد، مانند کسی است که با ضعف بینایی، دارو برای چشم دیگران می‌سازد. جز آنکه سنگِ یشم را در چشم‌ها بکشد، کار دیگری نمی‌تواند بکند. مراد آنکه به جای درمان، دردی بر دردها می‌افزاید.

---

۱ - هشداری به طالبان حق و حقیقت که آگاه باشند و دست ارادت به هر دستی ندهند. «چون بسی ابلیس آدم روی هست».

۲ - **قِران**: اصطلاحی نجومی، اجتماع دو ستاره یا بیشتر در یک برج و یک درجه، مقارنه. هنگامی که این کلمه را به‌طور مطلق گویند مراد اجتماع زحل و مشتری است و آنکه گویند فلان صاحب‌قران است؛ یعنی هنگام ولادت او زحل و مشتری را قِران بوده است. ۳ - **أَعْمَش**: کسی که ضعف باصره دارد و آب از چشمش می‌ریزد.

حالِ ما این است در فقر و عَنا[1] هیچ مهمانی مبا مغرورِ ما ۲۲۷۹

حال ما در رنج و فقر چنین است، خدا کند که هیچ کس گول نخورد و میهمان ما نشود.

قحطِ دَه سال، ار ندیدی در صُوَر چشم‌ها بگشا و اندر ما نگر ۲۲۸۰

اگر تصویرِ قحطی ده‌ساله را ندیده‌ای، چشم‌هایت را بگشا و نشانهٔ آشکار آن را در ما ببین.

ظاهرِ ما چون درونِ مدّعی در دلش ظلمت، زبانش شَعْشَعی[2] ۲۲۸۱

ظاهرِ ما زار و نزار، فقیر و گرسنه است، مانندِ درونِ مدّعی که زار و نزار است، دلی تاریک دارد و زبانی تابناک.

از خدا بویی نه او را، نه اثر دعویش افزون ز شیث[3] و بوآلبَشَر ۲۲۸۲

مدّعی لاف‌زن نه بویی از حقایق به مشام جانش رسیده و نه اثری از حق‌طلبی در او دیده می‌شود؛ امّا ادّعای او درکمال و توانایی ارشاد مردم برتر از پیامبران است.

دیو ننموده وَرا هم نقشِ خویش او همی گوید: ز اَبْدالیم بیش ۲۲۸۳

او چنان گمراه است که شیطان نیز با او کاری ندارد؛ امّا خود ادّعا می‌کند که از ابدال[4] برتریم.

حرفِ درویشان بدزدیده بسی تا گُمان آید که هست او خود کسی ۲۲۸۴

کلام درویشان و بزرگان اهلِ عرفان را فراگرفته است و با تکرار آن وانمود می‌کند که این سخنان محصول شهودِ اوست تا ساده‌دلان باور کنند که او از عارفانِ واصل است.

خُرده گیرد در سخن بر بایزید[5] ننگ دارد از درونِ او یزید[6] ۲۲۸۵

به سخنان بایزید ایراد می‌گیرد و کلام او را عاری از اشکال نمی‌داند، در حالی که یزید بن معاویه از درون پلید او عار دارد.

---

۱ - **عَنا**: رنج. ۲ - **شَعْشَعی**: تابناک.

۳ - **شیث**: فرزند سوم آدم و حوّا، زمانی که آدم(ع) به ۱۳۰ سالگی رسید؛ یعنی پنج سال پس از قتل هابیل، شیث به دنیا آمد و وصیّ و خلیفهٔ آدم(ع) گردید و تمام بشر از نسل او هستند؛ زیرا هابیل فرزندی نیاورد و فرزندان قابیل در توفان نوح از میان رفتند. گویند: تا هنگام مرگ در مکّه مقیم بود و او خانهٔ کعبه را با سنگ و گل بنا نهاد و در غار کوه ابوقبیس در جوار آدم و حوّا مدفون گردید. ۴ - **أبدال**: ر.ک. ۲۶۵/۱.

۵ - **بایزید**: طیفور بن عیسی بن سروشان بسطامی از بزرگان طراز اوّل اهل تصوّف (متوفّی ۲۳۴ یا ۲۶۱) در بسطام.

۶ - **یزید**: یزید فرزند معاویة بن ابی سفیان، دومین خلیفهٔ اموی (متوفّی ۶۴).

بی‌نوا از نان و خوانِ آسمان   پیشِ او نَنداخت حق یک استخوان ۲۲۸۶

او محروم از رزق معنوی و ادراکات روحانی است، کوچک‌ترین توجّهی از حق به او نشده است، حتّی در حدّ استخوانی که برای سگی پرتاب کنند.

او ندا کرده که: خوان بنهاده‌ام   نایبِ حقّم، خلیفه زاده‌ام ۲۲۸۷

با این اوصاف، مدّعی است که من نایب حق و خلیفه‌زاده‌ام و خوانی از کرم نهاده‌ام.

الصَّلا[1] ساده دلانِ[2] پیچ پیچ   تا خورید از خوانِ جُودم سیر، هیچ ۲۲۸۸

ای ساده‌دلانِ سردرگُم، بیایید تا از سفرهٔ کرمم «هیچ» را بخورید.

سال‌ها بر وعدهٔ فردا، کسان   گِردِ آن در گشته، فردا نارسان ۲۲۸۹

سال‌ها مردم ساده‌دل، به امید فردایی که در آن همهٔ خواسته‌های معنوی‌شان برآورده خواهد شد، گِردِ او گشتند و «فردای موعود» فرا نرسید.

دیر باید تا که سِرِّ آدمی   آشکارا گردد از بیش و کمی ۲۲۹۰

زمانی طولانی لازم است تا سرّ درون و بیش و کمِ آدمی بر دیگران هویدا گردد،

زیرِ دیوارِ بدن گنج است یا   خانهٔ مار است و مور و اژدها؟ ۲۲۹۱

که زیرِ دیوارِ چهره و کالبدِ انسان گنج نهفته است یا خانهٔ مار و مور و اژدهاست.

چونکه پیدا گشت کو چیزی نبود   عُمرِ طالب رفت، آگاهی چه سود؟ ۲۲۹۲

چون معلوم شد در او حقیقتی نیست، سال‌هاست که طالب ناآگاه سر بر آن در سوده و عمر را بر باد داده است، این آگاهی چه سودی دارد؟

---

۱ - **الصَّلا** : ندا کردن برای خورانیدن طعام یا دادن چیزی به کسی. گویند: آنگاه که سرمای زمستان سخت می‌شد، حاتم طایی، غلام خود یاسر را می‌گفت تا بر پشته‌ای آتش بر افروزد که راه گم‌کردگان بدان راه یابند و قصد وی کنند و این رسم اعراب بوده است برای دعوت به مهمانی و اعلام حوادث. ۲ - **ساده‌دل** : ساده‌لوح.

در بیانِ آنکه: نادر افتد که مُریدی در مُدَّعیِ مزوِّر اعتقاد به صدق بندد که او کسی است، و بدین اعتقاد به مقامی برسد که شیخش در خواب ندیده باشد، و آب و آتش او را گزند نکند و شیخش را گزند کند و لیکن به نادرِ نادر

لیک نادر طالب آید کز فروغ   در حقِ او نافع آید آن دُروغ ۲۲۹۳

به ندرت ممکن است که مریدِ صادق که در مدّعی مزوّر به اعتقاد دلبسته است، از پرتوِ صدق و ارادت متعالی گردد.

او به قصدِ نیکِ خود جایی رَسد   گرچه جان پنداشت و آن آمد جَسد ۲۲۹۴

مرید صادق خالص به سبب نیّت خوب خود که خواهان حق است، تعالی می‌یابد، هر چند که آن کس را که نور محض می‌پنداشت چون جسد تاریک و پلید بود.

چون تَحرّی[1] در دلِ شب قِبْله را   قِبله نی و آن نمازِ او روا ۲۲۹۵

حکایت این مرید، مانند کسی است که در دل شب، از روی شواهد می‌کوشد تا قبله را بیابد. او نمازش جایز است، حتّی اگر قبله را به درستی نیابد. (فتوای فقهای حنفی)[2]

مُدَّعی را قحطِ جان اندر سِر است   لیک ما را قحطِ نان بر ظاهر است ۲۲۹۶

اینک مولانا به داستان اعرابی باز می‌گردد، زن به شوی می‌گوید: چنین مدّعی لافزنی دچار فقر معنوی است که این فقدان در نهان وی است و به سادگی آشکار نیست؛ امّا ما دچار فقر و فاقهٔ ظاهری هستیم که کاملاً هویداست.

ما چرا چون مُدّعی پنهان کُنیم؟   بهرِ ناموس، مُزوِّر[3] جان کَنیم؟ ۲۲۹۷

اگر مدّعی دروغین فقدان معنویّات خود را نهان می‌دارد به سبب منافعی است که بدان چشم دارد، ما چرا برای آبرویی ریاکارانه، فقر خود را پنهان بداریم و از درد و رنج حالتی شبیه جان کندن داشته باشیم؟

---

۱ - **تحرّی**: طلب آنچه که خیر و صواب است. در اصطلاح فقها جست‌وجوی قبله از روی قرائن و شواهد در وقت بی‌اطّلاعی و نبودن فردی مطّلع. ۲ - شرح مثنوی شریف، ص ۹۷۵. ۳ - **مزوّر**: دروغگو، فریبکار.

صبر فرمودنِ اعرابی زن خود را و فضیلتِ صبر و فقر[1] بیان کردن با زن

شُوی گفتش: چند جویی دخل و کَشت؟ خود چه ماند از عُمر؟ افزون تر گذشت ۲۲۹۸

مرد گفت: تا کی می‌خواهی جویای مال و ثروت باشی؟ مگر چقدر از عمر ما باقی مانده است؟ بیشتر آن سپری شده است.

عاقل اندر بیش و نقصان ننگرد زانکه هر دُو همچو سیلی بگذرد ۲۲۹۹

انسان عاقل چندان توجّهی به کم و زیادِ مال دنیا ندارد، چون هر دو مانند سیل گذراست.

خواه صاف و خواه سیلِ تیره‌رُو چون نمی‌پاید دمی، از وِیْ مگو ۲۳۰۰

سیلابی که می‌خروشد و می‌گذرد، خواه صافی باشد یا تیره، چون درگذر است از آن مگو.

اندر این عالم هزاران جانور می‌زید خوش عیش، بی‌زیر و زبَر ۲۳۰۱

در این دنیای پهناور هزاران هزار جانور و مخلوق با آسایش خیال زندگی می‌کنند بی‌آنکه این همه دغدغهٔ فردای خود را داشته باشند.

شُکر می‌گوید خدا را فاخته[2] بر درخت، و برگِ شب ناساخته ۲۳۰۲

فاخته همواره بر شاخساران می‌نشیند و حمد و ثنای باری تعالیٰ را می‌گوید، در حالی که رزق شبانه‌اش مهیّا نیست و به آن نمی‌اندیشد.

حمد می‌گوید خدا را عندلیب[3] کاعتمادِ رزقْ بر توست ای مُجیب! ۲۳۰۳

هزاردستان ثناگوی خداوند است و با همان لحن دلکش می‌گوید که اعتماد من برای کسب روزی به توست، ای برآورندهٔ حاجات.

باز[4]، دستِ شاه را کرده نوید از همه مُردار بُبْریده امید ۲۳۰۴

باز، چشم به دست شاه دارد. از آنجا روزی می‌خورد و امید از مردار بریده است.

---

۱ - کلمهٔ «صبر» در مقابله به خطّی ریز بر بالا نوشته شده است.

۲ - **فاخته**: پرنده‌ای که به آن قمری و کوکو نیز می‌گویند. رنگ آن خاکستری است و طوقی سیاه دارد، با صدایی نرم و حزن‌انگیز و نگاهی خوش. امانت و بی‌گناهی آن را لایق تقدیم و هدیهٔ حضور خداوندش نموده است.

۳ - **عندلیب**: بلبل.

۴ - **باز**: شهباز، پرنده‌ای شکاری که در گذشته آن را برای شکار پرندگان تربیت می‌کردند و شاهان و ملوک بر دست خویش می‌نشاندند. مصریان و یونانیان این پرنده را مقدّس می‌دانستند؛ امّا قوم یهود به موافقت کتاب مقدّس، آن را یکی از حیوانات نجس به شمار می‌آوردند.

همچنین از پشّه گیری تـا بـه پـیل　　شد عیالُ الله[1] و حق نِـعْمَ اَلمُـعیل[2] ۲۳۰۵

به همین ترتیب از پشّه تا فیل برای خالق عزیزند و کفالت همه بر عهدهٔ اوست.

این همه غم‌ها که اندر سـینه‌هاست　　از بُخار و گَردِ[3] باد و بـودِ[4] مـاست ۲۳۰۶

این همه غم و اندوهی که در سینهٔ انسان‌ها موج می‌زند، آثار و علائم خودبینی و خودخواهی‌هاست؛ زیرا غم و رنج نشانهٔ فقدان چیزی است که می‌خواهیم و خواستن نشانهٔ توجّه به خود و هستیِ مادّی است.

این غمانِ بیخْ کَن چـون داسِ مـاست　　این چنین شد و آنچنان وسواسِ ماست ۲۳۰۷

غم و اندوه، مانند داس ریشهٔ عمر آدمی را قطع می‌کند؛ زیرا انسان غمگین، مأیوس است و یأس فعّالیّت‌های سازنده را تحت‌الشّعاع قرار می‌دهد و اثرات نامطلوب آن در اعضای بدن نیز به صورت بروز بیماری‌ها ظاهر می‌گردد؛ پس آن‌ها داس عمرند و فکر اینکه چنین شد و چنان، وسوسهٔ نفسانی است.

دان که هر رنجی، ز مردن پـاره‌ای‌ست　　جُزوِ مرگ از خود بِران، گر چاره‌ای‌ست ۲۳۰۸

آگاه باش که هر درد و رنجی که عارض می‌شود، جزئی از مرگ و به نوعی آماده شدن برای آن است. اگر می‌توانی این جزو از مرگ را از خود دور کن.

چون زِ جزوِ مـرگ نـتوانی گـریخت　　دان که کُلّش بر سرت خواهند ریخت ۲۳۰۹

چون از اجزای مرگ؛ یعنی رنج و درد و بیماری نمی‌توانی رهایی یابی، آگاه باش که کلّ آن هم بر تو فرود خواهد آمد.

جزوِ مرگ اَرْ گشت شیرین مر تو را　　دان که شیرین مـی‌کند کُـلّ را خـدا ۲۳۱۰

اگر اجزای مرگ برای تو خوشایند شود و با رویی گشاده آن‌ها را پذیرا باشی، خداوند «کُلّ» را برای تو گوارا خواهد گردانید.

دردهــا از مــرگ مــی‌آید رسـول　　از رسولش رُو مگردان ای فَضول[5]! ۲۳۱۱

دردها و بیماری‌ها، پیام‌آور مرگ‌اند، ای زیاده‌گو، این رسول را با گشاده‌رویی استقبال کن.

---

۱ - **عیال الله :** اشاره به حدیث: الخَلْقُ کُلُّهُمْ عِیَالُ اللهِ...: همهٔ مردم خانوادهٔ خدا هستند: احادیث، ص ۴۵.

۲ - **نِعْمَ الْمُعِیْلُ :** خوشا کفیل خانواده که اوست: شرح مثنوی شریف، ص ۹۷۶.

۳ - **بخار و گرد :** مجازاً آثار و نتایج.　۴ - **باد و بود :** مجازاً هستی موهومی و خودخواهی.

۵ - **فضول :** یاوه‌گو، زیاده‌گو.

هر که شیرین می‌زیَد، او تلخ مُرد   هر که او تن را پرستد، جان نَبُرد ۲۳۱۲

هرکس که به زندگی این جهانی بهای زیادی بدهد و بکوشد که در حیات مادّی به هر قیمتی که شده کامروا باشد، تلخ می‌میرد؛ زیرا روزی که باید همه چیز را رها کند، نمی‌تواند جان را نجات دهد.

گوسفندان را ز صحرا می‌کَشند   آنکه فربه‌تر، مر آن را می‌کُشند ۲۳۱۳

به عنوان مثال، هنگامی که گوسفندان را از صحرا و دشت باز می‌گردانند، گوسفندِ فربه‌تر را ذبح می‌کنند؛ پس چه اصراری است که تن را با طعام فربه سازی؟

شب گذشت و صبح آمد ای تَمَر[1] !   چندگیری این فسانهٔ زر زِ سر؟ ۲۳۱۴

شب به پایان رسید و صبح آغاز شد و ما هنوز در حال جَدَل‌ایم، تا کی از پول و طلا می‌گویی؟

تو جوان بودی و قانع‌تر بُدی   زر طلب گشتی، خود اوّل زر بُدی ۲۳۱۵

در جوانی قناعت‌پیشه بودی، حالا خواهان پول و طلا شده‌ای، در حالی که تو زرِّ ناب بودی.

رَز بُدی پر میوه، چُون کاسد[2] شدی؟   وقتِ میوه پُختَنت فاسد شدی ۲۳۱۶

وجود تو مانند درخت‌انگور پرثمری بود، چه شد که پژمردی و هنگام رسیدنِ میوه تباه و نابود شدی.

میوه‌اَت باید که شیرین‌تر شود   چون رسنْ تابان[3] نه واپس‌تر رود ۲۳۱۷

روز به روز میوهٔ وجود آدمی باید گواراتر شود و صفاتِ متعالی‌تر بیابد، نه مانند رَسَن‌تابان سیرِ قهقرایی را طی کند.

جفتِ مایی، جفت باید هم صفت   تا بر آید کارها با مصلحت ۲۳۱۸

تو همسر من هستی، یک زوج باید صفاتِ نزدیک به هم داشته باشند تا امورشان به خیر بگذرد.

جفت باید بر مثالِ همدگر   در دو جفتِ کفش و موزه در نگر ۲۳۱۹

یک زوج از هر چیز باید، مانند یک‌دیگر باشند؛ مثلاً به یک جفت کفش نگاه کن.

---

۱ - **تَمَر** : به زبان ترکی و مغولی آهن را گویند. نام اصلی امیر تیمور گورکانی نیز تَمَر است که اکنون تیمور استعمال می‌کنند. تَمَر یا تِمَر به معنی آب مروارید نیز به کار می‌رود که سبب نقصان دید می‌گردد. بعضی شارحان تَمَر را ثَمَر خوانده‌اند و «میوهٔ دل» معنا کرده‌اند. بعضی نام زن اعرابی دانسته‌اند.   ۲ - **کاسد** : بی رونق.

۳ - **رسن تابان** : کنایه از کسی که واپس می‌رود و سیر قهقرایی را طی می‌کند. هنگام تابیدن ریسمان یکی کلاف را در دست می‌گیرد و دیگری سرنخ را باز می‌کند و عقب عقب می‌رود تا تمام نخ از کلاف باز شود سپس آن را می‌تابد.

گر یکی کفش از دو، تنگ آید به پا — هر دو جفتش کـار نـاید مـر تـو را ۲۳۲۰
اگر یکی از دو لنگه کفش تنگ باشد، تو هر دو لنگه را کنار خواهی گذاشت.

جفتِ در، یک خُرد و آن دیگر بزرگ؟ — جفتِ شیرِ بیشه دیدی هـیچ گـرگ؟ ۲۳۲۱
دیدی که دو لنگهٔ در یکی بزرگ و دیگری کوچک باشد؟ دیدی که جفت شیری، گرگ باشد؟

راست ناید[1] بر شُتر جفتِ جـوال[2] — آن یکی خالی و ایـن پُـرْ مـال‌مال[3] ۲۳۲۲
درست نیست جوالِ روی شتر، لنگه‌ای خالی و لنگه‌ای پر و لبریز باشد.

مـن رَوَم سـویِ قـناعت دل قـوی — تو چرا سـویِ شَـناعَت[4] مـی‌روی؟ ۲۳۲۳
من با دلی قوی روز به روز قانع‌تر می‌شوم، تو چرا روز به روز سرزنش می‌کنی؟

مردِ قـانع از سـرِ اخـلاص و سـوز — زین نَسَق می‌گفت با زن تا بـه روز ۲۳۲۴
مرد بادیه‌نشین از سر خلوص نیّت و سوز دل، تا صبح از این سخنان می‌گفت.

نصیحت کردنِ زن مر شوی را که: سخن افزون از قدم و از مقامِ خود مگو، «لِمَ تَقُولُونَ مٰا لاٰ تَفْعَلُونَ»[5] که این سخن‌ها اگـرچـه راست است، این مقامِ توکّل تو را نیست، و این سخن گفتن فوقِ مقام و معاملهٔ خود زیان دارد «و کَـبُـرَ مَقْـتاً عِـنْـدَ اللهِ» باشد[6]

زن بر او زد بانگ، کِای ناموسْ کیش[7]! — من فسونِ تو نـخواهـم خـورد بـیش ۲۳۲۵
زن فریاد زد که ای ریاکار زاهدنما، بیش از این گول تو را نخواهم خورد.

---

۱ - **راست ناید :** راست نمی‌مانَد، درست نمی‌مانَد یا درست نیست.

۲ - **جوال :** کیسه، کیسهٔ بزرگ ساخته شده از پارچهٔ خشن.. ۳ - **مال مال :** پُر و لبریز.

۴ - **شناعت :** رسوایی، زشتی، قباحت و افتضاح، سرزنش، طعنه زدن.

۵ - اشارتی قرآنی، صَفّ : ۲/۶۱ : یٰا أَیُّهَاالَّذینَ آمَنُوا لِمَ تَقُولُونَ مٰا لاٰ تَفْعَلُونَ : ای کسانی که ایمان آورده‌اید، چرا می‌گویید آنچه را که بدان عمل نمی‌کنید؟ [اینکه می‌گویید و عمل نمی‌کنید خشم خدا را بر می‌انگیزد].

۶ - و بدین ترتیب از کسانی باشی که «کارهای مورد نفرت خداوند را انجام می‌دهند».

۷ - **ناموس کیش :** ریاکار.

تُرَّهات[1] از دعـوی و دعـوت مگـو — رو، سخن از کبر و از نخوت مگـو ۲۳۲۶

بیهوده مدّعی قناعت نباش و مرا به آن تشویق نکن. برو و دیگر با تکبّر و نخوت سخن نگو.

چند حرفِ طُمْطراق[2] و کـاربار[3] ؟ — کار و حالِ خـود ببین و شـرم دار ۲۳۲۷

تا کی می‌توانی ریاکارانه دم از قناعت بزنی؟ معیشت ما را ببین و شرم کن.

کِـبر زشت و از گـدایـان زشت‌تـر — روز سرد و برف و آنگه جـامه تـر! ۲۳۲۸

کبر و غرور بسیار ناپسند است و از گدایان زشت‌تر، مانند آن که در روز برفی و هوای سرد، تن‌پوشی خیس پوشیده باشی.

چند دعوی و دم و باد و بُـروت[4] ؟ — ای تو را خانه چو بَیْتُ آلعَنْکَبُوت[5] ۲۳۲۹

ای کسی که خانه‌ات، چون خانهٔ عنکبوت سست و بی‌بنیاد است، خودبینی و تظاهر تا کی؟

از قناعت[6] کِیْ تو جان افـروختی؟ — از قـناعت‌ها تـو نـام آمـوختی ۲۳۳۰

کی تو جان خود را از نور قناعت تابناک ساختی؟ از قناعت فقط نامی آموخته‌ای.

گفت پیغمبر: قناعت چیست؟ گـنج[7] — گـنج را تـو وانـمی‌دانـی ز رنـج ۲۳۳۱

پیامبر فرمود: قناعت گنج است؛ امّا تو معنی گنج را نمی‌دانی و از رنج باز نمی‌شناسی.

این قناعت نیست جز گـنجِ روان[8] — تو مزن لاف، ای غـم و رنـج روان! ۲۳۳۲

ای مایهٔ غم و اندوه و رنج روان، قناعت، همان گنج روان است، بیهوده مگو.

تو مخوانم جُـفت، کـمتر زن بـغَل[9] — جـفتِ انـصافم، نِـیَم جُـفتِ دغَـل ۲۳۳۳

تو بعد از این مرا جفت مخوان که من با انصاف جفتم نه با دغل‌کاری و ریا.

---

۱ - **تُرَّهات :** جمع ترّهت به معنی باطل و بیهوده. ۲ - **طُمطراق :** اینجا شکوه و خودنمایی ریاکارانه.

۳ - **کار و بار :** مجازاً به معنی وضع معیشت. ۴ - **باد و بروت :** مجازاً به معنی تکبّر.

۵ - اشارتی قرآنی ؛ عنکبوت : ۴۱/۲۹.

۶ - **قناعت :** خشنودی و رضایت به قسمت. شاه نعمت الله گوید: قانع آن است که از شهوات نفسانی و تمتّعات حیوانی وارسته باشد: ف. سجّادی، ص ۶۴۶.

۷ - اشاره به سخن امام علی(ع): القَنَاعَةُ کَنْزٌ لا یَنْفَدُ : قناعت گنجی است که پایانی ندارد: (شرح نهج‌البلاغه، فیض الاسلام، ص ۱۱۱۳) بسیاری از مفسّران گفته‌اند که حیات طیّبه، قناعت در دنیاست. و اینکه دل آرام بُوَد به وقتِ نایافتنِ آنچه دوست داری: رسالهٔ قشیریّه، ص ۲۴۰.

۸ - **گنج روان :** گنج قارون. به گفتهٔ فرهنگ‌نویسان دائماً در زمین در حال حرکت است و فرو می‌رود. اکثر شارحان در این بیت آن را همان گنج قارون فرض کرده‌اند: استاد فروزانفر، نیکلسون، گولپینارلی، حاج ملاّ هادی سبزواری.

۹ - **بَغَل زدن :** کنایه از شماتت کردن. بَغَل‌زن: سرزنش کننده.

چون قدم با شاه و با بگ می‌زنی[1] چُون ملخ را در هوا رگ می‌زنی؟ ۲۳۳۴

تو که خود را هم‌شأنِ بزرگان می‌دانی، چگونه با پستی ملخ را در هوا صید می‌کنی؟

با سگان زین استخوان در چالشی[2] چون نیِ اِشکم تهی در نالشی ۲۳۳۵

برای تکّه استخوانی با سگان می‌ستیزی که از آنان بربایی. گرسنگی تو را مانند «نیِ» میان تهی، به ناله آورده است.

سویِ من منگر به خواری، سُسْت سُسْت تا نگویم آنچه در رگ‌هایِ توست ۲۳۳۶

این‌گونه تحقیرآمیز به من نگاه نکن تا رازت را فاش نکنم.

عقلِ خود را از من افزون دیده‌ای؟ مر منِ کم‌عقل را چُون دیده‌ای؟ ۲۳۳۷

عقل خود را از من بیشتر می‌دانی؟ بگو که از کم‌عقلیِ من چه دیده‌ای و چه می‌دانی؟

همچو گُرگِ غافل اندر ما مَجِهْ ای ز ننگِ عقلِ تو بی‌عقل بِهْ ۲۳۳۸

ای آدمِ بی عقل که از ننگِ عقل تو، بی‌عقل عاقل‌تر است، مانند گرگ غافلی که بی‌خبر از زور حریف حمله می‌کند، بر من هجوم میاور.

چونکه عقلِ تو عقیلهٔ[3] مردم است آن نه عقل است آن که مار و کژدُم است ۲۳۳۹

عقلِ تو که سبب رنج و آزار دیگران است، عقل نیست، مار و کژدم است.

خصمِ ظلم و مکرِ تو، الله باد فضل و عقلِ تو، ز ما کوتاه باد ۲۳۴۰

امیدوارم که خدا پاسخ ظلم و ریای تو را بدهد و شرِّ فضل و عقلِ تو را از سرِ ما کوتاه کند.

هم تو ماری هم فسونگر، این عجب! مارگیر و ماری ای ننگِ عرب! ۲۳۴۱

مایهٔ تعجّب است که تو هم ماری و هم افسون کنندهٔ مار، هم مار و هم مارگیر، ای ننگ عرب!

زاغ اگر زشتیِّ خود بشناختی همچو برف از درد و غم بگْداختی ۲۳۴۲

تو مانند آن زاغ از زشتی خود بی‌خبر هستی و گرنه از اندوه چون برف در برابر آفتاب آب می‌شدی.

---

۱ - در متن «با میر و با بگ» نوشته‌اند، در مقابله کلمهٔ «شاه» را بر بالای «میر» اضافه کرده‌اند. «قدم زدن با کسی...»: خود را هم‌مرتبهٔ دیگری دانستن. ۲ - **چالش** : جنگ و جدال. ۳ - **عقیله** : پای بند شتر، گرفتاری.

مردِ افسونگر بخوانَد چون عدو   او فسون بر مار و مار افسون بر او[1] ۲۳۴۳

مرد افسونگر برای مار افسون می‌خواند تا او را از لانه بیرون بکشد و مار هم او را افسون می‌کند.

گر نبودی دامِ او افسونِ مار   کِی فسونِ مار را گشتی شکار؟ ۲۳۴۴

او دامی برای مار می‌نَهَد، غافل از آنکه این دام خودِ وی را افسون می‌کند وگرنه چرا این کار برایش چنین جاذبه‌ای دارد؟

مردِ افسونگر ز حرصِ کسب و کار   در نیابد آن زمان افسونِ مار ۲۳۴۵

حرصِ مارگیر برای به دام انداختن مار و کسب و کار، مانع می‌شود که تأثیرِ افسون مار را بر خود دریابد.

مار گوید: ای فسونگر هین و هین!   آنِ خود دیدی؟ فسونِ من ببین ۲۳۴۶

مار می‌گوید: ای افسونگر، نیرنگ خود را دیدی، اینک مکر مرا ببین.

تو به نامِ حق فریبی مر مرا   تا کنی رسوایِ شور و شر مرا[2] ۲۳۴۷

تو به نامِ خدا مرا فریب می‌دهی تا نزدِ مردم رسوا کنی.

نامِ حقّم بست، نی آن رایِ تو   نامِ حق را دام کردی، وایِ تو! ۲۳۴۸

نام پاک حق مرا مسحور کرد نه ارادهٔ تو. نام حق را دامِ مقاصدِ خود کرده‌ای، وای بر تو!

نامِ حق بستاند از تو دادِ من   من به نامِ حق سپردم جان و تن ۲۳۴۹

نام حق داد مرا از تو می‌گیرد؛ چون به نام حق، جان و تن خود را به تو سپردم.

یا به زخمِ من رگِ جانت بُرَد   یا که همچون من به زندانت بَرَد ۲۳۵۰

یا به سبب زخمی که بر جان و تن من زده‌ای، جان تو را می‌گیرد یا مانند من به زندان می‌افتی.

زن از این گونه خشن گفتارها   خواند بر شُویِ جوان طومارها ۲۳۵۱

زنِ بادیه نشین سخنان خشونت‌آمیزی به بلندی طومارها، به همسر خویش گفت.

---

۱ - مصراع دوم: مُراد آنکه: او هم افسونِ وسوسهٔ درونیِ خود برای اسیرکردنِ مار است.

۲ - اشارهٔ تلویحی به مدّعیان دروغین ارشاد و شیخان ناصالح که خود در دامِ نفس اسیرند و ادّعای ارشاد دارند.

نصیحت کردنِ مرد مر زن را که: در فقیران به خواری منگر و در کارِ حق به گمانِ کمال نگر و طعنه مزن در فقر و فقیران به خیال و گمانِ بی‌نواییِ خویشتن

گفت: ای زن! تو زنی یا بُوالحَزَن؟ فقر[1] فخر آمد، مرا بر سر مزن ۲۳۵۲

مرد گفت: ای زن، تو زنی یا مایهٔ غم و اندوه؟ فقر فخر و مباهات است. تحقیرم نکن.

مال و زر، سر را بُوَد همچون کلاه کَل بود او کز کُلَهْ سازد پناه ۲۳۵۳

ثروت مانند کلاهی است که بر سر می‌گذارند. آدم بی‌مو کلاه را پناهی برای سر خود قرار می‌دهد.

آنکه زلفِ جعد و رعنا باشدش چون کلاهش رفت، خوشتر آیدش ۲۳۵۴

آن کس که مویی پُر شکن و زیبا دارد، اگر کلاه از سرش بیفتد، خوشحال‌تر می‌شود.

مردِ حق باشد به مانندِ بصر پس برهنه بِهْ که پوشیده، نظر ۲۳۵۵

مرد خدا مانند چشم و بینایی است. چشم باز بهتر از چشمِ بسته است.

وقتِ عرضه کردن، آن برده فروش بر کَنَد از بنده جامهٔ عیب پوش ۲۳۵۶

عریانی از تعلّقات پسندیده است و هرگاه بخواهند بی‌نقص بودن چیزی را بنمایند آن را عریان می‌کنند، مانند برده‌فروشان که هنگام فروش بردگان در دورانِ برده‌فروشی، جامه‌ها را که عیب‌پوشِ تن‌اند، خارج می‌کردند تا سلامتِ متاع را به نمایش آورند.

ور بُوَد عیبی برهنه‌ش کِی کند؟ بل به جامه خُدعه‌یی[2] با وی کند ۲۳۵۷

اگر برده معیوب بود، او را برهنه نمی‌کرد و با نیرنگ از طریق لباس فاخر او را زیبا جلوه می‌داد.

---

۱ - اشارتی قرآنی؛ فاطر: ۱۵/۳۵ یا أَیُّهَا النّاسُ أَنْتُمُ الْفُقَراءُ إِلَی اللهِ وَاللهُ هُوَ الْغَنِیُّ الْحَمیدُ: ای مردم، شما نیازمند به خداوند هستید و خداوند است که بی‌نیاز ستوده است.

فقر دو قسم است: فقر خلقتی و فقر صفتی. فقر خلقتی عام است و شامل هر حادثی که از عدم به وجود آید می‌شود، چون معنی فقر نیاز است و هر آفریده‌ای به آفریدگار نیازمند است، در آغاز نیازمندِ آفرینش است و سپس نیازمند پرورش؛ پس خداوند بی‌نیاز است و همه به او نیازمند.

امّا فقر صفتی که خداوند صحابهٔ رسول را به آن فقر خواند و فرمود: لِلْفُقَراءِ الْمَهاجِرِیْنَ: ایشان را فقیر نام کرد تا توانگری آنان را بپوشاند. آنان را فقیر گویند که از همه درویش و به خدا توانگرند، که توانگری در سینه می‌باید نه در خزینه، فقیر کسی است که خود را در دو جهان جز خدا دست‌آویزی نبیند، و نظر با خود ندارد و بر ذات و صفاتِ خویش چهار تکبیر زند: قرآن، تفسیر ادبی و عرفانی، ج ۲، صص ۲۸۵ و ۲۸۶.

فقر فخر آمد: اشاره به حدیث نبوی: الفَقْرُ فَخْرِي وَ بِه أَفْتَخِرُ: فقر مایهٔ مباهات من است و به آن افتخار می‌کنم: احادیث، ص ۱۰۴. ۲ - **خُدعه**: مکر، فریب.

گوید:این شرمنده است از نیک و بد   از برهنه کردن، او از تو رَمَد ۲۳۵۸

و به خریداران می‌گفت: این برده خجالتی است، برهنه شرمنده می‌شود و به تو احساس بدی پیدا می‌کند.

خواجه در عیب است غرقه تا به گوش   خواجه را مال است و مالش عیب‌پوش ۲۳۵۹

آنچه راجع به بردگان گفته شد در موردِ صاحبان تمکّن و ثروت نیز مصداق دارد و اکثراً اموالِ افراد متموّل، نقایصِ آنان را که بسیار زیاد است، از چشم ظاهربینان می‌پوشاند و معایبِ اخلاقی و شخصیّتی خود را در زیر پوششی از زرق و برق مخفی می‌دارند.

کز طمع، عیبش نبیند طامِعی[1]   گشت دل‌ها را، طمع‌ها جامِعی ۲۳۶۰

آدمِ حریص، عیب ثروتمندان را نمی‌بیند؛ زیرا حرص و آز وجْه اشتراک آن‌هاست که دلِ نَفْسانی‌شان را به هم پیوند می‌دهد.

ور گدا گوید سُخن چون زرِّ کان   ره نیابد کالهٔ[2] او در دکان ۲۳۶۱

بینوا و بی‌چیز، اگر کلامی چون طلای ناب بگوید، سخنِ او در دکّان اهلِ ظاهر خریداری ندارد.

کارِ درویشی وَرایِ فهم توست   سویِ درویشی بمَنْگر سُست سُست[3] ۲۳۶۲

کارِ درویشان ورای فهمِ توست. حقیرانه به درویشی نگریستن، نشانهٔ عدم آگاهی است.

زانکه درویشان وَرایِ ملک و مال   روزیی دارند ژرف از ذوالجلال[4] ۲۳۶۳

زیرا درویشان که تعلّق به مُلک و مال را از دل رانده‌اند، رزقی فراوان و همیشگی از بارگاه الهی دارند.

حق تعالی، عادِل[5] است و عادِلان   کِیْ کنند اِستمگری بر بی‌دلان؟ ۲۳۶۴

حق تعالیٰ عادل است و اقتضای عدل الهی آن است که موجودی از لطف او بی‌بهره نمانَد، اغنیا را ثروت داده است و فقیر را رزقی معنوی که صفا و گشایش دل یابد و غنیِ معنوی شود.

---

۱ - **طامع** : طمع کننده. ۲ - **کاله** : کالا، متاع. ۳ - **سست سست نگریستن** : با تحقیر نگاه‌کردن.

۴ - حدیثی از رسول گرامی(ص) می‌فرماید: توانگری به بسیاری مال نیست. و لیکن بی‌نیازی آن است که جان آدمی بی‌نیاز باشد: احادیث، ص ۱۰۵.

صوفیان و اهل دل و عارفان، توانگری را از احوال و صفات قلبی می‌دانند و در بی‌نیازی دل از غیر حق می‌شمارند.

۵ - **عادل** : آن کس که دادگستر است. عدل نامی از نام‌های خدای تعالیٰ و صفتی از صفات خداوند است و آن صفتی است که به واسطهٔ آن دنیا و مافیها برقرار و پایدار است.

آن یکی را نعمت و کالا دهند   وین دگر را بر سرِ آتش نهند ۲۳۶۵

آیا عدالت است که یکی را نعمت بدهند و دیگری را در آتش فقر بسوزانند؟

آتشش سوزا، که دارد این گمان   بر خدا و خالقِ هر دو جهان؟ ۲۳۶۶

هر کس گمان می‌کند که خداوند ستم می‌کند و بی‌دلیل یکی را می‌نوازد و یکی را می‌سوزانَد، آتش او را بسوزانَد.

فَقْرُ فَخْری از گزاف است و مجاز؟   نه، هزاران عزّ پنهان است و ناز ۲۳۶۷

آنچه را که پیامبر(ص) گفت و به فقر، فخر فرمود: اَلْفَقْرُ فَخْرِي، گزافه و عاری از حقیقت است؟ نه، در آن هزاران عزّت و بزرگواری نهان است.

از غضب بر من لقب‌ها راندی   یارگیر و مارگیرم خواندی ۲۳۶۸

با خشم اتّهاماتی به من وارد کردی و مرا یارگیر خواندی، همانند مدّعیانی که به امیدِ مطامعِ دنیوی مرید می‌پرورند و مارگیری و افسونگری را نسبت دادی که به طمعِ لقمه‌ای، اوراد و عزایمی می‌خوانم.

گر بگیرم، بر کَنَم دندانِ مار   تاش از سر کوفتن نبود ضِرار[1] ۲۳۶۹

اگر ماری را بگیرم، به طمع لقمه‌ای نیست، دندانش را می‌کَنَم تا او را نکشند.

زانکه آن دندان عدوِّ جانِ اوست   من عدو را می‌کُنم زین علم دوست ۲۳۷۰

زیرا دندان دشمن جان او است و با این دانش، دشمن را به دوست مبدّل می‌کنم.

از طمع، هرگز نخوانم من فُسون   این طمع را کرده‌ام من سرنگون ۲۳۷۱

هرگز به طمع مال افسونی نخوانده‌ام، حرص و طمع از نیاز است، من بر صفات رذیله غلبه کرده‌ام.

حاشَ لِلّه[2]، طَمْع من از خلق نیست   از قناعت در دلِ من عالمی‌است ۲۳۷۲

پناه بر خدا، من از هیچ کس توقّع و انتظاری ندارم، در دلم از قناعت عالمی است.

۱ - این ابیات علی‌رغم آنکه از زبان مرد بادیه‌نشین این حکایت جاری می‌شود، بیان حال و چگونگی مبارزه با نفس مریدان را از سوی مراد کامل شرح می‌دهد. ۲ - **حاشَ لِلّه** : پناه بر خدا.

بـر سرِ اَمرود بُـن[1] بینی چُـنان زآن فـرودآ، تـا نـمانَد آن گُـمان ۲۳۷۳

تو نیز ای همسر من، بر سرِ امرودبُن، از ارتفاعِ خودبینی می‌نگری، فرود آی تا بر گُمان باطل نمانی.

چون که برگردی تو، سرگشته شوی خـانه را گـردنده بـینی، و آن تـوی ۲۳۷۴

اگر به دور خود چرخ بزنی، دچار سرگیجه می‌شوی و می‌پنداری که خانه بـه گِـردِ تـو می‌گردد، در حالی که تو می‌گردی و خانه ساکن است. پس آدمی تا بر سر امرودبُنِ خودبینی است، هرگز حقیقت را در نمی‌یابد.

در بیانِ آنکه: جنبیدنِ هرکسی، از آنجا که وی است، هرکس را از چنبرهٔ وجودِ خود بیند، تابهٔ کبودْ آفتاب را کبود نماید و سرخْ سرخ نماید، چون تابه‌ها از رنگ‌ها بیرون آید، سپید شود از همه تابه‌هایِ دیگر او راست‌گوتر باشد و امام باشد

این مبحث در بیانِ این معنا است که تحرّکات هرکس متناسب با مرتبه و جایگاهی است که در آن قرار دارد و از آن مقام که بر حسب کمال وی است، از دریچه و چهارچوب وجود خود عالم و عالمیان را می‌نگرد و ادراک او از هر یک از مراتب هستی متناسب با مرتبهٔ خود اوست، به همین گونه است که شیشهٔ کبود، آفتاب را کبود نشان می‌دهد و شیشهٔ سرخ، سرخ می‌نماید، با سپید شدن و احراز مقام بی‌رنگی، حقیقت هر چیز را چنان که هست، اظهار می‌دارد، این همان بی‌خویشی و بی‌تعلّقی مردان حق است که بر دیگران امام و رهبرند.

دیـد احـمد را ابـوجهل و بگـفت[2] زشت نقشی کز بنی هاشم شکـفت ۲۳۷۵

ابوجهل، پیامبر(ص) را دید و گفت: چه نقش ناپسندی در بنی‌هاشم ظاهر شده است.

بنی هاشم؛ ابوالقاسم محمّد(ص)، پسر عبدالله، پسر عبدالمطّلب، پسر هاشم، پسر عبدمناف، پسر قُصَیّ، پسر کلاب، پسر مُرة، پسر کعب، پسر لُؤیّ، پسر غالب، پسر فِهر. نَسَب همهٔ قریشیان به فِهر می‌رسد.

فِهر پسر مالک، پسر نَضْر، پسر کنانه، پسر خزیمه، پسر مُدْرِکة، پسر الیاس، پسر مُضَرْ، پسر نزار، پسر مَعَدّ، پسر عدنان بن اُدَد.

از ابن عبّاس روایت شده که پیامبر(ص) هرگاه نَسَب خویش را بر می‌شمرد از مَعَدّ بـن عـدنان بـن اُدَد تـجاوز نمی‌کرد.

---

۱ - **امرود بُن** : درخت گلابی، اشاره به داستان معروفی که در دفتر چهارم مثنوی از بیت ۳۵۴۴ به بعد آمده است، که در آن زنی بدکار به شوهر خود گفت: آن خیالات در بالای درخت گلابی به تو رخ می‌نماید، از درخت فرود آی تا آن خیالات زایل شود و این تمثیل است.

۲ - محقّقان مأخذی برای این داستان نیافته‌اند.

محمّد بن اسحاق بن یسار گوید[۱]: نوادگان اسماعیل(ع) همراه جدّ مادری خود و دایی‌هایشان که از قبیلهٔ جُرهُم بودند با قبیلهٔ دیگری به نام قطورا که پسر عمو بودند، از یمن کوچیده و در مکّه ساکن شدند. پس از مدّتی بـرای فرمانروایی مکّه با یک‌دیگر به ستیز پرداختند که منجر به اخراج جُرهُمی‌ها از مکّه گردید. یکی از آنان که دور شدن از مکّه برایش سخت ناگوار بود، شعری در این مورد سرود که به گفتهٔ ابـن هشـام[۲]، بـعضی از شـعرشناسان آن را نخستین شعری دانسته‌اند که عرب سروده است و آن را در یمن بر روی سنگ‌نبشته‌ای یافته‌اند.

در آن روزگار قریش به صورت خاندان‌های پراکنده زندگی می‌کردند. یکی از قبایل ساکن مکّه و اطراف خزاعه بود که تولیّت کعبه با آن قبیله و خاندان غبشان بود، قُصَیّ بن کلاب با دختر متولّی کعبه ازدواج کرد و فرزندانی را صاحب گردید که یکی از آن‌ها **عبد مناف** بود. نوشته‌اند[۳]: قُصَیّ به سرپرستی امور کعبه و فرماندهی مکّه رسید و اقوام خود را به مکّه آورد و هر خانواده از قریش را در جایی از مکّه منزل داد. پس از او فرزندش عبد مناف بـه کارهای او قیام کرد. گویند[۴]: عبد مناف شش پسر داشت که **هاشم** و **عبد شمس** نام دو تن از آنان بود. هاشم که نامش عمرو و هاشم لقبی بود که بدان مشهور گشته بود، نخستین کسی است که دو سفر را برای قریش معمول داشت، زمستان به یمن و حبشه، و نجاشی آنان را گرامی می‌داشت و تابستان به شام و غزّه و گاه تا انقره و بر قیصر وارد می‌شدند و او هم هاشم را گرامی می‌داشت. اتّفاقاً چند سال پیاپی خشکسالی شد و بسیاری از سرمایه‌های قریش از دست رفت. هاشم به شام رفت و دستور داد مقدار زیادی نان پختند و نان‌ها را به مکّه آورد و در دیگ‌های بزرگی ترید کرد و شتری را هم که نان‌ها بار او بود کُشت و به این ترتیب در آن تنگ‌سالی‌ها نخستین ضیافت را برپا داشت و ملقّب به هاشم شد و مردان مکّه را که سخت لاغر شده بودند سیر کرد. نوشته‌اند که امیّة بن عبد شمس بن عبد مناف که برادرزادهٔ او و مرد ثروتمندی بود بر این کار رشک برد و به هاشم دشنام داد و با درگیری بین آن دو و قضاوت کاهن خزاعی به نفع هاشم، امیّه به شام رفت و ده سال در آنجا مقیم بود و این آغاز دشمنی میان هاشم و امیّه گردید. هاشم مرد ثروتمندی بود، مسألهٔ آب‌رسانی و پذیرایی از حجّاج را بر عهده گرفت و همه ساله هزینهٔ گزافی از این بابت می‌پرداخت. او از قیصر پیمان‌نامه‌ای گرفت که قریش بـتوانـند بـه راحـتی بـرای بـازرگانی و آمـد و شـد بـه سرزمین‌های او بروند.

گفته‌اند[۵]: هاشم و عبد شمس دوقلو (توأمان) بوده‌اند و هاشم نخست متولّد شد و نوشته‌اند که انگشت یکی به پیشانی دیگری چسبیده بود و چون جدا کردند، خون جاری شد.

بعد از مرگ هاشم، فرزندش **عبدالمطّلب** تا هفت سالگی نزد مادرش در مدینه زنـدگی مـی‌کرد و پس از آن عموی عبدالمطّلب او را به مکّه آورد و بعدها پس از عمویش مطّلب، سقایت و پذیرایی حاجیان را بر عهده گرفت. نوشته‌اند: تا پیش از حفر زمزم توسّط عبدالمطّلب، حاجیان را از حوض‌های چرمی آب می‌داد.[۶] چون عبدالمطّلب مصمّم به حفر زمزم شد، از تعدادکم یاران خویش متأثّر گردید و نذر کرد که اگر خداوند به او ده پسر بدهد، یکی را قربانی کند و چنان شد و برای وفای به نذر بین پسران با چوبهٔ تیر قرعه کشیدند، نام **عبدالله** آمد و خون‌بهای او بنا بر

---

۱ - سیرهٔ ابن هشام، ج ۱، ص ۱۱۷، چاپ ۱۳۵۵ ق، مصر. ۲ - همان، ص ۱۲۲. ۳ - همان، ص ۱۳۱.
۴ - طبقات ابن سعد، ج ۱، بخش یکم، ص ۴۲. ۵ - کامل ابن اثیر، ج ۲، ص ۷. طبری، ج ۲، ص ۱۸۰.
۶ - طبقات ابن سعد، ج ۱، ص ۱۴۹.

عرف زمان ده شتر بود و به همین ترتیب ده بار قرعه کشیدند تا خون‌بها به صد شتر رسید و نام شتران در آمد[۱] و عبدالله زنده ماند و در بیست و پنج سالگی پس از یک بیماری درگذشت و نوشته‌اندکه رسول خدا(ص) در آن هنگام در شکم مادر بود.[۲]

گفت احمد مر وَرا که راستی   راست گفتی، گر چه کاژ افزاستی[۳] ۲۳۷۶

پیامبر(ص) فرمود: راست می‌گویی، هرچند که وجودت مایهٔ درد سر و مزاحمت است.

دید صدّیقش، بگفت: ای آفتاب!   نی ز شرقی، نی ز غربی، خوش بتاب ۲۳۷۷

ابوبکر صدّیق، رسول خدا(ص) را دید و گفت: ای خورشید تابناک عالم معنا، تو نه از شرق به در آمده‌ای، نه از غرب. نور تو از لامکان است، خوش بدرخش.

گفت احمد: راست گفتی ای عزیز!   ای رهیده تو ز دنیایِ نه چیز ۲۳۷۸

پیامبر(ص) فرمود: ای یار عزیز، ای که از بند تعلّقات این دنیای دون رهیده‌ای، راست گفتی.

حاضران گفتند: ای صَدْرُ آلوَریٰ !   راست‌گو گفتی دو ضدگُو را، چرا ؟ ۲۳۷۹

حاضران گفتند: ای سرورِ مخلوقات، چرا سخن دو نفر را که بر ضدِّ یک‌دیگر بود، تأیید کردی؟

گفت: من آیینه‌ام، مصقولِ دست   ترک و هندو[۴] در من آن بیند که هست ۲۳۸۰

فرمود: من مانند آیینه‌ای هستم که به دست قدرتِ الهی از زنگار صیقلی یافته‌ام، در این آینه هرکس خود را می‌بیند. سفیدپوست خود را سپید و سیه‌چرده، سیاه می‌یابد.

ای زن! ار طمّاع می‌بینی مرا   زین تحرّیّ[۵] زنانه برتر آ[۶] ۲۳۸۱

ای زن، من از نظر تو طمّاع هستم؛ چون تو مرا با ناآگاهی و شک می‌بینی، از دیدگاهی برتر به موضوع بنگر.

---

۱ - ر.ک. پیشین، بخش یکم.   ۲ - نهایة الأَرب فی فنون الأدب، نویری، ج ۱، صص ۶۸-۱۹.

۳ - **کارافزا**: مایهٔ دردسر و گرفتاری.

۴ - ترک‌ها پوستی سفید و مردم هند پوست تیره دارند و در ادبیّات سفیدی و سیاهی را به آنان مانند می‌کرده‌اند.

۵ - **تَحَرِّي**: صواب را جستن در بین امور مختلف، در تحرّی شک هست نه یقین.

۶ - زن از دیدگاه عرب بادیه‌نشین قادر به درک صحیح مطالب نیست و گذشته از آن زن در عرفان مولانا همواره مظهر نفس امّاره است، صرف نظر از جنسیّت و مرد مظهر عقل معاد و سالک هوشمند.
اینجا مُراد آنکه: تو با ناآگاهی و غَرَض حرفی را می‌زنی.

آن طمع را مانَد و رحمت بُوَد   کو طمع، آنجا که آن نعمت بُوَد؟ ۲۳۸۲

آن چیزی که در نظر تو حرص و طمع است، رحمت الهی است که بنده‌ای به گنج قناعت دست یافته است. طمع در وجودی که مشمولِ عنایت خداوند است، جایگاهی ندارد.

امتحان کن فقر را روزی دو تو   تا به فقر اندر، غِنا بینی دو تُو ۲۳۸۳

یکی دو روز فقر را بیازمای تا ببینی که به غِنای مضاعف می‌رسی و نه تنها از نظر معنوی پربار می‌شوی، بلکه خود را از همه چیز بی‌نیاز می‌بینی.

صبر کن با فقر و بگذار این ملال   زانکه در فقراست عزِّ ذوالجلال ۲۳۸۴

مدّتی با فقر و کمبودها بساز و اندوه را رها کن؛ زیرا پرتو عزّت باری تعالیٰ در فقر بر بندگان می‌تابد و آنان را به غِنای معنوی می‌رساند.

سِرکه مفروش و هزاران جان ببین   از قناعت غرقِ بحرِ انگبین ۲۳۸۵

ترشرویی نکن و ببین که هزاران جان از قناعت در دریایی از شیرین‌کامی غوطه‌ورند.

صدهزاران جانِ تلخی کَش نگر   همچو گُل آغشته اندر گلشکر ۲۳۸۶

ببین که صدها هزار جان که صبورانه تلخی‌های زندگی را تحمّل کردند، چگونه به شادی معنوی رسیده‌اند که گویی گُلی آمیخته در گُلشکرند [شربتی که در آن گل سرخ می‌آمیزند].

ای دریغا مر تو را گُنجا بُدی   تا ز جانم شرحِ دل پیدا شدی[1] ۲۳۸۷

ای کاش تو ظرفیّت آن را داشتی که گشادگی سینه و روشنی دلم را می‌دیدی.

این سخن شیر است در پستانِ جان   بی‌کشنده خوش نمی‌گردد روان ۲۳۸۸

بیان اسرار معرفت، مانند شیر در پستانِ جان نهان است، اگر شیرخواری مستعدِّ جذب آن نباشد، به راحتی جریان نمی‌یابد.

مستمع چون تشنه و جوینده شد   واعظ ار مُرده بود، گوینده شد ۲۳۸۹

شنونده اگر تشنه و جویایِ معرفت باشد، شور و شوق او، گوینده را حیاتی نو می‌بخشد.

---

۱ - اشاره‌ای تلویحی به انشراح : ۱/۹۴ : ای محمّد، آیا سینهٔ تو را گشاده نداشتیم و دل تو را روشن نساختیم؟ این خطاب همان روشنی به نور معرفت است که در این حکایت، مرد بادیه‌نشین از زبان مرشد کامل واصل سخن می‌گوید و از شرح صدری که به لطف الهی در دل و جانش عیان گردیده سخن می‌راند.

مستمع چون تازه آمد بی‌ملال[1] صد زبان گردد بگفتن، گُنگ و لال ۲۳۹۰

اگر شنونده با اشتیاق به کلام گوینده توجّه کند و ملالی در وی ظاهر نشود، گویندهٔ الکن هم به ذوق می‌آید و با صد زبان به سخنوری می‌پردازد.

چونکه نامحرم در آید از دَرَم پرده دَر[2] پنهان شوند اهلِ حرم ۲۳۹۱

اگر نامحرمی وارد شود، اهل حرم و پردگیان روی نهان می‌کنند، این موضوع در مورد علوم و اسرارِ اهلِ دل نیز مصداق دارد. اگر شنونده نامحرم باشد، کلامی نمی‌گویند.

ور درآید محرمی، دور از گزند بر گشایند آن سَتیران رویْ‌بند ۲۳۹۲

و اگر محرمی از در درآید که حضورش زیانی نباشد، مستوران حرم، از پرده به در می‌آیند.

هر چه را خوب و خوش و زیباکُنند از برای دیدهٔ بینا کنند ۲۳۹۳

هر چیزی را که می‌آرایند، برای دیدهٔ بیناست.

کِی بود آوازِ چنگ و زیر و بم از برای گوشِ بی‌حسّ اَصَم[3]؟ ۲۳۹۴

کی برای فردِ ناشنوا، نغمات زیر و بم چنگ را نواخته‌اند؟

مُشک را بیهوده حق خوش دَم نکرد بهر حس کرد و پیِ اَخْشَم[4] نکرد ۲۳۹۵

یا مثلاً حق تعالیٰ مُشک را بیهوده نیافرید، برای شامّهٔ سالم آفرید، نه شامّهٔ ناسالم.

حق زمین و آسمان بر ساخته است در میان، بس نار و نور افراخته است ۲۳۹۶

خداوند زمین و آسمان را آفریده و در میان آن‌ها چه بسیار نور و آتش قرار داده است.

این زمین را از برای خاکیان آسمان را مسکنِ افلاکیان ۲۳۹۷

زمین را برای زندگی خاکیان و آسمان را محلّ استقرار افلاکیان قرار داده است.

مردِ سِفلی دشمنِ بالا بُوَد مشتریِّ هر مکان پیدا بُوَد ۲۳۹۸

انسان فرومایه تمایلی به ارتقا ندارد و به آنان که به درجات عالی رسیده‌اند، کینه می‌ورزد. هر کس بنا به لیاقت و استعداد مکان خاصِّ خود را خواهد یافت.

---

۱ - مستمع صاحب سخن را بر سر ذوق آورد. ۲ - **پرده دَر**: در پرده، اهل حَرَم که در پرده نهان‌اند.

۳ - **اَصَم**: ناشنوا. ۴ - **اَخْشَم**: کسی که حسّ شامّه ندارد، آن بینی که به علّت بیماری بوی ناخوشایند دارد.

ای سَتیره[1]! هیچ تو برخاستی؟   خویشتن را بهرِ کور آراستی؟ ۲۳۹۹

آیا تو هیچ گاه خود را برای آدم نابینا آراسته‌ای؟ من چگونه به تو که چشم بصیرت نداری، زیباییِ معنویِ خود را بنمایم؟

گر جهان را پر دُرِ مکنون کنم   روزی تو چون نباشد، چُون کنم؟ ۲۴۰۰

اگر وجود من سرشار از گوهرهای معنوی باشد، چون قدرت جذب آن را نداری، چه کنم؟

ترکِ جنگ و ره‌زنی ای زن بگو   ور نمی‌گویی، به ترکِ من بگو ۲۴۰۱

ای زن، یا این جنگ و جدال بیهوده را که به نوعی رهزنی است، ترک کن یا مرا.

مر مرا چه جایِ جنگِ نیک و بد؟   کین دلم از صلح‌ها هم می‌رمَد[2] ۲۴۰۲

چرا با نیک و بد جدال کنم؟ من با صلح آدمیان نیز کاری ندارم، چه برسد به جنگ و جَدَل.

گر خمش کردی و گرنه آن کنم   که همین دم ترکِ خان و مان کنم ۲۴۰۳

اگر سکوت کردی که هیچ و گرنه هم اکنون خانه و زندگی را ترک خواهم کرد.

مراعات کردنِ زن شوهر را و استغفار کردن از گفتهٔ خویش

زن چو دید او را که تند و توسَن[3] است   گشت گریان، گریه خود دامِ زن است ۲۴۰۴

زن که شوهر را خشمگین و سرکش یافت، شروع به گریه کرد. گریه دامِ زنان برای رسیدن به مقاصدی است که از راه‌های دیگر امکان‌پذیر نیست.

گفت: از تو کِی چنین پنداشتم؟   از تو من اومیدِ دیگر داشتم ۲۴۰۵

زن گفت: من کی می‌توانستم باور کنم که مرا ترک کنی؟ چشم امیدم به توست.

زن در آمد از طریقِ نیستی[4]   گفت: من خاکِ شماام، نی سِتی[5] ۲۴۰۶

زن با تواضع و انکسار گفت: من خاک پای توأم کجا می‌خواهم خانم یا خاتون باشم؟

جسم و جان و هرچه هستم، آنِ توست   حکم و فرمان جملگی فرمانِ توست ۲۴۰۷

جسم و جان و هر چه که هستم، به تو تعلّق دارد و حکم، حکم توست.

---

۱ - **سَتیره**: مستوره، زنی که روی خود را می‌پوشاند.   ۲ - مُراد آنکه: هیچ تعلّقی به دنیا ندارم.
۳ - **توسن**: سرکش.   ۴ - **نیستی**: تواضع.   ۵ - **سِتی**: بانو، خانم.

گر ز درویشی دلم از صبر جست   بهرِ خویشم نیست آن، بهرِ تو اَست ۲۴۰۸
اگر از فقر و فاقه به تنگ آمده‌ام، برای خودم نیست، به خاطر توست.

تـو مـرا در دردهـا بـودی دوا   مـن نـمی‌خواهـم کـه بـاشی بـی‌نوا ۲۴۰۹
تو در تمام زندگی با یاری‌ات بر دردِ من مرهم نهادی، دلم رضا نمی‌دهد که بینوا باشی.

جانِ تو، کز بهرِ خویشم نیست این   از برای تـوسْتَم ایـن نـاله و حـنین ۲۴۱۰
به جان تو که این کارها برای خودم نیست، ناله و فغانم برای توست.

خویش من وَاللّه که بهرِ خویشِ تو   هر نَفَس خواهد که میرد پـیش تـو ۲۴۱۱
به خدا که وجود من برای تو می‌خواهد در هر نَفَس فدا شود.

کـاش جـانت کِش روانِ مـن فـدا   از ضـمیرِ جـانِ مـن واقـف بُـدی ۲۴۱۲
کاش جانِ تو که روح و روانم فدای آن جان باد، از درون و حال من با خبر بود.

چون تو با من این چنین بودی به ظن   هـم ز جـان بـیزارگشـتم هـم ز تـن ۲۴۱۳
اینک که تو در مورد من چنین گمانی داری، از جسم و جان و زندگی بیزار شدم.

خاک را بر سیم و زر کردیم، چون   تو چُنینی با من، ای جان را سکون! ۲۴۱۴
ای آرامش جانم، اینک که تو از من رنجیده شده‌ای، خاک بر سر سیم و زر.

تو کـه در جـان و دلم جـا مـی‌کُنی   زیـن قَـدَر، از مـن تَـبَرّا[1] مـی‌کنی؟ ۲۴۱۵
تو که در جان و دل من جای داری، چرا به کوچک‌ترین حرف و بحثی دوری می‌کنی؟

تو تَبَرّا کـن، کـه هسـتت دسـتگاه[2]   ای تَـبَرّایِ تـو را جـان عُـذرخـواه ۲۴۱۶
دوری کن که می‌توانی و برتریِ معنوی داری، ای آنکه جانِ من عذرخواه تبرّای توست.

یـاد مـی‌کن آن زمـانی را کـه مـن   چون صنم[3] بودم، تو بودی چون شمن[4] ۲۴۱۷
یاد آور آن زمانی را که من چون بتی زیبا بودم و تو عاشقانه این بت را می‌پرستیدی.

بـنده بـر وَفـقِ تـو دل افـروخته‌ست   هر چه گویی: پُخت، گوید: سوخته‌ست ۲۴۱۸
دلِ من با میل و خواستِ تو شاد است، هرچه را که بگویی و آنچه را که به زبان نیاوری، باور دارم.

---

۱ - **تَبَرّی** : دوری، بیزاری جستن. ۲ - **دستگاه** : قدرت و جمعیّت، برتری و تفوّق. ۳ - **صنم** : بت.
۴ - **شَمَن** : بت‌پرست.

من سِپاناخ[1] تو، بـا هـر چِـم پـزی یا تُرُش‌با[2] یا که شـیرین، مـی‌سَزی ۲۴۱۹

من مانند ابزاری در دست توأم، هر چه می‌خواهی بکن، مانند اسفناجی که بـا آن آش ترش یا شیرین می‌پزی.

کـفر گـفتم، نک بـه ایـمان آمـدم پیش ِ حُکـمت از سرِ جـان آمـدم ۲۴۲۰

اگر سخنان کفرآمیزی گفتم، اینک ایمان دارم و با دل و جان مطیع‌اَم.

خـویِ شـاهانهٔ تـو را نشـناختم پـیش ِ تـو گـستاخ خـر در تـاختم ۲۴۲۱

متأسّفم که اخلاق شاهانهٔ تو را پیش از این نشناختم و بی‌ادبانه گستاخی کردم.

چون ز عـفوِ تـو چـراغـی سـاختم تـوبه کـردم، اعـتراض انـداخـتم ۲۴۲۲

چون بخشش تو، مانند چراغی هدایت کننده است، توبه کردم و اعتراض را فروگذاشتم.

مـی‌نهم پـیش ِ تـو شـمشیر و کـفن می‌کَشم پیش ِ تـو گـردن را، بـزن[3] ۲۴۲۳

در حضور تو شمشیر می‌گذارم و کفن را می‌پوشم که ببخشی یا گردنم را بزنی.

از فـراقِ تـلخ مـی‌گویی سُـخن؟ هر چه خواهی کن، و لیکن این مکن ۲۴۲۴

چرا از جداییِ تلخ سخن می‌گویی؟ هرچه می‌خواهی بکن؛ ولی چنین مکن.

در تو از من عذرخواهی هست، سِر با تـو بی مـن، او شـفیعی مُستَمِر ۲۴۲۵

در درون تو، از من حسّی نهانی هست که همواره بی‌من از تو عذرخواهی و شفاعت می‌کند.

عذرخواهم در درونت، خُلقِ توست ز اعـتمادِ او دلِ مـن جُـرم جُست ۲۴۲۶

این عذرخواه درونی، اخلاق نیک توست که به اعتمادِ آن دل من جرأت کرد و مرتکب خطا شد.

رحم کن پنهان ز خود ای خشمگین ای که خُلقَت بِهْ ز صد من انگـبین ۲۴۲۷

ای خشمگین، پنهان از خشمِ خود مرا ببخش، ای آنکه خلقِ تو بهتر از صد من عسل است.

زین نَسَق می‌گفت با لطف و گشـاد در مـیانه گـریه‌یی بـر وی فُـتاد ۲۴۲۸

به این ترتیب زن با لطف و گشاده‌رویی سخن می‌گفت که در میان کلام به گریه افتاد.

---

۱ - **سپاناخ** : اسفناج. ۲ - **تُرُش‌با** : آش ِ ترش.

۳ - رسمی بوده است کهن که خطاکار کفن می‌پوشید و با شمشیر به حضور کسی می‌رفت که خواهان بخشایش او بود. تقصیرکاران و تهمت‌زدگان به این شکل به نزد حاکم می‌رفتند و اعلام آمادگی برای کیفر می‌نمودند: شرح مثنوی شریف، ص ۱۰۲۰.

۲۴۲۹ **گریه چون از حدگذشت و های های زُو، که بی‌گریه بُد او خود دلربای**

زن که بی‌گریه نیز دلربا بود، چون های و های گریه و زاری‌اَش از حد گذشت،

۲۴۳۰ **شد از آن باران یکی برقی پدید زد شراری بر دلِ مردِ وحید**

از بارشِ شدید اشک‌های زن برقی درخشید که شرارهٔ آن آتشی در دل آن مرد یگانهٔ روزگار زد.

۲۴۳۱ **آنکه بندهٔ رویِ خوبش بود مرد چُون بُوَد چون بندگی آغاز کرد؟**

آن مرد که بندهٔ روی خوبِ او بود، طبیعی است که با اظهار انقیاد چه حالی پیدا کرد!

۲۴۳۲ **آنکه از کبرش دلت لرزان بُوَد چون شوی چون پیشِ تو گریان شود؟**

کسی که از کبر و غرورش دل‌نگران باشی، چه حالی می‌شوی چون در حضور تو به گریه افتد؟

۲۴۳۳ **آنکه از نازش دل و جان خون بُوَد چونکه آید در نیاز، او چون بُوَد؟**

دلبری که از نازش دل و جان خون شده باشد، چه حالی می‌شوی، چون او از در نیاز در آید؟

۲۴۳۴ **آنکه در جور و جفااَش دام ماست عذر ما چه بْوَد چو او در عُذر خاست؟**

دلبری که با جور و جفا نیز در دامِ مهرش اسیریم، اینک که به عذر آمده، چه عذری داریم؟

۲۴۳۵ **زُیِّنَ لِلنّاس[1] حق آراسته‌ست زآنچه حق آراست، چُون دانند جَست؟**

خداوند این چنین زن را در چشم مرد زیبا آراسته است، چگونه می‌توانند مردان از آن برهند؟

۲۴۳۶ **چون پیِ یَسْکُنْ اِلَیْهاش[2] آفرید کِی تواند آدم از حوّا بُرید؟**

آفرینش زن برای آن است که مرد در کنار او آرام گیرد؛ پس چگونه مرد از زن دوری کند؟

۲۴۳۷ **رُستم زال اَر بُوَد، وز حمزه بیش هست در فرمان اسیرِ زالِ[3] خویش**

اگر مرد رستم دستان باشد یا در شجاعت از حمزه(ع) عموی پیامبر(ص) که اسوهٔ دلاوری است، افزون‌تر گردد، در خانه و در دل خویش فرمانبر همسر خود است.

---

۱ - **زُیِّنَ لِلنّاس :** اشارتی قرآنی، آل عمران : ۱۴/۳ : زُیِّنَ لِلنَّاسِ حُبُّ الشَّهَوَاتِ مِنَ النِّساءِ... : عشق به خواستنی‌ها از جمله زنان و فرزندان و مال هنگفت، اعمّ از زر و سیم و اسبان نشان‌دار و چارپایان و کشتزاران، در چشم مردم آراسته شده است. این‌ها بهرهٔ گذرای زندگی دنیاست و نیک سرانجامی نزد خداست.

۲ - **یَسْکُنْ اِلَیْهاش :** اشارتی قرآنی، اعراف : ۱۸۹/۷ : او کسی است که شما را از تن یگانه‌ای آفرید و همسرش را از او پدید آورد تا در کنار او آرام گیرد. (لِیَسْکُنَ إِلَیْهَا)

۳ - **زال :** در مصراع اوّل پدر رستم چون با مویی سپیدرنگ زاده شد او را زال خواندند، فرزند سام نریمان که در قاف توسّط سیمرغ پرورش یافت. زال در مصراع دوم کنایه از پیر فرتوت و سالخورده است.

آنکه عالم مستِ گفتش آمدی   کَلِّمینی یا حُمَیْرا می‌زدی ۲۴۳۸

پیامبر(ص) که عالمیان مستِ کلام وی‌اند، نیز می‌فرمود[1]: *ای عایشه، با من سخن بگو.*

آب غالب شد بر آتش از نهیب[2]   ز آتش او جوشد چو باشد در حجاب[3] ۲۴۳۹

آب بر آتش چیره می‌شود؛ چون سبب خاموشی آن است؛ امّا اگر واسطه یا حجابی در میان باشد، آتش بر آب غلبه می‌کند و آب را جوش می‌آوَرَد.

چونکه دیگی حایل آمد هر دو را   نیست کرد آن آب را کردش هوا[4] ۲۴۴۰

هنگامی که ظرفی در میان قرار می‌گیرد، آتش می‌تواند آب را نیست کند و با تغییر شکل و ماهیّت به «بخار» مبدّل کند.

ظاهرا بر زن، چو آب اَر غالبی   باطنا مغلوب و زن را طالبی ۲۴۴۱

اگر به ظاهر بر زن غالب هستی، چون دلِ تو خواهان اوست و خواستن نیاز است، نیازمند در برابرِ نیاز مغلوب است.

این چنین خاصیّتی در آدمی‌ست   مِهْر حیوان راکم است آن ازکمی‌ست ۲۴۴۲

این خصوصیّت را خداوند در آدمی نهاده است که مهر بوَرزَد و عشق را بشناسد. مهر و عاطفه در حیوانات نیز هست؛ امّا کمتر از انسان؛ زیرا کمالِ احساس و اندیشه و تفکّر انسان را ندارند.

در بیانِ این خبر که: اِنَّهُنَّ یَغْلِبْنَ ٱلعاقِلَ وَ یَغْلِبُهُنَّ ٱلجاهِلُ[5]

گفت پیغمبر که: زن بر عاقلان   غالب آید سخت، و بر صاحبْ‌دلان ۲۴۴۳

پیامبر(ص) فرمود: زن بر مردان عاقل و اندیشمند و صاحب دلان یعنی آنان که دارای ادراک روحانی‌اند، غلبه می‌کند.

---

۱ - ر.ک: ۱۹۸۲/۱.   ۲ - **نَهیب**: هول و هراس.   ۳ - حجاب به ضرورت قافیه «حَجیب» خوانده می‌شود.

۴ - در این تمثیل مرد در رویارویی مستقیم با زن اگر به نحوی محتاج و نیازمند به او نباشد، مانند آب که بر آتش غلبه می‌کند، زن را مغلوب و مقهور قدرت جسمی خویش می‌سازد و اگر حایلی در میان باشد، مانند: عشق، محبّت و تمایلات جسمانی و جنسی، قطعاً زن بر مرد غلبه خواهد داشت؛ زیرا آرامش و امنیّت و سعادت مرد در جوار زن به کمال می‌رسد.

۵ - در بیان این خبر که «زنان بر خردمندان چیره‌اند و نادان بر آنان چیره است». عبارتی را که در عنوان آمده، جزو احادیث نتوانسته‌اند بیابند و شیخ بهایی در مخلاة، طبع مصر، ص ۹۰، این جمله را منسوب به معاویه دانسته است. نقل از احادیث، ص ۱۰۸.

بـاز بـر زن جـاهلان چـیره شـوند زانکه ایشان تُند و بس خیره رونـد ۲۴۴۴

امّا، مردان جاهل و نادان که خوی و خُلق تند حیوانی دارند، بر زن چیره می‌گردند.

کم بُوَدشان رقّت و لطـف و وَداد[1] زانکه حیوانی‌ست غـالب بـر نـهاد ۲۴۴۵

افراد جاهل و تندخو، رقّت قلب و لطافت نهاد و محبّت در وجودشان بسیار کم است؛ زیرا در نهادشان خُوی حیوانی بر خصلت‌های انسانی غلبه دارد.

مِـهر و رقّت، وصـفِ انسـانی بُـوَد خشم و شهوت، وصفِ حیوانی بُوَد ۲۴۴۶

محبّت و رقّتِ قلب از اوصاف انسانی است و خشم و شهوت خُوی حیوانی.

پرتوِ حـقّ است آن، مـعشوق نـیست خالق است آن گوییا، مخلوق نیست[2] ۲۴۴۷

آری، زن پرتوی از حق است و نشانهٔ مهرِ باری تعالیٰ، تجلّیِ جمال حق درکسوت بشر.

تسلیم کردنِ مرد خود را به آنچه التماسِ زن بود از طلبِ معیشت، و آن اعتراضِ زن را اشارتِ حق دانستن

بـه نـزدِ عـقلِ هـر دانـنده‌یی هست
کـه بـا گـردنده گـردانـنده‌یی هست

مرد زآن گفتن پشیمان شـد، چـنان کز عوانی[3]، سـاعتِ مُردن، عـوان ۲۴۴۸

مرد از آنچه گفته بود، چنان پشیمان شد که ستمگر در هنگام مرگ از ظلم به دیگران پشیمان می‌شود.

گفت: خصم جانِ جان[4] چون آمدم؟ بـر سـرِ جـانم لگـدها چـون زدم؟ ۲۴۴۹

با خود گفت: چگونه دشمن کسی شدم که جانم به او وابسته است و بدرفتاری کردم؟

---

۱ - **وَداد**: دوستی و محبّت.

۲ - باید دانست که شهود حق سبحانه مجرّد از مواد، ممکن نیست و شهود او در مادّهٔ انسانی کامل‌تر است از شهود او در غیر انسان، و در زن کامل‌تر از شهود او در مرد است؛ زیرا که شهود حق یا به صفت فاعلیّت است یا به صفت منفعلیّت یا به حسب هر دو که هم فاعل باشد و هم منفعل و زن مظهر این هر دو است. و غرض حضرت مولانا از این مصراع که: «خالق است آن گوییا مخلوق نیست» همین نکته است که زن جامع هر دو صفت است.

۳ - **عَوان**: مأمور حکومتی، مأمور اجرا یا پاسبان که معمولاً ظالم و سخت‌گیر بود، زجر کننده.

۴ - **جانِ جان**: روحِ مطلق، هستیِ بی تعیّن.

چون قضا[1] آید، فرو پوشد بَصَر   تا نداند عقلِ ما پا را ز سر ۲۴۵۰

چون قضای الهی برسد، چشم بسته می‌شود تا عقل آدمی پا از سر نشناسد و حُکمِ خداوند جاری گردد.

چون قضا بگذشت، خود را می‌خورد   پرده بدریده، گریبان می‌درد ۲۴۵۱

گاه آدمی به حکمِ قضا به شدّت مشتاقِ چیزی یا انجامِ کاری می‌گردد؛ پس از انجامِ آن و اجرایِ فرمانِ الهی پردِه از برابر چشمانِ او کنار می‌رود، حقایق را تشخیص می‌دهد و از آنچه کرده است، گریبان می‌دَرَد. نَسَفی گوید[2]: علم او حکم اوست. پیدا آوردن اسباب قضای او و درکار آوردن آن اسباب قَدَر اوست؛ پس یقین دانستی که هر چیز که در عالم حادث می‌شود، قَدَر او باشد.

مرد گفت: ای زن پشیمان می‌شوم   گر بُدم کافر، مُسلمان می‌شوم ۲۴۵۲

مرد گفت: ای زن، پشیمانم و اگر سخنانت را انکار کردم، اینک تسلیم خواستهٔ توأم.

من گنه‌کارِ توام، رحمی بکن   بر مَکَن یکبارگیم از بیخ و بُن ۲۴۵۳

من ظلم کردم و تو را در رنج و فشار قرار دادم. ببخش و مرا از بیخ و بُن میفکن.

کافرِ پیر ار پشیمان می‌شود   چونکه عذر آرد، مسلمان می‌شود ۲۴۵۴

اگر کافر پیری پشیمان شود، عذر او را می‌پذیرند و مسلمان می‌شود.

حضرتِ پُر رحمت است و پُر کرم   عاشقِ او، هم وجود و هم عدم[3] ۲۴۵۵

زیرا خداوند رحمت و کرمی بی‌منتها دارد که وجود و عدم عاشق اوست.

کُفر و ایمان عاشقِ آن کبریا[4]   مسّ و نقره بندهٔ آن کیمیا[5] ۲۴۵۶

«کفر و ایمان» عاشقِ کمالِ کبریایی حق و «مس و نقره»، بندهٔ آن کیمیایی‌اند که نهایتِ کمالی را که برای آنان مقدّر فرموده است، متحقّق می‌سازد.

---

۱ - در باب قضای الهی «جواب گفتن هُدهُد طعنه زاغ را» ۱۲۳۲ همین دفتر به بعد.

قضا؛ حکم خداوند و قَدَر، میزان و مقدار و چگونگی آن است.   ۲ - ف. سجّادی، ص ۶۴۱.

۳ - حق تعالی مظهر کمال و جمال است. اوست که وجود از او موجود شده و عدم در علم الهی او وجود دارد. هر موجودی بر حسب آفرینش خواهان کمال و عاشق رسیدن به نهایتِ کمال خویش است، پس همهٔ موجودات عاشق حق‌اند؛ چون مظهر کمال و غایت آفرینش است و عدم نیز عاشق اوست چون در علم الهی موجود است و خواهان موجودیّت و استکمال است بر حسب مرتبهٔ خویش.   ۴ - **کبریا**: یکی از صفات خداوند، عظمت و بزرگی.

۵ - **کیمیا**: اکسیر.

در بیانِ آنکه:

موسی و فرعون هر دو مُسخَّر مشیّت‌اند، چنانکه زهر و پازهر و ظلمات و نور، و مناجات کردنِ فرعـون به خلوت تا ناموس نشکند[1]

۲۴۵۷ **مـوسی و فـرعون، مـعنی را رهـی[2] ظـاهر، آن رَه دارد و ایـن بـی‌رهی**

موسی(ع) و فرعون که یکی هدایت کننده و دیگری گمراه کننده‌اند، هر دو مطیعِ احکام الهی‌اند که در کُلّ کائنات جـاری است، هـرچـند کـه مـوسی(ع) در راه راست و فـرعون در گمراهی مطلق بود.

۲۴۵۸ **روزْ موسی پـیش حـق نـالان شـده نـیم‌شب فـرعون[3] هـم گـریان بُـده**

موسی(ع) روزها از درگاه حق استمداد می‌جست و فـرعون در نـیمه‌های شب؛ زیـرا او ادّعای خدایی داشت و در بند آبروی خویش بود.

---

۱ - جمیع موجودات مخلوق خالق واحدند و هر کدام بنا به مرتبهٔ وجودی خود مظهر اسـمی از اسـما الهـی‌انـد، موسی(ع) مظهر «هادی» و فرعون مظهر «مُضِلّ» و این امر ناشی از ظهور حـق تـعالیٰ است بـه صـورت اضـداد و متخالفات و تجلّی او در کسوت متباینات و بر اساس وحدت فیض حق است که جمیع مخلوقات و موجودات در تصرّف قدرت الهی‌اند و در برابر قوانینی که خالق بر کلّ کائنات وضع کرده است، تسلیم و فرمانبردارند. گروهی از تسلیم و اطاعت مخلوق از قوانین حاکم بر او تا حدودی مطّلع‌اند که آنان در دستهٔ مؤمنان قرار گرفته‌اند و ایـمان ایشان را ایمان ایجابی نامند که عبارت است از اعتقاد به شریعتی خاص و پیامبر آن. گروهی از این تسلّط ناآگاه‌اند و در حقیقت امر، ملزم به رعایت آن هستند و آنان را اهل تصوّف، دارای ایمان تکوینی دانند. پس هر دو گروه مسیری را طی می‌کنند که قوانین حاکم بر خلقت بدان رهنمون شده است؛ مثلاً هر کسی راهی را طی مـی‌کند کـه آفـرینش او مقتضی آن است (از قبیل توانایی‌های جسمی و روحی و عقلی، ژنتیک، اکتساب از محیط و...) که هیچ یک در ارادهٔ فرد نیست و آن کس که کفر می‌ورزد، علی رغم کفر و عدم ایمان ایجابی، باز هم مسخّر قدرت حق است و نمی‌داند که هر حرکت سوء یا هر اندیشهٔ ناروا و هرگونه ظلم و ستم یا پیروی از هوای نفس طبق قوانین الهی، چگونه به سوی او باز می‌گردند و چه تأثیرات حیرت‌انگیزی در افزایش تیرگی‌های درون وی دارند؛ امّا با انجام آن‌هـا احـکـام حـق را تحقّق می‌بخشد و هر لحظه به بُعد افزون‌تری از حق می‌رسد.

۲ - **رهی:** رونده، طی کننده، اینجا توسّعاً مطیع و در سیطرهٔ مشیّت الهی. ۳ - **فرعون:** ر.ک. ۱۸۷۶/۱.

کین چه غُلّ است ای خدا بر گردنم؟ ورنه غُل باشد، که گوید من منم؟[1] ۲۴۵۹

ای خدا، این زنجیرِ خودبینی چیست که بر گردنم نهاده‌ای؟ اگر زنجیر نیست، چگونه کسی می‌تواند در برابر تو، «من» بگوید؟

زانکه موسی را منوَّر کرده‌ای مر مرا زآن، هم مُکدَّر کرده‌ای ۲۴۶۰

خدایا، تو موسی(ع) را نورانی آفریدی و مرا تیره و ظلمانی.

زانکه موسی را تو مَه رو کرده‌ای ماهِ جانم را سیَه رُو کرده‌ای ۲۴۶۱

خدایا، اراده کردی که موسی(ع) محلّ تجلّی لطف تو باشد و من محلّ تجلّی قهر تو باشم.

بهتر از ماهی نبود اِستاره‌ام چون خسوف‌آمد، چه‌باشد چاره‌ام؟[2] ۲۴۶۲

ستارهٔ اقبال من که از ماه درخشان‌تر نیست، حال که با خسوف و گرفتگی همراه است، چه چاره‌ای می‌توانم بیندیشم؟

نوبتم[3] گر ربّ و سُلطان می‌زنند مه گرفت و خلق پَنگان[4] می‌زنند ۲۴۶۳

اگر بر فراز بارگاه من دهل و نقاره می‌زنند و حشمت و شکوه مرا اعلام می‌دارند، این‌ها همه مانند پنگان زدن است؛ یعنی گرفتگی و تیرگی درون مرا جار می‌زنند.

می‌زنند آن طاس و غوغا می‌کنند ماه را زآن زخمه رسوا می‌کنند ۲۴۶۴

مردم با غوغا و کوبیدن بر تاس‌ها، در حقیقت، تیرگی ماه را برملا و او را رسوا می‌کنند.

---

۱ - اینجا فرعون کُفر خود را به تقدیر و قضای الهی نسبت می‌دهد.

۲ - در ابیات ۲۴۶۹-۲۴۵۹، فرعون گمراهی خود را به تقدیر منسوب می‌دارد و در حقیقت ادّعای خدایی خویش را که چون غلّی گران برگردن می‌یابد، ناشی از حکم قضای حق می‌پندارد و برای تبرئه خود در پیشگاه حضرت باری، سرهنگ قضا را مسؤول این امر می‌داند.

۳ - **نوبت زدن :** رسمی بود در گذشته که بر در سرای پادشاهان روزی چند بار نقاره می‌زدند و این کار به معنای اعلام استقلال و قدرت پادشاهی آنان بود.

۴ - **پنگان :** تاس و تشت مسین، معرّب آن فنجان است. در یزد آن را سبو گویند، تاسی که به عنوان ساعت در هندوستان به کار می‌رفت. در روزگاران پیشین هنگام گرفتگی ماه (خسوف)، تودهٔ مردم بر ظروف مسین می‌کوفتند و این عمل را پنگان زدن می‌نامیدند و معتقد بودند که با این کار گرفتگی ماه رفع می‌شود: شرح مثنوی شریف، ص ۱۰۴۳.

من که فرعونم، ز شهرت وایِ مـن[1] زخمِ طاس، آن رَبِّیَ اْلاعـلایِ[2] مـن ۲۴۶۵

وای بر من که به فرعونی و سرکشی شهره شده‌ام، ضربه‌ای که به تاس می‌کوبند، نشان گرفتگیِ جان من است که «أَنَا رَبُّکُمُ الأَعْلیٰ» گفته‌ام.

خــواجـه تـاشانیم،[3] امّـا تـیشه‌ات مــی‌شکافد شـاخ را، در بـیشه‌ات ۲۴۶۶

خداوندا، من و موسی(ع) هر دو مخلوق توایم؛ امّا در این دنیا کـه مـانند بـیشه‌ای پـر از گیاهان و درختان انبوه است، تیشهٔ قدرتِ تو در بیشهٔ خلقت، شاخه‌ای را می‌شکافد و جدا می‌کند. در این تمثیل انسان به درخت مانند شده است.

بـاز شـاخی را مُـوَصَّل[4] می‌کند شـاخ دیگـر را مُـعَطَّل[5] مـی‌کند ۲۴۶۷

شاخهٔ شکافته و جدا شده را به درختی نیرومند پیوند می‌زند. [پیوند روحانی نفسی از انفاس با نفس مرشد کامل که سبب رشد و ترقّی معنوی و روحانی سالک می‌گردد] و باز ارادهٔ توست که شاخه‌ای را بی‌بهره می‌گذارد و پیوند نمی‌زند.

شاخ را بر تیشه دستی هست؟ نـی هیچ شاخ از دستِ تیشه جَست؟ نی ۲۴۶۸

شاخهٔ درخت بر تیشه تسلّط ندارد و آدمی نیز در برابر قدرتِ تو ناتوان است.

حقِّ آن قدرت که آن تیشه تو راست از کرم کُن این کژی‌ها را تو، راست ۲۴۶۹

به حقِّ قدرت تام و تمامت که این کژی‌ها را اصلاح کن.

باز با خود گفته فرعون: ای عجب! مــن نــه در یــارَبَّنام جـمله شب؟ ۲۴۷۰

فرعون پس از راز و نیاز با حق به خود آمد که آیا این منم که تمام شب را «یاربَّنا» **گفتم؟!**

در نــهان خــاکـی و مـوزون می‌شوم چون به موسی می‌رسم، چون می‌شوم؟ ۲۴۷۱

در خلوت خود متواضع‌ام، چرا در برابر موسی(ع) دگرگون می‌شوم؟

رنگِ زرِّ قــلـب دَه تُــو مــی‌شود پـیش آتش چـون سیه‌رُو مـی‌شود ۲۴۷۲

فرعون، ایمان و راز و نیاز خود را در خلوت شبانه با حق، همانند زر تقلّبی می‌یابد که در

---

۱ - در متن نوشته‌اند «من که فرعونم ز خلق ای وای من» در مقابله بر بالای «ز خلق ای»، «ز شهرت» نوشته‌اند.

۲ - رَبِّیَ اْلأَعْلایِ من؛ اشارتی قرآنی، نازعات: ۲۴/۷۹: أَنَا رَبُّکُمُ اْلأَعْلیٰ: منم پروردگار برتر شما.

۳ - **خواجه تاش:** دو بنده یا دو غلام که یک ارباب دارند.

۴ - **مُوَصَّل:** پیوند زدن. مُراد آنکه: خدایا، تو موسیٰ را به حق پیوند زدی و واصل کردی و مرا راندی.

۵ - **مُعَطَّل:** متروک.

کورهٔ رویارویی با موسی(ع)، سیاه‌رویی و قلب بودنش آشکار می‌گردد و دَه‌تو می‌شود؛ یعنی در این مقابله، کفر و سرکشی‌اش افزونی می‌یابد.

نه، که قلب و قالبم در حکم اوست   لحظه‌یی مغزم کند، یک لحظه پوست ۲۴۷۳

از آنجا که دل و جان و وجودم در تسلّط حُکم خداست؛ پس دگرگونی‌ام نیز از من نیست، چون یک لحظه در دل شب به عالم معنا می‌روم و خودبینی و تکبّر مرا رها می‌کند و لحظهٔ دیگر آن را فراموش می‌کنم و تعظیم و کُرنش چاکران، خودخواهی‌ها و کِبرِ درونی‌ام را بر می‌انگیزد.

سبز گردم چونکه گوید: کِشت باش   زرد گردم چونکه گوید: زِشت باش ۲۴۷۴

من کشتزاری‌ام که اگر او بخواهد، سبز و باطراوت می‌شوم و یا زرد و زشت.

لحظه‌یی ماهم[1] کند، یک دم سیاه   خود چه باشد غیرِ این، کارِ اِله؟ ۲۴۷۵

یک لحظه مرا مثل ماه پر نور و یک لحظه تاریک می‌کند، جز او که می‌تواند هر لحظه حالی بر دل آدمی مستولی نماید؟

پیش ِ چوگان‌هایِ حکم کُنْ فَکان[2]   می‌دویم اندر مکان و لامکان ۲۴۷۶

ما مانندِ چوگان به ارادهٔ حق در مکان و لامکان می‌دویم، گاه در عالم مادّی گاه در عالم معنا.

چونکه بی‌رنگی[3] اسیرِ رنگ[4] شد   موسیی[5] با موسیی در جنگ شد ۲۴۷۷

قبل از تعلّق روح پاک به جسم و همجواری با نَفْس، در عالم تجرّد و فارغ از تفرقه، دوگانگی نبوده و هر روح پاکی، موسیٰ صفتی بوده است که با پذیرش تعیّن و مقیّد شدن به قید جسم و همجواری با نفس، بی‌رنگی اسیر رنگ شده است.

---

۱ - ماه کنایه از جان آگاه است و سیاه به معنی بُعد از حق و ضلالت و گمراهی.

۲ - **کُن فکان:** اشارتی قرآنی، یس: ۸۲/۳۶: إِنَّما أَمْرُهُ إِذا أَرادَ شَيْئاً أَنْ يَقُولَ لَهُ كُنْ فَيَكُونَ: امر او چون آفرینش چیزی را اراده کند، تنها همین است که به آن می‌گوید موجود شو و بی‌درنگ موجود می‌شود.

۳ - **بی‌رنگی:** حقیقت، عالم وحدت، هستی مطلق که هیچ‌گونه تعیّن و تقیّد ندارد؛ پس عالم بی‌رنگی است.

۴ - **اسیر رنگ شدن:** مقیّد به قید شدن و از عالم وحدت به عالم کثرت تنزّل کردن و عینیّت یافتن.

۵ - **موسیی:** پیرو موسی(ع)، منسوب به موسی(ع). موسی(ع) در مقام نبوّت و رسیدن به معرفت و حقیقت در عالم وحدت بود و در مرتبهٔ معرفت هرگز انبیا و اولیا به ردّ یک‌دیگر نپرداخته‌اند. پس «موسیی با موسیی در جنگ شد» را بهتر است، همان درگیری‌های میان پیروان ادیان و مذاهب مختلف بدانیم آنجا که بی‌رنگی اسیر رنگ می‌شود و از نظرگاه بر می‌خیزد اختلاف مؤمن و گبر و یهود.

چون به بی‌رنگی رسی کآن داشتی موسی و فرعون دارند آشتی[1] ۲۴۷۸

اگر رنگ‌ها از میان برخیزند، موسی(ع) و فرعون که بیانگر اضداد، یعنی ایمان و کفرند، ضدّیّتی ندارند؛ زیرا آنجا دوگانگی نیست.

گر تو را آید بر این نکته سؤال رنگْ کِیْ خالی بُوَد از قیل و قال؟ ۲۴۷۹

اگر علی‌رغم آنچه که گفته شد، همچنان سؤالی در ذهنِ تو باشد، باید تکرار کرد و گفت که همهٔ این‌ها از عالمِ کِثرت بر می‌خیزد؛ زیرا بنایِ خلق بر اضداد است تا حق شناخته گردد و وحدانیّت الهی در کثرت آشکار شود و این اختلاف ظاهری که در وحدت مشاهده می‌کنیم به سببِ ظهورِ اسما و صفات باری تعالیٰ است.

این عجب، کین رنگ از بی‌رنگ خاست رنگ با بی‌رنگ چُون در جنگ خاست؟ ۲۴۸۰

رنگ، یعنی «عالم کثرت» با جمیع اضدادی که در آن مشاهده می‌شود، اعم از کمال و نقص، هدایت و گمراهی، زشتی و زیبایی، نیکی و بدی و... همه و همه از بی‌رنگی محضِ

---

۱ - مولانا در بیان یکرنگی و یگانگی که آدمی قبل از حضور در عالم کثرت و صورت‌پذیری داشته است، می‌فرماید:

مُنْبسط بودیم و یک جوهر همه بی سر و بی‌پا بُدیم آن سر همه
یک گُهَر بودیم همچون آفتاب بی گِرِه بودیم و صافی همچو آب
چون به صورت آمد آن نورِ سَره شد عدد چون سایه‌هایِ کُنگره
کُنگره ویران کنید از مَنْجَنیق تا رود فرق از میانِ این فریق

دفتر اوّل ۶۹۴-۶۹۱

مثنویِّ ما دُکانِ وحدت است غیرِ واحد هرچه بینی آن بُت است

دفتر ششم ۱۵۳۲

این من و ما بهرِ آن برساختی تا تو با خود نردِ خدمت باختی
تا من و توها همه یک جان شوند عاقبت مستغرقِ جانان شوند

دفتر اوّل ۱۷۹۷-۱۷۹۶

آنکه دو گفت و سه گفت و بیش از این مُتَّفق باشند در واحد یقین
اَحْوَلی چون دفع شد یکسان شوند دو سه گویان هم یکی گویان شوند

دفتر دوم ۳۱۳-۳۱۲

تفرقه بر خیزد و شرک و دُوی وحدت است اندر وجودِ معنوی
چون شناسد جانِ من جانِ تو را یاد آرند اتّحادِ ماجَریٰ

دفتر چهارم ۳۸۳۰-۳۸۲۹

بنابراین «هستی» که همان ذات حق تعالیٰ است، یک وجود یا یک حقیقت بیش نیست که در اسما و صفات تجلّی یافته و در عالم کثرت صورت‌های گوناگون را پدید آورده است، مانند نور خورشید که در صحن خانه‌ها هر یک جدا می‌تابد؛ امّا اگر دیوارها از میان برگرفته شوند، یک نور واحد بیش نیست.

«حق تعالیٰ و عالم وحدت» در وجود آمده و این سرّی است که اینک بیان کردیم که همهٔ این «رنگ‌ها» از آن «بی‌رنگی» صادر شده و عینیّت یافته است.

اصلِ روغن ز آب افزون می‌شود عاقبت با آبْ ضِد چون می‌شود؟ ۲۴۸۱

در جهت تفهیم موضوع، در تمثیل روغن و آب می‌فرماید: روغن‌ها گاه از شیره و عصارهٔ برخی از میوه‌ها، چون بادام و پسته گرفته می‌شوند و گاه از مواد لبنی و شیر و اصل آن‌ها از گیاهان است و عامل رشد و حیاتشان چیزی جز آب نیست، پس اصل آن‌ها از آب است، چگونه با اصل خود در تضادند و هنگامی که آب را در روغن جوشان می‌ریزند، چگونه آن را بر نمی‌تابد و به بیرون پرتاب می‌کند؟

چونکه روغن را ز آب اِسرشته‌اند آب با روغن، چرا ضد گشته‌اند؟[1] ۲۴۸۲

چرا آب با روغن که اصلش از آب است، در تضادّند؟

چون گُل از خار است و خار از گُل چرا هر دو در جنگ‌اند و اندر ماجرا؟ ۲۴۸۳

گل در میان خارها می‌روید و خار در کنار گل و هر دو یک اصل دارند که همان ریشه و تغذیه واحد است؛ امّا با یک‌دیگر در تضادند، یکی در نهایت لطافت و دیگری عکس آن است.

یا نه جنگ است این، برای حکمت است همچو جنگِ خر فروشان صنعت است ۲۴۸۴

یا می‌توان گفت تضادِّ عالم کثرت، جنگ اضداد نیست، حکمتی در آن است که اهل تعقّل و اندیشه در آن تعمّق و تدبّر کنند و این حکمت، تضادِ ظاهری را که در حقیقت نمودی از تضادّ و تخالف دارد، ایجاب می‌کند و مانند نزاع غیرواقعی خرفروشان هنگام ترغیبِ مشتری برای فروش کالاست. [دفتر چهارم، ۳۰۱۴]

یا نه این است و نه آن، حیرانی است گنج باید جُست، این ویرانی است ۲۴۸۵

شاید بتوان گفت: آنچه هست، نه جنگ اضداد و نه حکمتی خاص است، بلکه مشاهدهٔ این اضداد و عالمِ کثرت، تحیّری در طالب مشتاق به وجود می‌آورد و او را برای یافتن گنج حقیقت که در وجود خود او به ودیعه نهاده شده است، کوشاتر می‌کند و درمی‌یابد که عالم کثرت محکوم به نابودی است و باید در ورای آن به جست‌وجوی حقیقت پرداخت.

---

۱ – این بیت بعداً در مقابله افزوده شده (حاشیه)، در نسخهٔ نیکلسون هم در پاورقی ذکر شده است.

آنچه تو گنجش تَوهُّم می‌کنی   زآن تَوَهُّم گنج را گم می‌کنی ۲۴۸۶

اینکه دانشِ خود را گنج معنا می‌پنداری، توهّمی است که مانع درکِ حقیقت می‌شود؛ زیرا گنج، ادراک حقایق در جلوه‌های گوناگونِ آن است. شهود عارفانهٔ حقایق، مقام بی‌رنگی و کمال الهی است؛ بنابراین تا تحقّقِ معرفت و کمال، اندیشهٔ وصول به گنج حقایق پنداری بیش نیست.

چون عمارت دان تو وَهْم و رای‌ها   گنج نَبْوَد در عمارت جای‌ها ۲۴۸۷

توهّم و گمانی را که در درکِ حقایق داری و آرای مختلفی را که می‌اندیشی، همانند عمارتی آبادان است، هرگز گنج را در عمارتی آبادان ننهاده‌اند، بلکه در ویرانه‌ها مخفی کرده‌اند. حاصل کلام آنکه: گنج وحدت را کسی می‌یابد که بنایِ «هستی موهومی» خویش را خراب کند و به فنای در حق برسد.

در عمارت[1] هستی و جنگی بُوَد[2]   نیست را از هست‌ها ننگی بُوَد ۲۴۸۸

هرجا که عمارت و آبادانی ظاهری هست و خودبینی‌ها پابرجاست، جنگ و تضادّ هست. آنان که از این مرحله رهیده و به فنا رسیده‌اند، از این هستی ننگ دارند.

نه که هست[3] از نیستی[4] فریاد کرد   بلکه نیست آن هست را واداد[5] کرد ۲۴۸۹

گمان نکنید که «اهل دنیا» از «اهل معنا» بیزار است؛ بلکه پاکان از تعیّنات این جهانی ننگ دارند و ظلمتِ خودپرستان را بر نمی‌تابند و از خود می‌رانند.

تو مگو که: من گریزانم زِ نیست   بلکه او از تو گریزان است، بیست ۲۴۹۰

عدم تمایلی که به حضور در محضر مردان حق داری، چیزی جز عدم جذب آنان نیست، بیست برابرِ آن که تو از ایشان می‌گریزی، این بزرگان از تو روی‌گردان‌اند.

ظاهرا می‌خوانَدَت او سوی خَود   وز درون می‌رانَدَت با چوبِ رد ۲۴۹۱

به ظاهر و بر حسب آنکه کار مردان حق هدایت است، تو را به سوی خود می‌خوانَد تا راه و روش کسب معرفت را بیاموزی؛ امّا در باطن، تو را با چوب رَد، رانده است؛ زیرا سنخیّت روحانی و معنوی سبب جذب کسانی می‌شود که طلب و استعدادِ پذیرش و جذب فیوضات

---

۱ - **عمارت**: درکلامِ مولانا عمارت و آبادانی تعبیری است برای «خودبینی و خودخواهی» و یا «هستیِ موهومی این جهانی». ۲ - مُراد آنکه: هرجا «من» و «تو» باشد، جنگ و درگیری هست. ۳ - **هست**: وجود، هستی.
۴ - **نیست**: معدوم، ناموجودکه وجود ندارد. ۵ - **واداد**: برگشتن.

معنوی و الهی را دارند؛ امّا آنان که نسبت به حقایق دشمنی می‌ورزند، خود با اِعمال روش‌های زشت، راه ورود انوار را به وجودِ خود بسته و در حقیقت با دست خود چوب رَد بر سینه خویش زده‌اند.

نعل‌هایِ بازگونه[1] است ای سلیم ‌ ‌ ‌ نفرتِ فرعون می‌دان از کلیم ۲۴۹۲

نفرتی که فرعون از موسی(ع) داشت، چیزی جز خدعه برای او که خود اهل خدعه بود و مردم را می‌فریفت نبود. درون تاریک، ناپاک، کبر و غرور او باطناً سبب دفع او توسط موسی(ع) می‌شد و خود خبر نداشت.

سببِ حرمانِ اشقیا از دو جهان که: خَسِرَ ٱلدُّنْیا وَٱلآخِرَة

در این مبحث که عنوان آن اشارتی است به قسمتی از آیهٔ یازدهم سورهٔ حج که در تبیین حال کسانی است که در دنیا و آخرت زیان می‌کنند و هر دو را از دست می‌دهند؛ زیرا ظواهر امور در ایمان و اعتقاداتشان تأثیرات بنیادی دارد و در هر لحظه ممکن است ایمان بیاورند و در لحظه‌ای دیگر بدان منکر گردند. تقریر حال اشقیا که ظاهربینان‌اند، رشتهٔ سخن را به معتقدات حکمای پیشین می‌کشاند و مولانا وضع منکران و گمراهان را که در سرگردانی خود معلّق مانده‌اند، همانند معلّق بودن زمین در فضا می‌یابد و تمثیلی در این باب می‌آورد.

چون حکیمک اعتقادی کرده است ‌ ‌ ‌ کآسمان بیضه، زمین چون زرده است ۲۴۹۳

حُکمای پیشین معتقد بودند که زمین در میان آسمان‌های نُه‌گانه قرار گرفته و مرکز آن بر مرکز عالم منطبق است و زمین را ساکن می‌پنداشتند و برای سکون آن دو نظریّه ابراز می‌کردند: اوّل آنکه نیروی جاذبه از اطراف به‌طور مساوی بر زمین وارد می‌شود و آن را ساکن نگاه می‌دارد و نظریّهٔ دوم اینکه نیروی دافعه از هر طرف به‌طور مساوی بر زمین وارد می‌شود و آن را ساکن و معلّق نگه می‌دارد.[2] از رسائل اخوان: نُه فلک متّحدالمرکز وجود دارد، مانند حلقه‌های پیاز که نزدیک‌ترینِ آن‌ها به ما ماه است که بر کرهٔ خاک از همه سو محیط است، مانند احاطهٔ پوست تخم مرغ بر سفیدهٔ آن و زمین مانند زرده در درون سفیده.[3]

---

۱ - **نعل بازگون**: نعل را واژگون یا بر خلاف جهت اصلی آن کوبیدن، ترکیب وصفی است کنایه از کاری که مردم بدان پی نبرند. گاه در جنگ‌ها به عنوان خدعهٔ جنگی نعل اسب را وارونه می‌کوبیدند تا نشان پای اسب به عکس راهی که رفته است، بیفتد و متخاصم گمراه گردد. معمولاً به عنوان ردگم کردن به کار می‌رود.

۲ - شرح مثنوی شریف، ص ۱۰۶۱. ‌ ۳ - شرح مثنوی مولوی، دفتر اوّل، ص ۳۵۸.

گفت سائل: چون بمانْد این خاکدان در میانِ این محیطِ آسمان؟ ۲۴۹۴

سؤال کننده‌ای پرسید: چگونه زمین در میان آسمانی که بر او احاطه دارد، معلّق مانده است؟

همچو قِندیلی معلَّق در هوا نه به اَسْفَل می‌رود نه بر عُلا ۲۴۹۵

چرا مانند چراغدانی در هوا آویزان مانده است، نه پایین می‌رود و نه بالا؟

آن حکیمش گفت: کز جذبِ سما[1] از جهاتِ شش بماند اندر هوا ۲۴۹۶

حکیم پاسخ داد: به سبب نیروی جاذبه که از هر طرف به‌طور مساوی بر زمین وارد می‌شود.

چون ز مِقناطیس قُبّهٔ ریخته در میان ماند آهنی آویخته ۲۴۹۷

آسمان مانند گنبدی مغناطیسی است که در میان آن زمین مانند آهنی آویخته قرار گرفته است، تأثیرات نیروی مغناطیس از هر جهت آن را جذب می‌کند و زمین را معلّق نگاه می‌دارد.

آن دگر گفت: آسمانِ با صفا کِیْ کَشَد در خود زمینِ تیره را؟ ۲۴۹۸

دیگری گفت: آسمانِ باصفا چگونه می‌تواند زمین تیره را به خود جذب کند؟

بلکه دفعش می‌کند از شش جهات زآن بمانْد اندر میانِ عاصفات[2] ۲۴۹۹

بلکه از شش جهت آن را دفع می‌کند که زمین در میان تندبادها پایدار مانده است.

پس ز دفع خاطرِ اهلِ کمال جانِ فرعونان بماند اندر ضلال ۲۵۰۰

بیانِ این تمثیل برای روشن‌تر شدن مطلب بود، همان‌گونه که آسمان باصفا زمین تیره را دفع می‌کند، مردان حق نیز فرعون‌صفتان را دفع می‌کنند تا در گمراهی بمانند.

پس ز دفع این جهان و آن جهان مانده‌اند این بی‌رهان[3] بی این و آن[4] ۲۵۰۱

پس فرعون صفتان هم در این جهان رانده می‌شوند و هم در آن جهان.

سرکشی از بندگانِ ذوالجلال دان که دارند از وجودِ تو ملال ۲۵۰۲

اگر از بندگان پاک خداوند روی‌گردان هستی، بدان که آنان از تو بیزارند.

---

۱ - **سَما**: آسمان. ۲ - **عاصفات**: جمع عاصفه، تندباد.

۳ - **بی‌رهان**: ره‌گم کردگان، کسانی که به راه راست نرفته‌اند.

۴ - اشارتی قرآنی؛ حج: ۱۱/۲۲: ... خَسِرَ الدُّنیا وَ الأخِرَةَ ذٰلِكَ هُوَ الْخُسْرانُ المُبینُ: منافق در دنیا و آخرت زیانمند است، این است آن زیان آشکار.

کهربا[1] دارند، چون پیدا کنند   کاهِ هستیِ تو را شیدا کنند ۲۵۰۳

آنان کهربایی نیرومند دارند که اگر بخواهند، کاهِ هستی‌ات را واله و شیدای خویش می‌کنند.

کهربایِ خویش چون پنهان کنند   زود تسلیمِ تو را طغیان کنند ۲۵۰۴

و اگر ملالی از تو بیابند، کهربای باطنی خود را که همان قدرت شِگفت‌انگیز مردان حق است، نهان می‌کنند، آنگاه تسلیمِ تو به طغیان و سرکشی مبدّل می‌شود؛ یعنی با عدمِ جذب ایشان، شخص اسیر هوایِ نفسانی می‌گردد.

آنچنان که مرتبهٔ حیوانی است   کو اسیر و سَغبهٔ[2] انسانی است ۲۵۰۵

همان گونه که حیوانات اسیر قدرت فکر و دانش انسان‌اند، انسان ناقص نیز در کمند قدرت معنوی و روحانی کاملان اسیر است.

مرتبهٔ انسان به دستِ اولیا   سَغبه چون حیوان شناسش، ای کیا[3]! ۲۵۰۶

ای بزرگ، قدر و مرتبت انسان در دست کاملان واصل، مانند مرتبهٔ حیوان است در دست آدمی؛ یعنی تفاوتی فاحش میان انسان کامل و ناقص وجود دارد.

بندهٔ[4] خود خواند احمد در رَشاد[5]   جمله عالم را، بخوان[6]: قُلْ یا عِباد[7] ۲۵۰۷

حضرت محمّد(ص) هنگامی که خلق را هدایت می‌کرد، خداوند فرمود: بگو: ای بندگان من!

عقلِ تو همچون شتربان، تو شُتر   می‌کَشانَد هر طرف در حُکمِ مُر[8] ۲۵۰۸

آدمی، مانند شتر است که عقل او همانندِ شتربان وی را به هر طرف با تحکّم می‌برد.

---

۱ - **کهربا :** یک نوع صمغ درختی به رنگ‌های زرد، سرخ و سفید که مانند سنگ سفت می‌شود. در اینجا قدرت باطنی مردان حق.   ۲ - **سَغبه :** گرسنگی و خستگی، اینجا مجازاً به معنی منکوب و مغلوب است.

۳ - **کیا :** بزرگ، سرور.   ۴ - **بنده :** مخلوق خداوند، برده، مطیع و فرمانبر.   ۵ - **رشاد :** رستگاری.

۶ - مُراد وصال عارفانهٔ پیامبر(ص) است که زبانِ گویایِ حق می‌شود. او در مقامِ کامل‌ترین فردِ انسان، قطب و خلیفهٔ افضل نه تنها فرمانروای روحانیِ جهان، بلکه متّصل با حقیقتِ کلّیهٔ محمّدیه است: شرح مثنوی مولوی، ج ۱، ص ۳۵۹.

۷ - **قُلْ یا عباد :** دو بار در سورهٔ زُمَر به کار رفته است.

زُمَر : ۱۰/۳۹ : قُلْ یا عِبادِ الَّذینَ آمَنُوا اتَّقُوا رَبَّکُمْ : بگو ای بندگان گرویدهٔ من، خدا ترس و پرهیزکار باشید.

زُمَر : ۵۳/۳۹ : قُلْ یا عِبادِیَ الَّذینَ أَسْرَفُوا عَلیٰ أَنْفُسِهِمْ لاٰ تَقْنَطُوا مِنْ رَحْمَةِ اللهِ : بگو ای بندگان من که زیاده بر خویشتن ستم روا داشته‌اید، از بخشایش خدا نومید نشوید.   ۸ - **حکم مُرّ :** با فشار و تأکید و بر خلاف میل.

عقلِ عقل‌اند اولیا، و عقل‌ها بر مثالِ اشتران تا انتها ۲۵۰۹

همان نسبتی را که عقل با آدمی دارد، اولیا با انسان دارند، آن‌ها عقلِ عقل‌اند؛ زیرا در اتّصال با عقل کلّ‌اند و همانند قافله‌سالار، هدایت کنندهٔ قافلهٔ هستی‌اند.

اندر ایشان بنگر آخر ز اعتبار[1] یک قلاووز[2] است جانِ صدهزار ۲۵۱۰

ایشان را به دیدهٔ قدر و منزلت بنگر و در چگونگی کارشان تعمّق کن و ببین که در دستِ یک قافله‌سالار جان صدها هزار نفر قرار داده شده است.

چه قلاووز و چه اشتربان؟ بیاب دیده‌یی، کآن دیده بیند آفتاب ۲۵۱۱

چه تفاوتی دارد که چه نامی بر آن می‌نهیم؟ پیشوا و رهبر یا راهنما، به هر حال، اگر جویای حقایق هستی، کسی را بیاب که دیده‌ای بینا به عوالم روحانی داشته باشد.

یک جهان در شب بمانده میخ دوز[3] منتظر، موقوفِ خورشید است و روز ۲۵۱۲

خلق، در ظلمات جهل و شکنجهٔ وسوسه‌های نفسانی با آرزوی سعادت در جوش و خروش‌اند. سعادتی که اگر خورشیدِ حقیقتِ مردِ حق طلوع کند، واقعیت می‌یابد.

اینْت[4] خورشیدی نهان در ذرّه‌یی[5] شیرِ نر در پوستینِ برّه‌یی ۲۵۱۳

آفرین بر خورشیدی که در پیکر کوچک اولیای حق نهان است. مانندِ شیری قوی‌پنجه در پوستین برّه‌ای نهان شده و در بیشهٔ جهان، در کنجی نشسته است.

اینْت دریایی نهان در زیرِ کاه[6] پا بر این کَهْ هین منه با اشتباه ۲۵۱۴

زهی بر این دریای پاک که ممکن است در زیرِ ظاهری ساده، شکوهی نداشته باشد، هوشیار باش که به آن بی‌حرمتی نکنی.

اشتباهی و گمانی در درون رحمتِ حقّ است هر دم رهنمون ۲۵۱۵

اشتباهِ مردم که شأنِ کاملان را نمی‌شناسند و آنان را همانند خود می‌پندارند، رحمتی است از جانب حق برای عامّه، زیرا عدمِ شناختِ سالک با رحمتی از پروردگار، حقایقی را بر وی جلوه‌گر می‌سازد و عدمِ معرفتِ عام نیز رحمت است؛ زیرا اگر کمال ایشان آشکار می‌گردید، مخالفت با آنان، عناد با حق و مستلزم عِقاب الهی بود.

---

۱ - **اعتبار:** عبرت‌گرفتن، به اندیشه فرو شدن، قدر و منزلت. ۲ - **قلاووز:** پیشاهنگ، دلیل، راهبر.
۳ - **میخ دوز:** بسته شده توسط میخ، نوعی شکنجه. ۴ - **اینْت:** زهی، آفرین.
۵ - تقابل ظاهر و باطن ولیّ. ۶ - **کاه:** کنایه از ظاهر ساده و عادیِ استاد طریقت یا مُرشدِ روحانی.

هر پیمبر فرد آمد در جهان   فرد بود آن رهنمایش در نهان ۲۵۱۶

هر پیامبری به تنهایی و یک تنه مردم را به سوی حق دعوت کرد، در حالی که راهنمایِ درونیِ او، یعنی نفس مطمئنّه‌اش، یگانه و بی‌نظیر و در حدِّ اعلایِ کمال بود.

عالمِ کُبریٰ[1] به قدرت سِحر کرد   کرد خود را در کِهین نقشی نورد[2] ۲۵۱۷

با تکیه بر قدرت روحانی و ایمان توانست جهانی را مسحور و شیفته سازد. حقیقتِ جان او در پیکرِ انسانی وی نهان بود. [ظاهرش را پشّه‌ای آرد به چرخ]

ابلهانَش فرد دیدند و ضعیف   کِی ضعیف است آن‌که با شه شد حریف؟ ۲۵۱۸

افرادِ نادان او را تنها و ضعیف پنداشتند؛ زیرا فقط به قدرت جسم نظر داشتند. چگونه کسی که با حق مرتبط است، ضعیف است؟

ابلهان گفتند: مردی بیش نیست   وای آن، کو عاقبت اندیش نیست ۲۵۱۹

نادانان گفتند: او مردی مانند دیگران است و نه افزون‌تر، وای بر کسی که به عاقبت نمی‌اندیشد.

حقیر و بی‌خصم دیدنِ دیده‌هایِ حسّ، صالح و ناقهٔ صالح علیه السّلام را. چون خواهد که حق لشکری را هلاک کند، در نظرِ ایشان حقیر نماید خصمان را و اندک، اگرچه غالب باشد آن خصم. وَ یُقَلِّلُکُمْ فی اَعْیُنِهِمْ لِیَقْضِیَ اللهُ اَمْراً کانَ مَفْعُولاً[3]

کوچک و خوار و بدون مالک دیدن دیده‌های حسّ [اهل دنیا] صالح(ع) و شتر صالح را. خداوند چون بخواهد لشکری را هلاک کند، دشمنان را در نظر ایشان حقیر می‌نماید، اگرچه که آن دشمن چیره و غالب باشد.

«و آنان را در چشم شما اندک نمایانید و شما را نیز در چشم ایشان اندک تا امر الهی واقع گردید».

ثمود: نام یکی از قبایل قدیم عرب که در موصل میان حجاز و شام می‌زیسته‌اند، قومی که روستایی بوده و قریٰ و شهرها داشته‌اند که از سنگ‌های جسیم برآورده و حفراتی در صخره‌ها ایجاد کرده و بت می‌پرستیده‌اند. خدای

---

۱ - **عالم کُبری:** عالم اکبر جهان آفرینش است شامل همهٔ موجودات امکانی اعم از عالم عِلوی و سِفلی. در مقابل عالم اصغر که انسان است، و او را به آن جهت عالم اصغر می‌گویند که هر چه در عالم اکبر است در او می‌توان یافت.

۲ - **نَوَرد:** چوبی مدوّر و استوانه‌ای که جولاهگان جامهٔ بافته را بر آن می‌پیچند. در این بیت و بعضی ابیات دیگر معنی بسته و درج و پیچیده دارد.

۳ - اشارتی قرآنی، انفال: ۴۴/۸ (جنگ بدر)

تعالی صالح(ع) را به پیامبری به سوی آنان فرستاد و مردمان را به توحید فرا خواند و به اعجاز ماده شتری از سنگ برآورد؛ امّا قومِ ستمکار نپذیرفتند و شتر ماده را پی کردند و عذاب صیحه بر ایشان فرود آمد.

پیامبر بزرگوار قومِ ثمود، صالح(ع)، از دیدگروهی از مفسّران و محقّقان چنین تباری دارد: «صالح بن عبید بن آسف بن ماسخ (یا ماشج) بن عبید بن حاذر (یا حاجر) بن ثمود» وگروهی دیگر تبارنامه‌های متفاوت بر شمرده‌اند، گرچه که همهٔ مورّخان مسلمان، ثمودیان را عرب شمرده‌اند؛ امّا دربارهٔ ویژگی‌های زمانی، مکانی و... آنان نظریّات گوناگون ارائه کرده‌اند، در هر حال نشانه‌هایی هست که قوم ثمود از اعرابی بوده‌اند که در شمال شبه جزیره می‌زیسته‌اند و مملکت و دولت به معنی سیاسی و تمدّنی آن نداشته و معمولاً در یک جای ویژه ساکن نبوده‌اند.

ثمودیان درنوشته‌های کهن، تاریخی بس روشن‌تر از عادیان دارند و از سدهٔ هشتم پیش از میلاد، نوشته‌های آشوری از آنان یادکرده است. درکتیبه‌های سبایی مربوط به آغاز سدهٔ پنجم پیش از میلاد هم داستان دو ثمودی آمده است، همچنین سنگ‌نوشته‌هایی در نجران یافت شده که نام «صلم» که خدای ثمودیان بوده، در آن‌ها ذکر شده است. منابع کلاسیک و منابع عربی دربارهٔ زیستگاه آنان همرأی نیستند؛ امّا تمام منابع عربی محلّ اسکان ایشان را میان شام و حجاز دانسته‌اند و حضور و زندگی ثمودیان را از سدهٔ دوم پیش از میلاد تا پایان سدهٔ دوم میلادی در سرزمین مَدْین قطعی به شمار آورده‌اند.

در قرآن‌کریم در سوره‌های بسیاری از ثمودیان یاد شده است و در سوره‌هایی مانند: توبه، ابراهیم، فرقان، ص، ق، نجم و فجر از عاد و ثمود با هم سخن گفته است و در تمام این آیات نشان از طغیان و تباهی آنان و پرستش خدایانی جز الله است. آنان در خانه‌هایی که ازکوه تراشیده بودند به ناز و نوش زندگی می‌کردند، خداوند برادرشان صالح(ع) را به سوی آنان می‌فرستد تا ازکیفر الهی زنهارشان دهد، تنها اندکی به او می‌گروند و اکثریّت او را دروغگو می‌نامند و سرانجامِ از وی می‌خواهندکه اگر راست می‌گوید آیه و نشانه‌ای بیاورد و او در پاسخ آنان می‌گویدکه این شتر خدا، همان نشانه‌ای است که شما می‌خواستید، بگذارید به آسودگی در سرزمین خدا بچرد و به او آسیبی نرسانید که کیفری دردناک شما را فرا خواهدگرفت، اعراف: ۷۳/۷؛ امّا متمرّدان طغیانگر بر سرکشی افزودند و شتر را نابود کردند و بدین سان خشم الهی با زلزله‌ای سخت آنان را فروگرفت و همه نابود شدند. چنین می‌نمایدکه سرنوشت عاد و ثمود بسیار همانند باشد با سرنوشت شهرهای «سدوم» و «عموره» که به پندار تورات‌پژوهان در جنوب بحرالمیّت جای داشته است. محقّقان و تاریخ‌نگاران در ارتباط با صالح(ع) و ثمودیان حدس می‌زنندکه از آغاز هزارهٔ نخست پیش از میلاد تا سدهٔ پنجم پس از میلاد، برگ‌ها و بخش‌هایی از تاریخ را به خویش ویژه ساخته‌اند، از نوشته‌های سنگی بر جای مانده از ثمودیان چنین بر می‌آیدکه بیشتر آنان خواندن و نوشتن می‌دانسته‌اند.

بر پایهٔ‌گزارش‌های به دست آمده از نصوص ثمودی، بزرگ‌ترین خدای آنان «صلم» (Salm) نام داشته‌که سر گاو را نماد آن می‌دانسته‌اند و شهر «تیما» در حوالی سال ۶۰۰ پیش از میلاد از مهم‌ترین مراکز پرستش آن بوده است، جز «صلم»، بت‌های دیگری را نیز می‌پرستیده‌اند همچون «ود» که این بت‌ها متولّیان و خدمتکارانی نیز داشته‌اند.[1]

---

۱ - بررسی تاریخی قصص قرآن، ج ۱، صص ۲۳۸-۲۲۰، با تلخیص.

سورآبادی در قصص قرآن، افسانه‌ای را در مورد زندگی حضرت صالح(ع) آورده است که اینک به نقل آن می‌پردازیم: ابلیس از فرشتگان شنیده بود که از پشتِ عبید بن عاذر فرزندی پدید می‌آید که دین بتان را به حجّت مورد قهر قرار می‌دهد، پس در میانِ بت بزرگی که عُبید خادم آن بود، رفت و از آنجا با مردم سخن راند و گفت که عبید را از من باز دارید که او مرا نشاید و شایسته چنین مقام نیست.

مردم از روی جهل مکری ورزیدند و عبید را که با قوّت و شوکت بود به کوه بردند و در غاری هلاک کردند و اهلِ وی چندان که جُستند او را نیافتند تا روزی زنی در سرایی نوحه می‌کرد، فرشته‌ای در هیأت مرغی بر وی ظاهر و جویای سبب نوحه و افغان وی گردید و زن گفت که کدخدایی داشتم بی‌همتا که او را گم کرده‌ام، مرغ او را به غاری که عبید کشته و افکنده بود، رهنمون گردید، خدای تعالیٰ عبید را زنده کرد و صالح از پشت عبید به رحم مادر رسید. زن بازگشت در حالی که باری از عبید برداشته و عبید مجدداً مرده بود، وی را به زنا متّهم داشتند تا کودک متولّد گردید و آن چنان به عبید ماننده بود که مردم به اجبار قصّهٔ وی باور داشتند وی را صالح نام کردند. در چهل سالگی بر وی وحی رسید و قوم را به خدا دعوت کرد. مهتر قوم از وی برای دعوت خویش، حجّت خواست، صالح گفت: چه حجّت خواهی؟ گفت که از این سنگ ماده شتری آبستن بیرون آری چنانکه ما به چشم سر ببینیم و بزاید، آنگاه ایمان آوریم. صالح(ع) درماند. جبرئیل آمد و گفت: آنان از تو خواستند، تو از خدا بخواه که خداوند می‌فرماید من چهارهزار سال است که آن ناقه را چنانکه ایشان می‌خواهند در آن سنگ تقدیر کرده‌ام. پس صالح(ع) روی بر زمین نهاد و دعا کرد. در لحظه سنگ جنبیدن گرفت و به ناله آمد و شکافت، ناقه‌ای سیاه و بلند از میان آن بر آمد. صالح(ع) گفت: دیگر چه خواهید؟ گفتند که بزاید، در ساعت شتر ماده بزاد. گفتند: احسنت بر جادوی استاد که تویی. مهتر آنان که جُندَع نام داشت ایمان آورد و دیگران انکار کردند. صالح(ع) گفت: اینک که چنین است؛ پس او را به حال خود واگذارید تا در زمین خدا به چرا بپردازد، **اعراف: ۷۳/۷:** **فَذَرُوها تَأْكُلْ فِي أَرْضِ اللهِ.** او را رنجی مرسانید مباداکه عذاب دردناک بر شما فرود آید، اگر او را هلاک کنید، خدای شما را هلاک می‌کند و ناقه بسیار عظیم و سهمناک بود و او را علف بسیار می‌بایست. صالح(ع) گفت: آب و گیاه را با او قسمت کنید، یک روز نوبت او و یک روز دیگر چهارپایان شما، که موجودی مراتع به هر دو بسنده نمی‌کند، و شیری که این ناقه به قدرت خداوندی می‌داد چندان بود که همهٔ چهارپایان ایشان نمی‌دادند و خوش‌ترین و بهترین شیرها بود. در شهر زنی شیرفروش بود که مال بسیار و دو دختر در غایت جمال داشت، چون ناقهٔ صالح(ع) پدید آمد، بازار شیر وی از رونق افتاده بود و کینهٔ شتر را در دل داشت. دو مرد از قبیله را با خَمر مست کرد و دختران را پیش آورد و کشتن ناقهٔ صالح(ع) را از آنان خواست و ایشان به درّهٔ محلّ ناقه رفتند و ضربتی زده او را پی کردند و با دیگر ضربه او را واکشتند. بچهٔ ناقه که در پی مادر می‌آمد، به هوا برجَست، سه بانگ کرد و ناپدید شد. خبر به صالح(ع) آوردند. اندوهگین شد و گفت: سه روز شما را مهلت باشد. روز نخست روی ایشان زرد شد، روز دوم سرخ گردید و روز سوم سیاه شد. دانستند که عذاب الهی آمده است. صالح(ع) از میان ایشان بیرون شد. زلزله‌ای درگرفت و آتشی هویدا شده همه را سوزانید و خاکستر کرد.[1]

دربارهٔ صالح(ع) پیامبر قوم ثمود، اعراف: ۷۳/۷ به بعد، هود: ۶۲/۱۱، شعرا: ۱۴۱/۲۶، شمس: ۱۳/۹۱، نمل: ۴۶/۲۷.

---

۱ - قصص قرآن سورآبادی، صص ۸۱-۷۸.

ناقهٔ صالح به صورت بُد شتر　　پی بریدندش ز جهل آن قومِ مُر[1] ۲۵۲۰

شتر مادهٔ صالح(ع)، شتری مانندِ دیگر شتران بود؛ امّا در حقیقت، «قدرتِ الهی» به سببِ عشقِ خالصانهٔ صالح(ع) بدان کسوت متجلّی شده بود؛ امّا آن قوم نادان به سبب جهالت و سرشت بد، منکرِ اعجاز گشتند و او را پی بریدند و هلاک کردند.

از برای آب، چون خصمش شدند　　نانْ‌کور و آبْ‌کور[2] **ایشان بُدَند** ۲۵۲۱

قوم ثمود برای آب با ناقهٔ صالح(ع) دشمن شدند و چنان لئیم و بخیل بودند که روزیِ شتر را که مهمانی از جانب خداوند بود، از او دریغ داشتند.

ناقة اللّه[3] **آب خورد از جوی و میغ**[4] **　　آبِ حق را داشتند از حق دریغ** ۲۵۲۲

آبی را که متعلّق به حق بود از حق مضایقه داشتند و اجازه ندادند ناقهٔ خدا از جوی آبی که به امر حق از ابرها جاری شده بود، بیاشامد.

ناقهٔ صالح چو جسم صالحان　　شد کمینی در هلاکِ طالحان ۲۵۲۳

شتر صالح(ع) مانند جسم پاکان کمینگاهی بود برای هلاکت تبهکاران.

تا بر آن امّت ز حکم مرگ و درد　　ناقَةَ اللهِ وَ سُقْیاها[5] **چه کرد** ۲۵۲۴

ببین که ناقهٔ خدایی و سیراب شدن او از آب، چه مرگ و دردی را برای آن قوم به همراه آورد.

شِحنهٔ[6] **قهرِ خدا ز ایشان بجُست　　خونبهایِ اُشتری، شهری دُرُست** ۲۵۲۵

قهرِ خداوند شامل حال قوم ثمود گشت و در ازای کشتن یک شتر، تمام شهر به نابودی کشیده شد.

روح همچون صالح و تن ناقه است　　روح اندر وصل و تن در فاقه است ۲۵۲۶

تمثیلی برای جان و تن: روح مانند صالح است و جسم همانندِ ناقه. روح از عالمِ امر و مجرّد است و بی‌نیاز، و تن از عالم مادّه و نیازمند.

---

۱ - **قوم مُرّ** : مردم تلخ و بدسیرت، منکران.

۲ - **نان کور و آب کور** : شدّت حرص و طمع که نان و آب را از مهمان دریغ دارند.

۳ - **ناقة الله** : اشارتی قرآنی، هود : ۶۴/۱۱ : و یَا قَوْمِ هَذِهِ ناقَةُ اللَّهِ لَکُمْ آیَةً فَذَرُوهَا تَأْکُلْ فِي أَرْضِ اللهِ وَ لاَ تَمَسُّوهَا بِسُوءٍ : [صالح گفت:] و ای قوم من این ماده شتر از آن خداست و گواهی [و معجزه‌ای بر راستی من برای شما]، بگذارید تا در زمین خدا بچرد و به او آسیبی نرسانید.　۴ - **میغ** : ابر.

۵ - **ناقَةَ اللهِ وَ سُقْیاها** : اشارتی قرآنی، شمس : ۱۳/۹۱ : فَقالَ لَهُمْ رَسولُ اللهِ ناقةَ اللهِ وَ سُقْیٰها : پس رسول خدا به قوم ثمود گفت: زنهار ماده شتر خدا را پاس دارید و از آب خوردن مانع نشوید.

۶ - **شِحْنه** : رئیس پلیس، نواب و نایب حاکم شهر، در عرف آن را کوتوال و حاکم هم گویند. تلفّظ صحیح آن شِحْنِه است. پارسی‌زبانان گاه با فتحهٔ اوّل تلفّظ می‌کنند.

روحِ صالح قابلِ آفات نیست   زخم بر ناقه بُوَد، بر ذات نیست[1] ۲۵۲۷

روحِ صالح(ع) آسیب‌پذیر نیست، آسیبِ ستمکاران بر جسم ایشان است نه بر ذات.

روحِ صالح قابلِ آزار نیست   نورِ یزدان سُغبهٔ کُفّار نیست ۲۵۲۸

مُنکران نمی‌توانند به «جان مجرّد» آزاری برسانند. «روح» نور خداست که مغلوب کافران نیست.

حق از آن پیوست با جسمی نهان   تاش آزارند و بینند امتحان ۲۵۲۹

خداوند با تجلّی انوار حق در بشر، خلق را می‌آزماید تا تنِ صالحان را بیازارند و کیفر ببینند.

بی خبر کآزارِ این، آزارِ اوست   آبِ این خُم، متَّصل با آبِ جُوست ۲۵۳۰

معاندان نمی‌دانند که آزارِ این آزار خداست؛ زیرا خُمِ وجود کاملان به روحِ مطلق وابسته است.

زآن تعلُّق کرد با جسمی اِله   تا که گردد جمله عالَم را پناه ۲۵۳۱

تعلّقِ حق با جسم پاک بزرگان در حقیقت به سبب رحمت بی‌منتهای الهی است که به این وسیله گروه کثیری از مردم از قِبَل مهر و ارادت به کاملان هدایت شوند و مورد لطف قرار گیرند.

ناقهٔ جسمِ ولی را بنده باش   تا شوی با روحِ صالحْ خواجه تاش ۲۵۳۲

جسم اولیا، مانند ناقهٔ صالح(ع) است. در خدمت ولیّ بندگی کن تا با روح صالحِ انسانِ کامل، مستغرقِ درِ جانان گردی.

گفت صالح: چونکه کردید این حسد   بعدِ سه روز از خدا نِقمت[2] رسد ۲۵۳۳

صالح گفت: چون بر ناقة الله حسد ورزیدید، بعد از سه روز عذاب الهی فرامی‌رسد.

بعدِ سه روزِ دگر از جانستان   آفتی آید که دارد سه نشان ۲۵۳۴

پس از سه روز از خداوندی که جان‌ها را می‌ستاند، آفتی می‌رسد که سه علامت دارد.

رنگِ رویِ جمله‌تان گردد دگَر   رنگ رنگِ مختلف اندر نظر ۲۵۳۵

رنگ رخسار همهٔ شما دگرگون می‌گردد و به رنگ‌های مختلف دیده می‌شود.

---

۱ - بلافاصله بعد از این بیت در متن نیکلسون بیتی است که در پاورقی می‌آوریم و در متن کهن نیست. این بیت در ۳۵۰۹ تکرار شده است.

کس نیابد بر دلِ ایشان ظفر   بر صدف آمد ضرر نی بر گهر

۲ - **نقمت** : عذاب.

روزِ اوّل رویــتان چــون زعــفران در دُوُم، رُو سرخ هـمچون ارغـوان ۲۵۳۶

روز نخست، رویِ همه چون زعفران و در دومین روز مانند ارغوان قرمز می‌شود.

در ســوم گــردد هـمه روهـا سـیاه بــعد از آن انــدر رســد قــهر اِله ۲۵۳۷

در روز سوم، رنگ همهٔ شما سیاه می‌شود و قهر و عذاب الهی فرامی‌رسد.

گر نشان خواهید از من زین وعـید کُــرّهٔ نــاقه بــه ســوی کُـه دویـد ۲۵۳۸

اگر نشانی برای عذاب می‌خواهید، ببینید که بچهٔ شتر ماده به سوی کوه خواهد دوید.

گر توانیدش گـرفتن، چـاره هست ورنه خود مـرغ امـید از دام جَست ۲۵۳۹

اگر کرّهٔ ناقه را بگیرید، امیدی هست و گرنه، مرغ امید از دام جسته و چاره‌ای نیست.

مـی‌دویدند از پـیِ اشـتر چـو سگ چون شنیدند این از او جمله به تگ [1] ۲۵۴۰

منکران با شنیدن این سخنان به امید نجات، مانند سگ در پی کرّه شتر دویدند.

کس نـتانست انـدر آن کُـرّه رسـید رفت در کُـهسارها، شـد نـاپدید ۲۵۴۱

هیچ کس نتوانست به کُرّه شتر برسد، دوید و در کوهساران ناپدید شد.

همچو روحِ پـاک کـو از نـنگِ تـن مـــی‌گریزد جـانبِ رَبِّ آلمِـنَن [2] ۲۵۴۲

کرّه به سرعت گریخت، مانند روح پاکی که از تن عار دارد و به سوی پروردگار بخشاینده بال و پر می‌گشاید.

گفت: دیدیت آن قضا مُعْلَن [3] شده است صـورتِ اومـید را گـردن زَده است؟ ۲۵۴۳

صالح(ع) گفت: دیدید که قضای الهی آشکار شد و دیگر هیچ امیدی به نجات از عذاب نیست.

کُــرّهٔ نــاقه چـه بـاشد؟ خـاطرش که به جا آرید ز احسـان و بِـرَش؟ ۲۵۴۴

کُرّهٔ آن ناقه چیست؟ رضایت خاطر او که با نیکی و خوبی می‌توانید به‌دست آورید.

گر به جا آیـد دلش، رَسـتید از آن ورنــه نـومیدیت و سـاعد را گـزان ۲۵۴۵

اگر دل او را به دست آوردید، از عذاب و هلاکت رسته‌اید و گرنه ناامید و محروم می‌شوید و از اندوه انگشت به دندان می‌گزید.

---

۱ - این بیت در نسخهٔ کهن نیست، در حاشیه نوشته‌اند و قید کرده‌اند که از نسخهٔ ولد اضافه شده است.

۲ - این بیت نیز در حاشیه نوشته شده از نسخهٔ ولد. ۳ - **مُعْلَن**: آشکار.

چون شنیدند این وعیدِ مُنکدِر[1] چشم بنهادند و آن را مُنتظِر ۲۵۴۶

با شنیدن این وعدهٔ تاریک، چشم به راه عذاب الهی ماندند.

روزِ اوّل رویِ خود دیدند زرد می‌زدند از ناامیدی آهِ سرد ۲۵۴۷

روز اوّل رنگ روی خود را زرد دیدند و از ناامیدی آه سرد می‌کشیدند.

سرخ شد رویِ همه، روزِ دوُم نوبتِ امید و توبه گشت گُم ۲۵۴۸

روز دوم رنگ رخسار آنان سرخ شد و فرصتی برای توبه نبود.

شد سیه روزِ سیُم رُویِ همه حکمِ صالح راست شد بی‌مَلحَمه[2] ۲۵۴۹

روز سوم رخسارهٔ همگان سیاه شد و محکومیّتی که صالح(ع) گفته بود، به وقوع پیوست و بی‌آنکه در ظاهر فتنه و جنگی درگیرد، همه اسیر عذاب الهی شدند.

چون همه در ناامیدی سر زدند همچو مرغان در دو زانو آمدند ۲۵۵۰

چون به ناامیدی کامل رسیدند، مانند مرغان روی دو زانو خم شدند و افتادند.

در نُبی آورد جبریلِ امین شرحِ این زانو زدن را جاثِمین[3] ۲۵۵۱

جبرائیل امین در قرآن کریم، شرح این زانو زدن را آورده است.

زانو آن دم زن که تعلیمت کنند[4] وز چنین زانو زدن بیست کنند ۲۵۵۲

هنگامی که تو را از حقایق آگاه می‌کنند و عواقبِ هولناک سرپیچی را برمی‌شمرند، زانو بزن و تسلیم باش تا از سر بیچارگی زانو نزنی.

منتظر گشتند زخمِ قهر را قهر آمد، نیست کرد آن شهر[5] را ۲۵۵۳

آن قوم ستمکار منتظر قهر الهی نشستند. آنگاه عذاب الهی رسید و شهر را نابود کرد.

---

۱ - **مُنْکَدِر**: تیره و تار. ۲ - **مَلحَمه** : فتنه و جنگ عظیم.

۳ - **جاثمین** : اشارتی قرآنی، اعراف : ۷۸/۷: فَأَخَذَتْهُمُ ٱلرَّجْفَةُ فأَصْبَحُوا فِي دَارِهِمْ جَاثِمِينَ : پس آن‌ها را [قوم ثمود] لرزشی بسیار شدید فراگرفت وزآن پس همه در جای خود به زمین چسبیدند؛ یعنی همگی نابود شدند.
رَجَفَ : تکان خورد، لرزید. رَجْفَة؛ یعنی لرزش، زلزله.
جَثَمَ : سینه را بر زمین نهاد و به زمین چسبید. جاثِم : به زمین چسبید، رویِ زمین دراز کشید.

۴ - سالکان طریقت و جویندگان حقیقت با ادب ظاهر و باطن در مقابل مرشد کامل زانو می‌زنند یعنی دوزانو و یا چهارزانو به احترام کامل می‌نشینند. ۵ - مُراد الحِجْر است؛ دهکده‌ای در شمال مدینه.

صالح از خلوت به سوی شهر رفت　　شهر دید اندر میانِ دود و نفت ۲۵۵۴

صالح(ع) از خلوت خویش به سوی شهر رفت و دید که در میان دود و آتش است.

ناله از اجزای ایشان می‌شنید　　نوحه پیدا، نوحه‌گویان ناپدید ۲۵۵۵

با گوش باطن، نالهٔ اجزای بدن مردم را می‌شنید. ناله و فغان آشکار بود و نوحه‌گر ناپیدا.

ز استخوان‌هاشان شنید او ناله‌ها　　اشک ریزان جانشان چون ژاله‌ها[1] ۲۵۵۶

استخوان‌های آنان ناله‌ها سر داده بودند و جانشان مانند ژاله اشک‌ریز بود.

صالح، آن بشنید و گریه ساز کرد　　نوحه بر نوحه‌گران آغاز کرد ۲۵۵۷

صالح(ع) ناله و فغان آنان را شنید و به گریه افتاد و با نوحه‌کنندگان به نالیدن پرداخت.

گفت: ای قومی به باطل زیسته　　وز شما من پیشِ حق بگریسته ۲۵۵۸

گفت: ای قومی که در گمراهی زیسته‌اید، برای هدایتِ شما به درگاه حق نالیده و از جورتان گریسته‌ام.

حق بگفته: صبر کن بر جورشان　　پندشان دِه، بس نمانْد از دورشان ۲۵۵۹

حق فرمود: بر جور و جفای آنان صبور باش و اندرز بده، اگر ایمان نیاوردند ناراحت نباش که روزگار آنان به زودی به سر می‌رسد.

من بگفته: پند، شد بند از جفا　　شیرِ پند از مهر جوشد وز صفا ۲۵۶۰

من در راز و نیاز به حق تعالیٰ گفتم که با جفای آنان راه پند و اندرز بسته شده است. پند و اندرز، مانند شیر از پستانِ حقایق به مهر و صفا می‌جوشد و در ایشان جز جفا نمی‌بینم.

بس که کردید از جفا بر جایِ من　　شیرِ پند افسرد در رگ‌هایِ من ۲۵۶۱

آن چنان در حقِّ من جفا کردید که شیر پند در رگ‌های جان من خشکید.

حق مرا گفته: تو را لطفی دهم　　بر سرِ آن زخم‌ها مرهم نهم ۲۵۶۲

حق فرمود: تو را مورد لطف قرار می‌دهم و زخم‌ها را مرهم می‌نهم.

صاف کرده حق دلم را چون سَما　　روفته از خاطرم جورِ شما ۲۵۶۳

خداوند دل مرا مانند آسمان مصفّا کرده و گرد و غبار جور شما را زدوده است.

---

۱ - **ژاله**: شبنم.

در نصیحت من شده بارِ دگر　　گفته اَمثال و سُخن‌ها چون شکر ۲۵۶۴

بارها اندرز دادم و از سرِ مهر سخنان بسیار گفتم و نمونه‌ها مثال آوردم.

شیرِ تازه از شکر انگیخته　　شیر و شهدی با سخن آمیخته ۲۵۶۵

سخن را با شیر و شهد می‌آمیختم و کلامی دلکش و تازه می‌گفتم.

در شما چون زهر گشته آن سُخُن　　زانکه زهرستان بُدیت از بیخ و بُن ۲۵۶۶

آن سخنان در نظر شما زهر می‌نمود؛ زیرا به سبب ستمکاری سراپای وجودتان تلخ و ناپذیرا بود.

چون شوم غمگین؟ که غم شد سرنگون　　غم، شما بودیت ای قومِ حرون[1] ۲۵۶۷

ای قوم سرکش، اینک که غم سرنگون شده است، چرا غمگین باشم؟ مایهٔ غم شما بودید.

هیچ کس بر مرگِ غم نوحه کُند؟　　ریش ِسر[2] چون شد، کسی مُو بر کَنَد؟ ۲۵۶۸

کسی بر پایان غم ناله و افغان می‌کند؟ و اگر زخمِ سر از بین برود، از غصّه موها را بر می‌کَنَد؟

رُو به خود کرد و بگفت: ای نوحه‌گر!　　نوحه‌ات را می‌نیرزند آن نفر ۲۵۶۹

صالح(ع) به خود گفت: ای نوحه‌گر، آن‌ها ارزش این نالیدن را نداشتند.

کژ مخوان ای راست خواننده مُبین[3]!　　کَیْفَ آسیٰ قُلْ لِقَومٍ ظالِمین[4] ۲۵۷۰

ای کسی که کلام خدا را در می‌یابی، اشتباه نکن. چرا بر قوم ستم‌پیشه غمگین باشم؟

باز اندر چشم و دل او گریه یافت　　رحمتی، بی علّتی، در وِی بتافت ۲۵۷۱

صالح(ع) باز هم دید که چشم و دلش می‌گرید و رحمت و شفقتی بی‌دلیل در دلش موج می‌زد.

قطره می‌بارید و حیران گشته بود　　قطره‌یی بی‌علّت از دریایِ جُود ۲۵۷۲

قطرات اشک مانند باران می‌بارید و او حیران بود که این اشکِ ظاهراً بی‌علّت از دریای جُودِ الهی به چه مناسبت است؟ رحمت بی‌پایان خداوندی ماورای علل و اسبابی است که بنده می‌اندیشد.

---

۱ - **حَرون**: عاصی، سرکش.　۲ - **ریش سر**: زخمی در سر.

۳ - **مبین**: روشن و آشکار. [این بیت سخن صالح(ع) با خود است.]

۴ - اشارتی قرآنی؛ اعراف: ۹۳/۷: فَکَیْفَ آسیٰ عَلیٰ قَوْمٍ کافِرینَ: پس چگونه اندوه خورم بر قومی کافر. این جمله از قول شعیب پیمبر است ولی پیمبران در نظر مولانا تجلّی یک حقیقت واحدند که در ابدان متعدد ظهور یافته است و به همین مناسبت است که می‌فرماید: کژ مخوان و اشتباه مکن؛ زیرا کافر و ظالم یک جنس‌اند و هر دو به سوی نفس ناری خویش تنزّل یافته‌اند.

عقلِ او می‌گفت:کین گریه ز چیست؟ بر چنان افسوسیان[1]، شاید گریست؟ ۲۵۷۳

عقلِ صالح می‌گفت: اشک تو برای چیست؟ گریستن بر چنان ستمگرانی شایسته است؟

بر چه می‌گریی؟ بگو، بر فعلشان؟ بر سپاهِ کینه‌توزِ بَد نشان[2]؟ ۲۵۷۴

گریه‌ات به چه دلیل است؟ بر اعمال و افعال زشت و کینه‌توزانهٔ آنان که مانند سپاهی بدسرشت به جنگ نیکی‌ها می‌رفتند؟

بر دلِ تاریکِ پُر زنگارشان؟ بر زبانِ زهرِ همچون مارشان؟[3] ۲۵۷۵

برای دلِ تاریکِ پر زنگارشان؟ یا برای زبان تلخ آنان که مانند نیش مار می‌گزید؟

بر دَم و دندانِ سگسارانه‌شان[4]؟ بر دهان و چشم کژدُم خانه[5]شان؟ ۲۵۷۶

بر نَفَس پلیدشان که چونان سگ متعفّن بود یا بر دندان تیزی که حقیقت را می‌گرفت؟ یا بر دهان و چشم‌هایی که مانند عقرب آدمی را می‌گزید؟

بر ستیز و تَسْخَر و افسوسشان؟ شکر کُن، چون کرد حق محبوسشان ۲۵۷۷

بر ستیزه‌خویی و استهزایی که می‌کردند، می‌گریی؟ شاکر پروردگار باش که آنان را در بند عذاب گرفتار کرد.

دستشان کژ، پایشان کژ، چشم کژ مِهرشان کژ، صلحشان کژ، خشم کژ ۲۵۷۸

دست آنان کژ بود، پای و چشم‌شان ناراست بود. مهر و صلح و خشمشان نیز چنین بود. قومی کج‌رفتار و کج‌اندیش و کج‌فعل بودند.

از پیِ تقلید و معقولاتِ نقل پا نهاده بر سَرِ این پیرِ عقل ۲۵۷۹

این قوم بت‌پرست، برای تقلید از اندیشهٔ پدران و نیاکان خویش و آنچه که از آنان به عنوان معقولاتی سینه به سینه نقل شده بود، بر سر این پیرِ عقل [عقل کلّی، عقل انبیا که در اتّصال با عقل کلّ است] پا نهادند و آن را معتبر ندانستند.

---

۱ - **افسوسیان :** جمع افسوسی، در خور دریغ، مجازاً ستمکار. ۲ - **بدنشان :** بدکار.
۳ - زبانِ زهرآگینی که گویی زهر نیست و خودِ مار است. ۴ - **سگسارانه :** مانند سگ.
۵ - **کژدم خانه :** لانه کژدم.

۲۵۸۰ **پیرْ خِر[1] نه، جمله گشتند پیرْ خَر　　از ریـایِ چشم و گـوشِ هـمدگر**

در این قوم گمراه هیچ‌کس خریدار و جویای هدایت نبود. همه مانند خرِ پیر کودن از درک حقیقت عاجز بودند و گفتار دیگری را می‌پذیرفتند.

۲۵۸۱ **از بـهشت آورد یـزدان بـندگان　　تـا نُـمایْدشان سَـقَر پَـروردگان[2]**

ارادهٔ خداوند انبیا و اولیا و بندگان کامل را که در خلوت خویش با خدای خود در این جهان نیز در فردوسِ برینِ استغراقِ در حق به سر می‌برند، در مقابل اشقیا قرار می‌دهد تا دوزخیان، سرشت پلید خود را با مخالفت و مخاصمت و استهزای آنان بنمایند.

در معنیِ آنکه :
مَرَجَ ٱلبَحْرَیْنِ یَلْتَقِیانِ بَیْنَهُما بَرْزَخٌ لاٰ یَبْغِیانِ[3]

در تفسیر و تقریر این معناست که در عالم محسوسات پدیده‌های متضاد که در تقابل یک‌دیگرند، همجوار نهاده شده‌اند؛ امّا حقیقت وجودی آن‌ها مانع از امتزاج آنان می‌شود، مانند کفر کافر و ایمان مؤمن.

۲۵۸۲ **اهلِ نـار و خُـلد را بـین هـم‌دکان[4]　　در مـــیانشان بَـرْزَخٌ لا یَـبْغِیان[5]**

در عالم محسوس، «اهل دوزخ» مظهر آتش نفسانی‌اند، با «اهلِ بهشت» که محلِّ تجلّی نور حق‌اند، در کنار یک‌دیگرند؛ امّا «ایمان مؤمن و کفر کافر»، مانندِ سدّی مانعِ آمیختگیِ آنان است.

---

۱ - **پیر خِر :** خریدار پیر. طالب مرشد و هادی. در متن کهن پیر خِر آمده است، گویا مولانا پیر خَر «خریدار پیر» را «پیرخِر» تلفّظ می‌کرده و همان گونه ضبط شده است.

۲ - **سَقَر پروردگان :** دوزخیان، کسانی که با دوزخی در درونشان برای جهنّم برون پرورده می‌شوند.

۳ - در معنی آنکه «دو دریا را که به هم می‌رسند، در آمیخت، در میان آن‌ها برزخی است که به همدیگر تجاوز نکنند.» سورهٔ رحمن: ۵۵/۲۰-۱۹، توضیحات مربوط به آن ذیل بیت ۲۹۸/۱.

۴ - **هم‌دکان :** همجوار، در کنار هم.

۵ - بَرْزَخٌ لاٰ یَبْغِیانِ؛ اشارتی قرآنی، الرّحمن: ۵۵/۲۰-۱۹.

برزخ ؛ در لفظ به معنی مانع و حاجزی است که میان دو چیز قرار گیرد. مانند اعراف که برزخ است میان بهشت و دوزخ که از زمان مرگ هر کس است تا روز رستاخیز. در اصطلاح فلسفه، حکمای اشراق جسم را گویند. چون ذاتاً تاریک است و تا به نور غیر متّصل نگردد روشن و منوّر نمی‌گردد. مفسّران از جمله میبدی، ابوالفتوح و طبرسی برای دو بحر مصادیق متعدّدی ذکر کرده‌اند: ۱ - آسمان و زمین ۲ - دریای روم و هند ۳ - دنیا و عقبیٰ ۴ - زندگی و مرگ ۵ - دریای فارس و دریای روم ۶ - دریای شیرین و دریای شور: قرآن، خرّمشاهی، ذیل آیه.

اهـلِ نـار و اهـلِ نـور آمـیخته   در مـیانشان کـوهِ قـاف[1] انگـیخته ۲۵۸۳

«اهلِ دوزخ» و «اهلِ فردوس» در جهان در جوار یک‌دیگر زندگی می‌کنند، در حالی که میان آنان کوه قاف به بلندای بسیار، قد برافراشته است.

همچو درکان خاک و زرکرد اختلاط   در مـیانشان صـد بـیابان و ربـاط[2] ۲۵۸۴

همان‌طور که در معدن خاک و زرّ به هم آمیخته‌اند و به سببِ اختلافی که دارند، گویی میان آنان صدها بیابان و کاروانسرا بُعد مسافت وجود دارد.

هـمچنانکه عِـقدْ[3] دَر، دُرّ و شَـبَه[4]   مـختلط، چـون مـیهمانِ یک شَـبه ۲۵۸۵

همان‌گونه که در یک رشته گردن‌بند، مروارید و سنگ کم‌بهایی مانند شَبَه درکنار هم قرار می‌گیرند، مانند میهمانانی که برای ساعاتی از شب درکنار یک‌دیگر حضور می‌یابند.

بحر را نیمیش شیرین چون شکر[5]   طعم شیرین، رنگ روشن چُون قَمَر ۲۵۸۶

در تمثیلی برای آمیختگیِ نور و ظلمت در جهان یا عالم کثرت می‌فرماید: نـیمی از دو دریا، شیرین و روشن، چون ماه است.

نـیم دیگـر تـلخ هـمچون زهـرمار   طعمْ تلخ و رنگْ مُظلِم هـمچو قـار ۲۵۸۷

نصف دیگر آن مانند زهر مار تلخ است و طعمی نامطبوع و رنگی مانند قیر دارد.

هر دو بر هم می‌زنند از تحت و اوج   بـر مـثالِ آبِ دریـا مـوج مـوج ۲۵۸۸

عالَم امکان، مانندِ دریایی عظیم است که موجودات و آدمیان، همانندِ امواجی که بر هم می‌لغزنَد، همواره کنار یک‌دیگر قرار می‌گیرند و جدا می‌شوند. این همجواری‌ها مـوجب امتزاج روحِ انسانیِ آنان نیز می‌گردد و نَفْس‌شان از همنشین تأثیر می‌پذیرد، مثبت یا منفی.

صورتِ بر هم زدن از جسمِ تنگ[6]   اختلاط جان‌ها در صلح و جـنگ ۲۵۸۹

با رودررو قرارگرفتن افرادِ «صالح و ناصالح»، نه فقط جسم آنـان درکـنار یک‌دیگـر قـرار می‌گیرد؛ بلکه جانشان نیز با هم می‌آمیزد و صلح یا جنگ را پَدید می‌آوَرَد.

---

۱ - **قاف** : ر.ک: ۱۳۹۳/۱. ۲ - **رباط** : کاروانسرا. ۳ - **عِقْد** : گردن بند.

۴ - **شَبَه** : شَبَق. معرّبش سَبج. سنگی نرم و سیاه و سبک مانند کهرباکه در جواهرسازی مصرف می‌شود و اگر در آتش نهند می‌سوزد و مرجان سیاه را هم گویند.

۵ - دو دریای سُعدا و اشقیا که به ظاهر آمیخته و ممزوج به نظر می‌رسند، در حقیقت مجزا از یک‌دیگرند. نیمی از آن که وجود مؤمنان و صالحان است، چون شکر شیرین وگواراست، به رنگ روشن و صاف و تابناک چون ماه.

۶ - **جسمِ تنگ** : جسم محدود آدمی.

مـوج‌هایِ صـلح[1] بـر هـم مـی‌زند　　کـینه‌ها از سـینه‌ها بـر مـی‌کَنَد ۲۵۹۰

در دریایِ وحدتِ درونِ کاملان، برخوردهای صلح‌آمیز است که «جانِ منوّر» آنان با جان سالک می‌آمیزد و تاریکی را از درون او می‌زداید: کینه‌ها از سینه‌ها بر می‌کَنَد.

مـوج‌هایِ جـنگ بـر شکـلِ دگـر　　مِـهرها را مـی‌کُند زیـر و زبَـر ۲۵۹۱

گاه مرشد ترقّی معنوی سالک را در قطع تعلّق خاطرِ او می‌داند از چیزی که بدان دل بسته و این تعلّق سدّ راه وی شده است؛ پس موجی از درون استاد برای اصـلاحِ نَـفْسِ سـالک برمی‌خیزد که در حقیقت موج لطف و تربیت است.

مِهر، تلخان را بـه شـیرین مـی‌کَشَد　　زانکـه اصـلِ مِـهرها بـاشد رَشَـد[2] ۲۵۹۲

موجِ مهرِ مُراد، جان‌های تلخ و تاریک را به سوی شیرینی و جاذبهٔ انوار محبّت الهی می‌کشاند.

قـهر، شـیرین را بـه تـلخی مـی‌بَرَد　　تلخ با شـیرین کـجا انـدر خـورَد؟ ۲۵۹۳

قهرِ حق، آن کس را که به ظاهر جزو شیرینیان یا رهروان است، به سوی حقیقت وجودش که تلخی است می‌برد؛ زیرا ظلمت محض شایسته انوار نیست.

تلخ و شیرین، زین نظر نـاید پـدید　　از دریـچهٔ عـاقبت دانـند دیـد ۲۵۹۴

تلخی و شیرینیِ طالح و صالح را چشمِ سر نمی‌بیند، چشم عاقبت‌بین می‌تواند آن را تمییز دهد.

چشـم آخِـربین[3] تـوانـد دیـد راست　　چشم آخُربین[4] غُرور است و خطاست ۲۵۹۵

دیدهٔ بصیرت و چشمِ دل عاقبت هر چیز را مـی‌دانـد. چشـمِ ظـاهربین کـه در غـرور و خودبینی غرق شده است، خطا می‌کند.

ای بسا شیرین که چون شکّـر بُـوَد　　لیک زهـر انـدر شکـر مُـضمَر بُـوَد ۲۵۹۶

چه بسیارند کسانی که صالح به نظر می‌رسند و همصحبتی با آنان چون شکر، خوشایند است؛ امّا ریا می‌ورزند و تاریکیِ سرشت آنان مانند زهر در شکر پنهان است.

آنکـه زیـرک‌تر، بـه بُـو بشـناسدش　　و آن دگر، چون بر لب و دندان زدش ۲۵۹۷

مردان حق با فراستی که دارند، بوی بدِ افراد نـاصالح را در مـی‌یابند؛ امّـا ایـن مـعرفت

---

۱ - **صلح** : سازش، آشتی، تراضی میان متنازعین.　۲ - **رَشَد** : رستگاری، راه راست.

۳ - **چشمِ آخِربین** : چشم اولیا و کاملان یا سالکان متعالی.

۴ - **چشمِ آخُربین** : چشمِ اهلِ دنیا، چشم ظاهربینان.

خاصّ ِکاملان است و دیگران بسته به مرتبهٔ روحی، قدرت تشخیص معنوی دارند. سالکی که مدارجی ازکمال را پیموده است در اثر ارتباط با آنان به این دریافت می‌رسد.

پس لبش ردّش کند پیش از گلو گرچه نعره می‌زند شیطان:کُلُوا ۲۵۹۸

بنابراین تلخی وجود افرادِ ناصالح را می‌شناسد و پیش از ارتباط افزون‌تر و قبل از آنکه جانش تحت تأثیرِ ظلماتِ وجودِ وی تاریک شود، از او دوری می‌کند، هرچند که شیطان خلاف آن را می‌خواهد.

و آن دگر را درگلو پیدا کند و آن دگر را در بدن رسوا کند ۲۵۹۹

هر کس بنا بر درکِ معنوی قادر به تشخیص حق از باطل است. سالکی لقمهٔ تلخ را می‌خورد و تلخی آن را درگلو درمی‌یابد و دیگری تلخی را درگلو هم حس نمی‌کند و پس از خوردنِ آن به هلاکت می‌رسد.

و آن دگر را در حَدَثْ سوزش دهد ذوقِ آن زخم جگردوزَش دهد ۲۶۰۰

و گروهی دیگر هنگامی که لقمهٔ خورده شده را دفع می‌کنند، احساس سوزش می‌کنند و ذوقی راکه از آن خوردن یافته‌اند، زخم و دردی در جگر می‌یابند.

و آن دگر را بعدِ ایّام و شهور[1] و آن دگر را بعدِ مرگ از قعر گور ۲۶۰۱

برای گروهی با گذشت روزگار و ماه‌های متوالی این ادراک حاصل می‌شود و گروهی نمی‌توانند در حیات دنیوی ره به حقایق ببرند و بعد از انتقال به جهان ارواح و برداشته شدن حجاب جسم، بر بعضی حقایق آگاه می‌شوند.

ور دهندش مُهلت اندر قعرِ گور لابُد آن پیدا شود یَوْمَ ٱلنُّشُور ۲۶۰۲

و اگر باز هم صبر الهی مهلتی بدهد که در جهل خود بمانند، لابد این ناآگاهی تا روز رستاخیز می‌مانَد.

هر نبات و شکَّری را در جهان مُهلتی پیداست از دورِ زمان[2] ۲۶۰۳

خلق و تکاملِ هرگیاه یا هر چیزی، به زمانی معیّن نیاز دارد.

---

۱ - **شُهُور**: جمع شَهْر، ماه.

۲ - مولانا در این بیت و چند بیت بعد، از پیدایش اشیا و ممکنات سخن می‌گوید و زمانی که برای تکامل هر چیز ضروری است، بعد مطلب را به احوال و اوصاف باطنی بسط می‌دهد که این خصوصیّات نیز مراحلی دارند.

سالها باید که اندر آفتاب لعل[1] یابد رنگ و رخشانی و تاب ۲۶۰۴

سالیانی دراز باید سپری شود تا در پرتو نور خورشید، لعل، رنگی زیبا و درخشان بیابد.

باز تَرّه در دو ماه اندر رسد باز تا سالی گُلِ احمر رسد ۲۶۰۵

گیاه ترّه در دو ماه به رشد می‌رسد؛ امّا گل سرخ برای شکوفایی به زمانی طولانی‌تر نیازمند است و این مدّت یک سال به درازا می‌کشد.

بهرِ این فرمود حق، عَزَّوجَل سورةُ اَلأنْعام[2] در ذِکْرِ اَجَل ۲۶۰۶

خداوند از این‌رو در سورهٔ انعام و در بیانِ «مرگ» فرموده است: هر پدیده‌ای را آغاز و انجامی است.[3]

این شنیدی، مُو به مُویت گوش باد آبِ حیوان است، خوردی، نوش باد ۲۶۰۷

آنچه که گفته شد، آب حیات است، اگر توانایی ادراک آن را داری، نوش باد.

آبِ حیوان خوان، مخوان این را سُخن روحِ نو بین در تنِ حرفِ کُهن ۲۶۰۸

این سخن را که سرشار از اسرار و معارف است، کلامی عادی مدان. رمز و سِرّ حیات جاودان است. توجّه کن که چگونه این سخنان مانند روح نوی در کالبد کلمات کهن دمیده شده است.

---

۱ - **لعل** : سنگی ظریف با سرخی درخشان و به رنگ‌های گوناگون که بهترین آن سرخ بدخشان است.

۲ - اشارتی قرآنی؛ انعام : ۲/۶ : هُوَ الَّذِي خَلَقَكُمْ مِنْ طِينٍ ثُمَّ قَضىٰ أَجَلاً وَ أَجَلٌ مُسَمًّى عِنْدَهُ ثُمَّ أَنْتُمْ تَمْتَرُونَ : او کسی است که شما را از گِل آفرید، سپس فرمان اجل و مرگ را تقدیر نمود، اجلی که در نزد او معیّن و معلوم است؛ ولی [بعضی از شما باز هم] تردید می‌ورزید.

اجل مسمّی ؛ مرگ طبیعی و اجل مرگ زودرس.

هُوَ الَّذِي خَلَقَكُمْ مِنْ طِينٍ اشارت است به اینکه آدم از دو چیز آفریده شده، طینت و روحانیّت، طینت او خَلقی و روحانیت او امری است، در آدم هم گِل‌زار بود و هم گُل‌زار، وگِل محل گُل بود، لکن با هر گلی خاری آفریده، چنانکه با آدم ابوالبشر(ع) خاری چون ابلیس و با ابراهیم خلیل(ع) خاری چون نمرود و با موسی عمران(ع) خاری چون فرعون و با عیسی(ع) خاری چون جهودان و با محمّد(ع) خاری چون بوجهل بیافرید: کشف الاسرار، تفسیر ادبی و عرفانی، ج ۱، ص ۲۷۴.

۳ - همان‌گونه که قبلاً یادآوری شد، مولانا در چند بیت گذشته به تکوّن و پیدایش اشیا اشاره فرموده و اینک به آفرینش انسان و مراحل تکامل و پرورش او در طیّ عمری که برایش مقرّر شده است نظر دارد و می‌فرماید: همه مهلتی برای حیاتِ این جهانی دارند.

نکـتهٔ دیگـر تـو بشنو ای رفـیق! همچو جان او سخت پیدا و دقـیق ۲۶۰۹

ای رفیق، نکتهٔ ظریفی را بیان می‌کنم، آن را بشنو که این سخن، چون جان است که در عین پیدایی برای اهل بَصَر، از شدّت لطافت کسی به کُنه آن ره نمی‌بَرَد.

در مقامی هست هم، این زهـرِ مـار از تَصاریفِ[1] خـدایـی خـوش‌گوار ۲۶۱۰

و آن نکته این است: چیزی که در مرتبهٔ ناقصان می‌تواند هلاکت‌آور بـاشد، در مـرتبهٔ کاملان، در اثر تصرّف خداوند و ارادهٔ او دگرگون می‌شود تا امری خیر باشد.

در مـقامی زهـر و در جـایی دوا در مـقامی کُـفر و در جـایی روا ۲۶۱۱

بیان تفاوتی که میان حال مرید و مراد است [ناقص و کامل]، به سبب تفاوت مراتب روحانی و معنوی ایشان و شرحِ حِلیّت و حرمت، که روا یا ناروا بودن هر چیز بنابر تأثیرِ آن در نفس است و چون در انسان کامل، نفس کمال یافته و به درجهٔ اطمینان رسیده است؛ پس هیچ نکته و لقمه‌ای بر کامل، ناروا نیست و به قولی حُکم دریا بر آن وارد است که پاک می‌کند و در اثر پلیدی، ناپاک نمی‌گردد؛ امّا ناقص در تقابل با کامل، حُکمِ آب قلیل را داراست که به اندک ناپاکی از طهارت خارج می‌گردد.

گـرچـه آنـجا او گـزندِ جـان بُـوَد چون بدینجا در رسد، درمـان بُـوَد ۲۶۱۲

بسیاری از افعال و اعمال در انسان ناقص تأثیر سوء دارد و نفس وی را تنزّل می‌دهد؛ پس مرید باید به دستور مراد به انجام امـور و افـعال اقـدام نـماید. بـه عـنوان نـمونه، تـعظیم و بزرگداشت در حقِّ ناقصان جز سقوط آنان به چاه خودبینی ثمری ندارد و گزند جان آنـان است؛ امّا در برخورد با کاملان و بزرگان، تدبیر و چارهٔ نفسِ سالک در آن است که خواری خود را با تعظیم و بـزرگداشت کـاملان بـیان دارد و نـیازمندی خـویش را بـه مـحضر آنـان عرضه نماید.

آب در غـوره تُـرُش بـاشد و لیک چون به انگوری رسد شیرین و نیک ۲۶۱۳

به عنوان مثال، آبِ غوره تا غوره به انگور مبدّل نشده، ترش است؛ امّا با تبدیل غوره به انگور شیرین می‌شود.

---

۱ - **تصاریف**: جمعِ تصریف؛ تبدیل و گردانیدن.

۲۶۱۴ **بـاز در خُـم او شـود تـلخ و حـرام　　　در مـــقامِ سِــرکگی نِــعْمَ اَلادامْ**[۱]

همین مایع در خُم، مبدّل به شراب می‌شود و حکم حرمت بر آن وارد است و اگر به سرکه تبدیل گردد، حلال و گوارا است.

در معنیِ آنکه: آنچه ولی کند، مُرید را نشاید گستاخی کردن و همان فعل کردن، که حلوا طبیب را زیان ندارد، امّا بیماران را زیان دارد، و سرما و برف انگور را زیان ندارد، امّا غوره را زیان دارد، که در راه است، که «لِیَغْفِرَ لَکَ اللهُ مٰا تَقَدَّمَ مِنْ ذَنْبِکَ وَ مٰا تَأخَّرَ»[۲]

این مبحث در شرح و بسط ابیات پیشین و در تقریر این معناست که «مقام کمال»، جایگاه «سلامت و امن» است و افعال و اعمال انسانِ کامل، همانند وجود پاک او پر کمال است؛ امّا مرید که در مقام نقص است، مُجاز به تقلید از اعمال مراد کامل نیست و موظّف به اجرای فرامین و دستورات استاد کامل خویش است و چون بر این نهج به سلوک بپردازد، امید است که همان‌گونه که خداوند در آیهٔ شریفه وعده داده است، به برکت وجود پاکان، گناهان نخستین و اخیر وی را بیامرزد و نعمت را بر او به میزان قابلیّت وجودش عطا کند.

---

۱ - اشاره به حدیث: نِعْمَ اْلاِدامُ اْلخَلُّ : سرکه نان‌خورش خوبی است: احادیث، ص ۱۱۲.

۲ - اشارتی قرآنی؛ فتح : ۲/۴۸ : لِیَغْفِرَ لَکَ اللهُ مَا تَقَدَّمَ مِن ذَنْبِکَ وَ مَا تَأَخَّرَ وَ یُتِمَّ نِعْمَتَهُ عَلَیْکَ وَ یَهْدِیَکَ صِرَاطاً مُسْتَقِیماً: تا سرانجام خداوند گناه نخستین و اخیر [امّت] تو را برای تو بیامرزد و نعمتش را بر تو به کمال برساند و تو را به راهی راست هدایت فرماید.

داستان صلح حدیبیّه ؛ در سال ششم هجری پیامبر(ص) به قصد عمره به سوی مکّه حرکت کرد. گروهی از این سفر خودداری کرده؛ امّا جمع کثیری از مسلمانان عازم شدند. در نزدیکی مکّه خبر رسید که قریش مصمّم است تا از ورود مسلمانان به مکّه جلوگیری کند. پیامبر در محلّی به نام حدیبیّه، در زیر درختی با یاران تجدید بیعت کرد و با آنان عهد بست که تا آخرین نَفَس مقاومت کنند، که به نام «**بیعت رضوان**» معروف شد. چیزی نگذشت تا عثمان که به عنوان نماینده از سوی پیامبر(ص) به مکّه رفته بود و شایعهٔ کشته شدنش بر زبان‌ها بود، به سلامت بازگشت و به دنبال آن قریش، نماینده‌ای برای انعقاد قرارداد صلح فرستاد و این پیمان، قرار عدم تعرّض همه جانبه بود.

در هنگام بازگشت به مدینه و پس از صلح حدیبیّه، سورهٔ فتح نازل شد که حاوی بشارت عظیمی بود برای پیامبر(ص) و مسلمانان و هدف «فتح مبین» که با صلح، آغاز شد و اتمام نعمت و هدایت و نصرت را بشارت داد، به گفته قرآن این بود که مردان و زنان باایمان را در بهشت برین جایگاهی عنایت کرده است و در این جهان نیز اطمینان و طمأنینهٔ قلب و آرامش روحی مرحمت می‌فرماید.

سِرّ سخن در این فصل که تأیید ابیات پیشین است، در بیانِ این معناست که پیامبر(ص) با مسلمانان تجدید بیعت کرد و عهد بست که تا آخرین نَفَس در برابر دشمنان مقاومت کنند، مرادکامل واصل نیز با مرید بیعت می‌کند و از وی می‌خواهد تا آخرین نَفَس در برابر نیرومندترین دشمن که همان نفس نازل آدمی است، مبارزه کند و در این مسیر تسلیم مُرید در برابر مُراد الزامی است وگستاخی او و تقلید نابجا امری است هلاکت‌آور و با رعایت این موارد، خداوند به فضل خویش گناه نخستین و اخیر وی را می‌بخشد و نعمتش را بر او به‌کمال می‌رساند.

گر ولی زهری خورد نوشی شود   ور خورد طالب، سیه هوشی شود ۲۶۱۵

و در تفاوت میان «مراد و مرید» یا «کامل و ناقص» می‌فرماید: آنچه که برای ناقص می‌تواند مهلک و نابودکنندهٔ جان باشد، برای ولیّ، نوش است و بی‌زیان.

«رَبِّ هَبْ لی»[1] از سلیمان آمده‌ست   که: مده غیر مرا این مُلکْ دست ۲۶۱۶

در تأیید مضمون ابیات پیشین و به عنوان نمونهٔ ممتاز مردان حق، می‌فرماید: سلیمان(ع) از خداوند خواست که مرا سلطنتی بخش که پس از من کسی سزاوار آن نباشد.

تو مکن با غیرِ من این لطف و جُود   این حسد را مانَد، امّا آن نبود ۲۶۱۷

سلیمان(ع) از حق تعالیٰ خواست که لطف و بخششی را که در حقِّ من فرموده‌ای با دیگری نکن. این خواسته حسد تلقّی می‌شود؛ امّا چنین نبود؛ زیرا به سبب اتّصال روحانی و معنوی کاملان، هر کامل دیگری که چنین عنایتی به او بشود، گویی سلیمان(ع) است.

نکتهٔ «لا یَنبَغی» می‌خوان به جان   سِرِّ «مِنْ بَعْدی» ز بُخلِ او مدان ۲۶۱۸

اشارتی قرآنی، ص: ۳۵/۳۸: لا یَنْبَغی: «مرا مُلکی عطا کن که پس از من کسی سزاوار آن نباشد.»
این نکته را به فراست دریاب و سِرّی را که در آن نهفته است، درک کن.

---

۱ - اشارتی قرآنی: ص: ۳۵/۳۸: وَ هَبْ لی مُلْکاً لا یَنْبَغی لِأَحَدٍ مِنْ بَعْدی إِنَّکَ أَنْتَ الْوَهّابُ: و ملک و حکومتی به من عطا کن که بعد از من سزاوار هیچ کس نباشد که تو بسیار بخشنده‌ای.
خداوند دعای سلیمان(ع) را اجابت کرد و معجزات بسیاری به وی عطا فرمود، از جمله زبان پرندگان و دیگر جانوران را به او آموخته بود، نمل: ۱۶/۲۷، دیگر آنکه تمامی جنّ و انس و پرندگان مستقر درگسترهٔ فرمانروایی او که شامل فلسطین، لبنان، سوریه و عراق تا کنارهٔ فرات بود، لشکریان او را تشکیل می‌دادند، نمل: ۱۷/۲۷، باد به فرمان حق تعالیٰ رام و به فرمان او بود، ص: ۳۶/۳۸، همچنین خداوند متعال طایفه‌ای از جنّیان و گروهی از شیاطین را تحت فرمان او درآورده بود تا کارهایی از قبیل ساختن کوشک‌های بزرگ و قصرهای بلند و دیگ‌های استوار و کاسه‌های برکه‌مانند را به امر او انجام می‌دادند، سبأ: ۱۲/۳۴ و ۱۳، معجزهٔ دیگر سلیمان(ع) چیرگی وی بر طایفه‌ای از جنّیان بود که در کارهای دشوار آنان را به کاری که می‌خواست وا می‌داشت، ص: ۳۷/۳۸ و ۳۸.

۲۶۱۹ **بلکه اندر مُلک دید او صد خطر — مو به مو مُلکِ جهان بُد بیمِ سر**

«سِرّ مِن بَعدی»، حسد نبود، به سبب خطراتی بود که او در قدرت و ثروت و شوکتِ فراوان دیده بود.

۲۶۲۰ **بیمِ سر یا بیمِ سِر یا بیمِ دین — امتحانی نیست ما را مثلِ این**[۱]

سلیمان(ع) در سلطنت و شوکت این جهانی سه گونه خطر دید. خطر جان، خطر غفلت از حق به سبب اشتغال به امور دنیوی و خطر منحرف شدن از موازین شرع که نتیجهٔ اشتغال تامّ به امور دنیوی است. این‌ها امتحاناتی هستند که در راه حق سالک بدان آزموده می‌شود و هیچ کس را از آن گزیری نیست. بزرگان و خاصّان حق نیز این آزمون‌ها را پشت سر نهاده و بدان آزموده شده‌اند.

۲۶۲۱ **پس سلیمان همّتی باید که او — بگذرد زین صد هزاران رنگ و بو**

پس تعلّق نداشتن به صدها هزار رنگ و بو و جاذبهٔ دنیایی، همّت سلیمانی می‌طلبد.

---

۱ - سلیمان(ع) برای اعلای کلمهٔ حق به جنگ پادشاه صیدون که بت‌پرست بود برفت و بر او پیروز شد و آنچه داشت به غنیمت برد، از جمله دختر او را به بردگی برد، دختر به دینِ خداپرستی شد و سلیمان او را به همسری گرفت. دختر پیوسته به یاد پدر خود می‌گریست. روزی به سلیمان گفت: بگو تا تمثال پدر من سازند که از دیدن او تسلّی یابم! سلیمان(ع) چنین کرد، شیاطین در خفا دختر را گفتند، پدر را گرامی دار و او را سجده کن! دختر او را سجود می‌کرد و کنیزکان و خدمتکاران هم که چنان دیدند آن مجسّمه را سجده می‌کردند. آصف برخیا وزیر سلیمان از این کار آگاه شد و به او خبر داد، سلیمان(ع) به غایت غمگین شد، بت را شکست و زن را کیفر داد و به زاری گریست. نیز گفته‌اند: چون ملک سلیمان در خاتم او بود هرگاه که به وضوگاه رفتی، انگشتر به زنِ خویش امینه دادی، خداوند [برای آزمایش و تنبیه] صورت سلیمان را به صورت شیطانی افکند و آن شیطان نزد امینه رفت و انگشتر را بگرفت و در انگشت کرد و بر تخت سلیمان نشست و آن کالبد او بود که بر تخت سلیمان نشست و بر مملکت او جز بر زنان او مسلّط گشت، ص : ۳۴/۳۸ : أَلْقَيْنا عَلىٰ كُرسِيِّهِ جَسَداً : بر تخت او جسدی را افکندیم.
سلیمان بازگشت و انگشتر خواست، امینه گفت: به شما دادم. سلیمان نگریست شیطان را بر تخت خویش دید. بدانست که عقوبت و ابتلای حق است که ملک را از او بستد. آنگاه به بیابان رفت و روز و شب همی زارید و عذر گناهان همی خواست و توبه کرد. بنی اسرائیل که کارهای زشت و بد شیطان را دیدند بدانستند که او جای سلیمان نشسته، شیطان فهمید و انگشتری را به دریا افکند و سلیمان را مدّت امتحان و ابتلا سر آمد به ساحل دریا رفت. قومی را دید که در دریا شکار ماهی می‌کنند. سلیمان از آنان طعام خواست. پست‌ترین ماهی را به او انداختند. سلیمان برداشت و شکم او را بشکافت انگشتر از شکم او بیرون آورد و به انگشت کرد و خدای را سپاس گزارد و به تخت پادشاهی خویش بازگشت. گفته‌اند: گناه سلیمان در این قصّه این بود که او را گرفتن زن، بُرُون از بنی اسرائیل ممنوع بود و او بر خلاف آن عمل کرد و دختر پادشاه صیدون را به زنی بگرفت و آن‌ها قومی بت‌پرست بودند، در نتیجه دید آنچه دید: قرآن، تفسیر ادبی و عرفانی، ج ۲، صص ۳۲۹-۳۲۷.

با چـنان قـوّت کـه او را بـود، هـم — موجِ آن مُلکش فـرو مـی‌بست دَم[1] ۲۶۲۲

علی‌رغم همّت او باز هم موج آن قدرت و شکوه گَردی بر دامن وی نشاند. گویی نَفَسش را می‌گرفت.

چون بر او بنشست زین اندوه گَـرد — بـر هـمه شـاهانِ عـالم رحـم کـرد ۲۶۲۳

چون سلیمان(ع) از این امر غمگین شد، پس بر شاهان دنیا شفقتی در دلش جوشید.

شد شفیع، و گفت: این ملک و لِوا — بـا کـمالی دِه، کـه دادی مـر مـرا ۲۶۲۴

بنابراین شفیع آنان شد و از خداوند خواست که این سلطنت و پرچم شوکت و افتخار را به کسی بده که به کمال روحانی و معنوی هم رسیده باشد، همان‌طور که مرا به این کمال رسانیدی.

هـر کـه را بِـدْهی و بُکـنی آن کَـرم — او سلیمان است و آن کس هم مـنم ۲۶۲۵

اگر با کسی چنین مرحمت و کرمی بفرمایی، او هم سلیمان‌صفت است و در ذات و تجلّیِ صفات مانندِ من و گویی سلیمان است.

او نـباشد بَـعْدي، او بـاشد مَـعي — خود مَعِي چه بْوَد؟ منم بـی مُـدَّعی ۲۶۲۶

چنین کس، بعد از من نیست، او با من است. «معیّت» به این مفهوم که او نیز چون من به دریای وحدانیّت رسیده است؛ پس در وحدت دویی نیست و او منم.

شرحِ این فرض است گفتن، لیک من — بـاز مـی‌گردم بـه قـصّهٔ مـرد و زن ۲۶۲۷

شرحِ این مطلب واجب است؛ امّا من به قصّهٔ مرد بادیه‌نشین و زن او باز می‌گردم.

---

۱ - اشارتی قرآنی؛ ص: ۳۱/۳۸ و ۳۲: چنین بود که شامگاهان اسب‌های نیکویی بر او عرضه داشتند. [سلیمان سرگرم تماشای آنان شد] آنگاه گفت [دریغا] من چنان شیفتهٔ مهر اسبان شدم که از یاد پروردگارم غفلت ورزیدم تا آنکه [خورشید] در حجاب [مغرب] پنهان شد.

سلیمان(ع) به تماشای مسابقهٔ اسبان پرداخت و از یاد نماز عصر که آن هنگام مستحب بود غافل شد.

او به اسب دلبستگی خاصّی داشت و آن‌ها را افزون بر کارآیی در کسب، افزاری برای جهاد راه خدا به شمار می‌آورد؛ بنابراین به دستور او برای اسب‌ها اسطبل‌هایی ساخته بودند. هیأت حفّاری آمریکایی در «مجدو» با تاباندن نور توانسته‌اند بقایای شماری از اسطبل‌های بزرگی را به دست آورند که در پیرامون محوطه‌ای دایره‌ای با ملاطی از گچ ساخته شده است. توجّه شایانی که در ساختن این ساختمان‌ها و خدمات آن به کار رفته و عظمت این اسطبل‌ها، شگفت‌انگیز است و بنا بر ویژگی‌های این بناها می‌توان حکم کرد که اسبان در آن زمان تا چه حد مرغوب و مورد پسند بوده‌اند و پژوهش‌های دقیق و پر اهمیّت، ساختن این سازه‌های مشهور را زمان سلیمان(ع) تعیین کرده است: بررسی تاریخی قصص، برگرفته از صص ۱۴۸-۱۴۶.

مَخْلصِ[۱] ماجرایِ عرب و جفتِ او

مــاجرایِ مــرد و زن را مَــخلَصی   بـــاز مــی‌جوید درونِ مُــخْلِصی ۲۶۲۸

دل یکی از مریدان با اخلاص[۲]، جویای خلاصهٔ کلام و پایان قصّهٔ اعرابی است.

مــاجرایِ مــرد و زن افــتاد نــقل   آن، مثالِ نَفْسِ خود می‌دان و عقل ۲۶۲۹

ماجرای مرد بادیه‌نشین و زن او را مثالی از عقل و نفسِ خود تلقّی کن.

این زن و مردی که نَفْس است و خِرَد   نــیک بــایسته‌ست بـهرِ نـیک و بـد ۲۶۳۰

این «زن» و «مرد» یا «نفس» و «عقل»، برای ظهورِ نیکی و بدی در نظام هستی ضروری‌اند.

وین دو بایسته، در این خاکی سـرا   روز و شب در جنگ و اندر ماجرا ۲۶۳۱

در دنیا وجود هر دو الزامی است و بین نور و ظلمت همواره جنگ هست.

زن همی خواهد حَـویجِ[۳] خـانگاه[۴]   یعنی آبِ رُو و نان و خوان و جـاه ۲۶۳۲

«نَفسْ» همواره طالب مایحتاج روزمرّه از قبیل نان و آب و جاه و آبروست.

نَفْسِ همچون زن، پیِ چـاره‌گـری   گـاه خـاکـی، گـاه جـوید سـروری ۲۶۳۳

همان‌گونه که در این قصّه دیدیم، زن همواره در پیِ چاره‌جوییِ برای رسیدن به خواسته‌های خود بود و از این رو گاه تواضع به خرج می‌داد و گاه برتری می‌جُست و همواره می‌خواست تمایلات خویش را به کرسی بنشاند. نَفْس نیز چنین است و در پی تأمین زندگی مادّی می‌کوشد.

عقل، خود زین فکرها آگاه نـیست   در دِمــاغش جــز غـم الله نـیست ۲۶۳۴

امّا، عقل اندیشه‌ای جز رسیدن به کمال ندارد.

گرچه سِرِّ قصّه این دانه‌ست و دام   صــورتِ قـصّه شـنو اکـنون تـمام ۲۶۳۵

هرچند که سِرّ این قصّه، یعنی مغز آن، بیانِ ارتباط میان «عقل و نَفْس» است، مانند دانه و دام؛ امّا اینک صورتِ کاملِ داستان را بشنو.

---

۱ - **مَخْلَص** : راه خلاصی، خلاصهٔ کلام. ۲ - احتمالاً اشاره به حُسام‌الدّین است.

۳ - **حویج** : مایحتاج روزمرّه در نظام زندگی دنیوی.

۴ - **خانگاه** : خانقاه، محلّی که درویشان حضور می‌یابند و به ذکر حق تعالی می‌پردازند.

گـر بـیانِ مـعنوی کـافی شـدی　　　خـلقِ عـالم عـاطل و بـاطل بُـدی ۲۶۳۶

اگر معنا به تنهایی کفایت می‌کرد، پس آفرینش مخلوقات امر باطلی محسوب می‌شد، که چنین نیست؛ پس خلق آدمی در صورت و درج معنا در او به ضرورت ایجاب آن است.

گـر مـحبّت فکـرت و مـعنیستی　　　صـورتِ روزه و نـمازت نـیستی ۲۶۳۷

اگر ابراز محبّت و عشق به حق و تسلیم در مقابل فرامین باری‌تعالیٰ منحصر به اندیشهٔ آدمی و دل او می‌شد، دیگر انجام اعمال عبادی ظاهری از قبیل نماز، روزه، حج و... ضرورتی نمی‌یافت، در حالی که صُوَر ظاهری با حقایق باطنی مکمل یک‌دیگرند.

هـدیه‌هایِ دوسـتان بـا هـمدگر　　　نـیست انـدر دوسـتی الاّ صُـوَر ۲۶۳۸

هدیه‌هایِ دوستان، چیزی جز ابراز محبّت به صورت ظاهری نیست.

تـا گـواهـی داده بـاشد هـدیه‌ها　　　بـر مـحبّت‌هایِ مُـضمَر[۱] در خـفا ۲۶۳۹

هدایا و تُحَف، بیان کننده و گواه مهری است که در خفا در دل می‌جوشد.

زانکه احسـان‌هایِ ظـاهر شـاهدند　　　بـر مـحبّت‌هایِ سِـرّ ای ارجـمند ۲۶۴۰

ای انسان ارجمند، نیکی‌هایِ آدمی، نشانی است از محبّت‌های درونی.

شاهدت گه راست بـاشد گـه دروغ　　　مست گاهی از مِی و گـاهی ز دوغ[۲] ۲۶۴۱

اعمال ظاهری که از آدمی سر می‌زند گاه خالصانه و گاه با درجات کمتری از خلوص و گاه ریاکارانه است، مانند کسی که از شراب مست است و کسی که دوغ خورده و خـود را بـه مستی می‌زند و حرکات مستان را تقلید می‌کند تا او را هم مست بپندارند.

دوغ خـورده مسـتیی پـیدا کـند　　　هـای و هـوی و سـرگرانـی‌ها کـند ۲۶۴۲

کسی که دوغ خورده و تظاهر به مستی می‌کند، مانند شراب خورده، هـیاهو مـی‌کند و تظاهرات مستانه دارد.

آن مُرایی در صـیام و در صـلاست　　　تا گُـمان آیـد کـه: او مستِ وَلاست ۲۶۴۳

آن فرد ریاکار هم روزه می‌گیرد و به نماز می‌ایستد تا دیگران بـاور کـنند کـه او از بـادهٔ دوستیِ حق مست است.

---

۱ - مُضمَر: پوشیده، پنهان.

۲ - شاهدی که گه راست است و گه دروغ، می‌تواند هر یک از افعال و اعمال آدمی، شامل انواع عبادات یا ارتباطات عادی در زندگی روزمرّه باشد، مانند هدیه‌ای که محبّتی در پس آن نیست، بلکه مطامع دیگری را در نظر دارد.

حاصلِ فعلِ بُرونی دیگر است[1] تا نشان باشد بر آنچه مُضْمَر است ۲۶۴۴

حاصلِ «فعل برونی یا اعمال ظاهری» چیز دیگری است و نتایج دیگری دارد که با واکنش‌های درونی و عواطف باطنی متفاوت است؛ امّا به‌طور کلّی فعلِ ظاهری نشانی از احساس و اندیشه درونی دارد که در نظر مردم آشکار نیست و معمولاً بر اساس همین فعل برونی قضاوت می‌کنند و شخص را مؤمن یا منکر می‌دانند.

یا رب این تمییز دِه ما را به خواست تا شناسیم آن نشانِ کژ ز راست ۲۶۴۵

پس چون تشخیص «حق از باطل»، «خالص از ناخالص» و «صادق از کاذب» کار ساده‌ای نیست و اگر تمییزِ آن بنابر اعمال و افعال برونی اشخاص باشد، امکان ریاورزی خلق و استنباط غلط هست؛ بنابراین پروردگارا، تمییزِ باطنی و فراستی بده تا حق را از باطل بشناسیم.

حِسّ را تمییز دانی چون شود؟ آنکه حِسّ یَنْظُرْ بِنُورِ اللّه[2] بُوَد ۲۶۴۶

چون ما در این دنیا زندگی می‌کنیم، به ناچار از شواهد حسّی به امور و حقایق پی می‌بریم؛ امّا حسّ آدمی با فراست خاصِّ مؤمنان و صالحان، یعنی منوّر شدنِ نَفْس می‌تواند حق را از باطل دریابد.

ور اثر نَبْوَد، سبب هم مُظْهِر است همچو خویشی، کز محبّت مُخْبِر است ۲۶۴۷

معرفت و آگاهی آدمی به امری، گاه از طریق اثر آن است، مانند گرمی که به سبب آن به وجود آتش پی می‌برند، گاه از طریق وجود مؤثّر به اثر پی‌می‌برند، مانند: آتش که با دیدن، به گرمای حاصل از آن یقین می‌شود؛ پس سبب هم در نبود اثر، ظاهرکنندهٔ اثرات حقیقی آن است، مانند خویشاوندی بین افراد که «سبب» یا «مؤثّر» است و «اثر» آن، مهرِ فیمابین گروهی است.

نَبْوَد آنکه نورِ حقّش شد امام مر اثر را یا سبب‌ها را غُلام ۲۶۴۸

در مورد انسانی که کمال نیافته، معرفت به امری از اثر یا مؤثّر است؛ امّا کسی که با نورِ حق می‌بیند، به مرحلهٔ کشف باطنی رسیده و از دلالتِ اثر و مؤثّر بی‌نیاز است.

یا محبّت در درون شُعله زند زَفْت[3]، گردد وز اثر فارغ کند ۲۶۴۹

یا اینکه اگر شعلهٔ محبّت و عشق حق در دلِ کسی زبانه کشد و شرارهٔ سوزان آن، خودبینی‌اش را بسوزانَد، برای درک، نیازی به «اثر» ندارد و معرفت کلّی برای وی حاصل است.

---

۱ - در متن «حاصل افعال» نوشته‌اند، در بالای مصراع اصلاح کرده‌اند.

۲ - **یَنْظُرْ بِنُورِالله** : حدیث: از تیزبینی و فراست مؤمن بپرهیز که با نور خدا می‌بیند: ر.ک: ۱۳۳۶/۱.

۳ - **زَفْت** : عظیم، درشت و ستبر.

حـــاجتش نَـــبْوَد پـــی اِعـلامِ مـهر   چون محبَّت نورِ خود زد بر سـپهر ۲۶۵۰

او نیازی ندارد که مهر و محبّت خویش را به وی اظهار کنند، چون اگر عشق و محبّت در وجود آدمی باشد، پرتو نور آن به آسمان نیز می‌رسد و طبیعتاً بر دلِ پاک او نیز اثر می‌کند و وی را از «علل و اسباب و آثار مرئی» بی‌نیاز می‌نماید. نتیجه آنکه: رسیدن به معرفت و شناخت حق از باطل از دو راه ممکن است: اوّل، از راه سلوک که مؤمن یَنْظُرُ بِنورِ الله گردد و دیگر عشقِ حق که چیزی جز «جذبهٔ الهی» نیست.

هست تـــفصیلات تـا گـردد تـمام   این سخن، لیکن بجُو تو، وَالسَّلام ۲۶۵۱

این سخن نیازمندِ شرح و تفصیل بیشتری است؛ امّا تو طالب باش تا بیابی، والسّلام.

گرچه شد معنی در این صورت پدید   صورت از معنی، قریب است و بعید ۲۶۵۲

هرچند که باطن «معنا» در ظاهر «صورت» پدیدار شده و به خودی خود آشکار نبوده؛ امّا ظاهر از باطن بسیار دور است، هر چند که بدان بس نـزدیک است. [حضورِ روحِ عالیِ عِلْوی در تنِ خاکی]

در دلالت هــمچو آب‌انـد و درخت   چون به ماهیَّت[1] رَوی، دورند سخت ۲۶۵۳

برای آنچه که گفته شد، مثال مناسب، آب و درخت است که وجود آب دلالت بر وجود درخت دارد، یعنی آب آن چنان بـرای حیات و رشـد درخت ضـروری است کـه در تـمام سلول‌ها و آوندهای آن حضور دارد؛ امّا اگر به ماهیّت؛ یعنی معنا و ذاتِ هر یک رجوع کنیم، می‌بینیم که درخت و شیرهٔ جاری در آوندها، شباهتی به هم ندارند.

تــرکِ مــاهیّات و خــاصیّات گـو   شـرح کُـن احـوالِ آن دو[2] مـاه‌رُو[3] ۲۶۵۴

اینک ماهیّت‌ها و خواصّ آن‌ها را رها می‌کنیم و به شرح احوال آن دو ماهرو می‌پردازیم.

---

۱ - **ماهیت :** ذات، حقیقتِ چیزی.   ۲ - در متن «ماه رو» نوشته شده در مقابله به «رزق جو» بدل کرده‌اند.
۳ - این ابیات می‌تواند دلایلی بر ردّ روش بعضی از صوفیّه جمال‌پرست باشد، مانند: اوحدالدّین کرمانی (متوفّیٰ ۶۳۵) که معاصر مولانا بود و به شاهدپرستی شهره بود و اعتقاد داشت که انوار الهی را در جمال شاهدان می‌بیند و سلوک او مورد تأیید مولانا و شمس نبود.

دل نهادنِ عرب بر التماسِ دلبرِ خویش و سوگند خوردن که : در این تسلیم مرا حیلتی و امتحانی نیست

مرد گفت : اکنون گذشتم از خـلاف — حکم داری، تـیغ بـرکَش از غـلاف ۲۶۵۵

مرد بادیه‌نشین گفت: از مخالفت گذشتم. فرمان از آن توست. تیغ حُکم و فرمانت را از غلاف خارج کن و بگو که چه کنم؟

هر چه گویی، من تو را فـرمان بَـرم — در بـــد و نـــیک آمـــدِ آن نـــنگَرم ۲۶۵۶

مطمئن باش که هر چه بگویی اجرا می‌کنم و به خیر و شرّ آن توجّه نخواهم کرد.

در وجــودِ تــو شــوم مــن مُـنْعدِم[1] — چون مُحبّم، حُبُّ یُـعْمی وَ یُـصِمْ[2] ۲۶۵۷

من در وجود تو فانی می‌شوم؛ چون عاشقم و عاشق کور و کر است.

گــفت زن: آهــنگِ بِـرَّم[3] مـی‌کنی — یا به حیلت کشـفِ سِـرَّم مـی‌کنی؟ ۲۶۵۸

زن گفت: قصدِ نیکی داری یا نیرنگی است که به اسرار نهانی‌ام پی ببری؟

گـفت: وَ اللّـه عـالِم آلسِّرِ آلخَـفی — کآفــرید از خــاکْ آدم را صَــفی ۲۶۵۹

مرد اعرابی گفت: سـوگند بـه خـدایـی کـه دانـای راز نـهانی است و آدم صـفی(ع) را از خاک آفرید.

در سه گز قالب[4] که دادش، وانمود — هر چــه در الواح[5] و در ارواح بــود ۲۶۶۰

سوگند به خداوندی که در جسم کوچکِ او روح عالی را قرار داد و علوم و اسرار را آموخت.

---

۱ - **مُنْعَدِم** : نیستی‌پذیر.

۲ - **یُعْمی وَ یُصِمْ** : اشاره است به حدیث: حُبُّكَ الشَّيْءَ یُعْمی وَ یُصِمُّ : اگر به چیزی علاقه‌مند شـدی، شـدّت علاقه، قدرت تشخیص را از تو می‌گیرد: احادیث، ص ۱۱۳.   ۳ - **بِرّ** : نیکی.

۴ - **سه گز قالب** : قالبی کوتاه، تن کوچک و محدود. گز مقیاس طول و اندازه است معادل ذرع، هرگز برابر با شانزده گره است. امروز گز را معادل متر می‌دانند. موسیٰ(ع) چهل گز بود و عصای وی هم چهل گز (ترجمه تفسیر طبری). گفته‌اند که طول قامت آدم(ع) شصت ذراع بوده است.

۵ - **الواح** : جمع لوح به معنی تخته یا صفحه‌ای که بر آن نویسند. اهل تصوّف و عرفا، چهار لوح را بر شمرده‌اند: لوح قضا (عقل اوّل، صادر اوّل)، لوح قَدَر (نفس کلّی)، لوح نفس جزئیهٔ سماویّه (عالم مثال)، لوح هیولا در عـالم صورت: تعریفات جرجانی نقل از شرح شریف، ص ۱۱۱۳.

تا ابد هرچه بُوَد، او پیش پیش درس کرد از عَلَّمَ آلاَسماءِ[1] خویش ۲۶۶۱

خداوندی که به آدم(ع) حقایق و اسرار عالم هستی و هر آنچه را که تا ابد پیش آید، آموخت.

تا مَلَک بی خود شد از تدریسِ او قُدْسِ دیگر یافت از تقدیسِ او[2] ۲۶۶۲

تا فرشتگان را از خود بیخود و متحیّر کرد و با سجده بر انوارِ الهیِ متجلّی در آدم(ع) قِداستی برتر یافتند.

آن گشادیشان کز آدم رُو نمود در گشادِ آسمان‌هاشان نبود ۲۶۶۳

علوم و اسراری که از طریق آدم(ع) برای فرشتگان گشوده شد، هرگز از علومی که در آسمان‌ها بر آنان افاضه می شد، نیافته بودند. [برتری انسانِ کامل یعنی انبیا و اولیا بر فرشتگان]. خداوند اسمایی را که به آدم(ع) تعلیم داد، جامعیّت داشت؛ زیرا آدم(ع) محلِ تجلّیِ تمام اسما و صفات بود، حال آنکه فرشتگان وجودشان جامعیّت ندارد و قدسی‌اند؛ بنابراین جنبه‌هایی را که با زندگیِ زمینی و جنبه‌های نَفْسانی ارتباط می‌یابد، نمی‌دانند.

در فراخی عرصهٔ آن پاک جان تنگ آمد[3] عرصهٔ هفت آسمان ۲۶۶۴

در برابرِ عظمتِ جانِ پاکِ آدمی، هفت آسمان عظمتی ندارد.

گفت پیغمبر که: حق فرموده است[4] من نگنجم هیچ در بالا و پَست ۲۶۶۵

چنانکه پیامبر(ص) گفت که حق تعالیٰ فرموده است: من در محدودهٔ بالا و پست نمی‌گنجم.

در زمین و آسمان و عرش نیز من نگُنجم، این یقین دان ای عزیز! ۲۶۶۶

ای عزیز، یقین بدان که در زمین، آسمان و عرش نمی‌گنجم.

در دلِ مؤمن بگنجم، ای عجب! گر مرا جویی، در آن دل‌ها طلب ۲۶۶۷

در دل بندهٔ با ایمان میگُنجم، اگر جویای من هستی، در دل مؤمن بطلب.

---

۱ - **عَلَّمَ الأَسماء:** اشارتی قرآنی، بقره: ۳۱/۲: خداوند به آدم همه اسما را تعلیم داد: ر.ک: ۱۲۳۹/۱.

۲ - اشارتی قرآنی؛ بقره: ۳۴/۲-۳۱: خداوند نام‌های همه چیز را به آدم آموخت، آنگاه بر ملائکه آن‌ها را نمود و گفت: نام این چیزها را به من بگویید، اگر راست می‌گویید که شما از آدم به خلافت سزاوارتر هستید. گفتند: خداوندا، ما را دانش نیست جز آنچه به ما آموخته‌ای، آنگاه به فرمان حق تعالی، آدم آنان را آگاه کرد. سپس به فرمان خداوند ملائکه، آدم را سجده کردند، جز شیطان. ۳ - **تنگ آمد:** حقیر است، عظمت ندارد.

۴ - حدیث: لَمْ یَسَعْنِي أَرْضِي وَ لاٰ سَمَائِي وَ وَسِعَنِي قَلْبُ عَبْدِي الْمُؤْمِنِ اللَّيِّنُ اَلْوَادِعُ. زمین و آسمان توان جای دادن مرا در خود ندارند و قلب لطیف و آرام بندهٔ مؤمن من چنین گنجایشی را دارد: احادیث، ص ۱۱۳.

نظیر آن گفتهٔ فیثاغورث: در روی زمین جایی برای خدا شایسته‌تر از جان پاک نیست.

گفت: أُدْخُل فـي عِـبادي،[1] تَـلْتَقي جَـنَّةً مِـنْ رُؤيَـتي يـا مُـتَّقي ۲۶۶۸

خداوند فرمود: داخل شو ای بندهٔ پرهیزکار، در میانِ بندگان من درآی تا با دیدار من بهشت را ببینی.

عرش[2] بـا آن نـورِ بـا پـهنایِ خـویش چون بدید آن را، برفت از جایِ خویش ۲۶۶۹

عرش با آن نور و وسعت و عظمت، از دیدن دلِ انسانِ کامل، محوِ انوار الهی گردید.

خود بزرگی عـرش، بـاشد بس مـدید[3] لیک، صورت کیست چون معنی رسید؟ ۲۶۷۰

هرچند که بزرگی و عظمت عرش بسیار است؛ امّا صورت در برابر معنا چیزی نیست.

هر مَلَک می‌گفت: ما را پیش از این اُلْـفتی[4] مـی‌بود بـر رویِ زمین[5] ۲۶۷۱

هر فرشته‌ای می‌گفت: پیش از سکونت آدم(ع) و همسرش بر زمین، ما الفت خاصّی با آن داشتیم.

---

۱ - اشارتی قرآنی؛ فجر: ۸۹/۳۰-۲۷: یا أَیَّتُهَا النَّفْسُ الْمُطْمَئِنَّةُ، ارْجِعِي إِلىٰ رَبِّكِ راضِيَةً مَرْضِيَّةً، فَادْخُلِي فِي عِبادِي، وَادْخُلِي جَنَّتِي: ای جان به حق آرام یافته، به سوی پروردگارت باز آی که تو از خدا خشنود و خدا از تو خشنود، به جمع بندگانم پیوند و به بهشت کرامتم اندر رو.

۲ - **عرش:** تخت و سریر شاه، تخت خداوند که در شرع تعریف و کیفیّت و بیان حدّ آن جایز نیست. جسم محیط بر عالم را که فلک‌الافلاک است عرش نامند. فلک اعظم، قرآن: ۷/۵۴: «پروردگار شما خدایی است که آسمان‌ها و زمین را در شش روز بیافرید. سپس بر عرش مستولی شد» عرش در لفظ معانی متعدّدی دارد که از آن جمله به معنی سقف یا چیزی است که دارای سقف باشد؛ امّا هنگامی که گفته می‌شود: «عرش خدا»، کنایه از مجموعهٔ جهان و هستی امکانی است. ۳ - **مَدید:** ممتد، کشیده و گسترده. ۴ - **الفت:** دوستی.

۵ - در ارتباط است با بقره: ۲/۳۰: وَ إِذْ قَالَ رَبُّكَ لِلْمَلائِكَةِ إِنِّي جَاعِلٌ فِي الأَرْضِ خَلِيفَةً قَالُوا أَتَجْعَلُ فِيهَا مَن يُفْسِدُ فِيهَا وَ يَسْفِكُ الدِّمَاءَ وَ نَحْنُ نُسَبِّحُ بِحَمْدِكَ وَ نُقَدِّسُ لَكَ قَالَ إِنِّي أَعْلَمُ مَا لاَ تَعْلَمُونَ: و چون پروردگارت به فرشتگان گفت من گمارندهٔ جانشینی در زمینم، گفتند آیا کسی را در آن گماری که در آن فساد می‌کند و خون‌ها می‌ریزد، حال آنکه ما شاکرانه تو را نیایش می‌کنیم و تو را به پاکی یاد می‌کنیم؛ فرمود من چیزی می‌دانم که شما نمی‌دانید.

از ابن عبّاس روایت کرده‌اند که ابلیس پیش از معصیت، از فرشتگانی بود که در زمین مسکن داشت (طبری، تفسیر، ۱/۱۷۸) مفسّران ابلیس را جن شمرده‌اند، بنا به کهف: ۱۸/۵۰؛ امّا بنابر آیات دیگر که ابلیس از جملهٔ فرشتگان یاد می‌شود (ظاهر آیات سوره‌های بقره و اعراف و حجر و إسراء)، معتقدند که جن بودن ابلیس، منافاتی با فرشته بودنش ندارد و احتمال می‌دهند که جن نوعی از فرشته است: ر.ک: ۱/۸۷۹

بنابراین مولانا احتمالاً به پیروی از حدیثی که از ابن عبّاس روایت شده است می‌فرماید: فرشتگانی که نخست با حق تعالیٰ چون و چرا کردند؛ امّا بعد بر آدم(ع) سجده بردند، فرشتگانی خاکی بودند که قبل از آفرینش آدم(ع)، به فرماندهی عزازیل به زمین که محلِ سکونت جنّیان بود، آمدند تا آن را به نظم آورند.

رشید رضا، یکی از مفسّران بزرگ می‌نویسد: خبر دادن به فرشتگان دربارهٔ جای دادن خلیفه در زمین عبارت است از آماده ساختن زمین و نیروها و ارواح آن که قوام و نظام زمین بدان است، برای زیستن نوعی از آفریدگان که در آن تصرّف کند و این کرهٔ خاکی در اثر وجود او به نهایت کمال خود برسد: دایرةالمعارف بزرگ اسلامی، ج ۲، ص ۵۹۲.

تخمِ خدمت بر زمین می‌کاشتیم زآن تعلّق ما عجب می‌داشتیم ۲۶۷۲

ما در زمین خدمت می‌کردیم و به آن دلبسته بودیم و سبب دلبستگی را نمی‌دانستیم.

کین تعلّق چیست با این خاکمان؟ چون سِرشت ما بُده‌ست از آسمان ۲۶۷۳

فرشتگان از خود می‌پرسیدند: چرا به خاک تعلّق خاطر داریم، در حالی که سرشت ما آسمانی است؟

اُلفِ[1] ما انوار، با ظلمات چیست؟ چون تواند نور با ظلمات زیست؟ ۲۶۷۴

علاقهٔ ما با این سرشتِ نورانی نسبت به زمینِ تاریک از چه رو است؟ نور چگونه در کنار ظلمت زندگی کند؟

آدما! آن اُلف از بویِ تو بود زانکه جسمت را زمین بُد تار و پود ۲۶۷۵

ای آدم! آن خُوگرفتن ما به سببِ عِطر دلاویز تو بود؛ زیرا جسم تو را از خاک سرشتند.

جسمِ خاکت را از اینجا بافتند نورِ پاکت را در اینجا یافتند ۲۶۷۶

تار و پود جسم خاکی تو را از اینجا فراهم ساختند و نور پاک تو را هم در اینجا یافتند.

این که جان ما ز روحت یافته‌ست پیش پیش از خاک، آن می‌تافته‌ست ۲۶۷۷

تابندگی و لطفی را که جان ما از روحِ تو یافته است، پیش از آفرینش، تو نیز از خاک دریافته بود.

در زمین بودیم و غافل از زمین غافل از گنجی که در وِی بُد دفین ۲۶۷۸

ما در زمین بودیم؛ امّا غافل و نمی‌دانستیم که چه گنجی در دل آن مدفون است.

چون سفر فرمود ما را زآن مقام تلخ شد ما را از آن تحویل، کام ۲۶۷۹

چون خداوند فرمان داد که ما از زمین باز گردیم، کامِ جان ما از این جابه‌جایی تلخ گردید.

تا که حجّت‌ها همی گُفتیم ما که به جایِ ما که آید ای خدا؟ ۲۶۸۰

دلایل بسیار آوردیم که پروردگارا، به جای ما چه کسی این مقام را احراز خواهد کرد؟

نورِ این تسبیح[2] و این تَهْلیل[3] را می‌فروشی بهرِ قال و قیل را؟ ۲۶۸۱

می‌گفتیم: خداوندا، نور تسبیح و تقدیس ما که از قال و قیلِ آدمیان برتر است، آن‌ها را به ما ترجیح می‌دهی؟

---

۱ - **اُلف**: خوگر شدن، علاقه و محبّت. ۲ - **تسبیح**: منزّه داشتن خدا از عیب و نقص، گفتن سبحان الله.
۳ - **تهلیل**: گفتن لا اله الاّ الله.

حُکم حـق گسـترد بـهرِ مـا بِسـاط   کـه: بگــویید از طــریقِ انـبساط ۲۶۸۲

خداوند بر بساط عنایت اجازه داد که آزادانه هرچه می‌خواهید، بگویید.

هـر چـه آیـد بـر زبـانتان بی‌حذر   هــمچو طــفلانِ یگــانه بــا پــدر ۲۶۸۳

هر چه بر زبانتان می‌آید، بدون واهمه، همانند کودکانِ دُردانه که عزیزِ پدرند، بگویید.

زانکه این دمهـا چـه گـر نـالایق است   رحمتِ من بر غضب، هم سابق است [1] ۲۶۸۴

زیرا این سخنان اگرچه شایسته نیست؛ امّا رحمتِ من بر غضبم پیشی گرفته است.

از پی اظهارِ ایـن سَـبْق، ای مَـلَک!   در تو بِنْهَم داعـیهٔ[2] اِشکـال و شک ۲۶۸۵

ای فرشته، برای اظهارِ پیشیِ مهر بر غضب، در تو شک و اشکال را پدید می‌آورم.

تــا بگــویی و نگــیرم بـر تـو مـن   مُــنکرِ حــلمم نــیارد دم زدن ۲۶۸۶

تا سخنانی را به عنوان ایراد و اشکال بگویی و آن را ایراد نگیرم و مستوجب عِقاب ندانم، تا منکر حلم و بردباری‌ام نتواند حرفی بزند.

صد پدر صـد مـادر انـدر حـلم مـا   هــر نَــفَس زایـد، در افـتد در فـنا ۲۶۸۷

بردباری و حلم پدران و مادران پرتوی است از حلم خداوندیِ ما و در هر لحظه از این دریا پرتوی به پدر و مادرها تابیده می‌شود و در آنان صبر و بردباری نسبت به فرزندان ایجاد می‌گردد و باز فانی می‌شود.

حِلمِ ایشان کفِ بحرِ حـلمِ مـاست   کف رَوَد، آید، ولی دریا به جاست ۲۶۸۸

بردباری انسان در مقایسه با بردباری ما، مانند کفی است بر دریای حلم الهی. کف از بین می‌رود و پدیدار می‌گردد؛ امّا دریا پابرجاست.

خود چه گویم؟ پیشِ آن دُرّ این صدف   نــیست الاّ کــفِ کـفِ کـفِ کـف ۲۶۸۹

چگونه حقّ مطلب را به جای آورم و آن چنان که شایسته است بگویم؟ در مقابله با آن مروارید غلتان (حلمِ الهی)، ایـن صـدف (حلمِ بشری)، چـیزی جـز کـفِ کـفِ کـف و بسیار ناچیز نیست.

---

۱ - اشاره به حدیث: قَالَ اللهُ عَزَّوَجَلَّ: سَبَقَتْ رَحْمَتِي غَضَبي : خدای عزّوجلّ فرمود: رحمت من بر غضبم پیشی گرفته است: احادیث، ص ۱۱۴. ۲ - **داعیه** : خواسته.

حقّ آن کف، حقّ آن دریایِ صـاف   کامتحانی نیست این گفت، و نه لاف ۲۶۹۰

مرد اعرابی گفت: به حقِ آن کف که بردباری مخلوق است و به حقِ آن دریای صاف که حلم خداوند است، سوگند که سخنم برای امتحان تو یا حرفِ بیهوده نیست.

از سرِ مِهر و صـفا است و خُـضوع   حقّ آن کس کـه بـدو دارم رجُـوع[۱] ۲۶۹۱

به حقِ کسی که بازگشتم به سوی اوست، آنچه می‌گوییم از سر مهر و صفا و تواضع است.

گر به پیشت امتحان است این هوس   امـتحان را، امـتحان کـن یک نَـفَس ۲۶۹۲

اگر گمان داری که خواسته‌ام هوسی برای آزمودن توست، دمی این آزمون را بیازما.

سِـر مـپوشان تـا پـدید آیـد سِـرم   امر کن تـو هـر چـه بـر وی قـادرم ۲۶۹۳

اسرار خود را بگو تا آنچه در دل دارم، هویدا سازم و فرمان بده تا هرچه می‌توانم، انجام دهم.

دل مـپوشان تـا پـدید آیـد دلم   تـا قـبول آرم هـر آنـچه قـابلم ۲۶۹۴

احساسات قلبی خود را مخفی نکن تا تمایلات قلبی‌ام را آشکار سازم و آنچه که توانایی انجامش را دارم بر عهده گیرم.

چون کنم؟ در دستِ من چه چاره است؟   در نگـر تـا جـانِ مـن چـه کـاره است؟ ۲۶۹۵

چه می‌توانم بکنم؟ چه راهی بر من گشوده است؟ تو ببین و بگو که چه کاری می‌توانم انجام دهم؟

تعیین کردنِ زن طریقِ طلبِ روزی کدخدایِ خود را و قبول کردنِ او

گـفت زن: یک آفـتابی تـافته‌ست   عـالَمی زو روشـنایی یـافته‌ست ۲۶۹۶

زن بادیه‌نشین گفت: خورشیدی طلوع کرده که جهان را روشن و تابناک ساخته است.

نـایب رحـمان، خـلیفهٔ کـردگار   شهرِ بغداد است از وی چون بـهار ۲۶۹۷

جانشین و خلیفهٔ حق است. بغداد از او سرشار از شادابی و طراوت گشته است.

---

۱ - اشارتی قرآنی؛ بقره: ۱۵۶/۲: إِنَّا لِلّٰهِ وَ إِنَّا إِلَيْهِ رَاجِعُونَ. ما همه از خداییم و به سوی او باز می‌گردیم.

گر بپیوندی بدان شه، شه شوی　　سوی هر اِدبیر[1] تاکی می‌روی؟ ۲۶۹۸

اگر جزو مقرّبان او شوی، به نوبهٔ خود شاه می‌شوی. تا کی با مردم بدبخت ارتباط داشته باشی؟

همنشینی مُقبلان چون کیمیاست[2]　　چون نظرشان کیمیایی، خود کجاست ۲۶۹۹

همنشینی با مقبولان درگاه، مانندِ کیمیاست. کیمیایی که مانند نظرِ ایشان باشد کجاست.

چشمِ احمد بر ابوبکری[3] زده　　او ز یک تصدیقْ صِدّیق آمده ۲۷۰۰

نظر باطنی رسول خدا(ص) بر ابوبکر افتاد، او تصدیقی کرد از سر ایمان و صدّیق لقب یافت.

گفت: من شه را پذیرا چون شوم؟　　بی بهانه، سویِ او من چون روم؟ ۲۷۰۱

مردِ اعرابی گفت: چگونه او مرا بپذیرد و چگونه بدونِ بهانه و دلیلی به حضور او بار یابم؟

نسبتی باید مرا یا حیلتی　　هیچ پیشه راست شد بی‌آلتی؟ ۲۷۰۲

باید با او قرابت و نسبتی داشته باشم یا تدبیری بیندیشم. آیا هر پیشه‌ای ابزاری ندارد؟

همچو مجنونی که بشنید از یکی　　که مرض آمد به لیلی اندکی ۲۷۰۳

حکایت من مانند مجنون است که از کسی شنید که لیلی اندکی بیمار است.

گفت: آوَهْ بی‌بهانه چون رَوَم؟　　ور بمانم از عیادت، چون شوم؟ ۲۷۰۴

و اندیشید که چگونه بدون بهانه به دیدار لیلی بروم و اگر نروم چه بر سر من خواهد آمد؟

لَیْتَنی کُنْتُ طَبیباً حاذِقاً　　کُنْتُ اَمْشی نَحْوَ لَیْلیٰ سابِقاً ۲۷۰۵

ای کاش، طبیب حاذقی بودم و قبل از همه از لیلی عیادت و دیدار می‌کردم.

---

۱ - **ادبیر** : اِمالهٔ ادبار به معنی بدبختی و بی‌دولتی، نکبت.

۲ - در متن «با شهان» نوشته شده. بعد در مقابله «مقبلان» ضبط شده است.

۳ - **ابوبکر** : ابوبکر بن ابی قحافه. ملقّب به صدّیق و شیخ الخلفاء و یار غار نبی. نسب ابی‌بکر به پشت هفتم از سوی پدر و نیز مادر به نسب رسول صلوات الله علیه می‌پیوندد. نام او به جاهلیّت عبدالعزی یا عبداللات بود و پس از قبول اسلام به عبدالله موسوم گشت. او از قدمای مؤمنین به پیغامبر صلی الله علیه و آله و به روایتی چهارمین آنان و پدر ام‌المؤمنین عایشه و نخستین از خلفای اربعهٔ راشدین است. شبی که نبی اکرم به مدینه هجرت فرمود او همراه پیامبر بود و در غار ثور با حضرت او پنهان گشت و ازین‌رو یار غار خوانده شد. وی همهٔ مال خود را در راه خدا خرج و انفاق کرد و بی‌آنکه دلیلی بر نبوّت رسول خدا(ص) بخواهد، ایمان آورد. نوشته‌اند که: چون رسول خدا(ص) از معراج بازگشت و مکّیان را خبر داد، ابوجهل شاد شد که برای دروغگویی محمّد(ص) دلیلی استوار گردید که می‌گوید به آسمان رفتم. پس به نزد ابوبکر رفت. ابوبکر گفت: هرچه او گوید، راست گوید و آن روز نامش صدّیق آمد: احادیث، ص ۱۱۵.

قُلْ تَعالَوْا[۱] **گفت حق ما را بدان تا بُوَد شرم اِشکنی ما را نشان** ۲۷۰۶

خداوند به ما گفت: بیایید، تا شرم ما را در هم شِکَنَد؛ زیرا اگر جز این می‌بود آدمی که سنخیّتی با حق ندارد، چگونه خود را شایسته باریابی بیابد، مگر حق تعالیٰ راهی به او بنماید.

شب‌پران را، گر نظر و آلت بُدی روزشان جولان و خوش حالت بُدی ۲۷۰۷

اگر شب‌پره‌ها بینایی و ابزار دیدن داشتند، روز پرواز می‌کردند و حالی خوش داشتند.

گفت: چون شاهِ کَرَم میدان رود عینِ هر بی‌آلتی آلت شود ۲۷۰۸

زن گفت: اگر کَرَم حق تعالیٰ رخ بنماید هر چیزی وسیلهٔ تقرّب است.

زآنکه آلت دعوی است و هستی است کار، در بی‌آلتی و پستی است ۲۷۰۹

زیرا، وسیله‌ای را به سوی شاه بردن، نشانهٔ ادّعای ماست و اینکه هستیم و چنین چیزی را داریم؛ امّا اگر در نهایت ذلّت با دستی تهی برویم، نشانهٔ درستی و صدق ماست.

گفت: کِی بی‌آلتی[۲] **سودا کنم تا نه من بی‌آلتی پیدا کنم؟** ۲۷۱۰

مرد گفت: قبل از آنکه چنان حالی را پیدا کنم، چگونه به چنین سودایی بپردازم؟ حالِ افلاس و عجز باید در من به وجود آید، نمی‌توان به آن تظاهر کرد.

پس گواهی بایدم بر مُفْلِسی تا مرا رحمی کند شاهِ غنی[۳] ۲۷۱۱

بنابراین باید چیزی بر افلاس و فقر من گواهی دهد تا شاه بی‌نیاز، بر من ترحّم آوَرَد.

تو گواهی غیرِ گفت و گو و رنگ وانما، تا رحم آرَد شاهِ شَنگ[۴] ۲۷۱۲

ای زن، به غیر از گفتار یا نیرنگ، راهی نشان بده که رحمتِ آن شاهِ ظریف را به من جلب کند.

کین گواهی که ز گفت و رنگ بُد نزدِ آن قاضی‌القضاة[۵] **آن جَرْح**[۶] **شد** ۲۷۱۳

زیرا که شهادتی که مبتنی بر گفتار کاذب و ریاکارانه باشد، نزد حق تعالیٰ مردود است.

---

۱ - **قُلْ تَعالَوا**: اشارتی قرآنی، انعام: ۱۵۱/۶: قُلْ تَعالَوا أَتْلُ ما حَرَّمَ رَبُّكُمْ عَلَيْكُمْ: بگو ای پیامبر، به سوی من آیید تا بر شما خوانم آنچه را که پروردگارتان بر شما حرام کرده است.

۲ - بی‌آلتی؛ در مصراع اوّل با یاء نکره و در دوم با یاء مصدری بخوانید.

۳ - در مصراع دوم، در مقابله نوشته‌اند «تا شهی رحم کند در مفلسی». ۴ - **شنگ**: ظریف و خوش منش.

۵ - **قاضی القضاة**: دادستان کل، خداوند. ۶ - **جَرْح**: بیان چیزی که سبب رَدّ شهادت شاهد گردد.

صدق می‌خواهد گواهِ حالِ او   تا بتابد نورِ او بی‌قالِ او ۲۷۱۴

گواهِ کلام ما، حال دل ماست. صداقت چنان نوری دارد که بدون گفتار می‌تابد.

هدیه بردنِ عرب سبوی آب باران از میان بادیه سوی بغداد به امیرالمؤمنین، بر پنداشتِ آنکه آنجا هم قحطِ آب است

گفت زن: صدق آن بُوَد کز بودِ خویش   پاک برخیزی تو از مَجهودِ[1] خویش ۲۷۱۵

زن گفت: صدق آن است که از هستی و توانایی خویش ناامید گردی و همه را به حق واگذار کنی.

آبِ باران است ما را در سبو   مُلکَت و سرمایه و اسبابِ تو ۲۷۱۶

ما در کوزه مقداری آب باران داریم که دارونددار ماست و می‌تواند وسیلهٔ تقرّب به شاه باشد.

این سبویِ آب را بردار و رو   هدیه ساز و پیشِ شاهنشاه شو ۲۷۱۷

این کوزهٔ آب را بردار و به عنوان پیشکش به نزد شاه ببر.

گو که: ما را غیرِ این اسباب نیست   در مَفازه[2] هیچ بِهْ زین آب نیست ۲۷۱۸

بگو که ما جز این چیزی نداریم و در صحرایی که زندگی می‌کنیم، آبی گواراتر از این نیست.

گر خزینه‌ش پر متاعِ فاخر است   این چنین آبش نباشد، نادر است ۲۷۱۹

گرچه شاه خزانه‌ای پر از کالاهای گرانبها دارد؛ امّا آب گوارایی را به ندرت به دست می‌آورد.

چیست آن کوزه؟ تن محصورِ ما   اندر او آبِ حواسِ شورِ ما ۲۷۲۰

آن کوزه چیست؟ تن محدودِ ما که در آن آبی شور است که حواسِ غیر متعالی ماست.

ای خداوند! این خُم و کوزهٔ مرا   در پذیر از فَضْلِ «اَللّٰهَ اشْتَریٰ»[3] ۲۷۲۱

خداوندا، از سر فضل و بزرگواری، این خُم وجود مرا با نیکی‌ها و بدی‌هایی که در آن است، بپذیر.

---

۱ - **مجهود**: مورد جهد و کوشش، توانایی و طاقت.   ۲ - **مَفازه**: بیابان بی‌آب.

۳ - اشارتی قرآنی؛ توبه: ۱۱۱/۹: إِنَّ اللهَ اشْتَرىٰ مِنَ الْمُؤمِنينَ أَنْفُسَهُمْ وَ أَمْوالَهُمْ بِأَنَّ لَهُمُ الْجَنَّةَ. خداوند جان و مال مؤمنان را به بهای بهشت خریده است.

کوزه‌یی با پنج لولهٔ پنج حِس / پاک دار این آب را از هر نجِس ۲۷۲۲

تن ما به کوزه‌ای مانند است که پنج لوله بدان متصّل باشد و محتویات درونی کوزه طبیعتاً همواره تحت تأثیر جریاناتی است که از طریق لوله‌ها به آن وارد می‌شود.

خداوندا، فقط لطف تو می‌تواند آب درون کوزه را پاک و تمیز نگاه دارد؛ زیرا حواس پنجگانهٔ ما قدرت تشخیص امور عادّی و ظاهری را دارد و از درک حقایق محروم است.

تا شود زین کوزه مَنْفَذْ سوی بحر / تا بگیرد کوزهٔ من خوی بحر ۲۷۲۳

خداوندا، کوزهٔ وجودم را پاک بدار تا به لطف تو به بحر بیکران علم الهی یا دل پاک مرشد کامل راهی بیابد و با پیوستن به دریا، از پلیدی و اغراض نجات یابد.

تا چو هدیه پیشِ سلطانش بَری / پاک بیند، باشدش شه مُشتری ۲۷۲۴

تا هنگامی که آن را به عنوان هدیه نزد شاه می‌بری، پاک باشد و سلطان خریدارش شود.

بی‌نهایت گردد آبش بعد از آن / پر شود از کوزهٔ من صد جهان[۱] ۲۷۲۵

بعد از آن، آبِ کوزهٔ وجودم، پایان نمی‌پذیرد و به همّت این کوزه، صدها کوزه پُر می‌شود.

لوله‌ها بر بند و پُر دارش زِ خُم / گفت: غُضُّوا عَنْ هَوَا اَبْصارَکُمْ[۲] ۲۷۲۶

لوله‌های حواسِ ظاهری را ببند، یعنی به درک و علمِ کسبی بسنده نکن. راهی برای اتّصال با خُم وجود مرشد کامل بیاب.

ریشِ او پُر باد، کین هدیه که راست؟ / لایقِ چون او شهی، این است راست ۲۷۲۷

به خود می‌بالید که چه کسی می‌تواند هدیه‌ای گرانبهاتر از من برای شاه ببرد؟

زن نمی‌دانست کآنجا بر گذر / هست جاری دجله‌یی همچون شکر ۲۷۲۸

زن اعرابی نمی‌دانست که در راهِ بغداد، رود دجله با آبی خوشگوار جریان دارد.

---

۱ - دل سالک پس از سیر و سلوک و اتّصال با دل انسان کامل در مقام مرشد، منوّر به نور حق می‌شود و تجلّی‌گاه انوار الهی است.

۲ - مصراع دوم اشارتی است قرآنی؛ نور: ۳۰/۲۴: قُلْ لِلْمُؤمِنِينَ يَغُضُّوا مِنْ أَبْصارِهِمْ: ای پیامبر، مؤمنان را بگو تا چشم‌های خود را از حرام فرو بندند.

به گفتهٔ اهل تصوّف: سالک باید که دیدهٔ سِرّ را از هر چه جز حق است فروگیرد.

در میانِ شهر چون دریا روان　　پُر زِ کَشتی‌ها و شستِ ماهیان ۲۷۲۹

و این رود بسان دریایی از میانه شهر می‌گذرد و پر از کشتی‌ها و قلاّب‌های ماهیگیری است.

رو بَرِ سلطان و کار و بار بین　　حسّ ِ تَجْرِي تَحْتَها اْلاَنْهار[1] بین ۲۷۳۰

زن گفت: به بارگاه شاه برو، عظمت و سعادت و نیک‌بختی را مشاهده کن.

این چنین حِس‌ها و ادراکاتِ ما　　قطره‌یی باشد در آن نهرِ صفا ۲۷۳۱

حسّ و درک ما در مقایسه با رودخانهٔ منوّر و مصفّایی که در جانِ کاملان جریان دارد، قطره‌ای بیش نیست.

در نمد دوختنِ زنِ عرب، سبُوِیِ آبِ باران را، و مُهر نهادن بر وی از غایتِ اعتقادِ عرب

مرد گفت: آری، سبو را سر ببند　　هین! که این هدیه‌ست ما را سودمند ۲۷۳۲

مرد گفت: آری، سر سبو را محکم ببند که این تحفه می‌تواند برای ما سودمند باشد.

در نمد در دوز تو این کوزه را　　تا گُشاید شه، به هدیه روزه را ۲۷۳۳

کوزه را در نمدی بگذار و آن را بدوز تا شاه روزهٔ خود را با این آب گوارا بگشاید.

کین چنین اندر همه آفاق نیست　　جز رَحیق[2] و مایهٔ اَذواق[3] نیست ۲۷۳۴

چنین چیزی در همهٔ جهان یافت نمی‌گردد، مانند بادهٔ نابی است که ذائقه از آن لذّت بسیار می‌برد.

زانکه ایشان ز آب‌هایِ تلخ و شور　　دائماً پر علّت‌اند و نیم کور ۲۷۳۵

زیرا، آنان آب‌های تلخ و شور خورده‌اند که همواره بیمار و نیم‌کورند.

مرغ، کآبِ شور باشد مسکنش　　او چه داند جایِ آبِ روشنش؟ ۲۷۳۶

پرنده‌ای که در آب شور مسکن دارد، چگونه بداند که آب زلال کجاست؟

---

۱ - تَجْرِي تَحْتَها اْلأَنْهارُ ؛ اشارتی قرآنی، بقره : ۲۶۶/۲ : أَیَوَدُّ أَحَدُكُمْ أَنْ تكونَ لَهُ جَنَّةٌ مِنْ نَخیلٍ و أَعْنابٍ تَجْری مِنْ تَحْتِهَا اْلأَنْهارُ: آیا کسی از شما دوست دارد که او را باغی از خرماها و انگورها باشد که از زیر آن‌ها جوهای آب روان است. ۲ - **رحیق** : بادهٔ ناب. ۳ - **أَذْواق** : جمع ذوق.

ای که اندر چشمهٔ شور است جات — تو چه دانی شَطّ و جیحون و فرات؟ ۲۷۳۷

ای کسی که در میان چشمهٔ شور تعلّقات دنیوی و هواهای نفسانی مأوا داری، تو چگونه می‌توانی رودهای زلالِ دانشِ وسیع و گستردهٔ حق را که در وجود کاملان متجلّی و روان گشته است، دریابی؟

ای تو نارَسْته از این فانی رباط [1] — تو چه دانی محو و سُکر [2] و انبساط [3]؟ ۲۷۳۸

ای کسی که از قید تعلّقات دنیوی رها نشده‌ای، چگونه احوال عارفانه را درک کنی؟

ور بدانی نَقلت از اَبّ و جَد است — پیشِ تو این نام‌ها چون اَبجد [4] است ۲۷۳۹

اگر هم چیزی از اصطلاحات عارفانه بدانی، در اثرگفتن پدر یا اجداد توست که الفاظ را طوطی‌وار از بزرگانِ طریقت آموخته‌ای.

ابجد و هَوَّز چه فاش است و پدید — بر همه طفلان، و معنی بس بعید ۲۷۴۰

مانند نوآموزی که از استاد کلمات اَبْجَد و هَوَّز را آموخته است و تلفّظ و نگارش آن را می‌داند؛ امّا به قواعد استفاده و مفاهیم آن راه نبرده است.

پس سبو برداشت آن مردِ عرب — در سفر شد، می‌کشیدش روز و شب ۲۷۴۱

مرد بادیه‌نشین سبوی آب را برداشت و عازم سفر شد و شب و روز آن را همراه خود می‌برد.

بر سبو لرزان بُد از آفاتِ دَهْر — هم کشیدش از بیابان تا به شهر ۲۷۴۲

نگران بود که حوادث روزگار آسیبی به سبو برساند و به هر حال، آن را از بیابان تا شهر رسانید.

---

۱ - **فانی رباط** : دنیای فانی.

۲ - **محو و سُکر** : خلسه و مستی عارفانه. توضیحات کامل ذیل بیت ۵۷۹ همین دفتر.

۳ - **انبساط** : عبد منبسط کسی را گویند که کلام و تصرّفات او بر جریان عادت و اعمال نیک جزو وجود وی باشد، رعب از دل او رفته و با خلق به گشاده‌رویی مرتبط گردد. انبساط از جمال است، خوف و جبن و قبض منافی انبساط و از پرتو جلال است. انبساط به حقیقت تجلّی اسم الباسط به قدر همّت بنده و سعهٔ صدر اوست: ف. سجّادی، صص ۱۴۰-۱۳۹.

۴ - **أَبْجَد** : نام مجموع صُوَر هشتگانهٔ حروف. أَبْجَد خوان: نوآموز. أَبْجَد و هَوَّز در حساب جُمَّل یا حساب أَبْجَد.

زن، مُـصَلاّ[1] بـاز کـرده از نـیاز رَبِّ سَــلِّم[2] وِرد کـرده در نـماز ۲۷۴۳

زن بادیه‌نشین سجّاده گشوده بود و به التماس می‌خواست که پروردگارا، به سلامت دارش.

کـه: نگـه دار آبِ مـا را از خسـان یا رب آن گوهر بـدان دریـا رسـان ۲۷۴۴

خداوندا، آب گوارای ما را از دست گزند فرومایگان مصون بدار و آن گوهر را به خلیفه برسان.

گرچه شُویَم آگه است و پُر فن است لیک گوهر را هـزاران دشـمن است ۲۷۴۵

هرچند که شوهر من آگاه و همه فن حریف است؛ امّا گوهر هزاران دشمن دارد.

خود چه باشد گوهر؟ آبِ کوثر است قطره‌یی زین است کاصلِ گوهر است ۲۷۴۶

در مقایسه با آن آب، گوهر ارزشی ندارد؛ زیرا آن آب، آب کوثر[3] و اصل گوهرهاست.

از دعــــاهایِ زن و زاریِ او وز غــم مــرد و گــران‌بـاریِ او ۲۷۴۷

از دعاهای زن و التماس او و اندوه و رنج و زحمتِ مرد،

سـالم از دزدان و از آسیبِ سنگ بُــرد تـا دارالخـلافه بـی‌درنگ ۲۷۴۸

کوزه را از خطر دزدان و سنگ حوادث به در برد و به بارگاه خلیفه رساند.

دیــد درگــاهی پُــر از انـعام‌ها اهـلِ حـاجت گسـتریده دام‌هـا ۲۷۴۹

درگاه و آستانه‌ای دید پر از نعمت‌های گوناگون که نیازمندان دام‌ها گسترده و حیله‌ها اندیشیده بودند تا بدان ره یابند و بهره‌ها ببرند.

دم به دم هر سوی صاحب حاجتی یــافته زآن در عــطا و خِـلعتی ۲۷۵۰

لحظه به لحظه و پیاپی از هر سو، نیازمندی از آن جایگاه احسان و مرحمتی را دریافت می‌کرد.

---

۱ - **مُصَلاّ** : سجّاده، جانماز.

۲ - رَبِّ سَلِّم اشاره‌ای است به حدیث ذیل: الصِّراطُ کَحَدِّ السَّیْفِ أَوْ کَحَدِّ الشَّعْرَةِ وَ إِنَّ الْمَلائِکَةَ یُنْجُونَ الْمُؤمِنِینَ وَ الْمُؤمِنَاتِ وَ إِنَّ جِبْرِیلَ(ع) لَآخِذٌ بِحُجْزَتِي وَ إِنِّي لَأَقُولُ یَا رَبِّ سَلِّمْ سَلِّمْ: صراط و پل چینَوَد چون دم شمشیر و یا به باریکی موی است و فرشتگان زنان و مردان مؤمن را رهایی می‌دهند و جبرئیل دست درکمرگاه من استوار دارد و من می‌گویم پروردگارا، سلامت دار، سلامت دار: احادیث، ص ۱۱۶.

پل چینَوَد همان صراط است به اعتقاد زرتشتیان که می‌گویند: یک سر این پل روی قلّهٔ دائیتی است و در ایران‌ویج واقع است و سوی دیگرش بر البرز و در زیر پل در حدّ میانه دروازه‌های دوزخ. اوصاف چینَوَد با آنچه مسلمانان راجع به پل صراط می‌گویند، شباهت بسیار دارد. ۳ - ر.ک: ۱۹۱۰/۱.

بهرِ گَبْر[1] و مؤمن و زیبا و زشت   همچو خورشید و مَطَر[2]، نی چون بهشت ۲۷۵۱

احسان خلیفه که در اینجا نمادِ انسان کامل است، بر همگان می‌بارید، مثلِ تابش خورشید و بارش باران که رحمتی است عام و مانندِ بهشت که رحمتی خاص و برای مؤمنان است، نبود.

دید قومی در نظر آراسته   قومِ دیگر منتظر برخاسته ۲۷۵۲

گروهی را دید که با ظاهری آراسته بار یافته‌اند و عدّه‌ای در انتظار توجّه خلیفه ایستاده‌اند.

خاص و عامه، از سلیمان تا به مور   زنده گشته چون جهان از نفخِ صُور[3] ۲۷۵۳

دید که خاص و عام، سلیمان تا مور، همه از پرتو لطفِ خلیفه حیات تازه‌ای یافته‌اند، همان‌گونه که دمیدن در صور مردگان را زنده می‌کند.

اهلِ صورت در جواهر بافته[4]   اهلِ معنی بحرِ معنی یافته ۲۷۵۴

آنان که به ظواهر بسنده می‌کنند، به پاداش‌های دنیوی رسیده‌اند و کسانی که ظواهر را پوچ می‌دانند، به بحر حقایق ره یافته‌اند.

آنکه بی همّت، چه با همّت[5] شده   وانکه با همّت، چه با نعمت شده ۲۷۵۵

هر یک بنا به استعداد و طلب و همّت از نعمت‌های ظاهری و باطنی بهره‌مند شده‌اند.

---

۱ - **گبر** : در حالت اطلاق به معنی کافر.   ۲ - **مَطَر** : باران.   ۳ - **نَفْخ صُور** : ر.ک: ۷۵۱/۱.

۴ - **جواهر بافته** : مقصود پارچه‌ای است که در آن جواهرات به کار رفته باشد.

۵ - **همّت** : در لفظ به معنی اراده و خواسته و آرزو و عزم. بلند طبعی در اصطلاح تصوّف عبارت است از توجّه قلب با تمام قوای روحانی به جانب حق برای حصول کمال. آنگاه که سالک از مرشد همّت می‌طلبد، نفوذ ناپیدای شیخ یا مراد را در وجود خویش برای استکمال طالب است.

در بیان آنکه: چنان که گدا عاشق کَرَم است و عاشق کریم، کَرَمِ کریم هم عاشقِ گداست. اگر گدا را صبر بیش بُـوَد، کریم بر دَرِ او آید و اگر کریم را صبر بیش بُوَد، گدا بر در او آید، امّا صبرِ گدا کمالِ گداست و صبرِ کریم نقصانِ اوست

بـانگ مـی‌آمد کـه: ای طـالب! بـیا — جُود[1] مـحتاجِ گـدایـان چـون گـدا ۲۷۵۶

سخا و بخشایش بی‌مانند خلیفه، مانندِ نـدایـی مـحتاجان را بـه سـفرهٔ کَـرَم فـرا مـی‌خوانـد. همان‌گونه که مستمندان نیازمندِ کرم کریمان‌اند، جُود نیز برای ظهور نیازمند مستمندان است.

جُود می‌جوید گـدایـان و ضِـعاف[2] — همچو خوبان کآینه جـویند صـاف ۲۷۵۷

جُود برای ظهور جویایِ تهیدستان است، همان‌طور که گلرخان جویای آینه‌ای صاف‌اند.

رویِ خـوبان ز آیـنه زیـبا شـود — رویِ احسـان از گـدا پـیدا شـود ۲۷۵۸

زیبایی خوبرویان در آینه دیده می شود و چهرهٔ جوانمردی و سخا در وجود مستمندان آشکار می‌گردد.

پس، از این فرمود حق در وَٱلضُّحیٰ[3] — بـانگ کـم زن ای مُـحمّد بـر گـدا ۲۷۵۹

پس حق تعالیٰ برای ظهورِ جُود و سخا در سورهٔ وَٱلضّحیٰ به پیامبر(ص) فرمود: به سائل پاسخ ده و نیازمند را مران.

چون گدا آیینهٔ جُـود است، هـان! — دَم بُـــوَد بـــر رویِ آیـــینه زیـــان ۲۷۶۰

وجودِ مستمند، آینه‌ای است که در آن «سخا و جوانمردی» دیده می‌شود، بیان کـلامی کـه نشانهٔ منّت یا نارضایتی از تهیدستان باشد، مانند نَفَسی است که بخار آن آینه را تار می‌کند.

آن یکـی جُـودش گـدا آرد پـدید[4] — و آن دگر بخشد گـدایـان را مَـزید[5] ۲۷۶۱

جُودِ «حق» یا «انسان کامل» که محلِّ تجلّیِ صفات حق است، نیاز را در سالک بر می‌انگیزد تا «فقر

---

۱ - **جود :** سخا، فیض، جوانمردی، سود رساندن بدانچه سزاوار و شایسته است بدون هیچ‌گونه غرض و اندیشهٔ تقاضای عوض. ۲ - **ضِعاف :** جمع ضعیف، تهیدست.
۳ - **وَٱلضّحیٰ :** اشارتی قرآنی، وٱلضّحیٰ : ۱۰/۹۳ : وَ أَمَّا السّائِلَ فَلاٰ تَنْهَرْ. و خواهنده و پرسنده را بانگ بر مزن.
۴ - هر جاکه جود و سخایی است و انسان بخشش و کرمی دارد، پرتوی از جود الهی بر وجود آدمی تابیده است؛ زیرا حق تعالیٰ فرموده است: معارج : ۱۹/۷۰ : انسان مخلوقی تنگدل و آزمند آفریده شده است. همچنین در اسریٰ : ۱۰۰/۱۷ : آدمی مخلوقی خسیس و بخیل است. ۵ - **مَزید :** زیاده بخشیدن.

معنوی» خویش را دریابد و در طلب کمال به مجاهده بپردازد؛ پس جُودِ مُرشد، سببِ پدید آمدنِ فقیرانِ درگه حق می‌شود و بخشندگیِ او دستِ این «فقرا» را می‌گیرد و زیاده بر طلب می‌بخشد.

پس گدایان آیتِ جُودِ حق‌اند و آن که با حقّ‌اند، جُودِ مطلق‌اند ۲۷۶۲

پس طالبان نشانهٔ بخشندگی حق‌اند؛ زیرا حق تعالیٰ می‌فرماید: فاطر:۱۵/۳۵: *ای مردم، شما همه فقیر و نیازمندید. تنها خداست که بی‌نیاز و غنی بالذّات و ستودهٔ صفات است.*

آنان که با اعتماد به جُود الهی و بنا بر فرمودهٔ حق، نساء: ۳۲/۴: «هر چه می‌خواهید از فضل خدا بخواهید»، حاجت از مخلوق می‌پذیرند به لحاظ آنکه آنان را مظاهرِ جُود خداوند می‌دانند، بدان جهت که جز از حق نمی‌خواهند و با حق‌اند، جُود مطلق به شمار می‌آیند.

وآن که جز این دو ست، او خود مرده‌ای‌ست او بر این دَر نیست، نقش پَرده‌ای‌ست ۲۷۶۳

و کسی که جزو این دو گروه نیست، از فقرا نیست و با مرده تفاوتی ندارد؛ زیرا دل او به نور حق زنده نیست و در تاریکیِ نَفْس نازله زندگی می‌کند و به فقر خود آگاهی ندارد و هرگز بر درگاه حق سر نیاز و عجز فرود نمی‌آورد و مانند نقشی بر پرده زوال‌پذیر است.

چنانکه قبلاً هم گفته شد، دو گروه فقرای مورد نظر عبارتند از: فقرای حقیقی که به فنای فی‌الله رسیده‌اند و مظهر جُودند و گروه دیگر بینوایانی که از مظاهر جُود الهی حاجت می‌پذیرند.

فرقِ میانِ آنکه درویش است به خدا و تشنهٔ خدا، و میانِ آنکه درویش است از خدا و تشنهٔ غیر است

در این فصل تقابلی است میان «درویش به خدا»، یعنی آن‌کس که فقیر راستین است و جویای ادراک معانی و حقایق با «درویش از خدا»، یعنی کسی که در عین دنیادوستی خود را در کِسوت دراویش آراسته و جویای لقمه است.

نقشِ درویش است او، نه اهلِ نان[1] نقشِ سگ را تو مَیَنداز استخوان ۲۷۶۴

او ظاهراً درویش است. استحقاق لقمه نانی را ندارد و نباید به او چیزی داد، همان‌طور که هیچ عاقلی برای نقش یا تصویری از سگ، استخوانی نمی‌اندازد.

---

۱ - اهلِ نان: مستحق.

فـقرِ لقـمه دارد او، نـه فـقرِ حـق   پیش ِ نقش ِ مُرده‌یی کـم نِـهْ طَـبَق[1] ۲۷۶۵

فقر او، نیاز به مفت‌خواری است، نه فقر به مفهومِ ادراک عارفانه. او به ظاهر زنده است؛ امّا حیات مادّی دارد نه معنوی. برای امثالِ وی نباید سفره گسترد.

مـاهیِ خـاکـی بُـوَد درویش ِ نـان[2]   **شکـلِ مـاهی، لیک از دریـا رَمـان** ۲۷۶۶

درویش ِ نان، همانندِ ماهی خاکی است که از دریای زلال حقیقت می‌گریزد. نقشی از ماهی دارد و از صفات ماهیان دریای حق برخوردار نیست.

مرغِ خانه است او، نه سیمرغِ هـوا   لوت[3] **نـوشد او، نـنوشد از خـدا** ۲۷۶۷

او بسان مرغ خانگی در هوای آب و دانه است، سیمرغ بلندپرواز نیست، لوت خوار است و از رزقِ معنوی آگاه نیست.

---

۱ - **طَبَق** : خوانچه غذا. دوستداران صوفیه از تجّار و کسبه گاه‌گاه آنان را دعوت و اطعام می‌کردند، این دعوت‌ها و افراطی که بعضی از درویشان بر سر سفره می‌کردند سبب شد که مردم در حقِّ گروهی که چنین‌اند، به طعن سخن گویند: ارزش میراث صوفیه، زرّین کوب، ص ۱۵۵.

۲ - **درویش ِ نان** : کسی که فقیرِ لقمه است نه فقیرِ حق.

درویش : نیازمند، خواهنده از درها، فقیر. فقیری که گدایی کند و در حال تکدّی با آواز خوش شعر خوانَد و تبرزین بر دوش و پوست بر پشت دارد. این کلمه در اصل درویز بود «زا» را به شین معجمه بدل کرده‌اند، و درویز در اصل درآویز بوده است، به معنی آویزنده از در. صاحبنظران معتقدند که فقیرِ صاحب معرفت را به جهت تمیز از کسانی که دریوزگی می‌کنند باید دُرویش نامید به معنی کسی که مانند دُرّ و مروارید گرانبهاست و «ویش» که در اصل «واش» بوده کلمهٔ تشبیه است.

اصل لفظ درویش نیز به موجب بعضی قرائن ظاهراً با لفظ دریوزه مربوط است. اخوان طریقت و اعضای سلاسل فقری نیز عموماً درویش نامیده می‌شوند. افلاکی می‌نویسد: یکی به سروقت درویشی در آمد و گفت: چه تنها نشسته‌ای؟ گفت: این دم تنها شدم که تو آمدی و مرا از حق بازداشتی.

مولانا می‌فرماید: صدقه چون آب است، بنگر به کدام درخت می‌دهی. اگر به فاسق می‌دهی، خارستان زیاد کرده باشی و اگر به مُصلح دهی، سیب و انار زیاد کرده باشی: مناقب العارفین، ج ۱، صص ۵۳۷-۵۳۵.

درویشی را شاگردی بود، برای او دروزه می‌کرد. روزی از حاصلِ دریوزه، او را طعامی آورد و آن درویش بخورد. شب مُحتلِم شد. پرسید که «این طعام را از پیشِ که آوردی؟» گفت «دختری شاهد به من داد.» گفت «وَ اللهِ، من بیست سال است که مُحتلم نشده‌ام. این اثرِ لقمهٔ او بود.»

و همچنین، درویش را احتراز می‌باید کردن و لقمهٔ هر کسی را نباید خوردن که درویش لطیف است، در او اثر می‌کند چیزها و بر او ظاهر می‌شود. همچنان که در جامهٔ پاکِ سفید، اندکی سیاهی ظاهر می‌شود؛ امّا بر جامهٔ سیاه که چندین سال از چرک سیاه شده و رنگِ سپیدی از او گردیده باشد، اگر هزارگون چرک و چربِش بچکد، بر او ظاهر نگردد؛ پس چون چنین است، درویش را لقمهٔ ظالمان و حرام‌خواران و جسمانیان نباید خوردن که در درویش لقمهٔ آن کس اثر کند و اندیشه‌های فاسد از تأثیر آن لقمهٔ بیگانه ظاهر شود. همچنان که از طعامِ آن دختر، درویش مُحتلم شد: فیه ما فیه، ص ۱۲۱.   ۳ - **لوت** : طعام که در نان بپیچند، اینجا کنایه از رزقی حقیر و دنیوی.

عــاشقِ حــقّ است او بــهرِ نـوال   نیست جانش عاشقِ حُسن و جمال ۲۷۶۸

او مدّعیِ درویشی و عشق حق است؛ امّا عاشقِ بخشش‌های الهی و بهره‌ای است که در این کسوت به او می‌رسد، عاشق حُسن و جمال حق نیست.

گـر تَــوَهُّم مـی‌کند او عشـقِ ذات   ذات نَــبْوَد وَهْــمِ اسـما و صـفات ۲۷۶۹

اگر او می‌اندیشد که عاشق ذات حق است، انـدیشه‌اش پـندار است و دربـارهٔ اسـما و صفات توهّم دارد و وهم خود را می‌پرستد.

وهمْ مخلوق است و مولود آمده است   حق نزاییده است، او لَمْ یُولَد است[1] ۲۷۷۰

توهّمِ آنان مخلوقِ خداست، خدا نیست، نتیجهٔ خیالات واهی است. زادهٔ گمان را به حق نسبت داده‌اند.

عــاشقِ تـصویر و وهـمِ خـویشتن   کِـی بُـوَد از عـاشقان ذُوآلمِـنَنْ[2] **؟** ۲۷۷۱

عاشقِ اوهام و تصویرِ ذهنیِ خویش چگونه عاشق خداوند منّان باشد؟

عــاشقِ آن وهـم اگـر صـادق بُـوَد   آن مــجازِ او حــقیقت‌کَش شــود ۲۷۷۲

کسی که دربارهٔ «اسما و صفات الهی» دچار توهّم شده است، اگر در عشق صـادق بـاشد، صداقت او را به سوی حقیقت می‌کشد.

شرح می‌خواهـد بـیانِ ایـن سُـخن   لیک مــی‌ترسم ز افــهام کُــهن ۲۷۷۳

آنچه که گفته شد، نیازمند شرح و بسط بیشتری است؛ امّا نگرانم که ظاهربینان با افکاری پوسیده، حقِّ مطلب را در نیابند و به تصوّراتی باطل گرفتار شوند.

فــــهم‌هایِ کــهنهٔ کــوته‌نظر   صــد خــیالِ بـد در آرَد در فِکَـر ۲۷۷۴

فهم و درکِ کوته‌بینان که هر یک به نوعی افکار گذشتگان را پذیرفته و در آن راسخ شده‌اند، با نگرش لطیف و مهرآمیز عارف به امور آشتی ندارد و زمینه‌ساز ورود خیالاتِ واهیِ آنان است.

بر سماعِ[3] **راست هر کس چیر نیست   لقـمهٔ هـر مـرغکی انـجیر نـیست** ۲۷۷۵

هر کسی توانایی و قدرتِ درکِ حقیقت را ندارد، همان‌گونه که هر مرغکی قادر به خـوردن انجیر نیست و اگر به مرغکی انجیر بدهند، موجبات هلاکت او را فراهم آورده‌اند؛ زیرا قابلیّت

---

۱ - اشارتی قرآنی: اخلاص: ۳/۱۱۲: لَمْ یَلِدْ وَ لَمْ یُولَدْ: خدا هرگز فرزند نیاورد و هم از کس نزاد.

۲ - **ذوالمنن**: خداوند دارندهٔ نعمت‌ها و احسان.

۳ - **سماع**: شنیدن. مراد درک مطلب است. اگر هم سماع را به مفهوم رقص بیخودانهٔ عارفان بدانیم، همان معنا از آن حصول می‌یابد که کار هر مبتدی یا اهل هوا نیست.

هضم و جذب آن را ندارد، اعتقادات عارفانه را هم که از کشف و شهود و اتّصال و استغراق در حق ناشی می‌گردد، فقط عارف‌مسلکان می‌توانند بپذیرند و هضم کنند.

خاصه مرغی، مُرده‌یی، پوسیده‌یی پُر خیالی، اَعْمِیی، بی‌دیده‌یی ۲۷۷۶

به ویژه مرغ مُرده و پوسیده، چگونه قدرت هضم انجیر را دارد؟ به همین ترتیب فرد کوته‌بینِ پُر توهّم، قدرت درکِ لطایفِ عارفانه را ندارد و در چهارچوب خیالات خود اسیر می‌مانَد.

نقشِ ماهی را چه دریا و چه خاک رنگ هندو را چه صابون و چه زاک[1] ؟ ۲۷۷۷

برای تصویرِ ماهی چه تفاوتی دارد که در خاک باشد یا در دریا؟ برای پوست تیرهٔ هندو که در اثر شستن سفید نمی‌شود، صابون یا زاج چه فرقی دارد؟

نقش، اگر غمگین نگاری بر ورق او ندارد از غم و شادی سَبَق ۲۷۷۸

اگر تصویری اندوه را نشان دهد، آن تصویر چه درکی از غم و شادی دارد؟

صورتش غمگین و او فارغ از آن صورتش خندان و او زآن بی‌نشان ۲۷۷۹

تصاویر و نقوش غم و اندوه یا شادی را نشان می‌دهند؛ ولی از درک آن عاجزند.

وین غم و شادی که اندر دل حَظی‌ست پیشِ آن شادی و غم جز نقش نیست[2] ۲۷۸۰

«غم و شادی» که دل از آن بهره می‌بَرَد، در مقایسه با «غم و شادیِ» عارف، نقشِ بی‌جان است.

صورتِ غمگینِ نقش از بهرِ ماست تا که ما را یاد آید راهِ راست[3] ۲۷۸۱

غم دنیوی که به جهت برآورده نشدن خواسته‌ها یا از دست دادن چیزی است، نقش غم است دَر مقایسه با حقیقتِ آن.

صورتِ خندانِ نقش از بهرِ توست تا از آن صورت شود معنی درست ۲۷۸۲

نقش شادی، یعنی شادیِ دنیوی برای آن است که بدانیم شادی‌ها وجود دارند؛ امّا ناپایدارند و در جست‌وجوی شادیِ پایدار باشیم.

نقش‌هایی کاندر این حمّام‌هاست از برونِ جامه‌کَنْ[4] چون جامه‌هاست ۲۷۸۳

«غم و شادی دنیوی»، مانند نقوشِ رختکن حمّام‌ها و متعلّق به رختکن [دنیا] است، هرچند

---

۱ - **زاک**: زاک یا زاج، برای ساختن مرکب به کار می‌رود و به آن شب یمانی نیز گویند.

۲ - بعضی از شارحان مثنوی در مصراع نخست، «حَظ» را «خط» خوانده‌اند؛ امّا در نسخهٔ کهن مورد استفاده این متن «حَظ» ضبط شده. اگر «خط» صحیح باشد به معنی اثر و انعکاس، همان مفهوم مستفاد است.

۳ - این بیت در متن اصلی نیست و در مقابله در هامش اضافه شده، نیکلسون در پاورقی آورده است.

۴ - **جامه کَنْ**: سربینهٔ حمّام، در روزگاران پیشین رسم بود که در حمّام‌های عمومی در محلِّ رختکن، دیوارها را با تصاویر و نقوشی می‌آراستند.

که مانندِ جامه، تن را پوشانده است؛ امّا باید «جان» را از قیدِ آن و «تعلّقاتِ تن» آزاد کرد، همان‌طور که «تن»، جامه را در رختکن می‌گذارد و عریان به شست‌وشو می‌پردازد.

تــا بُــرونی، جــامه‌ها بــینی و بس   جامه بیرون کــن، در آ ای هــم‌نَفَس ۲۷۸۴

ای هم نَفَس، تا بیرون از حلقهٔ جویندگان حقّی، ظواهر را می‌بینی و با شادی و غم حسّیِ دنیوی که بسیار حقیر است، آشنایی و ادراکی نسبت به ماورای آن نداری. جامه‌ها را بیرون کن؛ یعنی گامی فراتر بگذار. به درون حلقه بیا تا با احوال دلِ روحانی خود آشنا گردی.

زانکه با جامه درون سو راه نـیست   تن ز جان، جامه ز تن آگاه نـیست ۲۷۸۵

کندن جامه‌ها الزامی است؛ زیرا با تمایلاتی صرفاً مادّی نمی‌توان از ذوق عالم معنا بهره یافت. تن و جان با هم سنخیّت ندارند و درکنار هم برای تعالی جان قرار گرفته‌اند. همان‌گونه که جامه بنا به مصلحت برای پوشش تن به کار می‌رود.

پیش آمدنِ نقیبان و دربانانِ خلیفه از بهرِ اِکرامِ اَعرابی و پذیرفتنِ هدیهٔ او

آن عــــرابــــی[1] از بــیابانِ بــعید   بــر درِ دارالخــلافه چــون رسـید ۲۷۸۶

چون مرد بادیه‌نشین پس از طیّ بیابان‌های دور به کاخ خلیفه رسید،

پس نقیبان[2] پیش ِ اعـرابـی شــدند   بس گلابِ لطف[3] بر جَیْبش[4] زدند[5] ۲۷۸۷

حاجبان به استقبال اعرابی رفتند و از سر لطف و محبّت بر سر و رو و گریبان او گلاب پاشیدند.

حــاجتِ او فــهمشان شـد بی‌مقال   کارِ ایشان بُد عـطا پـیش از سـؤال ۲۷۸۸

بی‌آنکه سخنی بگوید، به نیاز او پی بردند. کار نُقبا و اولیا همین است، می‌بخشند بی‌آنکه سائل از طریق کلام حاجتی را عرضه دارد.

---

۱ - **عَرابی** : مخفّف اعرابی.
۲ - **نقیبان** : حاجبان، مأموران دربار، نقیب به معنی سرکردهٔ یک‌گروه که مسؤول تیمارداری و تفحّص احوال آنان است. در اصطلاح صوفیه نُقبا یا نقیبان به بزرگان و اولیایی گفته می‌شود که بر ضمایر و سرایر مردم اشراف دارند و تعداد آنان را سیصد تن می‌دانند.   ۳ - هنوز هم رسم گلاب پاشیدن در مجالس عمومی مذهبی مرسوم است.
۴ - **جَیْب** : گریبان.
۵ - در مصراع نخست، در متن نوشته‌اند «پس نقیبان پیش او باز آمدند» در مقابله اصلاح کرده‌اند.

دفتر اوّل ۶۰۵

پس بدو گفتند: یا وَجْهَ ٱلْعَرَبْ[1] ! از کجایی؟ چونی از راه و تَعَب[2]؟ ۲۷۸۹

پس گفتند: ای سالار و بزرگ عرب، ازکجا آمده‌ای؟ با خستگی و رنج راه چگونه‌ای؟

گفت: وَجهم[3]، گر مرا وجهی دهید بی‌وجُوهم، چون پس ِ پُشتم نهید[4] ۲۷۹۰

گفت: بزرگم، اگر شما مرا اعتباری نهید و بی‌قدرم اگر عنایتی نکنید.

ای که در رُوتان نشانِ مِهتری فرّتان خوشتر ز زرّ جعفری[5] ۲۷۹۱

ای کسانی که آثار بزرگی از چهره‌تان هویداست، شکوه شما از طلای ناب تابان‌تر است.

ای که یک دیدارتان دیدارها ای نثارِ دینتان دینارها ۲۷۹۲

ای کسانی که یک بار دیدارتان دیدارهاست و با آدمی آشنایی دیرینه و پیوستگی نهانی دارید و ای کسانی که در راه دین و آیین شما باید دینارها نثار کرد.

ای همه یَنْظُرْ بِنُورِ الله شده از برِ حق بهرِ بخشش آمده[6] ۲۷۹۳

ای بزرگانی که با نور خدا می‌نگرید و از جانب حق برای بخشش آمده‌اید،

تا زنید آن کیمیاهایِ نظر بر سرِ مس‌هایِ اشخاص ِ بشر ۲۷۹۴

تا با نظر لطف که کیمیای حقیقی است، بر مسِ وجودِ اشخاص بنگرید و آن را به زر مبدّل سازید.

من غریبم، از بیابان آمدم بر امیدِ لطفِ سلطان آمدم ۲۷۹۵

من مرد غریبی هستم که از بیابان به امید لطف و مرحمت شاه آمده‌ام.

بویِ لطفِ او بیابان‌ها گرفت ذرّه‌هایِ ریگ هم جان‌ها گرفت[7] ۲۷۹۶

بوی عِطرِ لطفِ او بیابان‌ها را پر کرده است و ذرّات ریگ هم بهره‌مند شده و جانی یافته‌اند.

---

۱ - **وجه ٱلعَرَب :** سالارِ عرب. ۲ - **تَعَب :** رنج. ۳ - **وجه :** پول، مجازاً بزرگ.

۴ - **پسِ پُشت نهید :** بی‌توجّهی کنید.

۵ - دینار جعفری مسکوکی بوده است از زرّ ناب که در زمان المستنصربالله حکم بن عبدالرّحمان، دهمین خلیفهٔ اموی اندلس (۳۶۶-۳۵۰) ضرب شده است. همچنین نوشته‌اند که پیش از جعفر برمکی زر قلب سکّه می‌زدند، چون او وزیر شد، حکم فرمود از طلای خالص سکّه زدند و بدو منسوب شد؛ امّا معنای بیت به مورد اوّل نزدیک است: شرح شریف، دفتر اوّل، صص ۱۱۵۹ و ۱۱۶۰.

۶ - مصراع دوم در نسخهٔ کهن نوشته‌اند: «بهر بخشش از بر شاه آمده» و در هامش اصلاح کرده‌اند.

۷ - مصراع دوم: مراد آنکه: همه کس و همه چیز از لطف او بهره برده است.

تـا بـدین جـا بـهرِ دیـنار آمـدم چون رسیدم، مستِ دیـدار آمـدم[1] ۲۷۹۷

تا اینجا برایِ دریافت پول آمدم؛ امّا چون رسیدم، مستِ دیدار شما شدم.

بهرِ نان شخصی سـویِ نـانبا دویـد داد جان، چون حُسنِ نانبا را بدید[2] ۲۷۹۸

مثال دیگری که امور دنیوی می‌تواند آدمی را به سوی امور معنوی سوق دهد: شخصی برای رزق دنیایی به سوی نانوا [نمادی از مردان حق] دوید و دست نیاز برداشت. از حُسنِ باطنیِ نانوا، جان فدا کرد و رزق معنوی یافت.

بهرِ فُرْجه[3] شـد یکـی تـا گُـلستان فُـرجـهٔ او شـد جـمالِ بـاغبان[4] ۲۷۹۹

و یا شخصی که برای گردش به گلستان رفت و دیدارِ جمال باغبان تفرّج او شد.

همچو اعرابی که آب از چَـهْ کشـید آبِ حیوان از رخ یـوسف چشـید[5] ۲۸۰۰

همانند عرب‌بادیه‌نشین که با دَلْو از چاه آب برآوَرد و یوسف(ع) را دید و آب حیات از دیدار او چشید.

رفت موسی کآتش آرَد او بـه‌دست آتشی دید او، کـه از آتش بـرَست[6] ۲۸۰۱

موسیٰ(ع) از دور آتشی دید و به سوی آن رفت و بر طور درختی را افروخته یافت که پروردگار از میان آن با او سخن گفت و به پیامبری‌اش برگزید.

---

۱ - نکتهٔ ارزشمند اینکه بسا اوقات خلق برای برآورده شدن حاجات دنیوی، به سوی مردان خدا و اولیای حق می‌روند؛ امّا حضور ایشان در جوار این بزرگان، احوالی را موجب می‌گردد که تأثیر قدرت شگرف باطنی ایشان است و شخص دنیاجو، خداجو می‌گردد. ۲ - جان حیوانی فدای جان روحانی. ۳ - **فُرْجه** : تفرّج، گردش.

۴ - نمونه‌ای است از کسانی که برای وقت‌گذرانی و یا کنجکاوی به محضر مردان حق می‌روند و جاذبهٔ نیرومند معنوی اولیا ایشان را می‌رباید و تفرّج‌گاهشان دیدار روی دوست می‌شود.

۵ - اشارتی قرآنی؛ یوسف : ۱۹/۱۲ : کاروانی آمد و آب‌جُو را فرستادند که آب آورد و دلو را در چاه انداخت [چون آن را بالا کشید] گفت: بشارت که اینک غلامی است و آن را پنهانی بضاعتی برای خود ساختند. نوشته‌اند: یوسف روزی در آینه نظر کرد جمال خود بدید، پیش خود گفت: من اگر غلامی بودم بهای من چندان بود که کس توانایی خرید مرا نداشت. کیفر این خودبینی آن بود که او را غلام ساختند و به بیست درم فروختند.

۶ - اشارتی قرآنی؛ نمل : ۷/۲۷ : إِنّي آنَسْتُ ناراً: من از دور آتشی دیدم.

آن شب که موسی در بیابان به حیرت افتاد، از مدین برفت و روی به مصر نهاد تا مادر و دو خواهر خویش زن قارون و زن یوشع را از آنجا بیاورد. ناگاه راه را گم کرد و شب بسیار تاریک بود و راهی بسیار باریک و موسی سخت رنجور. میان باد و باران و سرمای بیکران، و برقِ درخشان و رعدِ غرّان و زن وی از درد زِه نالان. خواست تا آتشی افروزد، آتش‌زنه برداشت و بسیار بِزد ولی جرقّه بیرون نداد.

موسی از سر خشم و تندی، سنگ و آتش‌زنه را هر دو بر زمین زد، خداوند آن دو را با او به سخن در آورد و گفتند: ای موسی صفرا مکن و خشم مگیر که ما در امر پادشاهیم، باطن ما پر از آتش است؛ امّا فرمان نیست که یک ذرّه بیرون دهم و فرمان رسید که آتش در معدن خود بمانَد که امشب دوستی را به آتش به خود راه خواهیم داد و نوازشی بر وی خواهیم نهاد: کشف الاسرار، تفسیر ادبی عرفانی، ج ۲، ص ۱۶۸.

جَست عیسی تا رهد از دشمنان　　بُردش آن جَستن به چارم آسمان ۲۸۰۲

اشاره‌ای است به دعای مسیح(ع) و دستگیری و محاکمهٔ وی بعد از شام آخرین که با حواریون صرف کرد و به ایشان گفت که یکی از شما امشب به من خیانت می‌کند، آنان را به بیشه‌ای برد که به آن جتسیمانی می‌گفتند و در آنجا دعا کرد و در حال صحبت با حواریون بود که یهودا اِسْخَریوطی، شاگرد خائن عیسی(ع) که او را در ازای سی درم نقره به قیافا کاهن اعظم و دیگر یهودیان فروخته بود، با جمعی که مسلّح به شمشیر و چوب و چماق بودند وارد شد. همه شاگردان از معرکه فرار کردند و به روایت انجیل متا، ۲۶ و ۲۷ و ۲۸، عیسی(ع) را به خانهٔ قیافا بردند و بعد به پیلاطُس فرماندار رومی تحویل دادند. پیلاطُس به خوبی می‌دانست که یهودیان از روی حسادت به سبب محبوبیّت عیسی(ع) در میان مردم، او را دستگیر کرده‌اند و رسم فرماندار این بود که همه ساله در عید قربان یک زندانی را به خواست مردم آزاد می‌کرد و در آن سال جنایتکاری به نام باراباس در زندان بود و فرماندار از مردم پرسید: عیسی را آزاد کنم یا باراباس را؟ کاهنان اعظم مردم را واداشتند تا آزادی باراباس را بخواهند. به این ترتیب عیسی محکوم به مرگ و مصلوب شدن گردید. شنلی ارغوانی بر وی انداخته تاجی از خار بلند بر سرش نهادند و اعدام کردند. مسلمانان بنا بر آل‌عمران: ۵۵/۳: معتقدند که عیسی(ع) مصلوب نشد و خداوند او را به آسمان چهارم بُرد و طبق روایات اسلامی شَبَه عیسی(ع) بر شمعون افتاد و او را به دار آویختند.

دامِ آدم خوشهٔ گندم شده　　تا وجودش خوشهٔ مردم شده ۲۸۰۳

خوشهٔ گندم، دامی شد برای آدم(ع) که به زمین هبوط کرد تا وجودش خوشهٔ هستیِ انسان‌ها شد.

باز، آید سویِ دام از بهرِ خور　　ساعدِ شه یابد و اقبال و فَر ۲۸۰۴

یا شاهین که برای خوراک به سوی دامی می‌آید و ساعدِ شاه و بخت و اقبال را نصیب می‌یابد.

طفل شد مکتب پیِ کسبِ هنر　　بر امیدِ مرغ با لطفِ پدر ۲۸۰۵

و یا کودکی که به امید لطف پدر که پرندهٔ دلخواهش را بخرد، برای کسب دانش و هنر به مکتب برود.

پس ز مکتب آن یکی صدری شده　　ماهگانه داده و بدری شده ۲۸۰۶

پس از طریقِ کسب علوم به مقامی بلند می‌رسد و در ازای شهریه‌ای که پرداخته است، منوّر و آگاه می‌شود.

آمده عبّاسِ حرب[1] از بهرِ کین[2] بهرِ قمعِ[3] احمد و استیزِ دین ۲۸۰۷

مثال دیگر، عبّاس بن عبدالمطلب، عموی پیامبر(ص) است که خُلفای عبّاسی از نسل وی‌اند که در جنگ بدر علیه مسلمانان جنگید و اسیر شد؛ امّا خود را خرید و دیری نپایید که اسلام آورد (سال هفتم هجری) و مسلمان بودن خود را پنهان می‌داشت تا اخبارِ مشرکان را محرمانه به پیامبر(ص) برسانَد.

گشته دین را تا قیامت پشت و رُو در خلافت، او و فرزندانِ او[4] ۲۸۰۸

امّا در نهایت او و فرزندانش در خلافت پشتیبان دین خدا شدند.

من بر این در، طالبِ چیز آمدم صدرگشتم چون به دِهلیز آمدم ۲۸۰۹

بادیه‌نشین گفت: من به این درگاه برای طلب روزی آمدم؛ امّا به دهلیز که رسیدم، صدرنشین گشتم.

آب آوردم به تحفه، بهرِ نان بویِ نانم بُرد تا صدرِ جِنان ۲۸۱۰

برای دریافت پول و تهیّهٔ نان، آب تحفه آوردم؛ امّا عِطرِ طعام روحانی و جاذبهٔ آن مرا به عالی‌ترین درجات آگاهی رسانید.

نان، بُرون راند آدمی را از بهشت نان، مرا اندر بهشتی در سِرشت ۲۸۱۱

آدم(ع) برای گندمی از بهشت رانده شد؛ امّا جُستنِ گندمی مرا به بهشت رهنمون گردید.

---

۱ - **حرب** : نبرد. ۲ - **کین** : دشمنی. ۳ - **قمع** : چیره شدن و ریشه‌کن کردن.

۴ - اشارتی است به استمرار و دوام خلافت در خاندان عبّاس که بنا بر خبری ظاهراً مجعول می‌بایست تا قیامت ادامه یابد. چون مثنوی به‌طور قطع لااقل دو سال بعد از سقوط بغداد به دست هلاکوخان مغول و انقراض رسمی خلافت عبّاسی آغاز شده است (۶۵۸) این اشارت نشان می‌دهد که مولانا یا هنوز واقعهٔ سقوط بغداد و قتل مستعصم خلیفه (۶۵۶) را در حکم انقراض قطعی و نهایی خلافت آل عبّاس تلقّی نمی‌کرده است و آن را حادثه‌ای نظیر آنچه در عهد سلاجقه گه‌گاه منجر به عزل و قتل یک خلیفه یا ظهور مدّعیان مختلف می‌شده، می‌پنداشته است، یا آنکه مقصود وی از این استمرار، خبر تأسیس مجدّد یک خلافت اسمی عبّاسی در مصر، در دوران سلطان بایبارس (وفات ۶۷۶) بوده است که مقارن همین ایّام خلیفه‌ای از خاندان عبّاسی به وسیلهٔ این سلطان با عنوان المستنصر بالله در قاهره به خلافت نشست (۶۵۹) در هر دو حال این ابیات حاکی از آن است که مولانا از اوضاع خلافت و حادثهٔ سقوط بغداد مقارن با ادامهٔ نظم دفتر اوّل بی‌اطّلاع بوده است: سرّ نی، ج ۱، ص ۴۱.

«دین را تا قیامت پشت و رو گشتند»: یعنی آنان پشتیبان دین اسلام بودند.

رَستَم از آب و ز نـان هـمچون مَـلَک — بی غرض گردم بر این در، چون فلک ۲۸۱۲

اینک چونان فرشتگان، نیاز مادّی ندارم و از این پس مانند فلک که در گردش است، به گِردِ این درگاه می‌گردم و غَرَض دنیایی ندارم، بلکه عشق مرا بر این مقام می‌دارد.

بی غَرَض نَبْوَد به گردش در جـهان — غیرِ جسـم و غـیرِ جـانِ عـاشقان[1] ۲۸۱۳

در جهان هیچ گردشی بدون غرض نیست، مگر جسم و جان عاشقان که گِرد محورِ وجود خود می‌چرخند از آن‌رو که تجلّی‌گاه انوار حق است و آن چرخش و گردش، بدون غرض و ارادهٔ عارف و نتیجهٔ وارداتِ الهی است.

در بیان آنکه: عاشقِ دنیا بر مثالِ عاشقِ دیواری است که بر او تابِ آفتاب زَنَد، و جهد و جهاد نکرد تا فهم کند که آن تاب و رونق از دیوار نیست، از قرصِ آفتاب است در آسمانِ چهارم. لاجرم کلّی دل بر دیوار نهاد، چون پرتوِ آفتاب به آفتاب پیوست، او محروم ماند ابداً، «وَحیـلَ بَیْنَهُـمْ وَ بَیْـنَ ما یَشْتَهُـونَ»[2]

عــاشقانِ کُــلّ، نــه عُشّــاقِ جـزو — ماند از کُلّ آنکه شـد مشـتاقِ جـزو ۲۸۱۴

آنان که عاشقانِ وجود کلّ‌اند، وجودشان در چرخش و گردش بی‌غرض است نه کسانی که عاشقان جزو یا مخلوق‌اند. مشتاقِ مخلوق از خالق باز می‌مانَد.

چونکه جزوی عاشقِ جزوی شـود — زود مـعشوقش بـه کُـلِّ خـود رود ۲۸۱۵

عشق به اجزای هستی یا مخلوقات، علاوه بر آنکه مانع توجّه به وجود مطلق می‌شود، عشقی است ناپایدار؛ زیرا مخلوقات به سوی حق باز می‌گردند؛ پس عاشقِ جزو، هم از کلّ باز می‌مانَد، هم از جزو.

ریش ِ گــاو[3] و بـندهٔ غـیر آمـد او — غرقه شد، کف در ضعیفی در زد او ۲۸۱۶

کسی که عاشق مخلوق می‌شود، نادان است؛ زیرا بندگی موجودی زوال‌پذیر را پذیرفته و حال او مانند غریقی است که به خس و خاشاکی چنگ افکنده باشد.

---

۱ - می‌تواند اشاره‌ای به سماع غیر ارادی عارفان از سَرِ استغراق در حق باشد.

۲ - اشارتی قرآنی؛ سباء : ۵۴/۳۴ : سرانجام میان آن‌ها و آنچه مورد علاقهٔ آنان بود جدایی افکنده می‌شود. [وسیلهٔ مرگ]

۳ - **ریش گاو** : ابله، نادان، مسخرهٔ کسی شدن.

نیست حاکم تا کند تیمارِ او　　　کارِ خواجهٔ خود کند یا کارِ او؟ ۲۸۱۷

معشوق که خود مخلوق است، بر امور خویش نیز حاکم نیست و در تسلّط خالق است؛ پس کاری را می‌کند که خواست خالق است، نه خواستهٔ عاشق.

مَثَلِ عرب :
اِذٰا زَنَیْتَ فَازْنِ بِالحُرَّةِ، وَ اِذٰا سَرَقْتَ فَاسْرِقِ اَلدُّرَة

مثلی است در زبان عرب: اگر زنا می‌کنی با آزادزنان کن و اگر سرقت می‌کنی، مروارید یکتا بدزد.

فَازْنِ بِالحُرَّه پیِ این شد مَثَل　　　فاسْرِقِ اَلدُّرَه بدین شد مُنْتَقَل[1] ۲۸۱۸

این ضرب‌المثل از آن رو رایج شده و سینه به سینه نقل گردیده است که همّت عالی پسندیده است.

بنده سویِ خواجه شد، او مانْد زار　　　بویِ گل شد سویِ گل، او ماند خار ۲۸۱۹

مخلوق به سوی خالق خود باز می‌گردد و عاشقِ او زار و نزار می‌مانَد. محبوبِ فانی نمادی است از بوی گل که از آنِ گُل است و گل، گلستان خداست. بویِ گل می‌رود و عاشق با خار هجرانی که در جانش خلیده است، خوار بر جای می‌مانَد.

او بمانده دور از مطلوبِ خویش　　　سعیْ ضایع، رنجْ باطل، پایْ ریش ۲۸۲۰

او از محبوبِ فانی دور مانده است، در حالی که تلاشش ضایع و رنجش پوچ بوده و پایش مجروح و خسته شده است.

همچو صیّادی که گیرد سایه‌یی　　　سایه کِی گردد ورا سرمایه‌یی؟ ۲۸۲۱

اومانند صیّادی‌است که‌برای شکار «سایه» تلاش‌کرده‌است. سایه کی‌برای صیّاد سودو سرمایه‌است؟

سایهٔ مرغی گرفته مردْ سخت　　　مرغ حیران گشته بر شاخ درخت ۲۸۲۲

مردی سایهٔ پرنده‌ای را سخت در دست گرفته بود و پرنده بالای شاخهٔ درخت از کار او حیران بود.

---

۱ - مقصود آن است که:　همّت بلند دار که مردان روزگار　　از همّت بلند به جایی رسیده‌اند

اگر عشق می‌ورزی به وجود باقی عشق بورز نه موجود فانی.

کین مُدَمَّغ[1] بر که می‌خندد عجب؟ اینْت باطل، اینتْ پُوسیده سبب[2] ۲۸۲۳

مرغ می‌اندیشید که این ابله قصد تمسخر چه کسی را دارد؟ چه سببِ پوسیده و باطلی!

ور تو گویی: جزو پیوستهٔ کُل است خار می‌خور، خار مقرونِ گُل است[3] ۲۸۲۴

اگر بگویی که جزو به کُلّ پیوسته است و هر مخلوقی در مرتبه‌ای از مراتب هستی به ذات کُلّ متّصل است و عشق به مخلوق می‌تواند عشق به خالق تلقّی گردد؛ پس چرا به جای گل، خار را نمی‌بویی؟ خار هم که به گل پیوسته است و هر دو از یک اصل و ریشه‌اند.

جز ز یک رو، نیست پیوسته به کُل ورنه، خود باطل بدی بَعْثِ رُسُل ۲۸۲۵

اجزا و صُوَر امکانی از ذات هستی، امکان وجود یافته‌اند و هر انسان یا هر موجودی، هستی عاریتی خویش را از کُلّ مطلق گرفته است؛ پس بنا بر مرتبهٔ ذاتی خود به کُلّ پیوسته است؛ امّا از آن‌رو که در قید صورت و مراتب تعیّن است از حق تعالیٰ منفصل است و «حق» تلقّی نمی‌گردد. آدمی تا از قید صورت و تعلّقات آن نَرَهد، به مرتبهٔ کمال الهی و اطلاق نمی‌رسد و نمی‌توان او را محلّ ظهور و تجلّی اسما و صفات دانست و اگر جز این بود که بعثت پیامبران الهی کار عَبَث و بیهوده‌ای بود.

چون رسولان از پیِ پیوستن‌اند پس چه پیوندندشان؟ چون یک تن‌اند ۲۸۲۶

فرستادن رسولان حق و انبیا برای پیوستن مخلوقات به خالق است، اگر انسان‌ها خود هر یک به نوبهٔ خویش این پیوند و اتّصال را دارند؛ پس آنان می‌خواستند چه چیز را پیوند دهند؟

این سخن پایان ندارد ای غلام روز بیگه شد، حکایت کن تمام ۲۸۲۷

ای جوان، سخنانی که سرشار از علوم و اسرار است، پایانی ندارد، روز به پایان رسید، به نقل تمام داستان بپردازیم.

---

۱ - **مُدَمَّغ** : کسی که دماغش آسیب دیده، احمق.

۲ - و چنین است حکایت هر کس که به صور خیالی و مجازی و موجودات امکانی که همگی فانی‌اند سخت دل ببندد و همّ و غمّ خود را تنها بدان‌ها مصروف دارد. این است سعی و تلاش بیهوده و پوچ و این است وسیله و «سبب» پوسیده‌ای که آدمی را از حق و عالم معنا دور می‌دارد.

۳ - طعن است در حقِّ صوفیان شاهدباز و آنان که عشق و اشتغال به زیبارویان و زیبایی‌ها را نیز عشق به حق محسوب می‌داشته‌اند.

سپردنِ عرب هدیه را یعنی سبو را، به غلامانِ خلیفه

آن سـبویِ آب را در پـیش داشت تُخم خدمت را در آن حضرت بکاشت ۲۸۲۸

مرد بادیه‌نشین سبوی آب را پیش آورد و برای خدمت در آن بارگاه اعلام آمادگی کرد.

گفت: این هدیه بدان سلطان برید سـائلِ شه را ز حـاجت واخـرید ۲۸۲۹

مرد اعرابی گفت: این تحفه را به نزد خلیفه ببرید و نیازِ مرا که نیازمندِ سلطانم برآورید.

آب شـیرین و سـبویِ سـبز و نَـوْ[1] ز آبِ بارانی کـه جـمع آمـد بـه گَـوْ ۲۸۳۰

آبِ شیرین و گوارایی که در گودال جمع شده است، در کوزهٔ سبز و نو آورده‌ام.

خـنده مـی‌آمد نـقیبان را از آن لیک پـذرفتند آن را هـمچو جـان ۲۸۳۱

نقیبان از تحفهٔ اعرابی در دل می‌خندیدند؛ امّا آن را مانند جان عزیز داشتند.

زانکـه لطـفِ شـاهِ خـوب بـا خـبر کـرده بـود انـدر هـمه ارکـان اثـر ۲۸۳۲

زیرا لطف و مرحمت خلیفه که از احوال همگان آگاه بود، در دلِ بزرگان، اطرافیان و درباریان تأثیرات نیکویی گذاشته بود و می‌دانستند که باید همواره حال بندگان حق تعالیٰ را مراعات کرد.

خُـویِ شـاهان در رعـیّت جـاکـند چرخِ أخضر خـاک را خَـضرا کـند ۲۸۳۳

این یک قانون کلّی است که خو و خصلت شاهان و بزرگان در اطرافیان و رعایای آنان اثر می‌کند. اگر عادل و دادگر و بخشنده باشند، به تبعیّت از ایشان ارکان دولت، امرا و مردم نیز به صفات شایسته ترغیب می‌شوند و اگر ظلم و ستم را پیشه کنند، آنان نیز بدان امر پیشدستی می‌ورزند. به همین ترتیب است که جُود و بخشندگی آسمان نیلگون (چرخ أخْضَر) خاک را سبز و مصفًا می‌کند.

شه چُو حوضی دان، حَشَم چون لوله‌ها آب از لوله روان در گـولـه‌ها[2] ۲۸۳۴

شاه مانند حوضی است که حَشَم وی، یعنی ارکان دولتی و امرا و نزدیکانش بسان لوله‌هایی آب حوض را به سوی آبگیرها یا مردم می‌رسانند. همین تمثیل در گفتار حضرت علی(ع) نیز دیده می‌شود[3]: زمامدار مانند نهر بزرگی است با جوی‌هایی که از آن مدد می‌گیرند. اگر آب نهر گوارا باشد، آب جوی‌ها گواراست، اگر شور باشد، آب جوی‌ها شور است.

---

۱ - **سبوی سبز و نو**: سفال سبز آب را خنک نگاه می‌دارد و سفال سرخ آب را گرم می‌کند: نقل از شرح مثنوی شریف، دفتر اوّل، ص ۱۱۷۲. ۲ - **گوله**: گودال.

۳ - شرح نهج‌البلاغه، ج ۴، ص ۵۴۱، نقل از احادیث، صص ۱۱۸ و ۱۱۹.

چونکه آبِ جمله از حوضی‌ست پاک   هر یکی آبی دهد خوش، ذوقناک[1] ۲۸۳۵

چون که آب لوله‌ها از مخزن پاکی روان است، آب هر یک گواراست.

ور در آن حوض آبِ شور است و پلید   هر یکی لوله همان آرَد پدید ۲۸۳۶

اگر آب منبع شور و متعفّن باشد، لوله‌های متّصل به مخزن هم همان ویژگی را دارد.

زانکه پیوسته‌ست هر لوله به حوض   خوض کن در معنیِ این حرف، خوض[2] ۲۸۳۷

زیرا هر لوله به منبع اصلی وصل است و هر یک از ارکان دولت و حکومت تحت تأثیرِ قوانین کلّی است که در رأس امور جریان دارد. در آنچه گفته شد تأمّل کن و آسان نگذر.

لطفِ شاهنشاهِ جانِ بی وطن   چون اثر کرده‌ست اندر کُلِّ تن؟ ۲۸۳۸

ببین که لطفِ «روحِ مجرّد» که از لامکان و شاهنشاهِ تن است، چگونه در کلّ اجزای تن اثر کرده است.

لطفِ عقلِ خوش نهادِ خوش نَسَبْ   چون همه تن را در آرد در ادب؟ ۲۸۳۹

همین گونه است تأثیر عقل در وجود آدمی، عقلی که نَسَبی عالی دارد و از عقل کلّ نشأت یافته و جوهری است مجرّد که اندیشه و تفکّر و تعقّل را به شخص می‌آموزد و ادبی مناسب هر مقام و هر مکان به وی تعلیم می‌دهد.

عشقِ شنگِ[3] **بی‌قرارِ بی سُکون   چون در آرد کُلّ تن را در جنون؟** ۲۸۴۰

عشق که سرزنده و سرشار از شادی و محرّک عالم هستی است، در وجود عاشق هر لحظه نمود تازه‌ای دارد و با التهابات و بی‌قراری‌ها، عاشق را به جنون می‌کشاند.

لطفِ آب بحر، کو چون کوثر است   سنگ ریزه‌ش جمله دُرّ و گوهر است ۲۸۴۱

لطفِ خلیفه (نمادی از انسان کامل) که به دریای حقایق ره یافته، همانند آب کوثر[4] است و کمترین اثر آن، امداد برای استخراج مرواریدها و جواهرات گرانبهایِ وجودِ سالک است.

هر هنر که اُستا بدان معروف شد   جانِ شاگردان بدان موصوف شد ۲۸۴۲

هنری را که استاد به آن معرفت یافته و مشهور شده باشد، به شاگردان می‌آموزد و جان ایشان را بدان می‌آراید.

---

۱ - **ذوقناک**: خوش و گوارا.   ۲ - **خوض**: تأمّل بسیار کردن.   ۳ - **شَنگ**: شوخ و ظریف.
۴ - ر.ک: ۱۹۱۰/۱.

پیش ِ استادِ اصولی[1]، هم اصول خوانَد آن شاگردِ چُستِ با حصول ۲۸۴۳

نزد استادی که «علم اصول» را در «رشتهٔ کلام» تدریس می‌کند، شاگردِ زرنگِ مستعدِّ موفّق، علم بیان و قواعد و قوانین مربوط بدان را متکلّمانه می‌آموزد.

پیش استادِ فقیه، آن فقه خوان فقه خوانَد نه اُصول اندر بیان ۲۸۴۴

نزدِ استادِ فقیه، فقه می‌آموزند، نه اصولِ فنِّ بیان متکلّمان را.

پیش استادی که او نحوی[2] بُوَد جانِ شاگردش از او نحوی شود ۲۸۴۵

نزد استادی که علم نحو را می‌آموزد، شاگردان نحو می‌آموزند و جانشان همان ویژگی را می‌یابد.

باز استادی که او محوِ رَه است جانِ شاگردش از او محوِ شه است[3] ۲۸۴۶

همین سان، نزدِ استادی که محوِ حق است، جان سالکان محو جمال شاه حقایق و معانی است.

زین همه انواع دانش، روزِ مرگ دانش ِ فقر است سازِ راه و برگ[4] ۲۸۴۷

در میان این همه دانشی که بشر بدان دست یافته است، یگانه دانشی که توشهٔ زندگی آن جهانی است، معرفتِ حاصل از فقر و سلوک است. علی‌رغم دیدگاه‌های گوناگونی که در ارتباط با علم وجود دارد و هر کس بنا به استعداد و قابلیّت‌ها و آگاهی خویش رشته‌ای از علوم را برتر می‌شمارد، عارفان و صوفیّه معتقدند: مراد از علم، نوری است از «مِشکوة نبوّت» در دلِ بندهٔ مؤمن که بدان به خدای راه یابد و دانشی را نافع می‌دانند که سبب تقوای نَفْس و تواضع و نیستی باشد. علمی که در آدمی کبر و غرور و طلب دنیا را افزون کند، علم زیانمند است و موجب هلاکت «جان».

---

۱ - **اُصولی** : کسی که علم اصول را می‌داند؛ یعنی علم کلام در جهت اثبات عقاید دینی (متکلّمان). همچنین آگاهی تام به اصول فقه برای درک صحیح احکام (فقیهان).

۲ - **نَحْو** : علم صرف و نحو در زبان عربی؛ فنّی است که به کمک آن نویسنده و گوینده از خطا مصون باشد. در علم صرف از مفردات سخن می‌گویند و در علم نحو از چگونگی ترکیبات گفت‌وگو می‌شود و احوال کلمات در جمله از حیث إعراب و بِناء.

۳ - نتیجهٔ حاصل از ابیات اخیر آنکه: جان و عقل و عشق و استاد، هر یک تبیین تمثیلی است برای اثبات تأثیر انسان کامل بر سالکان و ناقصان و به همین ترتیب تأثیر قدرتمندان در عوامل حکومتی و بر مردم.

۴ - چنین تفکّر و اندیشه‌ای که اشاره به بی‌فایده بودن دانش‌های دنیوی در روز مرگ و جهان اخروی است، در مقالات امام ابوحامد غزّالی نیز به همین شدّت وجود دارد و در احیاءعلوم‌الدّین وکیمیای سعادت نیز دیده می‌شود. و همین معناست که بعدها در کلمات و سخنان «شمس» مراد روحانی مولانا، نمودی عریان و تحکّم‌آمیز یافت که: تحصیل علم بهر لقمهٔ دنیوی چه می‌کنی؟ این رَسَن برای آن است که از این چاه برآیی، نه بدان فروتر روی.

حکایتِ ماجرایِ نحوی و کشتیبان

عالمی نحوی که سرمست از علوم کسبی خویش بود بـا کشـتی سـفر مـی‌کرد. از کشـتیبان پرسید: آیا علم نحو می‌دانی؟ کشتیبان جواب منفی داد. عالِم خودپسند گفت: پس نیم عمر تو بر باد است. از قضا کشتی گرفتار توفان و گرداب گردید. کشتیبان از عالِم نحوی پرسید: شنا کردن می‌دانی؟ نحوی پاسخ منفی داد. کشتیبان به او گفت: پس بدان که همهٔ عمرت بر باد است.[1]

با نقل این حکایت طنزآمیز و انتقادی، مولانا صاحبان علومِ ظاهری را که دانش ایشان سببِ عُجب و غـرور گشته است و با غرق شدن در قشر از عالم معنا و صفا بی‌خبرند، مورد نکوهش قرار می‌دهد و به زبان رمز بیانگر این معناست که رستگاری ابدی در نحو زبان و تجوید بیان نیست، راه نجات در نحو دل است با محو در حق.

۲۸۴۸ **آن یکی نحوی به کشتی در نشست   رُو به کشتیبان نهاد آن خـودپرست**

یکی از علمای نحو سوار کشتی شد و با خودبینی و خودخواهی روی به کشتیبان کرد.

۲۸۴۹ **گفت: هیچ از نحو خواندی؟ گفت: لا   گـفت: نـیمِ عـمر تـو شـد در فـنا**

پرسید: آیا از علم نحو چیزی خوانده‌ای؟ کشتیبان گفت: نه. گفت: نیمی از عمر تو بر فناست.

۲۸۵۰ **دل شکسته گشت کشتیبان ز تـاب   لیک آن دم کرد خـامُش از جـواب**

کشتیبان از سخن عالم نحوی دل‌شکسته و رنجیده خاطر شد؛ امّا خاموش ماند و چیزی نگفت.

۲۸۵۱ **بـاد کشـتی را بـه گـردابی فکـند   گفت کشتیبان بـدآن نـحوی، بـلند**

از قضا کشتی گرفتار گردابی شد. کشتیبان با صدایی بلند به عالم نحوی گفت:

۲۸۵۲ **هـیچ دانـی آشـنا کـردن[2]؟ بگـو   گفت: نی، ای خوش جوابِ خوب رُو!**

آیا شنا کردن می‌دانی؟ عالم نحوی گفت: ای خوش‌سخن خوبرو، شنا کردن نمی‌دانم.

۲۸۵۳ **گفت: کُلِّ عمرت ای نَحْوی فناست   زانکه کشتی غرقِ این گِرداب‌هاست**

کشتیبان گفت: ای نحوی تمام عمرت فناست؛ زیرا کشتی در گرداب‌ها غرق می‌شود.

---

۱ - نظیر آن حکایتی است که زمخشری در ربیع‌الأبرار روایت کرده است که در طیِّ آن عالم نحوی به چاهی پر از کثافات افتاده و در عین حال که محتاج نجات است از فضل‌فروشی دست بر نمی‌دارد: احادیث، صص ۱۲۰-۱۱۹.

۲ - **آشنا کردن**: شنا کردن.

٢٨٥٤   محو¹ می‌باید نه نحو اینجا، بدان   گر تو محوی، بی‌خطر در آب ران

آگاه باش که اینجا آدمی را مَحْو می‌رهانَد، نه نحو. اگر فانی شدی، به آب بزن.

٢٨٥٥   آبِ دریا مرده را بر سر نهد   ور بُوَد زنده، ز دریا کی رهد؟

دریا، مُرده را روی آب نگاه می‌دارد، اگر زنده باشد از امواج دریا رهایی ندارد.

٢٨٥٦   چون بمُردی تو ز اوصافِ بشر   بحرِ اسرارت نهد بر فرقِ سر

هنگامی که از اوصاف بشری پاک شوی، از علوم و اسرار واقف می‌شوی و رفعت می‌یابی.

٢٨٥٧   ای که خلقان را تو خر می‌خواندهای!   این زمان چون خر بر این یخ مانده‌ای²

ای کسی که با تمسخُر خلق را ابله می‌شمردی، ببین اینک چگونه درمانده‌ای.

٢٨٥٨   گر تو علّامهٔ زمانی در جهان   نک فنایِ این جهان بین وین زمان

اگر تو در دنیا علّامهٔ زمانه‌ای، اکنون فنای جهان و زمان را ببین.

٢٨٥٩   مردِ نحوی را از آن در دوختیم   تا شما را نحوِ محو آموختیم³

عالمِ نحوی را مثال آوردیم و به بحث پیوند دادیم تا به شما راه و روشِ بی‌خویشی بیاموزیم.

٢٨٦٠   فقهِ فقه⁴ و نحوِ نحو و صرفِ صرف   در کم آمد⁵ یابی ای یارِ شِگرف

ای یار بزرگوار، حقیقت هر دانش را جز با انکسار و رهایی از خودبینی، نمی‌توان دریافت.

٢٨٦١   آن سبویِ آب، دانش‌هایِ ماست   و آن خلیفه، دِجلهٔ علمِ خداست

سبویِ کوچکِ مرد بادیه‌نشین، تمثیلی از دانش بشری ما و محدودیّتِ آن در تقابل با علمِ خداوندی و اسرار الهی است که انسانِ کامل بر آن وقوف دارد.

---

١ - محو : بیخودی و استغراق که در آن اوصاف بشریّت از وجود سالک زدوده می‌شود. حالی که در آن سالک ادراک و شعور خود را نیز از دست می‌دهد. آنچه در سیر و سلوک مطلوب واقعی اوست و می‌تواند او را از مهلکات راه و از غرقاب خودی برهاند، که مولانا از آن به نحو محو تعبیر می‌کند: ر.ک: ٥٧٩/١.
٢ - خطاب به اصحاب قال که خود را عالم و خلق را جاهل می‌شمارند.
٣ - افلاکی روایت می‌کند: روزی حضرت مولانا در جمع اصحاب معانی می‌فرمود، حکایتی را مثال آورد که روزی مردی نحوی در چاهی افتاد، درویشی صاحبدل بر سر چاه رسید، بانگی کرد که ریسمان و دول بیاورید تا او را بیرون کشیم. نحوی مغرور اعتراض کرد که رَسَن، و دَلو بگو، درویش دست باز کشید و گفت: تو در چاه بنشین تا من نحو آموزم: مناقب، ج ١، ص ١٣٦.   ٤ - فقه فقه : حقیقت فقه و به همین‌گونه نَحْو نحو و صَرف صَرف.
٥ - کم آمد : نیستی، انکسار، شکستگی و تواضع.

مـا سـبوها پُـر بـه دجـله مـی‌بریم   گرنه خر دانیم خـود را، مـا خـریم ۲۸۶۲

ما از سر نادانی با سبوی پُر آب به سوی دجله می‌رویم که نهایت بلاهت است.

بـاری، اعـرابـی بـدآن مـعذور بـود   کو ز دجـله غـافل و بس دور بـود ۲۸۶۳

به هر حال، مرد بادیه‌نشین از بردن سبو، [نمادی از دانش‌های دنیوی که از طریق کسب علوم عقلی و نقلی حاصل می‌گردد] معذور بود؛ زیرا از دجله [تجلّی علوم و اسرار در انسان کامل] خبر نداشت.

گر ز دجـله بـاخبر بـودی چـو مـا   او نـبردی آن سـبو را، جـابه جـا ۲۸۶۴

اگر او هم مانند ما از وجود دجله مطّلع بود، سبو را منزل به منزل با خود نمی‌برد.

بـلکه از دجـله اگـر واقـف بُـدی[1]   آن سـبو را بـر سـرِ سـنگی زدی ۲۸۶۵

بلکه با آگاهی از وجودِ دجله [علوم و اسرار الهی مکشوف بر اولیا]، سبوی حقیرِ دانشِ خام خود را بر سنگ می‌زد و می‌شکست.

قبول کردنِ خلیفه هدیه را و عطا فرمودن با کمالِ بی‌نیازی از آن هدیه و از آن سبو

چون خلیفه دید و احـوالش شـنید   آن سـبو را پُـر ز زرکـرد و مـزید ۲۸۶۶

چون خلیفه سبوی آب را دید و احوال مرد بادیه‌نشین را از نقیبان شنید، سبوی او را پر از سکّه‌های طلاکرد و مازاد بر آن نیز هدایایی به وی مرحمت کرد.

آن عرب راکـرد از فـاقه[2] خـلاص   داد بخشِش‌ها و خِلعت‌هایِ خاص ۲۸۶۷

به این ترتیب مردِ عرب را با سخا و کَرَم و خلعت‌های ویژه از فقر رهانید.

کین سبو پر زر بـه دستِ او دهـید   چونکه واگردد سویِ دجله‌ش برید ۲۸۶۸

این کوزهٔ پر از سکّه‌های زر را به او بدهید و در هنگام بازگشت او را از کنار دجله ببرید.

از رهِ خشک آمـده‌ست و از سـفر   از رهِ دجـــله‌ش بـود نـزدیک‌تر ۲۸۶۹

این مسافر از سفر و بیابان‌هایِ خشک خسته است، از طریق دجله راهش نزدیک‌تر می‌شود.

---

۱ - مصراع در نسخه کهن چنین است «بلک از دجله چو واقف آمدی»، در پایین مصراع اصلاح کرده‌اند.

۲ - **فاقه** : تهیدستی.

چون به کَشتی در نشست و دجله دید سـجده می‌کرد از حـیا و می‌خمید ۲۸۷۰

هنگامی که بر کشتی سوار شد و دجله را دید، از شدّت شرم و خجلت سجده می‌کرد و نمی‌توانست قامت خود را ایستاده بدارد.

کِای عجب لطف، این شهِ وهّاب[1] را! وآن عـجب ترکـو سِـتَد آن آب را ۲۸۷۱

اعرابی با خود می‌گفت: لطف و مرحمت این شاه بخشنده چقدر بزرگ و عظیم است و از آن عجیب‌تر آنکه کوزهٔ حقیر مرا پذیرفت و هیچ نگفت.

چُون پذیرفت از من آن دریایِ جُود آنـچنان نـقدِ دغـل[2] را زود زود؟ ۲۸۷۲

آن دریای جُود و احسان چگونه از من چنان سرمایهٔ بی‌قدری را این چنین زود پذیرفت؟

کُـلِّ عـالم را سـبو دان ای پسـر! کو بُوَد از علم و خوبی تـا بـه سـر ۲۸۷۳

ای پسر، تمام جهان را همان سبو تصوّر کن که پر از علم و دانش و خوبی‌هاست. [خطاب استاد روحانی به طالبان حقیقت، ای پسر یا پسرم و یا فرزند است.]

قـطره‌یی از دجـلهٔ خـوبیِّ اوست کآن نمی‌گنجد ز پُرّی زیـرِ پـوست ۲۸۷۴

همهٔ علوم و دانش‌های بشری و آنچه که آدمی به نام خیر و نیکی و زیبایی می‌شناسد، همه و همه بسان قطرهٔ ناچیزی است که از ذات هستی تراوش کرده است. خوبی‌ها، زیبایی‌ها و علوم و اسرار الهی چنان است که در زیر هیچ پوست و قشری نمی‌گنجد و جز در عالم معنا نمی‌توان آن را یافت.

گنجِ مخفی[3] بُد، ز پُرّی چاک کرد[4] خـاک را تـابان‌تر از افـلاک کـرد ۲۸۷۵

او بسان گنجی‌نهانی بود که از شدّت پری و افزونی غلیان‌کرد و مشتی خاک را منوّرتر از افلاک ساخت.

---

۱ - **وهّاب** : بخشنده. ۲ - **نقدِ دَغَل** : پول تقلّبی.

۳ - حدیث قدسی: قَالَ دَاوُدُ عَلَیْهِ السَّلاٰمُ یَا رَبِّ لِماذَا خَلَقْتَ الْخَلْقَ قَالَ کُنْتُ کَنْزاً مَخْفِیاً فَأَحْبَبْتُ أَنْ أُعْرَفَ فَخَلَقْتُ الْخَلْقَ لِکَیْ أُعْرَفَ : داوود(ع) گفت: پروردگارا! برای چه انسان‌ها را خلق کردی؟ وحی آمد من گنجی نهان بودم، دوست داشتم شناخته شوم. به همین جهت آن‌ها را خلق کردم تا شناخته‌گردم: احادیث، صص ۱۲۰ و ۱۲۱، صوفیه غالباً بدین حدیث استناد می‌کنند، اهل حدیث معنای آن را صحیح می‌دانند؛ امّا زرکشی و ابن حجر معتقدند سندی در باب آن نیست.

جملهٔ «فَأَحْبَبْتُ أَنْ أُعْرَفَ»: (دوست داشتم مرا بشناسند)، اشارت است به اینکه بنای معرفت بر محبّت است هر جا که محبّت است معرفت است و هر جا محبّت نیست معرفت نیست. خدا را نشناسد مگر کسی که خداوند او را بر سرّ خود آگاه کند. ۴ - **چاک کرد** : بر خود شکافت، مجازاً فیضان جود و عنایت الهی.

گنجِ مخفی بُد، ز پُرّی جوش کرد[1] خاک را سلطانِ اطلس‌پوش کرد ۲۸۷۶

گنجی نهانی و مخفی بود که از نهایت فزونیِ کمال بر خود جوشید و بر تنِ مشتی خاک در کِسوت بشر، قبایِ اطلسِ سلطنت را پوشانید.

ور بدیدی شاخی از دجلهٔ خدا آن سبو را او فناکردی فنا ۲۸۷۷

اگر انسان شاخه‌ای از دجلهٔ علوم الهی را دریابد، سبوی حقیر دانش کم‌مایهٔ بشری خویش را فنا و نابود می‌کند.

آنکه دیدندش، همیشه بی‌خودند بی خودانه بر سبو سنگی زدند ۲۸۷۸

آنان که به چنین مقامی رسیدند و علوم و اسرار حق را در عین بی‌خویشی مشاهده کردند، در حال بیخودی و محو بر سبوی حقیر علوم و ادراکات حسّی بشری سنگ زدند و آن را شکستند.

ای ز غیرت[2] بر سبو سنگی زده وآن شکستَت خود درستی آمده ۲۸۷۹

ای کسی که در حال بی‌خویشی و نیستی از غیرت به تجلّی انوار الهی هیچ چیز جز حق را بر نتافتی و بر سبوی دانش اکتسابی که جز خودبینی ثمری نداشت، سنگی زدی و آن را شکستی، این شکستگی و گسیختگی، عینِ درستی و کمال است.

خُم شکسته، آب از او ناریخته صد درستی زین شکست انگیخته ۲۸۸۰

خُمِ وجود و انانیّت شکست؛ امّا آبی نریخت و لطمه‌ای ندید، بلکه صدها کمال یافت.

---

۱ - در فلسفهٔ فلوطین این بحث را به‌طور خلاصه چنین بیان می‌کنند: مبدأ نخست یا ذات حق تعالیٰ فیّاض و مصدر همهٔ موجودات است. همان‌گونه که خورشید نور می‌پاشد و جام لبریز تراوش می‌کند. صادر اوّل عقل است و عالم معقولات [نخستین آیینهٔ احدیّت] و از او صادر دوم که نفس کلّ است [عقل واسطه‌ای است میان حق و نفس] و به همین ترتیب نفس، واسطهٔ مجرّدات و محسوسات است. از نفس کلّ که مایهٔ حیات و حرکت است نفوس جزئیّه صادر می‌شوند. و هر چه در عالم متحرّک است دارای نفسی متناسب با مراتب خویش است؛ امّا جسم، ضعیف‌ترین و آخرین پرتو ذات احدیّت و صورتی است که مادّه در آن قرار می‌گیرد. حقیقت اجسام همان صورت است که مایهٔ وجود آن‌هاست و مادّه همان قوّهٔ غیر متعیّنی است که پذیرندهٔ صورت است، صورت جنبهٔ وجودی جسم و مادّه جنبهٔ عدمی آن است؛ بنابراین عالم جسمانی مابین وجود و عدم قرار دارد به همین دلیل دائماً در تغییر می‌باشد. مادّه، یعنی بی‌صورتی و عیب و نقص و مایهٔ کثرت. عقل و نفس علی‌رغم مقام لاهوتی که دارند به سبب انتساب به مادّه و تکثّر از حق در حرمان‌اند: سیر حکمت در اروپا، ج ۱، صص ۹۰-۸۶، با تلخیص.

۲ - ر.ک: ۱۷۲۱/۱.

جُزو جُزوِ خُمّ به رقص است و به حال   عـقلِ جـزوی را، نـموده ایـن مـحال ۲۸۸۱

اینک اجزای وجود خُم [جسم و جان سالک واصل، عارف کامل] در حال رقص عـاشقانه‌ای از شراب شهود حق است و عقلِ جزوی بشر شاهد چیزی است که غیر ممکن می‌نمود.

نه سبو پیدا در این حـالت نـه آب   خوش ببین، وَ اللهُ اَعْـلَمْ بِـالصَّوابْ ۲۸۸۲

اکنون نه سبویی است و نه آبی، استغراق و شهود است، در عین بی‌خویشی. خوش بنگر که خداوند به درستی و راستی داناتر است.

چون دَرِ مـعنی زنـی، بـازت کـنند   پرِّ فکرت[1] زن، که شهبازت کـنند[2] ۲۸۸۳

اگر طالبِ عوالمِ معنوی باشی، عاقبت ابواب را می‌گشایند و اگر فکـر و انـدیشه‌ات را متوجّه حق سازی، روزی شاهباز تیزپرواز عوالم معنا می شوی.

پــرّ فکــرت شــد گِــل‌آلود و گــران   زانکه گِل‌خواری، تو را گِل شد چو نان ۲۸۸۴

پر و بال اندیشه و تفکّرات تو تحت تأثیر امور دنیوی و نفسانی گران و سنگین شده و از امور روزمرّه فراتر نمی‌رود. رزق معنوی‌ات مبدّل به رزق مادّی تن شده است.

نان گِل است و گوشت، کمتر خُور از این   تــا نــمانی هــمچو گِـل انـدر زمـین[3] ۲۸۸۵

نان و گوشت و غذا اصلش از گِل است، از آن کمتر بخور تا مانند گِل بر زمین نمانی و پرِ پرواز داشته باشی.

چون گرسنه می‌شوی، سگ می‌شوی   تند و بد پیوند[4] و بد رگ[5] می‌شوی[6] ۲۸۸۶

چون گرسنه می‌شوی، تندخو و بدرفتار و ناسازگار می‌گردی و کف نفس را از دست می‌دهی.

چون شدی تو سیر، مُرداری شدی   بی‌خبر، بی‌پا، چـو دیـواری شـدی ۲۸۸۷

هنگامی که انبان شکم را پُر کردی، مانندِ مُردار در گوشه‌ای می‌افتی یـا هـمانند دیـوار ساکن و بی‌فکر بر جای می‌مانی.

---

۱ - **فکرت :** فکر، در تعبیر حکما و صوفیّه غالباً حاکی از فکرکردن در امور معلوم برای رسیدن به مجهول است؛ امّا در تعبیر مولانا می‌تواند مفهوم اندیشه در عالم معنا و واردات غیبی باشد.

۲ - نظیر گفتهٔ دیگر مولاناست که می‌فرماید:

گـفت پـیغمبر اگـر کـوبی دری   عاقبت ز آن در برون آیـد سـری

۳ - در عُرف سالکان، یکی از آداب سلوک تحمّل گرسنگی است. گفته‌اند که گرسنگی، طعام زاهدان است و ذکـر، غذای عارفان.   ۴ - **بد پیوند :** بد رفتار.   ۵ - **بد رگ :** ناسازگار.

۶ - بدین جهت در سلوک که اساس آن بر تهذیب نفس است، سالکان به میانه‌روی و اعتدال ترغیب می‌گردند.

پس دمی مُردار و دیگر دم سگی   چُون کُنی در راهِ شیران خوش تگی[1]؟ ۲۸۸۸

پس لحظه‌ای مُردار و لحظه‌ای دیگر سگی، اینک انصاف ده که چگونه می‌توانی در راه حق که راه شیران است، جولان کنی؟

آلتِ اشکارِ خود جز سگ مدان   کمترک انداز سگ را استخوان ۲۸۸۹

در آدمی تنها وسیلهٔ شکار عوالم معنوی و درکِ روحانی، نَفْس اوست که نازل‌ترین و پست‌ترین درجهٔ آن، نفسِ امّاره است که به تعبیر مولانا جز سگی نیست که در اصطلاح صوفیّه به آن «سگِ نَفْس» می‌گویند و باید آن را گرسنه نگاه داشت و با طعامی حقیر که لذّات دنیوی است آن را فربه نساخت.

زانکه سگ چون سیر شد، سرکَش شود   کِی سویِ صید و شکارِ خوش دَوَد؟ ۲۸۹۰

زیرا «سگِ نَفْس» هنگامی که سیر و پروار می‌شود، سرکشی می‌کند و چون به لذّات بی‌قدر دنیوی راضی است، چگونه در طلب صید عالی باشد؟

آن عرب را، بی‌نوایی می‌کشید   تا بدآن درگاه و آن دولت رسید ۲۸۹۱

آن عرب بادیه‌نشین را گرسنگی و بینوایی به آن درگاه کشانید و به اقبال رسانید.

در حکایت گفته‌ایم احسانِ شاه   در حقِ آن بی‌نوایِ بی‌پناه ۲۸۹۲

در داستان از سخا و بخشندگی خلیفه گفتیم که چگونه آن بینوای بی‌پناه را پناه داد و به نوا رسانید. آن سخا و بخشندگی فیض الهی است که شامل حال بینوایان بی‌پناهی می‌گردد که جز حق برای خویش تکیه‌گاهی نمی‌یابند.

هر چه گوید مردِ عاشق، بویِ عشق   از دهانش می‌جَهد در کویِ عشق ۲۸۹۳

بیانِ احسان شاه در حقِّ بادیه‌نشین، ذهن تداعی‌گر و حسّاس مولانا را متوجّه بخششِ سلطانِ عشق می‌کند و اِکرامی که به حدِّ کمال در حقِّ خود وی گردید و یاد شمس غبار گذشت سال‌ها را به کناری می‌زند و از این‌رو می‌فرماید: هرچه را که مرد عاشق بگوید، بوی عاشقی از دهانش در کوی عشق می‌جهد. خلاصه، هر چه بگوییم باز به عشق باز می‌گردیم.

گر بگوید فِقه، فقر آید همه   بویِ فقر آید از آن خوش دَمدَمه ۲۸۹۴

اگر از فقه سخنی براند، مقصود او بیان فقر است. احکام شریعت را چنان بیان می‌کند که شنونده را به اصل و ریشهٔ صدورِ احکام که همانا فقرِ مخلوق در برابر خالق است، می‌رسانَد.

---

۱ - **خوش تگی**: جولان کردن، به سرعت دویدن.

ور بگوید کفر، دارد بوی دین[1] آید از گفتِ شَکَش بوی یقین ۲۸۹۵

اگر سخنانِ او به ظاهر رنگ انکار داشته باشد، بوی یقین از کلامش به مشام جان حق‌بین می‌رسد.

کفِ کژ، کز بحرِ صدقی خاسته‌ست اصلِ صافْ آن تیره را آراسته‌ست ۲۸۹۶

سخنان ظاهراً کفرآمیزی که مرد عاشق [عارفِ واصل] در حال بی‌خویشی گفته است، همانند کفِ دُردآلودی است که از دریایِ صدق و صفای عاشقانهٔ استغراق مرد حق برخاسته است و حقیقت درخشان عشق در وجود ایشان، آن تیرگی حاصل از فهم عام را می‌آراید.

آن کَفَش را صافی و مَحْقوق[2] دان همچو دشنامِ لبِ معشوق دان[3] ۲۸۹۷

آنچه را که به نام «شَطَحیّات» می‌نامند، بیانی سزاوار بدان، مانند دشنامی که از لب معشوق برآید. چنین تصوّر کن که سِرّی بوده است بین عاشق و معشوق و به سبب همان سِرّ، حالی در عاشق پیدا می‌شود که چنان می‌گوید و این همان دشنام است از لب محبوب و نتیجه‌اش همان که می‌دانی، بایزید را از شهر می‌رانند و حلاّج را بر سر دار می‌برند.

---

۱ - اشارتی است ضمنی به بعضی از بزرگان عرفان و صوفیّه که در حال بیخودی سخنانی بر زبان راندند که از درک افهام و اهل ظاهر خارج بود، مانند قصّهٔ حلاّج و «أنَا الحَق» گفتن وی یا «سُبْحانِي» گفتن بایزید پیرگرانقدر بسطام که به تعبیر مولانا از استغراق و مغلوبیّت آنان است. در اصطلاح صوفیّه این قبیل سخنان را شَطَحیّات نامند.

۲ - **مَحقوق** : سزاوار.

۳ - افلاکی می‌نویسد: مولانا فرمود: هر که کمالی و جمالی دعوی می‌کند یا بفعل یا بقول و تکبّر و نازی دارد، همانا که باندازهٔ حالِ خود أنَاالحَق می‌گوید؛ در آن صفت، الاّ آنان که کاذب باشند، ملحق شوند بفرعون و جنسِ او؛ و امّا صادقان و عزیزانی که ایشان را رسد آن دعوی، روزی سر بر آرند از آن کمال که دعوی می‌کنند؛ چنانک عالمیان را حقیقتِ حقیّتِ ایشان مُحَقَّق شود.

روزی حضرتِ مولانا در بسطِ معارف و نشرِ اسرارِ لطایف گرم شده بود و در مناقبِ منصورِ حلاّج چیزها می‌فرمود؛ که سبب بر دارکردن منصور آن بود که روزی گفت: اگر محمّد را دریافتمی بغرامت گرفتمی، ماجرا این بود که چون در شبِ معراج بحضرتِ عزّت رسید تنها مؤمنان امّت را خواست، چرا همه را درخواست نکرد؟ چرا نگفت که همه را بمن ببخش، همین مؤمنان را خواست؛ فی‌الحال حضرتِ مصطفی علیه السّلام متمثّل و متجسّد گشته از در در آمد که اینک آمدم! چگونه بغرامتم می‌گیری؟ بگیرا فرمود که ما بفرمانِ حق میخواهیم آنچ میخواهم و دلِ ما فرمان خانهٔ اوست که از غیرِ ارادت و فرمان او پاک و معصوم شده است؛ اگر فرمودی که همه را بخواه همه را بخواستمی. امّا همه را نفرمود مؤمنان را فرمود؛ منصور دستار فروگرفت که یعنی بغرامت می‌ایستم؛ گفت: الاّ به دستار راضی نشوم تا روز دوم آن قضیه رخ داد و او بر سر دار می‌گفت که می‌دانم این از کجاست، از خواست او رو بر نگردانم. همچنان سر باخت: مناقب، ج ۱، صص ۲۸۶-۲۸۴.

آنچه را که در تعبیر مولانا کفی است از دریای صافی و از دیدگاه کلّی «شَطَحیّات» نامیده می‌شود، از دیدگاه مشایخ این طایفه نیز جنجال‌برانگیز بوده است نزد گروهی مردود و نزد گروهی مقبول و عدّه‌ای در آن توقّف کرده و تأمّل جایز دانسته‌اند.

برای توضیح بیشتر مراجعه کنید به ذیل بیت ۲۳۹۱ دفتر دوم.

گشته آن دشنامِ نامطلوبِ او خوش، ز بهرِ عارضِ محبوبِ او[1] ۲۸۹۸

دشنام معشوق برای عاشق که دل‌خستهٔ جمال و جلال اوست، خوشایند است.

گر بگوید کژ، نماید راستی[2] **ای کژی که راست را آراستی** ۲۸۹۹

هرچه را که عاشق خالص بگوید؛ حتّی اگر ناروا به نظر آید، نشانِ راستیِ اوست. عجب کژی که راست را می‌آراید.

از شکَر گر شکلِ نانی می‌پزی طعم قند آید نه نان، چون می‌مَزی ۲۹۰۰

همان‌گونه که اگر از شکر قرصی مانند نان بپزی، هرچند شکل نان است؛ امّا طعم قند دارد، کلام کژ عاشق هم طعمِ شیرینِ صداقت را دارد.

ور بیابد مؤمنی زرّین وَثَن کِی هلد آن را برای هر شَمَنْ؟[3] ۲۹۰۱

اگر فرد با ایمانی بتی زرّین را بیابد، چگونه آن را بر جای بگذارد تا بت‌پرستان سجده‌اش برند؟

بلکه گیرد، اندر آتش افکَنَد صورتِ عاریّتش را بشکند ۲۹۰۲

آن را در آتش می‌افکَنَد تا صورت ظاهر آن بت در هم شکند.

تا نماند بر ذَهَب نقشِ وَثَن[4] **زانکه صورت مانع است و راه‌زن** ۲۹۰۳

تا طلا، نقشی از بت را نشان ندهد؛ زیرا ظاهر و صورت مانعِ توجّه به باطن می‌گردد.

ذاتِ زَرَش دادِ رَبّانیّت است نقشِ بُت بر نقدِ زر عاریّت است ۲۹۰۴

ذاتِ طلا، همانند همهٔ اشیا عطایی است از جانب خداوند؛ امّا صورتی که بت بر آن شکل ساخته شده، نقشی است عاریتی که به دست بشر حاصل آمده است.

---

۱ - شبلی گوید: شبی که حسین منصور حلاّج را به دار زدند من با حق مناجات داشتم. سحرگاه که سر بر سجده نهادم، گفتم: خداوندا! منصور حلاّج بنده‌ای بود مؤمن، موحّد، معتقد، در شمارِ اولیا، این چه بلا بود که بر سر او آوردی؟ و از کجا مستوجبِ این فتنه گشت؟ چون به خواب اندر شدم، ندای عزّت به سمع من رسید که: منصور یکی از بندگان ما بود که او را بر سرّی از اسرار خویش آگاه ساختیم؛ پس چون او راز ما را فاش کرد، ما هم به او وارد کردیم آنچه دیدی و شنیدی! : کشف الاسرار، ج ۲، ص ۱۱۶.

۲ - در حقیقت، هیچ عاشقی مانند منصور حلاّج در این راه برپا نخاست، چه او به هوای وصل دوست باز ماند خواست تا شکار کند دستش نرسید، ندا رسید اگر خواهی که دستت رسد سر زیر پای نه! حلاّج سر را زیر پای نهاد و به هفت آسمان بر گذشت: ر. ک. پیشین، ج ۱، ص ۱۷۰.

۳ - این مثال در ارتباط است با آنچه به تعبیر مولانا کفی از دریای صافی خوانده شد که اگر آنچه در حال بی‌خویشی و استغراق گفتند، جنبهٔ خودپرستی داشت، کجا امکان آن بود که بزرگان با ایمان صوفیّه این بت را باقی بگذارند؟ شمس تبریزی مراد و محبوب مولانا در مورد حلاّج معتقد بود که او را هنوز «روح» تمامِ جمال ننموده بود و گرنه أَنَاالحَق چگونه گوید؟

۴ - در متن «شکل» نوشته‌اند و در مقابله به «نقش» مبدّل کرده‌اند.

بـهرِ کـیکی[1] تـو گـلیمی را مَسُـوز   وز صُـداع[2] هـر مگس مگـذار روز ۲۹۰۵

هیچ کس گلیمی را برای کیکی که در آن است نمی‌سوزاند و یا به سبب آزار و دردسرِ مگس از تلاش روزانه باز نمی‌ماند و روز را از دست نمی‌دهد.

تمثیلی از نفس و عقل و جدالِ میان آن دو.

بُت‌پرستی، چـون بـمانی در صُـوَر   صـورتش بگـذار و در مـعنی نِگَـر ۲۹۰۶

توجّه صِرف به ظواهر یک نوع بت‌پرستی است، از آن‌رو که صورت مـانع رسیدن بـه معناست. صورتِ ظاهر را بگذار و به حقیقتِ پنهان آن توجّه کن.

مردِ حَـجّی، هـمرهِ حـاجی طـلب   خواه هندو، خواه تُرک و یـا عـرب ۲۹۰۷

اگر قصد زیارت خانهٔ کعبه را داری، کسی را بیاب که آهـنگِ کـعبه داشـته بـاشد، ایـن اشتراک مقصد کفایت می‌کند و رنگ و نژادِ همراه تأثیری ندارد.

مـنگر انـدر نـقش و انـدر رنگِ او   بـنگر انـدر عـزم و در آهـنگِ او ۲۹۰۸

زیبایی یا زشتی و سفید یا سیاه بودنِ رنگِ پوست، چون قشر و ظاهر است، مهم نیست، وحدت عقیده و مقصد مهم است.

گر سیاه است او، هم آهـنگِ تـو است   تو سپیدش خوان، که همرنگِ تو است ۲۹۰۹

اگر او پوستی سیاه دارد، چون نیّت مشترک دارید، اختلاف رنگ اهمیّتی ندارد، رنگِ او را سپید بدان که رنگِ هر کس رنگِ درون اوست، نه رنگِ برون.

این حکایت گفته شد زیـر و زبـر[3]   همچو فکـرِ عـاشقان، بـی‌پا و سـر ۲۹۱۰

داستانِ مرد اعرابی به‌طور پراکنده و بدون نظم و با آشفتگی بیان شد و علّت آن اسرار و معانی گوناگونی بود که در کنار متن اصلی حکایت طرح گردید. این وضـعیّت بسـان فکـر عاشقان است دربارهٔ معشوق که حد و مرزی ندارد و به تعبیر مولانا بی‌سروپاست.

سر ندارد، چون ز ازَل بوده‌ست پیش   پا نـدارد، بـا ابَـدْ بـوده‌ست خـویش ۲۹۱۱

این قصّه نه آغاز دارد و نه انجام. قصّهٔ بنی آدم است از ازل تا ابد و اینجا در قالبی محدود، مفاهیمی نامحدود از عالم معنا را بیان کردیم که کشاکش «عقل و نفس»، «سیر و سلوک» و «عشق» محورِ اصلیِ آن بود.

---

۱ - **کیک**: حشره‌ای کوچک که خون انسان را می‌مکد. ۲ - **صُداع**: دردسر.

۳ - **زیر و زبر**: بدون نظم و آشفته.

بلکه چون آب است، هر قطره از آن   هم سر است و پا، و هم بی هر دُوان ۲۹۱۲

همان گونه که هر قطرهٔ آب کروی شکل است و هر نقطهٔ این کره را می‌توان هم سر تصوّر کرد، هم پا و یا هیچ کدام، این حکایت نیز چنان است هر نقطه را می‌توان آغاز یا انجام دانست و می‌توان گفت ابتدا و انتهایی ندارد.

حاش ِلِلّه[1]، این حکایت نیست، هین!   نقدِ حالِ ما و توست این، خوش ببین ۲۹۱۳

پناه بر خدا، به هوش باش که این حکایت نیست، بیان حال خودِ ماست. در آن تعمّق کن.

زانکه صوفی باکَر و بافَر بُوَد   هرچه آن ماضی است، لایُذْکَرْ[2] بُوَد[3] ۲۹۱۴

اینکه می‌گوییم «نقد حال ما و شماست» و قصّه نیست، از آن‌روست که حکایت، بیان حوادثی است که در گذشته رخ داده و پایان یافته است؛ امّا پرداختن به آنچه که گذشته است از شئونات تصوّف خارج است. صوفیِ حقیقی که دارای شکوه و حشمتی بسزاست، اندیشه‌اش متوجّه گذشته و نگران آینده نیست. آنچه که می‌گوییم، در هر لحظه بیانِ حال سالکان است.

هم عرب ما، هم سبو ما، هم مَلِک   جمله ما، یُؤفَکُ عَنْهُ مَنْ أُفِکْ[4] ۲۹۱۵

در این نقدِ حال، اعرابی و زنش تمثیلی از عقل و نفس‌اند و سبو هم دانش اکتسابی و حقیر بشری. خلیفه رمزی از انسان کامل است که در مقام ارشاد مشتاقان را از فیض بهره‌مند می‌سازد مگر آنان که قضای الهی روی دلشان را از حق گردانده باشد.

عقل را شُو دان و زن این نَفْس و طَمْع   این دو ظلمانی و منکِر، عقلْ شمع ۲۹۱۶

همان گونه که گفتیم، اعرابی تمثیلی است از عقل، زن او رمزی از نَفْس و آزمندی و چاره‌اندیشی‌های دنیوی است که تاریک، ظلمانی و حجاب حقایق‌اند، حال آنکه عقل، شمعی است که در پرتو آن راه را از چاه باز می‌دانند.

بشنو اکنون: اصلِ انکار از چه خاست   زانکه کُل را گونه گونه جزوهاست ۲۹۱۷

اینک بشنو که اصلِ «انکار» از چیست و چرا آدمی همواره با خود در جنگ و ستیز است؟ یا اینکه چرا اجزای متفاوت شخصیت او در تضادند؟ زیرا هستیِ انسان به عنوان یک کلّ، مجموعه‌ای از اجزای گوناگون و متضاد است که اقتضای تضاد انکار است.

---

۱ - **حاش لِلّه** : پناه بر خدا. ۲ - **لاٰ یُذْکَرْ** : یاد کرده نشود. ۳ - «صوفی ابن‌الوقت باشد ای رفیق».
۴ - اشارتی قرآنی؛ ذاریات : ۹/۵۱ : یُؤفَکُ عَنْهُ مَنْ أُفِکَ : روی‌گردان می‌شود از ایمان و تصدیق آن کسی که به حکم قضا روی‌گردان شده است.

جُزْوِ کل، نی جزوها نسبت بـه کُـل   نی، چو بویِ گل که باشد جزوِ گـل ۲۹۱۸

در وجودِ آدمی «عقل و نَفْس» یا «خیر و شرّ» نهاده شده‌اند و این‌ها مرتبه‌ای از مـراتب وجـود وی‌اند و علی‌رغم آنکه انسان وجودی واحد است، چون مظهرِ تجلّیِ صفاتِ گوناگون حق است که با هم در تضادّند، این اجزای ناهمتا، در هر لحظه با یک‌دیگر در ستیزند. این صفات یا مراتب وجودی جزو انسان‌اند و در وی درج شده‌اند؛ امّا جزوی مستقل که تشکیل دهندهٔ ایـن وجـود واحد باشد، به حساب نمی‌آیند؛ زیرا در هر آن بنابر تحرّکات فکری، احساسی و عملی شخص در حال تغییر و تحوّل و ترقّی یا تنزّل‌اند؛ پس نمی‌توان این مراتب وجودی را جزوی از کلّ کـه آدمی است، دانست؛ زیرا با وی جز در مرحلهٔ کمال سنخیّت ندارند.

لطفِ سبزه جـزوِ لطـفِ گـل بُـوَد   بـانگِ قُـمری جـزوِ آن بـلبُل بُـوَد ۲۹۱۹

لطف و خوشی سبزه‌زار جزوی از لطافت گل به شمار می‌آید؛ زیراگل نمونهٔ کاملی است از جمال؛ پس سبزه که لطف کمتری نسبت به گُل دارد، در مرتبه‌ای از مراتب لطف گل است و به همین سان بانگ قمری، مرتبه‌ای از مراتب لطفِ آوایِ بلبل است.

گر شوم مشغول اِشکـال و جـواب   تشـنگان را کِـی تـوانـم داد آب؟ ۲۹۲۰

اگر مشغولِ اشکال و جواب شوم، چگونه تشنگان معرفت را سیرآب کنم؟

گـر تـو اِشکـالی بـه کُـلّی و حَـرَجْ   صبر کـن، اَلصَّـبْرُ مِـفتاحُ ٱلفَـرَجْ[1] ۲۹۲۱

اگر باز هم در ذهنت اشکالی هست، بردبار باش؛ زیرا کلید گشایش بردباری است.

اِحـتما[2] کـن، اِحـتما ز انـدیشه‌ها   فکر، شیر و گـور، و دل‌هـا بـیشه‌ها ۲۹۲۲

از اندیشه‌های باطل بپرهیز. دل مانند بیشه‌ای از اندیشه است. بعضی افکار بسیار نیرومندند و به شیر مانند شده‌اند که می‌توانند اندیشه‌های ضعیف را که به گورخر تشبیه گردیده‌اند، شکار کنند. اگر این معانی را قابل درک نمی‌یابی، از اندیشه و بحث پرهیز کن؛ زیرا مشکل فـهمِ آن را دشوارتر می‌کند. صفحهٔ ذهن را از این تفکّرات پاک کن تا آمادهٔ دریافت حقایق شود.

اِحْـتِماها بـر دواهـا سَـرور است   زانکـه خـاریدن فـزونیِ گَـر است[3] ۲۹۲۳

سردرگمی و عدم درک معنا، آفتِ ادراک ماست که درمان آن پرهیز از اندیشه است، همان‌گونه که در مشکلات پوستی مثل جَرَب، خاریدن بیماری را افزون می‌کند و باید از آن پرهیز کرد.

---

۱ - **اَلصَّبرُ مِفْتاحُ ٱلفَرَج** : بردباری کلید گشایش است: احادیث، ص ۱۰.

۲ - **اِحْتِماء** : پرهیز غذایی، خودداری از افکار تباه.

۳ - ذهن یا دل مانند بیشه است و در آن اندیشه‌های خوب و بد، مانند شیر و گور در رفت و آمدند.

اِحْتِما اصلِ دوا آمد یقین اِحْتِما کن، قُوَّتِ جانت ببین ۲۹۲۴

به یقین پرهیز از افکار تباه، اصلِ درمان است. پرهیز کن و قدرت عظیم جان خود را ببین. در پرتو کشف و شهود و تجربیّات روحانی عارفانه، مطلب روشن می‌شود.

قابلِ این گفت‌ها شو، گوش‌وار تا که از زر سازمَت من گوشوار[1] ۲۹۲۵

با گوش هوش این گفتنی‌ها را بشنو تا از زرِّ معارف بر بناگوشِ ضمیرت گوشواره‌های معانی را بیاویزم.

حلقه درگوشِ[2] مَهِ زرگر[3] شوی تا به ماه و تا ثُریّا[4] بَر شوی ۲۹۲۶

اگر مطیع و ارادتمند انسان کامل باشی، به کمال می‌رسی.

اوّلا بشنو که خلقِ مختلف مختلف جان‌اند تا یا از اِلف ۲۹۲۷

ابتدا بشنو که مردم هم ظاهرِ متفاوتی دارند و هم «جان» متفاوت، مانند حروف که از «الف» تا «ی»، هم از نظر شکل و هم صوت ناشی از تلفّظ با یک‌دیگر تفاوت دارند.

در حروفِ مختلف شور و شَکی‌ست[5] گرچه از یک رو، ز سر تا پا یکی‌ست ۲۹۲۸

حروف مختلف، به لحاظ تلفّظ و نوشتن متفاوت‌اند؛ امّا بنا بر هدفی خاص در کنار یک‌دیگر و به ردیف قرار گرفته‌اند. همین حروف در ترکیبِ کلمات بر معنی واحدی دلالت می‌کنند؛ پس اگر به هر یک جداگانه بنگریم با دیگری تفاوت دارد؛ امّا اگر به کُلِّ آن‌ها و ترکیب کلمات نظر داشته باشیم، اجزای تشکیل دهندهٔ یک نظام‌اند که در آن نظام تخالف و تضادّی نمی‌بینیم. اجزای عالم هستی و مخلوقات نیز چنین‌اند.

از یکی رُو ضِدّ و یک رُو مُتَّحد از یکی رُو هزل و از یک روی جِد ۲۹۲۹

صور امکانی اعم از ماهیّات حروف یا مخلوقات از یک دیدگاه با یک‌دیگر ضدیّت دارند و از دیدگاهی دیگر وحدت. از یک زاویه ممکن است بیهوده به نظر آیند و از جهتی دیگر ضروری.

---

۱ - قلایدهای دُرّ دارد بناگوش ضمیر من از آن الفاظ وحی‌آسای شکّربار شمس‌الدّین تبریزی: دیوان کبیر

۲ - **حلقه درگوش** : مجازاً مطیع و فرمانبردار.

۳ - **مَهِ زرگر** : مجازاً مرشد کامل، ولیّ منوّر به نور حق که با کیمیای قدرت روحانی خویش مسِ وجود را به زر مبدّل می‌کند و سرشار از معرفت و عشق. ۴ - **ثریّا** : ستارهٔ پروین.

۵ - **شور و شک** : پریشانی و شک، اینجا توسّعاً اختلاف.

پس قیامت روزِ عَـرض ِ اکـبر است[1] عَرض او خواهدکه با حُسن و فر است ۲۹۳۰

پس رستاخیز روز حادثهٔ عظیم است که در آن صفات، نیّت‌ها، خیر و شرّی که در طینت آدمی نهان بوده و همه تجلّی صفات الهی در عالم کثرت است، بـر مـلا مـی‌گردد و کسـی مشتاق آن روز است که درونی منوّر دارد.

هر که چون هندویِ[2] بد سودایی[3] است روزِ عَـرضش نـوبتِ رسـوایـی است ۲۹۳۱

کسی که مانند سیاهرویِ بداندیش، اسیر خیالات است، هنگام رسوایی او روز رستاخیز است.

چون نـدارد رویِ هـمچون آفـتاب او نخواهد جز شبی همچون نـقاب ۲۹۳۲

چون صورتی تابان ندارد و افکار و اعمال زشت چهرهٔ باطن او را تاریک کرده است، خواهان روز قیامت نیست، بلکه مشتاق عالم مادّی است که در آن حقایق در زیر نقاب نهان‌اند.

برگِ یک گل چون نـدارد، خـارِ او شـد بـهاران دشـمنِ اسـرارِ او ۲۹۳۳

رستاخیز، مانند بهارِگل‌های بوستانِ معانی و حقایق است که زیبایی و عطرشان را هویدا می‌کند؛ امّا منکران حقایق که با ظلم و ستم، وجودی خارگونه دارند، بهار را کـه عـریان‌گر زشتی‌هایشان است، دوست ندارند.

وانکه سر تا پاگُل است و سوسن است پس بهار او را دو چشمِ روشـن است ۲۹۳۴

آن کس‌که وجودش سرشار از صفات عالی‌است، بهار حقایق را مانند دو چشم روشنِ دوست دارد.

خارِ بی‌معنی خزان خواهـد خـزان تـا زنـد پـهلویْ خـود بـا گـلسِتان ۲۹۳۵

آدمیِ فاقدِ معنی که جز دنـیای مـادّی و شـهوات و لذایـذ گـذرای آن هـیچ نـفهمیده و نخواسته است، جز خزان حقایق که همین دنیاست، چیزی نمی‌خواهد که شـاید بـا ریـا و تزویر و زرق و برق خود را صاحب شأن و اعتبار نشان دهد.

تـا بـپوشد حُسـنِ آن و نـنگِ ایـن تـا نـبینی رنگِ آن و رنگِ ایـن ۲۹۳۶

تا در اینجا که زیبایی و شکوه مؤمنان و زشتی معاندان مخفی است، بتواند چهرهٔ منوّر آنان و زنگارِ چهرهٔ زشت خود را بپوشانَد.

---

۱ - **روز عَرض ِ اکبر** : رستاخیز، روز قیامت، تعبیری قرآنی: حاقّه : ۱۸/۶۹ : یَوْمَئِذٍ تُعْرَضُونَ لاٰ تَـخْفیٰ مِنْکُمْ خٰافِیَةٌ : در چنین روزی [برخداوند] عرضه شوید و هیچ رازتان پوشیده نمانَد.

عَرض : آشکار کردن، نشان دادن. ۲ - **هندو** : سیاه از هر چیز، مجازاً کافر.

۳ - **هندوی بدسودایی** : سیاهرویِ بداندیش که اسیر خیالات است.

پس خزان او را بهار است و حیات   یک نماید سنگ و یاقوتِ زَکات[1] ۲۹۳۷

پس مُنکر در عالم مادّی که مانندِ خزانِ حقایق است، حیات دارد و این خزان برایِ او بهار است؛ زیرا در این دنیا ضمایر و سرایر نهان‌اند و آدم خوب یا بد ظاهری یکسان دارند.

بـاغبان هـم دانـد آن را در خـزان   لیک دیـدِ یک بِـهْ از دیـدِ جـهان ۲۹۳۸

باغبانِ گلستانِ حق (ولیّ، انسانِ کامل)، در همین جهان مادّی و قبل از رستاخیز هم انسان خارصفت را می‌شناسد و در حقیقت دیدگاهِ او از دیدگاهِ خلق جهان که همه در نقص‌اند، برتر است.

خود جهان آن یک کس است، او ابله است   هـر سـتاره بـر فـلک جـزوِ مَـه است ۲۹۳۹

«جهان» برای «کمال» و «انسان کامل» خلق شده است، کسی که جز این بپندارد، جاهلی بیش نیست. «او ابله است»، باز می‌گردد به ابیاتی که از خار سخن رفته است و اینکه خار، یعنی منکران خواهان جهان مادّی‌اند؛ زیرا در اینجا «حقیقت» مخفی است. مولانا می‌فرماید: او ابله است که می‌پندارد در اینجا همه چیز در خفاست، در چشم حق‌بین، همه چیز ظاهر است، همان گونه که نور ستارگان در فروغ ماه، محو می‌گردد، تمام جهان هستی در پرتوِ نورِ انسانِ کامل مستهلک می‌شود و جزو وجود او به شمار می‌آید.

پس همی گویند هـر نـقش و نگـار   مـژده! مـژده! نک هـمی آیـد بـهار ۲۹۴۰

پس از این‌روست که همهٔ آنان که آب و رنگی دارند و از زیبایی برخوردارند [زیبایی‌های معنوی و روحانی] خواهان فرارسیدن بهاری‌اند که در آن کمال لطف‌شان هویدا گردد و آن بهار، رستاخیز است که خواص هر درختی را آشکار می‌کند و میوه‌های وجودش را نمایان می‌سازد.

تـا بُـوَد تـابان شکـوفه چـون زِره   کِـی کـنند آن مـیوه‌ها پیدا گِـره؟ ۲۹۴۱

تا شکوفه‌ها مانند پوششی درخت را احاطه کرده‌اند، میوه ظاهر نمی‌شود.

چون شکوفه ریخت، مـیوه سـر کُـند   چونکه تن بشکست، جان سر بر زَند ۲۹۴۲

شکوفه که ریخت، میوه پدیدار می‌شود و به همین ترتیب شکوفهٔ تعلّقات دنیوی درخت تن آدمی که بریزد و از قید هوس آزاد شود، جان او به حق اتّصال می‌یابد.

---

۱ - **یاقوت زَکات** : یاقوت پاکیزه و بی‌رگه.

میوه معنی و شکوفه صورتش — آن شکوفه مژده، میوه نعمتش ۲۹۴۳

شکوفهٔ «تعلّقات دنیوی و هوای نفسانی» بر پیکر وجود آدمی، صورت یا جنبهٔ مادّی اوست که با آن جدّ و جهد و تهذیبِ نفس مفهوم می‌یابند و در ستیزِ عقل و نَفْس، میوهٔ «کمالِ روحانی و معنوی»، ثمرهٔ درخت زندگی است.

چون شکوفه ریخت، میوه شد پدید — چونکه آن گم شد، شد این اندر مزید[1] ۲۹۴۴

چون شکوفهٔ تعلّقات از درخت تن بریزد، میوهٔ معنوی پدیدار می‌گردد و اگر به کلّی عاری از وابستگی‌ها شود، ادراکات روحانی به عالی‌ترین درجات می‌رسد.

تا که نان نشکست، قُوَّت کِی دهد؟ — ناشکسته خوشه‌ها کِی مِیْ دهد؟ ۲۹۴۵

تا نان توسط دندان‌ها خرد نشود، جذب و جزو وجود آدمی نمی‌گردد و به همین ترتیب تا خوشه‌های انگور شکسته و خُرد نشوند، به مِیْ مبدّل نمی‌شوند.

تا هلیله[2] نشکند با اَدویه — کِی شود خود صحَّت‌افزا ادویه؟ ۲۹۴۶

تا هلیله با دیگر ادویه ممزوج و کوبیده نگردد، خاصیّت دارویی آن هویدا نمی‌شود.

در صفتِ پیر و مطاوعتِ[3] وی

ای ضیاء الحق حُسام‌الدّین! بگیر — یک دو کاغذ، برفزا در وصفِ پیر ۲۹۴۷

در این حال که دفتر اوّل مراحل پایانی را طی می‌کند حدود دو سال از فوت زرکوب قونوی گذشته و هنوز مولانا کسی را به جانشینی وی و خلافت خود برنگزیده است و علی‌رغم آنکه حُسام‌الدّین جوان را برای احراز این مقام بسیار شایسته می‌یابد؛ امّا تجارب تلخی که از گذشته‌های نه چندان دور و در ارتباط با عدم پذیرش مریدان در ذهن وی نقش بسته است، او را از بابت جوانی حُسام‌الدّین و نصب او بر این مسند، اندکی دل‌نگران می‌دارد و بدین مناسبت است که از وی می‌خواهد تا یک دو کاغذ برگیرد و شرحی در وصف پیر و لزوم متابعت از او در این موضع از مثنوی برفزاید و در قطعه‌ای که از این بیت به بعد شاهد آن خواهیم بود، می‌کوشد

---

۱ - حاصل کلام آنکه: غایت خلقت بشر، کمال اوست در بقای بالله که بقا نیز بدون فانی شدن از خودیِ خود و رها شدن از تعلّقات ممکن نیست. ۲ - **هلیله** : گیاهی که مصرف طبّی دارد و به عنوان قابض به کار می‌رود.

۳ - **مطاوعت** : پیروی.

تا با اشارت به این نکته که پیرِ راستین، فروغ از حق می‌یابد و پیرِ ایّام نیست، اذهانِ مریدان را برای نصبِ حُسام‌الدّین در موقعیّتی مناسب که حدود دو سال بعد دست داد، آماده سازد.

گرچه جسمِ نازکت را زور نیست[1] لیک بی‌خورشیدْ ما را نور نیست ۲۹۴۸

هرچند که جسم تو نازک و لطیف و کم توان است؛ امّا خورشید منوّر جان تو تابناک است و بدون تابش این خورشید، جان ما نوری را نمی‌پراکند و برای بیان مفاهیم و اسرار به وجد و شوق نمی‌آید.

گرچه مِصباح[2] و زُجاجه[3] گشته‌ای[4] لیک سرخیلِ[5] دلی، سررشته‌ای ۲۹۴۹

هرچند که از نظر نازکی و لطافت مانند چراغ و حباب ظریف آن شده‌ای؛ امّا قافله‌سالاری و سررشته به دست توست.

چون سرِ رشته به دست و کامِ توست دُرّهای عِقدِ دِل ز انعامِ توست ۲۹۵۰

چون سرِ رشتهٔ جذب معانی و اسرار در دستِ توست، علوم و اسراری که از دل می‌جوشد، از احسان توست.

---

۱ - حُسام‌الدّین حسن چلبی به سبب ریاضت و مجاهدت و بی‌خوابی‌های مکرّر ضعیف و لاغر شده بود و مولانا در مکتوبی عارفانه و دوستانه خطاب به وی نوشته و فرموده است: به حضرت معلاّیِ خداوندم و به جان و دلْ پیوندم عرض می‌رود که دی ضعف تن، عنان عزم را از مقصود برتافت. امروز نیز اثر آن ضعف باقی است؛ امّا در مزاج مودّت و جوهر محبّت و مهر و اتّحاد و تعلّق امتزاج با آن ذات شریف ظریف لطیف، به حمدالله هیچ فتوری نبوده است و نباشد که مغز و حقیقت چون محروس باشد از آفات هر ضعف که بر ظاهر آید، از پرتو و قوّت مغز، زود آن ضعف به صحّت باز آید؛ امّا مباداکه در صمیم حقیقت و ضمیر داعی که خانهٔ مودّت و مخزن محبّتِ آن محبوب است، خللی در آید که بعد از آن حیات را نخواهم و جهان را نپذیرم: مکتوبات مولانا، ص ۲۲۶، نامهٔ ۱۳۱، با تلخیص.

در نامهٔ دیگری برای تبیین آرزوی دیدارِ حُسام‌الدّین، خطاب به وی فرموده است: صد بارگواه گرفتم خلق را و خالق راکه هر چه آن مخدوم اندیشید منتهای اندیشهٔ من است، و هر چه بفرماید و خطاب کند خلاصهٔ خطابات من. سلام و تحیّت و عرض اشتیاق دیدار رویت بر دست نسیم و صبا تبلیغ می‌رود. در این روزها شنیده باشید که مخلصی دعوتی می‌ساخت؛ اگرچه آن عزیز از حضور دعوت‌ها، از نازکی و لطف مزاجِ محروس، گریزان است، لیکن نمی‌خواستم که بی‌حضورِ مبارکش باشد که «لاٰ صَلوةَ إلاّ بِحُضُورِ القَلْبِ». بهانه‌ها می‌کردم به صاحب دعوت و به فردا و پس‌فردا می‌انداختم بر امید قدوم مبارک، تا به حضور صورتِ مبارکِ شما شاد شوند و آن دعوت‌کننده آید به حضور و تبسّم شما. قسمت نبود و آن دفع و بهانه چون بسیار شد، دل آن دوست شکستن گرفت و بهانه‌ها را متّهم داشتن گرفت.

چون دراز شد، بر خیال لطیف ظریفِ شریف آن عزیز به ضرورت قناعت کردیم: همان، ص ۲۲۳، نامهٔ ۱۳۰، با تلخیص. ۲ - **مصباح** : چراغ. ۳ - **زجاجه** : حباب چراغ.

۴ - اشارتی قرآنی؛ نور : ۳۵/۲۴ : اَللهُ نُورُ السَّمواتِ وَ الأَرْضِ مَثَلُ نُورِهِ کَمِشْکٰوةٍ فِیها مِصْباحٌ المِصْباحُ فِي زُجاجَةٍ...: خداوند نور آسمان‌ها و زمین است، مَثَل نورش به چراغدانی مانَد که در آن چراغی است و آن چراغ در حبابی است.... ۵ - **سَرْخیل** : قافله سالار.

بـــر نـــویس احـــوالِ پـــیرِ راه‌دان   پـــیر را بگـــزین و عـــینِ راه دان[1] ۲۹۵۱

بنویس از احوال پیران طریقت، کاملانی که منازل گوناگون سیر و سلوک را پیموده‌اند و آشنا بر احوال سلوک‌اند و از آفات راه باخبر. دست ارادت در دامان ایشان زنید که راه درک حقایق از طریقِ وجودِ ایشان است و عین راه‌اند.

پـــیرْ تـــابستان و خَـــلقانْ تـــیرماه   خـــلق مـــانند شب‌انـــد و پـــیر مـــاه[2] ۲۹۵۲

پیر، مانندِ تابستان است که در آن میوهٔ نارس وجودِ سالکان پخته می‌شود و مردم، مانند پاییزند که درختِ وجود را از سبزی و صفا تهی می‌کنند. همچنین خلق، مانند شب‌اند و پیر مثلِ ماه.

کـــرده‌ام بـــختِ جـــوان را نـــامْ پـــیر   کو ز حق پیر است، نه از ایّام پـــیر ۲۹۵۳

«پیر» را که می‌گوییم از نظر عقل و ادراک معانی در حدّ کمال الهی است و وجودِ او بخت جوان و مایهٔ توفیق است؛ زیرا به لطفِ الهی «پیر» و «مُرشد روحانی» شده است، نه از گذشت سال و ماه.

او چنان پیر است کِش آغاز نیست   بـــا چـــنان دُرِّ یـــتیم، انـــباز نـــیست[3] ۲۹۵۴

پیرِ کامل، فانی فِی‌الله و باقیِ بِالله است، پس هستی او در هستی حق اضـمحلال یـافته است. وجودش به دریای حقایق پیوسته و او را آغاز و انجام نیست. با این مرواریدِ یکتا هیچ کس جرأت و توانایی اینکه دم از برابری بزنند، ندارد.

خـــود قـــوی‌تر مـــی‌شود خـــمر کُـــهُن   خاصه آن خمری که باشد مِنْ لَدُن[4] ۲۹۵۵

تأثیر شرابِ کهنه افزون‌تر است و «پیر» شرابی است از جانب پروردگار که اثر مستی‌بخش روحانیِ حضور و توجّه او غیر قابل وصف است.

---

۱ – «وقتی عزیزی به درختی رسید، شاخ و برگ عجب دید و میوهٔ عجب. هر که را می‌پرسید که این چه درخت است؟ این چه میوه‌هاست؟ هیچ باغبانی فهم نکرد و نام آن ندانست و جنس آن نشان نداد. گفت: اگر فهم نمی‌کنم که این چه درخت است، باری می‌دانم که تا نظرم بر این درخت افتاده است، دل و جانم تازه و سبز شده است، بیا تا در سایهٔ این درخت فرود آیم.» و این سایه قرارگرفتن در ظلّ مردان حق است: مکتوبات مولانا، ص ۲۲۲.

۲ – «عزیزی در چلّه نشسته بود برای طلب مقصودی. به‌وی ندا آمد که این چنین مقصود بلند به چلّه حاصل نشود از چلّه برون آی تا نظر بزرگی بر تو افتد، آن مقصود تو را حاصل شود. گفت: آن بزرگ را کجا یابم؟ گفت: در جامع. گفت: میان چندین خلق او را چون شناسم که کدامست؟ گفتند: برو او تو را بشناسد و بر تو نظر کند»: فیه ما فیه، ص ۴۱.
پیران طریقت به نظر عنایت دستگیر طالبان و یار و غم‌خوار بندگان‌اند.

۳ – مولانا در مکتوبی می‌فرماید: این قوم را از میان خلق گزید و فرمود: هر که شما را دید، مرا که خدایم دید؛ هر که شما را عزیز داشت مرا، که خدایم، عزیز داشت؛ هر که شما را خوار داشت مرا خوار داشت: مکتوبات مولانا، ص ۲۳۲.

۴ – **مِنْ لَدُن** : مأخوذ است از کهف : ۶۵/۱۸ : وَ عَلَّمْناهُ مِنْ لَدُنّا عِلْماً : و او را از سوی خود دانشی آموختیم.

پیر را بگزین، که بی‌پیر این سفر   هست بس پرآفت و خوف و خطر ۲۹۵۶

اگر خواهان ادراکِ حقایق و معرفت هستی، دست در دامان هدایت مرشد کاملی بزن که در سفرهای آفاق و اَنْفُس، درونی به امداد باطنی وی، این راه پر از خطر را طی کنی.

آن رهی که بارها تو رفته‌ای   بی قلاووز، اندر آن آشفته‌ای ۲۹۵۷

راه‌های زمینی را که بارها رفته‌ای، بدون راهنما به آسانی نمی‌توانی بیابی و در میان راه با انشعابات فرعی و کوچک‌ترین اشتباه به کلّی از مقصد دور و پریشان می‌شوی.

پس رهی را که ندیدستی تو هیچ   هین! مرو تنها، ز رهبر سر مپیچ ۲۹۵۸

پس راه‌های سیر و سلوک روحانی و معنوی را که ندیده‌ای و به آن معرفت نداری، به تنهایی نمی‌توانی بروی و به رهبری آگاه نیازمندی.

گر نباشد سایهٔ[1] او بر تو گُول   پس تو را سرگشته دارد بانگِ غول ۲۹۵۹

اگر می‌اندیشی که به تنهایی می‌توان این راه دشوار را طی کرد، این تصوّر حماقت است؛ زیرا اگر در سایهٔ تربیت و امدادِ او نباشی، وسوسه‌های نفسانی تو را سرگشته و گمراه می‌کند.

غولت از ره افکَنَد اندر گزند   از تو داهی‌تر[2] در این ره بس بُدند ۲۹۶۰

دوستان ناباب، همنشینان جاهل، نویسندگان و یا گویندگانی که به صِرفِ علوم اکتسابی، می‌پندارند که به حقایق دست یافته‌اند، مدّعیان ارشاد که به هوای لقمهٔ دنیوی گمراه شده‌اند، همه و همه غول‌هایی هستند به تعبیر مولانا که سالکِ منفرد را که در زیر چتر حمایتِ پیر نیست، از راه راست منحرف می‌کنند و به او آسیبِ جبران‌ناپذیری می‌رسانند و چه بسا زیرکانی که به اتکای داناییِ خویش در این راه، به بیراهه رفتند.

از نُبی[3] بشنو ضَلالِ ره‌روان   که چه‌شان کرد آن بلیسِ بدروان ۲۹۶۱

در قرآن از اقوامی که با وسوسهٔ شیطانی و نَفْسانی گمراه شدند و به هلاکت افتادند، یاد شده است، مانند قوم عاد، ثمود و قوم نوح.

---

۱ - پیوسته خلاص جهانیان در هر روزگاری باز بسته بوده است به یکی از خواصّ بندگان، تا خلق در آن باشند نگران. ننگرید به آسمان که درِ آسمان باز نشود بهر خیره‌نگری حیران، بلکه رضای ولیّ خدا بجو و فارغ باش از کیوان: مکتوبات مولانا، از نامه‌ای به یکی از رجال قونیه، با تلخیص، ص ۱۵۵.   ۲ - **داهی** : زیرک.

۳ - **نُبی** : قرآن.

صـدهزاران سـاله راه از جـاده دور بُردشان، و کردشان اِدبیر[1] و عـور[2] ۲۹۶۲

ابلیس و ابلیس‌صفتان، پیروان خود را گمراه کردند تا نحوست و بدبختی دامنگیرشان شد.

اسـتخوان‌هـاشان بـبین و مـویشان عبرتی گیر[3] و مـران خـر سـویشان ۲۹۶۳

به آثار و نشانه‌های بر جای مانده از ایشان بنگر و پند بگیر کـه خـرِ نَـفْس را بـه سـوی خودکامگی و تکبّر نرانی.

گـردنِ خـر گـیر و سـویِ راه کَش سـویِ رَه‌بـانان و ره‌دانـانِ خَـوش ۲۹۶۴

نَفْسِ امّاره را که به تعبیر مولانا و اهل تصوّف «خر» خوانده می‌شود، با جبر به راه حق و به جانب آنان که ره‌بان و ره‌دان‌اند، هدایت کن.

هین! مَهل خر را و دست از وِی مدار زانکه عشقِ اوست سـویِ سـبزه‌زار ۲۹۶۵

آگاه باش و نَفْسِ خودکامه را به حال خود وانگذار؛ زیرا عشق و میل او به عالم مادّه است.

گر یکی دم تو به غفلت واهِـلیش[4] او رَود فرسنگ‌ها سـویِ حشـیش[5] ۲۹۶۶

اگر لحظه‌ای غافل شوی و او را به خود واگذاری، فرسنگ‌ها به بیراهه می‌رود.

دشمن راه است خـر، مستِ عـلف ای که بس خربنده[6] را کرد او تلف ۲۹۶۷

«نفس امّاره» با راه راست، خیر و نیکی دشمن است. از بوی علف که همان لذایذ دنیوی است، مست می‌شود و به این ترتیب گروه کثیری را به هلاکت رسانیده است.

گر ندانی ره، هر آنچه خر بـخواست عکسِ آن کن، خود بُوَد آن راهْ راست ۲۹۶۸

اگر نمی‌دانی چگونه از مکرِ نَفْس در امان بمانی، هر چه را که نفس خواست، از او دریغ کن، این راه راست است.

---

۱ - **ادبیر** : نحوست و بدبختی.   ۲ - **عور** : برهنه.

۳ - اشارتی است به آیاتی در مفهوم آنکه: در روی زمین گردش کنید و حال و عاقبت کار حق‌ستیزان و پیشینیان را ببینید. نحل: ۳۶/۱۶، انعام: ۱۱/۶، آل‌عمران: ۱۳۷/۳.   ۴ - **هلیدن** : به کار خود باز گذاشتن.

۵ - **حشیش** : در استعمال شعرای فارسی زبان به معنی مطلق گیاه.

۶ - **خربنده**: کسی که تیمارداری و رسیدگی به امور خر را بر عهده دارد، مجازاً کسی که پیروی از هوای نفس می‌کند.

۲۹۶۹ **شـــاوِرُوهُنَّ وَ آنگـــه خـــالِفُوا[1]   اِنَّ مَـــنْ لَـــمْ یَـــعْصِهِنَّ تـــالِفُ**

با نَفْس خود مشورت کنید، آنگاه با او مخالفت کنید، هر کس از نَفْس پیروی کند، زندگیش تباه می‌شود.

۲۹۷۰ **بـــا هـــوا و آرزو کَم بـاش دوست   چو یُضِلُّکْ عَنْ سَبیلِ الله[2] اوست**

با نَفْس دوستی نکن و در پی خواسته یا آرزوهای دور و دراز او نباش که تو را از راهِ راست منصرف می‌کند.

۲۹۷۱ **ایـــن هـــوا را نشکـند انـدر جـهان   هیچ چیزی هـمچو سـایهٔ هـمرهان**

در این جهان هیچ چیز نمی‌تواند هوای نفسانی را در هم شکند، مگر قرار گرفتن در ظلِّ توجّهات مرشدان کامل و تأثیرِ همراهانِ راه حق.

وصیّت کردنِ رسول صَلَّی اللهُ عَلَیْهِ و سَلَّم مر علی را کَرَّمَ اللهُ وَجْهَهُ، که: چون هر کسی به نوعِ طاعتی تقرُّب جوید به حقّ، تو تقرُّب جوی به صُحبتِ عاقل و بندهٔ خاص تا از ایشان همه پیش‌قدم‌تر باشی

اشاره‌ای است به حدیثی به روایت حضرت علی(ع)[3]: ای علی هنگامی که مردم با مبرّات و اعمال نیک به خالق‌شان تقرّب می‌جویند، تو با تکیه کردن بر عقل خود به خدا تقرّب کن، تا در قیامت از نظر درجات، بر آنان سبقت گیری و تقرّبت به خدا بیشتر گردد.

۲۹۷۲ **گفت پـیغمبر عـلی را: کِـای عـلی!   شـــیرِ حـــقی[4]، پـهلوانِ پُـردلی**

پیامبر(ص) به علی(ع) فرمود: ای علی، تو شیر حقّی و دلاوری با شهامت و شجاع هستی.

---

۱ - اشاره‌ای است به حدیث: شاوِرُوهُنَّ و خالِفُوهُنَّ : با زنان مشورت کنید و خلاف آن را به کار بندید، که به حضرت علی(ع) منسوب است؛ امّا سیوطی آن را باطل می‌داند.
در تعبیرِ مولانا «مرد» کنایه از عقل و «زن» کنایه از نفس امّاره است: احادیث، صص ۱۲۴ و ۱۲۵.

۲ - **یُضِلُّكْ عَنْ سَبیلِ الله** : اشارتی قرآنی، ص : ۲۶/۳۸ : وَ لاٰ تَتَّبِعِ الْهَویٰ فَیُضِلَّکَ عَنْ سَبیلِ اللهِ... : از خواهش نفس پیروی مکن که تو را از راه خدا به دور افکند... ۳ - احادیث، ص ۱۲۵.

۴ - **شیر حق** : شیر خدا، أَسَدُ الله، جزو القاب علی(ع) به سبب دلاوری و شجاعت.

لیک بر شیری مکن هم اعتماد[1] اندر آ در سایهٔ نخلِ امید ۲۹۷۳

امّا بر شجاعتِ خود اعتماد نکن، در ظلِّ توجّهات حق باش که مانندِ درختِ پرثمر می‌توان بدان امید داشت.

اندر آ در سایهٔ آن عاقلی کِش نداند بُرد از ره ناقلی[2] ۲۹۷۴

در زیر سایهٔ توجّه خردمندی قرار گیر که هیچ کس و هیچ چیز نتواند او را گمراه کند.

ظِلِّ او اندر زمین چون کوهِ قاف[3] روحِ او سیمرغِ بس عالی طواف ۲۹۷۵

سایهٔ لطف و توجّه او، مانند کوه قاف است که سایه‌ای گسترده دارد و روحِ او مانندِ سیمرغِ بلندپروازی است که در اوجِ عالم معنا و حقایق طواف می‌کند.

گر بگوییم تا قیامت نَعتِ[4] او هیچ آن را مقطع[5] و غایت[6] مجو ۲۹۷۶

اگر تا روز رستاخیز اوصاف کاملان را بگوییم، پایان و نهایتی ندارد.

در بشر رُوپوش کرده‌ست آفتاب[7] فهم کن، وَاللهُ اَعْلَم بِالصَّواب ۲۹۷۷

خداوند، آفتابِ حقایق را در انسانِ کامل نهاده و با پوششِ تن آن را نهان کرده است. به این نکته توجّه کن که خداوند به صواب و راستی داناتر است.

یا علی! از جملهٔ طاعاتِ راه برگزین تو سایهٔ خاصِ اِله ۲۹۷۸

ای علی، تو از میان تمام طاعاتِ راهِ حق، قرارگرفتن در سایهٔ بندهٔ خاص را برگزین.

هر کسی در طاعتی بگریختند خویشتن را مَخْلَصی[8] انگیختند ۲۹۷۹

هر گروهی بنا بر استنباط و درکِ خویش، نوع ویژه‌ای از طاعات و عبادات را برگزیدند که از آن طریق به سرمنزل مقصود برسند و آن را راهِ نجات دانستند. عدّه‌ای به نماز دائم، برخی به روزهٔ مداوم، جمعی به بیداری شب و تلاوت قرآن تا سحرگاه و بعضی به ریاضت‌های سخت و دشوار تن در دادند.

---

۱ - «اعتماد» را «اعتمید» بخوانید، به صورت اِماله. ۲ - **ناقل :** جابه‌جا کننده.

۳ - **کوه قاف :** ذیل بیت ۱۳۹۳ همین دفتر. ۴ - **نَعْت :** وصف کردن. ۵ - **مقطع :** اتمام، آخرِکلام.

۶ - **غایت :** پایان.

۷ - حق تعالیٰ خود را در حجاب انسان کامل متجلّی می‌سازد. او محلّ تجلّی و ظهور اسما و صفات حق است.

۸ - **مَخْلَص :** پناهگاه، راهِ نجات.

تــو بــرو در ســایهٔ عــاقل گــریز   تــا رهـی زآن دشـمنِ پـنهانْ سـتیز ۲۹۸۰

ای علی، تو برای رهایی از شرّ دشمنِ نهانیِ درونی، سایهٔ عقلِ کُلّ را برگزین و در پناه آن بیاسای.

از هـمه طـاعاتْ ایـنَت بـهتر است   سَبْق یابی بر هر آن سابق[1] که هست ۲۹۸۱

از بین همهٔ طاعات، اطاعت از عاقلی که عقل او در اتّصال با عقل کلّ است، بهتر است. به این ترتیب از همهٔ پیشی‌گیرندگان در ایمان، پیشی می‌یابی.

چون گرفتت پیر، هین! تسلیم شـو   همچو موسی زیرِ حکمِ خِـضر رو[2] ۲۹۸۲

چون او مسؤولیّت هدایت را بر عهده گرفت، تسـلیم بـاش، هـمان‌گونه کـه مـوسی(ع)، علی‌رغمِ مقامِ پیامبری به حُکمِ خضر(ع) عمل می‌کرد.

صبر کن بـر کـارِ خـضری بی‌نفاق   تا نگـوید خـضر: رو، هٰـذا فِـراق[3] ۲۹۸۳

دستورات انسانِ کامل را بپذیر و در باب تعالیم و ارشاد وی صادقانه صبور باش تا نگوید: اینک وقت جدایی من و تو ست.

گرچه کَشتی بشکـند، تـو دَم مـزن   گرچه طِفلی را کُشد، تـو مـو مَکَـن ۲۹۸۴

اگر کَشتیِ وجودت را با ریاضت‌های مختلف در هم شِکَند، هیچ نگو، حتّی اگر طـفل معانی جان تو را بکُشد، مویه و زاری نکن؛ زیرا او از حقایقی آگاه است که ناقصان قدرت درک آن را ندارند.

دستِ او را، حق چو دستِ خویش خواند   تـا «یَـدُ اللّـه فَـوْقَ اَیْـدیهِمْ»[4] بـرانـد ۲۹۸۵

حق‌تعالیٰ دست او را دست خویش خوانده و فرموده‌است: دست‌خدا بالاتر از دست بندگان است.

---

۱ - «سابق»؛ اشارتی قرآنی، واقعه : ۱۰/۵۶ : وَالسّابِقُونَ السّابِقونَ : و پیشگامان پیشگامان‌اند.
«سابقون»، کسانی‌اند که در ایمان و اعمال پسندیده و صفات و اخلاق بر همگان پیشی گرفته و اسوه و قُدوهٔ مردم‌اند. آنان مقرّبان درگاه حق تعالیٰ و پیشوای خلق‌اند.

۲ - ملاقات موسیٰ(ع) با خضر نبی، ذیل بیت ۲۲۵ همین دفتر به تفصیل آمده است.

۳ - اشارتی قرآنی؛ کهف : ۷۸/۱۸ : قالَ هٰذا فِراقُ بیْنی و بَیْنِکَ : خضر گفت: ای موسیٰ، اینک هنگام جدایی من و توست. (قصّهٔ موسی و خضر در کهف: ۸۴-۶۴)

۴ - اشارتی قرآنی؛ فتح : ۱۰/۴۸ : إنَّ الَّذینَ یُبایِعُونَکَ إنَّما یُبایِعُونَ اللهَ یَدُ اللهِ فَوْقَ أیْدِیْهِم : کسانی که با تو ای پیامبر، بیعت می‌کنند، با خدا پیمان می‌بندند و بس و دست خداست که در هنگام بیعت بالای دست آن‌ها قرار دارد. در ارتباط با پیمان وفاداری و سوگند مسلمانان با پیامبر(ص). اشارتی است به بیعت مراد با مرید که در طیِ آداب خاصّی مراد، مرید را در شمار سالکان طریقت قرار می‌دهد.

دستِ حق میرانَدَش، زنده‌ش کند   زنده چه بْوَد؟ جانِ پاینده‌ش کند ۲۹۸۶

مرید در دست تربیت او، از «هستی موهومی» و «صفات بشری» می‌رهد (فنا)، به صفات حق زنده می‌شود و زندگی جاوید می‌یابد (بقا).

هر که تنها، نادرا[1]، این ره بُرید[2]   هم، به عونِ[3] همَّتِ پیران رسید ۲۹۸۷

اگر کسی به تنهایی این راه را طی کند که به ندرت ممکن است، آنجا هم امداد غیبی پیران و همّت ایشان امداد کننده بوده است؛ زیرا انسان کامل واسطه فیض حق به موجودات و سالکان است.

دستِ پیر از غایبان کوتاه نیست   دستِ او جز قبضهٔ الله نیست ۲۹۸۸

دست پیر، یعنی چتر امداد باطنیِ او که گسترده است، فقط شامل حال حاضران نیست، کسانی را که غایب و به دل حاضرند، نیز شامل می‌گردد؛ زیرا دستِ «مرد حق» دستِ خداست.

غایبان را چون چنین خلعت دهند   حاضران از غایبان لاشک بِهْ‌اند ۲۹۸۹

چون غایبان این چنین مورد لطف‌اند، بی‌شک لطفشان به حاضران افزون‌تر است.

غایبان را چون نواله می‌دهند   پیشِ مهمان تا چه نعمت‌ها نهند[4] ۲۹۹۰

چون به غایبان دهش دارند، ببین برای میهمانی که بر خوان کَرَم است، چه عنایاتی دارند؟

کو کسی کو پیشِ شه بندد کمر   تا کسی کو هست بیرون سویِ در؟ ۲۹۹۱

کسی‌که در حضور شاه کمر به خدمت بسته‌است، کجا و کسی‌که دربیرون از سرای شاه‌است، کجا؟

چون گزیدی پیر، نازک دل مباش   سُست و ریزیده[5] چون آب و گِلِ مباش ۲۹۹۲

چون دست ارادت به دست پیر کاملی دادی، بدان که او بر حقایق آگاه است و تو ناآگاهی؛ بنابراین اگر در سِلکِ طالبانِ راستین قرار داری، نازک‌دلی و رنجیدن را رها کن و فرمانِ استاد را به جان و دل بپذیر و مانند آب و گِل که سست و بدون مقاومت است، نباش که گفته‌اند: درویشی نرنجیدن است و نرنجاندن.

---

۱ - **نادرا:** به ندرت.   ۲ - **این ره برید:** این راه را طی کرد.   ۳ - **عون:** مدد، یاری.

۴ - حضور در محضر پیران و کاملان علاوه بر تأثیرات عظیم باطنی در سالکان و طالبان دارایِ تأثیرات ظاهری شگرفی نیز هست؛ زیرا حاضران هم فیض باطنی می‌برند، هم فیض ظاهری. که فیض ظاهری عبارت است از دیدن احوال و رفتار و گفتار و کردار ایشان و اثرات عمیقی که در بینندهٔ صافی دارد.

۵ - **ریزیده:** صفت مفعولی از مصدر «ریزیدن» که همان «ریختن» است.

ورِ به هر زخمی تو پر کینه شوی　　پس کجا بی‌صیقل[1] آیینه شوی؟ ۲۹۹۳

اگر با هر فشار و ضربه‌ای پر از کینه و نفرت شوی، چگونه بدون صیقلی آینه شوی؟

کبودی زدنِ قزوینی بر شانه‌گاه، صورتِ شیر، و پشیمان شدنِ او به سببِ زخمِ سوزن[2]

مردی قزوینی نزد دلّاک خال‌کوب رفت و از وی خواست که صورت شیر ژیان را بر بدنش خال‌کوبی کند؛ امّا با سوزن زدن مرد دلّاک که از دُمگاه شیر شروع شده بود، نالۀ قزوینی کار را متوقّف کرد که دُمگاه را رها کن و به خال‌کوبی موضع دیگری بپرداز و بدین سان دلّاک به هر عضو شیر که پرداخت، درد ناشی از سوزن زدن قزوینی را بی‌تاب کرد و از آن عضو شیر منصرف شد و بدین ترتیب خال‌کوب حیران سوزن را بر زمین زد که شیر بی‌دم و سر و شکم که دیده؟ چنین شیری را خدا هم نیافریده است.

طنزی است نیشدار در ردِّ نازک طبعی و کم‌ظرفی اهل دعوی که طبل میان‌تهی‌اند، لاف مردی دارند و پایِ مردی نه. لطیفه‌ای است انتقادی دربارۀ آداب و رسومِ خلق و سرِّ سخن طعنی است در مدّعیانِ عاری از معنا.

این حکایت بشنو از صاحبْ بیان　　در طـــریق و عـــادتِ قـــزوینیان ۲۹۹۴

از قصّه‌گو، حکایتی را که دربارۀ راه و رسم و عادت مردم قزوین است، بشنو.

بر تن و دست و کَتِف‌ها بی‌گزند[3]　　از ســرِ ســوزن کــبودی‌ها زنــند[4] ۲۹۹۵

این مردم بر تن و شانه و دست خود خال‌کوبی می‌کنند و برای این کار با سر سوزن پوست را می‌خَلَند و در آن محل با مرکب، سرمه یا نیل نقوش متفاوتی را ایجاد می‌کنند.

---

۱ - ترک خواهش نفس از طریق ریاضت و مجاهده، طاعات و عبادات و خدمت، حُسن سلوک همواره، ایثار، مراقبه و ذکر حق، اموری‌اند که پیر بدان اهتمام می‌ورزد و سالک از آن تن می‌زند.

۲ - مأخذ این حکایت احتمالاً لطیفه‌های شایع و رایج افواه عام در زمان مولانا بوده است.

۳ - **بی‌گزند**: بی‌آنکه ناراحت شوند؛ یعنی درد را به راحتی تحمّل می‌کنند.

۴ - **کبودی زدن**: خال‌کوبی که هنوز نیز رایج است. این کار در اسلام مذموم است و حدیثی نیز در ذمّ آن آورده‌اند: احادیث، ص ۱۲۶.

سوی دلاّکی بشد قزوینیی   که کبودم زن، بکن شیرینیی ۲۹۹۶

مردِ قزوینی نزدِ دلاّکی که خال‌کوب هم بود رفت و گفت: بدنم را خال‌کوبی کن و این کار را ظریف انجام بده.

گفت: چه صورت زنم ای پهلوان؟   گفت: بر زن صورتِ شیرِ ژیان ۲۹۹۷

دلاّک پرسید: ای پهلوان، چه نقشی را خال‌کوبی کنم؟ مرد گفت: نقش یک شیر ژیان.

طالعم شیر است، نقشِ شیر زن   جهد کن، رنگِ کبودی سیر زن ۲۹۹۸

طالع من شیر است، نقش شیر را خال‌کوبی کن که به رنگ کبود پررنگ باشد.

گفت: بر چه موضعت صورت زنم؟   گفت: بر شانه‌گَهَم زن آن رقم ۲۹۹۹

دلاّک پرسید: بر کدام قسمت از بدنت این نقش را بکوبم؟ مرد گفت: بر کتفم.

چونکه او سوزن فرو بردن گرفت   دردِ آن در شانه‌گَه مسکن گرفت ۳۰۰۰

همین که دلاّک مشغول کار شد و اوّلین سوزن‌ها را فرو برد، کِتف قزوینی به درد آمد.

پهلوان در ناله آمد کای سَنی[1]!   مر مرا کُشتی، چه صورت می‌زنی؟ ۳۰۰۱

پهلوان با ناله گفت: ای استاد ورزیده، مرا کُشتی، چه نقشی را خال‌کوبی می‌کنی؟

گفت: آخر شیر فرمودی مرا   گفت: از چه عضو کردی ابتدا؟ ۳۰۰۲

گفت: دستور دادی شیر را نقش کنم. مرد گفت: از کدام عضو شروع کردی؟

گفت: از دُمگاه آغازیده‌ام   گفت: دُم بگذار، ای دُو دیده‌ام! ۳۰۰۳

دلاّک گفت: از محلِّ دم شروع کرده‌ام. قزوینی گفت: ای عزیز من، دُم را رها کن.

از دُم و دُمگاهِ شیرم دَم گرفت   دُمگه او دَمگهم محکم گرفت ۳۰۰۴

زیرا از دُم و محلِّ دم شیر، نَفَسم بند آمد. دُمگاه او راه نفس مرا سخت بسته است.

شیرِ بی دُم باش گو ای شیرساز!   که دلم سستی گرفت از زخمِ گاز[2] ۳۰۰۵

ای خالکوب، چه اشکالی دارد که شیر ما، دُم نداشته باشد که از دردِ زخمِ مقراض، دلم ضعف رفته است.

---

۱ - **سَنِیّ**: روشن، بلند، مجازاً بلندپایه.

۲ - **گاز**: مقراض، وسیله‌ای که با آن آهن و سیم و زر را می‌تراشند و کاغذ را می‌بُرند، آلتی که با آن میخ را می‌کشند، گازانبر.

| جانبِ دیگر گرفت آن شخصْ زخم | بی‌مُحابا۱، و مُواسایی۲ و رحم | ۳۰۰۶ |

دلّاک بدون ملاحظه و نرمش از قسمت دیگری سوزن زدن را آغاز کرد.

| بانگ کرد او کین چه اندام است از او؟ | گفت: این گوش است ای مردِ نکو | ۳۰۰۷ |

مرد فریاد زد: این کدام عضو شیر است؟ دلّاک گفت: ای مرد خوب، این گوش شیر است.

| گفت: تا گوشش نباشد ای حکیم | گوش را بگذار و کوته کن گلیم | ۳۰۰۸ |

پهلوان گفت: ای مرد خردمند، گوش نمی‌خواهد، آن را بگذار و کار را سریع و کوتاه کن.

| جانبِ دیگر خَلِش آغاز کرد | باز قزوینی فغان را ساز کرد | ۳۰۰۹ |

دلّاک از عضو دیگری سوزن کوبیدن را شروع کرد. نالهٔ قزوینی آغاز شد.

| کین سوم جانب چه اندام است نیز؟ | گفت: این است اِشکم شیر ای عزیز | ۳۰۱۰ |

که این سوم جای کدام اندام است؟ دلّاک گفت: ای عزیز، شکم شیر است.

| گفت: تا اِشکم نباشد شیر را | گشت افزون درد، کم زن زخم‌ها | ۳۰۱۱ |

گفت: اگر شیر شکم نداشته باشد، چه می‌شود؟ درد شانه‌ام زیاد شده است. کمتر زخم بزن.

| خیره شد دلّاک و پس حیران بماند | تا به دیر انگشت در دندان بماند | ۳۰۱۲ |

دلّاک متعجّب شد و مدّتی انگشت به دندان ماند.

| بر زمین زد سوزن از خشم اوستاد | گفت: در عالم کسی را این فُتاد؟ | ۳۰۱۳ |

بعد استاد با خشم سوزن را بر زمین زد و گفت: آیا در دنیا چنین چیزی رخ داده است؟

| شیرِ بی دُم و سر و اشکم که دید؟ | این چنین شیری خدا خود نافرید | ۳۰۱۴ |

چه کسی شیر بدون دُم و سر و شکم دیده؟ خدا هم چنین شیری نیافریده است.

| ای برادر! صبر کن بر دردِ نیش | تا رهی از نیشِ نفسِ گَبرِ۳ خویش | ۳۰۱۵ |

ای برادر، در سلوک نیش‌های بسیاری است که باید صبورانه تحمّل کنی تا از نیش نفس کافر خود در امان باشی. بدون این نیش‌ها، نوش‌ها وجود ندارند. خداوند هم نوش بدون نیش نیافریده است.

۱- مُحابا : ملاحظه، مروّت.   ۲- مُواسا : نرمش.   ۳- گَبر : مطلق کافر.

کآن گروهی کـه رهـیدند از وجـود چرخ و مِهر و ماهشان آرَد سـجود ۳۰۱۶

بر آنان که از هستی موهومی رهیدند و به کمال الهی رسیدند، افلاک، خورشید، ماه و کون و مکان سجده می‌آورند.

هر که مُرد انـدر تـنِ او نَـفْسِ گَـبر مر ورا فرمان بَـرَد خـورشید و ابـر ۳۰۱۷

هرکس که با مجاهده و تهذیب درون به درجه‌ای برسد که نفس کفرکیش وی بمیرد، به کمالی رسیده است که خورشید و ابر و کائنات در تصرّف روح پاک او و مطیع و فرمانبر وی‌اند.

چون دلش آموخت شمع افروختن آفـــتاب او را نـــیارد ســوختن ۳۰۱۸

چون در دلِ او عشق حق شراره می‌کشد، آفتاب و عوامل طبیعی نمی‌توانند به وی صدمه بزنند؛ یعنی انسان کامل از رنج و درد نمی‌هراسد.

گــفت حــق در آفــتابِ مُـنْتَجِمْ[1] ذکــرِ تَــزّاوَرْ کَــذی عَــنْ کَـهْفِهِمْ[2] ۳۰۱۹

در تأییدِ بیت پیشین که گفته شد: عوامل طبیعی اثر سوئی بر کاملان ندارد، مگر ارادهٔ حق بر آن قرار گیرد، به عنوان مثال، اشارتی قرآنی به اصحاب کهف آمده است که در غار از اشعهٔ سوزان خورشید در امان بودند.

خار، جمله لطف چون گُل می‌شود پیشِ جزوی، کو سویِ کُل می‌رود ۳۰۲۰

هنگامی که سالک به عنوان یک جزو به سوی کلّ خویش می‌رود، خار راه را بـه جـان می‌خرد و برای او رنج‌هایِ راه عشق آسان می‌شود.

چـــیست تـعظیمِ خـدا افـراشـتن؟ خویشتن را خوار و خاکی داشـتن ۳۰۲۱

تعظیم خداوند چیست؟ این بزرگداشت چیزی جز تواضع و خـواری در پیشگاه ذات احـدیّت نیست؛ یعنی سالک به عجزِ خود در قبال قدرتِ خداوند پی ببرد و خودبینی از وجودش رخت بربندد.

چـــیست تـوحیدِ خـدا آمـوختن؟ خویشتن را پیشِ واحـد سـوختن ۳۰۲۲

توحید خدا چیست؟ اینکه خدا را به یکتایی بشناسیم و به زبان و دل بر این اقرار باشیم. چـنین تعریفی را، **توحید عام** می‌نامند که اکثریّت مردم بر آن‌اند و آن را **توحید ایمانی** گویند. **توحید علمی** که آن

---

۱ - **مُنْتَجِم** : درخشان، روشن و تابان، از نجم.

۲ - کهف : ۱۷/۱۸ : وَ تَرَی الشَّمْسَ إِذا طَلَعَتْ تَزاوَرُ عَنْ کَهْفِهِمْ ذاتَ الْیَمِیْنِ وَ إِذا غَرَبَتْ تَقْرِضُهُمْ ذاتَ الشِّمالِ : [اگر آنجا بودی] خورشید را می‌دیدی که به‌هنگام طلوع به سمت راست غارشان می‌گردد و به‌هنگام غروب به سمت چپ. به گفتهٔ محقّقان این غار قطعاً در نیمکرهٔ شمالی زمین بوده و نور خورشید به‌طور مستقیم به درون نمی‌تابیده است. به هر تقدیر مقصود مولانا بیان کمال و قدرت و عزّت کاملان است.

را یقین خوانند چنان است که سالک در بدایت طریق از سر یقین بداند که جز ذات حق تعالیٰ موجود حقیقی دیگری نیست. **توحید حالی** آن است که عارف در غلبهٔ اشراق نور توحید متلاشی و مضمحل می‌گردد و منشأ آن نور مشاهده است و عالی‌ترین مرتبهٔ آن برای آدمی است.[1] مولانا می‌فرماید: موحّد واقعی کسی است که در نورِ اشراق سوخته و متلاشی شده باشد.

گر همی خواهی که بفروزی چو روز هستیِ همچون شبِ خود را بسوز ۳۰۲۳

اگر مشتاقی که وجودت چون روز منوّر و تابناک باشد، باید هستی عاریتی خویش را که چون شب، تاریک و ظلمانی است به امداد عشق حق بسوزانی و از بین ببری.

هستیت در هستِ آن هستی نواز همچو مِس در کیمیا اندر گداز ۳۰۲۴

هستی‌ات را در هستیِ حق محو کن، همان‌گونه که مس در کیمیا می‌گدازد و محو می‌شود تا مبدّل به زرّ ناب گردد. این «کیمیای نَفْس‌کُش» چیزی جز عشق حق نیست.

در من و ما سخت کردستی دو دست هست این جمله خرابی از دو هست ۳۰۲۵

تمام مشکلات از «من» و «ما» است، یعنی ناشی از خود را در میانه دیدن و در کنار «هستیِ حقیقیِ حق»، «هستیِ مجازی خود» را هستی پنداشتن. حال آنکه موحّد حقیقی چنان در مشاهدهٔ جمال غرق است که جز ذات و صفات واحد در نظر او نمی‌آید که این شهود را نیز از حق بیند نه از خود و بدین ترتیب هستی‌اش قطره‌وار در تصرّف بحر حقایق است؛ یعنی انانیّت او از میان برخاسته است.

رفتنِ گرگ و روباه در خدمتِ شیر به شکار[2]

شیر و گرگ و روباهی برای شکار راهی کوهستان شدند، هرچند که شیر از همراهی با آنان اکراه داشت؛ امّا اِکرامی کرد و با آنان همگام گردید. آن‌ها موفّق شدند که گاو کوهی و بُز و خرگوشی را شکار کنند و به بیشه بیاورند. شیر به فراست دریافت که همراهان او در صید طمع بسته‌اند؛ بنابراین به گرگ مأموریّت داد که صیدها را تقسیم کند، گرگ که از لبخند شیر خود را ایمن پنداشته بود، گفت: گاو وحشی از آن تو، بز برای من و خرگوش سهم روباه باشد. شیر به این تقسیم ناعادلانه معترض شد که با وجود من، تو چگونه جرأت می‌ورزی که

---

۱ - ف. سجّادی، صص ۲۶۸-۲۶۶.

۲ - مأخذ آن حکایتی است که در کتاب نثرالدّر از ابوسعد آبی (باب چهاردهم) و در محاضرات الادباء، ج ۲، ص ۴۱۷ و در کتاب الاذکیاء تاریخ ابوالفرج عبدالرّحمن بن جوزی، طبع مصر، ص ۱۵۷ روایت شده است: احادیث، ص ۱۲۶.

خود را کسی بشماری؟ و بر جهید و او را درید. آنگاه مأموریّت تقسیم لاشه‌ها را به روباه سپرد. روباه که از سرنوشت دردناک گرگ عبرت آموخته بود، گفت: ای شاه، گاو برای چاشت تو، بز برای غذای نیم‌روزت و خرگوش برای شام و شب‌چرهٔ شما مناسب است. شیر که از تقسیم عادلانهٔ صیدها خرسند بود، با رضایت خاطر به روباه گفت: این روش عادلانه را از که آموختی؟ روباه گفت: از سرانجام گرگ. آنگاه شیر به روباه گفت: اینک که در حضور ما خویشتن را ندیدی و جمله از آن ما گشتی، چگونه تو را بیازارم؟ جمله شکاران و ما نیز همه از آن تو.

در این قصّه که بلافاصله پس از داستان «کبودی زدن قزوینی» که طعنی در مدّعیان لاف‌زن است، طرح می‌گردد، سخن را به تقریر این معنا می‌کشاند که همراهی و همگامی شیران حق در عالم محسوسات با گرگ‌صفتان از سر اکرام است و رحمت الهی ایشان را همراه جماعت می‌دارد. در این حکایت، گرگ نمادی از خودبینی و «انانیّت» خودبینان و روباه نمادی از تدبیر عاقبت‌اندیشان است که از سرنوشت هولناک پیشینیان عبرت می‌آموزد و خویشتنِ خویش را در هستی حق می‌بازند.

شیر و گرگ و روبهی بهرِ شکار رفته بودند از طلب در کوهسار ۳۰۲۶

شیر و گرگ و روباهی برای شکار به کوهسار رفته بودند.

تا به پُشتِ همدگر بر صیدها سخت بربندند بارِ قیدها ۳۰۲۷

تا به پشت‌گرمی و یاری یک‌دیگر راه فرار را بر صیدها ببندند.

هر سه با هم اندرآن صحرایِ ژرف صیدها گیرند، بسیار و شگرف ۳۰۲۸

تا هر سه در آن بیابان پهناور بتوانند صیدِ فراوان و باارزش بگیرند.

گرچه ز ایشان شیرِ نر را ننگ بود لیک کرد اِکرام و همراهی نمود ۳۰۲۹

هرچند که شیر نر از همراهی با گرگ و روباه عار داشت؛ امّا بزرگواری کرد و همراهشان رفت.

این چنین، شه را ز لشکر زحمت است لیک همره شد، جماعتْ رحمت است[1] ۳۰۳۰

برای شیر سلطانِ بی‌منازع، وجود لشکریان و همراهان موجبات زحمت و دردسر است؛ امّا در هر حال همراه آنان رفت؛ زیرا در جماعت، رحمت است.

این چنین، مه را ز اختر ننگ‌هاست او میانِ اختران بهرِ سخاست ۳۰۳۱

چنین ماه تابانی از ستارگانِ آسمان ننگ دارد، حضور او در میان آن‌ها به سبب سخاوتمندی و کرم اوست.

---

۱ - اشاره‌ای به حدیث: الجَماعَةُ رَحْمَةٌ وَ الفُرْقَةُ عَذابٌ: در یکپارچگی مردم رحمت خدا متجلّی است و در پراکندگی آن‌ها عذاب خدا، احادیث، ص ۱۲۸.

امـرِ «شـاوِرْهُمْ»[۱] پـیمبر را رسـید گرچه رایـی نـیست رایش را نَـدید ۳۰۳۲

فرمان مشورت کردن و رأی زنی از حق تعالیٰ به پـیامبر(ص) رسـید، هـرچـند کـه رأی و اندیشهٔ او بی‌نظیر و برتر است.

در تـرازو، جـو رفـیقِ زر شـده‌ست نه از آن‌که جو چو زر جوهر شده‌ست ۳۰۳۳

هنگام توزینِ جو و زرّ، هر دو را با ترازو وزن می‌کنند؛ امّا نه برای آن که جو قدرِ زرّ ناب را دارد.

روحْ قالب را کنون همره شـده‌ست مدتی سگ حارسِ درگه شده‌ست ۳۰۳۴

«روح» که از «عالم امر» است، در مدّتِ کوتاه عمرِ بشر، با «تن» همراه شده است و نَفْس امّاره، مانندِ سگ دربان این بارگاه است. هرچند که روح پاک اینک در جوارِ نَفْسِ پلید قرار گرفته است؛ امّا این همجواری نشانِ سنخیّت آنان نیست.

چونکه رفتند این جماعت سویِ کوه در رکـابِ شـیرِ بـا فـرّ و شکـوه ۳۰۳۵

هنگامی که این گروه در رکاب شیرِ با شکوه به سوی کوهسار روانه شدند،

گاوِ کوهی و بـز و خـرگوشِ زَفْت یـافتند و کـارِ ایشـان پـیش رفت ۳۰۳۶

موفّق شدند گاو کوهی و بز و خرگوش بزرگی را شکار کنند.

هر که بـاشد در پـی شـیرِ حِـراب[۲] کم نـیاید روز و شب او را کـباب[۳] ۳۰۳۷

کسی که از «مردِ حق» پیروی کند، کمبودِ رزقِ معنوی نخواهد داشت.

چـون زکـه در بـیشه آوردنـدشان کُشته و مجروح و اندر خون کشان ۳۰۳۸

هنگامی که صیدهای کشته و مجروح و خون آلود را از کوهسار به بیشه آوردند،

گرگ و روبه را طـمع بـود انـدر آن که رود قسمت بـه عـدلِ خسـروان ۳۰۳۹

گرگ و روباه طمع داشتند که تقسیم صید به روش عادلانه پادشاهان باشد.

عکسِ طمْع هر دوشان بر شیر زد شـیر، دانست آن طـمع‌ها را سَـنَد ۳۰۴۰

پرتوی از فکرِ طمعکارانهٔ آنان بر شیر که فراستی باطنی داشت، زد و دریافت که چگونه می‌اندیشند.

---

۱ - اشارتی قرآنی؛ آل‌عمران : ۱۵۹/۳ : وَ شاوِرْهُمْ فِی ٱلْأَمْرِ: درکارها با مسلمانان مشورت کن.

۲ - حِراب : جنگی.

۳ - شیر رمزی است از مُرشدان کامل که در جوار ایشان رِزق معنوی مریدان به کمال می‌رسد.

هر که باشد شیرِ اسرار و امیر   او بداند هر چه اندیشد ضمیر[1] ۳۰۴۱

هر کس که امیرِ نَفْس خود شود، شیرِ بیشهٔ اسرار الهی است که با آگاهی و اِشراف بر ضمایر، آنچه را که دیگران می‌اندیشند، می‌دانَد.

هین! نگه دار ای دلِ اندیشه‌خو[2]   **دل ز اندیشهٔ بدی در پیشِ او** ۳۰۴۲

ای دلی که پر از وسوسه و اندیشه‌ای، آگاه باش که از اندیشهٔ ناصواب در محضر او بپرهیزی.

دانَد و خر را همی رانَد خموش   در رُخَت خندد برای روی پوش ۳۰۴۳

مرشد کامل از اندیشه و افکار دیگران مطّلع است؛ امّا مماشات می‌کند؛ حتّی با آنان می‌خندد و به گفت‌وگو می‌نشیند تا ندانند که از سرّ ضمیرشان آگاه است.

شیر چون دانست آن وسواس‌شان   وانگفت و داشت آن دم پاس‌شان ۳۰۴۴

شیر علی‌رغم آنکه از وسوسهٔ درونی آنان آگاه بود، چیزی نگفت و مراعات کرد.

لیک با خود گفت: بنمایم سزا   مر شما را ای خسیسانِ گدا! ۳۰۴۵

امّا با خود گفت که سزای شما فرومایگان گداصفت را خواهم داد.

مر شما را بس نیامد رأیِ من؟   ظنّتان این است در اِعطایِ من؟[3] ۳۰۴۶

برای شما رأی و اندیشهٔ من کافی نبود که در برابرم اظهار وجود می‌کنید؟ گمانِ باطل شما در باب بخشش من چنین است؟

ای عقول و رأیتان از رأیِ من   از عطاهایِ جهان آرایِ من ۳۰۴۷

ای کسانی که عقل و رأی شما از رأی من و ناشی از عطایِ جهان‌آفرین من است.

نقش با نقّاش چه سْگالد[4] **دگر؟   چون سِگالِشْ اوش بخشید و خبر** ۳۰۴۸

نقش چگونه می‌تواند به نقش زننده ایراد بگیرد؟ زیرا اندیشه را نقّاش به او بخشیده است.

این چنین ظنِّ خسیسانه به من   مر شما را بود؟ ننگانِ زَمَن! ۳۰۴۹

ای کسانی که مایهٔ ننگ زمین‌اید، چنین گمان پستی دربارهٔ من رواست؟

---

۱ - اشاره است به بینش و آگاهی مراد کامل از ضمیر مریدان.

۲ - **اندیشه خو** : کسی که دائماً در تصوّرات بیهوده است.

۳ - مُراد آنکه: هرچه دارید، عطای من است؛ پس به مشیّت تن در دهید. اینجا «شیر» نماد حق و یا مرشد واصل است.

۴ - **سگالد** : از مصدر سگالیدن به معنی اندیشیدن، اندیشهٔ بد.

ظـــانّین بِـــالله ظَـنَّ اَلسُّـوء[1] را گـر نَـبُرَّم سـر، بُـوَد عـین خـطا ۳۰۵۰

اگر سرِ آنان را که به خداوند بدگمان‌اند، قطع نکنم، کاملاً خطا است.

وارَهـــانم چـــرخ را از نـنگتان تـا بمانَد در جـهان ایـن داسـتان ۳۰۵۱

جهان را از ننگ وجودتان پاک می‌کنم تا داستان شما عبرت دیگران گردد.

شیر با این فکر می‌زد خـنده فـاش بـر تـبسّم‌هایِ شـیر ایـمن مـباش ۳۰۵۲

شیر با این اندیشه که سزای فرومایگان گداصفت را خواهد داد به آنان نگاه می‌کرد و لبخند می‌زد.

مـالِ دنـیا شـد تـبسّم‌هایِ حـق کرد ما را مست و مغرور و خَـلَق[2] ۳۰۵۳

«مالِ دنیا»، تبسّم‌های شیر است که از آن مست بادهٔ غرور، تکبّر و پریشانی شده‌ایم.

فقر و رنجوری به استَت ای سَـنَد[3] کآن تـبسّم دامِ خـود را بـر کَـنَد ۳۰۵۴

ای شخص قابل اعتماد، بدان که تهیدستی و رنج و درد که ترشرویی دنیاست، بهتر از لبخند اوست؛ زیرا تبسّم او دام هلاکت است.

امتحان کردنِ شیر گرگ را و گفتن که:
پیش آی ای گرگ، بخش کن صیدها را میانِ ما

گفت شیر: ای گرگ! این را بخش کن مـعدلت را نـوکن ای گـرگِ کـهُن! ۳۰۵۵

شیر گفت: ای گرگ کهنسال، این صیدها را تقسیم کن و عدالت را جلوه‌ای تازه ببخش.

نـایبِ مـن بـاش در قسـمت‌گری تا پدید آید کـه: تـو چـه گـوهری؟ ۳۰۵۶

در تقسیم صید تو جانشین من باش و گوهر و ذات عالی خود را نشان ده.

---

۱ - اشارتی قرآنی؛ فتح: ۶/۴۸: وَ یُعَذِّبَ الْمُنافِقینَ وَالْمُنافِقاتِ وَالْمُشْرِکینَ وَ الْمُشْرِکاتِ اَلظّانّینَ بِاللهِ ظَنَّ اَلسُّوء: و او مردان و زنان منافق و مردان و زنان مشرک را که به حق بدگمان‌اند کیفر می‌دهد.
خوش‌گمان بودن به حق (حُسْنُ اَلظَّنِّ بِالله) امیدواری به رحمت و مغفرت خداوندی است.
این آیه در ارتباط است با بیعت رضوان و صلح حُدَیبیّه، در سال ۶ هجری که پیامبر(ص) به قصد عمره به سوی مکّه حرکت کرد با گروهی از مسلمانان در حدود ۱۴۰۰ نفر، منافقان و مشرکان به هنگام حرکت رسول خدا(ص) و مسلمانان تصوّر می‌کردند که آنان هرگز سالم به مدینه باز نخواهند گشت. [گمان بدی که آنان بردند این بود که قدرت خداوند را در میان ندیدند.]

۲ - **خَلَق**: کهنه، فرسوده، مندرس.

۳ - **سَنَد**: تکیه‌گاه، «ای سَنَد»: ای محلِّ استناد، ای شخص قابل اعتماد، ای انسانِ بزرگ.

گفت: ای شه! گاوِ وحشی بخشِ توست   آن بزرگ و تو بزرگ و زَفت و چُست ۳۰۵۷

گرگ گفت: ای شاه، گاو وحشی سهم شماست؛ زیرا گاو بزرگ است و تو هم جثّه‌ای عظیم و سِتُرگ و چابک داری.

بُز مرا، که بُز میانه‌ست و وسط   روبها! خرگوش بستان بی‌غلط ۳۰۵۸

بُز که جثّهٔ متوسّطی دارد، مالِ من باشد، ای روباه، تو هم بی‌تردید خرگوش را بگیر.

شیر گفت: ای گرگ! چون گفتی؟ بگو   چونکه من باشم، تو گویی: ما و تو؟ ۳۰۵۹

شیر گفت: ای گرگ، بگو که چه گفتی؟ در حضورِ من چگونه تو دم از من و ما می‌زنی؟

گرگ خود چه سگ بُوَد کو خویش دید   پیشِ چون من، شیرِ بی مثل و ندید؟ ۳۰۶۰

در حضور شیر بی‌نظیری مانند من، گرگْ سگِ کیست که خود را در میان ببیند؟

گفت: پیش آ، ای خری کو خود خرید   پیشش آمد، پنجه زد، او را درید ۳۰۶۱

شیر گفت: ای احمق که با وجود ما، «خود» را دیدی، پیش بیا. گرگ پیش آمد و شیر پنجه زد و او را درید.

چون ندیدش مغز و تدبیرِ رشید   در سیاست پوستش از سر کشید[1] ۳۰۶۲

چون در گرگ تعقّل و چاره‌اندیشی شایسته‌ای ندید، به کیفرِ دعویِ «هستی»، هلاکش کرد.

گفت: چون دیدِ مَنَت از خود نَبُرد   این چنین جان را ببابد زار مُرد ۳۰۶۳

گفت: چون مرا دیدی و محو جمال و کمال من نشدی و خود را از یاد نبردی، سزاواری که زار بمیری.

چون نبودی فانی اندر پیشِ من   فضل آمد مر تو را گردن زدن ۳۰۶۴

چون در حضور من فانی نشدی، حِکمت آن است که گردنت را بزنم.

کُلّ شَیْءٍ هالِکٌ[2]**، جز وَجْه**[3] **او   چون نه‌ای در وجهِ او، هستی مجو** ۳۰۶۵

همه چیز فناپذیر است مگر ذات حق، چون در حق فانی نشده‌ای، انتظار «بقا» نداشته باش.

---

۱ - **پوستش از سر کشید**: پوست از سرش کَند؛ یعنی هلاکش کرد.

۲ - اشارتی قرآنی؛ قصص: ۸۸/۲۸: کُلُّ شَیْءٍ هالِکٌ إِلاّ وَجْهَهُ: همه چیز فنا می‌پذیرد مگر ذات حق.

۳ - وَجْهِ حق، به معنای عین حق است و در نزد عارفان اعتبار ذات و جهت فیاضیّت حق است: ف. سجّادی، صص ۷۸۲-۷۸۱.

هــر کــه انــدر وَجْــهِ مــا بــاشد فــنا　　　کُــلُّ شَــیءٍ هٰــالِکٌ نَــبْوَد جــزا ۳۰۶۶

آنان که در حق «فانی» شده‌اند، به بقای حق «باقی»اند و به هلاکت نمی‌رسند.

زانکه در اِلّاست[1] او، از لٰا[2] گذشت　　　هر کـه در اِلّاست، او فـانی نگشت ۳۰۶۷

آنکه در حق فانی شد و به «اِلّا» رسید، در جوار «الله»، هستی حقیقی یافته است، او مرحلهٔ «لٰا»، یعنی «هستی موهومی» را پشت سر گذاشته و به «اِلّا» رسیده است.

هر کــه بــر در او مــن و مــا می‌زند　　　رَدِّ بــاب است او و بــر لٰا می‌تَنَد ۳۰۶۸

هرکس که بیرون درگاه حق، سخن از «من» و «ما» و تفرقه بگوید، مردود است و گرفتار نَفْسِ خویش.

قصّهٔ آن کس که درِ یاری بکوفت. از درون گفت: کیست آن؟ گفت: منم. گفت: چون تو توی، در نمی‌گشایم، هیچ کس را از یاران نمی‌شناسم که او «من» باشد، برو![3]

عاشقی بر در سرای معشوق رفت و حلقه بر در کوبید. محبوب از درون آواز داد: کیستی؟ عاشق گفت: من. معشوق که «انانیّت» او را بر نمی‌تابید، پاسخ داد: برو که اینک فرصتی برای تو نیست و «بر چنین خوانی مقام خام نیست».

---

۱ - **إلّاٰ**: حرف استثناست به معنی: جز، مگر. رمزی از کلمهٔ لا إله إلاّ الله. هستی حقیقی، بقا.

۲ - **لٰا**: حرف نفی، نه، نیست. لٰا و إلاّ اشارتی است به لٰا إله إلاّ هُوَ. قصص: ۸۸/۲۸. فنا.

۳ - مأخذ آن را حکایتی دانسته‌اند که جاحظ در کتاب الحیوان، ج اوّل، ص ۱۶۵ نقل کرده و بخشی از آن در ربیع‌الابرار نیز آمده است. آنچه را که جاحظ آورده است در تقریر همین معنا و در مذمّت «انانیّت» است؛ امّا در آن حکایت سخنی از عاشق و معشوق نیست، مردی برای کسب دانش به در خانهٔ استادی می‌رود و تقریباً همین سخنان میان آنان ردّ و بدل می‌گردد. عبدالله انصاری نیز در رسالهٔ عقل و عشق حکایتی مشابه را نقل می‌کند که در طیّ آن عاشقی از کمال شوق بر در سرای معشوق می‌آید و در همان حال از ضمیرش گذر می‌کند که اگر محبوب گوید کیستی؟ چه گویم؟ اگر گویم: منم. گوید: تو را تا تویی در عالم ما بار نیست و اگر بگویم: تویی. گوید: من در هودج کبریایی خود متمکّن‌ام و از وجود تو مستغنی و بدین سان عاشق مسکین در این اندیشه شب تا به روز شرمسار می‌ماند. شیخ عطّار هم این قصّه را با تأکید بر این نکته که عاشق حقیقی مصلحت‌اندیش نیست در مصیبت‌نامه آورده است، مضمون این قصّه با روایت خواجه عبدالله انصاری یکی است: احادیث، صص ۱۳۰-۱۲۸.

نیکلسون می‌نویسد: این داستان کوتاه مشهور همان‌گونه که شارحان ترک عقیده دارند شاید از حدیثی تداعی شده باشد که به استناد سخن جابر بن عبدالله انصاری در مصابیح بَغَوی روایت شده است که گفت: من بر در خانهٔ پیامبر آمدم و بر در کوفتم. پیغمبر گفت: کیست؟ پاسخ گفتم: «من». او گفت: «من»، «من»، گویی که از آن اکراه داشت: شرح مثنوی مولوی، دفتر اوّل، ص ۴۲۳.

عاشق مهجور سالی را به رنج و درد و سفر در آفاق و اَنْفُس گذراند و در شراره‌های سوزان فراق یار پخته شد و با دل و جانی سوخته گِردِ خانهٔ محبوب گردید و به صد ادب حلقه بر در زد که مبادا لفظی بی‌اختیار از دهان بِجَهَد و در جواب محبوب که از درون بانگ می‌زد و جویای آن بود که بداند بر در چه کس است، پاسخ داد: «گفت: بر در هم تویی ای دلستان». معشوق که عاشق را پخته و سوخته یافت و اثری از «دوئیّت» در وی ندید، او را به حریمِ حرمِ خاصّ بار داد: «گفت: اکنون چون منی، ای من! در آ».

آن یکی آمد درِ یاری بزد　　　گفت یارش: کیستی ای مُعتَمد؟ ۳۰۶۹

عاشقی به در خانهٔ معشوق رفت و در زد. معشوق گفت: ای فرد مورد اعتماد، کیستی؟

گفت: من، گفتش: برو، هنگام نیست　　　بر چنین خوانی مقام خام[1] نیست ۳۰۷۰

گفت: منم. معشوق گفت: برو. اینک فرصتی نیست. بر این خوان خامی چون تو را جایی نیست.

خام را جز آتش هجر و فراق　　　کِی پَزَد؟ کِی وارهاند از نِفاق؟ ۳۰۷۱

به جز آتشِ سوزان فراق، هیچ چیز شخص خام را به پختگی نمی‌رساند و از «خودبینی» نمی‌رهانَد.

رفت آن مسکین و سالی در سفر　　　در فراقِ دوست سوزید از شرر ۳۰۷۲

عاشق بینوا رفت و سالی را در سفر گذراند و در آتش فراق دوست سوخت.

پخته گشت آن سوخته، پس بازگشت　　　باز گِردِ خانهٔ همباز[2] گشت ۳۰۷۳

عاشق که در آتش فراق سوخته بود، پخته و سنجیده بازگشت و باز گِرد خانهٔ محبوب گشت.

حلقه زد بر در به صد ترس و ادب　　　تا بِـنَجْهد بی‌ادب لفظی ز لب ۳۰۷۴

با ترس و ادب تمام حلقهٔ در را به صدا در آورد تا کلامی خلاف ادب و ناگاه از دهانش نَجَهَد.

بانگ زد یارش که: بر در کیست آن؟　　　گفت: بر در هم توی ای دلستان! ۳۰۷۵

معشوق بانگ زد: بر در چه کس است؟ گفت: ای دلبر، بر در نیز تویی.

گفت: اکنون چون منی، ای من! در آ　　　نیست گنجایی دو من را در سرا ۳۰۷۶

یار گفت: اکنون چون «من» شده‌ای، به درون بیا که در این سرا دو «من» نمی‌گُنجد.

---

۱ - **خام:** در نزد اهل ذوق و عرفان، آنان را که در بدایت سلوک‌اند و قدم به وادی عشق نگذارده‌اند خام نامند.
۲ - **همباز:** شریک، حریف، همتا.

۳۰۷۷ **نیست سوزن را سرِ رشتهٔ دوتا   چونکه یکتایی، در این سوزن در آ**

همان‌گونه که برای عبور نخ از سوراخ سوزن، سر نخ را می‌تابانند و باریک و یک‌تا می‌کنند و اگر سر نخ دو تا باشد نمی‌تواند عبور کند، تو هم هنگامی که یک تا شدی و از «منِ» خویش رهایی یافتی، به حریم یار راه می‌یابی.

۳۰۷۸ **رشته را با سوزن آمد ارتباط   نیست در خور با جَمَل سَمُّ ٱلخِیاطْ**[1]

رشتهٔ نخ یک تا و ظریف می‌شود تا از سوراخ سوزن عبور کند؛ امّا شتر نمی‌تواند از آن عبور کند.

۳۰۷۹ **کِی شود باریک هستیِّ جَمَل**[2]   **جز به مقراضِ**[3] **ریاضات و عمل؟**

چگونه بدون ریاضت، طاعات، عبادات و مجاهده با نفس، طبیعت بشری لطیف و ظریف شود؟

۳۰۸۰ **دستِ حق باید مر آن را ای فلان**[4]**!   کو بُوَد بر هر مُحالی کُنْ**[5] **فَکانْ**

ای فلان، برای رسیدن به آن ظرافت و لطافت باطنی، باید دست مرشد کامل که دست حق است، دست گیرنده و امدادکنندهٔ سالک باشد؛ زیرا حق بر هر غیر ممکنی قادر است.

۳۰۸۱ **هر محال از دستِ او ممکن شود   هر حَرون**[6] **از بیمِ او ساکن شود**

هر غیر ممکنی به دست حق ممکن می‌گردد و هر یاغی از بیم او رام و مطیع می‌شود.

۳۰۸۲ **اَکْمَه**[7] **و اَبْرَص**[8] **چه باشد؟ مُرده نیز   زنده گردد از فسونِ آن عزیز**[9]

شفا دادنِ کورِ مادرزاد و فرد مبتلا به پیسی سهل است، مُرده نیز از افسون آن عزیز زنده می‌شود.

---

۱ - این بیت اشارتی است قرآنی؛ اعراف : ۴۰/۷ : إِنَّ ٱلَّذینَ کَذَّبُوا بِایَاتِنَا وَ ٱسْتَکْبَرُوا عَنْهَا لاَ تُفَتَّحُ لَهُمْ أَبْوابُ ٱلسَّمَاءِ وَ لاَ یَدْخُلُونَ الْجَنَّةَ حتّٰی یَلِجَ الْجَمَلُ فی سَمِّ الْخِیَاطِ : همانا آنان که آیات ما را تکذیب کنند و از کبر و نخوت سر بر آن فرود نیاورند، درهای آسمان بر آنان باز نشود و به بهشت اندر نیایند تا آنکه شتر به سوراخ سوزن اندر رود.

۲ - شتر رمزی است از طبیعت بشری و صفات انسان و تمایلات و تعلّقاتی که تن آدمی دارد.

۳ - **مِقْراض :** قیچی.   ۴ - **فلان :** از نام‌های مردم، شخص نامعلوم.

۵ - **کُن :** این اصطلاح عرفانی است و فلاسفهٔ اسلام نیز آن را به کار برده‌اند، مراد از آن امر تکوینی و وجود منبسط است و به واسطهٔ کلمهٔ کُن نوری، تمام موجودات، وجود امکانی یافته‌اند.
اشارتی قرآنی؛ یس : ۸۲/۳۶ : هرگاه حق تعالیٰ چیزی را اراده کند به او می‌گوید موجود باش. آن هم موجود می‌شود.   ۶ - **حَرون :** سرکش.   ۷ - **أَکْمَه :** کور مادرزاد.

۸ - **أَبْرَص :** کسی که به بیماری پیسی دچار شده است و لکّه‌های سفید رنگ بر روی پوست اوست.

۹ - اشارتی قرآنی؛ آل‌عمران : ۴۹/۳ : وَ أُبْرِئُ ٱلأَکْمَهَ وَ ٱلأَبْرَصَ وَ أُحْیِ الْمَوْتیٰ بِإِذْنِ اللهِ : [عیسی می‌گوید]: من کور مادرزاد و پیس را شفا می‌دهم و مرده را به اذن خداوند زنده می‌گردانم.

و آن عدم[1] کز مُرده مُرده‌تر بُوَد   در کفِ ایجادِ او مُضْطَر بُوَد ۳۰۸۳

عدم هم که به سبب نیستی مطلق به تعبیر مولانا از مُرده مُرده‌تر است؛ یعنی موجودیتی ندارد، در کف قدرت ایجاد و آفرینش خداوند تسلیم است و مقاومتی نمی‌کند. به ارادهٔ حق تعالیٰ از نیستی جامهٔ تعیّن می‌پوشند و صورت امکانی می‌یابد.

کُلَّ یَوْمٍ هُوَ فِي شَأْنٍ[2] بخوان   مر ورا بی‌کار و بی‌فعلی مدان ۳۰۸۴

آیهٔ «و او هر روز درکاری است» را بخوان تا بدانی که خلقت دائم و مستمر است و حق هر روز درکاری است. پاسخی به آنان که می‌اندیشند: خداوند جهان را آفرید و دیگر به چند و چون آن کاری ندارد.

کمترین کاریش هر روز است آن   کو سه لشکر را کند این سو روان ۳۰۸۵

مقتبس از کلام علی(ع) است[3]: خدا را هر لحظه سه لشکر است: ۱ ـ لشکری که از پشت پدران به رحم مادران منتقل می‌شود. ۲ ـ لشکری که از رحم مادران به صحنهٔ زمین قدم می‌گذارد. ۳ ـ لشکری که از دنیا به آخرت رحلت می‌کند.

لشکری ز اَصْلاب[4] سوی اُمّهات[5]   بهرِ آن تا در رَحِمْ روید نبات[6] ۳۰۸۶

لشکری از پشت پدران به رحم مادران منتقل می‌گردد تا در آنجا جنین رشد کند.

لشکری ز ارحام سویِ خاکدان   تا ز نرّ و ماده پُر گردد جهان ۳۰۸۷

همواره لشکری از زهدان مادران به جهان می‌آیند تا دنیا پر از مردان و زنان گردد.

لشکری از خاک، زآن سویِ اجل   تا ببیند هر کسی حُسنِ عمل ۳۰۸۸

گروه بسیاری نیز هر روز از این خاکدان به عالم ارواح منتقل می‌شوند تا هر کسی با برگرفته شدن حجاب جسمانی، بتواند زیبایی و سزایِ عملِ خوب خود را ببیند.

این سخن پایان ندارد، هین! بتاز   سویِ آن دو یارِ پاکِ پاکْباز ۳۰۸۹

این سخنان را پایانی نیست، پس عنان همّت را به سوی آن دو یار پاکباز بتاز.

---

۱ - **عدم** : نیستی، در اصطلاح فلسفه مقابل وجود است.
۲ - اشارتی قرآنی؛ الرّحمن : ۲۹/۵۵ : خداوند هر روز در شأن و کاری است. ۳ - احادیث، ص ۱۳۰.
۴ - **اصلاب** : جمع صُلب، استخوان پشت که محلِ نطفهٔ مرد است. ۵ - **اُمّهات** : جمع اُمّ: مادر.
۶ - **روید نبات** : اینجا نسل به وجود آید.

گفت یارش کاندر آ ای جمله من — نی مخالف چون گل و خارِ چمن ۳۰۹۰

محبوب گفت: ای آنکه سراپا من شده‌ای، به درون بیا که تو مانند گل و خارِ چمن که با هم در تضادّند، نیستی.

رشته یکتا شد، غلط کم شو[1] کنون — گر دو تا بینی حروفِ کاف و نون ۳۰۹۱

رشته یکتا شده است؛ یعنی عاشق در معشوق فانی و محو شده و دوگانگی از میان برخاسته است؛ پس اشتباه نکن، اگر به ظاهر «دو» می‌بینی، در باطن «وحدت و یگانگی» است. مانند حروف سازندهٔ «کُن» که دو حرف‌اند؛ ولی در اصل واحدند؛ زیرا در خلقت، بیانِ قدرت حق‌اند.

کاف و نون همچون کمند آمد جَذوب — تا کشانَد مر عدم را در خُطوب[2] ۳۰۹۲

کلمهٔ خلاقهٔ «کُن» که از کاف و نون تشکیل شده، نوری است که بسان کمندی عدم را جذب می‌کند و به کاری عظیم که همانا ظهور در صُوَر امکانی است، می‌خوانَد.

پس دو تا باید کمند اندر صُوَر — گرچه یکتا باشد آن دو در اثر ۳۰۹۳

کمندِ شکارچیان از دو رشته متّصل به هم ساخته شده است و این دو رشته کاری واحد را انجام می‌دهند. کمند حق تعالیٰ هم علی‌رغم آنکه در صورت ظاهر از دو حرف «ک» و «ن» تشکیل شده، نوری است واحد.

گر دو پا گر چار پا، ره را بُرَد — همچو مِقراضِ دو تا، یکتا بُرَد ۳۰۹۴

موجوداتِ دو پا و یا چهارپا، همه توسط پا راه می‌روند، مانند قیچی که دولبه دارد و آن دو برای کاری واحد که بریدن است، به کار می‌رود.

آن دو همبازانِ گازُر را ببین — هست در ظاهر خِلافی زآن و زین ۳۰۹۵

و یا به عنوان مثال دو نفر رختشوی را ببین که در ظاهر میان کارشان اختلاف وجود دارد.

آن یکی کرباس را در آب زد — وآن دگر همباز خشکش می‌کند ۳۰۹۶

یکی از رختشویان کرباس را در آب فرو می‌برد و دیگری همان کرباس را خشک می‌کند.

باز او آن خشک را تر می‌کند — گوییا ز استیزه ضد بر می‌تَنَد ۳۰۹۷

مجدّداً نفر اوّل همان کرباس خشک شده را تر می‌کند، و گویی با هم در تضاد و ستیزند.

---

۱ - **غلط کم شو:** اشتباه نکن. ۲ - **خُطوب:** جمع خَطب به معنی حال، کار، کار عظیم.

لیک این دو ضدِّ استیزه نما یک دل و یک کار باشد در رضا ۳۰۹۸

امّا، این دو ضدّ که به ظاهر کاری را در جهت مخالف یک‌دیگر انجام می‌دهند، اجزای متفاوت یک کار واحدند و تخاصم و تخالفی با هم ندارند.

هر نبی و هر ولی را مَسلکی‌ست لیک تا حق می‌بَرَد، جمله یکی‌ست ۳۰۹۹

هر پیامبر و هر انسانِ کامل، راه و روش خاصّی دارد که ممکن است به ظاهر با دیگری اختلاف داشته باشد؛ امّا علی‌رغم راه و روش‌های متفاوتی که ارائه می‌دهند، هدف واحد است و رسیدن به حق، پس در این کثرت ظاهری، وحدت ذاتی وجود دارد.

چونکه جمعِ مستمع را خواب بُرد سنگ‌هایِ آسیا را آب بُرد[1] ۳۱۰۰

چون که شنوندگان خسته و خواب‌آلوده شدند، سنگ‌های آسیا را سیلاب تُنُک حوصلگی‌شان برد. در اینجا حضرت مولانا، لب‌ها را به دو سنگ آسیا مانند کرده است، که گندمِ مفاهیمِ عالیِ معنوی را، آرد می‌کنند و در قالبِ جملات به طالبان می‌رسانند.

رفتنِ این آب فوقِ آسیاست رفتنش در آسیا بهرِ شماست ۳۱۰۱

این مفاهیم والا و علوم و اسرار الهی درگفت نمی‌گنجد و ادراک آن مستلزم تعالی روحی و معنوی است؛ امّا مهری که نسبت به شما داریم، سبب می‌گردد که این آب زلال به سوی آسیا جریان یابد. روح ناطقهٔ مُلهم از حق به آب زلال مانند شده است که سنگ‌های آسیا «لب‌ها» را به حرکت وامی‌دارد.

چون شما را حاجتِ طاحون[2] **نماند آب را در جویِ اصلی باز راند** ۳۱۰۲

اینک که شما خسته و خواب‌آلوده‌اید و شوقی برای شنیدن معنویّات ندارید، آب به جوی اصلی خویش باز می‌گردد؛ یعنی قوّهٔ ناطقهٔ الهام یافته از کار می‌ماند و مفاهیم و معنویّات به مخزن اسرار باز می‌گردند.

ناطقه، سویِ دهان تعلیم راست ورنه خود آن نطق را جویی جداست ۳۱۰۳

قوّهٔ ناطقهٔ مُلهم از حق برای تعلیم جریان می‌یابد و گرنه این کلام مسیرِ دیگری دارد.

---

۱ - مولانا، اصحاب و یاران خاصّ خویش را که در جلسات شبانهٔ زایش و رویش مثنوی حضور دارند، نکوهش می‌کند که جمع مستمع را خواب برده است؛ پس بالطبع سنگ‌های آسیا را هم آب می‌برد. ۲ - **طاحون** : آسیا.

مـی‌رود بـی‌بانگ و بـی‌تکرارهـا تَـحْتَهَا الانـهار[1] تـا گـلزارهـا ۳۱۰۴

کلام مُلهم از حق، جریانی است از نور که بدون صوت و تکرار، هر لحظه بـه لطـفی و ظرافتی نو، دردل و جان عاشقان حق تداومی همواره دارد.

ای خدا ! جان را تو بـنما آن مـقام کـاندر او بـی‌حرف مـی‌روید کـلام ۳۱۰۵

ای خداوند مهربان، جان را به مقامی برسان که نیازی به گفت و صوت نداشته باشد و به الهام ربّانی، کلام حق را دریابد و به سبب اتّصال با بحر حقایق، آگاهی راستین یابد. [دعایی در حقّ دوستان و مریدان و مشتاقان]

تا که سازد جانِ پـاک از سـر قـدم سـویِ عـرصهٔ دورْ پـهنایِ عـدم ۳۱۰۶

تا «جانِ پاک» با رسیدن به مقام شهود و استغراق، از سَر خویش قدم سازد و به شوق و شتاب به سوی عرصهٔ بیکران عدم که همان محو شدن قطره در دریاست، بتازد.

عرصه‌یی بس بـا گشـاد و بـا فـضا ویـن خـیال و هست یـابد زو نـوا ۳۱۰۷

عرصه و فراخنایی بس وسیع که در تصوّر آدمی نمی‌گنجد. فضایی بی‌نهایت که در عالم عقول و حقایق کلّی است و عالم امکان، یـعنی جـهان مـادّی و هـر چـه کـه هسـتی یـافته، صادری از اوست.

تـنگ‌تر آمـد خـیالات[2] از عـدم زآن سبب، باشد خیال[3] اسبابِ غم ۳۱۰۸

«عالم مثال» با تمامیِ فراخی خویش از «عدم» محدودتر است و به همین دلیل «خیال» اندوه‌زاست.

باز هستی[4] تـنگ‌تر بـود از خـیال زآن شود در وی قمر همچون هلال ۳۱۰۹

«هستی» که شامل همهٔ موجودات امکانی است، خواه مادّی، خواه روحانی، از «عالم مثال» تنگ‌تر است و به سبب همین محدودیّت در آن تزاحم وجود دارد و به عنوان مثال هنگامی که کرهٔ زمین در شرایط خاصّی قرار می‌گیرد، نور خورشید به‌طور کامل به ماه نمی‌تابد و آن را به شکل هلال می‌بینیم.

---

۱ - اشارتی قرآنی: بقره: ۲۵/۲: أَنَّ لَهُمْ جَنّاتٍ تَجْرِی مِنْ تَحْتِهَا ٱلأَنْهارُ: همانا ایشان را باغ‌هایی است که در زیر درختان آن آب‌ها روان است. ۲ - **خیالات**: عالم مثال، ملکوت اَسفل را گویند.

۳ - **خیال**: چون خواطر نفسانی بر دل غلبه یابد و به سبب آن روح از مطالعهٔ عالم غیب محجوب می‌ماند و در حالت نوم یا واقعه آن خواطر قوی‌تر گردد و مخیله هر یک را کسوتی خیالی درپوشاند و مشاهده افتد: ف. سجّادی، ص ۳۷۸. ۴ - **هستی**: اینجا کُلِّ عالم هستی، مادّی یا روحانی.

بـــاز هســتیِ جـهانِ حسّ و رنگ[1] تنگ‌تر آمد، که زنـدانـی‌ست تـنگ ۳۱۱۰

و به همین ترتیب، هستیِ جهان مادّی که مجموعه‌ای از رنگ‌ها و تنوّع و کثرت است، از کلّ عالم هستی محدودتر و بسان زندانِ تنگی است.

عـلّتِ تـنگی‌ست تـرکیب و عـدد[2] جـانبِ تـرکیبْ حس‌هـا می‌کشد ۳۱۱۱

علّت تنگی و محدودیت عالم حس، کثرت، آمیختگی و اختلاط و امتزاجی است که در آن وجود دارد و حسّ آدمی که قادر به درک ملموسات است، او را به سوی محسوسات که ادراک آن آسان است، می‌کشانَد.

زآن سویِ حس، عـالمِ تـوحید دان گر «یکی» خواهی، بدان جانب بران ۳۱۱۲

در ماورای حسّ، عالمی است که به آن عالم وحدت می‌گویند. اگر خواهان آن هستی، بدان سو برو.

امرِ کُنْ، یک فعل بود، و نون و کاف در سخن افتاد، و معنی بود صـاف ۳۱۱۳

کلمهٔ «کُن» که از عالم امر است و آفرینش با آن آغاز گردید، یک فعل است با معنایِ صاف و زلال که عاری از کثرت و تضاد است؛ امّا در لفظ از دو حرف «کاف» و «نون» پدید آمده است.

کثرت و تضادی را که در عالم حسّ مشاهده می‌کنیم به سبب ظهور حق در مراتب مختلف است که همه در کلمهٔ «کُن» مشترک‌اند.

این سـخن پـایان نـدارد، بـازگـرد تا چه شد احوالِ گرگ انـدر نـبرد؟ ۳۱۱۴

علوم و اسرار الهی انجام و پایانی ندارد، باز گردیم و ببینیم احوال گرگ در نبرد عقلانی «عقل جزوی» با «عقل کلّی» به کجا رسید و چه شد؟

ادب کردنِ شیرْ گرگ را که در قسمت بی‌ادبی کرده بود

گـــرگ را بـر کَـنْد سر آن سـرفراز تـــا نـمانَد دو سـری و امـتیاز ۳۱۱۵

شیر، آن سلطان سرفراز، سر گرگ را که جسارت ورزیده و خود را در قبال وی کسی یافته بود، برکَند، تا دوگانگی و امتیازی که گرگ برای خود قائل بود، از میان برود.

---

۱ - **جهان حسّ و رنگ** : عالم مادّه. ۲ - **ترکیب و عدد** : نشانه‌های عالم کثرت، کنایه از عامل کثرت.

فَانْتَقَمْنا مِنْهُمْ[1] است ای گرگِ پیر   چون نبودی مرده در پیشِ امیر ۳۱۱۶

«پس از آن‌ها انتقام گرفته شد»، ای گرگ کهنسال، از تو هم انتقام گرفته شد، چون در برابر سلطان بسان مُرده فاقد اراده و اختیار نبودی و گمان بردی که می‌توانی رأی و اندیشه داشته باشی.

بعد از آن، رُو شیر با روباه کرد   گفت: این را بخش کن از بهرِ خَورد ۳۱۱۷

بعد از آن شیر روی را به جانب روباه گردانید و گفت: صیدها را تقسیم کن که بخوریم.

سجده کرد و گفت: کین گاوِ سَمین   چاشت خوردت باشد ای شاهِ گزین ۳۱۱۸

روباه سجده کرد و گفت: ای شاه برگزیده، این گاو فَربه برای صبحانهٔ شما باشد.

و آن بُز از بهرِ میانِ روز را   یَخْنیی[2] باشد شهِ پیروز را ۳۱۱۹

و آن بُز برای غذای نیمروز شاه پیروز است.

و آن دگر خرگوش بهرِ شام هم   شب چَرهٔ[3] این شاهِ با لطف و کَرَم ۳۱۲۰

خرگوش هم برای شام و شب چَرهٔ این سلطان مهربان و کریم باشد.

گفت: ای روبه! تو عدل افروختی   این چنین قسمت ز که آموختی؟ ۳۱۲۱

شیر گفت: ای روباه، عدالت را روسپید کردی، این تقسیم کردن را از که آموخته‌ای؟

از کجا آموختی این ای بزرگ؟   گفت: ای شاهِ جهان! از حالِ گرگ ۳۱۲۲

ای روباه بزرگوار، از کجا این دانش را آموختی؟ روباه گفت: ای شاه جهان، از حالِ گرگ.

گفت: چون در عشقِ ما گشتی گرو   هر سه را برگیر و بستان و برو[4] ۳۱۲۳

شیر گفت: اینک که جانِ تو در گرو عشق ما و فناست، هر سه صید را برگیر و بستان و برو.

روبها! چون جملگی ما را شدی   چونت آزاریم؟ چون تو ما شدی[5] ۳۱۲۴

ای روباه، اکنون که تفرقه برخاست و متعلّق به ما شدی، چگونه تو را بیازاریم که خودِ ما شده‌ای.

---

۱ - اشارتی قرآنی؛ اعراف : ۱۳۶/۷ : فَانْتَقَمْنا مِنْهُمْ فَأَغْرَقْناهُمْ فِی الْیَمِّ بِأَنَّهُمْ کَذَّبُوا بِآیاتِنا وَ کانُوا عَنْها غافِلِیْنَ : پس از آنان انتقام گرفتیم و به دریا غرقشان کردیم برای آنکه آیات ما را تکذیب کرده و از آن غافل مانده بودند.

۲ - **یَخْنی** : گوشت پخته، طعامی معروف، نوعی آبگوشت.

۳ - **شب چَره** : آجیل و نقل و شیرینی که در شب‌نشینی بعد از طعام می‌خورند.

۴ - شیر در این داستان رمزی است از حق، آنجا که آدمی در قبال حضرت باری از ارادهٔ خویش بر می‌خیزد و ارادهٔ خود را در ارادهٔ الهی مستهلک و مضمحل می‌سازد.

۵ - حدیث: مَنْ کانَ لِلّٰه کانَ اللهُ لَهُ : هر کس که برای خدا باشد، خدا برای اوست: احادیث، ص ۸۹

۳۱۲۵ **ما تو را و جمله اِشکارانْ تو را   پای بر گردونِ هفتم نِه، برآ**
شیر گفت: ما از آن توییم و همچنین تمام صید نیز، پای بر فلک هفتم بگذار و برآی.

۳۱۲۶ **چون گرفتی عبرت از گرگِ دنی   پس تو روبه نیستی، شیرِ منی**
چون تو از سرنوشت گرگ فرومایه پند گرفتی، پس تو روباه نیستی، شیر منی.

۳۱۲۷ **عاقل آن باشد که عبرت گیرد از   مرگِ یاران در بلایِ مُحْتَرَز**[1]
عاقل کسی است که از نابودی دیگران و بلایی که بر آنان فرود آمده، پند گیرد.

۳۱۲۸ **روبه آن دم بر زبان صد شکر راند   که: مرا شیر، از پیِ آن گرگ خواند**
روباه در آن لحظه، خداوند را بسیار شکر گفت که شیر مرا پس از گرگ به چنین کاری فراخواند.

۳۱۲۹ **گر مرا اوّل بفرمودی که: تو   بخش کن این را؟ که بُردی جان از او؟**
اگر ابتدا به من می‌فرمود که تو بخش کن، چگونه از این مهلکه جان سالم به در می‌بردم؟

۳۱۳۰ **پس سپاس او را که ما را در جهان   کرد پیدا از پسِ پیشینیان**
پس سپاس بیکران بر خدایی که پیدایش ما را در جهان هستی بعد از پیشینیانمان قرار داد.

۳۱۳۱ **تا شنیدیم آن سیاست‌هایِ حق   بر قرونِ ماضیه، اندر سَبَق**
تا توانستیم از کیفری که حق بر نسل‌ها و امّت‌های پیشین نازل کرده است، آگاه گردیم.

۳۱۳۲ **تا که ما از حالِ آن گرگانِ پیش**[2] **   همچو روبَه پاسِ خود داریم و خویش**[3]
و با آشنایی بر احوال و عقوبت گرگانِ پیش از ما، مانند روباه خویش را حفظ کنیم.

۳۱۳۳ **امّتِ مرحومه**[4] **زین رو خواندمان   آن رسولِ حقّ و صادق در بیان**
به همین مناسبت بود که پیامبر گرامی(ص)، ما را امّتی نامید که مورد رحمت الهی هستیم.

۳۱۳۴ **استخوان و پشمِ آن گرگان، عیان   بنگرید و پند گیرید، ای مِهان!**
ای بزرگان، به آثار باقیمانده از آن فرومایگان بنگرید و عبرت گیرید.

---

۱ - **بلای مُحْتَرَز:** بلایی که قابل پیشگیری نیست، بلای حتمی.
۲ - **گرگان پیش:** کنایه از امّت‌هایی که به عذاب الهی مبتلا شدند، مانند قوم عاد، ثمود و فرعونیان.
۳ - در مصراع دوم «داریم پیش» را در حاشیه به «داریم و خویش» بدل کرده‌اند.
۴ - اشاره بدین حدیث است: امّت من، امّتی است که مشمول رحمت الهی شده و در آخرت عذاب نخواهد شد. عذابش در همین دنیاست از نوع مبتلا شدن به بلای قتل، وحشت، زلزله و امثال آن: احادیث، ص ۱۳۱.

عاقل، از سر بِنْهَد این هستی و باد — چون شنید انجامِ فرعونان و عاد[1] ۳۱۳۵

خردمند از شنیدن عاقبت فرعون‌صفتان و اقوامی مانند عاد، کبر و غرور را از خود دور می‌کند.

ور بِنَنْهَد، دیگران از حالِ او — عبرتی گیرند از اِضلالِ او ۳۱۳۶

و اگر دیگران از حال و عاقبت حق‌ستیزان، خودپرستی را از سر ننهند، از گمراهی اقوام پیشین پند خواهند گرفت.

تهدید کردنِ نوح علیه السَّلام مر قوم را که: با من مپیچید که من رو پوشم، با خدای می‌پیچید در میانِ این به حقیقت، ای مخذولان!

ابوبکر عتیق نیشابوری در قصص قرآن[2]، قصّهٔ نوح(ع) نوشته است: نامِ او سمک بن لَمَک بود. از پس ادریس آمد و به عمر از همه پیامبران افزون‌تر بود. ابن عبّاس گوید: نوح پنجاه ساله بود که به وی وحی آمد و نهصد و پنجاه سال میان قومِ خویش زیست و در آن مدّت فقط هشتاد تن بدو گرویدند. وی نخستین پیامبر اولوالعزمِ بود، اعراف: ۵۹/۷، سرگذشت نوح در سوره‌های مختلف قرآن مانند: هود، انبیاء، مؤمنون، شعراء و نوح مشروحاً آمده است. رسالت نوح دعوت مردم به سوی حقیقت توحید و نفی هرگونه بت‌پرستی بود. او در میان قومی بت‌پرست و مشرک می‌زیست که پنج بت را می‌پرستیدند.

امّا، اصل بت‌پرستی میان خلق آن بود که در روزگار آدم(ع)، فرزندان وی همه موحّد و تسلیمِ امر پروردگار بودند، جز فرزندان قابیل که کافر و مهجور گشته بودند. آدم(ع) که وفات یافت، فرزندان قابیل خواستند بر سر خاک وی آیند. مؤمنان و موحّدان نگذاشتند. ابلیس ایشان را صورتی ساخت مانند آدمِ و در میان ایشان نهاد. صورت را پرستیدن گرفتند تا روزگار ادریس(ع)، که چون ادریس(ع) وفات یافت، شاگرد وی که خلیفهٔ او بود، صورتی ساخت مانند ادریس از بهر تسلاّی دل خویش، چون وی نیز مرد، ابلیس در میان خلق چنان پراکند که همهٔ کرامات وی به سبب بت‌پرستی بود.

نوح(ع) چهار پسر داشت: کنعان، یافث، حام و سام. کنعان مهین و خوب‌روی‌ترین و محبوب مادر و پدر بود، لکن ایمان نیاورد و با کافران هلاک گردید. پس از توفان، نوح سخت کار می‌کرد و مانده شده بود، بخفت. باد، جامه را از عورت وی برد، حام بدید و بخندید و یافث را نیز آگاه کرد. او نیز بخندید. سام بر این کار ایشان انکار می‌کرد. نوح بیدار گشت و بدانست که حام و یافث وی را بی‌حرمتی کرده‌اند. بر ایشان دعای بد کرد. حام با عیال خود نزدیکی کرد. دو فرزند یافت. سیاه چون قیر، حام از آن تشویر خورد. یک چند متواری می‌بود. آخر فرا دیدار آمد، یافث که دوست وی بود، گفت: این از دعای پدر است و بیامد و با پدر جنگ کرد که چرا بر برادر من دعای بد کردی؟ و نوح

---

۱ - نابودی قوم عصیانگر عاد و شرح فرستادن هود(ع) به میان آنان در اعراف: ۶۴/۷ به بعد و در حاقّه: ۸/۶۹-۶ و الذاریات: ۴۱/۵۱ به بعد.

۲ - قصص قرآن سورآبادی، صص ۷۹-۷۶.

را مشتی زد بر روی وی. شومی آن در وی رسید. همهٔ فرزندان او تا قیامت کافر باشند و ایشان یأجوج و مأجوج‌اند، همه کافر و مردارخوار و به عدد بسیار. فرزندان حام همه سیاه باشند زیردست و مطیع فرزندان سام. فرزندان سام بهین فرزندان نوح‌اند که رسولان و ائمه و ابدال و صدّیقان‌اند از برکت دعای نوح(ع). این رمزی است از قصّهٔ نوح علیه السّلام.

۳۱۳۷ **گفت نوح: ای سرکشان من من نِیَم   من ز جان مُردم، به جانان می‌زیَم**

نوح(ع) گفت: ای افراد سرکش و یاغی، من آنچه که قبل از رسالت بودم، نیستم، اکنون از صفات بشری تهی شده و به حق بقا یافته‌ام.

۳۱۳۸ **چون بمُردم از حواسِ بوالبشر   حق مرا شد سمع و ادراک و بصر**

حواسِ بشریِ من مُرده است؛ یعنی این حواسی که برای ادراک و فهم محسوسات است، چنان نازل است که در چشم من بیش از مرده‌ای نیست. اینک حواسّ من الهی شده است؛ یعنی با نورِ حق می‌شنوم و درک می‌کنم و می‌بینم.

۳۱۳۹ **چونکه من من نیستم، این دم زِ هوست   پیشِ این دم هر که دم زد، کافر اوست**

چون که «من» در حق فانی و به او باقی شده‌ام، آنچه می‌گویم، کلام حق است و هر که کلام حق را رد کند، کافر است.

۳۱۴۰ **هست اندر نقشِ این روباه، شیر   سویِ این روبه نشاید شد دلیر**

چون قصّهٔ نوح(ع)، در طیّ داستان پیشین که حکایت «رفتن گرگ و روباه در خدمت شیر به شکار» بود، آمد و در آن حکایت، روباه نمادی از «فنا» بود، در این قصّه نیز مکرّر شده است؛ بنابراین می‌فرماید: ای منکران، شما فقط صورتِ ظاهری مرا می‌بینید، حال آنکه در درون من شیری است که به سوی او گستاخانه نمی‌توان رفت.

۳۱۴۱ **گر ز رویِ صورتش می‌نَگْروی   غُرّهٔ شیران از او می‌نشنوی؟[1]**

اگر بر حَسَب ظاهر او که دارای کلامی سنجیده و رفتار و اعمالی نیک و شایسته است، حقّانیت او را باور نداری و گرایش پیدا نمی‌کنی، آیا غرّش شیرانِ حق را که حاکی از قدرت عظیم درونی است، از او نمی‌شنوی؟

۱ - رسولان الهی و اولیای حق به قدرت حق تعالی، قادرند و کلامشان که از حق نشأت می‌گیرد، بس با هیبت و نفوذپذیر و قدرتمندانه است.

گـر نـبودی نـوح را از حـق یـدی　　　پس جهانی را چـرا بـر هـم زدی؟ ۳۱۴۲

اگر نوح از جانب حق تعالیٰ حمایت نمی‌شد و دست او دست حق نبود، چگونه جهانی را بر هم زد؟ اشاره به توفان نوح، نوح: ۲۵/۷۱.

صـد هـزاران شـیر بـود او در تـنی　　　او چـو آتش بـود و عـالم خـرمنی ۳۱۴۳

نوح(ع) به ظاهر یک تن بود و در باطن قدرت صدهاهزار شیر حق و قدرت حق تعالیٰ پشتوانهٔ او بود، بسان آتشی در خرمنِ کفّار افتاد و همه را سوزانید. [وحدت‌نوری و اتّحادروحانی رسولان‌الهی و کاملان]

چونکه خرمن پاسِ عُشرِ او نداشت　　　او چنان شعله بر آن خرمن گماشت[1] ۳۱۴۴

از آنجا که خرمن و اهل خرمن [بت‌پرستان قوم نوح] پاس سلطنت معنوی او را نداشتند و عشریهٔ سلطان را که چیزی جز پذیرفتن هدایت نبود، نپرداختند، شعلهٔ عظیمی را بر خرمنِ جان و مال ایشان گماشت.

هر که او در پیشِ ایـن شـیرِ نـهان　　　بی ادب چون گرگ بگشـاید دهـان ۳۱۴۵

هر کس که در برابر قدرتِ حق، ابراز وجود کند و حدّ خویش را نشناسد،

همچو گـرگْ آن شـیر بـر درّانـدش　　　فـانْتَقَمْنا مِـنْهُمْ[2] بـر خـوانَـدَش ۳۱۴۶

شیر که نمادِ انسان کامل است، او را مانند گرگ جسور این حکایت می‌دَرَد و آیت «پس از آن‌ها انتقام گرفتیم» را می‌خوانَد.

زخم یابد همچو گرگ از دستِ شیر　　　پیشِ شیر، ابله بُوَد کو شـد دلیـر ۳۱۴۷

آن کس که در محضر شیر جاهلانه دلیری بورزد، مانند گرگْ زخمی بی‌درمان خواهد یافت.

کـاشکی آن زخـم بـر تـن آمـدی　　　تـا بُـدی کـایمان و دل سـالم بُـدی ۳۱۴۸

ای کاش، آن زخم برتن بود تا ایمان و دل مصون می‌ماند؛ امّا گستاخیِ جاهلانه زخم بر جان را نیز در پی دارد.

قوّتم بُگْسست چون ایـنجا رسـید　　　چون توانم کرد ایـن سِـر را پـدید؟ ۳۱۴۹

چون شرح معانی ژرف به اینجا رسید، قوّت و نیرویم گسیخته شد، چگونه می‌توانم این سِرّ الهی را تقریر کنم؟ [سِرّ کفرِ کفّار و قضایِ الهی]

---

۱ - اشارتی قرآنی؛ نوح : ۲۶/۷۱ : نوح گفت: پروردگارا هیچ یک از کافران را بر زمین باقی مگذار.
۲ - اشارتی قرآنی؛ اعراف: ۱۳۶/۷.

همچو آن روبه کَم اِشکم کنید   پیشِ او روباه‌بازی کم کنید ۳۱۵۰

فقط می‌توانم بگویم که مانند روباه داستان ما، «کمِ اشکم» کنید؛ یعنی در مقابل حق تسلیم باشید و خود را در میان نبینید و برای منافع چاپلوسی و ریا نکنید.

جمله ما و من به پیشِ او نهید   مُلکْ مُلکِ اوست، مُلک او را دهید ۳۱۵۱

هرچه را که به امانت به شما سپرده‌اند، از جان و مال، به حق واگذارید و تصمیم‌گیری در مورد همه چیز را به خداوند بسپارید، مالک حقیقی اوست، مُلکِ او را به او بسپارید و از انبازی با حق بپرهیزید.

چون فقیر[1] آید اندر راهِ راست   شیر و صیدِ شیر، خود آنِ شماست ۳۱۵۲

مانند فقرای الهی که از فقرِ خویش در قبالِ حق واقف گشته و از سر تسلیم و عجز و انکسار رو به درگه حق آورده‌اند، در راه راست قرار گیرید و ببینید که شیر و صید شیر آنِ شماست.

زانکه او پاک است و سُبحان وصفِ اوست   بی‌نیاز است او ز نغز و مغز و پوست ۳۱۵۳

زیرا که خداوند از عیب و نقص منزّه است و تقدّس توصیف اوست، از همه چیز بی‌نیاز است چه خوب و چه بد.

هر شکار و هر کراماتی که هست   از برای بندگانِ آن شه‌است ۳۱۵۴

هر چه که هست، توانمندی‌های روحانی و دنیوی، برای بندگان اوست.

نیست شه را طَمْع، بهرِ خلق ساخت   این همه دولت، خُنُک آنکو شناخت ۳۱۵۵

حق تعالیٰ غنی بالذّات و بی‌نیاز مطلق است و طمع به چیزی ندارد، آنچه را که آفریده، برای آفریدگان و بندگان است، خوشا به کسی که این حقیقت را دریافت.

آنکه دولت آفرید و دو سرا   مُلک و دولت‌ها چه کار آید ورا؟ ۳۱۵۶

خالقی که هستی و دو جهان را آفریده است، چه نیازی به آفریدهٔ خود دارد؟

پیشِ سُبحان پس نگه دارید دل   تا نگردید از گُمانِ بد خَجِل ۳۱۵۷

در محضر باری تعالیٰ که همهٔ عالم است، از دل خویش مراقبت کنید که محلّ وسوسهٔ شیطانی و خواطر نفسانی نشود و اندیشهٔ خود را پاس دارید تا از ظنّ و گمان بد، خجالت‌زدهٔ حق نباشید.

---

۱ - اشارتی قرآنی؛ فاطر: ۱۵/۳۵: ای مردم همهٔ شما به خدا فقیر و محتاج‌اید.

حدیث: مَنْ کانَ لِلّٰهِ کانَ اللهُ لَهُ: هر کس که برای خدا باشد، خدا برای اوست: احادیث، ص ۸۹.

کو ببیند سِرّ و فکر و جُست و جو   همچو اندر شیرِ خالص تارِ مو ۳۱۵۸

که حق ناظر است بر نهانی‌های درون شما و همهٔ افکار و تلاش و جست‌وجوهای‌تان را می‌بیند و بر وی آشکار است، آن چنانکه در شیر خالص تازه، تار مویی هویداست.

آنکه او بی‌نقشْ ساده سینه شد   نقش‌هایِ غیب را آیینه شد ۳۱۵۹

آن کس که دلش از هر نقش پیراسته شد و تعلّق خاطری به غیر حق ندارد، سینهٔ صاف و درخشانش، همانند آینهٔ شفّافی نقوش غیب را منعکس می‌کند.

سِرِّ ما را، بی‌گمان مُوقِن[1] شود   زانکه مؤمن آینهٔ مؤمن بُوَد[2] ۳۱۶۰

از طریق سینهٔ صافِ خویش اسرار درونی ما را در می‌یابد؛ زیرا مؤمن، آینهٔ مؤمن است.

چون زند او نقدِ ما را بر مِحَک   پس یقین را باز داند او ز شک ۳۱۶۱

وجود انسان کامل، همانند مِحَک است که بدان عیارِ مراتبِ معنوی آدمی سنجیده می‌گردد. نقدینهٔ احوال باطنیِ ما در مِحَک وجود او ارزیابی می‌شود و یقینی را که به حقایق داریم یا شکی که در دل ماست، آشکار می‌گردد.

چون شود جانش مِحکِّ نقدها   پس ببیند قلب را و قلب را ۳۱۶۲

چون جانِ او محلّ سنجش نقدینهٔ درونی ماست، باید توجّه کنیم که بر دل‌ها اِشراف دارد و از سِرّ ضمیر آگاه است، نه تنها قلب‌ها را می‌بیند؛ بلکه بر دلی که قلب است؛ یعنی نقشی از دل دارد و از معنای آن بی‌بهره است، نیز آگاه است.

نشاندنِ پادشاه صوفیانِ عارف را پیشِ روی خویش تا چشمشان بدیشان روشن شود

مولانا درکشور روم با چند تن از امیران و صاحب‌دولتان سلجوقی معاصر بود. شخصیّت و مقام معنوی او دربار سلاجقهٔ روم را مجذوب وی کرده بود، چنانکه پادشاهان سلجوقی از زمان علاءالدّین کیقباد به بهاءالدّین ولد پدر مولانا و شخص وی اظهار ارادت می‌کردند. چنانکه از روایات افلاکی و ولدنامه بر می‌آید شهریاران سلجوقی روم همگی به مولانا ارادت داشتند و در این میانه عزّالدّین کیکاووس (۶۵۵-۶۴۳) و رکن‌الدّین قلیچ ارسلان (۶۶۴-۶۵۵) به خدمت مولانا می‌آمدند و برای فتوح درکارها همّت می‌طلبیدند. در این قطعه اشارتی است به رسمی

۱ - **مُوقِن** : یقین دارنده.   ۲ - اشاره به حدیث: اَلمُؤمِنُ مِرآةُ الْمُؤمِنِ : احادیث مثنوی، ص ۴۱.

کهن که از دیرباز سلاطین و امرا را عادت بر آن بود که افراد برجستهٔ اجتماع از قبیل: روحانیون، اندیشمندان، متفکّران، شاعران، نویسندگان، هنرمندان و اطبّا و متکلّمان برجسته را به حرمت در بارگاه خویش می‌داشتند و در این میان صوفیان صاحب باطن که آوازه‌ای از کراماتشان در همه جا پیچیده بود از جایگاه ویژه‌ای برخوردار بودند، بالاخص شهریاران و امرای معاصر مولانا که اعتقاد عظیمی به باطن منوّر او داشتند.

پادشاهان را چنان عادت بُوَد　　این شنیده باشی، ار یادت بُوَد ۳۱۶۳

اگر یادت باشد، شنیده‌ای که پادشاهان رسمی داشتند.

دستِ چپْشان پهلوانان ایستند　　زانکه دل پهلویِ چپ باشد به بند ۳۱۶۴

جایگاه پهلوانان سمت چپ شاه بود؛ زیرا دلاور بودند و دل در سمت چپ سینه جای دارد.

مُشرِف[1] و اهلِ قلم بر دستِ راست　　زانکه علم خطّ و ثبت آن دست راست ۳۱۶۵

صاحب دیوان، منشیان و کاتبان در سمت راست سلطان قرار می‌گرفتند؛ زیرانوشتن بااین دست‌است.

صوفیان را پیشِ رو موضع دهند　　کآینهٔ جان‌اند وز آیینه به اند ۳۱۶۶

جایگاه اهل دل و صوفیانِ صافی پیش روی سلطان بود؛ زیرا آنان آیینهٔ شفّافی‌اند که می‌توان در وجود پاکشان جان خویش را دید، البتّه این مثال است و شأنِ ایشان را با چیزی نمی‌توان سنجید.

سینه صیقل‌ها زده در ذکر و فکر　　تا پذیرد آینهٔ دل نقشِ بکر ۳۱۶۷

با یاد خدا و تفکّر، سینهٔ آنان از زنگار پاک شده است و آیینهٔ دل ایشان نقوش بکر عالم غیب را نشان می‌دهد.

هر که او از صُلبِ فطرت خوب زاد　　آینه در پیشِ او باید نهاد ۳۱۶۸

هر کس که با فطرت و سرشت پاک و نیک زاده شده است، شایستهٔ آن است که در آیینهٔ پاک دل عارفان و صوفیان کامل، جمال و کمال روحانی و معنوی خویش را مشاهده کند.

عاشقِ آیینه باشد رویِ خوب　　صیقلِ جان آمد و تَقْوَی الْقُلُوب[2] ۳۱۶۹

فقط افراد پاک‌سرشت عاشقِ آیینه‌اند؛ زیرا می‌توانند جمال خود را در آن ببینند، جان را صیقلی‌تر کنند و بر تقوای خود بیفزایند.

---

۱ - **مُشْرِف**: دیده‌ور، ناظر، در اینجا صاحب دیوان که ریاست منشیان را بر عهده داشته است.

۲ - اشارتی قرآنی؛ حج: ۳۲/۲۲: وَ مَنْ یُعَظِّمْ شَعَائِرَ الله فَإِنَّها مِنْ تَقْوَی الْقُلُوبِ: و هر کس شعائر دین خدا را بزرگ و محترم دارد، این از تقوای دل ایشان است.

آمدنِ مهمان پیشِ یوسف علیه السّلام، و تقاضا کردنِ یوسف علیه السّلام از او تُحفه و ارمغان[1]

دوستی از یاران دیرین برای دیدار به نزد یوسف(ع) می‌آید و آنان چندی به مرور خاطرات کودکی می‌پردازند. یوسف(ع) از حسد و ستم برادران می‌گوید و آنان را به زنجیر و خود را به شیر تشبیه می‌کند. یار دیرین از ایّام زندان می‌پرسد که در اسارت چگونه بودی؟ یوسف(ع) می‌گوید: مانند ماه در محاق.

پس از این گفت و شنود، یوسف(ع) می‌پرسد: ای دوست، چه ره‌آورد سفر داری؟ میهمان می‌گوید: آیینه‌ای آوردم تا روی چون خورشید خویش را در آن ببینی.

مولانا این داستان را در فیه‌مافیه نیز در جهت تقریر همین معنا آورده است.[2]

در قطعهٔ پیشین سخن از آن بود که پادشاهان بصیر و آگاه عادت داشتند تا صوفیان عارف را در مجالس روبروی خویش جای دهند تا با دیدن ایشان که چون آیینهٔ جان‌اند، چشم خویش را روشن دارند، این قطعه نیز تداعی‌گر همان معنا؛ امّا در وجهی دیگر است و سخن همان است که یاری آیینه‌ای را برای حضرت یوسف(ع) به ارمغان می‌آورد تا جمال و کمال تامّ خویش را در آن بنگرد.

مولانا با بیان این داستان نتیجه می‌گیرد که آدمی می‌تواند ره‌آورد زندگی این جهانی را جانی صیقلی یافته و مصفّا از زنگار تعلّقات به بارگاه کبریا در روز رستاخیز تحفه بَرَد؛ زیرا دست خالی و بدون آیینهٔ صاف جان به دیدار دوست رفتن نشان دوستی نیست. جمال یوسف در اشارات صوفیه رمزی از پرتو جمال الهی است که آیینهٔ صیقلی یافته نمادی است برای تجلّی آن جمال.

قصّهٔ یوسف(ع) که در قرآن کریم، یوسف: ۳/۱۲، به احسن‌القصص تعبیر گشته است، در مثنوی جایگاه خاصّی دارد که حسن جمال او رمزی از پرتو جمال الهی است و کید برادران رمزی از نفس امّاره و هر یک از اشاراتی که به‌طور پراکنده در جای جای این منظومهٔ عظیم به زندگی و احوال وی می‌گردد، بیانگر ارتباط حسن با عشق و یا

---

۱ - مأخذ آن حکایتی است که در کتاب المستجاد من فعلات الاجواد تألیف ابوعلی محسن بن علی تَنوخی، طبع دمشق، ۱۳۶۵، ص ۲۴۸ مذکور افتاده و ابواسحاق ابراهیم بن علی حُصری در ذیل زهرالاداب آن حکایت را نقل کرده است. محمّد عوفی هم در جوامع‌الحکایات، باب شانزدهم، از قسم اوّل، در باب به خلافت نشستن امیرالمؤمنین معتز روایت می‌کند که امرا از اطراف و اکناف هدیه‌ها می‌فرستند و در آن میان امیر فارس در میان سایر هدایا آیینه‌ای چینی می‌فرستد در غایت صفا، و در جواب اعتراضی که وزیر بر وی دارد که تو را چه چیز بر آن داشت تا به خدمت او آیینه بفرستی؟ پاسخ می‌دهد که خواستم چون امیرالمؤمنین جمال خوب خویش در آیینه بیند از بندهٔ خود یاد کند: احادیث، ص ۱۳۲.

عطّار نیز در الهی نامه همین داستان را آورده است که در طیّ آن یوسف با نگریستن به آیینه بر جمال خود آفرین می‌گوید و آیینه می‌پندارد که این آفرین بر اوست.

۲ - فیه ما فیه، ص ۱۸۶.

معرفت با پاکدامنی است و از آن رو که داستان زندگی یوسف(ع) در مثنوی به نحوی منسجم مجال تقریر نیافته و در دفاتر ششگانهٔ مثنوی به شکلی پراکنده تبیین گشته است. بی‌مناسبت نیست اگر شمّه‌ای از آن را برای مشتاقان نقل کنیم.

یوسف صدّیق(ع) پسر یعقوب پسر اسحاق پسر ابراهیم است که همه از پیامبران بزرگوارند و دایی پدری او «لابان» بود در «حاران» در شمال شرقی دمشق زاده شد، یعقوب(ع) نخست با دختر بزرگ او «لیه» و سپس با دختر کوچک او «راحیل» و پس از آن با دو کنیز این دو خواهر ازدواج کرد. در آیین آنان دو خواهر را با هم به زنی گرفتن روا بود و پس از آمدن تورات ناروا شمرده شد. راحیل مادر یوسف(ع)، هنگام زادن دومین پسرش «بنیامین» در بیت لحم در جنوب بیت‌المقدّس از دنیا رفت. یعقوب از چهار همسر، دوازده پسر داشت و نیز یک دختر از «لیه» به نام «دینه». وی با زنان و فرزندان خود به کنعان «فلسطین» کوچ کرد و «حبرون» راکه شهر «الخلیل» امروزی است و در نوزده میلی جنوب غربی قدس قرار دارد برای زندگی برگزید. آرامگاه ابراهیم، ساره، اسحاق و یعقوب نیز همانجاست. بدین سان یوسف(ع) روزگاری را با پدر و خانواده در کنعان زیست و در چشم پدر از همه عزیزتر بود.

تورات راز این دوستی و مهر بسیار را آن دانسته که یوسف با سخن‌چینی رفتار و گفتار برادران را به پدر باز می‌گفت و پسر ته‌توبره‌ای و زمان پیری او بود[1] و در همین گیرودار که حسادت و دشمنی برادران علیه او انگیخته شده بود، یوسف دو خواب نیز دید، که در خواب نخست مشاهده کرد که هنگام کار در مزرعه، هنگام بستن بافه‌ها (دستهٔ درو شدهٔ علف یا محصول مانند گندم)، بافهٔ او بلند شد و بافه‌های برادران و خانواده به آن سجده کردند، و در خواب دوم یوسف می‌بیند که خورشید و ماه و ستارگان او را سجده می‌کنند.[2]

به گزارش تورات، چون یوسف خواب خود را بر پدر و برادران گفت، پدر او را سرزنش کرد که این چه خواب‌هایی است که می‌بینی؟ آیا باید ما همگی بر تو سجده کنیم؟[3]

قرآن کریم، یوسف: ۱۲/۵-۴، می‌فرماید که یعقوب، یوسف را فرمان داد تا خواب خویش را از برادران پنهان دارد مباداکه نیرنگی درکار اوکنند؛ امّا به هر تقدیر یوسف و بنیامین محسود برادران واقع گشتند، یوسف: ۱۲/۸، و برادران دیرگاهی دچار فشار و رنجی جانکاه بودند که از شرّ یوسف رها شوند و مهر پدر را به خویش اختصاص دهند؛ بنابراین مصمّم گشتند تا او را بکشند و یا به جایی دور افکنند، یوسف: ۱۲/۹؛ بنابراین هنگامی که از یعقوب(ع) خواستند تا برای بازی کردن یوسف را با آنان همراه سازد، او با بدگمانی گفت: می‌ترسم شما سرگرم باشید و گرگ او را بخورد، یوسف: ۱۲/۱۳، و سخن یعقوب(ع) حاکی از آن بود که از دشمنی برادران بر او بیش از حملهٔ گرگ دل‌نگران بود، بدین گونه پی‌آمد خشم و حسدی که داشتند او را به چاهی افکندند و پیراهن خون‌آلودی را به نزد پدر آوردند در حالی که پیراهن پاره نبود و اثری از چنگ و دندان گرگ بر آن دیده نمی‌شد.[4] پدر دروغ آنان را باور نکرد و نیرنگشان را دریافت، یوسف: ۱۲/۱۷، برخی از محقّقان این چاه را در سه فرسنگی زیستگاه یعقوب درکنعان دانسته‌اند.

به روایت تورات، کاروانی مَدْیانی رسید و یوسف را از چاه بیرون آورد و به بیست پارهٔ نقره به اسماعیلیان فروخت و آنان نیز او را به مصر بردند.[5]

---

۱ - سِفْر پیدایش، ۳۷:۴. ۲ - همان، ۳۷:۱۲-۶. ۳ - همان، ۳۷:۴. ۴ - تفسیر طبری، ۱۲/۱۶۴.
۵ - سِفْر پیدایش، ۳۷:۲۸-۱۸.

قرآن در این باب چنین فرموده است که کاروانی رسید و کاروانیان، آب‌آور خود را برای آوردن آب فرستادند و او دَلو خویش را به چاه افکند و چون برکشید ناباورانه پسری را در دلو دید و شگفت‌زده گفت: مژده؛ اینک پسری، و کاروانیان او را چون کالایی نهان داشتند و به بهایی ارزان، چند درهم اندک فروختند، یوسف: ۱۲/۲۰-۱۹.

بدین گونه بود که یوسف به مصر آمد و سالار سپاه مصریان او را چون برده‌ای با بهایی ناچیز خرید و نخستین پردهٔ زندگی تراژدی‌گونه این پیامبر بزرگوار به پایان رسید.

عزیز مصر، یوسف را به خانه برد و به همسرش گفت: او را گرامی دار، باشد که سودی به ما رساند، یا او را به فرزندی گیریم، یوسف: ۲۱/۱۲، این عزیز مصر بر پایهٔ روایتی از ابن‌عبّاس «قطفیر» نام داشته و خزانه‌دار وزیر پادشاه مصر بوده، و پادشاه مصر در آن روزگار، یکی از عمالقه بوده با نام «ریان بن ولید» و نام همسر عزیز «راعیل» یا «زلیخا» بوده است. شیفتگی و دلدادگی همسر عزیز مصر بر جمال یوسف(ع) دومین آزمون دشوار زندگی وی بود که از آزمون نخست دشوارتر به شمار می‌آمد، زلیخا مانند دیگر زنان کاخ‌نشین آزادی و آسایش و فراوانی همه چیز، طبعش را چنان تند و تیز ساخته بود که هر چه می‌خواست بر آن دست می‌یافت؛ بنابراین روزی آهنگ یوسف کرد و درها را همه بست که اینک از آن توأم؛ امّا یوسف که برهان خدا را دیده و از بندگان اخلاص یافته بود، یوسف: ۱۲/۲۴-۲۳، از وی گریخت و هر دو به سوی در دویدند و زلیخا دست دراز کرد و پیراهن او را گرفت و به این ترتیب پیراهن وی از پشت دریده‌گشت، ناگهان عزیز مصر را درکنار در یافتند و زن وانمود کرد که یوسف نیّت پلیدی داشته است و کسی از خویشان زن گواهی داد که چون پیراهن از پشت دریده شده است، یوسف بی‌گناه است، یوسف: ۱۲/۲۹-۲۵، بدین گونه بی‌گناهی یوسف بر عزیز آشکار گشت و از او خواست تا ماجرا را بازگو نکند و همسر خویش را به توبه و بازگشت به خدا سفارش کرد؛ امّا داستان رسوایی زلیخا ورد زبان و نقل مجلس زنان گشت و همسر عزیز را بر آن داشت تا به عنوان انتقام از زنان متلک‌گوی، بزمی بیاراید و به هر یک کاردی برای میوه خوردن بدهد و در همان حین به یوسف بگوید که به بزم وارد گردد و آنان با دیدن وی که چنان بزرگوار و برازنده و به شکوهش یافتند، مات و حیران دست‌های خویش را بریدند، یوسف: ۳۱/۱۲، زن عزیز به آنان گفت که این همان است که مرا در دوستی او نکوهش می‌کردید، اگر به آنچه می‌خواهم تن در ندهد، زندانی خواهد شد، یوسف زندان را به خواستهٔ همسر عزیز ترجیح داد و خداوند خواستهٔ دل او را اجابت فرمود و بدین ترتیب او را از نیرنگ آنان در امان داشت، یوسف: ۱۲/۳۴-۳۲، و با کینه و دشمنی زلیخا، یوسف(ع) چندی زندانی شد، یوسف: ۴۵/۱۲.

زندانی شدن یوسف(ع)، سومین و آخرین پردهٔ تراژدی‌گونهٔ زندگی اوست؛ زیرا پس از آن یکسره در آرامش و آسایش بود، در همین گیرودار، پادشاه مصر که از جنگجویان هیکسوس بود، دو تن از درباریان، یعنی بزرگ ساقیان و سرآشپز را به جرم آنکه علیه وی توطئه کرده و خوراک او را به زهر آلوده بودند، دستگیر و روانه زندان کرد و چون یوسف(ع) با آنان از در دوستی و غمخوارگی در آمد و آنان را به پرستش خدای یگانه فراخواند، شیفتهٔ وی گشتند و تعبیر خواب‌ها و رؤیایی را که دیده بودند از او خواستند، خواب‌هایی که در قرآن و تورات کم و بیش به گونه‌ای یکسان و همانند گزارش شده است و قرآن به این امر اشارت دارد که یوسف(ع) آنان را از دانش شگفت خواب‌گزاری که پروردگار به او آموخته است، آگاه ساخت، یوسف: ۳۷/۱۲، به این ترتیب یوسف(ع) خواب دو هم‌سلول خویش را تعبیر کرد و به یکی از آنان گفت که دوباره به کار ساقی‌گری باز می‌گردد؛ امّا آن دیگری بر دار می‌شود، یوسف: ۴۱/۱۲، و از دوست هم‌بندش که می‌پنداشت آزاد می‌شود، خواست که چون آزاد شدی مرا نزد

سرورت یاد کن (و از وی بخواه که برای من کاری بکند)؛ امّا شیطان از یاد او برد و یوسف(ع) چندین سال در زندان ماند، یوسف: ۴۲/۱۲، در حدیثی از رسول گرامی(ص) نقل شده است که اگر یوسف چنین نمی‌گفت، هفت سال در زندان نمی‌ماند.

امّا سرانجام پادشاه مصر خوابی شگفت دید که هیچ کس نتوانست آن را دریابد و یار هم‌زندان یوسف، گذشته و ایّام زندان را به یاد آورد و از شاه خواست تا اجازه دهد او را از زندان بیاورد، و به این ترتیب یوسف به نزد شاه رفت و از او خواسته شد تا راز هفت ماده‌گاو فربهی که هفت ماده‌گاو لاغر آن‌ها را می‌خورند و نیز سِرّ هفت خوشهٔ سبز و تازه را و هفت خوشهٔ خشک را برای ایشان بگوید. یوسف(ع) گفت: هفت سال پیاپی همچون همیشه کشت می‌کنید و جز اندکی که می‌خورید همچنان با خوشه کنار می‌گذارید، سپس هفت سال سخت و خشک پیش می‌آید که مردم از آنچه برای این سال‌ها نهاده‌اید، می‌خورند، جز اندکی که برای کشت انبار می‌کنید، از این پس سالی می‌آید که در آن با باران داد مردم داده می‌شود و از قحط بیرون می‌آیند، یوسف: ۴۹/۱۲-۴۳، در این داستان تاکنون سه خواب و سه خواب‌گزار داشته‌ایم: خواب یوسف، خواب هم‌بندهای او و خواب پادشاه، این می‌تواند نشانگر فضا و فرهنگ مصر و دیگر اقوام آن روزگار باشد که در آن خواب و خواب‌گزاری رواج داشته است و دانش تأویل و تفسیر خواب که خداوند به یوسف(ع) بخشید با چنین فضایی هماهنگ بوده است و از آنجا که می‌دانیم معجزه‌های پیامبران همواره هماهنگ با فضای فرهنگی روزگارشان بوده، برخی از محقّقان معجزهٔ یوسف(ع) را خواب‌گزاری وی دانسته‌اند.

باری علی‌رغم دستوری که شاه برای آزادی یوسف(ع) از زندان صادر کرد، وی حاضر به خروج از زندان نشد تا به ماجرای زنان و دستان بریده رسیدگی شود و پاکی و بی‌گناهی او بر همگان آشکار گردد و به این ترتیب همسر عزیز مصر حقایق را بر ملا ساخت و به نیّت سوء خویش اعتراف کرد، یوسف: ۵۳/۱۲-۵۱.

با خروج یوسف(ع) از زندان، پادشاه او را بزرگواری کاردان و فرزانه‌ای امین یافت و پایگاهش را بالا برد و گنجوری خزانه‌های مصر را که همانند وزارت دارایی و اقتصاد امروز است به او سپرد هرچند که تورات جایگاه وی را همانند نخست‌وزیر امروزه بر شمرده است.[1]

همچنین تورات گزارش می‌کند که او یکی از زنان بزرگ مصر «اسنات» دختر «فوطی فارع» کاهن «اون» یا «عین شمس» را به زنی گرفت و از وی دارای دو پسر به نام‌های «منسی» و «افرایم» گردید.[2] هرچند که به گزارش‌های عربی، یوسف(ع) با زلیخا ازدواج کرد که اینک شویش مرده بود یا از کار برکنار شده بود و اکنون یوسف(ع) بر مسند وی نشسته بود.

به گواهی تاریخ در جغرافیای جهان هیچ سرزمینی را نمی‌شناسیم که زندگی و هستی‌اش، سرنوشت و آینده‌اش، تاریخ و مردمش در جنگ و صلح این چنین وابسته به رودخانه‌ای باشد که مصر به نیل وابسته است نیلی که گاه می‌جوشد و توفانی و کوبنده می‌خروشد و همه چیز را به کام نابودی می‌برد و تمام زمین‌های کشاورزی را فرو می‌پوشد و باز نمی‌گردد مگر زمانی که هنگام کشت و کار گذشته باشد و آسیبی دهشتناک به بار می‌آورد و گاه با فروکش کردن، قحطی و گرسنگی همگانی و مرگ و میر به بار می‌آورد و پی‌آمدهای ناگوار شکنندهٔ اقتصادی آن بنیان برافکن است.

---

۱ - سِفْر پیدایش، ۴۱:۴۴-۴۰.　۲ - همان، ۴۱:۵۲-۵۰، ۵۴.

با اینکه پژوهشگران خشکسالی‌های بسیاری را در مصر کهن می‌شناسند، یکی از آن‌ها بیش از همه چشمگیر است و آن را سنگ نوشته‌های صخره‌هایی از جزیرهٔ سهیل در جنوب اسوان ثبت کرده‌اند که احتمالاً در یک قرن قبل از میلاد در روزگار بطلمیوس دهم سنگ‌نویسی شده و محققان می‌پندارند که مربوط به خشکسالی بیست سده قبل از آن و شاید هم که پژواک تلخ همان خشکسالی هفت سال سیاه مربوط به دوران یوسف(ع) باشد.

به هر تقدیر، هفت سال پربرکت به پایان رسید و روزگار خشکسالی در مصر و سرزمین‌های همسایه آغاز شد به گونه‌ای که کنعان (فلسطین) را نابود ساخت، برادران یوسف(ع) چون دیگران بـه مـصر رفـتند، یـوسف(ع) آنـان را شناخت؛ امّا آنان وی را نشناختند؛ زیرا هرگز به پندارشان نمی‌رسید که این وزیر باشکوه و توانـمند مـصر، بـرادر ایشان باشد.

به‌گزارش تورات و مفسّران توراتی و اسرائیلی، یوسف(ع) برادران را شناخت و سـه روز زنـدانـی کـرد، سـپس «شمعون» را نگاهداشت و بقیه را روانه کرد تا «بنیامین» را بیاورند.[1]

امّا بر پایهٔ آیات قرآنی، یوسف(ع) برادران را گرامی داشت، یوسف: ۱۲/۶۳-۵۸، و آنچه را برای بـهای تـوشه آورده بودند، بی‌آنکه دریابند، به آنان باز گردانید، سپس برای آوردن «بنیامین» با نرمی و مهربانی ترساندشان که اگر او را نزد من نیاورید، زاد و توشه‌ای برای شما ندارم، یوسف: ۱۲/۶۰، یعقوب(ع) سرانجام پذیرفت که بـرادران بنیامین را با خود به نزد عزیز مصر ببرند؛ امّا سفارش کرد که فرزندان من همگی از یک در به شهر وارد نشوید، مبادا که آسیبی ببینید و از چند دروازهٔ گوناگون داخل گردید، یوسف: ۱۲/۶۸-۶۷، آنگاه یوسف(ع) با دیدن «بنیامین»، سجدهٔ شکر به جای آورد و به بنیامین گفت که اندوه مخور که من همان برادرت هستم، یوسف: ۱۲/۶۹، و چون ساز و برگ آنان را آماده ساخت، پیمانهٔ شاه را در باروبنهٔ بنیامین نهاد و چون راهی کنعان شدند، بانگ‌زننده‌ای بانگ در داد که ای کاروانیان، پیمانهٔ شاه گم شده است و قرار شد که بار و بنهٔ آنان را جست‌وجو کنند و پیمانه نزد هرکس که باشد بنا بر قوانین خود ایشان که برادران کیفر آن را بردگی اعلام کرده بودند، مجازات گردد، یوسف: ۱۲/۷۸-۷۰، در روایت تورات، برادران کیفر دزد را مرگ اعلام کردند و گفتند که ما نیز جملگی به بردگی آقایمان گرفته شویم و یوسف(ع) می‌پذیرد که آن‌کس که پیمانه را برداشته بردهٔ من خواهد بود و دیگران آزاد می‌شوند.[2]

چون برادران یوسف(ع) مطمئن بودند که پیمانه را ندزدیده‌اند، پذیرفتند که آیین خودشان دربـارهٔ دزد پـیمانه صورت پذیرد؛ امّا در آن روزگار آیین مصریان کیفر کردن و سپس رها کردن دزد بود نه به بردگی گرفتن او، و این تدبیری بود که خدا به یوسف(ع) آموخت، یوسف: ۱۲/۷۶، به این ترتیب پیمانه در بار «بنیامین» یافته شد و برادران به ناچار به تنهایی و بدون او به سوی پدر بازگشتند و ماجرا را بازگفتند و هنگامی که بلا و بیچارگی باز بر جانشان چنگ انداخت برای سومین بار راهی مصر شدند و با رفتاری سرشار از شرمندگی و سرشکستگی و با زبانی لبریز از نیاز و التماس از عزیز مصر تقاضای کمک کردند. یوسف(ع) که احساسی ظریف و دلی مهربان و وجدانی لطیف داشت، بیش از آن نتوانست برادران را در خواری و زاری ببیند و پرده از رازکار برداشت و گفت: اینک این پیراهن من، آن را ببرید و بر چهرهٔ پدرم نهید تا بیناگردد و همهٔ خانوادهٔ خـود را نـیز نـزد مـن آوریـد، یـوسف: ۱۲/۹۳، یعقوب(ع) از بوی پیراهن یوسف(ع) که نزد صوفیان عارف رمزی از مژدهٔ وصل و نشانه‌ای از قرب وصـال است، بینایی خود را باز می‌یابد و راهی مصر می‌گردد و به اشارت قرآن کریم، یوسف(ع) به پیشباز آنان رفته و پدر و مادر

---

۱ - سِفْر پیدایش، ۴۲:۲۴-۷.　　۲ - سِفْر پیدایش، ۴۴:۱۰-۹.

را بر تخت می‌نشاند، سپس همگان با دیدن شکوه معنوی و مادّی یوسف(ع) در پیش او به سجده می‌آیند، یوسف: ۱۰۱/۱۲-۹۹، و به این ترتیب یعقوب با همهٔ زاد و رودش که به جز زنان، پسرانش ۶۶ تن بوده‌اند به مصر آمده و در آنجا ماندگار می‌شوند.

از تورات بر می‌آید که پایتخت مصر در آن روزگار در منطقهٔ «دلتا» بوده است و با آمدن اسرائیلیان به مصر و پناه گرفتن در سایه برادرشان یوسف(ع)، سرزمین جوشن در وادی تمیلات که از پایتخت دور هم نبود، برای زیستگاه ایشان انتخاب می‌شود؛ زیرا آنان دام‌دار و چوپان بودند و جوشن سرزمینی چراگاهی بود و نیز به گفتهٔ تورات دوران ماندگاری اسرائیلیان در مصر ۴۳۰ سال بوده است[1] و چون بیرون رفتن آنان از مصر از سال ۱۳۰۰ پیش از میلاد بوده است، پس روزگار یوسف(ع) را به حوالی سال ۱۷۰۰ پیش از میلاد می‌رساند.

گفتنی است که تورات محلِ استقرار یعقوب(ع) و خاندانش را در سرزمین «رامسس» گزارش می‌کند و این از نظر تاریخی خطا است؛ زیرا واژهٔ «رامسس» که همان «رعمسیس» است از روزگار سلسلهٔ نوزدهم (۱۱۹۴-۱۳۰۸ ق.م) به این سو کاربرد یافته و در دوران هیکسوسیان (۱۵۷۵-۱۷۲۵ ق.م) که روزگار آمدن یعقوب(ع) و پسران به مصر است، به کار نمی‌رفته است.[2]

۳۱۷۰ **آمـــد از آفـــاق یـــارِ مـهربان　　　یـوسفِ صـدّیق[3] را شـد مـیهمان**

دوستی از یاران دیرین از راهی بسیار دور به دیدار یوسف(ع) آمد و میهمان او شد.

۳۱۷۱ **کآشـــنا بـــودند وقتِ کـــودکی　　　بـــر وِســـادهٔ[4] آشـنایی مـتّکی**

از یاران دوران کودکی که به اتّکای دوستی به دیدار عزیز مصر آمده بود.

۳۱۷۲ **یـاد دادش جـورِ اخـوان و حسـد　　　گفت: کآن زنـجیر بـود و مـا اَسَـد**

یوسف(ع)، از جور و حسادت برادران که مایهٔ کینه‌توزی بود، یاد کرد و گفت: این عوامل مانندِ زنجیر مرا چون شیر در بند کرد.

۳۱۷۳ **عـــار نَـبْوَد شـیر را از سـلسله　　　نیست مـا را از قـضایِ حـق گـله**

شیر از زنجیر و بند ننگی ندارد و او را از قضای الهی گله‌ای نیست.

۳۱۷۴ **شـیر را بـر گـردن ار زنـجیر بـود　　　بـر هـمه زنـجیرسازان مـیر بـود**

در گردن شیر، اگر زنجیر هم باشد، بر کسانی که او را در بند کرده‌اند، برتری دارد.

۳۱۷۵ **گفت: چون بودی ز زندان و ز چاه؟　　　گفت: همچون در مُحاق و کاستْ، ماه**

یار دیرینه گفت: در زندان و چاه چه حالی داشتی؟ یوسف(ع) فرمود: مانند ماهی که در مُحاق است در شب‌های آخر هر ماه و نوری ندارد.

---

۱ - سِفْر خروج، ۴۰:۱۲.　۲ - بررسی تاریخی قصص قرآن، ج ۲، صص ۱۲۸-۳۳ با تصرّف و تلخیص.

۳ - صدّیق لقبی است در قرآن قدیم به یوسف(ع) داده شده است، یوسف: ۴۶/۱۲.　۴ - **وِساده**: بالش و بالین.

در مُحاق[1] ار ماهِ نو گردد دو تا نی در آخر بَدْر گردد بر سَما؟ ۳۱۷۶

در حالت مُحاق، ماه پنهان است و نوری ندارد؛ امّا به زودی هویدا می‌گردد و هرچند که در آغاز خمیده و هلال است؛ امّا نهایت آن بدرِ تابانی است که در آسمان می‌درخشد.

گرچه دُردانه به هاون کوفتند نورِ چشم و دل شد و بیند بلند[2] ۳۱۷۷

اگرچه مروارید را در هاون می‌کوبیدند؛ امّا از میان نمی‌رفت و به چشم و دل روشنی می‌داد.

گندمی را زیرِ خاک انداختند پس ز خاکش خوشه‌ها برساختند ۳۱۷۸

گندم را در زیر خاک افشاندند تا بالید و خوشه‌های پربار آورد.

بارِ دیگر کوفتندش ز آسیا قیمتش افزود و نان شد جانْ‌فزا ۳۱۷۹

بار دیگر تحت فشار سنگ‌های آسیا قرار گرفت تا به آرد و نان مبدّل گردید که قیمتی افزون‌تر دارد و مایهٔ حیات آدمی است.

باز نان را زیرِ دندان کوفتند گشت عقل و جان و فهم هوشمند ۳۱۸۰

نان زیر دندان جویده شد تا قابلیّت هضم و جذب را یافت و به کمالِ خود رسید و همجوار جان گردید.

باز آن جان، چونکه محو عشق گشت یُعْجِبُ الزُّراعَ[3] آمد بعدِ کَشت ۳۱۸۱

و جان آدمی هنگامی که محو عشقِ حق گردید، عظمتی می‌یابد که شِگفت‌آور است.

ایـن سخن پایان ندارد، بازگرد تاکه با یوسف چه گفت آن نیک مرد؟ ۳۱۸۲

این سخنان را انجام و پایانی نیست. بازگردیم و ببینیم که آن نیکمرد به یوسف(ع) چه گفت.

---

۱ - **مُحاق:** سه روز آخر ماه که در آن قمر در شام و بامداد دیده نمی‌شود.

۲ - اشاره‌ای است به رنج‌هایی که یوسف(ع) در چاه و به هنگام بردگی و در زندان دید و تبیین آنکه صبورانه قضای الهی را پذیرفتن و در زیر هاون ستم ستمگران خرد شدن، انجامی نیک داشت.

چنین رسم بود که مرواریدهای ریز را با هاون می‌کوبیدند و به صورت مرهمی برای چشم و اجزای شربت به کار می‌بردند: شرح مثنوی مولوی، ص ۴۳۴.

۳ - اشارتی قرآنی؛ فتح: ۲۹/۴۸: و توصیف آن‌ها در انجیل، همانند زراعتی است که جوانه‌های خود را خارج ساخته، سپس به تقویت آن پرداخته تا محکم شده و بر پای خود ایستاده است و به قدری رشد و نمو کرده که زارعان را به شگفتی وامی‌دارد.

در این آیت اصحاب و یاران خاصِ رسول خدا(ص) توصیف می‌شوند که رشد و نمو سریع آنان و حرکت پربرکتشان چگونه موجب شادی دوستان و خشم دشمنان بوده است.

بعدِ قصّه گفتنش گفت: ای فلان! هین! چه آوردی تو ما را ارمغان؟ ۳۱۸۳

یوسف(ع) بعد از آنکه قصّهٔ خویش را بیان کرد، پرسید که به عنوان تحفه چه آورده‌ای؟

بر درِ یاران تهی دست آمدن[1] همچو بی‌گندم سویِ طاحون[2] شدن[3] ۳۱۸۴

بادست تهی به دیدار دوستان رفتن، مانند آن است که کسی بدون بارگندم به آسیا برود.

حق تعالی، خلق را گوید به حشر ارمغان کو از برای روزِ نشر؟ ۳۱۸۵

در روز رستاخیز نیز حق تعالیٰ به خلق می‌گوید: تحفهٔ این روز چیست؟

جِئْتُمُونا وَ فُرادیٰ[4] بی‌نوا هم بدان سان که خَلَقْناکُمْ کذا؟ ۳۱۸۶

خداوند می‌گوید: شما تنها و بینوا به محضر ما آمده‌اید، همان‌گونه که شما را آفریدیم؟

هین! چه آوردید دست‌آویز را ارمغانی روزِ رستاخیز را؟ ۳۱۸۷

آگاه باشید و بگویید به عنوان دست‌آویزِ این روز سخت، چه آورده‌اید؟ هدیهٔ روز رستاخیز چیست؟ از نیکی‌ها و اعمال پسندیده، طاعات و عبادات خالصانه، چه دارید؟

یا امیدِ بازگشتن‌تان نبود؟ وعدهٔ امروز باطل‌تان نمود؟ ۳۱۸۸

امیدوار بودید که رستاخیز و بازگشت به سوی حق نباشد و وعدهٔ امروز باطل باشد؟

مُنکِری مهمانیَش را از خری پس ز مَطبخ خاک و خاکستر بری ۳۱۸۹

از جهل، میهمانی حق را انکار می‌کنی و از این خوان نصیبی جز خاک و خاکستر نداری.

ور نه‌ای مُنکِر، چنین دستِ تهی در درِ آن دوست چون پا می‌نهی؟ ۳۱۹۰

و اگر منکر نیستی، چگونه با دست تهی و بدون بار معنوی به درگاه دوست می‌روی؟

---

۱ - اشاره به یکی از رسوم فقری، اهل تصوّف و سالکان راه طریقت هنگامی که در جست‌وجوی حقیقت به دیدار اولیاءالله و مرشدانِ کامل و مشایخ می‌روند، تحفه و هدیه‌ای برای بیان شوق و به نیّت تقرّب به درگه حق می‌برند که رمزی است از چشم‌پوشی از تعلّقات دنیوی. ۲ - **طاحون**: آسیا.

۳ - در متن نوشته‌اند «بر در یاران تهی دست ای فتی / هست چون بی‌گندمی در آسیا»، در حاشیه بیت فوق را افزوده‌اند.

۴ - اشارتی قرآنی؛ انعام: ۹۴/۶: وَ لَقَدْ جِئْتُمُونا فُرادیٰ کَمَا خَلَقْناکُمْ أَوَّلَ مَرَّةٍ: شما تک‌تک [برای حساب پس دادن] به سوی ما باز آیید، همچنانکه اوّل بار شما را آفریدیم.

اندکی صرفه بکُن از خواب و خَور ارمــــغان بــــهرِ مــلاقاتش بــبر ۳۱۹۱

اندکی از خواب و خوراک کم کن و با غلبه بر تمایلات جسمانی و نفسانی، جان خود را مهذّب بدار که ارمغان و تحفه‌ای برای روز رستاخیز داشته باشی.

شــو قَــلیلُ آلنَّــومِ مِمَّا یَـهْجَعُونْ بــاش در اَسـحار از یَسْتَغْفِرُونْ[1] ۳۱۹۲

«کم خواب» باش و در سحرگاهان در زمرهٔ کسانی قرار بگیر که «استغفار می‌کردند» مصداق افعالشان است.

اندکی جُنبش بکن همچون جـنین تــا بــبخشندت حـواسِ نـوربین ۳۱۹۳

همان‌گونه که جنین در زهدان مادر جنبش دارد و حرکت می‌کند تا آنجا را ترک کند، تو هم اگر خواهانِ حیات حقیقی هستی، در جهت درک حقایق تلاش کن تا حواسّی برتر یابی.

وز جهانِ چون رَحِـم بـیرون روی از زمــین در عـرصهٔ واسع شـوی ۳۱۹۴

با تولّد روحانی و ادراک و شهود حقایق، علی‌رغم آنکه جسم عارف و سالک متعالی بر زمین است، جان او اوج می‌گیرد و از جهان مادّی که برای روح بسان زهدان مـادر تـنگ و تاریک است، بیرون می‌رود و در عرصهٔ وسیع عالم معنا پای می‌گذارد.

آنکــه اَرْضُ اللهِ وٰاسِـعْ[2] **گــفته‌انـد عـرصه‌یی دان کـانبیا در رفـته‌انـد**[3] ۳۱۹۵

آنکه گفته‌انـد کـه سـرزمین پـروردگار وسـیع و پـهناور است، مـهاجرت کـنید. مـقصود مهاجرت از پلیدی‌های درون برای جهاد با نفس است، همان عرصهٔ پاکی که انبیا در آن گام نهادند و به عالی‌ترین درجات کمال الهی رسیدند.

---

۱ - اشارتی قرآنی؛ ذاریات: ۵۱/۱۸-۱۷: کٰانُوا قَلیلاً مِنَ اللَّیْلِ مٰا یَهْجَعُونَ وَ بِالْأَسْحٰارِ هُمْ یَسْتَغْفِرُونَ: آن‌ها کمی از شب را می‌خوابیدند و در سحرگاهان استغفار می‌کردند و آمرزش می‌خواستند.
در توصیف مؤمنان و نیکان و در آیت بعد احسان ایشان به محرومان.

۲ - اشارتی قرآنی؛ نساء: ۴/۹۷: قٰالُوا أَلَمْ تَکُنْ أَرْضُ اللهِ وٰاسِعَةً فَتُهٰاجِرُوا فیهٰا: از فرشتگان خدا پاسخ می‌شوند که مگر سرزمین خداوند پهناور نبود که مهاجرت کنید؟
اشاره‌ای است به آنان که به ظاهر اسلام آوردند و به سبب تعلّقات دنیوی بعد از هجرت رسول خدا(ص) همچنان در مکّه ساکن بودند و در جنگ بدر به اشارت سران قریش به جنگ با پیامبر(ص) و مؤمنان پرداختند و توجیه ایشان که در مکّه تحت فشار بودیم و علی‌رغم میل خویش ناچار به جنگ با مسلمانان گشتیم.

۳ - در متن نوشته‌اند «عرصهٔ دان انبیا را بس بلند»، در مقابله، «در رفته‌اند» را به عنوان اصلاحیه اضافه کرده‌اند.

دل نگردد تنگ زآن عرصهٔ فراخ   نخلِ تر آنجا نگردد خشک شاخ ۳۱۹۶

عرصهٔ وسیع و گسترهٔ باز و فراخی که دل در آن تنگ نمی‌گردد و نخل شادابی که به میوه نشسته است [وجود کاملان و واصلان] هرگز بی‌بر و بار نمی‌گردد.

حاملی تو مر حواست را کنون   کُند و مانده می‌شوی و سرنگون ۳۱۹۷

بارِ حواسّ ِ ظاهری که با آن دنیای محسوس را حس می‌کنی اینک بر دوش توست و تا حامل این بار هستی، در درکِ حقایق کُند و خسته و افسرده‌ای.

چونکه محمولی، نه حامل، وقتِ خواب   ماندگی رفت و شدی بی‌رنج و تاب ۳۱۹۸

هنگامی که در خواب حواسّ ظاهری از کار می‌افتد، خستگی و رنج و تب و تاب از میان می‌رود؛ زیرا بار حواسّ ظاهری از دوش آدمی برداشته می‌شود.

چاشنیّی[1] دان تو حالِ خواب را   پیشِ محمولیِ حالِ اولیا ۳۱۹۹

این که آدمی در خواب محمول حواس خود نیست، نمونهٔ نازلی از حال اولیاست که محمول حق‌اند.

اولیا اصحاب کهف‌اند ای عَنود[2] !   در قیام و در تقلّب، هُمْ رُقُودْ[3] ۳۲۰۰

ای ستیزه‌گر، اولیایِ حق، همان اصحاب کهف‌اند که نسبت به امور دنیوی و لذایذ آن گویی در خواب‌اند، چه در حال قیام به امری و یا جنب و جوش برای کاری، ارادهٔ حق آنان را به انجام امور وا می‌دارد.

می‌کَشدشان بی‌تکلّف در فِعال   بی خبر، ذاتَ الْیَمین، ذاتَ الشِّمالْ[4] ۳۲۰۱

حق تعالیٰ اولیای خویش را بدون هیچ‌گونه سختی و رنجی به آنچه که ارادهٔ اوست وامی‌دارد، همان‌گونه که اصحاب کهف در آن غار به خواب رفته بودند و حق آنان را به راست و چپ می‌گردانید.

چیست آن ذات الْیَمین؟ فعلِ حَسَن   چیست آن ذات الشِمال؟ اَشغالِ تن ۳۲۰۲

مقصود از اینکه آنان را به پهلوی راست می‌گرداندیم، چیست؟ مسلماً مقصود از آن ظاهرِ افعال و افکار و اعمال نیک و پسندیده است در میدان عمل، و پهلوی چپ، اشتغال به امور دنیوی که تن را از آن گریزی نیست.

---

۱ - **چاشنی** : اندکی از طعام، نمونه.   ۲ - **عَنود** : ستیزه‌گر.

۳ - اشارتی قرآنی؛ کهف : ۱۸/۱۸ : وَ تَحْسَبُهُمْ أَیْقاظاً وَ هُمْ رُقُودٌ : آنان را بیدار می‌پنداری در حالی که در خواب فرو رفته بودند.

۴ - اشارتی قرآنی؛ کهف : ۱۸/۱۸ : وَ نُقَلِّبُهُمْ ذاتَ الْیمینِ وَ ذاتَ الشِّمالِ : آن‌ها را به سمت راست و چپ می‌گرداندیم.

مـی‌رود ایــن هــر دو کــار از انـبیا   بی‌خبر زین هر دو ایشان، چون صدا ۳۲۰۳

انبیا هر دو کار را اعم از روحانی و معنوی یا دنیوی انجام می‌دادند، در حالی که در هر دو حال مأمور بودند و بی‌خبر، مانند کوهی که صدا را منعکس می‌کند و از چگونگی صوت بی‌خبر است؛ زیرا ایشان محمول حق بودند.

گر صدایت بشـنوانـد خـیر و شـر   ذاتِ کُـه بـاشد زِ هـر دو بـی‌خبر ۳۲۰۴

اگر کوه پژواک صوت را برگرداند، چه خیر و چه شر، ذاتِ کوه از آن بی‌خبر است. انبیا و اولیا نیز آنچه را که می‌گویند و فعلی که انجام می‌دهند، بازتابِ فعل حق است.

گفتنِ مهمانِ یوسف علیه السَّلام، که: آینه آوردمت که تا هر باری که در وی نگری، رویِ خوبِ خویش را بینی، مرا یاد کنی

گفت یوسف: هـین! بـیاور ارمـغان   او ز شـرمِ ایـن تـقاضا زد فـغان ۳۲۰۵

یوسف(ع) گفت: تحفه‌ای را که آورده‌ای بیاور تا ببینم و دوست دیرین از شرم ناله و فغان را سر داد.

گفت: من چند ارمغان جُستم تو را   ارمـــغانی در نـــظر نـامد مـرا ۳۲۰۶

گفت: من بسیار جست‌وجو کردم تا ارمغانی بیابم؛ ولی تحفه‌ای شایستهٔ تو ندیدم.

حبّه‌یی را جانبِ کـان چـون بـرم؟   قطره‌یی را سویِ عَمّان[1] چون برم؟ ۳۲۰۷

دانهٔ بی‌مقداری را چگونه به معدن ببرم؟ و یا قطرهٔ ناچیزی را چگونه به دریا برم؟

زیـره را مــن ســویِ کـرمان آورم   گر بـه پـیشِ تـو دل و جـان آورم ۳۲۰۸

اگر دل و جان را به عنوان تحفه به محضر تو آورم، گویی زیره را به کرمان برده‌ام.

نیست تخمی کاندر این انبار نیست   غیرِ حُسنِ تو، که آن را یار نیست ۳۲۰۹

چیزی نیست که در بارگاه تو نباشد و بتوان آن را تحفه آورد، غیر از کمال حُسن و جمال بی‌مثالِ تو که آن را نمی‌توان آورد.

---

۱ - **عَمّان**: دریای عُمّان در جنوب ایران.

لایقْ آن دیدم که من آینه‌یی پیشِ تو آرم، چو نورِ سینه‌یی[1] ۳۲۱۰

شایسته دیدم که آیینه‌ای به نزدت آورم، چون وجودِ تو نور دل‌هاست.

تا ببینی رویِ خوبِ خود در آن ای تو چون خورشیدْ شمعِ آسمان ۳۲۱۱

تا جمالِ بی‌همتای خود را در آن ببینی، ای که مانندِ خورشیدِ تابان، شمع آسمان دل و جانی.

آینه آوردمت ای روشنی! تا چو بینی رویِ خود، یادم کنی ۳۲۱۲

ای نورِ چشم، آیینه آوردم، تا با دیدن جمال خود در آن به یاد من باشی.

آینه بیرون کشید او از بغل خوب را آینه باشد مُشْتَغَل ۳۲۱۳

آنگاه آیینه را از بغل بیرون آورد. معمولاً خوبرویان به تماشای جمال خویش در آیینه مشغول می شوند.

آینهٔ هستی چه باشد؟ نیستی نیستی بَر، گر تو ابله نیستی ۳۲۱۴

آیینهٔ هستی حقیقی چیست؟ عاری شدن از هستی موهومی و به عبارتی «نیستی»، اگر نادان نیستی، وجودت را از «من» تهی کن، آنگاه این آیینه را به عنوان ارمغان نزد کاملان و حضرت حق ببر.

هستی اندر نیستی بتوان نمود مالْداران بر فقیر آرند جُود ۳۲۱۵

هنگامی که از هستیِ عاریتی خالی شوی، وجودت محلّ ظهور هستی می‌شود؛ زیرا همواره اغنیا بر فقرا بخشش می‌کنند و حق تعالیٰ که بخشنده‌ترینِ بخشندگان است، بر فقر معنوی‌ات رحمت می‌آوَرَد و تو را به غِنایِ خویش غنی می سازد.

آینهٔ صافیِ نان، خود گرسنه است سوخته هم، آینهٔ آتش‌زنه است ۳۲۱۶

وجودِ شخص گرسنه، مانند آیینه‌ای است که ارزشِ نان را نشان می‌دهد. فتیله هم ارزشِ آتش‌زنه را آشکار می‌کند و به سرعت آتش می‌گیرد.

نیستی و نقص، هر جایی که خاست آینهٔ خوبیِ جمله پیشه‌هاست ۳۲۱۷

هر جا که نقص و نیستی باشد، آیینهٔ خوبی برای عرضهٔ هنرها و صنایع گوناگون است.

---

۱ - سینهٔ مصفّای سالک که از صفات رذیله پاک شده است و تعلّقات دنیوی را بدان راهی نیست، گرانبهاترین هدیه‌ای است که می‌تواند به درگاه مرشد روحانی خویش ببرد.

چونکه جامه چُست و دوزیده بُوَد   مُظْهِرِ فرهنگِ درزی[1] چون شود؟ ۳۲۱۸

اگر جامه‌ای مرتّب و دوخته باشد، هنر خیاط چگونه معلوم شود؟

ناتراشیده همی باید جُذوع[2]   تا دروگر[3] اصل سازد یا فروع ۳۲۱۹

باید کنده‌های درخت نتراشیده باشد تا نجّار آن‌ها را برش بزند و به اصل و فرع تقسیم کند و با آن چیزی بسازد.

خواجهٔ اِشکسته‌بند آنجا رود   کاندر آنجا پایِ اشکسته بُوَد ۳۲۲۰

استاد شکسته‌بند جایی می‌رود که پای شکسته‌ای باشد.

کی شود، چون نیست رنجورِ نزار   آن جمالِ صنعتِ طبّ آشکار؟ ۳۲۲۱

اگر بیمارِ زار نباشد، جمالِ دانش طبّ چگونه آشکار گردد؟

خواری و دونیِّ مِس‌ها بر ملا   گر نباشد، کی نماید کیمیا؟ ۳۲۲۲

اگر بی‌مقداریِ مس آشکار نباشد، ارزش کیمیا چگونه شناخته شود؟

نقص‌ها آیینهٔ وصفِ کمال   و آن حقارت آینهٔ عِزّ و جلال ۳۲۲۳

نقص‌ها آیینه‌ای‌اند که کمال را عیان می‌سازند و انکسار و نیستیِ آدمی آیینهٔ جلال و شکوهمندیِ باریِ تعالیٰ است.

زانکه ضد را ضد کند پیدا یقین   زانکه با سِرکه پدید است انگبین ۳۲۲۴

زیرا هر ضد به ضد خویش شناخته می‌شود و با وجود سرکه، شیرینیِ عسل آشکار می‌گردد.

هر که نقصِ خویش را دید و شناخت   اندر استکمالِ[4] خود دَه اسبه تاخت ۳۲۲۵

هر کس که معایب خویش را دید و شناخت، در راهِ کمال به سرعت می‌تازد.

زآن نمی‌پرّد به سویِ ذوالجلال   کو گمانی می‌برد خود را کمال ۳۲۲۶

جانی به سوی حق پرواز نمی‌کند که خود را صاحب کمال می‌پندارد.

---

۱ - **درزی** : دوزنده، خیّاط.   ۲ - **جُذوع** : جمع جِذع، تنه درخت خرما و هر درخت دیگر.

۳ - **دروگر** : نجّار.   ۴ - **استکمال** : به کمال رسانیدن.

عــــلّتی بــــتّر ز پــــندارِ کــمال   نیست اندر جانِ تـو ای ذو دَلال[۱] ! ۳۲۲۷

ای متکبّر و از خود راضی، هیچ عیب و علّتی بدتر از توهّمِ کمال نیست.

از دل و از دیده‌ات بس خـون رود   تا ز تو، این مُعْجِبی[۲] بـیرون شـود ۳۲۲۸

چه بسیار خون دل باید از دیده‌ات فرو ریزد تا خودبینی و تکبّر از وجودت بیرون رود.

عـلّتِ ابـلیس آنَـا خَـیْری[۳] بُـده‌ست   وین مرض در نَفْسِ هر مخلوق هست ۳۲۲۹

عیبِ ابلیس خودبینی بود که خود را از آدم(ع) برتر می‌دانست، این بیماری در نفس همهٔ آدمیان هست.

گرچه خود را بس شکسته بـیند او   آبِ صافی دان و سِرگین[۴] زیرِ جـو ۳۲۳۰

هرچند که آدمی خود را متواضع و فروتن بداند و بپندارد که کبر و غرور ندارد، این ظاهر آرام و باوقار، همانندِ آبِ زلالِ جوی است که سرگین در ته آن باشد.

چـون بشـورانَـد تـو را در امـتحان   آبْ سـرگین رنگ گـردد در زمـان ۳۲۳۱

هنگامی که در امتحانات الهی شرایط عادی زندگی بر هم می‌خورد و وقایع پیش‌بینی نشده‌ای رخ می‌دهد، احوال آدمی در هم ریخته و شورانیده می‌گردد، واکنش‌های ناپسندی که بروز می‌کند، همان سرگینِ ته جوی است که آب را بدرنگ و متعفّن می‌سازد.

در تکِ جو هست سرگین ای فتیٰ!   گرچه جو صـافی نـماید مـر تـو را ۳۲۳۲

ای جوانمرد، در ته جوی‌های درونی وجودت، این سرگین متعفّن وجود دارد، که چیزی جز «خودخواهی و خودبینی» نیست، هرچند که به نظرِ تو زلال می‌نماید.

هست پـــیرِ راه‌دانِ پُــر فِــطَن[۵]   جوی‌هایِ نَفْس کُلّ را جـویْ کَـن[۶] ۳۲۳۳

پیر راه‌دان آگاه و زیرک، جوی‌های وجودت را پاک می‌کند تا نَفْسِ کُلّ در آن جریان یابد.

جوی، خود را کِی تواند پاک کـرد؟   نـافع از عـلمِ خـدا شـد عـلمِ مـرد ۳۲۳۴

جویِ پُر سرگین، چگونه خود را پاک کند؟ طبیعی است که فقط یک جریانِ نیرومند

---

۱ - **ذو دَلال** : صاحب ناز و کرشمه.   ۲ - **مُعْجِب** : خودبین.

۳ - اشارتی قرآنی، اعراف : ۱۲/۷ : قَالَ أَنَا خَیْرٌ مِنْهُ. ابلیس گفت: من از آدم بهترم.

۴ - **سرگین** : مدفوع چهارپایان.   ۵ - **فِطَن** : جمع فِطنَة، زیرکی و هوشیاری.

۶ - مصراع دوم: جوی‌های درونی‌ات را لایروبی می‌کند تا نَفْسِ کل در آن جاری شود.

می‌تواند آن را پاک کند. همان‌گونه که دانش بشری در اثر اتّصال بـه دانش الهـی مـی‌توانـد سودمند و مفید شود، جوی درون نیز با امدادِ کاملان پالایش می‌یابد.

کی تراشَد تـیغ دسـتهٔ خـویش را؟ رو به جرّاحی[1] سپار ایـن ریش را ۳۲۳۵

تیغ چگونه دستهٔ خویش را بِبُرّد؟ این جراحت درون را به استادِ کامل بسپار.

بر سر هـر ریش جـمع آمـد مگس تـا نـبیند قُـبح ریشِ خـویش کس ۳۲۳۶

بر سر هر زخم و جراحت درونت انبوهی مگسِ اندیشه‌ها و تصوّرات باطل گرد آمده‌اند و هر فکر غلط و فعل نابجایت را تأویل و تفسیری خودخواهانه می‌کنند؛ در نتیجه زشتیِ زخم‌هایِ متعفّنِ درون نهان می‌مانَد و هیچ کس بر احوال خویش آگاه نمی‌گردد.

آن مگس، انـدیشه‌ها و آن مـالِ تـو ریشِ تــو، آن ظـلمتِ احـوالِ تـو ۳۲۳۷

مگس، اندیشهٔ باطل و تعلّقات خودپسندانهٔ توست. جراحت یا زخم متعفّن، هم تاریکیِ درون و احوال توست.

ور نهد مَرْهَم بـر آن ریش تـو، پـیر آن زمان سـاکـن شـود درد و نـفیر ۳۲۳۸

اگر مُرشد کامل (پیر طریقت) بر زخمِ باطنیِ تو دارویی بِنَهد، درد و ناله قطع می‌شود.

تا که پندارد که صـحّت یـافته‌ست پـرتوِ مـرهم بـر آنـجا تـافته‌ست ۳۲۳۹

تا سالک از آرامشِ درونی گمان می‌بَرَد که از بیماری‌های نفسانی نجات یافته است، در حالی که تأثیر مرهم درد را ساکن کرده و اگر مداوای طبیب الهی تداوم نداشته باشد، بیماری شدیدتر از پیش عیان می‌گردد.

هین! ز مرهم سر مکش ای پشتْ ریش و آن ز پرتو دان، مدان از اصلِ خویش ۳۲۴۰

ای آن که مانندِ چهارپایان بر پشتِ خـویش جـراحتی سـهمگین داری، از مـرهم روی مگـردان و اگـر بـه امـداد کـاملان بـهبود یـافتی، بـهبودی را از پـرتو قـدرتِ مـرهم بـدان، نه از خودت.

---

۱ - **جرّاح** : کنایه‌ای از استاد طریقت، استاد روحانی.

مُرتد شدنِ کاتبِ وحی به سببِ آنکه پرتوِ وحی بر او زد، آن آیت را پیش از پیغامبر صَلَّی اللهُ عَلَیْهِ وَ سَلَّم، بخواند، گفت: پس من هم محلِّ وَحْیَم[1]

پیش از آنکه عثمان کاتب وحی شود، کاتبی از منشیان عهده‌دار این مسؤولیّت خطیر بود. وی که کلام حق را می‌نوشت در کار خویش بسیار جدّی بود. رفته رفته از پرتو وحی و کلام حق که بر وی می‌تافت، اندیشید که خود صاحب حکمت است. بدین سان کبر و غرور دامن وی را گرفت و گمراه شد. رسول خدا(ص) فرمود: اگر نور ذاتی از خود تو بود، اینک چرا نوری ندارد؟

نتیجه‌ای که از این قطعه گرفته می‌شود حاکی از آن است که مجالست و همجواری با کاملان و واصلان، در بدایت حال، احوالی را در سالک ایجاد می‌کند که به ادراکات و شهودی برتر از آنچه که مرتبهٔ وی است، نایل می‌گردد، طالبِ تیزهوشِ بافراست باید بداند که این عوالم در پرتو کمالِ وجودیِ مرادِ کامل است نه تعالی معنوی خود وی و این موضع حال است نه مقام و تا منازل را به تمام طی نکند، همچنان در مقام تلوین است نه تمکین.

۳۲۴۱ **پیشْ از عـثمان[2] یکـی نَسّـاخ بـود کو به نسخِ وَحْـی جِـدّی مـی‌نمود**

پیش از آنکه نوشتنِ آیات بر عهدهٔ عثمان قرار گیرد، کاتبی در نوشتن آن جدّیت می‌ورزید.

---

۱ - مقصود از این نسّاخ یا کاتب وحی، عبدالله بن سعد بن ابی سرح است که داستان او را ابن عبدالبرّ در کتاب استیعاب، طبع حیدرآباد، ج ۲، ص ۳۸۱ و ابن الاثیر در کتاب اسدالغابة، چاپ مصر، ج ۳، ص ۱۷۳ و ابوالحسن علی بن احمد واحدی در کتاب اسباب النّزول نقل کرده‌اند. اینک روایت واحدی را ذکر می‌کنیم: احادیث، ص ۱۳۳. آیهٔ شریفه: وَ مَنْ قَالَ سَأُنْزِلُ مِثْلَ مَا أَنْزَلَ اللهُ... سورهٔ انعام آیه ۹۳ دربارهٔ عبدالله بن سعد بن ابی سرح نازل گردید. وی هنگامی که اسلام را پذیرفت توسط پیامبر(ص) برای کتابت وحی پذیرفته شد. زمانی که آیهٔ مربوط به مؤمنین نازل شد (وَ لَقَدْ خَلَقْنَا الْإِنْسَانَ مِنْ سُلالَةٍ... سورهٔ مؤمنون آیهٔ ۱۲) پیامبر(ص) آن را به وی املاکرد تا بنویسد، همین‌که آیه به اینجا ختم شد که «ثُمَّ أَنْشَأْنَاهُ خَلْقاً آخَرَ» عبدالله از چنین توصیفی دربارهٔ انسان به شگفتی افتاد و به دنبال آیه افزود: تَبَارَكَ اللهُ أَحْسَنُ الْخَالِقِينَ. پیامبر(ص) فرمود آیه به همین صورت بر من نازل شده است. عبدالله در این مورد نسبت به پیامبر به شک افتاد و گفت اگر پیامبر در اظهار نظرش صادق باشد معلوم می‌شود که به من و آن حضرت هر دو وحی شده است؛ امّا اگر کاذب باشد، من چیزی را گفته‌ام که همان وحی بوده است. و به این ترتیب وی مرتد شد: احادیث، ص ۱۳۴.

همین حکایت در تفسیر ابوالفتوح چاپ تهران، ج ۱، ص ۱۴۹ بدون ذکر نام کاتب روایت شده است و نوشته است که آیه ۷۹ سورهٔ بقره در شأن دبیری آمد که هر چه پیامبر(ص) بر می‌داد که بنویسد، به خلاف آن می‌نوشت، عاقبت مرتد شد و گریخت.

۲ - **عثمان بن عفّان** یکی از کاتبان وحی بود و در زمان وی قرآن را که به اشارت ابوبکر ابی‌قحافه گردآوری شده بود، نسخه‌برداری کرد و هر نسخه را به ناحیه‌ای گسیل داشت تا اختلافی میان صحف نباشد. این کار در سال سی‌ام هجری رخ داد.

چون نبی از وحی فرمودی سَبَق[1] او همان را وانبشتی بر ورق ۳۲۴۲

چون پیامبر(ص) کلامِ وحی را می‌فرمود، کاتب همان را بر ورق می‌نوشت.

پرتوِ آن وحی بر وی تافتی او درونِ خویش حکمت یافتی ۳۲۴۳

پرتوی از کلام الهی بر وی تابید و کاتب در دل خویش نوری از حکمت یافت.

عینِ آن حکمت بفرمودی رسول زین قَدَر گمراه شد آن بوالفضول ۳۲۴۴

آنچه را که کاتب حس کرد، پیامبر(ص) فرمود و سبب شد که آن فضولِ خودبین از این اندک احوالِ باطنی گمراه گردد.

کآنچه می‌گوید رسولِ مُسْتَنیر[2] مَر مرا هست آن حقیقت در ضمیر ۳۲۴۵

اندیشید: آنچه رسولِ روشن‌ضمیر می‌گوید، من حس می‌کنم و از ضمیرم می‌گذرد.

پرتوِ اندیشه‌اش زد بر رسول قهرِ حقّ آورد بر جانش نزول ۳۲۴۶

پیامبر گرامی(ص) از اندیشهٔ او آگاه شد و خشم الهی بر وجودش فرود آمد.

هم ز نَسّاخی[3] بر آمد هم ز دین شد عَدُوِّ مصطفی و دین، به کین ۳۲۴۷

کاتب از کتابت برکنار شد و ایمان را هم از دست داد و با کینه دشمن رسول خدا(ص) گردید.

مصطفی فرمود کای گبرِ عنود! چون سیه گشتی؟ اگر نور از تو بود ۳۲۴۸

پیامبر(ص) فرمود: ای کافر ستیزه‌جو، اگر آن نور متعلّق به تو بود، چرا تاریک شده‌ای؟

گر تو یَنْبُوعِ[4] الهی بودیی این چنین آبِ سیه نگشودیی ۳۲۴۹

اگر تو چشمهٔ دریافت وحی بودی، سیاهرویی به بار نمی‌آوردی و کلامِ باطل نمی‌گفتی.

تا که ناموسش به پیشِ این و آن نشکند، بر بست این او را دهان ۳۲۵۰

کاتب برای حفظ آبرو نزد این و آن، دهان را بست و کلامی نگفت.

اندرون می‌سوختش هم زین سبب توبه کردن می‌نیارست، این عجب! ۳۲۵۱

به سبب ادّعای نابجا، دلش می‌سوخت؛ امّا قادر به توبه نیز نبود.

---

۱ - **سَبَق** : پیشی گرفتن، آنچه به طریق مداومت نزد استاد بخوانند، اینجا قرآن. ۲ - **مستنیر** : نورانی.
۳ - **نسّاخ** : جمعِ ناسخ: نسخه‌نویس، کاتب. ۴ - **یَنْبُوع** : چشمه، جوی خُردِ بسیار پر آب، جمع ینابیع.

آه مـــی‌کرد و نـــبودش آهْ ســـود   چو در آمد تـیغ و سـر را در رُبـود ۳۲۵۲

از شدّت تأسّف آه می‌کشید، امّا آه سودی نداشت و شمشیرِ قهرِ الهی سرش را ربود.

کرده حق ناموس[1] را صد من حدید[2]   ای بســـا بســـته بـه بـندِ نـاپدید ۳۲۵۳

کاتب ستمکار آرزومند توبه بود؛ امّا تعصّبات قومی و آنچه را که شهرت و آبرو می‌پنداشت، مانع می شد که گناه بزرگ خویش را ابراز نماید. این امر ارادهٔ حق بود که آبرو از دیدگاه او مانند زنجیر آهنین محکمی پای وی را در بند بدارد و چه بسیارند چنین بندهای پنهانی که به سبب خطا و ستم بر دست و پای آدمی‌اند.

کبر و کفر آن سان ببَست آن راه را   کـــه نـــیارد کـرد ظـاهر آه را ۳۲۵۴

کبر و غرور و کفر چنان راه او را بسته بود که نتوانست آه درون را ظاهر کند.

گـفت: اَغْـلالاً فَـهُمْ بِـهْ مُـقْمَحُونْ[3]   نـیست آن اَغـلال بر مـا از بـرون ۳۲۵۵

خداوند فرمود: بر گردن‌هاشان زنجیری است که سرهای آنان را بالا نگاهداشته است، این زنجیرِ گرانِ درونی چیزی جز وسوسه‌هایِ شیطانی و نَفْسانی نیست.

خَـــلْفَهُم سَـــدّاً فَـــاَغْشَیْناهُمْ[4]   مـی‌نبیند بـند را پـیش و پس او ۳۲۵۶

«پشت سرشان سدّی است و چشمانشان را پوشاندیم». میان دو سدّ قرار گرفته‌اند و قادر به ادراک حقایق نیستند.

رنگِ صحرا دارد[5] آن سدّی که خاست   او نـمی‌دانـد کـه آن سـدِّ قـضاست ۳۲۵۷

سدّی که او را احاطه کرده به رنگ صحراست؛ یعنی او هیچ مانعی را نمی‌بیند و نمی‌داند که قضای الهی بسان سدّی او را محصور کرده است.

---

۱ - **ناموس :** آبرو، شهرت و خوشنامی.   ۲ - **حدید :** آهن.

۳ - اشارتی قرآنی؛ یس : ۸/۳۶ : إِنّا جَعَلْنا فی أَعْناقِهِمْ أَغْلالاً فَهِیَ إِلَی الْأَذْقانِ فَهُمْ مُقْمَحُونَ : ما درگردن‌های آن‌ها غل‌هایی قرار دادیم که تا چانه‌های آن‌ها ادامه دارد، و سرهای آنان را به بالا نگاهداشته است.

بیان حال کافران و ستمگران که طوق تقلید و زنجیر آداب و رسوم نابجا دست و پایشان را بسته است.

۴ - مقتبس است از: یس : ۹/۳۶ : وَ جَعَلْنا مِنْ بَیْنِ أَیْدیهِمْ سَدّاً وَ مِنْ خَلْفِهِمْ سَدّاً فَأَغْشَیْناهُمْ فَهُمْ لا یُبْصِرُونَ : و پیشِ رویشان سدّی نهاده‌ایم و پشتِ سرشان نیز سدّی قرار داده‌ایم پس چشمانشان را به پرده پوشاندیم. لذا آنان نمی‌بینند.

چنین است حال متکبّران خودخواه و مقلّدان کور و کر و متعصّبان لجوج در برابر چهرهٔ حقایق.

۵ - **رنگ صحرا دارد :** اینجا رنگ ندارد، بی‌رنگ است.

دفتر اوّل ۶۸۳

شـاهدِ[1] تـو سـدِّ رویِ شـاهد است مُـرشدِ تـو سـدِّ گـفتِ مُـرشد است ۳۲۵۸

شاهدِ تو نفس امّارهٔ توست که سدِّ راهِ شاهد حقیقی شده است و مرشدت نیز «وسوسه‌ها و غرور» است که تو را به «خودمحوری» هدایت می‌کند و نمی‌گذارد کلام مرشد اثر کند.

ای بسـا کُـفّار را سـودایِ دیـن بـندشان نـاموس و کـبرِ آن و ایـن ۳۲۵۹

چه بسا کفّاری که میلی نهانی به دین و ایمان داشتند؛ امّا آبرو و غرور و توجّه به «آن و این»، آنان را به بند کشید و نگذاشت به خواستهٔ خویش پاسخ گویند.
اشاره به مقلّدان متعصّبی که پای‌بندِ افکارِ پوچِ قومی خویش‌اند.

بـندِ پـنهان، لیک از آهـن بَـتَر بـندِ آهـن را کـند پـاره تـبر ۳۲۶۰

این زنجیر نامرئی با ضربهٔ تبر که زنجیر آهنین را می‌گسلد، گشوده نمی‌شود.

بـندِ آهـن را تـوان کـردن جـدا بـندِ غـیبی را نـدانـد کس دوا ۳۲۶۱

زنجیرِ آهنی را می‌توان با تبر و تیشه از خود جدا کرد؛ امّا بندِ نهانی را تدبیری درمان نمی‌کند.

مـرد را زنـبور اگـر نـیشی زنـد طـبعِ او آن لحظه بـر دفـعی تـند ۳۲۶۲

اگر زنبور شخصی را نیش بزند، طبیعت و سرشت او در همان لحظه به دفع آن می‌کوشد.

زخمِ نیش امّا چو از هستیِّ توست غم قوی بـاشد، نگـردد درد سست ۳۲۶۳

امّا اگر زخم برخاسته از درونِ آدمی باشد، دردِ این غمِ بزرگ کاستی نمی‌یابد.

شرحِ این از سینه بیرون می‌جهد لیک مـی‌ترسم کـه نـومیدی دهـد ۳۲۶۴

شرحِ این معنا با شدّتی تمام از سینه‌ام بیرون می‌جَهَد و دلم هوای بسط آن را دارد؛ امّا بیمناکم که موجب ناامیدی گردد و چنان اندیشند که غلبه بـر نَـفْس، تـمایلات جسـمانی، شهوانی، کبر و غرور چنان دشوار است که غیر ممکن می‌نماید.

نی، مشو نومید و خود را شاد کـن پـیشِ آن فـریادرسْ فـریاد کـن ۳۲۶۵

نه، ناامید مشو، شاد باش که علی‌رغم دشمن درونی، فریادرسی هست که به او پناه ببری و در سختی‌های راه، از وی کمک بخواهی.

---

۱ – **شاهد** : محبوب، نیکوروی، نمونهٔ زیبایی، غالباً کنایه از حق.

کِای مُحِبِّ عفو ! از ما عفو کُن[1] ای طبیبِ رنجِ ناسورِ کُهُن ۳۲۶۶

ای خداوندی که بخشندگی و گذشت در حق بندگان خطاکار و گناهکار را دوست داری، ما را مورد عفو قرار ده، ای خدایی که طبیب رنج‌ها و دردهای مزمن و کهنهٔ مایی.

عکسِ حکمت آن شقی را یاوه کرد خود مبین، تا بر نیارَد از تو گَرد ۳۲۶۷

پرتوِ حکمتِ الهی، کاتب بدبخت را گمراه کرد. خودبین مباش تا به هلاکت نیفتی.

ای برادر بر تو حکمت جاریه است آن ز اَبدال است و بر تو عاریه است ۳۲۶۸

ای برادر، حکمت و علوم اسراری که در دل تو جاری است، از وجود تو نیست، از درون اولیاست و جریان آن در ضمیر تو عاریه و موقّتی است.

گرچه در خود، خانه نوری یافته‌ست آن ز همسایهٔ مُنوَّر تافته‌ست ۳۲۶۹

اگر در خانهٔ دلت نوری می‌یابی، پرتوی است از همسایهٔ تابناک، متعلّق به این خانه نیست.

شکر کن، غرّه مشو، بینی مَکُن گوش دار و هیچ خودبینی مکن ۳۲۷۰

برای این نور شاکر باش تا افزون گردد و تداوم یابد، به احوال درونی خوش یا کشف و شهودی که در اثر همنشینی با مرشد کامل، می‌یابی، غرّه نشو. گوشِ هوش را به او بسپار و مراقب باش.

صد دریغ و درد کین عاریّتی امّتان را دور کرد از امّتی ۳۲۷۱

صدها دریغ و درد که این نور عاریه بر جان زد و کثیری از اُمّت را به خودبینی دچار ساخت و از ایمان دور کرد.

من غلامِ آن که او در هر رِباط[2] خویش را واصل نداند بر سِماط[3] ۳۲۷۲

من غلام همّت سالک بافراستی هستم که در هر منزل از منازل سلوک در طریقت، اسیر پندار و گمان بیهوده نشود و خود را بی‌واسطهٔ استاد، واصل بر خوان حق نپندارد.

بس رباطی که بباید ترک کرد تا به مسکن در رسد یک روز مرد ۳۲۷۳

سالک در سلوک منازل متعدّدی را ترک می‌کند و به مراتبِ برتری گام می‌نهد تا روزی به سرمنزل مقصود برسد.

---

۱ - مقتبس است از این روایت: اللّٰهُمَّ إِنَّكَ عَفُوٌّ تُحِبُّ الْعَفْوَ فَاعْفُ عَنّی: خدایا، تو که عفوکننده‌ای و دوستدار عفو، پس از من درگذر: احادیث، ص ۱۳۴. ۲ - **رِباط** : کاروانسرا، خانه، منزل. ۳ - **سِماط** : خوان، سفره.

گرچه آهن سرخ شد، او سرخ نیست　　پرتوِ عاریّتِ آتش‌زنی‌ست ۳۲۷۴

حالتِ سالک در محضرِ مرشد، مانند آهنی است که درکوره سرخ شده و بعضی صفات آتش را یافته است؛ امّا همان‌طور که آتش‌وشیِ آهن عاریتی است، اگر پرتوِ نورِ مُرشد به سببِ غرور سالک، به او نرسد، می‌فهمد که از خود چیزی ندارد و ضمیر او منوّر نیست.

گر شود پر نور روزن یا سرا　　تو مدان روشن مگر خورشید را ۳۲۷۵

اگر خانهٔ دلت پرنور شود، برای احتراز از خودبینی و کبر، همواره بر این اندیشه باش که این نور اثرات تابش انوار فیوضات استاد است که چون خورشید بر تو تابیده است.

هر در و دیوار گوید: روشنم　　پرتوِ غیری ندارم، این منم ۳۲۷۶

هر یک از اعضای وجودت مدّعی است که روشنی و نور از خودِ اوست. چشم برخی از حقایق عالم معنا را می‌بیند، گوش اصواتی را می‌شنود که دیگران نمی‌شنوند، شامّه قادر به درکِ بوهایی ورایِ بویِ عالم مادّی است و دل آنچه راکه می‌جوید، می‌یابد و به همین نحو ادراکات دیگر نیز تکاملی بنا بر مرتبهٔ خاصّ خویش یافته‌اند.

پس بگوید آفتاب: ای نارشید[1]!　　چونکه من غارب[2] شوم، آید پدید ۳۲۷۷

پس خورشید می‌گوید: ای آنکه هنوز به سامان معنوی نرسیده‌ای و راه را به درستی نمی‌دانی، هنگامی که من بر تو غروب کنم، بر احوال تاریک و ظلمانی خود آگاهی خواهی یافت.

سبزه‌ها گویند: ما سبز از خودیم　　شاد و خندانیم و بس زیبا خَدیم[3] ۳۲۷۸

سبزه‌ها می‌گویند: سبزی ما از خود ماست، شاداب و سرخوشیم و بس زیباروی هستیم.

فصلِ تابستان بگوید: ای اُمَم[4]!　　خویش را بینید چون من بگذرم ۳۲۷۹

تابستان به زبان حال می‌گوید ای امّت‌ها (ای گروه سبزه‌ها)، صبر کنید تا زمان حضور من به پایان برسد، آنگاه خود را ببینید تا بدانید که زیبایی و شادابی از آن شما نبود.

تن همی نازد به خوبی و جمال　　روح، پنهان کرده فرّ و پرّ و بال ۳۲۸۰

تن به جذابیّت و زیبایی خود می‌نازد؛ زیرا از شکوه جان که نهان است، خبر ندارد.

---

۱ - **رشید** : راه یافته، رستگار.　۲ - **غارب** : غروب کننده.　۳ - **خَد** : رخسار، رخ.

۴ - **اُمَم** : اُمّت‌ها، اینجا سبزه‌ها.

گویدش: ای مَزبله[1]! تو کیستی؟ یک دو روز از پرتوِ من زیستی ۳۲۸۱

روح به زبان حال می‌گوید: ای زباله‌دان، تو کیستی که ادّعای زیبایی داری؟ چند روزی از پرتو همسایگی من فروغ و حیات یافتی.

غَنج[2] و نازت می‌نگنجد در جهان باش تا که من شوم از تو جَهان ۳۲۸۲

ناز و غمزهٔ تو پایدار نیست، صبر کن تا زمان مفارقت من از این خاکدان فرارسد.

گرم‌دارانت[3] تو را گوری کَنَند طعمهٔ ماران و مورانت کُنند ۳۲۸۳

مشتاقانت تو را درون گوری تاریک می‌گذارند که طعمهٔ ماران و موران شوی.

بینی از گندِ تو گیرد آن کسی کو به پیشِ تو همی مُردی بسی ۳۲۸۴

کسی که از شدّت محبّت برای تو می‌مُرد، از بوی تعفّن تو منزجر می‌شود و بینی را می‌گیرد.

پرتوِ روح است نطق و چشم و گوش پرتوِ آتش بُوَد در آب، جوش ۳۲۸۵

در پرتو وجودِ روح، حیات داری و سخن می‌گویی، می‌بینی و می‌شنوی، همان‌گونه که به امدادِ آتش، آب می‌جوشد، جوش و خروش تو نیز از برکتِ حضورِ من است.

آنچنانکه پرتوِ جان بر تن است پرتوِ اَبدال بر جانِ من است ۳۲۸۶

همان‌طور که در پرتو تابش انوار جان، تن حیات دارد، از پرتو انوار اولیا وجود من منوّر گشته است.

جانِ جان چون واکشد پا را ز جان جان چنان گردد که بی‌جان تن، بدان ۳۲۸۷

اگر امدادِ معنویِ جانِ جان (استادِ کاملِ مکمل) که حیاتی روحانی به سالک تفویض می‌کند، نباشد، جانِ او در صفات نَفْسانی غرق می‌شود و خاصیّتِ «تن» یا «مادّه» را می‌یابد و شأنِ خود را از دست می‌دهد، همان‌طور که تنِ بی‌جان ارجی ندارد.

سر از آن رو می‌نهم من بر زمین تا گواهِ من بود در روزِ دین ۳۲۸۸

از آن رو سر بر زمین می‌گذارم و سجده می‌کنم تا گواه فقر و عجز و انکسارم در روز رستاخیز باشد.

یومِ دین که زُلْزِلَتْ زِلْزالَها[4] این زمین باشد گواهِ حال‌ها ۳۲۸۹

روز قیامت که زمین «به لرزهٔ سخت لرزانده شود»، شاهدِ احوال زمینیان خواهد بود.

---

۱ - **مزبله** : محلِّ ریختن زباله. ۲ - **غَنج** : ناز و کرشمه. ۳ - **گرم‌داران** : مشتاقان.

۴ - مقتبس است از: زلزله : ۱/۹۹ : إِذا زُلْزِلَتِ الْأَرْضُ زِلْزالَها: هنگامی که زمین شدیداً به لرزه در آید.

کو تُحَدِّثْ جَهْرَةً اَخْبارَها[1]   در سخن آید زمین و خارها ۳۲۹۰

در روز رستاخیز زمین و حتّی خارهای آن به سخن می‌آیند و آشکارا «خبرهای خود را باز می‌گوید».

فلسفی مُنکِر شود در فکر و ظن   گو: برو، سر را بر آن دیوار زن ۳۲۹۱

فیلسوف‌نما با افکار پوچ و ظنّ و گمان، مُنکرِ چنین روزی و حوادث آن است. به او بگو: از خشم و ناراحتی سرت را به دیوار بکوب. درکِ این حقایق ورایِ عقلِ جزویِ بشر است.

نطقِ آب و نطقِ خاک و نطقِ گل   هست محسوسِ حواسِ اهلِ دل ۳۲۹۲

شنیدن سخنان آب و خاک و گِل را حواسّ اهل دل در می‌یابد.

فلسفی کو مُنکرِ حَنّانه است   از حواسِ اولیا بیگانه است ۳۲۹۳

فیلسوفی که نالهٔ ستون حنّانه را انکار می‌کند، از شناخت احوال اولیای حق و حواسّ برتر آنان که به نور حق می‌بینند و می‌شنوند، عاجز است.

گوید او که: پرتوِ سودایِ خلق   بس خیالات آوَرَد در رایِ خلق ۳۲۹۴

او معتقد است که پرتو خیالات خامِ مردم، توهّماتی را در ذهن آنان به وجود می‌آورد و به باورهای بیهوده‌ای می‌رسند که حقیقت ندارد.

بلکه عکسِ آن فساد و کفرِ او   این خیالِ مُنکِری را زد بر او ۳۲۹۵

بلکه اثرات فسادِ درونی و انکار او نمی‌گذارد حقایق را درک کند و انکار ادراکات عالی را به عنوان اصل مسلّم می‌پذیرد.

فلسفی[2] مر دیو را مُنکِر شود   در همان دم سُخرهٔ دیوی بُوَد ۳۲۹۶

فلسفی که وجودِ شیطان را انکار می‌کند، در همان حال بازیچهٔ وسوسه‌هایِ شیطان است.

گر ندیدی دیو را، خود را ببین   بی جنون نَبْوَد کبودی بر جبین ۳۲۹۷

اگر شیطان را ندیده‌ای و وجودش را باور نداری، خود را بنگر، گویی او را دیده‌ای. انکار مصرّانه‌ای که برای ردّ حقایق داری، نشانی از جنون است و علامت کبودی روی پیشانیت نشان آن. [آثار کفر در سیمای کافران بر اهل دل عیان است.]

---

۱ - مقتبس از: زلزله : ۴/۹۹ : يَوْمَئِذٍ تُحَدِّثُ أَخْبارَها: در آن روز تمام خبرهایش را باز می‌گوید.

۲ - **فلسفی**: اینجا اهل استدلال که با دلیل می‌کوشد تا دین را رد کند.

هر که را در دل شک و پیچانی است[1] در جـهانْ او فـلسفی پـنهانی است ۳۲۹۸

هر کس که نسبت به درکِ حقایقِ عالمِ معنا شک و تردید دارد، در نهان فلسفی است.

مـی‌نماید اعـتقاد و گـاه‌گـاه آن رگِ فَـلسَفْ کـند رویش سیاه ۳۲۹۹

گاهی ایمان می‌آورد و گه‌گاه رگ فلسفی بودنش به جنبش می‌آید و بالاخره روسیاهش می‌کند.

الحذر ای مؤمنان! کآن در شماست در شـما بس عـالمِ بی‌منتهاست ۳۳۰۰

ای مؤمنان! برحذر باشید که این ویژگی در شما نیز هست. در وجودتان عوالم بیکرانی نهفته است.

جمله هفتاد و دو ملّت در تو است وه که روزی آن بـرآرَد از تـو دست ۳۳۰۱

همهٔ اختلافات و تضادِ هفتاد و دو ملّت در تو نیز هست، وای از روزی که این اختلافات و انحرافات سر بلند کند.

هـر کـه او را بـرگِ آن ایـمان بُـوَد همچو برگ از بـیمِ ایـن لرزان بُـوَد ۳۳۰۲

هر کس که امید رسیدن به ایمان حقیقی را دارد، مانند برگی در برابر باد از بیمِ تضادهای درونی لرزان است.

بـر بـلیس و دیـو زآن خـندیده‌ای که تو خود را، نیک مـردم دیـده‌ای ۳۳۰۳

وجود ابلیس و شیطان را تمسخر می‌کنی؛ زیرا خود را انسان نیک و پسندیده‌ای پنداشته‌ای.

چون کُـند جـان بـازگونه پـوستین چند وٰاوَیْلٰی بـر آیـد ز اهـلِ دیـن[2] ۳۳۰۴

اگر جان آدمی، پوستین را واژگونه بپوشد؛ یعنی حال خود را تغییر دهد، اهل دین و ایمان نیز فریاد و واویلا بر خواهند داشت.

بر دکان هر زرنما خندان شـده‌ست زانکه سنگِ امتحان پنهان شده‌ست ۳۳۰۵

در دکّان زرگری، هر شبه‌طلا هم می‌درخشد؛ زیرا سنگ محک پـنهان است و بـا عـیان شدن محک، زر تقلّبی را قدری نمی‌ماند.

پـرده، ای سـتّار! از مـا بـر مگـیر بـاش انـدر امـتحان مـا را مُـجیر ۳۳۰۶

ای خداوند ستّار، همچنان عیوب ما را بپوشان و پرده رابرمگیر. در امتحانات الهی پناه و ناجیِ ماباش.

---

۱ - **پیچانی** : شک و تردید.

۲ - اگر در جان آدمی شک و انکار قوّت یابد و سرگشتگی و انحراف آشکار شود، اهل دین نیز در امان نیست.

قلب، پهلو می‌زند با زر به شب	انتظارِ روز می‌دارد، ذَهَب ۳۳۰۷

در تاریکی شب، طلای تقلّبی با زرّ ناب دم از برابری می‌زند؛ امّا زرّ انتظار روز را دارد که روشنایی حقیقت را عیان کند.

با زبانِ حال زر گوید که: باش	ای مزوّر تا بر آید روزْ فاش ۳۳۰۸

طلای ناب به زبان حال می‌گوید: ای متقلّب، صبر کن تا روز آزمایش و امتحان فرارسد.

صدهزاران سال ابلیسِ[1] لعین	بود ز اَبدال[2] و امیرالْمُؤمنین ۳۳۰۹

صدها هزار سال ابلیس ملعون از برجستگان درگه حق تعالیٰ و سالار مؤمنان بود.

پنجه زد[3] با آدم از نازی که داشت	گشت رسوا همچو سرگین وقتِ چاشت ۳۳۱۰

به سبب غرور با آدم(ع) در افتاد و دَم از برتری زد و رسوا شد، همان‌گونه که سرگین در برابر آفتاب تابان، بوی بدِ خویش را آشکار می‌سازد.

دعا کردنِ بَلْعَمِ باعور که موسی و قومش را از شهر که حصار داده‌اند، بی‌مُراد بازگردان، و مستجاب شدنِ دعایِ او

بنا بر روایات بلعم باعور که نام وی در قرآن مذکور نیست و آیهٔ ۱۷۵ سورهٔ اعراف را در حقِّ وی دانسته‌اند، زاهدی از اهالی کنعان بود که اسم اعظم خدای تعالیٰ را می‌دانست و مستجاب الدّعوه بود. هنگامی که موسیٰ(ع) به دنبال خروج از مصر با قوم خویش به سرزمین کنعان رسید در ارض بلغاء، پادشاه ولایت بلعم را الزام کرد تا بر خلاف میل خویش و علی‌رغم آنکه نشانه‌هایی در این باره بر وی ظاهر شده و او را منع و تحذیر کرده بود، در حقِّ قوم موسی دعای بد کرد تا بدان سرزمین راه نیابند، دعای او سبب سرگردانی قوم در تیه شد.

چون موسیٰ(ع) از دعای او واقف گشت او نیز در حقِّ وی دعای بد کرد تا خداوند او را از آن علم و ایمان که داشت منسلخ گردانید و به سبب این دعای بد ملعون شد و همچون سگی گشت که دایم زبانش از دهانش بیرون بود.[4]

---

۱ - **ابلیس** : برای توضیح مبسوط رجوع کنید به ۸۷۹/۱ و ۱۰۱۹/۱ و ۲۶۷۱/۱.	۲ - **ابدال** : ر.ک: ۲۶۵/۱.

۳ - **پنجه زدن** : در افتادن.	۴ - بحر در کوزه، ص ۳۰۶.

سرِ سخن در بیانِ این معناست که غرور ناشی از زهد ممکن است آدمی را به تباهی و بُعد از حق مبتلا سازد و همچنین داستان بلعم باعور در مثنوی نمونهٔ دیگری از امتحان و استدراج حق است که او را در آزمونی در برابر موسی(ع) قرار می‌دهد و وی از سر غرور و اعتمادی که به کمال حال خود دارد با کلیم حق پنجه می‌زند و مانند ابلیس لعین رسوا می‌گردد.

مولانا در ادامهٔ داستان خاطرنشان می‌کند که میان زاهدان مانند ابلیس و بلعم صدهاهزار تن بوده‌اند؛ امّا دامِ ناپیدای حق این دو تن را از پردهٔ ستاریّت به در آورده تا گواهی باشند بر دیگران.

بلعمِ باعور را خلقِ جهان سَغبه[1] شد مانند عیسیِ زمان ۳۳۱۱

مردم جهان چنان شیفته و فریفتهٔ بلعم باعور شدند که گویی عیسی زمان است.

سجده ناوردند کس را دونِ او صحّتِ رنجور بود افسونِ او ۳۳۱۲

بر هیچ‌کس جز او سجده نمی‌کردند و او با دعا و اوراد هر بیماری را شفا می‌داد.

پنجه زد با موسی از کبر و کمال آنچنان شد که شنیدستی تو حال ۳۳۱۳

بلعمِ باعور از غرور و پندارِ کمال با موسی(ع) به مقابله برخاست که داستان آن را شنیده‌ای.

صد هزار ابلیس و بَلْعَم در جهان همچنین بوده‌ست، پیدا و نهان ۳۳۱۴

صدها هزار ابلیس و بلعم در جهان بوده است، چه پنهان و چه آشکار.

این دو را مشهور گردانید اِلٰه تا که باشد این دو بر باقی گواه ۳۳۱۵

خداوند این دو را شهره گردانید تا شرح حال آنان گواهِ کسانی باشد که همین ویژگی را دارند.

این دو دزد آویخت از دارِ بلند ورنه اندر قهرْ بس دزدان بُدند ۳۳۱۶

خداوند این دو تبهکار خائن را بر دار بلند لعنت و طرد آویخت تا مایهٔ عبرت دیگران باشند وگرنه قهر الهی شامل حال کثیری از تبهکاران و خائنان نیز بوده است.

این دو را پرچم به سویِ شهر بُرد کشتگانِ قهر را نتوان شمرد ۳۳۱۷

پرچم این دو به نمایش آمده است و گرنه تعداد هلاکت‌یافتگان قهر الهی را نمی‌توان معلوم کرد.

نازنینی تو ولی در حدِّ خویش اللّه اللّه پا مَنِهْ از حدّ بیش ۳۳۱۸

ای سالک، تو نازنینی، ولی در مرتبهٔ خود، خدا را... خدا را... که پای را از حدّ فراتر ننهی.

---

۱ - **سَغبه**: فریفته و بازی داده شده.

گـر زنـی بـر نـازنین‌تر از خـودت　　　در تکِ هـفتم زمـین زیـر آرَدَت ۳۳۱۹

اگر با نازنین‌تر و عزیزتر از خود در افتی، تو را به اعماق زمین تنزّل خواهد داد.

قصّهٔ عاد[1] و ثمود[2] از بهرِ چیست؟　　　تـا بـدانـی کـانبیا را نـازُکـی‌ست ۳۳۲۰

چرا قرآن قصّهٔ عاد و ثمود را بیان کرده است؟ تا بدانید که انبیا لطیف و عزیزند.

این نشانِ خَسْف[3] و قَذف[4] و صاعقه[5]　　　شـد بـیـانِ عـزِّ نَـفْسِ نـاطقه ۳۳۲۱

ماجرای فرو بردن گروهی در کامِ زمین یا بارشِ سنگ‌ها و صاعقه، همه بیانِ عـزّت و ارجمندی نفسِ ناطقهٔ انبیا بوده است.

جمله حـیوان را پـیِ انسـان بُکش　　　جمله انسـان را بکُش از بـهرِ هُش ۳۳۲۲

کشتن حیوانات برای بقای انسان ایرادی ندارد و اگر همهٔ انسان‌نماها نیز بـرای بـقایِ هوشیاریِ روحانی و معنوی فدا شوند، اشکالی ندارد.

هُش چه باشد؟ عقلِ کُـلِّ هـوشمند　　　هوشِ جزوی هُش بـود، امّـا نـژند ۳۳۲۳

هوش چیست؟ عقل کلّ که هوشمند و زیرک است. هوش جزئی هم هوش است؛ امّا در مراتب نازله و ضعیف آن، مانند عقل جزوی.

جمله حـیوانـاتِ وحشـی ز آدمـی　　　بـاشد از حـیوانِ اِنسـی در کـمی ۳۳۲۴

همهٔ حیوانات وحشی که از آدمی می‌رمند، از حیوانات اهلی پست‌ترند؛ زیرا حیوانات اهلی تحت تربیت قرار می‌گیرند و هوشِ بیشتری دارند.

خونِ آن‌هـا خـلق را بـاشد سَـبیل[6]　　　زانکـه وحشـی‌انـد از عـقلِ جـلیل ۳۳۲۵

خون حیوانات وحشی بر انسان‌ها مباح است؛ زیرا آنان از عقلِ پُر جلال می‌رمند و با آن بیگانه‌اند.

عـزّتِ وحشـی بـدین افـتاد پست　　　که مر انسان را مـخالف آمـده‌ست ۳۳۲۶

جان و حیاتِ حیواناتِ وحشی بی‌قدر است؛ زیرا با انسان که محلِّ تجلّیِ عقل و هوش است، در تضادّ و تخالف‌اند.

---

۱ - **عاد** : ر.ک: ۸۵۸/۱.　۲ - **ثمود** : ر.ک: ۲۵۱۹/۱.　۳ - **خَسْف** : فرو بردن در کام زمین.

۴ - **قَذْف** : باران سنگ.

۵ - قارون و گنجش در کام زمین فرو رفتند، بارانی از سنگ بر قوم لوط و اصحاب فیل بارید و صاعقه قوم ثمود را نابود کرد.　۶ - **سبیل** : حلال، مُباح.

۳۳۲۷ **پس چه عـزّت بـاشدت ای نـادره! چون شـدی تـو حُـمُرٌ مُسْتَنْفِرَه؟**[1]

پس ای انسان عجیب، چه عزّتی را بـرای جـان و حـیات خـویش مـحسوب مـی‌داری، هنگامی که مانند «خرانِ وحشی» از تربیت کاملان و تعقّل می‌گریزی؟

۳۳۲۸ **خــر نشــاید کُشت از بــهرِ صَــلاح چون شود وحشی، شود خونش مُباح**

کشتن خر جایز و روا نیست؛ امّا اگر وحشی شود، خونش مباح است.

۳۳۲۹ **گرچه خـر را دانشِ زاجِـر**[2] **نـبود هـیچ مـعذورش نـمی‌دارد وَدود**[3]

هرچند که خر، دانش و عقلی ندارد که با خوی خود مبارزه کند و از توحّش بپرهیزد؛ امّا خداوند او را معذور نمی‌دارد، اگر وحشی شود و با انسان از در ستیز در آید، از کشتن معاف نخواهد بود.

۳۳۳۰ **پس چو وحشی شد از آن دم آدمی کی بُـوَد مـعذور ای یـارِ سَـمی**[4] **؟**

ای یار بلندپایه، این مثال‌ها را آوردیم که بگوییم: اگر آدمی هم از دَم الهی که به او دمیده شده است، بِرَمد و بگریزد، حجر: ۲۹/۱۵: *وَ نَفَخْتُ فِیهِ مِنْ رُوحِی*، چگونه معذور باشد؟

۳۳۳۱ **لاجـرم کُـفّار را شـد خـونْ مُـباح همچو وحشی پیشِ نُشّاب**[5] **و رِماح**[6]

خون کفّار هم که از دم‌الهی می‌گریزند ناگزیر، بسان جانوران وحشی، پیش تیرها و نیزه‌ها مباح است.

۳۳۳۲ **جفت و فرزندانشان جمله سَبیل**[7] **زانکه بی‌عقل‌انـد و مـردود و ذلیـل**

با همسر و فرزندان کافران می‌توان مانند اسیران جنگی رفتار کرد؛ زیرا فاقد عقل و رَدّ و ذلیل‌اند.

۳۳۳۳ **بـاز عـقلی کـو رَمَـد از عـقلِ عـقل کرد از عـقلی، بـه حـیوانـات نَـقل**

و همچنین «عقل جزوی» که از «عقلِ عقل»، یعنی «عقل کلّ» می‌گریزد، از مرتبهٔ خود تنزّل کرده و به سطح حیوانیّت رسیده است.

---

۱ - اشارتی قرآنی؛ مُدثّر: ۵۱/۷۴-۵۰: *کَأَنَّهُمْ حُمُرٌ مُسْتَنْفِرَةٌ فَرَّتْ مِنْ قَسْوَرَةٍ*: گویی آنان خرانی رمنده‌اند که از [مقابل] شیری فرار کرده‌اند.

تعبیری است از معاندان و افراد لجوجی که از شنیدن کلام حق و اندرز روی گرداندند. تشبیه ایشان به گورخر از آن روست که آنان عقل معاد ندارند و با پنداری واهی عقل جزوی خویش را عقل کلّ می‌انگارند.

۲ - **زاجر**: منع کننده، بیم دهنده. ۳ - **وَدود**: از اسما الهی، بسیار مهربان. ۴ - **سَمِیّ**: بلندپایه.

۵ - **نُشّاب**: جمع نُشّابَه، تیر. ۶ - **رِماح**: جمع رُمْح، نیزه و سرنیزه. ۷ - **سبیل**: راه و روش.

اعتماد کردنِ هاروت و ماروت[1] بر عصمتِ خویش، و امیریِ اهلِ دنیا خواستن و در فتنه افتادن

همچو هاروت و چو ماروت شهیر　　　از بَطَر[2]، خوردند زهرآلودْ تیر ۳۳۳۴

همانندِ «هاروت و ماروت» که آوازهٔ زُهد و عبادتشان در میان فرشتگان پیچیده بود و به پاکدامنیِ خویش اعتماد کردند و با تکیه بر زُهد خود مغرور شدند و اندیشیدند که به اتّکای عبادت و زُهد می‌توان در امتحان الهی سرفراز بود و همین خودبینی، تیر زهرآلودی بود که آنان را به «استدراج حق» مبتلا کرد.

اعتمادی بودشان بر قُدس خویش　　　چیست بر شیر اعتمادِ گاومیش؟ ۳۳۳۵

هاروت و ماروت به تقدّس خود اعتماد کردند، مانند گاومیشی که به شیر بیشه اعتماد کند.

گرچه او با شاخ صد چاره کند　　　شاخِ شاخش شیرِ نر پاره کند ۳۳۳۶

هرچند گاومیش با شاخِ توانمند می‌تواند از خود محافظت کند؛ امّا شیر نر شاخ‌های او را در هم می‌شکند.

گر شود پُر شاخ همچون خارپشت　　　شیرْ خواهد گاو را ناچار، کُشت ۳۳۳۷

اگر همچون خارپشت، تمام وجودِ گاومیش پُر از شاخ باشد، باز هم شیر می‌تواند او را بدرد.

گرچه صَرصَر[3] بس درختان می‌کَنَد　　　با گیاهِ تر، وی احسان می‌کُند ۳۳۳۸

هرچند که وزش شدید باد، درختان بسیاری را از جای بر می‌کند؛ امّا با گیاهان تر و تازه که قابلیّت انعطاف دارند، مدارا می‌کند.

بر ضعیفیِ گیاه آن بادِ تند　　　رحم کرد، ای دل تو از قوّت مَلُند[4] ۳۳۳۹

تندباد بر گیاهان ناتوان و ظریف رحم می‌کند و آن‌ها را از ریشه بر نمی‌کَنَد. ای دل، تو از قدرت و قوّت خویش دم مزن که در تندبادِ حوادث روزگار، چه دل‌های محکم و نیرومند که از جای رفته و اسیر تمایلات و تعلّقات دون شده‌اند.

---

۱ - **هاروت و ماروت** : ر.ک: ۵۳۹/۱.　۲ - **بَطَر** : خودبینی.　۳ - **صَرصَر** : باد تند.
۴ - **مَلُند** : مَلاف، لاف نزن.

تیشه را ز انبوهیِ شاخِ درخت کِی هراس آید؟ بِبُرَّد لَخت لَخت ۳۳۴۰

تیشه از درخت پرشاخ و برگ و انبوه چه هراسی دارد؟ همه را می‌برد و قطعه قطعه می‌کند.

لیک بر برگی نکوبد خویش را جز که بر نیشی نکوبد نیش را ۳۳۴۱

امّا تیشه هرگز بر برگ ظریف کوبیده نمی‌شود و تیزیِ تبر فقط بر تنه و شاخهٔ درخت فرود می‌آید که مانند نیشی در برابر قدرتِ تبر خودنمایی می‌کند.

شعله را ز انبوهیِ هیزم چه غم؟ کِی رَمَد قصّاب از خیلِ غَنَم[1]؟ ۳۳۴۲

شعلهٔ سرکش از بسیاری هیزم چه باکی دارد؟ یا قصّاب از گلّهٔ گوسفند چه بیمی دارد؟

پیشِ معنی چیست صورت؟ بس زبون چرخ را معنیش می‌دارد نگون[2] ۳۳۴۳

عالمِ ظاهر یا جهان مادّی در مقایسه با عالم معنا بسیار بی‌قدر و خوار است، چرخ گردون را حقیقتِ ساری و جاری در همهٔ اشیا، آویختَه و آونگان نگاهداشته است.

تو قیاس از چرخِ دولابی بگیر گردشش از کیست؟ از عقلِ مُشیر[3] ۳۳۴۴

به چرخ چاه بنگر و آن را با چرخ گردون مقایسه کن. گردشِ چرخ چاه از کیست؟ از عقل باتدبیر.

گردشِ این قالبِ همچون سپر هست از روحِ مُسَتَّر[4] ای پسر! ۳۳۴۵

ای فرزند روحانی، حرکات قالب یا تن آدمی که مانند سپر، روح را نهان داشته از چیست؟ از روح که در حجاب تن پنهان است.

گردشِ این باد از معنیِّ اوست همچو چرخی کآن اسیرِ آبِ جوست ۳۳۴۶

وزش باد به سبب معنا و حقیقت آن است، مانند چرخ آسیا که با جریانِ آبِ جوی که به آسیا وارد می‌شود، می‌چرخد.

جرّ و مدّ و دخل و خرجِ این نَفَس از که باشد جز ز جانِ پر هوس؟ ۳۳۴۷

دم و بازدم و ورود و خروجِ نَفَس آدمی از برکتِ وجود جان پرسودای اوست.

---

۱ - **غَنَم** : گوسفند.

۲ - در بیانِ سریان نورِ وجود در جمیع موجودات عالم اِمکان و ظهور حقِّ یگانه در مظاهر گوناگون و حقیقتِ وحدت درکثرت و کثرت در وحدت است که بسیط حقیقی در موجودات ظاهر و متجلّی است بدون آنکه عین موجودی خاصّ شده باشد و یا در حصّه‌ای از موجودات عینی محصور و محدودگردد.

۳ - **مشیر** : صاحبِ مشورت و تدبیرکننده. ۴ - **مُسَتَّر** : در ستر و حجاب، پوشیده.

گاه جیمش مـی‌کند، گـه حٰـا و دال　　　گاه صلحش می‌کند، گـاهی جـدال ۳۳۴۸

جان آدمی چگونگی تنفّس و تغییرات آن را بر عهده دارد، گاه در جهت صلح و گاه به جنگ با دیگران نَفَس را بر می‌آوَرَد.

گـه یـمینش مـی‌برد، گـاهی یسـار　　　گه گلستانش کـند، گـاهیش خـار[1] ۳۳۴۹

گاه به راست می‌برد و گاه به چپ، گاه از او بوستانی می‌سازد گاه خارستان.

آدمی در شرایط گوناگون با احوال متفاوتی که دارد به کارهای متضادّ می‌پردازد.

هـمچنین ایـن بـاد را یـزدانِ مـا　　　کـرده بُـد بـر عـاد هـمچون اژدهـا ۳۳۵۰

و به همین ترتیب، باد به ارادهٔ حق بر قوم عاد مانندِ اژدها وزید و آنان را هلاک کرد.

بـاز هـم آن بـاد را بـر مـؤمنان　　　کرده بُد صـلح و مـراعـات و امـان ۳۳۵۱

و در همان حال که باد قوم عاد را نابود می‌کرد، هود(ع) و پیروانش در امان بودند.

گفت: «اَلْمَعْنٰی هُوَ الله»، شیخ دیـن[2]**　　　بـحرِ مـعنی‌هایِ ربُّ آلعـالمین** ۳۳۵۲

شیخ دین که دریای بیکرانی از عوالمِ معنوی پروردگار است گفت: معنی خداست.

جـمله اَطـباقِ زمـین و آسـمان　　　همچو خاشاکی در آن بـحرِ روان ۳۳۵۳

زمین و تمام طبقاتش با آسمان و عظمتش در دریایِ معنا، همچون خاشاکی بی‌قدر روان‌اند.

حمله‌ها و رقصِ خاشاک[3]** اندر آب　　　هـم ز آب آمـد بـه وقتِ اضـطراب** ۳۳۵۴

حرکاتی که از خاشاک بر روی آب دیده می‌شود به تبعیّت از حرکات و امواج دریاست.

چونکه ساکن خواهدش کرد از مِرا[4]**　　　سـویِ سـاحل افکـند خـاشاک را** ۳۳۵۵

چون اراده کند که خاشاک از حرکت باز مانَد، به سوی ساحل پرتابش می‌کند.

---

۱ - این بیت از قلم افتاده، در مقابله افزوده‌اند. در نسخهٔ نیکلسون در پاورقی است.

۲ - کاربرد لفظ شیخ دین به اعتقاد نیکلسون: دلایلی وجود دارد که مولانا به صدرالدّین اشارت داشته است. توصیف شیخ دین به «بحر معنیهای ربّ العالمین» را باید کاملاً مرتبط با این حقیقت دانست که صدرالدّین مؤلّف تفسیری است [به نام إعْجازُ البَیان فِي کشفِ بَعْضِ أسْرارِ أُمِّ القُرآنِ] بر سورهٔ فاتحه که نخستین آیهٔ فاتحه، اَلْحَمْدُ لِلّٰهِ رَبِّ العَالَمِیْنَ است. از سوی دیگر، مولانا در هیچ جای دیگر اشارهٔ صریحی به صوفی صاحب مقام هم‌عصری خارج از حلقهٔ کوچک خود نکرده است. تعظیم و تجلیل فروتنانهٔ مولانا از صدرالدّین، نه تنها استثنایی بلکه منحصر به فرد است: شرح مثنوی مولوی، دفتر اوّل، ص ۴۵۲.

۳ - **خاشاک:** اینجا کنایه از موجودات امکانی، آدمی که چون خاشاکی در میان امواج دریای حق شناور است.

۴ - **مِرا:** جدال، ستیزه.

۳۳۵۶ **چون کشد از ساحلش در موج‌گاه آن کند با او که صَرصَر با گیاه**[1]

و اگر از ساحل خاشاکی را به میانهٔ امواج آوَرَد، با او همان کاری را می‌کند که تندباد با گیاهان.

۳۳۵۷ **این حدیث آخر ندارد، باز ران جانبِ هاروت و ماروت ای جوان!**

این قصّه را انجام و پایانی نیست، پس ای جوان، بازگردیم به داستان هاروت و ماروت.

باقیِ قصّهٔ هاروت و ماروت و نَکال[2] و عقوبتِ ایشان هم در دنیا به چاهِ بابل

۳۳۵۸ **چون گناه و فسق[3] خلقانِ جهان می‌شدی بر هر دو روشن آن زمان**

چون گناهان و کارهای زشت مردم آن زمان بر هاروت و ماروت آشکار می‌شد،

۳۳۵۹ **دست خاییدن گرفتندی ز خشم لیک عیبِ خود ندیدندی به چشم**

از شدّت خشم دست‌ها را به دندان می‌گزیدند؛ امّا زشتیِ درونی خود را نمی‌دیدند.

۳۳۶۰ **خویش در آیینه دید آن زشتْ مرد رُو بگردانید از آن و خشم کرد**

شخص زشت‌رویی، چهرهٔ خویش را در آیینه دید و از شدّت خشم روی برگردانید.

۳۳۶۱ **خویش‌بین، چون ازکسی جُرمی بدید آتشی در وی ز دوزخ شد پدید**

آدم خودبین، اگر جرم و خطا در دیگری ببیند، آتشِ خشم مانندِ دوزخ شعله می‌کشد.

۳۳۶۲ **حَمْیتِ[4] دین خواند او آن کِبر را ننگرد در خویش نفسِ گبر را**

کِبر و غرور را که سببِ خشم اوست، غیرتِ دین می‌نامد و به درون خود توجّه نمی‌کند که نَفْسِ کافرکیش خود را بشناسد و بداند که سرچشمهٔ پلید در وجودِ خودِ اوست.

۳۳۶۳ **حَمْیتِ دین را نشانی دیگر است که از آن آتش جهانی اخضر[5] است**

غیرت دین نشانه‌های دیگری دارد. به سبب آتشِ عشقِ غیرت دین جهانی خرّم است.

---

۱ - هستیِ ظاهری یا «انانیّت»اش را محو می‌کند. ۲ - **نکال**: عقوبت، شکنجه، عذاب.
۳ - **فِسْق**: کار ناصواب و زشت. ۴ - **حَمْیَت**: غیرت. ۵ - **اخضر**: سبز و خرّم.

دفتر اوّل ۶۹۷

گفت حقشان: گر شما روشن‌گرید   در سیه‌کاران مغفَّل منگرید ۳۳۶۴

حق گفت: اگر شما منوّرید، نباید غافلانه گناهکاران را بنگرید و ایشان را خوار بدارید.

شُکر گویید ای سپاه و چاکران   رَسته‌اید از شهوت و از چاکِ ران ۳۳۶۵

ای سپاه فرشتگان، خداوند را شکر گویید که از شهوات برکنارید.

گر از آن معنی نَهَم من بر شما   مر شما را بیش نپذیرد سما ۳۳۶۶

اگر نَفْس را در وجود شما هم قرار دهم، کاری را می‌کنید که آسمان شما را نخواهد پذیرفت.

عصمتی[1] که مر شما را در تن است   آن ز عکسِ عصمت و حفظِ من است ۳۳۶۷

پاکدامنی و عصمتی که در شماست پرتوی است از عصمت و قِداست من.

آن ز من بینید، نه از خود، هین و هین!   تا نچربد بر شما دیوِ لعین ۳۳۶۸

پاکدامنیِ خود را از خداوند بدانید. آگاه باشید، آگاه باشید تا شیطان بر شما غلبه نکند.

آنچنان که کاتبِ وحیِ رسول   دید حکمت در خود، و نورِ اصول ۳۳۶۹

همان‌گونه که کاتب وحی پیامبر(ص)، نور حکمت و وحی الهی را در خود دید و پنداشت که خود محلِّ وحی است.

خویش را هم صوتِ مرغانِ خدا   می‌شمرد، آن بُد صفیری چون صدا ۳۳۷۰

خود را هم‌آوازِ مرغان الهی پنداشت، در حالی که کلامِ او مانندِ صفیرِ صیّادان برای به دام افکندن پرندگان بود.

لحنِ مرغان را اگر واصف شوی   بر مرادِ مرغ کی واقف شوی؟ ۳۳۷۱

حتّی اگر آواز مرغان را تقلید کنی، چگونه از نیّت پرنده در ایجاد آن صوت واقف می‌شوی؟

گر بیاموزی صفیرِ بلبلی   تو چه دانی کو چه دارد با گلی؟ ۳۳۷۲

اگر صوت و آواز بلبل را بیاموزی، چه می‌دانی که بلبل با گل چه راز و اسراری دارد؟

ور بدانی، باشد آن هم از گُمان   چون ز لب جُنبان، گُمان‌هایِ کَران ۳۳۷۳

اگر فکر می‌کنی که می‌دانی، دانستن تو چیزی جز پندار نیست. مانند تصوّری که ناشنوایان از جنبش لبِ دیگران دارند.

---

۱ - **عصمت**: پاکدامنی.

به عیادت رفتنِ کَر، بَرِ همسایهٔ رنجورِ خویش

مرد ناشنوایی دریافت که همسایه‌اش بیمار است و با خود اندیشید که باید به عیادت و دیدار او رفت؛ امّا کری چون من چگونه بداند که او چه می‌گوید؟ و به این نتیجه رسید که با قیاس به نَفْس نیز می‌توان پاسخ او را حدس زد؛ مثلاً هنگامی که به او می‌گویم: احوالت چگونه است؟ او می‌گوید: خوبم. من در پاسخ به او خواهم گفت: خدای را شکر. و چون می‌پرسم: چه خوردی؟ او می‌گوید: شربتی یا آشی. من خواهم گفت: نوش جانت و نیز چون می‌پرسم: طبیب تو کیست؟ می‌گوید: فلان طبیب، پاسخ می‌دهم: من این حکیم را می‌شناسم، طبیب فرخنده و حاجت‌روایی است.

ناشنوا با این پرسش و پاسخ‌های قیاس‌آلود و پندار باطل به عیادت بیمار رفت و از مریض پرسید: چونی؟ بیمار پاسخ داد: از درد مُردَم. مرد ناشنوا گفت: خدا را شکر. بیمار از این پاسخ غیردوستانه دلتنگ شد. سپس ناشنوا گفت: چه خوردی؟ بیمار با آزردگی گفت: زهر. ناشنوا گفت: نوشت باد و بدین سان ناراحتی بیمار را افزون‌تر کرد. بار دیگر ناشنوا پرسید: طبیب تو کیست؟ بیمار گفت: عزرائیل و مرد کر گفت: قدمش مبارک باد. بدین ترتیب ناشنوا با قیاسی باطل آتشی از خشم در جان بیمار افروخت که دامان وی نیز در امان نماند.

در این قصّهٔ رمزآمیز که مرد ناشنوا نمادی از «کرباطنی» وگوشی است که حق‌نیوش نیست، سرّ سخن در نقصان تفکّر و تعقّل متعارف انسان است که پر پرواز او در قلمروی ماورای محسوسات و ملموسات نیست؛ بنابراین قیاسی که نشأت گرفته از چنین حسّ دون است، راهی به حریم وحی الهی ندارد.

آن کـری را گـفت افـزون مـایه‌یی — کـه: تـو را رنـجور شـد هـمسایه‌یی ۳۳۷۴

شخص مبادی آداب و فاضلی به ناشنوایی گفت که همسایه‌ات بیمار شده است.

گفت با خود کر، که: با گوشِ گران — من چه دریابم ز گـفتِ آن جـوان؟ ۳۳۷۵

کر اندیشید که با گوش سنگین، چگونه می‌توانم از سخنان آن جوان چیزی دریابم؟

خاصه رنجور و ضـعیف آواز شـد — لیک باید رفت آنـجا، نـیست بُـد[1] ۳۳۷۶

بخصوص اینک که بیمار است و صدای او ضعیف و ناتوان شده؛ امّا چاره‌ای نیست، باید رفت.

---

۱ - بُدّ: چاره.

چون ببینم کآن لبش جنبان شود　　　من قیاسی گیرم آن را هم ز خَود ۳۳۷۷

از حرکت لب‌هایش می‌توانم حدس بزنم و به قیاس دریابم که چه می‌گوید.

چون بگویم: چونی ای محنت کشم؟　　　او بخواهد گفت: نیکم، یا خوشم ۳۳۷۸

وقتی حالش را بپرسم و بگویم: ای دوست بیمار چگونه‌ای؟ او خواهد گفت: خوبم.

من بگویم: شُکر، چه خوردی اَبا[1]؟　　　او بگوید: شربتی، یا ماش‌با ۳۳۷۹

می‌گویم: شکر، سپس می‌پرسم: چه غذایی خورده‌ای؟ خواهد گفت: شربت خوردم یا آش ماش.

من بگویم: صِحّه، نوشَت، کیست آن　　　از طبیبان پیشِ تو؟ گوید: فلان ۳۳۸۰

من می‌گویم: عافیت باشد، نوش جانت. پس از آن می‌پرسم: طبیب کیست؟ می‌گوید: فلان طبیب.

من بگویم: بس مبارک پاست او　　　چونکه او آمد، شود کارَت نکو ۳۳۸۱

من می‌گویم: بسیار خوش‌قدم است، با آمدن او کارت روبراه می‌شود.

پایِ او را آزمودستیم ما　　　هر کجا شد، می‌شود حاجت روا ۳۳۸۲

ما قدم آن طبیب را تجربه کرده‌ایم، هرجا برود، حاجت را روا می‌کند.

این جوابات قیاسی راست کرد　　　پیشِ آن رنجور شد آن نیک مرد ۳۳۸۳

آن نیکمرد با پاسخ‌هایی که بنابر قیاس و گمان بود، برای عیادت همسایهٔ بیمار رفت.

گفت: چونی؟ گفت: مُردم، گفت: شکر　　　شد از این، رنجور پُر آزار و نُکر[2] ۳۳۸۴

گفت: حالت چطور است؟ بیمار گفت: مُردم. گفت: خدا را شکر. بیمار از این حرفِ غیردوستانه رنجیده خاطر و ناراحت شد.

کین چه شکر است؟ او مگر با ما بَد است؟　　　کر قیاسی کرد و آن کژ آمده است ۳۳۸۵

بیمار اندیشید: اکنون چه جای شکر است؟ مگر او با من دشمنی دارد؟
مرد ناشنوا بر اساس قیاس سخن گفته بود؛ امّا قیاس وی خطا بود.

بعد از آن گفتش: چه خوردی؟ گفت: زهر　　　گفت: نوشَت باد، افزون گشت قهر ۳۳۸۶

مرد ناشنوا گفت: چه غذایی خورده‌ای؟ بیمار گفت: زهر. گفت: نوشت باد و با این گفته قهر و رنجش بیمار افزون‌تر شد.

---

۱ - **اَبا**: پدر.　۲ - **نُکر**: رنجش.

**بعد از آن گفت: از طبیبان کیست او	که همی آید به چاره پیشِ تو؟** ۳۳۸۷

بعد از آن مرد ناشنوا گفت: کدام طبیب برای درمان به نزد تو می‌آید؟

**گفت: عزرائیل می‌آید، برو	گفت پایش بس مبارک، شاد شو** ۳۳۸۸

بیمار از شدّت ناراحتی به او گفت: عزرائیل. ناشنوا گفت: شاد باش که قدم او بس مبارک است.

**کر برون آمد، بگفت او شادمان	شُکر، کِش کردم مراعاتْ این زمان** ۳۳۸۹

مرد ناشنوا بیرون آمد و شاد بود که خدا را شکر، در چنین حالی به عیادت او رفتم.

**گفت رنجور: این عدوِّ جانِ ماست	ما ندانستیم کو کانِ جفاست** ۳۳۹۰

بیمار اندیشید که این دشمنِ جان من بوده است، هرگز باور نمی‌کردم که تا این حدّ جفاپیشه باشد.

**خاطرِ رنجور جویان شد سَقَط[1]	تا که پیغامش کند از هر نَمَط[2]** ۳۳۹۱

مرد بیمار که آزرده و خشمگین بود، در ذهن دشنام‌هایی را می‌جست تا از هر راهی که بتواند به عیادت کنندهٔ جفاکار برسانَد.

**چون کسی که خورده باشد آش بد	می‌بشوراند دلش، تا قی کند** ۳۳۹۲

مانند کسی بود که آشِ بدی خورده است و تهوع دارد و تا غذا از معده‌اش خارج نشود، دلش به هم می‌خورد.

**کَظمِ غیظ[3] این است: آن را قی مَکُن	تا بیابی در جزا شیرین سخُن** ۳۳۹۳

فرو خوردنِ خشم این است که در برابر کلام ناخوشایند سکوت کنی تا در پاداشِ آن، سخنانی شیرین بیابی.

**چون نبودش صبر، می‌پیچید او	کین سگِ زن روسپیِّ حیز[4] کو؟** ۳۳۹۴

مرد بیمار چون صبر نداشت، بر خود می‌پیچید و می‌گفت که این سگِ زن روسپیِّ نامرد کجاست؟

**تا بریزم بر وی آنچه گفته بود	کآن زمان شیرِ ضمیرم خفته بود** ۳۳۹۵

تاپاسخ شایستهٔ اورا بدهم و هرچه راگفت به وی پس دهم که در آن لحظه شیر ضمیرم در خواب بود.

---

۱ - **سقط** : دشنام.	۲ - **نَمَط** : راه و روش.

۳ - **کظم غیظ** : فروخوردن خشم. اشارتی قرآنی؛ آل‌عمران : ۱۳۴/۳ : وَالْكَاظِمِينَ الْغَيْظَ : و فروخورندگان خشم خویش‌اند.	۴ - **حیز** : هیز، مخنّث، نامرد.

چـــون عـــیادت بـهرِ دل آرامی است　　　این عیادت نیست، دشمن کامی است[1] ۳۳۹۶

عیادت برای آرامش دل بیمار است، او عیادت نمی‌کند، دشمنی می‌کند.

تـــا بـــبیند دشـمنِ خـود را نـزار[2]　　　**تـــا بگـــیرد خـــاطرِ زشـتش قـرار** ۳۳۹۷

به عیادت آمد تا دشمن خود را ضعیف و ناتوان ببیند و دل بداندیشش آرام گیرد.

بس کسان کایشان ز طاعت گمره‌اند　　　دل به رضـوان[3] **و ثـوابِ آن دهـند** ۳۳۹۸

بسا کسان که طاعتشان موجب گمراهی آنان می‌گردد؛ زیرا گمان می‌کنند که الزاماً طاعات با خشنودی خداوند و پاداش اُخروی همراه است؛ یعنی می‌پندارند باری تعالیٰ موظّف است در قبال طاعات از بنده راضی باشد، مولانا معتقد است که هیچ چیز نمی‌تواند حق را موظّف و مجبور کند: «ما درون را بنگریم و حال را»

خود، حقیقت مَعْصیت باشد خَفی　　　بس کَدِر کآن را تـو پـنداری صـفی ۳۳۹۹

و چنین طرز تفکّری در حقیقت گناهی خفی و نهانی است. چه بسا اندیشه‌های ناروا و خطا را که نشأت گرفته از کدورات درون است و تو آن‌ها را پاک و مصفّا می‌پنداری.

همچو آن کَرْ، کو همی پنداشته‌ست　　　کو نکویی کرد و آن بر عکس جَست ۳۴۰۰

حال آنان که با طاعات خویش الزاماً رضای حق را می‌خواهند، قیاس به نفس و مانند آن ناشنوای داستان است که گمان می‌کرد کار خوبی کرده است؛ امّا چون عمل او بنابر قیاس و غلط بود، جلوه‌ای زشت داشت.

او نشسته خوش که: خدمت کرده‌ام　　　حـــقِّ هـــمسایه بـــه جـــا آورده‌ام ۳۴۰۱

مرد ناشنوا خوش بود که خدمتی کرده و حقِّ همسایگی را به جای آورده است.

بـهرِ خـود او آتشـی افـروخته‌ست　　　در دلِ رنجور و خود را سوخته‌ست ۳۴۰۲

امّا او با این اشتباه، آتشی به دل بیمار زد که اثراتش به خود او باز می‌گردد.

فَـــاتَّقُوا اَلنّـــارَالَّـــتی[4] **اَوْقَـــدْتُمْ　　　اِنَّکُـــمْ فِـــی اَلْـمَعْصِیَهْ اِزْدَدْتُـــمْ** ۳۴۰۳

بپرهیزید از آتشی که خود برافروخته‌اید. شما بر گناهان خود افزوده‌اید.

---

۱ - **دشمن کامی :** شادکردن دل دشمنان، دشمنی کردن.　　۲ - **نزار :** ناتوان، ضعیف.

۳ - **رضوان :** خشنودی خداوند.

۴ - اشاره‌ای است به، بقره : ۲۴/۲ : فَاتَّقُوا النّارَ الَّتی وَقُودُهَا النّاسُ وَ الْحِجارَةُ: بترسید از آتشی که هیزم آن بدن‌های مردم بی‌ایمان و سنگ‌هاست.

«وُقود» به معنی آتشگیره است، مادّهٔ قابل اشتعال مانند هیزم، مقصود از «الحِجارَةُ» چیست؟ منابع اسلامی می‌نویسند که آتش دوزخ از درون خود انسان‌ها و سنگ‌ها شعله‌ور می‌گردد، که با ظاهر آیت نیز هماهنگ است.

گفت پیغمبر به یک صاحب ریا صَلِّ، اِنَّکَ لَمْ تُصَلِّ یا فَتیٰ[1] ۳۴۰۴

پیامبر به شخص ریاکاری فرمود: ای جوان، نماز بخوان.

از برای چارهٔ این خوف‌ها آمد اندر هر نمازی اِهْدِنٰا[2] ۳۴۰۵

برای چارهٔ این ترس‌ها و نگرانی‌ها در هر نماز «هدایت به راه راست» را از خداوند می‌خواهیم.

کین نمازم را مَیامیز ای خدا ! با نمازِ ضالّین[3] **وَ اهْلِ ریا** ۳۴۰۶

که ای خداوند، نماز و عبادات مرا از زمرهٔ نماز و عبادات گمراهان و ریاکاران قرار مده.

از قیاسی که بکرد آن کَر گُزین صحبتِ ده ساله باطل شد بدین ۳۴۰۷

قیاس باطل مرد ناشنوا، دوستی و صحبت ده ساله را باطل کرد.

خاصه ای خواجه! قیاسِ حسِّ دون اندر آن وحیی که هست از حد فزون ۳۴۰۸

ای انسان محترم، قیاسی که نشأت گرفته از حسّ دون است، یعنی تفکّر و تعقّلی که ناشی از فکر جزوی بشر است و در محدودهٔ محسوسات پویاست، چگونه می‌تواند به قلمرو وحی که از حیطهٔ درکِ وی بی‌نهایت برتر است، راه یابد؟

گوشِ حسِّ تو به حرف اَر در خور است دان که گوشِ غیبْ‌گیر تو کَر است ۳۴۰۹

اگر گوش بشری تو شنواست، بدان که گوش باطنی‌ات که می‌تواند کلام حق را از باطل تمییز دهد، ناشنواست.

اوّل کسی که در مقابلهٔ نصّ[4] قیاس آورد، ابلیس بود

اوّل آن کس کین قیاسک‌ها نمود پیشِ انوارِ خدا، ابلیس[5] **بود** ۳۴۱۰

اوّلین کسی که در برابر انوار الهی، به قیاس‌های بی‌قدر خویش تکیه کرد، ابلیس بود.

---

۱ - اشاره‌ای است به یکی از اخبار: رسول خدا(ص) داخل مسجد شد. سپس مردی وارد شد و نماز خواند. آنگاه به نزد پیامبر آمد و سلام کرد. پیامبر جواب سلام دادند و گفتند: برگرد و نماز بخوان که آنچه به جا آوردی، نماز نبود. مرد برگشت و همچون بار اوّل نمازگزارد. سپس به حضور پیامبر آمد و سلام کرد. پیامبر جواب سلام دادند و گفتند: برگرد و نمازت را بخوان که هنوز نماز به جای نیاورده‌ای. و این ماجرا سه بار تکرار شد: احادیث، ص ۱۳۵.

۲ - اشارتی قرآنی؛ فاتحة الکتاب : ۶/۱ : اِهْدِنَا الصِّراطَ الْمُسْتَقیمَ : ما را به راه راست هدایت فرما؛ یعنی از لغزش‌ها در امان بدار. ۳ - **ضالّین :** جمع ضالّ: گمراه. ۴ - **نصّ :** آیات صریح قرآن، کلام خدا.

۵ - اشارتی قرآنی؛ بقره : ۳۴/۲ : أَبیٰ وَاسْتَکْبَرَ : شیطان سر باز زد و تکبّر ورزید.
ص : ۷۶/۳۸ : قالَ أَنَا خَیْرٌ مِنهُ خَلَقْتَنی مِنْ نارٍ وَ خَلَقْتَهُ مِنْ طینٍ... : ابلیس گفت: من از آدم بهترم، زیرا مرا از آتش آفریدی و او را از گِل...

گفت: نار از خاک بی‌شک بهتر است　　من ز نار و او ز خاکِ اَکدَر[1] است ۳۴۱۱

ابلیس گفت: بدون شک و تردید آتش بر خاک برتری دارد. من از آتشم و آدم از خاکِ تیره است.

پس قیاسِ فرع، بر اصلش کنیم　　او ز ظلمت، ما ز نورِ روشنیم ۳۴۱۲

پس قیاس فرع بر اصل را نیز استوار بدانیم؛ بنابراین آدم که از خاک است، اصلِ او نیز تاریک است و ما که از ناریم، اصلِ ما نیز از نور و روشنی است و تا نور نباشد، ظلمت نیز نمی‌تواند وجود داشته باشد، پس اصل نور است و ظلمت فرع. حال چگونه ما که اصل هستیم، تابع فرع باشیم و بر او سجده کنیم؟

گفت حق: نه، بلکه لاٰ أَنساب[2] شد　　زُهد و تقویٰ فضل را محراب شد ۳۴۱۳

حق گفت: چنین نیست، «پیوستگی در میان نیست»، پرهیز و تقوا موجب فضیلت و برتری است. انساب و نسبت‌ها مایهٔ مباهات نیستند. قیاس فرع بر اصل در برابر حق معنی ندارد.

این نه میراثِ جهانِ فانی است　　که به اَنسابش بیابی، جانی است ۳۴۱۴

این امر، مانند میراثِ این جهانی نیست، میراثی است که از جان به جان می‌رسد. امور معنوی و روحانی «ارثِ» جانی شایسته به جانی شایسته‌اند.

بلکه این میراث‌هایِ انبیاست　　وارثِ این، جان‌هایِ اتقیاست ۳۴۱۵

این میراثِ گرانبهای انبیاست که به جان‌های پرهیزکاران می‌رسد.

پورِ آن بوجهل[3]، شد مؤمن عیان　　پورِ آن نوح نَبی، از گمرهان ۳۴۱۶

پسر ابوجهل که دشمن رسول خدا(ص) و مؤمنان بود، ایمان آورد و پسر نوح نبی گمراه شد.

زادهٔ خاکی، منوَّر شد چو ماه　　زادهٔ آتش تـوی، رو رُوسیاه ۳۴۱۷

آری، فرزندِ انسانِ خاکی، چون ماه نورانی شد، زادهٔ آتش تویی که روسیاهی و این چنین می‌باش.

---

۱ - **اَکدَر**: تیره.

۲ - اشارتی قرآنی؛ مؤمنون: ۱۰۱/۲۳: فَإِذا نُفِخَ فِی الصُّورِ فَلاٰ أَنْسَابَ بَیْنَهُمْ یَوْمَئِذٍ وَ لاٰ یَتَسآءَلُونَ: و آن‌گاه که در روز رستاخیز نفخهٔ صور دمیده شود هیچ خویشاوندی خونی در میان نخواهد ماند و آنان [دربارهٔ این چیزها] از یک‌دیگر نپرسند.

۳ - پسر بوجهل، مقصود عِکرِمَة بن ابی جهل، از بزرگان قریش در جاهلیّت و اسلام. وی مانند پدرش از سرسخت‌ترین دشمنان اسلام بود؛ امّا پس از فتح مکّه اسلام آورد و در چند غزوه شرکت جُست و به سال ۱۳ هـ. ق در ۶۲ سالگی در غزوهٔ یرموک و یا در جنگ مرج‌الصفر شهید گشت.

ایــن قــیاسات و تَـحرّی[1]، روزِ ابـر یا به شب، مر قبله راکرده است حَبْر[2] ۳۴۱۸

قیاس و گمانی که بر اساس آن «اهل قیاس» حُکمی می‌دهند، مانندِ قیاس کسی است که در روز ابری که خورشید پیدا نیست، یا در شب، می‌خواهد بنابر طلوع و غروب خورشید قبله را بیابد و از آنجا که هیچ دلیل قابل قبولی برای جهت‌یابی ندارد، حکم او بر مبنایِ گمان و ظنّ خواهد بود.

لیک با خورشید و کـعبه پـیش ِ رو این قـیاس و ایـن تـحرّی را مـجو ۳۴۱۹

امّا اگر خورشید درخشید و کعبه را دیدی، نیازی به قیاس و تحرّی نداری.

کـعبه نـادیده مکـن، رُو زو مـتاب از قـــیاس، اَللهُ اَعْـلَمْ بِـالصَّواب ۳۴۲۰

اگر در محضر کعبهٔ اهل دل حضور یافتی، ارزش و اعتبار این مجالست را دریاب و به سبب قیاساتی بی‌قدر، که او را هم انسانی مانندِ خود مـی‌پنداری، از وی رو نگـردان. چـه بگویم که خداوند صواب را بهتر می‌داند.

چون صفیری بشنوی از مـرغِ حـق ظاهرش را یاد گـیری چـون سَـبَق ۳۴۲۱

اگر کلامِ مردِ حق را بشنوی، کورکورانه و مقلّدانه فـقط ظـاهرِ آن را مـی‌آموزی، مـانند درسی که سرمشق گرفته‌ای.

وانگــهی از خــود قـیاساتی کُـنی مـر خـیالِ مـحض را، ذاتـی کـنی ۳۴۲۲

آنگاه با پندار واهی و قیاس باطل، تصوّر می‌کنی این امر همان حقایقی است که مرد حق بدان دست یازیده و اینک بر تو نیز مکشوف گشته است و به این ترتیب خیالِ خود را حقیقت می‌پنداری و باور می‌کنی که به عالم معنا دست یافته‌ای.

اصــطلاحاتی‌ست مــر اَبـدال[3] را کــه نــباشد زآن خــبر اقـوال را[4] ۳۴۲۳

اَبدال یا خاص‌الخاصان قرب الهی، اصطلاحاتی دارند که اهـل ظـاهر از آن بـی‌خبرند. ایـن طایفه برای بیان عرف خاصی دارند و الفاظ را در معنایی غیر از معنای متداول آن به کار می‌برند.

---

۱ - **تَحرّی** : جست‌وجو کردن به صواب، قصد کردن. ۲ - **حَبْر** : عالِم یهود، حِبْر سیاهی، دوده.

۳ - **اَبدال** : ر.ک: ۲۶۵/۱، کاملان و واصلان.

۴ - قبل از مولانا هم اصطلاحات صوفیّه در بین صوفیان رایج بوده و در فهم دقایق و ظرایف، برای ارشاد طالبان از آن یاری می‌جسته‌اند و به کار بردنِ آن برای مخاطب ناآشنا درکِ آن خالی از اشکال ادراک نیست. مولانا نیز بسیاری از این اصطلاحات را در معنایی خاصّ و تازه به کار برده است.

منطق الطَّیری[1] به صـوت آمـوختی　　　صد قیاس و صد هـوس افـروختی ۳۴۲۴

زبان کاملان را طوطی‌وار آموختی و به صورت محفوظاتی در ذهن نگاهداشتی و همین امر موجب شد که «پندارِ کمال» را که «قیاس و هوای نَفْس» است، باور کنی.

همچو آن رنجور، دل‌ها از تو خَست[2]　　　کـر بـه پـندارِ اصـابت گشـته مست ۳۴۲۵

این عمل، مانند کارِ مرد ناشنواست که با پنداری باطل سرمست بود و رفتار او که بنابر «حدس و قیاس» بود، بیمار را آزرد. پندارِ کمال نیز، دلِ کاملان را از تو آزرده می‌کند.

کـاتبِ آن وحـی زآن آوازِ مـرغ[3]　　　بُـرده ظـنّی کـو بُـوَد هـمبازِ[4] مـرغ ۳۴۲۶

کاتبِ وحی نیز صوتِ مرغِ الهی را آموخته و گمان برده بود که به او نیز وحی می‌رسد.

مـرغ پَـرّی زد، مـر او را کـور کـرد　　　نَک فرو بردش به قعرِ مـرگ و درد ۳۴۲۷

پنداشتِ غلط و متکبّرانه کاتبِ وحی، سببِ رفتار و گفتار جسارت‌آمیز و گستاخانهٔ او شد و در نتیجه، مرغِ الهی پر و بالی زد و قهر الهی شاملِ حال مرد قیاس‌اندیش شد تـا وی در کورباطنی خویش بمانَد و به هلاکت برسد.

هین! به عکسی یا به ظنّی هم شـما　　　در مـــیفتید از مـــقاماتِ سـما ۳۴۲۸

ای سالکان، آگاه باشید که با حضور در محضر کاملان، پرتوی از درون منوّرشان بر شما می‌زند، گمان نکنید که آن نور از شماست تا از مقامات معنوی تنزّل نیابید.

گرچه هاروتید و مـاروت و فـزون　　　از هـمه، بـر بـامِ نَـحْنُ اَلصّـافُّون[5] ۳۴۲۹

هرچند که مانند هاروت و ماروت از همه فزون‌تر و در اوج افلاک باشید، اگر «خودبین» شوید، «غیرتِ حق» شما را به پست‌ترین مراتب تنزّل می‌دهد، همان‌گونه که این دو فرشته تنزّل کردند.

بـر بـدی‌هایِ بـدان رحـمت کـنید　　　بر منی و خـویش‌بین لعـنت کـنید ۳۴۳۰

هاروت و ماروت بر بدی‌ها و فساد و تباهی دیگران به نظر رحمت نمی‌نگریستند. پندار پاکی و قِداستی که سال‌ها بر آن بودند، آنان را به خودبینی مبتلا کرد. بر خودبینیِ خویش لعنت کنید.

---

۱ - **منطق الطّیر** : زبان مرغان. که خداوند به حضرت سلیمان(ع) آموخت. نمل: ۱۶/۲۷. اینجا زبان مردِ حق، زبان کاملان و واصلان.　۲ - **خَست** : مجروح کرد، ریش کرد.　۳ - **آوازِ مرغ** : ارشاد و هدایت مرد خدا.

۴ - **همباز** : هم‌پایه، هم‌شأن.

۵ - اشارتی قرآنی؛ صافّات : ۱۶۶/۳۷-۱۶۴ : وَ مٰا مِنّا إلاّ لَهُ مَقامٌ مَعْلُومٌ وَ إنّا لَنَحْنُ الصّافُّونَ وَ إنّا لَنَحْنُ الْمُسَبِّحُون: کسی از ما نیست جز آنکه مقامی معیّن دارد. ما در پرستش خدا صف آراسته‌ایم. ماییم که او را تسبیح می‌گوییم.

هین! مبادا غیرت آید از کمین   سرنگون افتید در قعرِ زمین ۳۴۳۱

آگاه باشید که به حقارت در بندگان حق نظر نکنید، مبادا که برق غیرت از کمینگاه عزّت بدرخشد و قهر الهی شما را سرنگون به اسفل‌السافلین درافکَنَد.

هر دو گفتند: ای خدا! فرمان تو راست   بی‌امانِ تو، اَمانی خود کجاست؟ ۳۴۳۲

هاروت و ماروت قبل از فرود آمدن به زمین به همراه دیگر فرشتگان به خدا عرض کردند که خدایا، بندگان را آفریدی که تو را نافرمانی کنند؟ ستم کنند. ناموس‌ها بدرند. شراب خورند و شرم ندارند؟ خداوند فرمود: اگر آن نیروی شهوت و ویژگی‌های انسانی «نَفْس» در شما بود، شما هم چنین می‌کردید. آنان به خدا عرض کردند که پروردگارا، امر امر توست و هیچ کس بدون ارادهٔ تو در امان نیست.

این همی گفتند و دلشان می‌طپید   بد کجا آید ز ما؟ نِعْمَ العَبید[1] ۳۴۳۳

فرشتگان عرض کردند: بی‌آنکه تو امان دهی امانی نیست؛ امّا بر خود می‌بالیدند که چگونه ممکن است از ما فعل بدی سر زند در حالی که ما جزو بهترین بندگانیم.

خارْخارِ[2] **دو فرشته، هم نَهِشت**[3]   **تا که تخمِ خویش‌بینی را نکِشت** ۳۴۳۴

وسوسه‌ای که به جان فرشتگان افتاده بود، تا تخم خودبینی را در وجودشان نکاشت، آرام نگرفت.

پس همی گفتند: کِای ارکانیان[4]   **بی‌خبر از پاکیِ روحانیان** ۳۴۳۵

می‌گفتند: ای انسان‌ها که از عناصر مادّی آفریده شده‌اید، از پاکیِ فرشتگان چه می‌دانید؟

ما بر این گردون تُتُق‌ها[5] **می‌تنیم   بر زمین آییم و شادِروان**[6] **زنیم**[7] ۳۴۳۶

ما بالای این چرخ گردون سراپرده‌ای از عصمت و پاکی و تسبیح حق تعالیٰ گسترده‌ایم. بر زمین می‌آییم و سایبانِ پاکی‌ها را بر سر شما زمینیان نیز خواهیم گسترد.

عدلْ توزیم[8] **و عبادت آوریم   باز هر شب سویِ گردون بر پَریم** ۳۴۳۷

در میان شما به عدالت داوری می‌کنیم، عبادت می‌ورزیم و هر شب به آسمان باز می‌گردیم.

---

۱ - **نِعْمَ‌العبید** : بهترینِ بندگان.   ۲ - **خارخار** : وسوسه، تعلّق خاطر به امری که دائماً میل را بدان کشد.

۳ - **نَهِشت** : نگذاشت، فرو ننهاد.

۴ - **ارکانیان** : ارکانی، جمع رکن: ستون، بنیاد، عنصر و مادّه، عناصر اربعه، کنایه از انسان‌ها که از خاک آفریده شده‌اند.   ۵ - **تُتُق** : سراپرده.   ۶ - **شادروان** : سایبان و سراپرده.

۷ - مُراد آنکه: تا شما زمینیان نیز پاک زندگی کنید.

۸ - **عدل توزیم** : عدل می‌گزاریم، به عدالت رفتار می‌کنیم.

تـــا شـــویم اُعـــجوبهٔ دورِ زمـــان تـا نـهیم انـدر زمـین امـن و امـان ۳۴۳۸

تا معلوم شود که ما از نوادر روزگاریم و می‌توانیم در زمین امن و امان را جایگزین ستم و فساد سازیم.

آن قیاسِ حـالِ گـردون بـر زمـین راست نـاید، فـرق دارد در کـمین ۳۴۳۹

فرشتگان احوال و پاکی خود را در آسمان‌ها قیاسی بر طهارت خویش بر زمین دانستند در حالی که مقایسهٔ وضع زمین با آسمان‌ها خطاست و در نهان فرق بسیاری است میان زندگیِ زمینی که آمیخته به شهوات و نفسانیات است با سرشت مَلکی فرشتگان که عاری از نفس‌اند.

در بیان آنکه حالِ خود و مستیِ خود پنهان باید داشت از جاهلان

ادراک حال عارف فراسوی حوصلهٔ عامّ خلق است و بدین مناسبت چون حال وی را در نمی‌یابند در او به دیدهٔ تحقیر و انکار می‌نگرند. حال عارف در میان عوام مانند مستی است که در کوی و برزن گرفتار استهزای اطفال شده است. از این رو است که عارفان و کاملان احوال خود و مستی خویش را از جاهلان نهان می‌داشته‌اند.

بشـــنو الفـــاظِ حکـــیمِ پـــرده‌ای[1] سر همانجا نِهْ که باده خـورده‌ای ۳۴۴۰

کلام عارف خردمند، حکیم سنایی را که از مستوران حرم قدس بود، بشنو که می‌فرماید:

بـــرمدار از مـــقام مســـتی پـــی ســر هــمانجا بـنه کـه خـوردی مـی[2]

مولانا در مصراع دوم آن تصرّف کرده و به صورت «سر همانجا نه‌که باده خورده‌ای» آورده است و می‌فرماید: اگر جامی از معرفت و عشق حق نوشیدی، همانجایی که تو را سرمست کردند، بمان و از صمیم قلب به استادی که ارشادت را بر عهده گرفته است، ارادت بوَرز و جز با طالبانِ حق دمساز نشو.

---

۱ - **حکیم پرده‌ای**: خردمندِ عارف.

۲ - این بیت مربوط به حدیقهٔ سنایی است، ص ۱۱۴، چاپ مدرّس رضوی: شرح مثنوی مولوی، ج ۱، ص ۴۶۰.

چونکه از میخانه[1]، مستی[2] ضال[3] شد   تَسْخَر و بازیچهٔ اطفال شد ۳۴۴۱

سالک مستغرق در جمال دوست، حالی از مستی و بیخودی دارد که درکِ آن برای آنان که فاقد این احوال‌اند، ممکن نیست. حال او همانند مستی است که از میکده خارج شده و راه راگم کرده است، طبیعی است که مورد تمسخر کودکان کوی و برزن قرار می‌گیرد.

می‌فُتد او سو به سو بر هر رهی   در گِل، و می‌خنددش هر ابلهی ۳۴۴۲

این سو و آن سو، حتّی در گِل و لای می‌افتد و هر نادانی به او می‌خندد.

او چنین و کودکان اندر پی‌اش   بی خبر از مستی و ذوقِ مِی‌اش ۳۴۴۳

او با حیرتِ شهودِ حق، گام بر می‌دارد و کودک‌صفتانِ بی‌خبر از وجد و حالِ او در پی‌اش می‌روند.

خلق اطفال‌اند، جز مستِ خدا   نیست بالغ جز رهیده از هوا ۳۴۴۴

انسان‌ها همه از دیدگاه عارف کامل، اطفال‌اند. «بالغ»، از قیدِ نَفْس رهیده و مستِ شهودِ حق است.

گفت: دنیا لَعْب و لَهو است[4] و شما   کودکیت و راست فرماید خدا ۳۴۴۵

خداوند فرمود: شما مانندِ کودکان‌اید، اشتغالِ صِرف به دنیا هم جز بازیچه و سرگرمی نیست.

از لَعِب بیرون نرفتی، کودکی   بی ذکاتِ[5] روح کی باشد ذکی[6]؟ ۳۴۴۶

تا بازی را رها نکردی و به دنیا مشغول هستی، بدان که از نظر روحی و معنوی تعالی نیافته‌ای و کودکی بیش نیستی. چگونه ممکن است بدون کُشتن و هلاکت روحِ حیوانی و نَفْس فراست داشت؟

---

۱ - **میخانه**: میکده، خرابات، مجلس انس دوستان و سالکان طریقت و جویندگان حقیقت، دل مرشد کامل.

۲ - **مستی**: مستی حیرتی است که در اثر مشاهدهٔ جمال دوست دست می‌دهد: ف. سجّادی، ص ۷۲۲.

۳ - **ضالّ**: گمراه. اینجا کسی که از فرط حالِ معنوی، امور دنیایی را به فراموشی سپرده است و اینک راهِ خانهٔ خود را نمی‌داند و یا این که بالاجبار در میان خلق است.

۴ - اشارتی قرآنی؛ حدید: ۲۰/۵۷: اَعْلَمُوا إِنَّمَا الْحَیٰاةُ الدُّنیا لَعِبٌ وَ لَهْوٌ وَ زینَةٌ وَ تَفٰاخُرٌ بَیْنَکُمْ وَ تَکاثُرٌ فِی الْأَمْوالِ وَ الْأَوْلادِ...: و بدانید که زندگانی دنیا، سرگرمی و بازیچه و تجمّل‌پرستی و مایهٔ فخرفروشی در میان شما و فزون‌خواهی در دارایی‌ها و فرزندان است...

ضمناً در انعام: ۳۲/۶، عنکبوت: ۶۴/۲۹، محمّد: ۳۶/۴۷ نیز اشاراتی صریح به سرگرمی و بازیچه بودن دنیا شده است. بنابراین غفلت، سرگرمی، تجمّل، تفاخر و تکاثر از ویژگی‌های زندگی در دنیاست.

۵ - **ذکات**: ذبح، گلو بریدن و همچنین فروزینه‌ای که بدان آتش برفروزند، سوخته.

۶ - **ذکی**: ذَکِیّ: هوشیار، بافراست.

۳۴۴۷ **چون جِماع[1] طفل دان، این شهوتی — که همی رانند اینجا ای فتی[2] !**

ای جوان، شهوات دنیوی مانند آمیزش بچّه‌ها، بازی است و فاقدِ لذّت واقعی.

۳۴۴۸ **آن جماع طفل چه بْوَد؟ بازیی — با جماعِ رُستمی و غازیی[3]**

آمیزش کودک در برابر آمیزش رستم‌پیکر و یا جنگجویی نیرومند، جز بازیچه نیست.

۳۴۴۹ **جنگِ خلقان همچو جنگِ کودکان — جمله بی‌معنی و بی‌مغز و مُهان[4]**

جنگ و ستیز مردم هم مانند درگیری‌های کودکان همه بدون اساس و بی‌قدر است.

۳۴۵۰ **جمله با شمشیرِ چوبین جنگشان — جمله در لایَنْفَعی[5] آهنگشان**

جنگشان با شمشیر چوبین و هدفی بیهوده است؛ زیرا دشمن حقیقی هرکس در درون خودِ اوست.

۳۴۵۱ **جملەشان گشته سواره بر نیی — کین بُراقِ[6] ماست یا دُلْدُل[7] پیی**

هریک بر روی «نی» یا «تکّه چوبی» سوار شده‌اند و بدان مفتخرند که گویی بُراق است یا دُلدُل.

۳۴۵۲ **حاملِ‌اند[8]، و خود ز جهل افراشته — راکب[9] و محمولِ[10] ره پنداشته**

همهٔ آنان زیر بار نفس و خودپسندی‌اند؛ امّا از جهل، خود را حاملِ بار نفس نمی‌دانند و با سری افراشته خویش را سوار بر اسب کامیابی می‌پندارند.

۳۴۵۳ **باش تا روزی که محمولانِ حق — اسب‌تازان بگذرند از نُه طَبَق**

صبر کن تا روزی که ببینی محمولان حق، یعنی آنان که دنیا را لهو و لعبی بیش ندانستند، چگونه به شتاب از نُه فلک نیز در می‌گذرند تا در محضر دوست حضور یابند.

۳۴۵۴ **تَعْرُجُ ٱلرُّوحُ اِلَیْهِ[11]، وَ ٱلمَلَک — مِنْ عُرُوجِ ٱلرُّوحِ یَهْتَزُّ ٱلفَلَک**

روح به سوی او عروج می‌کند و فرشتگان هم. از عروج روح، آسمان می‌لرزد.

---

۱ - **جِماع** : جمع چیزی، آمیزش، مباشرت. ۲ - **فتی** : جوانمرد. ۳ - **غازی** : جنگاور.

۴ - **مُهان** : خوار شده. ۵ - **لا ینفعی** : لا ینفع، بیهوده.

۶ - **بُراق** : ستوری که رسول خدا(ص) در شب معراج بر آن سوار بود و به آسمان صعود کرد.

۷ - **دُلدُل** : استر سفیدی که پیامبر(ص) بر آن سوار می‌شد. ۸ - **حامل اند** : اینجا زیرِ بارِ نَفْسِ خودند.

۹ - **راکب** : سوار.

۱۰ - **محمول** : حمل شده، تعبیرِ عرفانی: کسی که به ارادهٔ حق به این سو و آن سو کشیده می‌شود.

۱۱ - مقتبس از: معارج : ۴/۷۰ : تَعْرُجُ الْمَلائِکَةُ وَ الرُّوحُ إِلَیْهِ فِی یَوْمٍ کانَ مِقْدارُهُ خَمْسینَ أَلْفَ سَنَةٍ: و فرشتگان و روح در روزی که به اندازهٔ پنجاه هزار سال است به سوی او عروج می‌کنند.

۳۴۵۵ **همچو طفلان جمله‌تان دامن سوار   گوشهٔ دامن گرفته اسب‌وار**

ای اهل دنیا، همچون کودکان بر دامن خود سوارید و گوشهٔ آن را چون لگام اسب گرفته‌اید.

۳۴۵۶ **از حق اِنَّ ٱلظَّنَّ لا یُغْنی[1] رسید   مرکبِ ظن بر فلک‌ها کِی دوید؟**

خداوند فرمود: «گُمان نمی‌تواند جای حق را بگیرد»، پس چگونه بر مرکب ظنّ و گمان می‌توانید به آسمان عروج کنید؟

۳۴۵۷ **اَغْلَبُ ٱلظَّنَّیْنِ فی تَرْجیحِ ذٰا   لا تُماری ٱلشَّمسَ فی تَوْضیحِها[2]**

میان دو شک یا گمان، آن را که غالب‌تر باشد بر می‌گزینند، ولی هنگامی که خورشید به وضوح می‌درخشد، نباید در هستیِ آن بحث و جَدَل کرد.

۳۴۵۸ **آنگهی بینید مَرْکَب‌هایِ خویش   مَرْکَبی سازیده‌ایت از پایِ خویش**

در آن هنگام خواهید دید که از پاهای خود مرکبی ساخته بودید.

۳۴۵۹ **وَهم و فکر و حسّ و ادراکِ شما   همچو نی دان، مرکبِ کودک هلا!**

آگاه باشید که «وهم و اندیشه» و «حس و درک» شما، مانندِ «نی» کودکان است که بر آن سوار می‌شوند و می‌پندارند که سوار بر اسب و در حال تاخت‌اند. بدانید که با این مرکب کودکانه به سوی حقایق نمی‌توان ره برد.

۳۴۶۰ **علم‌هایِ اهلِ دل حمّالشان   علم‌هایِ اهلِ تن اَحمالشان[3]**

«دانشِ اهل دل»، نوری از فیوضات ربّانی است که بر دل آنان تابیده و در دو سرا یار و یاورشان است؛ امّا «دانشِ اهل تن»، علومی ظاهری است که چون فقط در جهت امور دنیوی به کار می‌رود و سببِ ارتقای معنوی نیست، مانندِ باری بر دوششان حرکت آنان را به سوی حقایق بسته است.

۳۴۶۱ **علم، چون بر دل زند، یاری شود   علم، چون بر تن زند، باری شود**

اگر نور دانش بر دل بتابد، هدایت کنندهٔ امور دنیوی و معنوی است؛ امّا اگر دانشِ اکتسابی فقط در جهت حصول امور مادّی از قبیل ثروت، مقام و تفاخرهای این جهانی باشد، جز «بار» نیست؛ زیرا حاصلی جز عُجب و خودبینی ندارد که همان بارِ نَفْسانی است.

---

۱ - اشارتی قرآنی؛ یونس : ۳۶/۱۰ : وَ ما یَتَّبِعُ أَکْثَرُهُمْ إِلاّ ظَنّاً إِنَّ الظَّنَّ لا یُغْنی مِنَ الْحَقِّ شَیْئاً : بیشترشان جز گمانی را پیروی نکنند و همانا گمان، بی‌نیازی از حقّ نیارد.

۲ - پس ظنّ و گمان برای کسی است که حقایق را درک نکرده، عارف کامل به نور حق می‌بیند و حقیقت هر چیز را آن چنانکه هست می‌داند و از دیدگاه او دنیا بازیچه‌ای بیش نیست.

۳ - **أحمال** : جمع حِمْل به معنی بار.

گـفت ایـزد: یَـحْمِلُ اَسْـفارَهُ[1] بـار بـاشد عـلم، کآن نَـبْوَد ز هُـو ۳۴۶۲

اینکه خداوند می‌فرماید: «کتاب‌هایی را حمل می‌کند»، همان علمی است که از جانب حق تعالیٰ نباشد.

عـلم، کآن نَـبْوَد ز هـو بی‌واسطه آن نـپاید، هـمچو رنگِ ماشِطه[2] ۳۴۶۳

دانشی اعتبار دارد که بی‌واسطه از جانب باری تعالیٰ به دل عارف برسد و غیر از آن هر چه باشد، مانند آرایشِ موقّتی برای زیبایی است و به آن اعتمادی نیست.

لیک چون ایـن بـار را نـیکو کَشی بـار بـرگیرند و بـخشندت خـوشی ۳۴۶۴

امّا، اگر برایِ علم حمل کنندهٔ خوبی باشی و از آن در جهت تکامل بهره ببری، بار را بر می‌گیرند و به تو خوشیِ درکِ معارف را عطا می‌کنند.

هین! مکَش بـهرِ هـوا آن بـارِ عـلم تـا بـبینی در درون انـبارِ عـلم ۳۴۶۵

آگاه باش که علم را برای امور دنیوی، ارزش‌های مادّی، مناصب، مقامات و تفاخرها حمل نکنی تا در درون خویش منابعی از علم حقیقی بیابی.

تـا کـه بـر رهـوارِ عـلم آیـی سـوار بعد از آن افـتد تـو را از دوشْ بـار ۳۴۶۶

تا روزی که بر مرکب رهوار و تندروی دانش سوار شوی و ببینی که چگونه «بارِ نَفْس» را از دوشت بر می‌دارند و علوم و معارفی که از حق می‌رسد، در امور دنیوی و معنوی یار و یاور توست.

از هواهـا، کـی رهـی بی‌جام هُـو؟ ای ز هُـو قـانع شـده بـا نـامِ هـو[3] ۳۴۶۷

ای کسی که از «هُو» تنها به نامی از او قانع شده‌ای و از معنا و ذات بی‌خبری، بدونِ جامِ میِ عشقِ او چگونه می‌توانی از هوای نفس برهی؟

از صفت، وز نام، چه زاید؟ خـیال و آن خـیالش هست دلّالِ وصـال ۳۴۶۸

از اینکه صفات و اسما حضرت باری را بر زبان جاری کنی، به شهود نمی‌رسی. بیان نام و صفت، خیالی را در ذهن به وجود می‌آورد که می‌تواند وسیله یا دلّاله‌ای برای وصال باشد.

---

۱ - اشارتی قرآنی؛ جمعه: ۵/۶۲: مَثَلُ ٱلَّذِینَ حُمِّلُوا ٱلتَّوْرَیٰةَ ثُمَّ لَمْ یَحْمِلُوهَا کَمَثَلِ ٱلْحِمَارِ یَحْمِلُ أَسْفَاراً: مَثَل آنانکه احکام شریعت موسی به آنان سپرده شد و به آن عمل نکردند مثل خری است که بر او کتاب‌ها بار شده باشد. کسانی که مکلّف به تورات شدند ولی حقِّ آن را ادا نکردند و محتوای آن را نفهمیدند.

۲ - **ماشطه**: مشاطه، آرایشگر.

۳ - طعنی است در صوفی نمایانی که از بحر بیکران معانی و حقایق به قشر و ظواهر بسنده کرده‌اند.

دیـده‌ای دلاّل بـی مـدلول هـیچ؟ تا نباشد جـاده، نَـبْوَد غـول هـیچ[1] ۳۴۶۹

آیا هرگز دیده‌ای که دلاّل یا واسطه‌ای برای رسیدن به مقصودی نباشد؟ این واسطه مانندِ جاده‌ای است که عبور از آن برای رسیدن به هدف اجتناب ناپذیر است و در جادّه‌ها هم همواره رهزنان وجود دارند.

هـیچ نـامی بـی‌حقیقت دیـده‌ای؟ یا ز گاف و لامِ گُل، گُـل چـیده‌ای؟ ۳۴۷۰

آیا هرگز نامی را دیده‌ای که حقیقتی نداشته باشد؟ هر اسمی، مسمّائی دارد. اسمای الهی نیز چنین است که ما تحقّق آن را در عالم مادّی حس می‌کنیم. مانندِ بارشِ باران که «رحمت» الهی است و در توفان نوح مظهر «قهر» بود یا وزشِ باد که در قوم عاد تحقّق قهر الهی بود. به همین ترتیب حروفی که نام «گل» را تشکیل می‌دهند، یعنی «گ» و «ل» که در کنار یک‌دیگر کلمهٔ «گل» را می‌سازند و دلالت بر یک واقعیّت دارند؛ امّا با «گ» و «ل» نمی‌توان به «گل» رسید.

اسم خـوانـدی، رو مُـسـمّی را بـجو مَه به بـالا دان، نـه انـدر آب جـو[2] ۳۴۷۱

ای که اسامی حق تعالیٰ را به عنوان اوراد و اذکار بر زبان جاری می‌کنی، باید طالب حقیقتِ اسامی باشی که رسیدن به آن فقط از طریق لقلقهٔ زبان ممکن نیست. ماه تابان در آسمان می‌درخشد، آنچه که در جوی است، عکسِ ماه است.

گر ز نام و حـرف خـواهـی بگـذری پاک کن خود را ز خود هین! یکسری ۳۴۷۲

اگر می‌خواهی از نام و حرف یا کلام بگذری و به عالمِ معنا برسی، خود را از «من»، یعنی «هستی مجازی» که همان «خودبینی و تعلّقات» است، پاک کن.

هـمچو آهـن ز آهـنی بـی‌رنگ شـو در ریـاضت آیـنهٔ بـی‌زنگ شـو ۳۴۷۳

همان‌گونه که آهن را با صیقلی چنان شفّاف می‌کردند که مانندِ آیینه تصاویر را منعکس می‌کرد، با ریاضت که مبارزه با نفس است، خود را صیقلی کن تا از زنگارِ خودبینی پاک شوی و به آینه‌ای بَدَل گردی.

---

۱ - مُراد آنکه: وجودِ رهزن هم نشان آن است که در جاده‌ایم و به نتیجه و مقصودی می‌رسیم.

۲ - اشاره‌ای است به دیدار شمس تبریزی و شیخ اوحدالدّین کرمانی در بغداد. شمس از اوحدالدّین پرسید که در چیستی؟ گفت: ماه را در آب تشت می‌بینم، فرمود: اگر درگردن دمبل نداری، چرا بر آسمانش نمی‌بینی؟ اکنون طبیبی به کف کن (به دست آور) تا تو را معالجه کند. تا در هر چه نظر کنی در او منظور حقیقی را ببینی: مناقب العارفین، ج ۲، ص ۶۱۶.

خویش را صافی کن از اوصافِ خود[1] تـا بـبینی ذاتِ پـاکِ صـافِ خـود ۳۴۷۴

با صافی شدن و پالایش از صفاتِ بشری، آیینهٔ ضمیرت تابناک می‌شود و ذاتِ پاکِ صافِ خود را در آن می‌بینی.

بـینی انـدر دل عـلوم انـبیا بـی‌کـتاب و بی مُـعید[2] و اُوستا ۳۴۷۵

آنگاه دانش و علوم انبیا را در دل خویش می‌یابی، بی‌آنکه نیازی به کتاب و شرح‌دهنده یا استاد داشته باشی.

گفت پـیغمبر کـه: هست از امّـتم[3] کـو بُـوَد هم گـوهر و هـم هـمّتم ۳۴۷۶

پیامبر(ص) فرمود: میان امّت من کسانی هستند که با من سرشت و همّتی همانند دارند.

مـر مـرا زآن نـور بـیند جـانشان که من ایشـان را هـمی بـینم بـدان ۳۴۷۷

جان آنان به نور حق مرا می‌بیند و من هم ایشان را با همان نور می‌بینم و می‌شناسم.

بی صَحیحَیْن[4] و احادیث و رُواة[5] بـلکه انـدر مَشـرب[6] آب حـیات[7] ۳۴۷۸

آنان که به حق اتّصال یافته‌اند، از طریق دل و جانِ آگاه با من ارتباط دارند، بی‌آنکه کتابِ حدیث یا روایت خوانده باشند.

سِـرّ اَمْسَـیْنا لَکُـرْدِیّاً بـدان رازِ اَصْـبَحْنا عَـرابِـیّاً[8] بـخوان ۳۴۷۹

بدان که این جملات: «شبانگاه کُردی بی‌سواد بودیم و بامدادان سخنوری عرب زبان شدیم»، رازی را بیان می‌کند. سرّ آن را دریاب.

---

۱ - **از اوصاف خود پاک شدن :** از خودبینی رهایی یافتن.

۲ - **مُعید :** آن که بعد از استاد و شیخ دوباره درس را برای طالبان شرح می‌دهد.

۳ - حدیث: پیامبر(ص) فرمود: دوست داشتم برادران خود را دیدار می‌کردم. اصحاب پرسیدند: ما برادران تو نیستیم؟ فرمود: شما اصحاب من هستید؛ امّا برادران من کسانی‌اند که به من ایمان می‌آورند، در حالی که مرا ندیده‌اند.

و به روایتی دیگر: مشتاقان حقیقی من از میان امّت کسانی هستند که بعد از من خواهند آمد و خوش دارند که در آرزوی دیدار من از خانواده و دارایی خود بگذرند: احادیث، صص ۱۳۶-۱۳۵.

۴ - **صَحیحَیْن :** دو کتاب صحیح مسلم و صحیح بخاری که شامل روایات اهل سنّت است. اوّلی تألیف ابوالحسن مسلم بن حجّاج نیشابوری (متوفّی ۲۶۱ ه‍ ق) و دومی تألیف محمّد بن اسماعیل بخاری (متوفّی ۲۵۶ ه‍ ق).

۵ - **رُواة :** جمع راوی: روایت کنندهٔ حدیث. ۶ - **مشرب :** محلِّ نوشیدنِ آب.

۷ - **مشربِ آبِ حیات :** عالم معنا و اتّصال به حق.

۸ - اشاره‌ای است به ابوالوفای بغدادی، که از روی استهزا از او که کردی امّی بود خواستند تا موعظه‌ای بگوید و او در پاسخ «إنْ شاءَ الله» گفت و تمام شب را به عبادت خالصانه گذراند، پیامبر در رؤیایی(ص) بر وی پدیدار شد و در مفاوضه‌ای اسرار قرآن را بر او خواند و او صبح بر منبر شد و گفت: أَمْسَیْتُ کُردِیّاً وَ أَصْبَحْتُ عَرَبیّاً.

ور مثالی خواهی از علمِ نهان   قصّه گو از رومیان و چینیان ۳۴۸۰

و اگر مشتاقِ شنیدن مثالی در باب علم نهانی و کشف و شهود حقایق هستی، داستانی را از رومیان و چینیان می‌گوییم.

قصّهٔ مِریِ[1] کردنِ رومیان و چینیان در علمِ نقّاشی و صورت‌گری[2]

چینیان و رومیان هر یک معتقد بودند که در هنر و علم نقّاشی و صورتگری مهارتی بسزا دارند. شاه آنان را به آزمونی فراخواند تا در عمل هنر خویش را بنمایند. آن‌ها دو خانهٔ مقابل هم را انتخاب کردند. چینیان با رنگ‌های فراوان به نقّاشی پرداختند؛ امّا رومیان تنها به صیقل زدن خانه پرداختند. در پایان کار، نقوشِ دلفریبِ چینیان شاه را حیرت‌زده ساخت و پس از رفتن به سوی رومیان و دیدنِ دیوارهای صیقل خوردهٔ آنان، نقوش چینیان را در آینه‌های شفّاف با انعکاسی حیرت‌انگیز و دلفریب دید و مجذوب معرفت ایشان گشت.

مولانا به روش و سیاق همواره خویش در تقریر داستان تصرّفاتی کرده است. از قالب اصلی سود جسته و با تغییراتی که در بیانِ قصّه معمول داشته از این تمثیل تفاوت میان علومِ رسمی دین و عرفان را به نمایش آورده است. یادآور می‌شویم که در هر دو متن کهن‌تر این داستان، چینیان هستند که دیوار را صیقل می‌زنند تا نقوش رسم شدهٔ زیبای رومیان در آیینهٔ صیقلی ایشان دلاویزتر نمایانده شود؛ امّا در روایتی که مثنوی از این داستان دارد، رومیان به صیقلی می‌پردازند و مورد توجّه قرار می‌گیرند و این تغییر با توجّه به اینکه مولانا در قونیه خطاب به رومیان سخن می‌گوید و شعر می‌سراید، کاملاً طبیعی و پسندیده است.

در این قصّه «علم تقلیدی» یا «علم اهل حس» که به قیل و قال و بحث و استدلال اشتغال دارند در تقابل با «علم تحقیقی» یا «علم اهل دل» که فراسوی قیل و قال به مکاشفه و استغراق می‌پردازند، قرار گرفته است و سرّ سخن در آن است که آنچه را که اهل برهان با تحمّل رنج و مشقّت بسیار بدان دست می‌یازند، اهل دل با صیقل زدن صحن سینه از زنگار تعلّقات و مجاهده بسی روشن‌تر و دقیق‌تر ادراک می‌کنند و درک ایشان چون از طریق شهود است، عاری از وهم و ظنّ اهل برهان نیز هست.

---

۱ - **مِری** : مراء: ستیزه.

۲ - این داستان تمثیلی که قبل از مولانا در سخن انوری و نظامی هم هست و نزد مولانا بی‌شکّ مأخوذ از غزّالی است، بنا بر حکایتی در احیاءالعلوم، ج ۳، ص ۱۷، رمزی از تفاوت علم عارف را با علم غیر عارف نشان می‌دهد و به تعبیر صوفیّه، علم ظاهر را از مقولهٔ صنعت و علم باطن را از مقولهٔ صیقل‌گری فرا می‌نماید: احادیث، صص ۱۳۹-۱۳۶ و سرّ نی، ص ۳۲۹.

۳۴۸۱ چـــینیان گـــفتند: مـــا نـــقّاش‌تر رومـــیان گـــفتند: مـــا را کَـرّ و فَـر

چینی‌ها ادّعا کردند که ما در علم نقّاشی و صورتگری مهارتی بسزا داریم و رومیان [اهالی آناتولی یا آسیای صغیر] گفتند: هنر ما در این فنّ شکوه و عظمت بیشتری دارد.

۳۴۸۲ گفت سلطان: امتحان خواهم در این کز شماها کیست در دعوی گزین؟

سلطان گفت: امتحان خواهیم کرد تا ببینیم کدام یک از شما در دعوی خویش شایسته‌تر است.

۳۴۸۳ اهلِ چین و روم چون حاضر شدند رومـــیان در عـــلم واقـــف‌تر بُـدند

نقّاشان چینی و رومی حاضر شدند؛ امّا نقّاشان رومی از فنّ و دانش نقّاشی آگاه‌تر بودند.

۳۴۸۴ چـــینیان گـفتند: یک خـانه بـه مـا خـــاص بســـپارید، و یک آنِ شـما

چینیان گفتند: محلّی را به ما اختصاص دهید و خانه‌ای هم مخصوص شما باشد.

۳۴۸۵ بـــود دو خـــانه، مـقابل، در بـه در زآن، یکی چینی سِتَد، رومـی دگـر

از دو اتاق بزرگ که درهایشان مقابل هم بود، یکی را چینی‌ها انتخاب کردند و دیگری را رومیان.

۳۴۸۶ چینیان صد رنگ از شه خواســتند پس خــزینه بـاز کـرد آن ارجـمند

چینیان از شاه صد رنگ مختلف خواستند. شاه نیز در خزانه را گشود تا خواستهٔ آنان را برآورد.

۳۴۸۷ هـــر صـــباحی از خـزینه رنگ‌هـا چـــینیان را رٰاتِـبه[1] بـود از عـطا

هر بامداد از خزانه، سهمیهٔ چینیان را می‌دادند.

۳۴۸۸ رومیان گفتند: نـه نـقش و نـه رنگ در خور آید کار را، جـز دفـعِ زنگ

رومیان گفتند: ما نه رنگ به کار می‌بریم و نه نقشی می‌کشیم، زنگار را از دیوارها می‌زداییم.

۳۴۸۹ در فـــرو بســتند و صـیقل مـی‌زدند همچو گردون ساده و صافی شدند[2]

رومیان در را بستند و به صیقل زدن دیوارها پرداختند تا همانند آسمان صاف و ساده و بی‌نقش شدند.

---

۱ - راتبه : مستمری.

۲ - رومیان رمزی از صوفیان عارف‌اند که به صیقل سینه از زنگار خودبینی‌ها می‌پردازند.

از دو صد رنگی به بی‌رنگی رهی‌ست رنگ[1] چون ابر است و بی‌رنگی مَهی‌ست ۳۴۹۰

از میان رنگ‌ها یا «تعیّنات و تعلّقات» راهی به سوی دریای وحدانیّت هست. این رنگ‌ها، همانند ابری چهرهٔ ماه حقایق را پوشانده‌اند.

هر چه اندر ابر ضَو[2] بینی و تاب[3] آن ز اختر[4] دان و ماه و آفتاب ۳۴۹۱

هر نور و تابشی که در ابرها می‌بینی، از ستارگان و ماه و خورشید است.

چینیان چون از عمل فارغ شدند از پیِ شادی دهل‌ها می‌زدند ۳۴۹۲

هنگامی که چینیان صورتگری را به پایان بردند، برای ابراز شادی، طبل می‌زدند.

شه در آمد، دید آنجا نقش‌ها می‌ربود آن عقل را و فهم را ۳۴۹۳

شاه وارد اتاقی شد که چینیان در و دیوار آن را با نقوشِ دل‌انگیزی آراسته بودند که عقل آدمی را می‌ربود.

بعد از آن آمد به سویِ رومیان پرده را بالا کشیدند از میان ۳۴۹۴

بعد از آن شاه به سوی رومیان رفت، آن‌ها پردهٔ میان دو تالار را کنار زدند.

عکسِ آن تصویر و آن کردارها زد بر این صافی شده دیوارها ۳۴۹۵

تصویرِ نقوش دل‌انگیزِ چینیان بر دیوارهای صیقل زده تابید.

هر چه آنجا دید، اینجا بِهْ نمود دیده را از دیده‌خانه می‌ربود ۳۴۹۶

شاه هر چه را که در آن تالار دیده بود، در اینجا زیباتر دید، گویی چشم را از حدقه می‌ربود.

رومیان آن صوفیان‌اند ای پدرا بی ز تکرار و کتاب و بی هنر ۳۴۹۷

ای پدر، رومیان همان صوفیان‌اند که نیاز به کتاب و تکرار دروس و علوم اکتسابی ندارند.

لیک صیقل کرده‌اند آن سینه‌ها پاک از آز و حرص و بخل و کینه‌ها ۳۴۹۸

امّا با صیقلی کردن سینه‌ها از کینه‌ها و بخل و آز و حرص، صفایی بدان بخشیده‌اند.

---

۱ - **رنگ** : کنایه از رسوم و تعلّقات و قیود بشریّت. جهان ناسوت یا عالم مادّی را جهان رنگ گویند؛ زیرا به سبب حضور و خلق مخلوقات کثرت به وجود آمده است. یک آفتاب که به مجالی و مظاهر متعدّد تابش کند، متکثرات نموده می‌شود و الاّ وحدت محض است: ف. سجّادی، صص ۴۲۷-۴۲۶. ۲ - **ضَو** : ضَوء: نور.
۳ - **تاب** : فروغ، روشنی. ۴ - **اختر** : ستاره.

آن صفایِ آینه، وصفِ دل است   صورتِ بی منتها را قابل است ۳۴۹۹

اینکه می‌گوییم آیینه را مصفّا کردند، آیینهٔ دلِ عارفان است که از زنگار پاک شده و قابلیّتِ انعکاسِ صورت بی‌منتها، یعنی انوار جلال و جمال الهی را یافته است.

صورتِ بی صورتِ بی حدِّ غیب   ز آینهٔ دل تافت بر موسی ز جَیْب[1] ۳۵۰۰

انوارِ بیکران غیب بر آیینهٔ پاکِ دل موسیٰ(ع) تابید و از گریبان او بر آمد و دستش را درخشان کرد.

گرچه آن صورت نگنجد در فَلَک   نه به عرش[2] و فرش و دریا و سَمَک[3] ۳۵۰۱

هرچند که آن «صورت بی‌صورت» در آسمان و فلک اعظم و زمین و دریا نمی‌گنجد و مجموعهٔ جهان هستی با تمام عظمتش گنجایشِ پذیرش آن را ندارد.

زانکه محدود است و معدود است آن   آینهٔ دل را نباشد حد بدان ۳۵۰۲

زیرا جهان هستی محدود و آیینهٔ دل بی‌حد است. صورت در برابر معنا اعتباری ندارد.

عقل اینجا ساکت آمد یا مُضِلّ   زانکه دل یا اوست، یا خود اوست دل ۳۵۰۳

در این مقام، «عقل جزوی» بشری یا سکوت می‌کند، مانند اکثریّت مؤمنان که هرچند به کمال نرسیده‌اند؛ امّا تجلّیِ انوار الهی را در دل و جانِ اولیای خدا پذیرفته و بدان معتقدند یا در آن به بحث و جَدَل می‌نشینند که چیزی جز گمراهی نیست؛ زیرا دلِ منوّرِ کاملانِ واصل، آیینهٔ شفّافی است که یا عکسِ جمالِ او را نشان می‌دهد یا خود عکسِ جمالِ حق است.

عکسِ هر نقشی نتابد تا ابد   جز ز دل، هم با عدد هم بی عدد ۳۵۰۴

بازتابِ نقش‌ها و معانی، یعنی صفات الهی به صورت کثرت در وحدت، هم به صورتِ وحدت در کثرت، بر دلِ واصلان متجلّی می‌گردد و این جلوه همیشگی است، در حالی که هیچ نقشی در جهان تصویری جاودانی ندارد.[4]

---

۱ – «ید بیضاء» که یکی از معجزات موسی(ع) است، در سوره‌های قصص: ۳۲/۲۸، شعراء: ۳۳/۲۶، اعراف: ۱۰۸/۷، نمل: ۱۲/۲۷ و طه: ۲۲/۲۰: ...تَخْرُجْ بَيْضاءَ مِنْ غَيْرِ سُوءٍ: ... تا دستی بی‌عیب و سفید بیرون آید.
جَیْب: گریبان.   ۲ – عرش: ر.ک: ۲۶۶۹/۱.

۳ – سَمَک: ماهی، قدما معتقد بودند که زمین بر پشت ماهی قرار دارد و می‌گفتند که ماهی در زیر زمین است و گاوی بر پشت او و زمین روی شاخ گاو قرارگرفته است.

۴ – با استفاده از: شرح مثنوی مولوی، دفتر اوّل، ص ۴۶۷.

تـا ابَـد هـر نـقش نـو کآیـد بـر او   مـــی‌نماید بـــی‌حجابی انـدر او ۳۵۰۵

تا ابد هر نقش نو و تازه‌ای که بر دل او بتابد، بی‌پرده دیده می‌شود.

اهلِ صیقل[1] رَسته‌اند از بوی و رنگ[2]   هـر دمـی بـینند خـوبی بی‌درنگ ۳۵۰۶

آنان که دل را از زنگارِ تعلّقات پاک کرده‌اند، هر لحظه در آن نظاره‌گر حقایق غیبی‌اند.

نـقش و قشـرِ عـلم را بگـذاشـتند   رایتِ[3] عـینُ الیـقین[4] افـراشـتند ۳۵۰۷

عارفان از ظواهر علم گذشتند و به دل و عوالم معنوی توجّه کردند و به شهود رسیدند.

رفت فکـر،[5] و روشـنایی یـافتند   نـحر[6] و بـحر[7] آشـنایی یـافتند ۳۵۰۸

واصلان که به شهود یا «عین الیقین» رسیده‌اند، چنان در حق فانی‌اند که از فکر و اندیشه رهیده و غرقِ بحرِ انوارند.

مرگ، کین جمله از او در وحشت‌اند   می‌کنند این قوم بر وی ریش خـند ۳۵۰۹

این قوم بر مرگ که همگان آن را پایانی می‌دانند، ریشخند می‌زنند و آن را آغازی برای یک زندگی دائمی می‌دانند.

کس نـیابد بـر دلِ ایشـان ظـفر   بر صـدف آیـد ضـرر، نـه بـر گُـهر ۳۵۱۰

هیچ کس را یارای آن نیست که بر دل توانمند ایشان که به قدرت حق تعالیٰ نیرومند است، غلبه یابد. اگر هم معاندان و دشمنان بتوانند آسیبی برسانند بر تن ایشان است نه بر اصل گوهر آنان.

گـرچـه نـحو و فـقه را بگـذاشـتند   لیک مـــحوِ فـقر را بـرداشـتند ۳۵۱۱

هرچند که برای رسیدن به عوالم روحانی و معنوی، در علوم رسمی از قبیل صرف و نحو یا مباحث فقهی چندان غوری نکردند؛ یعنی اساس را رضای خداوند و تقرّب به او دانستند و به این ترتیب در «فقر» که همانا عدم خودبینی و تعلّقات دنیوی است، محو شدند.

---

۱ - **اهلِ صیقل** : اهلِ دل.   ۲ - **بوی و رنگ** : کنایه از ظواهر و تعلّقات.   ۳ - **رایت** : پرچم.

۴ - **عین الیقین** : مرتبه‌ای از «یقین» که شهودِ حقایق است.

۵ - **رفت فکر** : فکرِ آنان القای ربّانی است و از خود فکری ندارند.

۶ - **نَحْر** : پیش سینه و جای گردنبند، کشتن و قربانی کردن شتر. بر پیش سینه کسی رسیدن و در آمدن: مقابل شدن با کسی.   ۷ - **نحر و بحر** : اینجا بالاترین حد.

تا نقوشِ هشت جَنّت[1] تـافته‌ست   لوح دلشـان را پـذیرا یـافته‌ست ۳۵۱۲

لوحِ دلِ عارفانِ واصل منعکس کنندهٔ نقوش بهشت و مراتب آن است.

بـرترند از عـرش و کـرسیّ و خَـلا   ســاکـنانِ مَـقْعَدِ صـدقِ[2] خـدا ۳۵۱۳

مقرّبان از عرش و کرسی و خلأ و هر چه در اندیشه آید، برترند، آنان ساکنان جایگاه صدق‌اند.

پرسیدنِ پیغمبر صَلَّی اللهُ عَلَیْهِ و سَلَّم، مر زید را که: امروز چونی و چون برخاستی؟ و جواب گفتنِ او که: اَصْبَحْتُ مُؤمِناً یا رَسُولَ الله![3]

روزی پیامبر(ص) به زید بن حارثه[4] فرمود: ای زید بامدادان را چگونه آغاز کردی؟ زید پاسخ داد: به صبح داخل شدم، در حالی که مؤمن بودم ای رسول خدا. پیامبر(ص) فرمود: مسلماً هر چیزی را نشانی است، علامت و نشان ایمان و یقین تو چیست؟ آشکار کن. زید گفت: نَفْسم را از دنیا دور کردم و عزل نمودم. پس هنگام روز عطش شدید داشتم و همه شب را بیدار بودم. به سبب ریاضت به مرتبه‌ای رسیده‌ام که گویا به عرش پروردگارم نگاه می‌کنم آشکارا.

---

۱ - **هشت جنّت :** هشت بهشت که عبارتند از خُلد، دارالسلام، دارالقرار، جنّت عدن، جنّت‌المأوی، جنّت النّعیم، علّیین و فردوس. نیکلسون هشت بهشت را احتمالاً هشت صفت الهی، یعنی: حیات، سمع، بصر، کلام، علم، قدرت، ارادت و حکمت می‌داند: شرح مثنوی مولوی، دفتر اوّل، ص ۴۶۸.

۲ - اشارتی قرآنی؛ قمر: ۵۵/۵۴: فِی مَقْعَدِ صِدْقٍ عِنْدَ مَلِیکٍ مُقْتَدِرٍ : در جایگاه صدق نزد خداوند مالک مقتدر.

۳ - نیکلسون، این حدیث را که عموماً حدیث حارثه می‌دانند، به نقل از شرح کبیر، ج ۳، ص ۱۲۷۲-۱۲۷۱، در شرح مثنوی مولوی، دفتر اوّل، صص ۴۶۹ و ۴۷۰، ذکر کرده و استناد آن را به پسرخواندهٔ پیامبر(ص) پذیرفته است. استاد فروزانفر، در مآخذ قصص و تمثیلات مثنوی، صص ۳۵ و ۳۶، روایتی را که ابونصر سرّاج در کتاب اللمع، چاپ لیدن، صص ۱۳ و ۱۰۲، غزّالی در احیاءالعلوم، ج ۴، ص ۱۵۷ در ذیل حال حارثة بن سراقة بن حارث الانصاری الخزرجی که در جنگ بدر به شهادت رسید، آورده؛ امّا بعد چنین نتیجه‌گیری کرده است که: این حدیث که یکی از احادیث چهارگانه بسیار مهمّی است که معارف صوفیّه و عرفا بر آن‌ها مبتنی است در تفسیر ابوالفتوح، ج ۱، ص ۴۳ نیز نقل شده و مولانا آن را به زید (ظاهراً زید بن حارثه) نسبت می‌دهد و ابونعیم اصفهانی در حلیة الاولیا، ج ۱، ص ۲۴۲ به معاذ بن جبل. و با مآخذی که ذکر شد شبهه‌ای باقی نمی‌ماند که نسبت آن به حارثه صحیح‌تر است.

۴ - زید بن حارثة بن شراحیل کلبی، در دوران جاهلیّت او را ربودند و خدیجه(س) او را خریداری کرد و هنگام ازدواج با پیامبر(ص)، زید را به او هدیه کرد. پیامبر(ص) پیش از بعثت او را به فرزندی پذیرفت و آزاد گردانید و دختر عمهٔ خود را به وی داد، از نخستین کسانی بود که اسلام آورد. پیامبر(ص) او را بسیار دوست داشت و فرمانروایی لشکر را در غزوهٔ موته به وی سپرد و در همان غزوه در سال هشتم هجری شهید شد.

اهل جنّت را می‌بینم در حال تنعّم و اهل نار را می‌بینم در حالی که در عذاب‌اند. پیامبر فرمودند: یا زید، این را مکتوم نگاهدار.

مولانا در قالب این حدیث، به بیان حال عارفِ کامل می‌پردازد که به شهود رسیده است و به دیدهٔ یقین «عین الیقین» حقایق را می‌بیند.

از آنجاکه در سراسر مثنوی سخن از انسان و سیر استکمالی او و رموز هدایت وی از طریق مرشد کامل است، بی‌مناسبت نخواهد بود اگر اینک که از احوال و شهود عارفانهٔ زید بن حارثه که نمادی از عارفانِ بالله است، سخن می‌رود، بحث را در عرفان نظری اندکی بیشتر بشکافیم و در ارتباط با مراتب باطنی انسان و سیر تکامل معنوی و روحانی وی مختصراً توضیحاتی را بیاوریم تا با تلفیق مراتب مذکور از دیدگاه عرفان نظری و شرح داستانی ابیات، احاطه بر موضوعات یاد شده سهل‌تر گردد.

انسان به اعتبار باطن وجود دارای هفت بطن است:[1]

بطن اوّل انسان، مقام نفس اوست که ناظر به حیات دنیا و زخارف اوست، که مرتبه و مقام بهایم است. به همین معنی در کلام الهی اشاره شده است: «**زُیِّنَ لِلنّاسِ حُبُّ الشَّهَواتِ**»: آل عمران: ۱۴/۳.

بطن دوم، مرتبهٔ عقل شایق به لذّات باقیه و جمع بین لذّات دنیا و آخرت است. لسان این مرتبه در قرآن: «**رَبَّنا آتِنا فِی الدُّنیا حَسَنَةً وَ فِی الآخِرَةِ حَسَنَةً وَ قِنا عذابَ النّارِ**»: بقره: ۲۰۱/۲، است. مقتضای این لطیفهٔ الهی، خروج از مرتبهٔ بهایم و دخول در جمعیّت انبیا و اولیا است. عقل در این مرحله نفس را تسخیر کرده و از مشتهیّات خود منع می‌کند و از تناکح بین عقل و نفس، قلب نفسانی نورانی متولد می‌شود و سالک عابد، حق را شاهد بر خود و اعمال خود می‌داند.

بطن سوم، مرتبهٔ روح انسان است و در این موطن سالک اطمینان به حضور حق دارد. این مقام قلب است و اختصاص به خواص دارد و سالک در می‌یابد که بدون اعمال صالحه به مقامی نمی‌رسد و در این امر می‌کوشد. لسان این مرتبه جواب زید بن حارث «صحابی» است که مکاشفات خود را خدمت حضرت رسول(ص) شرح داد و عرض کرد «**کأنّی أنظُرُ إلیٰ عَرْشِ الرَّحْمانِ بارزاً**» و حضرت او را امر فرمود که این مقام را حفظ کن. لسان این مرتبه «**فَاعْبُدْ رَبَّکَ کَأَنَّکَ تَراهُ**» است. نتیجهٔ حاصل از این موارد آن است که حضور حارثه در این مرتبه از عرش تجاوز نکرده است. عرش نهایت عالم وحدت و صرافت، و بدایت عالم کثرت است و حارثه در این مقام، محیط بر جمیع عوالم جسمانی و مراتب برزخی است.

بطن چهارم، مرتبهٔ سِرّ انسان است. سِرّ در این مقام به معنی سِرّ الهی و وجود مفاض بر حقیقت سالک است که اگر از مراتب تعلّقات کونیّه خارج شود، حضور حق و ظهور وجود مطلق را شهود می‌نماید و چنین قلبی، قلب در مرتبهٔ روح است که اصطلاحاً به آن سِرّ اطلاق می‌نمایند. سالک از دریچهٔ همین لطیفهٔ ملکوتی مظهر تجلیّات حق و اسما ظاهر یکی بعد از دیگری می‌گردد و وحدت در سالک غلبه کرده از کثرت اعراض می‌کند و غیر از حق در این موطن نمی‌بیند و لسان آن در این مرتبه:

که یکی هست و هیچ نیست جز او   وَحده لا اله إلّا هو

---

۱ - شرح مقدّمهٔ قیصری، صص ۵۸۴-۵۶۵، با تلخیص و تصرّف.

این مقام فنا در وجود است و سالک مظهرِ جمیعِ اسماء ظاهره می‌گردد و وحدت وجود را در عین کثرت مشاهده می‌کند.

بطن پنجم، مقامِ مظهریّت اسماء باطن است و کثرت باطنیّه را در مرآت وحدت شهود می‌نماید، این حالت حاصل از توجّه سرّ به مقام روح است و مقام قلب در مرتبهٔ سِرّ نام دارد و عارف در این مقام از سرّ قضا و قدر آگاه می‌گردد.

بطن ششم، این مقام، آخرین سیر معنوی اولوالعزم از رسل و انبیااست و صاحب آن مظهر تجلیّات صفاتی مقام الوهیّت است، بعد از آن نوبت تجلّی ذاتی است که اختصاص به حقیقت محمّدیه(ص) و اولاد طاهرین او از ائمه اثناعشریّه دارد. سالکی که در این مقام است، مظهر برزخیّت ثانی و تعیّن ثانی و مقامِ واحدیّت و مقام قاب قوسین است.

بطن هفتم، مرتبهٔ تجلّی ذاتی حق است که اختصاص به حقیقت محمّدیّه(ص) و اهل بیت او(ع) دارد و عبارت است از بالاترین مراتب فنا و محو تامّ و مطلق و ازالهٔ احکام امکان و شرک معنوی. از اجتماع اسماء ذاتیه و اسماء کلیّه، حقیقتی در این مقام متعیّن و ظاهر می‌شود که از آن تعبیر به صورت برزخ اوّل و تعیّن اوّل می‌نمایند؛ بنابراین مقام واحدیّت و اسما و صفات و اعیان ثابته ظهور و جلوه و تعیّن این صورت‌اند که از آن تعبیر به تمام حقیقت انسان کامل محمّدی(ص) نموده‌اند.

گـفت پـیغمبر صـباحی زیـد را کَیْفَ اَصْبَحْتْ ای رفیقِ بـا صـفا؟ ۳۵۱۴

بامدادی پیامبر(ص) به زید فرمود: ای دوست باصفا، چگونه روز را آغاز کردی؟

گفت: عَبْداً مُؤمِناً، باز اوش گـفت: کو نشان از باغ ایمان؟ گر شکُـفت ۳۵۱۵

زید پاسخ داد: در حالی که بندهٔ با ایمانی بودم. پیامبر(ص) گفت: کو نشانِ باغِ ایمان؟

گـفت: تشـنه بـوده‌ام مـن روزهـا شب نـخفتَسْتَم ز عشـق و سـوزها ۳۵۱۶

گفت: روزهای متوالی تشنه بودم و شب‌ها از عشق حق و سوز و گداز نخوابیدم.

تا ز روز و شب گـذر کـردم چـنان کـه ز اِسـپر بگـذرد نـوکِ سـنان ۳۵۱۷

با این ریاضت‌ها و تهذیب نفس محو حق شدم و روز و شب برایم یکسان شد، از زمان و تغییرات شب و روز آن چنان گذر کردم که نوک نیزه به سرعت از سپر می‌گذرد.

که از آن سـو، جـملهٔ مـلّت یکـی‌ست صدهزاران سال و یک ساعت یکی‌ست ۳۵۱۸

به حالی رسیدم که در آنجا هفتاد و دو ملّت و صدها هزار سال و یک ساعت یکی است.

۳۵۱۹ **هست ازل را و ابـد را اتّـحاد عقل را ره نیست آن سو زِ افتقاد**[۱]

ازل و ابد با هم یکی‌اند، عقل جزوی که جست‌وجوگرِ معاش است، آنجا راهی ندارد.

۳۵۲۰ **گفت: از این ره کو ره‌آوردی؟ بیار در خـورِ فـهم و عُـقولِ ایـن دیـار**

پیامبر(ص) گفت: ره‌آورد تو از عوالم روحانی که در حدّ فهم و عقل مردم باشد، چیست؟

۳۵۲۱ **گفت: خلقان چون ببینند آسمان مـن بـبینم عـرش را بـا عـرشیان**

زید گفت: همان‌گونه که مردم آسمان را می‌بینند، من عرش را با عرش‌نشینان می‌بینم.

۳۵۲۲ **هشت جنّت، هفت دوزخ، پیشِ من هست پیدا همچو بُت پیشِ شَمَن**

همان‌گونه که بت‌پرست، بت را در مقابل خود می‌بیند، من هم به وضوح، بهشت‌های هشتگانه و مراتب آن و دوزخ را با طبقات آن می‌بینم.

۳۵۲۳ **یک بـه یک وامی‌شناسم خـلق را هـمچو گـندم مـن زِ جـو در آسیا**

به هر کس نگاه می‌کنم، حقیقت و عاقبت او را می‌دانم، همان‌گونه که در آسیا گندم را از جو جدا می‌کنند.

۳۵۲۴ **که: بهشتی کیست و بیگانه کی است؟ پیشِ من پیدا چو مار و مـاهی است**

می‌دانم چه کسانی بهشتی و چه کسانی بیگانه‌اند. این‌ها برای من همان‌گونه آشکار است که شناخت مار از ماهی.

۳۵۲۵ **این زمان پیدا شـده بـر ایـن گـروه یَـوْمَ تَـبْیَضُّ وَ تَسْوَدُّ وُجُـوه**[۲]

در روز رستاخیز، حقیقت هر کس که مجموعه‌ای از افکار و اعمال اوست، بر همگان آشکار می‌گردد و در «آن روز گروهی سپیدروی و گروهی سیه‌روی می‌شوند»، عارفانی کـه بـه حق واصل شده‌اند، در همین جهان به این شهود و حقایق رسیده‌اند.

۳۵۲۶ **پیش از این هر چند جان پر عیب بود در رَحِم بود و ز خـلقان غـیب بـود**

قبل از این اگرچه که جان سیه‌رویان پر از عیب و نقص بود؛ امّا در غلافِ تن نهان بود، همانند جنین که در رحم مادر از انظار مخفی است.

---

۱ - **افتقاد**: گمشده را جستن، پژوهش.

۲ - اشارتی قرآنی؛ آل‌عمران: ۱۰۶/۳: یَوْمَ تَبْیَضُّ وُجُوهٌ وَ تَسْوَدُّ وُجُوهٌ...: در روز رستاخیز چهره‌هایی سفید و نورانی و چهره‌هایی تاریک و سیاه خواهد بود.

دفتر اوّل ۷۲۳

اَلشَّقِیُّ مَنْ شَقِی فی بَطْنِ اَلْاُم[1]   مِنْ سِماتِ اَلجِسْمِ یُعْرَفْ حالُهُمْ ۳۵۲۷

بدبخت در شکم مادر بدبخت است. از علایم و نشانه‌های جسمانی، حال آنان آشکار می‌گردد.

تن چو مادر، طفلِ جان را حامله   مرگْ دردِ زادن است و زلزله ۳۵۲۸

«تنِ» آدمی، همانند مادرِ طفلِ «جان» را در بطن می‌پرورد و در حقیقت جایگاهی است برای رشد و تکاملِ جان. مرگ هم در این تمثیل مانند زایمان و انتقال جان از تن به عالم دیگر است.

جمله جان‌هایِ گذشته مُنتظِر   تا چگونه زاید آن جانِ بَطِرْ[2] ۳۵۲۹

ارواح درگذشتگان در انتظارند تا ببینند آن جانِ شادمان، پس از زندگی در تن، چه تحوّلی یافته است.

زنگیان گویند: خود از ماست او   رومیان گویند: بس زیباست او ۳۵۳۰

سیه‌رویان می‌گویند: او به ما تعلّق دارد و سفیدرویان می‌گویند: او زیبا و همانند ماست.

چون بزاید در جهانِ جان و جُود   پس نماند اختلافِ بیض[3] و سود[4] ۳۵۳۱

چون جان از تن خارج شود و به جهان غیب و رحمت الهی گام گذارد، حقیقت آشکار می‌گردد.

گر بُوَد زنگی، بَرَندَش زنگیان   روم را رومی بَرَد، هم از میان ۳۵۳۲

اگر دوزخی باشد، دوزخیان او را می‌برند و اگر از سپیدرویان باشد، آنان او را می‌برند.

تا نزاد او، مُشکلات عالَم است   آنکه نازاده شناسد او، کم است ۳۵۳۳

تا جان در تن محصور است، شناختن او که سعید یا شقی است، دشوار است و کسی که چشمی حقیقت‌شناس داشته باشد، که در همین عالم بتواند جانشناس باشد، نایاب است.

او مگر یَنْظُرْ بِنُورِ اللّه بُوَد   کاندرونِ پوست او را ره بُوَد ۳۵۳۴

کسی که از قشر و ظواهر عبور می‌کند و به اصل و حقیقت هرکس و هر چیز پی می‌برد، با نور خدا می‌بیند.

---

۱ - اشاره بدین حدیث است: الشَّقِیُّ مَنْ شَقِیَ فِی بَطْنِ اُمِّهِ وَالسَّعِیدُ مَنْ وُعِظَ بِغَیْرِهِ: شقی در شکم مادرش شقی شده و سعید کسی است که از دیگران پند آموخته است: احادیث، ص ۱۴۰. ۲ - **بَطِر** : بزرگمنش، شادمان.
۳ - **بِیْض** : جمع أَبْیَض: سفید. ۴ - **سُود** : أَسْوَد: سیاه.

اصلِ آبِ نطفه اسپید است و خَوش لیک، عکس ِ جانِ رومی و حَبَش ۳۵۳۵

آب نطفهٔ آدمی سپید است و در آن عیب و علّتی نیست؛ امّا پرتو و عکس جان که نیمی از نور و نیمی از ظلمت است به آن می‌خورد. به عبارتی دیگر روح متعلّق به عالم امر و اصلِ آن نور محض است و برای قرار گرفتن در کالبد آدمی «روح حیوانی یا جان که موجبِ حیات جسم وی است» نور و ظلمت را توأماً می‌پذیرد تا در زندگی دنیایی با تهذیب نفس، آن قسمت ظلمانی نیز منوّر گردد و تکامل یابد.

مـی‌دهد رنگ احسـنُ التّـقویم[1] را تـا بـه اسـفل[2] مـی‌بَرَد ایـن نـیم را ۳۵۳۶

وجودِ آن نیمهٔ تاریک جان آدمی، موجودی را که خداوند در نیکوترین تناسب آفریده است، در عالمِ کثرت و در قیدِ صفاتِ بشری نگاهداشته است و اگر شخص نتواند خود را از این قیود نجات دهد، در عالم مادّی می‌ماند و به پست‌ترین مراتب سقوط می‌کند.

ایـن سخن پـایان نـدارد، بـاز ران تـا نـمانیم از قـطارِ کـاروان ۳۵۳۷

بیان این مفاهیمِ بلند را انجامی نیست، عنان را باز گردانیم تا از کاروان کلام باز نمانیم.

یَـوْمَ تَـبْیَضُّ وَ تَسْـوَدُّ وُجُـوه تُرک و هندو شُهره گردد زآن گـروه ۳۵۳۸

روز رستاخیز که چهره‌هایی درخشان و سفید و چهره‌هایی سیاه و تـاریک‌انـد، ایـن دو گروه، یعنی نیکان از بدان به وضوح تمایز دارند.

در رَحِم پیدا نباشد هـند و تُـرک[3] چونکه زاید بـبیندش زار و سُتُرگ[4] ۳۵۳۹

در زهدان رنگ پوستِ جنین آشکار نیست، بعد از وضع حمل این علایم و نشانه‌ها را می‌بینند.

جمله را چون روزِ رسـتاخیز، مـن فـاش مـی‌بینم عـیان از مـرد و زن ۳۵۴۰

امّا من، همانند روز رستاخیز، این نشانه‌ها را عیان در مرد و زن می‌بینم.

هین! بگـویم یـا فـرو بـندم نَـفَس؟ لب گزیدش مصطفی، یعنی که: بس ۳۵۴۱

زید گفت: باز هم از اسرار بگویم یا دم فرو بندم؟ پیامبر(ص) لب را گزید که بس است.

---

۱ - اشارتی قرآنی؛ تین : ۴/۹۵ و ۵ : لَقَدْ خَلَقْنَا اْلإِنْسانَ فِی أَحْسَنِ تَقْویم. ثُمَّ رَدَدْناهُ أَسْفَلَ سَافِلِیْنَ : به راستی که ما انسان را به نیکوترین تناسب خلق کردیم سپس او را به پایین‌ترین مرحلهٔ باز گرداندیم.

۲ - **اَسْفَل :** مقابلِ اعلیٰ، زیرتر، پست‌تر. ۳ - **هند و ترک :** کنایه از سیه‌رویی و سپیدرویی.

۴ - **زار و سترگ :** لاغر یا نیرومند.

یا رسولَ اللّه بگویم سرِّ حَشْر؟ — در جهان پیدا کنم امروز نَشْر؟ ۳۵۴۲

زید گفت: ای رسول خدا، امروز رازِ رستاخیز را فاش کنم و در جهان قیامتی بر پا کنم؟

هِلْ مرا تا پردەها را بر دَرَم — تا چو خورشیدی بتابد گوهرم ۳۵۴۳

اجازه بده تا پرده‌ها را کنار بزنم و حقایق را بگویم تا گوهرِ وجودم چون خورشید بتابد.

تا کسوف[1] آید ز من خورشید را — تا نمایم نخل را و بید را ۳۵۴۴

تا با درخشش خورشیدِ گوهرِ من، خورشیدِ آسمان از اینکه در قِبال چنین گوهری خودنمایی کرده است، شرمنده و تاریک شود و بدین سان خود را به آنان که چون نخل پربارند و به کسانی که چون بید بی‌حاصل‌اند نشان دهم.

وانمایم رازِ رستاخیز را — نقد را و نقدِ قلب آمیز را ۳۵۴۵

سرّ و راز روز رستاخیز را بگویم و نشان دهم که زرّ ناب و زرّ تقلّبی چگونه ازهم شناخته می‌گردند.

دست‌ها بُبْریده اصحابِ شِمال[2] — وانمایم رنگِ کفر و رنگِ آل[3] ۳۵۴۶

ستمگران و دوزخیان را که دست‌هایشان به سبب اعمال زشتشان بریده شده است، نشان دهم و رنگ سیاه کفر در کفّار و رنگ سرخ عشق در اهل ایمان را به همگان بنمایم.

واگشایم هفت سوراخ نفاق[4] — در ضیایِ[5] ماه بی خَسف[6] و مُحاق[7] ۳۵۴۷

در پرتوِ نورِ حق، راه‌های نفوذ نفاق و نیرنگ را که صفات رذیله‌ای مانند: کبر، شهوت، حرص، خشم، آز، حسد و دشمنی با حقایق است، آشکار کنم.

وانمایم من پلاسِ[8] اشقیا — بشنوانم طبل و کوسِ انبیا ۳۵۴۸

مکر و نیرنگ ستمکاران را نشان دهم و صدایِ طبل و کوسِ شکوه انبیا را به گوش همگان برسانم.

---

۱ - **کسوف**: ر.ک: ۹۲/۱.

۲ - **اصحاب شِمال**: آنان که نامهٔ اعمال به دست چپشان داده می‌شود، رمزی از ستمگری و اهل دوزخ.

۳ - **آل**: تبار، اهل، تابعان. رنگِ آل: رنگ سرخ، احمر، کنایه از اهلِ ایمان.

۴ - **هفت سوراخ نفاق**: کنایه از وجوه مختلفِ بی‌ایمانی و رذایل. ۵ - **ضیا**: ضیاء: نور.

۶ - **خَسف**: نقصان، کمی. ۷ - **مُحاق**: کاستی و تاریکی گرفتن.

۸ - **پلاس**: پارچهٔ زبری که از موی بُز و پشم شتر می‌بافتند. مجازاً مکر و نیرنگ.

دوزخ و جنّات و برزخ[1] در میان پیشِ چشمِ کافران آرم عیان ۳۵۴۹

جهنّم و بهشت‌ها و برزخ میان آن‌ها را آشکارا به منکران نشان دهم.

وانمایم حوضِ کوثر[2] را به جوش کآبْ بر رُوشان زند، بانگش به‌گوش ۳۵۵۰

حوض کوثر را در حال جوشیدن عیان سازم که صدای آب را که بر صورتشان می‌خورد، بشنوند.

وآن کسان که تشنه بر گِردش دوان گشته‌اند، این دم نمایم من عیان ۳۵۵۱

و کسانی را که تشنه بر گِردِ حوض دوان‌اند، هم اینک من آشکارا نشان دهم.

می‌بساید دوششان بر دوشِ من نعره‌هاشان می‌رسد در گوشِ من ۳۵۵۲

دوش به دوش من‌اند و صدای نعره و فریادشان درگوشم می‌پیچد.

اهلِ جنَّت پیشِ چشمم زِ اختیار درکشیده یک‌دگر را در کنار ۳۵۵۳

بهشتیان در مقابل چشمان من به میل خود یک‌دیگر را با محبّت در آغوش می‌گیرند.

دستِ همدیگر زیارت می‌کنند از لبانْ هم بوسه غارت می‌کنند ۳۵۵۴

دست‌های یک‌دیگر را می‌گیرند و با مهر لبان همدیگر را می‌بوسند.

کر شد این گوشم ز بانگِ آه آه از خسان و نعرهٔ واحَسرَتا ۳۵۵۵

گوش من از ناله و فریاد آه... آه... و واحسرتا و واویلای دوزخیان کر شده است.

این اشارت‌هاست گویم از نُغول[3] لیک می‌ترسم زِ آزارِ رسول ۳۵۵۶

این‌ها اشارتی بود از حقایقی ژرف؛ امّا نگرانم که رسول خدا(ص) آزرده خاطر گردد؛ پس بسنده می‌کنم.

همچنین می‌گفت سرمست و خراب داد پیغمبر گریبانش به تاب ۳۵۵۷

زید با سرمستی و بی‌خویشی این جملات را می‌گفت که پیامبر(ص) یقهٔ او را گرفت.

---

۱ - **برزخ**: یعنی اعراف که در قرآن کریم در اعراف: ۷/۴۸-۴۶ بدان اشاره شده است.

۲ - **کوثر**: ر.ک: ۱۹۱۰/۱. ۳ - **نُغول**: عمیق، ژرف.

گفت: هین! درکَش[۱] که اسبت گرم شد عکسِ حق لا یَسْتَحی[۲] زد، شرم شُد ۳۵۵۸

فرمود: سکوت کن که به شتاب رفتی، پرتوی از «خدا شرم نمی‌کند» بر تو زد و شرم را به زوال آورد.

آینهٔ تو جَست بیرون از غلاف آینه و میزان کجا گوید خلاف؟ ۳۵۵۹

آیینهٔ جان تو اینک از غلاف تن رها شده است و حقایقی را که می‌بیند، می‌گوید، آیینه و ترازوی صادقی که خلاف نمی‌گوید.

آینه و میزان کجا بندد نَفَس بهرِ آزار و حیایِ هیچ کَس؟ ۳۵۶۰

آیینه و ترازو سکوت نمی‌کنند، حقایق را می‌گویند و به سببِ آزرده یا شرمنده شدن دیگران خاموش نمی‌مانند.

آینه و میزان مِحَک‌های سَنی[۳] گر دو صد سالش تو خدمت‌ها کنی ۳۵۶۱

اگر سال‌ها در خدمت آیینه‌صفتان که مانندِ میزان، مقیاسِ سنجش نور و ظلمت‌اند، باشی،

کز برای من بپوشان راستی بر فزون بنما و منما کاستی ۳۵۶۲

و از ایشان بخواهی که به خاطر من، راستی را بگذار، بر زیباییم بیفزا و کمی و کاستی را نشان نده،

اوت گوید: ریش و سَبلت بر مخند! آینه و میزان و آنگه ریو و پند؟ ۳۵۶۳

او می‌گوید: خود را تمسخر نکن، چگونه «محک» بنا بر فریب و پندِ تو بر خلاف ذات خویش عمل کند؟

چون خدا ما را برای آن فراخت که به ما بتوان حقیقت را شِناخت ۳۵۶۴

چگونه «محک»، محک نباشد، در حالی که خداوند ما را برای آن بر کشیده است که با وجود ما بتوان حق را از باطل تمییز داد.

این نباشد، ما چه ارزیم ای جوان کی شویم آیینِ رُویِ نیکوان؟ ۳۵۶۵

اگر این ویژگی ما نباشد، ارزش ما به چیست؟ و چگونه زیبایی زیبارویان را نشان دهیم؟

---

۱ - **درکش**: اینجا زبان را در کام کش؛ یعنی ساکت شو.
۲ - اشارتی قرآنی؛ احزاب: ۵۳/۳۳: وَ اللهُ لَا يَسْتَحْيِي مِنَ الْحَقِّ: خداوند از بیان حق شرم نمی‌کند و ابا ندارد.
۳ - **سَنِيّ**: بلند، عالی.

لیک درکش در نمد آیینه را کز تجلّی، کرد سینا سینه را ۳۵۶۶

امّا، علی‌رغم حقایقی که گفتی، آیینهٔ جانت را در غلاف تن نهان کن و سخن نگو؛ زیرا از تجلّی حق سینای سینه‌ات چون کوه طور که از انوار حق مندک گردید، متلاشی می‌شود و گوش شنوندگان نیز این حقایق را بر نمی‌تابد.

گفت: آخِر هیچ گنجد در بغل آفتابِ حقّ و خورشیدِ ازل؟ ۳۵۶۷

زید گفت: آخر چگونه می‌توان خورشید حقایق را زیر بغل نهان کرد؟

هم دغل[1] را هم بغل را بر دَرَد نه جنون ماند به پیشش، نه خِرَد ۳۵۶۸

زیرا هم مکر و هم بغل را پاره می‌کند، در برابر این خورشید عقل و جنون یارای مقاومت ندارند.

گفت: یک اِصْبَع چو بر چشمی نهی بیند از خورشیدْ عالم را تهی ۳۵۶۹

پیامبر(ص) گفت: اگر یک انگشت را بر چشم نهی، دنیا را بدون خورشید خواهی دید.

یک سرِ انگشت پردهٔ ماه شد وین نشانِ ساتریِّ[2] شاه[3] شد[4] ۳۵۷۰

هنگامی که یک سر انگشت نمی‌گذارد ماه را ببینی، می‌توانی چگونگی «ستّار» بودن حق تعالیٰ را دریابی که چون «ستّارالعیوب» است، اسرار بندگان را می‌پوشاند.

تا بپوشاند جهان را نقطه‌یی[5] مِهر گردد مُنْخَسِف از سَقطِه‌یی[6] ۳۵۷۱

همان‌گونه که ارادهٔ خداوندِ «ستّارالعیوب»، خطای بنده را می‌پوشانَد، به ارادهٔ او سُوَیدای دل که محلّ مکاشفات است، به سبب لغزش، پوشیده می‌شود و جهان حقایق از نظر عارف مخفی می‌مانَد و خورشیدِ جان وی دچار گرفتگی می‌شود.

لب ببند و غَورِ دریایی نگر بحر را، حق کرد محکومِ بشر ۳۵۷۲

ای زید، سکوت کن و در دریای حقایقی که در درون توست، تعمّق کن، خداوند این بحر را در سیطرهٔ انسان قرار داده است، پس تو نباید اختیار خود را به دست امواج دهی، بلکه باید امواج حقایق در تصرّف تو باشند.

---

۱ - **دغل را بر دَرَد**: مکری را که برای نهان کردنش به کار می‌بریم، بی اثر می‌کند. ۲ - **ساتر**: پوشاننده.

۳ - مُراد آنکه: این اسرار را به امداد حق می‌توان نهان کرد.

۴ - در حاشیه به جای کلمهٔ «شاه» کلمهٔ «الله» را نوشته‌اند.

۵ - **نقطه**: در اینجا مراد از نقطه، سُوَیدای دل است، که معدن مکاشفات غیبی و علوم لَدُنّی و منبع حکمت و اسرار الهی است و محلِّ عَلَّمَ ٱلأَسْمٰاءَ که: وَ عَلَّمَ آدَمَ ٱلأَسْمٰاءَ كُلَّها: بقره: ۳۱/۲. ۶ - **سَقْطِه**: سقوط کردن.

۳۵۷۳ **همچو چشمهٔ سلسبیل و زنجبیل[1] هست در حکمِ بهشتیِّ جلیل**

همانندِ چشمهٔ سلسبیل که شراب طهورش با زنجبیل آمیخته است، به اختیارِ بهشتیان جلیل است که هر قدر می‌خواهند، بنوشند.

۳۵۷۴ **چار جویِ[2] جنَّت اندر حکم ماست این نه زورِ ما، ز فرمانِ خداست**

همان‌گونه که چهار نهر بهشت به ارادهٔ خداوند در حُکمِ مؤمنان است.

۳۵۷۵ **هر کجا خواهیم، داریمَش روان همچو سِحْر اندر مرادِ ساحران**

ما آن چهارجوی را هر جا که بخواهیم جاری می‌سازیم، مانندِ سحر در تصرّفِ ساحران.

۳۵۷۶ **همچو این دو چشمهٔ چشمِ روان هست در حکمِ دل و فرمانِ جان**

همان‌طور که این دو چشمهٔ چشم، به فرمان دل و در تصرّف جان ماست و جایی را می‌نگرد که دل می‌خواهد و جان فرمان می‌رانَد.

۳۵۷۷ **گر بخواهد، رفت سویِ زهر و مار ور بخواهد، رفت سویِ اعتبار**

اگر دل و جان حقیر باشند، به بدی‌ها گرایش پیدا می‌کنند و اگر متعالی باشند، به اعتبارِ حقیقی که حقایق است، می‌نگرند.

۳۵۷۸ **گر بخواهد، سویِ محسوسات رفت ور بخواهد، سویِ ملبوسات رفت**

اگر دل و جان به محسوسات یا دنیای مادّی تعلّق داشته باشند، دیده را به این سو متمایل می‌کنند و اگر به عوالم معنوی گرایش داشته باشند، دیدگان را به دیدن حقایق نهانی سوق می‌دهند.

۳۵۷۹ **گر بخواهد، سویِ کلّیّات راند ور بخواهد، حَبْسِ جزویّات ماند**

اگر دل بخواهد که از حقایق کلّی بهره داشته باشد، آدمی را به سوی عوالم معنوی می‌کشاند و اگر بخواهد می‌تواند در محدودهٔ جزئیّات عالم مادّی محبوس بماند.

۳۵۸۰ **همچنین هر پنج حس، چون نایزه بر مراد و امرِ دل شد جایزه[3]**

و به همین ترتیب حواسِّ پنجگانهٔ ما، مانند لوله‌هایی با دل مرتبط است و به فرمان او کار می‌کند.

---

۱ - اشارت قرآنی، دهر: ۱۷/۷۶ و ۱۸.

۲ - چهار نهر بهشت که اشارت قرآنی آن، محمّد: ۱۵/۴۷، است عبارتند از: نهر آب صاف، نهری از شیر، نهرهایی از شراب طهور و نهرهایی از عسل مصفّا. ۳ - **جایزه**: روان شونده، جاری.

هر طرف کـه دل اشـارت کـردشان می‌رود هـر پـنج حس، دامـن‌کشان ۳۵۸۱

حواسّ پنجگانه به هر جهت که دل فرمان دهد، روانه می‌شوند.

دست و پا، در امـرِ دل انـدر مـلا[1] همچو اندر دستِ مـوسی آن عـصا ۳۵۸۲

دست و پا و تحرّکات آدمی در جهت خواست دل است، مانندِ عصا که به فرمانِ موسیٰ(ع) بود.

دل بخواهد، پـا در آیـد زو بـرقص یـا گـریزد سـویِ افـزونی ز نـقص ۳۵۸۳

اگر دل اراده کند، پا به رقص می‌آید یا از کُندی و آهستگی به سوی شتاب و کمال میل می‌کند.

دل بخواهد، دست آید در حسـاب بـا اَصـابع[2]، تـا نـویسد او کـتاب ۳۵۸۴

اگر دل بخواهد، دست با انگشتان به حساب کردن می‌پردازد یا کتاب می‌نویسد.

دستْ در دستِ نـهانی مـانده است او درون، تن را برون بنشانده است ۳۵۸۵

دستِ ظاهر در دستِ دل است و او به اعضای تحت فرمان خود که در بیرون‌اند، فرمان می‌رانَد.

گر بخواهد، بـر عـدُو مـاری شـود ور بـخواهـد، بـر ولی یـاری شـود ۳۵۸۶

اگر اراده کند، مانندِ ماری بر دشمن حمله می‌آوَرَد و اگر بخواهد یار و یاور دوستان می‌گردد.

ور بخواهد، کفچه‌یی[3] در خـوردنی ور بـخواهـد، هـمچو گـرزِ دَه مـنی ۳۵۸۷

اگر دل اراده کند، دست مانندِ قاشقی بزرگ برای خوردن به کار می‌رود و اگر بخواهد همانند گرزی سنگین بر سر دشمن فرود می‌آید.

دل چه می‌گوید بدیشان؟ ای عجب! طرفه[4] وُصلت، طرفه پنهانی سبب ۳۵۸۸

عجبا، دل به حواسّ پنجگانه و اعضا چه می‌گوید؟ چه پیوندِ شگفتی، چه اسباب نهانی حیرت‌انگیزی که چنین هماهنگی زیبایی را در درون و بیرونِ تنِ آدمی به وجود آورده است.

دل مگر مُـهرِ سـلیمان یـافته‌ست؟ کـه مـهارِ پـنج حس بـرتافته‌ست ۳۵۸۹

مگر دل مُهر سلیمان(ع) را داراست که با قدرت هدایت حواس را بر عهده دارد؟

پـنج حسّـی از بـرون مَـیْسُور[5] او پـنج حسّـی از درون مأمـورِ او ۳۵۹۰

حواسّ پنجگانه ظاهری در دسترس دل است و پنج حسّ باطنی نیز از درون مأمور اجرای فرمان اوست.

---

۱ - **ملا** : آشکار. ۲ - **أصابع** : جمع إصبع: انگشت. ۳ - **کفچه** : کفگیر. ۴ - **طُرفه** : شگفت‌انگیز.
۵ - **میسور** : آسان کرده شده، سهل.

دَه حس است و هفت اندام و دگر — آنچه اندر گفت نآید، می‌شُمَر ۳۵۹۱

حواسّ ظاهری و باطنی، هفت اندام، تمام بدن و آنچه که به شرح نمی‌آید، در فرمان دل است.

چون سلیمانی دلا در مهتری[1] — بر پری و دیو، زن انگشتری[2] ۳۵۹۲

ای دل، چون تو امیرِ مُلکِ تن و جان شده‌ای و همانند سلیمان(ع) که سلطنت بر دیوان را نیز یافته بود، بر پری و دیو افزونی یافته‌ای، با خاتم سلیمانی خویش و توجّه قلبی به حق بر پریان و دیوان درونی و برونی حکومت کن.

گر در این مُلکت بری باشی ز ریو[3] — خاتم از دستِ تو نستاند سه دیو[4] ۳۵۹۳

اگر در این پادشاهی فریفته نشوی، وسوسه‌های نَفْسانی نمی‌توانند مُهر و نگینِ سلطنت را از تو بگیرند.

بعد از آن عالم بگیرد اسمِ تو — دو جهان محکومِ تو، چون جسمِ تو ۳۵۹۴

پس از آن در جهان شهره می‌شوی و همان‌گونه که تن در فرمان توست، جهان مادّی و معنوی هم در سیطرهٔ تو خواهد بود.

ور ز دستت دیو خاتم را بِبُرد[5] — پادشاهی فوت شد، بَختت بمُرد ۳۵۹۵

و اگر انگشتری پادشاهی را از دست بدهی و امیر نفس خویش نباشی، سلطنتِ تو زوال یافته و بخت و اقبالت مُرده است.

---

۱ - **مِهتری :** سروری. ۲ - **انگشتری زدن :** حکومت کردن. ۳ - **ریو :** فریب.

۴ - **سه دیو :** وسوسه‌های نفسانی، گولپینارلی در نثر و شرح مثنوی، ج ۱، ص ۴۶۱ نوشته است: مولانا «سه دیو» را از حدیقهٔ سنایی گرفته است و مقصود: حرص، شهوت و خشم است:

با سه دیو ار ز آدمی یک دم — تو همان کن که دیو با آدم : حدیقه.

۵ - نوشته‌اند که چون وقت زوال ملک سلیمان(ع) فرارسید، در مُتوضّأ شد، دیوی در هیأت سلیمان آمد و انگشتر را از کنیزکی جوّاده نام گرفت که سلیمان خاتم را که مهین نام خدای تعالیٰ بر آن نقش بود به حرمت بیرون مُتوضّأ می‌نهاد: قصص قرآن سورآبادی، ص ۳۶۸. سلیمان(ع) نگریست و شیطان را بر تخت خویش دید. دانست که عقوبت و ابتلای حق است، گفته‌اند که سبب آن، گرفتن زنی از قوم بت‌پرست صیدون بود و او از گرفتن زن بیرون از قوم بنی اسرائیل ممنوع بود: قرآن، تفسیر ادبی و عرفانی، ج ۲، صص ۳۲۸ و ۳۲۹.

بعد از آن یا حَسْرَتا شد یا عِباد[1] بر شما مَحتوم[2]، تا یَوْمَ التَّناد[3] ۳۵۹۶

ای بندگان، اگر دیو نَفْس خاتم را از شما بگیرد، تا روز رستاخیز حسرت شما حتمی است.

مکرِ خود را گر تو انکار آوری از ترازو و آینه، کِی جان بری؟ ۳۵۹۷

اگر منکرِ مکر و نیرنگِ خویش باشی، محکِ وجود انسان کامل معایب تو را آشکار می‌سازد.

متّهم کردنِ غلامان و خواجه‌تاشان مر لقمان[4] را که: آن میوه‌هایِ تَرْوَنْده[5] را که می آوَردیم او خورده است[6]

لقمان غلامی سیاه بود که به سبب رنگ پوست در نزد خواجهٔ خویش از دیگر غلامان خوارتر می‌نمود. روزی خواجه غلامان را برای آوردن میوه به باغ فرستاد، آنان میوه‌ها را چیدند و خوردند و نزدِ خواجه گناه آن را به لقمان نسبت دادند.

خواجه به لقمان بدبین شد و روی تُرُش کرد و چون لقمان سبب را پرسید و بر علّت رنجش خواجه واقف گردید، پیشنهاد کرد که خواجه غلامان را بیازماید تا حقیقت آشکار گردد، لذا گفت: به همهٔ غلامان آب گرم بدهید که بخورند و آنان را در صحرا بدوانید. خواجه چنین کرد. غلامان به استفراغ و تهوّع دچار شدند و آنچه را که خورده بودند، از معدهٔ آنان بیرون آمد، و از معدهٔ لقمان جز آب صاف خارج نشد.

جان کلام در بیان این معنا است که با توجّه به اینکه حکمت غلامی حقیر چنین ژرف است، حکمت آفرینندهٔ او تا چه حدّ می تواند باشد؟

---

۱ - در مصراع اوّل، یا عِباد و یا حَسْرَتا، اشارتی است قرآنی، یس: ۳۰/۳۶: یا حَسْرَتاً عَلَی الْعِبادِ. واحَسْرَتا بر این بندگان. که سخن پیامبران را به باد استهزا گرفتند و از سعادت محروم گشتند. ۲ - **محتوم:** قطعی، مقدّر.

۳ - اشارتی است به، غافر: ۳۲/۴۰: یا قَوْمِ إِنّي أَخافُ عَلَيْكُمْ يَوْمَ التَّنادِ: ای قوم من، من بر شما از روزی می‌ترسم که مردم یک‌دیگر را صدا می‌زنند. که نشانهٔ نهایت عجز و بیچارگی است، روزی که عذاب الهی نازل می‌شود، همه در جست‌وجوی پناهگاه‌اند و نمی‌یابند. [سخنانی از زبان مرد مؤمنی از آل فرعون به فرعونیان که قصد قتل موسیٰ(ع) را داشتند.] ۴ - **لقمان:** ر.ک: ۱۹۷۱/۱، بیان سرگذشت و حکمت او.

۵ - **تَرْوَنْده:** میوهٔ نورس، تازه رسیده.

۶ - مآخذ آن روایتی است که در قصص الانبیاء ثعلبی، ص ۲۹۵ و در تفسیر ابوالفتوح، ج ۴، ص ۲۷۱ نقل شده است و ما آن را به سبب شباهت و نزدیکی با روایت مولانا نقل نمی‌کنیم.

بود لقمان پیشِ خواجهٔ خویشتن　　در میانِ بندگانش خوارْ تن ۳۵۹۸

لقمان غلامی سیاه بود، که به سبب رنگ پوست در میان غلامانِ اربابِ خود خوارتر از دیگران بود.

می‌فرستاد او غلامان را به باغ　　تا که میوه آیدش بهرِ فراغ ۳۵۹۹

خواجه غلامان را به باغ می‌فرستاد تا برای آسایش خاطرش میوه بچینند و بیاورند.

بود لقمان در غلامان چون طُفَیل[1]　　پُر معانی، تیره صورت، همچو لَیْل[2] ۳۶۰۰

لقمان در میان غلامان، مانندِ طفیلی و زیادی به نظر می‌رسید؛ زیرا پوستی تیره و درونی پُر معنا داشت.

آن غلامان میوه‌هایِ جمع را　　خوش بخوردند از نهیبِ طَمْع را[3] ۳۶۰۱

غلامان میوه‌های جمع‌آوری شده را، با حرص و طمع زیاد خوردند.

خواجه را گفتند: لقمان خورد آن　　خواجه بر لقمان تُرُش گشت و گران ۳۶۰۲

غلامان گفتند: میوه‌ها را لقمان خورده است. ارباب با لقمان سرسنگین و ترشرو شد.

چون تفحُّص کرد لقمان از سبب　　در عتابِ[4] خواجه‌اش، بگشاد لب ۳۶۰۳

چون لقمان علّت ترشروییِ خواجه را جویا شد، در ارتباطِ با سرزنش او گفت:

گفت لقمان: سیّدا! پیشِ خدا　　بندهٔ خائن نباشد مُرتَضیٰ ۳۶۰۴

ای ارباب من، بندهٔ خیانتکار نزد خداوند نمی‌تواند رضایت خداوند را جلب کند.

امتحان کن جمله‌مان را ای کَریم　　سیرمان در دِه تو از آبِ حَمیم[5] ۳۶۰۵

ای مرد بخشنده، همهٔ ما را امتحان کن و برای آزمون به همهٔ غلامان آب گرم بنوشان.

بعد از آن ما را به صحرایی کَلان　　تو سواره ما پیاده، می‌دوان ۳۶۰۶

سپس ما را به صحرایِ وسیعی ببر و در حالی که خود با اسب می‌تازی، ما را پیاده بدوان.

---

۱ - **طُفَیل**: مُصَغّرِ طفل است و شاید مُخَفّف طفیلی باشد که نام شخصی است از بنی امیّه که در حالت عُسرت و تنگدستی به میهمانی و شادی‌های مردم می‌رفت و او را طفیل العرایس می‌گفتند.　۲ - **لَیْل**: شب.

۳ - **از نهیبِ طَمْع را**: به سببِ طمع.　۴ - **عِتاب**: سرزنش.

۵ - **حَمیم**: آب گرم، نام یکی از چهار نهر دوزخ. انعام: ۷۰/۶: لَهُمْ شرابٌ مِنْ حَمیمٍ: نوشیدنی آنان از آب داغ و سوزان است.

آنگـهان بـنگر تـو بـدکـردار را صُـنع‌هایِ کـاشِفُ الاَسـرار را ۳۶۰۷

آنگاه بدکرداران و مجرمان را بشناس و قدرت خداوند را که آشکارکنندهٔ نهانی‌هاست، ببین.

گشت ساقی خواجه، از آبِ حَمیم مر غلامان را، و خوردند آن ز بیم ۳۶۰۸

بدین ترتیب، خواجه ساقی شد و از آب داغ به غلامان داد و آنان از ترس خوردند.

بعد از آن می‌راندشان در دشت‌ها می‌دویدند آن نفر تحت و عُلا[1] ۳۶۰۹

سپس غلامان را مجبور کرد در دشت و صحرا بدوند و از تپه و ماهور بالا و پایین بروند.

قی در افتادند ایشان از عَنا[2] آب مـی‌آورد ز ایشان میوه‌ها ۳۶۱۰

از رنجی که بر آنان وارد آمده بود، تهوّع پیدا کردند و آب گرم و میوه‌ها را بالا آوردند.

چون که لقمان را در آمد قی ز ناف می بر آمد از درونش آبِ صاف ۳۶۱۱

هنگامی که لقمان حالت تهوّع و استفراغ پیدا کرد، از معدهٔ او جز آب صاف بیرون نیامد.

حکمتِ لقمان چو داند این نمود پس چه باشد حکمتِ رَبُّ الوجود؟ ۳۶۱۲

حکمتِ لقمان که چنین است؛ پس حکمتِ خداوندِ آفریننده چگونه می‌تواند باشد؟

یَـوْمَ تُـبْلَی وَ ٱلسَّـرایِـرُ[3] کُـلُّها بـانَ مِـنْکُم کـامِنٌ لا یُشْـتَهیٰ ۳۶۱۳

بنابر حکمتِ خداوند روز قیامت هر چیز نهانی آشکار می‌گردد و رازی را که نمی‌خواستید فاش شود، آشکار خواهد شد.

چون سُقُوا ماءً حَمیماً، قُطِّعَتْ[4] جُـمْلَةُ ٱلأَسْـتارِ، مِـمّا اُفْـظِعَتْ ۳۶۱۴

چون «آب جوشان خوردند» درون آنان پاره پاره شد و اسراری که آنان را خوار می‌کرد، آشکار گردید.

---

۱ - **تحت و عُلا**: پایین و بالا. ۲ - **عَنا**: رنج.

۳ - اشارتی قرآنی؛ طارق: ۹/۸۶: یَوْمَ تُبْلَی السَّرائِرُ: روزی که نهانی‌ها و رازها آشکار شود.

۴ - اشارتی قرآنی؛ محمّد: ۱۵/۴۷: کَمَنْ هُوَ خالِدٌ فِی النّارِ وَ سُقُوا ماءً حَمیماً فَقَطَّعَ أَمْعاءَ هُمْ: [آیا کسی که از نعمت‌های بهشت برخوردار است] مانند کسانی است که در آتش دوزخ جاودان‌اند و از آب جوشان و سوزانی نوشانیده می‌شوند که امعاء آنان را از هم متلاشی می‌کند؟

نار زآن آمد عذابِ کافران[۱] که حَجَر را نار باشد امتحان[۲] ۳۶۱۵

چون در کورهٔ آتش سنگ را می‌آزمایند، آتشِ دوزخ، کورهٔ کافرانِ سنگدل قرار داده شده است.

آن دلِ چون سنگ را ما چند چند نرم گفتیم و نمی‌پذرفت پند ۳۶۱۶

آن دلی را که از سختی بسان سنگ است، عاطفه و دانشی از آن نمی‌جوشد و بیمی از خدا ندارد، بسیار و به ملایمت اندرز دادیم؛ امّا نپذیرفت.

ریشِ بد را داروی بد یافت رگ مر سرِ خر را سزد دندانِ سگ ۳۶۱۷

برای زخمی عمیق و متعفّن داروی تند و تلخی به کار می‌برند، مانندِ سرِ خر که شایستهٔ دندان سگ است.

اَلْخَبیثاتُ اَلْخبیثین،[۳] حکمت است زشت را، هم زشت جفت و بابت است ۳۶۱۸

اینکه گفته‌اند: «چیزهای بد و پلید خاصِّ بدان و پلیدان است»، حکمتی دارد. زشت‌سیرتان را هم کسی مانند خودشان سزاوار است.

پس تو هر جفتی که می‌خواهی، برو محو و هم شکل و صفاتِ او بشو[۴] ۳۶۱۹

بنابراین تو هم هر جفت یا همسانی را که می‌خواهی بیاب و در او فانی شو.

نور خواهی، مستعدِّ نور شو دور خواهی، خویش بین و دور شو ۳۶۲۰

اگر خواهان نور و عوالم معنوی هستی، زمینهٔ لازم برای جذب آن را در خویش حاصل آور. و اگر خواهان ظلمت هستی، خودبین باش تا راهی به خدابینی نیابی.

ور رهی خواهی از این سِجْنِ خَرِب[۵] سر مکش از دوست، وَٱسْجُدْ وَٱقْتَرِب[۶] ۳۶۲۱

و اگر مشتاقی که از زندان بی‌قدرِ تن‌پرستی رهایی یابی، از اوامر و نواهی دوست اطاعت کن.

---

۱ - اشارتی قرآنی به آیهٔ ۷۴ سورهٔ بقره که موضوع آن قساوت بنی اسرائیل است که علی‌رغم دیدن آیات حق و معجزات، تسلیم نشدند و کیفر آنان سنگدلی بود که نصیبشان گردید: ثُمَّ قَسَتْ قُلُوبُكُمْ مِنْ بَعْدِ ذٰلِكَ فَهِيَ كَالْحِجٰارَةِ اَوْ أَشَدُّ قَسْوَةً: آنگاه، پس از آن دل‌های شما سخت شد، همچون سنگ یا سخت‌تر.

۲ - هر ارتباطی در هستی به سببِ نوعی جنسیّت و مناسبت است.

۳ - اشارتی قرآنی؛ نور: ۲۶/۲۴: اَلْخَبِيثٰاتُ لِلْخَبِيثِينَ وَ الْخَبِيثُونَ لِلْخَبِيثٰاتِ: زنان ناپاک از آنِ مردان ناپاک‌اند همان‌گونه که مردان پلید از آن زنانِ پلیدند. ۴ - متخلّق به اخلاق و صفات او شو.

۵ - **سِجْنِ خَرِب**: زندان ویران.

۶ - علق: ۱۹/۹۶: وَٱسْجُدْ وَٱقْتَرِبْ: سجده کن و به خدا تقرّب جوی.

حدیث نبوی: نزدیک‌ترین حالت بنده به خداوند زمانی است که در سجده باشد.

بقیّهٔ قصّهٔ زید
در جوابِ رسول صلّی الله عَلَیْهِ وَ سَلَّم

این سخن پایان ندارد، خیز زید بر بُراقِ ناطقه[1] بر بند قید ۳۶۲۲

ای زید، بیان اسرار را پایانی نیست. اسبِ سخنوری و گفتار را مهار کن و لگام بزن.

ناطقه چون فاضِح[2] آمد عیب را می‌درانَد پرده‌هایِ غیب را ۳۶۲۳

چون سخن فاش کنندهٔ نقایص و عیوب است و پرده‌های غیبی را پاره می‌کند.

غیبْ مطلوبِ حق آمد چندگاه این دُهل‌زن[3] را بران، بر بند راه ۳۶۲۴

حق تعالیٰ نهان بودن عوالم غیبی را تا مدّتی که مطلوب اوست می‌پسندد؛ بنابراین طبّال سخن را دور کن و راه را بر او بربند و بگذار در حیات دنیوی اسرار الهی در خفا باقی بمانند تا رستاخیز دررسد.

تک مران، درکَش عِنان، مستورْ بِهْ هر کس از پندارِ خود مسرور بِهْ ۳۶۲۵

تند نرو، عِنان را بکش. بهتر است حقایق نهان بمانند و هر کس با پنداری که از حقایق هستی دارد، شادمان باشد.

حق همی خواهد که نومیدانِ او زین عبادت هم نگردانند رُو ۳۶۲۶

حق تعالیٰ می‌خواهد که ناامیدان از رحمت او نیز، از عبادت رو نگردانند.

هم به اومیدی مُشَرَّف[4] می‌شوند چند روزی در رکابش می‌دوند ۳۶۲۷

آنان که از رحمت خداوندی نومید گشته‌اند نیز، به امید شرف حضور از طریق طاعات و عبادات بیایند و چند صباحی در رکاب حق بدوند و تلاش کنند.

خواهد آن رحمت بتابد بر همه بر بد و نیک، از عموم مَرْحَمه[5] ۳۶۲۸

خداوند می‌خواهد که رحمت بیکران او شامل همگان باشد و بدان و نیکان از رحمت عام (بر همگان) و رحمت خاصّ (بر بندگان) بهره‌مند گردند.

---

۱ - **بُراق ناطقه** : نطق به اسب مانند شده و اضافهٔ تشبیهی است. «بُراق»: مرکب پیامبر(ص).
۲ - **فاضح** : فاش کننده. ۳ - **دُهُل‌زن** : اینجا مُراد نَفْسِ ناطقه است. ۴ - **مُشَرَّف** : شرف یافته.
۵ - **عمومِ مرحمه** : رحمت الهی که شامل عموم است.

حق همی خواهد که هر میر و اسیر   با رجا و خوف[1] باشند و حَـذیر[2] ۳۶۲۹

حق تعالیٰ می‌خواهد که هر امیر [کسی که بر نفس خویش امارت دارد] و هر اسیر [کسی که اسیر هوا و هوس است] به او هم امیدوار باشند و هم بیمناک.

ایـن رجـا و خـوف در پـرده بُـوَد   تـا پس ِ ایـن پـرده پـرورده شـود ۳۶۳۰

«رجا و خوف» هر دو در نهان و در ورای پرده‌ای رقیق در دلِ طالب آگاه جوشان‌اند تا در پس آن، دلِ سالک پخته شود و کدورتِ طلبِ لذّات به کلّی زایل گردد.

چون دریدی پرده، کو خوف و رجَا؟   غـیب را شـد کـرّ و فـرّی بـر مَـلا ۳۶۳۱

هنگامی که پردهٔ اسرار را دریدی، دیگر «خوف و رجـا» نمی‌ماند. شکوه و جلال و اسرار

---

۱ - **خوف و رجاء :** احوال سالکان کوی طریقت‌اند و از جملهٔ منازل و مقامات طریق آخرت. آورده‌اند که وقتی جبرائیل به حضرت رسالت آمد و اثر خوف بر وی ظاهر بود، رسول(ص) سبب آن حال پرسید: جواب داد که این خوف از آن‌روست که دست قهر ازلی در آمد و آن معلّم ملکوت را از میان مقدّسان و مُسبّحان بیرون برد و داغ لعنت ابدی بر جبین نهاد. از آن روز هیچ یک از ما در صوامع قدس برقرار خود بر سر امن و سکون ننشسته است و از وقوع مثل این حال ترسان است. بدان که خائف کسی است که از نفس خود زیادتر از دشمن که شیطان است، بترسد. خوف ناشی از ایمان به غیب است و بر دو گونه: خوف عقوبت و خوف مکر، خوف عقوبت، عوامِ مؤمنان را شامل می‌گردد و خوف مکر، خاصِّ محبّان صفات است که تعلّق به صفات جمالی دارند مانند: رأفت، مهر، لطف، رضا و از صفات جلالی مانند: عقوبت، قهر و سخط خائف و بیمناک باشند و در صورت لطف جلی از قهر خفی ایمن نباشند و پیوسته از سوء عاقبت، و نداء قطعیّت ترسان و از تفِ حرارت آن حجاب رقیق گردد و از ورای حجاب رقیق، نور جمال و صفات درخشیدن گیرد، آن‌گاه خوفِ عقوبت رخت بربندد و خوف مکر فرود آید و دل نیم‌پخته در حرارت این خوف افتد و بقیهٔ خام طمعی و کدورت طلب حظوظ به کلّی زایل گردد و صفای مطلق پدید آید و حجاب رقیق هم بر خیزد نور ذات مباشر قلب گردد و دست کرامت او را خلعت محبّت ذات بپوشاند: ف. سجّادی، صص ۳۷۷-۳۷۴.

انعام : ۵۱/۶ : وَ أَنْذِرْ بِهِ الَّذِينَ يَخافُونَ أَنْ يُحْشَرُوا إِلىٰ رَبِّهِمْ : و کسانی را که از محشور شدن به نزد پروردگارشان اندیشناک‌اند به آن [قرآن] هشدار و بیم ده.

خواجه عبدالله انصاری می‌گوید: بیم یا خوف در اینجا به معنی دانش است و ترسنده به حقیقت کسی است که دانش ترس را می‌داند که ترس بی‌دانش، ترس بیگانگان است و دانش بی‌ترس، دانش زندیقان و ترس با دانش، صفت مؤمنان و صدّیقان؛ یعنی آنان را که تا حدّی چشم دلشان گشوده شده است و احتمال می‌دهند حساب و کتابی در کار باشد و در اثر این احتمال، آمادگی لازم را برای درک و شنیدن حقایق دارند، آگاه کن: کشف الاسرار، تفسیر ادبی و عرفانی، ج ۱، ص ۲۸۵.

رَجاء؛ امیدواری. جنید گوید: رجاء یعنی اطمینان به جُود و بخشش از سوی کریم. همچنین بزرگان تصوّف گفته‌اند: خوف و رجاء، بیم و امید، چون دو بال پرنده است که چون با یک‌دیگر همسو شوند، پرواز به خوبی صورت بندد.

اهل رجاء دو طایفه‌اند: طالبان حظّ و طالبان حق. هر که رجای او بر نیل دنیوی یا اخروی مقصور باشد و بر خلاف آن بکوشد، رجای او محلِّ اعتراض است؛ امّا رجای طالبان حق به لقاء او، عین موافقت خواستهٔ اوست و محلِّ اعتراض نیست. چه در خبر است: کسی که دیدار خدا را دوست می‌دارد، خدا نیز دیدار او را دوست می‌دارد: ف. سجّادی، ص ۴۰۹.   ۲ - **حذیر :** بر حذر بودن، ترسان.

عالم غیب آشکار می‌گردد. در نتیجه «پندار و گمان» جای خود را به «یقین و ایمان» می‌دهد. اینک با تمثیلی که در پی می‌آید، مولانا، بر ملا شدن حقایق و رفع شبهه را آشکارتر بیان می‌کند.

۳۶۳۲ **بر لبِ جو بُرد ظنّی یک فتیٰ   که: سلیمان است ماهی‌گیرِ ما**

مرد جوانی، ماهیگیری را بر لب جوی آب دید و گمان برد که او سلیمان(ع) است.

۳۶۳۳ **گر وی است این، از چه فرداست وخَفی‌ست؟   ورنه، سیمایِ سلیمانیش چیست؟**

جوان می‌اندیشید: اگر این ماهیگیر سلیمان(ع) است، چرا تنها و ناشناس است؟ اگر او نیست، چرا هیأت و هیبتِ سلیمانی دارد؟

۳۶۳۴ **اندر این اندیشه می‌بود او دو دل   تا سلیمان گشت شاه و مستقِل**[1]

با این اندیشه‌ها در تردید بود تا سلیمان(ع) بار دیگر بر تخت نشست و دوران چهل روزهٔ جلوس دیوان بر جایگاه پادشاهی او به سر آمد.

۳۶۳۵ **دیو رفت، از ملک و تختِ او گریخت   تیغِ بختش خونِ آن شیطان بریخت**

دیو تخت سلطنت او را رها کرد و گریخت. بخت و اقبال سلیمان(ع)، شیطان را ناتوان ساخت. نوشته‌اند[2]: بنی اسرائیل کارهای زشتِ شیطان را دیدند و دانستند که او به جای سلیمان(ع) بر تخت نشسته است و آمادهٔ جنگ با او شدند. شیطان فهمید و رفت و انگشتری را به دریا افکند و سلیمان را مدّت امتحان و ابتلا به سر آمد و چهل روز شد.

۳۶۳۶ **کرد در انگشتِ خود انگشتری   جمع آمد لشکرِ دیو و پری**

سلیمان(ع) در کنار دریا، گروهی ماهیگیر را دید، طعام خواست، پست‌ترین ماهی را به سوی او افکندند، سلیمان(ع) شکم او بشکافت و انگشتر از شکم ماهی بیرون آورد و به انگشت کرد و به تخت شاهی بازگشت و چنین بود که دوباره لشکر انبوهی از دیوان و پریان گِردِ وی آمدند.

۳۶۳۷ **آمدند از بهرِ نظّاره رِجال   در میانشان آنکه بُد صاحب خیال**

رجال برای دیدار آمدند و در میان آنان، جوانی که دچار خیال بود، نیز آمد.

---

۱ - اشاره‌ای‌است به ماجرای خاتم سلیمان(ع) که به دست دیو افتاد و زوال ملک سلیمان(ع): ر.ک: ۳۵۹۵/۱.

۲ - تفسیر ادبی و عرفانی قرآن، خواجه عبدالله انصاری، ج ۲، ص ۳۲۹.

چون در انگشتش بدید انگشتری[1] رفت انـدیشه و گُـمانش یکسـری ۳۶۳۸

هنگامی که انگشتری را در انگشت سلیمان دید، اندیشه و تردیدش برطرف شد.

وَهمْ آنگاه است کآن پـوشیده است این تـحرّی[2]، از پـیِ نـادیده است ۳۶۳۹

وهم و گمان هنگامی به وجود می‌آید که حقیقتی نهان است، مانندِ جُست‌وجُوی قبله در شبی ظلمانی که به محض طلوعِ خورشید متوقّف می‌گردد.

شد خیالِ غـایب انـدر سینه زَفت چونکه حاضر شد، خیالِ او برفت ۳۶۴۰

وهم و گمان در مورد هر چیزی که پیدا نیست، دم به دم در دل قوی‌تر می‌شود و به محض آنکه آشکار شد، محو می‌گردد.

گر سَمایِ[3] نورْ بی بـاریده نـیست[4] هـم زمینِ تـار بـی بـالیده نـیست ۳۶۴۱

اگر آسمانِ نورانی بدون بارش نیست، به جهت نیازِ زمینِ تیره است که نشو و نماکنندگانِ آن، مشتاقِ بالندگی و حیات‌اند.

یُـؤمِنُونْ بـالْغَیْب[5] مـی‌باید مـرا زآن بِـبَستم روزنِ فـانی سـرا ۳۶۴۲

خداوند می‌فرماید: کسانی را می‌خواهم که «به غیب ایمان آورند»؛ زیرا روزنـه‌های دنـیای فانی را به سوی عوالم غیبی بستم تا محکی باشد برای جدا کردن مؤمن از مُنکر.

چون شکافم آسـمان را در ظـهور چون بگویم: هَلْ تَریٰ فیها فُطُور؟[6] ۳۶۴۳

اگر آسمان را بشکافم و حقایق را بر ملا سازم، چگونه بپرسم: «آیا خِللی در جهان مشاهده می‌کنی؟».

تا در این ظـلمت تَـحرّی گُـسترند هـر کسـی رُو جـانبی مـی‌آورند ۳۶۴۴

پس آسمان را نمی‌شکافم و حقایق را نهان می‌دارم تا در این ظلمت برای یافتن حقیقت و

---

۱ - نوشته‌اند که حشمت سلیمان(ع) در خاتم وی بود که مهین نام خدای تعالیٰ بر آن نقش بود، هرگاه که آن را در انگشت می‌کرد به لباس حشمت و هیبت پوشیده گشتی چنانکه هیچ دیو و آدمی و پری زهره نداشت که در وی نگرد و اگر خاتم را با خود نداشت از دیگر مردمان وادید نبودی: قصص قرآن سورآبادی، ص ۳۶۸.

۲ - **تحرّی** : یافتن قبله در شب. ۳ - **سَما** : آسمان. ۴ - **بی‌باریده نیست** : می‌بارد.

۵ - مصراع اوّل اشارتی قرآنی است، بقره : ۳/۲ : اَلَّذینَ یُؤمِنُونَ بِالْغَیْبِ : آن‌ها کسانی‌اند که به غیب ایمان دارند.

۶ - اشارتی قرآنی؛ مُلک : ۳/۶۷ : فَارْجِعِ الْبَصَرَ هَلْ تَریٰ مِنْ فُطُورٍ : بار دیگر نگاه‌کن [و جهان را با دقّت بنگر] آیا هیچ شکاف و خلل و اختلافی در جهان [آفرینش] مشاهده می‌کنی؟

مراد آن است که در نظام جهان و مطالعهٔ عالم هستی، جز انسجام و استحکام یافت نمی‌شود و ناموزونی در آن راه ندارد، خداوند آدمی را دعوت به دقّت و بررسی عالم هستی می‌کند تا او را برای آزمون روز رستاخیز آماده سازد و ایمان وی آشکار گردد و با خوف و رجا محک زده شود.

قبلهٔ معانی جست‌وجو کنند و بر اساس ادراکات و باورهای خویش به جانبی روی آورند و بدان معتقد گردند.

مدّتی معکوس باشد کارها   شِحنه[1] را دزد آوَرَد بر دارها ۳۶۴۵

و در این تاریکی که حقایق در آن نهان‌اند، مدّتی کارها وارونه خواهد بود [در طول حیات دنیوی] مثلاً: دزد، داروغه را به دار می‌زند.

تا که بس سلطان و عالی همّتی   بندهٔ بندهٔ خود آید مدّتی ۳۶۴۶

و چون در این دنیا همه چیز وارونه است، ارزش‌های معنوی نیز از چشم عموم نهان است، پس امکان دارد که در حیات این جهانی، سلطانی بلند همّت از پادشاهان مُلک جان که همهٔ مردم در صورت عیان گشتن حقایق، بندهٔ وی شوند، به بندگیِ بندهٔ خود بپردازد.

بندگی در غیب آید خوب و کَش[2]   حفظِ غیب آید در استعباد[3] خَوش ۳۶۴۷

رعایتِ آداب بندگی از طرف بنده، در زمان غیبت یا عدم حضور مولا خوشایند است و نشانهٔ ایمان و محبّت به ارباب تلقّی می‌گردد، به همین ترتیب حفظ عوالم غیبی و آشکار نشدن آن برای حق خوشایند است که در نهان بودنِ حقایق، بندگان بندگیِ خود را نشان دهند.

کو که مدح شاه گوید پیش او   تا که در غیبت، بود او شرم رُو؟ ۳۶۴۸

کسی که در حضور شاه، او را ستایش می‌کند، با کسی که در غیاب سلطان از فکر حضور او شرمگین است و ملاحظه می‌ورزد، یکسان نیستند.

قلعه‌داری کز کنارِ مملکت   دور از سلطان و سایهٔ سلطنت ۳۶۴۹

قلعه‌بانی که در مرزِکشور دور از شاه و حکومت وظایف را به شایستگی انجام می‌دهد،

پاس دارد قلعه را از دشمنان   قلعه نفروشد به مالی بی کران ۳۶۵۰

قلعه را از هجوم دشمنان مصون می‌دارد و در ازای مال بسیار آن را نمی‌فروشد،

غایب از شه، در کنارِ ثَغْرها[4]   همچو حاضر، او نگه دارد وفا ۳۶۵۱

دور از چشم شاه و در کنار مرزها، چنان وفادار است که گویی در حضور خدمت می‌کند،

۱ - **شِحنه** : داروغه.   ۲ - **کَش** : خوش، خوشایند.   ۳ - **استعباد** : بنده‌داری.   ۴ - **ثَغر** : مرز.

۳۶۵۲ **پـیش ِ شـه او بِـهْ بُـوَد از دیگـران   که به خدمت حاضرند و جان فشان**

در نظر شاه، او از حاضرانِ در مجلس که مشتاقِ جانفشانی‌اند، ارجمندتر است.

۳۶۵۳ **پس به غـیبت نـیم ذرّه حـفظِ کـار   بِهْ که اندر حاضری، زآن صد هـزار**

پس در دنیای مادّی که حقایق نهان‌اند، عبادت و ایمان به غیب، خیلی ارزش دارد.

۳۶۵۴ **طاعت و ایمان کنون مـحمود شـد   بعدِ مرگ، اندر عـیان، مـردود شـد**

طاعات و ایمان در جهان مادّی پسندیده است، نه پس از انتقال به جهان باقی.

۳۶۵۵ **چونکه غیب و غایب و روپوش بِهْ   پس لبان بر بند، و لب خاموش بِـهْ**

ای زید، از آنجا که اختفا و مستور بودن بهتر است، پس سکوت کن و خاموش باش.

۳۶۵۶ **ای بـرادرا! دست وادار از سـخُن   خـود خـدا پـیدا کـند عِـلمِ لَـدُن[1]**

ای برادر، از سخن گفتن دست بردار که خداوند حقایق را آشکار خواهد کرد.

۳۶۵۷ **بس بُوَد خـورشید را، رویش گـواه   اَیُّ شَـیءٍ[2] اَعْـظَمُ اَلشّـاهِد؟ اِلٰـه**

بهترین دلیل برای اثبات هستی خورشید، چهرهٔ تابناک اوست، در مورد وجود عوالم معنوی و غیبی یا خورشید حقایق، خداوند شهادت می‌دهد و بزرگ‌ترین شاهد چه کسی‌است جز خدا؟

۳۶۵۸ **نه، بگویم، چون قرین[3] شد در بیان   هم خدا و هـم مَـلَک، هـم عـالمان**

نه، بهتر است بگویم که در بیان شهادت بر حقایق، خداوند و فرشتگان و صاحبان علم هر کدام به گونه‌ای گواهی می‌دهند.

۳۶۵۹ **یَشْهَدُ اللّٰه وَاَلمَلَك وَ اهـلُ اَلعُـلُوم[4]   اِنَّـــهُ لاٰ رَبَّ اِلاّ مَـــنْ یَـــدُوم**

خداوند گواهی می‌دهد که معبودی جز او نیست [با ایجاد نظامِ شگرف عـالم هستی] و نـیز فرشتگان و صاحبان علم و دانشمندان به این امر گواهی دهند. [بیان شرف فرشتگان و دانشمندان که خداوند گواهی آنان را با گواهی خود پیوند داد.]

---

۱ - **علم لَدُنّی :** دانش ناب که به الهام ربّانی بی‌واسطه شخص به آدمی می‌رسد: ر.ک: ۸۱۸/۱ و ۱۰۱۷/۱.

۲ - اشارتی قرآنی؛ انعام: ۱۹/۶ : قُلْ أَیُّ شَیْءٍ أَکْبَرُ شَهٰادَةً: بگو به عقیدهٔ شما بالاترین شهادت، شهادت کیست؟ [غیر از این است که شهادت پروردگار است؟] قُلِ اللهُ شَهیدٌ بَیْنی وَ بَیْنَکُمْ: بگو خداوند میان من و شما [کافران] گواه است.

عدّه‌ای از مشرکان مکّه به رسول خدا(ص) معترض شدند که هیچ کس تو را تأیید نمی‌کند و یهود و نـصاری نیز بـر حقّانیّت تو گواهی نمی‌دهند. فرمان از حق تعالیٰ رسید که بگو خداوند شهادت می‌دهد.

۳ - **قَرین :** یار، همنشین، همدم.

۴ - اشارتی قرآنی؛ آل‌عمران : ۱۸/۳ : شَهِدَ اللهُ أَنَّهُ لاٰ إِلٰهَ إِلاّٰ هُوَ وَ الْمَلاٰئِکَةُ وَ أُولُواالْعِلْمِ.

چون گواهی داد حق، که بْوَد مَـلَک تـا شـود انـدر گـواهـی مشـترک؟ ۳۶۶۰

چون خداوند به یکتایی خود گواهی داد، این شهادت کافی بود؛ امّا عنایت او به فرشتگان و دانشمندان شرف بخشید و گواهی آنان را با گواهی خود پیوند داد و گرنه مَلَک یا هر مخلوق دیگر در مقایسه با عزّت وی چه اعتباری دارد و افزودن گواهی ایشان به گواهی خالق چه چیزی به گواهی حق تعالیٰ که والاترین است، می‌افزاید؟

زانکـه شـعشاع[1] و حـضُورِ آفـتاب بر نتابد چشم و دل‌هـایِ خـراب[2] ۳۶۶۱

گواهی فرشتگان و عالمان را از آن جهت بیان فرمود که درخشش انوار حقیقت را چشم‌ها و دل‌های صفا نیافته نمی‌توانند تحمّل کنند.

چون خُفاشی کو تَـفِ خـورشید را بـــر نـــتابد، بِسکُـلَد اومـید را ۳۶۶۲

مانند خفّاشی که حرارت و نورِ خورشید را نمی‌تواند تحمّل کند و ناامید به شب پناه می‌برد.

پس ملایک را چو ما هـم یـار دان جـلوه‌گـر خـورشید را بـر آسـمان ۳۶۶۳

پس فرشتگان، یارانِ ما عالمان و عارفان‌اند در گواهی دادن به یکتایی خداوند که خورشیدِ آسمانِ هستی است.

کـین ضـــیا، مـا ز آفـتابی یـافتیم چـون خـلیفه بـر ضـعیفان تـافتیم ۳۶۶۴

فرشتگان می‌گویند: این نور را از آفتاب حقیقت که بر عالم تابیده است، دریافت کرده‌ایم، مانند خلفای حق تعالیٰ، آن را گرفته و بر ناتوانان تابانده‌ایم.

چون مهِ نو یا سه روزه یـا کـه بَـدر هر مَـلَک دارد کـمال و نـور و قـدر ۳۶۶۵

هر فرشته بنا بر مقام و مرتبه‌ای که در بارگاه الهی دارد، از کمال و نور و مرتبه ویژه‌ای برخوردار است و درخشش و تابش وی مانند هلال ماه یا ماه سه روزه یا بدرِ کامل تفاوت دارد.

ز اجْــنِحِهٔ[3] نـورِ ثُـلاثَ أَوْ رُبـاع[4] بر مـراتب، هـر مَـلَک را آن شُـعاع ۳۶۶۶

هر فرشته بنا بر مقام و مرتبه‌ای که دارد از سه یا چهار بال نور می‌تاباند.

---

۱ - **شعشاع** : درخشش. ۲ - **دل‌های خراب** : دل‌های تاریک. ۳ - **اَجْنِحِه** : جمع جُناح: بال.

۴ - اشارتی قرآنی؛ فاطر : ۱/۳۵ : جاعِلِ الْمَلائِکَةِ رُسُلاً أُولِي أَجْنِحَةٍ مَّثْنیٰ وَ ثُلاثَ وَ رُباعَ : فرشتگان را رسولانی قرار داد که دارای بال‌های دوگانه و سه‌گانه و چهارگانه‌اند. [رسالت فرشتگان شامل آوردن پیام از سوی خداوند بر انبیا و انجام مأموریت‌های مختلف در جهان هستی است.]

همچو پرهایِ عُقولِ[1] اِنسیان[2]   که بسی فرق استشان اندر میان ۳۶۶۷

مانند بال و پر عقل و خِرد انسان‌ها که تفاوت عظیمی با یک‌دیگر دارد.

پس قرینِ هر بشر در نیک و بد   آن مَلَک باشد که مانندش بُوَد ۳۶۶۸

در اصطلاح حُکمای الهی، خرد و دانش را که نوری است روحانی و به وسیلهٔ آن علوم را در می‌یابند، مَلَک یا فرشته نامند و در اصطلاح فلسفی همان نَفْس است که در مراتب مختلف به نام‌هایی مانند عقل بالقوّه و بالفعل خوانده می‌شود؛ پس همراه و همگام هر بشر برای انجام اعمال و افعال نیک یا بد، جوهری است روحانی به میزان تعالی و تکامل وی.

چشم اَعْمَش[3] چونکه خور[4] را بر نتافت   اختر او را شمع شد، تا ره بیافت ۳۶۶۹

چشمی که بیمار است و توانایی درکِ نور خورشید را ندارد، ستاره شمع راهش می‌شود که به بیراهه نرود.

گفتنِ پیغامبر صَلَّی الله عَلَیْهِ وَ سَلَّم،
مر زید را که: این سِرّ را فاش‌تر از این مگو و متابعت[5] نگهدار

گفت پیغمبر که: اصحابی نُجُوم[6]   رهْروان را شمع و شیطان را رُجوم[7] ۳۶۷۰

پیامبر(ص) گفت: «یاران من چون ستارگان‌اند» و برای رهروان راه حق مانند شمع روشنگرند و برای شیاطین چون سنگی که آنان را باز دارد.

هر کسی را گر بُدی آن چشم و زور   کو گرفتی ز آفتابِ چرخْ نور ۳۶۷۱

اگر هر کس چشم حقیقت‌بین داشت و می‌توانست بدون واسطه انوارِ آفتاب حقایق را دریافت کند،

---

۱ - **عقل** : ر.ک: ۱۸۱۷/۱.   ۲ - **انسیان** : انسان‌ها.

۳ - **أعْمَش** : کسی که چشمش بیمار است و آبریزش دارد، اینجا انسان تعالی نیافته.

۴ - **خور** : خورشید: اینجا خورشیدِ حقیقت.   ۵ - **متابعت** : پیروی.

۶ - اشاره به حدیث: أَصْحَابِي كَالنُّجُومِ فَبِأَيِّهِم اَقْتَدَيْتُم اِهْتَدَيْتُم : یاران من مانند ستارگان‌اند، به هر کدام که اقتدا کنید، هدایت خواهید شد: احادیث مثنوی، ص ۳۵.

۷ - همچنین اشارتی قرآنی، مُلک : ۵/۶۷ : وَ جَعَلْنَاهَا رُجُوماً لِلشَّيَاطِينِ : و آن‌ها [شهاب‌ها] را تیرهایی برای شیاطین قرار دادیم.

کِی ستاره حاجتستی ای ذلیل! که بُدی بر نورِ خورشید او دلیل؟ ۳۶۷۲

ای ذلیل، دیگر چه حاجتی بود که ستاره [مخلوق] گواه و دلیلی بر خورشید تابناک باشد؟

ماه[1] می‌گوید به خاک و ابر و فَی[2] من بشر بودم، ولی یُوحیٰ اِلَیّ[3] ۳۶۷۳

ماهِ وجودِ پیامبر به خاک و ابر و سایه [مخلوقات] می‌گوید که من هم بشری مانند شما بودم؛ ولی به من وحی می‌شد.

چون شما تاریک بودم در نهاد وحیِ خورشیدم چنین نوری بداد[4] ۳۶۷۴

من نیز مانند شما هستیِ مادّی و تاریکی داشتم؛ امّا وحیِ خورشیدِ حقیقت مرا تابناک ساخت.

ظلمتی دارم، به نسبت با شُموس[5] نور دارم بهرِ ظلماتِ نفوس ۳۶۷۵

نسبت به خورشیدِ ذات و صفاتِ الهی که بازتاب آن در من دیده می‌شود، ظلمتی دارم؛ امّا برای هدایت و روشن کردنِ نفوسِ بندگان منوّر و درخشانم.

زآن ضعیفم تا تو تابی آوری که نه مردِ آفتابِ انوری[6] ۳۶۷۶

نورِ من کمتر است؛ زیرا تو که در مقامِ یک «انسان غیر متعالی» تاب تحمّل خورشیدِ فروزان‌تر را نداری، بتوانی آن را دریافت کنی و به کمال برسی.

همچو شهد و سِرکه،[7] در هم بافتم تا سوی رنجِ جگر[8] ره یافتم ۳۶۷۷

همان‌طور که انگبین و سرکه را با هم می‌آمیزند تا شربتی برای بیماری جگر باشد، آمیختگی «جان مجرّد» با «تن» در کاملان، آنان را به عنوان نمونه معرّفی می‌کند تا امراض نَفْسانیِ خلق را درمان کنند.

---

۱ - **ماه:** کنایه از وجود پیامبر(ص) و اولیا. ۲ - **فَی:** سایه، مخفّف فیء.

۳ - اشارتی قرآنی؛ کهف: ۱۱۰/۱۸: قُلْ إِنَّمَا أَنَا بَشَرٌ مِثْلُكُمْ يُوحىٰ إِلَيَّ: بگو: من فقط بشری مانند شما هستم جز آنکه بر من وحی می‌شود.

مُراد آنکه: انسان کامل نور حق را دریافت می‌کند و متناسب با ظرفیت و قابلیّت بندگان به آنان می‌رساند.

۴ - خورشید معرفت در من طالع شد.

۵ - **شموس:** جمع شمس: خورشید، اینجا خورشیدِ ذات و صفات الهی. ۶ - **انور:** روشن‌تر.

۷ - آمیختگی و حضور نور حق در تن کاملان مانند سرکنگبین درمان کنندهٔ دردهاست، اینجا دردِ غفلت و نقصِ معنویِ خلق. ۸ - **رنج جگر:** اینجا اشاره به عیوب و ناتوانیِ نَفْس برای تعالی.

چون ز علّت[1] وارهیدی، ای رهین[2]! سِرکه[3] را بگذار و می‌خور انگبین[4] ۳۶۷۸

ای رهینِ منّتِ مرشد، چون از بیماری‌های نفسانی رهایی یافتی، تعلّقات دنیوی را رها کن و یکسره به عوالم معنوی بپرداز.

تختِ دل معمور[5] شد، پاک از هوا بین که الرّحْمٰن عَلَی ٱلعَرْش ِ ٱسْتَویٰ[6] ۳۶۷۹

دل از هوا و هوس پاک شد، ببین اینک در این مکان پاک خداوند بر تختگاه تکیه زده است.

حکمْ بر دل بعد از این بی واسطه حق کند، چون یافت دل این رابطه ۳۶۸۰

بعد از این حق بدون واسطه بر دل انسان کامل واصل که محلّ ظهورِ اوست، فرمان می‌راند.

این سخن پایان ندارد، زید کو؟ تا دهم پندش که: رسوایی مجو ۳۶۸۱

بیان عوالم معنوی و روحانی را پایانی نیست. زید کجاست؟ تا پندش دهم که اسرار را برملا مساز.

رجوع به حکایتِ زید

زید را اکنون نیابی، کو گریخت جَست از صفِّ نِعال[7] و نعل ریخت ۳۶۸۲

زید را اکنون دیگر نمی‌توانی بیابی، زیرا او از «طبیعت بشری» که مانند محلِّ کفش‌کن برای ورود به عالم معناست، عبور کرده و اثر ناچیزی از او بر جای مانده، گویی که در حال جَستن کفش خود را جا گذاشته و رفته است.

تو که باشی؟ زید هم خود را نیافت همچو اختر که بر او خورشید تافت ۳۶۸۳

تو کیستی که بتوانی زید را بیابی؟ زیرا در حال استغراقی که او دارد، خود نیز از خویش بی‌خبر است، مانند ستاره‌ای که در پرتو انوار خورشید محو می‌گردد، فانی شده است.

نه از او نقشی بیابی، نه نشان نه کَهی یابی به راهِ کهکشان ۳۶۸۴

از او نقشی و نشانی نخواهی یافت؛ زیرا بسان کاهی، جذب کهربای عظیمی [کاه‌کشان، کهکشان] شده است که در آن اثری از کاه نمی‌یابی.

---

۱ - **علّت** : اینجا بیماریِ نَفْسانی. ۲ - **رهین** : مرهون. ۳ - **سرکه** : کنایه از هوا و هوس.
۴ - **انگبین** : عسل، اینجا کنایه از عالم معنا. ۵ - **معمور** : آبادان.
۶ - اشارتی قرآنی؛ طه : ۵/۲۰ : الرَّحمٰنُ عَلَی الْعَرْشِ ٱسْتَویٰ : خداوند بر عرش مستوی و برقرار است.
۷ - **صفِ نعال** : کفش‌کن.

شد حواس و نطقِ بابایان[1] ما　　　محوِ نورِ دانش ِ سلطانِ ما[2] ۳۶۸۵

پدران روحانی و پیرانِ کاملِ ما نیز محو نورِ دانش سلطان حقیقت بودند که حواسّ خود را از دست دادند و زبانشان از گفتار فرو ماند.

حِسّ‌ها و عقل‌هاشان در درون　　　موج در موج لَدَیْنا مُحْضَرُون[3] ۳۶۸۶

حواس و عقل ایشان چنان برای بازگشت به مبدأ، عالم مادّه را رها می‌کند و مستغرق در جانان می شود که «نزد ما حاضرکردگان‌اند» دربارهٔ آنان مصداق دارد.

چون بیاید صبح، وقتِ بار شد　　　انجم[4] پنهان شده بر کار شد ۳۶۸۷

«محو» یا «استغراقِ» عارفان که در آن از خویش بی‌خبرند، به خواب مانند شده است و بازگشتن از محو به صحو (هوشیاری) به صبح تعبیر شده که در آن حواس و ادراک استحاله یافته در حق، مانند ستارگانی که در پرتو انوار الهی نهان بوده‌اند، باز می‌گردند.

بیهُشان را وادهد حق هوش‌ها　　　حلقه حلقه، حلقه‌ها در گوش‌ها ۳۶۸۸

مستغرقانِ در حق را خداوند به هوشیاری «صحو» باز می‌گرداند، در حالی که مانندِ حلقه‌ها گروه گروه‌اند و حلقهٔ بندگی بر گوش دارند و گوشواره‌هایی از علوم و اسرار بر بناگوش ضمیرشان آویخته است.

پای‌کوبان دست‌افشان در ثنا　　　نازنازان: رَبَّنا اَحْیَیْتَنا[5] ۳۶۸۹

با فخر و ناز، رقص‌کنان و شادمان، حمد و ثنای می‌گویند که پروردگارا، ما را زنده کردی.

---

۱ - **«بابا»** را بر پیران کامل اطلاق کنند که به منزلهٔ پدر باشند. چنانکه باباافضل کاشی و باباطاهر همدانی. ترک‌ها نیز «آتا» گویند، مانندِ رنگی آتا که از مشایخ خوارزم بوده است. در بلادِ روم مرشدانِ خود را «دده» گویند و هر کس را که در کاری بزرگ باشد تعظیماً «بابا» خوانند.

۲ - حدیث: کسی که به معرفت الهی برسد، زبانش [از بیانِ اسرار و احوالِ این معرفت] کُند و نارسا می‌شود: احادیث، ص ۲۳۱.

۳ - اشارتی قرآنی؛ یس : ۳۲/۳۶: وَ إِنْ کُلٌّ لَمّا جَمیعٌ لَدَیْنا مُحْضَرُونَ : و نیستند همهٔ ایشان مگر که نزد ما حاضر شوند. [بیان صفت روز رستاخیز و آنکه کاملان واصل در این جهان نیز گویی قیامتشان برپا شده و نزد پروردگار حضور دارند.]　۴ - **انجم** : ستاره.

۵ - اشارتی قرآنی؛ مؤمن : ۱۱/۴۰ : قالُوا رَبَّنا أَمَتَّنَا اثْنَتَیْنِ وَ أَحْیَیْتَنَا اثْنَتَیْنِ : می‌گویند: پروردگارا، ما را دوباره میراندی و دوباره زنده کردی.

۳۶۹۰ **آن جُلود[1] و آن عِظام[2] ریخته فارِسان[3] گشته، غُبار انگیخته[4]**

عارفان که در حال استغراق، پوست و استخوان را رها می‌کنند، یعنی از قید تن می‌رهند و به بی‌خویشی می‌رسند، پس از هوشیاری، چونان سواران بر رهوار تن سوار می‌شوند و غبار می‌انگیزند.

۳۶۹۱ **حمله آرند از عدم سویِ وجود در قیامت، هم شَکور[5] و هم کَنود[6]**

و همچنین است برای همگان در روز رستاخیز که از عدم به سوی وجود می‌شتابند، گروهی شاکر و عدّه‌ای ناسپاس.

۳۶۹۲ **سر چه می‌پیچی؟ کُنی نادیده‌ای در عدم ز اوّل نه سر پیچیده‌ای؟**

چرا از حقایق روی می‌گردانی و خود را به ندیدن می‌زنی؟ در عدم و پیش از آنکه به عالم امکان بیایی، منکر حیات بودی، ولی دیدی که رخ داد، اینک انکار روز رستاخیز نیز چنین است.

۳۶۹۳ **در عدم افشرده بودی پایِ خویش که: مرا که بر کَنَد از جایِ خویش؟**

در عدم نیز به نیستی خویش پای می‌فشردی و می‌گفتی که چه کسی می‌تواند مرا از نیستی جدا کند؟

۳۶۹۴ **می نبینی صُنع ربّانیت را که کشید او مویِ پیشانیت[7] را؟**

آیا قدرت آفرینشِ پروردگارت را نمی‌بینی که موی پیشانیت را کشید و تو را به عالم امکان آورد؟

۳۶۹۵ **تا کشیدت اندر این انواعِ حال که نبودت در گمان و در خیال**

علی‌رغم آنکه درگمان و خیالت نمی‌گنجید، تو را به عالم امکان آورد تا احوال گونه‌گونی را ببینی و تجربه کنی.

---

۱ - **جُلود :** جمع جلد: پوست. ۲ - **عِظام :** جمع عَظْم: استخوان. ۳ - **فارسان :** جمع فارِس: سوار.

۴ - رستاخیز روحانی گزیدگان را توصیف می‌کند: شرح مثنوی مولوی، ج ۱، ص ۴۸۹.

۵ - **شَکُور :** بسیار شاکر.

۶ - **کَنود :** ناسپاس. عادیات: ۶/۱۰۰: إِنَّ الإِنْسانَ لِرَبِّه لَکَنُودٌ : مسلماً انسان در برابر نعمت‌های پروردگارش بسیار ناسپاس و بخیل است.

۷ - اشارتی قرآنی؛ هود : ۵۶/۱۱ : ما مِنْ دابَّةٍ إِلاَّ هُوَ آخِذٌ بِناصِیَتِها : هیچ جنبنده‌ای نیست مگر آنکه خداوند حاکم بر هستی اوست.

آن عــدم، او را هــماره بـنده است کار کن دیوا ! سـلیمان زنـده است ۳۶۹۶

«عدم»، همواره تحت سیطرهٔ خداوند است و هر لحظه می‌تواند حالی نو در تو به وجود آورد، پس دیوِ نَفْس را با ریاضت و تهذیب به کار دار که سلیمان حقیقی دو جهان بر سریر پادشاهی خویش مستولی است.

دیــو مـی‌سازد جِـفانِ کَـالجَواب[1] زَهره نَـه تـا دفع گـوید یـا جـواب ۳۶۹۷

دیوها «کاسه‌هایی چون حوض» می سازند و جرأت ندارند که کار را رها کنند یا پاسخی بدهند.

خویش را بین، چون همی لرزی ز بیم؟ مــر عــدم را نـیز لرزان دان مـقیم[2] ۳۶۹۸

خود را ببین که چگونه از هیبت و سطوت و قدرت حق تعالیٰ لرزانی، بدان که عدم نیز چنین است.

ور تـو دست انـدر مـناصِب مـی‌زنی هم ز ترس است آن، که جانی می‌کَنی ۳۶۹۹

تو از مرگ می‌ترسی و اگر به مناصب و مقامات عالی دنیوی هم برسی، چون واجدِ عشق الهی نیستی که دلت را گرم و محکم کند، با حالی شبیه جان کندن به «قدرت و ثروت» می‌چسبی که آرامش بیابی و حاصلی ندارد.

هر چه جز عشقِ خـدایِ اَحسن است گر شکر خواری‌ست، آن جان کندن است ۳۷۰۰

تلاش برای تعالی روح مانند شکر گواراست؛ امّا این کار و هر چیز دیگری جز عشق خداوند جمیل، جان کَندنی بیش نیست و «بقا» فقط با عشق حق امکان‌پذیر است.

چیست جان کَندن؟ سویِ مرگ آمدن دست در آب حــــیاتی نــازدن ۳۷۰۱

جان کَندن، به سوی مرگ رفتن و آب حیات را نچشیدن است.

خلق را دو دیده در خاک و مـمات صـد گُـمان دارنـد در آبِ حـیات[3] ۳۷۰۲

توجّه انسان‌ها معطوف به زندگیِ این جهانی است و از فرارسیدن مرگ بیمناک‌اند و در آرزوی «آب حیات» و «زندگی جاوید» پندارهای گونه‌گون دارنـد، بـعضی آن را چشـمه‌ای در ظلمات می‌دانند که می‌توان آب آن را نوشید و یا سر و تن را در آن شست و حیات جاوید

---

۱ - اشارتی قرآنی؛ سبا : ۱۳/۳۴ : يَعْمَلُونَ لَهُ مٰا يَشٰاءُ مِنْ مَحٰارِيبَ وَ تَمٰاثِيلَ وَ جِفٰانٍ كَالْجَوٰابِ وَ قُدُورٍ رٰاسِيٰاتٍ: سلیمان هر چه می‌خواست از معبدها و تمثال‌ها و ظرف‌های بزرگ غذا که همچون حوض بزرگی بود و دیگ‌های عظیم ثابت برای او تهیّه می‌کردند.
بنگر که دیو به امر سلیمان(ع) هر چه را که مأمور است در وجود می‌آورد و می‌سازد، چگونه خداوند نمی‌تواند عدم را در هست آورد؟ ۲ - **مقیم** : همواره. ۳ - **آب حیات** : شرح و تفصیل بیشتر، ر.ک: ۵۷۸/۱.

یافت. چنانکه در روایات اسلامی نام الیاس و خضر ذکر شده است و در فرهنگ اقوام مختلف نمودی از آب حیات را به اقوال متفاوت می‌بینیم.

جهد کن تا صد گُمان گردد نَوَد[1] شب برو،[2] وَر تو بخسبی[3] شب رود ۳۷۰۳

بکوش تا صدها پندار و گُمانِ باطل را که مردم نسبت به حیات جاویدان و یافتن آب زندگانی دارند، رها کنی. بر این پندارها شب سایه افکنده است که چیزی جز تاریکی جهل نیست. اگر عمر را به غفلت بگذرانی، پندارها با تو خواهند بود و روزی فرا می‌رسد که به اجبار از خواب غفلت بیدار می‌شوی. [با فرارسیدن مرگ و کنار رفتن حجاب‌ها]

در شب تاریک جوی آن روز را پیش کن آن عقلِ ظلمتْ‌سوز را ۳۷۰۴

در میان همین ظلماتِ ناآگاهی، جویای آن روزِ «ظلمت‌سوز» و یا «صبحِ حقایق» باش. برای این امر نیازمند عقلی هستی که تاریکی جهل را بزداید. عقل جزوی نمی‌تواند در این مورد یاری کند، تنها عقل معاد رهبر است که به ارشاد مرشدِ کامل بدان دست خواهی یافت.

در شب بد رنگْ بس نیکی بُوَد آبِ حیوان جفتِ تاریکی بُوَد ۳۷۰۵

در شب بدرنگ که کنایه از عالَم مُلک است، زیبایی‌ها و نیکی‌های بسیاری وجود دارد؛ زیرا ملکوت را که دریای نور است وَ آب حیات را که رمزی از وصول به معرفت حقیقی حق است، در همین ظلمات عالم مادّی، می‌توان یافت.

سر ز خفتن کی توان برداشتن؟ با چنین صد تخم غفلت کاشتن ۳۷۰۶

با این همه بی‌توجّهی و ناآگاهی کی می‌توان از خواب غفلت بیدار شد؟

خوابْ مرده، لقمه مرده یار شد خواجه خفت و دُزدِ شب بر کار شد ۳۷۰۷

در خوابِ غفلت بسان مرده‌ای از تکاپو و جست‌وجوی حقایق باز مانده‌ای و در این شرایط خوردن و بهره‌مندی از تمتّعات نیز بر تو روا و جایز نیست؛ زیرا بر عمق غفلتت می‌افزاید. خواجه در خواب است و شیطان در کمین شب‌زدگان بر کار است.

تو نمی‌دانی که خصمانت کی‌اند؟ ناریان خصم وجودِ خاکی‌اند ۳۷۰۸

آیا حقیقتاً آگاه نیستی که شیاطین دشمنان انسان‌ها هستند؟

---

۱ - بکوش تا این پندارها را رها کنی.

۲ - **شب برو:** این جهان که حقایق در آن نهان‌اند به شب مانند شده است. «شب برو»: در همین زندگی باید بکوشی تا حقایق را دریابی، نباید توقّف کنی. ۳ - **ور بخسبی:** اگر غفلت کنی.

نــارْ خـصم آب و فـرزندانِ اوست　　همچنانکه آبْ خصمِ جـان اوست ۳۷۰۹

شیطان که از آتش آفریده شده دشمن آدم(ع) و فرزندان اوست. همان‌طور که آبِ ذکر و یاد خدا دشمن شیطان و شیطان‌صفتان است.

آبْ آتش را کُشــد زیــرا کـه او　　خـصم فـرزندانِ آب است و عـدُو ۳۷۱۰

با آب ذکر و یاد خدا می‌توان آتش کبر و غرور و منیّت را مهار کرد و کشت؛ زیـرا ایـن شعله‌های سرکش، دشمن آدمی و فرزندان وی‌اند.

بعد از آن، این نارْ نار شهوت است　　کـاندر او اصـل گـناه و زَلَّت است ۳۷۱۱

بعد از آن آتش، شراره‌های شهوات است که اصل و ریشه هرگناه و لغزش به شمار می‌آید.

نــارِ بـیرونی بـه آبـی بُـفْسُرَد　　نـارِ شهوت تـا بـه دوزخ مـی‌بَرَد ۳۷۱۲

شعله‌های آتش با آب فسرده و نابود می‌گردد؛ امّا آتش سرکشِ شهوات آدمی را به دوزخ می‌بَرَد.

نـارِ شــهوت مــی‌نیارامـد بـه آب　　زانکـه دارد طبع دوزخ در عـذاب ۳۷۱۳

اگر آتش شهوت شعله بکشد، با آب آرام نمی‌یابد؛ زیرا افـزون‌خواه است و خـاصیّت دوزخ را دارد که «هَلْ مِنْ مَزید» می‌گوید و آدمی را معذّب می‌کند.

نارِ شهوت را چه چاره؟ نـورِ دیـن　　نُــورُکُــمْ اِطْـفَآءُ نــارِ اَلکـافِرین ۳۷۱۴

نارِ شهوت چه چاره‌ای دارد؟ نور دین چارهٔ آن است. ای مؤمنان با نورِ ایمانِ شما آتشِ کافران خاموش می‌شود.

چــه کُشد ایـن نـار را؟ نـورِ خـدا　　نــورِ ابــراهــیم[1] را ســاز اوســتا ۳۷۱۵

نور خدا، آتش شهوات را خاموش می‌کند؛ پس نورِ ابراهیم‌صفتان را که همان نور ایمان است، راهنمایِ خود قرار بده.

تـا ز نـارِ نَـفْسِ چـون نـمرودِ تـو　　وارَهَد این جسمِ همچون عُودِ[2] تـو ۳۷۱۶

تا جسمِ عود مانندت، از آتشِ نَفْسِ نمرودصفت بِرَهد.

شهوتِ ناری،[3] به رانـدن کـم نشـد　　او به ماندن کـم شـود بـی‌هیچ بُـد[4] ۳۷۱۷

آتشِ شهوات با ارضای آن کاستی نمی‌یابد، تنها راه مبارزه با آن فرونهادن است و بدان عمل نکردن.

---

۱ - **نورِ ابراهیم** : ایمان به وحدانیّت حق و تعلیمات شریعت یا تعلیمات توحیدی.

۲ - **جسمِ همچون عود** : جسمی که مانندِ عود باید بسوزد تا «جان» فروغ یابد.

۳ - **شهوتَ ناری** : آتشِ شهوت.　۴ - **بُد** : چاره، گریز.

تــا کــه هــیزم[1] مــی‌نهی بــر آتشی کِــی بــمیرد آتش از هــیزم کَشی؟ ۳۷۱۸

ارضای شهوات، مانند هیزم بر آتش نهادن است، چگونه با این کار آتش فرو خواهد نشست؟

چونکه هیزم بــاز گــیری، نــارْ مُــرد زانکــه تــقویٰ، آبْ سـوی نـار بُــرد ۳۷۱۹

اگر هیزم اضافه نکنی، شعله خاموش می‌شود و تقوا مانندِ آب آتش را فرو می‌نشانَد.

کِی سیه گــردد ز آتش رویِ خــوب کو نهد گلگونه از تَقْوَی ٱلقُـلُوب؟[2] ۳۷۲۰

رویِ نکویِ مؤمن که از تقوای دل، گویی سرخاب بر گونه دارد، چگونه از آتش شهوات تیره و تاریک گردد؟

آتش افتادن در شهر به ایّامِ عُمَر رَضِیَ اللهُ عَنْه[3]

در عهد عمر آتشی در شهر افتاد و چنان سوزان و سهمناک بود که نه تنها خانه‌ها را طعمهٔ حریق کرد؛ بلکه سنگ‌ها را نیز بسان چوب خشک سوزاند و مَشک‌های آبی که مردم از سر اضطرار و برای رفع لهیب سرکش آن می‌ریختند، آتش را شدیدتر می‌کرد. خلق نـزد عـمر رفتند و ماجرا را باز گفتند، عمر گفت: این آتش نشـانهٔ قـهر خـدا و شـعله‌ای از آتش ظـلم شماست. بخل‌ها را رها سازید و سخا پیش آورید و در پاسخ آنان که اظهار می‌داشتند که ما همواره اهل سخا و فتوّت بوده‌ایم، گفت: نانی که همواره به دیگران می‌داده‌اید، بنا بر عادت و تفاخر و جلب احترام بوده است، نه از سر تقوا و برای جلب رضایت خداوند.

سِرّ سخن در بیانِ این معناست که انفاق بر اهل دین رواست نه اهل کین. دست‌گیری و یاری آنان که اهل شهوت‌اند، هیزم نهادن بر آتش است و ایثار بر اقربا و خویشاوندان که به جهت تفاخر و عادت باشد و رضایت پروردگار در آن منظور نگردد، عملی خداپسندانه نیست. حاصل آنکه مال مانند تخمی است که نمی‌توان آن را در هر شوره‌زار پاشید.

---

۱ - **هیزم** : کنایه از پیروی از شهوات است.

۲ - اشارتی قرآنی؛ حج : ۳۲/۲۲ : وَ مَنْ یُعَظِّمْ شَعٰائِرَ اللهِ فَإِنَّها مِنْ تَقْوَی الْقُلُوبِ : و هر کس شعائر الهی را بزرگ دارد و احترام بگذارد این از تقوای دل‌هاست.

۳ - مأخذ آن روایتی است مذکور در نوادر الاصول، از محمّد بن علی حکیم ترمذی، چاپ اسلامبول، ص ۱۶۱ که ترجمهٔ آن چنین است: از یک زمین سنگلاخ آتشی شعله‌ور شد و به هر چه می‌رسید، آن را به کام خود می‌کشید. عمر بالای منبر رفت و گفت: ای مردم، برای خاموش شدن این آتش باید صدقه داد. عبدالرّحمان بن عوف چهار هزار دینار آماده کرد. عمر گفت: چرا تا کنون این همه را از مردم مضایقه نموده‌ای؟ طولی نکشید که آتش خاموش گردید. این داستان را ابونعیم اصفهانی در کتاب دلائل النّبوة، چاپ حیدرآباد، ص ۲۱۲، نیز به شکل دیگری تقریباً با همین مضمون آورده است: احادیث، صص ۱۴۳-۱۴۲.

آتشی افتاد در عهدِ عُمَر همچو چوبِ خشک، می‌خورد او حَجَر ۳۷۲۱

در زمان عمر، آتش‌سوزی وسیعی رخ داد که سنگ‌ها را هم مانند چوب خشک می‌سوزاند.

در فُتاد اندر بنا و خانه‌ها تا زد اندر پَرِّ مرغ و لانه‌ها ۳۷۲۲

آتش به ساختمان‌ها و خانه‌ها هم رسید، حتّی لانهٔ پرندگان و پَر مرغان را نیز سوزاند.

نیمِ شهر از شعله‌ها آتش گرفت آب می‌ترسید از آن و می‌شِکِفت[1] ۳۷۲۳

نیمی از شهر در تف شعله‌ها می‌سوخت، آب که بر آتش کارگر نبود، از شراره‌ها مات مانده بود.

مَشک‌هایِ آب و سِرکه می‌زدند بر سرِ آتش کسانِ هوشمند ۳۷۲۴

مردم دانا و هوشمند، مشک‌های آب و سرکه را رویِ شعله‌ها می‌ریختند.

آتش از استیزه افزون می‌شدی می‌رسید او را مدد از بی‌حدی ۳۷۲۵

امّا شعله‌ها با لجاجت افزون می‌شد، گویی از غیب به او مدد می‌رسید.

خلق آمد جانبِ عُمّر شتافت کآتشِ ما می‌نمیرد هیچ از آب ۳۷۲۶

مردم نزد عُمر شتافتند و گفتند: این آتش با هیچ آبی خاموش نمی‌شود.

گفت: آن آتش زِ آیاتِ خداست شعله‌یی از آتش بُخلِ شماست ۳۷۲۷

عمر گفت: این شعله‌ها نشانی از خشم خداوند است به سبب بخل و خِسّت شما.

آب و سرکه چیست؟ نان قسمت کنید بُخل بگذارید اگر آلِ مَنِاید ۳۷۲۸

چرا آب و سرکه بر شعله‌ها می‌پاشید؟ اگر پیروِ من‌اید، نان توزیع کنید و خسّت را کنار بگذارید.

خلق گفتندش که: در بگشوده‌ایم ما سخی وَ اهلِ فتوّت بوده‌ایم ۳۷۲۹

مردم گفتند: همواره درِ کَرَم و سخاوت ما گشوده بوده و جوانمردی سرشتِ ماست.

گفت: نان در رسم و عادت داده‌اید دست از بهرِ خدا نگشاده‌اید ۳۷۳۰

عمر گفت: بخشندگی شما بنا بر رسم و عادت بوده است و برایِ رضای خداوند دستِ کَرَم نگشاده‌اید.

بهر فخر و بهرِ بَوْش[2] **و بهرِ ناز**[3] **نه از برای ترس و تقویٰ و نیاز** ۳۷۳۱

نانی که می‌دادید برای تفاخر و جلب احترام بوده است، نه برای ترس از خدا و تقوا و نیاز.

---

۱ - **می‌شِکِفت**: حیرت می‌کرد، مات می‌ماند. ۲ - **بوش**: خودنمایی.
۳ - **بهرِ ناز**: برای جلب احترام دیگران.

مال تخم است و به هر شوره مَنِهْ　　تیغ را در دستِ هر ره‌زن مده ۳۷۳۲

مال، مانند تخمی است که در زمین کاشته می‌شود، توجّه کن که تخم را در شوره‌زار نپاشی و تیغ تیز را به دست هر راهزنی ندهی.

اهلِ دین را باز دان از اهلِ کین　　همنشینِ حق بجو، با او نشین ۳۷۳۳

کسانی را که اهل دین و ایمان‌اند و آنان را که اهل کین و نفاق و ستیزاند از هم باز شناس و جویای مجالست با کسانی باش که همنشینان حق‌اند.

هر کسی بر قومِ خود ایثار کرد　　کاغَه[1] پندارد که او خود کار کرد ۳۷۳۴

ایثار مال یا جان برای نزدیکان و وابستگان امری است عادی و طبیعی. ابله است آن کس که با چنین اعمالی تصوّر کند که گامی بلند به سوی حق برداشته است. [اعمال نیک با نیّات نیک بارور می‌گردد.]

خَدو[2] انداختنِ خصم در روی امیر المؤمنین علی کَرَّم الله وَجْهَهُ، و انداختنِ امیرالمؤمنین علی شمشیر از دست[3]

حضرت علی(ع) با یکی از پهلوانان نام‌آور عرب نبرد می‌کرد. هنگامی که پشت او را به خاک رسانید و خواست به زندگیش خاتمه دهد، پهلوان شکست خورده از شدّت خشم آب دهان را بر روی حضرت افکند. علی(ع) در کشتن او تأخیر کرد و در پاسخ آن مبارز که جویای سبب این تأخیر بود، فرمود: من بندهٔ حق هستم نه مأمور تن، آب دهان را که افکندی، نَفْس مرا خشمگین کرد و اگر در آن دم تیغ می‌زدم، هوای نفس من در کار حق شریک می‌شد و شرکت در کار حق روا نیست.

---

۱ - **کاغَه** : ابله، نادان.　　۲ - **خَدو** : آبِ دهان.

۳ - استاد فروزانفر نوشته است: این روایت را به صورتی که در مثنوی نقل شده است تاکنون در هیچ مأخذ نیافته‌ام و ظاهراً مأخوذ است از گفتهٔ غزّالی و روایتی که در احیاءالعلوم در ارتباط با عمر بن الخطّاب آورده است: نقل شده است که روزی عمر شخصی را در حالت مستی دید، خواست جلب و تعزیرش کند؛ امّا چون دشنام گفت رهایش کرد و بازگشت. گفتند: ای امیر مؤمنان، چرا وقتی ناسزا گفت رهایش کردی؟ پاسخ داد: برای اینکه مرا به خشم آورد. اگر من در آن حالت تعزیرش می‌کردم برای ارضای نفس خودم بود و نه رضای خدا. من دوست ندارم برای ارضای نفس خود کسی را تنبیه کنم: احادیث، صص ۱۴۳ و ۱۴۴.

۳۷۳۵ **از علی آموز اخلاصِ عمل — شیرِ حق را دان مُطهَّر از دغل**

از علی(ع) خلوص و عمل پاک را بیاموز و بدان که شیر حق از نیرنگ و ریا پاک و منزّه است.

۳۷۳۶ **در غزا بر پهلوانی دست یافت — زود شمشیری بر آورد و شتافت**

علی(ع) در یکی از جنگ‌ها بر پهلوانی چیره شد، شمشیر را برکشید تا به حیات وی خاتمه دهد.

۳۷۳۷ **او خَدو انداخت در رویِ علی — افتخارِ هر نَبیّ و هر وَلی**

پهلوان از شدّت خشم بر روی علی(ع) که افتخار انبیا و اولیاست، آب دهان افکند.

۳۷۳۸ **آن خَدو زد بر رخی که رویِ ماه — سجده آرَد پیشِ او در سجده‌گاه**

آب دهان را بر رخساری افکند که ماه نیز در سجده‌گاه به او سجده می‌کند.

۳۷۳۹ **در زمان، انداخت شمشیر آن علی — کرد او اندر غزااَش کاهلی**

بلافاصله علی(ع) شمشیر را بر زمین افکند و در کشتن پهلوان درنگ کرد.

۳۷۴۰ **گشت حیران آن مُبارِز زین عمل — وز نمودن عفو و رحمت بی‌محل**

پهلوان از این عمل حیران شد که چون می‌توانست به حیات من خاتمه دهد، چرا عفو کرد و این رحمت که مستحقّ آن نبودم، چه دلیلی داشت؟

۳۷۴۱ **گفت: بر من تیغِ تیز افراشتی — از چه افکندی؟ مرا بگذاشتی؟**

گفت: بر روی من شمشیر کشیدی، چه شد که افکندی؟ چرا مرا به حال خود گذاشتی؟

۳۷۴۲ **آن چه دیدی بهتر از پیکارِ من؟ — تا شدی تو سُست در اِشکارِ من**

چه چیزی در آن لحظه برای تو بهتر از نابودی من بود که در هلاکت من سست شدی؟

۳۷۴۳ **آن چه دیدی که چنین خشمت نشست؟ — تا چنان برقی، نمود و باز جَست**

چه دیدی که آتش خشم تو را خاموش کرد و برقی از غضب در تو شعله زد و نهان شد؟

۳۷۴۴ **آن چه دیدی؟ که مرا زآن عکسِ دید — در دل و جان شعله‌ی آمد پدید**

چه دیدی که از پرتو آن در دل و جان من شعله‌ای پدیدار شده است؟

۳۷۴۵ **آن چه دیدی برتر از کَوْن و مکان — که بِهْ از جان بود و بخشیدیم جان؟**

چه دیدی که بهتر از کون و مکان و جان بود که به من حیات بخشیدی؟

در شـــجاعت شـــیرِ ربّـــانیستی[1] در مُرُوَّت[2]، خود که داند کیستی؟ ۳۷۴۶

تو در دلاوری و شجاعت شیر خدایی. مقام تو را در جوانمردی هیچ کس نمی‌تواند دریابد.

در مُـروّت ابـرِ مـوسیّی[3] بـه تـیه[4] کآمد از وی خوان و نانِ بی شبیه[5] ۳۷۴۷

در جوانمردی مانند ابرِ موسی(ع) هستی که در صحرا از آن نان و خوان بی‌نظیر نازل شد.

ابـرها گـندم دهـد کآن را بـه جـهد پخته و شیرین کند، مردم چو شهد ۳۷۴۸

ابر می‌بارد و گندم را می‌رویاند و مردم با جهد نانی گوارا چون شهد حاصل می‌آورند.

ابـرِ مـوسی پـرِّ رحـمت بـر گـشاد پـخته و شـیرینِ بـی‌زحـمت بـداد ۳۷۴۹

امّا ابری که به خواست موسی(ع) خوان کرم گسترد، بدون زحمت، طعام پخته و شیرین را نازل کرد.

از بـــرای پـــخته خـــوارانِ[6] کـــرم رحـــمتش افـراخـت در عـالَم عَـلَم ۳۷۵۰

برای قومی که گرانجان و راحت‌طلب بودند، رحمتِ الهی در «ابرِ موسیٰ» متجلّی شد.

تا چهل سال آن وظـیفه و آن عـطا کـم نشـد یک روز زآن اهـلِ رجـا ۳۷۵۱

چهل سال نعمت خداوند بر آن قوم که بدان امید بسته بودند، کم نگشت.

تا هم ایشان از خســیسی خـاستند گَـندَنا[7] و تَـرّه و خَس[8] خـواسـتند ۳۷۵۲

تا روزی که آن فرومایگان بعضی سبزیجات از قبیل تره و چیزهای بی‌قدر را تقاضا کردند.

امَّتِ احـــمد! کـــه هســتید از کِـرام تـا قـیامت هست بـاقی آن طـعام[9] ۳۷۵۳

ای امّت رسول(ص) که بزرگوارید، آن نعمت همواره شامل حال شماست.

---

۱ - **شیرِ ربّانی :** شیرِ حق، مرد حق. ۲ - **مروّت :** جوانمردی.

۳ - **ابرِ موسی :** ابری که بنا به درخواست موسی(ع) و به عنایت حق مائدهٔ آسمانی را بر قوم او نازل می‌کرد.

۴ - **تیه :** بادیه، بیابانی که موسی(ع) با قوم چهل سال در آن سرگردان بود.

۵ - اشارتی قرآنی؛ بقره: ۵۷/۲ و اعراف: ۱۶۰/۷: وَ أَنْزَلْنا عَلَيْهِمُ الْمَنَّ وَ السَّلْوىٰ: من و سلویٰ را [به عنوان دو غذای مقوی و لذیذ] بر آن‌ها فرو فرستادیم.

هنگامی که قوم بنی اسرائیل به همراهی موسی(ع) در بیابانی سوزان به سوی بیت‌المقدّس در حرکت بودند. مفسّران «منّ» را عسل طبیعی و «سلویٰ» را یک نوع پرنده دانسته‌اند. ۶ - **پخته خوار :** مردم آرام طلب و گرانجان.

۷ - **گَندَنا :** یک نوع سبزی خوردنی، تره. ۸ - **خَس :** خس و خاشاک، چیزهای بی‌قدر.

۹ - آغازگر کلام حق تعالیٰ در قرآن کریم با نام خداوندی است که جهان‌دار و رحمان و رحیم است. صفت «رحمان» اشاره به رحمت عام و صفت «رحیم» رحمت خاصّ پروردگار است که شامل حال صالحان و مؤمنان می‌گردد.

چون اَبیتُ عِنْدَ رَبّی فاش شد   یُطْعِمُ و یُسْقی کنایت ز آش شد[1] ۳۷۵۴

حدیثِ «من نزد پروردگار خود شب را می‌گذرانم، در حالی که خداوند مرا اطعام می‌کند و می‌نوشاند»، کنایه‌ای است از همین طعام.

هیچ بی‌تأویل این را درپذیر   تا در آید در گلو چون شهد و شیر ۳۷۵۵

این حدیث را بدونِ توجیه و تفسیر بپذیر تا رِزقی گوارا را در جان حس کنی.

زانکه تأویل است واداد عطا   چونکه بیند آن حقیقت را خطا ۳۷۵۶

زیرا تأویل یا توجیه، یعنی که: این حقیقت را خطا می‌داند و برای آن دلیلی عقلانی می‌جوید و این امر به مفهوم رد کردن عطاست از عطاکننده.

آن خطا دیدن ز ضعفِ عقلِ اوست   عقلِ کُل مغز است و عقلِ جزو پوست ۳۷۵۷

عطا و دِهِشِ الهی را تأویل کردن و خطا شمردن از ضعف عقل ناشی می‌شود؛ زیرا عقل جزوی در مقایسه با عقل کلّ که اصلِ عقل‌هاست، جز قشر نیست.

خویش را تأویل کن، نه اخبار را   مغز را بدگوی، نه گلزار را ۳۷۵۸

خودت را تأویل و توجیه کن نه اخبار و احادیث را. ایراد در عقل جزوی توست، نه در گلزار حقایق.

ای علی که جمله عقل و دیده‌ای[2]   شمّه‌یی[3] واگو از آنچه دیده‌ای ۳۷۵۹

یا علی، ای که سراپا عقل و بصیرتی، اندکی از آنچه دیده‌ای، بگو.

تیغِ حلمت[4] جانِ ما را چاک کرد   آبِ علمت خاکِ ما[5] را پاک کرد ۳۷۶۰

بردباری تو که از کشتنِ جسم می‌گذرد، شمشیری تیز است که جان را فدایی‌ات می‌کند و دانشی ناب که بسان آبی زلال از درون منوّرت جریان می‌یابد، گرد و غبار ناشی از نفسانیّات و جهل را از ما می‌زداید.

بازگو، دانم که این اسرارِ هوست   زانکه بی شمشیر کُشتن[6] کارِ اوست ۳۷۶۱

آنچه را که باید بگویی، بگو که این از اسرار الهی است؛ زیرا تنها خدا می‌تواند بدون شمشیر یا اسباب و ابزار آدمی را هلاک کند.

---

۱ - حدیث: رسول خدا(ص) دیگران را از روزهٔ وصال [روزهٔ امروز را بدون افطار به روز بعد متّصل کردن] منع می‌کرد. یکی از مسلمانان گفت: ای رسول خدا! پس چرا شما این کار را می‌کنید؟ فرمود: کدامتان مثل من می‌شوید؟ من شب را به صبح می‌آورم در حالی که پروردگارم مرا اطعام می‌کند و می‌نوشاند: احادیث و قصص، ص ۱۴۴ و ۱۴۵.

۲ - **جمله عقل و دیده‌ای** : وجودت مادّی و این جهانی نیست، عقلِ متّصل به عقل کُلّ است.

۳ - **شمّه** : اندکی، قسمتی.   ۴ - **حلم** : بردباری.   ۵ - **خاک ما** : کنایه از وجودِ ما.

۶ - **بی‌شمشیر کشتن** : اینکه جان مرا فدایی و هلاکِ خود کردی، این جهانی نیست.

صانع بی‌آلت و بی جارِحه[1] واهبِ[2] این هدیه‌هایِ رابِحه[3] ۳۷۶۲

آفریننده‌ای که بدون ابزار جهان را آفریده است. بخشنده‌ای که عطای او به مخلوقات بس سودمند است.

صد هزاران می‌چشاند هوش را که خبر نَبْوَد دو چشم و گوش را ۳۷۶۳

از شرابِ علوم و معارف، چنان عقل و هوش را می‌چشانَد که چشم و گوش خبر نمی‌یابد.

بازگو ای بازِ عرش ِ خوش‌شکار تا: چه دیدی این زمان از کردگار؟ ۳۷۶۴

ای باز تیزپرواز عرشی که معارف والا صید توانَد، بازگو که اینک از کردگار چه دیدی؟

چشمِ تو ادراکِ غیب آموخته[4] چشم‌هایِ حاضران بردوخته ۳۷۶۵

ای علی، چشم تو اسرار و حقایقی را می‌بیند که چشم حاضران نمی‌بیند و بسته است.

آن یکی ماهی[5] همی بیند عیان و آن یکی تاریک می‌بیند جهان ۳۷۶۶

همواره چنین بوده، یکی حقایق را آشکار می‌بیند و دیگری در جهل مطلق است.

و آن یکی سه ماه می‌بیند به هم این، سه کس بنشسته یک موضع، نَعَم[6] ۳۷۶۷

دیگری ماه تابان حقایق را در هر سه تن به وضوح می‌بیند، حتّی در آن کس که از قوّه به فعل در نیامده است. آری این سه تن یکجا و در کنار هم‌اند و این همه اختلاف دیدگاه و مراتب مختلف ادراک در آدمیان است.

چشمِ هر سه باز و گوش ِ هر سه تیز در تو آویزان، و از من در گریز ۳۷۶۸

این سه تن با چشمی باز و گوشی شنوا نشسته‌اند. ذات آنان به تو که مظهر حقّی متمایل است و از من می‌گریزد.

سحرِ عین[7] است این، عجب لطفِ خفی‌ست بر تو نقش ِ گرگ و بر من یوسفی‌ست[8] ۳۷۶۹

آیا این چشم‌بندی است یا لطف نهانی خداوند؟ من تو را دشمنی که می‌دَرَد، دیدم و تو مرا یوسفی خوب‌روی دیدی و بر جانم رحمت آوردی؟

---

۱ - **جارحه** : عضو بدن، دست. ۲ - **واهب** : بخشنده.

۳ - **رابحه** : دارای سود. «عطایای رابحه»: اعضا و اندام‌هایی که برای ما سودمند است.

۴ - **ادراک غیب آموخته** : غیب را می‌بیند و می‌فهمد. ۵ - **ماه** : اینجا «حقیقت» به ماه مانند شده است.

۶ - **نَعَم** : آری. ۷ - **سحرِ عین** : چشم‌بندی، افسونِ عین. ۸ - اشارتی قرآنی؛ یوسف: ۱۲/۱۲ به بعد.

عالم اَر هجده هزار[1] است و فـزون　　　هر نظر را نیست این هـجده زبـون ۳۷۷۰

اگر هستی از هجده هزار عالم و یا بیشتر تشکیل شده است، هر نظری قادر به ادراک حقایق آن نیست.

راز بگشـــا ای عــــلیّ مُــرتَضیٰ　　　ای پس ِ سُوءُ اَلقَضا حُسْنُ اَلقَـضٰا ۳۷۷۱

ای علی مرتضی، ای تقدیر خوب که پس از تقدیر بد بر من جلوه کردی، سرّ نهفته را بازگو.

یا تو واگو آنچه عـقلَت یـافته‌ست　　　یا بگویم آنچه بـر مـن تـافته‌ست[2] ۳۷۷۲

یا تو از آنچه که بر عقلت تجلّی کرد، بگو، یا من آنچه را که بر دلم تابیده است، می‌گویم.

از تو بر من تافت، چون داری نهان؟　　　می‌فشانی نـورْ چـون مَـهْ بی زبـان ۳۷۷۳

چگونه نهان می‌کنی؟ نوری از تو بر دل من اثر کرد. تو مانند ماه تابناکی که در شب نور می‌افشاند و کلامی نمی‌گوید.

لیک اگر درگفت آیـد قـرص ِ مـاه　　　شب‌روان را زودتـــر آرد بـــه راه ۳۷۷۴

امّا اگر ماه سخن بگوید و با کلام نیز ارشاد کند، اسیران شب [محصوران در جهل] زودتر راه را می‌یابند.

از غـلط ایـمن شـوند و از ذُهـول[3]　　　بانگِ مه غالب شود بر بانگِ غـول ۳۷۷۵

شبروان با شنیدن کلامِ مرشدِ کامل از کجروی در امان می‌مانند. بانگِ نافذِ او، بانگ غول [وسوسه‌های شیطانی و نفسانی] را تحت الشعاع قرار می‌دهد.

مـاه بـی‌گفتن چـو بـاشد رهـنما　　　چون بگوید، شـد ضـیا انـدر ضـیا ۳۷۷۶

وقتی که ماهِ تابناکِ درونِ اولیا و مرشدان کامل، بـدون سـخن و از طـریق نـفوذ بـاطنی هدایت‌کننده‌اند، اگر این ارشاد با کلام هم توأم گردد، نُورٌ عَلیٰ نُور می‌شود.

چون تـو بـابی آن مـدینهٔ عـلم را[4]　　　چـون شـعاعی آفـتابِ حـلم را ۳۷۷۷

چون تو دروازه‌ای برای ورود به گسترهٔ دانش رسول(ص) و پرتوی از آفتاب حِلم حق هستی،

---

۱ - **هجده هزار**: نشان کثرت و بسیار است.

۲ - از پرتو ادراک متعالی تو شعاعی بر دل من تابیده و به حقایقی واقف شده‌ام.

۳ - **ذُهول**: فراموشی، غفلت، اینجا فراموش کردن راه راست.

۴ - اشاره است بدین حدیث: أَنَا مَدِینَةُ الْعِلْمِ وَ عَلِیٌّ بَابُهَا فَمَنْ أَرَادَ الْعِلْمَ فَلْیَأْتِ الْبَابَ: پیامبر(ص) فرمود: من شهر علمم و علی در آن است؛ پس کسی که خواهان علم است باید از در آن وارد شود: احادیث، ص ۱۴۵.

۳۷۷۸ **باز باش ای بابْ بر جویایِ باب تا رسد از تو قُشور اندر لُباب**[1]

ای دروازهٔ شهر علم، بر جویای خودگشوده باش تا آنان که در قشر مانده و به مغزِ حقایق ره نیافته‌اند از پرتو انوارت بهره‌مند گردند.

۳۷۷۹ **باز باش ای بابِ رحمت تا ابد بارگاهِ ما لَهُ کُفْواً اَحَد**[2]

ای که وجودت بسان دری از رحمت الهی بر بندگان گشوده شده است، تا ابد باز باش. دری که به درگاه «خدایی که مثل و مانند ندارد» گشوده است.

۳۷۸۰ **هر هوا و ذرّه‌یی خود منظری‌ست ناگشاده کِی گُوَد**[3] **کآنجا دری‌ست؟**

وجود هر نسیم و یا هر ذرّه برای چشمی بینا پنجره‌ای به سوی حقایق است، ولی تا باب رحمت به روی کسی گشاده نشود، چگونه بگوید که آنجا دری هست؟

۳۷۸۱ **تا بنگشاید دری را دیدْبان**[4] **در درون هرگز نجنبد این گُمان**

تا مُرشدِ حق‌بین در را نگشاید، چنین گُمانی نمی‌توان داشت.

۳۷۸۲ **چون گشاده شد دری، حیران شود مرغِ اومید و طمع پرّان شود**

هنگامی که باب رحمت گشاده شود، آدمی حیران می‌شود و امیدِ افزونی شهود را دارد.

۳۷۸۳ **غافِلی ناگه به ویران گَنج یافت سویِ هر ویران از آن پس می‌شتافت**

مانند آن شخص بی‌خبر که به‌طور اتّفاقی در ویرانه گنجی یافت و پس از آن به هر ویرانه‌ای به امید گنج می‌شتافت.

۳۷۸۴ **تا ز درویشی**[5] **نیابی تو گُهَر**[6] **کِی گُهَر جویی ز درویشی دگر؟**

اگر از سلوک گوهرِ معرفتی نیابی، هرگز در عالم درویشی به دنبالِ آن نخواهی بود.

۳۷۸۵ **سال‌ها گر ظن**[7] **دَوَد با پایِ خویش نگذرد ز اِشکافِ بینی‌هایِ خویش**

اگر آدمی برای درکِ حقایق بدون امداد مرد حق و از طریق عقلِ دنیویِ خود که جز ظنّ و گمان نیست، بکوشد، به جایی نمی‌رسد و از شکاف بینی خود گامی فراتر نخواهد دید.

---

۱ - تا پوست‌ها به مغز بَدَل شوند. «قشور»: قشرها، کنایه از ناآگاهان. «لباب»: جمع لُب، کنایه از آگاهی و درک حقایق.

۲ - اشارتی قرآنی، اخلاص : ۴/۱۱۲: وَ لَمْ یَکُنْ لَهُ کُفُواً أَحَدٌ: و برای او هیچگاه مثل و مانندی نبوده است.

۳ - **گُوَد** : بگوید. ۴ - **دیدبان** : دیده‌بان: دیده‌دار، کنایه از مرد حق و عارف.

۵ - **درویشی** : سیر و سلوک. ۶ - **گُهَر** : اینجا گوهرِ معرفت، آگاهی. ۷ - **ظن** : ظنّ: تعقّلِ عقل جزوی.

تـــا بـه بـینی نـایَدَت از غـیبْ بُـو   غــیرِ بــینی هــیچ مـی‌بینی؟ بگـو ۳۷۸۶

تا به مشام جانت از عِطر حقایق بویی نرسد، پیش‌تر از بینی خود را خواهی دید؟

سؤال کردنِ آن کافر از علی کَرَّمَ اللهُ وَجْهَهُ، که: بر چون منی مظفّر شدی، شمشیر از دست چون انداختی؟

پس بگــفت آن نـو مسـلمان ولی[1]   از ســرِ مســتی و لذّت بــا عـلی[2] ۳۷۸۷

پس آن نومسلمانِ دوست، از سرِ لذّت روحانی گفت:

کــــه بــفرما یــا امـیرَ المـؤمنین   تا بجنبد جان به تن در، چون جنین[3] ۳۷۸۸

ای امیر مؤمنان، اسرار را بیان کن تا جان از عشق حقیقت در تن بجنبد، مانندِ جنین در زهدان مادر.

هـفت اخـتر[4] هـر جـنین را مـدّتی   می‌کنند ای جان به نـوبت خـدمتی ۳۷۸۹

ای جان، در مدّتی که جنین در زهدان مادر است، هفت اختر به نوبت در پرورش او نقش دارند.

چونکه وقت آیدکه جان‌گیرد جنین   آفــتابش آن زمــان گــردد مُـعین ۳۷۹۰

در ماه چهارم که جنین روح می‌پذیرد، آفتاب مُضغه را تحت تأثیر قرار می‌دهد و جنین جان می‌گیرد.

این جنین در جنبش آید ز آفـتاب   کآفتابش جان همی بـخشد شـتاب ۳۷۹۱

جنین در اثرِ تابشِ آفتاب به جنبش می‌آید و به سرعت جان می‌گیرد.

از دگـر اَنـجُم بـجز نـقشی نـیافت   این جنین، تـا آفـتابش بـر نـتافت ۳۷۹۲

جنین از ستارگان دیگر جز نقش حاصلی نیافت تا خورشید تابید و پرورشش را بر عهده گرفت.

---

۱ - **ولی** : دوست. «نومسلمانِ ولی»: کسی که به تازگی مسلمان شده و دیگر دشمن نیست.

۲ - این بیت در پاورقی نیکلسون آمده؛ امّا در مثنوی کهن در متن ضبط شده است.

۳ - شرح مثنوی مولوی، دفتر اوّل، ص ۴۹۹، بیت را از ابیات الحاقی دانسته؛ امّا در مثنوی کهن به همین صورت ضبط شده است.

۴ - به عقیدهٔ پیشینیان بعد از قرارگرفتن نطفه در رحم مادر، به ترتیب در هر ماه تحت تأثیر اختری پرورده می‌شود، به این ترتیب: زحل، مشتری، مرّیخ، خورشید [در این مرحله جان می‌یابد]، زهره، عطارد، ماه، باز مجدّداً زحل و مشتری: ر.ک. پیشین، ص ۵۰۰.

۳۷۹۳ **از کـدامـین ره تـعلّق یـافت او   در رَحِـم بـا آفـتابِ خـوب رو؟**

در حالی که جنین در زهدان مادر است، از چه راهی چنین تعلّق خاطر و ارتباطی با آفتاب یافته است؟

۳۷۹۴ **از رهِ پنهان که دور از حسِّ ماست   آفـتابِ چـرخ را بس راه‌هاست**[1]

از راهی نهان که حواسِ ما نمی‌شناسد، آفتاب راه‌های بسیاری برای تأثیرگذاری دارد.

۳۷۹۵ **آن رهـی کـه زر بـیابد قُـوت از او   و آن رهی که سنگ، شد یاقوت از او**

این ره نهان، راهی است که زرّ از آن طریق تغذیه می‌کند و سنگ به یاقوت تبدیل می‌شود.

۳۷۹۶ **آن رهـی کـه سـرخ سـازد لعـل را   و آن رهی کـه بـرق بـخشد نـعل را**

راهی که به لعل، سرخی می‌بخشد و از برخورد نعل اسب با سنگ جرقه تولید می‌کند.

۳۷۹۷ **آن رهـی کـه پـخته سـازد مـیوه را   و آن رهـی کـه دل دهـد کـالیوه**[2] **را**

راهی که تحت تأثیر آن میوه‌های خام پخته می‌شود و همان راهی که به آدم بیمناک شهامت می‌دهد.

۳۷۹۸ **بـازگـو ای بـازِ پـرّ افـروخته   بـا شـه و بـا سـاعدش آمـوخته**[3]

بازگو ای شهبازی که بال‌هایت از نور حقّ تابان و جایگاهت نزد شاه عالم هستی است.

۳۷۹۹ **بـازگـو ای بـازِ عـنقاگـیرِ**[4] **شـاه   ای سپاه اِشکن به خود، نه با سپاه**

بازگو ای شهبازِ شاه که سیمرغ صید می‌کُنی، ای آنکه سپاه را به قوّت خود می‌شکنی و از سپاهیان یاری نمی‌جویی.

۳۸۰۰ **امّتِ وَحْـدی**[5]**، یکـی و صـد هـزار   بـازگو، ای بـنده بـازت را شکـار**

تو به تنهایی یک امّت یا صدها هزار نفری. اسرار را بگو، ای آنکه من شکارِ بازِ جانِ تو شده‌ام.

---

۱ - نیکلسون به نقل از رسائل اخوان الصفا، ج ۲، ص ۳۵۸ می‌نویسد: پس بدان ای برادر من که با گذشتن از کواکب منطقهٔ البروج و با شدّت اشراقِ نور خود و سَرَیان قوای روحانی خود تأثیرات روحانی کواکب و افلاک و بروج را به عالم تحت القمری کون و فساد فرود می‌آورد و در هر لحظه تدبیرات و تأثیرات گوناگون به وجود می‌آورد که فهم بشر به کنه آن نمی‌رسد: شرح مثنوی مولوی، دفتر اوّل، ص ۵۰۰.   ۲ - **کالیوه** : نادان، حیران و سرگردان.

۳ - در قدیم بازِ شاه روی ساعد شاه قرار می‌گرفت و از آنجا پرواز می‌کرد. اینجا «ساعدِ شَه»: کنایه از قرابت و نزدیکی با حق است.   ۴ - **عنقا** : سیمرغ.

۵ - مصراع اوّل اشارتی است قرآنی؛ نحل : ۱۲۰/۱۶ : اِنَّ اِبْراهیمَ کٰانَ اُمَّةً : ابراهیم خود امّتی بود. ابراهیم(ع) یک امّت، یک پیشوا و مقتدا، یک مرد امّت‌ساز بود و منادی توحید.

همهٔ اجزای عالم هستی در درون توست؛ زیرا که انسان کاملی.

۳۸۰۱ **در محلِّ قهرْ این رحمت ز چیست؟ اژدهـا را دست دادن راهِ کیست؟**

رحمت به جای قهر از چه روست؟ به اژدها دست دوستی دادن روش کیست؟

جواب گفتنِ امیرالمؤمنین که: سببِ افکندنِ شمشیر از دست چه بوده است در آن حالت

۳۸۰۲ **گفت: من تیغ از پیِ حق می‌زنم بـنـدۀ حـقّم، نـه مأمـورِ تـنم**

علی(ع) گفت: من در راه خدا شمشیر می‌زنم. بندۀ او هستم، مأمورِ تن خود نیستم.

۳۸۰۳ **شـیرِ حـقّم، نـیستم شـیرِ هـوا فـعلِ من بر دیـنِ مـن بـاشد گـوا**

شیر حق هستم، نه شیر هوا و هوس، عمل من گواهِ صادقِ دین من است.

۳۸۰۴ **ما رَمَیْتَ اِذ رَمَیْت اَم[1] در حِراب مـن چـو تـیغم وآن زنـنده آفـتاب**

در جنگ مصداق این کلامم: «چون تیر انداختی، تو نینداختی»، بسان شمشیرم که آفتاب حقایق آن را می‌زند.

۳۸۰۵ **رختِ[2] خود را مـن ز رَه بـرداشـتم غـیرِ حـق را مـن عـدم انگـاشتم**

هستیِ خود را در هستیِ حق درباختم و جز برای خدا اعتباری قائل نشدم.

۳۸۰۶ **سـایه‌یی‌ام، کـدخدااَم[3] آفـتاب حاجبم[4] من، نیستم او را حـجاب**

من سایه‌ای هستم. آفتاب حقیقت مالک من است. پرده‌دار حق‌ام، پرده نیستم.

۳۸۰۷ **من چو تـیغم پُـر گُـهرهایِ وصـال زنده گـردانـم نـه کُشـته، در قِـتال[5]**

من مانندِ شمشیری بزّنده‌ام که ضرباتم زنده کننده است نه کُشنده، وصل کننده‌ام نه فصل کننده.

۳۸۰۸ **خـون نـپوشد گـوهرِ تـیغِ مـرا بـاد از جـا کـی بَـرَد میغ[6] مـرا؟**

جوهرِ تیغ مرا خون مکدّر نمی‌کند؛ زیرا حقیقت آن از حقیقت من جدا نیست. ارادۀ حق توسط بازوی من جاری می‌گردد. باد هوا و هوس مرا از صِراطِ حق منحرف نمی‌کند.

---

۱ - اشارتی قرآنی؛ انفال: ۱۷/۸: وَ ما رَمَیْتَ إِذْ رَمَیْتَ وَ لٰکِنَّ اللهَ رَمیٰ: و تو [ای محمّد] تیر نینداختی هنگامی که انداختی، بلکه خداوند انداخت. [روز جنگ بدر] ۲ - **رخت**: کنایه از هستیِ موهومی و فناپذیر.
۳ - **کدخدا**: مالک. ۴ - **حاجب**: پرده‌دار، دربان. ۵ - **قِتال**: کُشتن و کارزار کردن.
۶ - **میغ**: ابر، اینجا کنایه از وجودِ جسمانی، وجود.

کَهْ نِیَم، کوهم ز حلم و صبر و داد   کوه را کِی در رباید تندباد؟ ۳۸۰۹

کاه نیستم، کوهِ صبر و بردباری و عدالت‌ام، تندباد حوادث کاه را بر می‌کَنَد، نه کوه را.

آنکه از بادی رود از جا خَسی است   زانکه بادِ ناموافق خود بسی است ۳۸۱۰

کسی که در اثر وزش باد وسوسه‌ها از جای برکنده شود، خَس است؛ زیرا بادِ ناموافق یا وسوسه‌ها بسیارند.

بادِ خشم و بادِ شهوت، بادِ آز   بُرد او را که نبود اهلِ نماز[1] ۳۸۱۱

کسی که اهل نماز نیست و ارتباطی صادقانه با خداوند ندارد، با وزش باد خشم، شهوت، حرص و یا طمع از جای برکنده می‌شود و به این صفات رذیله تن می‌دهد.

کوهم و هستیِّ من بنیادِ اوست   ور شوم چون کاه، بادم یادِ اوست ۳۸۱۲

بسان کوهی استوارم که بنیاد هستیِ من از حق تعالیٰ است و اگر چون کاه باشم، آنچه که مرا به هر سو کشانده، یاد خداوند است.

جز به یادِ او نجنبد میلِ من   نیست جز عشقِ اَحَد سرخیلِ[2] **من** ۳۸۱۳

میل و ارادهٔ من، یاد و ارادهٔ حق است که بر دلم اثر می‌گذارد و مرا به کاری وامی‌دارد. جز عشق حق تعالیٰ که قافله‌سالار وجود من است، هیچ چیز بر افکار و اعمال و اهدافم فرمان نمی‌راند.

خشم، بر شاهانْ شَه و ما را غلام   خشم را هم بسته‌ام زیرِ لگام ۳۸۱۴

شاهان و امیرانی که بر مناصب دنیوی تکیه زده‌اند، تحت تأثیر عواطف و هوای نفس خویش و در حقیقت اسیر و بندهٔ آن‌اند؛ امّا این عواطف و خشم نمی‌تواند بر من فرمان براند، بلکه مانند غلامی مطیع در سیطرهٔ من است.

تیغِ حلمم گردنِ خشمم زده‌ست   خشم حق، بر من چو رحمت آمده‌ست[3] ۳۸۱۵

حلم و بردباریِ من، مانند شمشیر گردنِ خشم را زده است؛ یعنی رحمتِ من بر خشمم غلبه دارد.

---

۱ - اشارتی قرآنی؛ عنکبوت : ۴۵/۲۹ : إِنَّ الصَّلٰوةَ تَنْهیٰ عَنِ الْفَحْشٰاءِ وَ الْمُنْکَرِ : زیرا، نماز بازدارندهٔ زشتی‌ها و منکرات است. [آدمی را به یاد مبدأ و معاد می‌اندازد و یاد خدا را در دل زنده می‌دارد که مایهٔ هر خیر است.]

۲ - **سر خَیل** : سر دسته، سرگروه.

۳ - صفات الهی در انسان کامل واصل تجلّی می‌یابد و به موجب [حدیث قدسی: رحمت من بر غضبم پیشی دارد.]، می‌فرماید: در من نیز پرتوِ صفت حق تجلّی یافته است.

۳۸۱۶ **غرقِ نورم گرچه سقفم شد خراب   روضه گشتم، گرچه هستم بوتُراب**[1]

سراپای وجودم نور خداست. گرچه «بوتراب»ام؛ امّا درونم گلستان است.

۳۸۱۷ **چون در آمد علّتی اندر غزا   تیغ را، دیدم نهان کردن سزا**

چون هنگام مبارزه، سببی غیر از خدا در آمد، دیدم که شمشیر را در نیام داشتن شایسته است.

۳۸۱۸ **تا أَحَبَّ لِلّٰه**[2] **آید نامِ من   تا که أَبْغَضْ لِلّٰه آید کامِ من**

تا نام من در ردیف شایستگانی باشد که در باب آنان گفته‌اند: «برای خدا دوست دارد»، و می‌خواهم مصداقِ «برای خدا دشمن دارد» باشم.

۳۸۱۹ **تا که اَعْطا لِلّٰه آید جُودِ من   تا که أمْسَكْ لِلّٰه آید بودِ من**[3]

تا که بخشش من مصداقِ «برای خدا بخشید» و امساکِ من «خودداری برای خدا» باشد.

۳۸۲۰ **بخلِ من لِلّٰه، عطا لِلّٰه و بس   جمله لِلّٰه‌ام، نِیَم من آنِ کَس**

منع من برای خداست و کَرَم من نیز. هستی‌ام برای خداست. به دیگری تعلّق ندارم.

۳۸۲۱ **و آنچه لِلّٰه می‌کنم، تقلید نیست   نیست تخییل و گمان، جز دید نیست**

آنچه را که برای خدا می‌کنم، از روی تقلید و یا گُمان نیست، حقایق را می‌بینم.

۳۸۲۲ **ز اجتهاد و از تَحرّی**[4] **رَسته‌ام   آستین بر دامنِ حق بسته‌ام**[5]

از مرحلهٔ جهد کردن و راه صواب را جُستن فراتر رفته‌ام. دلِ من به حق اتّصال دارد.

۳۸۲۳ **گر همی پَرّم، همی بینم مَطار**[6] **   ور همی گَردم، همی بینم مَدار**

اگر به پرواز آیم، جایگاه پروازم را می‌بینم. اگر به گردش آیم، محلّ گردش خود را می‌شناسم.

---

۱ - **بوتراب :** ابوتراب، لقبی که پیامبر(ص) به علی(ع) داده است، به معنی «خاکی» یا متواضع، چون ایشان بر زمین خفته و خاکی شده بود.

۲ - مقتبس است از حدیث ذیل: مَنْ أَعْطَى لِلّٰهِ وَ مَنَعَ لِلّٰهِ وَ أَحَبَّ لِلّٰهِ وَ أَبْغَضَ لِلّٰهِ وَ أَنْكَحَ لِلّٰهِ فَقَدِ اسْتَكْمَلَ الْإِيمَانَ: آن کس که به انگیزهٔ الهی عطا کند یا بخل ورزد، دوست بدارد یا دشمنی ورزد و یا ازدواج کند در جهت تکمیل ایمان خود قدم برداشته است: احادیث، ص ۱۴۶.

۳ - می‌خواهم همه چیز و تمام افعال من برای رضای حق تعالیٰ باشد.   ۴ - **تحرّی :** جست‌وجوی حقیقت.

۵ - از جانب خداوند حقایق را دریافت می‌دارم، گویی که دستم را به دامن او دوخته‌ام.

۶ - **مطار :** محلِّ طیران، محلّ پرواز.

دفتر اوّل ۷۶۵

ور کَشم باری، بدانم تا کجا　　ماهم و خورشید پیشم پیشوا ۳۸۲۴

اگر باری را بکشم، می‌دانم کجا باید ببرم. بسانِ ماهی‌ام که خورشید حقایق رهبرِ آن است.

بیش از این با خلق گفتن روی نیست　　بحر را گنجایی اندر جوی نیست ۳۸۲۵

بیش از این اسرار را فاش کردن صلاح نیست، دریا در جوی نمی‌گنجد.

پست می‌گویم به اندازهٔ عقول　　عیب نَبْوَد، این بُوَد کارِ رسول[۱] ۳۸۲۶

به اندازهٔ عقل و درک مردم که نازل است، می‌گویم، این کار عیب نیست، رسول(ص) چنین می‌کرد.

از غرض حُرَّم[۲]، گواهیِ حُر شنو　　که گواهی بندگان[۳] نه ارزد دو جُو ۳۸۲۷

وجود من از غَرَض تهی گشته است، به گواهی آزاده‌ای که از تعلّقات رهیده، گوش فراده که گواهی بندگان هوا به دو جو نمی‌ارزد.

در شریعت مر گواهی بنده را　　نیست قدری وقتِ دعوی و قضا[۴] ۳۸۲۸

در شریعت گواهیِ بندگان و غلامان را برای صدور حکم نمی‌پذیرند.

گر هزاران بنده باشندت گواه　　بر نسنجد[۵] شرعْ ایشان را به کاه ۳۸۲۹

اگر هزاران غلام و بنده شهادت بدهند، حاکمِ شرع، گواهی آنان را نمی‌پذیرد.

بندهٔ شهوت بَتَر نزدیکِ حق　　از غلام و بندگانِ مُستَرَق[۶] ۳۸۳۰

نزد خداوند، بندگانِ شهوات بی‌قدرتر از غلامانی‌اند که مردم به حقارت در آنان می‌نگرند.

کین به یک لفظی شود از خواجه حُر　　وان زِیَد شیرین و میرد سخت مُر[۷] ۳۸۳۱

زیرا این که به بردگی و غلامی گرفته شده است، با کلام مولایش که او را آزاد بنامد، آزاده است؛ امّا آن دیگری که بردهٔ شهوات است، با لذّت زندگی می‌کند و با تلخی می‌میرد.

بندهٔ شهوت ندارد خود خلاص　　جز به فضل ایزد و انعامِ خاص ۳۸۳۲

بندهٔ شهوات نمی‌تواند خود را بِرَهاند، مگر فضل الهی او را نجات دهد.

---

۱ - حدیث: إِنَّا مَعَاشِرَ الأَنْبِيَاء نُكَلِّمُ النَّاسَ عَلَى قَدْرِ عُقُولِهِمْ. پیامبر(ص) فرمود: ما سلسلهٔ انبیا با مردم متناسب با خردشان سخن می‌گوییم: احادیث، ص ۱۴۶. ۲ - **حُرّ** : آزاد، آزادمرد.

۳ - **بندگان** : اینجا بندگان هوا و هوس.

۴ - استاد همایی در مولوی نامه، ج ۱، ص ۷۳، در باب مسائل فقهی مثنوی می‌نویسد: شهادت بندهٔ مملوک در مذهب حنفی مسموع نیست و شافعیه نیز ظاهراً با این امر موافقت دارند؛ امّا در شیعهٔ امامی منشأ حکم و اثر است.

۵ - **برنسنجد** : به حساب نمی‌آورد. ۶ - **مُسْتَرَق** : به بندگی گرفته شده، اسیر کرده شده. ۷ - **مُر** : تلخ.

در چهی افتاد کآن را غور[1] نیست و آن گناهِ اوست، جبر و جور نیست ۳۸۳۳

او در چاهی افتاده که عمق آن معلوم نیست. این پیامدِ گناه و خطایِ خود اوست، نه جبر و جور.

در چهی انداخت او خود را که من در خـورِ قـعرش نـمی‌یابم رَسَـن[2] ۳۸۳۴

خود را در چاهِ هولناکِ عمیقی افکنده است که طنابی متناسب با آن نمی شناسم.

بس کنم، گر ایـن سـخن افـزون شـود خود جگر چه بْوَد؟ که خارا خون شود ۳۸۳۵

سخن را به پایان می آورم؛ زیرا اگر بیش از این بگویم، جگر که هیچ، سنگ خارا نیز خون می شود.

این جگرها خون نشد، نه از سختی است غـــفلت و مشـغولی و بَـدبختی است ۳۸۳۶

اگر با شنیدن این کلام، جگر خون نشود، از قوّتِ مردانگی نیست، از غفلت و اشتغالِ به غیر و بدبختی است.

خون شود، روزی که خونَش سود نـیست خون شو، آن وقتی که خون مردود نیست ۳۸۳۷

جگر روزی از فرط ندامت خون خواهد شد که سودی ندارد. روزی خون شو که خون شدن مردود نشده است و فرصتی برای جبران هست.

چون گواهی بندگان مـقبول نـیست عدلْ او باشد که بندهٔ غـول نـیست ۳۸۳۸

چون شهادتِ بندگان مقبول نیست، شـاهد عـادل کسـی است کـه بـندهٔ غـولان رهـزن [وسوسه‌هایِ شیطانی و نَفْسانی] نشده است.

گشت اَرْسَـلْناکَ شـاهِدْ[3] در نُـذُر[4] زانکه بود از کَوْن[5] او حُرِّ بن حُـر[6] ۳۸۳۹

در قرآن می‌فرماید: «ای محمّد، تو را شاهد و گواه فرستادیم»؛ زیرا او از اصل آزاده بود.

چونکه حُرَّم، خشم کِی بـندد مـرا؟ نیست اینجا جز صفاتِ حـق، درآ ۳۸۴۰

چون من آزاده‌ام، خشم نمی‌تواند مرا اسیر خود کند و تجلّیات دل من جز صفات حق نیست.

آنـــدرآ، کآزاد کـردت فـضلِ حـق زانکه رحمت داشت بر خشمش سَبَق[7] ۳۸۴۱

در آی که اینک فضل خداوند تو را از کفر رهانید؛ زیرا رحمت حق بر غضب او پیشی دارد.

---

۱ - **غور**: عمق. ۲ - **رَسَن**: طناب، ریسمان.

۳ - اشارتی قرآنی؛ احزاب: ۴۵/۳۳: یا أَیُّها النَّبِیُّ إِنّا أَرْسَلْناکَ شاهِداً: ای پیامبر، ما تو را به عنوان شاهد و گواه فرستادیم. [گواه امّت و شاهد وگواه انبیای پیشین] ۴ - **نُذُر**: ترس، بیم، انذار.

۵ - **ازکَون**: از اصل، از آغاز. ۶ - **حُرِّ بن حُر**: آزادهٔ فرزند آزاده.

۷ - اشاره به حدیث قدسی: سَبَقَتْ رَحْمَتي غَضَبي: رحمت من بر غَضَبم پیشی دارد: احادیث، ص ۴۳۷.

اندرآ، اکنون که رَستی از خطر　　　سنگ بودی، کیمیا، کردت گُهر ۳۸۴۲

اکنون، پیش آی که از خطر رهایی یافتی، دل تو، مانند سنگ بود که کیمیای نظرِ من آن را به گوهر مبدّل کرد.

رسته‌ای از کُفر و خارستانِ او　　　چون گُلی، بشکُف به سروستانِ هُو ۳۸۴۳

اینک که از کفر و حق ستیزی رهایی یافتی، مانند گلی در سروستان الهی شکوفا باش.

تو منی و من تُوَم ای مُحتشم!　　　تو علی بودی، علی را چون کُشَم؟ ۳۸۴۴

ای مرد بزرگ، تو من شده‌ای و من تو، تو جزوی از «علی» هستی، چگونه علی را بکشم؟

معصیت کردی بِهْ از هر طاعتی　　　آسمان پیموده‌ای در ساعتی ۳۸۴۵

گناهی کردی که از هر طاعتی بهتر بود و تو را به حق نزدیک کرد که توانستی آسمان حقایق را به لحظه‌ای درنَوَردی.

بس خجسته معصیت کآن کرد مرد　　　نه ز خاری بردَمَد اوراقِ وَرد؟ ۳۸۴۶

گناهی که آن مرد مرتکب شد، بس مبارک بود؛ زیرا از لابه‌لایِ آن گل عشق رویید، همان‌گونه که از میان خارها گل سرخ می‌دمد.

نه گناه عُمَّر و قصدِ رسول　　　می‌کشیدش تا به درگاهِ قبول؟[1] ۳۸۴۷

مگر گناه عمر که قصد جان رسول(ص) را داشت، او را به بارگاه قبول نرسانید؟

نه به سحرِ ساحران، فرعونشان　　　می‌کشید، و گشت دولت عونشان؟ ۳۸۴۸

مگر فرعون به سبب سحر ساحران را نخواند و این معصیت برای آنان اقبال نبود.

گر نبودی سِحرشان و آن جُحود[2]　　　کِی کشیدیشان به فرعونِ عَنود[3] ؟ ۳۸۴۹

اگر جادوگری و انکار آنان نبود، چه چیزی آن‌ها را به بارگاه فرعون ستیزه‌جو می‌آورد؟

---

۱ - منابع اسلامی نوشته‌اند: عمر بن الخطّاب در حالی که شمشیر بسته بود از خانه بیرون آمد و قصد حمله به رسول خدا(ص) را داشت. در راه یکی از مسلمانان به او برخورد و از نیّت او مطّلع شد و به او گفت: بهتر نیست ابتدا کار خانوادهٔ خودت را اصلاح کنی که خواهرت و شوهرش اسلام آورده‌اند، عمر آهنگ خانهٔ خواهر راکرد، از پشت در صدای خواندن سورهٔ طه را شنید و پس از ورود به منزل و درگیری با خواهر و شوهرش، ورقی را که بر آن سورهٔ طه نوشته شده بود خواست و آن را خواند و گفت: این سخن چقدر پرارزش است، مرا به سوی محمّد(ص) راهنمایی کنید و چنین بود که در خانه‌ای نزدیک کوه صفا به رسول خدا(ص) پیوست و ایمان و اسلام آورد [سال ششم بعثت]: نهایة الارب، ج ۱، صص ۲۴۵-۲۴۲.　　۲ - **جُحود** : انکار کردن.　　۳ - **عَنود** : ستیزنده.

کِی بدیدندی عصا و معجزات؟ معصیت طاعت شد[1] ای قوم عُصَاة[2]! ۳۸۵۰

اگر به بارگاه فرعون فرا خوانده نمی‌شدند، چگونه عصا و معجزات موسی(ع) را می‌دیدند؟ ای قوم عاصی، اینجا معصیت به طاعت بدل شد؛ زیرا سببِ ایمان گردید.

ناامیدی را خدا گردن زَده‌ست چون گنه مانندِ طاعت آمده‌ست ۳۸۵۱

خداوند ناامیدی را از بین برده است که بندگان همواره به رحمت او امیدوار باشند؛ زیرا بسا گناه که به طاعت مبدّل شده است.

چون مُبدَّل می‌کند او سَیّئات[3] طاعتی‌اش می‌کند رَغمِ وُشاة[4] ۳۸۵۲

چون او سیّئات را به حسنات [بدی را به نیکی] مبدّل می‌کند، گناه را هم علی‌رغم میل منکران به طاعت بدل می‌نماید.

زین شود مرجومْ[5] شیطانِ رجیم[6] وز حسد او بِطَرقد[7]، گردد دو نیم ۳۸۵۳

برای همین است که شیطان رانده شده، سنگسار می‌گردد و از حسد می‌ترکد و دو نیمه می‌شود.

او بکوشد تا گناهی پرورد زآن گنه ما را به چاهی آورد ۳۸۵۴

شیطان می‌کوشد تا آدمی را به لغزش و گناه وادارد و او را به چاه گمراهی افکَنَد.

چون ببیند کآن گنه شد طاعتی گردد او را نامبارک ساعتی ۳۸۵۵

چون ببیند که آن گناه به طاعت بدل شد، برایش لحظهٔ دردناکی است.

اندرآ، من درگشادم مر تو را تُف زدی و تُحفه دادم مر تو را ۳۸۵۶

پیش آ که دری از لطف بر تو گشودم، آب دهان افکندی و به تو هدیه‌ای عظیم دادم.

مر جفاگر را چنین‌ها می‌دهم پیشِ پایِ چپ[8] چه‌سان سر می‌نهم؟ ۳۸۵۷

ببین که جفاگر را چنین هدیه می‌دهم و در برابرِ مُنکر چگونه افتادگی می‌کنم؟

---

۱ - حدیثی به نقل از رسول خدا(ص) می‌گوید: گاهی گناهی انسان را بهشتی می‌کند؛ زیرا گناه همواره جلو چشم اوست و انگیزهٔ توبه‌اش می‌شود: احادیث، ص ۱۴۷. ۲ - **عُصَاة** : جمع عاصی، سرکش و طغیانگر.

۳ - اشارتی قرآنی؛ فرقان : ۷۰/۲۵ : إِلاّٰ مَنْ تٰابَ وَ آمَنَ وَ عَمِلَ عَمَلاً صٰالِحاً فَأُولٰئِكَ يُبَدِّلُ اللّٰهُ سَيِّئٰاتِهِمْ حَسَنٰاتٍ : مگر کسانی که توبه کنند و ایمان آورند و عمل صالح انجام دهند که خداوند اعمال بدشان را به اعمال نیک مبدّل خواهد کرد. ۴ - **وُشاة** : جمع واشی، نمّام، سخن‌چین. ۵ - **مرجوم** : رانده شده.

۶ - **رجیم** : رانده شده، ملعون. ۷ - **بِطَرقد** : بترکد.

۸ - **با پای چپ گام نهادن** : کنایه از عدم اعتقاد و انکار. «کسی که با پای چپ گام می‌نهد»: مُنکر، تبهکار.

پس وفاگر را چه بخشم؟ تو بدان　　گنج‌ها و مُلک‌هایِ جاودان ۳۸۵۸

پس آگاه باش که به معتقدانِ وفاپیشه، گنج‌های عالی روحانی و ملک‌های جاودان می‌بخشم.

گفتنِ پیغامبر صَلَّی اللهُ عَلَیْهِ وَ سَلَّم، به گوشِ رکابدارِ امیرالمؤمنین علی کَرَّمَ اللهُ وَجْهَه، که: کُشتنِ علی بر دستِ تو خواهد بودن، خبرت کردم[1]

رسول اکرم(ص) به ابن ملجم فرمود: روزی فرا می‌رسد که تو علی(ع) را به شهادت خواهی رساند. ابن ملجم نزد علی(ع) رفت و گفت: پیش از آنکه دست من به چنین جُرمی آلوده گردد مرا هلاک کن؛ امّا علی(ع) پاسخ داد که چون کشته شدن من به دست تو تقدیر الهی است، به قضا باید رضا داد و پیش از آنکه جُرمی مرتکب گردی، نمی‌توان بر تو حُکمی راند. این کار قِصاص پیش از جنایت است و من چنین نخواهم کرد

من چنان مَردم که بر خونیِّ خویش　　نوشِ لطفِ من نشد در قهرْ نیش ۳۸۵۹

مردانگی من چنان است که به قاتل خویش نیز لطف و احسانم به خشم و قهر نگرایید.

---

۱ - مأخذ این حکایت روایاتی است که در کتب احادیث و طبقات صحابه نقل شده و اینک چند روایت را که مولانا آن‌ها را به هم آمیخته و در این قصّه آورده است، نقل می‌کنیم:

در کتاب دلائل النُّبوه، ص ۲۰۲، به نقل از عمار یاسر می‌نویسد: من و علی بن ابی‌طالب(ع) در غزوة العشیر با هم بودیم و در جایی منزل گزیدیم و به استراحت پرداختیم. بین ما فقط رسول خدا(ص) بیدار بود. آن حضرت به علی(ع) نزدیک شد و در حالی که به پاهای خاک‌آلودش اشاره می‌کرد فرمود برخیز. می‌خواهی خبرت کنم از شقی‌ترین مردم؟ یکی سرخ‌چهره‌ای از قوم ثمود است که ناقهٔ صالح را کشت و دیگری آن کس که تارک تو را می‌شکافد و این محاسن را به خون آن، رنگین می‌کند. آنگاه به علی اشاره کرد و محاسنش را در دست گرفت.

نظیر آن روایتی است که سیوطی در جامع صغیر، چاپ مصر، ج ۱، ص ۱۱۲ آورده است: از ثعلبة بن یزید حمانی روایت شده است که گفت: از علی(ع) شنیدم که چنین نقل کرد: شهادت می‌دهم که رسول خدا(ص) در حالی که به سر و محاسن من اشاره می‌کرد به من فرمود: این را به آن رنگین خواهند کرد یعنی محاسنت را به خون سرت.

در طبقات ابن سعد، جزء ثالث از قسم اوّل، ص ۲۳ و ۲۴ چنین روایت شده است: حضرت علی(ع) مردم را به بیعت فرا خواند، وقتی عبدالرحمان بن ملجم مرادی جلو آمد دو بار او را برگرداند و بار بعد به او فرمود: شقی‌ترین مردم قرار نیست بازداشت گردد هرچند محاسنم را به خون سرم رنگین خواهد کرد، آنگاه به این دو بیت استشهاد کرد:

کمرت را برای شهادت ببند که قطعاً به سوی تو خواهد آمد
و چون شهادت به وادی تو قدم گذاشت بیتابی مکن

در شرح نهج‌البلاغه، ج ۴، ص ۵۴۴، تفسیر ابوالفتوح، ج ۴، ص ۳۱۳: هنگامی که آن حضرت ابن ملجم را دید فرمود: من زندگی و حیات او را می‌خواهم و او مرگ مرا می‌خواهد، آنگاه شعر را تلاوت کرد. به آن حضرت گفتند: او را به قتل رسان. فرمود: چگونه قاتل خود را به قتل رسانم؟ : احادیث، صص ۱۴۹-۱۴۷.

گفت پیغمبر به گوشِ چاکرم   کو بُرَد روزی زگردن این سَرَم ۳۸۶۰

پیامبر(ص) درگوش چاکر و غلامِ من گفت: روزی فرا خواهد رسید که تو علی را می‌کشی.

کرد آگه آن رسول از وحیِ دوست   که هلاکم عاقبت بر دستِ اوست ۳۸۶۱

رسول(ص) از طریق وحی الهی آگاه بود و به ابن ملجم گفت که او مرا هلاک خواهد کرد.

او همی گوید: بکُش پیشین مرا   تا نیاید از من این منکَر خطا ۳۸۶۲

او می‌گوید: مرا هلاک کن تا چنین گناه و خطای زشتی از من سر نزند.

من همی گویم: چو مرگِ من ز توست   با قضا من چون توانم حیله جُست؟ ۳۸۶۳

من می‌گویم: چون مقدّر است که مرگ من به دست تو باشد، چگونه با قضای الهی حیله‌ای درکار آورم؟

او همی افتد به پیشم کِای کریم!   مر مرا کن از برای حق دو نیم ۳۸۶۴

او در برابر من بر زمین می‌افتد که ای کریم، از برای خدا مرا دو نیمه کن.

تا نه آید بر من این انجامِ بد   تا نسوزد جانِ من بر جانِ خَود ۳۸۶۵

مرا بکش تا چنین عاقبتی نصیبم نگردد و جان من با هلاکِ جانِ جان به دوزخ نیفتد.

من همی گویم: برو، جَفَّ ٱلقَلَمْ[1]   زآن قلم، بس سرنگون گردد عَلَم ۳۸۶۶

من می‌گویم: این را قلم تقدیر نوشته، قلمی که چه بسا پرچم‌ها را سرنگون کرده است.

هیچ بُغضی نیست در جانم ز تو   زانکه این را من نمی‌دانم ز تو ۳۸۶۷

در دل من نسبت به تو بغض و کینه‌ای نیست؛ زیرا این کار را از تو نمی‌دانم. این قضای الهی است که بر دست تو جاری می‌شود. [ویژگی‌های درونی تو با آن انطباق دارد.]

آلتِ حقّی تو، فاعل دستِ حق   چون زنم بر آلتِ حق طعن و دَق؟ ۳۸۶۸

تو وسیلهٔ انجام این فعل هستی و فاعل حقیقی خداوند است. چگونه بر ابزاری که حق تعالیٰ برای فعلی برگزیده است، طعنه زنم و سرزنش کنم؟

---

۱ - حدیث: جَفَّ الْقَلَمُ بِمَا هُوَ كَائِنٌ: قلم به آنچه باید باشد رقم خورده است. [سرنوشت تعیین شده تغییر نخواهد کرد.]

قَالَ أَبُوهُرَيْرَةَ قَالَ لِيَ النَّبِيُّ صَلَّى الله عَلَيْهِ وَ آلِهِ وَ سَلَّمَ جَفَّ الْقَلَمُ بِمَا أَنْتَ لَاقٍ: ابوهریره از پیامبر(ص) نقل کرده است که فرمود: قلم به آنچه ناگزیر از آنی رقم خورده است: احادیث، ص ۱۴۹.

آنچه سرنوشت توست و باید با آن ملاقات کنی لایتغیّر است.

گفت او: پس آن قصاص از بهرِ چیست؟ گفت: هم از حقّ و آن سرِّ خفی‌ست ۳۸۶۹

او پرسید: پس قصاص برای چیست؟ علی(ع) گفت: حق تعالیٰ خواسته و سِرّی نهانی است.

گر کند بر فعلِ خود او اعتراض ز اعتراض ِ خود برویاند ریاض[1] ۳۸۷۰

اگر خداوند بر فعلِ خود اعتراض کند و وسیلهٔ این فعل را کیفر دهد، این جزا نتیجهٔ خاصّیت ذاتی و صفاتی فردی است که ویژگی‌های درونی‌اش با عملی که انجام داده، به ظهور رسیده است. کیفر، قطع کردن ریشه‌ای از ریشه‌های بد و مضرّ اجتماع است.

اعتراض او را رسد بر فعلِ خَود زانکه در قَهر است و در لطف، او اَحَد ۳۸۷۱

تنها خداوند می‌تواند بر فعلِ خود اعتراض کند؛ زیرا در قهر و لطف بی‌همتاست.

اندر این شهرِ حوادث میر اوست در ممالکِ مالکِ تدبیرْ اوست ۳۸۷۲

در این دنیای پُر حادثه، حاکم مطلق اوست که دارای تدبیر و مالک بی‌چون و چراست.

آلتِ خود را اگر او بشکند آن، شکسته گشته را نیکو کند ۳۸۷۳

اگر ابزار و وسیلهٔ خود را بشکند، آن شکسته را التیام می‌بخشد و نیک می‌دارد.

رمز نَنْسَخْ آیَةً اَوْ نُنْسِها[2] **نَأْتِ خَیْراً در عَقِب می‌دان مِها** ۳۸۷۴

ای بزرگ مرد، این رمز را در باب که می‌فرماید: «ما آیه‌ای را نسخ می‌کنیم» و در ادامه می‌فرماید: «بهتر از آن را می‌آوریم»، پس آیهٔ ناسخ بهتر از آیهٔ منسوخ است.

هر شریعت را که حق منسوخ[3] **کرد او گیا**[4] **بُرد و عوض آورد وَرْد**[5] ۳۸۷۵

هر شریعت و آیینی را که خداوند منسوخ کرد، گویی گیاهی را برد و گل سرخی را آورد.

شب کند منسوخ شغلِ روز را بین جمادیّ خردافروز را ۳۸۷۶

با فرود آمدن شب، اعمال روزانه لغو می‌شود و آدمی به استراحت می‌پردازد، توجّه کن که چگونه در شبِ ساکن و بی‌تحرّک، قوای جسمی و ذهنیِ تحلیل رفته، مجدّداً قوّت می‌یابند.

---

۱ - **ریاض**: جمع روضه، باغ، بوستان.

۲ - اشارتی قرآنی؛ بقره: ۱۰۶/۲: مٰا نَنْسَخْ مِنْ آیَةٍ أَوْ نُنْسِهٰا نَأْتِ بِخَیْرٍ مِّنْهٰا أَوْ مِثْلِهٰا: هیچ حُکمی را نسخ نمی‌کنیم، و یا نسخ آن را به تأخیر نمی‌اندازیم مگر بهتر از آن یا همانندش را جانشین آن می‌سازیم.

۳ - **منسوخ**: متروک شده. ۴ - **گیا**: گیاه. ۵ - **وَرْد**: گل سرخ.

۳۸۷۷ **بـاز شب مـنسوخ شـد از نـورِ روز تا جمادی سـوخت زآن آتش‌فـروز**

باز با طلیعهٔ روز، شب و احوال آن از بین می‌رود و درخشش خورشید سکون را زایـل می‌کند و تکاپو شروع می‌شود.

۳۸۷۸ **گرچه ظلمت آمد آن نَوْم[۱] و سُبات[۲] نی درونِ ظلمت است آبِ حیات[۳]؟**

هرچند که خواب و آرامش در ظلمتِ شب مقدّر شده است؛ امّا مگر آب حیات درون ظلمات نیست؟

۳۸۷۹ **نه در آن ظلمت خردها تـازه شـد؟ سکـــته‌یی ســرمایهٔ آوازه شــد؟**

مگر در شب و به هنگام خواب و آسایش، خردها شادابی و طراوت نـمی‌یابند؟ مگـر مکثِ آوازه‌خوان هنگام خواندن به او کمک نمی‌کند که بخواند؟

۳۸۸۰ **کــه ز ضــدها ضــدّها آمـد پـدید در سُــوَیدا روشـــنایی آفــرید**

که هر ضدّی با ضدّ خود آشکار مـی‌گردد، در سویدای دل کـه نـقطه‌ای سیاه است، خداوند نور خویش را هویدا کرد.

۳۸۸۱ **جــنگِ پــیغمبر مـدارِ صـلح شـد صلحِ این آخر زمان، زآن جنگ بُد**

جنگ‌های پیامبر(ص) مبنا و محورِ صلح شد؛ زیرا این آرامش نتیجهٔ آن جنگ‌هاست.

۳۸۸۲ **صدهزاران سـر بُـرید آن دلستان[۴] تــا اَمــان یــابد سرِ اهـلِ جـهان**

در جنگ‌های پیامبر(ص) گروه کثیری به هلاکت رسیدند تا دیگران بتوانند در امان زندگی کنند.

۳۸۸۳ **بــاغبان زآن مــی‌بُرَد شــاخِ مُـضِّر تــا بــیابد نــخلْ قـامت‌ها و بِـرّ[۵]**

باغبان هم شاخه‌ها و گیاهانِ زیان‌آور را می‌بُرَد تا درخت نخل و دیگر درختان ببالند و نیکو شوند.

۳۸۸۴ **مـی‌کَنَد از بـاغ، دانـا آن حشـیش[۶] تــا نُــماید بـاغ و مـیوه خُـرَّمی‌ش**

باغبان آگاه گیاه خشک و علف‌های هرزه را می‌کَنَد تا باغ و میوه‌ها طراوتشان را نشان دهند.

۳۸۸۵ **مــی‌کَنَد دنــدانِ بــد را آن طـبیب تــا رَهَـد از درد و بـیماری حـبیب**

طبیب هم دندان فاسد را می‌کشد تا دوست از درد و بیماری رهایی یابد.

---

۱ - **نوم :** خواب. ۲ - **سُبات :** آرامش. ۳ - **آب حیات :** ر.ک: ۵۷۸/۱. ۴ - **دلستان :** رباینده دل.
۵ - **بِرّ :** خوبی و نیکویی. ۶ - **حشیش :** گیاه خشک. در استعمال شعرای پارسی زبان مطلق گیاه.

پس زیادت‌ها درونِ نقص‌هاست   مر شهیدان را حیات اندر فناست ۳۸۸۶

پس از کاستی‌ها، فزونی‌ها زاده می‌شود، شهیدان هم با ایثار جان به حیات جاودان می‌رسند.

چون بُریده گشت حلقِ رزق‌خوار   یُرْزَقُونَ فَرِحِینَ[1] شد گوار ۳۸۸۷

چون گلویِ خورندهٔ روزی بریده شود، «شادمانه روزی می‌خورند»، مصداق آن است.

حلقِ حیوان چون بریده شد به عدل   حلقِ انسان رُست و افزونید فضل ۳۸۸۸

حیوانی را که به عدل حلقومش را می‌برند، خوراکِ آدمی می‌شود و جذبِ وجود وی می‌گردد و تکامل می‌یابد، پس حیوان هم از طریق کاستی، فزونی دارد.

حلقِ انسان چون بِبُرَّد، هین! ببین   تا چه زاید؟ کن قیاسِ آن بر این ۳۸۸۹

آگاه باش و قیاس کن که اگر حلق انسان بریده شود، تاچه حدّ فزونی و کمال خواهد یافت.

حلقِ ثالث زاید و تیمارِ او   شربتِ حق باشد و انوارِ او ۳۸۹۰

از بریدن گلوی جسمانی، گلوی سومی پدید می‌آید که تغذیه‌اش شربتی از انوار الهی است.

حلقِ بُبریده خورَد شربت، ولی   حلقِ از لا[2] رَسته، مُرده در بلیٰ[3] ۳۸۹۱

گلویی که در راه حق بریده شود، شربتی از لطف حق می‌نوشد؛ ولی حلق عارف که از نفی اغیار گذشته و در اثبات جلال الهی است، با عشق میثاق روز اَلَست از دنیا رسته و به حق پیوسته است.

بس کن ای دون همّتِ کوتَه بَنان[4]   تا کِیَت باشد حیاتِ جان به نان؟ ۳۸۹۲

ای پست همّت که فقط در کسبِ لذّات دنیوی می‌کوشی، تا کی با حیات مادّی از عالم معنا بی بهره باشی؟

---

۱ - اشارتی قرآنی؛ آل عمران: ۱۶۹/۳ و ۱۷۰: وَ لاَ تَحْسَبَنَّ ٱلَّذِینَ قُتِلُوا فِی سَبِیلِ ٱللهِ أَمْوَاتاً بَلْ أَحْیَآءٌ عِنْدَ رَبِّهِمْ یُرْزَقُونَ فَرِحِینَ بِمَآ ءَاتیٰهُمُ ٱللهُ مِنْ فَضْلِهِ: و کسانی را که در راه خدا کشته شده‌اند، مرده مپندار، بلکه اینان زنده‌اند و در نزد پروردگارشان روزی دارند از آنچه خداوند از لطف خویش به آنان بخشیده شادمان‌اند.

۲ - **لا و الاّ**: ر.ک: ۱۷۶۸/۱ و ۳۰۶۷/۱.

۳ - **بلیٰ**: اشاره‌ای به روز اَلَست، ر.ک: ۱۲۴۶/۱. عارف واصل گلوی نفس خویش را با رنج تهذیب و طاعات و عبادات بریده است.

۴ - **کوته بَنان**: کوته انگشت، اینجا کنایه از کسی که دستش به عوالم معنوی نمی‌رسد، اهل دنیا.

زآن نـداری میـوه‌یی مـانندِ بیـد	کآبِ رُو بُـردی پـیِ نـانِ سپیـد	۳۸۹۳

زندگی تو حاصل معنوی ندارد و مانند درخت بید بی‌ثمر است؛ زیرا تلاش‌ات فقط در جهت نان و برآوردن نیازهای تن بوده و آبروی خود را در مقام یک انسان که می‌تواند به مقامات معنوی عالی دست یابد، برده‌ای.

گر ندارد صبر زین نان جانِ حس	کیمیا را گیر و زرگردان تو مس	۳۸۹۴

اگر تن تو قادر به تحمّل ریاضت و گرسنگی و امساک نیست، وجودت را که مانند مس است به دست پیران واصل بسپار و آنان را به عنوان کیمیاگری که وجودشان می‌تواند مس وجود سالک را به زرّ مبدّل سازد، بپذیر.

جامه‌شویی کرد خواهی ای فلان!	رُو مگردان از محلّهٔ گـازُران¹	۳۸۹۵

ای انسان، اگر قصد شست‌وشوی نفس خویش را داری و می‌خواهی تن و جانت را از هوا و هوس پاک کنی، از همنشینی و مصاحبت شویندگان نفس روی مگردان.

گرچه نان بشکست مر روزهٔ² تو را	در شکسته بند³ پیچ و برترآ⁴	۳۸۹۶

هرچند که لذایذ مادّی، تو را به دنیا پای‌بند کرده است، ناامید مباش. خود را به انسان کامل که مانندِ شکسته‌بندی ماهر عمل می‌کند، بسپار و اوج بگیر.

چـون شکسته‌بند آمـد دستِ او	پس رُفو⁵ بـاشد یقین اشکستِ او	۳۸۹۷

چون دست انسان کامل مانند شکسته‌بند نقایص را ترمیم می‌کند؛ پس واقف باش که در سلوک، گاه مرشد برای اصلاح مرید وی را در هم شکند؛ امّا بدان که این شکستگی عین درمان و رفوگری است.

گــر تـو آن را بشکنی، گــوید: بیـا	تو درستش کن، نداری دست و پا	۳۸۹۸

اگر خودت پای حرکت معنوی‌ات را با پیروی از هوا و هوس بشکنی، انسانِ کامل خواهد گفت: درستش کن؛ امّا نمی‌توانی؛ چون مرید توانایی این کار را ندارد.

پس شکستن حقِّ او بـاشد کـه او	مـر شکسته گشتـه را داند رُفو	۳۸۹۹

پس شکستن حقِّ کسی است که به خوبی رفوگری و التیام جراحت را می‌داند.

---

۱ - **گازُر**: جامه‌شوی. ۲ - **روزه**: اینجا کنایه از «ترک دنیا» و گرایش به معنویات.
۳ - **شکسته بند**: اینجا کنایه از مُرشد کامل، مرد حق. ۴ - **برترآ**: متعالی شو.
۵ - **رُفو**: ترمیم و دوختن محلِّ پارگی پارچه به شکلی که قابل تشخیص نباشد.

آنکه داند دوخت، او داند درید　　هرچه را بفروخت، نیکوتر خرید ۳۹۰۰

کسی که از دوختن آگاه است، می‌تواند پارچه را پاره کند و هرچه را که فروخت، نیکوتر بخرد.

خانه را ویران کند زیر و زبر　　پس به یک ساعت کند معمورتر[1] ۳۹۰۱

قدرت حق، خانه‌ای را زیر و زبر می‌کند و به ساعتی آن را آبادتر و بهتر می‌سازد.

گر یکی سر را بِبُرَّد از بدن　　صد هزاران سر بر آرَد در زمن ۳۹۰۲

اگر به ارادهٔ او سری از تن جدا گردد، به لحظه‌ای صد هزار سر را جایگزین آن می‌کند.

گر نفرمودی قِصاصی بر جُناة[2]　　یا نگفتی: فی ٱلقِصاصْ آمد حیات[3] ۳۹۰۳

اگر برای جنایتکاران قصاص را الزام نکرده و نفرموده بود که در قصاص حیات است،

خود که را زَهره بُدی تا او ز خَود　　بر اسیرِ حُکم حق تیغی زند؟ ۳۹۰۴

چه کسی جرأت داشت بدون فرمان او بر اسیرِ حکم خداوند زخمی بزند؟

زانکه داند هر که چشمش را گشود　　کآن کُشنده سُخرهٔ[4] تقدیر بود ۳۹۰۵

زیرا هر کس که چشم دلش گشوده باشد، می‌داند که قاتل، اسیرِ سرنوشت است.

هر که را آن حُکم بر سر آمدی　　بر سرِ فرزند هم تیغی زدی ۳۹۰۶

هر کسی که فرمان سرنوشتش چنین باشد، بر سر فرزند خویش نیز شمشیر خواهد زد.

رو، بترس و طعنه کم زن بر بدان　　پیشِ دامِ حُکم، عجزِ خود بدان ۳۹۰۷

برو و بترس. بر بدان طعنه مزن، عجزِ خود را در برابر دام تقدیر الهی باور کن.

---

۱ - **معمور**: آباد.　۲ - **جُناة**: جمعِ جانی.

۳ - اشارتی قرآنی؛ بقره: ۱۷۹/۲: وَ لَکُمْ فِی الْقِصاصِ حَیاةٌ یا أُولی الْأَلْبابِ: و در قصاص زندگی برای شما وجود دارد، ای صاحبان خرد و فهم.　۴ - **سُخره**: بازیچه و مسخره دیگران شدن.

تعجّب کردنِ آدم علیه‌السّلام، از ضَلالتِ[1] ابلیسِ لعین[2] و عُجب آوردن[3]

چشم آدم بر بلیسی کو شقی[4]ست — از حقارت وز زِیافت[5] بنگریست ۳۹۰۸

آدم(ع) روزی بر ابلیس بدبخت به چشم حقارت و پستی و زشتی نگریست.

خویش بینی کرد[6] و آمد خودگزین[7] — خنده زد بر کارِ ابلیسِ لعین ۳۹۰۹

دچار خودبینی بود. خویش را برتر می‌دید و بر کار ابلیسِ ملعون خندید.

بانگ برزد غیرتِ حق کِای صفی[8]! — تو نمی‌دانی ز اسرارِ خفی ۳۹۱۰

غیرت حق بر او خروشید و بانگ بر آمد که ای آدم، تو از اسرار نهان آگاه نیستی.

پوستین را بازگونه گر کُند[9] — کوه را از بیخ و از بُن بر کَنَد[10] ۳۹۱۱

اگر حق تعالیٰ تقدیر را تغییر دهد، می‌بینی که ابلیس چگونه کوه هستی و غرور خود را از بیخ و بن می‌کَنَد.

پردهٔ صد آدم آن دم بر دَرَد[11] — صد بلیسِ نو مسلمان آوَرَد ۳۹۱۲

در آن شرایط پردهٔ آبروی صد آدم، مانند تو را می‌دَرَد و صد شیطانِ نومسلمان را می‌آوَرَد.

گفت آدم: توبه کردم زین نظر — این چنین گستاخ نندیشم دگر ۳۹۱۳

آدم(ع) گفت: توبه کردم که بعد از این چنین گستاخانه و بی‌محابا نیندیشم.

یا غِیاثَ آلمُسْتَغیثین[12] اِهْدِنا — لَا افْتخارَ بِالعُلوم وَ آلغِنیٰ ۳۹۱۴

ای غیاث المستغیثین، ما را هدایت کن. دانش و ثروت افتخاری نیست. [نمی‌توانیم به دانش اکتسابی و غنای ظاهری یا باطنی خویش تکیه کنیم و از هدایتت بی‌نیاز باشیم.]

---

۱ - **ضَلالت** : گمراه شدن. ۲ - **لعین** : مردود، مطرود. ۳ - **عُجب آوردن** : تعجّب کردن.
۴ - **شقی** : بدبخت. ۵ - **زیافت** : زشتی. ۶ - **خویش‌بینی کرد** : خودبین شد.
۷ - **خودگزین** : خودپسند. ۸ - **صفی** : دوستِ صافی.
۹ - اگر ورق را برگرداند، اگر سرنوشت را عوض کند. ۱۰ - همه چیز عوض می‌شود.
۱۱ - اگر اسرارِ تو و صدها مانند تو را فاش کند. ۱۲ - **غیاث المستغیثین** : فریادرس دادخواهان.

۳۹۱۵ **لا تُــزِغْ قَــلْباً[1] هَــدَیْتَ بِــالکَرَم   واَصْرِفِ السُّوءَ الّـذی خَـطَّ اَلْقَـلَم**

دلِ ما را بعد از آنکه به کَرَم هدایت کردی، منحرف نکن و بدی را کـه قـلم سـرنوشت نوشته است، از ما بگردان.

۳۹۱۶ **بگــذران از جـانِ مـا سُوءُ اَلْـقَضٰا   وامَــبُر مــا را ز اِخــوانِ صــفا[2]**

خداوندا، جانِ ما را از قضایِ بد بِرَهان و به سبب کارهایِ زشت از برادرانِ اهلِ دل دور نکن.

۳۹۱۷ **تـلخ‌تر از فُـرقتِ تـو هـیچ نـیست   بـی‌پناهت غـیرِ پـیچاپیچ[3] نـیست**

چیزی تلخ‌تر از فِراق تو نیست. اگر پناهگاه ما نباشی، همواره گرفتار و سردرگُم هستیم.

۳۹۱۸ **رختِ ما[4] هم رختِ مـا[5] را راه زن   جِسم ما مر جانِ مـا را جـامه کَـن**

زندگی دنیویِ ما، رهزن زندگیِ معنویِ ماست؛ یعنی جسمِ ما رهزنِ روح ماست.

۳۹۱۹ **دستِ ما چون پایِ ما را می‌خورد   بی‌امانِ تو کسی جـان چـون بَـرَد؟**

ما دست به اعمالی می‌زنیم که تعالی جانمان زوال می‌یابد، بدون پناهِ تو چه کسی از این ورطه جان سالم به در می‌برد؟

۳۹۲۰ **ور بَرَد جان زین خـطرهایِ عـظیم   بُــرده بــاشد مــایهٔ اِدبـار و بـیم[6]**

و اگر کسی بدون امان الهی تو از این خطر ها جان به در بَرَد، آن جانِ ناقص مایهٔ بدبختی و بیم است.

۳۹۲۱ **زانکه جان، چون واصلِ جانان نبود   تا ابد با خویش کـور است و کـبود**

زیرا جان اگر به جانان اتّصال نیابد، تا ابد ناقص و زشت خواهد بود.

---

۱ - اشارتی قرآنی؛ آل عمران : ۸/۳ : رَبَّنا لاٰ تُزِغْ قُلُوبَنٰا بَعْدَ إِذْ هَدَیْتَنٰا وَ هَبْ لَنٰا مِنْ لَدُنْكَ رَحْمَةً : پروردگارا، دل‌های ما را بعد از آنکه ما را هدایت نمودی، منحرف مگردان و از سوی خود رحمتی بر ما ببخش.
استدعای بندگان مؤمن که عالم و دانشمندند، برای رهایی از لغزش‌ها.

۲ - **اخوان الصفا :** انجمنی مخفی بود که در اواسط قرن چهارم هجری در بصره و بغداد تشکیل شد، اعضای آن علما و دانشمندان بزرگ اسلام بودند، مرام اصلی آنان این بود که می‌گفتند: دیانت اسلام به خرافات و اوهام آمیخته شده و برای پاک کردن آن جز فلسفه راهی نیست و نتایج افکارشان به صورت رسایلی بیرون آمد که اکنون در دست است و شامل ۵۲ مقاله است و اکثراً پخته و استوار است. به نظر نمی‌رسد که این بیت اشاره به آنان باشد. نقل از: تاریخ ادبیات ایران، ج ۱، ص ۳۲۰-۳۱۹.

۳ - **پیچاپیچ :** سردرگُمی، درگیری و گرفتاری.

۴ - **رختِ ما :** اینجا زندگی دنیوی ما.

۵ - **رختِ ما :** اینجا زندگی معنوی.

۶ - جانی که از وسوسه‌ها رهیده؛ امّا به تعالی و کمال نرسیده است.

چون تو ندهی راه، جان خود بُرده‌گیر   جان که بی‌تو زنده باشد، مُرده گیر ۳۹۲۲

اگر تو راهی به حق ننمایی، جان از دست رفته است. جان با حیات مادّی مُرده است.

گر تو طعنه می‌زنی بر بندگان   مر تو را آن می‌رسد، ای کامران! ۳۹۲۳

ای خداوندِ کامران، اگر بر بندگان طعنه زنی، بر تو رواست.

ور تو ماه و مِهر را گویی جفا   ور تو قدِّ سرو را گویی دو تا ۳۹۲۴

اگر تو ماه و خورشید را بی‌نور بخوانی و جفا گویی، یا اگر سرو را خمیده و دو تا بگویی، رواست.

ور تو چرخ و عرش را خوانی حقیر   ور تو کان و بحر را گویی فقیر ۳۹۲۵

اگر آسمان یا عرش را حقیر خوانی و معدن و دریا را فقیر گویی،

آن، به نسبت با کمالِ تو، رواست   مُلکِ[1] اِکمالِ[2] فناها مر تو راست ۳۹۲۶

آن گفته‌ها در مقایسه با کمال الهی تو رواست، سلطنتِ کمال بخشیدن به هر چیزِ فانی، مختصّ توست.

که تو پاکی از خطر وز نیستی   نیستان را مُوجِد[3] و مُغنیستی[4] ۳۹۲۷

زیرا تو از آسیب و فنا منزّهی. موجودات فانی را به وجود آورده‌ای و تنها تو می‌توانی آنان را به غیر از حق، بی‌نیاز سازی.

آنکه رویانید، داند سوختن   زانکه چون بِدرید، داند دوختن[5] ۳۹۲۸

آن‌کس که آدمی را آفرید، می‌داند که چگونه می‌توان هستی موهومی او را سوزانید و به اصل خویش باز گردانید؛ زیرا تنها او قادر است جامهٔ «هستیِ امکانی» را بِدَرَد و جان را به حق اتّصال دهد.

می‌بسوزد هر خزان مر باغ را   باز رویاند گُلِ صبّاغ[6] را ۳۹۲۹

هر خزان، باغ و بوستان را می‌سوزاند و بهار گل و گیاه را با رنگ‌های گوناگون می‌رویاند و گویی بوستان را رنگ‌آمیزی می‌کند.

---

۱ - **مُلک** : سلطنت.   ۲ - **اکمال** : کامل کردن.   ۳ - **مُوجِد** : ایجاد کننده.

۴ - **مغنی** : بی‌نیاز کننده، «مغنیستی»: بی‌نیازکننده هستی.

۵ - مُراد آنکه: خداوند می‌داند که چگونه می‌توان هرکاری را انجام داد.   ۶ - **صبّاغ** : رنگرز.

کِای بسوزیده! برون آ، تازه شو بارِ دیگر خوب و خوب آوازه شو ۳۹۳۰

گویی ارادهٔ حق تعالیٰ به گل و گیاه سوخته از خزان می‌گوید: ای سوختگان، بیرون آیید و به شادابی و طراوت نشو و نما کنید، یکبار دیگر شاداب باشید و شهرهٔ زیبایی و طراوت شوید.

چشمِ نرگس کور شد، بازَش بساخت حلقِ نِی بُبْرید و بازَش خود نواخت ۳۹۳۱

چشمِ مستِ گُلِ نرگس در خزان از بین رفت و در بهار چشم مخمور را به او باز گرداند. حلقِ «نی» نیز با تیغِ خزان بریده شد و در بهار با نوازش رویید.

ما چو مصنوعیم و صانع نیستیم جز زبون و جز که قانع نیستیم ۳۹۳۲

چون ما آفریده‌ایم و آفریننده نیستیم، در برابر خالق خویش سر می‌نهیم و قانع ایم.

ما همه نَفْسی و نَفْسی[1] می‌زنیم گر نخواهی، ما همه آهرمنیم ۳۹۳۳

ما از دستِ نَفْس خویش به تو پناه می‌آوریم، اگر اجابت نکنی، اسیر وسوسه‌ها می‌مانیم و جز ابلیسی نخواهیم بود.

زآن ز آهرمن رهیدستیم ما که خریدی جانِ ما را از عَمیٰ ۳۹۳۴

چون جان ما را از کوری رهایی بخشیدی، توانستیم از چنگال اهریمن نجات یابیم.

تو عصاکَش، هرکه را که زندگی‌ست بی عصا و بی عصاکش، کور چیست؟[2] ۳۹۳۵

خداوندا، عنایت تو در حقّ آنان که حیات بخشیده‌ای، همانند وجود عصاکش و عصا برای کوران الزامی است، بدون عصا و عصاکش، نابینا چگونه راه خویش را خواهد یافت؟

غیرِ تو هرچه خوش است و ناخوش است آدمی سوز است و عینِ آتش است ۳۹۳۶

خداوندا، همه چیز جز ذات پاک تو، حیات ابدیِ آدمی را می‌سوزاند و بسان آتش است.

---

۱ - نفسی و نفسی، اشاره به حدیث: در روز رستاخیز، پیروان هر پیامبر از او تمنّا می‌کنند که از بهر ایشان شفاعت کند، تنها حضرت محمّد(ص) رو به حق تعالیٰ می‌کند و با زاری می‌گوید: «اُمَّتي، اُمَّتي» (امّت مرا رستگارکن، امّت مرا رستگار کن)، دیگر پیامبران زاری خواهند کرد که «نفسی، نفسی» [نفس مرا خلاص کن، نفس مرا خلاص کن]: شرح مثنوی مولوی، دفتر اوّل، ص ۵۱۴.

۲ - حدیث قدسی: ای بندگان من، جز آنان که من ایشان را هدایت کرده‌ام، همه گم‌کرده‌راه‌اید. از من بخواهید تا شما را هدایت کنم و من شما را هدایت خواهم کرد: شرح مثنوی مولوی، دفتر اوّل، ص ۵۱۵، به نقل از شرح کبیر انقروی، ج ۳، ص ۱۴۰۹.

هــر کــه را آتش پــناه و پُشت شـد هم مَجوسی[1] گشت و هم زردشت شد ۳۹۳۷

هر کس که به پیروی از نَفْسِ امّاره زندگی کند، همانند مجوسی که آتش را می‌پرستد،

---

۱ - **مَجوسی :** مَجوس جمع مجوسی است. تابعان زرتشت را گویند. در انسان کامل گفته که مجوس گروه آتش‌پرستان را گویند. همچنین نوشته‌اند که آنان گروهی از ایرانیان قدیم بودند که به دو مبدأ یعنی یزدان و اهریمن اعتقاد داشتند، پیش از ظهور زرتشت هم بودند و مجوس خوانده می‌شدند، علمای اوایل اسلام نیز مجوس و زرتشتی را جدا دانسته‌اند. در قرآن: ۱۷/۲۲ از آنان یاد شده است. خادمان دین زرتشت را هم مجوس می‌گفتند. لفظ مجوس مُعرّب واژهٔ مَگوش به معنی مُغ است که از پارسی باستانی به زبان آرامی در آمده و پس از آن به هیأت مجوس وارد زبان عربی شده. مُغ‌ها در اصل قبیله‌ای از ماد بودند. در ادبیّات فارسی و عرب مجوس به هر دو معنی استعمال شده است.

زردشت : زرتشت به معنی ستارهٔ درخشان و روشنایی زرّین است. برخی هم به معنی دارندهٔ شتر زرد گفته‌اند. زادگاه اشوزرتشت را سرزمین آذرآبادگان بزرگ می‌دانند که سرزمین نیایشگاه‌های بزرگ است مانند: آذرگشسب و نیایشگاه قدیم باکو. چشمه‌های گاز طبیعی و نفت، مشعل خانه‌هایی طبیعی پدید آورده بود که در نظر مردم جنبهٔ تقدّس و احترام‌آمیز داشت. افلاطون که از ستایندگان زرتشت بود روزگار او را ۶۰۰۰ سال پیش از میلاد مسیح می‌دانسته است. دربارهٔ زمان زرتشت اختلاف نظرهای فاحشی وجود دارد، استادی ایرانی به نام ذبیح بهروز با تحقیقاتی وسیع، ولادت زرتشت پیامبر ایرانیان باستان را ۱۷۶۸ سال پیش از میلاد مسیح اعلام کرد. پیش از زرتشت، «اهوره»ها خدایان قبیله‌ای بودند و هر قبیله‌ای دارای خدای واحدی بود؛ امّا زرتشت گفت که خدایی یگانه وجود دارد که نام وی «اهورامزدا» است. اوستا کتاب دینی زرتشتیان و شاید قدیمی‌ترین اثر مکتوب ایرانیان است که متعلّق به عهد مفرغ بوده است: دانشنامه مزدیسنا، دکتر جهانگیر اوشیدری، صص ۳۴-۲۵.

زرتشت بر ضدّ مجوسان یا مُغان که کاهنان بزرگ دین قدیم ایرانیان باستان بودند قیام کرد؛ زیرا آنان به میترا (خداوند خورشید) و آناهیته (خداوند حاصلخیزی و زمین) و هومه‌گاو خدایی که مرده و دوباره زنده شده بود و خون خود را چون آب حیات به فرزندان آدم بخشیده بود، معتقد بودند و شیرهٔ مستی‌آور گیاه «هومه» را می‌نوشیدند و به این خدایان نماز می‌گزاردند و قربانی می‌کردند. مجوسان یا مُغان آیین زرتشت را پذیرفتند؛ زیرا به یاری ویشتاسب که شاهزاده‌ای ایرانی بود، داریوش اوّل مذهب زرتشت را پذیرفته و آن را دین رسمی دولتی قرار داده بود. مغان ابتدا زرتشت را پذیرفته و وارد سلسلهٔ مغان کردند و پس از آن وی را به کلّی به دست فراموشی سپردند. زرتشت برای اهورامزدا هفت صفت بر می‌شمرد که عبارتند از: نور، منش پاک، راستی، قدرت، تقوا، خیر، فناناپذیری؛ ولی پیروان وی چون به پرستیدن خدایان گوناگون عادت داشتند به این صفات رنگ اشخاص دادند و آن‌ها را «امشاسپندان» یا قدیسان جاودانی نام نهادند و چنان معتقد شدند که این قدیسان زیر نظر اهورامزدا جهان را می‌آفرینند و بر آن تسلّط دارند و به این ترتیب بود که یکتاپرستی عالی مؤسس این دین در میان مردم به صورت شرک در آمد. در این دین قربانگاه‌های مقدّسی را بر بالای کوه‌ها و در داخل کاخ‌ها و مرکز شهرها بنا می‌کردند و برای ادای احترام به اهورامزدا یا مقدّسات پایین‌تر از وی، بر بالای آن‌ها آتش می‌افروختند، خود آتش نیز به عنوان خدایی پرستش می‌شد و عقیده داشتند که فرزند خدای روشنایی است، آتش خاموشی‌ناپذیر آسمان، یعنی خورشید را به عنوان مظهر تجسد یافتهٔ اهورامزدا یا میترا می‌پرستیدند. این عمل مانند کاری بود که در مصر، اخناتون انجام داد و پرستش خورشید را رایج کرد. در کتاب مقدّس زرتشتیان چنین آمده است: خورشید صبحگاهی باید تا نیمروز تقدیس شود و خورشید نیمروز باید تا هنگام پسین تقدیس گردد و خورشید پسین تا شامگاه تعظیم شود... و آنان که به بزرگداشت خورشید بر نخیزند، کارهای نیکشان در آن روز به حساب نخواهد آمد: تاریخ تمدّن، کتاب اوّل، صص ۴۳۱-۴۲۱.

آتشِ شهوات را قدر می‌نهد و بسان زرتشتیان که آن را مقدّس می‌دارند، به آتشِ نَفسِ خود بها می‌دهد.

کُلُّ شَیْءٍ ما خَلاَ اللهَ، باطِلٌ إنَّ فَضْلُ اللهِ غَیْمٌ هاطِلٌ ۳۹۳۸

همه چیز جز خداوند باطل است. به درستی که فضل حق ابرِ پُر باران است.

بازگشتن به حکایتِ علی کَرَّمَ اللهُ وَجْهَهُ، و مُسامِحَت کردنِ[1] او با خونیِ[2] خویش

باز رو سویِ علیّ و خونی‌اش وآن کَرَم با خونی و افزونی‌اش ۳۹۳۹

باز گردیم به سوی داستان علی(ع) و قاتل او و کَرَمی که با وی می‌ورزید و بزرگواری او.

گفت: دشمن را همی بینم به چشم روز و شب، بر وی ندارم هیچ خشم ۳۹۴۰

علی(ع) گفت: دشمن را همواره با چشم خویش می‌بینم؛ امّا خشمی نسبت به او ندارم.

زانکه مرگم همچو من[3] خوش آمده‌ست مرگِ من در بعث چنگ اندر زَده‌ست ۳۹۴۱

زیرا مرگ در نظر من بسان عسل گواراست و با برانگیخته شدن و زندگی ابدی همراه است.

مرگِ بی‌مرگی، بُوَد ما را حلال برگِ بی‌برگی بُوَد ما را نَوال ۳۹۴۲

مرگی که حیاتی جاودانه را در بر دارد، شایستهٔ ماست. آزادگی از تعلّقات نصیبِ ماست.

ظاهرش مرگ و به باطن زندگی ظاهرش ابتر[4]، نهان پایندگی ۳۹۴۳

چنین مرگی، به ظاهر مرگ است و در حقیقت زندگیِ جاوید است. در ظاهر یک نوع ناتمامی و نقصان در آن می‌بینند؛ زیرا یک سلسله فعالیّت‌ها و کوشش‌ها با فرارسیدن مرگ ناتمام می‌ماند؛ امّا حقیقتِ مرگ، به ثمر نشستن تمام آن تلاش‌ها و پایندگی به شمار می‌آید.

در رَحِم، زادن جنین را رفتن است در جهان او را زِ نو بشکُفتن است ۳۹۴۴

جنین نیز پس از تکامل در زهدان نمی‌مانَد و در زندگی این جهانی شکوفا می‌شود و مراحل بعدی کمال را طی می‌کند.

---

۱ - **مسامحت کردن:** سهل گرفتن. ۲ - **خونی:** قاتل.

۳ - **من:** منّ: شیرهٔ شیرین که از تنهٔ درخت ترشح می‌شود، مانند گزانگبین.

۴ - **ابتر:** دم بریده، ناقص، ناتمام.

چون مرا سویِ اجل عشق و هواست نـهیِ لا تُـلْقُوا بِأَیْـدیکُمْ[۱] مـراست ۳۹۴۵

چون من به اجل عشق می‌ورزم، این که فرموده است: «خویشتن را به دست خویش به هلاکت میفکنید»، در مورد من مصداق دارد.

زانکـه نـهی از دانـهٔ شـیرین بـود تلخ را خود نهی، حاجت کی شود؟ ۳۹۴۶

چون منع و نهی از چیزهای شیرین است، چیزی که تلخ است چه نیازی به نهی دارد؟

دانه‌یی کِش تلخ باشد مغز و پوست تلخی و مکروهیَش خود نهیِ اوست ۳۹۴۷

دانه‌ای که بیرون و درونش تلخ باشد، تلخی و ناگواری‌اش، همان نهی از اوست.

دانـهٔ مُـردن مـرا شـیرین شـده‌ست بَلْ هُمْ أَحْـیاءٌ[۲] پـیِ مـن آمـده‌ست ۳۹۴۸

مُردن در نظر من بسان دانه‌ای بس شیرین است، «بلکه آنان زندگان‌اند» مصداقی است برای من پس از مرگ.

اُقْـتُلُونی یـا ثِـقاتی لائِـما اِنَّ فـی قَـتْلی حَـیاتی دایـما[۳] ۳۹۴۹

ای دوستان، مرا ملامت‌کنان بکشید؛ زیرا حیات جاوید من در مرگ است.

اِنَّ فـی مَـوتی حَـیاتی یـا فَـتیٰ! کَـمْ اُفـارِقُ مَـوْطِنی حتّیٰ مَـتیٰ ؟ ۳۹۵۰

ای جوانمرد، به درستی که زندگانی من در مرگ است، تا کی باید از موطن دور باشم؟

فُرقَتی لَوْ لَمْ تَکُنْ فی ذَا السُّکُون لَـمْ یَـقُلْ اِنّـا اِلَـیْهِ راجِـعُون[۴] ۳۹۵۱

اگر این دنیای پر سکون، جدایی از خدا نبود، نمی‌فرمود که: «ما به سوی او باز خواهیم گشت».

راجع آن باشد که باز آیـد بـه شـهر سویِ وحدت آیـد از تـفریقِ دهـر ۳۹۵۲

بازگشت کننده، کسی است که پس از دوری به دیار خویش باز می‌گردد، ما نیز راجع هستیم؛ زیرا از کثرتِ جهانِ مادّی به وحدتِ عالمِ روحانی روی می‌آوریم.

---

۱ - اشارتی قرآنی؛ بقره: ۱۹۵/۲: وَ لاٰ تُلْقُوا بِأَیْدیکُمْ إِلَی اَلتَّهْلُکَةِ: و خود را با دست خویش به هلاکت میندازید.

۲ - اشارتی قرآنی، ر.ک: ۳۸۸۷/۱. اشارتی قرآنی، آل عمران: ۱۶۹/۳.

۳ - این بیت و بیت بعدی تضمینی است از منصور حلاّج با اندکی تصرّف، خطاب به یاران که از آنان می‌خواست پیش از آنکه المقتدر خلیفه عباسی او را به دار آویزد، وی را بکشند، تا آنان را پاداش باشد و وی را آرامش: دیوان، صص ۳۳ و ۳۴:

اُقْتُلُونی یا ثِقاتی إنَّ فی قتلی حیاتی و مماتی فی حیاتی و حیاتی فی مماتی

۴ - اشارتی قرآنی؛ بقره: ۱۵۶/۲: إِنّٰا لِلّٰهِ وَ إِنّٰا إِلَیْهِ راجِعُونَ: ما از آن خدا هستیم و به سوی او باز می‌گردیم.

افتادنِ رکابدار هر باری پیشِ امیرالمؤمنین علی کَرَّمَ اللهُ وَجْهَهُ، که : ای امیرالمؤمنین مرا بکُش و از این قضا بِرَهان

بــاز آمــد کِــای عــلی زودم بکُش تـــا نــبینم آن دم و وقتِ تُــرُش ۳۹۵۳

رکابدار امیرالمؤمنین نزد وی باز آمد و گفت: ای علی، مرا هلاک کن تا آن لحظهٔ ناگوار را نبینم.

مـن حـلالت مـی‌کنم، خـونم بـریز تــا نـبیند چشـمِ مـن آن رسـتخیز ۳۹۵۴

خونم را بر تو حلال می‌کنم. آن را بریز تا آن لحظه را که با کشتن تو رستاخیز می شود، نبینم.

گـفتم: ار هـر ذرّه‌یـی خـونی شـود خـنجر انـدر کـف بـه قـصدِ تـو رود ۳۹۵۵

گفتم: اگر تمام ذرّات جهان قصد جان تو را کنند و با خنجری بر کف به سوی تو آیند،

یک سـرِ مـو از تـو نـتوانَـد بُـرید چون قلم بر تو چنان خطی کشید ۳۹۵۶

یک سر موی تو را نیز نمی‌توانند قطع کنند؛ زیرا تقدیر این را برایِ تو مقدّر کرده است.

لیک، بــی‌غم شـو، شـفیع تـو مـنم خواجـهٔ روحـم، نـه مـملوکِ[1] تـنم ۳۹۵۷

امّا، غمگین مباش که شفاعت کنندهٔ تو منم، من مالکِ روح خـویشم کـه بـا تـیغ زیـانی نمی‌بیند، بندهٔ تن خود نیستم که به سبب زخم شمشیر روی‌گردان باشم.

پیشِ مـن ایـن تـن نـدارد قـیمتی بی تـنِ خـویشم فَـتی، اِبْـنُ الْـفَتی ۳۹۵۸

در نظر من این تن ارزشی ندارد، بدون این تن هم من جوانمرد و جوانمرد زاده‌ام.

خنجر و شمشیر شـد ریـحانِ مـن مرگِ مـن شـد بـزم و نـرگسدانِ مـن ۳۹۵۹

در نظرِ من زخم خنجر و شمشیر مانندِ گیاهِ معطّر مشام جانم را نوازش می‌دهد و مرگ حضور در بزم شاهانه و شهودِ چشمِ مخمور یار است.

آنکه او تن را بدین سان پی کـند[2] حرصِ میری و خلافت کی کند؟[3] ۳۹۶۰

کسی که تن را این چنین خوار می‌دارد، چگونه حرص و طمعِ امارت و خلافت داشته باشد؟

---

۱ - **مملوک :** بنده. ۲ - **تن را پی کند :** خوار کند، بی‌قدر بداند.

۳ - مضمون این بیت و بیت بعدی مناسب است با سخنی که از حضرت علی(ع) روایت می‌کنند: از سعدو ابن عمر تعجب می‌کنم که [پنداشته‌اند] به خاطر دنیا می‌جنگم! آیا رسول خدا(ص) برای دنیا جنگید؟ اگر آن حضرت برای درهم شکستن بت‌ها و پرستش خدا جنگید من هم برای محوگمراهی و نهی از زشتی و فساد جنگیدم. آیا دربارهٔ مثل من گمان می‌رود که حبّ دنیا داشته باشم؟ به خدا سوگند اگر دنیا به صورت انسانی مجسّم می‌شد با شمشیر به قتلش می‌رساندم: احادیث، صص ۱۴۹ و ۱۵۰.

زآن به ظاهر کوشد اندر جاه و حُکم تـــا امـــیران را نـــماید راه و حُکـم ۳۹۶۱

اگر در ظاهر برای مقام می‌کوشد که حُکمی برانَد، برای آن است که به امیران راه و رسم حکمرانی را نشان دهد.

تـــا امـــیری را دهـــد جـــانی دگـر تـــا دهـــد نـــخلِ خـــلافت را ثـمر ۳۹۶۲

تا به امارت جانی تازه دهد و نخل خلافت را به ثمر بنشاند و به دیگران نشان دهد که خلیفه و جانشین حقیقی کیست و چگونه باید باشد.

بیانِ آنکه فتح طلبیدنِ مصطفی صَلَّی اللهُ عَلَیْه و سَلَّم، مکّه را و غیرِ مکّه را، جهتِ دوستی مُلکِ دنیا نبود، چون فرموده است: اَلـدُّنْیــا جیفَــةٌ، بلکه به امر بود[1]

در بیانِ این معناست که غزوات پیامبر(ص)، همانند دیگر کشورگشایان و فاتحان، اهداف دنیوی را در پی نداشته و امری الهی بوده است و در تأیید آن به حدیثی استناد می‌شود.

جــهدِ پیغمبر بـه فـتح مکّـه[2] هـم   کِـی بُـوَد در حبِّ دنــیا مــتَّهم؟ ۳۹۶۳

کوشش رسول خدا(ص) برای فتح مکّه را چگونه می‌توان به دنیادوستی متّهم کرد؟

---

۱ - مأخذ آن روایتی است که به اجمال در صحیح مسلم، ج ۷، ص ۱۰۸ نقل شده است و تفصیل این روایت در احیاء‌العلوم، ج ۱، ص ۱۷۱ و ج ۳، ص ۲۳۷ و ج ۴، ص ۱۴۰ و ص ۱۵۹ و حلیة‌الاولیاء، ج ۳، ص ۲۵۶ و ج ۴، ص ۳۳۱ و دلائل النّبوة، ص ۲۱۵ و فتوحات مکّی، ج ۴، ص ۶۸۶ و تفسیر ابوالفتوح، ج ۴، ص ۶۷ آمده است و ما آن را از مأخذ اخیر نقل می‌کنیم: احادیث، صص ۱۵۰ و ۱۵۱.

جریر گفت از ضحّاک از عبدالله عباس که چون مشرکان رسول را علیه السلام طعن زدند به درویشی و ابتذال و گفتند: مَا لِهَذَا‌الرَّسُولِ یَأکُلُ الطَّعَامَ وَ یَمْشِی فِی الاسْواقِ. رسول (علیه‌السّلام) دلتنگ شد. جبرئیل آمد و گفت: یا رسول الله، ربّ العزّه تو را سلام می‌کند و می‌گوید: وَ مَا أَرْسَلْنَا قَبْلَكَ مِنَ الْمُرْسَلِینَ إِلاَّ أَنَّهُمْ لَیَأْکُلُونَ الطَّعَامَ وَ یَمْشُونَ فِی ٱلأَسْواقِ. (فرقان: ۲۰/۲۵) «ما هیج پیغامبر نفرستادیم پیش از تو و الاّ طعام خوردی و در بازار رفتی به طلب معاش»

رسول (علیه السّلام) گفت: ما در این بودیم و جبرئیل در پیش من نشسته، پنداشتی که بگداخت حَتَّی صَارَ مِثْلَ الْمَرَرَة ما گفتیم: یا رسول مَرَرَه چه باشد؟ گفت: عدس مرجو. گفت: چنان بگداخت تا بمانند مرجوی گشت. من گفتم: یا جبرئیل تو را چه شد؟ گفت: یا رسول‌الله دری از درهای آسمان بگشادند که هرگز پیش از این نگشاده بودند. و فرشته‌ای می‌آید چون دری از درهای آسمان بگشایند که نگشاده باشند پیش از آن، اِمّا به رحمت باشد و اِمّا به عذاب. من از خوف عذاب خدای چنین شدم که ایمن نِیَم، که این در به عذاب گشادند بر آنان. که این طعن زدند و تو را دلتنگ کردند. رسول (علیه‌السّلام) و جبرئیل می‌گریستند. در میانه جبرئیل با حال خود شد و روی بر رسول آورد و گفت: یا رسول الله بشارت باد تو را که این در برای تو گشادند و آن فرشته که می‌آید رضوان بود، خازن بهشت. تو را بشارت آورده است از خدای تعالیٰ به آنکه از تو خشنود است. رضوان فراز آمد و رسول را سلام کرد و گفت خدایت سلام می‌کند و سفطی با او بود از نور. گفت این کلیدهای گنج‌های دنیاست. گر خواهی بردار و نصیب و حظّ تو از ثواب هیچ ناقص نیست به مقدار پر پشّه. رسول علیه‌السّلام رو به جبرئیل کرد کَالْمُسْتَشیر، چنانکه کسی با کسی مشورت کند. جبرئیل علیه‌السّلام اشارت کرد به زمین گفت تَوَاضَعْ لِلّٰه، تواضع کن خدای را. رسول علیه السّلام گفت: مرا حاجت نیست به این. من درویشی را دوست‌تر دارم و آنکه بندهٔ صابر شاکر باشم. رضوان گفت اَصَبْتَ اَصَابَ اللهُ بِكَ الرَّشَادَ. (به مقصد خود رسیدی، خداوند به رشد و کمال تو بیفزاید.) [حَتَّی صَارَ مِثْلَ الْمَرَرَةِ: استاد دانشمند آقای احمد بهمنیار حدس می‌زنند که این کلمه مَرِیَراء باشد. و آن دانهٔ سیاهی است که در میان گندم به هم می‌رسد و در بعضی نواحی خراسان آن را سیاهک (سیاهوک) می‌نامند.]

۲ - فتح مکّه در بیستم رمضان سال هشتم هجری روی داد.

آنکــه او از مــخزنِ هــفت آســمان   چشم و دل بـربَست روزِ امـتحان[1] ۳۹۶۴

کسی که در معراج، چشم و دل را بر روی ماسِوَیٰالله بست و جز مشاهدهٔ جمال حق بر هیچ چیز نظر نکرد.

از پــی نــظارهٔ او، حــور[2] **و جــان   پُـر شـده آفـاقِ هـر هـفت آسـمان** ۳۹۶۵

برای تماشای او حوریان و فرشتگان کرانه‌های هفت آسمان را پر کرده و به نظاره ایستاده بودند.

خـــویشتن آراســـته از بــهرِ او   خود ورا پـروایِ غـیرِ دوست کـو؟ ۳۹۶۶

آن‌ها خود را برای رسول(ص) آراسته بودند؛ امّا او را جز دیدار دوست رغبتی نبود.

آنـچنان پُـر گشـته از اِجـلالِ حـق   کــه در او هــم ره نـیابد آلِ حـق ۳۹۶۷

چنان از جلال و شکوه حق تعالیٰ پر شده بود که در ذهن او «اهل‌الله» جایگاهی نداشتند.

لا یَسَـــعُ فـــینا نَـــبِیٌّ مُـرْسَلٌ[3] **وَٱلْــمَلَكُ وَ ٱلرُّوحُ اَیْـضاً، فـاعْقِلُوا** ۳۹۶۸

«میان ما هیچ پیامبر مرسلی نمی‌گنجد، نه فرشتگان و نه کرّوبیان»، در این‌باره بیندیشید.

گفت: ما زاغـیم[4]**، هـمچون زاغ نـه   مستِ صـــبّاغیم، مستِ بـاغ نـه** ۳۹۶۹

حق تعالیٰ فرمود: او [حضرت محمّد(ص)] دچار لغزشِ چشم به چپ و راست نگشت.

ما، همانند زاغ نیستیم که به متاعی حقیر بسنده کنیم. [مشاهدهٔ جمال حق را خواستیم]، مستِ جمالِ نقّاش ازلی هستیم که این همه نقشِ عجب بر در و دیوار ایجاد کرده است، مستِ تماشایِ نقوشِ هستیِ امکانی نیستیم.

چونکه مخزن‌هایِ افلاک و عـقول   چون خسی آمـد بَـرِ چشـمِ رسـول ۳۹۷۰

چون خزاین آسمان‌ها و کرّوبیان در نظر رسول خدا(ص) بسان خسی بی‌مقدار جلوه کرد،

---

۱ - اشارتی قرآنی؛ نجم: ۱۷/۵۳: مٰا زاغَ الْبَصَرُ وَ مٰا طَغیٰ: چشم او هرگز منحرف نشد و طغیان نکرد. [دیدهٔ دل پیامبر در این شهود هرگز به غیر حق نیفتاد و جز او ندید و در همان جا بود که نشانه‌های عظمت خداوند را در آفاق و انفس نیز مشاهده کرد.]

۲ - **حور**: زنان بهشتی، جمع حَوْراء. در زبان فارسی حور را که جمع عربی است، جمع می‌بندند.

۳ - اشاره است به حدیث معروف: لِي مَعَ اللهِ وَقْتٌ لاَ یَسَعُنِي فِیهِ مَلَكٌ مُقَرَّبٌ وَ لاَ نَبِيٌّ مُرْسَلٌ: مرا با خدا لحظه‌هایی است که در آن هیچ فرشتهٔ مقرّب و پیامبر مرسلی نمی‌گنجد: احادیث، ص ۱۵۲.

مؤلّف کتاب اللؤلوالمرصوع گفته است: صوفیّه حدیثی را که اشاره شد فراوان ذکر می‌کنند، ولی من ندیده‌ام که کسی آن را به عنوان حدیث نقل کند. معنایش صحیح است و در آن اشاره‌ای است به مقام استغراق به دیدار حق که از آن به مقام محو و فنا تعبیر می‌کند. ۴ - اشارتی قرآنی، نجم: ۱۷/۵۳: ر.ک: ۳۹۶۴/۱.

پس چه باشد مکّه و شام و عِراق که نماید او نبرد و اشتیاق؟ ۳۹۷۱

پس در مقایسه با آسمان‌ها و خزاین آن، مکّه یا شام و عراق چه اعتباری دارد که پیامبر(ص) برای به دست آوردنش بجنگد و اشتیاق داشته باشد؟

آن گُمان بر وی، ضمیرِ بد کند کو قیاس از جهل و حرص ِ خَود کند ۳۹۷۲

کسی چنین اندیشهٔ بدی دارد که از سر جهل و حرص قیاس به نفس کند.

آبگینهٔ[1] زرد، چون سازی نقاب زرد بینی جمله نورِ آفتاب ۳۹۷۳

اگر شیشهٔ زردی را مانند نقاب در مقابل چهرهٔ خود بگیری، نور خورشید را زرد می‌بینی.

بشکن آن شیشهٔ کبود و زرد را تا شناسی گَرد را و مرد را ۳۹۷۴

آن شیشهٔ کبود و زرد را بشکن تا بتوانی گرد و غبار را از سوارکار و نَفْس را از حق بازشناسی.

گِردِ فارِس[2]، گَرد سرافراشته گَرد را تو مردِ حق پنداشته ۳۹۷۵

گرداگرد و دور و بر سوار تیزتک را غبار فراگرفته و تو گرد و غبار را مرد حق پنداشته‌ای.

گَرد دید ابلیس وگفت: این فرعِ طین[3] چون فزاید بر منِ آتش‌جبین؟ ۳۹۷۶

ابلیس نیز از آدم(ع) جسم او را دید که از خاک سرشته شده بود و اندیشید که چگونه او که از خاک است، بر من که از آتشم برتری داشته باشد؟

تا تو می‌بینی عزیزان را بشر دان که میراثِ بلیس است آن نظر ۳۹۷۷

تو که عزیزان و مقرّبان درگه حق را بشری همانند دیگران می‌پنداری، آگاه باش که این دیدگاه میراثی از ابلیس است.

گر نه فرزندِ بلیسی ای عنید[4]! پس به تو میراثِ آن سگ چون رسید؟ ۳۹۷۸

ای ستیزه‌گر، اگر فرزند ابلیس نیستی، پس چگونه میراث آن موجود پلید به تو رسیده است؟

من نِیَم سگ، شیرِ حقّم، حق‌پرست شیرِ حقّ آن است کز صورت بِرَست ۳۹۷۹

من از ابلیس میراثی نبرده‌ام، شیر حق‌ام و حق تعالیٰ را می‌پرستم؛ چون از ظواهر و صُوَر رهیده و به بطنِ بطنِ حقایق رسیده‌ام.

---

۱ - **آبگینه** : شیشه. ۲ - **فارِس** : سوار، اسب‌سوار.

۳ - اشارتی قرآنی، اعراف: ۱۲/۷ : ر.ک: ۳۲۲۹/۱ و ۳۴۱۰/۱. ۴ - **عَنید** : معاند، ستیزه‌گر.

شیرِ دنیا جوید اِشکاری و برگ شیرِ مولی جوید آزادی و مرگ ۳۹۸۰

شیر در جست و جوی توشهٔ دنیوی است؛ امّا شیر خدا جویای رهایی و مرگ است.

چونکه اندر مرگ بیند صد وجود همچو پروانه بسوزاند وجود ۳۹۸۱

چون در رهایی از تن صدها زندگی می‌بیند، مانندِ پروانه عاشقانه، هستیِ خود را می‌سوزاند.

شد هوایِ مرگ طوقِ صادقان که جُهودان را بُد این دم امتحان[1] ۳۹۸۲

میل به مرگ، مانندِ طوقی برگردن صادق است، در صورتی که برای یهودیان امتحان بود.

در نُبی فرمود: کِای قومِ یهود! صادقان را مرگ باشد گنج و سود ۳۹۸۳

خداوند در قرآن فرموده است: ای قوم یهود، مرگ برای صادقان گنجی است الهی و سرشار از سود؛ زیرا دوست مشتاق دیدار دوست است.

همچنانکه آرزویِ سود هست آرزویِ مرگ بردن، زآن بِهْ است ۳۹۸۴

همان‌طور که داشتن امید و آرزو برای به دست آوردن سود خوشایند است، آرزوی مرگ برای کسی که خالصانه به پروردگار عشق می‌ورزد، دلپذیر و بسی نیکوتر است.

ای جهودان! بهرِ ناموسِ کسان بگذرانید این تمنّا بر زبان ۳۹۸۵

ای یهودیان، برای حفظ آبروی خود هم که باشد، بگویید که آرزوی مرگ دارید.

یک جهودی، این قَدَر زَهره نداشت چون محمّد این عَلَم را برفراشت ۳۹۸۶

چون رسول(ص) این آیه را عرضه کرد، حتّی یک یهودی چنین جرأتی نداشت.

گفت: اگر رانید این را بر زبان یک یهودی خود نمانَد در جهان[2] ۳۹۸۷

حضرت محمّد(ص) گفت: اگر این آرزو را بر زبان جاری کنید، خداوند حتّی یک یهودی را در دنیا باقی نخواهد گذاشت.

---

۱ - یهود خود را قومی برگزیده می‌دانستند، گاه ادّعا می‌کردند که پسران خداهستند و گاه خود را دوستان خاصّ خدا قلمداد می‌کردند (مائده: ۱۸/۵)، و چون آنان حامل کتاب الهی بودند؛ امّا به آن عمل نمی‌کردند، این آیه نازل شد: جمعه: ۶/۶۲: قُلْ يا أَيُّهَا الَّذينَ هادُوا إِنْ زَعَمْتُمْ أَنَّكُمْ أَوْلِياءُ لِلّهِ مِنْ دُونِ النّاسِ فَتَمَنَّوُا الْمَوْتَ إِنْ كُنْتُمْ صادِقينَ: بگو ای قوم یهود، اگر شما گمان می‌کنید که فقط شما دوستان خداوند هستید، پس آرزوی مرگ کنید اگر راستگو هستید.

۲ - اشاره به روایتی که ترجمهٔ آن چنین است: اگر (قوم یهود) آرزوی مرگ می‌کردند قطعاً یکباره نفسشان بند می‌آمد و در جا می‌مردند و روی زمین حتّی یک یهودی باقی نمی‌ماند: احادیث، ص ۱۵۲.

پس یهودان مال بردند و خراج   که: مکن رسوا تو ما را ای سِراج[1] ۳۹۸۸

پس یهودیان مال بسیار و خراج بردند و گفتند: ای نورِ جهان، این‌ها را به کَرَم بپذیر و ما را رسوا نکن.

این سخن را نیست پایانی پدید   دست با من دِه، چو چشمت دوست دید ۳۹۸۹

این سخن پایان و انجامی ندارد، اینک که چشم تو دوست را دیده و شناخته، به عنوان بیعت با من دست بده.

گفتنِ امیرالمؤمنین علی کَرَّمَ اللهُ وَجْهَهُ، با قرینِ خود که: چون خَدو انداختی در رویِ من، نَفْسِ من جنبید، و اخلاصِ عمل نماند، مانع کشتنِ تو آن شد

گفت امیرالمؤمنین با آن جوان   که به هنگامِ نبرد ای پهلوان! ۳۹۹۰

علی(ع) به آن پهلوان گفت که در هنگام نبرد با تو،

چون خدو انداختی در رویِ من   نَفْس جنبید و تَبه شد خویِ من ۳۹۹۱

چون آب دهان بر صورت من افکندی، نفس من جنبید و خُلق و خُویم تباه شد.

نیمْ بهرِ حق شد و نیمی هوا   شرکت اندر کارِ حق نَبْوَد روا ۳۹۹۲

در آن لحظه احساس من برای هلاکِ تو، هم برای حق بود و هم برای نَفْسِ خودم. در کار خدا شراکت جایز نیست.

تو نگاریدهٔ کفِ مولیٰستی   آنِ حقّی، کردهٔ من نیستی ۳۹۹۳

تو به قدرت قادر متعال خلق شده‌ای و به حق تعلّق داری، نه به من.

نقشِ حق را هم به امرِ حق شکن   بر زُجاجهٔ[2] **دوست سنگِ دوست زن** ۳۹۹۴

صورتی را که حق نقش کرده است، به فرمان او می‌توان شکست، بر شیشهٔ دوست، سنگ دوست را می‌توان زد.

---

۱ - **سراج**: چراغ.   ۲ - **زجاجه**: شیشه.

گبر، این بشنید و نوری شد پدید   در دلِ او، تا که زُنّاری بُرید[1] ۳۹۹۵

مرد کافر با شنیدن این کلام نوری را در دل خود پدیدار دید و زنّار کفر را از میان درید.

گفت: من تخمِ جفا می‌کاشتم   من تو را نوعی دگر پنداشتم ۳۹۹۶

پهلوان گفت: من نسبت به تو جفا کردم؛ زیرا در مورد تو فکر دیگری داشتم.

تو ترازوی اَحَدخو[2] **بوده‌ای   بل زبانهٔ هر ترازو بوده‌ای** ۳۹۹۷

تو ترازوی الهی بوده‌ای که نیکی و بدی را به عدالت می سنجد، بلکه شاهین همهٔ ترازوها هستی و سنجش با وجود تو امکان‌پذیر است.

تو تبار[3] **و اصل و خویشم بوده‌ای   تو فروغِ شمعِ کیشم بوده‌ای** ۳۹۹۸

تو در حقیقت خاندان و همه کس من بوده‌ای. تو نور و روشنایی دین و آیین من بوده‌ای.

من غلامِ آن چراغِ چشم جو   که چراغت روشنی پذرفت از او ۳۹۹۹

من بنده و غلام آن نور و چراغی هستم که جویای چشمی بیناست، که چراغ پرفروغ وجود تو از آن تابناکی و روشنی یافته است.

من غلامِ موجِ آن دریایِ نور   که چنین گوهر بر آرد در ظهور ۴۰۰۰

من بنده و غلام امواجِ سرشار از لطف آن دریای نورم که چنین گوهر تابناکی را به ظهور رسانده است.

عرضه کن بر من شهادت را، که من   مر تو را دیدم سرافرازِ زَمَن ۴۰۰۱

کلمهٔ شهادت را بر من عرضه کن که تو را سربلندترین مرد جهان یافتم. [کلمهٔ شهادت: اظهار لاٰ إلهَ إلاّ الله و مُحَمَّدٌ رَسُولُ الله]

قُربِ پنجَهْ کس ز خویش و قومِ او   عاشقانه سوی دین کردند رو ۴۰۰۲

نزدیک پنجاه نفر از خویشان و قوم و قبیلهٔ او عاشقانه به سوی دین اسلام روی آوردند.

او به تیغِ حلم چندین حلق را   واخرید از تیغ و چندین خلق را ۴۰۰۳

علی(ع) با شمشیر بُرنده و تیز صبر و بردباری گروهی را از شمشیر مرگ و هلاکت باز خرید.

---

۱ - **زُنّار بریدن**: ایمان آوردن. ۲ - **احدخُو**: خُوی الهی داشتن. ۳ - **تبار**: دودمان، اصل و نسب.

دفتر اوّل ۷۹۱

تیغ حلم از تیغ آهن تیزتر   بل ز صد لشکر ظفرانگیزتر ۴۰۰۴

بردباری، مانندِ شمشیری است تیزتر از آهن؛ بلکه فتحِ ناشی از حلم از صدها لشکر بیشتر است.

ای دریغا لقمه‌یی دو خورده شد   جوشش ِ فکرت از آن افسرده شد[1] ۴۰۰۵

دریغا و افسوس که یکی دو لقمه خوردیم و در اثر آن جوشش فکرت و معانی افسرده گشت.

گندمی خورشیدِ آدم را کسوف   چون ذَنَب[2] **شعشاع بَدْری را خسوف** ۴۰۰۶

مولانا می‌فرماید: خوردن لقمه‌ای دو، و پیامد آن افسرده گشتن جوشش فکرت، قبلاً هم سابقه داشته و تعجّب‌آور نیست. آدم(ع) با آن مقام و مرتبه خلافت الهی با خوردن گندمی که از آن منع شده بود، خورشید جان منوّرش دچار کسوف و گرفتگی شد. همان‌گونه که ماه در مدار خود از عقدی عبور می‌کند و در نقطهٔ تقاطع انوار تابان آن دچار گرفتگی و خسوف می‌شود.

اینت لطفِ دل که از یک مشت گِل   ماهِ او چون می‌شود پروین گُسِل[3] ۴۰۰۷

این امر ناشی از لطافت دل است که از خوردن مشتی لقمهٔ دنیوی بدر کامل جان او که همانند پروین در عین زیبایی و در مقام جمع است به تفرقه مبتلا می‌گردد.

نان، چو معنی بود، خوردش سود بود   چونکه صورت گشت انگیزد جُحود[4] ۴۰۰۸

خوردن نان اگر توأم با احوال معنوی باشد، به قوّت و کمالِ جان می‌افزاید، اگر صرفاً جنبهٔ مادّی داشته باشد به انکار حقایق و خودبینی می‌انجامد.

---

۱ - اینکه مولانا می‌فرماید: لقمه‌ای دو خورده شد، می‌تواند مربوط به امور دنیوی و این امر باشد که احتمالاً در حین جلسات تقریر مثنوی برای حاضران غذا می‌آورده‌اند و صرف لقمه‌ای چند جریان کلام و جوشش فکرت را قطع کرده است و احتمال آن نیز هست که در ارتباط با ملالت خاطر و افسردگی حُسام‌الدّین باشد؛ زیرا مرگ همسر او تقریباً مقارن با اتمام دفتر اوّل رخ داد. حقیقت امر را هیچ کس به درستی نمی‌داند؛ امّا هر چه که بود، نتیجهٔ آن دو سال فترت در نظم مثنوی بود.

۲ - **ذَنَب** : در لفظ دُم یا دنباله. همچنین اصطلاحی در علم نجوم، ذَنب شکلی است در آسمان که تقاطع منطقهٔ فلک حامل و فلک مایل قمر است که به صورت مار بزرگ به هم می‌رسد، یک طرفش را رأس گویند و یک طرف را ذَنب که به فارسی آن را جوزهر نامند. (هر یک از عقدهٔ رأس و ذَنب را نیز گویند) هر یک از دو نقطه که دو دایره از افلاک بر آن دو نقطه تقاطع کنند، آن دو نقطه را عَقْدتین نامند. اگر ماه از عقدی بگذرد و شمالی باشد، آن را رأس و اگر جنوبی باشد آن را ذَنب گویند. از نظر منجّمان، چون زمین بین خورشید و ماه حایل گردد، ماه‌گرفتگی حاصل را خسوف نامند که می‌تواند کلّی باشد یا جزئی.

۳ - **پروین گُسِل** : پروین شکن در زیبایی. پروین که به عربی آن را ثریّا خوانند، مجموع شش ستارهٔ کوچک است که مانند خوشهٔ انگوردر کنار یک‌دیگر قرار دارند. در ایّام زمستان از اوّل شب پیدا هستند. معتقدند که پروین بر اجتماع دلالت دارد بر خلاف بنات‌النعش که بر تفرقه دلیل کند.

۴ - **جُحود** : انکارکردن.

۴۰۰۹ **همچو خار سبز کاشْتُر می‌خورد زآن خورش صد نفع و لذّت می‌برد**

مانند خار سبزی که شتر می‌خورد و از خوردن آن هم لذّت می‌برد و هم قوّت می‌یابد.

۴۰۱۰ **چونکه آن سبزیش رفت و خشک گشت چون همان را می‌خورد اُشْتُر ز دشت**

هنگامی که خار خشک شود و سبزیش را از دست بدهد، اگر شتر همان خار را در دشت بخورد،

۴۰۱۱ **می‌دراند کام و لُنْجش [۱] ای دریغ کآنچنان وَرْدِ مربّیٰ [۲] گشت تیغ**

خارهای خشک و تیز دهان و لب شتر را می‌درانند، افسوس که گل قندی چنان دلپذیر این چنین تیز و آزار دهنده گشته است.

۴۰۱۲ **نان، چو معنی بود، بود آن خارِ سبز چون‌که صورت شد کنون خشک است و گَبْز [۳]**

خوردن نان اگر همراه احوال روحانی و معنوی باشد همانند آن خار سبز خوشایند است و اگر جنبه لذایذ دنیوی و مادّی آن مطرح باشد، همان خار خشک است که لب و دهان جان آدمی را می‌دراند.

۴۰۱۳ **تو بدان عادت که او را پیش از این خورده بودی، ای وجودِ نازنین!**

تو ای حُسام‌الدّینِ نازنین، بنا بر عادت همیشگی که کلامِ ما گل‌قند و رزق معنویِ جانِ شما بود، آن را می‌خوری.

۴۰۱۴ **بر همان بو می‌خوری این خشک را بعد از آن کآمیخت معنی با ثَریٰ [۴]**

به اشتیاق عطر روحانی کلام ما که قبلاً مشام جانت را نوازش کرده بود، این سخنان را می‌شنوی در حالی که اینک عوالم معنوی ما با گرد و غبار طبیعت بشری آمیخته است.

۴۰۱۵ **گشت خاک‌آمیز و خشک و گوشت‌بُر زآن گیاه اکنون بپرهیز ای شتر!**

ای شتر الهی، کلامی که رزق معنوی شما بود، اکنون خشک و تیز شده، شنیدنش لطفی ندارد، از آن بپرهیز.

۴۰۱۶ **سخت خاک‌آلود می‌آید سخُن آب تیره شد، سرچَهْ بند کن**

سخنانی که از درون می‌جوشد، غیر زلال و آغشته به طبیعت بشری است، جریان روان کلام ما چون آبی کدر، تیره شده است، سرچاه را باید بست. دل اکنون در معرض هوای نَفْس است.

---

۱ - **لُنج** : لب.

۲ - **مربّیٰ** : پرورده شده، ورد مربّیٰ، گل قند را گویند، برگ گل سرخ را که با قند سوده در آمیزند و با دست مالش دهند. ۳ - **گَبز** : هر چیز سترگ، ستبر، درشت. ۴ - **ثریٰ** : خاک و زمین.

تا خدایش باز صاف و خوش کند   او که تیره کرد هم صافش کند ۴۰۱۷

درِ دل را باید بست که کلامی غیر زلال جاری نشود، تا خداوند به فضل و کرم خویش باز آن را صاف گرداند که محلِ جوششِ علوم و اسرار گردد.

صبر آرد آرزو را، نه شتاب   صبر کن، وَ اللهُ اَعْلَمْ بالصّواب[1] ۴۰۱۸

برای برآورده شدن آرزو باید صبر کرد نه شتاب. بردبار باش که خداوند بر خیر و مصلحت آگاه‌تر است.

تَمَّ الْمُجَلَّدُ الْأَوَّلُ مِنَ الْمَثْنَوِيِّ الْمَعْنَوِيِّ

---

۱ - «وَ اللهُ اَعْلَمُ بِالصَّوابِ» یا «تَمَّ الکلام» عباراتی است که معمولاً عارفان واصل در انتهای کتب و اقوال خویش برای ختم کلام به کار می‌برند.

منابع و مآخذ

۱. ابن بی‌بی المنجمه، ***اخبار سلاجقهٔ روم***، به اهتمام: دکتر مشکور- محمّد جواد، تهران، شرکت انتشارات افست، ۱۳۵۰

۲. ابن عربی، محیی الدّین، ***ترجمان الاشواق***، سعیدی- دکتر گل بابا، تهران، روزنه، ۱۳۷۸

۳. ابن عربی، محیی الدّین، ***فتوحات مکیّه***، خواجوی- محمّد، مولی، ۱۳۸۱

۴. افلاکی، احمد، ***مناقب العارفین***، ترجمه: یازیچی- تحسین، تهران، دنیای کتاب، دوم، ۱۳۶۲

۵. انصاری، عبد الله، ***تفسیر ادبی و عرفانی قرآن مجید***، نگارش: آموزگار- حبیب الله، تهران، اقبال، هشتم، ۱۳۷۱

۶. اوشیدری، دکتر جهانگیر، ***دانشنامهٔ مزدیسنا***، تهران، انتشارات مرکز، اوّل، ۱۳۷۱

۷. بهاءالدّین محمّد معروف به سلطان ولد، ***انتها نامه***، تصحیح: خزانه‌دارلو- محمّد علی، روزنه، ۱۳۷۶

۸. بیّومی مهران، محمّد، ***بررسی تاریخی قصص قرآن***، انصاری- مسعود، تهران، علمی و فرهنگی، اوّل، ۱۳۸۳

۹. ***تفسیر نمونه***، برگزیده، تنظیم: علی بابایی- احمد، تهران، دارالکتب الاسلامیه، اوّل، ۱۳۷۴

۱۰. تفضلی، دکتر ابوالقاسم، ***سماع***، تهران، علمی، نهم، ۱۳۸۱.

۱۱. تقوی، دکتر محمّد، ***حکایت‌های حیوانات در ادب فارسی***، تهران، روزنه، اوّل، ۱۳۷۶

۱۲. ثروتیان، دکتر بهروز، ***طنز و رمز در الهی نامه***، تهران، پژوهشگاه فرهنگ و هنر اسلامی، اوّل، ۱۳۷۸

۱۳. حافظ، خواجه شمس الدّین محمّد، ***دیوان حافظ***، تصحیح: قزوینی و دکتر غنی، تهران، اقبال، اوّل، ۲۵۳۷

۱۴. حسینی طهرانی، محمّد حسین، ***الله شناسی***، علامه طباطبائی.

۱۵. حقّی اوزون چارشی‌لی، اسماعیل، ***تاریخ عثمانی***، نوبخت- دکتر ایرج، تهران، مؤسسه کیهان، اوّل، ۱۳۶۸

۱۶. خواجوی، محمّد، ***دو صدرالدّین یا دو اوج شهود و اندیشه در جهان اسلام***، تهران، مولیٰ، اوّل، ۱۳۷۸

۱۷. خواجوی، محمّد، ***فرهنگ اصطلاحات عرفان و تصوّف یا اصطلاحات الصوفیّه***، تهران، مولی، ۱۳۷۷

۱۸. خوارزمی، تاج الدّین حسین، *شرح فصوص الحکم*، اهتمام: نجیب مایل هروی، تهران، مولیٰ، ۱۳۶۴

۱۹. خوارزمی، کمال الدّین حسین بن حسن، *جواهرالاسرار و زواهر الانوار*، تصحیح: شریعت- دکتر محمّد جواد، اصفهان، انتشارات مشعل، ۱۳۶۰

۲۰. دورانت، ویل و آریل، *تاریخ تمدّن*، گروه مترجمان، تهران، سازمان انتشارات و آموزش انقلاب اسلامی، دوم، ۱۳۷۰

۲۱. دهخدا، علی اکبر، *لغت نامه*، تهران، انتشارات دانشگاه تهران، دوم، ۱۳۷۲

۲۲. رازی، نجم الدّین، *مرصاد العباد ـ برگزیده*، انتخاب: ریاحی- دکتر محمّدامین، تهران، توس، اوّل، ۱۳۶۶

۲۳. رجایی بخارایی، دکتر احمد علی، *فرهنگ اشعار حافظ*، تهران، علمی، پنجم، ۱۳۶۸

۲۴. *رسائل اخوان الصفا*، گزیده، ترجمه: حلبی- دکتر علی اصغر، تهران، انتشارات اساطیر، اوّل، ۱۳۸۰

۲۵. زرّین کوب، دکتر عبدالحسین، *بحر در کوزه*، تهران، علمی، دوم، ۱۳۵۸

۲۶. زرّین کوب، دکتر عبدالحسین، *پله پله تا ملاقات خدا*، تهران، علمی، سوم، ۱۳۷۱

۲۷. زرّین کوب، دکتر عبدالحسین، *سرّ نی*، تهران، انتشارات علمی، نهم، ۱۳۸۱

۲۸. زمانی، کریم، *شرح جامع مثنوی معنوی*، تهران، اطّلاعات، هفتم، ۱۳۷۸

۲۹. سپهسالار، فریدون، *رسالۀ منحول سپهسالار*، بهیزاد، مهندس بهرام، خدمات فرهنگی رسا، ۱۳۷۶

۳۰. سجّادی، دکتر سید جعفر، *فرهنگ و اصطلاحات و تعبیرات عرفانی*، تهران، طهوری، ششم، ۱۳۸۱

۳۱. سعدی، شیخ مصلح الدّین، *کلّیات سعدی*، تصحیح: فروغی- محمّد علی، تهران، جاویدان.

۳۲. سعیدی، دکتر گل بابا، *فرهنگ اصطلاحات عرفانی ابن عربی*، تهران، انتشارات شفیعی، اوّل، ۱۳۸۳

۳۳. سنایی غزنوی، ابوالمجد مجدود بن آدم، *حدیقة الحقیقه و شریعة الطریقه*، تصحیح: حسینی- مریم، تهران، مرکز نشر دانشگاهی، اوّل، ۱۳۸۲

۳۴. سهروردی، شهاب الدّین یحیی «شیخ اشراق»، *مجموعۀ مصنّفات*، تصحیح: نصر- سید حسین، تهران، انجمن فلسفه ایران، ۱۳۵۵

۳۵. شاه نعمت الله ولی، سیّد نورالدّین، ***دیوان شاه نعمت الله***، مقدّمه: نفیسی- سعید، تهران، محمّد علمی، پنجم، ۱۳۶۷

۳۶. شهرستانی، ابوالفتح محمّد بن عبدالکریم، ***توضیح الملل***، ترجمه: خالقدار هاشمی- مصطفی، تصحیح: جلالی نائینی- سید محمّدرضا، تهران، شرکت سهامی افست، ۱۳۵۸

۳۷. شیمل، آن ماری، ***شکوه شمس***، ترجمه: لاهوتی- حسن، تهران، علمی و فرهنگی، اوّل، ۱۳۶۷

۳۸. صاحب الزّمانی، دکتر ناصرالدّین، ***خطّ سوم***، تهران، عطائی، هفدهم، ۱۳۸۰

۳۹. صفا، دکتر ذبیح الله، ***تاریخ ادبیات در ایران***، تهران، فردوس، سیزدهم، ۱۳۷۲

۴۰. عبدالباقی، محمّد فؤاد، ***اَلْمُعْجَمُ الْمُفَهْرَسْ لأَلفاظِ القُرآن الکَریم***، تهران، حرّ، ۱۳۸۳.

۴۱. عبید، رئوف، ***انسان روح است نه جسد***، کاظمی خلخالی- زین‌العابدین، تهران، دنیای کتاب، اوّل، ۱۳۶۲

۴۲. عتیق نیشابوری معروف به سورآبادی، ابوبکر، ***قصص قرآن***، اهتمام: مهدوی- یحیی، تهران، خوارزمی، سوم، ۱۳۷۰

۴۳. عطّار، فریدالدّین، ***الهی نامه***، تصحیح: روحانی- فواد، زوّار، سوم، ۱۳۵۹

۴۴. عطّار، فریدالدّین، ***منطق الطیر***، تصحیح: خوشنویس- احمد، اصفهان، سنائی

۴۵. عفیفی، ابوالعلا، ***شرحی بر فصوص الحکم ابن عربی***، حکمت- دکتر نصرالله، الهام، ۱۳۸۰

۴۶. غزّالی، احمد، ***مجالس - تقریرات***، اهتمام: مجاهد- احمد، تهران، دانشگاه تهران، اوّل، ۱۳۷۶

۴۷. فردوسی، حکیم ابوالقاسم، ***شاهنامه***، اهتمام: دبیرسیاقی- دکتر محمّد، تهران، قطره، سوم، ۱۳۸۱

۴۸. فروزانفر، بدیع الزمان، ***احادیث مثنوی***، تهران، امیرکبیر، سوم، ۱۳۶۱

۴۹. فروزانفر، بدیع الزمان، ***احادیث و قصص مثنوی***، ترجمه و تنظیم مجدد: داوودی- حسین، تهران، امیرکبیر، اوّل، ۱۳۷۶

۵۰. فروزانفر، بدیع الزمان، ***زندگانی مولانا جلال الدّین محمّد***، تهران، زوّار، پنجم، ۱۳۷۶

۵۱. فروزانفر، بدیع الزمان، ***شرح مثنوی شریف***، تهران، زوّار، هشتم، ۱۳۷۷

۵۲. فروزانفر، بدیع الزمان، ***مآخذ قصص و تمثیلات مثنوی***، تهران، امیرکبیر، سوم، ۱۳۶۲

۵۳. فروغی، محمّد علی، ***سیر حکمت در اروپا***، تهران، صفی علیشاه، ۱۳۶۸

۵۴. ***قرآن کریم***، ترجمه: خرّمشاهی- بهاءالدّین، تهران، جامی-نیلوفر، ۱۳۷۶

۵۵. قرشی، آیة الله سید علی اکبر، ***قاموس قرآن***، دارُ الکتب الاسلامیه، ۱۳۸۱

۵۶. قزوینی، محمّد صالح، ***کنوزالعرفان و رموزالایقان***، اهتمام: مجاهد- احمد، تهران، روزنه، ۱۳۷۴

۵۷. قُشیری، ابوالقاسم عبدالکریم بن هوازن، ***رساله قشیریه***، ترجمه: عثمانی- ابوعلی حسن بن احمد، تصحیح: فروزانفر، تهران، علمی و فرهنگی، هفتم، ۱۳۸۱

۵۸. قیصری، شرف الدّین داوود، ***شرح مقدّمهٔ قیصری***، آشتیانی- سید جلال الدّین، دفتر تبلیغات اسلامی، ۱۳۷۲

۵۹. کاشفی، ملاّ حسین، ***لُبّ لباب مثنوی***، اهتمام: تقوی- نصر الله، تهران، اساطیر، دوم، ۱۳۸۳

۶۰. ***کتاب مقدّس عهد عتیق و عهد جدید***

۶۱. کُربُن، هانری، ***تخیّل خلاّق در عرفان ابن عربی***، ترجمه، رحمتی، انشاءالله، تهران، جامی، اوّل، ۱۳۸۴.

۶۲. گروه محقّقان، زیر نظر: موسوی بجنوردی- کاظم، ***دایرة المعارف بزرگ اسلامی***، تهران، مرکز دایرةالمعارف بزرگ اسلامی، دوم، ۱۳۶۹

۶۳. گولپینارلی، عبدالباقی، ***مولانا جلال الدّین***، ترجمه: سبحانی- دکتر توفیق، تهران، پژوهشگاه علوم انسانی و مطالعات فرهنگی، ۱۳۷۵

۶۴. گولپینارلی، عبدالباقی، ***مولویه پس از مولانا***، ترجمه: سبحانی- دکتر توفیق، تهران، نشر علم، اوّل، ۱۳۸۲

۶۵. گولپینارلی، عبدالباقی، ***نثر و شرح مثنوی***، ترجمه: سبحانی- دکتر توفیق، تهران، سازمان چاپ و انتشارات وزارت ارشاد، سوم، ۱۳۸۱

۶۶. محمّدیان، دکتر عبّاس، ***حکیم عاشق***، سبزوار، دانشگاه تربیت معلّم، اوّل، ۱۳۸۱

۶۷. معین، دکتر محمّد، ***فرهنگ معین***، تهران، امیرکبیر، هفتم، ۱۳۶۴

۶۸. مولوی، جلال الدّین محمّد بن محمّد، ***کلّیات شمس تبریزی***، تهران، امیر کبیر، نهم، ۱۳۶۲.

۶۹. مولوی، جلال الدّین محمّد بن محمّد، ***مثنوی***، تصحیح و تعلیقات: استعلامی- دکتر محمّد، تهران، مهارت، ششم، ۱۳۷۹

۷۰. مولوی، جلال الدّین محمّد بن محمّد، ***مثنوی معنوی***، تصحیح: نیکلسون، تهران، امیر کبیر، هشتم، ۱۳۶۲

۷۱. مولوی، جلال الدّین محمّد بن محمّد، ***فیه ما فیه***، تصحیح: فروزانفر- بدیع‌الزّمان، تهران، امیرکبیر، پنجم، ۱۳۶۲

۷۲. مولوی، جلال الدّین محمّد بن محمّد، ***مکتوبات مولانا***، تصحیح: سبحانی- دکتر توفیق، تهران، مرکز نشر دانشگاهی، اوّل، ۱۳۷۱

۷۳. نُویری، شهاب الدّین احمد، ***نهایة الارب فی فنون الادب***، ترجمه: مهدوی دامغانی- دکتر محمود، تهران، امیر کبیر، اوّل، ۱۳۶۴

۷۴. نیکلسون، رینولد الین، ***تفسیر مثنوی معنوی***، مترجم: اُوانس اُوانسیان، تهران، نشر نی، ۱۳۶۶

۷۵. نیکلسون، رینولد الین، ***شرح مثنوی مولوی***، ترجمه: لاهوتی- حسن، تهران، علمی و فرهنگی، اوّل، ۱۳۷۴

۷۶. نیکوبخت، دکتر ناصر، ***هجو در شعر فارسی***، تهران، انتشارات دانشگاه تهران، اوّل، ۱۳۸۰

۷۷. همایی، جلال الدّین، ***دو رساله در فلسفه اسلامی***، تهران، پژوهشگاه علوم انسانی و مطالعات فرهنگی، دوم، ۱۳۷۵

۷۸. همایی، جلال الدّین، ***غزّالی نامه***، تهران، فروغی، دوم، ۱۳۳۶

۷۹. همایی، جلال الدّین، ***مولوی نامه***، تهران، هما، هفتم، ۱۳۶۹

A Commentary on the Mathnavi

A Fresh Approach to the Foundations of Theoretical Mysticism

Vol. I

Authur : Nahid Abghari

2016